핵심포인트를 콕 짚어주는

AVR ATmega128 완전정복

이승호 이용민 민경옥 지음

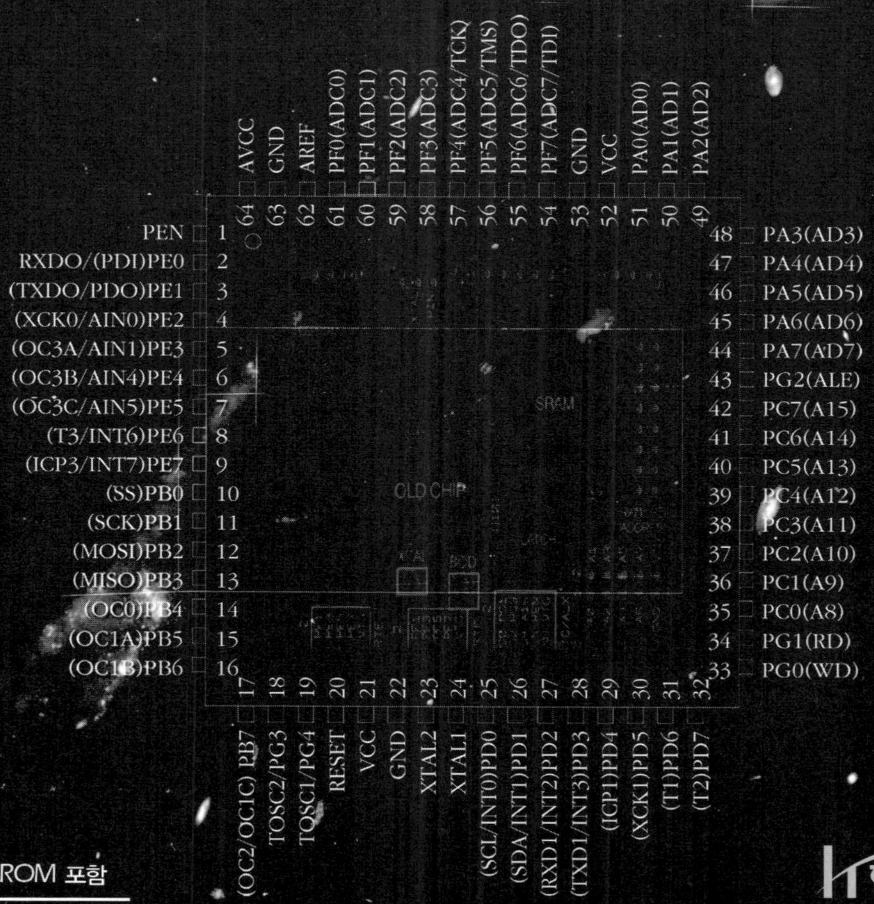

CD-ROM 포함

한티미디어

기술지원

(주) 웨스넷

(우) 421-808
경기도 부천시 오정구 삼정동 36-1
부천테크노파크 쌍용3차 302동 1106호
TEL : (032)624-1677, 8(代)
FAX : (032)624-1679

핵심포인트를 꽉 짚어주는

AVR ATmega128 완전정복

발 행 일 2011년 04월 20일 초판 1쇄
저 자 이승호 · 이용민 · 민경옥
발 행 인 김준호
발 행 처 한티미디어
총 괄 오성준
마 케 팅 박재인 · 이재명
편 집 조영주 · 홍현정
관 리 전보라

등 록 제15-571호
주 소 서울시 마포구 연남동 570-20
전 화 02)332-7993~4
팩 스 02)332-7995
디 자 인 이경은
인 쇄 이산문화사
가 격 35,000원
홈페이지 www.hanteemedia.co.kr
이 메 일 hantee@empal.com

I S B N 978-89-6421-064-2 (93560)

머리말

ATMEL사가 개발한 AVR은 현재 8비트 AVR과 32비트 AVR을 제공하고 있는 마이크로컨트롤러이다. AVR의 다양한 명령과 쉬운 구조를 띄고 있어 마이크로컨트롤러를 이해하는데 쉽게 접근할 수 있으며, 가격이 저렴하고 응용하기 쉬워 산업시장에서도 많이 사용되어 지고 있다. AVR은 1개의 클록 사이클에 1개의 명령을 처리 할 수 있으며, 1.8V에서 5.5V까지 어느 전압이든 동작 시킬 수 있다. 또한 picoPower 기술이 적용된 제품의 경우 저 전력 설계가 가능하고, 32개의 범용 레지스터와 RISC 구조의 디자인은 C 언어에 적합하여 제품을 빠르게 개발하는데 도움이 된다. 내부에 플래시 메모리를 제공함으로서 새로 개발되는 제품의 크기를 줄일 수 있고, 제품의 크기가 줄면서 원가 절감에도 도움이 된다. 또한 6핀 또는 10핀 인터페이스로 제공되는 ISP(In-System Programming) 기능이나 JTAG 기능은 쉽게 제품을 개발하는데 도움이 된다. AVR 패밀리들 중에서 ATmega128은 ATMEL사가 개발한 8비트 AVR 마이크로 컨트롤러의 megaAVR 패밀리 계열중 하나의 프로세서이다. 이 프로세서는 64핀으로 구성되었으며, TQFP형 패키지의 저 전력 8비트 CMOS 마이크로컨트롤러이다. 내부 구조는 RISC 아키텍처(RISC like Architecture) 구조로 이루어져 있으며 대부분 1클록에서 수행되는 어셈블리어 명령어를 가지고 있어서 입력 클록 1MHz에서 1MIPS(Million Instruction per Second)의 처리능력을 가진다. 한편, ATmega128은 최적화된 전력 소모 구조를 가지고 있어서 다른 마이크로컨트롤러에 비해 상대적으로 작은 전력을 소모하며, 처리 능력도 뛰어나다. 이러한 ATmega128 기반의 제품들은 주로 차량용 장치, LCD Driver, CAN Networking, USB 연결 장치, 모터 제어, 광 제어, 배터리, 802.5.4/ZigBee, 원격 접속 제어 등 산업 전반에 걸쳐 많이 사용되어진다. 따라서 AVR ATmega128을 공부하고자 하는 학생이나 현장 엔지니어들에게 쉽게 접근할 수 있는 지침서가 필요한 실정이다. 그러나 현재 나와 있는 책들은 이러한 요구를 충족시키기엔 부족한 면이 없지 않다.

본서에서는 AVR ATmega128을 공부하고자 하는 학생이나 현장 엔지니어들에게 쉽게 접근할 수 있도록 단계별로 따라서 학습할 수 있도록 구성하였다. 각장마다 실습 목표를 설정하고, 실습에 필요한 이론을 설명한 후에 AVR ATmega128을 응용한 실습을 단계별로 학습자가 따라서 배울 수 있도록 하였다. 특히 C 언어로 작성된 AVR ATmega128 소스 프로그램은 모든 문장에 대하여 빠짐없이 풍부한 설명을 하여 학습자가 충분히 이해할 수 있도록 하였으며, 단계별로 설명 중에 특히 중요한 사항은 핵심포인트와 TIP을 사용하여 학습자에게 도움이 되도록 배려하였다. 각 장의 마지막에는 그 장의 실습에 필요한 C 언어 문법을 설명하여 C 언어 프로그래밍에 도움이 되도록 하였다. 마이크로컨트롤러를 제어할 때 보통 어셈블리 언어와 C 언어를 많이 사용하게 된다. 마이크로컨트롤러 구조를 연구하는 전문가인 경우에는 2가지 언어를 다 활용할 필요가 있으나 생산된 마이크로컨트롤러를 활용하는 사용자

입장에서는 어셈블리 언어를 사용하면 프로그램 코드가 불필요하게 길어지고 다양한 활용에 많은 어려움을 느끼게 된다. 따라서 생산된 마이크로프로세서를 활용하는 분야에서는 C 언어를 많이 사용하는 추세이다. 따라서 본서에서도 AVR ATmega128을 제어하는 프로그램을 C 언어를 사용하였다. 한편, AVR ATmega128을 학습하는데 있어 지침서만으로는 부족하기 때문에 국립 한밭대학교 이승호 교수와 (주)웨스넷이 공동으로 개발한 AVR 트레이닝 키트(WES-XUN I)를 사용하여 실제 하드웨어적으로 동작하는 것을 학습하도록 하였다.

한편, 본서는 고등학교, 전문대학, 4년제 학부과정에서 다음과 같이 전체 24장을 16주차에 나누어 강의할 수 있다.

■ 1주차 강의

제 1장 AVR ATmega128 개요
제 2장 AVR 트레이닝 키트(WES-XUN I) 개요
제 3장 WinAVR/AVR Studio 4
제 4장 PonyProg

■ 2주차 강의

제 5장 AVR ATmega128을 사용한 LED 제어

■ 3주차 강의

제 6장 AVR ATmega128을 사용한 7-segment의 동적 디스플레이 제어

■ 4주차 강의

제 7장 AVR ATmega128을 사용한 LDM(8*8) 제어

■ 5주차 강의

제 8장 AVR ATmega128을 사용한 8-스위치 제어
제 9장 AVR ATmega128을 사용한 DIP-스위치 제어
제10장 AVR ATmega128을 사용한 텍스트 LCD 제어

■ 6주차 강의

제11장 AVR ATmega128을 사용한 외부 인터럽트(External Interrupt) 제어

■ 7주차 강의

제12장 AVR ATmega128을 사용한 타이머/카운터/워치독 타이머 제어

■ 8주차 강의

중간고사

■ 9주차 강의

제13장 AVR ATmega128을 사용한 키패드(4*4) 제어
제14장 AVR ATmega128을 사용한 ADC 제어
제15장 AVR ATmega128을 사용한 USART 제어

■ 10주차 강의

제16장 AVR ATmega128을 사용한 EEPROM 제어
제17장 AVR ATmega128을 사용한 DC 모터 제어

■ 11주차 강의

제18장 AVR ATmega128을 사용한 스텝 모터 제어
제19장 AVR ATmeag128을 사용한 서보 모터 제어
제20장 AVR ATmega128을 사용한 쿨링팬 제어

■ 12주차 강의

제21장 AVR ATmega128을 사용한 그래픽 LCD 제어

■ 13주차 강의

제22장 AVR ATmega128을 사용한 LDM(16*16) 제어

■ 14주차 강의

제23장 AVR ATmega128을 사용한 USB 포트 제어

■ 15주차 강의

제24장 AVR ATmega128을 사용한 RFID 실습

■ 16주차 강의

기말고사

제공하는 CD에는 이 책에 수록된 각종 예제 소스와 유틸리티들이 포함되어 있으니 유용하게 사용하길 바란다. CD가 없는 경우에는 국립 한밭대학교 이승호 교수의 홈페이지(http://cad.hanbat.ac.kr) 자료실에서 다운로드 받을 수 있다.

끝으로 항상 출판에 많은 사랑과 정성을 기울이시는 한티미디어 김준호 사장과 임직원 여러분께 깊은 감사를 드린다.

2011년 4월

대표저자 이승호

저자 약력

공학박사
이승호(李昇昊)

- 한양대학교 공과대학 전자공학과 공학사
- 한양대학교 대학원 전자공학과 공학박사
- 現 국립 한밭대학교 전기 · 전자 · 제어공학부 교수
- 한양대학교 대학원 전자공학과 공학석사
- IDEC Working Group 참여교수

[주 관심분야]
마이크로프로세서, 집적회로설계(VLSI&CAD), 디지털시스템설계, 임베디드시스템설계, 컴퓨터응용 등

[저서]
PC에서의 Internet, 파워 유저를 위한 Internet, 파워 유저를 위한 홈페이지 작성법, ALTERA MAX+PLUS II를 사용한 디지털시스템설계, ALTERA MAX+PLUS II를 사용한 디지털 논리 회로 설계의 기초와 활용, ALTERA MAX+PLUS II를 사용한 디지털 논리 회로 설계(기초와 활용), ALTERA MAX+PLUS II를 사용한 디지털 논리회로 설계(Graphic Editor), ALTERA MAX+PLUS II를 사용한 디지털 논리회로 설계(VHDL)(이상 복두출판사), C 언어 프로그래밍, C++ 언어 프로그래밍(이상 한밭대학교 출판부), 모바일 통신을 적용한 임베디드 리눅스 실습, ALTERA Quartus II를 사용한 디지털 논리회로 설계, Xilinx ISE WebPACK을 사용한 디지털 논리회로 설계, ALTERA Quartus II와 ModelSim을 사용한 Verilog HDL 논리회로 설계(이상 한티미디어) 등

- **2010년 문화체육관광부 우수 학술도서 선정**
  『ALTERA Quartus II를 사용한 디지털 논리회로 설계(한티미디어)』

- 홈페이지 주소 : http://cad.hanbat.ac.kr
- E-Mail Address : shlee@cad.hanbat.ac.kr

이용민(李鎔民)

- 국립 한밭대학교 전자공학과 공학사
- 한국 폴리텍 1대학 강사
- 동양공업 전문대학 강사
- 부산 동의과학대학 강사
- 한국 전자부품연구원 위촉강사
- 現 (주)웨스넷 연구소 S/W 개발부 과장
- 부천대학 종합기술지원센터 강사
- 인천전문대학 강사
- 안산 1대학 강사
- 한밭대학교 강사
- 조선대학교 초빙강사

[주 관심분야]
마이크로프로세서, 임베디드 시스템, 자동제어 시스템

[저서]
모바일 통신을 적용한 임베디드 리눅스 실습(한티미디어)

- E-Mail Address : joeylee@wesnet.co.kr

민경옥(閔庚玉)

- 국립 한밭대학교 전자공학과 공학사
- 마산대학 강사
- 부산 동의과학대학 강사
- 現 (주)웨스넷 연구개발부 과장
- 부천대학 종합기술지원센터 강사
- 원광대학교 강사
- 인천전문대학 강사

[주 관심분야]
마이크로프로세서, PLC, 자동제어, 임베디드시스템설계

[저서]
모바일 통신을 적용한 임베디드 리눅스 실습(한티미디어)

- E-Mail Address : okminko@paran.com

차 례

CHAPTER 01 21

AVR ATmega128 개요

AVR ATmega128을 사용한 7-segment의 동적 디스플레이 제어

CHAPTER 07 335

AVR ATmega128을 사용한 LDM(8*8) 제어

CHAPTER 08 359

AVR ATmega128을 사용한 8-스위치 제어

CHAPTER 14 551

AVR ATmega128을 사용한 ADC 제어

CHAPTER 15 595

AVR ATmega128을 사용한 USART 제어

CHAPTER 18 673

AVR ATmega128을 사용한 스텝 모터 제어

CHAPTER 19 697

AVR ATmeag128을 사용한 서보 모터 제어

CHAPTER 20 713

AVR ATmega128을 사용한 쿨링팬 제어

CHAPTER 21 733

AVR ATmega128을 사용한 그래픽 LCD 제어

CHAPTER 24 909

AVR ATmega128을 사용한 RFID 실습

CHAPTER 01

AVR ATmega128 개요

실습목표

AVR ATmega128의 특징과 개요에 대하여 학습한다.

실습이론

1.1 AVR 이란?

ATMEL 사가 개발한 AVR은 현재 8비트 AVR과 32비트 AVR을 제공하고 있는 마이크로컨트롤러이다. AVR의 다양한 명령과 쉬운 구조를 띄고 있어 마이크로컨트롤러를 이해하는데 쉽게 접근할 수 있으며, 가격이 저렴하고 응용하기 쉬워 산업시장에서도 많이 사용되어 지고 있다.

AVR은 1개의 클록 사이클에 1개의 명령을 처리 할 수 있으며, 1.8V에서 5.5V까지 어느 전압이든 동작 시킬 수 있다. 또한 picoPower 기술이 적용된 제품의 경우 저 전력 설계가 가능하고, 32개의 범용 레지스터와 RISC 구조의 디자인은 C 언어에 적합하여 제품을 빠르게 개발하는데 도움이 된다. 내부에 플래시 메모리를 제공함으로서 새로 개발되는 제품의 크기를 줄일 수 있고, 제품의 크기가 줄면서 원가 절감에도 도움이 된다. 또한 6핀 또는 10핀 인터페이스로 제공되는 ISP(In-System Programming) 기능이나 JTAG 기능은 쉽게 제품을 개발하는데 도움이 된다.

1.2 AVR의 제품 종류

(1) tinyAVR

최대 8KBytes의 플래시 프로그램 메모리와 512Bytes의 SRAM과 EEPROM 데이터 메모리를 가진 범용 마이크로컨트롤러 계열로서 표 1.2.1과 같은 종류가 있다.

표 1.2.1 tinyAVR 종류

모델명	프로그램 메모리 (Kbytes)	EEPROM (Bytes)	SRAM (Bytes)	8비트 타이머	16비트 타이머	SPI	TWI	외부 인터럽트	최대 I/O 핀
ATtiny10	1	--	32	--	1	--	--	--	4
ATtiny13A	1	64	64B + 32 reg	1	--	--	--	6	6
ATtiny167	16	512	512	1	1	1+USI	No	16	16
ATtiny20	2	--	128	1	1	Yes	Yes	--	12
ATtiny2313A	2	128	128	1	1	USI	USI	2	18
ATtiny24A	2	128	128	1	1	USI	USI	12	12
ATtiny25	2	128	128	2	--	USI	USI	7	6
ATtiny261A	2	128	128	1	1	Yes	USI	2	16
ATtiny28L	2	--	32	1	--	--	--	2(+8)	11
ATtiny4	0.5	--	32	--	1	--	--	1	4
ATtiny40	4	--	256	1	1	Yes	Yes	—	18
ATtiny4313	4	128	128	1	1	USI	USI	2	18
ATtiny43U	4	64	256	2	--	USI	USI	17	16
ATtiny44A	4	256	256	1	1	USI	USI	12	12
ATtiny45	4	256	256	2	--	USI	USI	7	6
ATtiny461A	4	256	256	1	1	USI	USI	2	16
ATtiny48	4	64	256	1	1	Yes	Yes	24	24/28
ATtiny5	0.5	--	32	--	1	--	--	--	4
ATtiny84	8	512	512	1	1	USI	USI	12	12
ATtiny85	8	512	512	2	--	USI	USI	7	6
ATtiny861A	8	512	512	1	1	Yes	USI	2	16
ATtiny87	8	512	512	1	--	1+USI	No	16	16
ATtiny88	8	64	512	1	1	Yes	Yes	24	24/28
ATtiny9	1	--	32	--	1	--	--	1	4

(2) megaAVR

곱셈기가 내장된 최대 256KBytes의 플래시 메모리와 4KBytes의 EEPROM 메모리 그리고 8KBytes의 SRAM을 가진 고성능 마이크로컨트롤러 계열로서 표 1.2.2와 같은 종류가 있다.

표 1.2.2 megaAVR 종류

모델명	프로그램 메모리 (Kbytes)	EEPROM (Bytes)	SRAM (Bytes)	8비트 타이머	16비트 타이머	SPI	TWI	외부 인터럽트	최대 I/O 핀
AT90PWM1	8	512	512	1	1	1	—	4	19
AT90PWM216	16	512	1024	1	1	1	—	4	19
AT90PWM2B	8	512	512	1	1	1	—	4	19
AT90PWM316	16	512	1024	1	1	1	—	4	27
AT90PWM3B	8	512	512	1	1	1	—	4	27
AT90PWM81	8	512	256	1	1	1	—	4	27
AT90USB1286	128	4096	8192	2	2	1	Yes	8	48
AT90USB1287	128	4096	8192	2	2	1	Yes	8	48
AT90USB162	16	512	512	—	—	—	—	—	22
AT90USB646	64	2048	4096	2	2	1	Yes	8	48
AT90USB647	64	2048	4096	2	2	1	Yes	8	48
AT90USB82	8	512	512	—	—	—	—	—	22
ATmega1280	128	4096	8192	2	4	1+USART	Yes	32	86
ATmega1281	128	4096	8192	2	4	1+USART	Yes	17	54
ATmega1284	128	4096	16K	2	2	Yes	Yes	3	32
ATmega1284P	128	4096	16K	2	2	Yes	Yes	3	32
ATmega128A	128	4096	4096	2	2	1	Yes	8	53
ATmega162	16	512	1024	2	2	1	—	3	35
ATmega164A	16	512	1024	2	1	1+USART	Yes	32	32
ATmega164PA	16	512	1024	2	1	1+USART	Yes	32	32
ATmega165PA	16	—	1024	2	1	1+USI	USI	17	54
ATmega168A	16	512	1024	2	1	1+USART	Yes	26	23
ATmega168PA	16	512	1024	2	1	1+USART	Yes	26	23
ATmega169PA	16	512	1024	2	1	1+USI	USI	17	54
ATmega16A	16	512	1024	2	1	1	Yes	3	32
ATmega16M1	16	512	1024	1	1	1	—	—	27
ATmega16U2	16	512	512	1	1	1	—	Yes	22
ATmega16U4	16	512	1536	2	2	Yes	Yes	Yes	26
ATmega2560	256	4096	8192	2	4	1+USART	Yes	32	86
ATmega2561	256	4096	8192	2	4	1+USART	Yes	17	54
ATmega324A	32	1024	2048	2	1	1+USART	Yes	3	32

모델명	프로그램 메모리 (Kbytes)	EEPROM (Bytes)	SRAM (Bytes)	8비트 타이머	16비트 타이머	SPI	TWI	외부 인터럽트	최대 I/O 핀
ATmega324PA	32	1024	2048	2	1	1+USART	Yes	3	32
ATmega325	32	1024	2048	2	1	1+USI	USI	17	54
ATmega3250	32	1024	2048	2	1	1+USI	USI	17	69
ATmega3250P	32	1024	2048	2	1	1+USI	USI	17	69
ATmega325P	32	1024	2048	2	1	1+USI	USI	17	54
ATmega328	32	1024	2048	2	1	1+USART	Yes	26	23
ATmega328P	32	1024	2048	2	1	1+USART	Yes	26	23
ATmega329	32	1024	2048	2	1	1+USI	USI	17	54
ATmega3290	32	1024	2048	2	1	1+USI	USI	32	69
ATmega3290P	32	1024	2048	2	1	1+USI	USI	32	69
ATmega329P	32	1024	2048	2	1	1+USI	USI	17	54
ATmega32A	32	1024	2048	2	1	1	Yes	3	32
ATmega32M1	32	1024	2048	1	1	1	—	—	27
ATmega32U2	32	1024	1024	1	1	1	—	Yes	22
ATmega32U4	32	1024	3072	2	2	Yes	Yes	Yes	26
ATmega48A	4	256	512	2	1	1+USART	Yes	26	23
ATmega48PA	4	256	512	2	1	1+USART	Yes	26	23
ATmega640	64	4096	8192	2	4	1+USART	Yes	32	86
ATmega644A	64	2048	4096	2	1	1+USART	Yes	3	32
ATmega644PA	64	2048	4096	2	1	1+USART	Yes	3	32
ATmega645	64	2048	4096	2	1	1+USI	USI	17	54
ATmega6450	64	2048	4096	2	1	1+USI	USI	17	69
ATmega649	64	2048	4096	2	1	1+USI	USI	17	54
ATmega6490	64	2048	4096	2	1	1+USI	USI	32	69
ATmega64A	64	2048	4096	2	2	1	Yes	8	54
ATmega64M1	64	2048	4096	1	1	1	—	—	27
ATmega8	8	512	1024	2	1	1	Yes	2	23
ATmega8515	8	512	512	1	1	1	—	3	35
ATmega8535	8	512	512	2	1	1	Yes	3	32
ATmega88A	8	512	1024	2	1	1+USART	Yes	26	23
ATmega88PA	8	512	1024	2	1	1+USART	Yes	26	23
ATmega8A	8	512	1024	2	1	1	Yes	2	23
ATmega8U2	8	512	512	1	1	1	—	Yes	22

(3) xmegaAVR

일반 8비트 마이크로컨트롤러에 비해 증진된 성능과 새로운 주변회로를 포함하고 있으며 DMA와 이벤트 시스템을 내장하여 저 전력/고성능 시장에 적합한 마이크로컨트롤러 계열로서 표 1.2.3과 같은 종류가 있다.

표 1.2.3 xmegaAVR 종류

모델명	프로그램 메모리 (Kbytes)	16비트 타이머	아날로그 비교기	PWM Channels	SPI	TWI	USART	DMA 채널	이벤트 채널
ATxmega128A1	128	8	4	24	4	4	8	4	8
ATxmega128A3	128	7	4	22	4	4	7	4	8
ATxmega128A4	128	5	2	16	2	2	5	4	8
ATxmega128D3	128	5	2	18	2	2	3	–	4
ATxmega128D4	128	4	2	16	2	2	2	–	4
ATxmega16A4	16	5	2	16	2	2	5	4	8
ATxmega16D4	16	4	2	16	2	2	2	–	4
ATxmega192A1	192	8	4	24	4	4	8	4	8
ATxmega192A3	192	7	4	22	3	2	7	4	8
ATxmega192D3	256	5	2	18	2	2	3	–	4
ATxmega256A1	256	8	4	24	4	4	8	4	8
ATxmega256A3	256	7	4	22	3	2	7	4	8
ATxmega256A3B	256	7	4	22	3	2	7	4	8
ATxmega256D3	256	5	2	18	2	2	3	–	4
ATxmega32A4	32	5	2	16	2	2	5	4	8
ATxmega32D4	32	4	2	16	2	2	2	–	4
ATxmega384A1	384	8	4	24	4	4	8	4	8
ATxmega64A1	64	8	4	24	4	4	8	4	8
ATxmega64A3	64	7	4	22	3	2	7	4	8
ATxmega64A4	64	5	2	16	2	2	5	4	8
ATxmega64D3	64	5	2	18	2	2	3	–	4
ATxmega64D4	64	4	2	16	2	2	2	–	4

(4) Automotive AVR

자동차 등에서 사용하는 CAN 통신 회로를 내장하고, 자동차에 특성화된 마이크로컨트롤러 계열로서 표 1.2.4와 같은 종류가 있다.

표 1.2.4 Automotive AVR 종류

모델명	프로그램 메모리 (Kbytes)	EEPROM (Bytes)	SRAM (Bytes)	8비트 타이머	16비트 타이머	SPI	TWI	외부 인터럽트
AT90CAN128 Automotive	128	4096	4096	2	2	Yes	—	8
AT90CAN32 Automotive	32	1024	2048	2	2	Yes	—	8
AT90CAN64 Automotive	64	2048	4096	2	2	Yes	—	8
ATmega164P Automotive	16	512	1024	2	1	1+USART	Yes	32
ATmega168 Automotive	16	512	1024	2	1	1+USART	Yes	26
ATmega169P Automotive	16	512	1024	2	1	Yes	USI	17
ATmega324P Automotive	32	1024	2048	2	1	1+USART	Yes	32
ATmega32C1 Automotive	32	1024	2048	Yes	Yes	Yes	Yes	4
ATmega32M1 Automotive	32	1024	2048	Yes	Yes	Yes	Yes	4
ATmega48 Automotive	4	256	512	2	1	1+USART	Yes	26
ATmega644P Automotive	64	2048	4096	2	1	1+USART	Yes	32
ATmega64C1 Automotive	64	2048	4096	Yes	Yes	Yes	Yes	4
ATmega64M1 Automotive	64	2048	4096	Yes	Yes	Yes	Yes	4
ATmega88 Automotive	8	512	1024	2	1	1+USART	Yes	26
ATtiny167 Automotive	16	512	512	1	1	1+USI	No	16
ATtiny24 Automotive	2	128	128	1	1	USI	USI	12
ATtiny25 Automotive	2	128	128	2	—	USI	USI	7
ATtiny261 Automotive	2	128	128	2	1	Yes	USI	2
ATtiny44 Automotive	4	256	256	8	1	USI	Yes	12
ATtiny45 Automotive	4	256	256	2	—	USI	USI	7
ATtiny461 Automotive	4	256	256	2	1	Yes	USI	2
ATtiny84 Automotive	8	512	512	1	1	USI	USI	12
ATtiny85 Automotive	8	512	512	2	—	USI	USI	7
ATtiny861 Automotive	8	512	512	2	1	Yes	USI	2
ATtiny87 Automotive	8	512	512	1	1	1+USI	No	16

1.3 AVR의 어플리케이션

(1) 어플리케이션 경향

AVR 기반의 제품들은 그림 1.3.1과 같이 주로 차량용 장치, LCD Driver, CAN Networking, USB 연결장치, 모터 제어, 광 제어, 배터리, 802.5.4/ZigBee, 원격 접속 제어 등 산업 전반에 걸쳐 많이 사용되어진다.

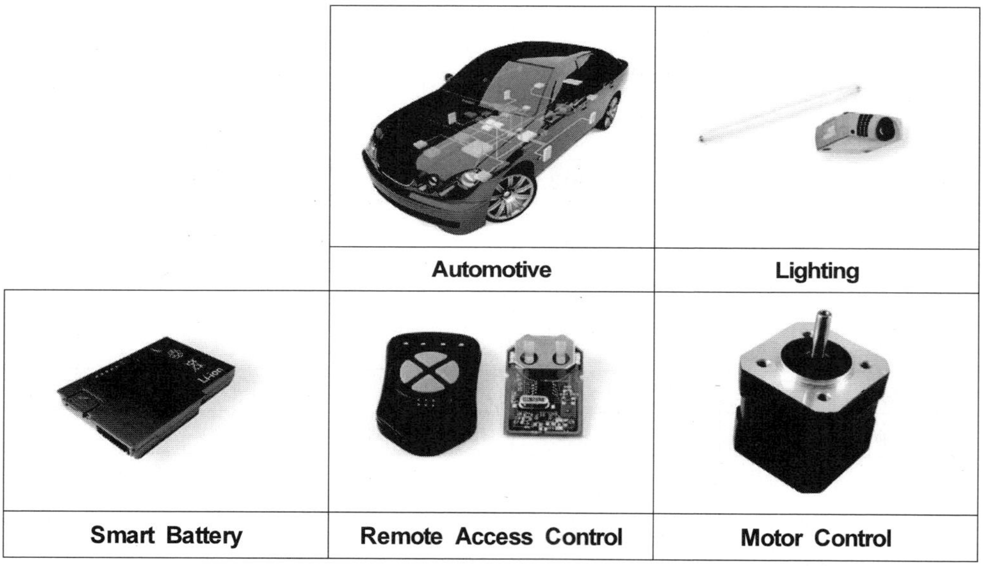

그림 1.3.1 AVR의 응용 분야

(2) 패키징 범위

- PDIP : 40, 28, 20, 8
- SOIC : 20, 14, 8
- TQFP : 100, 64, 44, 32
- QFN : 44, 32, 28, 20
- BGA : 100

(3) AVR(8비트 마이크로컨트롤러)이 포함하는 제어회로

AVR의 구조는 그림 1.3.2에서 보듯 여러 회로가 하나의 칩 안에 집적된 형태이다. Product Family 라는 것은 이 들 유닛들의 용량이나 성능 등으로 구분되어 진다. AVR은 플래시 메모리와 SRAM을 포함하는데 Flash는 프로그램 메모리로 사용되며, SRAM은 데이터 메모리로 사용되는데, 이렇듯 프로그램 메모리와 데이터 메모리가 분리된 형태의 프로세서 구조를 하바드 구조라 한다. 그 반대의 구조는 폰-노이만 구조라 하고 폰-노이만 구조는 접근 가능한 메모리 어드레스를 프로그램 메모리와 데이터 메모리가 공유하게 된다.

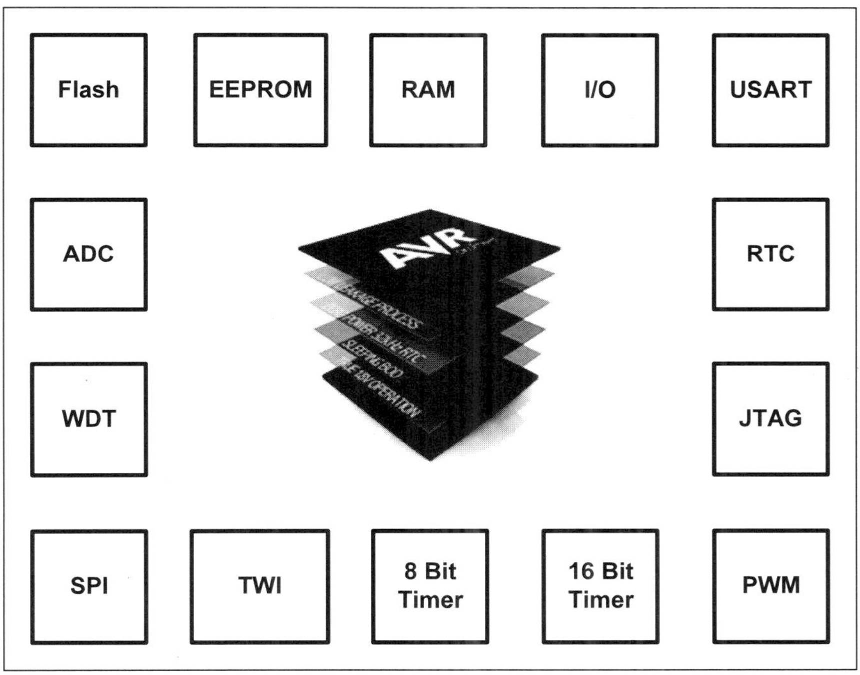

그림 1.3.2 AVR이 포함하는 제어회로

1.4 ATmega128의 특징

ATmega128은 ATMEL사가 개발한 8비트 AVR 마이크로 컨트롤러의 megaAVR 패밀리 계열중 하나의 프로세서이다. 이 프로세서는 64핀으로 구성되었으며, TQFP형 패키지의 저 전력 8비트 CMOS 마이크로컨트롤러이다. 내부 구조는 RISC 아키텍처(RISC like Architecture) 구조로 이루어져 있으며 대부분 1클록에서 수행되는 어셈블리어 명령어를 가지고 있어서 입력 클록 1MHz에서 1MIPS(Million Instruction per Second)의 처리능력을 가진다. 한편, ATmega128은 최적화된 전력 소모 구조를 가지고 있어서 다른 마이크로컨트롤러에 비해 상대적으로 작은 전력을 소모하며, 처리 능력도 뛰어나다. 한편, ATmega128은 다음과 같은 특징들을 가지고 있다.

(1) 향상된 RISC 구조

- 32개의 8-비트 범용 레지스터 및 상태 또는 제어 레지스터
- 133개의 명령어 : 대부분 1사이클에 처리되는 명령어
- 16MHz의 입력 클록에서 최대 16MIPS로 동작
- 2사이클 내에 동작하는 곱셈기 내장
- 완전한 정적 동작 지원

(2) 비휘발성 프로그램 메모리와 데이터 메모리

- ISP(In System Programming)를 위한 SPI 인터페이스 제공
- 128KBytes의 ISP(In System Programming)이 가능한 플래시 메모리
  - 프로그램의 실행 코드 저장 영역
  - 최소 10,000번 이상의 쓰기 및 삭제 보장
- 소프트웨어 보안을 위한 프로그램 메모리 잠금 기능
- 4KBytes의 내부 SRAM
- 최대 64KBytes까지의 외부 데이터 메모리 확장 가능
- 4KBytes의 EEPROM
  - 비휘발성 데이터 저장 영역
  - 최소 100,000번 이상의 쓰기 및 삭제 보장

(3) 주변장치

- 프리스케일러와 비교 모드가 분리된 2개의 8 비트 타이머/카운터
- 프리스케일러와 비교 모드 및 캡처 모드가 분리된 두개의 확장된 16 비트 타이머/카운터
- 발진회로와 분리된 실시간 카운터(Real Time Counter)
- 2개의 8 비트 PWM 채널
- 2에서 16 비트의 해상도를 가진 프로그램 가능한 6개의 PWM 채널
- 출력 비교 변조기(Output Compare Modulator)
- 8채널의 10 비트 ADC(Analog to Digital Converter)
  - 8개의 단극성 입력 채널
  - 7개의 차동입력 채널
  - 2개의 프로그램 가능한 입력 이득(1×, 10×, 200×)을 갖는 채널
- 바이트 정렬된 2선 직렬 인터페이스
- 2 개의 프로그램 가능한 USART(Universal Synchronous Asynchronous Receiver and Transmitter)
- Master/Slave SPI 직렬 인터페이스
- 내부 발진 회로와 연결된 프로그램 가능한 워치독(watchdog) 타이머
- 아날로그 비교기

(4) 특별한 마이크로컨트롤러 기능

- Power On 리셋 기능과 프로그램 가능한 Brown Out 검출 기능
- 프로그램으로 조율이 가능한 내부 RC 발진 회로
- 내부 및 외부 인터럽트 소스
- 6가지의 휴면 모드
- 프로그램 가능한 클록 주파수
- 퓨즈비트로 선택 가능한 ATmega103 호환 모드
- 전체 풀업(Pull-up) 저항 해제 기능

(5) 어드레스 지정방식

- 직접(Direct)

- 간접과 치환(Indirect with Displacement)
- 간접(Indirect)
- 간접 선 감소(Indirect with Pre-decrement)
- 간접 후 증가Indirect with Post-increment

(6) 인터럽트

- 내부 및 외부 인터럽트
- 35개의 인터럽트 소스
- 단순화된 인터럽트 벡터 및 우선순위

(7) 휴면 모드

- Idle 모드 : 휴면 모드
- ADC Noise Reduction Mode : ADC 잡음 감소 모드
- Power-down Mode : 전원 차단 모드
- Power-save Mode : 전원 절감 모드
- Standby Mode : 대기 모드
- Extended Standby Mode : 확장 대기 모드

(8) 디지털 입출력과 패키지

- 53개의 프로그램 가능한 디지털 입출력
- 64핀의 TQFP 타입 또는 64핀의 Pad를 갖는 MLF 타입

(9) 동작 전압

- 2.7V~5.5V : ATmega128L
- 4.5V~5.5V : ATmega128

(10) 동작 속도

- 0~8MHz : ATmega128L
- 0~16MHz : ATmega128

(11) 전력소비

- 정상 동작 : 32mA(5V 16MHz)
- 대기 모드 : 16mA(5V 16MHz)
- 전원 차단 모드 : 〈 1mA(5V 25℃ Watchdog Timer Disable)

(12) 동작 온도 범위

- -40℃ ~ +85℃

1.5 ATmega128의 핀 배열

고도로 복잡한 ATmega128 마이크로컨트롤러는 그림 1.5.1과 같이 모두 64개의 핀으로 구성되어 있다. A~G 포트까지 디지털 입출력으로 사용될 수 있는 53개의 핀은 모두 특수한 기능을 공유하여 사용할 수 있으며, 기타 핀들은 전원(VCC, AVCC, GND) 및 클록(XTAL1, XTAL2), 리셋(RESET), 프로그램(PEN) 핀은 전용 핀으로 동작한다. 그림 1.5.1에서 Pxn(x는 A~G, n은 0~7)으로 표기된 것은 포트명과 핀 번호를 나타내며, 그 옆에 ()안에 표기된 것은 핀의 특수 기능을 나타낸다. 핀의 특수기능이 2개 이상인 것은 특수 기능을 '/' 기호로 분리하여 표시하였다. 여기에서 $\overline{\text{RESET}}$과 같이 글자 위에 바를 표시한 것은 핀의 논리가 0일 때 해당하는 기능을 수행한다는 뜻이므로 참고한다. 한편, 표 1.5.1은 ATmega128의 핀 기능을 나타내고 있다.

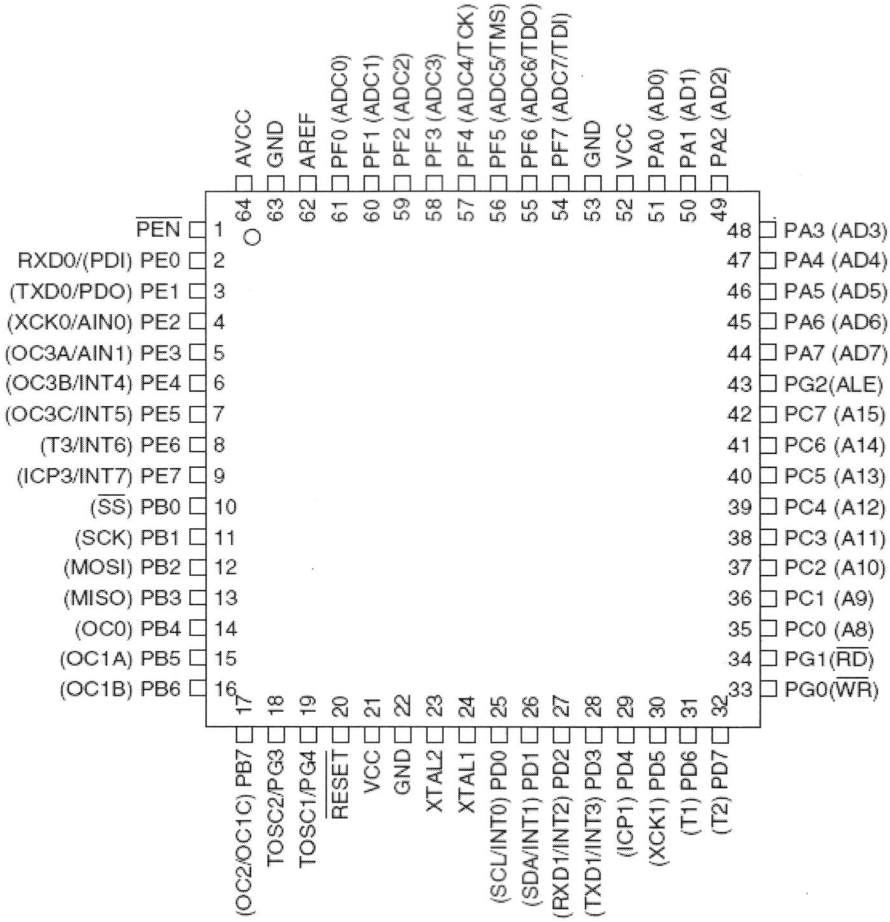

그림 1.5.1 ATmega128의 핀 구성

표 1.5.1 ATmega128의 핀 기능

핀 이름	핀 번호	역 할
VCC	21,52	디지털 공급 전압
GND	22,53,63	기준전압(Ground)
포트 A (PA7~PA0)	44~51	포트 A는 8비트 양방향 I/O 포트로서 내부 풀업저항이 있다. 포트 A는 외부 메모리 제어에 사용될 경우 어드레스(A7~A0)/데이터 버스(D7~D0)로 멀티플렉스 된다.
포트 B (PB7~PB0)	10~17	포트 B는 8비트 양방향 I/O 포트로서 내부 풀업저항이 있다. 포트 B는 타이머/카운터의 PWM 출력 및 SPI 통신 등의 특수기능이 있다.
포트 C (PC7~PC0)	35~42	포트 C는 8비트 양방향 I/O 포트로서 내부 풀업저항이 있다. 포트 C는 외부 메모리 제어에 사용될 경우 상위 어드레스(A15~A8) 버스로 동작한다.
포트 D (PD7~PD0)	25~32	포트 D는 8비트 양방향 I/O 포트로서 내부 풀업저항이 있다. 포트 D는 타이머/카운터의 PWM 출력 및 카운터 입력, 입력 캡쳐 트리거 입력, 외부 인터럽트, USART, TWI 통시 등의 특수기능이 있다.
포트 E (PE7~PE0)	2~9	포트 E는 8비트 양방향 I/O 포트로서 내부 풀업저항이 있다. 포트 E는 외부인터럽트, 타이머/카운터의 PWM 출력, 카운터 입력, 입력 캡쳐 트리거 입력, 아날로그 비교기, USART, ISP 등의 특수 기능이 있다.
포트 F (PF7~PF0)	54~61	포트 F는 8비트 양방향 I/O 포트로서 내부 풀업저항이 있다. 포트 F는 A/D 컨버터의 아날로그 입력, JTAG 디버깅 신호 등의 특수 기능이 있다.
포트 G (PG4~P0)	18,19,33,34,43	포트 A는 8비트 양방향 I/O 포트로서 내부 풀업저항이 있다. 포트 G는 TOSC1과 TOSC2 단자에 32.768KHz의 크리스탈을 연결하여, RTC로 이용할 수 있으며, 또한 ALE 및 $\overline{\text{WR}}$, $\overline{\text{RD}}$ 등은 외부 SRAM을 제어하는 신호로 사용된다.
$\overline{\text{RESET}}$	20	외부 리셋 핀
XTAL1	24	반전 발진 증폭기 및 내부 클록 회로 입력
XTAL2	23	반전 발진 증폭기로부터의 출력
AVCC	64	ADC 및 포트 F에 대한 공급 전압
AREF	62	ADC 기준 전압
$\overline{\text{PEN}}$	1	저전압 직렬 프로그래밍 모드에 대한 프로그래밍 인에이블

1.6 ATmega128의 블록도

그림 1.6.1은 ATmega128의 블록도를 나타내고 있다. AVR 코어는 32개의 범용 레지스터와 풍부한 명령이 결합되어 진다. 32개의 범용 레지스터는 ALU(Arithmetic Logic Unit)와 직접 연결되고 하나의 클록에 하나의 명령을 처리한다. 이 처리 구조는 CISC 마이크로컨트롤러보다 10배 가량 빠른 능률적인 구조를 갖는다.

ATmega128은 다음의 특징을 제공한다.

- Read-While-Write 특성을 가지며 ISP가 가능한 128KBytes의 플래시 메모리
- 4KBytes EEPROM
- 4KBytes SRAM
- 53개의 범용 I/O 라인
- 32개의 범용 레지스터
- 실시간 카운터(RTC)
- Compare Mode와 PWM과 함께 응용되는 4개의 타이머/카운터
- 2개의 USART(범용 동기식·비동기식 송수신기)
- 1바이트 단위로 통신하는 TWI(Two Wire Interface)
- 8개 채널의 10비트 ADC(이득 조절이 가능한 차동입력 지원)
- 내부 발진기로 동작하는 프로그램 가능한 WDT(Watchdog Timer)
- SPI 직렬 포트
- IEEE std. 1149.1 JTAG 인터페이스로 On-chip Debug와 프로그래밍 그리고 6개의 절전모드를 접근할 수 있다.
- 휴면 모드에서 CPU는 정지하지만 SRAM, 타이머/카운터, SPI 포트 그리고 인터럽트 시스템은 계속 유지된다.
- 절전모드시 레지스터의 내용은 유지되지만, 오실레이터는 일시 정지됨과 동시에 다음 인터럽트가 발생하거나, 하드웨어 리셋이 발생될 때 까지는 칩 기능이 정지된다.
- 절전모드에서 비동기 타이머는 계속해서 유지되고, 사용자로 하여금 기본 타이머는 사용하도록 허락하는 반면에 다른 장치들은 휴면 상태에 진입한다.

- ADC 잡음 감쇠 모드에서는 ADC가 진행되는 동안 변환 노이즈를 최소화시키기 위해서 비동기 카운터와 ADC를 제외하고, CPU와 I/O 모듈이 정지된다. 스탠바이 모드에서는 오실레이터는 작동되고 반면 다른 장치들은 휴면 상태에 진입한다. 이 모드는 전력 소비를 감소시킴과 동시에 매우 빠른 구동을 지원한다. 확장 스탠바이 모드에서는 주 클록과 비동기 타이머는 유지된다.
- On-chip SIP 플래시 메모리는 AVR 코어에서 On-chip 부트 프로그램이나 전형적인 비휘발성 메모리 프로그래머에 의해서 SPI 시리얼 인터페이스를 사용하는 동안 시스템 안에서 프로그램 메모리가 다시 프로그램 될 수 있도록 허용한다. 부트 프로그램은 응용 플래시 메모리에 어플리케이션 프로그램을 다운로드 할 수 있도록 어떠한 인터페이스도 사용할 수 있다.
- 부트 플래시 메모리 영역에 있는 소프트웨어는 어플리케이션 플래시 메모리 영역이 업데이트 되는 동안 구동되고, 쓰기 동작 동안 읽는 동작이 가능하도록 지원한다. 모놀리틱 칩상에서 구현된 In-System Self-Programmable 플래시 메모리로 구현된 8비트 RISC CPU와 결합됨으로써, ATMEL ATmega128은 유연성이 강하고, 많은 임베디드 컨트롤 어플리케이션에 적용할 수 있는 저비용 솔루션을 제공하는 강력한 마이크로컨트롤러이다.

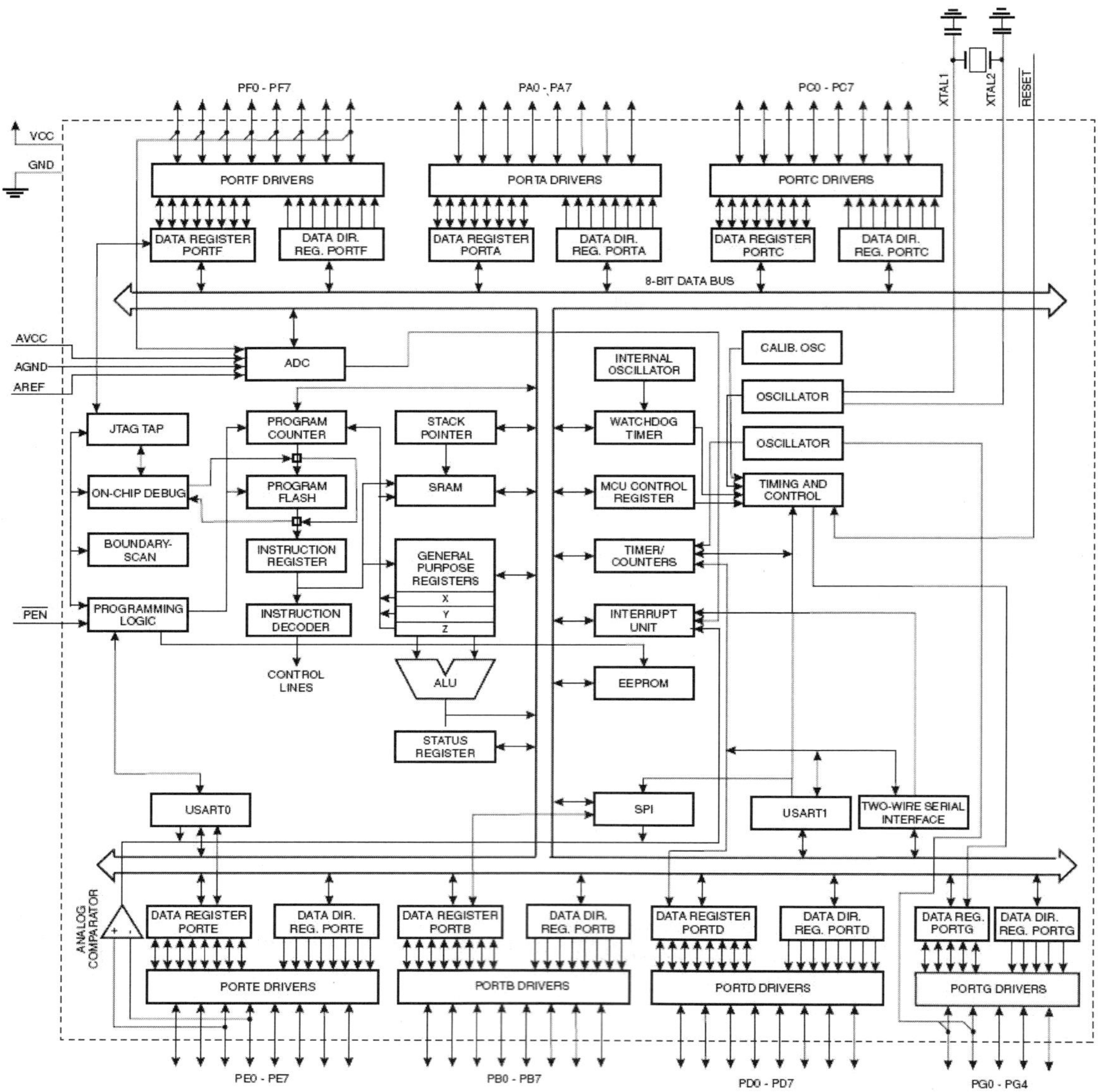

그림 1.6.1 ATmega128의 블록도

1.7 ATmega128의 내부 구조

그림 1.7.1은 ATmega128의 내부 구조를 나타내고 있다. AVR은 퍼포먼스와 패러럴리즘을 최대한 활용하기 위해 메모리와 버스가 프로그램과 데이터로 분리된 하바드 구조(Harvard architecture)를 사용한다. 하나의 명령이 처리되는 동안 다음 명령은 프로그램 메모리로 부터 프리-패치 된다. 이 개념은 모든 클록 사이클에서 명령이 처리되는 것을 가능하게 한다.

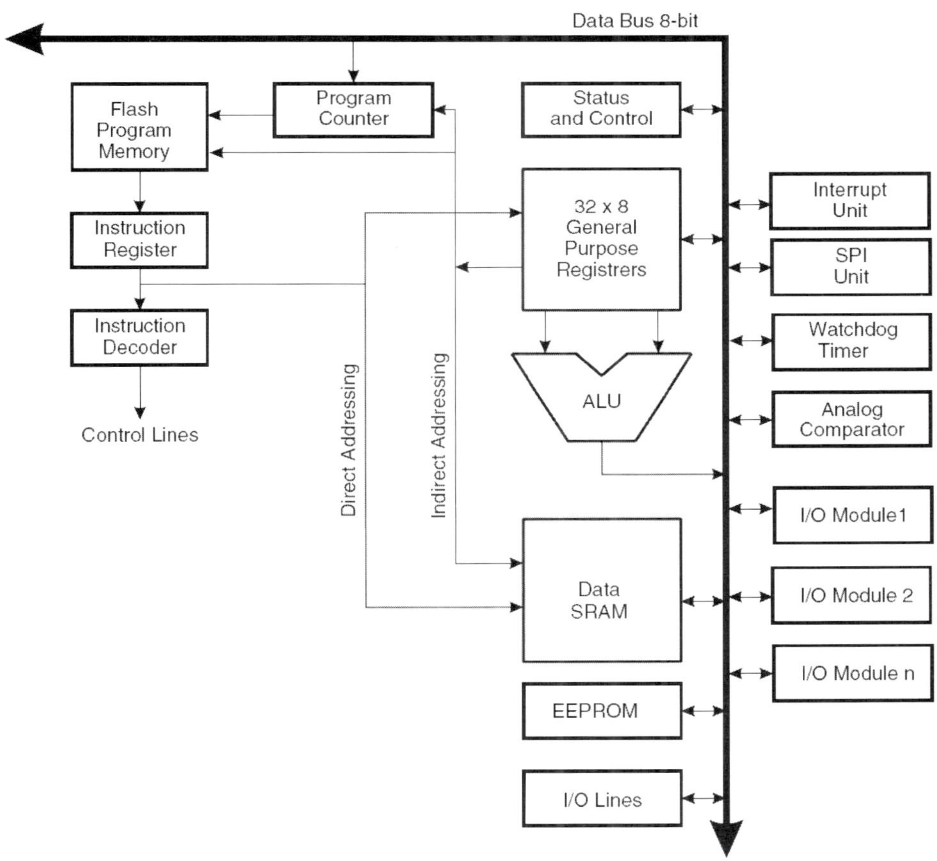

그림 1.7.1 ATmega128의 내부 구조

AVR의 프로그램 메모리는 시스템 내에 존재하며 프로그래밍 후 다시 프로그래밍이 가능한 플래시 메모리다. 한편, AVR은 하나의 클록 사이클 시간에 빠르게 접근할 수 있는 8비트의 32개의 범용 목적 레지스터를 포함하고, 이것은 ALU(Arithmetic Logic Unit)와 연동한다. 32개의 레지스터 중 6개는 능률적인 어드레스 계산을 가능케 하는 데이터 공간 어드레싱을 위한 3개의 16비트 간접 어드레스 레지스터 포인터로 사용될 수 있다. 또한 이 어드레스 포인터 중 하나는 플래시 프로그램 메모리 안의 룩업 테이블을 위한 어드레스 포인터로 사용될 수 있다. 이 기능의 레지스터를 16비트 크기를 가진 X 레지스터, Y 레지스터 그리고 Z 레지스터라 한다.

AVR의 ALU는 하나의 클록 사이클 안에 두 피연산자(operand)는 레지스터로 부터 출력되고, 처리하며, 결과를 레지스터에 저장하는 전형적인 ALU로 동작 한다. ALU는 레지스터간 또는 상수와 레지스터간의 산술 및 논리연산을 지원한다. 또한 ALU는 단일 레지스터만으로도 산술 및 논리연산을 처리할 수 있다. 산술연산 후 상태 레지스터는 처리 결과를 반영하여 새롭게 업데이트 된다. 조건문, 분기 명령, 명령 호출, 직접 어드레스 접근 등 대부분 AVR 명령들은 16비트로 된 하나의 포맷을 가지며, 프로그램 메모리에는 16비트 또는 32비트 명령으로 구성된다.

프로그램 플래시 메모리 공간은 부트 프로그램 섹션과 어플리케이션 프로그램 섹션 등 두 섹션으로 나뉜다. 두 섹션은 전용 락(Lock) 비트를 제어하여 쓰기 및 읽기/쓰기 형태로 보호할 수 있다. 한편, SPM 명령으로 어플리케이션 플래시 메모리 섹션 안에 쓰기를 하려할 때 SPM 명령은 반드시 부트 프로그램 섹션에 위치해야 한다.

인터럽트 요청과 서브루틴 처리 중에는 복귀 어드레스(프로그램 카운터 값)는 스택(Stack)에 저장된다. 스택(Stack)은 범용 데이터 SRAM에 할당된다. 따라서 스택의 크기는 오직 전체 SRAM 크기와 기 사용된 SRAM 등으로 제한된다.

모든 사용자 프로그램은 반드시 리셋 루틴(서브루틴이나 인터럽트가 실행되기 전)에 SP(Stack Pointer)를 초기화해야 하며, 스택 포인터는 읽기 및 쓰기가 가능하다.

데이터 SRAM은 AVR 구조에서 지원되는 5가지 다른 어드레스지정 방식을 통하여 쉽게 접근될 수 있다.

인터럽트 모듈은 상태 레지스터에 전역 인터럽트를 허용하는 비트(SREG 레지스터의 7번째 I 비트)와 제어 레지스터를 가지고 있다. 모든 인터럽트는 인터럽트 벡터 테이블 안에 분리된 인터럽트 벡터를 가지고 있으며, 인터럽트 벡터의 위치에 따라 우선순위를 갖는다. 다시 말해 인터럽트는 낮은 인터럽트 벡터 어드레스가 더 높은 우선권을 갖는다.

(1) ALU(Arithmetic Logic Unit)

ALU의 기능은 산술연산, 논리연산, 비트 연산 등 3개 부분으로 나뉘어져 있으며, 32개의 범용 레지스터와 직접 연결되어 처리 된다. 산술 연산은 덧셈, 뺄셈, 곱셈, +1, -1, 2의 보수 등의 연산을 말하고, 논리 연산은 AND, OR, XOR, NOT 등의 연산을 말하며, 비트 연산은 시프트, 논리곱, 논리합 등이 있다. 한편, 레지스터 사이의 연산, 레지스터와 상수와의 연산은 대부분 한 번의 시스템 클록으로 수행하며, 곱셈의 경우 2개의 시스템 클록에 동작한다.

(2) 상태 레지스터(Status Register)

AVR의 상태 레지스터는 SREG이며 산술 연산 명령이 실행된 이후의 가장 최근의 결과를 반영한다. 이 결과는 조건 처리 명령 등에서 프로그램의 흐름을 제어하는데 사용될 수 있다. 상태 레지스터는 인터럽트 서브루틴에 진입하거나 복귀할 때 자동으로 저장되거나 복구되지 않으므로, 인터럽트 제어 시 상태 레지스터는 반드시 소프트웨어에서 제어해야 한다. SREG는 ALU의 모든 연산에 따라 최신 값으로 갱신되는데 어셈블리어 명령 테이블을 보고 참조해야 한다.

ATmega128의 상태 레지스터 : SREG

Bit	7	6	5	4	3	2	1	0
	I	T	H	S	V	N	Z	C
Read/Write	R/W	R/W	R/W	R/W	R/W	R/W	R/W	R/W
Initial Value	0	0	0	0	0	0	0	0

– Bit 7 -> I : 전역 인터럽트 인에블

전역 인터럽트 활성화(Global Interrupt Enable) 비트는 인터럽트를 활성화하기 위해 반드시 '1'로 세트 되어야 한다. 인터럽트를 사용하지 않는 경우는 '0'으로 클리어 시킨다. CLI 또는 SBI 명령을 통해 세트시키거나 클리어 시킬 수 있다.

– Bit 6 -> T : 비트 복사 영역

비트 단위 누산기로서 BST(Bit STore), BLD(Bit LoaD) 명령에 사용되는 레지스터로 레지스터 항으로부터 특정 레지스터의 비트를 복사할 때 BST에 의해 해당 비트가 SREG의 T(6번 비트)에 저장되고 BLD 명령에 의해 이 비트가 읽어져 대상 레지스터에 저장된다.

– Bit 5 -> H : Half 캐리 플래그
산술 연산에서 보조 캐리가 발생한 상태를 나타내고, BCD 연산에 유용하게 사용되는 플래그 비트다.

– Bit 4 -> S : 부호 비트, S=N⊕V
플래그 N(음수 플래그)과 플래그 V(2의 보수 연산의 오버플로우 플래그)를 XOR한 결과 값이다. 이것은 부호가 있는 정수와 부호가 없는 정수의 크기를 비교할 때 사용될 수 있다.

– Bit 3 -> V : 2의 보수 오버플로우 플래그
2의 보수 연산에서 오버프로우가 발생하면 논리 1로 설정된다.

– Bit 2 -> N : 음수 플래그
산술 연산이나 논리 연산의 결과가 음수가 되었을 때 논리 1로 설정된다.

– Bit 1 -> Z : 0 플래그
산술 연산이나 논리 연산의 결과가 0이 되었을 때 논리 1로 설정된다.

– Bit 0 -> C : 캐리 플래그
산술연산이나 논리 연산의 결과에서 자리올림이 발생했을 때 논리 1로 설정되며, 감산에서는 자리 내림을 나타낸다.

(3) 범용 레지스터

범용 레지스터는 명령을 처리하기 위해 입출력에 관련한 레지스터 항을 제공한다.

– 하나의 8비트 출력 오퍼랜드와 하나의 8비트 결과 입력
– 두개의 8비트 출력 오퍼랜드와 하나의 8비트 결과 입력
– 두개의 8비트 출력 오퍼랜드와 하나의 16비트 결과 입력
– 하나의 16비트 출력 오퍼랜드와 하나의 16비트 출력 입력

그림 1.7.2는 ATmega128의 32개의 범용 레지스터이고, 8비트로 구성되어 있으며, 이들

중 R26 ~ R31은 X, Y, Z 레지스터로 사용될 수 있으며 이들은 데이터 영역에 16비트의 간접 어드레스 지정 방식에 사용된다. 특정 어드레스 어드레싱, 자동 어드레스 증가, 자동 어드레스 감소 등 어드레싱 모드로 동작한다. 또한 Z 레지스터는 64KBytes의 데이터 메모리 공간을 직접 어드레싱하거나 128KBytes의 프로그램 메모리 공간을 간접 어드레싱 또는 호출 시 사용된다.

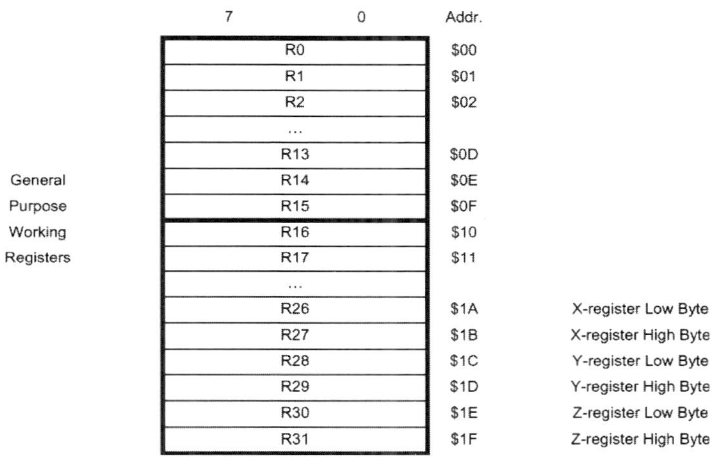

그림 1.7.2 AVR의 범용 레지스터

(4) 스택 포인터(Stack Pointer)

스택 포인터는 주로 임시 데이터를 저장하거나 지역변수 또는 인터럽트와 서브루틴 콜 이후에 복귀하기 위한 어드레스를 저장하기위해 사용된다. 스택 포인터는 초기화시 항상 스택의 최대 포인트를 가리키도록 한다. 스택 포인터는 상위 메모리 영역에서 하위 메모리 영역으로 향하도록 동작하는 것을 유념해야 한다. 스택 포인터의 초기값은 적어도 0x60 이상으로 설정 되어야 한다.

ATmega128의 스택 포인터 – SPH / SPL

Bit	7	6	5	4	3	2	1	0	
	SP15	**SP14**	**SP13**	**SP12**	**SP11**	**SP10**	**SP9**	**SP8**	**SPH**
	SP7	**SP6**	**SP5**	**SP4**	**SP3**	**SP2**	**SP1**	**SP0**	**SPL**
Read/Write	R/W	R/W	R/W	R/W	R/W	R/W	R/W	R/W	
	R/W	R/W	R/W	R/W	R/W	R/W	R/W	R/W	
Initial Value	0	0	0	0	0	0	0	0	
	0	0	0	0	0	0	0	0	

(5) RAM Page Z 선택 레지스터

RAM Page Z 선택 레지스터 : RAMPZ

Bit	7	6	5	4	3	2	1	0
	-	-	-	-	-	-	-	RAMPZ0
Read/Write	R	R	R	R	R	R	R	R/W
Initial Value	0	0	0	0	0	0	0	0

– Bit 7:1 -> Reserved 비트

예약된 비트로 읽게 되면 항상 0으로 읽어진다.

– Bit 0 -> RAMPZ0 : Extended RAM Page Z-pointer

RAMPZ 레지스터는 64KBytes의 RAM Page를 사용할 때 Z 포인터에 의해 접근한다.

RAMPZ0 = 0 : 프로그램 메모리 어드레스 $0000 ~ $7FFF (하위 64KBytes)를 ELPM/SPM 명령으로 접근한다.

RAMPZ0 = 1 : 프로그램 메모리 어드레스 $8000 ~ $FFFF (상위 64KBytes)를 ELPM/SPM 명령으로 접근한다.

(6) 명령처리 시간

AVR은 내부에 클록 분할 장치를 사용하지 않고 칩에 의해 선택된 클록이 CPU Core와 직접 연결되어 CPU 클록으로 구동된다. 그림 1.7.3은 하바드 구조에 의해 가능하게 된 명령패치와 명령실행의 평행개념을 보이고 있다. 이것은 기능, 클록, 전력 등을 비용과 비교하여 유일한 해결책이며, 1MHz의 클록으로 1MIPS의 성능을 얻는 파이프라인의 기본 기념이다.

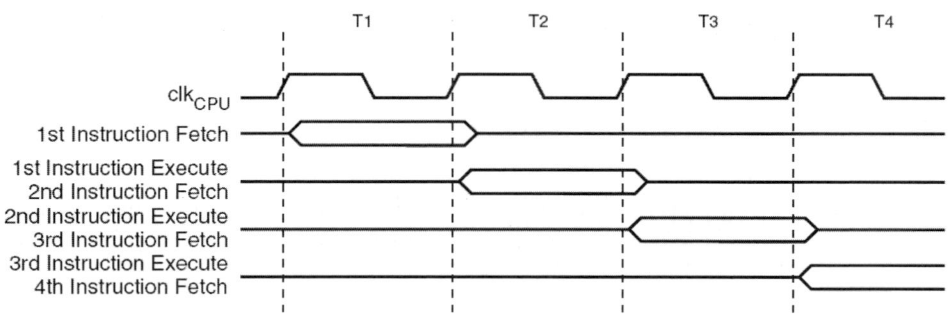

그림 1.7.3 평행한 명령패치와 명령실행

그림 1.7.4는 내부 동작 중 ALU의 동작 사이클을 보이고 있다. 한 사이클 동안 ALU는 두 개의 레지스터를 오퍼랜드로 사용하여 실행되고 결과는 정해진 레지스터에 저장된다.

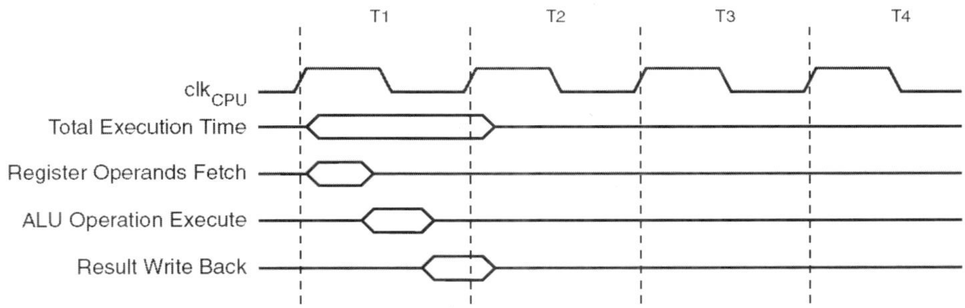

그림 1.7.4 ALU 동작 사이클

(7) 리셋(Reset)과 인터럽트 핸들링(interrupt Handing)

AVR은 각기 다른 인터럽트 소스를 제공하는데, 프로그램 메모리 영역에 분리된 리셋 벡터와 각각의 분리된 프로그램 벡터를 가진다. 모든 인터럽트는 전역 인터럽트 허용하는 레지스터 비트가 세트되면 개별적으로 인터럽트를 허용하게 하여 사용할 수 있다. 프로그램 메모리의 낮은 어드레스 영역에 리셋과 인터럽트 벡터가 정의되어 있다. 또한 인터럽트가 낮은 어드레스의 벡터를 가질수록 높은 우선순위를 갖는다. 가장 높은 인터럽트 우선순위는 리셋이며 그 다음은 외부 인터럽트0(INT0)다. MCU 제어 레지스터 인 MCUCR 레지스터의 IVSEL 비트가 '1'로 세팅되면 인터럽트 벡터는 부트 플래시 메모리 영역에서 시작하도록 이동될 수 있다. 리셋 벡터는 퓨즈 비트(Fuse Bit)인 BOOTRST 비트를 프로그래밍 함으로서 부트 플래시 메모리 영역에서 시작하도록 이동될 수 있다.

인터럽트가 발생할 때 전역 인터럽트 인에이블 비트가 '0'으로 클리어 되면, 모든 인터럽트는 발생하지 않는다. 소프트웨어에 의해 인터럽트가 사용 가능하도록 I 비트에 '1'을 설정할 수 있다. 이 때 개별적으로 허용된 모든 인터럽트들은 발생할 수 있다. I 비트는 인터럽트 명령 RETI가 실행 될 때 세트 되도록 자동 반환된다.

인터럽트는 본래 2가지 타입이 있다. 첫 번째 타입은 인터럽트 플래그를 세트하는 것으로 트리거 되는 것이다. 이런 인터럽트를 위해 프로그램 카운터는 정해진 인터럽트를 수행하도록 실제의 인터럽트 벡터로 유도되고, 하드웨어적으로 연관된 인터럽트 플래그는 논리 0으로 클리어 된다. 인터럽트 플래그는 또한 해당 위치의 플래그를 논리 1로 설정함으로서 클리어 될 수 있다. 만일 관련한 인터럽트 허용 비트가 클리어 된 인터럽트 상태에서 인터럽트가 발생한다면, 인터럽트 플래그는 세트되고 인터럽트가 허용될 때까지 기억하며, 플래그는 소프트웨어적으로 클리어 시킬 수 있다. 마찬가지로, 만약 하나 또는 그 이상의 인터럽트가 전역 인터럽트 허용 비트가 클리어 된 발생하게 되면, 관련된 인터럽트 플래그는 세트 되며 전역 인터럽트 허용 비트가 세트 될 때까지 기억하고 있다가, 전역 인터럽트가 허용되면 우선순위에 의해 실행된다.

두 번째 타입은 인터럽트 조건을 만족하는 한 계속 발생하는 인터럽트이다. 이러한 인터럽트는 인터럽트 플래그를 필요로 하지 않으며, 만약 인터럽트가 허용되기 전에 인터럽트 조건이 없어진다면, 인터럽트는 발생되지 않는다.

AVR이 인터럽트에서 빠져나갈 때 대기 중인 인터럽트가 있는 경우에는, 항상 메인 프로그램으로 복귀하여 하나 이상의 명령을 수행한 후에 인터럽트를 만족하기 전이면, 하나 이상의 명령을 수행한 후에, 인터럽트를 수행한다.

상태 레지스터는 인터럽트 서비스 루틴에 진입할 때와 인터럽트 서비스 루틴으로부터 복귀할 때 자동으로 저장되거나 복구되지 않는 것을 유념하여, 소프트웨어에 의해 저장 또는 복구되도록 프로그램 되어야 한다.

다음은 EEPROM에 쓰기 동작을 하는 동안 인터럽트를 무효화 시키는 예제를 Assembly 코드와 C 코드로 나타내고 있다.

Assembly 코드

```
in r16, SREG   ;store SREG value
cli  ;disable interrupts during timed sequence
sbi EECR, EEMWE  ;start EEPROM write
sbi EECR, EEWE
out SREG, r16  ;restore SREG value(I-비트)
```

C 코드

```
char cSREG;
cSREG = SREG; /* store SREG value */
/* disable interrupts during timed sequence */
__disable_interrupt();
EECR |= (1 << EEMWE); /* start EEPROM write */
EECR |= (1 << EEWE);
SREG = cSREG; /* restore SREG value (I-비트) */
```

인터럽트를 비활성화 하기 위해 CLI 명령을 사용할 때, 인터럽트는 즉각 비활성화 된다. 비록 CLI 명령과 인터럽트가 동시에 일어지라도, CLI 명령 이후에 인터럽트는 실행되지 않는다. 한편, 다음의 예제는 인터럽트 전에 인터럽트 허용을 위해 SEI 명령을 사용하는 예를 Assembly 코드와 C 코드로 나타내고 있다.

Assembly 코드

```
sei   ;set global interrupt enable
sleep ;enter sleep, waiting for interrupt
;note: will enter sleep before any pending
;interrupt(s)
```

C 코드

```
__enable_interrupt(); /* set global interrupt enable */
__sleep(); /* enter sleep, waiting for interrupt */
/* note: will enter sleep before any pending interrupt(s) */
```

사용 가능한 모든 AVR 인터럽트가 응답하기 위해서는 최소 4개의 클록 사이클이 필요하다. 4개의 클록 사이클 뒤에 인터럽트 서브루틴을 실행하기 위해 프로그램 벡터로 보내진다. 이 4개의 클록 사이클 동안에, 프로그램 카운터는 스택에 저장된다. 벡터는 보통 인터럽트 루틴으로 점프하는데 3개의 클록 사이클이 필요하게 된다. 만약 인터럽트가 멀티 사이클 명령(Multi Cycle Instruction)을 처리하는 동한 발생하면, 인터럽트가 제공되기 전에 이 명령은 완료된다. 휴면 모드에서 인터럽트가 발생한다면 인터럽트 실행 응답 시간은 휴면 모드에서 재 시작해야 하므로 4개의 클록 사이클만큼 증가한다. 한편, 인터럽트 처리 루틴으로부터 반환하는데 4개의 클록 사이클이 걸린다. 이 4개의 클록 사이클 동안에 2Bytes의 프로그램 카운터는 스택으로 부터 읽어지고, 스택 포인터는 2 만큼 증가한다. 그리고 SREG의 I 비트는 세트 된다.

1.8 ATmega128의 메모리

(1) 프로그램 메모리

AVR ATmega128의 플래시 메모리는 ISP가 가능한 프로그램 메모리로 128KBytes의 크기를 가지고 있다. AVR의 명령은 16비트 또는 32비트 이므로 ATmega128의 128KBytes의 플래시 메모리는 64KBytes × 16비트(2Bytes)로 구성된다. 플래시 메모리는 크게 어플리케이션 섹션과 부트 섹션으로 나누어 사용될 수 있다. 사용자는 어플리케이션 섹션에 프로그램하면 되고, 부트 섹션은 사용하지 않아도 된다. 그림 1.8.1은 ATmega128의 프로그램 메모리 맵으로 PC(Program Counter) 레지스터의 크기가 16비트로 접근 가능한 어드레스 공간은 64KBytes의 크기인 0x0000~0xFFFF로 되어 있으며, 이 공간에 대해 JTAG이나 SPI 모드를 통해 ISP로 접근할 수 있다. ATmega128의 플래시 메모리는 10,000번의 쓰기/삭제가 보장된다.

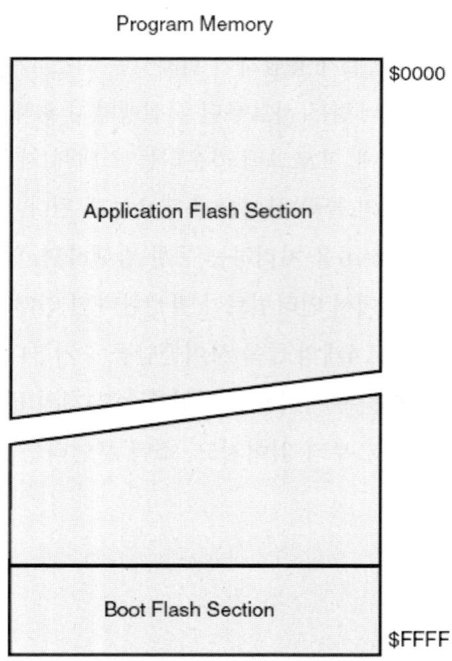

그림 1.8.1 프로그램 메모리 맵

(2) 데이터 메모리

ATmega128은 SRAM에 데이터를 기억시키기 위해 표 1.8.1과 같이 2개의 다른 구성을 지원한다.

표 1.8.1 데이터 메모리 구성

구 성	내부 SRAM 데이터 메모리	외부 SRAM 데이터 메모리
일반 모드	4096Bytes	최대 64KBytes
ATmega103 호환 모드	4000Bytes	최대 64KBytes

그림 1.8.2는 일반 모드와 ATmega103 호환모드로 사용할 수 있는 ATmega128의 데이터 메모리 맵을 보이고 있다. Memory Configuration A는 일반모드이고, Memory Configuration B는 ATmega103 호환모드이다. ATmega128이 일반모드에서 내부에 4352개의 데이터 메모리 영역을 갖는데, 32개 레지스터, 64개 표준 I/O 메모리, 160개 확장 I/O 메모리, 그리고 4096개의 내부 데이터 메모리 순서이다. ATmega103 호환모드에서 내부에 4096개의 데이터 메모리 영역을 갖는데, 32개 레지스터, 64개 표준 I/O 메모리, 4000개의 내부 데이터 메모리 순서이다.

I/O 레지스터 영역에 읽고 쓰기를 위해 IN, OUT 명령을 제공한다. 확장 I/O 레지스터 영역($60 ~ $FF)은 오직 ST/STS/STD와 LD/LDS/LDD 명령만 사용될 수 있다. ATmega128이 ATmega103 호환모드로 사용될 때 확장 I/O 영역은 존재하지 않는다.

ATmega128은 선택에 의해 외부 데이터 SRAM을 사용할 수 있다. 이 SRAM은 64KBytes 어드레스 공간에 남아있는 어드레스 영역을 차지한다. 이 영역의 시작 어드레스는 내부 SRAM을 따른다. ATmega128이 일반 모드에서 내부메모리를 4352Bytes를 차지하고, ATmega103 호환모드에서 4096Bytes를 차지하므로, 65536Bytes의 외부메모리는 일반모드에서 61184Bytes, ATmega103 호환모드에서는 61440Bytes를 이용할 수 있다. SRAM에 접근시 내부 데이터 메모리 공간을 초과할 때 같은 명령으로 외부 데이터 메모리에 접근 할 수 있다. 또한 내부 데이터 메모리 접근 시 외부 데이터 메모리 읽기 및 쓰기 스트로부 신호 핀들(PG0와 PG1)은 사용되지 않는다. 외부 SRAM의 동작은 MCUCR 레지스터의 SRE 비트를 세트함으로써 이루어진다. 외부 SRAM 접근은 내부 SRAM 접근과 비교하여 바이트당 1 클록 사이클이 추가 된다. 이것은 명령 LD, ST, LDS, STS, LDD, STD, PUSH, POP 이 추가적인 1클록 사이클이 걸린다는 뜻이다. 만약 스택이 외부 SRAM에 놓이면 인터럽트나 서브루틴을 호출하거나 복귀할 때 2Bytes의 프로그램 카운터가 PUSH, POP 하는데 3개의 클록 사이클이 부족하게 된다. 그리고 외부 메모리 접근은 내부의 파이프라인 메모리를 접근하는데 이점이 없게 된다. 외부 메모리 접근시에는 wait-state가 사용된다. 1Byte 메모리 접근시 각각 2, 3 wait-state로 2, 3, 4개의 클록 사이클을 추가 할 수 있다. 이때 인터럽트나 서브루틴 호출 또는 복귀를 위해 5, 6 또는 9개의 클록 사이클이 데이터 시트에 나타난 것과 같이 필요하게 된다.

데이터 메모리를 커버하기 위하여 다음과 같은 5가지의 다른 어드레스 지정 방식이 제공된다.

- 직접(Direct)
- 간접과 치환(Indirect with Displacement)
- 간접(Indirect)
- 간접 선 감소(Indirect with Pre-decrement)
- 간접 후 증가Indirect with Post-increment

한편, 레지스터 항의 R26 부터 R31은 간접 어드레스 지정 포인터 레지스터의 특징을 갖는다.

간접과 치환 모드에서 Y 또는 Z 레지스터에서 주어진 어드레스로 부터 63번 어드레스에 영향을 미친다. 간접 어드레싱 모드에서 자동 선 감소와 후 증가는 X, Y, Z 레지스터가 감소되거나 증가한다. ATmega128의 32개의 범용 레지스터, 64개 I/O 레지스터, 그리고 4096Bytes의 내부 데이터 SRAM은 모든 어드레스 지정 방식을 통해 접근하기 쉽다.

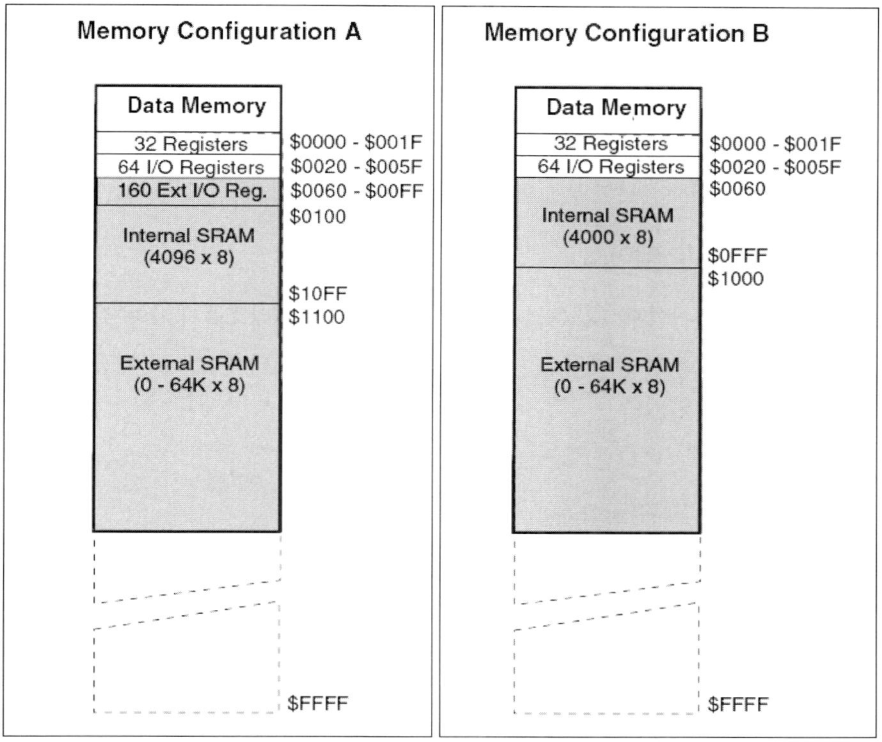

그림 1.8.2 Data Memory Map

(3) EEPROM 데이터 메모리

ATmega128은 칩 내부에 4KBytes의 EEPROM 데이터 메모리를 가지고 있으며 이는 내부 SRAM 영역과는 분리되어 있다. EEPROM은 Byte 단위로 읽고 쓸 수 있는 구조를 가지고 있으며 100,000회의 기록/삭제 수명을 보장한다.

(4) I/O 메모리

ATmega128의 모든 I/O와 주변기기는 I/O 공간에 놓인다. 모든 I/O 영역은 32개의 범용 레지스터와 I/O 공간 사이에 LD/LDS/LDD와 ST/STS/STD 명령에 의해 데이터를 전하면서 접근될 것이다. 어드레스 공간 $00~$1F 사이의 I/O 레지스터들은 SBI 와 CBI 명령을 통해 비트 단위로 직접 접근이 가능하다. 또한 이 레지스터들은 SBIS와 SBIC 명령을 통해 비트를 검사할 수 있다. I/O 어드레스 $00~$3F 사용 시 반드시 IN 과 OUT 이라는 I/O 특정 명령을 사용해야 한다. I/O 레지스터를 데이터 공간으로 어드레싱 할 때 LD와 ST 명령을 사용하는데 이때 어드레스는 반드시 $20 만큼 더해진다. SRAM의 확장 I/O 공간 $60~$FF 을 사용하기 위해서는 오직 ST/STS/STD 그리고 LD/SDS/LDD 명령만이 사용될 수 있다. 장치의 오동작을 막기 위해 예약된 비트를 접근해서 쓰기 동작을 할 때 '0'으로 써야 한다. 또한 예약된 I/O 메모리 어드레스는 쓰기 하지 말아야 한다.

(5) 외부 메모리 인터페이스

메모리 장치와 같은 외부 SRAM과 플래시 메모리, LCD 디스플레이와 같은 주변기기, A/D, D/A 등과 잘 어울려 동작시킬 수 있는 외부 메모리 인터페이스를 제공한다. 이것은 다음의 4가지 특성을 갖는다.

- 4개의 wait-state 세팅(wait-state 없는 경우 포함)
- 다른 외부 메모리 섹터를 위한 독립적인 wait-state 세팅(섹터 크기 구분 가능)
- 어드레스 상위 바이트를 선택 가능 하도록 함을 목적으로 하는 비트들
- 소비를 최소화하는 데이터 라인들의 버스 키퍼(옵션)

그림 1.8.3과 같이 외부 SRAM은 데이터 메모리 공간으로 사용되며 내부의 레지스터와 데이터 메모리(4KBytes SRAM)외에 외부로 확장 가능한 64KBytes의 메모리 영역을 말한다. 외부 메모리를 사용하기 위해서는 MCUCR 레지스터의 SRE(External SRAM/XMEM Enable) 비트가 활성화 되어 있어야 한다. 외부 메모리와 내부 메모리 어드레스가 겹치므로 내부 레지스터와 4K의 SRAM 영역 까지는 내부에서 접근하며 그 이상은 외부에서 접근한다. 이때 A, C, G 포트는 외부 메모리 접근을 위한 버스로 동작하며, 버스를 통해 외부 메모리 또는 주변기기 등을 제어할 수 있다.

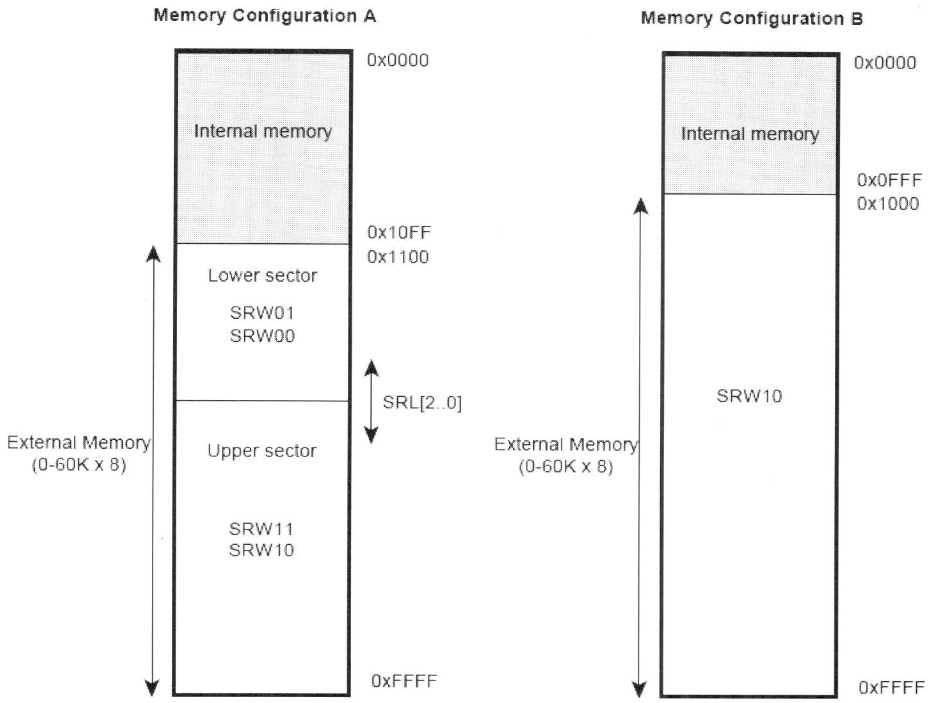

그림 1.8.3 외부 데이터 메모리와 내부 데이터 메모리 선택

외부 메모리의 인터페이스 구성은 다음과 같다.

- AD7:0 : 하위 어드레스 버스와 데이터 버스의 다중 송수신
- A15:8: 상위 어드레스 버스 (비트수 조절 가능)
- ALE: ALE 신호(Address Latch Enable)
- $\overline{RD}$: $\overline{RD}$ 스트로브
- $\overline{WR}$: $\overline{WR}$ 스트로브

외부 메모리 제어에서 이 접근이 외부인지 내부인지를 자동으로 인지하는데, 만약 외부에 접근 시 그림 1.8.4와 같이 어드레스, 데이터, 제어 신호를 포트를 통해 출력한다. 한편, 그림 1.8.4는 wait-state가 없는 외부 데이터 메모리 사이클을 나타낸다.

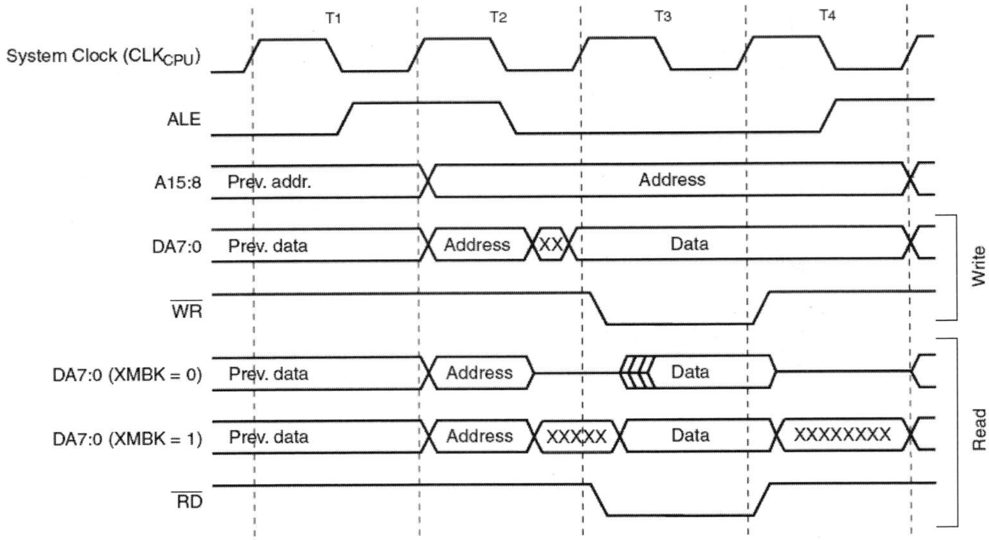

그림 1.8.4 외부 데이터 메모리 사이클

ALE가 High에서 Low로 떨어질 때 AD7:0은 확실한 어드레스를 갖는다. 데이터가 전송되는 동안 ALE는 '0'이다. 외부 메모리 접근이 활성화 되면 내부 메모리 접근 시 또한 어드레스와 데이터, ALE 포트는 활성화 된다. 하지만 $\overline{RD}$와 $\overline{WR}$ 스트로브 신호는 내부 접근시 토글 되지 않는다. 외부 메모리 접근 불능 시에 핀과 데이터 방향 세팅은 정상적으로 사용된다. 그림 1.8.5는 AVR과 외부 SRAM과의 인터페이스를 보이고 있으며, 일반 TTL 74X573과 동등한 것을 사용하여 G가 '1'일 때 전송되어 래치 되는 그림이다.

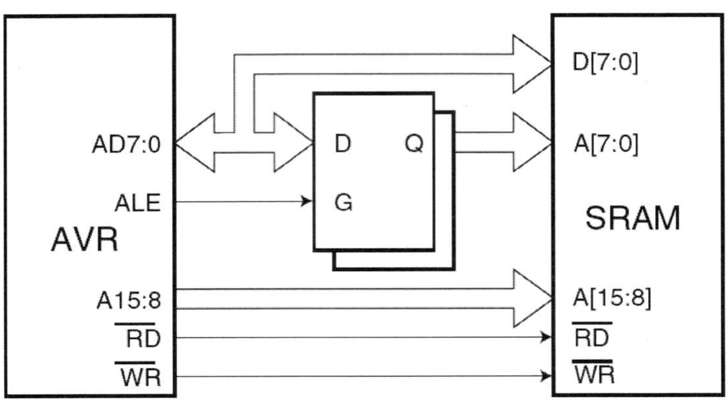

그림 1.8.5 AVR과 외부 SRAM과의 인터페이스

외부 메모리 인터페이스를 위해 MCUCR(MCU Control Register), XMCRA(External Memory Control Register A), XMCRB(External Memory Control Register B) 레지스터의 비트를 제어한다. XMEM 인터페이스가 가능하게 되면 XMEM 인터페이스에 상응하는 전용 포트로 사용되며 데이터 방향 레지스터는 무시된다.

MCUCR : MCU 제어 레지스터

Bit	7	6	5	4	3	2	1	0
	SRE	SRW10	SE	SM1	SM0	SM2	IVSEL	IVCE
Read/Write	R/W	R/W	R/W	R/W	R/W	R/W	R/W	R/W
Initial Value	0	0	0	0	0	0	0	0

– Bit 7 -> SRE : 외부 SRAM/XMEM 인에이블

SRE의 비트가 '0' 이 기록되면 외부 메모리 액세스를 사용하지 않는 모드로 동작하며, 메모리 인터페이스에 사용되는 핀 AD[7:0], A[15:8], ALE, $\overline{RD}$, $\overline{WR}$ 은 일반 I/O 핀으로 사용된다. SRE에 '1'을 기록하면 AVR은 외부 메모리를 엑세스할 수 있으며 AD[7:0], A[15:8], ALE, $\overline{RD}$, $\overline{WR}$ 은 일반 I/O가 아니라 메모리 액세스에 필요한 동작을 한다.

– Bit 6 -> SRW10 : Wait-State 선택 비트

ATmega128의 이전 모델인 ATmega103과의 호환성을 유지하기위해 MCUCR 레지스터에 존재하는 비트로서 Configuration 비트에서 103 호환 모드를 선택할 경우 SRW10에 '1'이 기록되면 외부 메모리 액세스에 하나의 사이클이 추가되어 One Wait State로 동작하게 한다. 그러나 ATmega128 단독 모드로 동작시킬 경우에는 XMCRA 레지스터와 함께 Wait State의 미세한 조정에 사용된다.

XMCRA : 외부 메모리 제어 레지스터 A

Bit	7	6	5	4	3	2	1	0
	-	SLR2	SLR1	SRL0	SRW01	SRW00	SRW11	-
Read/Write	R	R/W	R/W	R/W	R/W	R/W	R/W	R
Initial Value	0	0	0	0	0	0	0	0

– Bit 6:4 -> SRL2, SRL1, SRL0 : Wait-state Sector Limit

다른 외부 메모리를 위해 각기 다른 wait-state를 구성할 수 있다. 외부 메모리 어드레스 공간은 독립된 wait-state 비트를 가지고 두 영역으로 분리될 수 있다. SRL2, SRL1, SRL0 비트는 표 1.8.2에서 보는 것과 같이 섹터를 분리한다. 초기값에 의해 SRL2, SRL1, SRL0은 '0'으로 클리어 되며, 전체의 외부 메모리 어드레스 공간은 하나의 섹터로 간주된다. 전체 SRAM 어드레스 공간이 하나의 섹터로 구성될 때 wait-state는 SRW11과 SRW10 비트로 구성된다.

표 1.8.2 SRL2:0에 의한 섹터 한계 세팅

SRL2	SRL1	SRL0	섹터 한계
0	0	0	하위 섹터 = N/A 상위 섹터 = 0x1100 – 0xFFFF
0	0	1	하위 섹터 = 0x1100 – 0x1FFF 상위 섹터 = 0x2000 – 0xFFFF
0	1	0	하위 섹터 = 0x1100 – 0x3FFF 상위 섹터 = 0x4000 – 0xFFFF
0	1	1	하위 섹터 = 0x1100 – 0x5FFF 상위 섹터 = 0x6000 – 0xFFFF
1	0	0	하위 섹터 = 0x1100 – 0x7FFF 상위 섹터 = 0x8000 – 0xFFFF
1	0	1	하위 섹터 = 0x1100 – 0x9FFF 상위 섹터 = 0xA000 – 0xFFFF
1	1	0	하위 섹터 = 0x1100 – 0xBFFF 상위 섹터 = 0xC000 – 0xFFFF
1	1	1	하위 섹터 = 0x1100 – 0xDFFF 상위 섹터 = 0xE000 – 0xFFFF

– SRW11, SRW10 : wait-state 선택 비트 for Upper 섹터

– SRW01, SRW00 : wait-state 선택 비트 for Lower 섹터

한편, 표 1.8.3과 같이 wait-state를 설정한다.

표 1.8.3 SRWn1과 SRWn0에 의한 wait-state

SRWn1	SRWn0	wait-state
0	0	No wait-state
0	1	Read/Write 스트로브 동안 1 사이클 대기
1	0	Read/Write 스트로브 동안 2 사이클 대기
1	1	Read/Write 스트로브 동안 2사이클 대기와 새로운 어드레스 조정 출력 전 1 사이클 대기

XMCRB : 외부 메모리 제어 레지스터 B

Bit	7	6	5	4	3	2	1	0
	XMBK	-	-	-	-	XMM2	XMM1	XMM0
Read/Write	R/W	R	R	R	R	R/W	R/W	R/W
Initial Value	0	0	0	0	0	0	0	0

– Bit 7 -> XMBK : 외부 메모리 Bus-keeper 인에이블

세트함으로서 Bus-keeper를 활성화 한다. 활성화 되면 AD7:0의 정의된 로직 레벨('0' 또는 '1')이 Tri-State가 되려고 하는 것을 막아준다. XMBK가 '0'으로 씌어지면 Bus-keeper는 비활성화 된다. XMBK는 SRE에 의존하지 않으며 XMEM 인터페이스가 비활성화 되도록 XMBK가 '1'인 동안에 Bus-keeper는 여전히 활성화 된다.

– Bit 2:0 -> XMM2, XMM1, XMM0 : 외부 메모리 High 마스크

외부 메모리가 활성활 될 때 C 포트의 모든 핀은 보통 상위 어드레스 바이트로 사용된다. 만약 60KBytes의 어드레스 공간은 외부 메모리의 접근을 요구되지 않는다면, 일부 또는 전체의 C 포트를 일반 기능을 하는 포트 핀으로 놓일 수 있다. 표 1.8.4를 참조한다.

표 1.8.4 XMM2:0에 의한 외부 메모리 어드레스 비트 제어

XMM2	XMM1	XMM0	외부 메모리 어드레스 비트	릴리즈 된 포트 핀
0	0	0	8	None
0	0	1	7	PC7
0	1	0	6	PC7 – PC6
0	1	1	5	PC7 – PC5

XMM2	XMM1	XMM0	외부 메모리 어드레스 비트	릴리즈 된 포트 핀
1	0	0	4	PC7 – PC4
1	0	1	3	PC7 – PC3
1	1	0	2	PC7 – PC2
1	1	1	No Address High 비트	Full Port C

64KB보다 작은 외부 메모리의 모든 영역 사용하기

그림 1.8.6에 나타난 것처럼 외부 메모리가 내부 메모리의 뒤에 매핑 되기 때문에, 처음 4,352Bytes 데이터 공간이 어드레싱 되지 않는다. 그것은 처음 4352Bytes(외부 메모리 0x0000 부터 0x10FF) 접근하기 어렵게 보일지 모른다. 그러나 64KBytes보다 더 작게 외부 메모리를 연결할 때, 예를 들어 32KBytes 메모리를 연결할 때 이 공간은 0x8000 부터 0x90FF 까지 단순히 쉽게 접근된다. 외부 메모리 어드레스 비트 A15를 외부메모리와 연결하지 않으면, 어드레스 0x8000부터 0x90FF 까지는 외부 메모리의 0x0000 부터 0x10FF 까지로 나타나게 된다.

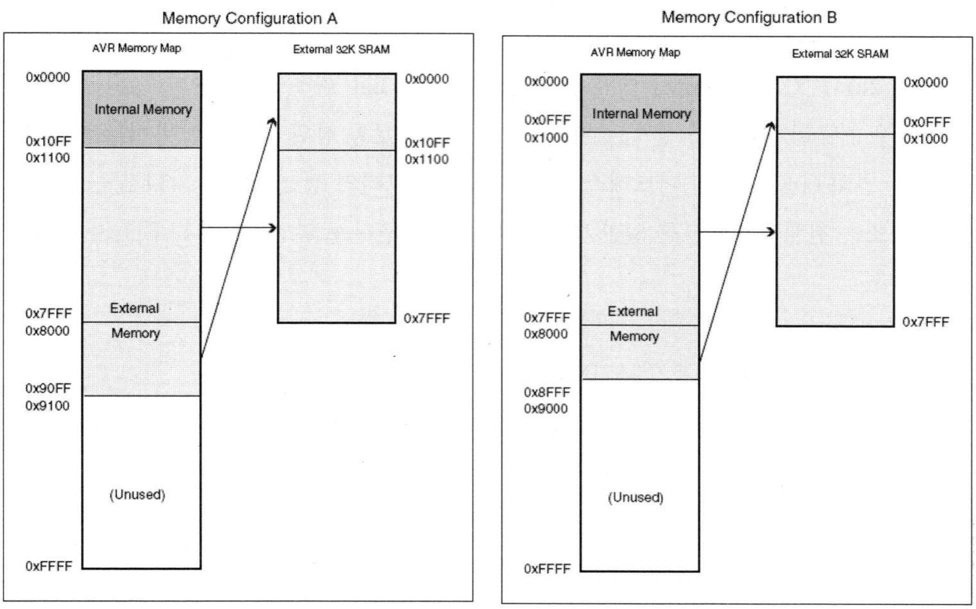

그림 1.8.6 32KBytes 메모리 전체 영역 사용하기

64KBytes의 모든 외부 메모리 사용하기

그림 1.8.6 에서 보여진 것처럼 외부 메모리가 내부 메모리의 뒤에 매핑 되기 때문에, 처음 4,352 Byte 데이터 공간이 어드레싱 되지 않는다. 그것은 처음 4,352 Byte(외부 메모리 0x0000 부터 0x10FF) 접근하기 어렵게 보일지 모른다. 그러나 외부 메모리의 상위 어드레스 비트를 '0'으로 마스킹 함으로써 가능해 진다. 이것은 XMMn 비트와 소프트웨어적으로 어드레스의 최상위 비트들을 제어함으로 할 수 있다. 포트 C에 0x00이 출력되도록 하고, 최상위 비트가 일반 포트 핀으로 동작하도록 처리한 후 0x0000 에서 0x1FFF 까지 메모리에 접근한다. 다음의 Assembly 코드와 C 코드를 참조한다.

Assembly 코드

```
;OFFSET is defined to 0x2000 to ensure
;external memory access
;Configure Port C(address high byte) to
;output 0x00 when the pins are released
;for normal Port Pin operation
ldi r16, 0xFF
out DDRC, r16
ldi r16, 0x00
out PORTC, r16
;release PC7:5
ldi r16, (1 << XMM1) | (1 << XMM0)
sts XMCRB, r16
;write 0xAA to address 0x0001 of external
;memory
ldi r16, 0xaa
sts 0x0001+OFFSET, r16
;re-enable PC7:5 for external memory
ldi r16, (0 << XMM1) | (0 << XMM0)
sts XMCRB, r16
;store 0x55 to address (OFFSET + 1) of
;external memory
ldi r16, 0x55
sts 0x0001+OFFSET, r16
```

C 코드

```
#define OFFSET 0x2000
void XRAM_example(void)
{
    unsigned char *p = (unsigned char *) (OFFSET + 1);
    DDRC = 0xFF;
    PORTC = 0x00;
    XMCRB = (1 << XMM1) | (1 << XMM0);
    *p = 0xaa;
    XMCRB = 0x00;
    *p = 0x55;
}
```

1.9 시스템 클록과 클록 옵션

그림 1.9.1과 같이 AVR의 클록은 시스템 클록을 발생할 수 있는 여러 가지 방법(외부 RC 발진, 외부 클록, 크리스탈, 저주파 크리스탈, 내부 RC 발진)들 중에 선택하여 공급받을 수 있다. AVR의 퓨즈 비트를 설정함으로서 발진 회로를 선택하여 어떤 클록 입력을 사용할 것인지 지정할 수 있다. 이렇게 공급된 클록은 AVR 클록 제어 유닛에 의해 CPU 클록(clk_{CPU}), I/O 클록($clk_{I/O}$), 플래시 클록(clk_{FLASH}), 비동기 타이머 클록(clk_{ASY}), ADC 클록(clk_{ADC})으로 만들어지며 각 모듈에 공급된다. 마이크로컨트롤러 내부의 각 장치들은 모두 항상 동작하지 않을 수 있으며, 소비 전력을 줄이기 위해 현재 동작하는 장치에만 클록을 공급해야 한다. 따라서 ATmega128은 각 장치들의 클록을 별도로 공급할 수 있도록 설계 되었으며, 각 장치의 동작을 선택하여 클록을 공급하거나 차단할 수 있는 여러 가지 슬립모드를 제공하고 있다.

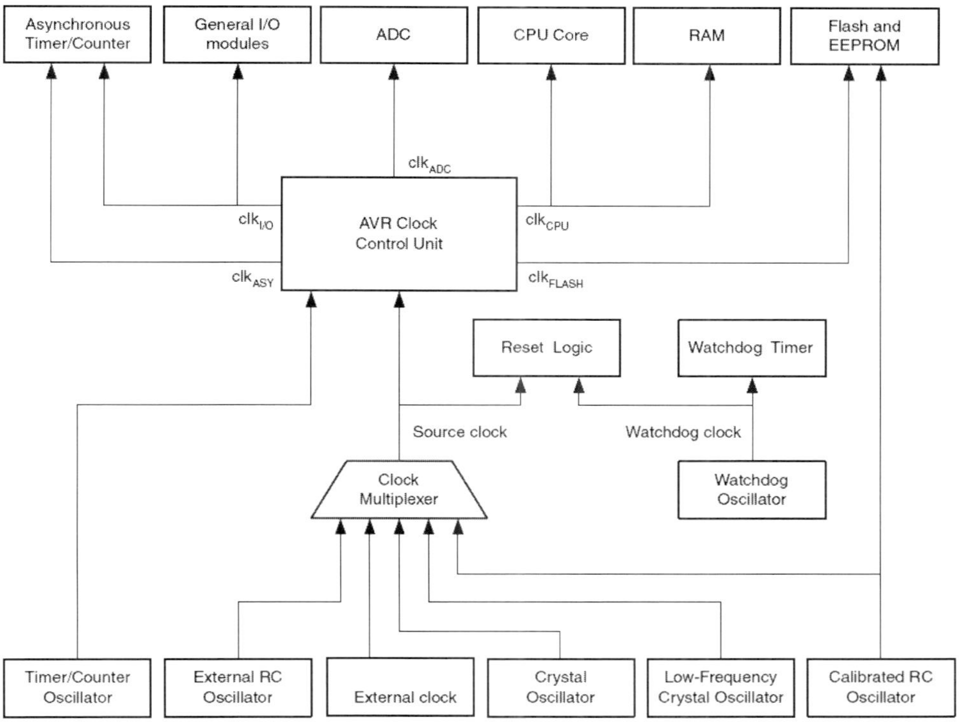

그림 1.9.1 클록 시스템과 클록 분배

- clk_{CPU} : CPU 클록

  CPU 클록은 AVR 코어, 범용 레지스터, 상태 레지스터, 내부 메모리 등에 공급된다.

- $clk_{I/O}$: I/O 클록

  I/O 클록은 I/O 모듈, 타이머/카운터들, SPI 그리고 USART 등에 공급된다.

- clk_{FLASH} : 플래시 클록

  플래시 메모리 제어용 클록으로 일반적으로는 CPU 클록과 동시에 ON/OFF 된다.

- clk_{ASY} : 비동기 타이머 클록

  비동기 타이머에 공급되는 클록으로 AVR의 XTAL1, XTAL2 핀에 의해 공급되는 클록 이외의 실시간카운터로 32.768KHz의 외부 크리스탈에 직접 연결될 수 있다.

- clk_{ADC} : ADC 클록

  ADC에 별도로 공급되는 클록으로 디지털 I/O 회로에서 발생되는 노이즈를 최소화하여 보다 정확한 ADC 변환 결과를 가져올 수 있도록 분리하여 제공한다.

(1) 클록 소스

AVR은 표 1.9.1과 같은 클록 소스 옵션을 갖는다. 이것은 플래시 메모리 퓨즈 비트에 보여 진 데로 선택할 수 있다. AVR 클록 발생기로 부터 입력된 선택된 소스의 클록이며 모듈에 전달된다. 표 1.9.1에서 AVR의 설정 비트는 플래시 방식을 사용하고 있으므로 '1'은 프로그램 되지 않은 상태를 나타내고 '0'이 프로그램 된 상태를 의미한다. ATmega128의 클록은 CKSEL 3:0의 4비트를 설정함으로 외부 크리스탈, 외부 저주파 크리스탈, 외부 RC 발진, 내부 RC 발진, 외부 클록 중에 선택할 수 있도록 되어 있다. AVR의 내부는 각 설정 비트들에 따라 해당되는 공급 클록 방식에 따른 적절한 발진 회로가 선택되어 적절한 클록을 발생시킬 수 있도록 구성되어 있다. 단, 외부 클록을 공급 받도록 설정되면 어떠한 발진 회로도 선택되지 않고 XTAL1 핀이 직접 클록 공급 회로에 연결되므로 회로를 설계할 때 외부 크리스탈에 의해 클록을 공급받도록 설계한 후 클록 옵션을 외부 클록을 직접 공급 받도록 선택하면 크리스탈이 발진되지 않아 AVR에 공급되는 클록이 없어 동작하지 않게 되므로 주의해야 한다.

표 1.9.1 AVR의 클록 옵션

클록 소스	CKSEL 3:0
외부 수정 오실레이터/세라믹 공진기	1111 ~ 1010
외부 저주파 수정 오실레이터	1001
외부 RC 오실레이터	1000 ~ 0101
내부 RC 오실레이터	0100 ~ 0001
외부 클록	0000

(2) 기본 클록 소스

ATmega128은 제품 출하시에 CKSEL="0001", SUT="10"으로 설정되어 있으므로, RC 발진회로에 의해 약 1MHz의 클록으로 동작하게 되고, 긴 시작 지연시간을 가진다. 이것은 AVR이 ISP 또는 병렬 프로그래밍으로 사용자가 원하는 클록 소스를 설정할 수 있다. 리셋 후에 CPU가 동작하기 위해서 전원이 안정적인 수준에 도달할 때까지 시간지연이 필요하며 SUT 비트에 의해 설정된다.

(3) 크리스탈 발진기

그림 1.9.2는 크리스탈 발진 연결도를 나타내고 있다. XTAL1과 XTAL2는 On-chip Oscillator 사용을 위하여 설정된 반전 증폭기의 입력(XTAL1)과 출력(XTAL2)이며, 수정발진기 또는 세라믹 레조네이터를 모두 사용 할 수 있다. CKOPT 퓨즈비트의 설정에 따라 2개의 서로 다른 발진기 증폭 모드 중 하나를 선택할 수 있다. CKOPT가 프로그래밍 되면 발진기 출력은 XTAL2 핀으로 출력된다. 이 모드는 잡음이 많은 환경이거나, XTAL2를 통해 두 번째 클록 버퍼로 출력할 때 사용되며, 광범위한 주파수 범위를 가진다. CKOPT 퓨즈비트가 프로그램 되어 있지 않으면 발진기 회로의 신호는 더 작게 출력되므로, 전력 소모량을 줄여준다. 또한 이 모드는 다른 클록버퍼를 구동하는 데 사용될 수 없다. 한편, 레조네이터는 CKOPT 퓨즈비트의 설정에 의해 제한된 주파수 범위를 갖으며, CKOPT가 프로그래밍 되어있지 않을 때 최대 주파수는 8MHz이고, CKOPT가 프로그래밍 되면 최대 주파수는 16MHz까지 가능하다. 한편, C1과 C2의 용량은 크리스탈과 레조네이터를 사용할 때 항상 같은 값이어야 한다.

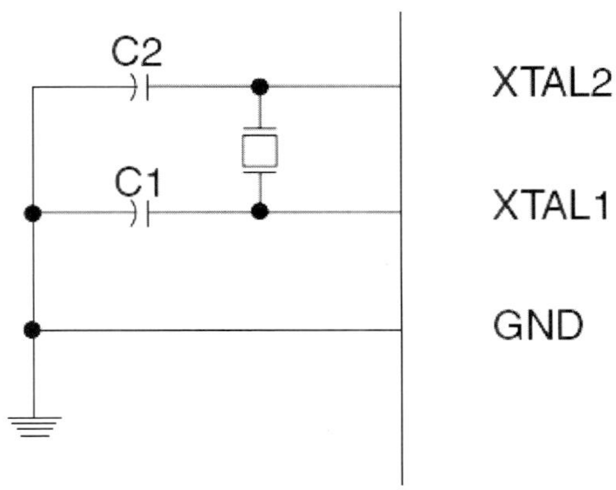

그림 1.9.2 크리스탈 발진 연결도

발진기는 표 1.9.2와 같이 3가지 서로 다른 모드로 동작할 수 있으며, 각각은 특정 주파수 범위에 최적화 되어있다. 발진기의 동작모드는 CKSEL 3:1의 퓨즈비트로 선택된다. 한편, 선택 사항은 수정 발진기에서는 사용할 수 없고, 반드시 세라믹 공진기에서 사용되어야 한다.

표 1.9.2 크리스탈 발진 동작 모드

CKOPT	CKSEL 3:1	주파수 범위(MHz)	권장하는 C1, C2의 값
1	101	0.4 ~ 0.9	–
1	110	0.9 ~ 3.0	12 pF ~ 22 pF
1	111	3.0 ~ 8.0	12 pF ~ 22 pF
0	101, 110, 111	1.0 ~	12 pF ~ 22 pF

표 1.9.3은 크리스탈 발진 클록 선택에서 기동 시간을 나타내고 있다.

표 1.9.3 크리스탈 발진 클록 선택에서 기동 시간

CKSEL0	SUT 1:0	기동 시간	리셋의 경우 추가 지연시간	사용이 권장되는 분야
0	00	258 CK	4.1ms	세라믹 레조네이터, 고속으로 투입되는 전원
0	01	258 CK	65ms	세라믹 레조네이터, 저속으로 투입되는 전원
0	10	1K CK	–	세라믹 레조네이터, BOD 허가
0	11	1K CK	4.1ms	세라믹 레조네이터, 고속으로 투입되는 전원
1	00	1K CK	65ms	세라믹 레조네이터, 저속으로 투입되는 전원
1	01	16K CK	–	수정 발진기 BOD 허가
1	10	16K CK	4.1ms	수정 발진기 고속으로 투입되는 전원
1	11	16K CK	65ms	수정 발진기 저속으로 투입되는 전원

(4) 낮은 주파수 크리스탈 발진기

32.768KHz의 시계 크리스탈을 클록 소스로 사용하고자 할 때 CKSEL 퓨즈를 반드시 "1001"로 선택해야 한다. 이때 연결은 그림 1.9.2와 같이 하면 된다. CKOPT 퓨즈가 프로그래밍 되면 내부에 36pF의 캐패시터가 XTAL1과 XTAL2에 연결되므로 외부의 캐패시터는 제거해야 한다. 표 1.9.4는 낮은 주파수 크리스탈 발진 선택에서 기동 시간을 나타내고 있다.

표 1.9.4 낮은 주파수 크리스탈 발진 선택에서 기동 시간

SUT 1:0	기동 시간	리셋의 경우 추가 지연시간	사용이 권장되는 분야
00	1K CK	4.1ms	고속으로 투입되는 전원 BOD 허가
01	1K CK	65ms	저속으로 투입되는 전원
10	32K CK	65ms	안정적 주파수 기동
11	Reserved		

(5) 외부 RC 발진기

그림 1.9.3은 외부 RC 발진 회로를 나타내고 있다. 시간에 민감하지 않은 응용의 경우 외부 RC 발진기의 설정이 사용되며, 발진 주파수의 방정식은 f=1/(3RC)이며, C는 최소한 22pF 이상이어야 한다. 또한 CKOPT 퓨즈 비트를 프로그래밍 하면 XTAL1과 GND사이에 내부의 36pF 콘덴서를 연결하여 사용할 수 있다. 한편, 표 1.9.5는 외부 RC 발진에서의 동작 모드를, 표 1.9.6은 외부 RC 발진 선택에서 기동시간을 나타내고 있다.

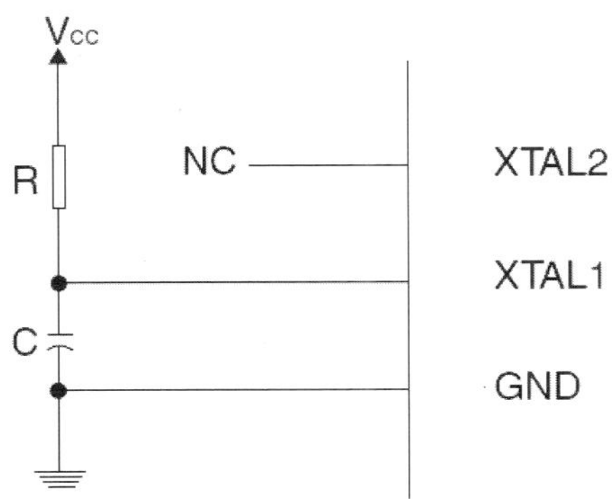

그림 1.9.3 외부 RC 발진 회로

표 1.9.5 외부 RC 발진에서의 동작 모드

CKSEL 3:0	Frequency Range (MHz)
0101	0.1 ~ 0.9
0110	0.9 ~ 3.0
0111	3.0 ~ 8.0
1000	8.0 ~ 12.0

표 1.9.6 외부 RC 발진 선택에서 기동시간

SUT 1:0	기동 시간	리셋의 경우 추가 지연시간	사용이 권장되는 분야
00	18 CK	–	BOD 허가
01	18 CK	4.1ms	고속으로 투입되는 전원
10	18 CK	65ms	저속으로 투입되는 전원
11	6 CK	4.1ms	고속으로 투입되는 전원 또는 BOD 허가

(6) 내부 RC 발진기

내부 RC 발진기는 고정된 1.0, 2.0, 4.0, 8.0MHz의 클록을 제공되며, 모든 주파수는 5V, 25℃의 환경에서의 값이고, CKSEL 퓨즈 비트를 프로그램 함으로써 선택할 수 있는 시스템 클록이다. 또한 내부 RC 발진기는 퓨즈 비트의 설정 후에 외부의 요소 없이 동작하게 된다. 한편, 내부 RC 발진을 선택하여 사용하기 위해서는 CKOPT 퓨즈비트가 프로그램 되지 않아야 한다. ATmega128이 리셋 동작을 하는 동안, 하드웨어는 OSCCAL 레지스터 안에 있는 1MHz 발진을 위한 캘리브레이션 바이트를 읽고, 자동으로 RC 발진기를 조정하게 된다. 5V, 25℃, 내부 RC 발진기가 1MHz 주파수로 선택되었을 때 ±3%내의 주파수로 조정되어 제공된다. 표 1.9.7은 외부 RC 발진에서의 동작모드를, 표 1.9.8은 외부 RC 발진 선택에서의 기동시간을 나타내고 있다.

표 1.9.7 외부 RC 발진에서의 동작모드

CK SEL3:0	중심 주파수 (MHz)
0001	1.0
0010	2.0
0011	4.0
0100	8.0

표 1.9.8 외부 RC 발진 선택에서의 기동시간

SUT 1:0	기동 시간	리셋의 경우 추가 지연시간	사용이 권장되는 분야
00	6 CK	–	BOD 허가
01	6 CK	4.1ms	고속으로 투입되는 전원
10	6 CK	65ms	저속으로 투입되는 전원
11	Reserved		

(7) 발진기 조정 레지스터 : OSCCAL

OSCCAL : 발진기 조정 레지스터

Bit	7	6	5	4	3	2	1	0	
	CAL7	CAL6	CAL5	CAL4	CAL3	CAL2	CAL1	CAL0	OSCCAL
Read/Write	R/W	R/W	R/W	R/W	R/W	R/W	R/W	R/W	
Initial Value	Device Specific Calibration Value								

– Bit 7:0 -> CAL7:0 : 발진기 조정 값

이 레지스터에 조정 바이트를 넣으면 내부 발진기의 균형이 잡히므로 발진 주파수의 변동을 막아준다. ATmega128이 리셋 동작을 하는 동안에 기호 열의 상위 바이트(어드레스 0x00)에 있는 1MHz 조정 값은 자동으로 OSCCAL 레지스터에 저장된다. 만일 내부 RC 발진기가 다른 주파수로 사용된다면, 조정 값은 반드시 수동으로 설정되어야 한다. 이것은 프로그래머에 의해 기호 열을 처음 읽음으로써 이루어지며, 다음에 조정 값을 플래시 메모리나 EEPROM에 저장하면 된다. 이후에는 프로그램에 의해 OSCCAL 레지스터를 읽거나 쓸 수 있게 된다. 한편, OSCCAL이 $00값이면 최저의 주파수가 선택되며, $00이 아닌 값을 OSCCAL 레지스터에 쓰게 되면 내부 발진기의 주파수는 증가된다. 따라서 레지스터에 $FF 값을 쓰게 되면 최고의 가능 주파수로 설정된다. 조정이 완료된 발진기는 EEPROM과 플래시 메모리를 접근하는데 사용된다. 만약 EEPROM이나 플래시 메모리에 쓸 경우, 주파수를 10% 이상 초과하지 않는 범위 내에서 조정 값을 설정하여야 한다. 그렇지 않을 경우, EEPROM이나 플래시 메모리 쓰기에 실패하게 된다. 한편, 표 1.9.9는 내부 RC 발진의 주파수 범위를 나타내고 있다.

표 1.9.9 내부 RC 발진의 주파수 범위

OSCCAL 값	출력 주파수에 대한 % 값에서 최저 주파수	출력 주파수에 대한 % 값에서 최고 주파수
$00	50	100
$7F	75	150
$FF	100	200

(8) 외부 클록

그림 1.9.4는 외부 클록 연결 회로를 나타내고 있다. 외부 클록 신호를 이용해 장치를 동작시키기 위해서는 XTAL1에 외부 클록 신호가 물려야한다. 외부 클록 신호에 의해 장치를 동작시킬 때, CKSEL 퓨즈 비트는 "0000"으로 프로그램 되어야 한다. 사용자는 CKOPT 퓨즈 비트를 프로그램 함으로써 내부의 36pF의 커패시터를 XTAL1과 GND 사이에 연결시킬 수 있다. 외부 클록을 적용하여 사용할 때, MCU의 안정적인 동작을 위해서는 적용된 클록 주파수가 급격히 변하지 않도록 해야 한다. 클록 사이클에서 다음 클록까지의 주파수 변동이 2%보다 커질 경우 예상치 못한 결과를 얻을 수 있다. 만약 이와 같은 클록 주파수의 변동이 있을 동안에는 ATmega128이 RESET 상태가 되도록 하여야 한다. 한편, 표 1.9.10은 외부 클록 선택에서의 기동시간을 나타내고 있다.

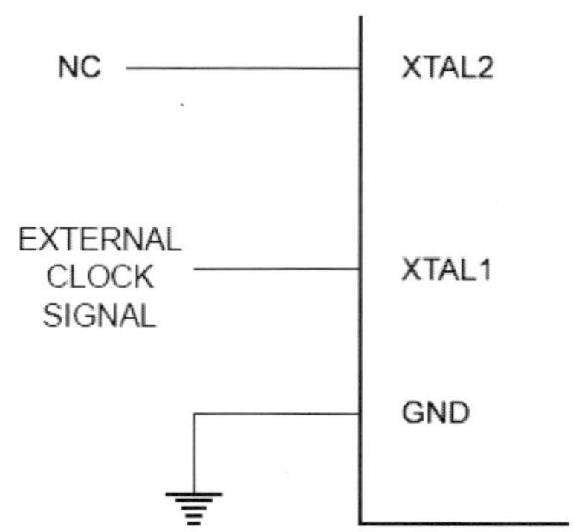

그림 1.9.4 외부 클록 연결 회로

표 1.9.10 외부 클록 선택에서의 기동시간

SUT 1:0	기동 시간	리셋의 경우 추가 지연시간	사용이 권장되는 분야
00	6 CK	–	BOD 허가
01	6 CK	4.1ms	고속으로 투입되는 전원
10	6 CK	65ms	저속으로 투입되는 전원
11	사용하지 않음		

(9) 타이머/카운터 발진기

AVR 마이크로컨트롤러에서 TOSC1과 TOSC2는 타이머/카운터 발진기의 연결 핀으로 사용되며, 크리스탈이 직접 두 핀 사이에 연결되어 사용될 수 있다. 외부 커패시터는 필요하지 않으며 발진기는 32.768KHz 주파수의 시계용 크리스탈을 사용하게끔 최적화 되어있다. 한편, 외부 클록 소스를 TOSC1에 연결하여 사용하는 것은 추천할 만하지 않다.

XDIV 레지스터는 소스 클록 주파수를 2~129 사이의 값으로 나누는데 사용된다. 처리를 위한 전력이 낮게 요구하게 되는 경우에 이 레지스터를 설정하여 전력 소비를 줄일 수 있다.

XDIV : XTAL Divide 제어 레지스터

Bit	7	6	5	4	3	2	1	0
	XDIVEN	XDIV6	XDIV5	XDIV4	XDIV4	XDIV2	XDIV1	XDIV0
Read/Write	R/W	R/W	R/W	R/W	R/W	R/W	R/W	R /W
Initial Value	0	0	0	0	0	0	0	0

– Bit 7 -> XDIVEN : XTAL Divide 인에이블

XDIVEN 비트가 '1'로 설정되는 경우 CPU와 모든 주변장치(clk_{CPU} , $clk_{I/O}$, clk_{FLASH} , clk_{ADC})의 클록 주파수는 XDIV6~XDIV0의 설정에 따라 분주된다. 이 비트는 동작 중에도 어플리케이션에 적당한 클록 주파수로 변화되도록 설정할 수 있다.

– Bit 6:0 -> XDIV6:0 : XTAL Divide 선택 비트 6 ~ 0

이 비트들은 XDIVEN 비트가 1로 설정되는 경우 적용되며, 공급되는 클록을 2~129 사이의 값으로 분주할 수 있다. 이 비트들의 값을 d라고 정의 하고, XDIVEN 비트가 1로

설정 되었다면 주파수 f_{CLK}는 다음과 같이 표현된다.

$$f_{\mathrm{CLK}} = \frac{\text{source clock}}{129 - d}$$

XDIVEN 비트가 0으로 설정 되었을 때 이 비트들의 값을 바꿀 수 있으며, XDIVEN이 '0' 이면 이 값은 무의미해 진다. 한편 MCU의 마스터 클록이 분주하게 되면 모든 주변기기의 속도는 감소된다.

T·I·P

XTAL 분주 레시스터를 이용해 시스템 클록이 분주될 때 Timer/Counter0은 오직 비동기 클록만을 사용해야 한다. 비동기 클록의 주파수는 반드시 분주된 소스 클록 주파수의 1/4 보다 낮아야 하며, 그렇지 않으면 인터럽트를 놓치게 되고, 타이머/카운터0 레지스터의 접근이 실패할 수 있다.

1.10 인터럽트(Interrupt)

인터럽트는 마이크로 컨트롤러를 이용한 시스템 응용에 큰 비중을 차지하며, 메인 프로그램이 동작하는 도중에 미리 설정된 조건과 일치하는 상황이 발생하여 메인 프로그램을 일시적으로 중지시키고, 미리 설정한 인터럽트 서브 프로그램을 수행하는 동작을 의미한다. 서브 프로그램이 완료되면 다시 마지막으로 실행한 메인 프로그램의 다음으로 복귀한다. ATmega128의 내부 및 외부에 인터럽트 소스가 존재하며, 외부에서 발생하는 인터럽트 소스는 외부인터럽트 및 통신관련 인터럽트 등이 있으며, 내부에서 발생하는 인터럽트는 타이머/카운터, ADC, EEPROM, 아날로그 비교기 등이 있다. 마이크로컨트롤러의 인터럽트 프로그램은 함수의 호출 과정과 유사하지만, 인터럽트는 비동기적으로 발생한다는 점에서 일반 함수와 차이가 있다. 이렇게 인터럽트를 처리하는 프로그램을 인터럽트 서비스 루틴(Interrupt Service Routine) 또는 인터럽트 핸들러(Interrupt Handler)라고 부른다.

인터럽트가 발생하면 인터럽트의 요청을 기억하기 위해 해당하는 인터럽트의 플래그 레지스터가 논리 1로 설정되며, 마이크로컨트롤러는 실행중인 메인 프로그램의 프로그램 카운터 값을 스택에 저장한 후에 인터럽트 벡터 테이블에서 인터럽트의 서비스 프로그램이 저장된 주소를 얻어 서비스 프로그램으로 점프한다. 인터럽트 서비스 프로그램은 요청된 인터럽트가 처리해야할 일을 작성해 둔 프로그램을 의미한다. 인터럽트 서비스 프로그램을 수행한 후에 작업이 완료되면 인터럽트 요청이 발생한 다음 지점으로 복귀하고, 인터럽트 발생 이전에 처리하던 메인 프로그램을 다시 정상적으로 실행하게 된다. 그러나 인터럽트 소스 중 하나인 리셋은 프로그램 메모리의 0X0000 번지로 즉시 점프하며, RETI 명령을 만나도 인터럽트가 요청된 이전의 위치로 돌아가지 않는다.

(1) ATmega128의 인터럽트 소스

인터럽트 소스는 인터럽트를 요청할 수 있는 발생원을 말하는 것으로, ATmega128에는 리셋을 포함해 모두 35개가 있다. 다음은 ATmega128이 가지고 있는 35개의 인터럽트 소스를 나타낸다.

- 리셋(RESET:External Pin, Power-on, Brown-out, Watchdog, JTAG AVR Reset)
- 외부 인터럽트 0(INT0:External Interrupt Request 0)
- 외부 인터럽트 1(INT1:External Interrupt Request 1)
- 외부 인터럽트 2(INT2:External Interrupt Request 2)
- 외부 인터럽트 3(INT3:External Interrupt Request 3)
- 외부 인터럽트 4(INT4:External Interrupt Request 4)
- 외부 인터럽트 5(INT5:External Interrupt Request 5)
- 외부 인터럽트 6(INT6:External Interrupt Request 6)
- 외부 인터럽트 7(INT7:External Interrupt Request 7)
- 타이머/카운터2 비교 매치(TIMER2 COMP:Timer/Counter2 Compare Match)
- 타이머/카운터2 오버플로우(TIMER2 OVF:Timer/Counter2 Overflow)
- 타이머/카운터1 캡처(TIMER1 CAPT:Timer/Counter1 Capture Event)
- 타이머/카운터1 비교 매치 A(TIMER1 COMPA:Timer/Counter1 Compare Match A)
- 타이머/카운터1 비교 매치 B(TIMER1 COMPB:Timer/Counter1 Compare Match B)
- 타이머/카운터1 오버플로우(TIMER1 OVF:Timer/Counter1 Overflow)
- 타이머/카운터0 비교 매치(TIMER0 COMP:Timer/Counter0 Compare Match)
- 타이머/카운터0 오버플로우(TIMER0 OVF:Timer/Counter0 Overflow)
- SPI 직렬 전송 완료(SPI STC:SPI Serial Transfer Complete)

- USART0 수신 완료(USART0 RX:USART0, Rx Complete)
- USART0 데이터 레지스터 비움(USART0 UDRE:USART0 Data Register Empty)
- USART0 송신 완료(USART0 TX:USART0, Tx Complete)
- ADC 변환 완료(ADC:ADC Conversion Complete)
- EEPROM 준비(EE READY:EEPROM Ready)
- 아날로그 비교기(ANALOG COMP:Analog Comparator)
- 타이머/카운터1 비교 매치 C(TIMER1 COMPC:Timer/Countre1 Compare Match C)
- 타이머/카운터3 캡처(TIMER3 CAPT:Timer/Counter3 Capture Event)
- 타이머/카운터3 비교 매치 A(TIMER3 COMPA:Timer/Counter3 Compare Match A)
- 타이머/카운터3 비교 매치 B(TIMER3 COMPB:Timer/Counter3 Compare Match B)
- 타이머/카운터3 비교 매치 C(TIMER3 COMPC:Timer/Counter3 Compare Match C)
- 타이머/카운터3 오버플로우(TIMER3 OVF:Timer/Counter3 Overflow)
- USART1 수신 완료(USART1 RX:USART1, Rx Complete)
- USART1 데이터 레지스터 비움(USART1 UDRE:USART1 Data Register Empty)
- USART1 송신 완료(USART1 TX:USART1, Tx Complete)
- TWI(I2C) 직렬 인터페이스(TWI:Two-wire Serial Interface)
- SPM 준비 완료(SPM READY:Store Program Memory Ready)

(2) ATmega128의 인터럽트 벡터(Interrupt Vector)

인터럽트 벡터는 인터럽트 서비스 프로그램의 실제 시작 위치를 기억하는 프로그램 메모리의 주소를 의미한다. 다시 말해 인터럽트가 발생하면 인터럽트 벡터로 점프하고, 인터럽트 벡터에서 실제 프로그램 위치를 얻은 후에 점프하여 실행하며, RETI 명령을 만나면 원래의 프로그램 위치로 복귀한다. 한편, 인터럽트 벡터를 모아놓은 메모리 공간을 인터럽트 벡터 테이블이라고 하며, 표 1.10.1은 ATmega128의 인터럽트 벡터 주소, 인터럽트 소스, 인터럽트 설명 등을 나타내고 있다. 여기에서 벡터번호의 숫자가 작을수록 인터럽트 우선순위가 높다. 따라서 RESET 인터럽트가 가장 높은 우선순위를 갖는다.

표 1.10.1 ATmega128의 인터럽트 종류 및 인터럽트 벡터

벡터번호	벡터어드레스	인터럽트 소스	인터럽트 설명
1	$0000	RESET	외부 핀, 전원 인가 리셋, 저전압 검출 리셋, 워치독 리셋, JTAG AVR 리셋
2	$0002	INT0	외부 인터럽트 0
3	$0004	INT1	외부 인터럽트 1
4	$0006	INT2	외부 인터럽트 2
5	$0008	INT3	외부 인터럽트 3
6	$000A	INT4	외부 인터럽트 4
7	$000C	INT5	외부 인터럽트 5
8	$000E	INT6	외부 인터럽트 6
9	$0010	INT7	외부 인터럽트 7
10	$0012	TIMER2 COMP	타이머/카운터2 비교 매치
11	$0014	TIMER2 OVF	타이머/카운터2 오버플로우
12	$0016	TIMER1 CAPT	타이머/카운터1 입력 캡처
13	$0018	TIMER1 COMPA	타이머/카운터1 비교 매치 A
14	$001A	TIMER1 COMPB	타이머/카운터1 비교 매치 B
15	$001C	TIMER1 OVF	타이머/카운터1 오버플로우
16	$001E	TIMER0 COMP	타이머/카운터1 비교 매치
17	$0020	TIMER0 OVF	타이머/카운터0 오버플로우
18	$0022	SPI, STC	SPI 시리얼 통신 완료
19	$0024	USART0, RX	USART0, 수신 완료
20	$0026	USART0, UDRE	USART0, 데이터 레지스터 비움
21	$0028	USART0, TX	USART0, 송신 완료
22	$002A	ADC	ADC 변환 완료
23	$002C	EE READY	EEPROM 준비
24	$002E	ANALOG COMP	아날로그 비교기
25	$0030	TIMER1 COMPC	타이머/카운터1 비교 매치 C
26	$0032	TIMER3 CAPT	타이머/카운터3 입력 캡처
27	$0034	TIMER3 COMPA	타이머/카운터3 비교 매치 A
28	$0036	TIMER3 COMPB	타이머/카운터3 비교 매치 B
29	$0038	TIMER3 COMPC	타이머/카운터3 비교 매치 C
30	$003A	TIMER3 OVF	타이머/카운터3 오버플로우

벡터번호	벡터어드레스	인터럽트 소스	인터럽트 설명
31	$003C	USART1 RX	USART1, 수신 완료
32	$003E	USART1 UDRE	USART1, 데이터 레지스터 비움
33	$0040	USART1 TX	USART1, 송신 완료
34	$0042	TWI	TWI(I2C) 직렬 인터페이스
35	$0044	SPM READY	저장 프로그램 메모리 준비

표 1.10.2에서는 퓨즈 비트의 BOOTRST와 MCUCR 레지스터의 IVSEL 비트 설정에 대해 리셋과 인터럽트 벡터의 위치를 나타내고 있다. 프로그램이 인터럽트 소스를 허용하지 않으면 인터럽트 벡터는 사용되지 않으며, 이런 경우 프로그램 코드는 이 인터럽트 벡터 위치에 놓일 수 있다. 이것은 인터럽트 벡터가 부트 플래시 영역에 있을 경우에 리셋 벡터가 응용 플래시 영역에 위치하는 경우에도 마찬가지이다. 한편, BOOTRST 퓨즈비트가 "1"이면 프로그래밍 된 것이 아니고 "0"이면 프로그래밍 된 것이다.

표 1.10.2 리셋과 인터럽트 벡터 위치

BOOTRST	IVSEL	리셋 벡터 어드레스	인터럽트 벡터의 시작 어드레스
1	0	$0000	$0002
1	1	$0000	부트 리셋 어드레스 + $0002
0	0	부트 리셋 어드레스	$0002
0	1	부트 리셋 어드레스	부트 리셋 어드레스 + $0002

(3) 응용영역과 부트영역 사이의 이동

범용 인터럽트 제어 레지스터는 인터럽트 벡터 테이블의 위치를 제어한다.

MCUCR : MCU 제어 레지스터

Bit	7	6	5	4	3	2	1	0	
	SRE	SRW10	SE	SM1	SM0	SM2	IVSEL	IVCE	MCUCR
Read/Write	R/W	R/W	R/W	R/W	R/W	R/W	R/W	R/W	
Initial Value	Device Specific Calibration Value								

– Bit 1 -〉 IVSEL : 인터럽트 벡터 선택

IVSEL 비트가 '0'으로 되어있으면 인터럽트 벡터는 플래시 메모리의 응용 플래시 영역의 시작위치에 놓이게 되고, 이 비트가 '1'로 설정되어 있으면, 인터럽트 벡터는 플래시 메모리의 부트 플래시 영역의 시작위치로 이동하게 된다. 부트 플래시 메모리 영역의 실질적인 시작 어드레스 위치는 BOOTSZ 퓨즈 비트들에 의해 결정된다. 인터럽트 벡터 테이블의 주소를 변경하는데 의도하지 않은 오류를 막기 위해서 IVSEL 비트를 변경시킬 때 반드시 다음과 같은 쓰기 절차를 따라야 한다.

① 인터럽트 벡터 변경 활성(IVCE) 비트를 '1'로 설정한다.
② 4사이클 이내에 원하는 값을 IVSEL에 기록하며, 동시에 IVCE에 '0'값을 넣는다.

이 절차가 시행되는 동안 IVCE가 '1'이면 모든 인터럽트는 자동으로 비활성화 되어 금지된다. 그리고 IVSEL에 기록한 다음의 명령어 전까지 비활 성화 상태로 유지된다. ①단계 이후에 ② 단계에서 IVSEL이 쓰여지지 않는다면 인터럽트는 4사이클 동안 비활성 화 상태로 남게 되고, 인터럽트는 다시 원상태로 복구된다.

– Bit 0 -〉 IVCE : 인터럽트 벡터 변경 활성화

IVSEL 비트를 변경시키기 위해서는 IVCE 비트는 반드시 논리 1로 설정되어야 한다. IVCE는 논리 1로 설정된 이후 4사이클 동안 유지되며, 하드웨어에 의해 자동으로 '0' 값이 된다.

1.11 외부 인터럽트

외부 인터럽트는 마이크로컨트롤러의 외부 핀의 신호 변화를 트리거 입력으로 하여, 인터럽트를 요청하는 장치를 말한다. 인터럽트 요청시 인터럽트 서비스 루틴으로 점프하기 위해서는 AVR 상태 레지스터인 SREG의 I 비트 값을 '1'로 설정하고, 외부 인터럽트의 개별 허용 설정 레지스터인 EIMSK 레지스터에서 해당하는 비트를 '1'로 설정해 주어야 한다.

SREG : The AVR 상태 레지스터

Bit	7	6	5	4	3	2	1	0
	I	T	H	S	V	N	Z	C
Read/Write	R/W	R/W	R/W	R/W	R/W	R/W	R/W	R/W
Initial Value	0	0	0	0	0	0	0	0

SREG 레지스터의 7번째 비트인 I 비트는 인터럽트 요청시 인터럽트 벡터로 점프하도록 허용하는 전역 인터럽트 인에이블 비트이다. 이 비트는 인터럽트 서비스 루틴 진입시 0으로 클리어 되며, 인터럽트 서비스 루틴을 빠져 나갈 때 다시 논리 1로 설정 된다. 이 레지스터를 논리 1로 설정하기 위해서는 프로그램에서 SREG의 7번 비트가 세트되도록 직접 프로그램하거나, SEI 어셈블리어 명령을 사용할 수 있으며, 논리 0으로 클리어 하기 위해서는 SRE의 7번 비트가 클리어 되도록 직접 프로그램하거나, CLI 어셈블리어 명령을 사용할 수 있다.

EICRA : 외부 인터럽트 상태 레지스터 A

Bit	7	6	5	4	3	2	1	0
	ISC31	ISC30	ISC21	ISC20	ISC11	ISC10	ISC01	ISC00
Read/Write	R/W	R/W	R/W	R/W	R/W	R/W	R/W	R/W
Initial Value	0	0	0	0	0	0	0	0

EICRA 레지스터는 외부 인터럽트0부터 외부 인터럽트3까지의 동작 모드를 선택하는 레지스터이다. ISCn[1:0]이 "00"이면 Low 레벨 모드이고, ISCn[1:0]이 "10"이면 Low 하강 에지 모드이고, ISCn[1:0]이 "11"이면 상승에지 모드가 된다. 표 1.11.1은 외부 인터럽트(0~3)의 동작 모드 선택을 나타내고 있다. 외부인터럽트 3:0은 비동기 방식으로 동작하며 최소 50ns 이상 신호가 유지되어야 정상적으로 작동한다.

표 1.11.1 외부 인터럽트(0~3)의 동작 모드 선택

ISCn1	ISCn0	설 명
0	0	외부 핀 INTn의 논리 '0'일 때 인터럽트를 요청
0	1	예약됨
1	0	외부 핀 INTn이 하강 에지(논리 '1'에서 논리 '0'으로 변할 때)일 때 비동기 인터럽트를 요청
1	1	외부 핀 INTn이 상승 에지(논리 '0'에서 논리 '1'로 변할 때)일 때 비동기 인터럽트를 요청

EICRB : 외부 인터럽트 상태 레지스터 B

Bit	7	6	5	4	3	2	1	0
	ISC71	ISC70	ISC61	ISC60	ISC51	ISC50	ISC41	ISC40
Read/Write	R/W	R/W	R/W	R/W	R/W	R/W	R/W	R/W
Initial Value	0	0	0	0	0	0	0	0

EICRB 레지스터는 외부 인터럽트4부터 외부 인터럽트7까지의 동작 모드를 선택하는 레지스터이다. ISCn[1:0]이 "00"이면 로우 레벨 모드이고, ISCn[1:0]이 "01"이면 에지 검출 모드이고, ISCn[1:0]이 "10"이면 Low 하강 에지 모드이고, ISCn[1:0]이 "11"이면 상승에지 모드가 된다. 여기서 에지 검출 모드는 상승 에지와 하강 에지에서 모두 동작하는 모드를 의미한다. 표 1.11.2는 외부 인터럽트(4~7)의 동작 모드 선택을 나타내고 있다. 외부인터럽트 7:4는 동기 방식으로 동작하며 최소 1 클록 사이클 이상 신호가 유지되어야 정상적으로 작동한다.

표 1.11.2 외부 인터럽트(4~7)의 동작 모드 선택

ISCn1	ISCn0	설 명
0	0	외부 핀 INTn의 논리 '0'일 때 인터럽트를 요청
0	1	외부 핀 INTn이 하강에지 또는 상승에지 일 때 인터럽트를 요청
1	0	외부 핀 INTn이 하강 에지(논리 '1'에서 논리 '0'으로 변할 때)일 때 인터럽트를 요청
1	1	외부 핀 INTn이 상승 에지(논리 '0'에서 논리 '1'로 변할 때)일 때 인터럽트를 요청

EIMSK : 외부 인터럽트 마스크 레지스터

Bit	7	6	5	4	3	2	1	0
	INT7	INT6	INT5	INT4	INT3	INT2	INT1	INT0
Read/Write	R/W	R/W	R/W	R/W	R/W	R/W	R/W	R/W
Initial Value	0	0	0	0	0	0	0	0

EIMSK 레지스터는 외부 인터럽트의 개별적인 인터럽트를 허용하는 레지스터이다. 레지스터의 각 비트가 1로 설정되면 인터럽트를 허용하게 되며, 0으로 설정되면 인터럽트는 허용되지 않는다.

– Bit 7:0 -> INT7:0 : 외부 인터럽트 허용 7:0

EIMSK 레지스터는 외부 인터럽트 0부터 외부 인터럽트7까지의 개별 인터럽트를 허용하는 레지스터이다. 이 레지스터의 각 비트가 논리 '1'로 설정되면 해당하는 인터럽트는 허용된다. 예를 들어 EIMSK 레지스터의 0번 비트가 논리 '1'로 설정되면 외부 인터럽트 0이 허용된다.

EIFR : 외부 인터럽트 플래그 레지스터

Bit	7	6	5	4	3	2	1	0
	INTF7	INTF6	INTF5	INTF4	INTF3	INTF2	INTF1	INTF0
Read/Write	R/W	R/W	R/W	R/W	R/W	R/W	R/W	R/W
Initial Value	0	0	0	0	0	0	0	0

EIFR 레지스터는 외부 인터럽트의 개별적인 인터럽트 요청 상태를 나타내는 레지스터이다. 인터럽트 요청이 있을 때에는 해당하는 비트가 1로 설정되며, 인터럽트 서비스 루틴에 진입하면서 0으로 설정된다.

– Bit 7:0 -> INTF7:0 : 외부 인터럽트 플래그 7:0

외부 인터럽트와 연결된 핀의 논리가 Low 레벨이거나 상승에지 또는 하강에지 될 때 인터럽트가 요구되고 이때 EIFR 레지스터의 해당하는 비트가 1로 설정된다. 이 비트는 외부 인터럽트 서브루틴에 들어갔을 때 0으로 설정된다. 소프트웨어를 통해 이 플래그를 클리어 시키기 위해서는 해당하는 비트를 논리 '1'로 세트해야 한다.

1.12 전원 관리와 휴면모드

휴면 모드는 응용 프로그램에서 전원 절약을 위해 MCU의 모듈들이 사용되지 않도록 셧-다운 시킬 수 있다. AVR은 응용 프로그램의 요구에 맞도록 전원을 소비하는 여러 가지 휴면모드를 제공한다. 6가지 휴면 모드에 진입하는 것은 MCUCR 레지스터의 SE 비트가 '1'로 세트되고, Sleep 명령이 실행되는 것으로 가능하다. MCUCR 레지스터에 SM2, SM1, SM0 비트는 6가지 휴면모드를 선택하도록 하는 비트로 표 1.12.1과 같다. 한편, MCU가 휴면 모드에 있을 때 허용된 인터럽트가 발생하면 MCU는 깨어난다. MCU는 스타트업 시간에 4사이클이 더해 진 후 정지하며, 인터럽트 루틴을 실행하고, Sleep 명령 이후부터 실행을 재개한다. 장치가 휴면 모드에서 깨어나는 동안 레지스터와 SRAM의 내용은 변하지 않는다.

MCUCR : MCU 제어 레지스터

Bit	7	6	5	4	3	2	1	0
	SRE	**SRW10**	**SE**	**SM1**	**SM0**	**SM2**	**IVSEL**	**IVCE**
Read/Write	R/W	R/W	R/W	R/W	R/W	R/W	R/W	R/W
Initial Value	0	0	0	0	0	0	0	0

– Bit 5 -> SE : Sleep 인에이블

– Bit 4:2 ->SM2:0 : Sleep Mode 선택 비트 2, 1, 0

표 1.12.1 6가지 휴면 모드

SM2	SM1	SM0	Sleep Mode
0	0	0	Idle
0	0	1	ADC Noise Reduction
0	1	0	Power-down
0	1	1	Power-save
1	0	0	Reserved
1	0	1	Reserved
1	1	0	Standby
1	1	1	Extended Standby

T·I·P

Standby 모드와 Extended Standby 모드는 오직 외부 크리스탈 또는 레조네이터 만으로 사용 가능하다.

(1) Idle 모드 : 휴면 모드

SM2:0 비트가 "000"으로 써지고, Sleep 명령이 실행되면 Idle모드에 진입하며, MCU를 정지시킨다. 하지만 SPI, USART, 아날로그 Comparator, ADC, TWI, 타이머/카운터, 워치독 타이머, 인터럽트 시스템은 계속해서 동작한다. 이 휴면 모드는 다른 클록들은 동작시키면서 근본적으로 clk_{CPU} , clk_{FLASH}은 차단한다. MCU가 Idel 모드에서 깨어나게 하는 것은 타이머 오버플로우와 USART 송신완료 인터럽트, 내부뿐만 아니라 외부 인터럽트 트리거로 가능하다. 만약 아날로그 비교 인터럽트로부터 깨우기 신호를 무시 하고자 한다면, ACSR(Analog Comparator Control and Status Register)의 ACD 비트를 세트시켜 아날로그 비교기의 전원을 차단시킬 수 있다. 만약 ADC를 활성화하게 되면, 이 Idle 모드에 진입할 때 자동으로 ADC 변환을 시작한다.

(2) ADC Noise Reduction Mode : ADC 잡음 감소 모드

SM2:0 비트가 "001"으로 써지고, Sleep 명령이 실행되면 ADC 잡음 감소 모드로 진입하며, MCU를 정지시킨다. 하지만 ADC, 외부 인터럽트들, TWI 어드레스 워치독, 타이머/카운터0, 워치독 타이머는 계속해서 동작한다. 이 모드는 다른 클록들은 동작시키면서 근본적으로 clk_{CPU} , $clk_{I/O}$, clk_{FLASH}는 차단한다. 이것은 ADC 잡음 환경을 개선하며, 높은 분해능 측정을 가능케 한다. 만약 ADC를 활성화하게 되면, 이 ADC 잡음 감소 모드로 진입할 때 자동으로 ADC 변환을 시작한다. 개별적으로 ADC 변환 완료 인터럽트와 오직 외부 인터럽트, 워치독 리셋, Brown-out 리셋, TWI 어드레스 일치 인터럽트, 타이머/카운터0 인터럽트, SPM/EEPROM 준비 인터럽트, 외부 레벨 인터럽트 INT7:4 또는 INT3:0에 의해 MCU를 ADC 잡음 감소 모드에서 깨울 수 있다.

(3) Power-down Mode : 전원 차단 모드

SM2:0 비트가 "010"으로 써지고, Sleep 명령이 실행되면 전원 차단 모드로 진입한다. 이 모드에서 외부 인터럽트, TWI 어드레스 워치독, 워치독 타이머는 계속해서 동작하며 외부 발진기는 정지한다. 오직 외부 리셋, 워치독 리셋, Brown-out 리셋, TWI 어드레스 일치 인터럽트, 외부 레벨 인터럽트 INT7:4 또는 INT3:0 만으로 MCU를 전원 차단 모드로 깨울 수 있다. 이 전원 차단 휴면 모드는 비동기 모듈들은 동작시키면서 모든 클록 발생을 근본적으로 차단한다.

(4) Power-save Mode : 전원 절감 모드

SM2:0 비트가 "011"으로 써지고, Sleep 명령이 실행되면 전원 절감 모드로 진입한다. 이 모드는 한 가지 예외를 제외하고 모두 전원 차단 모드와 동일하다. 예를 들어 만약 ASSR의 AS0이 세트되면, 타이머/카운터0이 비동기 클록으로 휴면 모드에서 계속 동작한다. 만약 SREG의 I 비트가 세트되고, TIMSK의 해당 비트가 세트되어, 타이머/카운터0의 오버플로우나 비교 캡처 이벤트 중 하나만 발생해도 이 장치는 깨어날 수 있다. 만약 동기 클록을 사용한다면, 전원 절감 모드 대신 전원 차단 모드를 권장한다. 왜냐하면 만약 AS0이 '0'인 전원 절감 모드에서 깨어나는 것은 무시되기 때문이다.

(5) Standby Mode : 대기 모드

SM2:0 비트가 "110"으로 써지고, 외부 크리스탈/레조네이터 클록 옵션이 선택되면 Sleep 명령에 의해 대기 모드로 진입한다. 오실레이터 발진이 계속 되는 것을 제외하면 이 모드는 전원 차단 모드와 동일하다. 대기 휴면 모드에서 깨어나는데 6 클록 사이클이 필요하다.

(6) Extended Standby Mode : 확장 대기 모드

SM2:0 비트가 "111"로 써지고, 외부 크리스탈/레조네이터 클록 옵션이 선택되면 Sleep 명령에 의해 확장 대기 모드로 진입한다. 오실레이터 발진이 계속 되는 것을 제외하면 이 모드는 전원 차단 모드와 동일하다. 확장 대기 휴면 모드에서 깨어나는데 6클록 사이클이 필요하다.

표 1.12.2 5가지 슬립 모드의 동작 요약

	동작되는 클록					오실레이터		슬립 모드로부터의 해제 방법					
슬립 모드	CLK CPU	CLK FLASH	CLK IO	CLK ADC	CLK ASY	메인 클록 인가	타이머 OSC 허가	INT7 ~ INT0	TWI 어드레스 일치	타이머 0	SPM/ EEPROM Ready	ADC	Other I/O
휴면			×	×	×	×	×[2]	×	×	×	×	×	×
ADC 잡음 감소				×	×	×	×[2]	×[3]	×	×	×	×	
전원 다운								×[3]	×				
전원 세이브					×[2]		×[2]	×[3]	×	×[2]			
대기[1]						×		×[3]	×				
확장 대기[1]					×[2]	×	×[2]	×[3]	×	×[2]			

1) 외부 수정 발진기 또는 공진기가 클록 소스로 선택된 경우
2) ASSR 레지스터의 AS 비트가 1로 설정된 경우
3) 단지 INT3:0 또는 INT7:4가 레벨 인터럽트로 동작할 경우

1.13 ATmega128의 타이머/카운터

1.13.1 ATmega128의 타이머/카운터

타이머/카운터는 모든 마이크로 컨트롤러에 내장되어 있고, 다양한 제어 분야에 두루 사용되는 장치이다. ATmega128에는 이런 타이머/카운터가 8비트와 16비트가 각각 2개씩 내장되어 있으며, 이것을 이용하여 주기가 일정하거나 변경되는 PWM 파형을 발생하거나, 외부 입력에 의해 계수하는 동작 또는 외부 입력에 의해 외부 입력의 주파수 또는 주기를 측정할 수 있는 기능을 수행할 수 있다.

– 일반적인 타이머 동작

일반적인 타이머는 타이머/카운터에 인가되는 클록을 받아 업 카운트 동작을 하게 되며,

오버플로우가 발생하면 플래그를 세트시키고, 카운트값을 0으로 초기화 시킨다. 만약 일정한 시간 간격의 오버플로우가 계속해서 발생하도록 설정하기 위해서는 오버플로우 인터럽트 서비스 루틴에서 타이머/카운터의 초기값을 재설정해야 한다.

– PWM 발생 동작

PWM 파형을 발생시키기 위해서는 주기적인 간격으로 오버플로우가 발생하는 타이머/카운터의 설정이 필요하며, 0~최대값 사이의 비교값이 필요하다. 이때 0~비교값, 비교값~오버플로우까지의 상태를 ATmega128의 OC 단자에 각각 '0' 또는 '1'로 출력하여 PWM 파형을 발생한다.

– 토글 동작

PWM 발생 동작과 다르게 비교 매치 기능을 이용하여, 카운트 값과 비교값이 일치하면 카운트값을 0으로 클리어 시킨다. 이때 출력되는 파형을 토글시키는 동작을 수행할 수 있으므로, 듀티비가 50%인 클록을 생성하는데 유용하다.

– 펄스폭 측정 동작

ATmega128의 ICP 단자의 트리거 신호를 입력으로 하여, 타이머/카운터의 값을 일시적으로 캡처한다. 캡처한 결과를 변수에 저장하고, 새로 캡처한 결과와 이전에 캡처한 결과의 차를 계산하여 트리거 신호의 폭을 측정할 수 있다.

– 카운터 동작

ATmega128의 T 단자의 신호 변화를 클록으로 입력 받아 카운트 동작을 수행할 수 있다.

PWM 신호는 그림 1.13.1에 나타난 바와 같이 일정한 주기 P 동안 H의 폭으로 ON는 신호를 의미한다. 즉, H의 시간을 넓게 하면 파형의 평균 면적이 커지게 되고, H의 시간을 좁게 하면 평균 면적이 작아지게 되므로, 출려되는 전압도 면적에 따라 달라진다. 평균 면적의 크기를 디지털 값인 펄스폭(H)으로 제어함으로써 조절하는 방식을 PWM 제어라 하며, 모터의 속도를 변화시키거나 서보 모터와 같이 듀티비(duty ratio)를 조정하여 구동하는 제어 분야에 PWM 제어 신호가 이용된다.

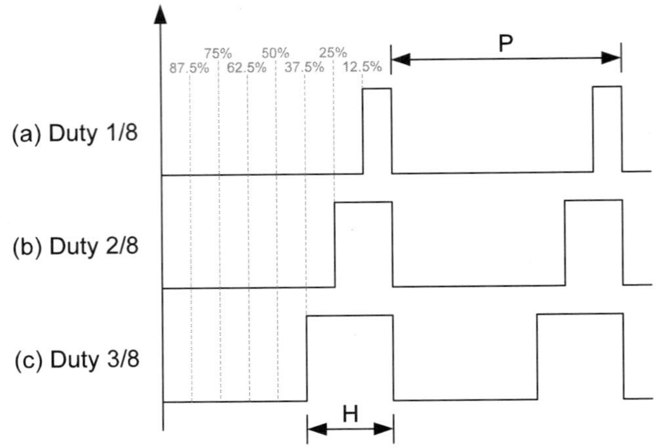

그림 1.13.1 기본적인 PWM 제어

T·I·P

듀티비는 펄스의 주기(T) 시간과 논리 '1'을 갖는 시간(High Pulse Time)의 비율을 의미한다. 따라서 주기가 2ms이고 논리 '1'을 갖는 시간이 1ms라고 가정할 때 듀티비는 50%가 된다.

D = (High Pulse Time) / T * 100 [%]

그림 1.13.2는 PWM 제어의 개념을 나타내고 있다. 비교기의 (+) 입력 단자에 삼각파 또는 톱니파를 입력하고 (-) 입력 단자에 제어 입력신호를 입력하게 되면 비교기의 출력에 PWM 파형의 출력신호가 나타난다. 따라서 비교기의 (+) 입력단자와 (-) 입력단자의 입력되는 전압의 차에 의해 표 1.13.1과 같이 비교기의 출력 전압이 나타나고 이 신호에 의해 트랜지스터는 ON 또는 OFF 된다.

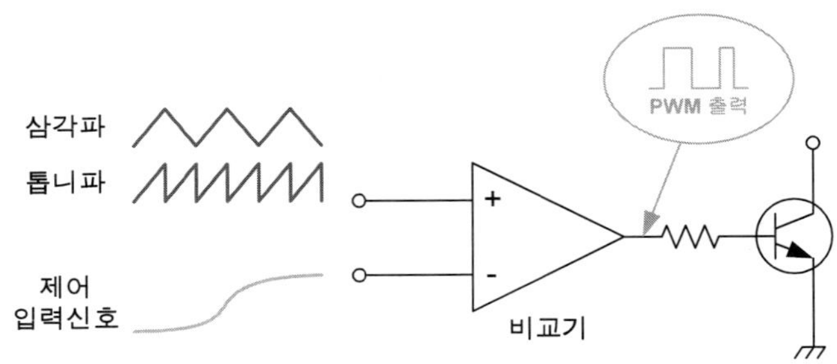

그림 1.13.2 PWM 제어의 개념

표 1.13.1 비교기 입력 조건에 따른 동작

입력조건	비교기 출력	트랜지스터
(+) 입력 전압 〉(−) 입력 전압	H	ON
(+) 입력 전압 〈 (−) 입력 전압	L	OFF

그림 1.13.3은 PWM 신호의 발생 원리를 나타내고 있다. P는 크기가 일정한 PWM 신호의 반송주기이며 주파수는 1/P 이다. H는 펄스가 ON 되는 시간이며 제어 신호 값의 크기에 비례한다. 한편, PWM 신호의 주기는 일정하므로 주기 동안에 ON 되는 시간의 비인 듀티비를 조절하여 제어 신호로 사용할 수 있게 된다. 이는 입력 신호의 값에 대한 아날로그 양을 디지털 신호인 펄스 신호로 바꾸어서 제어 신호로 사용할 수 있다는 것을 의미한다.

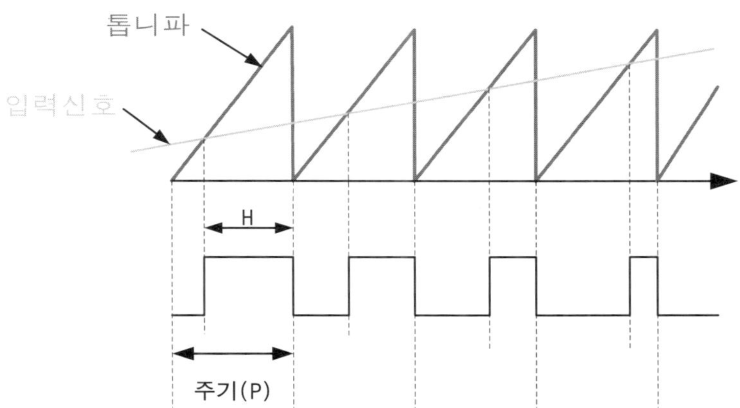

그림 1.13.3 PWM 신호의 발생 원리

ATmega128에서 PWM을 발생하기 위한 파형 발생 모드로 톱니파 모드와 삼각파 모드를 사용할 수 있다. 톱니파와 같은 형태로 파형을 발생시키도록 하는 모드가 고속(Fast) PWM 모드이며, 삼각파와 같은 형태로 파형을 발생시키도록 하는 모드가 PC(Phase Correct) PWM 또는 PFC(Phase and Frequency Correct) PWM 모드가 된다.

ATmega128에는 8비트 타이머/카운터와 16비트 타이머/카운터가 각각 2개씩 내장되어 있으며, 타이머/카운터 0과 타이머/카운터 2는 8비트이고, 타이머/카운터 1과 타이머/카운터 3은 16비트이다. 표 1.13.2는 ATmega128에 내장되어 있는 타이머/카운터의 기능과 특징을 요약하여 나타내고 있다.

표 1.13.2 ATmega128에 내장된 타이머/카운터의 기능 요약

타이머/카운터	타이머/카운터0	타이머/카운터1	타이머/카운터2	타이머/카운터3
비트 수	8비트	16비트	8비트	16비트
최소값	0	0	0	0
최대값	255	65535	255	65535
관련 레지스터	TCNT0 OCR0 TCCR0 TIMSK TIFR ASSR SFIOR	TCNT1H, TCNT1L, OCR1AH, OCR1AL, OCR1BH, OCR1BL, OCR1CH, OCR1CL, ICR1H, ICR1L, TCCR1A, CCR1B, TCCR1C, TIMSK, ETIMSK, TIFR, ETIFR SFIOR,	TCNT2 OCR2 TCCR2 SFIOR TIMSK TIFR	TCNT3H, TCNT3L, OCR3AH, OCR3AL, OCR3BH, OCR3BL, OCR3CH, OCR3CL, ICR3H, ICR3L, TCCR3A, CCR3B, TCCR3C, TIMSK, ETIMSK, TIFR, ETIFR SFIOR,
동작 모드	일반 모드 CTC 고속 PWM PC PWM	일반 모드 CTC 고속 PWM PC PWM PFC PWM	일반 모드 CTC 고속 PWM PC PWM	일반 모드 CTC 고속 PWM PC PWM PFC PWM
카운터 입력	TOSC1, TOSC2	T1	T2	T3
PWM 출력 신호	OC0	OC1A, OC1B, OC1C	OC2	OC3A, OC3B, OC3C
인터럽트	오버플로우 출력 비교 매치	오버플로우 출력 비교 매치 A 출력 비교 매치 B 출력 비교 매치 C 입력 캡처	오버플로우 출력 비교 매치	오버플로우 출력 비교 매치 A 출력 비교 매치 B 출력 비교 매치 C 입력 캡처
캡쳐 기능	없음	있음	없음	있음
캡쳐 신호	–	ICP1	–	ICP3
기타	RTC 기능(TOSC 이용)	ACO 입력 캡처	OC2 단자는 OC1C 단자와 동일한 핀을 사용함	

1.13.2 8비트 타이머/카운터0과 타이머/카운터2

타이머/카운터0과 타이머/카운터2는 모두 8비트로 구성되어 있으며, 기능면에서 몇 가지 다른 면이 있다. 그림 1.13.4는 타이머/카운터0의 블록도를 나타내고 있으며, 그림 1.13.5는 타이머/카운터2의 블록도를 나타내고 있다.

타이머/카운터0과 타이머/카운터2는 clk_{Tn} 클록 신호에 의하여 8비트 카운터 TCNTn이 동작되고, TCNTn 레지스터의 값이 0xFF 에서 0x00으로 오버플로우 되면 TOVn 신호에 의하여 오버플로우 인터럽트가 발생한다.

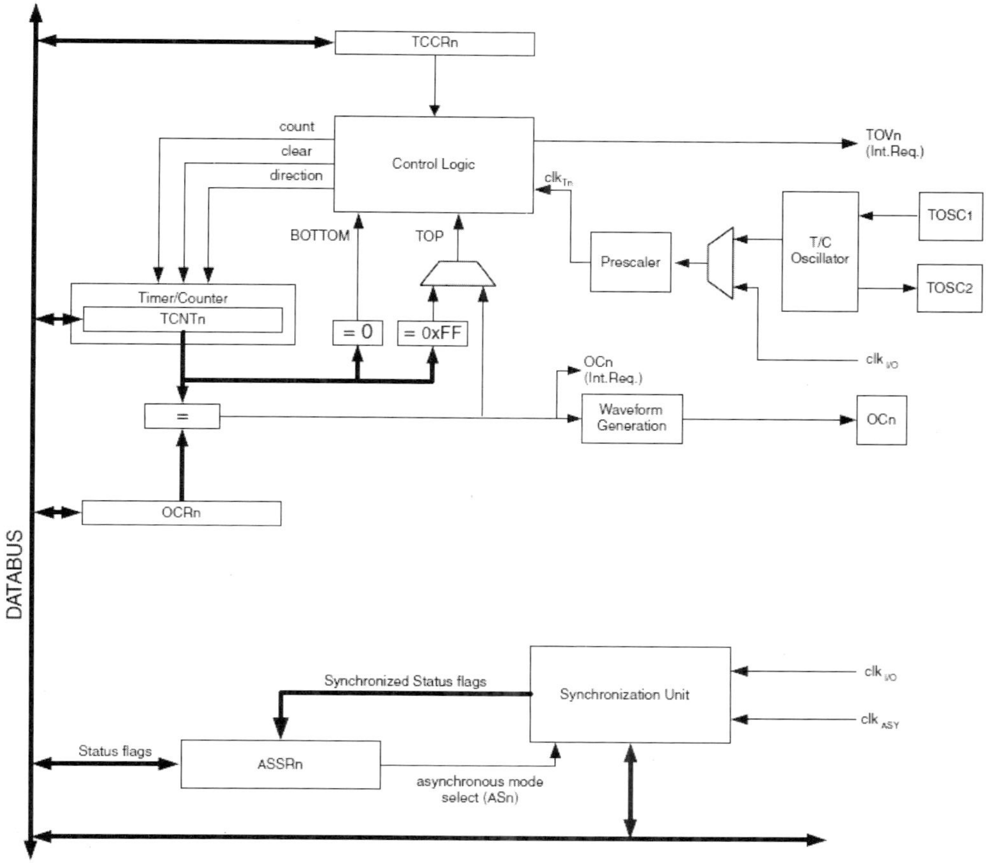

그림 1.13.4 8비트 타이머/카운터0의 블록도

카운터 값을 저장하는 8비트로 구성된 TCNTn 레지스터는 타이머/카운터의 동작모드에 따라 clk_{Tn} 클록 신호의 입력에 대해 증가 또는 감소하며 경우에 따라서는 0으로 초기화 되기도 한다. 이 카운터 값은 동작중에 항상 출력 비교 레지스터 OCRn과 비교되며 두 값이 같아지면 내부적으로 OCFn 신호에 의해 출력 비교 인터럽트가 발생하고, 설정에 따라 외부의 OCn 단자에 신호가 출력된다. 타이머/카운터의 동작 모드와 OCRn 레지스터의 설정으로 OCn 단자에 8비트 해상도의 PWM 출력 신호를 발생시킬 수 있다.

T·I·P

8비트 타이머/카운터에서 BOTTOM은 최소값 0x00을 나타내고, MAX는 최대값 0xFF를 나타낸다. 또한 TOP은 0x00~0xFF 사이의 값으로 설정될 수 있다. 한편, TOP은 동작 모드에 따라 카운터가 실제로 도달할 수 있는 최대의 값을 나타내는데, 이 값은 동작 모드에 따라 MAX가 되기도 하고, OCRn 레지스터에 설정된 TOP 값이 되기도 한다.

8비트 타이머/카운터에서 레지스터나 신호 이름을 표시할 때 n은 0 또는 2를 나타낸다.

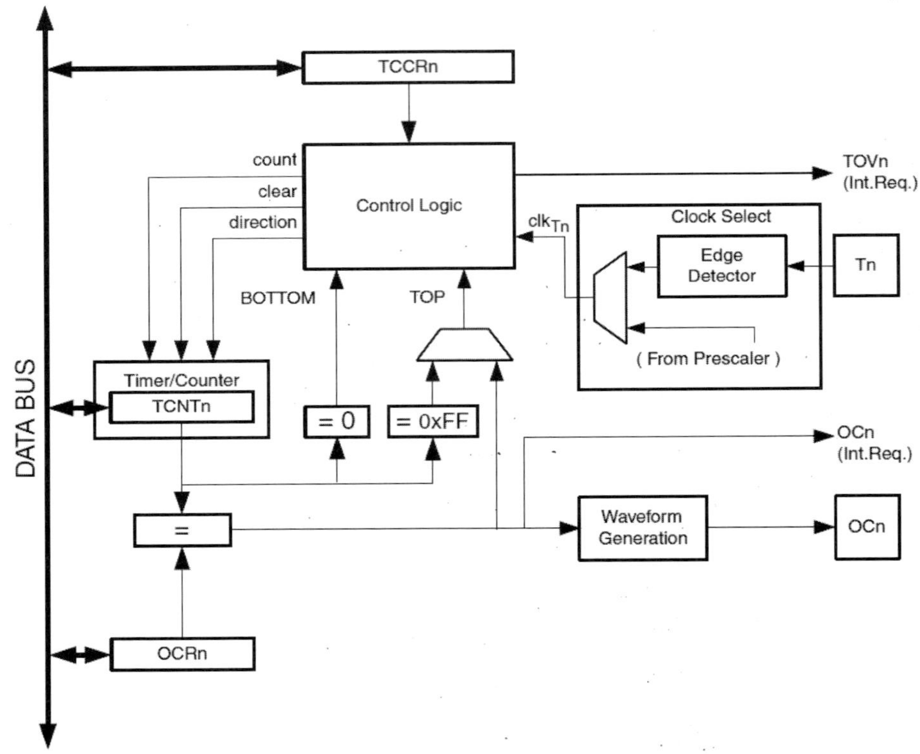

그림 1.13.5 8비트 타이머/카운터2의 블록도

그림 1.13.6은 타이머/카운터0의 카운터 부분의 구성도를 나타내고 있고, 그림 1.13.7은 타이머/카운터2의 카운터 부분의 구성도를 나타내고 있다. 타이머/카운터0과 타이머/카운터2는 모두 비트 카운터이지만 클록 입력 부분에서 타이머/카운터0은 T0 단자가 없이 TOSC1과 TOSC2 단자에 32.768KHz의 크리스탈을 연결하여 입력 받을 수 있고, 타이머/카운터2는 T2 단자를 통해 외부에서 클록을 입력 받을 수 있다는 점에서 차이를 보인다.

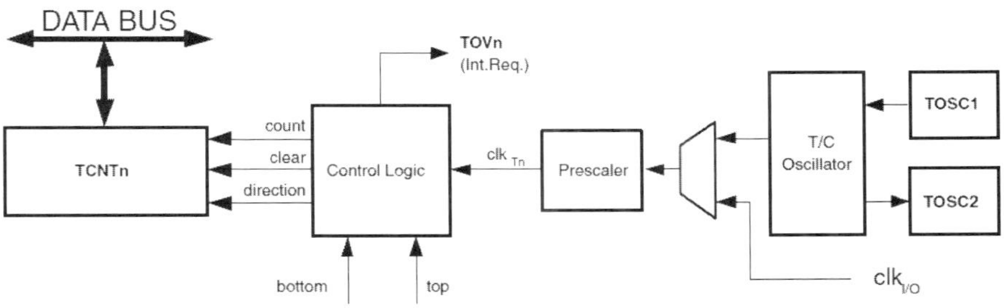

그림 1.13.6 8비트 타이머/카운터0의 카운터 부분의 구성도

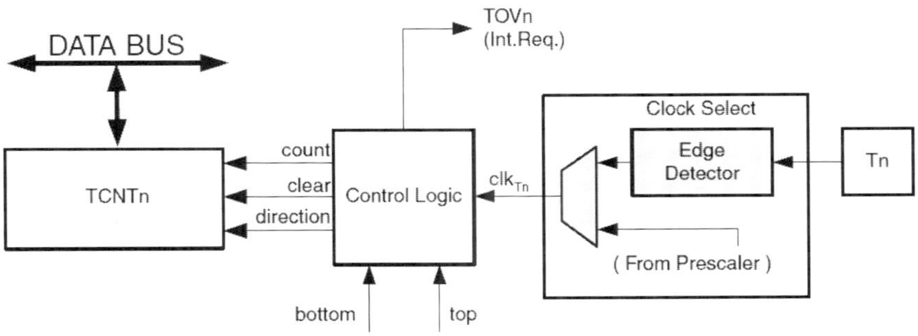

그림 1.13.7 8비트 타이머/카운터2의 카운터 부분의 구성도

타이머/카운터0과 타이머/카운터2의 출력 비교 유닛은 그림 1.13.8과 같은 블록도로 구성된다. 타이머/카운터0과 타이머/카운터2는 입력되는 클록 신호 clk_{Tn}은 8비트의 업/다운 카운터 TCNTn 레지스터를 동작시키고, 동작중에 출력 비교 레지스터인 OCRn과 항시 비교되며, 두 값이 같아지면 그 다음 주기에 내부적으로 OCFn 출력 비교 인터럽트 플래그가 논리 '1'로 세트되며, OCFn 플래그 비트에 따라 OCn 단자에 PWM 신호가 출력되도록 설정할 수 있다. 다시 말해 PWM 신호를 출력하기 위해서는 타이머/카운터의 동작모드와 적절한 OCRn 레지스터 설정이 필요하며, 출력파형은 OCn 핀에 나타난다. PWM 모드에서 OCRn 레지스터의 값은 이중 버퍼링 구조에 의해 TCNTn 레지스터가 TOP 또는 BOTTOM에 도달하였을 때 업데이트 된다. 이때 동기화 처리에 의하여 홀수-길이(odd-length) 또는 비대칭(non-symmetrical)적인 PWM 펄스가 발생되지 않도록 하여 PWM 펄스에 글리치(glitch)가 발생하지 않도록 막는다. 여기서 글리치는 불필요한 부분에 발생하는 노이즈 펄스로 인해 일어나는 컴퓨터의 일시적인 오동작을 말한다. 그러나 일반모드나 CTC 모드에서는 출력 비교 레지스터 OCRn이 이중 버퍼링 동작이 해제된다. OCRn 레지스터를 제어하는 과정에서 MCU는 이중 버퍼링 구조를 사용하는 모드에서는 OCRn 버퍼 레지스터를 접

근하고, 이중 버퍼링 구조가 사용되지 않는 모드에서는 OCRn 레지스터를 직접 접근하는 방식으로 자동 처리된다. 한편, 파형 발생기(Waveform Generator)로 입력되는 신호 가운데 FOCn 신호가 있는데, 이것은 PWM 모드가 아닌 경우에 사용된다. 이것은 TCCRn 레지스터의 FOCn 비트를 논리 '1'로 설정하면, 타이머/카운터의 비교기 결과가 일치하였을 때 OCRn 플래그를 세트하거나 타이머를 클리어 시키지 않고, 비교 매치 상태를 OCn 단자에 출력하는 역할을 한다.

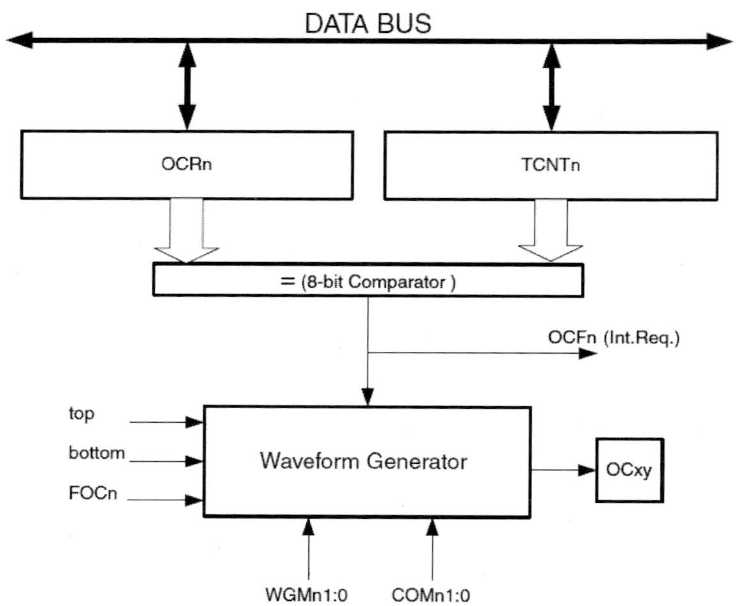

그림 1.13.8 8비트 타이머/카운터0과 타이머/카운터2의 출력 비교 유닛 블록도

타이머/카운터0과 타이머/카운터 2의 비교 매치 출력 유닛의 회로도는 그림 1.13.9와 같이 구성된다. 타이머/카운터0과 타이머/카운터 2의 비교 매치 출력 유닛은 범용 디지털 입출력 포트를 통해 연결되며, 2개의 입력과 1개의 출력을 갖는 멀티플렉서를 통해 PORT 레지스터의 디지털 출력 신호와 OCn 신호가 선택되어 출력된다. 이 멀티플렉서의 선택 신호는 COMn1과 COMn0 신호를 입력으로 하는 OR 게이트의 출력 신호를 사용하므로, COMn1과 COMn0이 모두 논리 '0'일 때에는 PORT 레지스터의 디지털 출력 신호가 선택되고, 둘 중 하나의 신호라도 논리 '1'을 가지면 OCn 레지스터의 출력 신호가 선택된다. 또한 OCn 단자 앞에 3상태(tri-state) 버퍼가 연결되어 있어 해당하는 포트의 DDR 레지스터를 출력으로 설정해야만 OCn 단자에 신호가 출력된다. 예를 들어 타이머/카운터0의 OC0단자

는 ATmega128의 PORTB의 4번 비트에 연결되어 있으므로, 타이머/카운터0의 PWM 파형을 OC0 단자에 출력하기 위해서는 DDRB의 4번 비트를 논리 '1'로 설정해야 한다.

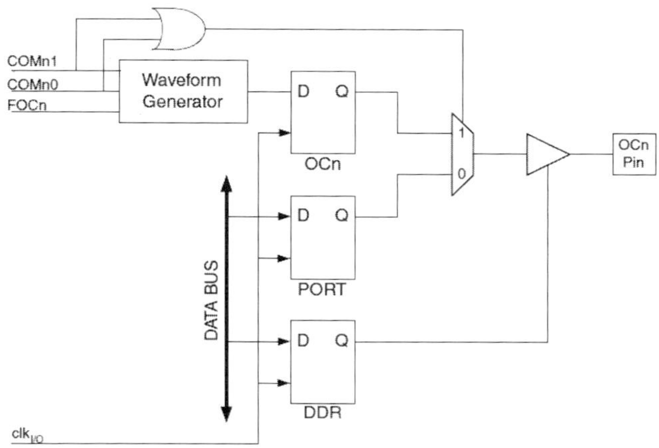

그림 1.13.9 8비트 타이머/카운터0과 2의 비교 매치 출력 유닛 회로도

1.13.3 8비트 타이머/카운터0과 관련한 레지스터

TCCR0 : 타이머/카운터0 제어 레지스터

Bit	7	6	5	4	3	2	1	0
	FOC0	**WGM00**	**COM01**	**COM00**	**WGM01**	**CS02**	**CS01**	**CS00**
Read/Write	W	R/W	R/W	R/W	R/W	R/W	R/W	R/W
Initial Value	0	0	0	0	0	0	0	0

– Bit 7 -〉 FOC0 : Force 출력 비교

FOC0 비트는 타이머/카운터0이 PWM 모드가 아닌 경우에만 활성화 되는 것으로, 이 비트를 논리 '1'로 설정하면 강제로 OC0 단자에 COMnx1:0 설정에 의한 출력 비교 일치 신호를 강제로 내보내는 기능을 한다. 이때 FOCnx는 어떠한 인터럽트도 발생시키지 않으며 또한 CTC 모드에서는 OCR0이 TOP일 때 타이머를 클리어하지도 않는다.

– Bit 6, 3 -> WGM01:0 : 파형 생성 모드

이 2개의 비트는 카운터의 카운팅 순서, 카운터의 최대값 제공, 파형 발생 타입 등의 카운터 동작 모드를 설정한다. 타이머/카운터0은 일반 모드, CTC 모드(비교 일치시에 타이머를 클리어), 2가지 타입의 PWM 모드 등을 제공하는데, 표 1.13.3은 타이머/카운터0의 동작모드를 나타내고 있다.

표 1.13.3 타이머/카운터0의 동작모드

모드	WGM01 (CTC0)	WGM00 (PWM0)	동작 모드	최대값	OCR0 레지스터의 업데이트 시기	TOV0 플래그의 세트 시점
0	0	0	일반	0xFF	설정 즉시	MAX
1	0	1	Phase Correct PWM	0xFF	TOP	BOTTOM
2	1	0	CTC	OCR0	설정 즉시	MAX
3	1	1	고속 PWM	0xFF	BOTTOM	MAX

– Bit 5:4 -> COM01:0 : 비교 매치 출력 모드

이 2개 비트는 OC0 단자의 동작을 설정한다. OC0 단자와 연결된 포트의 DDRx 레지스터의 비트를 출력으로 설정하고, 이 2비트중 하나 이상의 비트가 논리 '1'로 설정 되면 PWM과 같은 출력신호를 발생한다. 또한 WGM01:0 비트의 설정에 따라 타이머/카운터0의 동작 모드가 달라지는데, 표 1.13.4는 PWM 모드가 아닌 경우, 표 1.13.5는 고속 PWM 모드의 경우, 표 1.13.6은 PC(Phase Correct) PWM 모드 등 각 모드에 따른 OC0 핀의 기능을 나타내고 있다.

표 1.13.4 PWM 모드가 아닌 경우의 비교 출력 모드

COM01	COM00	OC0 핀의 기능
0	0	일반 I/O 포트로 동작(OC0 출력을 연결하지 않음)
0	1	비교 매치에서 OC2 출력을 토글
1	0	비교 매치에서 OC2 출력을 논리 '0' 으로 설정
1	1	비교 매치에서 OC2 출력을 논리 '1' 로 설정

표 1.13.5 고속 PWM 모드의 비교 출력 모드

COM01	COM00	OC0 핀의 기능
0	0	일반 I/O 포트로 동작(OC0 출력을 연결하지 않음)
0	1	사용하지 않음(Reserved)
1	0	비교 매치에서 OC0을 논리 '0'으로 하고, BOTTOM에서 OC0을 논리 '1'로 함(비 반전 비교 출력 모드)
1	1	비교 매치에서 OC0을 논리 '1'로 하고, BOTTOM에서 OC0을 논리 '0'으로 함(반전 비교 출력 모드)

표 1.13.6 Phase Correct PWM 모드의 비교 출력 모드

COM01	COM00	OC0 핀의 기능
0	0	일반 I/O 포트로 동작(OC0 출력을 연결하지 않음)
0	1	사용하지 않음(Reserved)
1	0	업 카운트에서 비교 매치에 OC0을 0으로 설정하고 다운 카운트에서 비교 매치에 OC0을 1로 설정함 (비 반전 비교 출력 모드)
1	1	업 카운트에서 비교 매치에 OC0을 1로 설정하고 다운 카운트에서 비교 매치에 OC0을 0으로 설정함 (반전 비교 출력 모드)

- Bit 2:0 -> CS02:0 : 클록 선택

  이 3개의 비트들은 타이머/카운터0에서 사용할 클록을 선택한다. 그림 1.13.10에는 타이머/카운터0의 프리스케일러(prescaler)의 구성을 나타내고 있다. 그림 1.13.10에서 CS02:0 비트들은 프리스케일러를 통해 출력되는 클록을 멀티플렉서를 통해 타이머/카운터0의 소스 클록으로 사용할 수 있도록 사용된다. 표 1.13.7은 타이머/카운터0의 클록 선택을 나타내고 있다.

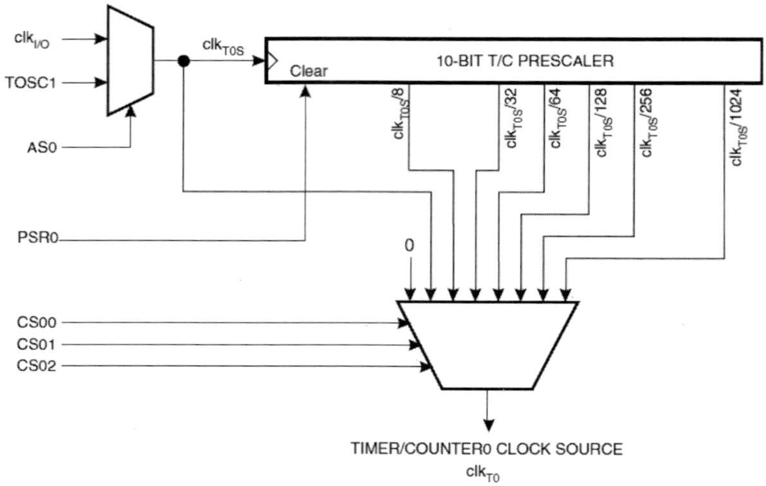

그림 1.13.10 타이머/카운터0의 프리스케일러(prescaler) 구성

표 1.13.7 8비트 타이머/카운터0의 클록 선택

CS02	CS01	CS00	클록 소스의 기능
0	0	0	클록 소스 연결하지 않음 (타이머/카운터0의 기능이 정지됨)
0	0	1	clk_{T0S}
0	1	0	clk_{T0S} / 8
0	1	1	clk_{T0S} / 32
1	0	0	clk_{T0S} / 64
1	0	1	clk_{T0S} / 128
1	1	0	clk_{T0S} / 256
1	1	1	clk_{T0S} / 1024

TCNT0 : 타이머/카운터0 레지스터

Bit	7	6	5	4	3	2	1	0
	TCNT0[7:0]							
Read/Write	R/W	R/W	R/W	R/W	R/W	R/W	R/W	R/W
Initial Value	0	0	0	0	0	0	0	0

TCNT0 레지스터는 타이머/카운터0의 8비트 카운터 값을 직접 읽거나 저장하도록 제공되는 레지스터이다. TCNT0 레지스터는 항상 읽기/쓰기가 가능하지만 카운터가 동작하고 있을 때, 새로운 값을 저장하면 TCNT0과 OCR0 사이의 비교 일치가 일어나지 않는 결함이 발생할 수 있다.

OCR0 : 타이머/카운터0 출력 비교 레지스터

Bit	7	6	5	4	3	2	1	0
	OCR0[7:0]							
Read/Write	R/W	R/W	R/W	R/W	R/W	R/W	R/W	R/W
Initial Value	0	0	0	0	0	0	0	0

OCR0 레지스터는 타이머/카운터0의 카운트 값을 저장하는 TCNT0 레지스터와 계속해서 비교하는 8비트 값이 들어있다. 또한 비교하여 OC0 단자에 PWM 출력 신호를 발생하는데 사용하는 레지스터이다. OCR0 레지스터는 모든 PWM 모드에서 이중 버퍼링 구조로 동작하여, PWM 출력 신호는 글리치가 발생하지 않는다.

TIMSK : 타이머/카운터 인터럽트 마스크 레지스터

Bit	7	6	5	4	3	2	1	0
	OCIE2	TOIE2	TICIE1	OCIE1A	OCIE1B	TOIE1	OCIE0	TOIE0
Read/Write	R/W	R/W	R/W	R/W	R/W	R/W	R/W	R/W
Initial Value	0	0	0	0	0	0	0	0

– Bit 1 -> OCIE0 : 타이머/카운터0 출력 비교 매치 인터럽트 인에이블

  이 비트가 논리 '1'로 설정될 때, SREG 레지스터의 I 비트가 논리 '1'로 설정되면 타이머/카운터0의 출력 비교 매치 인터럽트가 허용된다. 이 상태에서 타이머/카운터0의 비교 일치가 발생하면 TIFR 레지스터의 OCF0 비트가 논리 '1'로 설정되고, 해당하는 인터럽트가 실행된다.

– Bit 0 -> TOIE0 : 타이머/카운터0 오버플로우 인터럽트 인에이블

  이 비트가 논리 '1'로 설정될 때, SREG 레지스터의 I 비트가 논리 '1'로 설정되면 타이머/카운터0의 오버플로우 인터럽트가 허용된다. 이 상태에서 타이머/카운터0의 오버플로우가 발생하면 TIFR 레지스터의 TOV0 비트가 논리 '1'로 설정되고, 해당하는 인터럽트가 실행된다.

TIFR : 타이머/카운터 인터럽트 플래그 레지스터

Bit	7	6	5	4	3	2	1	0
	OCF2	TOV2	ICF1	OCF1A	OCF1B	TOV1	OCF0	TOV0
Read/Write	R/W	R/W	R/W	R/W	R/W	R/W	R/W	R/W
Initial Value	0	0	0	0	0	0	0	0

– Bit 1 -> OCF0 : 타이머/카운터0 출력 비교 플래그 0

타이머/카운터0의 TCNT0 레지스터와 OCR0 레지스터의 값의 비교 일치가 발생할 때 논리 '1'로 설정된다. 이 비트는 해당하는 인터럽트 서비스 루틴을 실행할 때 하드웨어에 의해 논리 '0'으로 클리어 된다. 이 플래그 비트를 클리어 하는 또 다른 방법으로 소프트웨어로 이 비트를 논리 '1'로 설정하면 된다. SREG의 I 비트와 OCIE0 비트와 OCF0 비트가 논리 1로 설정되면 타이머/카운터0의 비교 매치 인터럽트는 실행된다.

– Bit 0 -> TOV0 : 타이머/카운터0 오버플로우 플래그

타이머/카운터0에서 오버플로우가 발생할 때 이 비트가 논리 '1'로 설정된다. 이 비트는 해당하는 인터럽트 서비스 루틴을 실행할 때 하드웨어에 의해 논리 '0'으로 클리어 된다. 이 플래그 비트를 클리어 하는 또 다른 방법으로 소프트웨어로 이 비트를 논리 '1'로 설정하면 된다. SREG의 I비트와 TOIE0 비트와 TOV0 비트가 논리 1로 설정되면 타이머/카운터0의 오버플로우 인터럽트는 실행된다. 한편, PWM 모드에서는 타이머/카운터0이 0x00에서 카운팅 방향을 바꿀 때에도 이 비트는 논리 '1'로 설정된다.

ASSR : 비동기 상태 레지스터

Bit	7	6	5	4	3	2	1	0
	-	-	-	-	AS0	TCN0UB	OCR0UB	TCR0UB
Read/Write	R	R	R	R	R/W	R	R	R
Initial Value	0	0	0	0	0	0	0	0

– Bit 3 -> AS0 : 비동기 타이머/카운터0

이 비트가 논리 '0'으로 설정되면 타이머/카운터0의 클록은 $clk_{I/O}$에서 공급되며, 논리 '1'로 설정되면 TOSC1과 TOSC2에 연결되는 크리스탈 발진의 클록이 공급된다. AS0의 값을 변경하면 TCNT0, OCR0, TCCR0 레지스터의 값은 변경될 수 있다. 자세한 내용은 데이터 시트의 "Asynchronous Status Register - ASSR" 부분을 참조한다.

– Bit 2 -〉 TCN0UB : 타이머/카운터0 Update Busy

이 비트는 타이머/카운터0이 비동기로 동작하고 있을 때 TCNT0 레지스터에 데이터를 쓰면 논리 '1'로 세트된다. 임시 저장 레지스터로부터 TCNT0이 업데이트 되면, 이 비트는 하드웨어에 의해 자동으로 논리 '0'으로 클리어 된다. 그리고 이 비트가 0인 상태는 TCNT0에 새로운 값을 설정할 수 있음을 나타낸다.

– Bit 1 -〉 OCR0UB : 출력 비교 레지스터0 Update Busy

이 비트는 타이머/카운터0이 비동기로 동작하고 있을 때 OCR0 레지스터에 데이터를 쓰면 논리 '1'로 세트된다. 임시 저장 레지스터로부터 OCR0이 업데이트 되면, 이 비트는 하드웨어에 의해 자동으로 논리 '0'으로 클리어 된다. 그리고 이 비트가 0인 상태는 OCR0에 새로운 값을 설정할 수 있음을 나타낸다.

– Bit 0 -〉 TCR0UB : 타이머/카운터 제어 레지스터0 Update Busy

이 비트는 타이머/카운터0이 비동기로 동작하고 있을 때 TCCR0 레지스터에 데이터를 쓰면 논리 '1'로 세트된다. 임시 저장 레지스터로부터 TCCR0이 업데이트 되면, 이 비트는 하드웨어에 의해 자동으로 논리 '0'으로 클리어 된다. 그리고 이 비트가 0인 상태는 TCCR0에 새로운 값을 설정할 수 있음을 나타낸다.

앞의 내용과 같이 타이머/카운터0 동작 중에 동기 클록과 비동기 클록 사이에서 전환할 때, TCNT0, OCR0, TCCR0에서 오류가 발생할 수 있으므로, 안전한 클록 소스 전환을 위해 다음과 같이 수행하는 것이 좋다.

① TIMSK 레지스터의 OCIE0와 TOIE0 비트를 논리 0으로 설정하여, 인터럽트를 금지시킨다.
② ASSR 레지스터의 AS0 비트를 적절한 설정으로 클록 소스를 선택한다.
③ 새로운 값을 TCNT0, OCR0, TCCR0 레지스터에 쓴다.
④ 비동기 동작 모드로의 전환을 위해서는 ASSR 레지스터의 TCN0UB, OCR0UB, TCR0UB 비트가 논리 '0'이 될 때까지 대기한다.
⑤ TIFR 레지스터의 OCF0 및 TOV0 인터럽트 플래그 비트가 클리어 되도록 설정한다. 소프트웨어로 클리어 할 때는 각 비트를 논리 '1'로 설정한다.

⑥ 만약 인터럽트가 필요한 경우에 TIMSK 레지스터의 OCIE0 및 TOIE0 비트를 논리 '1'로 설정한다.

SFIOR : 특수 함수 IO 레지스터

Bit	7	6	5	4	3	2	1	0
	TSM	**-**	**-**	**-**	**ACME**	**PUD**	**PSR0**	**PSR321**
Read/Write	R/W	R	R	R	R/W	R/W	R/W	R/W
Initial Value	0	0	0	0	0	0	0	0

– Bit 7 -> TSM : 타이머/카운터 동기화 모드

TSM 비트는 논리 '1'로 설정하였을 때 타이머/카운터 동기화 모드를 활성화 한다. 이 모드에서 프리스케일러 리셋 신호인 PSR0, PSR321 비트 설정은 유지하고, 그 다음에 해당하는 프리스케일러 재설정 신호를 유지한다. 이것은 해당 타이머/카운터가 중단되어 그중 하나가 설정되는 동안 먼저 카운트 되는 위험이 없이 같은 값으로 설정할 수 있도록 해준다. TSM 비트를 논리 '0'으로 설정 하면 PSR0, PS321 비트는 하드웨어에 의해 논리 '0'으로 클리어 되며, 타이머/카운터들 이 동시에 카운팅을 시작한다.

– Bit 1 -> PSR0 : Prescaler Reset Timer/Counter0

PSR0 비트는 논리 '1'로 설정하였을 때 타이머/카운터0의 프리스케일러를 리셋 시키며, 동작이 완료되면 즉시 논리 '0'으로 클리어 된다. 만약 타이머/카운터0이 비동기 모드로 동작 중에 이 비트가 세트되면, 프리스케일러가 리셋 될 때까지 유지된다. 또한 TSM 비트가 세트되어 있으면 하드웨어에 의해 클리어 되지 않는다.

– Bit 0 -> PSR321 : Prescaler Reset Timer/Counter3,2,1

PSR321 비트는 논리 '1'로 설정하였을 때 타이머/카운터3,2,1의 프리스케일러를 리셋 시키며, 동작이 완료되면 즉시 논리 '0'으로 클리어 된다.

1.13.4 8비트 타이머/카운터2와 관련한 레지스터

TCCR2 : 타이머/카운터2 제어 레지스터

Bit	7	6	5	4	3	2	1	0
	FOC2	WGM20	COM21	COM20	WGM21	CS22	CS21	CS20
Read/Write	W	R/W	R/W	R/W	R/W	R/W	R/W	R/W
Initial Value	0	0	0	0	0	0	0	0

– Bit 7:3 -> TCCR0 레지스터 비트들과 동일하게 동작하므로 TCCR0 레지스터의 이 비트들의 설명을 참조하기 바란다.

– Bit 2:0 -> CS22:0: 클록 선택

이 3개의 비트들은 타이머/카운터2에서 사용할 클록을 선택한다. 그림 1.13.11에는 타이머/카운터1, 타이머/카운터2, 타이머/카운터3의 클록 선택 블록으로 입력되는 프리스케일러(prescaler)의 구성을 나타내고 있다. 이 그림에서 CS22:0 비트들은 프리스케일러를 통해 출력되는 클록을 멀티플렉서를 통해 타이머/카운터2의 소스 클록으로 사용할 수 있도록 사용된다. 표 1.13.8은 타이머/카운터2의 클록 선택을 나타내고 있다.

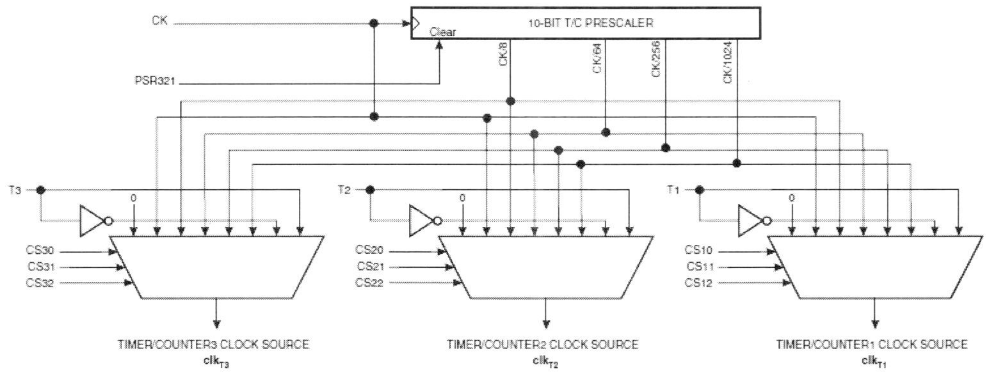

그림 1.13.11 타이머/카운터1, 타이머/카운터2, 타이머/카운터3의 프리스케일러(prescaler) 구성

표 1.13.8 8비트 타이머/카운터2의 클록 선택

CS22	CS21	CS20	클록 소스의 기능
0	0	0	클록 소스 연결하지 않음(타이머/카운터2의 기능이 정지됨)
0	0	1	$clk_{I/O}$
0	1	0	$clk_{I/O}$ / 8
0	1	1	$clk_{I/O}$ / 64
1	0	0	$clk_{I/O}$ / 256
1	0	1	$clk_{I/O}$ / 1024
1	1	0	T2 핀의 외부 클록 소스, 클록의 하강 에지에서 동작
1	1	1	T2 핀의 외부 클록 소스, 클록의 상승 에지에서 동작

TCNT2 : 타이머/카운터2 레지스터

Bit	7	6	5	4	3	2	1	0
	TCNT2[7:0]							
Read/Write	R/W	R/W	R/W	R/W	R/W	R/W	R/W	R/W
Initial Value	0	0	0	0	0	0	0	0

TCNT0 레지스터와 동일하게 동작하므로 TCNT0의 설명을 참조하기 바란다.

OCR2 : 타이머/카운터2 출력 비교 레지스터

Bit	7	6	5	4	3	2	1	0
	OCR2[7:0]							
Read/Write	R/W	R/W	R/W	R/W	R/W	R/W	R/W	R/W
Initial Value	0	0	0	0	0	0	0	0

OCR0 레지스터와 동일하게 동작하므로 OCR0의 설명을 참조하기 바란다.

TIMSK : 타이머/카운터 인터럽트 마스크 레지스터

Bit	7	6	5	4	3	2	1	0
	OCIE2	TOIE2	TICIE1	OCIE1A	OCIE1B	TOIE1	OCIE0	TOIE0
Read/Write	R/W	R/W	R/W	R/W	R/W	R/W	R/W	R/W
Initial Value	0	0	0	0	0	0	0	0

– Bit 7 -> OCIE2 : 타이머/카운터2 출력 비교 매치 인터럽트 인에이블
이 비트가 논리 '1'로 설정될 때, SREG 레지스터의 I 비트가 논리 '1'로 설정되면 타이머/카운터2의 출력 비교 매치 인터럽트가 허용 된다. 이 상태에서 타이머/카운터2의 비교 매치가 발생하면 TIFR 레지스터의 OCF2 비트가 논리 '1'로 설정되고, 해당하는 인터럽트가 실행된다.

– Bit 6 -> TOIE2 : 타이머/카운터2 오버플로우 인터럽트 인에이블
이 비트가 논리 '1'로 설정될 때, SREG 레지스터의 I 비트가 논리 '1'로 설정되면 타이머/카운터2의 오버플로우 인터럽트가 허용된다. 이 상태에서 타이머/카운터2의 오버플로우가 발생하면 TIFR 레지스터의 TOV2 비트가 논리 '1'로 설정되고, 해당하는 인터럽트가 실행된다.

TIFR : 타이머/카운터 인터럽트 플래그 레지스터

Bit	7	6	5	4	3	2	1	0
	OCF2	TOV2	ICF1	OCF1A	OCF1B	TOV1	OCF0	TOV0
Read/Write	R/W	R/W	R/W	R/W	R/W	R/W	R/W	R/W
Initial Value	0	0	0	0	0	0	0	0

– Bit 7 -> OCF2 : 출력 비교 플래그 2
타이머/카운터0의 TCNT2 레지스터와 OCR2 레지스터의 값의 비교 일치가 발생할 때 논리 '1'로 설정된다. 이 비트는 해당하는 인터럽트 서비스 루틴을 실행할 때 하드웨어에 의해 논리 '0'으로 클리어 된다. 이 플래그 비트를 클리어 하는 또 다른 방법으로 소프트웨어로 이 비트를 논리 '1'로 설정하면 된다. SREG의 I비트와 OCIE2 비트와 OCF2 비트가 논리 1로 설정되면 타이머/카운터2의 비교 매치 인터럽트는 실행된다.

– Bit 6 -> TOV2 : 타이머/카운터2 오버플로우 플래그
타이머/카운터2에서 오버플로우가 발생할 때 이 비트가 논리 '1'로 설정된다. 이 비트는 해당하는 인터럽트 서비스 루틴을 실행할 때 하드웨어에 의해 논리 '0'으로 클리어 된다. 이 플래그 비트를 클리어 하는 또 다른 방법으로 소프트웨어로 이 비트를 논리 '1'로 설정하면 된다. SREG의 I비트와 TOIE2 비트와 TOV2 비트가 논리 1로 설정되면 타이머/카운터2의 오버플로우 인터럽트는 실행된다. 한편, PWM 모드에서는 타이머/카운터2이 0x00에서 카운팅 방향을 바꿀 때에도 이 비트는 논리 '1'로 설정된다.

SFIOR : 특수 함수 IO 레지스터

Bit	7	6	5	4	3	2	1	0
	TSM	**-**	**-**	**-**	**ACME**	**PUD**	**PSR0**	**PSR321**
Read/Write	R/W	R	R	R	R/W	R/W	R/W	R/W
Initial Value	0	0	0	0	0	0	0	0

– Bit 0 -> PSR321 : 프리스케일러 리셋 타이머/카운터3,2,1

PSR321 비트는 논리 '1'로 설정하였을 때 타이머/카운터3,2,1이 공통적으로 사용하고 있는 프리스케일러를 리셋 시키며, TSM 비트가 논리 '1'로 세트되어진 경우를 제외하고, 동작이 완료되면 즉시 논리 '0'으로 클리어 된다.

1.13.5 8비트 타이머/카운터의 동작 모드

8비트 타이머/카운터의 동작모드는 일반 모드, CTC 모드, 고속 PWM 모드, PC PWM(Phase Correct PWM) 모드 등 4가지의 동작 모드가 존재한다. 4가지의 동작 모드는 TCCRn 레지스터의 WGMn1:0 비트에 의해 결정되며, 출력 파형의 형태는 TCCRn 레지스터의 COMn1:0 비트에 의해 출력 신호의 동작이 정해진다.

(1) 일반 모드

8비트 타이머/카운터의 일반모드(normal mode)는 WGMn1:0 비트를 "00"으로 설정하면 동작하는 가장 단순한 동작모드를 나타낸다. 일반 모드에서는 타이머/카운터 레지스터 TCNTn이 항상 업 카운터로만 동작하고 카운팅 동작 중에 카운터의 값은 클리어 되지 않으며, 최대값(TOP=0xFF)에서 최소값(BOTTOM = 0x00)으로 초과(overrun)되며 동작한다. 이렇게 초과되는 순간에 TIFR 레지스터의 TOVn 비트가 논리 '1'로 설정된다. 이때 TOIEn 비트가 논리 '1'로 설정되고, SREG 레지스터의 I 비트가 논리 '1'로 설정되어 있으면, 오버플로우 인터럽트가 발생하며, 인터럽트 서비스 루틴에 진입하면 자동으로 TOVn 비트는 논리 '0'으로 클리어 된다. 일반 모드의 동작에서 TCNTn 레지스터는 항상 새로운 값을 쓸 수 있다. 또한 일반 모드의 동작에서 출력 비교 인터럽트가 사용될 수는 있으나 CPU 시간 점유를 이유로 이 모드에서는 출력 비교 인터럽트를 사용하는 것은 권장하지 않는다. 그러므로 일반 모드에서는 타이머/카운터를 오버플로우 인터럽트 또는 외부 클록을 카운팅 하는 목적으로 사용하는 것을 권장한다.

(2) CTC 모드

8비트 타이머/카운터의 CTC 모드(Clear Timer on Compare Match Mode)는 WGMn1:0 비트를 "10"으로 설정하면 되고, OCRn 레지스터는 카운터의 해상도를 설정하는데 사용된다. CTC 모드에서는 TCNTn 레지스터가 업 카운트 중에 OCRn 레지스터의 값과 일치하면 TCNTn 레지스터의 값을 0으로 클리어 한다. 따라서 CTC 모드의 동작은 클록 입력에 의해 TCNTn의 값이 항상 0x00~OCRn의 값으로 계수하며 반복되므로, 이러한 동작을 반복할 경우에 주기적인 펄스를 만들 수 있게 된다. 또한 이 동작 모드를 자동 재로드(auto reload) 모드라고 부르기도 한다. 이러한 이유로 CTC 동작모드는 보통 주파수 분주의 용도로 많이 사용된다. 그림 1.13.12는 8비트 타이머/카운터의 CTC 동작 모드의 타이밍 도를 나타내고 있다.

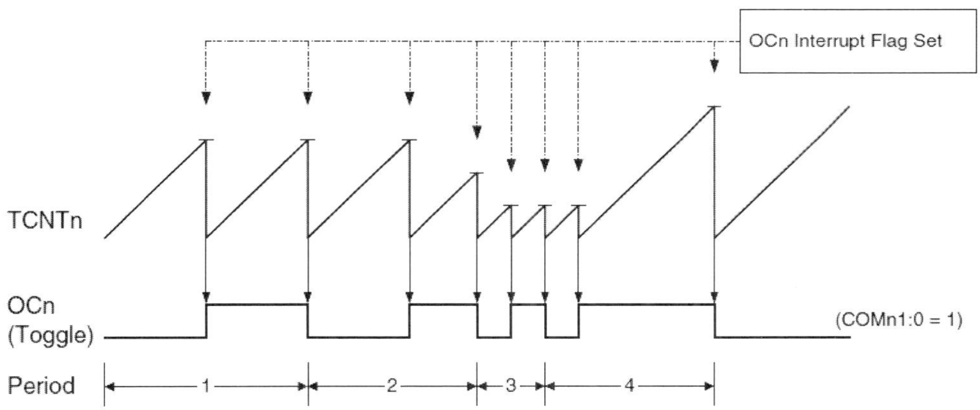

그림 1.13.12 8비트 타이머/카운터의 CTC 동작 모드의 타이밍 도

(3) 고속 PWM 모드

8비트 타이머/카운터의 고속 PWM 모드(Fast PWM Mode)는 WGMn1:0 비트를 "11"로 설정하면 된다. 이 모드가 다른 PWM 모드와 다른 점은 단일 경사면 동작(single-slop operation)을 한다는 점인데, 이 동작은 타이머/카운터 레지스터 TCNTn 레지스터의 값이 항상 BOTTOM에서 시작하여 MAX까지 증가하는 방향으로 동작하고, BOTTOM에서 재시작하며 반복하는 것을 말한다. 고속 PWM 모드에서는 COMn1:0 비트가 "10"으로 설정되면 비 반전 출력 비교 모드로 동작하며, 그림 1.13.10에서와 같이 TCNTn 레지스터의 값이 0이면 OCn 단자에 논리 '1'을 출력하고, OCRn 레지스터와 일치하면 OCFn 플래그는 논리 '1'로 세트하고, OCn 단자에는 논리 '0'을 출력한다. 또한 TCNTn 레지스터의

값이 MAX에서 0으로 되면, TOVn 플래그를 논리 '1'로 세트한다. 또 다른 동작으로 COMn1:0 비트가 "11"로 설정되면 반전 출력 비교 모드로 동작하며, OCn 단자의 출력은 비반전 출력 비교 모드의 반대로 동작하며, TCNTn 레지스터의 값이 OCRn 레지스터와 일치하면 OCFn 플래그는 논리 '1'로 세트되고, MAX에서 0으로 되면 TOVn 플래그는 논리 '1'로 세트된다. 이 모드는 이중 경사면 동작(dual-slope operation)을 하는 PC PWM(Phase Correct PWM) 모드 보다 2배의 주파수로 제어 할 수 있다. 그림 1.13.13은 8비트 타이머/카운터의 고속 PWM 동작 모드의 타이밍 도를 나타내고 있다.

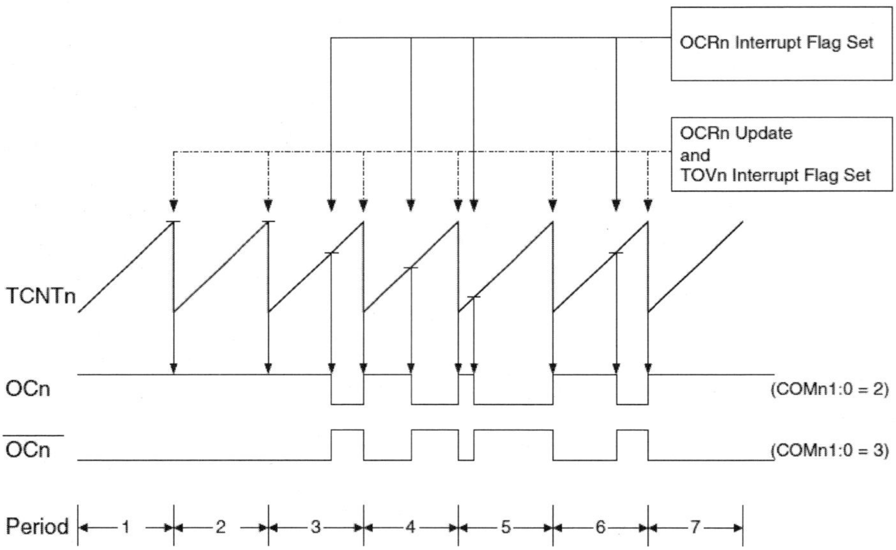

그림 1.13.13 8비트 타이머/카운터의 고속 PWM 동작 모드의 타이밍 도

(4) PC(Phase Correct) PWM 모드

PC PWM 모드(Phase Correct PWM Mode, 위상 교정 PWM 모드)는 WGMn1:0 비트를 "01"로 설정하면 된다. 이 모드는 높은 해상도의 PWM 출력 파형을 발생하게 하는데 유용하다. 이 동작 모드는 TCNTn 레지스터의 값이 0~MAX(0xFF)까지 증가하는 업 카운트 동작 이후에, 다시 0으로 감소하는 다운 카운트 동작을 반복하는 이중 경사면 동작(dual-slope operation)을 한다. 그림 1.13.14는 8비트 타이머/카운터의 PC PWM 동작 모드의 타이밍 도를 나타내고 있으며 이 그림을 토대로 설명한다.

PC PWM 모드에서는 COMn1:0 비트가 "10"으로 설정되면 비 반전 출력 비교 모드로 동작하는데, 먼저 업 카운터로 동작하는 경사면에서는 TCNTn 레지스터의 값과 OCRn 레지스터의 값이 일치하면 OCFn 플래그를 논리 '1'로 세트하고, OCn 단자에 논리 '0'을 출력하며, 반대로 다운 카운터로 동작하는 경사면에서는 TCNTn 레지스터의 값과 OCRn 레지스터의 값이 일치하면 OCFn 플래그를 논리 '1'로 세트하고, OCn 단자에 논리 '1'을 출력한다. 이 과정에서 TOVn 플래그는 TCNTn 값이 BOTTOM으로 될 때마다 논리 '1'로 설정 된다.

또한 COMn1:0 비트가 "11"로 설정되면 반전 출력 비교 모드로 동작하는데, 먼저 업 카운터로 동작하는 경사면에서는 TCNTn 레지스터의 값과 OCRn 레지스터의 값이 일치하면 OCFn 플래그를 논리 '1'로 세트하고 OCn 단자에 논리 '1'로 출력하며, 반대로 다운 카운터로 동작하는 경사면에서는 TCNTn 레지스터의 값과 OCRn 레지스터의 값이 일치하면 OCFn 플래그를 논리 '1'로 세트하고 OCn 단자에 논리 '0'을 출력한다.

그림 1.13.14에서 OCn은 두 번째 주기가 처음 시작될 때 비교 일치 되지 않았지만 논리 '1'에서 논리 '0'으로 바뀌었다. 이렇게 OCn이 바뀐 요점은 BOTTOM 주변에서 좌우 대칭을 보장하기 위한 것이다. 이렇게 비교 일치 없이 OCn의 값이 바뀌는 경우는 다음과 같이 2가지 경우가 있다.

① OCRn 레지스터의 값은 MAX에서 변경되는데, OCRn 레지스터의 값이 MAX 일 때 OCn 핀의 값은 하향 카운터의 비교 일치 결과와 같아야 한다. 예를 들어 1주기에서 OCRn 레지스터의 값이 MAX에서 다른 값으로 변경되었다면, 2주기의 BOTTOM을 기점으로 OCn 핀 파형의 좌우 대칭을 보장하기 위해서는, OCn 핀 파형은 2주기의 상향 카운터의 비교일치 결과와 같도록 변경된다.

② 업 카운트 동작에서 TCNTn 레지스터의 값이 OCRn 레지스터의 값보다 더 큰 값부터 카운팅을 시작하는 경우 비교 일치를 놓치게 되는 경우에 변경된다.

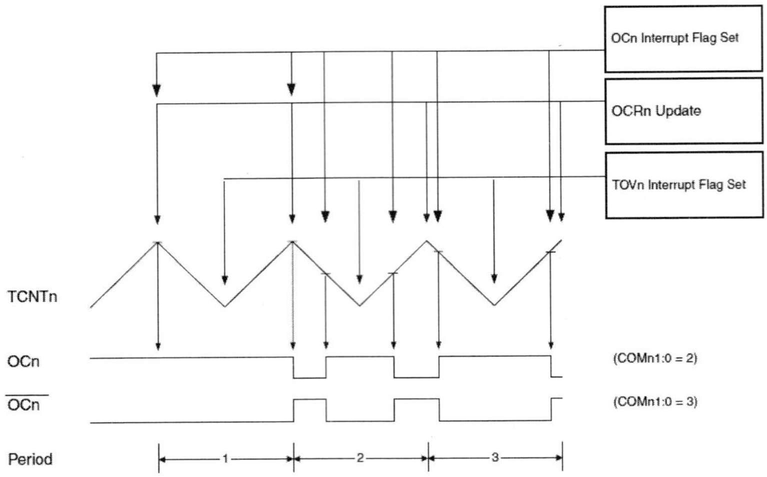

그림 1.13.14 8비트 타이머/카운터의 PC PWM 동작 모드의 타이밍 도

1.13.6 8비트 타이머/카운터의 동작 타이밍

그림 1.13.15에서 그림 1.13.18까지는 8비트 타이머/카운터의 동작을 나타내는데, 동기 모드로 동작할 때의 타이밍 도를 나타낸 것이다. 클록(clk_{Tn})은 $clk_{I/O}$ 클록의 입력 허가 신호를 나타낸다. 그림 1.13.15는 프리스케일러의 분주비가 1인 경우에 PC PWM 모드를 제외한 모든 동작 모드에서 TCNTn 레지스터의 값이 증가하여 MAX에서 0x00으로 변하는 순간에 오버플로우 인터럽트 플래그 TOVn 비트가 논리 '1'로 세트되는 것을 나타내고 있다.

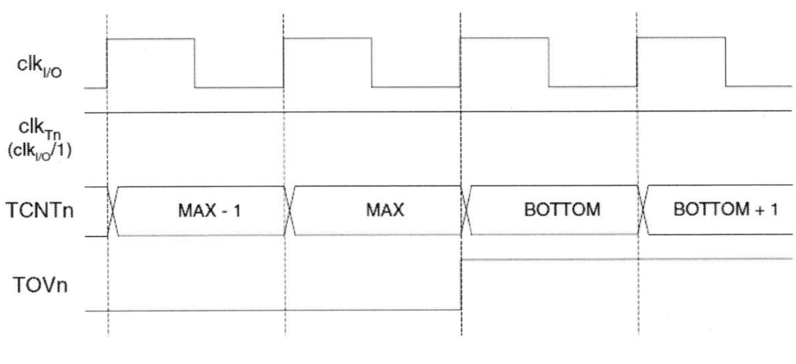

그림 1.13.15 분주비가 1인 경우에 8비트 타이머/카운터의 타이밍 도

한편, 그림 1.13.16은 프리스케일러의 분주비가 8인 경우의 동작 타이밍 도를 나타내고 있다. 타이머/카운터에 입력되는 $clk_{I/O}$ 클록을 8분주하여 만들어진 clk_{Tn} $(clk_{I/O}/8)$ 신호는 8클록 주기에 한 번씩 클록 허가 신호로 동작하며, TCNTn 레지스터 값이 증가하는 것을 볼 수 있다.

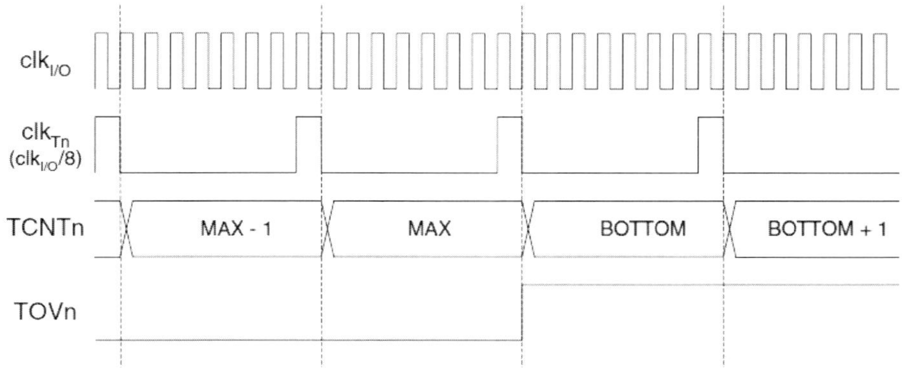

1.13.16 분주비가 8인 경우에 8비트 타이머/카운터의 타이밍 도

그림 1.13.17은 CTC 모드를 제외한 모든 동작 모드에서 TCNTn 레지스터의 값이 증가하여 출력 비교 인터럽트 플래그 OCFn이 논리 '1'이 되는 과정의 타이밍 도를 나타내었으며, 그림 1.13.18은 CTC 모드에서의 출력 비교 인터럽트 플래그가 논리 '1'로 세트 되는 과정의 타이밍 도를 나타내었다.

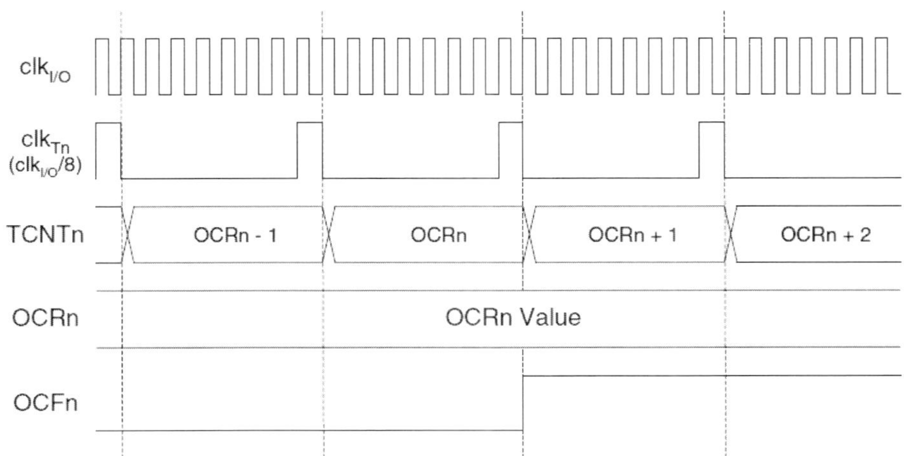

그림 1.13.17 CTC 모드를 제외한 경우에 대해 출력 비교 인터럽트가 발생하는 타이밍 도

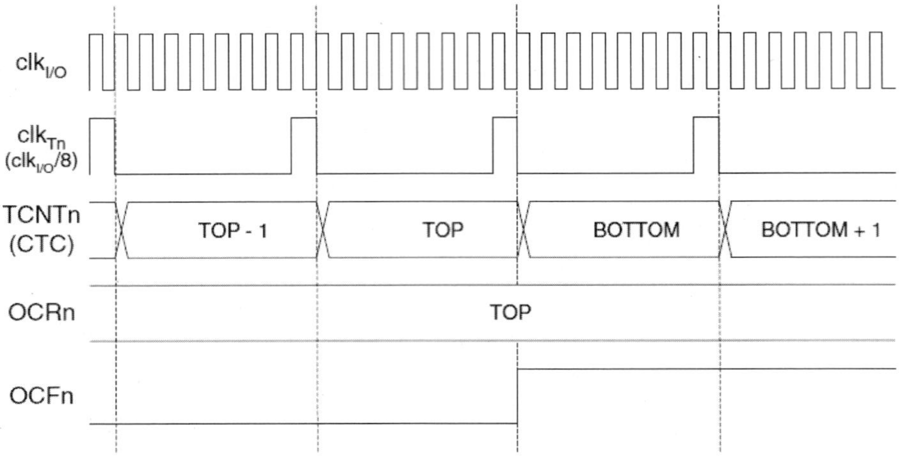

그림 1.13.18 CTC 모드에서의 출력 비교 인터럽트가 발생하는 타이밍 도

1.13.7 16비트 타이머/카운터1과 16비트 타이머/카운터3

타이머/카운터1과 타이머/카운터3은 모두 16비트로 구성되어 있으며, 완벽히 동일한 하드웨어 구조와 레지스터를 사용하고 있다. 각각 3종류의 PWM 모드(고속, PFC, PC PWM)를 지원하고 있으며, 15개의 파형 발생 모드를 갖는다. 또한 노이즈 제거 기능이 있는 1개의 캡처 유닛을 가지고 있고, 16비트의 업/다운 카운터로서 프리스케일러를 통하여 내부 클록을 입력으로 동작하는 타이머 기능과 외부 클록을 입력으로 동작하는 카운터 기능을 가지고 있다. 그림 1.13.19는 타이머/카운터1과 타이머/카운터3의 간소화 된 내부 블록를 나타내고 있다. 그림에서 BOTTOM은 최소값(0x0000)을 나타내며, MAX는 16비트 타이머/카운터의 최대값(0xFFFF)를 나타내고, TOP은 동작 모드에 따라 타이머/카운터가 도달 할 수 있는 최대값으로 동작 모드에 따라 0x00FF, 0x01FF, 0x03FF, OCRnA 또는 ICRn 레지스터에 저장되어 있는 값이 될 수 있다.

16비트 타이머/카운터1과 타이머/카운터3이 사용하는 외부핀은 각각 3개의 PWM 출력 핀(OCnA, OCnB, OCnC)과 입력 캡처 트리거 핀(ICPn) 그리고 외부 클록 입력 핀(Tn)이며, 여기서 n은 타이머/카운터의 번호를 의미하는 1 또는 3을 나타내며, 출력 비교부의 채널을 나타낼 때 레지스터나 신호 이름 옆에 붙인 x는 타이머/카운터의 PWM 채널명인 A, B, C를 나타낸다. 예를 들어 OCRnx 레지스터 표기의 의미는 타이머/카운터의 번호와 PWM 채널명이 결합되어 OCR1A, OCR1B, OCR1C 또는 OCR3A, OCR3B, OCR3C가 될 수 있다.

타이머/카운터1과 타이머/카운터3은 Tn 단자에 의해 공급되는 외부 클록을 이용하여 카운터로 동작하며, 내부 클록이 프리스케일러를 통해 공급되는 시스템 클록을 이용하여 타이머로 동작하며, 이 클록은 클록 선택부를 통해 선택된다. 한편, 타이머/카운터1과 타이머/카운터3은 클록 선택부로부터 출력되는 TCLK 클록 신호에 의하여 16비트 업/다운 카운터 TCNTn이 동작되고, TCNTn 레지스터의 값이 0xFFFF에서 0x0000으로 오버플로우 되면 TOVn 플래그가 세트되어 오버플로우 인터럽트가 발생할 수 있으며, 출력 비교 레지스터 OCRnx에 저장된 값과 일치하게 되면 OCFnx 플래그가 세트되어, 출력 비교 인터럽트가 발생할 수 있다.

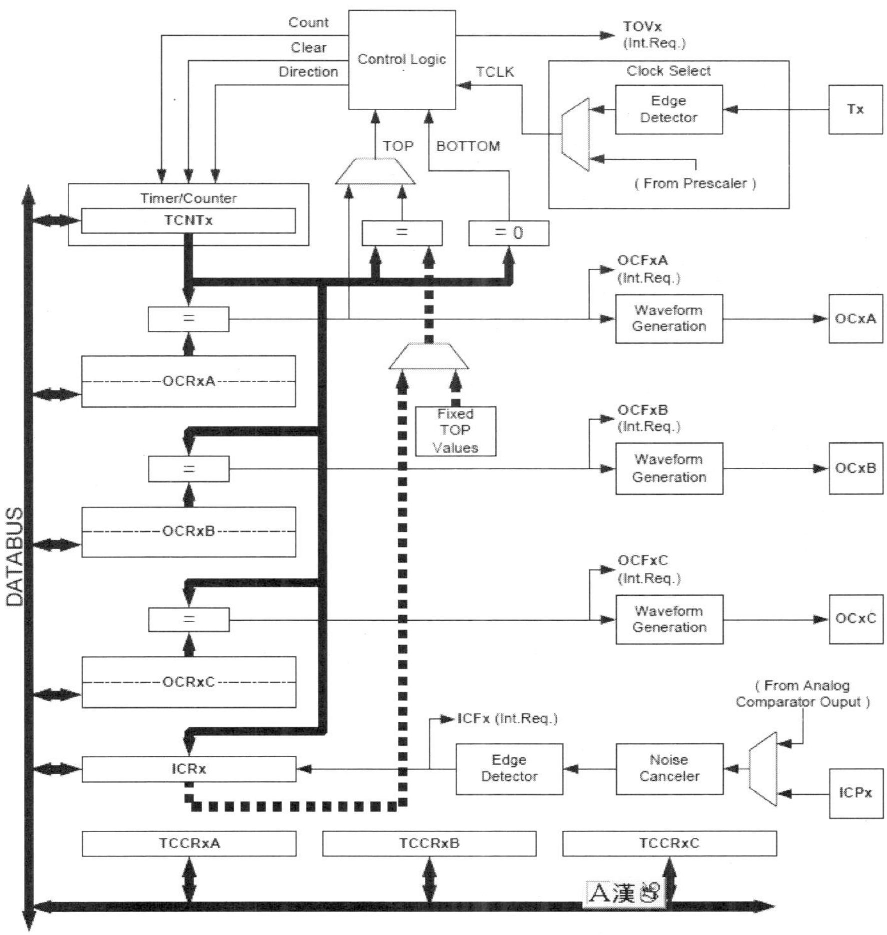

그림 1.13.19 타이머/카운터1과 타이머/카운터3의 내부 구성도

TCNTn는 입력되는 클록을 카운팅하는 레지스터이고, OCRnA/B/C는 TCNTn 레지스터의 값과 항상 비교되는 값을 저장하는 레지스터이다. TCNTn 레지스터와 OCRnA/B/C 레지스터의 값이 같아지면 내부적으로 OCFnA/B/C 플래그가 논리 '1'로 세트되고, 출력 비교 인터럽트가 발생될 수 있다. 타이머/카운터가 PWM 발생모드로 동작하는 경우에는 TCNTn 레지스터의 값과 출력 비교 인터럽트 플래그의 상태를 이용해 PWM 파형을 출력할 수 있으므로, 타이머/카운터의 동작모드와 OCRn 레지스터를 잘 설정하면 하면, OCn 단자에 16비트 해상도의 PWM 출력 신호를 발생시킬 수 있다. 또한 타이머/카운터1과 타이머/카운터3에는 입력 캡처 기능이 있어서, 입력 핀 ICPn에서 트리거 신호가 입력되면 현재의 TCNTn의 값이 입력 캡처 레지스터 ICRn에 저장되므로, 사용자는 프로그램을 통해 트리거 신호의 클록수를 계산하여 얻을 수 있으므로, 펄스의 폭을 정확히 측정할 수 있다.

그림 1.13.20은 타이머/카운터1과 타이머/카운터3의 카운터 부분의 구성도를 나타내고 있다. 타이머/카운터가 타이머로 동작할 경우에 clk_{Tn} 신호는 시스템 클록 주파수와 같은 내부 클록 $clk_{I/O}$이 프리스케일러를 거쳐 분주된 신호이며, clk_{Tn}가 제어부로 입력되고, 제어부에서는 동작 모드에 따라 TCNTn 레지스터의 값을 증가 또는 감소하거나 클리어 한다. 또한 타이머/카운터가 카운터로 동작할 경우에 clk_{Tn} 신호는 외부의 Tn 단자에서 입력되어 프리스케일러를 거치지 않고 에지 검출기를 통과하여 동기화 된 신호이며 clk_{Tn}가 카운터 제어부에 입력되며, 나머지 동작은 타이머의 동작과 동일하게 적용된다. 여기서 클록소스 clk_{Tn}은 CSn2:0 비트의 설정에 의해 선택되며 동작 모드는 WGMn3:0 비트를 통해 설정된다.

16비트 크기의 TCNTn 레지스터는 8비트의 상위 카운터 레지스터(TCNTnH)와 하위 카운터 레지스터(TCNTnL)로 구성되어 지는데, TCNTnH 레지스터는 MCU가 직접 접근하지 않고 TEMP 레지스터를 통해 간접적으로 접근하여 읽거나 쓰도록 설계되었다. 즉, 읽기 동작에서 TCNTnL 레지스터의 값을 읽을 때는 TEMP 레지스터에 TCNTnH 레지스터의 값이 기록되며, 쓰기 동작에서 TCNTnL 레지스터에 값을 쓸 때는 TEMP 레지스터의 값이 TCNTnH 레지스터에 기록된다. 이것은 MCU는 이 16비트 레지스터를 접근할 때에는 동일 시점의 카운터 값을 접근하기 위함이며, MCU가 8비트 데이터 버스를 통해 1클록 내에 16비트 레지스터인 TCNTn에 접근하는 것이 가능해 진다.

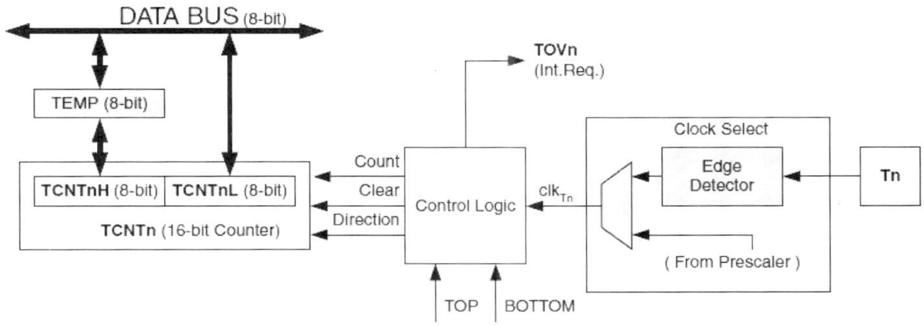

그림 1.13.20 타이머/카운터1과 타이머/카운터3의 카운터 부분의 구성도

그림 1.13.21은 타이머/카운터1과 타이머/카운터3의 입력 캡처 유닛의 블록도를 나타내고 있다. 타이머/카운터에는 외부 이벤트(external event)를 캡처하고, 이벤트 발생 시간을 나타내는 타임-스탬프(time-stamp)를 제공하는 입력 캡처 유닛을 포함하고 있다. 이 기능은 트리거 신호에 의하여 타이머/카운터 레지스터 TCNTn의 현재 값을 입력 캡처 레지스터 ICRn에 저장하는 것이다. 이벤트 신호는 ICPn 핀을 통해 입력 받을 수 있으며, 타이머/카운터1의 경우 또 다른 방법으로 아날로그 비교기 유닛을 통해 제공받을 수 있다.

이러한 타임-스탬프(time-stamp) 기능을 이용하여 주파수, 듀티 사이클 및 제공되는 신호의 다른 특징을 추산할 수 있으며 또는 이벤트의 로그(log)를 생성하는데 사용될 수 있다.

입력 캡처 유닛의 동작은 외부 입력 캡처 단자 ICPn 단자(타이머/카운터1의 경우에 아날로그 비교기로부터의 출력(ACO, Analog Comparator Output) 포함)로부터 트리거 신호가 입력되면, 노이즈 제거기와 에지 검출기를 거치면서 설정된 트리거 입력과 같을 때, 이 신호에 의해 TCNTn 레지스터의 16비트 값은 ICRn 레지스터에 저장된다. 이때 ICFn 인터럽트 플래그가 논리 '1'로 세트되며, 만약 TICIEn 인터럽트 허용 비트가 논리 '1'로 설정되어 있다면, 입력 캡처 인터럽트가 발생하게 된다. 이 ICFn 플래그는 인터럽트가 서비스 루틴이 실행되면서 자동으로 논리 '0'으로 클리어 되며, 소프트웨어적으로 이 플래그 비트에 논리 '1'을 쓰면 플래그 비트는 논리 '0'으로 클리어 된다.

16비트로 구성된 ICRn 레지스터는 읽고 쓰는 순서는 TCNTn 레지스터와 동일하다 . 즉, ICRn 레지스터에 16비트 데이터를 쓰기 동작 할 때는 ICRnH 레지스터에 먼저 쓴 후에, ICRnL 레지스터를 써야하고, 읽기 동작을 할 때에는 ICRnL레지스터를 먼저 읽은 후에 ICRnH레지스터를 읽어야 한다.

ICRn 레지스터의 값은 PWM 파형 발생 모드에 따라 카운터의 TOP 값으로 설정되어 사용될 수 있으며, 파형 발생 모드는 WGMn3:0 비트를 통해 설정되므로 표 1.13.12를 참조한다.

타이머/카운터1의 경우 입력 캡처 트리거 신호로 아날로그 비교기의 출력을 사용하기 위해서는 ACSR 레지스터의ACIC(Analog Comparator Input Capture) 비트를 논리 '1'로 설정하면 된다.

입력 캡처 트리거 신호는 TCCRnB 레지스터의 TCNCn 비트를 논리 '1'로 설정함으로써 잡음 제거 기능이 적용되도록 설정할 수 있으며, ICESn 비트의 설정에 의해 상승 에지나 하강에지 중에서 하나의 에지 신호를 선택할 수 있다.

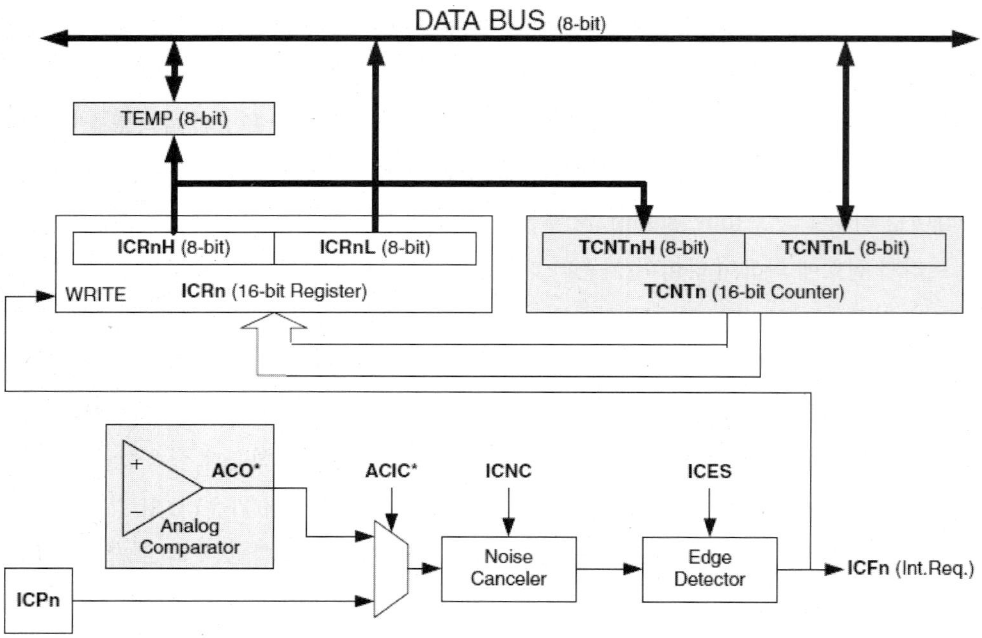

그림 1.13.21 타이머/카운터1과 타이머/카운터3의 입력 캡처 유닛의 블록도(타이머/카운터3은 ACO 신호 제외)

그림 1.13.22는 타이머/카운터1과 타이머/카운터3의 출력 비교 유닛의 블록도를 나타내고 있다. 출력 비교 유닛은 16비트 타이머/카운터가 동작중에 TCNTn 레지스터와 출력 비교 레지스터인 OCRnx를 항상 비교하며, 두 값이 같아지면 다음 주기에 출력 비교 플래그(OCFnx)를 논리 '1'로 설정한다. 여기서 n은 타이머/카운터의 번호를 나타내는 1 또는 3이고, x는 서로 다른 PWM 파형의 이름을 나타내는 A, B, C 문자를 나타내며, 3개의 PWM은 모두 동일한 방법으로 제어되므로 OCRnx의 표기 방법으로 기록하였다.

OCFnx 플래그 비트가 논리 '1'로 세트되었을 때 TIMSK 레지스터의 OCIEnx가 논리 '1'로 설정되어 있었다면, 해당하는 출력 비교 인터럽트가 발생하고 인터럽트 서비스 루틴이 실행되면서 OCFnx 플래그는 하드웨어에 의해 자동으로 논리 '0'으로 클리어 된다. 또한 소프트웨어적으로 OCFnx 플래그 비트를 논리 '1'로 설정하면 이 비트는 클리어 된다.

파형 발생기는 WGMn3:0 비트와 COMnx1:0 비트에 의해 설정된 동작 모드가 발생시키는 출력 신호를 사용하며, 파형 발생 모드에 따라 ICRn 레지스터 또는 OCRnA 레지스터는 주기 시간을 설정하는 TOP 값으로 사용될 수 있다.

OCRnx 레지스터는 12개의 PWM 모드 중 하나로 동작할 경우에 이중 버퍼링으로 동작하며, 일반 모드나 CTC 모드에서는 이중 버퍼링을 사용하지 않는다. PWM 모드에서 OCRnx 레지스터의 값은 이중 버퍼링 구조에 의해 TCNTn 레지스터가 TOP 또는 BOTTOM에 도달하였을 때 업데이트 된다. 이와 같은 동기화에 의하여 홀수-길이(odd-length) 또는 비대칭(non-symmetrical)적인 PWM 펄스가 발생되지 않도록 하여, 최종적으로는 글리치(glitch) 없는 PWM 출력 신호를 만들 수 있게 된다.

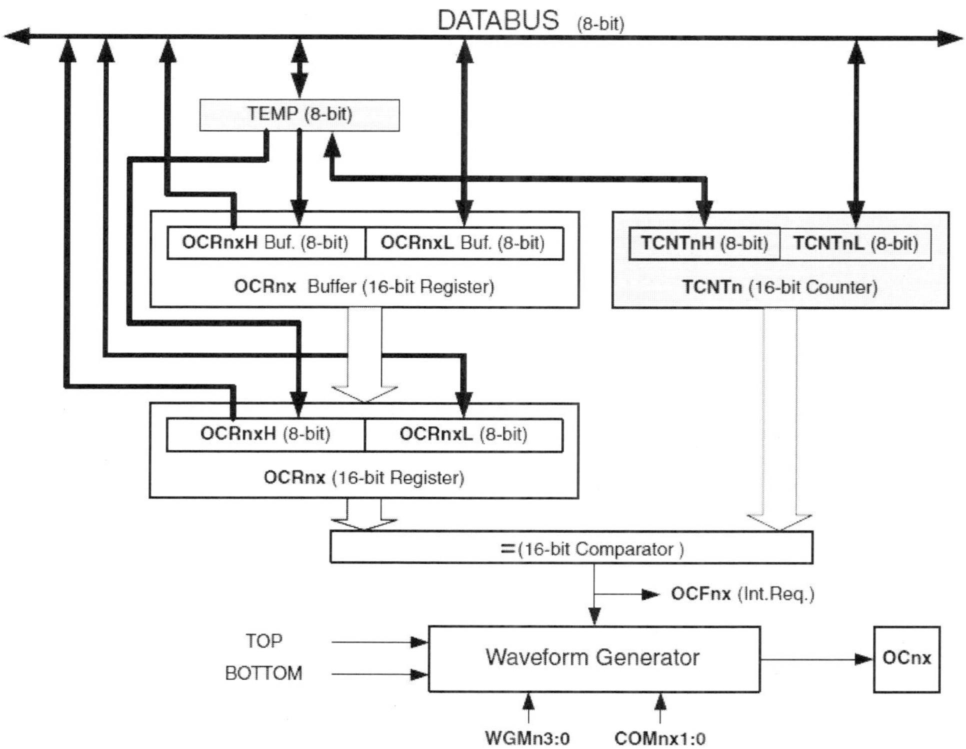

그림 1.13.22 타이머/카운터1과 타이머/카운터3의 출력 비교 유닛의 블록도

그림 1.13.23은 타이머/카운터1과 타이머/카운터3의 비교 매치 출력 유닛의 회로도를 나타내고 있다. 타이머/카운터1과 타이머/카운터3 비교 매치 출력부의 구성은 범용 입출력 포트의 기능과 공동으로 사용하고 있으며, 멀티플렉서를 통해 PORT 레지스터의 디지털 출력 신호와 OCn 레지스터의 신호가 선택되어 출력된다. 이 멀티플렉서의 선택 신호는 COMn1과 COMn0 신호를 입력으로 하는 OR 게이트의 출력 신호를 사용하므로, COMn1과 COMn0이 모두 논리 '0'일 때에는 PORT 레지스터의 디지털 출력 신호가 선택되고, 둘 중 하나의 신호라도 논리 '1'을 가지면 OCn 레지스터의 출력 신호가 선택된다. 또한 OCn 단자 앞에 3상태(tri-state) 버퍼가 연결되어 있어 해당하는 포트의 DDR 레지스터를 출력으로 설정해야만 OCn 단자에 신호가 출력된다. 예를 들어 타이머/카운터1의 OC1A 단자는 ATmega128의 PORTB의 5번 비트에 연결되어 있으므로, 타이머/카운터1A의 PWM 파형을 OC1A 단자에 출력하기 위해서는 DDRB의 5번 비트를 논리 '1'로 설정해야 한다.

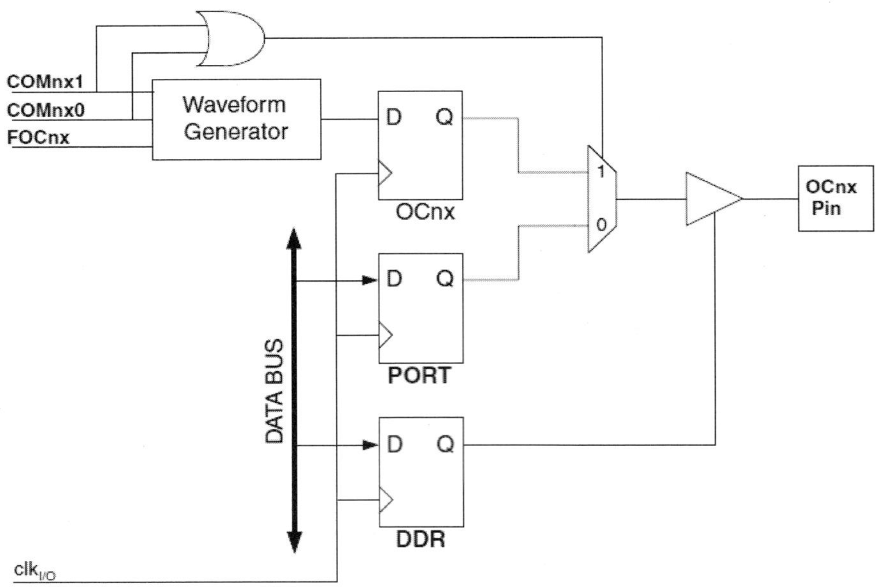

1.13.23 타이머/카운터1과 타이머/카운터3의 비교 매치 출력 유닛의 회로도

ATmega128의 출력 비교 변조기는 캐리어 주파수와 함께 변조되는 파형을 발생시킬 수 있는데, 16비트 타이머/카운터1의 비교 출력 유닛 C와 8비트 타이머/카운터2의 비교 출력 유닛으로부터의 출력 변조기 입력으로 사용하며, ATmega103 호환 모드에서는 적용되지 않는다. 한편, 변조된 신호는 ATmega128의 PORTB의 7번 비트에 출력 비교 변조 신호를

출력할 수 있다.

그림 1.13.24는 이런 출력 비교 변조기의 블록도를 나타내고 있으며, 그림 1.13.25는 출력 비교 변조기의 내부 회로도를 나타내고 있다. 이 출력 비교 변조기는 그림 1.13.25에 나타난 것과 같이 OC1C와 OC2 중에 하나의 신호만 출력 할 경우에는 해당하는 출력 비교 신호 하나를 출력하지만, 이 2가지 출력을 모두 설정하여 사용하는 경우에는 PORTB 레지스터의 7번 비트(PB7) 설정에 따라 OC1C와 OC2 신호를 논리적으로 AND하거나 OR하여 변조된 신호를 출력한다.

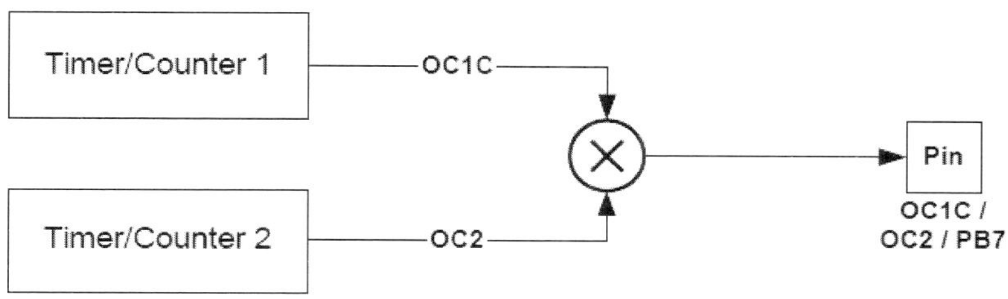

그림 1.13.24 출력 비교 변조기의 블록도

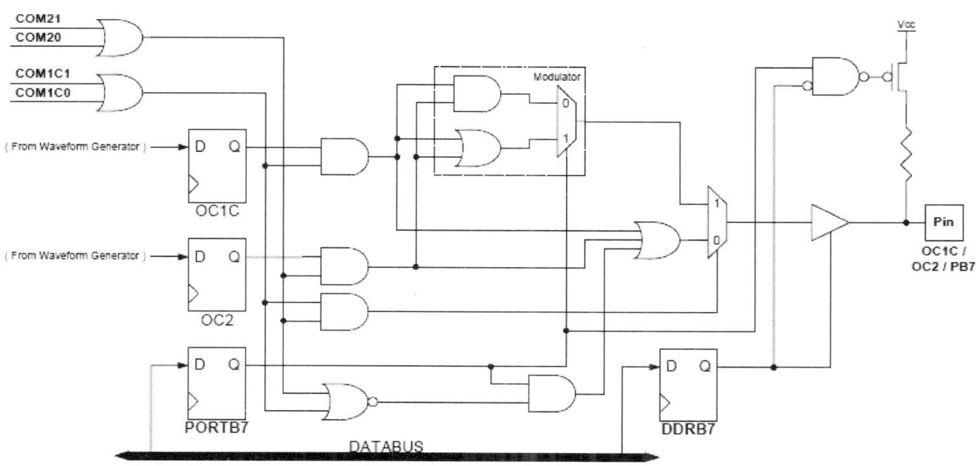

그림 1.13.25 출력 비교 변조기의 회로도

그림 1.13.26은 출력 비교 변조기의 동작 파형의 예를 나타내고 있으며 타이머/카운터1은 비 반전 고속 PWM 모드로 동작하고, 타이머/카운터2는 토글 동작을 하는 CTC 모드로 동작한다. 그림에서와 같이 PB7 신호가 논리 '0'이면 OC1C와 OC2의 신호는 AND 되어 출

력되고, PB7 신호가 논리 '1'이면 OC1C와 OC2의 신호는 OR되어 출력된다. 따라서 2채널의 타이머/카운터 출력 비교 신호를 변조하여, 1개의 채널로는 만들 수 없는 변조된 PWM 신호를 발생시킬 수 있다.

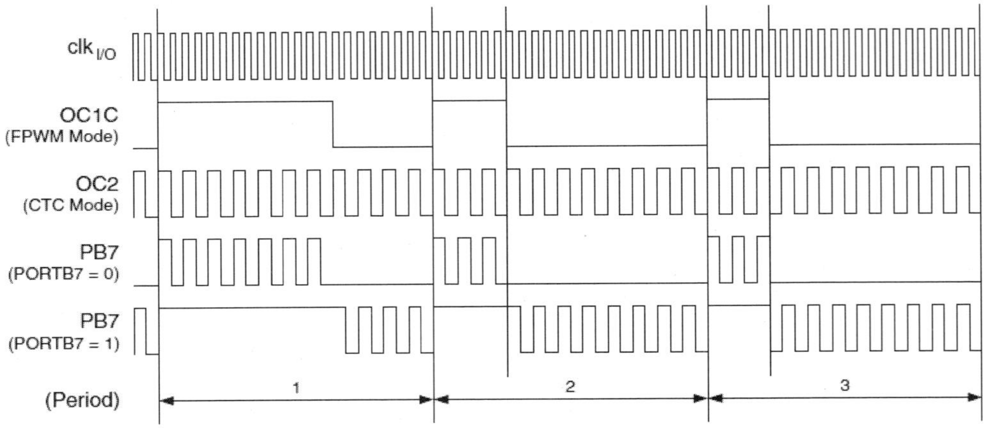

그림 1.13.26 출력 비교 변조기 동작 파형의 예

1.13.8 16비트 타이머/카운터1과 타이머/카운터3에 관련한 레지스터

타이머/카운터1과 타이머/카운터3은 그 기능을 제어하기 위해 여러 가지 제어 및 상태레지스터를 가지고 있으며, 각 레지스터는 I/O 영역과 확장 I/O 영역에 나뉘어 위치하고 있으므로 어셈블리어 등으로 프로그램 할 경우에는 특히 주의해야 한다.

TCCR1A : 타이머/카운터1 제어 레지스터 A

Bit	7	6	5	4	3	2	1	0
	COM1A1	COM1A0	COM1B1	COM1B0	COM1C1	COM1C0	WGM11	WGM10
Read/Write	R/W	R/W	R/W	R/W	R/W	R/W	R/W	R/W
Initial Value	0	0	0	0	0	0	0	0

TCCR3A : 타이머/카운터3 제어 레지스터 A

Bit	7	6	5	4	3	2	1	0
	COM3A1	COM3A0	COM3B1	COM3B0	COM3C1	COM3C0	WGM31	WGM30
Read/Write	R/W	R/W	R/W	R/W	R/W	R/W	R/W	R/W
Initial Value	0	0	0	0	0	0	0	0

- Bit 7:6 -> COMnA1:0 : 비교 출력 모드 for 채널 A
- Bit 5:4 -> COMnB1:0 : 비교 출력 모드 for 채널 B
- Bit 3:2 -> COMnC1:0 : 비교 출력 모드 for 채널 C

COMnA1:0, COMnB1:0, COMnC1:0 비트들은 타이머/카운터 1과 타이머/카운터3의 출력 비교 핀 OCnA, OCnB, OCnC의 동작을 제어한다. 2비트 중 하나 이상의 비트가 논리 '1'로 설정되면 PWM 신호가 발생하며, 이때 PWM 신호를 OCnA, OCnB, OCnC 단자에 출력하기 위해서는 DDRx 레지스터에서 해당하는 비트를 논리 '1'로 설정하여 출력 방향으로 설정되도록 해야 한다. OCnA, OCnB, OCnC 단자의 출력 신호는 파형 발생 모드(WGMn3:0 비트)에 따라 달라지며 이를 요약하면 표 1.13.9, 표 1.13.10, 표 1.13.11에 나타난 것과 같다.

표 1.13.9 PWM 모드가 아닌 경우의 비교 출력 모드

COMnx1	COMnx0	OCnx 핀의 기능
0	0	일반 I/O 포트로 동작(OCnx 출력을 연결하지 않음)
0	1	비교 매치에서 OCnx 출력을 토글
1	0	비교 매치에서 OCnx 출력을 논리 '0'으로 설정
1	1	비교 매치에서 OCnx 출력을 논리 '1'로 설정

※ x는 A or B or C

표 1.13.10 고속 PWM 모드의 비교 출력 모드

COMnx1	COMnx0	OCnx 핀의 기능
0	0	일반 I/O 포트로 동작(OCnx 출력을 연결하지 않음)
0	1	모드15(WGMn3:0=15)의 경우 비교 매치에서 OCnA 출력을 토글하고 OCnB/OCnC는 출력을 연결하지 않음(정상적인 포트 동작) 다른 모드에서는 정상적인 포트로 동작하고, OCnx는 연결하지 않음

COMnx1	COMnx0	OCnx 핀의 기능
1	0	비교 매치에서 OCnx를 논리 '0'으로 설정하고, TOP에서 OCnx를 논리 '1'로 설정함
1	1	비교 매치에서 OCnx를 논리 '1'로 설정하고, TOP에서 OCnx를 논리 '0'으로 설정함

※ x는 A or B or C

표 1.13.11 PC PWM 모드와 PFC PWM 모드의 비교 출력 모드

COMnx1	COMnx0	OCnx 핀의 기능
0	0	일반 I/O 포트로 동작(OCnx 출력을 연결하지 않음)
0	1	모드 9 또는 모드 14(WGMn3:0=9, 14)의 경우에 비교 매치에서 OCnA 출력을 토글하고, OCnB/OCnC는 출력을 연결하지 않음(정상적인 포트 동작) 다른 모드에서는 정상적인 포트로 동작하고, OCnx는 연결하지 않음
1	0	업 카운트의 경우에서는 비교 매치에서 OCnx를 논리 '0'으로 설정하고, 다운 카운트의 경우에서는 비교 매치에서 OCnx를 논리 '1'로 설정함
1	1	업 카운트의 경우에서는 비교 매치에서 OCnx를 논리 '1'로 설정하고, 다운 카운트의 경우에서는 비교 매치에서 OCnx를 논리 '0'으로 설정함

※ x는 A or B or C

– Bit 1:0 -> WGMn1:0 : 파형 생성 모드

TCCRnB 레지스터의 WGMn3:2 비트와 결합하여 타이머/카운터1과 타이머/카운터3의 카운터의 카운팅 순서, 최대값 제공, 파형 발생의 타입 등의 카운터 동작 모드를 설정한다. 타이머/카운터1과 타이머/카운터3은 일반 모드, CTC 모드(비교 일치시 타이머를 클리어), 3가지 타입의 PWM 모드 등을 제공하는데, 표 1.13.12에는 WGMn3:0 비트의 설정에 따라 제공되는 15가지의 동작 모드를 나타내고 있다.

표 1.13.12 WGMn3:0 비트에 의한 파형 발생 모드의 설정

모드	WGMn3	WGMn2 (CTCn)	WGMn1 (PWMn1)	WGMn0 (PWMn0)	동작 모드	최대값	OCRnx 레지스터 업데이트 점	TOVn 플래그의 세트 점
0	0	0	0	0	일반	0xFFFF	설정 즉시	MAX
1	0	0	0	1	Phase Correct PWM, 8비트	0x00FF	TOP	BOTTOM
2	0	0	1	0	Phase Correct PWM, 9비트	0x01FF	TOP	BOTTOM

모드	WGMn3	WGMn2 (CTCn)	WGMn1 (PWMn1)	WGMn0 (PWMn0)	동작 모드	최대값	OCRnx 레지스터의 업데이트 시기	TOVn 플래그의 세트 시점
3	0	0	1	1	Phase Correct PWM, 10비트	0x03FF	TOP	BOTTOM
4	0	1	0	0	CTC	OCRnA	설정 즉시	MAX
5	0	1	0	1	고속 PWM, 8비트	0x00FF	BOTTOM	TOP
6	0	1	1	0	고속 PWM, 9비트	0x01FF	BOTTOM	TOP
7	0	1	1	1	고속 PWM, 10비트	0x03FF	BOTTOM	TOP
8	1	0	0	0	Phase and Frequency Correct PWM	ICRn	BOTTOM	BOTTOM
9	1	0	0	1	Phase and Frequency Correct PWM	OCRnA	BOTTOM	BOTTOM
10	1	0	1	0	Phase Correct PWM	ICRn	TOP	BOTTOM
11	1	0	1	1	Phase Correct PWM	OCRnA	TOP	BOTTOM
12	1	1	0	0	CTC	ICRn	설정 즉시	MAX
13	1	1	0	1	사용하지 않음(Reserved)	–	–	–
14	1	1	1	0	고속 PWM	ICRn	BOTTOM	TOP
15	1	1	1	1	고속 PWM	OCRnA	BOTTOM	TOP

TCCR1B : 타이머/카운터1 제어 레지스터 B

Bit	7	6	5	4	3	2	1	0
	ICNC1	**ICES1**	**-**	**WGM13**	**WGM12**	**CS12**	**CS11**	**CS10**
Read/Write	R/W	R/W	R	R/W	R/W	R/W	R/W	R/W
Initial Value	0	0	0	0	0	0	0	0

TCCR3B : 타이머/카운터3 제어 레지스터 B

Bit	7	6	5	4	3	2	1	0
	ICNC3	**ICES3**	**-**	**WGM33**	**WGM32**	**CS32**	**CS31**	**CS30**
Read/Write	R/W	R/W	R	R/W	R/W	R/W	R/W	R/W
Initial Value	0	0	0	0	0	0	0	0

– Bit 7 -> ICNCn : 입력 캡처 잡음 제거 회로

이 비트가 논리 '1'로 설정되면, 입력 캡처 잡음 제거 기능이 활성화 된다. 이 필터링 동작은 ICPn 신호가 변경된 후에 4개의 발진 사이클 동안 샘플링 하여, 4개의 샘플이 연속하여 동일하면 트리거 신호로 출력한다. 따라서 시스템 클록의 4주기만큼 트리거 신호는 지연되어 동작하게 된다.

– Bit 6 -> ICESn : 입력 캡처 에지 선택

ICESn 비트는 ICPn 단자에 입력되는 캡처 신호의 에지를 선택한다. ICESn 비트를 논리 '0'으로 설정하면 하강 에지일 때 캡처가 수행되며, 논리 '1'로 설정하면 캡처 신호가 상승 에지일 때 캡처가 수행된다.

– Bit 5 -> 사용하지 않음

– Bit 4:3 -> WGMn3:2:WGMn3:2 : 파형 생성 모드

이 비트는 TCCRnA 레지스터의 WGMn1:0 비트와 결합하여 타이머/카운터1과 타이머/ 카운터3의 동작 모드를 설정한다. 타이머/카운터1과 타이머/카운터3의 동작 모드는 표 1.13.12를 참조한다.

– Bit 2:0 -> CSn2:0 : 클록 선택

이 3개의 비트들은 표 1.13.13과 같이 타이머/카운터1과 타이머/카운터3의 클록 소스를 선택하는데 사용된다. 한편, 타이머/카운터1과 타이머/카운터3의 프리스케일러 구성도는 그림 1.13.27에 나타내었다.

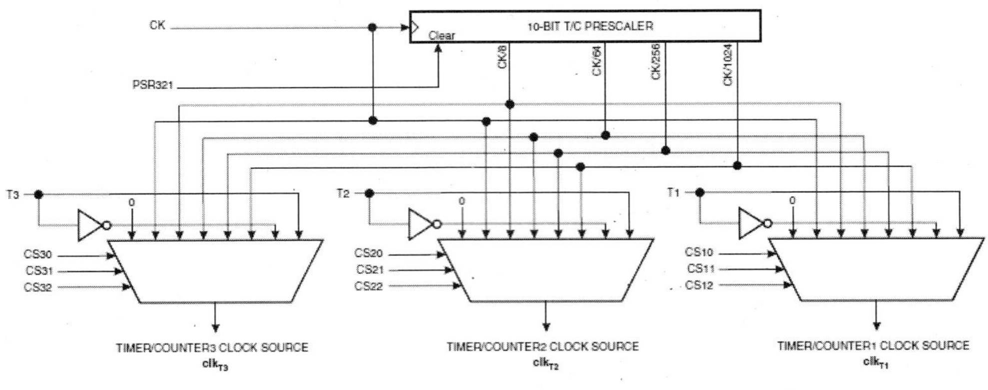

그림 1.13.27 타이머/카운터1, 타이머/카운터2, 타이머/카운터3의 프리스케일러(prescaler) 구성

표 1.13.13 16비트 타이머/카운터1과 타이머/카운터3의 클록 선택

CSn2	CSn1	CSn0	클록 소스의 기능
0	0	0	클록 소스 연결하지 않음(타이머/카운터n 기능 정지)
0	0	1	$clk_{I/O}$
0	1	0	$clk_{I/O}$ / 8
0	1	1	$clk_{I/O}$ / 64
1	0	0	$clk_{I/O}$ / 256
1	0	1	$clk_{I/O}$ / 1024
1	1	0	Tn 핀의 외부 클록 소스, 클록의 하강 에지에서 동작
1	1	1	Tn 핀의 외부 클록 소스, 클록의 상승 에지에서 동작

TCCR1C : 타이머/카운터1 제어 레지스터 C

Bit	7	6	5	4	3	2	1	0
	FOC1A	FOC1B	FOC1C	-	-	-	-	-
Read/Write	W	W	W	R	R	R	R	R
Initial Value	0	0	0	0	0	0	0	0

TCCR3C : 타이머/카운터3 제어 레지스터 C

Bit	7	6	5	4	3	2	1	0
	FOC3A	FOC3B	FOC3C	-	-	-	-	-
Read/Write	W	W	W	R	R	R	R	R
Initial Value	0	0	0	0	0	0	0	0

– Bit 7 -> FOCnA: Force 출력 비교 for 채널 A

– Bit 6 -> FOCnB: Force 출력 비교 for 채널 B

– Bit 5 -> FOCnC: Force 출력 비교 for 채널 C

FOCnx(x는 A or B or C) 비트는 PWM 모드가 아닌 경우에만 활성화 되는 것으로, 이 비트를 논리 '1'로 설정하면 강제로 OCnx 단자에 COMnx1:0 설정에 의한 출력 비교 일치 신호를 강제로 내보내는 기능을 한다. 이때 FOCnx는 어떠한 인터럽트도 발생시키지 않으며 또한 CTC 모드에서는 OCRnx가 TOP일 때 타이머를 클리어하지도 않는다.

– Bit 4:0 -> 사용하지 않음

TCNT1H, TCNT1L : 타이머/카운터1 레지스터

Bit	7	6	5	4	3	2	1	0	
	TCNT1[15:8]								TCNT1H
	TCNT1[7:0]								TCNT1L
Read/Write	R/W	R/W	R/W	R/W	R/W	R/W	R/W	R/W	
Initial Value	0	0	0	0	0	0	0	0	

TCNT3H, TCNT3L : 타이머/카운터3 레지스터

Bit	7	6	5	4	3	2	1	0	
	TCNT3[15:8]								TCNT3H
	TCNT3[7:0]								TCNT3L
Read/Write	R/W	R/W	R/W	R/W	R/W	R/W	R/W	R/W	
Initial Value	0	0	0	0	0	0	0	0	

TCNTn 레지스터는 타이머/카운터1과 타이머/카운터3의 16비트 카운터 값을 저장하는 레지스터이다. 16비트의 TCNTn 레지스터는 8비트 크기의 TCNTnH와 TCNTnL 레지스터로 나뉘어 직접제어가 가능하도록 제공된다.

한편, 이 16비트의 레지스터에 데이터를 쓸 경우에는 상위 바이트 TCNTnH에 먼저 쓰고 하위 바이트 TCNTnL에 나중에 써야 하며, 이 16비트 레지스터를 읽을 경우에는 하위 바이트 TCNTnL를 먼저 읽고 나중에 상위 바이트 TCNTnH를 읽어야 한다. 또한 이 레지스터는 항상 읽기 및 쓰기가 가능하지만 카운터가 동작하고 있을 때, 새로운 값을 저장하면 TCNTn과 OCRnx 사이의 비교 일치가 일어나지 않는 결함이 발생할 수 있다.

OCR1AH, OCR1AL : 타이머/카운터1 출력 비교 레지스터 A

Bit	7	6	5	4	3	2	1	0	
	OCR1A[15:8]								OCR1AH
	OCR1A[7:0]								OCR1AL
Read/Write	R/W	R/W	R/W	R/W	R/W	R/W	R/W	R/W	
Initial Value	0	0	0	0	0	0	0	0	

OCR1BH, OCR1BL : 타이머/카운터1 출력 비교 레지스터 B

Bit	7	6	5	4	3	2	1	0	
	OCR1B[15:8]								**OCR1BH**
	OCR1B[7:0]								**OCR1BL**
Read/Write	R/W	R/W	R/W	R/W	R/W	R/W	R/W	R/W	
Initial Value	0	0	0	0	0	0	0	0	

OCR1CH, OCR1CL : 타이머/카운터1 출력 비교 레지스터 C

Bit	7	6	5	4	3	2	1	0	
	OCR1C[15:8]								**OCR1CH**
	OCR1C[7:0]								**OCR1CL**
Read/Write	R/W	R/W	R/W	R/W	R/W	R/W	R/W	R/W	
Initial Value	0	0	0	0	0	0	0	0	

OCR3AH, OCR3AL : 타이머/카운터3 출력 비교 레지스터 A

Bit	7	6	5	4	3	2	1	0	
	OCR3A[15:8]								**OCR3AH**
	OCR3A[7:0]								**OCR3AL**
Read/Write	R/W	R/W	R/W	R/W	R/W	R/W	R/W	R/W	
Initial Value	0	0	0	0	0	0	0	0	

OCR3BH, OCR3BL : 타이머/카운터3 출력 비교 레지스터 B

Bit	7	6	5	4	3	2	1	0	
	OCR3B[15:8]								**OCR3BH**
	OCR3B[7:0]								**OCR3BL**
Read/Write	R/W	R/W	R/W	R/W	R/W	R/W	R/W	R/W	
Initial Value	0	0	0	0	0	0	0	0	

OCR3CH, OCR3CL : 타이머/카운터3 출력 비교 레지스터 C

Bit	7	6	5	4	3	2	1	0	
	OCR3C[15:8]								**OCR3CH**
	OCR3C[7:0]								**OCR3CL**
Read/Write	R/W	R/W	R/W	R/W	R/W	R/W	R/W	R/W	
Initial Value	0	0	0	0	0	0	0	0	

OCRnx 레지스터는 타이머/카운터1과 타이머/카운터3의 카운트 값을 저장하는 TCNTn 레지스터와 계속해서 비교하는 16비트 값이 들어 있다. 또한 비교하여 OCnx 단자에 PWM

출력 신호를 발생하는데 사용하는 레지스터이다. PWM 모드에서 OCRnx 레지스터의 값은 이중 버퍼링 구조에 의해 TCNTn 레지스터가 TOP 또는 BOTTOM에 도달하였을 때 업데이트된다. 이와 같은 동기화에 의하여 홀수-길이(odd-length) 또는 비대칭(non-symmetrical)적인 PWM 펄스가 발생되지 않도록 하여, 최종적으로는 글리치(glitch) 없는 PWM 출력 신호를 만들 수 있게 된다. 그러나 일반 CTC 모드에서는 OCRnx 레지스터가 이중 버퍼링 구조로 동작하지 않으므로 주의해야 한다. 한편, 이 레지스터 역시 16 비트로 구성되므로, TCNTn 레지스터의 16비트 접근 방법을 참조하기 바란다.

ICR1H, ICR1L : 타이머/카운터1 입력 캡처 레지스터

Bit	7	6	5	4	3	2	1	0	
	ICR1[15:8]								ICR1H
	ICR1[7:0]								ICR1L
Read/Write	R/W	R/W	R/W	R/W	R/W	R/W	R/W	R/W	
Initial Value	0	0	0	0	0	0	0	0	

ICR3H, ICR3L : 타이머/카운터3 입력 캡처 레지스터

Bit	7	6	5	4	3	2	1	0	
	ICR3[15:8]								ICR3H
	ICR3[7:0]								ICR3L
Read/Write	R/W	R/W	R/W	R/W	R/W	R/W	R/W	R/W	
Initial Value	0	0	0	0	0	0	0	0	

ICRn 레지스터는 입력 캡처 신호 ICPn 단자에 외부 이벤트가 발생될 때마다 이를 트리거 입력으로 하여 타이머/카운터 레지스터 TCNTn 값으로 캡처하여 저장하는 16비트 레지스터이다. 한편, 타이머/카운터1의 경우에는 아날로그 비교기의 출력 신호로도 트리거 입력을 받을 수 있다. 이 ICRn 레지스터는 타이머/카운터1과 타이머/카운터3의 동작 모드 에 따라 TOP 값을 저장하는데 사용되기도 한다. 이 레지스터 역시 16비트로 구성되므로, TCNTn 레지스터의 16비트 접근 방법을 참조하기 바란다.

TIMSK : 타이머/카운터 인터럽트 마스크 레지스터

Bit	7	6	5	4	3	2	1	0
	OCIE2	TOIE2	TICIE1	OCIE1A	OCIE1B	TOIE1	OCIE0	TOIE0
Read/Write	R/W	R/W	R/W	R/W	R/W	R/W	R/W	R/W
Initial Value	0	0	0	0	0	0	0	0

– Bit 5 -> TICIE1 : 타이머/카운터1 입력 캡처 인터럽트 인에이블
TICIE1 비트가 논리 '1'로 설정될 때, SREG 레지스터의 I 비트가 논리 '1'로 설정되면 타이머/카운터1의 입력 캡처 인터럽트가 허용된다. 이때 타이머/카운터1의 입력 캡처 트리거가 발생하면, TIFR 레지스터의 ICF1 플래그 비트가 논리 '1' 로 설정되고 해당하는 인터럽트가 실행된다.

– Bit 4 -> OCIE1A : 타이머/카운터1, 출력 비교 A 매치 인터럽트 인에이블
OCIE1A 비트가 논리 '1'로 설정될 때, SREG 레지스터의 I 비트가 논리 '1'로 설정되면 타이머/카운터1의 출력 비교 매치 A 인터럽트가 허용된다. 이때 타이머/카운터1의 출력 비교 매치 A가 발생하면, TIFR 레지스터의 OCF1A 플래그 비트가 논리 '1'로 설정되고 해당하는 인터럽트가 실행된다.

– Bit 3 -> OCIE1B : 타이머/카운터1 출력 비교 B 매치 인터럽트 인에이블
OCIE1B 비트가 논리 '1'로 설정될 때, SREG 레지스터의 I 비트가 논리 '1'로 설정되면 타이머/카운터1의 출력 비교 매치 B 인터럽트가 허용된다. 이때 타이머/카운터1의 출력 비교 매치 B가 발생하면, TIFR 레지스터의 OCF1B 플래그 비트가 논리 '1'로 설정되고 해당하는 인터럽트가 실행된다.

– Bit 2 -> TOIE1 : 타이머/카운터1 오버플로우 인터럽트 인에이블
TOIE1 비트가 논리 '1'로 설정될 때, SREG 레지스터의 I 비트가 논리 '1'로 설정되면 타이머/카운터1의 오버플로우 인터럽트가 허용된다. 이때 타이머/카운터1의 오버플로우가 발생하면, TIFR 레지스터의 TOV1 플래그비트가 논리 '1' 로 설정되고 해당하는 인터럽트가 실행된다.

ETIMSK : 확장 타이머/카운터 인터럽트 마스크 레지스터

Bit	7	6	5	4	3	2	1	0
	-	-	TICIE3	OCIE3A	OCIE3B	TOIE3	OCIE3C	OCIE1C
Read/Write	R	R	R/W	R/W	R/W	R/W	R/W	R/W
Initial Value	0	0	0	0	0	0	0	0

– Bit 7:6 -> 사용하지 않음

– Bit 5 -> TICIE3 : 타이머/카운터3 입력 캡처 인터럽트 인에이블
TICIE3 비트가 논리 '1'로 설정될 때, SREG 레지스터의 I 비트가 논리 '1'로 설정 되면 타이머/카운터3의 입력 캡처 인터럽트가 허용된다. 이때 타이머/카운터3의 입력 캡처 트리거가 발생하면, ETIFR 레지스터의 ICF3 플래그 비트가 논리 '1' 로 설정되고해당하는 인터럽트가 실행된다.

– Bit 4 -> OCIE3A : 타이머/카운터3 출력 비교 A 매치 인터럽트 인에이블
OCIE3A 비트가 논리 '1'로 설정될 때, SREG 레지스터의 I 비트가 논리 '1'로 설정되면 타이머/카운터3의 출력 비교 매치 A 인터럽트가 허용된다. 이때 타이머/카운터3의 출력 비교 매치 A가 발생하면, ETIFR 레지스터의 OCF3A 플래그 비트가 논리 '1'로 설정되고 해당하는 인터럽트가 실행된다.

– Bit 3 -> OCIE3B : 타이머/카운터3 출력 비교 B 매치 인터럽트 인에이블
OCIE3B 비트가 논리 '1'로 설정될 때, SREG 레지스터의 I 비트가 논리 '1'로 설정되면 타이머/카운터3의 출력 비교 매치 B 인터럽트가 허용된다. 이때 타이머/카운터3의 출력 비교 매치 B가 발생하면, ETIFR 레지스터의 OCF3B 플래그 비트가 논리 '1'로 설정되고 해당하는 인터럽트가 실행된다.

– Bit 2 -> TOIE3 : 타이머/카운터3 오버플로우 인터럽트 인에이블
TOIE3 비트가 논리 '1'로 설정될 때, SREG 레지스터의 I 비트가 논리 '1'로 설정되면 타이머/카운터3의 오버플로우 인터럽트가 허용된다. 이 상태에서 타이머/카운터3의 오버플로우가 발생하면, ETIFR 레지스터의 TOV3 플래그비트가 논리 '1'로 설정되고 해당하는 인터럽트가 실행된다.

– Bit 1 -> OCIE3C : 타이머/카운터3 출력 비교 C 매치 인터럽트 인에이블
OCIE3C 비트가 논리 '1'로 설정될 때, SREG 레지스터의 I 비트가 논리 '1'로 설정되면 타이머/카운터3의 출력 비교 매치 C 인터럽트가 허용된다. 이때 타이머/카운터3의 출력 비교 매치 C가 발생하면, ETIFR 레지스터의 OCF3C 플래그 비트가 논리 '1'로 설정되고 해당하는 인터럽트가 실행된다.

– Bit 0 -> OCIE1C : 타이머/카운터1 출력 비교 C 매치 인터럽트 인에이블

OCIE1C 비트가 논리 '1'로 설정될 때, SREG 레지스터의 I 비트가 논리 '1'로 설정되면 타이머/카운터1의 출력 비교 매치 C 인터럽트가 허용된다. 이때 타이머/카운터1의 출력 비교 매치 C가 발생하면, TIFR 레지스터의 OCF1C 플래그 비트가 논리 '1'로 설정되고 해당하는 인터럽트가 실행된다.

TIFR : 타이머/카운터 인터럽트 플래그 레지스터

Bit	7	6	5	4	3	2	1	0
	OCF2	TOV2	ICF1	OCF1A	OCF1B	TOV1	OCF0	TOV0
Read/Write	R/W	R/W	R/W	R/W	R/W	R/W	R/W	R/W
Initial Value	0	0	0	0	0	0	0	0

– Bit 5 -> ICF1 : 타이머/카운터1 입력 캡처 플래그

ICF1 비트는 타이머/카운터1의 입력 캡처 신호 또는 아날로그 비교기의 출력 신호에 의하여 캡처 동작이 수행될 때 이 비트가 논리 '1'로 설정된다. 또한 ICR1 레지스터가 TOP 값으로 설정되는 파형 발생 모드에서 TCNT1 레지스터의 값이 TOP에 이르게 되면 이 플래그 비트는 세트된다. 이 비트는 해당하는 인터럽트 서비스 루틴을 실행할 때 하드웨어에 의해 논리 '0'으로 클리어 된다. 이 플래그 비트를 클리어 하는 또 다른 방법으로 소프트웨어로 이 비트를 논리 '1'로 설정하면 된다.

– Bit 4 -> OCF1A : 타이머/카운터1 출력 비교 A 매치 플래그

OCF1A 비트는 타이머/카운터1의 TCNT1 레지스터와 OCR1A 레지스터의 비교 매치가 발생할 때 논리 '1'로 설정된다. 이 비트는 해당하는 인터럽트 서비스 루틴을 실행할 때 하드웨어에 의해 논리 '0'으로 클리어 된다. 이 플래그 비트를 클리어 하는 또 다른 방법으로 소프트웨어로 이 비트를 논리 '1'로 설정하면 된다.

– Bit 3 -> OCF1B : 타이머/카운터1 출력 비교 B 매치 플래그

OCF1B 비트는 타이머/카운터1의 TCNT1 레지스터와 OCR1B 레지스터의 비교 일치가 발생할 때 논리 '1'로 설정된다. 이 비트는 해당하는 인터럽트 서비스 루틴을 실행할 때 하드웨어에 의해 논리 '0'으로 클리어 된다. 이 플래그 비트를 클리어 하는 또 다른 방법으로 소프트웨어로 이 비트를 논리 '1'로 설정하면 된다.

– Bit 2 -〉 TOV1: 타이머/카운터1, 오버플로우 플래그

TOV1 비트는 타이머/카운터1에서 오버플로우가 발생할 때 이 비트가 논리 '1'로 설정된다. 이 비트는 해당하는 인터럽트 서비스 루틴을 실행할 때 하드웨어에 의해 논리 '0'으로 클리어 된다. 이 플래그 비트를 클리어 하는 또 다른 방법으로 소프트웨어로 이 비트를 논리 '1'로 설정하면 된다. SREG의 I비트와 TOIE1 비트와 TOV1 비트가 논리 1로 설정되면 타이머/카운터1의 오버플로우 인터럽트는 실행된다. 한편, PWM 모드에서는 타이머/카운터1이 0x0000에서 카운팅 방향을 바꿀 때에도 이 비트는 논리 '1'로 설정된다.

ETIFR : 확장된 타이머/카운터 인터럽트 플래그 레지스터

Bit	7	6	5	4	3	2	1	0
	-	-	ICF3	OCF1A	OCF3B	TOV3	OCF3C	OCF1C
Read/Write	R/W	R/W	R/W	R/W	R/W	R/W	R/W	R/W
Initial Value	0	0	0	0	0	0	0	0

– Bit 5 -〉 ICF3 : 타이머/카운터3 입력 캡처 플래그

ICF3 비트는 타이머/카운터3의 입력 캡처 신호 또는 아날로그 비교기의 출력 신호에 의하여 캡처 동작이 수행될 때 이 비트가 논리 '1'로 설정된다. 또한 ICR3 레지스터가 TOP 값으로 설정되는 파형 발생 모드에서 TCNT3 레지스터의 값이 TOP에 이르게 되면 이 플래그 비트는 세트된다. 이 비트는 해당하는 인터럽트 서비스 루틴을 실행할 때 하드웨어에 의해 논리 '0'으로 클리어 된다. 이 플래그 비트를 클리어 하는 또 다른 방법으로 소프트웨어로 이 비트를 논리 '1'로 설정하면 된다.

– Bit 4 -〉 OCF3A : 타이머/카운터3 출력 비교 A 매치 플래그

OCF3A 비트는 타이머/카운터3의 TCNT3 레지스터와 OCR3A 레지스터의 비교 일치가 발생할 때 논리 '1'로 설정된다. 이 비트는 해당하는 인터럽트 서비스 루틴을 실행할 때 하드웨어에 의해 논리 '0'으로 클리어 된다. 이 플래그 비트를 클리어 하는 또 다른 방법으로 소프트웨어로 이 비트를 논리 '1'로 설정하면 된다.

– Bit 3 -> OCF1B : 타이머/카운터3 출력 비교 B 매치 플래그

OCF3B 비트는 타이머/카운터3의 TCNT3 레지스터와 OCR3B 레지스터의 비교 일치가 발생할 때 논리 '1'로 설정된다. 이 비트는 해당하는 인터럽트 서비스 루틴을 실행할 때 하드웨어에 의해 논리 '0'으로 클리어 된다. 이 플래그 비트를 클리어 하는 또 다른 방법으로 소프트웨어로 이 비트를 논리 '1'로 설정하면 된다.

– Bit 2 -> TOV3 : 타이머/카운터3 오버플로우 플래그

TOV3 비트는 타이머/카운터3에서 오버플로우가 발생할 때 이 비트가 논리 '1'로 설정된다. 이 비트는 해당하는 인터럽트 서비스 루틴을 실행할 때 하드웨어에 의해 논리 '0'으로 클리어 된다. 이 플래그 비트를 클리어 하는 또 다른 방법으로 소프트웨어로 이 비트를 논리 '1'로 설정하면 된다. SREG의 I비트와 TOIE3 비트와 TOV3 비트가 논리 1로 설정되면 타이머/카운터3의 오버플로우 인터럽트는 실행된다. 한편, PWM 모드에서는 타이머/카운터3이 0x0000에서 카운팅 방향을 바꿀 때에도 이 비트는 논리 '1'로 설정된다.

– Bit 1 -> OCF3C : 타이머/카운터3 출력 비교 C 매치 플래그

OCF3C 비트는 타이머/카운터3의 TCNT3 레지스터와 OCR3C 레지스터의 비교 일치가 발생할 때 논리 '1'로 설정된다. 이 비트는 해당하는 인터럽트 서비스 루틴을 실행할 때 하드웨어에 의해 논리 '0'으로 클리어 된다. 이 플래그 비트를 클리어 하는 또 다른 방법으로 소프트웨어로 이 비트를 논리 '1'로 설정하면 된다.

– Bit 0 -> OCF1C : 타이머/카운터1 출력 비교 C 매치플래그

OCF1C 비트는 타이머/카운터1의 TCNT1 레지스터와 OCR1C 레지스터의 비교 일치가 발생할 때 논리 '1'로 설정된다. 이 비트는 해당하는 인터럽트 서비스 루틴을 실행할 때 하드웨어에 의해 논리 '0'으로 클리어 된다. 이 플래그 비트를 클리어 하는 또 다른 방법으로 소프트웨어로 이 비트를 논리 '1'로 설정하면 된다.

1.13.9 16비트 타이머/카운터의 동작 모드

16비트 타이머/카운터의 동작모드는 일반모드, CTC 모드, 고속 PWM 모드, PC PWM (Phase Correct PWM) 모드, PFC PWM(Phase and Frequency Correct PWM)모드 등 5가지의 동작 모드가 있다. 5가지의 동작 모드는 TCCRnA 레지스터와 TCCRnB 레지스터의 WGMn3:0 비트들에 의해 결정되고, 출력 파형의 형태는 COMnx1:0 비트들에 의해 출력 신호의 동작이 정해진다. 타이머/카운터 1과 타이머/카운터 3은 각각 3개씩의 OCnx 출력 단자에 PWM 파형을 출력 할 수 있다.

(1) 일반 모드

16비트 타이머/카운터의 일반모드(normal mode)는 WGMn3:0 비트를 "0000"으로 설정하면 동작하는 가장 단순한 동작모드를 나타낸다. 일반 모드에서는 타이머/카운터 레지스터 TCNTn이 업 카운터로만 동작하고 카운팅 동작 중에 카운터의 값은 클리어 되지 않으며, 최대값(TOP=0xFFFF)에서 최소값(BOTTOM=0x0000)으로 초과(overrun)되며 동작한다. 이렇게 초과되는 순간에 TIFR 레지스터의 TOVn 비트가 논리 '1'로 설정된다. 이때 TOIEn 비트가 논리 '1'로 설정되고, SREG 레지스터의 I 비트가 논리 '1'로 설정되어 있으면, 오버플로우 인터럽트가 발생하며, 인터럽트 서비스 루틴에 진입하면 자동으로 TOVn 비트는 논리 '0'으로 클리어 된다. 일반 모드의 동작에서 TCNTn 레지스터는 항상 새로운 값을 쓸 수 있다.

입력 캡처 유닛은 일반 모드에서 쉽게 사용될 수 있지만 입력 캡처 트리거 신호의 시간 간격을 측정할 경우에는 간격이 카운터의 해상도를 넘지 않아야 한다. 만약 시간 간격이 너무 긴 경우에는 타이머 오버플로우 인터럽트 또는 프리스케일러 등을 사용하여 해결이 가능하다.

일반 모드의 동작에서 출력 비교 인터럽트가 사용될 수는 있으나 CPU 시간 점유를 이유로 이 모드에서는 출력 비교 인터럽트를 사용하는 것은 권장하지 않는다. 그러므로 일반 모드에서는 타이머/카운터를 오버플로우 인터럽트 또는 외부 클록을 카운팅 하는 목적으로 사용하는 것을 권장한다.

(2) CTC 모드

16비트 타이머/카운터의 CTC 모드(Clear Timer on Compare Match Mode)는 WGMn3:0 비트를 "0100=모드4", "1100=모드12"으로 설정하면 되고, OCRnA레지스터와 ICRn 레지스

터는 해상도를 설정하는데 사용된다. CTC 모드에서는 TCNTn 레지스터가 업 카운트 중에 TOP 값에 이르게 되면 TCNTn 레지스터의 값을 0으로 클리어 한다. TOP 값은 모드 4에서는 OCRnA 레지스터가 사용되고, 모드 12에서는 ICRn 레지스터가 사용된다. 즉, CTC 모드의 동작은 클록 입력에 의해 TCNTn의 값이 항상 0x0000~TOP의 값으로 계수하며 반복하므로, 이러한 동작을 반복할 경우에 주기적인 펄스를 만들 수 있게 된다. 이러한 동작 모드를 자동 재로드(auto reload) 모드라고 부르기도 한다. 이러한 이유로 CTC 동작모드는 보통 주파수 분주의 용도로 많이 사용된다. 그림 1.13.28은 16비트 타이머/카운터의 CTC 동작 모드의 타이밍 도를 나타내고 있다.

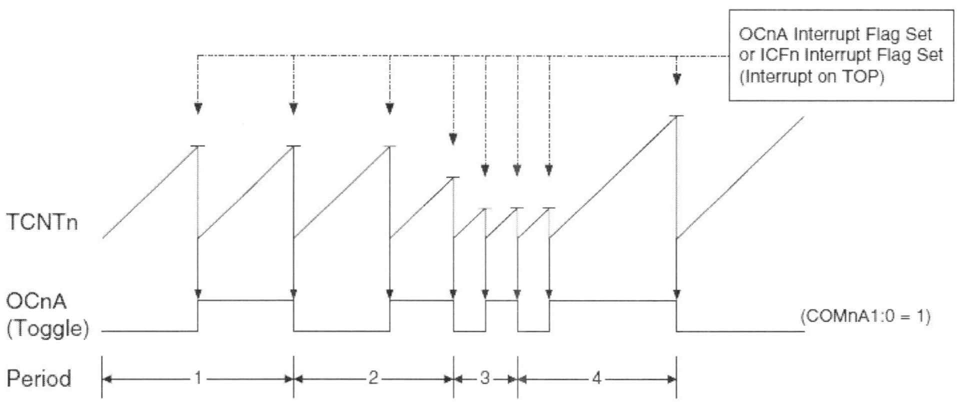

그림 1.13.28 16비트 타이머/카운터의 CTC 동작 모드의 타이밍 도

(3) 고속 PWM 모드

16비트 타이머/카운터의 고속 PWM 모드(Fast PWM Mode)는 WGMn3:0 비트를 "0101=모드 5", "0110=모드 6", "0111=모드 7", "1110=모드 14", "1111=모드 15"로 설정하면 된다. 고속 PWM 모드는 높은 주파수의 PWM 출력 파형을 발생하는데 유용하게 이용된다. 이 모드가 다른 PWM 모드와 다른 점은 단일 경사면 동작(single-slop operation)을 한다는 점인데, 이 동작은 타이머/카운터 레지스터 TCNTn 레지스터의 값이 항상 BOTTOM에서 시작하여 TOP까지 증가하는 방향으로 동작하고, BOTTOM에서 재시작하며 반복하는 것을 말한다. 한편, PWM 주기를 결정하는 TOP의 값은 표 1.13.12에 나타난 바와 같이 동작 모드에 따라 0x00FF, 0x01FF, 0x03FF, ICRn, OCRnA 등으로 설정된다. 고속 PWM 모드에서는 COMnx1:0 비트가 "10"으로 설정되면 비 반전 비교 출력 모드로 동작하며, 그림 1.13.29에서와 같이 TCNTn 레지스터의 값이 0이면 OCnx 단자에 논리 '1'을 출력하고, OCRnx 레지스터

와 일치하면 OCFnx 플래그는 논리 '1'로 세트하고, OCnx 단자에는 논리 '0'을 출력한다. 또한 TCNTn 레지스터의 값이 MAX에서 0으로 되며, TOVn 플래그를 논리 '1'로 세트한다. 또 다른 동작으로 COMn1:0 비트가 "11"로 설정되면 반전 출력 비교 모드로 동작하며, OCnx 단자의 출력은 비반전 출력 비교 모드의 반대로 동작하며, TCNTn 레지스터의 값이 OCRnx 레지스터와 일치하면 OCFnx 플래그는 논리 '1'로 세트되고, MAX에서 0으로 되면 TOVn 플래그는 논리 '1'로 세트된다. 이 모드는 이중 경사면 동작(dual-slope operation)을 하는 PC PWM(Phase Correct PWM) 모드 보다 2배의 주파수로 제어 할 수 있다. 그림 1.13.29는 16비트 타이머/카운터의 고속 PWM 동작 모드의 타이밍 도를 나타내고 있다.

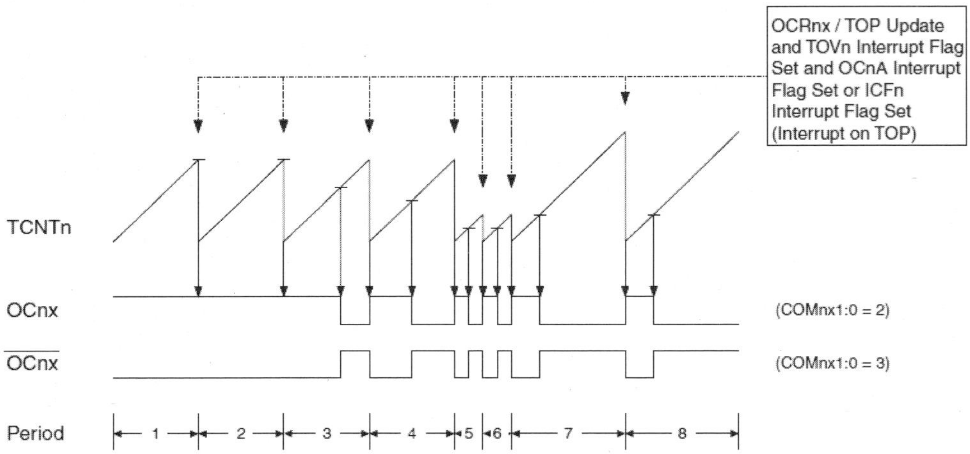

그림 1.13.29 16비트 타이머/카운터의 고속 PWM 동작 모드의 타이밍 도

(4) PC(Phase Correct) PWM 모드

PC PWM 모드(Phase Correct PWM Mode, 위상 교정 PWM 모드)는 WGMn3:0 비트를 "0001=모드 1", "0010=모드 2", "0011=모드 3", "1010=모드 10", "1011=모드 11" 중의 하나로 설정하면 된다. PC PWM 모드는 높은 해상도의 PWM 출력 파형을 발생하게 하는데 유용하다. 이 동작 모드는 TCNTn 레지스터의 값이 0~TOP(동작 모드에 따라 다름)까지 증가하는 상향 카운트 동작 이후에, 다시 0으로 감소하는 하향 카운트 동작을 반복하는 이중 경사면 동작(dual-slope operation)을 한다. 한편, PWM 주기를 결정하는 TOP의 값은 표 1.13.12에 나타난 바와 같이 동작 모드에 따라 0x00FF, 0x01FF, 0x03FF, ICRn, OCRnA 등으로 설정된다. 그림 1.13.30은 16비트 타이머/카운터의 PC PWM 동작 모드의 타이밍 도를 나타내고 있으며, 그림을 토대로 설명한다.

PC PWM 모드에서는 COMnx1:0 비트가 "10"으로 설정되면 비 반전 출력 비교 모드로 동작하는데, 먼저 상향 카운터로 동작하는 경사면에서는 TCNTn 레지스터의 값과 OCRnx 레지스터 값이 일치하면 OCFnx 플래그를 논리 '1'로 세트하고, OCnx 단자에 논리 '0'을 출력하며, TCNTn 값이 TOP에 이르게 되면 OCFnA 또는 ICFn 플래그가 논리 '1'로 설정된다. 반대로 하향 카운터로 동작하는 경사면에서는 TCNTn 레지스터의 값과 OCRnx 레지스터의 값이 일치하면 OCFnx 플래그 를 논리 '1'로 세트하고, OCnx 단자에 논리 '1'을 출력한다. 이 과정에서 TOVn 플래그는 TCNTn 값이 BOTTOM으로 될 때마다 논리 '1'로 설정 된다. 또한 COMn1:0 비트가 "11"로 설정되면 반전 출력 비교 모드로 동작하는데, 먼저 상향 카운터로 동작하는 경사면에서는 TCNTn 레지스터의 값과 OCRnx 레지스터의 값이 일치하면 OCFnx 플래그를 논리 '1'로 세트하고 OCnx 단자에 논리 '1'로 출력하며, TCNTn 값이 TOP에 이르게 되면 OCFnA 또는 ICFn 플래그가 논리 '1'로 설정된다. 반대로 하향 카운터로 동작하는 경사면에서는 TCNTn 레지스터의 값과 OCRnx 레지스터의 값이 일치하면 OCFnx 플래그를 논리 '1'로 세트하고 OCnx 단자에 논리 '0'을 출력한다. 이 과정에서 TOVn 플래그는 TCNTn 값이 BOTTOM으로 될 때마다 논리 '1'로 설정된다.

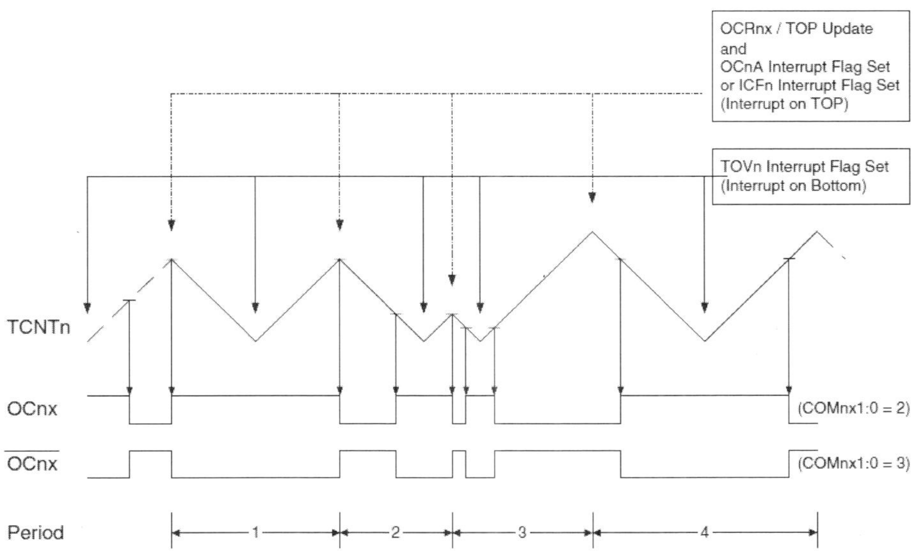

그림 1.13.30 16비트 타이머/카운터의 PC PWM 동작 모드의 타이밍 도

(5) PFC(Phase and Frequency Correct) PWM 모드

PFC PWM 모드(Phase and Frequency Correct PWM Mode)는 WGMn3:0 비트들을 "1000=모드 8", "1001=모드 9" 중의 하나로 설정하면 된다. PFC PWM 모드는 높은 해상도의 PWM 출력 파형을 발생하게 하는데 유용하다. 이 동작 모드는 TCNTn 레지스터의 값이 0~TOP(동작 모드에 따라 다름)까지 증가하는 상향 카운트 동작 이후에, 다시 0으로 감소하는 하향 카운트 동작을 반복하는 이중 경사면 동작(dual-slope operation)을 한다. 한편, PWM 주기를 결정하는 TOP의 값은 표 1.13.12에 나타난 바와 같이 동작 모드 8에서는 ICRn 레지스터에 의해 설정되고, 모드 9에서는 OCRnA 레지스터에 의해 설정되며, PFC PWM 모드도 PC PWM 모드와 마찬가지로 COMnx1:0 비트의 설정에 따라 비 반전 비교 출력 모드와 반전 비교 출력 모드로 동작한다.

PC PWM 모드에서는 COMnx1:0 비트가 "10"으로 설정되면 비 반전 출력 비교 모드로 동작하는데, 먼저 상향 카운터로 동작하는 경사면에서는 TCNTn 레지스터의 값과 OCRnx 레지스터 값이 일치하면 OCFnx 플래그를 논리 '1'로 세트하고, OCnx 단자에 논리 '0'을 출력하며, TCNTn 값이 TOP에 이르게 되면 OCFnA 또는 ICFn 플래그가 논리 '1'로 설정된다. 반대로 하향 카운터로 동작하는 경사면에서는 TCNTn 레지스터의 값과 OCRnx 레지스터의 값이 일치하면 OCFnx 플래그 를 논리 '1'로 세트하고, OCnx 단자에 논리 '1'을 출력한다. 이 과정에서 TOVn 플래그는 TCNTn 값이 BOTTOM으로 될 때마다 논리 '1'로 설정 된다.

또한 COMn1:0 비트가 "11"로 설정되면 반전 출력 비교 모드로 동작하는데, 먼저 상향 카운터로 동작하는 경사면에서는 TCNTn 레지스터의 값과 OCRnx 레지스터의 값이 일치하면 OCFnx 플래그를 논리 '1'로 세트하고 OCnx 단자에 논리 '1'로 출력하며, TCNTn 값이 TOP에 이르게 되면 OCFnA 또는 ICFn 플래그가 논리 '1'로 설정된다. 반대로 하향 카운터로 동작하는 경사면에서는 TCNTn 레지스터의 값과 OCRnx 레지스터의 값이 일치하면 OCFnx 플래그를 논리 '1'로 세트하고 OCnx 단자에 논리 '0'을 출력한다. 이 과정에서 TOVn 플래그는 TCNTn 값이 BOTTOM으로 될 때마다 논리 '1'로 설정 된다.

PC PWM 모드와 PFC PWM 모드의 차이점은 OCRnx 레지스터의 값이 업데이트 되는 시점에서 차이가 나타나는데, PC PWM 모드에서는 OCRnx의 업데이트가 TOP에서 발생하며, PFC PWM 모드에서는 OCRnx의 업데이트가 BOTTOM에서 발생한다.

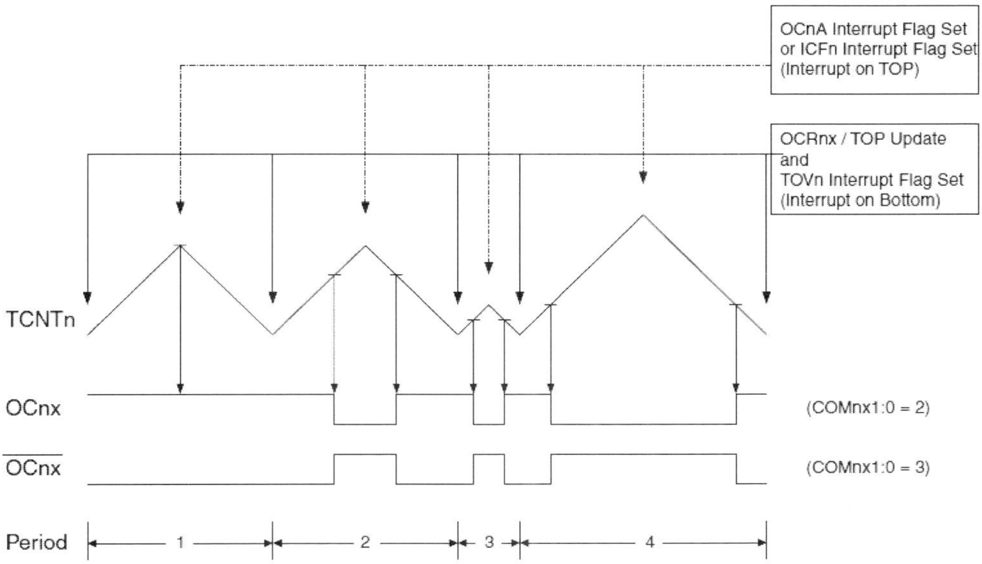

그림 1.13.31 16비트 타이머/카운터의 PFC PWM 동작 모드의 타이밍 도

1.13.10 16비트 타이머/카운터의 동작 타이밍

그림 1.13.32에서 그림 1.13.18까지는 타이머/카운터1과 타이머/카운터3의 동작을 나타내는데, 동기모드로 동작할 때의 타이밍 도를 나타낸 것이다. 클록(clk_{Tn})은 $clk_{I/O}$ 클록의 입력 허가 신호를 나타낸다. 그림 1.13.32는 프리스케일러의 분주비가 1인 경우에 OCFnx 플래그의 타이밍도를 나타내고 있다. 그림에서 TCNTn 레지스터의 값이 증가하여 OCRnx 레지스터와 일치하면, 그 다음 사이클에 OCFnx가 논리 '1'로 세트되는 것을 볼 수 있다. 만약 SREG 레지스터의 I 비트를 논리 '1'로 설정한 경우에는 해당하는 인터럽트 서브루틴이 실행된다.

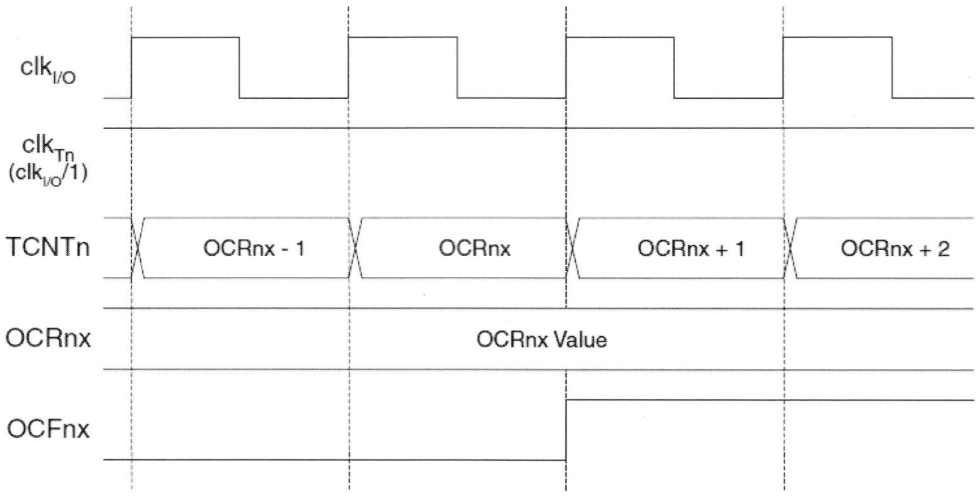

그림 1.13.32 분주비가 1인 경우에 타이머/카운터1과 타이머/카운터3의 OCFnx의 타이밍 도

한편, 그림 1.13.33은 프리스케일러의 분주비가 8인 경우의 OCFnx 플래그의 타이밍 도를 나타내고 있다. 타이머/카운터에 입력되는 $clk_{I/O}$ 클록 신호를 8분주하여 만들어진 clk_{Tn} $(clk_{I/O}/8)$ 신호는 8 클록 주기에 한 번씩 클록 허가 신호로 동작하며, OCFnx 플래그의 변화를 볼 수 있다.

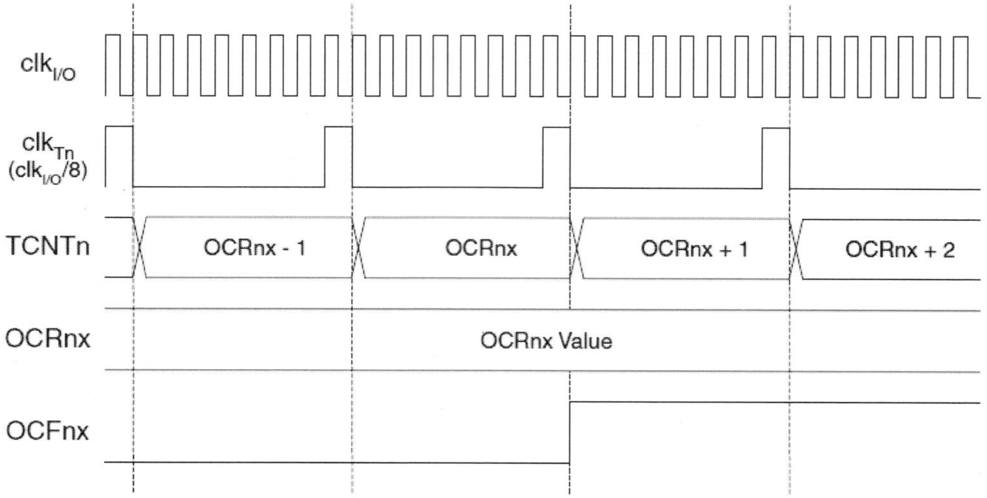

그림 1.13.33 분주비가 8인 경우에 타이머/카운터1과 타이머/카운터3의 OCFnx의 타이밍 도

그림 1.13.34와 그림 1.13.35는 여러 가지 모드에서의 타이밍도를 나타내고 있다. 그림 1.13.34는 프리스케일러의 분주비가 1인 경우로서, CTC 모드나 고속 PWM 모드에서는 TCNTn의 값이 증가하여 TOP 값과 일치하면 BOTTOM으로 클리어 되지만, PC PWM 모드나 PFC PWM 모드에서는 TOP이 된 이후에는 하향 카운터로 동작하므로 TCNTn의 값이 감소한다. 이때, 고속 PWM 모드에서는 TOVn 오버플로우 인터럽트 플래그가 논리 '1'로 세트되고, OCFnA 또는 ICRn 레지스터를 TOP으로 사용하는 PWM 모드에서는 OCFnA 또는 ICFn 플래그가 논리 '1'로 설정된다. 또한 OCRnx 레지스터는 버퍼의 값으로부터 갱신된다.

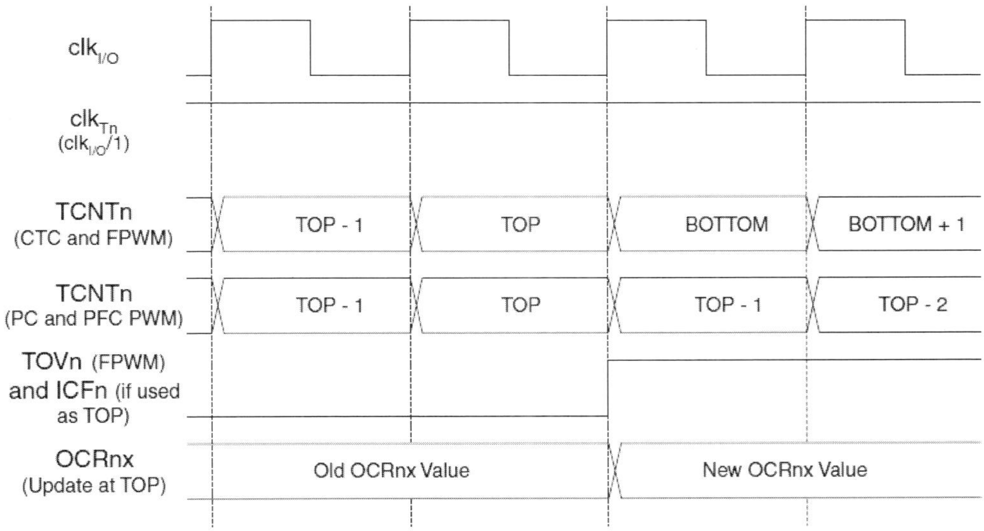

그림 1.13.34 분주비가 1인 경우에 타이머/카운터1과 타이머/카운터3의 타이밍 도

그림 1.13.35는 프리스케일러의 분주비가 8인 경우를 나타내며, clk_{Tn} ($clk_{I/O}/8$) 신호 이외에 모두 동일하게 동작한다.

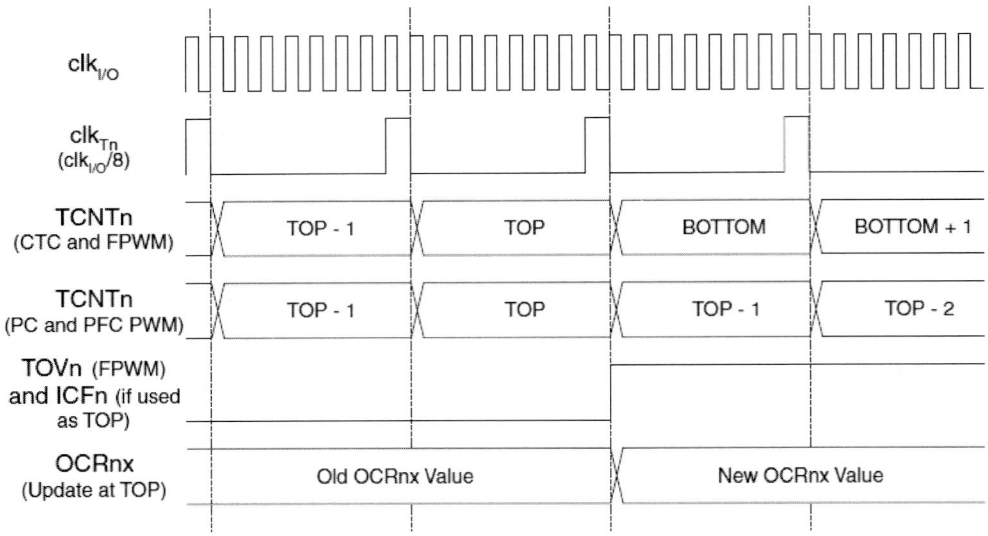

그림 1.13.35 분주비가 8인 경우에 타이머/카운터1과 타이머/카운터3의 타이밍 도

1.13.11 워치독 타이머(Watchdog Timer)

워치독 타이머는 MCU가 내장된 시스템이 무한루프에 빠지거나 비정상적인 동작을 하면 시스템을 리셋 시켜서 정상적인 MCU 동작을 수행하도록 하는 기능을 한다. 따라서 워치독 타이머는 무한루프 상황과 비정상적인 상황을 감시하는 데 사용되어진다.

워치독 타이머의 기본적인 동작 원리는 다음과 같이 설명할 수 있다. 먼저 타이머의 구성은 리셋이 가능한 타이머로 구성되어 있고, 이 타이머의 출력은 오버플로우로서 정해진 시간이 초과 할 경우에 발행한다. 이러한 형태의 타이머 구성을 워치독 타이머라 하며 워치독 타이머가 정상적으로 동작할 경우에는 정해진 시간(시스템의 오류라고 생각되는 시간의 2~3배 정도의 시간으로 설정함)을 주기로 워치독 타이머는 계속 초기화되고, 이렇게 정해진 시간을 초과할 경우에 오버플로우가 발생하여 MCU를 리셋하게 된다. 따라서 MCU가 정상적으로 동작되기 위해서는 반드시 워치독 타이머를 주기적으로 리셋시켜 주어야 한다.

ATmega128의 워치독 타이머의 내부 구성은 그림 1.13.36에 나타나 있다. 워치독 타이머는 칩에 내장된 오실레이터로부터 만들어진 1MHz의 클록을 사용하며 사용자가 이를 분주하여 8가지 클록 주기를 변경할 수 있도록 구성되어 있다. ATmega128의 경우 워치독 타이머는 워치독 리셋 명령인 WDR 명령을 실행하거나 MCU 리셋이 발생하는 경우에 리셋된다.

워치독 타이머에서 오버플로우가 발생하면 1클록 주기의 내부 리셋 신호가 발생하여 MCU를 리셋 시킨다.

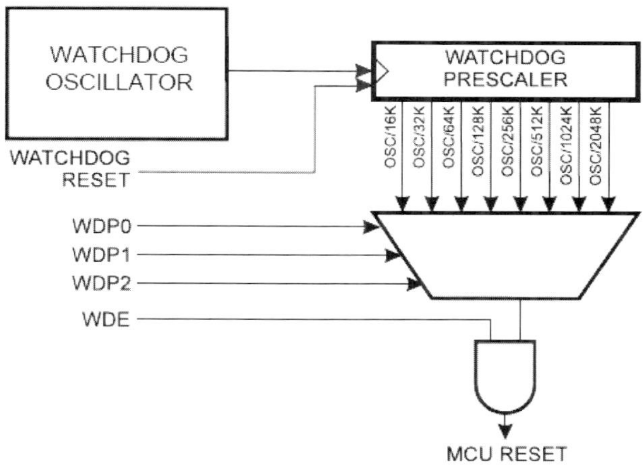

그림 1.13.36 ATmega128의 워치독 타이머의 내부 구성

활성화된 워치독 타이머를 비활성화 하는데 처리하는 순서는 다음과 같다.

① WDTCR 레지스터의 WDCE와 WDE를 동시에 논리 '1'로 설정한다. 워치독 타이머의 동작을 해제하기 전에 이 비트가 논리 '1'로 설정되어 있더라도 반드시 WDE는 다시 논리 '1'로 설정되어야 한다.

② 다음 4개 클록 사이클 안에 WDE에 '0'을 쓴다. 이후에 워치독 타이머는 비활성화 된다.

표 1.13.14은 M103C와 WDTON 퓨즈 비트의 설정에 의한 워치독의 구성을 나타내고 있다.

안전레벨 0은 ATmega128과의 호환모드로서 M103C는 0(프로그램)으로 WDTON은 1(언프로그램)으로 설정을 한 것이며, 워치독 타이머는 초기에 기본적으로 금지되어 있다. 워치독 타이머의 동작을 금지할 경우에는 워치독 타이머를 비활성화 하는데 처리하는 순서 ①, ②의 순서대로 따라야 한다. 표에서는 이를 지정된 순서라고 표현하고 있다. 그러나 안전 레벨 0은 워치독 타이머의 동작을 허용하고, 오버플로우 간격을 변경하는데 아무런 제약이 없는 모드로 지정된 순서를 따르지 않고 단순히 WDTCR의 해당 비트를 원하는 값으로 설정하면 된다. 즉, 워치독 타이머의 동작을 허용하기 위해서는 단순히 WDE=1로 설정하는 것으로 가능하며, 오버플로우 간격을 바꿀 때에도 WDTCR 레지스터의 WDP2~WDP0에 값을 설정하면 된다.

안전레벨 1은 M103C와 WDTON을 모두 1(언프로그램)으로 설정한 것이며, 워치독 타이머는 초기에 기본적으로 금지되어 있다. 워치독 타이머의 동작을 금지할 경우에는 워치독 타이머를 비활성화 하는데 처리하는 순서 ①, ②의 순서대로 따라야 한다. 그러나 안전 레벨 1은 워치독 타이머의 동작을 허용하고, 오버플로우 간격을 변경하는데 아무런 제약이 없는 모드로 지정된 순서를 따르지 않고 단순히 WDTCR 레지스터의 WDE 비트를 논리 '1'로 설정하면 된다.

안전레벨 2는 M103C와는 관계없이 WDTON 비트를 0(프로그램)으로 설정한 것이며, 워치독 타이머는 초기에 기본적으로 금지되어 있다. 이 모드에서는 워치독 타이머의 동작을 금지시킬 수 없으며 오버플로우 간격을 변경하고자 할 때에는 워치독 타이머를 비활성화 하는데 처리하는 순서 ①, ②의 순서대로 따라 실행하고, WDP2~0 비트에 새로운 값을 설정하면 된다.

표 1.13.14 M103C와 WDTON 퓨즈 비트의 설정에 의한 워치독의 구성

M103C	WDTON	안전 레벨	워치독 초기 상태	워치독 해제 방법	타임아웃 변경 방법
1(언프로그램)	1(언프로그램)	1	금지	지정된 처리 순서	지정된 처리 순서
1(언프로그램)	0(프로그램)	2	허용	항상 허용	지정된 처리 순서
0(프로그램)	1(언프로그램)	0	금지	지정된 처리 순서	제한 없음
0(프로그램)	0(프로그램)	2	허용	항상 허용	지정된 처리 순서

WDTCR : 워치독 타이머 제어 레지스터

Bit	7	6	5	4	3	2	1	0
	-	-	-	WDCE	WDE	WDP2	WDP1	WDP0
Read/Write	R	R	R	R/W	R/W	R/W	R/W	R/W
Initial Value	0	0	0					

– Bit 4 -> WDCE : 워치독 변경 인에이블

워치독 타이머의 프리스케일러의 값을 변경하거나 워치독 기능을 사용하지 않도록 설정한다는 의미이며, WDE 비트가 논리 '1'로 설정되어 있을 때 이 비트가 논리 '1'로 설정 될 수 있다. WDCE 비트가 논리 "1로 설정되어 있다가 4사이클이 지나면 자동으로 하드웨어에 의해 WDCE는 논리 '0'으로 설정된다.

– Bit 3 -> WDE : 워치독 인에이블

이 비트는 워치독 타이머는 사용여부를 결정하며, WDE가 논리 '1'로 설정될 때 워치도 타이머가는 동작되고, 논리 '0'으로 설정될 때 워치독 타이머는 동작되지 않는다. 또한 WDCE 비트가 논리 '1'로 설정되어야만 WDE 비트를 논리 '0'으로 설정할 수 있다.

– Bit 2:0 -> WDP2, WDP1, WDP0 : 워치독 타이머 프리스케일러 2, 1, 0

워치독 타이머가 활성화 될 때 WDP2, WDP1, WDP0 비트들에 의해 프리스케일러 가 결정된다. 표 1.13.15에는 워치독 타이머의 프리스케일러의 설정 비율과 이에 대한 오플로우 발생시간을 나타내었다. 또한 전원 전압의 크기에 따라서 내부 오실레이터의 발진에 약간의 차이가 발생하므로 5V일 때와 3.3V일 때에 같은 프리스케일러의 값을 설정하더라도 타임아웃 간격에는 차이가 있음을 유의해야 한다. 일반적으로 전원 전압이 낮을 경우 오실레이터의 발진 주파수가 느려진다.

표 1.13.15 워치독 타이머의 프리스케일러 선택

WDP2	WDP1	WDP0	워치독 타이머 분주비	Vcc=3V에서의 타임아웃	Vcc=5V에서의 타임아웃
0	0	0	16K(16,384)	14.8ms	14.0ms
0	0	1	32K(32,768)	29.6ms	28.1ms
0	1	0	64K(65,536)	59.1ms	56.2ms
0	1	1	128K(131,072)	0.12s	0.11s
1	0	0	256K(262,144)	0.24s	0.22s
1	0	1	512K(524,288)	0.47s	0.45s
1	1	0	1,024K(1,048,576)	0.95s	0.9s
1	1	1	2,048K(2,097,152)	1.9s	1.8s

1.14 ATmega128의 디지털 입출력 핀 구조

I/O포트(Input/output Port)는 중앙처리장치(CPU)와 입출력 장치 사이에 존재하며, 전송 레벨, 전송 사이클의 길이, 전송 속도 등을 조절함으로써 서로 간에 데이터 전송이 잘 수행되어지게 하는 역할을 한다.

ATmega128에는 내장된 병렬 I/O 포트는 모두 8비트의 크기를 갖는 A부터 F까지의 6포트와 5비트의 크기를 갖는 G포트이며, 모두 53개의 범용 입출력 핀을 가지고 있다. 이들 포트는 범용 입출력 기능 외에 AVR의 다른 기능을 가지고 있으며 특히 포트 A와 포트 C는 외부 메모리 인터페이스에 사용된다.

ATmega128의 I/O 포트는 입력 또는 출력으로 사용될 수 있으며, 출력의 경우 논리 '1'을 출력 할 때에는 40mA의 전류를 공급(source)할 수 있고, 논리 '0'을 출력 할 때에도 40mA의 전류를 흡입(sink)할 수 있는 대칭된 동작 특성을 가지므로, 핀 드라이버는 LED 디스플레이 장치를 직접 드라이브 하는데 충분하다.

모든 AVR 포트는 디지털 I/O 포트가 쓰기 동작을 할 때 전형적인 Read-Modify-Write 기능을 한다. 이것은 어느 포트에 쓰기 동작을 하면 CPU는 먼저 그 포트 모든 핀의 논리 상태를 읽고, 논리를 수정한 후에 포트에 쓰기 동작을 하는 것을 말한다. 한편, 포트의 핀이 출력으로 설정되어 있는 경우 PORT 레지스터에 저장된 값이 핀에 출력된 논리가 되며, 입력으로 설정되어 있는 경우 PORT 레지스터에 저장된 값이 핀에 나타나지 않도록 막기 때문에, Read-Modify-Write 동작에서 Read 동작 시에 출력으로 설정된 비트는 PORT 레지스터의 값을 읽는 것과 같으며, 입력으로 설정된 비트는 핀의 논리를 그대로 읽어 들이게 된다. 따라서 포트의 입출력을 제어할 때 입력으로 설정된 핀의 논리를 읽고 수정한 후에 PORT 레지스터에 저장하는 형태가 되므로 이것을 제어할 때 약간의 주의가 필요하다.

모든 포트 핀들은 개별적으로 전원 전압에 의해 저항의 크기가 변하지 않고 연결 및 연결 해제를 선택 할 수 있는 풀업(Pull-Up) 저항을 갖는다. 모든 I/O 핀은 그림 1.14.1에 보이는 것과 같이 VCC와 GND 양쪽 모두 보호용 다이오드를 갖는다.

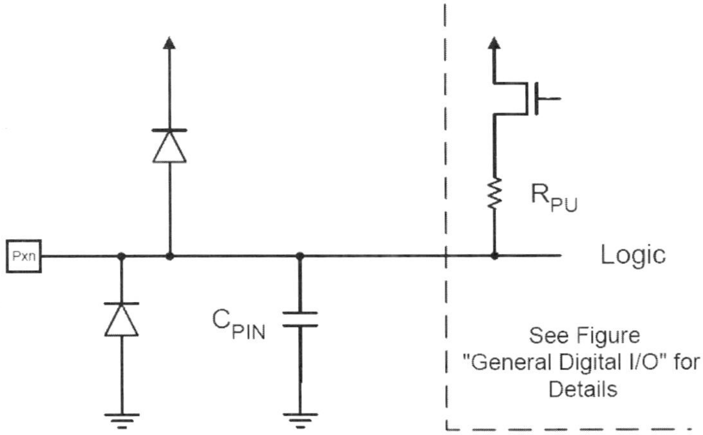

그림 1.14.1 I/O 핀의 등가회로

ATmega128은 범용 입출력 포트를 제어하기 위해서 두 종류의 레지스터와 하나의 핀 어드레스를 제공하고 있다. 2개의 레지스터 중 하나는 포트의 데이터 방향을 설정하는 데이터 방향 레지스터로 DDRx(DDRA, DDRB, DDRC, DDRD, DDRE, DDRF, DDRG)이며, 다른 하나는 출력으로 설정된 포트에 데이터를 출력하는 데이터 출력 레지스터로 PORTx (PORTA, PORTB, PORTC, PORTD, PORTE, PORTF, PORTG)이다. 또한 핀 어드레스는 입력으로 설정된 포트 핀의 논리 상태를 읽어 들이는 PINx(PINA, PINB, PINC, PIND, PINE, PINF, PING)이다. 따라서 모든 포트는 PORTx(Data Register), DDRx(Data Direction Register), PINx(Port Input Pins Address) 등 2개의 레지스터와 하나의 어드레스가 할당되어진다. 한편, PINx는 읽기 전용이며, PORTx와 DDRx는 읽기 및 쓰기를 할 수 있다. 또한 모든 포트는 풀업 저항이 연결되었으며 SFIOR의 PUD(Pull-up Disable) 비트가 '1'로 세트되면 모든 포트의 모든 핀의 풀업 기능을 해제할 수 있다. 한편 풀업 저항이 연결되었을 시에 풀업 저항의 크기는 20~50 [㏀]이다.

모든 레지스터와 비트는 기록되는 일정 형식으로 의미를 갖는데, 소문자 x는 연속한 글자 또는 문자를 나타내며 포트에 할당된 이름을 나타내고, 소문자 n은 비트 번호 또는 연속한 레지스터의 번호를 나타낸다. 레지스터나 프로그램으로 정의된 비트를 사용할 때에는 반드시 정확한 형식으로 사용해야 한다. 예를 들어 범용 입출력 포트에서는 소문자 'x'와 'n'을 사용하고 있는데 'x'는 A~G 등의 알파벳 문자와 상응하고, 'n'은 0~7 등의 숫자와 상응한다. 예를 들어 PORTxn은 PORTB0이 될 수도 있고 PORTC5가 될 수도 있다. 이것은 모든 디지털 입출력 핀에 이와 같은 구조가 적용되었다고 볼 수 있다.

그림 1.14.2는 범용 디지털 I/O 핀을, 표 1.14.1은 DDRxn 및 PORTxn와 I/O 포트의 풀업 관계를 나타내고 있다.

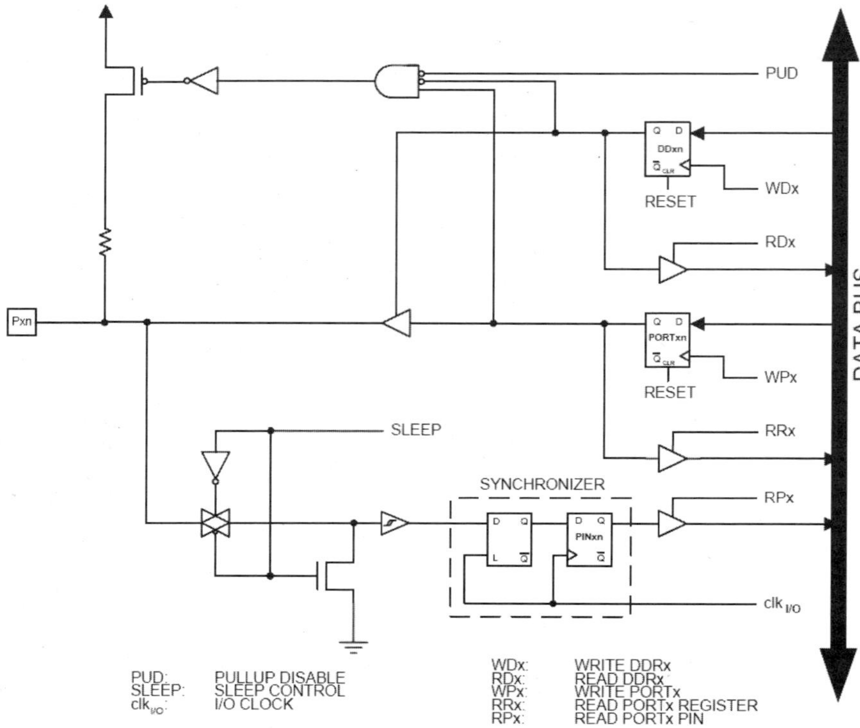

그림 1.14.2 범용 디지털 I/O 핀

표 1.14.1 DDRxn 및 PORTxn와 I/O 포트의 풀업 관계

DDRxn	PORTxn	PUD (in SFIOR)	I/O	풀업	설명
0	0	X	Input	No	3상태(Hi-Z)
0	1	0	Input	Yes	Pxn will source current if ext. pulled low
0	1	1	Input	No	3상태(Hi-Z)
1	0	X	Output	No	Output Low(Sink)
1	1	X	Output	No	Output High(Source)

1.14.1 SFIOR 레지스터

SFIOR 레지스터의 PUD 비트는 포트의 풀업 저항의 연결 및 연결 해제를 제어하는 비트이다. 이 비트가 논리 '1'로 설정되면 모든 포트의 풀업 저항은 연결이 해제된다.

SFIOR : 특수 함수 IO 레지스터

Bit	7	6	5	4	3	2	1	0
	TSM	**-**	**-**	**-**	**ACME**	**PUD**	**PSR0**	**PSR321**
Read/Write	R/W	R	R	R	R/W	R/W	R/W	R/W
Initial Value	0	0	0	0	0	0	0	0

– Bit 2 -> PUD : 풀업 해제

풀업 저항의 연결과 해제를 담당하는 PUD(Pull-Up Disable) 비트는 SFIOR 레지스터의 2번 비트에 존재한다. PUD 비트가 '0'이면 풀업 저항은 연결되는 것이고, '1'이면 연결이 해제된다.

1.14.2 DDR 레지스터

DDR이라는 약어는 Data Direction Register라는 뜻을 가지고 있으며, 이것은 I/O 포트의 입출력 방향을 비트의 설정을 통해 개별적으로 설정한다. 이 레지스터는 I/O 레지스터 영역의 $1A(%3A), $17($37), $13($33), $11($31), $02($22), ($61), ($64) 번지에 위치하고 I/O 포트의 비트와 레지스터의 비트가 같은 비트로 구성되어 있어서 I/O 핀의 하나하나의 비트와 1대1의 관계를 갖는다.

DDRx 레지스터의 어느 비트를 논리 '0'으로 설정하면 해당하는 Tri-state 버퍼가 고임피던스(High Impedance)로 되므로, PORTx 레지스터의 값은 포트의 핀으로 나타나지 않으며, 입력용 버퍼를 통하여 데이터 버스에 입력을 할 수 있게 된다. 한편, DDRx 레지스터의 어느 비트를 논리 '1'로 설정하면 해당하는 3상태 버퍼가 고 임피던스에서 해제되므로 PORTx 레지스터의 값은 포트의 핀에 나타난다.

DDRx : PORTx 데이터 방향 레지스터

Bit	7	6	5	4	3	2	1	0
	DDx7	**DDx6**	**DDx5**	**DDx4**	**DDx3**	**DDx2**	**DDx1**	**DDx0**
Read/Write	R/W	R/W	R/W	R/W	R/W	R/W	R/W	R/W
Initial Value	0	0	0	0	0	0	0	0

– DDx7:0 : 데이터 방향

포트 핀의 입출력 방향을 설정하는 비트로, '0'이면 입력이고, '1'이면 출력이다. 비트 단위로 설정이 가능하며, 리셋 후 초기값은 '0'을 가지므로 모두 입력으로 설정된다.

1.14.3 PORT 레지스터

PORT 레지스터는 I/O 레지스터 영역의 $1B($3B), $15($35), $12($32), $03($23), ($62), ($65) 번지에 위치하는 I/O 레지스터들이며, 출력으로 설정된 포트의 핀에 비트별로 논리를 출력하는데 사용된다. 즉, ATmega128에는 모두 53개의 입출력 핀이 있는데, 이들 입출력 핀은 PORTx 레지스터에 비트별로 매핑 된다. 7개의 PORT 레지스터는 PORTA, PORTB, PORTC, PORTD, PORTE, PORTF, PORTG로 표기 한다.

PORT 레지스터는 DDR 레지스터에 의해 포트가 출력으로 설정되어 있는 경우 포트의 핀에 저장된 논리를 출력하는데 사용되며, 입력으로 동작할 때에는 포트의 풀업 저항 연결 등에 영향을 끼친다.

PORTx : PORTx 데이터 레지스터

Bit	7	6	5	4	3	2	1	0
	PORTx7	**PORTx6**	**PORTx5**	**PORTx4**	**PORTx3**	**PORTx2**	**PORTx1**	**PORTx0**
Read/Write	R/W	R/W	R/W	R/W	R/W	R/W	R/W	R/W
Initial Value	0	0	0	0	0	0	0	0

– PORTx7:0 : 포트 데이터

DDxn에서 출력으로 설정시 포트 핀의 출력 값을 설정하는 레지스터다. 리셋 후 초기값은 '0'이다.

1.14.4 PIN 어드레스

PIN 어드레스는 I/O 레지스터 영역의 $19($39), $16($36), $13($33), $10($30), $01 ($21), ($63) 번지에 위치하며, 이들 어드레스를 통해 포트 핀의 논리를 데이터 버스로 읽을 수 있다. ATmega128이 읽기 동작을 할 때 해당하는 핀과 매핑되는 PORTxn 비트가 논리 '1'로 설정되면 외부의 풀업 저항이 필요하지 않으며 내부의 풀업 저항이 연결된다.

PINx : PORTx 입력 핀 어드레스

Bit	7	6	5	4	3	2	1	0
	PINx7	**PINx6**	**PINx5**	**PINx4**	**PINx3**	**PINx2**	**PINx1**	**PINx0**
Read/Write	R	R	R	R	R	R	R	R
Initial Value	N/A	N/A	N/A	N/A	N/A	N/A	N/A	N/A

– PORTx7:0 : 포트 입력 핀 어드레스

DDxn에서 입력으로 설정시에 포트 핀을 읽는데 사용하는 어드레스다. 읽기 전용이며, 초기 값은 알 수 없다.

표 1.14.2는 범용 입출력 포트와 관련한 레지스터 및 어드레스를 간단히 요약하여 나타내었다.

표 1.14.2 범용 입출력 포트와 관련한 레지스터 및 어드레스

레지스터 및 어드레스	기 능	리셋 되었을 때의 초기값
DDR	포트의 데이터 입출력 방향을 설정한다. 1: 출력 0:입력	0000 0000
PORT	DDR 레지스터에 의해서 방향이 출력으로 설정되어 있는 경우에 이 레지스터의 값이 핀에 나타난다.	0000 0000
PIN	DDR 레지스터에 의해서 방향이 입력으로 설정되어 있는 경우에 이 어드레스를 통해 핀의 논리를 읽을 수 있다.	고 임피던스

다음은 범용 입출력 포트를 이용해 데이터를 입출력하고자 할 경우의 C 언어 프로그래밍을 예로 들고 있다. 포트 A를 모두 출력으로 설정한 후에 "0xFF"를 포트의 핀에 출력하고자 할 경우에는 다음과 같이 C 언어 프로그래밍을 한다.

```
DDRA = 0xFF;                // 포트 A를 모두 출력으로 설정
PORTA = 0xFF;               // 포트 A에 0xFF를 출력
```

포트 A를 모두 입력으로 설정한 후에 핀의 논리를 led 변수에 저장 할 경우에는 다음과 같이 C 언어 프로그래밍을 한다.

```
unsigned char led;          // led 변수 선언
DDRA = 0x00;                // 포트 A를 모두 입력으로 설정
led = PINA;                 // 변수 led에 포트 A의 외부 핀의 논리를 저장
```

대부분의 포트 핀들은 주변 장치의 특성에 맞는 대체 기능과 병행되어진다. 한편, 표 1.14.3에서 표 1.14.9까지는 PORTA에서 PORTG 까지의 대체 기능을 나타내고 있다.

포트 A의 대체 기능은 ATmega128이 외부 메모리를 사용하기 위해서 사용되는 어드레스 버스의 하위 바이트를 설정하는데 사용된다. 또한 이 포트는 외부 메모리를 제어할 때 데이터 버스로도 사용된다.

표 1.14.3 포트 A의 대체 기능

PORT PIN	대체 기능
PA7	AD7(외부메모리 제어시에 어드레스 및 데이터 버스의 비트 7)
PA6	AD6(외부메모리 제어시에 어드레스 및 데이터 버스의 비트 6)
PA5	AD5(외부메모리 제어시에 어드레스 및 데이터 버스의 비트 5)
PA4	AD4(외부메모리 제어시에 어드레스 및 데이터 버스의 비트 4)
PA3	AD3(외부메모리 제어시에 어드레스 및 데이터 버스의 비트 3)
PA2	AD2(외부메모리 제어시에 어드레스 및 데이터 버스의 비트 2)
PA1	AD1(외부메모리 제어시에 어드레스 및 데이터 버스의 비트 1)
PA0	AD0(외부메모리 제어시에 어드레스 및 데이터 버스의 비트 0)

포트 B의 대체 기능은 ATmega128의 타이머/카운터와 SPI 통신을 제어하는데 사용된다.

표 1.14.4 포트 B의 대체 기능

PORT PIN	대체 기능
PB7	OC2/OC1C(타이머/카운터2와 타이머/카운터1C의 PWM 출력)
PB6	OC1B(타이머/카운터1B의 PWM 출력)
PB5	OC1A(타이머/카운터1A의 PWM 출력)
PB4	OC0(타이머/카운터0의 PWM 출력)
PB3	MISO(SPI 통신에서 마스터-입력/슬레이브-출력)
PB2	MOSI(SPI 통신에서 마스터-출력/슬레이브-입력)
PB1	SCK(SPI 통신에서 직렬 버스 클록)
PB0	$\overline{SS}$(SPI 통신에서 슬레이브 선택 입력)

포트 C의 대체 기능은 ATmega128이 외부 메모리를 사용하기 위해서 사용되는 어드레스 버스의 상위 바이트를 설정하는데 사용된다.

표 1.14.5 포트 C의 대체 기능

PORT PIN	대체 기능
PC7	A15(외부 메모리 제어시에 어드레스 및 데이터 버스의 비트 15)
PC6	A14(외부 메모리 제어시에 어드레스 및 데이터 버스의 비트 14)
PC5	A13(외부 메모리 제어시에 어드레스 및 데이터 버스의 비트 13)
PC4	A12(외부 메모리 제어시에 어드레스 및 데이터 버스의 비트 12)
PC3	A11(외부 메모리 제어시에 어드레스 및 데이터 버스의 비트 11)
PC2	A10(외부 메모리 제어시에 어드레스 및 데이터 버스의 비트 10)
PC1	A9(외부 메모리 제어시에 어드레스 및 데이터 버스의 비트 9)
PC0	A8(외부 메모리 제어시에 어드레스 및 데이터 버스의 비트 8)

포트 D의 대체 기능은 ATmega128의 타이머/카운터와 외부인터럽트, USART 통신, TWI 통신을 제어하는데 사용된다.

표 1.14.6 포트 D의 대체 기능

PORT PIN	대체 기능
PD7	T2(타이머/카운터2의 외부 클록 입력)
PD6	T1(타이머/카운터1의 외부 클록 입력)
PD5	XCK1(USART1의 외부 클록 입력 및 출력)
PD4	IC1(타이머/카운터1의 캡쳐 트리거 입력)
PD3	INT3/TXD1(외부 인터럽트3 입력 또는 UART1의 데이터 송신 핀)
PD2	INT2/RXD1(외부 인터럽트2 입력 또는 UART1의 데이터 수신 핀)
PD1	INT1/SDA(외부 인터럽트1 입력 또는 TWI의 직렬 데이터)
PD0	INT0/SCL(외부 인터럽트0 입력 또는 TWI의 직렬 클록)

포트 E의 대체 기능은 ATmega128의 타이머/카운터와 외부 인터럽트, USART 통신, 아날로그 비교기 제어와 ISP 프로그래밍에 사용된다.

표 1.14.7 포트 E의 대체 기능

PORT PIN	대체 기능
PE7	INT7/IC3(외부 인터럽트7 입력 또는 타이머/카운터3의 캡쳐 트리거 입력)
PE6	INT6/T3(외부 인터럽트6 입력 또는 타이머/카운터3의 외부 클록 입력)
PE5	INT5/OC3C(외부 인터럽트5 입력 또는 타이머/카운터3C의 PWM 출력)
PE4	INT4/OC3B(외부 인터럽트4 입력 또는 타이머/카운터3B의 PWM 출력)
PE3	AIN1/OC3A(아날로그 비교기의 반전 입력 또는 타이머/카운터3A의 PWM 출력)
PE2	AIN0/XCK0(아날로그 비교기의 비 반전 입력 or USART0의 외부 클록 입력 및 출력)
PE1	PDO/TXD0(프로그래밍 데이터 출력 또는 UART0의 데이터 송신 핀)
PE0	PDI/RXD0(프로그래밍 데이터 입력 또는 UART0의 데이터 수신 핀)

포트 F의 대체 기능은 ATmega128의 ADC 제어와 JTAG 디버거 연결에 사용된다.

표 1.14.8 포트 F의 대체 기능

PORT PIN	대체 기능
PF7	ADC7/TDI(ADC 입력 채널 7 또는 JTAG의 테스트 데이터 입력)
PF6	ADC6/TDO(ADC 입력 채널 6 또는 JTAG의 테스트 데이터 출력)
PF5	ADC5/TMS(ADC 입력 채널 5 또는 JTAG의 테스트 모드 선택)
PF4	ADC4/TCK(ADC 입력 채널 4 또는 JTAG의 테스트 클록)
PF3	ADC3(ADC 입력 채널 3)
PF2	ADC2(ADC 입력 채널 2)
PF1	ADC1(ADC 입력 채널 1)
PF0	ADC0(ADC 입력 채널 0)

포트 G의 대체 기능은 ATmega128의 타이머/카운터와 외부 메모리를 제어하는데 사용된다.

표 1.14.9 포트 G의 대체 기능

PORT PIN	대체 기능
PG4	TOSC1(타이머/카운터0의 RTC 발진기 연결)
PG3	TOSC2(타이머/카운터0의 RTC 발진기 연결)
PG2	ALE(외부 메모리 제어시에 어드레스 래치 허용 신호)
PG1	$\overline{RD}$(외부 메모리 제어시에 읽기 신호)
PG0	$\overline{WR}$(외부 메모리 제어시에 쓰기 신호)

표 1.14.3 부터 표 1.14.9까지를 요약하면 표 1.14.10과 같이 나타낼 수 있다.

표 1.14.10 포트별 대체 기능

포트	대체 기능
포트 A	외부 메모리 데이터 버스(Data Bus) 외부 메모리 하위 어드레스 바이트 버스(Address low byte)
포트 B	타이머/카운터 0(OC0) 타이머/카운터 1(OC1A, OC1B, OC2/OC1C) SPI(MISO, MOSI, SCK, SS)
포트 C	외부 메모리 상위 어드레스 바이트 버스(Address High Byte)

포트	대체 기능
포트 D	타이머/카운터 1(T1, ICP1) 타이머/카운터 2(T2) 외부 인터럽트(INT0, INT1, INT2, INT3) USART1(XCK1, TXD1, RXD1) TWI 직렬통신(SDA, SCL)
포트 E	타이머/카운터3(T3, ICP3, OC3A, OC3B, OC3C) 외부 인터럽트(INT4, INT5, INT6, INT7) USART0(XCK0, TXD0, RXD0) 아날로그 비교기(AIN0[p], AIN1[n]) SPI(PDO, PDI) – ISP
포트 F	ADC 입력 채널(ADC0~ADC7) JTAG(TDI, TDO, TMS, TCK)
포트 G	타이머/카운터 0(TOSC1, TOSC2) – RTC 외부메모리 인터페이스(ALE, /RD, /WR)

1.15 리셋(Reset)

리셋하는 동안 모든 I/O 레지스터는 각각의 초기 값으로 세트되고, 리셋 벡터부터 프로그램은 시작된다. 리셋 벡터의 명령 공간에는 반드시 JMP 명령으로 리셋 루틴에 핸들링 되어야 한다. 만약 프로그램이 인터럽트 원을 가능하지 않게 한다면 인터럽트 벡터는 사용되지 않는다. 그리고 이 공간에 프로그램 코드가 배치 될 수 있다. 이것은 또한 만약 리셋 벡터가 어플리케이션 섹션에 위치하고, 인터럽트 벡터가 부트 섹션에 위치하거나 그 반대의 경우에도 같게 된다. 그림 1.15.1은 리셋 논리의 블록도를 나타내고 있다.

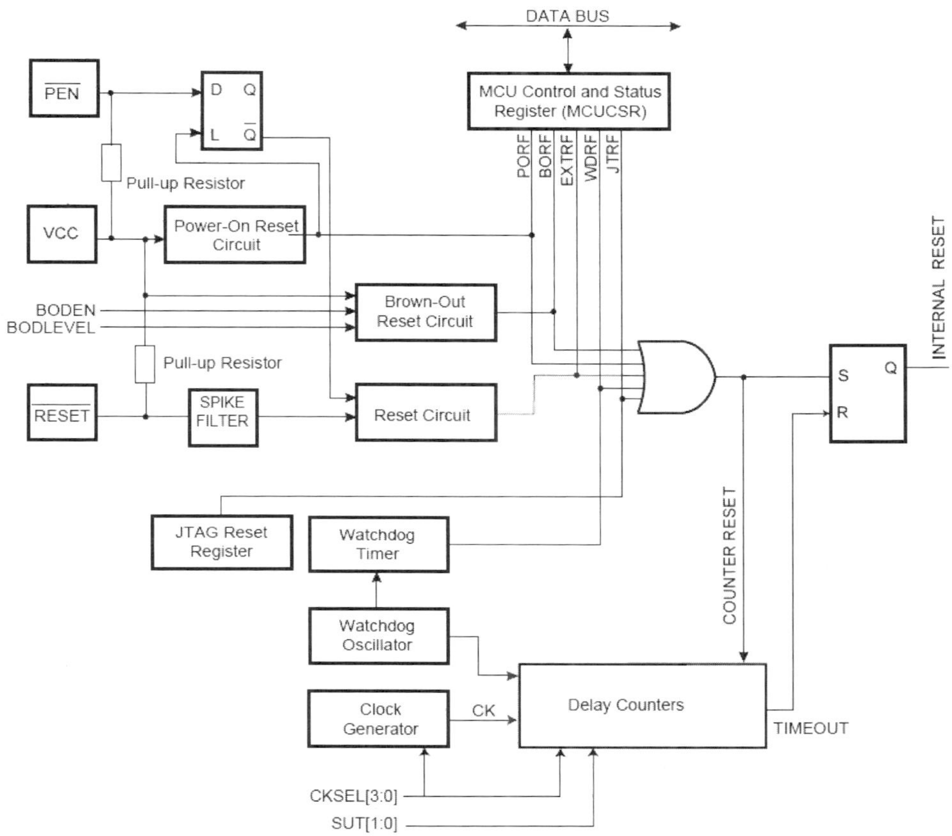

그림 1.15.1 리셋 논리의 블록도

1.15.1 Power-on Reset

Power-on Reset(POR) 펄스는 On-Chip 검출 회로에 의해 생성된다. POR은 VCC가 검출 레벨 이하일 때마다 발생한다. POR 회로는 전압 공급 실패 검출을 트리거로 하여 리셋 시킬 수 있다. 그림 1.15.2은 VCC와 $\overline{\text{RESET}}$ 핀이 연결된 회로의 리셋 동작을, 그림 1.15.3 은 VCC와 $\overline{\text{RESET}}$ 핀이 분리된 회로의 리셋 동작을 나타내고 있다.

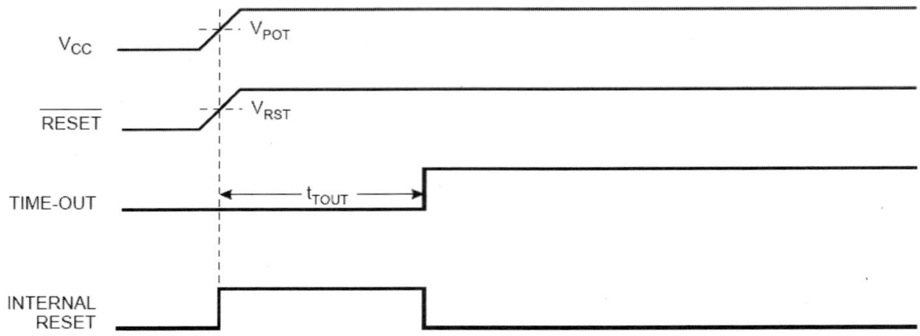

그림 1.15.2 VCC와 $\overline{\text{RESET}}$ 핀이 연결된 회로의 리셋 동작

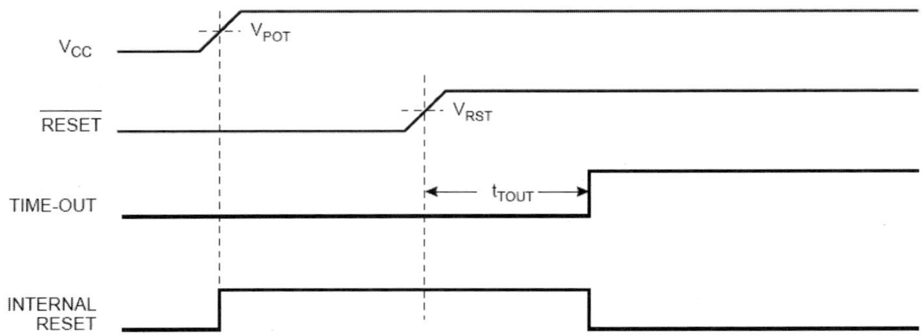

그림 1.15.3 VCC와 $\overline{\text{RESET}}$ 핀이 분리된 회로의 리셋 동작

1.15.2 외부 리셋(External Reset)

외부 리셋은 $\overline{\text{RESET}}$ 핀의 낮은 레벨로 인해 발생한다. 비록 클록이 발생하지 않더라도 리셋 펄스는 최소 펄스 폭 보다 긴 리셋 펄스를 만들어 낸다. 짧은 펄스는 리셋을 발생을 보장하지 않는다. $\overline{\text{RESET}}$ 신호의 상승 에지가 리셋 한계 전압에 도달될 때, 타임아웃 시간(t_{TOUT}) 후에 딜레이 카운터는 MCU를 시작하게 한다. 그림 1.15.4는 외부 리셋 동안의 동작을 나타내고 있다.

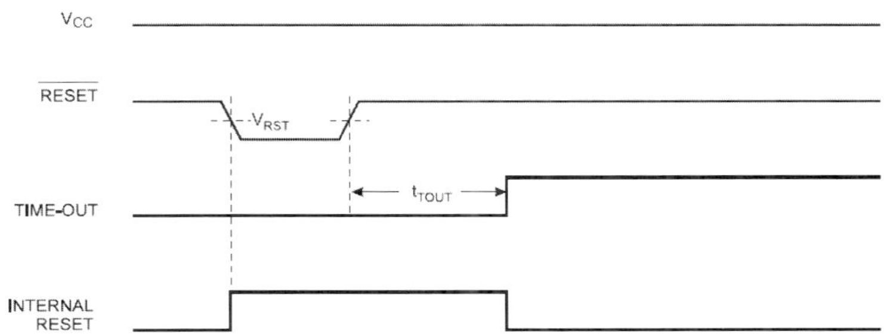

그림 1.15.4 외부 리셋 동안의 동작

1.15.3 Brown-out 검출

ATmega128은 VCC 레벨을 고정된 트리거 레벨로 비교하여 모니터링 하는 Brown-out 검출 회로를 내장한다. BOD의 트리거 레벨은 퓨즈 비트에서 BODLEVEL 2.7V(unprogrammed) 또는 4.0V(programmed) 로 선택 할 수 있다. BOD는 히스테리시스를 통해 신호를 검출한다.

한편, 히스테리시스 검출 레벨은 다음의 식에 의하여 결정된다.

$$V_{BOT+} = V_{BOT} + V_{HYST}/2 \quad V_{BOT-} = V_{BOT} - V_{HYST}/2$$

BOD 회로는 퓨즈의 BODEN 비트를 통해 활성화/비활성화 할 수 있다. BOD가 활성화 되고 VCC 전압이 트리거 레벨 이하 값으로 감소할 때, Brown-out 리셋은 즉시 동작한다. VCC 전압이 BOD 트리거 레벨 이상으로 상승할 때 타임아웃 시간 (t_{TOUT}) 후에 딜레이 카운터는 MCU를 시작하게 한다. BOD는 오직 t_{BOD} 시간 이상 지속해서 떨어지는 VCC 만을 검출한다.(약 2us) 그림 1.15.5는 Brown-out 리셋 동안의 동작을 나타내고 있다.

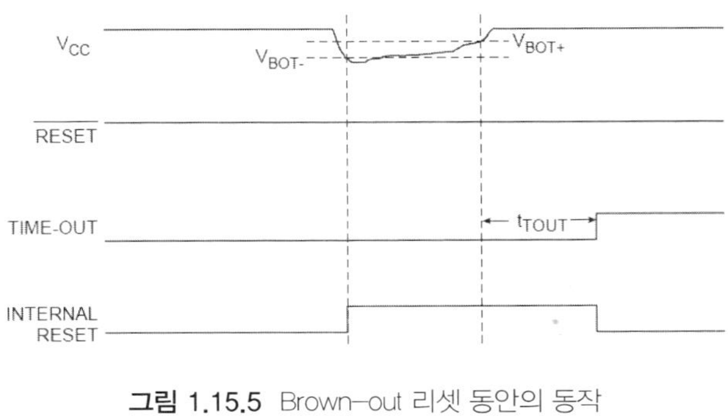

그림 1.15.5 Brown-out 리셋 동안의 동작

1.15.4 워치독 리셋

워치독 타임 아웃일 때 1클록 사이클의 짧은 리셋 펄스를 발생시킨다. 펄스의 하강에지에서 타임 아웃 시간(t_{TOUT}) 딜레이 타이머가 카운팅을 시작한다. 그림 1.15.6은 워치독 리셋 동안의 동작을 나타내고 있다.

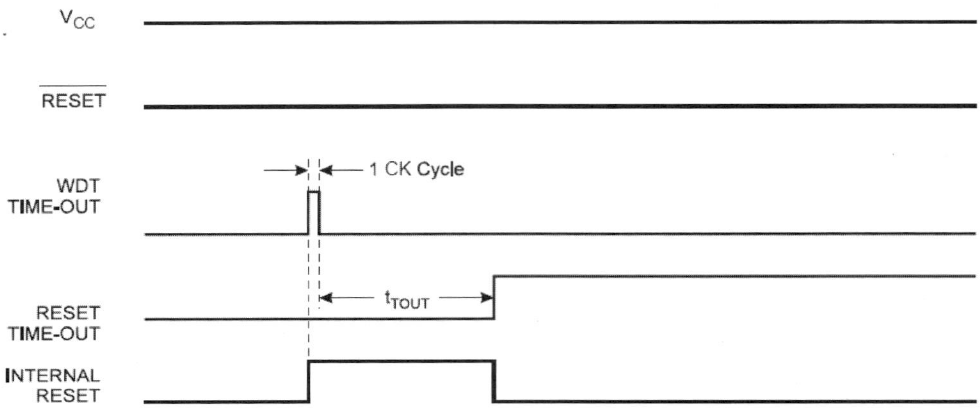

그림 1.15.6 워치독 리셋 동안의 동작

ATmega128의 MCUCSR 레지스터에서는 자신의 리셋 동작이 어떤 요소에 의해 발생했는지를 레지스터에 저장하여 나타낸다.

MCUCSR : MCU 제어 및 상태 레지스터

Bit	7	6	5	4	3	2	1	0
	JTD	-	-	JTRF	WDRF	BORF	EXTRF	PORF
Read/Write	R/W	R	R	R/W	R/W	R/W	R/W	R/W
Initial Value	0	0	0					

– Bit 4 -> JTRF : JTAG 리셋 플래그

JTAG 명령 AVR_RESET 에 의해 JTAG 리셋 레지스터에 '1'이 설정되고, Power-on 리셋이나 플래그에'0'을 설정함으로서 리셋 된다.

- Bit 3 -> WDRF : 워치독 리셋 플래그
  만약 워치독 리셋이 일어나면 이 비트는 '1'이 설정되고, Power-on 리셋이나 플 래그에 '0'을 설정함으로서 리셋 된다.

- Bit 2 -> BORF: Brown-out 리셋 플래그
  만약 Brown-out 리셋이 일어나면 이 비트는 '1'이 설정되고, Power-on 리셋이나 플래그에 '0'을 설정함으로서 리셋 된다.

- Bit 1 -> EXTRF: 외부 리셋
  만약 외부 리셋이 일어나면 이 비트는 '1'이 설정되고, Power-on 리셋이나 플래그에 '0'을 설정함으로서 리셋 된다.

- Bit 0 -> PORF: Power-On 리셋 플래그
  만약 Power-On 리셋이 일어나면 이 비트는 '1'이 설정되고, 오직 플래그에 '0'을 설정함으로서 리셋 된다.

1.15.5 내부 기준 전압

ATmega128은 내부 밴드갭 기준 특성을 갖는다. 이 기준은 Brown-out Detection 에 사용되거나 Analog Comparator 또는 ADC의 입력으로 사용된다. ADC의 2.56V 기준은 내부 밴드갭 기준으로부터 발생한다. 표 1.15.1은 내부 기준 전압 특성을 나타내고 있다.

표 1.15.1 내부 기준 전압 특성

Symbol	Parameter	Min	Typ	Max	Units
V_{BG}	Bandgap reference voltage	1.15	1.23	1.40	V
t_{BG}	Bandgap reference start-up time		40	70	us
I_{BG}	Bandgap reference current consumption		10		uA

1.16 SPI 통신 인터페이스

SPI(Serial Peripheral Interface)는 근거리용 직렬통신 규격으로서 MOSI, MISO, SCK, $\overline{SS}$의 4개의 신호선을 이용하여 ATmega128과 주변장치 또는 AVR 사이에서 고속 동기 데이터 통신을 할 수 있는 인터페이스를 말하며 모토롤라사의 제안으로 개발되었다. 이것은 UART 통신에 비하여 빠른 속도와 멀티 통신이 가능하며, I2C 통신에 비해 빠르고 간단하게 제어할 수 있다는 장점이 있다. 이런 이유로 SD메모리나 EEPROM 같은 외부 장치들이 SPI 통신을 많이 지원하고 있다.

SPI 통신 인터페이스의 특징은 다음과 같다.

- MISO, MOSI, SCK, $\overline{SS}$ 등의 4개의 선을 이용한 고속 직렬 동기식 통신
- 전이중(Full Duplex) 통신 가능
- 마스터와 슬레이브로 구분되어 직렬 데이터 통신
- 마스터와 슬레이브 상이의 동기 클록은 마스터가 제공
- 첫 번째 데이터를 LSB(최하위비트) 또는 MSB(최상위 비트)로 선택 가능
- 수 MHz의 통신 속도를 7가지 전송속도 중 선택하여 사용 가능
- 전송 완료 인터럽트 발생
- 슬립모드 해제 기능 지원
- 일반 직렬통신 이외의 프로그램 메모리에 다운로드 할 수 있는 ISP로 이용 가능

그림 1.16.1은 ATmega128의 SPI 인터페이스의 전체 블록도를 나타내고 있다. 이 시스템은 2개의 시프트 레지스터와 마스터 클록 발생기로 구성되어 있다. SPI 인터페이스에서 마스터는 통신을 시작할 때 원하는 슬레이브의 $\overline{SS}$(Slave Select) 신호를 논리 '0'으로 설정해야 한다. 이후에 마스터와 슬레이브는 각각의 시프트에 데이터를 송수신 할 준비를 하며, 마스터는 슬레이브에게 데이터 통신에 반드시 필요한 클록 펄스를 SCK 신호에 발생시킨다. 데이터는 항상 마스터에서 슬레이브로 데이터를 전송할 경우에는 마스터는 출력으로 슬레이브는 입력으로 동작하는 MOSI 방식으로 시프트 되며, 슬레이브에서 마스터로 데이터를 전송할 경우에는 슬레이브는 출력으로 마스터는 입력으로 동작하는 MISO 방식으로 시프트 되어 데이터를 교환한다. 각각의 데이터 패킷이 전송된 이후에 마스터는 슬레이브

선택 신호인 $\overline{SS}$를 논리 '1'로 설정해야 한다. 마스터는 SPI 인터페이스의 $\overline{SS}$ 신호를 자동으로 제어하지 않으므로 통신이 시작되기 전에 사용자 프로그램에서 따로 제어해야 한다.

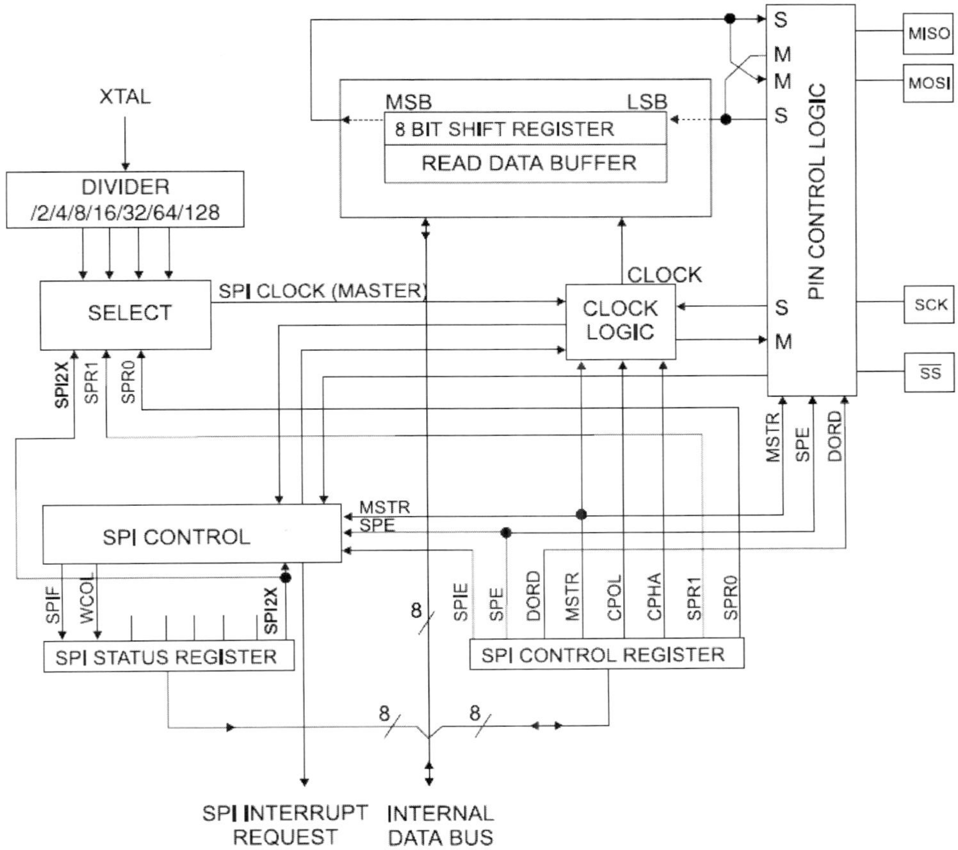

그림 1.16.1 ATmega128의 SPI 인터페이스의 전체 블록도

ATmega128이 마스터 모드로 동작할 때에는 먼저 $\overline{SS}$, SCK, MOSI 핀을 출력으로 설정하고, MISO 핀을 입력으로 설정한다. 포트 B가 SPI와 핀을 공유하고 있으므로 DDRB 레지스터를 통해 핀의 입출력 방향을 설정해야 한다. $\overline{SS}$ 신호를 논리 '0'으로 설정한 후에 SPDR 레지스터에 전송할 바이트를 쓰면 송신은 시작된다. 이때 마스터에서는 SCK 클록 신호가 발생하고 하드웨어적으로 데이터를 8비트만큼 시프트 하여 슬레이브로 전송한다. 1바이트의 데이터 전송이 완료되면 클록은 정지되며, SPSR 레지스터의 SPIF 비트가 '1'로 설정되는데 이때 SPI 인터럽트 허용 비트인 SPCR 레지스터의 SPIE 비트가 논리 '1'로 설정되

었다면 SPI 전송 완료 인터럽트를 요청하게 된다. 이 후에 SPDR 레지스터에 1바이트를 라이트하면 그 다음 데이터 전송이 시작된다. 이런 방식으로 모든 데이터 패킷을 전송하였을 때 데이터 전송을 종료하고 싶으면 $\overline{SS}$ 신호를 논리 '1'로 설정한다.

ATmeag128이 슬레이브 모드로 동작할 때에는 먼저 $\overline{SS}$, SCK, MOSI 핀을 입력으로 설정하고, MISO 핀을 출력으로 설정한다. 포트 B가 SPI와 핀을 공유하고 있으므로 DDRB 레지스터를 통해 핀의 입출력 방향을 설정해야 한다. 또한 SPI가 슬레이브로 동작할 경우에는 $\overline{SS}$ 핀은 자동으로 입력핀으로 설정된다. $\overline{SS}$ 신호가 논리 '0'으로 입력되었을 경우에 SPI는 슬레이브로 동작이 유효하게 되며, 만약 $\overline{SS}$ 신호가 논리 '1'로 입력되면 모든 SPI 신호가 3상태 또는 입력 상태로 변한다. $\overline{SS}$ 신호가 논리 '0'으로 입력되면 외부에서 입력된 SCK 신호에 의하여 SPDR 데이터 레지스터의 1바이트가 전송되고, 이후에 SPIF 비트가 논리 '1'로 설정되면서 SPI 전송 완료 인터럽트가 요청된다. 사용자는 SPI 전송완료 인터럽트를 체크하여 수신된 데이터를 읽으면 된다.

표 1.16.1은 SPI가 마스터 혹은 슬레이브로 동작할 때 설정되는 핀의 방향을 나타내고 있다. 표에 나타난 바와 같이 마스터 SPI일 경우 MISO는 항상 입력으로 설정되며, MOSI, SCK, $\overline{SS}$는 사용자가 정의하여 사용해야 하고, 슬레이브 SPI일 경우 MOSI, SCK, $\overline{SS}$는 항상 입력으로 설정되며, MISO는 사용자가 정의하여 사용해야 한다.

표 1.16.1 SPI가 마스터 혹은 슬레이브로 동작할 때 핀의 방향

핀	마스터 SPI일 때 방향	슬레이브 SPI일 때 방향
MOSI	사용자 정의	입력
MISO	입력	사용자 정의
SCK	사용자 정의	입력
$\overline{SS}$	사용자 정의	입력

SPI 통신 방식은 슬레이브 선택신호인 $\overline{SS}$와 마스터에서 슬레이브로 데이터를 전송하는 신호인 MOSI와 슬레이브에서 마스터로 데이터를 전송하는 신호인 MISO와 데이터 교환시 마스터에서 발생시키는 클록 SCK가 사용되며, 마스터와 슬레이브 간의 연결은 그림 1.16.2와 같다.

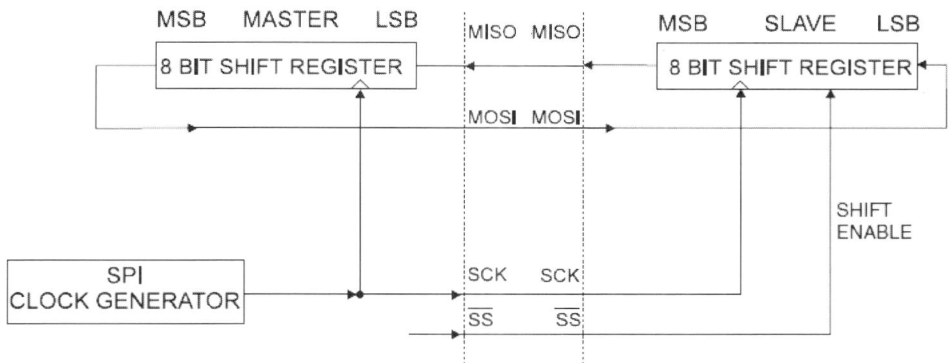

그림 1.16.2 SPI의 마스터와 슬레이브 간의 연결

ATmega128의 SPI는 SPCR(SPI Control Register), SPSR(SPI Status Register), SPDR(SPI Data Register)를 사용하며 레지스터는 다음과 같이 구성된다.

SPCR – SPI 제어 레지스터

Bit	7	6	5	4	3	2	1	0
	SPIE	**SPE**	**DODR**	**MSTR**	**CPOL**	**CPHA**	**SPR1**	**SPR0**
Read/Write	R/W	R	R	R/W	R/W	R/W	R/W	R/W
Initial Value	0	0	0	0	0	0	0	0

SPCR 레지스터는 SPI의 제어용 레지스터이다.

– Bit 7 -> SPIE : SPI 인터럽트 인에이블

SPI 통신에서 데이터 전송이 완료되었을 경우에 인터럽트 요청을 개별적으로 허용하는 비트이다.

– Bit 6 -> SPE : SPI 인에이블

SPI를 활성화하는 비트이며, 이 비트가 논리 '1'로 설정되면 활성화되므로, SPI 동작을 위해서는 반드시 논리 '1'로 설정해야 한다.

- Bit 5 -> DODR : 데이터 순서

  SPI를 통해 전송되는 데이터를 순서를 지정하는 비트로, 논리 '1'로 설정되는 경우 LSB(가장 낮은 비트)가 먼저 전송되며, 논리 '0'으로 설정되는 경우 MSB(가장 높은 비트)가 먼저 전송된다.

- Bit 4 -> MSTR : 마스터/슬레이브 선택

  SPI의 마스터/슬레이브 동작을 설정하는 비트이며, 논리 '1'로 설정되는 경우 마스터로 동작하며 논리 '0'으로 설정되는 경우 슬레이브로 동작한다.

- Bit 3 -> CPOL : 클록 극성

  이 비트는 논리 '1'로 설정되는 경우 SPI가 데이터 전송을 하지 않는 동안 SCK가 논리 '1'을 유지하며, 논리 '0'으로 설정되는 경우 SCK가 논리 '0'을 유지한다. 데이터 전송 구간에서는 SPCR 레지스터의 2번 비트인 CPHA 비트와 함께 SPI 모드를 설정하여 데이터의 샘플링 시점을 결정한다.

표 1.16.2 SPI 모드를 설정하여 데이터 샘플링 시점 결정

CPOL	Leading edge	Trailing edge
0	Rising	Falling
1	Falling	Rising

- Bit 2 -> CPHA : 클록 Phase

  이 비트는 SPCR 레지스터의 3번 비트인 CPOL 비트와 함께 SPI의 동작 모드를 결정하는데 사용된다.

표 1.16.3 SPI 동작모드 결정

CPHA	Leading edge	Trailing edge
0	Sample	Setup
1	Setup	Sample

– Bit 1, 0 – SPR1, SPR0: SPI 클록 비율 선택 1 또는 0

이 2개의 비트는 마스터에서 SPI가 동작하는 클록의 주파수를 설정하는 비트로 슬레이브에서는 어떤 영향도 끼치지 않는다. SCK는 시스템이 사용하는 주파수인 f_{OSC} 와 밀접한 관계를 가지며 표 1.16.4와 같다. 표 1.16.4에서 SPI2X 비트는 SPSR 레지스터의 0번 비트를 의미한다.

표 1.16.4 SPI 클록 비율 선택

SPI2X	SPR1	SPR0	SCK Frequency
0	0	0	f_{OSC} / 4
0	0	1	f_{OSC} / 16
0	1	0	f_{OSC} / 64
0	1	1	f_{OSC} / 128
1	0	0	f_{OSC} / 2
1	0	1	f_{OSC} / 8
1	1	0	f_{OSC} / 32
1	1	1	f_{OSC} / 64

SPSR : SPI 상태 레지스터

Bit	7	6	5	4	3	2	1	0
	SPIF	**WCOL**	**DODR**	**-**	**-**	**-**	**-**	**SPI2X**
Read/Write	R	R	R	R	R	R	R	R/W
Initial Value	0	0	0	0	0	0	0	0

SPSR 레지스터는 SPI의 상태를 나타내는 레지스터이다.

– Bit 7 -> SPIF : SPI 인터럽트 플래그

이 비트는 SPI 송신 완료 인터럽트 플래그이며, SPI 전송이 완료되면 논리 '1'로 설정된다. 또한 SPI 인터럽트에 해당하는 인터럽트 서비스 루틴이 실행되면 하드웨어적으로 논리 '0'으로 설정된다.

– Bit 6 -> WCOL : Write 충돌 플래그

이 비트는 SPI가 데이터 전송 중에 SPDR 레지스터에 새로운 값을 기록하면 논리 '1'로 설정되며, WCOL 비트가 논리 '1'로 설정된 상태에서 SPSR 레지스터의 WCOL 비트를 읽고 SPDR 레지스터에 접근하면 SPDR 레지스터는 '0'으로 초기화 된다.

– Bit 5:1 -> Res : Reserved 비트

이 비트들은 항상 논리 '0'으로 읽어진다.

– Bit 0 -> SPI2X : Double SPI 속도 비트

이 비트는 SPCR 레지스터의 SP1, SPR0 비트와 함께 사용되며, SPI2X 비트가 논리 '1'로 설정되는 경우 기본 클록의 2배 속도를 클록을 발생시킨다.

SPDR – SPI 데이터 레지스터

Bit	7	6	5	4	3	2	1	0
	MSB							LSB
Read/Write	R/W	R/W	R/W	R/W	R/W	R/W	R/W	R/W
Initial Value	X	X	X	X	X	X	X	X

SPDR 레지스터는 SPI의 송수신된 데이터를 저장하는 레지스터이다. 송신 동작에서는 이 레지스터의 값이 시프트 레지스터를 통해 1 비트씩 전송되며, 수신 동작에서는 시프트 레 지스터에 수신된 데이터가 수신이 완료되었을 때 이 레지스터로 저장된다.

SPI는 SPCR 레지스터의 CPOL 비트와 CPHA 비트를 결합하여 4가지 동작모드로 동작한 다. 표 1.16.5는 SPI의 4가지 통신모드를 나타내며, 그림 1.16.3은 CPHA가 0일 때의 SPI 통신 포맷 파형을 나타내고, 그림 1.16.4는 CPHA가 1일 때의 SPI 통신 포맷 파형을 나타내고 있다.

표 1.16.5 SPI의 통신 모드

CPOL	CPHA	Leading edge	Trailing edge	SPI Mode
0	0	Sample(Rising)	Setup(Falling)	0
0	1	Setup(Rising)	Sample(Falling)	1
1	0	Sample(Falling)	Setup(Rising)	2
1	1	Setup(Falling)	Sample(Rising)	3

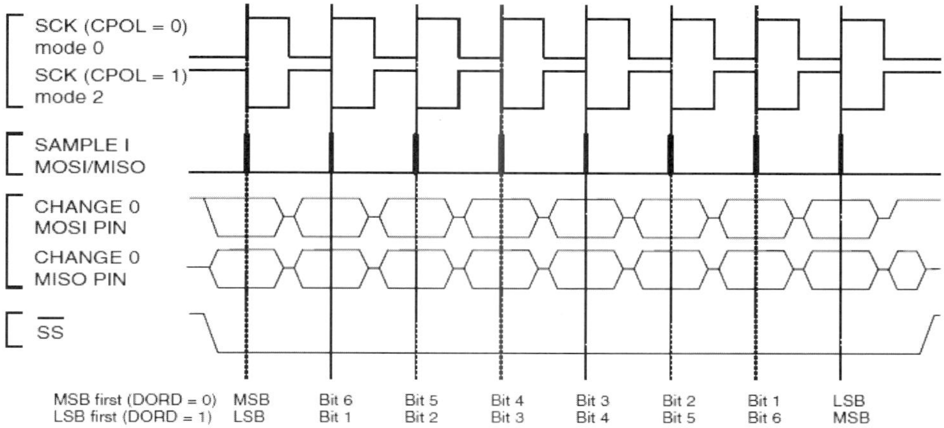

그림 1.16.3 CPHA가 0일 때의 SPI 통신 포맷 파형

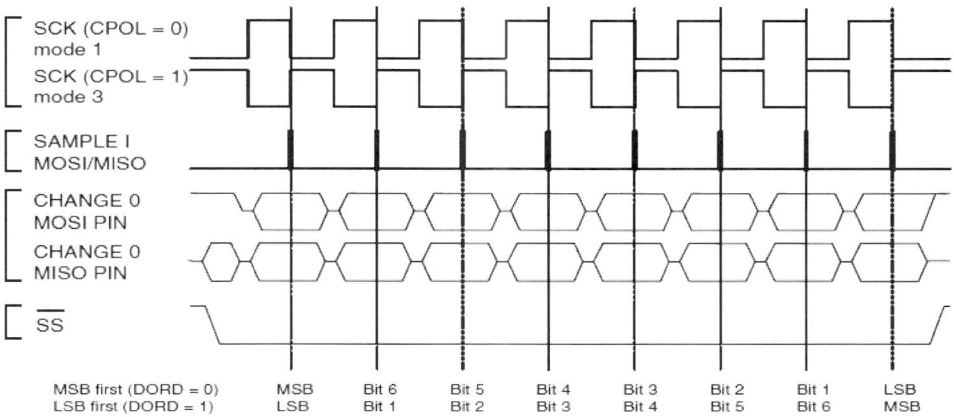

그림 1.16.4 CPHA가 1일 때의 SPI 통신 포맷 파형

1.17 TWI 통신 인터페이스

ATmega128의 TWI(Two-Wire Interface)는 AVR 과 주변 디바이스 또는 AVR 사이에서 양방향 신호선(클록(SCL), 데이터(SDA))만을 사용해서 시리얼로 데이터를 전달하는 방식의 통신을 의미한다. 필립스사에서 제안한 근거리 통신용 표준 직렬 통신 방식인 IIC(또는 I^2C, Inter-Integrated Circuit)이며 I2C와 TWI는 같은 통신 방식이다. 또한 최대 128개의 서로 다른 주변장치 또는 MCU를 연결 할 수 있으며, 외부의 TWI 버스 라인에 하나의 풀업 저항을 연결하면 되므로 시스템 구성이 간단하고 저가 형태의 통신 시스템을 구현할 수 있는 장점이 있다. 또한 버스에 연결된 모든 장치는 개별적인 주소를 가지고 있으며, 버스 경합을 해결하기 위한 TWI 프로토콜 메커니즘이 내장되어 있다.

ATmega128의 특징을 요약하면 다음과 같다.

- 2선식의 심플하고, 강력한 통신 인터페이스
- 마스터와 슬레이브 동작 모드 지원
- 송신기 또는 수신기로 운영됨
- 7비트 주소 공간으로 최대 128개의 슬레이브 주소 허용
- 멀티마스터 중재(Arbitration) 지원
- 최대 400KHz의 데이터 전송 속도
- 슬루-레이트(slew-rate) 제한 출력 드라이버
- 버스 라인에 스파이크 제거를 위한 노이즈 억제 회로 내장
- 전체 호출로 모든 슬레이브 주소에 프로그래밍 할 수 있도록 제공
- AVR이 슬립 모드에 있을 때 어드레스 인식으로 깨어남

그림 1.17.1은 TWI 버스 연결도를 나타내고 있으며, Device 1 ~ Device n은 최대 128개이며, Device는 ATmega128 또는 EEPROM, ADC, 온도센서 등 여러 종류의 장치가 연결될 수 있다. 한편, TWI 신호선이 양방향성을 가지고 있기 때문에, 각 신호선을 출력으로 사용하기 위해서는 오픈 컬렉터(TR의 경우) 또는 오픈 드레인(FET 경우)로 구성되어 있는 단자의 신호선에 R1과 R2와 같은 풀업 저항을 연결시켜 사용하며, 일반적으로 4.7[㏀]을 사용한다.

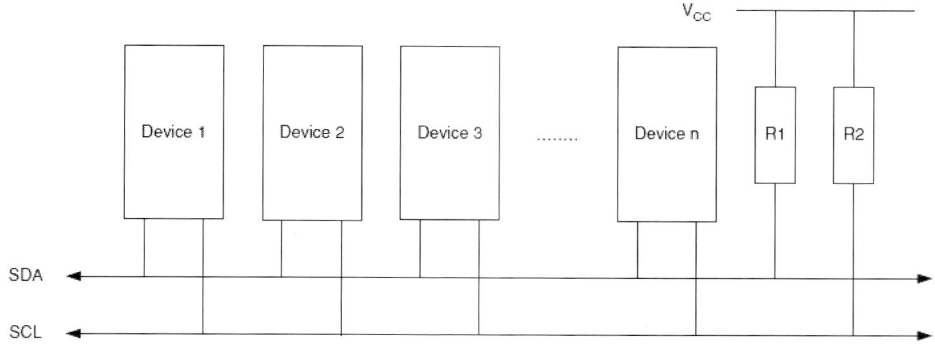

그림 1.17.1 TWI 버스 연결도

TWI 통신에서 마스터(Master)는 데이터 전송의 시작과 종료를 담당하는 장치로 SCL 클록을 발생한다. 슬레이브(Slave)는 마스터에 의해 주소를 할당받는 장치를 의미한다. 마스터가 데이터를 송신할 때는 마스터 송신기(MT)로 동작하고 마스터가 데이터를 수신할 때는 마스터 수신기(MR)로 동작한다. 또한 슬레이브가 데이터를 송신할 때는 슬레이브 송신기(ST)로 동작하고, 슬레이브가 데이터를 수신할 때는 슬레이브 수신기(SR)로 동작한다.

1.17.1 데이터 전송의 기본 형식

그림 1.17.2는 TWI 버스에서의 유효한 데이터 전송을 나타낸 것으로, 각 데이터 비트는 TWI 버스의 클록라인(SCL) 펄스와 함께 전달된다. 클록라인이 논리 '1'일 때 데이터라인(SDA)의 레벨은 변하지 않고 안정되어야 한다. 그렇지 않으면 TWI는 통신의 시작(start) 또는 종료(stop)로 인식한다. 여기서 데이터 신호는 클록 신호의 상승 에지에서 전송되며, 클록 신호가 논리 '0' 상태를 유지하고 있을 때 데이터 신호를 변경할 수 있다.

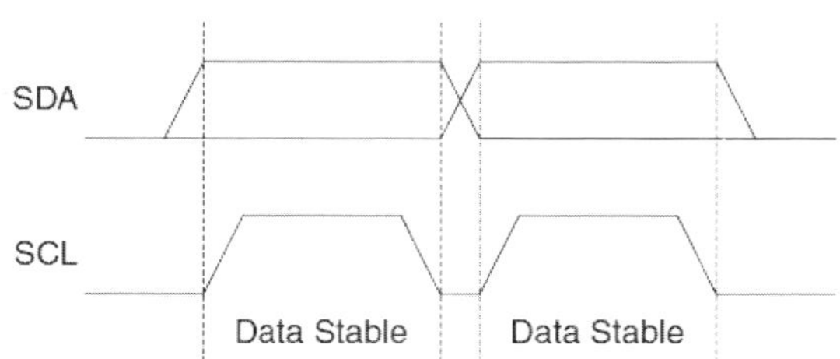

그림 1.17.2 TWI 버스에서의 유효한 데이터 전송

한편, 그림 1.17.3은 TWI 버스에서의 START, REPEATED START, STOP 조건을 나타내고 있다. TWI의 START 조건은 SCL 클록 신호가 논리 '1'을 유지하는 상태에서 SDA 데이터 신호가 하강 에지 신호를 발생하는 것으로 한다. 또한 STOP 조건은 SCL 클록 신호가 논리 '1'을 유지하는 상태에서 SDA 데이터 신호가 상승 에지 신호를 발생하는 것으로 한다. 그리고 REPEATED START 조건은 STOP 조건이 없이 START 조건이 발생하는 것으로 한다. 다시 말해 REPEATED START 조건은 데이터를 전송하고 STOP 상태를 발생하지 않고, 다시 START 조건을 발생하는 것을 말하는 것이며, 이것은 마스터가 버스 제어권을 잃지 않고 계속해서 새로운 데이터를 전송하겠다는 의미이다.

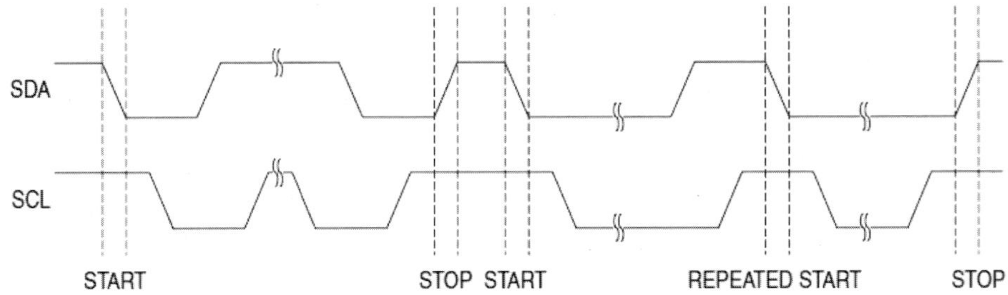

그림 1.17.3 TWI 버스에서의 START, REPEATED START, STOP 조건

1.17.2 데이터 송신 및 수신 형식

TWI 통신의 패킷은 어드레스 패킷(address packet)과 데이터 패킷(data packet)으로 나누어지다. 어드레스 패킷 형식은 모두 9비트로 구성되는데, 7비트의 슬레이브 어드레와 읽기/쓰기 비트 그리고 확인비트(ACK)로 이루어진다. 여기서 어드레스는 최상위 비트(MSB)부터 전송된다. 한편, 슬레이브 주소와 READ 또는 WRITE 신호를 SLA+R 또는 SLA+W라고 하며, 이를 통칭하여 SLA+R/W라고 한다. 그림 1.17.4는 TWI 통신에서 어드레스 패킷의 형식을 나타내고 있으며, START 조건 출력이후에 최상위 비트부터 전송 시작하여 7비트의 어드레스 비트와 R/W 비트 그리고 ACK 확인 비트의 순서로 동작하는 9비트의 어드레스 패킷을 의미한다.

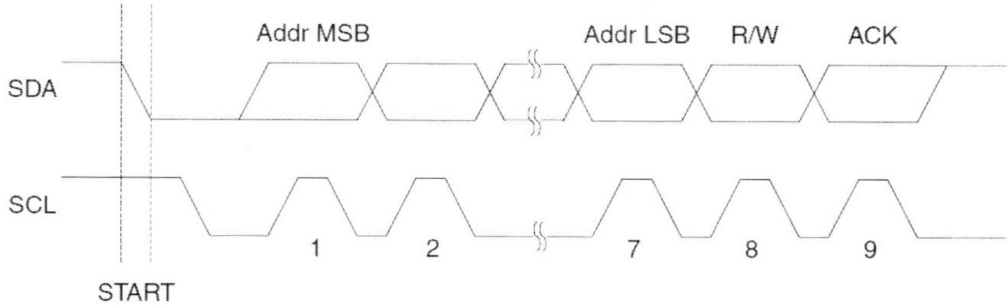

그림 1.17.4 TWI 통신에서 어드레스 패킷(address packet)의 형식

데이터 패킷 형식은 모두 9비트로 구성되는데, 8비트의 데이터와 확인비트(ACK)로 이루어지며, 데이터는 최상위 비트(MSB)부터 전송된다. 그림 1.17.5는 TWI 통신에서 데이터 패킷의 형식을 나타내고 있다.

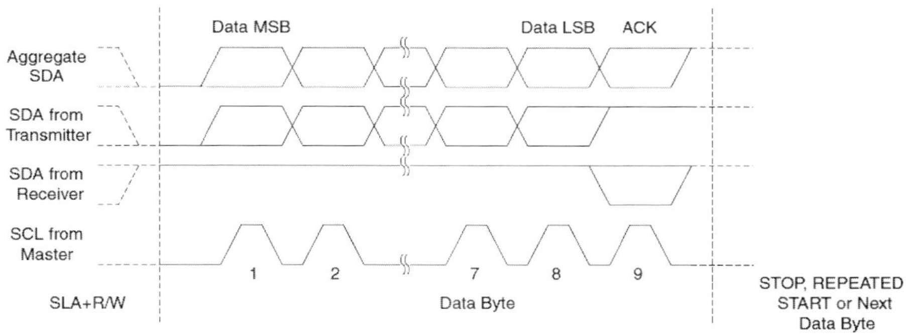

그림 1.17.5 TWI 통신에서 데이터 패킷(data packet)의 형식

어드레스 패킷 또는 데이터 패킷을 송수신시 응답 확인(ACK) 비트는 정상적인 경우에는 논리 '0'으로 응답하지만, 슬레이브가 busy 상태이거나, 다른 이유로 마스터 요청에 서비스 할 수 없는 상태라면 논리 '1'(NACK)로 응답한다. 이런 경우에 마스터는 STOP 조건을 전송하거나, REPEATED START 조건을 전송하여 새로운 데이터를 전송해야 한다. 슬레이브 어드레스는 사용자가 임의로 설정할 수 있지만, 0000 000 어드레스는 슬레이브 전체 호출(general call) 번지로 예약되어 있고, 1111 XXX 어드레스는 향후 사용될 목적으로 예약되어 있다. 슬레이브 전체 호출은 시스템에서 슬레이브들에게 동일한 데이터를 전달할 때 사용된다. 전체 호출을 하게 되면 모든 슬레이브는 ACK 사이클에서 논리 '0'으로 응답하며, 전체 호출을 이용한 전체 데이터 쓰기를 이용하되, 읽기를 사용하는 것은 무의미할 수 있다. 그림 1.17.6은 TWI 데이터 송신 및 수신 형식을 나타내고 있다.

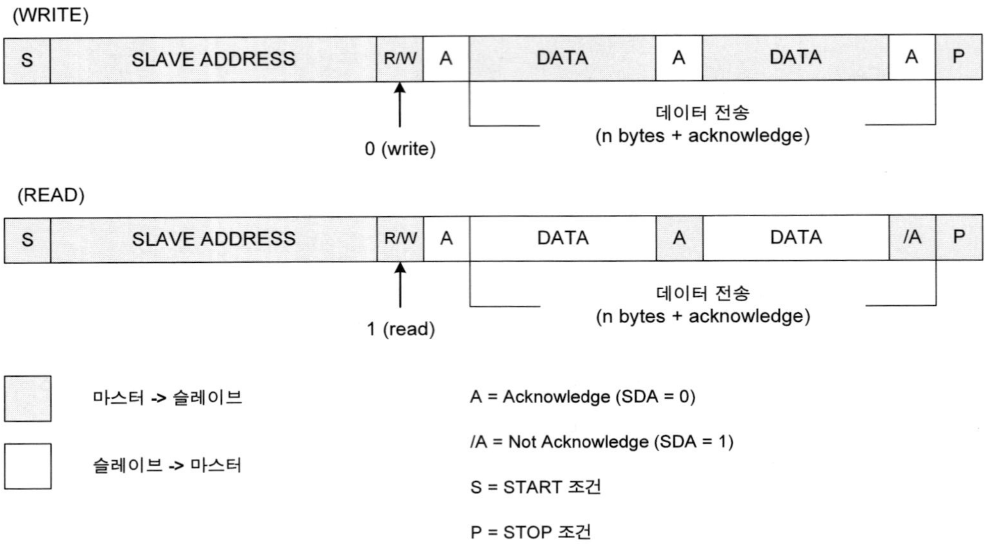

(a) 데이터 송신 및 수신 형식

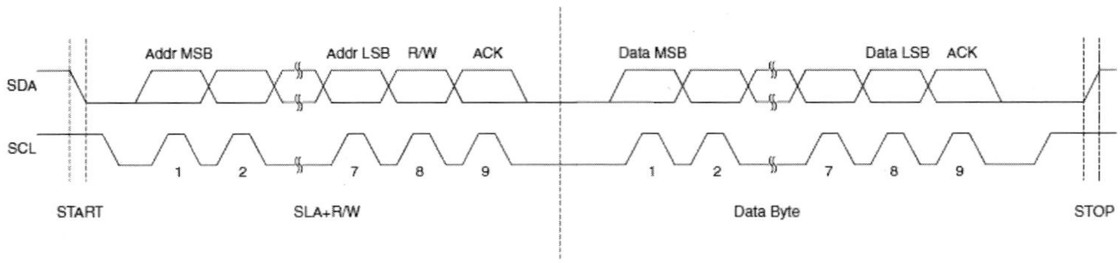

(b) 데이터 송수신 동작 파형

그림 1.17.6 TWI 데이터 송신 및 수신 형식

T·I·P

TWI의 어드레스 패킷을 0000000으로 전송하면 모든 슬레이브를 동시에 호출하는 전체 호출(general call)이라고 한다. 또한, 7비트 어드레스 형식에서 1111XXX의 어드레스는 향후 기능 확장을 위하여 예약된 어드레스로서 사용하지 말아야 한다.

그림 또는 설명에서 A 또는 ACK는 Acknowledge 비트(low level at SDA)를 의미한다. 또한 $\overline{A}$ 또는 NACK는 Not acknowledge 비트(high level at SDA)를 의미한다.

1.17.3 TWI 모듈의 구조

그림 1.17.7은 TWI 직렬 통신 모듈의 내부 구성도를 나타내고 있다. TWI 모듈은 SCL과 SDA 신호 출력 드라이버는 TWI 사양을 만족시키기 위해 슬루-레이트 제한기가 포함되어 있으며, 입력단에는 50ns 이하의 짧은 스파이크 필터 장치가 포함되어 있다.

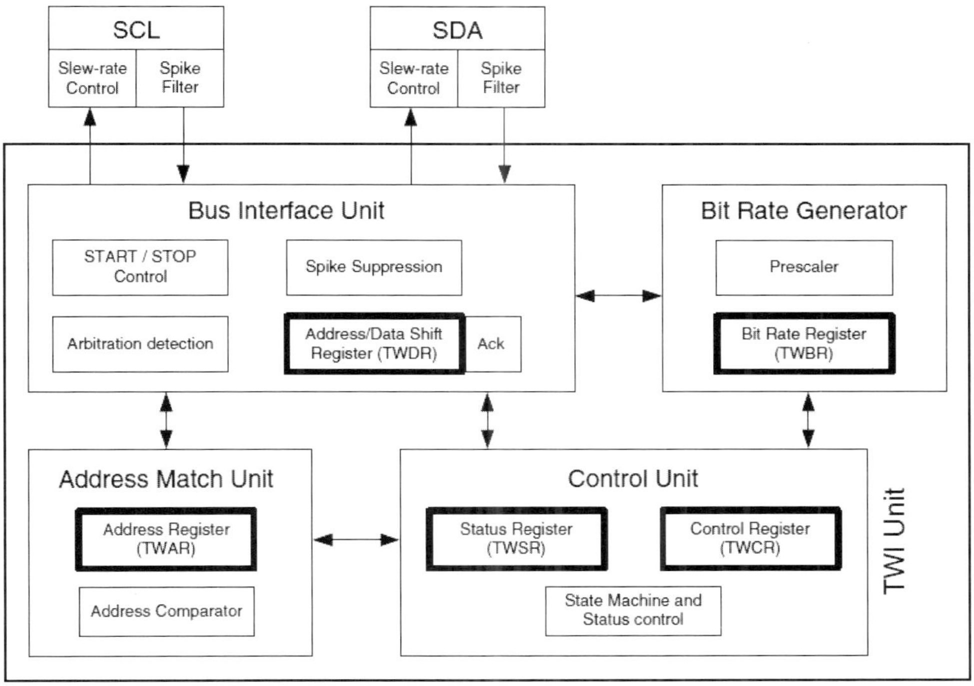

그림 1.17.7 TWI 직렬 통신 모듈의 내부 구성도

비트 레이트 발생기 블록은 마스터 모드로 동작할 때 SCL의 주기를 제어하는데, TWBR(TWI Bit Rate Register) 레지스터와 TWSR(TWI Status Register) 레지스터의 프리스케일러 설정 비트에 의해 제어된다. 슬레이브로 동작할 때는 비트 레이트나 프리스케일러 설정은 무관하지만 CPU 클록 주파수는 SCL 주파수보다 적어도 16배 이상이어야 한다.

$$SCL\ frequency = \frac{CPU\ clock\ frequency}{16 + 2(TWBR) \times 4^{TWPS}}$$

- TWBR = TWBR 레지스터의 값
- TWPS = TWSR 레지스터에서 프리스케일러 비트(TWPS1, TWPS0)의 값

TWBR은 TWI가 마스터 모드로 동작하는 경우 10 이상이어야 한다. 만약 TWBR이 10보다 작으면 SDA 및 SCL은 잘못된 출력을 일으키게 된다. 시스템 클록과 TWBR 레지스터 설정 값에 따른 SCL 주파수는 표 1.17.1과 같다.

표 1.17.1 시스템 클록과 TWBR 레지스터 설정값의 관계

시스템 클록 [MHz]	TWBR	TWPS	SCL 주파수 [KHz]	TWBR	
				계산값	10미만
16	12	0	400	12	
16	72	0	100	72	
14.7456	10	0	409.600	10.432	
14.7456	66	0	99.632	65.728	
14.4	10	0	400	10	
14.4	64	0	100	64	
12	10	0	~333.333	7	○
12	52	0	100	52	
8	10	0	~222.222	2	○
8	32	0	100	32	
4	12	0	100	12	
3.6	10	0	100	10	
2	10	0	~55.555	0 이하	○
1	10	0	~55.555	0 이하	○

버스 인터페이스 유닛은 데이터 및 어드레스 시프트 레지스터 TWDR, 시작/정지 제어기와 중재 검출기 등의 하드웨어로 구성된다. TWDR 레지스터는 송신 또는 수신된 어드레스 및 데이터 바이트가 포함된다. 8비트 TWDR 이외에도 버스 인터페이스 유닛은 전송하거나 수신한 (N)ACK 비트를 포함하는 레지스터 있다. (N)ACK 레지스터는 응용 소프트웨어에서 직접 접근할 수 없지만, 수신 할 때 TWCR 레지스터를 조작하여 세트 또는 클리어 할 수 있고, 송신 할 때 (N)ACK 비트의 값은 TWSR의 값에 의해 결정된다.

START/STOP 제어기는 START, REPEATED START 그리고 STOP 조건의 생성과 감지를 책임진다. 또한 마스터에 의해 지정된 슬레이브 주소의 AVR MCU가 휴면모드에 빠져있더라도 START와 STOP 조건을 감지할 수 있고, 휴면모드에서 깨어날 수 있다.

TWI가 마스터에 의해 전송을 시작하면 중재 검출 하드웨어가 계속해서 중재 과정에 있는지 확인하기 위해 전송을 모니터링한다. TWI가 중재를 잃은 경우 제어 유닛에게 알려지고, 적절한 상태 코드 생성으로 정정된 동작을 한다.

어드레스 매치 유닛은 수신된 어드레스 바이트가 TWAR 레지스터의 7비트 어드레스와 일치하는지 검사한다. TWAR 레지스터의 TWI 전체 호출 승인 허가 비트인 TWGCE가 논리 '1'로 세트되면, 수신된 어드레스와 전체호출 어드레스도 비교한다. 어드레스가 일치하면 올바른 동작을 취할 수 있도록 제어 유닛에게 알린다. TWI는 TWCR의 설정에 따라 어드레스를 인정하거나 인정하지 않을 수 있다. 어드레스 매치 유닛은 AVR MCU가 슬립모드일 때에도 어드레스는 비교될 수 있으며, 마스터가 지정한 주소와 일치하면 MCU는 깨어날 수 있다.

제어 유닛은 TWI 버스를 모니터링 하고 TWCR레지스터의 설정에 따라 응답 신호를 발생한다. 이것은 TWI 버스에 이벤트가 발생하면 TWI 인터럽트 플래그 TWINT 세트되는데, 이때 이벤트의 적용에는 주의를 필요하다. TWCR 레지스터의 TWINT 플래그 비트가 세트되면, 다음 클록 사이클에서 TWCR 레지스터에 이벤트를 식별하는 상태 코드가 업데이트된다. 또한 TWSR은 오직 TWI 인터럽트 플래그가 세트되었을 때에만 상응하는 상태 정보를 포함한다. 다른 모든 경우에 TWSR이 포함하는 특수 상태 코드는 적절할 상태 정보로 이용할 수 없다. TWINT 플래그가 세트되기만 하면 SCL 라인은 논리 '0'을 유지한다. 한편, TWI 플래그는 다음과 같은 상황에서 설정된다.

- TWI가 START/REPEATED START 조건을 전송 후
- TWI가 어드레스 패킷(SLA+R/W) 전송 후
- TWI가 어드레스 바이트 전송 후
- TWI가 중재를 잃은 후
- TWI가 자신의 슬레이브 어드레스나 전체 호출로 지정된 후
- TWI가 1 바이트 데이터를 수신한 후
- TWI가 여전히 슬레이브로 지정되어 있는데 STOP 또는 REPEATED START를 수신한 후
- 잘못된 START 또는 STOP 조건으로 버스 오류가 발생했을 때

1.17.4 ATmega128의 TWI 제어용 레지스터

TWBR : TWI 비트 레이트 레지스터

Bit	7	6	5	4	3	2	1	0
	TWBR7	TWBR6	TWBR5	TWBR4	TWBR3	TWBR2	TWBR1	TWBR0
Read/Write	R/W	R/W	R/W	R/W	R/W	R/W	R/W	R/W
Initial Value	0	0	0	0	0	0	0	0

– Bit 7:0 -> TWI 비트 레이트 레지스터

비트 레이트 발생기는 마스터 모드에서 SCL 클록 주파수를 생성하는 주파수 분할기인데, TWBR은 이 비트 레이트 발생기에서의 분할 요소를 선택한다. 즉, SCL 신호의 주파수를 설정하는 레지스터이다.

TWCR : TWI 제어 레지스터

Bit	7	6	5	4	3	2	1	0
	TWINT	TWEA	TWSTA	TWSTO	TWWC	TWEN	-	TWIE
Read/Write	R/W	R/W	R/W	R/W	R/W	R/W	R/W	R/W
Initial Value	0	0	0	0	0	0	0	0

– Bit 7 -> TWINT : TWI 인터럽트 플래그

TWINT 비트는 현재 작업이 완료되거나 예상된 응용 소프트웨어 응답의 경우에 하드웨어에 의해 논리 '1'로 세트된다. SREG 레지스터의 I 비트와 이 비트가 논리 '1'로 설정되었다면, ATmega128은 TWI 인터럽트 벡터로 점프한다. TWINT 인터럽트 플래그는 하드웨어에 의해 논리 '1'로 설정된 후에 인터럽트 루틴을 실행하면서 하드웨어에 의해 자동으로 클리어 되지 않으므로, 반드시 소프트웨어에 의해 논리 '0'으로 설정되어야 한다. 그리고 이 플래그를 클리어하기 전에 모든 TWI 레지스터(TWAR, TWSR, TWDR 레지스터)를 읽거나 써야 한다. 한편, TWINT 플래그가 설정되어 있는 동안 SCL 클록 신호는 논리 '0'을 계속 유지된다.

– Bit 6 -> TWEA : TWI 인에이블 인정 비트

TWEA 비트는 인정(ACK) 펄스의 발생을 제어한다. TWEA 비트가 논리 '1' 로 설정되면, TWI 버스가 다음의 조건이 충족되면 ACK 펄스를 발생한다.

- 디바이스가 자기의 슬레이브 어드레스를 수신한 경우
- TWAR의 TWGCE 비트가 논리 '1'인 동안 전체 호출을 수신한 경우
- 1바이트 데이터가 마스터 수신기 또는 슬레이브 수신기 모드로 수신된 경우

TWEA 비트가 논리 '0'으로 설정되면, 디바이스는 TWI 직렬 버스에서 일시적으로 연결이 끊길 수 있으며, 이 비트를 다시 논리 '1'로 설정하면 다시 어드레스를 인식할 수 있다.

– Bit 5 -> TWSTA: TWI START 조건 비트

TWSTA 비트를 논리 '1'로 설정하면 TWI 직렬 버스에서 마스터로서 동작한다. 이 비트가 논리 '1'로 설정되면 TWI 버스가 사용 가능한 상태인지 확인하고, 가능한 상태이면 START 조건을 발생한다. 그러나 버스가 가능한 상태가 아니면 STOP 조건이 검출될 때까지 기다리게 되고, 버스 사용이 가능하게 되면 START 조건을 발생한다. START 조건이 전송되면 반드시 이 비트는 소프트웨어로 클리어 돼야 한다.

– Bit 4 -> TWSTO: TWI STOP 조건 비트

TWSTO 비트를 마스터 모드에서 논리 '1'로 설정하면 TWI 직렬 버스에서 STOP 조건을 발생한다. STOP 조건이 버스에서 실행될 때, TWSTO 비트는 자동으로 논리 '0'으로 클리어 된다. 슬레이브 모드에서 TWSTO 비트의 설정은 에러 상태를 복구하는데 사용될 수 있는데 이것은 STOP 조건을 발생하는 것이 아니라 지정된 슬레이브를 해제하여 반환하고, SCL과 SDA 선을 고 임피던스(high impedance) 상태로 만든다.

– Bit 3 -> TWWC: TWI 쓰기 충돌 플래그

TWWC 비트는 TWINT 비트가 논리 '0' 이고 TWDR 레지스터에 데이터 쓰기를 시도할 때 논리 '1'로 세트된다. 이 플래그는 TWINT 비트가 논리 '1'일 때에 TWDR 레지스터에 데이터를 쓰면 이 플래그 비트는 논리 '0'으로 클리어 된다.

– Bit 2 -> TWEN: TWI 인에이블 비트

TWEN 비트는 TWI 동작을 가능하게 하고, TWI 인터페이스를 활성화 한다. TWEN 비트가 논리 '1'로 설정되면, TWI는 슬루-레이트 제한 및 스파이크 필터링이 가능한

SCL과 SDA 핀에 연결된 I/O 핀을 통해 제어된다. 이 비트가 논리 '0'으로 설정되면 TWI는 사용할 수 없으며, 모든 TWI 전송은 종료된다.

– Bit 1 -> Res : Reserved 비트

– Bit 0 -> TWIE : TWI 인터럽트 인에이블

TWIE 비트가 논리 '1'로 설정되고, SREG 레지스터의 I 비트가 논리 '1'로 세트되면, TWINT 플래그가 논리 '1'로 세트되기만 하면 TWI 인터럽트가 요청된다.

TWSR : TWI 상태 레지스터

Bit	7	6	5	4	3	2	1	0
	TWS7	**TWS6**	**TWS5**	**TWS4**	**TWS3**	**-**	**TWPS1**	**TWPS0**
Read/Write	R	R	R	R	R	R	R/W	R/W
Initial Value	1	1	1	1	1	0	0	0

– Bit 7:3 -> TWS : TWI 상태

5개의 TWS 비트는 TWI 논리와 TWI 직렬 버스의 상태를 반영한다. 이 비트들은 TWI 동작에 따라 각각 다른 상태 코드를 가진다. TWSR에서는 5비트의 상태 값과 2비트의 프리스케일러 값을 읽을 수 있으므로, 프로그램 디자이너는 상태 비트를 확인할 때 프리스케일러 비트를 0으로 마스크 해야 한다.

– Bit 1:0 -> TWPS : TWI 프리스케일러 비트

TWPS 비트는 설정에 따라 비트 전송 속도에 맞도록 클록을 분주시킨다. 표 1.17.2는 TWPS 프리스케일러 비트 설정을 나타낸다.

표 1.17.2 TWPS 프리스케일러 비트 설정

TWPS1	TWPS0	프리스케일러 값
0	0	1
0	1	4
1	0	16
1	1	64

TWDR : TWI 데이터 레지스터

송신 모드에서 TWDR은 다음에 전송할 바이트를 포함하며, 수신 모드에서 TWDR은 마지막으로 수신한 바이트를 포함한다. 이 레지스터는 바이트를 시프트 하지 않는 처리 과정 중에 쓰기 권한을 가지며, TWINT 인터럽트 플래그가 하드웨어에 의해 세트될 때 발생한다. TWDR 레지스터는 첫 번째 인터럽트가 발생하기 전에 사용자에 의해 초기화 할 수 없으며, TWINT 비트가 세트되어 있는 동안 데이터는 유지된다. 데이터가 시프트 출력되는 동안 버스의 데이터는 동시에 시프트 입력된다. TWDR은 TWI 인터럽트를 통해 휴면 모드에서 깨어난 후를 제외하고 항상 마지막에 수신한 데이터를 포함한다. 휴면 모드에서 깨어나는 경우에 TWDR의 내용은 정의되지 않는다. 버스 조정이 실패한 경우에는 마스터에서 슬레이브로 전환될 때에 데이터는 없어진다. ACK 비트의 핸들링은 TWI 로직에 의해 자동으로 제어되고, CPU는 직접 액세스 할 수 없다.

Bit	7	6	5	4	3	2	1	0
	TWD7	**TWD6**	**TWD5**	**TWD4**	**TWD3**	**TWD2**	**TWD1**	**TWD0**
Read/Write	R/W	R/W	R/W	R/W	R/W	R/W	R/W	R/W
Initial Value	1	1	1	1	1	1	1	1

– Bit 7:0 -> TWD : TWI 데이터 레지스터

이 8개의 비트는 송신 모드에서는 다음에 전송할 데이터가 포함되며, 수신 모드에서는 마지막으로 수신한 데이터가 포함 된다.

TWAR : TWI (Slave) 어드레스 레지스터

Bit	7	6	5	4	3	2	1	0
	TWA6	**TWA5**	**TWA4**	**TWA3**	**TWA2**	**TWA1**	**TWA0**	**TWGCE**
Read/Write	R/W	R/W	R/W	R/W	R/W	R/W	R/W	R/W
Initial Value	1	1	1	1	1	1	1	0

– Bit 7:1 -> TWA: TWI (Slave) 어드레스 비트

7비트에 TWI 유닛의 슬레이브 어드레스를 구성한다.

– Bit 0 -> TWGCE: TWI 전체 호출 인식 인에이블 비트

TWGCE 비트가 논리 '1'로 설정되면 TWI 직렬 버스에서 슬레이브 전체 호출의 인식이 가능하게 한다.

1.17.5 ATmega128 TWI 통신 포트의 동작

AVR TWI는 인터럽트 기반의 바이트 단위 통신 인터페이스다. START 조건의 송신 또는 바이트의 수신과 같이 모든 버스 이벤트 후에 인터럽트가 발생한다. TWI는 인터럽트 기반이기 때문에 응용 프로그램에서는 TWI 바이트 전송을 하는 동안에 다른 동작을 수행할 수 있게 된다. TWIE 비트가 논리 '0'으로 설정되면, 응용 프로그램은 TWI 버스에서의 동작을 감지하기 위해 TWINT 플래그를 폴링 방식으로 처리해야 한다.

TWINT 플래그가 논리 '1'로 세트되면 TWI는 동작을 마치고 프로그램의 응답을 기다린다. 이 경우 TWI 상태 레지스터(TWSR)에는 TWI 버스의 현재 상태를 포함한다. 따라서 응용 소프트웨어에서는 TWCR과 TWDR 레지스터를 제어하고 다음 TWI 버스 사이클의 동작을 결정한다. 그림 1.17.8은 마스터가 1바이트 데이터를 슬레이브에 전송할 때 프로그램이 어떻게 TWI 하드웨어와 연계되어 동작하는지 예를 보이고 있다.

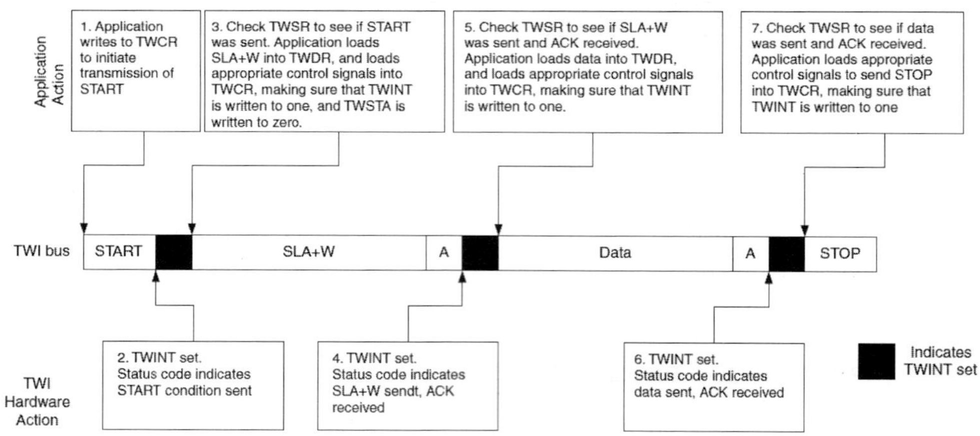

그림 1.17.8 TWI 데이터 전송을 위한 기본 동작 인터페이스

그림 1.17.8에 대한 단계별 설명은 다음과 같다.

① 첫 번째 과정은 START 조건을 전송하는 것이다. TWI 하드웨어가 START 조건을 전송하기 위해 TWCR 레지스터에 특정한 값을 기록해야 한다. 만약 TWINT가 논리 '1' 상태이면 데이터 바이트의 전송이 이루어지지 않으므로, 프로그램에서 TWINT에 논리 '1'을 써서 논리 '0'으로 클리어 한다. 응용 프로그램에서 TWINT 비트가 논리 '0'

으로 클리어 됨과 동시에 TWI는 START 조건 전송을 시작하게 된다.

② START 조건이 전송되었을 때 TWCR 레지스터의 TWINT 플래그가 논리 '1'로 세트되고, TWSR에는 START 조건이 성공적으로 전송되었다는 상태 코드가 업데이트 된다.

③ 응용 프로그램의 인터럽트 서비스 루틴에서는 START 조건이 성공적으로 전송되었음을 TWSR 레지스터의 상태 코드로 확인할 수 있다. 만약 오류가 있다면 조치해야 한다. 상태 코드가 확인되면 응용 프로그램에서는 TWDR 레지스터에 SLA+W를 적재한다. 여기서 TWDR은 주소와 데이터에 모두 사용하는 것을 기억해야 한다. TWDR에 SLA+W를 적재하였다면, WDCR에 특정값을 써서 전송을 시작해야 한다. 만약 TWINT가 논리 '1' 상태이면 데이터 바이트의 전송이 이루어지지 않으므로, 프로그램에서 TWINT에 논리 '1'을 써서 논리 '0'으로 클리어한다. 응용 프로그램에서 TWINT 비트가 논리 '0'으로 클리어 됨과 동시에 TWI는 어드레스 패킷의 전송을 시작하게 된다.

④ 어드레스 패킷(SLA+W) 전송이 완료되었을 때, TWCR 레지스터의 TWINT 플래그는 논리 '1'로 세트되고, TWSR 레지스터는 어드레스 패킷의 전송 완료 상태 코드로 업데이트 된다. 또한 상태 코드는 슬레이브의 패킷 인정 응답 여부가 반영된다.

⑤ 응용 프로그램에서는 TWSR 레지스터를 읽어 어드레스 패킷 전송 성공 여부와 예상한 ACK 응답이 있었는지 확인한다. 만약 옳지 않은 상태코드가 읽어 진다면 오류 처리를 위한 조치를 해야 한다. 상태 코드가 확인되면 응용 프로그램에서는 TWDR 레지스터에 데이터을 적재하고, TWCR 레지스터에 특정 값을 기록하여 전송을 시작해야 한다. 만약 TWINT가 논리 '1' 상태이면 데이터 바이트의 전송이 이루어지지 않으므로, 프로그램에서 TWINT에 논리 '1'을 써서 논리 '0'으로 클리어한다. 응용 프로그램에서 TWINT 비트가 논리 '0'으로 클리어 됨과 동시에 TWI는 데이터 패킷의 전송을 시작하게 된다.

⑥ 데이터 패킷 전송이 완료되었을 때, TWCR 레지스터의 TWINT 플래그는 논리 '1'로 세트되고, TWSR 레지스터는 데이터 패킷의 전송 완료 상태 코드로 업데이트 된다. 또한 상태 코드는 슬레이브의 패킷 인정 응답 여부가 반영된다.

⑦ 응용 프로그램에서는 TWSR 레지스터를 읽어 데이터 패킷 전송 성공 여부와 예상한 ACK 응답이 있었는지 확인한다. 만약 옳지 않은 상태코드가 읽어 진다면 오류 처리를 위한 조치를 해야 한다. 상태 코드가 확인되면 응용 프로그램에서는 STOP 조건을 전송하기 위해 TWCR 레지스터에 특정한 값을 기록해야 한다. 만약 TWINT가 논리 '1' 상태이면 데이터 바이트의 전송이 이루어지지 않으므로, 프로그램에서 TWINT에 논리 '1'을 써서 논리 '0'으로 클리어 한다. 응용 프로그램에서 TWINT 비트가 논리 '0'으로 클리어 됨과 동시에 TWI는 STOP 조건 전송을 시작하게 된다. 또한 TWINT는 STOP 조건이 전송된 후에 논리 '1'로 세트되지 않는다.

1.18 USART 통신 인터페이스

USART는 그림 1.18.1과 같이 크게 "Clock Generator" 블록, "Transmitter" 블록, "Receiver" 블록, "Register" 블록 등으로 구성된다. "Clock Generator" 블록은 USART가 통신을 할 때 필요한 클록을 발생시키는 회로이다. 비동기 통신에서는 자체 발생 클록을 사용하지만, 동기 통신일 때는 Master와 Slave 간의 동작에 따라 Master 동작에서는 자체 클록 발생과 Slave 단에 클록을 출력하고, Slave 동작에서는 Master로부터 받은 클록으로 동기화하여 동작한다. "Transmitter" 블록은 USART 블록의 송신부이며, 병렬의 데이터를 직렬의 데이터로 변환해 송신하는 기능을 한다. "Receiver" 블록은 USART 블록의 수신부이며, 직렬의 데이터를 병렬의 데이터로 변환하여 저장하는 기능을 한다. "Register" 블록은 USART 블록을 제어하기 위한 컨트롤 레지스터와 데이터 송수신 시에 임시로 저장되는 기억장소로 사용된다.

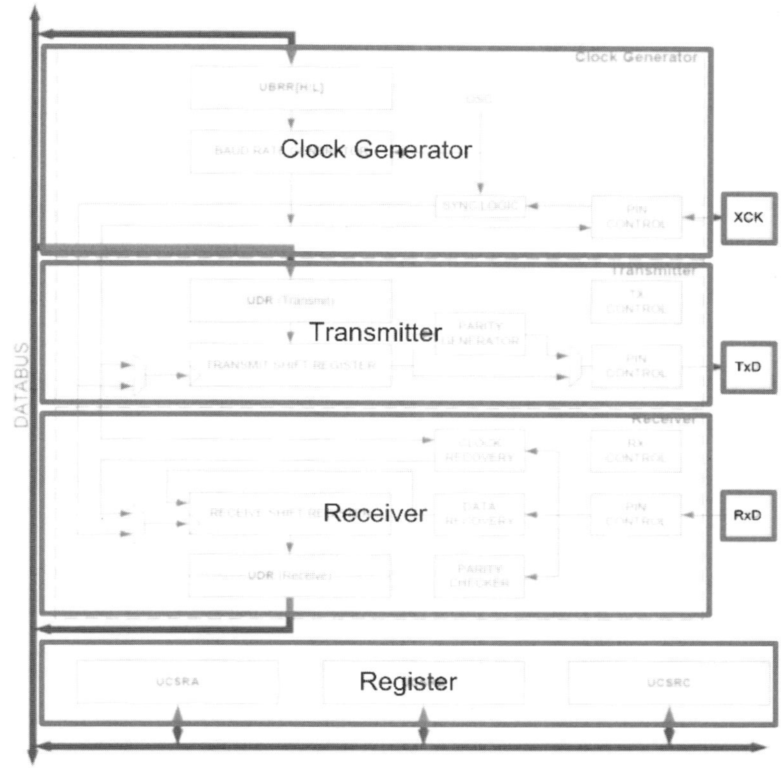

그림 1.18.1 USART의 블록 다이어그램

그림 1.18.2는 USART의 송수신 프레임을 나타내고 있다. 프레임은 직렬통신에서 시작 비트 부터 정지 비트까지의 순서 및 길이를 의미한다. 시작 비트(St)는 항상 '0'이어야 하고, 시작 비트의 길이는 1 비트이며, 정지비트(Sp1, Sp2)는 항상 '1'이어야 하고, 정지비트의 길이는 1 또는 2 비트이며 레지스터의 설정에 의해 길이를 1~2비트로 설정할 수 있다. 시작 비트 이후에 데이터 비트(0~[8])가 D0 부터 송신되며, 만약 8비트 데이터라면 D7 까지 송수신하며, 레지스터 설정에 의해 길이를 5~9비트로 설정할 수 있다. 에러 검출을 위한 패리티 비트([P])를 사용할 경우에 1비트를 차지하게 되며, 짝수 패리티 또는 홀수 패리티를 사용할 수 있는데 짝수 패리티는 데이터 비트와 패리티 비트를 포함해 1의 개수가 짝수가 되도록 하는 비트 설정이며, 홀수 패리티는 데이터 비트와 패리티 비트를 포함해 1의 개수가 홀수가 되도록 하는 비트 설정이다. 패리티 비트는 레지스터 설정에 의해 패리티를 사용하지 않을 수 있으며, 짝수 패리티 또는 홀수 패리티를 사용하도록 설정할 수 있다. 한편, RS232가 통신하지 않는 대기상태(IDLE)에서 신호는 항상 논리 1을 출력한다. 일반적인

RS232 통신에서 데이터 길이는 8비트, 패리티는 사용하지 않고, 정지비트는 1비트를 사용하므로 1바이트 데이터를 송수신하는데 필요한 비트 수는 시작 비트 및 정지 비트를 포함해 10비트가 되고, 이런 경우 1 프레임은 10비트가 된다.

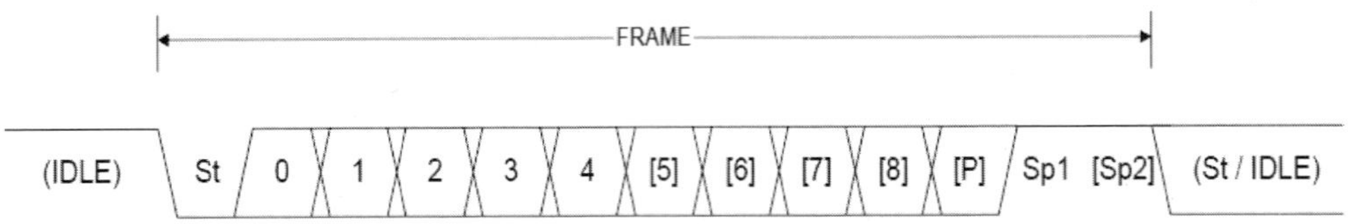

그림 1.18.2 USART의 송수신 프레임

표 1.18.1은 ATmega128의 USART에서의 통신 속도 설정을 나타내고 있다. USART의 통신 속도는 UBRR 레지스터에 통신 속도에 맞는 값을 써 넣어야 하며, 1 배속 모드에서 계산식은 $UBRR = \frac{f_{OSC}}{16BAUD} - 1$ 이다. 표 18.1.1에서는 ATmega128의 USART에서의 통신 규격 설정을 나타내고 있다. USART의 통신 규격은 데이터 비트의 길이와 패리티 비트 설정, 정지 비트의 설정 등이다. 표 1.18.2에서는 ATmega128의 리셋 이후 USART 관련레지스터의 초기 값 설정을 나타내고 있다. ATmega128에서는 리셋 후 데이터의 길이를 8비트로 설정하고 있으며, 패리티 비트는 사용하지 않도록 설정하고, 정지 비트는 1비트로 설정한다.

표 1.18.1 ATmega128의 USART에서의 통신 속도 설정

관련레지스터	비 고
UBRRnH	(아래 비트 구성 참조)
UBRRnL	통신 속도 설정을 위해서 정수값이 필요한데, 두 레지스터를 위와 같이 결합하여, 정수를 대입한다. 정수 계산은 다음 계산식을 참조한다.

UBRRnH								UBRRnL							
–	–	–	–	11	10	9	8	7	6	5	4	3	2	1	0

USART0의 UBRR 레지스터 설정 예	1배속 모드에서 UBRR 계산식
– 계산식에서 UBRR=51의 결과가 나올 경우 UBRR0H = 0; UBRR0L = 51;	$UBRR = \frac{f_{OSC}}{16 \times BAUD} - 1$

표 1.18.2 ATmega128의 USART에서의 통신 규격 설정

<table>
<tr><th>규격</th><th>관련 레지스터</th><th>비 고</th></tr>
<tr><td>Data 길이</td><td>
<table>
<tr><th colspan="8">UCSRnB</th></tr>
<tr><td>7</td><td>6</td><td>5</td><td>4</td><td>3</td><td>2</td><td>1</td><td>0</td></tr>
<tr><td>–</td><td>–</td><td>–</td><td>–</td><td>UCSZn2</td><td>–</td><td>–</td><td>–</td></tr>
</table>
<table>
<tr><th colspan="8">UCSRnC</th></tr>
<tr><td>7</td><td>6</td><td>5</td><td>4</td><td>3</td><td>2</td><td>1</td><td>0</td></tr>
<tr><td>–</td><td>–</td><td>–</td><td>–</td><td>–</td><td>UCSZn1</td><td>UCSZn0</td><td>–</td></tr>
</table>
</td><td>
<table>
<tr><th>2 1 0</th><th>길이</th></tr>
<tr><td>0 0 0</td><td>5비트</td></tr>
<tr><td>0 0 1</td><td>6비트</td></tr>
<tr><td>0 1 0</td><td>7비트</td></tr>
<tr><td>0 1 1</td><td>8비트</td></tr>
<tr><td>1 0 0</td><td>–</td></tr>
<tr><td>1 0 1</td><td>–</td></tr>
<tr><td>1 1 0</td><td>–</td></tr>
<tr><td>1 1 1</td><td>9비트</td></tr>
</table>
</td></tr>
<tr><td>Parity 설정</td><td>
<table>
<tr><th colspan="8">UCSRnC</th></tr>
<tr><td>7</td><td>6</td><td>5</td><td>4</td><td>3</td><td>2</td><td>1</td><td>0</td></tr>
<tr><td>–</td><td>–</td><td>UPMn1</td><td>UPMn0</td><td>–</td><td>–</td><td>–</td><td>–</td></tr>
</table>
</td><td>
<table>
<tr><th>1 0</th><th>Mode</th></tr>
<tr><td>0 0</td><td>Disable</td></tr>
<tr><td>0 1</td><td>–</td></tr>
<tr><td>1 0</td><td>Even</td></tr>
<tr><td>1 1</td><td>Odd</td></tr>
</table>
</td></tr>
<tr><td>Stop 설정</td><td>
<table>
<tr><th colspan="8">UCSRnC</th></tr>
<tr><td>7</td><td>6</td><td>5</td><td>4</td><td>3</td><td>2</td><td>1</td><td>0</td></tr>
<tr><td>–</td><td>–</td><td>–</td><td>–</td><td>USBSn</td><td>–</td><td>–</td><td>–</td></tr>
</table>
</td><td>
<table>
<tr><th></th><th>길이</th></tr>
<tr><td>0</td><td>1비트</td></tr>
<tr><td>1</td><td>2비트</td></tr>
</table>
</td></tr>
</table>

표 1.18.3은 ATmega128의 리셋 이후 USART 관련 레지스터의 초기 값 설정을 나타내고 있다.

표 1.18.3 ATmega128의 리셋 이후 USART 관련 레지스터의 초기 값 설정

	초기 값	설명
속도	최 고속 통신 (UBRRn = 0)	MCU 속도(F_CPU)에 따라 보레이트는 달라지며, UBRR 값이 작을수록 고속 통신 속도 설정임.
데이터 길이	8비트 (UCSZn2:0 = 011)	데이터 길이는 D7:0까지 8비트임
패리티 설정	사용안함(Disable) (UPMn1:0 = 00)	패리티 비트를 사용하지 않음
정지 비트	1비트 (USBSn = 0)	정지비트는 1비트임

UCSRnA : USART 제어, 상태 레지스터 A

Bit	7	6	5	4	3	2	1	0
	RXC	TXC	UDRE	FE	DOR	UPE	U2X	MPCM
Read/Write	R	R/W	R	R	R	R	R/W	R/W
Initial Value	0	0	0	0	0	0	0	0

– Bit 7 -〉 RXC : USART 수신 완료

수신 완료 상태 플래그로 수신 버퍼에 문자가 들어오면 논리 1로 설정되며, 수신 버퍼에 수신된 데이터가 없으면 논리 0으로 설정된다.

– Bit 6 – 〉TXCn : USART 송신 완료

송신 완료 상태 플래그로 송신 시프트 레지스터에 있는 데이터가 모두 송신되어 UDRn 레지스터의 송신 버퍼가 비어 있는 상태가 되면 논리 1로 설정된다.

– Bit 5 –〉 UDREn : USART 데이터 레지스터 비움

송신 버퍼에 새로운 데이터를 쓸 준비가 되어있음을 알리는 상태 플래그로 논리 1로 설정되면 송신 버퍼가 비어 있어서 송신 데이터를 송신 버퍼에 쓸 준비가 되어 있음을 나타낸다.

– Bit 4 – 〉 FEn : 프레임 오류

수신 버퍼에 데이터를 수신하는 동안에 프레임 오류가 발생하였음을 알리는 상태 플래그로 수신 데이터의 첫번째 정지 비트가 논리 0으로 검출되면 발생한다.

– Bit 3 –〉 DORn : 데이터 오버런

데이터가 수신되는 동안 오버런 오류가 발생하였음을 나타내는 상태 플래그로 수신버퍼에 현재 읽지 않은 2개의 수신 데이터가 있는 상태에서 수신 시프트 레지스터에 새로운 문자가 들어와 3번째 문자의 시작 비트가 검출되면 이 비트는 논리 1로 설정된다.

– Bit 2 –〉 UPEn : 패리티 오류

데이터를 수신하는 동안 패리티 오류가 발생하였음을 나타내는 상태플래그로 패리티 오류가 발생하면 이 비트는 논리 1로 설정된다. 패리티 오류는 UCSRnC 레지스터의 UPM1n 비트를 논리 1로 설정하여 패리티를 검사하도록 설정한 경우에만 발생한다.

– Bit 1 -> U2Xn : 이중 USART 전송 속도

비동기 모드에서만 유효하며, USARTn의 클록 분주비를 16분주에서 8분주로 낮추어 전송 속도를 두 배로 높이는 기능을 담당한다.

– Bit 0 -> MPCMn : 다중 프로세서 통신 모드

USARTn의 동작 모드를 다중 프로세서 통신 모드로 설정하는 기능을 담당한다. 이 비트가 논리 1로 설정되어 있으면 USARTn 수신부를 통해 들어온 수신 데이터가 어드레스 정보를 포함하지 않는 경우에는 모두 무시된다.

UCSRnB : USART 제어, 상태 레지스터 B

Bit	7	6	5	4	3	2	1	0
	RXCIE	TXCIE	UDRIE	RXEN	TXEN	UCSZ2	RXB8	TXB8
Read/Write	R/W	R/W	R/W	R/W	R/W	R/W	R	R/W
Initial Value	0	0	0	0	0	0	0	0

– Bit 7 -> RXCIEn : RX 완료 인터럽트 인에이블

수신 완료 인터럽트를 개별적으로 허용하는 비트이다. 이 비트와 SREG 레지스터의 I 비트가 논리 1로 설정되는 경우에, 데이터가 수신되어 UCSRAnA 레지스터의 RXCn 비트가 논리 1로 설정되면 수신 완료 인터럽트가 발생한다.

– Bit 6 -> TXCIE : TX 완료 인터럽트 인에이블

송신 완료 인터럽트를 개별적으로 허용하는 비트이다. 이 비트와 SREG 레지스터의 I 비트가 논리 1로 설정되는 경우에, 송신 시프트 레지스터가 비어 UCSRnA 레지스터의 TXCn 비트가 논리 1로 설정되면 송신 완료 인터럽트가 발생한다.

– Bit 5 -> UDRIEn : USART 데이터 레지스터 비움 인터럽트 인에이블

송신 데이터 레지스터 준비 완료 인터럽트를 개별적으로 허용하는 비트이다. 이 비트와 SREG 레지스터의 I 비트가 논리 1로 설정되는 경우에, 송신 버퍼가 비어 UCSRnA 레지스터의 UDREn 비트가 논리 1로 설정되면 데이터 레지스터 준비 완료 인터럽트가 발생한다.

– Bit 4 -> RXENn : 수신부 인에이블

USARTn의 수신부의 사용을 허가하도록 설정하는 기능을 한다. 이 비트가 논리 1로 설정되면 RXDn 핀이 병렬 I/O 포트가 아니라 직렬 데이터 수신 핀으로 동작하게 된다.

– Bit 3 -> TXENn : 송신부 인에이블

USARTn의 송신부의 사용을 허가하도록 설정하는 기능을 한다. 이 비트가 논리 1로 설정되면 TXDn 핀이 병렬 I/O 포트가 아니라 직렬 데이터 송신 핀으로 동작하게 된다.

– Bit 2 -> UCSZn2 : 문자 크기

UCSRnC 레지스터의 UCSZn1 :0 비트와 함께 전송 데이터의 비트수를 설정하는데 사용한다.

– Bit 1 -> RXB8n : 수신 데이터 비트 8

데이터의 비트수를 9비트로 설정하였을 경우 수신 데이터의 9번째 비트가 저장되는 비트이다. 이 비트는 UDRn 레지스터보다 먼저 읽어야 한다.

– Bit 0 -> TXB8n : 송신 데이터 비트 8

데이터의 비트수를 9비트로 설정하였을 경우 송신 데이터의 9번째 비트를 저장하는 비트이다. 이 비트는 UDRn 레지스터보다 먼저 기록되어야 한다.

UCSRnC : USART 제어, 상태 레지스터 C

Bit	7	6	5	4	3	2	1	0
	-	UMSEL	UPM1	UPM0	USBS	UCSZ1	UCSZ0	UCPOL
Read/Write	R/W	R/W	R/W	R/W	R/W	R/W	R/W	R/W
Initial Value	0	0	0	0	0	0	0	0

– Bit 7 -> Reserved 비트

사용하지 않음

– Bit 6 -> UMSELn : USART 모드 선택

USARTn의 동작 모드를 비동기 모드와 동기 모드중의 하나로 설정하는 비트이다. 이 비트가 논리 0으로 설정되면 비동기 모드로 동작하며, 논리 1로 설정되면 동기 모드로 동작한다.

– Bit 5:4 -> UPMn1:0 : 패리티 모드

패리티 발생과 검사 형태를 설정하는 비트들이다. 이 비트들이 "00"으로 설정되면 패리티 기능을 사용하지 않으며, "10"으로 설정되면 짝수 패리티 모드를 사용하고, "11"로 설정되면 홀수 패리티 모드를 사용한다.

– Bit 3 -> USBSn : 정지 비트 선택

데이터 프레임의 정지 비트 수를 설정하는 비트이다. 이 비트가 논리 0으로 설정되면 정지 비트는 1비트로 설정되며, 논리 1로 설정되면 정지 비트는 2비트로 설정된다.

– Bit 2:1 -> UCSZn1:0 : 문자 크기

UCSRnB 레지스터의 UCSZn2 비트와 함께 전송 문자의 데이터 비트 수를 설정하는 데 사용된다. 자세한 내용은 표 1.18.2를 참조한다.

– Bit 0 -> UCPOLn : 클록 극성

동기 전송 모드에서만 유효하며 비동기 모드로 사용할 시에는 0으로 설정한다. 한편, 동기 모드에서는 이 비트가 동기 클록에 대해 데이터 출력의 변화 시점과 데이터 입력의 샘플링 시점을 결정하는 기능을 한다. 이 비트가 논리 0으로 설정되면 출력 데이터의 변화 시점은 XCKn의 상승에지에서 이루어지며, 수신 데이터의 샘플링 시점은 XCKn의 하강 에지에서 이루어진다. 또한 이 비트가 논리 1로 설정되면 출력 데이터의 변화 시점은 XCKn의 하강에지에서 이루어지며, 수신 데이터의 샘플링 시점은 XCKn의 상승 에지에서 이루어진다.

UBRR : USART 보드 레이트 레지스터

Bit	15	14	13	12	11	10	9	8	
	-	-	-	-	**UBRRn[11 :8]**				UBRRnH
	UBRRn[7:0]								UBRRnL
	7	6	5	4	3	2	1	0	
Read/Write	R	R	R	R	R/W	R/W	R/W	R/W	
	R/W	R/W	R/W	R/W	R/W	R/W	R/W	R/W	
Initial Value	0	0	0	0	0	0	0	0	

– Bit 15:12 -> Reserved 비트

사용하지 않음

– Bit 11:0 -〉 UBRRn11:0 : USARTn 보드 레이트 레지스터

이 12개의 비트들은 클록의 분주비로 사용되며 USARTn의 보드 레이트를 결정한다. 16비트 레지스터에 값을 쓸 경우에는 상위 바이트인 UBRRnH에 값을 먼저 쓰고, 하위 바이트인 UBRRnL에 값을 나중에 써야 한다. 표 1.18.4는 USART의 BAUD 및 UBRR 계산식을 나타내고 있다.

표 1.18.4 USART의 BAUD 및 UBRR 계산식

동작 모드	보레이트를 결정하는 공식	UBRRn 레지스터의 값을 결정하는 공식
비동기 일반 모드 (U2Xn=0)	$BAUD = \frac{f_{OSC}}{16(UBRR+1)}$	$UBRR = \frac{f_{OSC}}{16 \times BAUD} - 1$
비동기 2배속 모드 (U2Xn=1)	$BAUD = \frac{f_{OSC}}{8(UBRR+1)}$	$UBRR = \frac{f_{OSC}}{8 \times BAUD} - 1$
동기 마스터 모드	$BAUD = \frac{f_{OSC}}{2(UBRR+1)}$	$UBRR = \frac{f_{OSC}}{2 \times BAUD} - 1$

ATmega128의 데이터 시트에는 클록 속도에 따른 UBRR 레지스터의 값이 표로 나타나 있다. 그림 1.18.3은 AVR 트레이닝 키트(WES-XUN I)에서 사용하는 주파수(8MHz, 14.7456MHz)에 따른 UBRR 레지스터의 설정값을 데이터 시트에서 발췌하여 나타낸 것이다.

Baud Rate (bps)	f_{osc} = 8.0000 MHz				f_{osc} = 11.0592 MHz				f_{osc} = 14.7456 MHz			
	U2X = 0		U2X = 1		U2X = 0		U2X = 1		U2X = 0		U2X = 1	
	UBRR	Error	UBRR	Error	UBRR	Error	UBRR	Error	UBRR	Error	UBRR	Error
2400	207	0.2%	416	-0.1%	287	0.0%	575	0.0%	383	0.0%	767	0.0%
4800	103	0.2%	207	0.2%	143	0.0%	287	0.0%	191	0.0%	383	0.0%
9600	51	0.2%	103	0.2%	71	0.0%	143	0.0%	95	0.0%	191	0.0%
14.4k	34	-0.8%	68	0.6%	47	0.0%	95	0.0%	63	0.0%	127	0.0%
19.2k	25	0.2%	51	0.2%	35	0.0%	71	0.0%	47	0.0%	95	0.0%
28.8k	16	2.1%	34	-0.8%	23	0.0%	47	0.0%	31	0.0%	63	0.0%
38.4k	12	0.2%	25	0.2%	17	0.0%	35	0.0%	23	0.0%	47	0.0%
57.6k	8	-3.5%	16	2.1%	11	0.0%	23	0.0%	15	0.0%	31	0.0%
76.8k	6	-7.0%	12	0.2%	8	0.0%	17	0.0%	11	0.0%	23	0.0%
115.2k	3	8.5%	8	-3.5%	5	0.0%	11	0.0%	7	0.0%	15	0.0%
230.4k	1	8.5%	3	8.5%	2	0.0%	5	0.0%	3	0.0%	7	0.0%
250k	1	0.0%	3	0.0%	2	-7.8%	5	-7.8%	3	-7.8%	6	5.3%
0.5M	0	0.0%	1	0.0%	–	–	2	-7.8%	1	-7.8%	3	-7.8%
1M	–	–	0	0.0%	–	–	–	–	0	-7.8%	1	-7.8%
Max (1)	0.5 Mbps		1 Mbps		691.2 kbps		1.3824 Mbps		921.6 kbps		1.8432 Mbps	

그림 1.18.3 ATmega128의 클록 속도에 따른 UBRR 레지스터 설정 값

UDR : USART I/O 데이터 레지스터

Bit	7	6	5	4	3	2	1	0	
	RXBn[7:0]								UDRn(Read)
	TXBn[7:0]								UDRn(Write)
Read/Write	R/W	R/W	R/W	R/W	R/W	R/W	R/W	R/W	
Initial Value	0	0	0	0	0	0	0	0	

USARTn 송신 데이터 버퍼 레지스터와 USARTn 수신 데이터 버퍼 레지스터는 UDRn (USARTn 데이터 레지스터)이라는 동일한 I/O 번지를 공유한다. 동일한 I/O 번지에 위치하지만 송수신 버퍼는 물리적으로 분리되어 있으며, UDRn 레지스터에 데이터를 쓰면 TXBn 송신 데이터 버퍼 레지스터에 저장되며, UDRn 레지스터에서 데이터를 읽으면 RXBn 수신 데이터 버퍼 레지스터에서 읽는다. 5~7비트의 데이터 길이 통신에서 유효한 비트의 상위 비트는 모두 무시되며, 수신할 때에는 모두 0으로 읽어 진다. 송신 버퍼는 UCSRAn 레지스터의 UDRE 플래그 비트가 논리 '1'로 세트 되었을 때 작성할 수 있으며, 이 비트가 논리 '0'일 때 UDRn 레지스터에 데이터를 쓰면 송신기는 이를 무시한다.

1.19 EEPROM 데이터 메모리

ATmega128은 내부에 4Kbyte의 내장된 EEPROM 메모리를 가지고 있다. EEPROM 메모리는 전원이 차단되어도 저장된 데이터를 잃지 않는 비휘발성 메모리 특징을 가지는데, 보통 설계된 시스템의 환경 설정 값 또는 중요한 데이터를 백업하는데 사용된다. EEPROM 메모리는 프로그램 메모리인 플래시 메모리 또는 데이터 메모리로 사용되는 SRAM과는 별개의 영역에 존재하며, 별도의 상태 및 제어 레지스터를 통해 제어된다. EEPROM 메모리를 제어하기 위해서 사용되는 레지스터는 EEAR, EEDR, EECR 등이 있다. EEAR 레지스터는 EEPROM의 어드레스를 나타내는 레지스터이다. EEAR의 15~12비트는 사용되지 않고 항상 0으로 읽어진다. 11비트~0비트를 통해 0~4095 번지까지의 EEPROM 어드레스를 지정하며, 0~7 번 비트는 EEARL 레지스터로, 8~15번 비트는 EEARH 레지스터로 되어있다. EEDR 레지스터 EEPROM의 읽기 및 쓰기 동작에서 데이터를 임시로 저장하는 레지스터이다. EEPROM 쓰기 동작에서 EEAR에 의해 지정된 번지에 저장할 데이터를 EEDR 레지스터에 임시 보관하고, EEPROM 읽기 동작에서 이 레지스터는 EEAR에 의해서 지정된 번지의 데이터를 EEDR에 임시 보관한다. EECR 레지스터는 EEPROM의 제어용 레지스터이며 EEPROM 준비 완료 인터럽트, 마스터 쓰기 허용, 쓰기 허용, 읽기 허용 등을 제어할 수 있다.

EEAR : EEPROM 어드레스 레지스터

Bit	15	14	13	12	11	10	9	8	
	-	-	-	-	EEAR11	EEAR10	EEAR9	EEAR8	EEARH
	EEAR7	EEAR6	EEAR5	EEAR4	EEAR3	EEAR2	EEAR1	EEAR0	EEARL
	7	6	5	4	3	2	1	0	
Read/Write	R	R	R	R	R/W	R/W	R/W	R/W	
	R/W	R/W	R/W	R/W	R/W	R/W	R/W	R/W	
Initial Value	0	0	0	0	X	X	X	X	
	X	X	X	X	X	X	X	X	

이 레지스터는 ATmega128에 내장된 EEPROM의 0~4095 번지를 지정하기 위해서 사용되며, 12개의 EEAR11:0 비트를 사용하고, 나머지 비트는 사용하지 않는다.

EEDR : EEPROM 데이터 레지스터

Bit	7	6	5	4	3	2	1	0
	MSB							LSB
Read/Write	R/W	R/W	R/W	R/W	R/W	R/W	R/W	R/W
Initial Value	0	0	0	0	0	0	0	0

이 레지스터는 EEPROM의 데이터가 임시로 저장되는 공간으로, EEAR에 어드레스를 지정하고 읽기를 하면 해당 어드레스의 데이터가 이 레지스터에 임시 저장되며, EEAR에 어드레스를 지정하고, EEDR에 데이터를 저장한 후에 쓰기 동작을 하면 해당하는 어드레스에 EEDR의 데이터가 저장된다.

EECR : EEPROM 제어 레지스터

Bit	7	6	5	4	3	2	1	0
	-	-	-	-	EERIE	EEMWE	EEWE	EERE
Read/Write	R	R	R	R	R/W	R/W	R/W	R/W
Initial Value	0	0	0	0	0	0	X	0

– Bit 7:4 -> Reserved 비트
  사용하지 않음

– Bit 3 -> EERIE : EEPROM 준비 인터럽트 인에이블
  EEPROM이 준비 인터럽트를 개별적으로 허용하는 비트로, EEPROM 준비 인터럽트는 EECR 레지스터의 EEWE 비트가 논리 '0'일 때 요구된다.

– Bit 2-> EEMWE : EEPROM 마스터 쓰기 인에이블
  EEMWE 비트는 EEPROM에 기록 가능한 상태를 지정하는 비트로 EEWE 비트를 논리 '1'로 설정하여 EEPROM에 쓰기를 할 것인지 결정하는 비트이다. EEMWE 비트가 논리 '1'로 설정되었을 때 4사이클 안에 EEWE 비트를 논리 '1'로 설정하여 선택한 EEPROM의 어드레스에 데이터를 쓰며, EEMWE 비트가 논리 '0'일 때에는 EEWE가 논리 '1'로 설정되어도 아무런 영향을 받지 않는다. EEMWE 비트가 세트된 이후에 4사이클이 지나면 하드웨어가 EEMWE 비트를 자동으로 논리 0으로 클리어 한다.

– Bit 1 -> EEWE : EEPROM 쓰기 인에이블
  EEWE 비트는 EEPROM에 쓰기 동작을 허용하는 스트로브 신호이다. EEPROM에 EEAR과 EEDR 레지스터에 주소와 데이터를 설정하고, 이 비트를 논리 '1'로 설정하면, EEPROM에 데이터를 기록한다. 이때 EEMWE 비트는 반드시 논리 '1'로 설정되어 있어야만 한다. EEPROM 쓰기 인에이블을 수행하기 위해서는 다음과 같은 단계를 수행한다.

  ① EEWE 비트가 논리 0으로 될 때까지 기다린다.
  ② SPMCSR 레지스터의 SPMEN 비트가 0이 될 때까지 기다린다.
  ③ 새로운 EEPROM 어드레스를 EEAR에 저장한다.(선택사항)
  ④ 새로운 EEPROM 데이터를 EEDR에 저장한다.(선택사항)
  ⑤ EECR 레지스터의 EEWE 비트가 논리 0인 동안, EEMWE 비트를 논리 1로 설정한다.
  ⑥ EEMWE 비트를 논리 1로 설정한 후에 4사이클 이내에 EEWE 비트를 1로 설정한다.

  한편, EEPROM은 CPU가 플래시 메모리에 쓰기를 하는 동안에는 프로그램 될 수 없으므로, EEPROM에 쓰기를 시작하기 전에 사용자 프로그램은 플래시 메모리의 프로그래밍이 완료되었는지 반드시 확인해야 한다. 단계 ②의 경우는 CPU가 플래시 프로그

램을 할 수 있는 부트로더가 포함되어 있는 경우에만 해당되며, 부트로더가 포함되지 않은 경우에는 생략이 가능하다. EEMWE 비트는 세트된 이후에 4사이클이 지나면 자동으로 클리어 되므로, 단계 ⑤와 ⑥을 수행하고 있는 동안에 인터럽트가 발생하면 EEMWE 비트는 시간 초과 될 수 있고, 그러면 쓰기 동작 사이클은 실패로 된다. 따라서 이러한 문제를 피하기 위해서는 마지막 4개의 단계(③ ~ ⑥)를 수행하는 동안에는 전역 인터럽트 플래그(SREG 레지스터의 I 비트)를 논리 '0'으로 클리어 하여 인터럽트 서브루틴으로 점프하지 않도록 하는 것이 바람직하다.

– Bit 0 -> EERE : EEPROM 읽기 인에이블

EEWE 비트는 EEPROM에 읽기 동작을 허용하는 스트로브 신호이다. EEAR 레지스터에 올바른 주소를 설정하였을 때, EERE 비트를 논리 1로 설정하면 읽기 동작을 시작한다. EEPROM을 읽는 과정은 한 번의 명령으로 즉시 데이터를 읽을 수 있다. EEPROM 읽을 때 다음 명령이 실행되기 전 4사이클 동안 CPU는 정지된다. 사용자는 읽기 동작을 시작하기 전에 EEWE 비트를 폴링하여 검사해야 한다. 한편, 쓰기 동작중에는 EEPROM을 읽거나 EEAR 레지스터를 변경하는 것은 불가능하므로, 사용자 프로그램에서는 읽기 동작을 시작하기 전에 EEWE 비트를 폴링하여 검사해야 한다. 또한 1 바이트 쓰기 동작 시간은 약 8.5ms이다.

1.20 ATmega128의 아날로그 디지털 변환

ATmega128에는 8개 채널(ADC0~ADC7)을 통하며 10비트 분해능을 가지는 아날로그 디지털 변환기 하나가 내장되어 있다. 아날로그 디지털 변환기를 ADC(Analog to Digital Converter)라고 부르며, 특징은 다음과 같으며 그림 1.20.1은 내부 구조를 나타내고 있다.

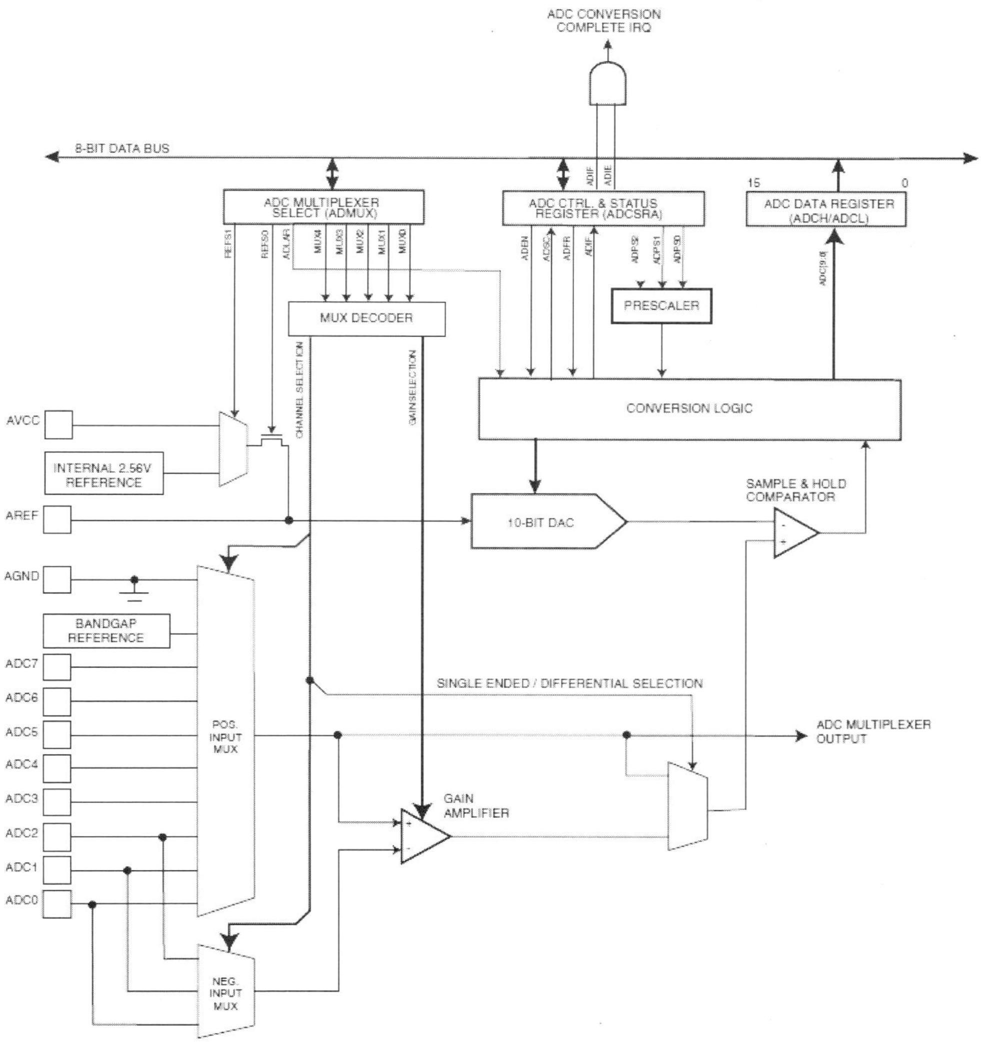

그림 1.20.1 ADC의 내부 구성도

ATmega128의 ADC는 10비트 분해능의 축차비교형(successive approximation) 구조를 가지고 있다. 이 ADC는 8개의 채널은 포트 F와 겸용으로 사용되며, 내부의 아날로그 멀티플렉서(analog multiplexer)에 의하여 선택된다. AD 컨버터 앞단에는 샘플/홀드(sample and hold) 회로를 가지고 있어서 AD 변환이 수행되고 있는 동안에 아날로그 전압이 일정하게 유지되도록 한다.

8개의 아날로그 채널에서 하나의 채널을 단극성 아날로그 입력으로 하는 동작모드와 8개의 아날로그 채널에서 지정된 2개의 채널을 차동 입력으로 하는 동작모드가 있으며, 차동 모드의 10배 또는 200배 증폭하여 AD 변환할 수 있다. 단극성 아날로그 입력 모드에서는 ADC에 입력되는 클록이 50kHz~100kHz일 때 13~260us의 시간이 소요되며, 차동 입력 모드에서는 50kHz~200kHz일 때 65~260us의 시간이 소요된다.

단극성 아날로그 입력 모드에서 기준 전압은 레지스터의 설정에 따라 달라지며 VREF의 범위는 2~AVCC 사이의 전압이 될 수 있다. 또한 아날로그 신호의 입력 전압 범위는 0~VREF로 사용할 수 있다. 차동 입력 모드에서 기준 전압 VREF는 2~AVCC-0.5 이며, 아날로그 입력 전압의 범위는 0~AVCC 사이의 전압이 될 수 있다. 한편, AREF 전압은 ATmega128의 내부 기준전압 2.56V를 사용할 수도 있다.

AD 변환 모드는 단일 변환 모드(single conversion mode)와 프리 러닝 모드(free running mode)가 있으며, 변환이 완료되면 ADCL, ADCH 레지스터에 결과가 저장된다.

ATmega128의 ADC는 변환을 수행하는 동안 일정한 수의 클록이 소요되므로, 입력되는 클록 소스의 주파수에 따라 AD 변환시간이 달라진다. 표 1.20.1은 ADC의 동작 시간을 나타내며, 그림 1.20.2는 ADC에 공급되는 클록의 분주회로를 나타낸다. 한편, 이 클록 소스는 ADPS2:0 비트들의 설정에 따라 선택된다.

표 1.20.1 ADC의 동작 시간

조　건	샘플/홀드 시간(사이클)	AD 변환 시간(사이클)
ADEN=1 설정 이후에 최초 변환	13.5	25
그 이후의 일반적인 AD 변환(단극성 입력)	1.5	13
그 이후의 일반적인 AD 변환(차동입력)	1.5/2.5	13/14

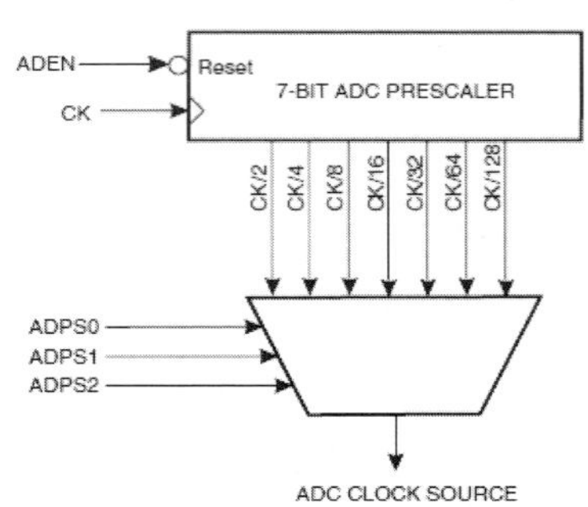

그림 1.20.2 ADC의 분주된 클록 소스

ATmega128의 ADC는 ADCSR 레지스터의 ADSC 비트를 논리 1로 설정하여 AD 변환을 지시한다. 이 설정 이후에 ADC Clock 클록의 첫 번째 상승 에지에서 AD 변환이 시작된다. 이후에 AD 변환이 완료될 때까지는 13.5개 클록의 샘플/홀드 시간을 포함하여 25개 클록의 시간이 소요된다. 변환이 완료되면 ADIF=1로 설정되어 ADC 변환 완료 인터럽트가 요청되고, ADSC 비트는 자동으로 논리 0으로 설정된다. ATmega128이 AD 변환 결과를 읽어 들인 후에 다시 AD 변환을 시작하기 위해서는 ADSC 비트를 논리 1로 설정해야 한다. 그러나 이때부터는 1.5개 클록의 샘플/홀드 시간을 포함하여 총 13클록에 완료된다. 그림 1.20.3은 ADSC 비트에 의한 ADC 변환 과정을 파형으로 나타내고 있다.

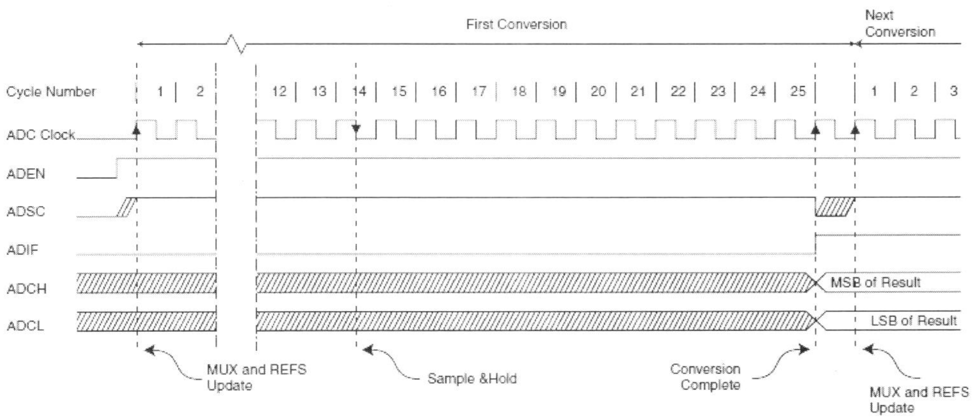

(a) ADEN=1 설정 이후 최초의 변환

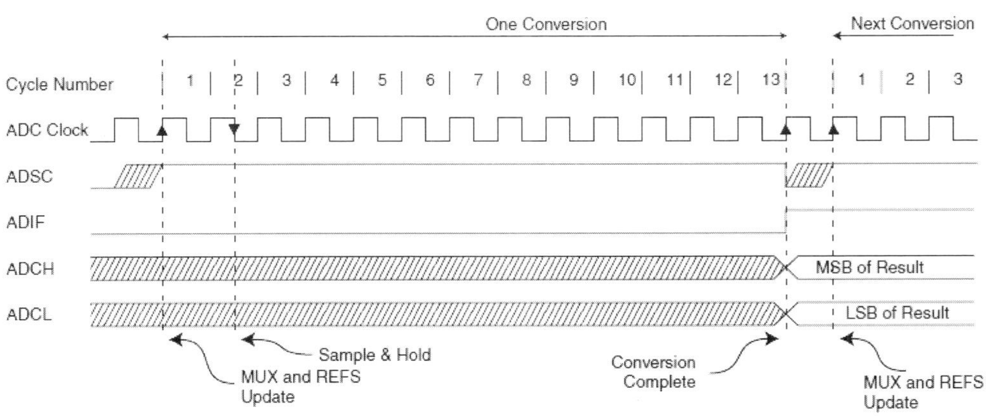

(b) 그 이후의 일반적인 변환

그림 1.20.3 단일변환 모드의 동작 타이밍

단일 변환모드에서는 ADSC=1의 설정에서 한번의 AD 변환을 수행하지만, 프리 러닝 모드에서는 한번의 ADSC=1 설정으로 계속해서 AD 변환을 수행한다. 그림 1.20.4는 프리 러닝 모드에서의 동작 타이밍을 나타내고 있다.

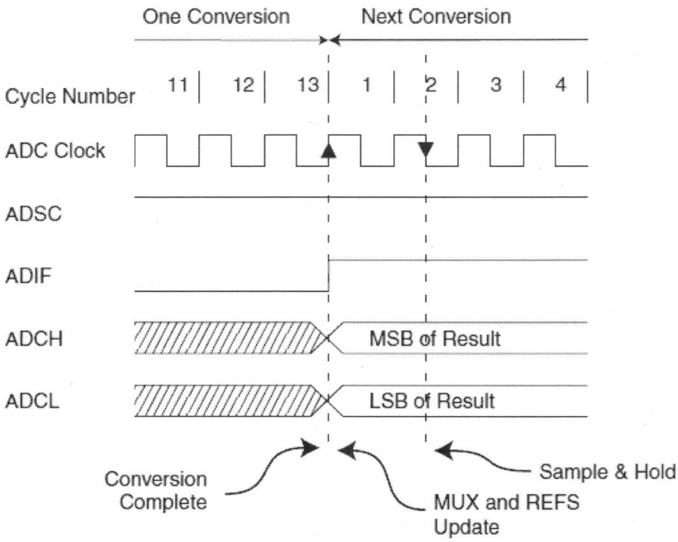

그림 1.20.4 프리 러닝 모드에서의 동작 타이밍

AD 컨버터가 변환을 완료하면 변환 결과는 ADCL, ADCH 레지스터에 저장된다. 단극성 입력 채널을 사용하는 경우의 변환결과는 다음의 식과 같다. V_{IN}은 아날로그 멀티플렉서로 선택된 단극성 아날로그 입력 전압이며, V_{REF}는 선택된 기준전압이다. 변환 결과는 10비트 양의 정수이며 0(0x0000)~1023(0x03FF) 범위의 값을 가질 수 있다. 여기서 0은 입력전압이 GND와 같은 값임을 의미하고, 1023은 입력전압이 V_{REF}와 같다는 것을 의미한다.

$$\lim ADCH : ADCL = \frac{V_{IN}}{V_{REF}} \times 1023$$

한편, 차동 입력의 경우 변환 결과는 다음의 식과 같다. V_{POS}는 멀티플렉서로 선택된 차동 아날로그 입력의 양극성 단자 전압이고, V_{NEG}는 음극성 단자 전압이다. $GAIN$은 아날로그 전압의 이득으로서 ADMUX 레지스터에서 선택된 1배, 10배, 200배 중의 하나이다. AD 변환결과는 2의 보수로 표현되기 때문에 -512(0x200) ~ +511(0x1FF) 범위의 값을 가진다.

$$\text{ADCH : ADCL} = \frac{V_{POS} - V_{NEG}}{V_{REF}} \times GAIN \times 512$$

T·I·P

ADC 변환에서 기준 전압을 변경하거나 입력 채널을 변경할 경우에는 AD 변환이 시작되기 전에 변경하는 것이 원칙이며, 변경한 이후에는 AD 변환을 시작하기 전에 최소한 125us 이상 기다려야 한다. 또한 차동 입력에서는 좀 더 많은 시간이 필요하다. 따라서 사용자는 값을 새로 변경한 후에는 AD 변환을 시작하기 전에 충분한 시간을 기다리는 것이 좋다.

ATmega128의 ADC는 디지털 회로의 영향을 받지 않고 잡음에 대하여 보다 안정적인 동작을 수행할 수 있도록 독립적인 아날로그 회로 전원 단자(AVCC) 및 기준 전원 입력 단자(AREF)를 가지고 있다. 그러나 ADC 회로는 잡음에 상당히 민감하므로 다음과 같은 주의가 필요하다.

① ADC의 아날로그 입력 신호선은 최소한의 길이로 배선하고, 잡음의 영향을 받지 않도록 처리하는 것이 좋다.
② 아날로그 전원 단자(AVCC)에는 디지털측 전원 VCC를 LC 필터로 안정화시켜 인가하는 것이 좋다.
③ ADC 근처에서는 접지 단자 GND와 디지털측 전원 VCC 사이에도 충분한 바이패스 콘덴서를 달아주는 것이 좋다.
④ AD 변환 중에는 병렬 I/O 포트의 논리 상태를 스위칭하지 않는 것이 좋다.
⑤ 잡음에 대하여 상당히 안정적인 A/D 변환이 필요한 경우에는 Idle mode 또는 ADC Noise Reduction mode에서 AD 변환을 수행하는 것이 좋다.
⑥ AD 변환 결과가 잡음 등에 의하여 흔들리는 경우에는 디지털 필터를 사용하거나 여러번 AD 변환을 수행하여 결과의 평균값을 사용하면 좋다.

그림 1.20.5에는 디지털측 전원 VCC를 LC 필터를 사용하여 안정화 시켜 아날로그 전원단자(AVCC)에 공급하는 회로를 나타내고 있다. 여기서 사용하는 L=10uH이며 C=0.1uF이다.

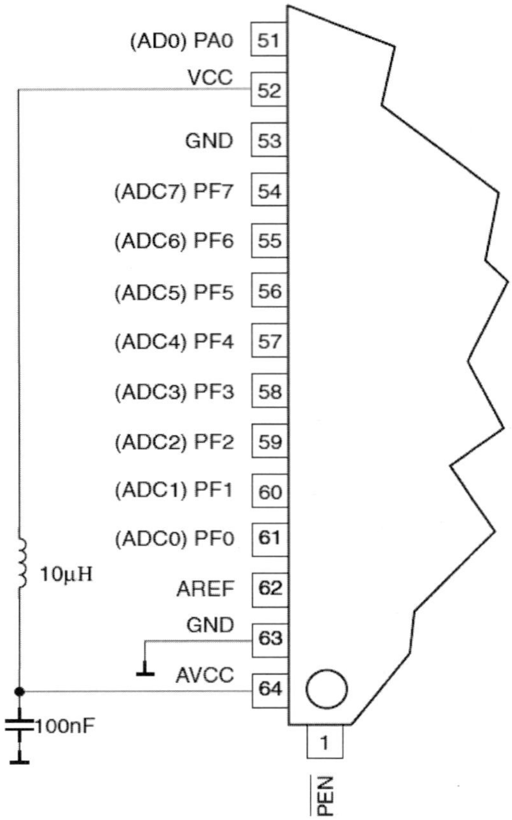

그림 1.20.5 LC 필터를 적용한 아날로그 전원 회로

ADMUX : ADC 멀티플렉서 선택 레지스터

Bit	7	6	5	4	3	2	1	0
	REFS1	**REFS0**	**ADLAR**	**MUX4**	**MUX3**	**MUX2**	**MUX1**	**MUX0**
Read/Write	R/W	R/W	R/W	R/W	R/W	R/W	R/W	R/W
Initial Value	0	0	0	0	0	0	0	0

– Bit 7:6 -> REFS1:0 : 기준 전압 선택 비트

이 비트는 ADC의 기준 전압을 선택하는 비트이며, 다음의 표 1.20.2와 같이 선택되어진다.

표 1.20.2 ADC의 기준 전압 선택

REFS1	REFS0	기준 전압 선택
0	0	외부의 VREF 핀에 입력된 전압을 선택
0	1	외부의 AVCC 핀에 입력된 전압을 선택
1	0	예약됨
1	1	내부 2.56V의 기준 전압을 선택

– Bit 5 -> ADLAR : ADC 좌측 조정 결과

이 비트는 ADC의 변환 결과를 ADCH, ADCL 레지스터에 저장하는 형식을 지정하는 비트이다.

ADLAR = 1 : 변환된 10비트 데이터가 ADCH 레지스터의 좌측부터 저장된다.

Bit	15	14	13	12	11	10	9	8
	ADC9	ADC8	ADC7	ADC6	ADC5	ADC4	ADC3	ADC2
	ADC1	ADC0	-	-	-	-	-	-
	7	6	5	4	3	2	1	0
Read/Write	R	R	R	R	R	R	R	R
	R	R	R	R	R	R	R	R
Initial Value	0	0	0	0	0	0	0	0
	0	0	0	0	0	0	0	0

ADLAR = 0 : 변환된 10비트 데이터가 ADCL 레지스터의 우측부터 저장된다.

Bit	15	14	13	12	11	10	9	8
	-	-	-	-	-	-	ADC9	ADC8
	ADC7	ADC6	ADC5	ADC4	ADC3	ADC2	ADC1	ADC0
	7	6	5	4	3	2	1	0
Read/Write	R	R	R	R	R	R	R	R
	R	R	R	R	R	R	R	R
Initial Value	0	0	0	0	0	0	0	0
	0	0	0	0	0	0	0	0

– Bit 4:0 -> MUX4:0 : 아날로그 입력 채널 및 이득 선택 비트

ADC의 아날로그 입력 채널을 설정하는 기능을 수행하는 비트들로서 표 20.1.3과 같이 아날로그 입력 채널이 선택된다. 아날로그 입력채널은 8종류의 단극성 입력과 22 종류의 차동입력으로 구분된다. 표 1.20.3은 ADC의 단극성 입력 및 차동 입력의 구분을 나타내고 있다.

표 1.20.3 ADC의 단극성 입력 및 차동 입력의 구분

MUX4:0	단극성 입력	차동 입력		
		+단자	−단자	이득
00000	ADC0	–		
00001	ADC1			
00010	ADC2			
00011	ADC3			
00100	ADC4			
00101	ADC5			
00110	ADC6			
00111	ADC7			
01000	–	ADC0	ADC0	10×
01001		ADC1	ADC0	10×
01010		ADC0	ADC0	200×
01011		ADC1	ADC0	200×
01100		ADC2	ADC2	10×
01101		ADC3	ADC2	10×
01110		ADC2	ADC2	200×
01111		ADC3	ADC2	200×
10000		ADC0	ADC1	1×
10001		ADC1	ADC1	1×
10010		ADC2	ADC1	1×
10011		ADC3	ADC1	1×
10100		ADC4	ADC1	1×
10101		ADC5	ADC1	1×
10110		ADC6	ADC1	1×
10111		ADC7	ADC2	1×
11000		ADC0	ADC2	1×
11001		ADC1	ADC2	1×
11010		ADC2	ADC2	1×
11011		ADC3	ADC2	1×
11100		ADC4	ADC2	1×
11101		ADC5	ADC2	1×
11110	1.23V(VBG)	–		
11111	0V(GND)			

ADCSR : ADC 제어, 상태 레지스터

Bit	7	6	5	4	3	2	1	0
	ADEN	ADSC	ADFR	ADIF	ADIE	ADPS2	ADPS1	ADPS0
Read/Write	R/W	R/W	R/W	R/W	R/W	R/W	R/W	R/W
Initial Value	0	0	0	0	0	0	0	0

– Bit 7 -> ADEN : ADC 인에이블

이 비트는 ADC의 동작을 허용하거나 금지하는 기능을 수행한다. 이 비트가 논리 1로 설정되면 ADC의 동작을 허용한다.

– Bit 6 -> ADSC : AD 변환 시작

이 비트는 ADC의 AD 변환 시작을 설정하는 비트이며, 이 비트가 논리 1로 설정되면 AD 변환이 시작된다. 단일 변환 모드에서는 이 비트를 논리 1로 설정 할 때마다 변환이 시작되며, 프리 러닝 모드에서는 이 비트를 논리 1로 설정하면 첫 번째 변환이 개시되며 그 다음부터는 자동으로 변환이 반복된다.

– Bit 5 -> ADFR : ADC 프리 러닝 선택

이 비트는 ADC의 프리 러닝 모드를 설정하는 비트이며, 이 비트를 논리 1로 설정하면 ADC는 프리 러닝 모드로 동작한다. 프리 러닝 모드는 한번의 AD 변환 시작 설정으로 계속하여 AD 변환을 반복하는 모드이다.

– Bit 4 -> ADIF : ADC 인터럽트 플래그

이 비트는 AD 변환의 완료를 나타내는 비트이며, 이 비트가 논리 1로 설정되면 AD 변환이 완료되었음을 나타낸다. 만약 ADIE 비트가 논리 1로 설정되고, SREG 레지스터의 I 비트가 논리 1로 설정되어 있다면 AD 변환 완료 인터럽트 서브루틴이 호출된다. 또한 인터럽트 서브루틴이 실행되면 이 비트는 논리 0으로 설정된다.

– Bit 3 -> ADIE : ADC 인터럽트 인에이블

이 비트는 AD 변환 완료시 인터럽트를 허용하도록 설정하는 비트이며, 이 비트가 논리 1로 설정되고, SREG 레지스터의 I 비트가 논리 1로 설정되어 있다면 AD 변환 완료 인터럽트 서브루틴이 호출된다.

– Bit 2:0 -> ADPS2:0 : ADC 프리스케일러 선택 비트

이 비트들은 AD 변환기로 입력되는 분주된 클록을 선택하는 기능을 수행하며, 다음의 표 1.20.4와 같이 분주된 클록이 선택된다. 또한 이 분주비의 선택에 따라 AD 변환 시간은 달라진다.

표 1.20.4 ADC의 프리스케일러 설정

ADPS2	ADPS1	ADPS0	분주비
0	0	0	2
0	0	1	2
0	1	0	4
0	1	1	8
1	0	0	16
1	0	1	32
1	1	0	64
1	1	1	128

ADCL, ADCH : ADC 데이터 레지스터

– Bit 15:0 -> ADC 데이터 레지스터

ADCH 및 ADCL 레지스터는 AD 변환이 완료된 데이터를 저장하는 기능을 수행한다. 또한 단극성 입력의 경우 이 레지스터에는 0~1023의 데이터가 저장되지만, 차동입력의 경우 2의 보수법에 의한 -512 ~ +511의 데이터가 저장된다. 한편, 16비트 레지스터를 접근방법에 따라 반드시 하위 바이트인 ADCL 레지스터를 먼저 읽은 후에 상위 바이트인 ADCH 레지스터를 읽어야 한다.

CHAPTER 02

AVR 트레이닝 키트(WES-XUN I) 개요

실습목표

AVR 트레이닝 키트(WES-XUN I) 구성에 대하여 학습한다.

실습이론

2.1 AVR 트레이닝 키트(WES-XUN I)

AVR 트레이닝 키트(WES-XUN I)는 각종 입출력 장치가 연결되어 있는 메인(MAIN) 보드위에 실험할 프로세서(MCU) 모듈이 연결되어 연동되는 구조를 갖고 있다. 이 구조는 MCU와 입출력 장치가 연결될 때는 MCU의 GPIO 포트 커넥터와 장치의 연결 포트를 IDC 케이블을 이용해 연결하여 실험하도록 되어 있으며, UART, ADC, TWI, SPI, INTERRUPT, PWM 등 특수 동작은 보드와 연결될 때 사용한 커넥터를 통해 보드와 연결되어 실험할 수 있다.

전원은 DC 12V / 2A SMPS 어댑터를 사용하여, 5V, 3.3V 의 전원을 정전압 IC를 통해 전압을 다운시켜 사용하고 있다. AVR의 주전원은 5V 이며, 12V 와 3.3V 는 특정 장치에 연결되어 있다.

두 종류의 발진회로, 즉, 크리스털 발진(14.7456MHz)과 오실레이터(8MHz) 발진을 사용하며 스위치 조작으로 선택하여 사용할 수 있으며, 오실레이터 발진은 AVR에 강제로 클록을 공급해야 할 경우 유용하게 사용할 수 있고, 32.768KHz 크리스탈이 탑재되어 AVR의 TOSC에 연결되어 RTC로 사용할 수 있다.

UART 통신 포트는 1개를 가지고 있는데, 스위치 조작으로 UART0과 UART1이 선택되어 연결할 수 있으며, DIP 스위치 조작으로 RXD-TXD Loopback을 연결할 수 있다. 또한 485 통신이 UART0 또는 UART1을 선택하여 사용할 수 있고, 사용하지 않을 경우 485통신의 모든 신호선을 연결 해제할 수 있다.

ADC 실험을 위한 반고정의 10K 가변저항이 ADC3 채널에 연결되어 있으며, 전압 입력 및 4~20mA 또는 0~20mA의 전류입력을 받을 수 있고, NTC 서미스터의 경우 기전저항을 ADC 신호선과 VCC에 연결하여 사용하면 된다.

확장 메모리를 인터페이스하기 위해서는 CS(Chip Select) 커넥터의 신호를 제어해야 한다. CS 포트는 메모리 디코더를 사용하지 않고 사용자가 임의로 메모리 맵을 설계할 수 있도록 제공하였다.

2.2 구성품

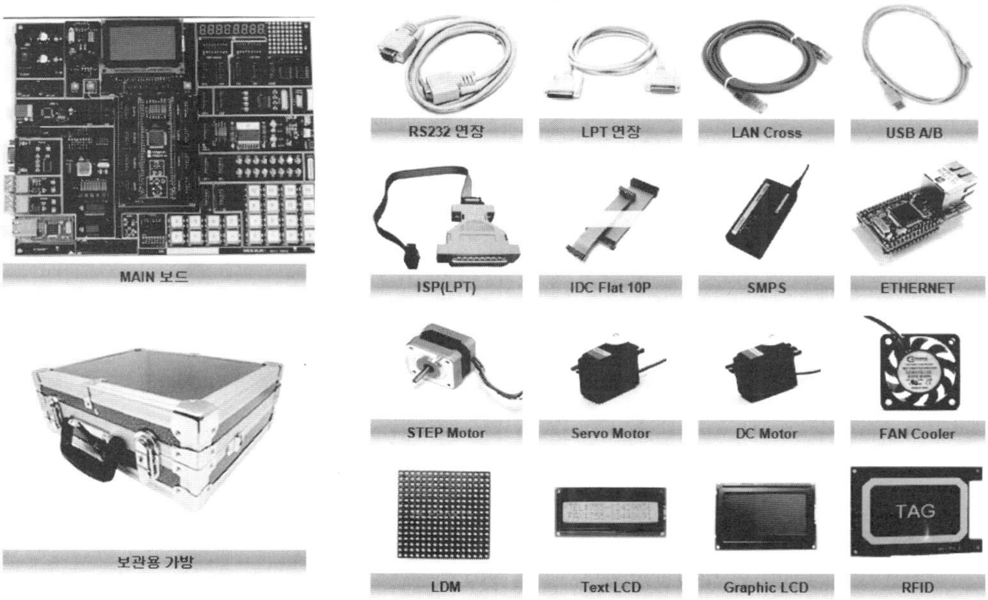

2.3 사용법

(1) 전원 연결

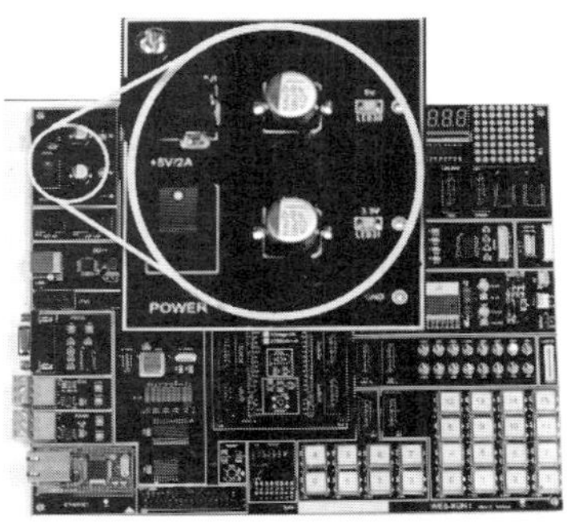

전원부의 DC Jack에 5V/2A 어댑터를 연결하고, ON/OFF 스위치를 ON에 위치하면 전원이 켜진다. 전원이 인가되면 전원 LED 2개가 모두 켜진다. 전원 LED는 5V, 3.3V가 있다.

(2) ISP 다운로드

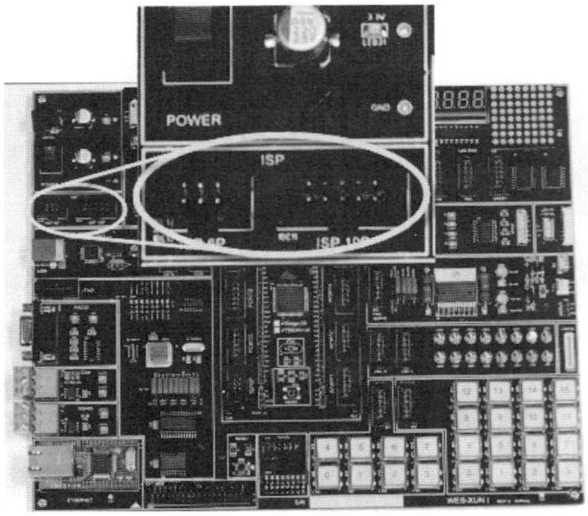

ISP 다운로드 모듈은 ATMEL사에서 권장하는 10P 핀 맵을 사용하고 있으며, 메인보드의 전원부 아래의 10P ISP 다운로드 포트에 연결하여 사용할 수 있다. 또한 ATMEL사에서 권장하는 6P 핀 맵을 사용할 경우를 대비해 6P ISP 포트도 함께 제공하고 있다.

(3) SYSTEM 제어 스위치

위치

확대 그림

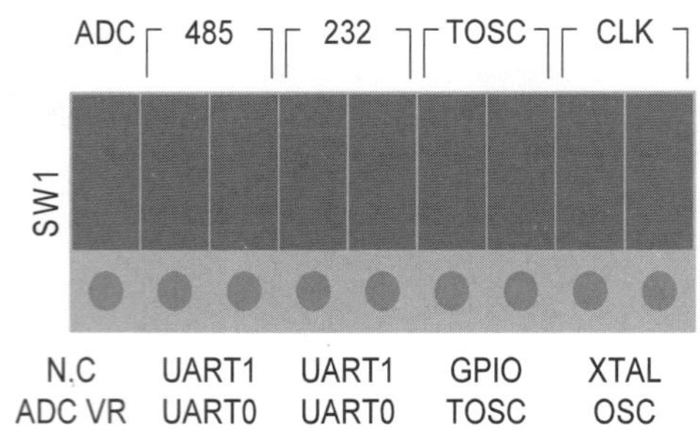

ADC 용 VR 연결	485포트 연결 UART0	232포트 연결 UART0	TOSC용 클록 연결 32.768KHz	클록선택 XTAL 14.7456MHz
▲	▲	▲	▲	▲
1	2	3	4	5	6	7	8	9
▽	▽	▽	▽	▽
연결해제	485포트 연결 UART1	232포트 연결 UART0	TOSC 포트 GPIO로 사용	클록선택 OSC 8MHz

위치

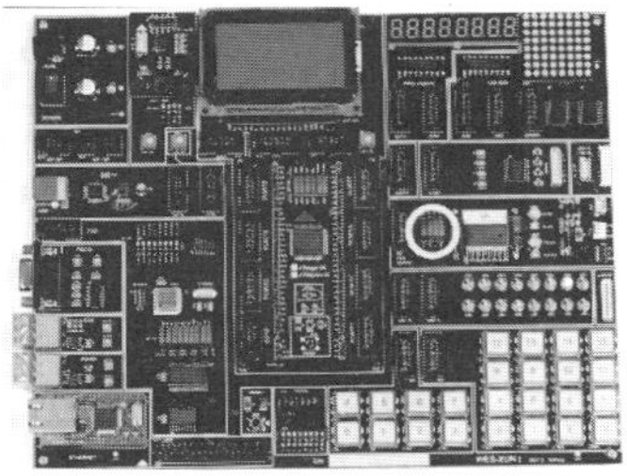

확대 그림

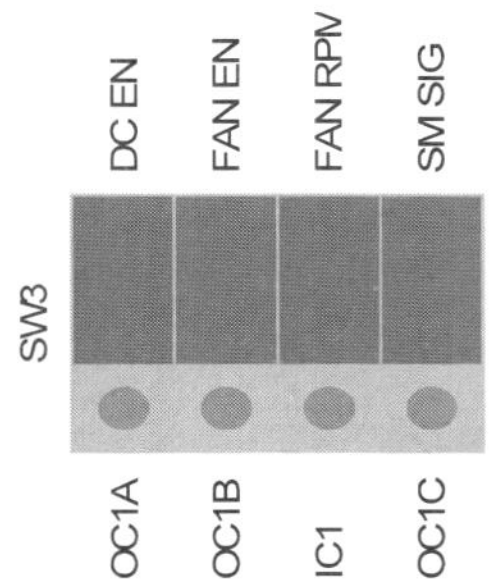

DC EN GPIO	FAN EN GPIO	FAN RPM GPIO	SM SIG GPIO
▲	▲	▲	▲
1	2	3	4
▽	▽	▽	▽
DC EN PWM(OC1A)	FAN EN PWM(OC1B)	F RPM Input Capture(IC1)	SM SIG PWM(OC1C)

1	DC EN	DC 모터의 EN 신호를 선택(GPIO ↔ PWM) / OC1A
2	FAN EN	쿨링팬의 EN 신호를 선택(GPIO ↔ PWM) / OC1B
3	FAN RPM	쿨링팬의 RPM 신호를 선택(GPIO ↔ IC[InputCapture]) / IC1
4	SM SIG	서보 모터의 SIG 신호를 선택(GPIO ↔ PWM) / OC1C

위치

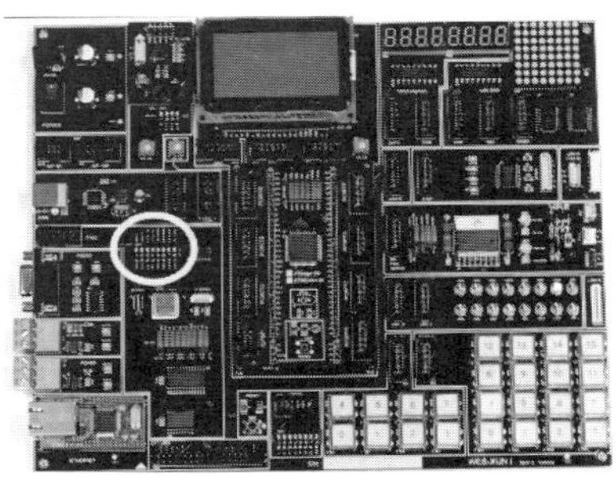

확대 그림

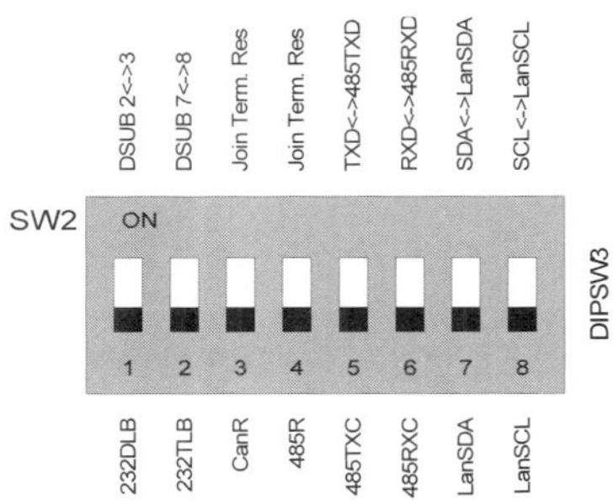

1	232DLB	RS-232 포트의 2번과 3번 핀을 연결
2	232TLB	RS-232 포트의 7번과 8번 핀을 연결
3	CanR	CAN 통신 회로의 터미널에 120Ω 저항을 연결
4	485R	RS-485 통신 회로의 터미널에 120Ω 저항을 연결
5	485TXC	RS-485 통신 회로의 RO 신호와 TXD 신호를 연결

6	485RXC	RS-485 통신 회로의 DI 신호와 RXD 신호를 연결
7	LanSDA	LAN 모듈의 SDA 신호와 MCU의 SDA 신호를 연결
8	LanSCL	LAN 모듈의 SCL 신호와 MCU의 SCL 신호를 연결

위치

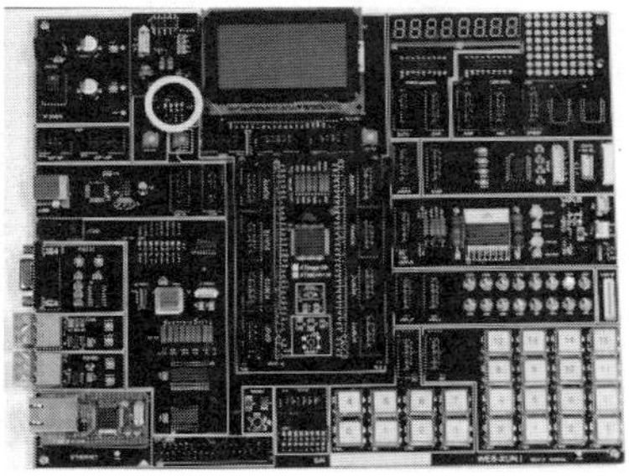

확대 그림

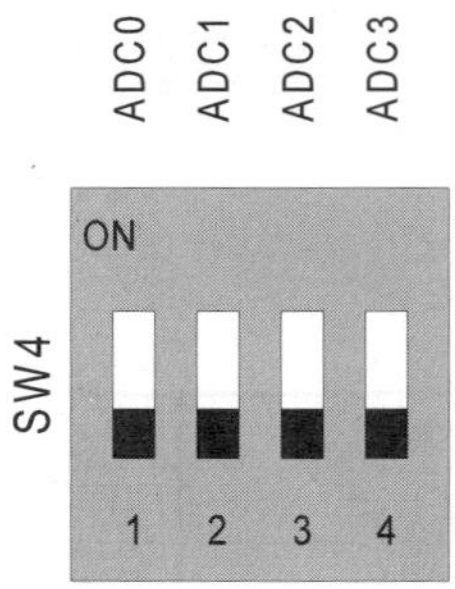

1	ADC0	ADC0의 입력핀에 250Ω(1%) 저항을 연결
2	ADC1	ADC1의 입력핀에 250Ω(1%) 저항을 연결
3	ADC2	ADC2의 입력핀에 250Ω(1%) 저항을 연결
4	ADC3	ADC3의 입력핀에 250Ω(1%) 저항을 연결

(4) AVR MCU(ATmega128) Module

제어 스위치 위치

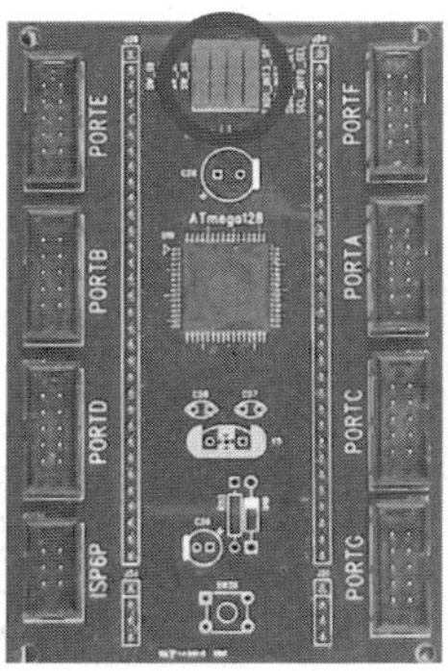

확대 그림

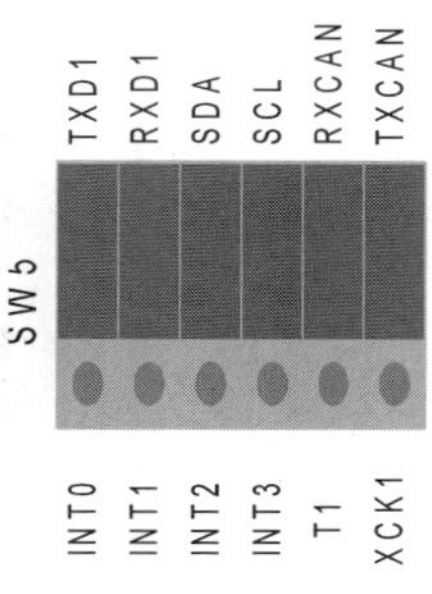

TXD1	RXD1	SDA	SCL	RX CAN	TX CAN
▲	▲	▲	▲	▲	▲
1	2	3	4	5	6
▽	▽	▽	▽	▽	▽
INT3	INT2	INT1	INT0	T1	XCK1

AVR 트레이닝 키트(WES-XUN I)는 실험용 입출력 장치가 내장된 메인보드 위에 AVR MCU 모듈을 AVR MCU 연결 전용 커넥터에 연결하여 사용할 수 있다. 이때 AVR MCU 모듈의제어 스위치가 윗쪽으로 향하도록 MCU 연결 전용 커넥터에 연결하여야 한다. AVR

MCU 모듈에는 MCU에 프로그램 할 수 있는 ISP 포트와 범용 입출력 포트들이 연결되며, AVR MCU의 특수 기능을 선택하여 사용할 수 있도록 제어 스위치가 제공된다. 범용 입출력 포트는 AVR MCU의 범용 포트와 MAIN 보드가 IDC Flat 10P 케이블을 이용해 연결하는 포트이며, 제어 스위치는 인터럽트로 사용되는 핀의 특수기능이 USART1과 TWI 통신 포트와 같이 사용되므로 이것을 특수기능 연결포트에 분리하여 연결하도록 설정하는 기능을 수행한다. ISP 포트는 6핀으로 구성된 ATMEL 표준의 ISP 커넥터를 제공하고 있으며, 이 포트를 통해 AVR MCU에 프로그램 할 수 있다.

AVR MCU(ATmega128) 모듈에서의 ISP 다운로드

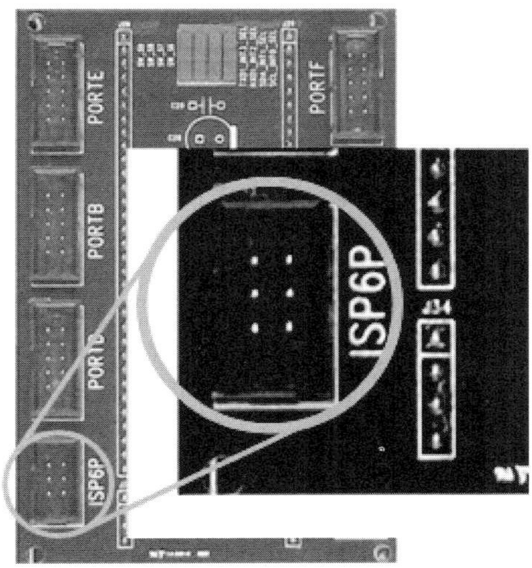

AVR MCU(ATmega128) 모듈에서는 6핀의 ATMEL 표준의 ISP 커넥터를 제공하고 있다. MCU 모듈의 다른 10P BOX 커넥터는 디지털 입출력용 범용 입출력 포트이며, ISP와 혼동되지 않도록 ISP는 6P BOX 커넥터로 하였다.

ATMEL ISP 6P

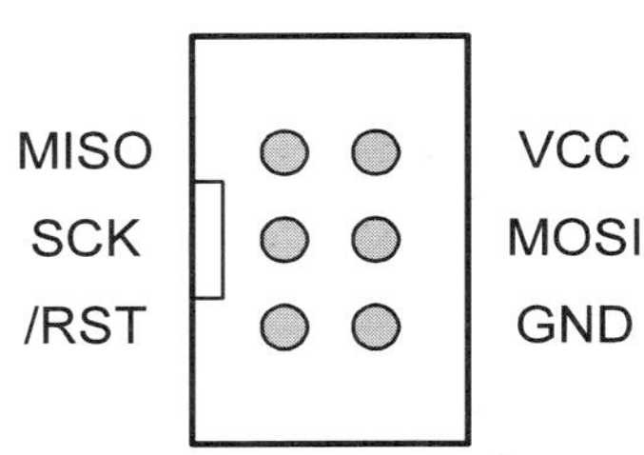

ATMEL ISP 10P

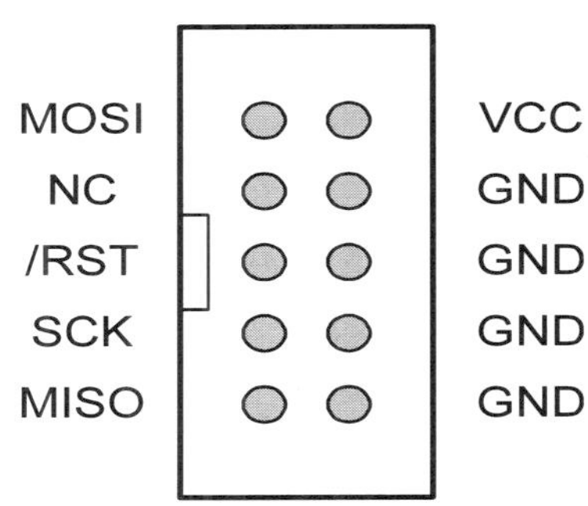

(5) AVR MCU(ATmega128) 모듈의 특수기능 연결 포트 핀 맵

PIN	Function	PIN	Function	PIN	Function
1	PEN	26	SDA	51	AD0
2	RXD0	27	RXD1	52	VCC
3	TXD0	28	TXD1	53	GND
4	XCK0	29	ICP1	54	TDI
5	OC3A	30	XCK1	55	TDO
6	OC3B	31	T1	56	TMS
7	OC3C	32	T2	57	TCK
8	T3	33	WR	58	ADC3
9	ICP3	34	RD	59	ADC2
10	SS	35	A8	60	ADC1
11	SCK	36	A9	61	ADC0
12	MOSI	37	A10	62	AREF
13	MISO	38	A11	63	GND
14	OC0	39	A12	64	AVCC
15	OC1A	40	A13		
16	OC1B	41	A14	L1	PDI
17	OC1C	42	A15	L2	PDO
18	TOSC2	43	ALE	L3	CANTXD
19	TOSC1	44	AD7	L4	CANRXD
20	RESET	45	AD6		
21	VCC	46	AD5	R1	INT0
22	GND	47	AD4	R2	INT1
23	XTAL2	48	AD3	R3	INT2
24	XTAL1	49	AD2	R4	INT3
25	SCL	50	AD1		

2.4 AVR 트레이닝 키트(WES-XUN I)의 회로도

(1) LED

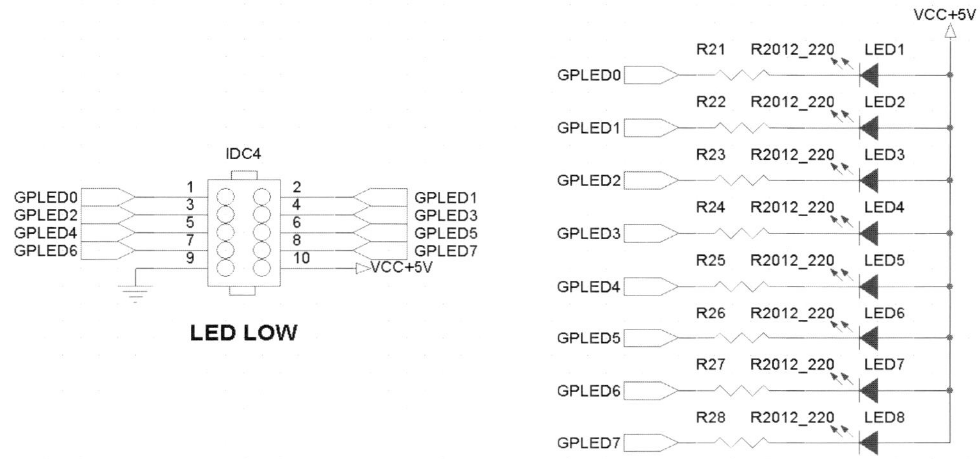

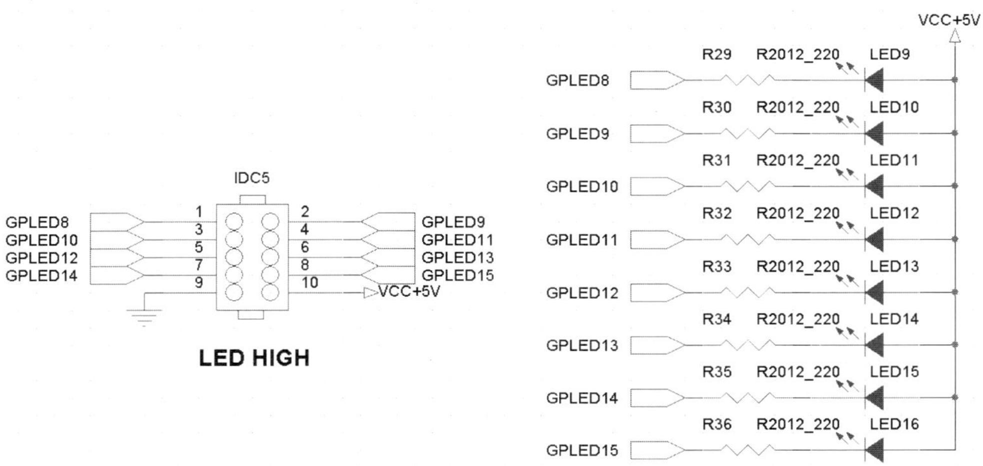

(2) FND(7-segment)

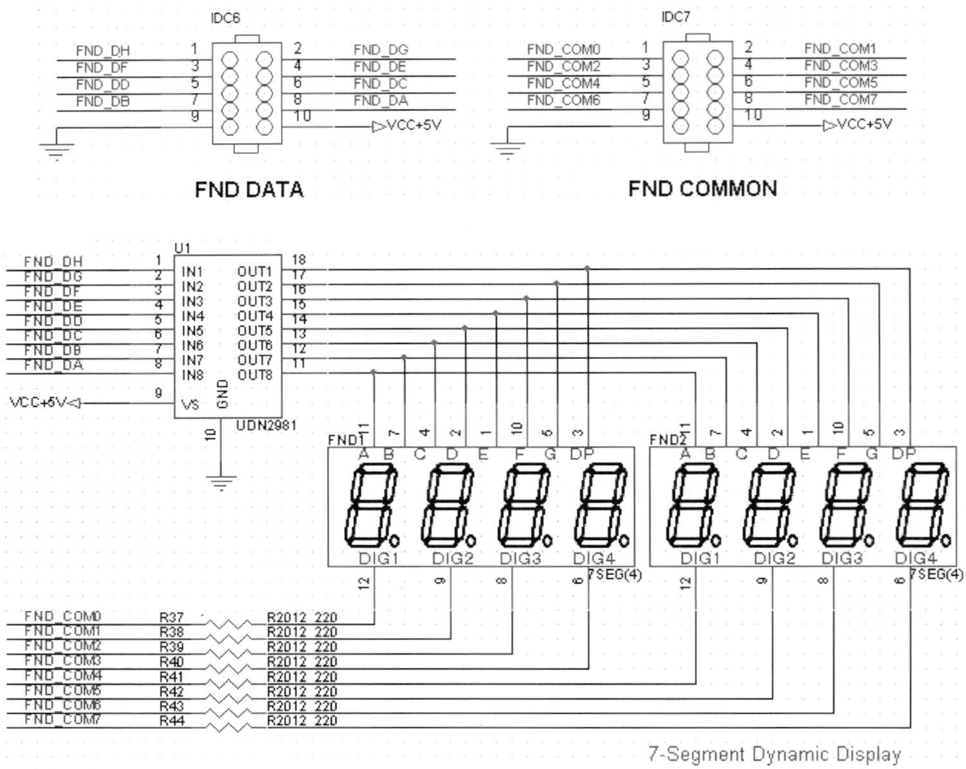

(3) LCD(텍스트 및 그래픽)

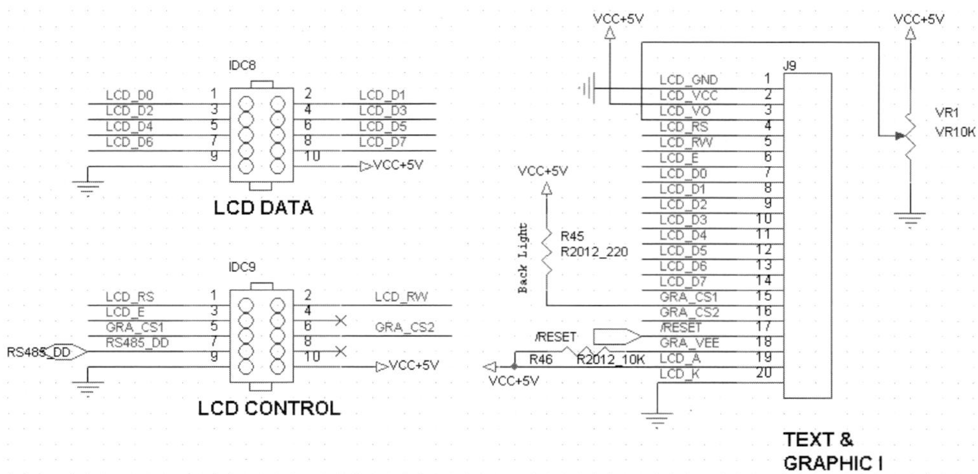

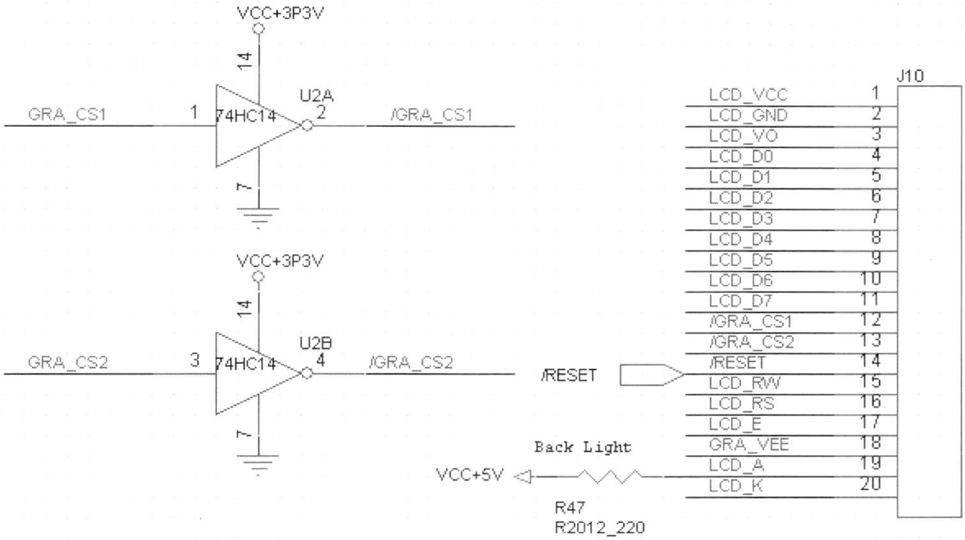

GRAPHIC II

(4) LDM(8*8)

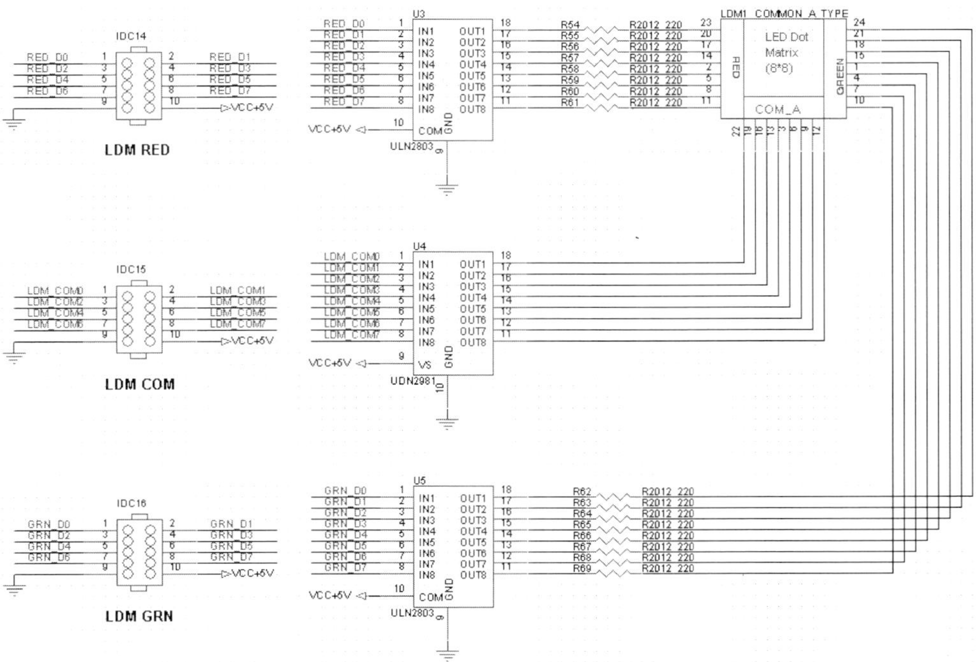

(5) 8-스위치

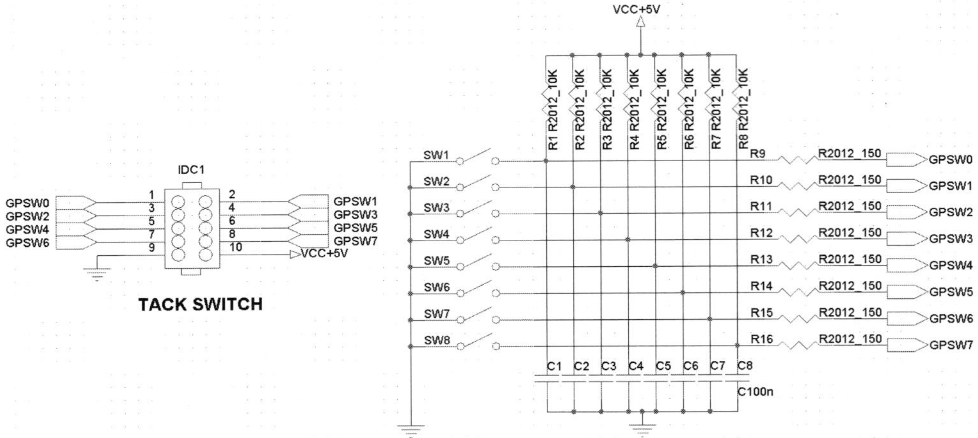

(6) 키패드(4*4)

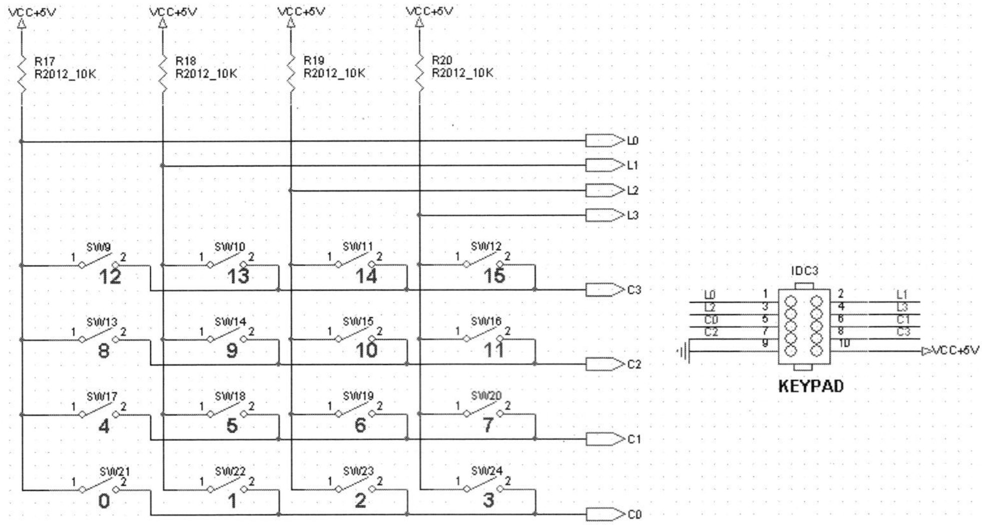

(7) DIP-스위치

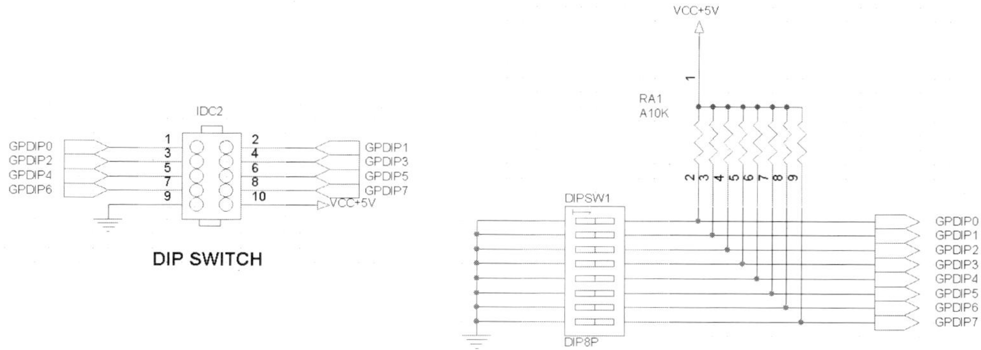

(8) LDM(16*16)

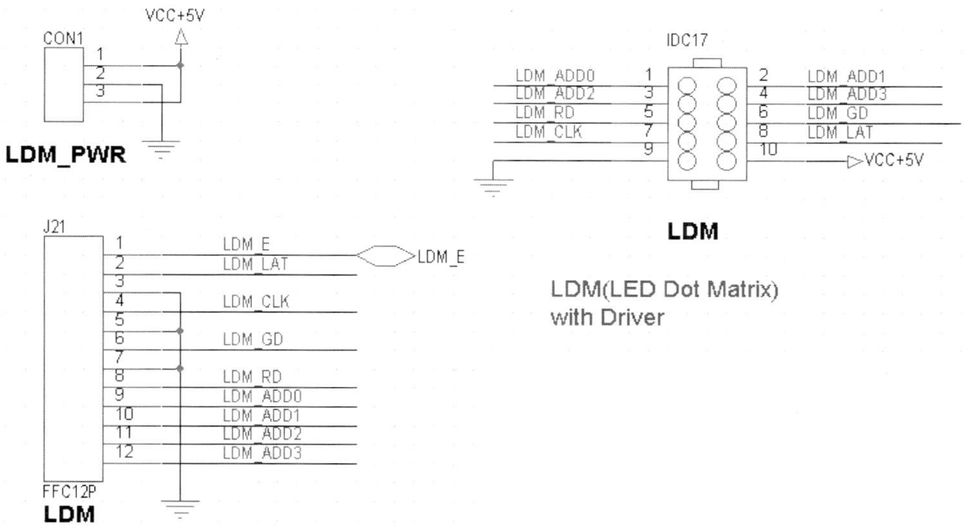

(9) POWER

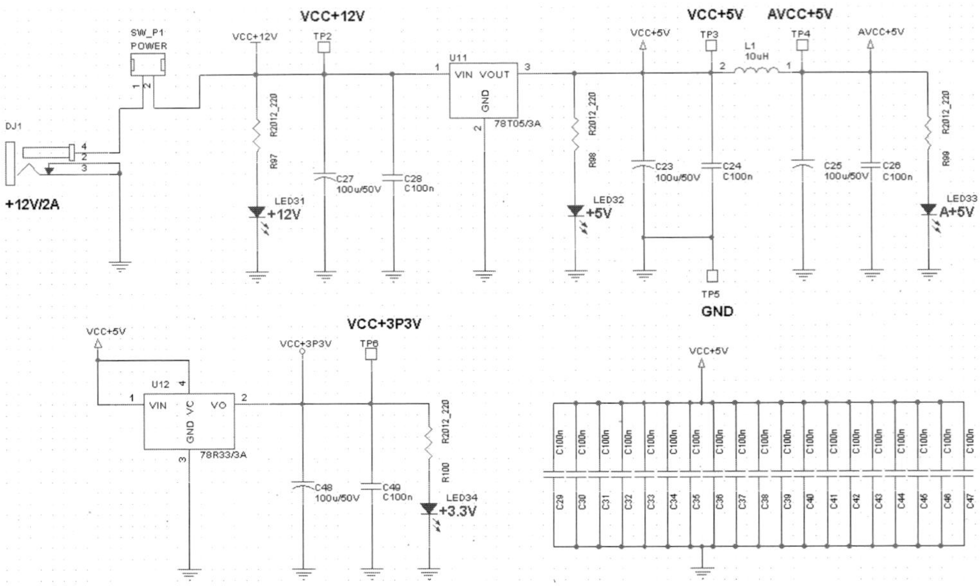

(10) RS232

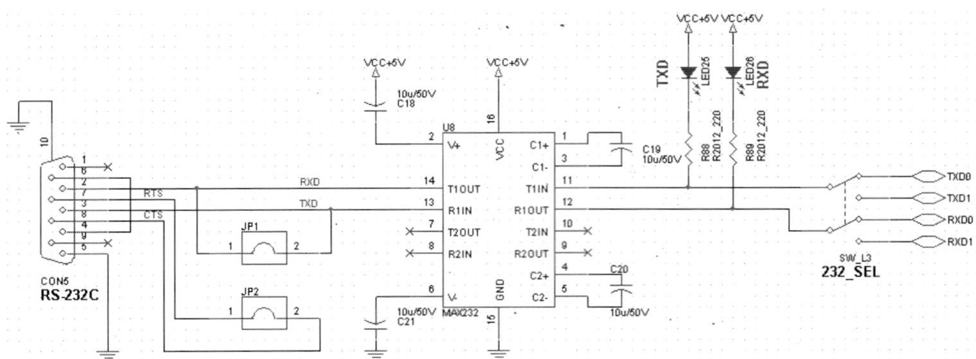

(11) RS485

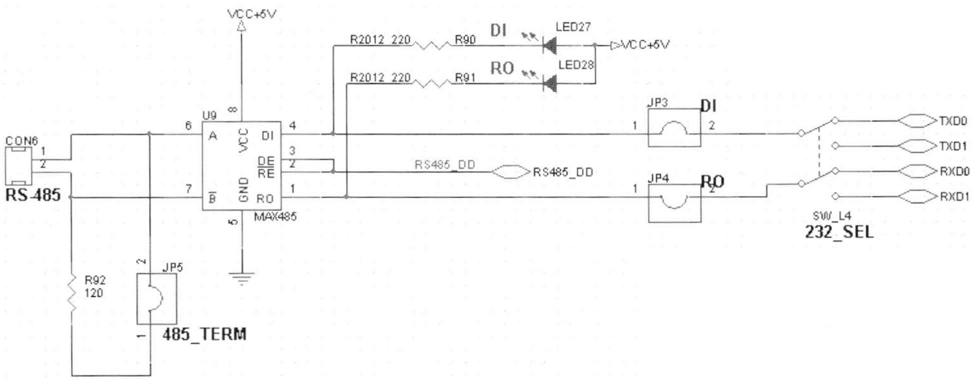

(12) CAN

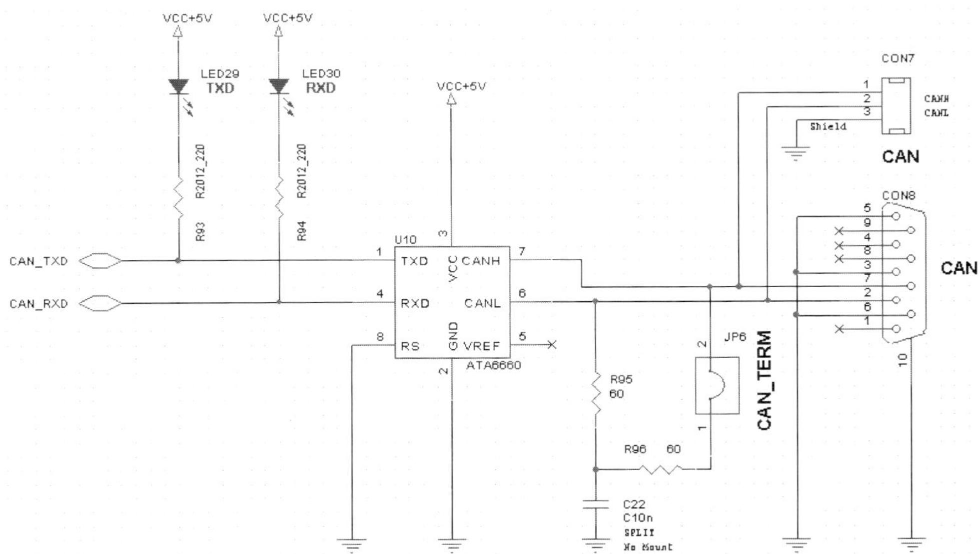

⒀ 외부 RAM

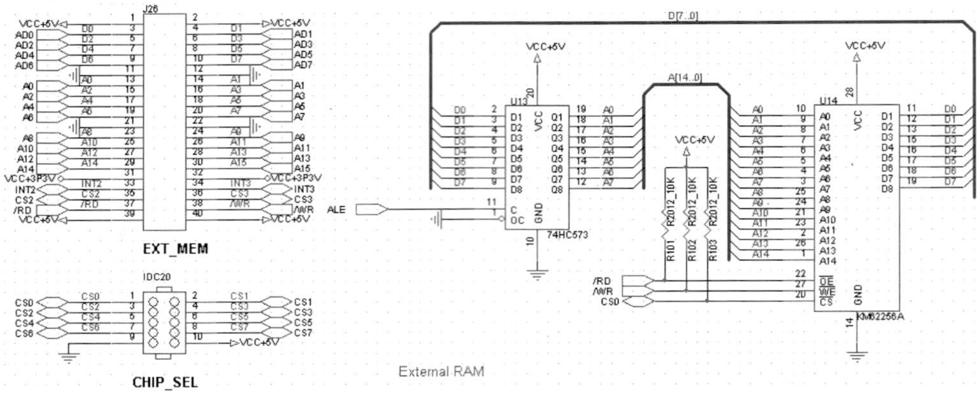

⒁ Ethernet(LM7010A)

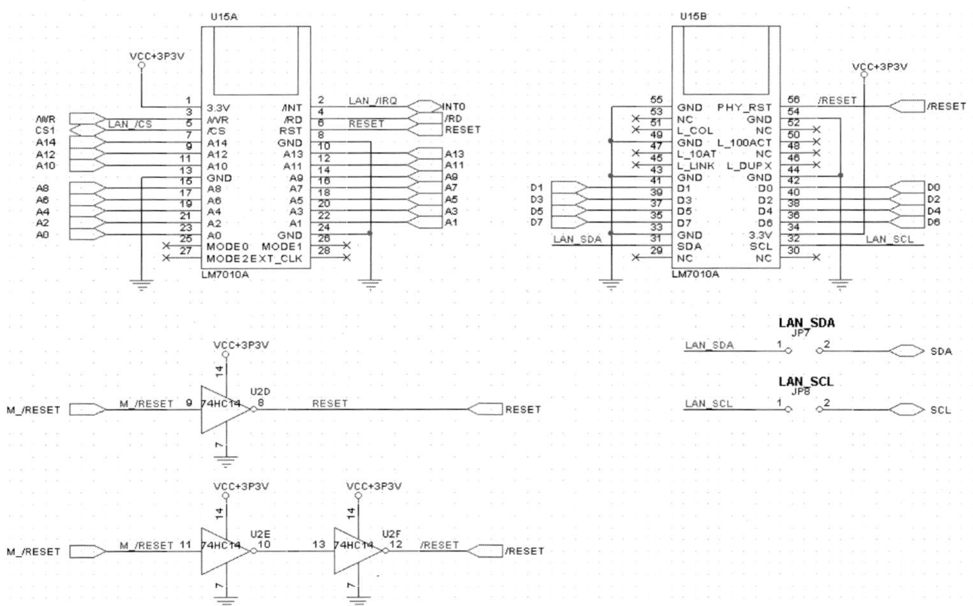

⒂ USB(Client 1.1)

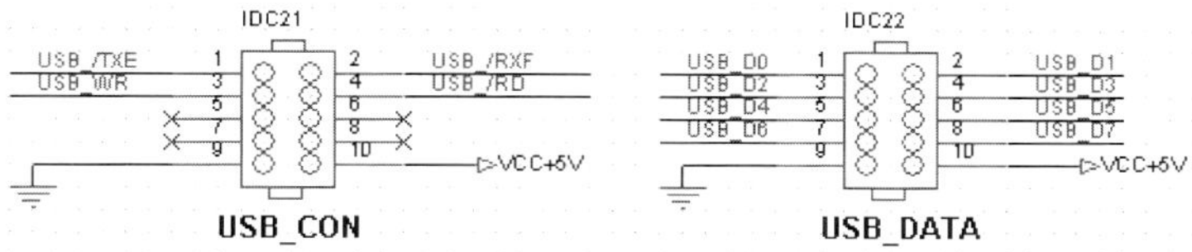

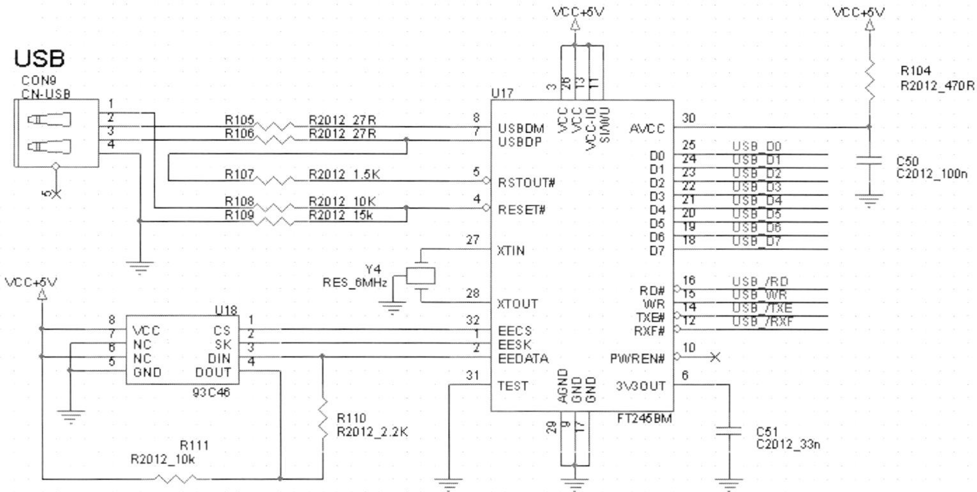

⒃ DC 모터, 쿨링팬

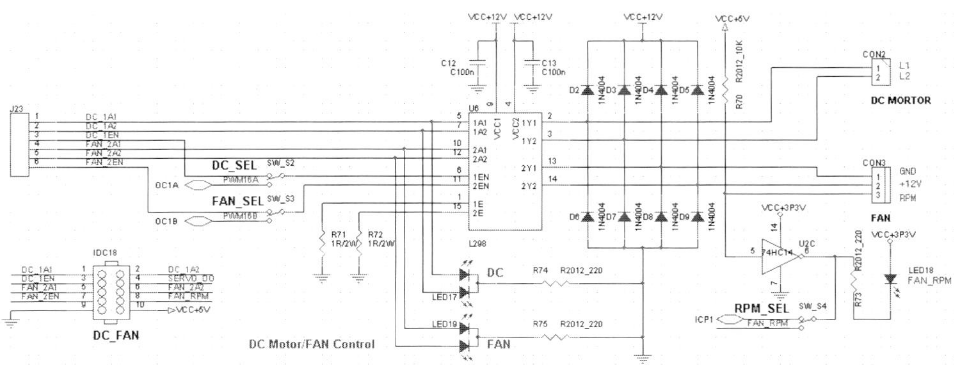

(17) 스텝 모터

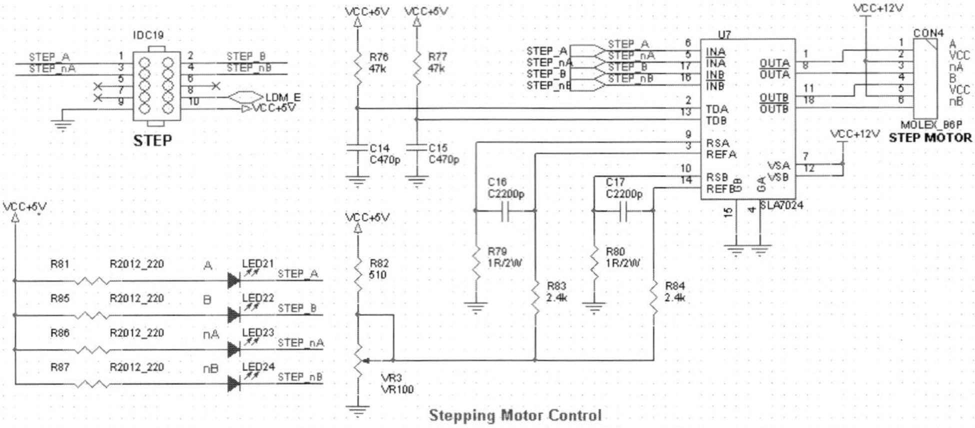

(18) 서보 모터

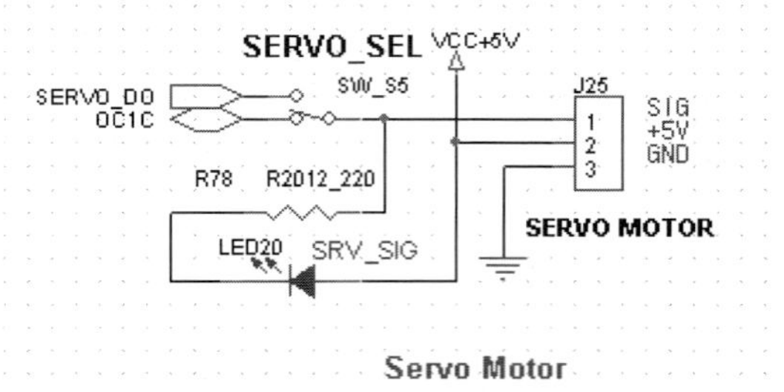

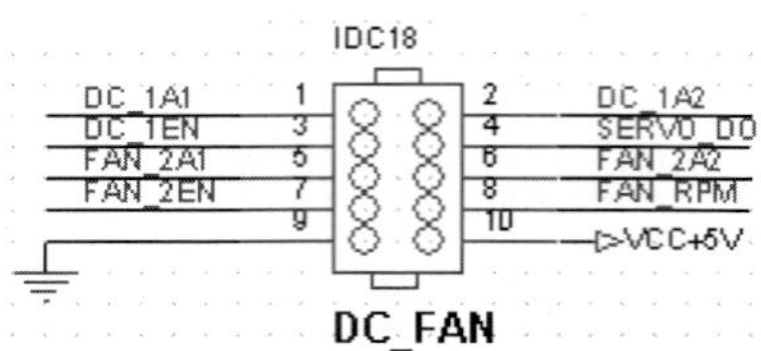

(19) MCU, ISP, JTAG, ADC, RESET, OSC, RTC, EXT_COM

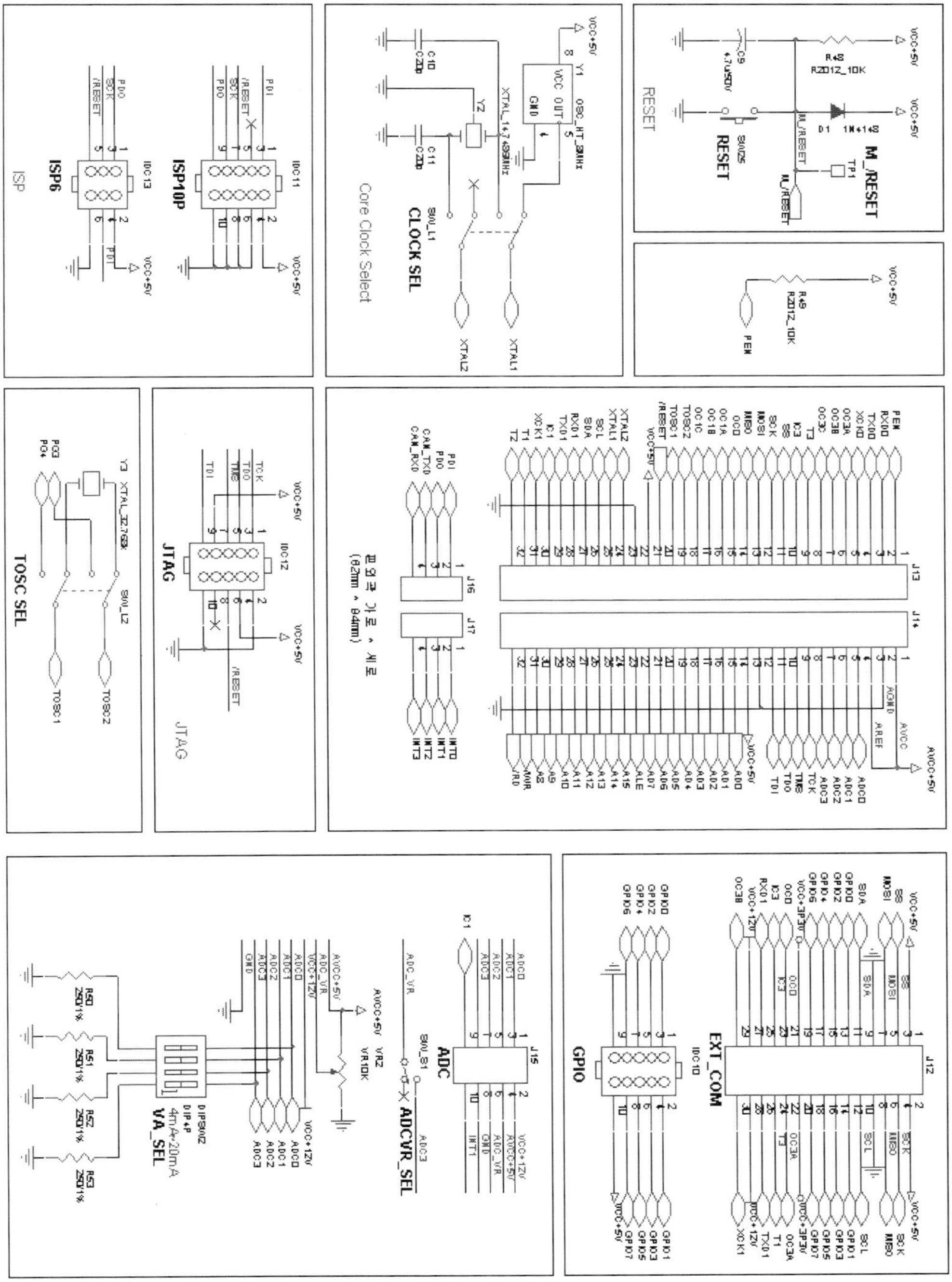

(20) ADC(센서)

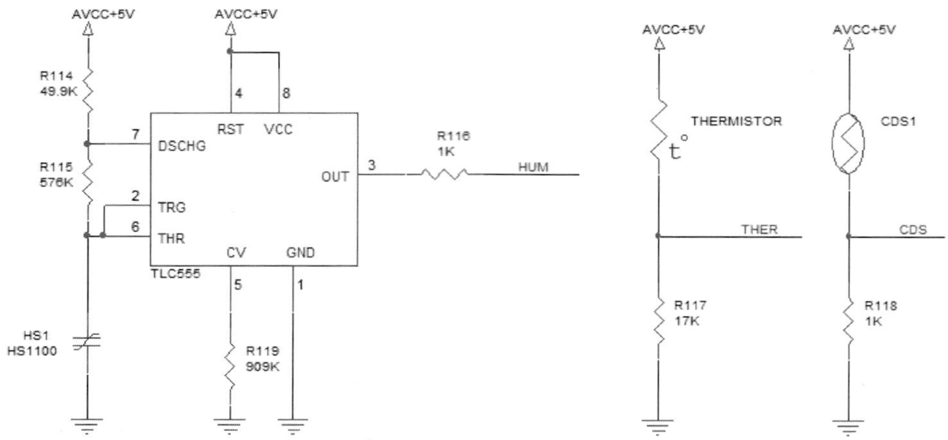

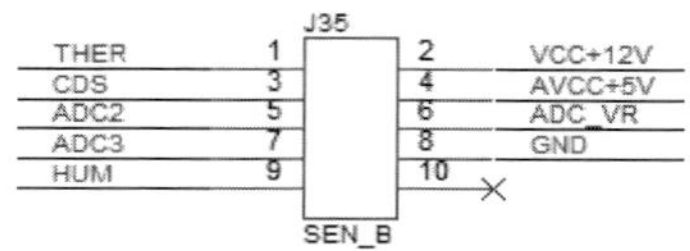

(21) RFID

13.56MHz 발진기 및 RFID 컨트롤러 블록

TRH031M Part

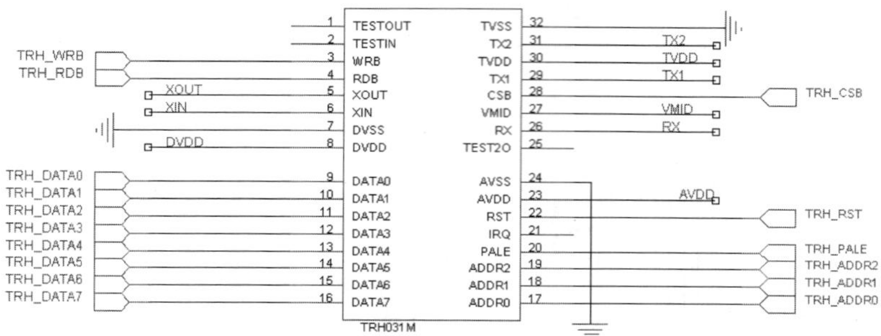

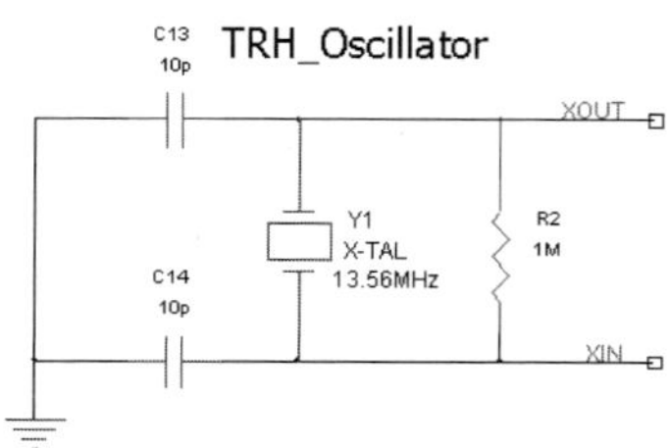

RFID 안테나 연결 커넥터 및 필터와 수신부 블록

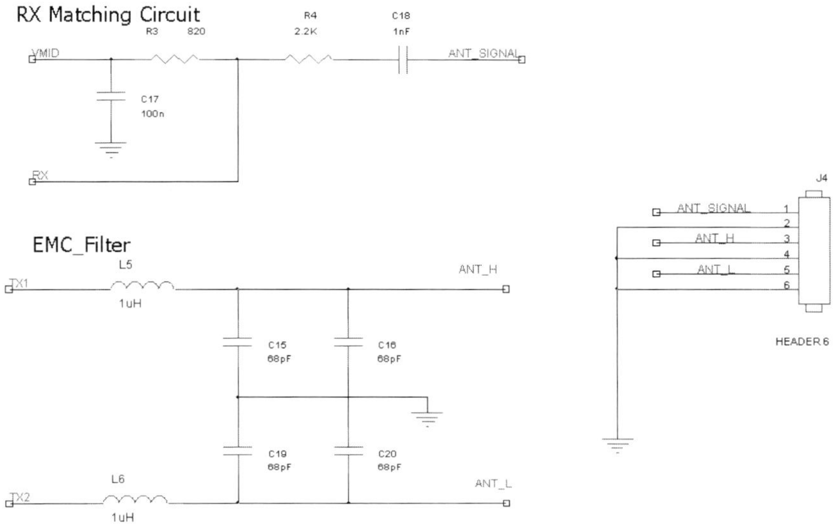

전원부 블록

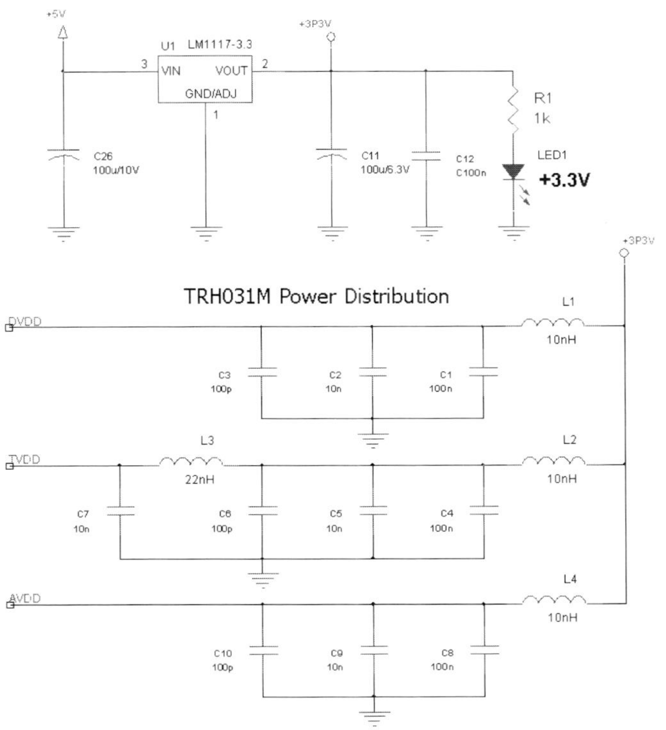

버스 커넥터 및 레벨 시프트 블록

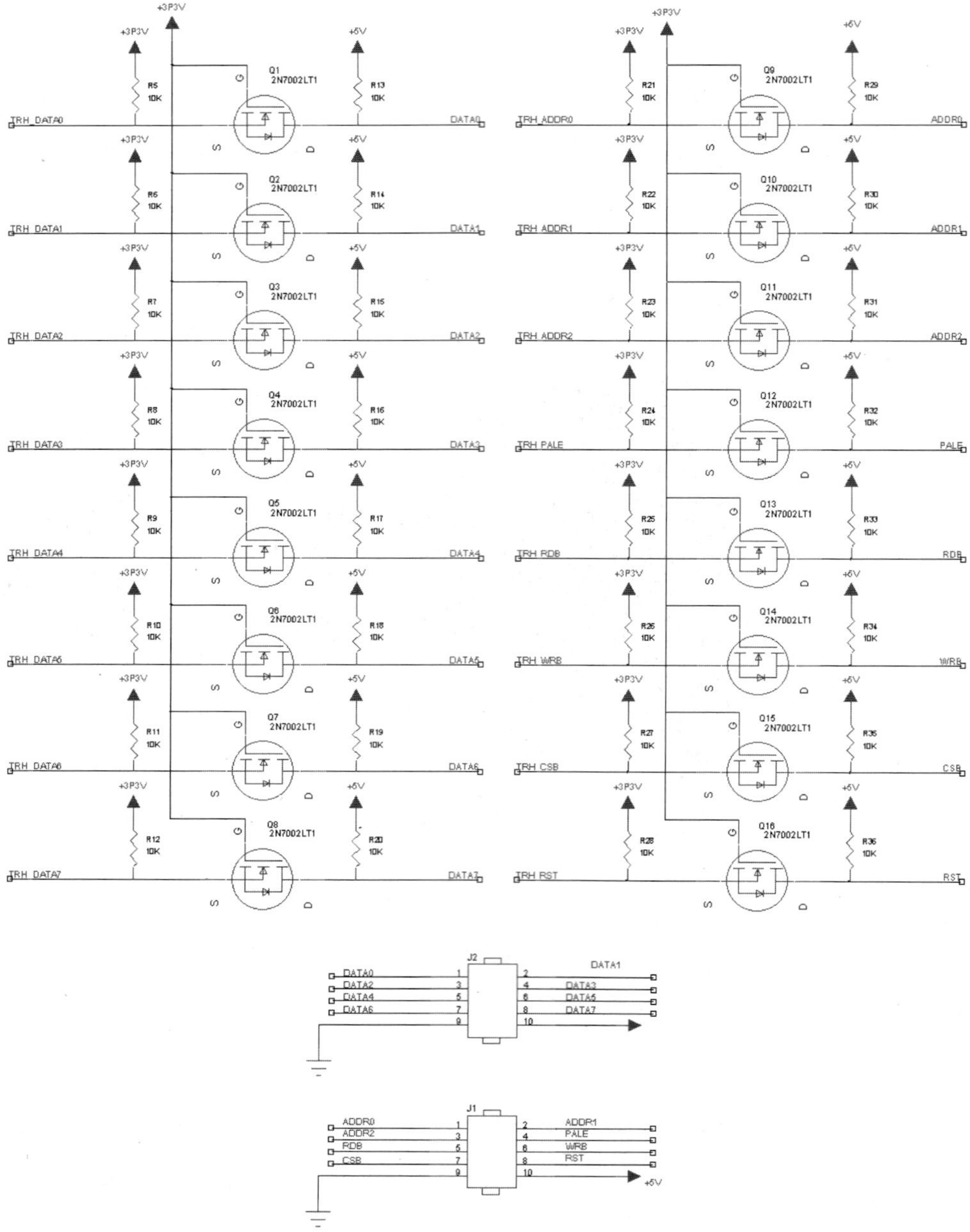

(22) MCU(ATmega128)

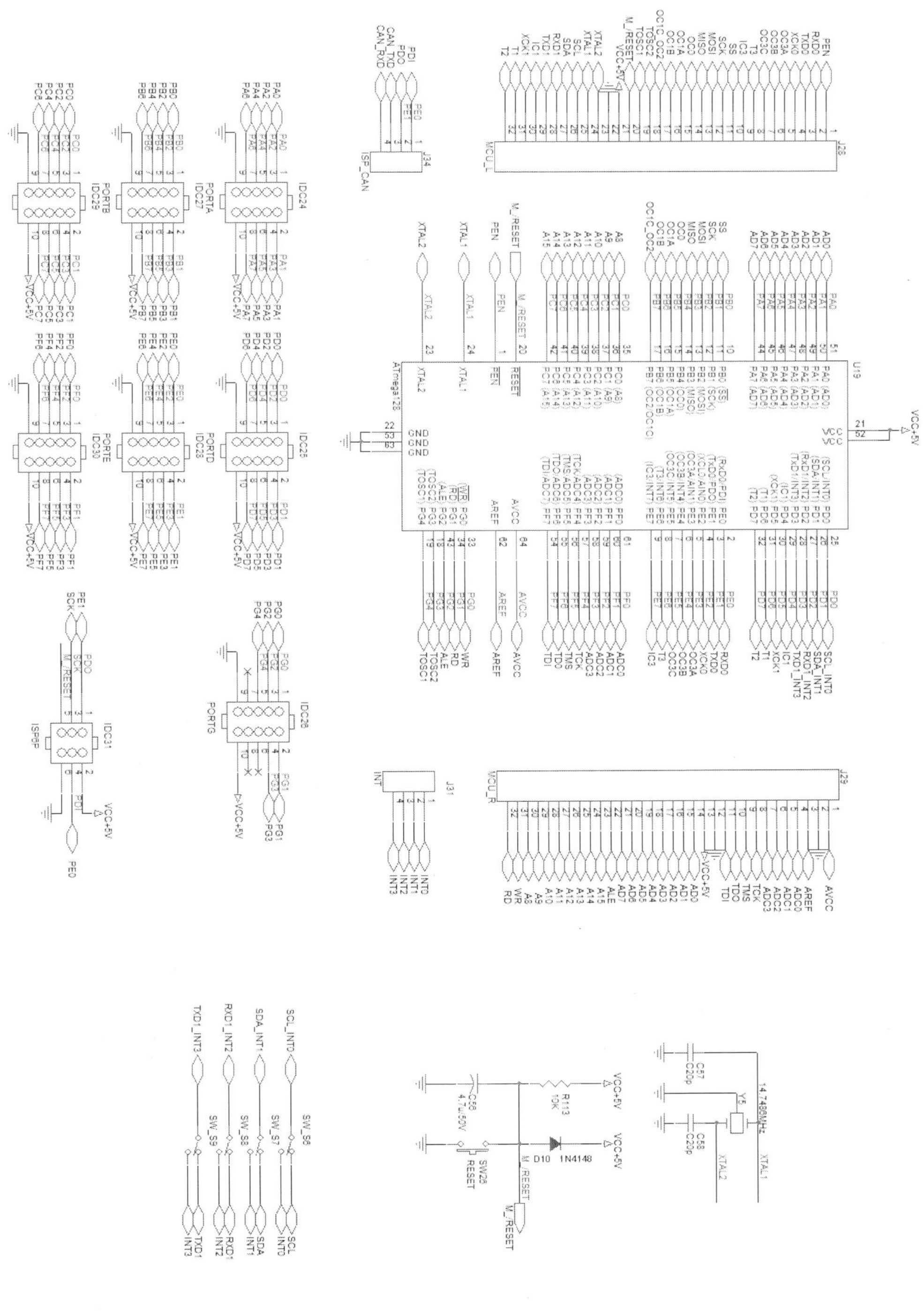

CHAPTER 03

WinAVR/AVR Studio 4

실습목표

WinAVR과 AVR Studio 4의 개요와 특징 그리고 설치하는 방법에 대하여 학습한다.

실습이론

3.1 WinAVR

WinAVRTM은 RISC 마이크로프로세서가 윈도우 플랫폼에서 운영되도록 실행되는 도구 중 하나로, ATMEL AVR 시리즈를 위한 오픈 소스 개발 도구이다. 여기에는 C 또는 C++ 을 위한 GNU GCC 컴파일러가 포함된다. 개발자 정보를 위해 Sourceforge의 http://sourceforge.net/projects/winavr/ 사이트에 WinAVRTM 프로젝트가 있다. WinAVRTM은 AVR 개발을 위한 모든 도구를 포함한다. avr-gcc(컴파일러), avrdude(프로그래머), avr-gdb(디버거) 등을 더 많은 것을 포함한다. WinAVR은 전 세계에서 사용하며, 취미활동을 위한 초급자, 학교, 상업적인 목표 등에 사용된다. WinAVRTM은 많은 오픈 소스 프로젝트들을 포함한다. 포터블(Potable, 설치를 요구하지 않는 버전) WinAVRTM 또는 일반 WinAVRTM를 얻을 수 있다. 포터블 WinAVRTM은 USB 등에 담아 언제 어디서든 연결하여 사용할 수 있다. 포터블 WinAVRTM은 www.chip45.com/PotableWinAVR 사이트에서 관리한다.

3.1.1 Internet Explorer 상에서 WinAVR-20100110-install.exe 파일 다운로드

단계 1 http://winavr.sf.net 사이트에 접속한 후에 왼쪽의 메뉴에서 [Download] 버튼을 누르고 다음 단계로 진행한다.

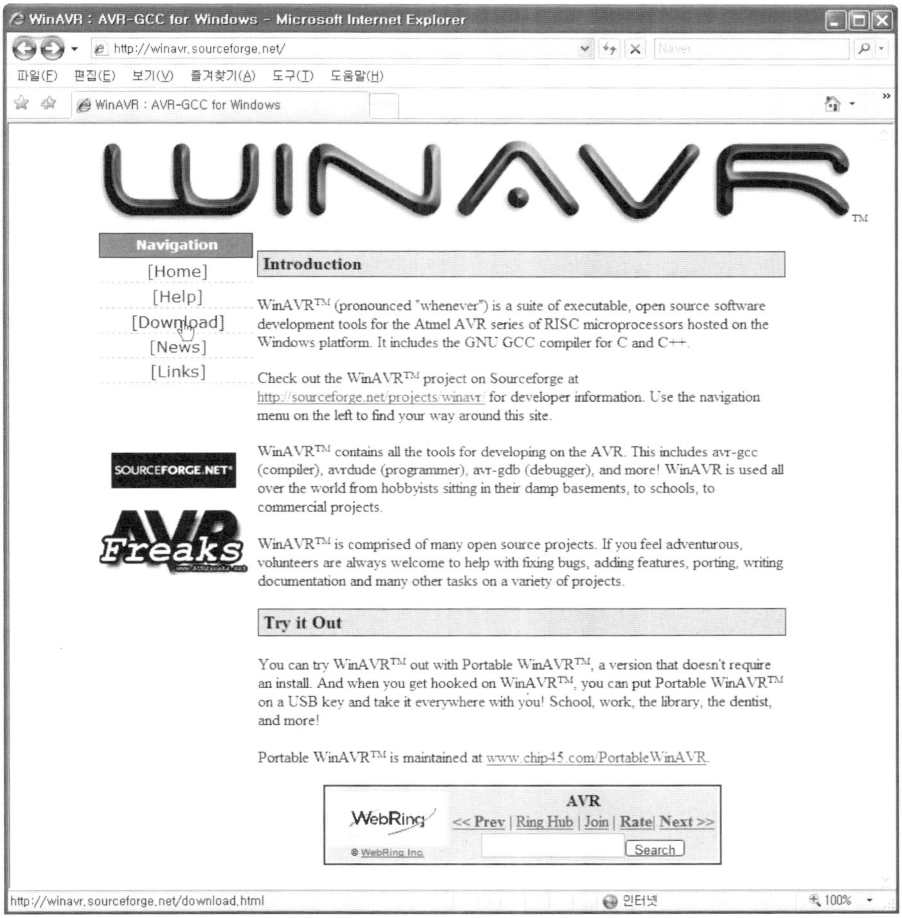

단계 2 Internet Explorer 화면 중앙의 SourceForge.net WinAVR download page. 버튼을 누르고 다음 단계로 진행한다.

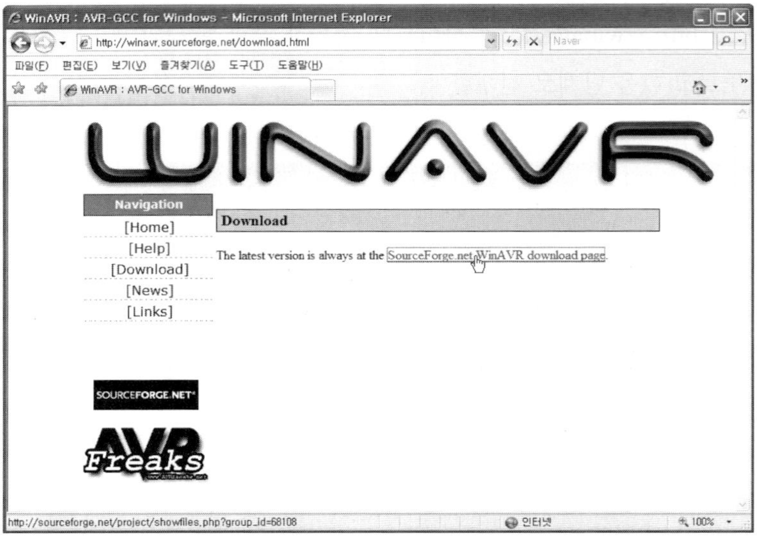

단계 3 Internet Explorer 화면에서 WinAVR-20100110-install.exe 버튼을 누르고 다음 단계로 진행한다.

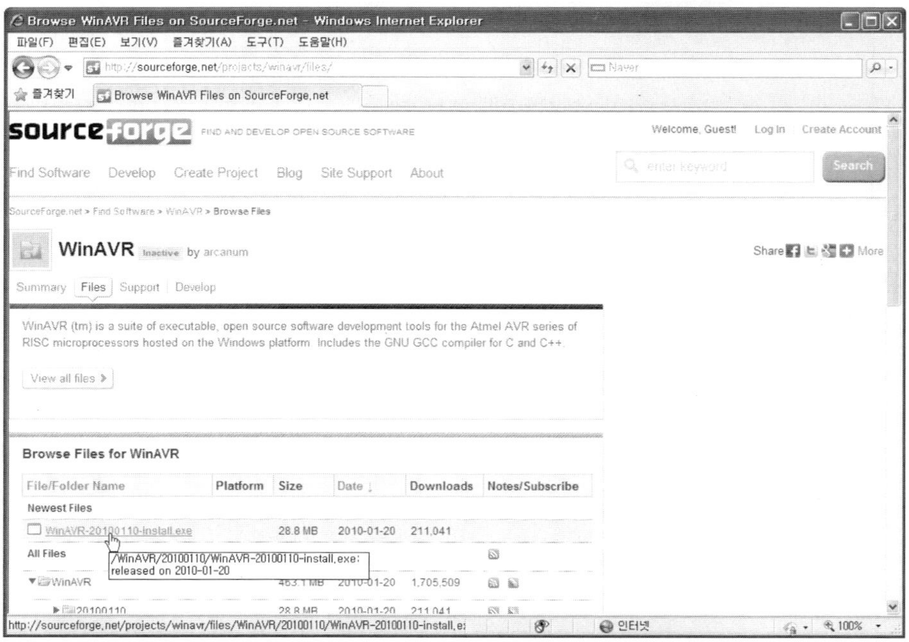

단계 4 [저장(S)] 버튼을 누르고 다음 단계로 진행한다.

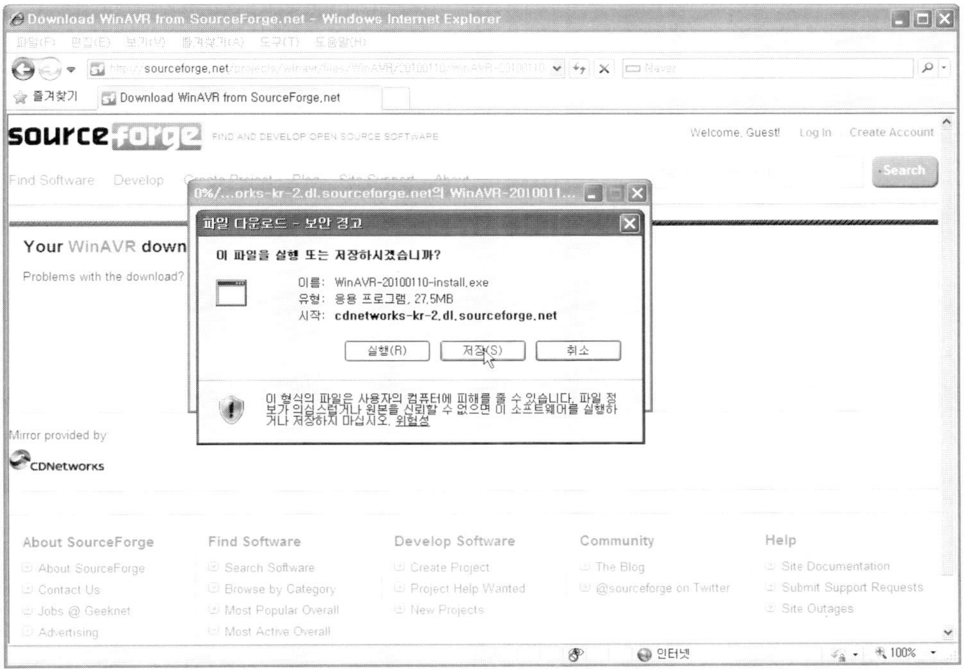

단계 5 사용자가 저장할 폴더의 경로를 선택한 후에 [저장(S)] 버튼을 눌러 저장한다. 여기에서는 C:₩에 Download 폴더를 새로 생성한 후에 Download 폴더에 저장한다.

3.1.2 WinAVR 설치

단계 1 다운받은 WinAVR-20100110-install.exe 파일을 실행하고 다음 단계로 진행한다.

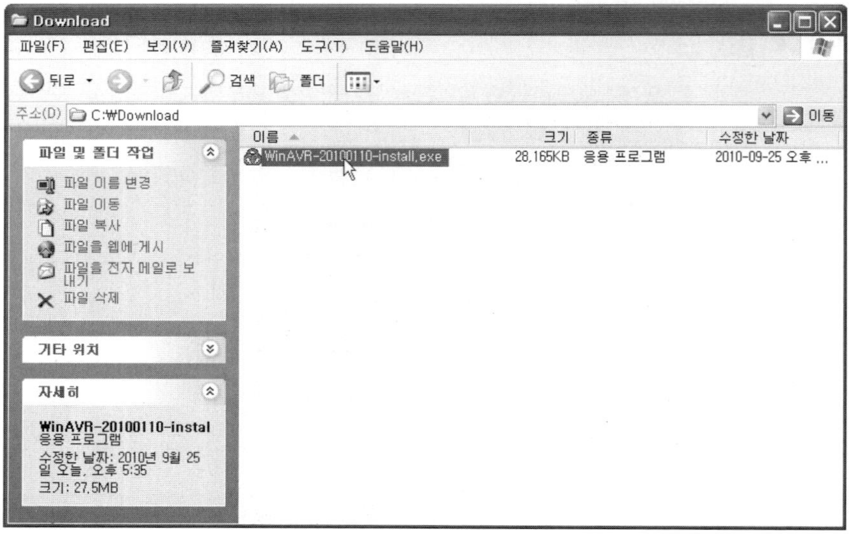

단계 3 보안 경고 화면에서 실행(R) 버튼을 눌러 다음 단계로 진행한다.

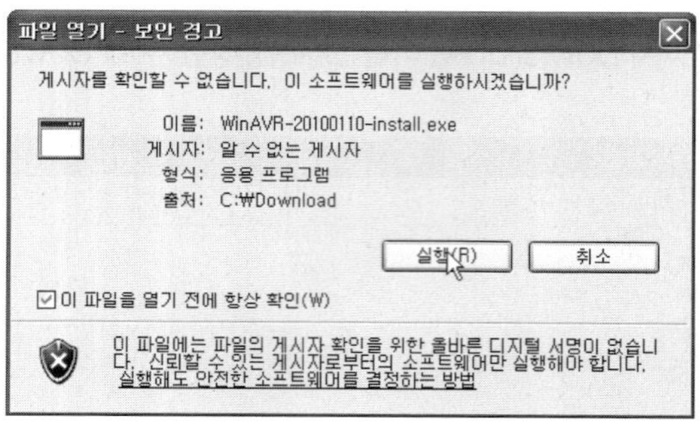

단계 3 Installer Language 화면에서 OK 버튼을 누르고 다음 단계로 진행한다.

단계 4 [다음 >] 버튼을 누르고 다음 단계로 진행한다.

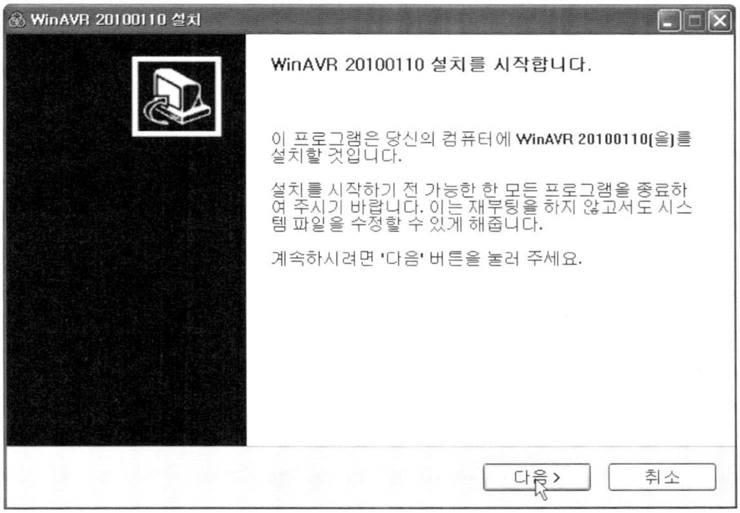

단계 5 [동의함] 버튼을 누르고 다음 단계로 진행한다.

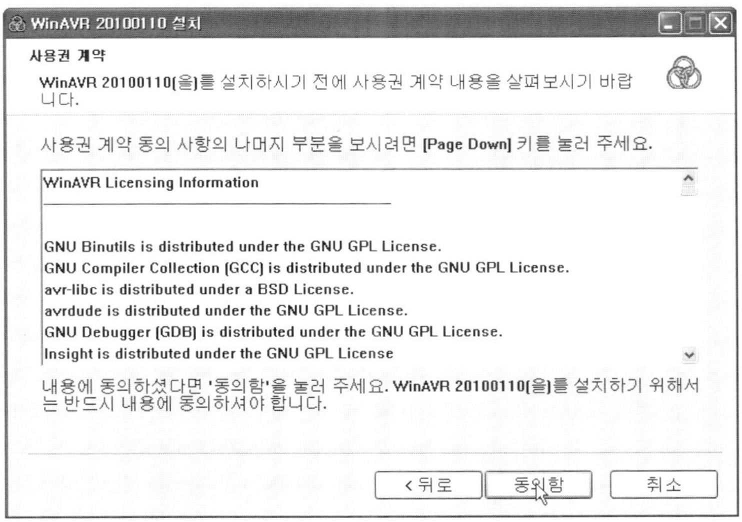

단계 6 [다음 >] 버튼을 누르고 다음 단계로 진행한다.

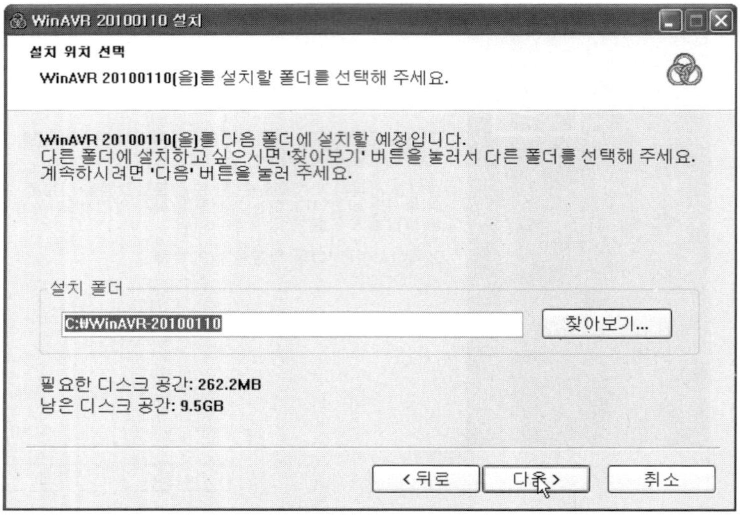

단계 7 [설치] 버튼을 누르고 다음 단계로 진행한다.

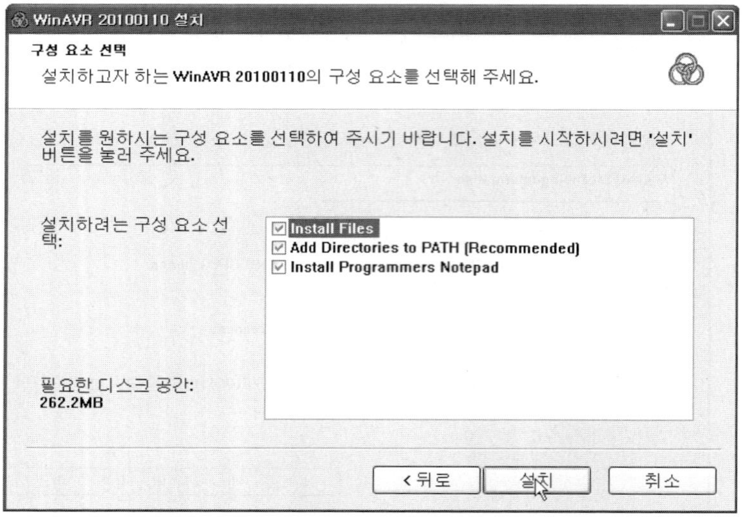

단계 8 WinAVR 20100110이 자동으로 설치된다.

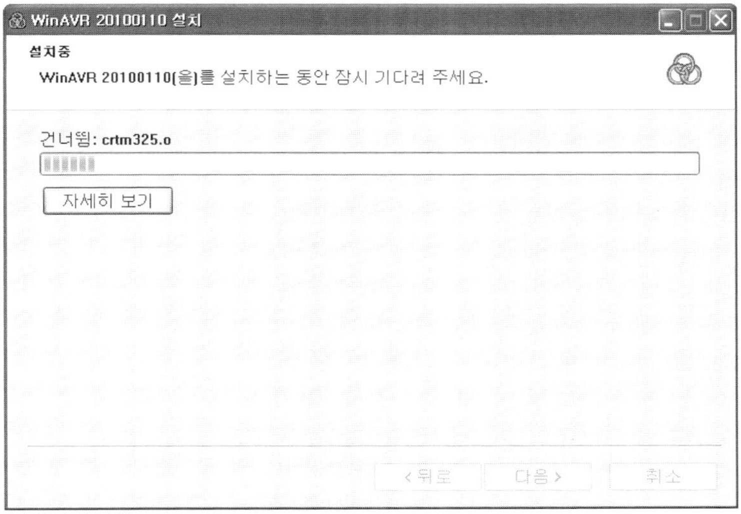

단계 9 마침 버튼을 누르면 WinAVR 20100110 설치가 완료된다.

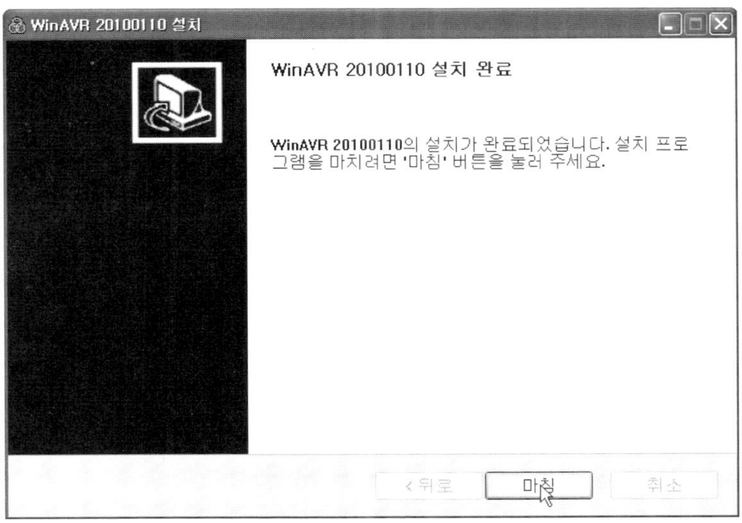

단계 10 설치 완료 후에 [마침] 버튼을 누르면 WinAVR User Manual - 20100110 화면이 자동적으로 나타나게 된다.

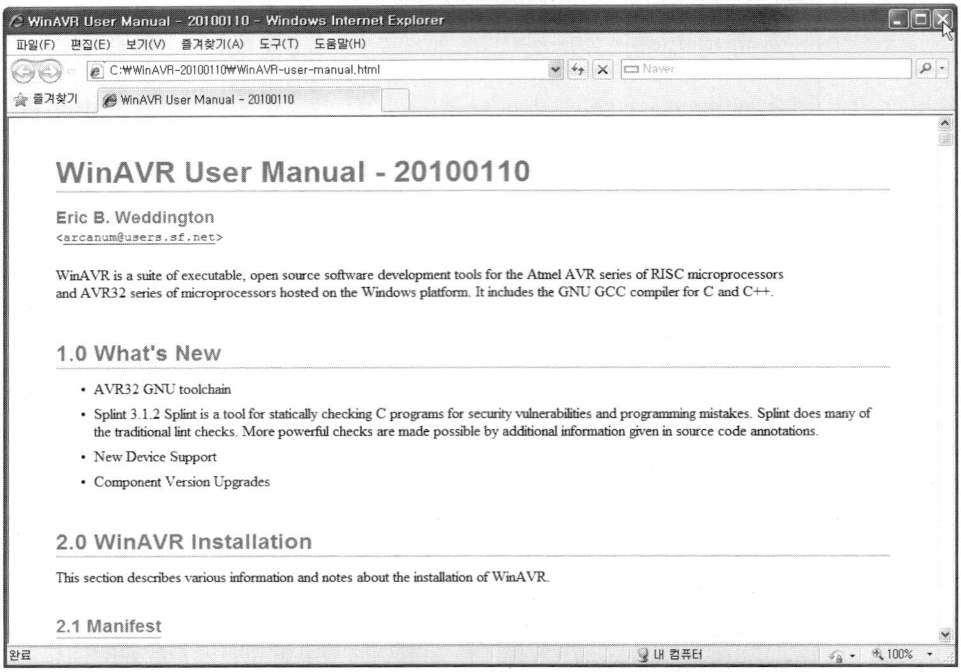

3.2 AVR Studio 4

AVR Studio® 4는 Windows® 9x/NT/2000/XP/VISTA(32비트 and 64비트)에서 소스 작성 및 디버깅을 위해 만들어진 새로운 전문적인 통합 개발 환경(IDE)이다. AVR Studio 4는 어셈블러(Assembler)및 시뮬레이터(Simulator)를 포함한다.

3.2.1 특징

– 소스 작성, 컴파일, 디버깅 소프트웨어를 위한 통합 개발환경

- 완전히 상직적인 소스 레벨 디버거
- 설정 가능한 메모리 뷰(View) : 포함하는 SRAM, EEPROM, Flash, 레지스터, I/O
- 무제한의 브레이크-포인트(Break-Points)
- Trace Buffer와 트리거 제어
- Online HTML Help
- Drag-and-Drop 기능으로 변동할 수 있는 Watch/Edit Window
- 광대한 프로그램 흐름 제어 옵션
- 포트 활동 로거 시뮬레이터와 핀 입력 자극
- 파일 파서(Parser) 지원(COFF, UBROF6, UBROF8, hex files)
- C, Pascal, BASIC, Assembly 언어 지원
- 자동 Makefile 생성

3.2.2 Internet Explorer 상에서 AvrStudio4Setup.exe 파일 다운로드

단계 1 ATMEL 홈페이지(www.atmel.com)에 접속한 후에 풀다운 메뉴에서 [Products] → [Microcontrollers] → [AVR® 8- and 32-bit Solutions] 서브 메뉴를 선택하고 다음 단계로 진행한다.

단계 2 Tools & Software 버튼을 누르고 다음 단계로 진행한다.

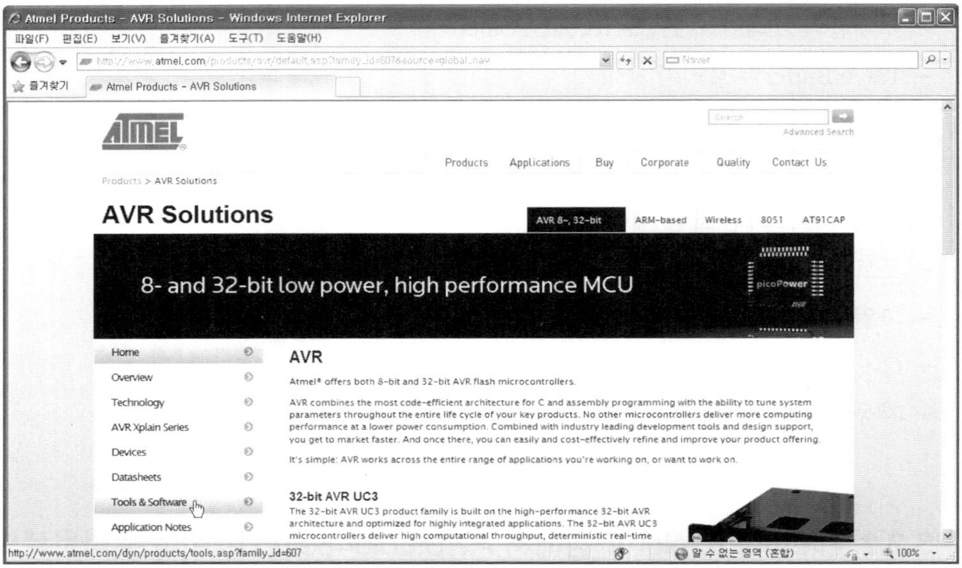

단계 3 Internet Explorer 화면의 Design Software 항목에서 AVR Studio 4 버튼을 누르고 다음 단계로 진행한다.

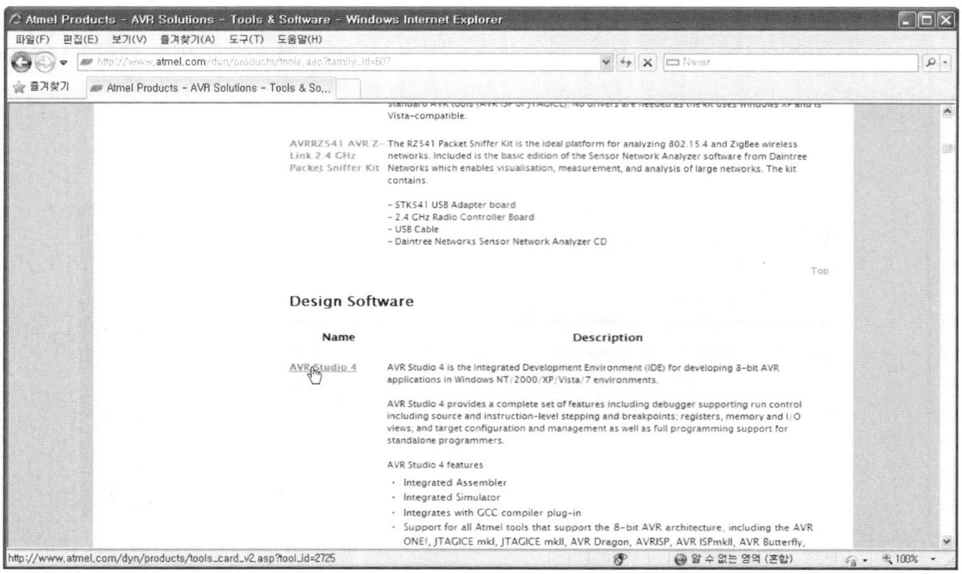

단계 4 Internet Explorer 화면의 Software 항목에서 AVR Studio 4.18 (build 684) (116 MB, updated 11/09) 부분의 Register 버튼을 누르고 다음 단계로 진행한다.

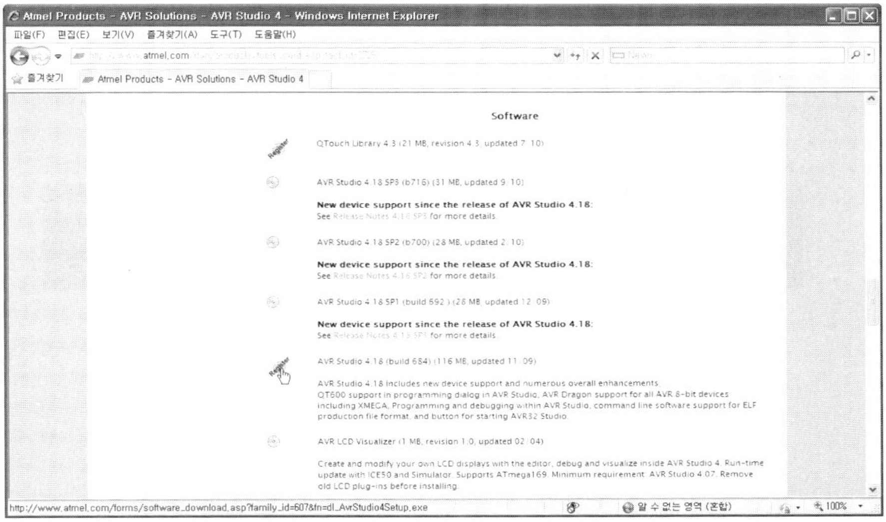

단계 5 사용자의 기본정보를 입력한 후에 [Click to Download] 버튼을 누르고 다음 단계로 진행한다.

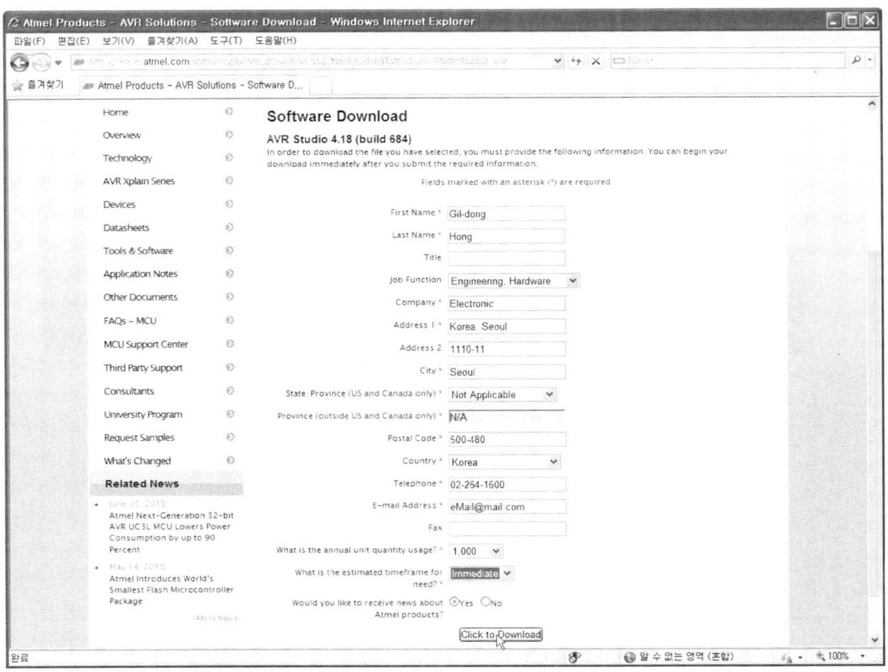

단계 6 Internet Explorer 화면의 here 버튼을 누르고 다음 단계로 진행한다.

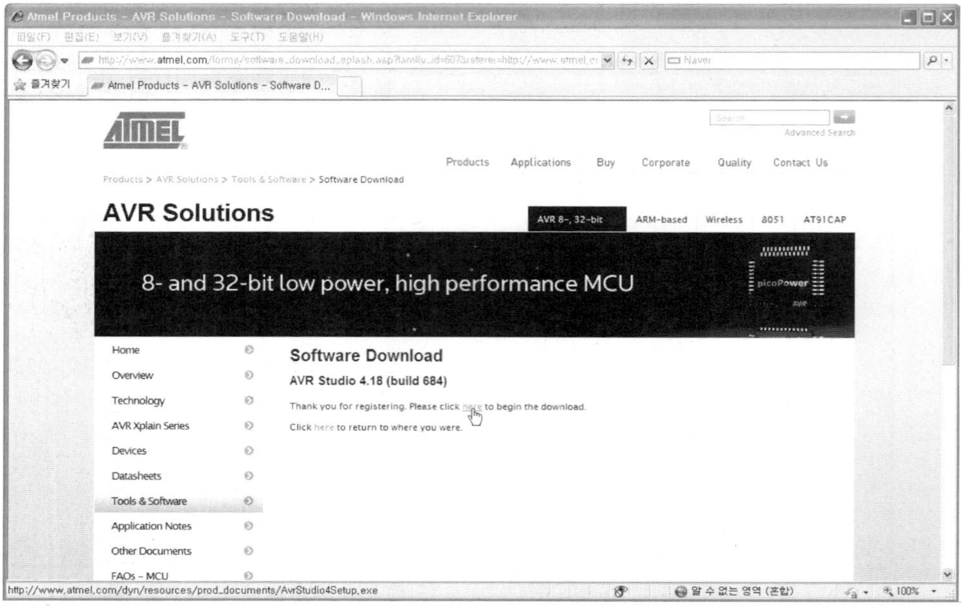

단계 7 저장(S) 버튼을 누르고 다음 단계로 진행한다.

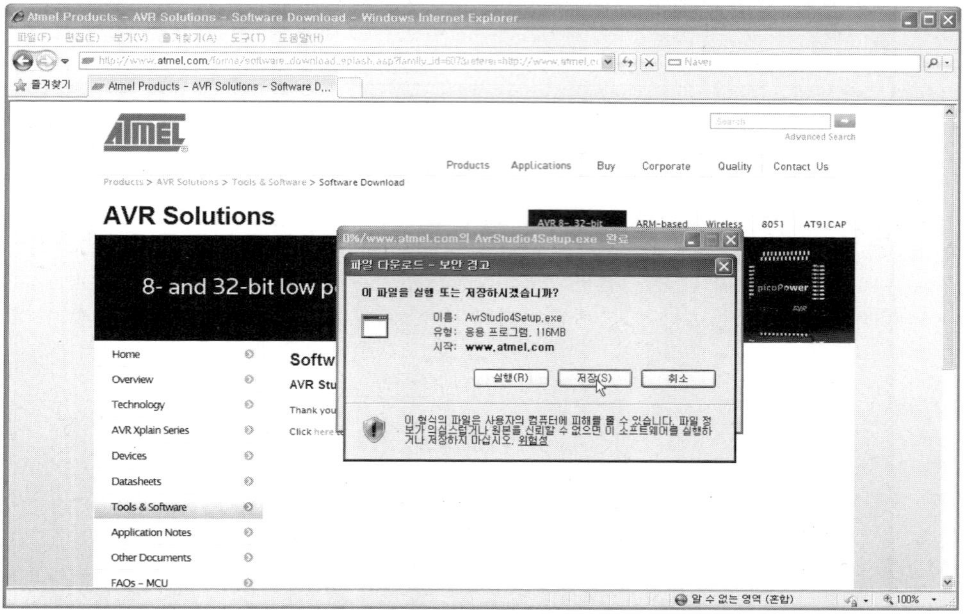

단계 8 사용자가 저장할 폴더의 경로를 선택한 후에 [저장(S)] 버튼을 눌러 저장한다.

3.2.3 AVR Studio 4 설치

단계 1 다운받은 AvrStudio4Setup.exe 파일을 실행한다.

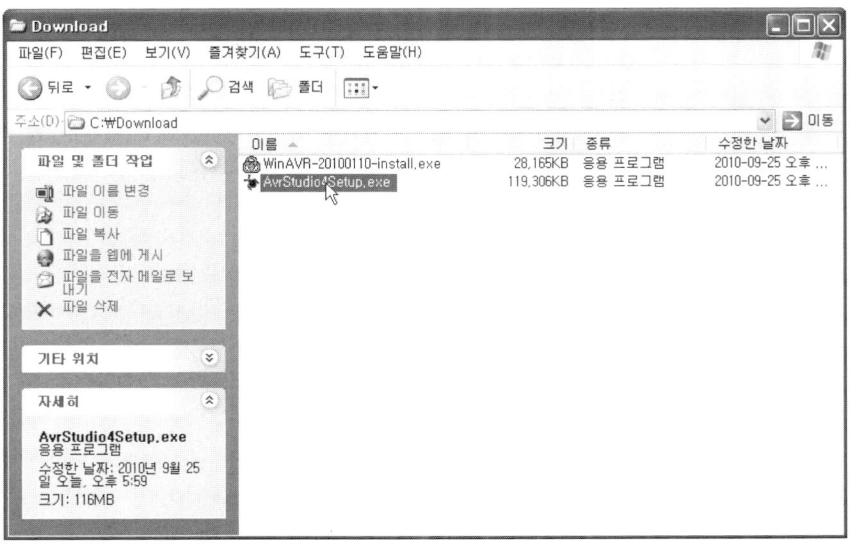

단계 2 보안 경고 화면에서 [실행(R)] 버튼을 누르고 다음 단계로 진행한다.

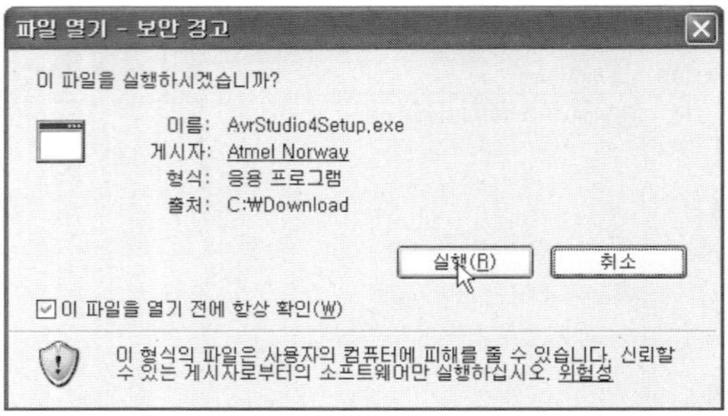

단계 3 AVRStudio4 설치 시작 화면으로 [Next >] 버튼을 누르고 다음 단계로 진행한다.

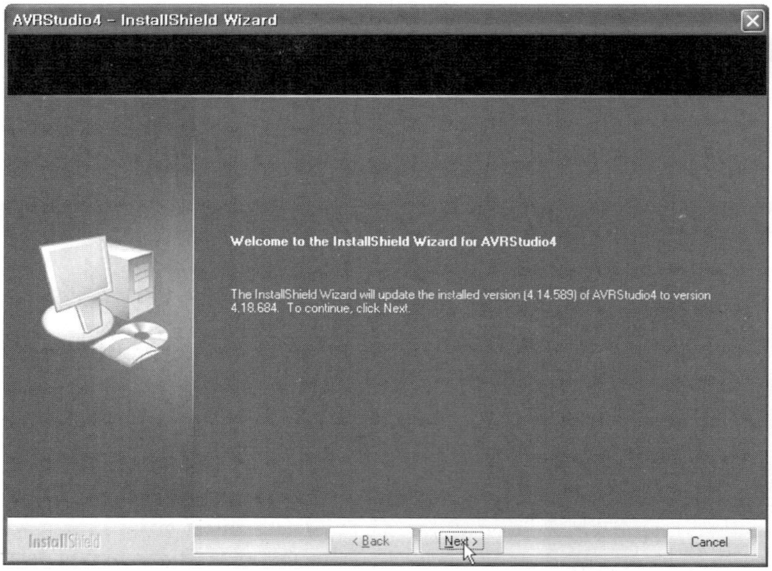

단계 4 소프트웨어의 라이센스에 동의함에 체크를 하고 Next > 버튼을 누르고 다음 단계로 진행한다.

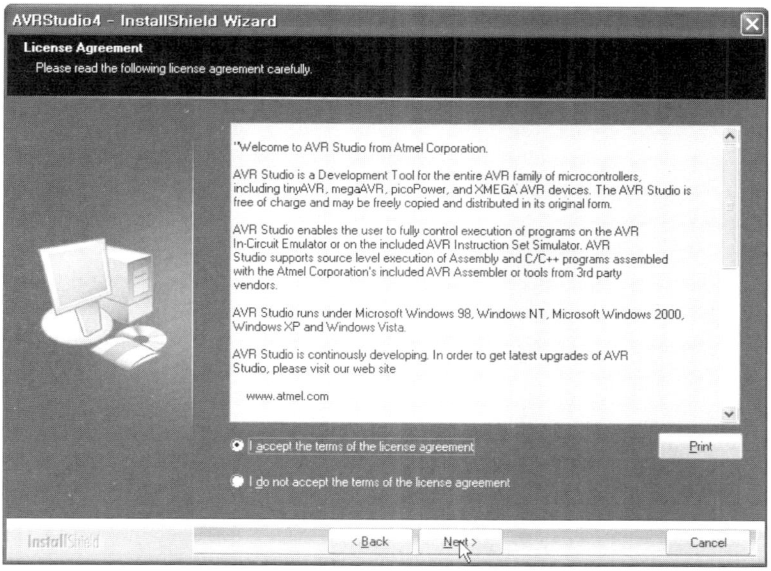

단계 5 Next > 버튼을 누르고 다음 단계로 진행한다.

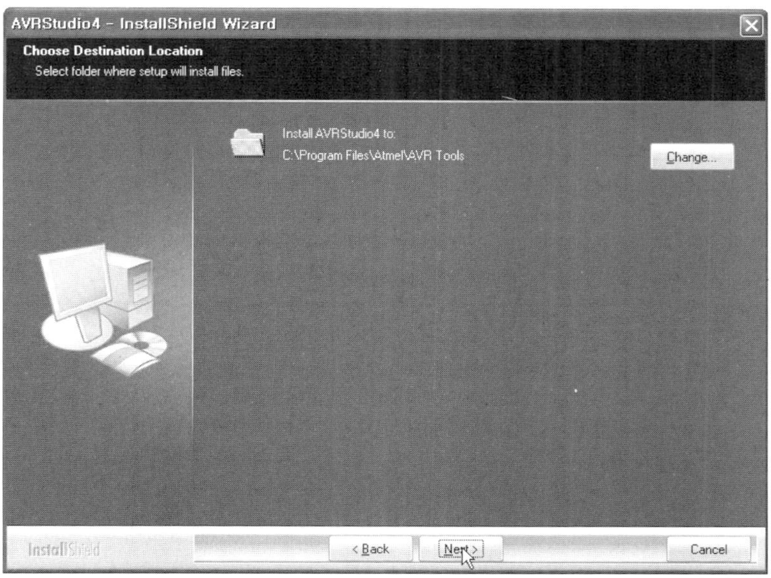

단계 6 디버깅을 위한 드라이버 설치 옵션을 선택하는 화면이며, "Install/upgrade Jungo USB Driver" 항목을 체크한 후에 Next > 버튼을 누르고 다음 단계로 진행한다.

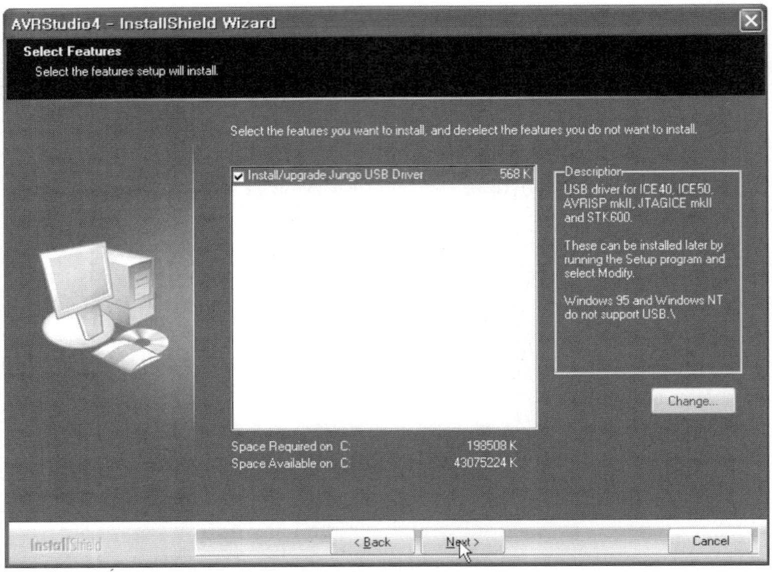

단계 7 AVRStudio4를 설치를 진행하기 위해 Install 버튼을 누르고 다음 단계로 진행한다.

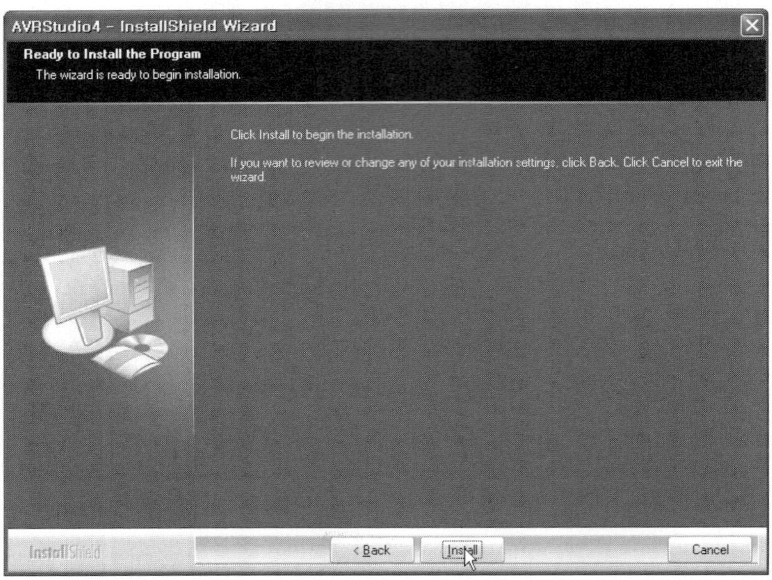

단계 8 AVRStudio4를 설치하는 화면이 나타난다.

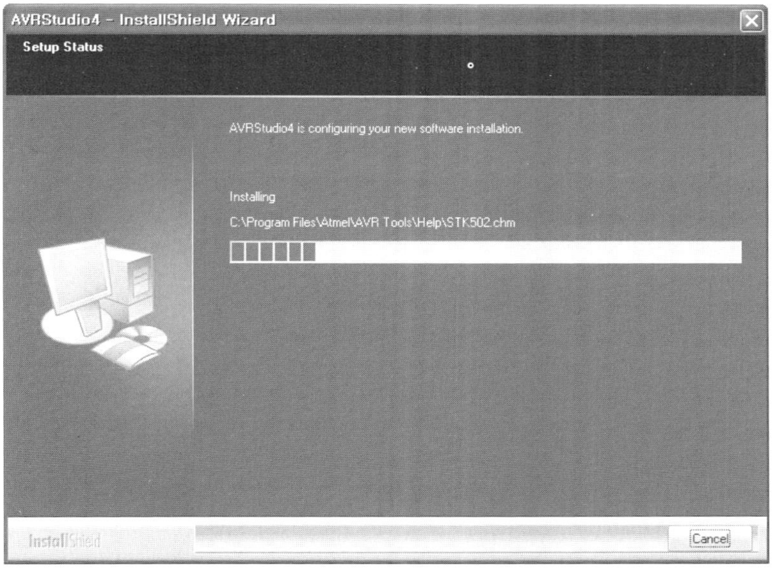

단계 9 Finish 버튼을 누르면 설치가 완료된다.

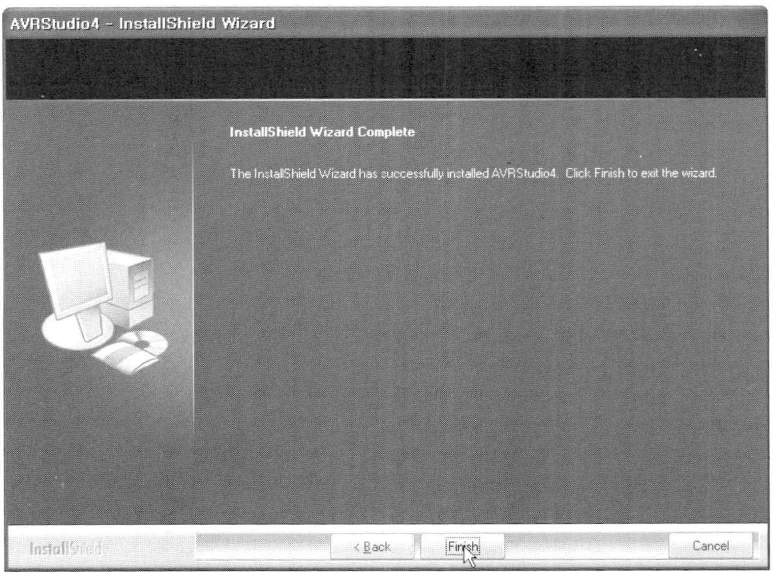

CHAPTER 04

PonyProg

4.1 PonyProg

실습목표

PonyProg의 개요와 특징 그리고 설치하는 방법에 대하여 학습한다.

실습이론

4.1 PonyProg

단순하지만 강력한 기능의 직렬 장치 프로그래머로 Windows95/98/ ME/NT/2000/XP와 인텔 리눅스 기반에서 사용자 중심의 GUI 프레임 워크를 가진다. 이것은 모든 직렬 장치를 읽고 쓰는데 목적이 있으며, I2C 버스, Microwire, SPI EEPROM, ATMEL AVR 등과 Microchip PIC 프로세서를 지원한다. 한편 SI-Prog는 PonyProg를 위한 프로그래머 하드웨어 인터페이스이며, PonyProg와 SI-Prog는 사용자가 PIC 또는 AVR을 이용한 스타터 키트를 저비용으로 구성할 수 있다.

4.1.1 PonyProg 특징

- Auto detect 24XX EEPROM capacity
- Detect the bank roll over capability of some old 24XX EEPROM
- Auto detect AVR microcontroller type
- Read ATtiny12 and ATtiny15 Oscillator Calibration Byte
- Write lock bits to protect the AVR micro from reading
- Write both the Flash and EEPROM memory of the AVR micro at once
- Access microwire EEPROMS in either 8 and 16 bit organization
- Read/Write Intel hex format file as well as raw binary file
- Read/Write Motorola S-record format file
- Read/Write CSM format file
- Enhanced buffer edit, text and hexadecimal
- Work with Windows95/98/ME and WindowsNT/2000/XP and Linux*
- Reload file button
- Fill buffer command
- Security bits editing for AVR, AT89S and PIC

- Serial number programming
- Script files for batch programming
- Improved speed with WinNT/2000/XP with a driver for direct I/O.

4.1.2 AVR ISP (STK200/300) parallel port interface

(1) AVR ISP with STK200/300 pinout(connect it to STK200/300 eva board)

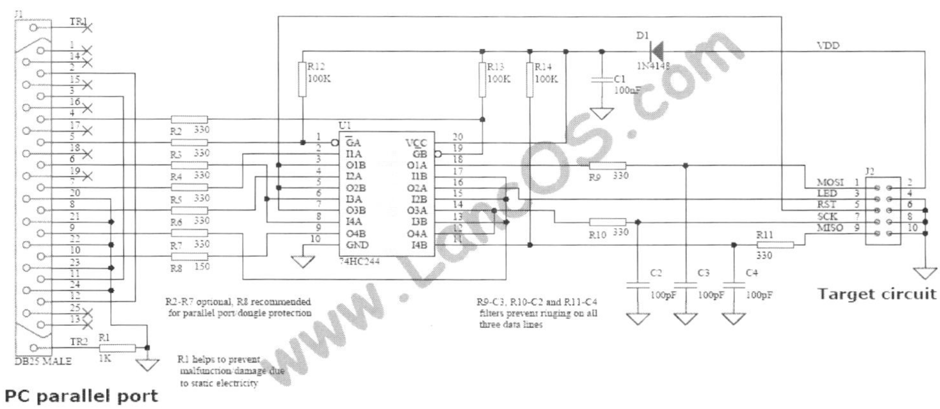

(2) AVR ISP with SI-Prog pinout(connect it to SI-Prog AVR adapter boards)

본 교재에서 사용한 AVR 트레이닝 키트(WES-XUN I)에 적용한 ISP 어댑터(Adapter) 구조이다.

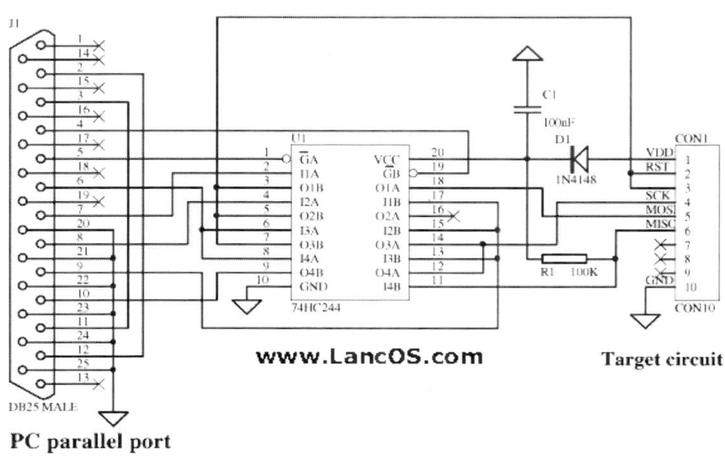

4.1.3 Internet Explorer 상에서 PonyProg 파일 다운로드

단계 1 http://www.lancos.com 사이트에 접속한 후에 왼쪽 메뉴에서 PonyProg 버튼을 누르고 다음 단계로 진행한다.

단계 2 Internet Explorer 화면의 왼쪽 메뉴에서 Download 버튼을 누르고 다음 단계로 진행한다.

단계 3 Internet Explorer 화면에서 v2.07c BETA 버튼을 누르고 다음 단계로 진행한다.

단계 4 Internet Explorer 화면에서 direct link 버튼을 누르고 다음 단계로 진행한다.

단계 5 저장(S) 버튼을 누르고 다음 단계로 진행한다.

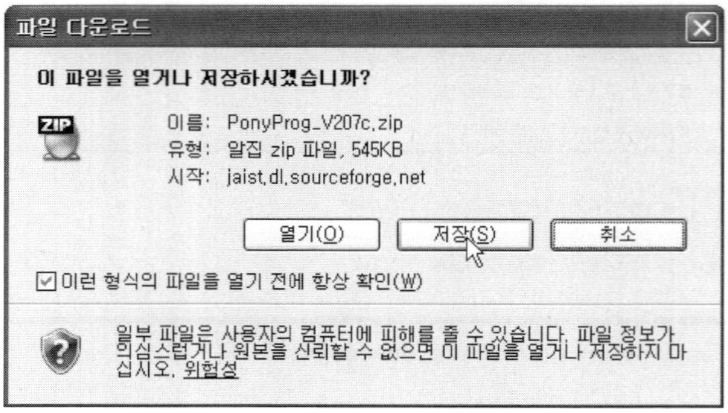

단계 6 사용자가 저장할 폴더의 경로를 선택한 후에 저장(S) 버튼을 눌러 저장한다.

4.1.4 PonyProg 설치

단계 1 C:₩Download 폴더에서 PonyProg_V207c.zip 파일의 압축을 푼다.

단계 2 압축이 풀린 파일들에서 setup.exe 파일을 실행시킨다.

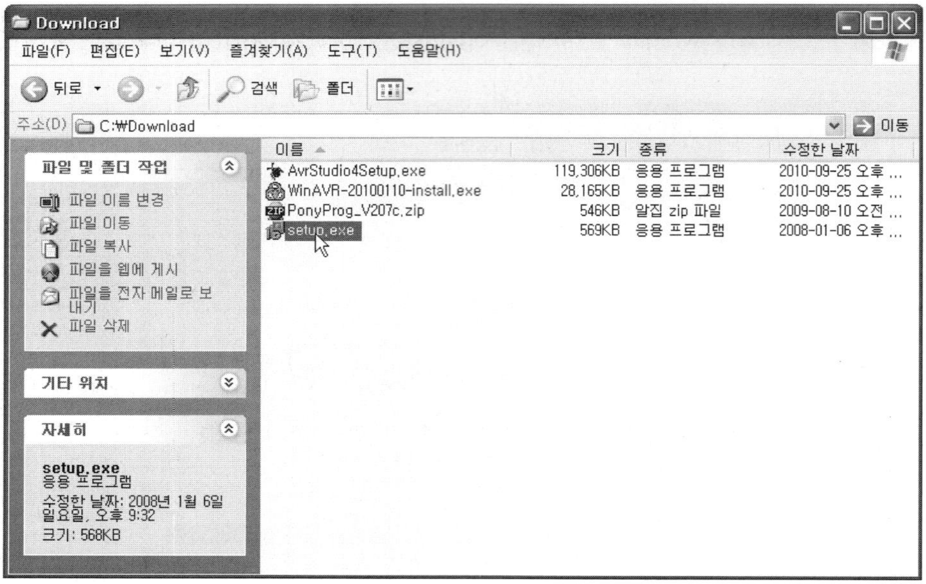

단계 3 Next > 버튼을 누르고 다음 단계로 진행한다.

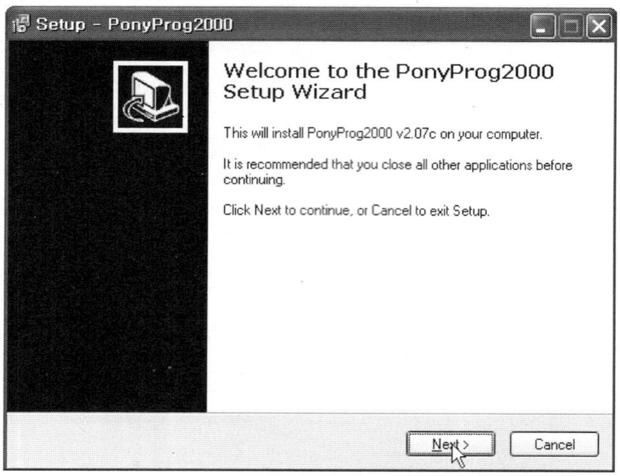

단계 4 소프트웨어의 라이센스에 동의함에 체크를 하고 [Next >] 버튼을 누르고 다음 단계로 진행한다.

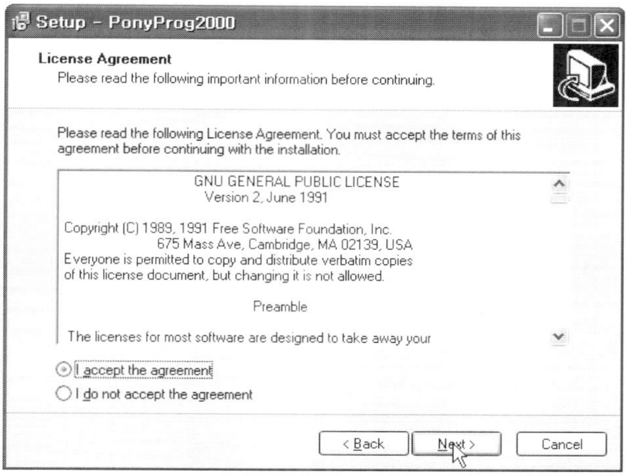

단계 5 [Next >] 버튼을 누르고 다음 단계로 진행한다.

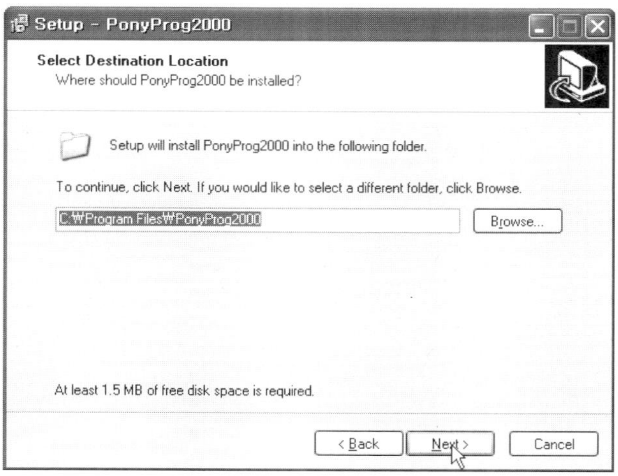

단계 6 Next > 버튼을 누르고 다음 단계로 진행한다.

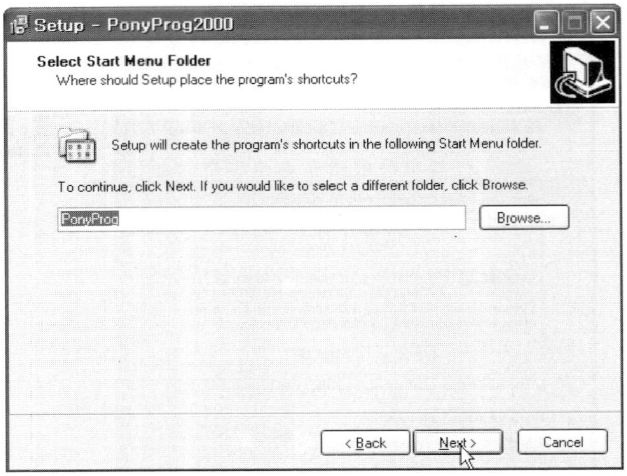

단계 7 Install 버튼을 누르고 다음 단계로 진행한다.

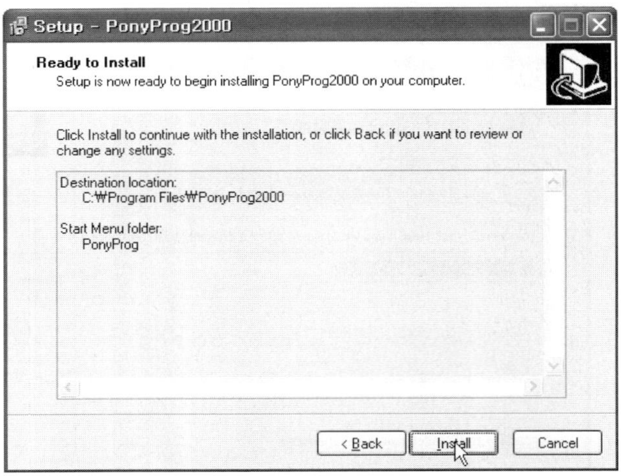

단계 8 PonyProg를 설치하는 화면이 나타난다.

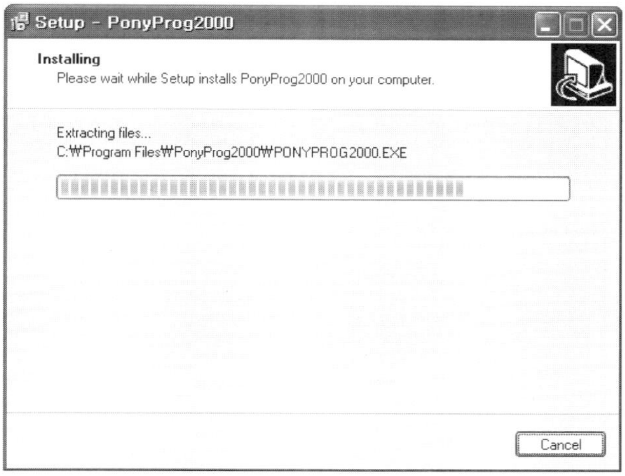

단계 9 Finish 버튼을 누르면 설치가 완료된다.

단계 10 [단계 9]에서 ☑ View README.TXT가 선택되면 나타나는 설명서 화면이다.

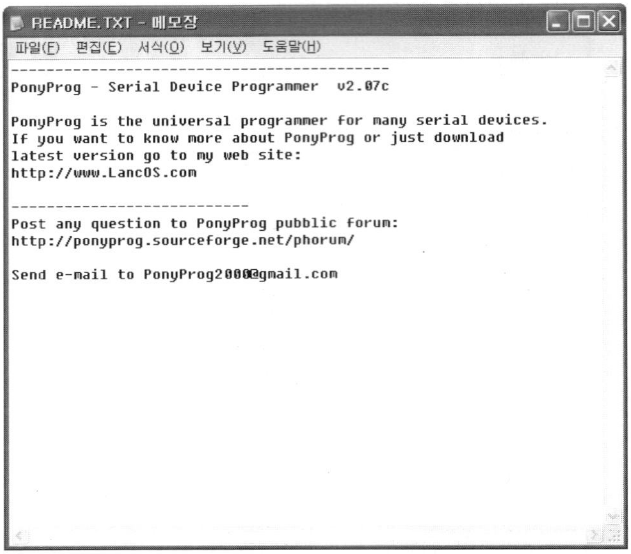

4.1.5 PonyProg 실행 및 환경설정

단계 1 [시작] → [모든 프로그램] → [PonyProg] → [PonyProg2000]을 눌러 PonyProg를 실행한다.

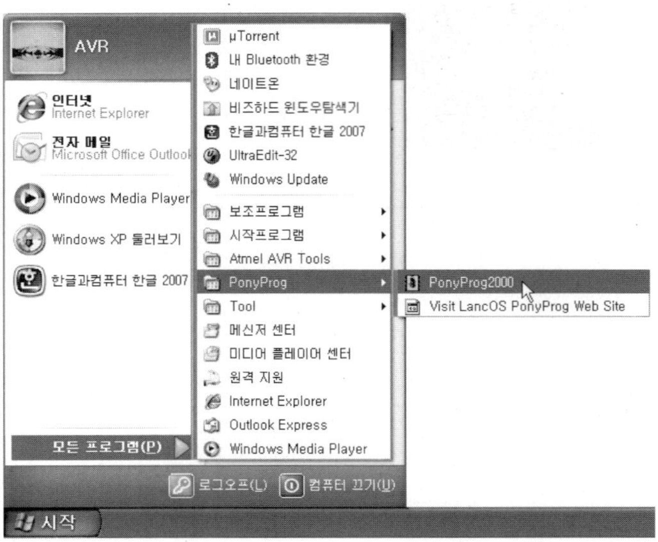

단계 2 [OK] 버튼을 누르고 다음 단계로 진행한다.

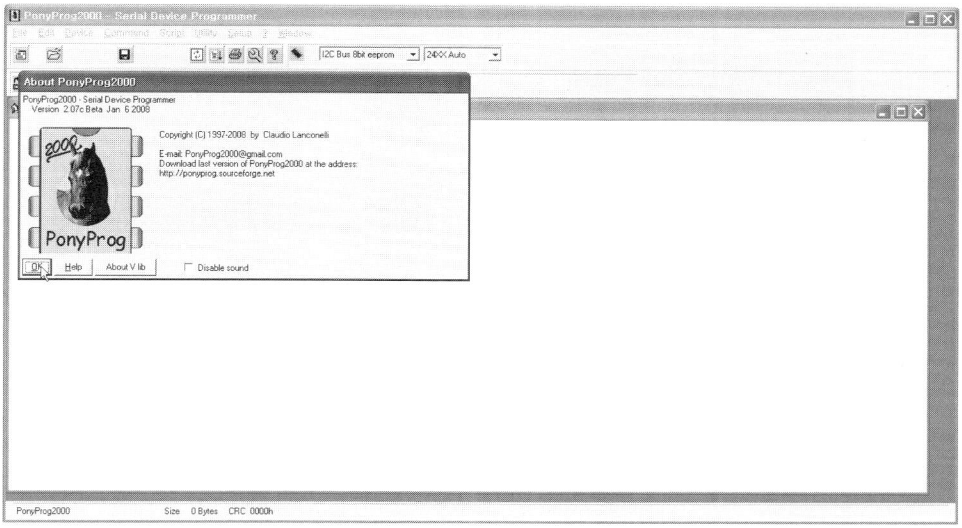

단계 3 [OK] 버튼을 누르고 다음 단계로 진행한다.

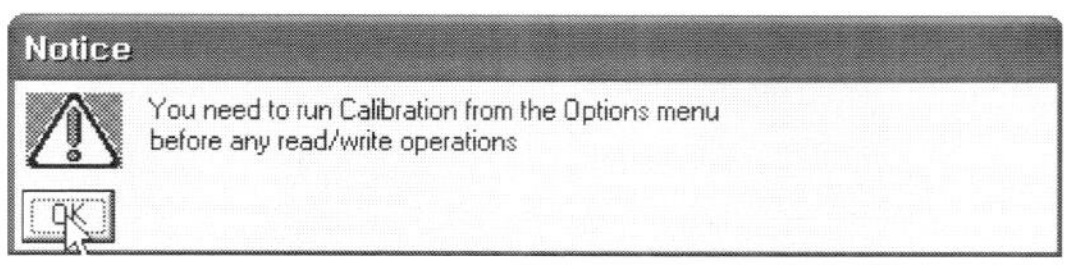

단계 4 [OK] 버튼을 누르고 다음 단계로 진행한다.

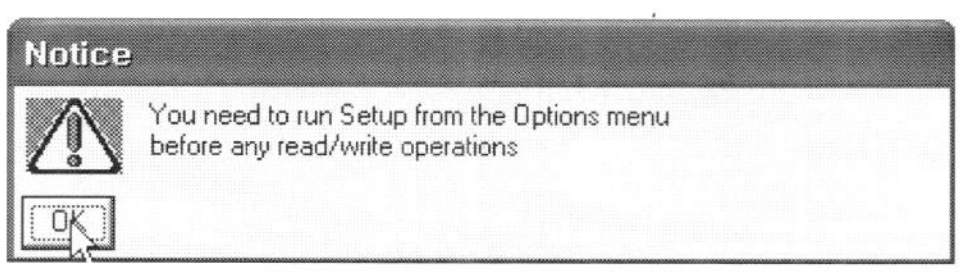

단계 5 PonyProg의 풀다운 메뉴에서 [Device] → [AVR micro] → [ATmega128] 서브 메뉴를 선택한 후에 다음 단계로 진행한다.

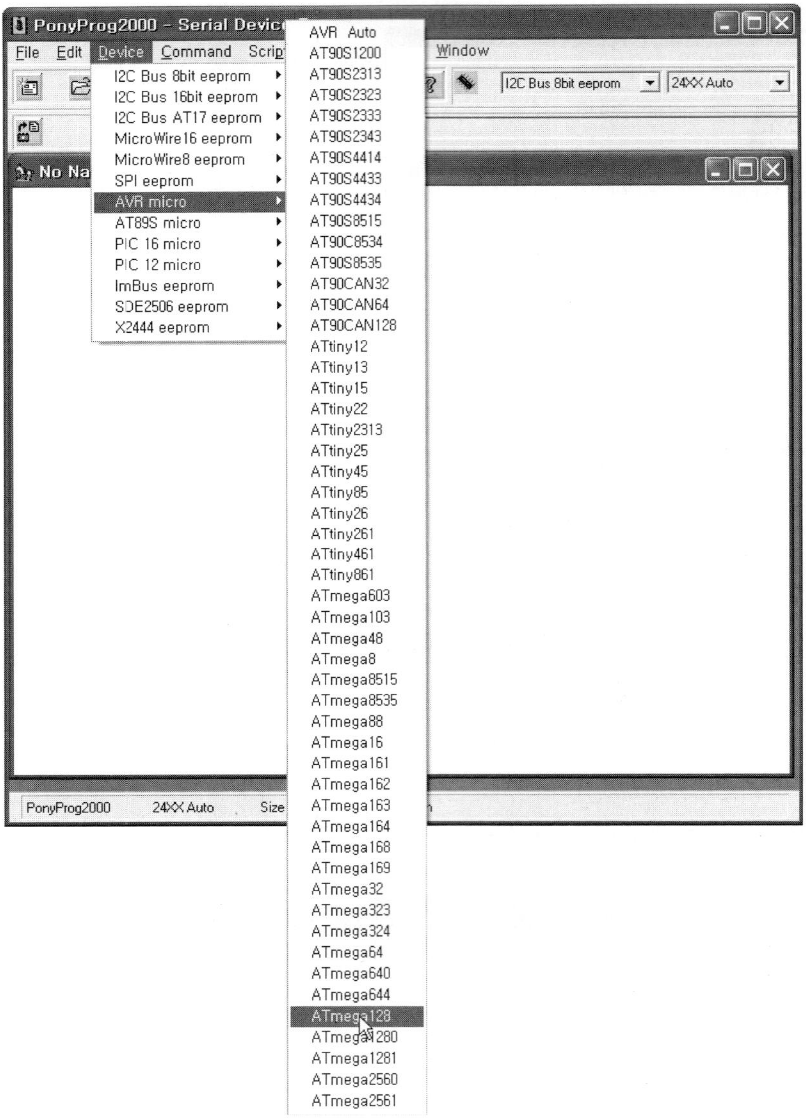

단계 6 PonyProg의 풀다운 메뉴에서 [Setup] → [Interface Setup...] 서브 메뉴를 선택 한 후에 다음 단계로 진행한다.

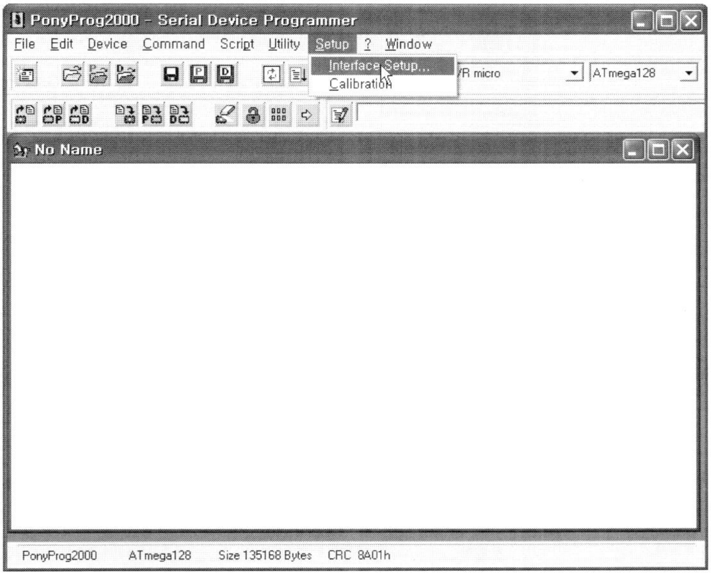

단계 7 I/O port setup 화면에서 다음과 같이 설정하고, OK 버튼을 누르고 다음 단계로 진행한다.

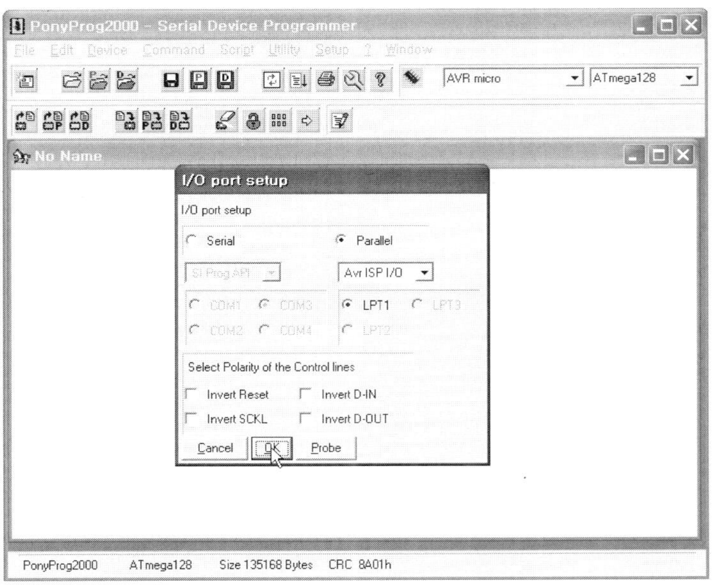

단계 8 PonyProg의 풀다운 메뉴에서 [Setup] → [Calibration] 서브 메뉴를 선택 한 후에 다음 단계로 진행한다.

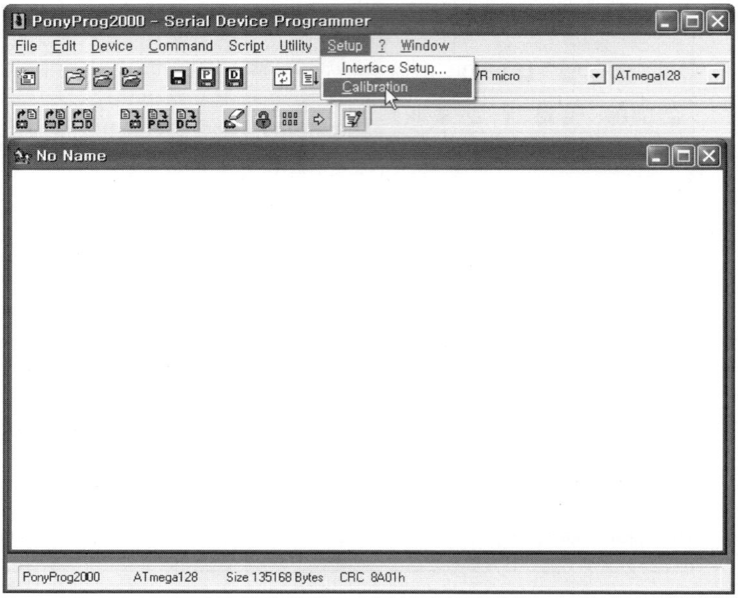

단계 9 Yes 버튼을 누르고 다음 단계로 진행한다.

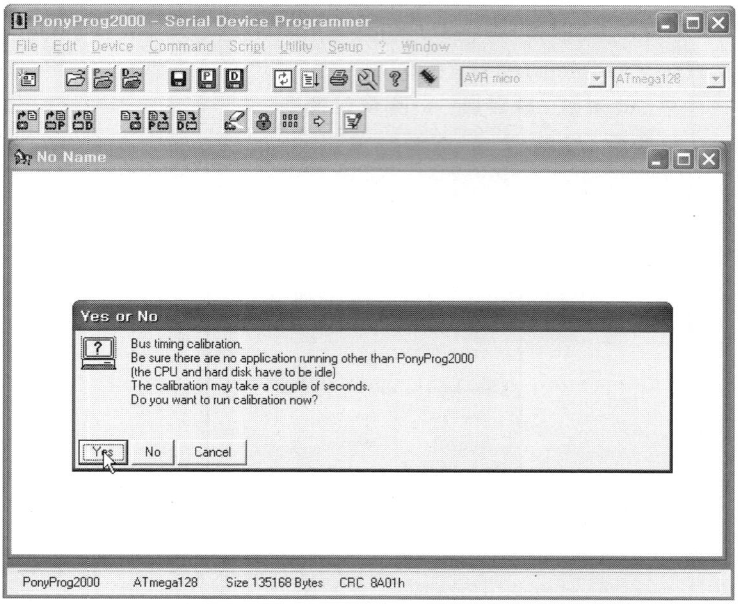

단계 10 OK 버튼을 누르고 다음 단계로 진행한다.

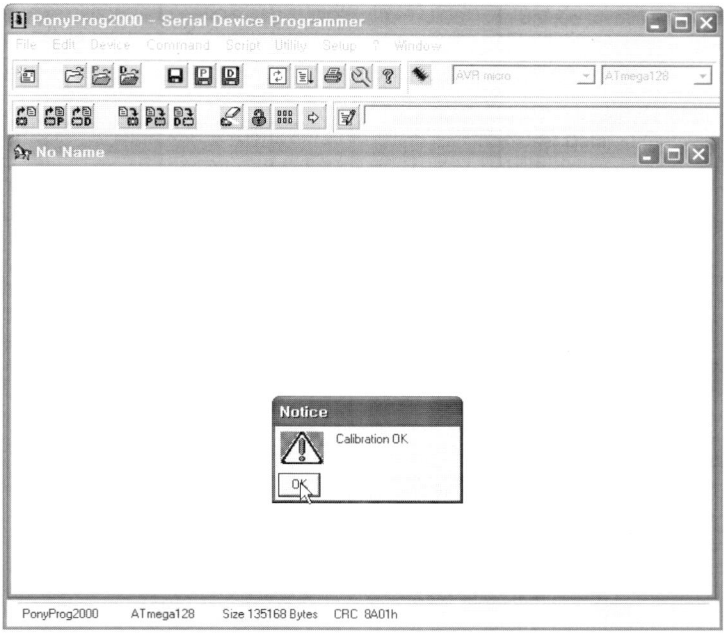

단계 11 PonyProg의 풀다운 메뉴에서 [Command] → [Program Options...] 서브 메뉴를 선택한 후에 다음 단계로 진행한다.

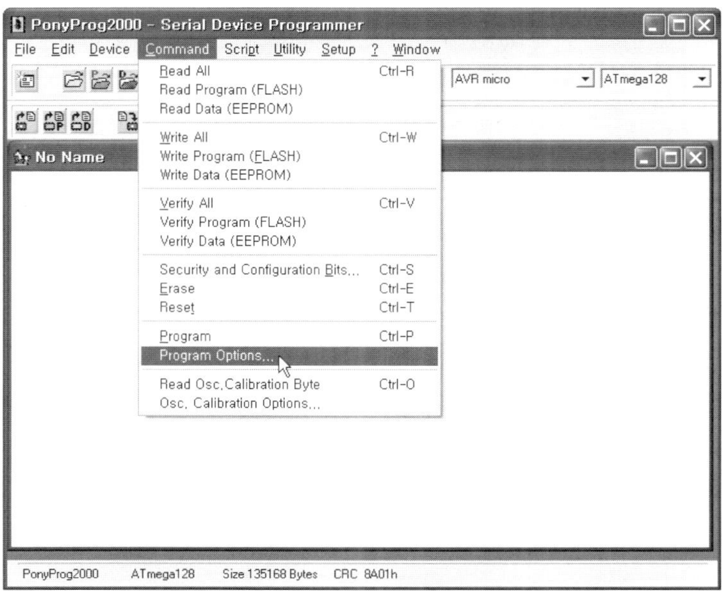

단계 12 Program Options 화면에서 다음과 같이 설정 후에, [OK] 버튼을 누르고 다음 단계로 진행한다.

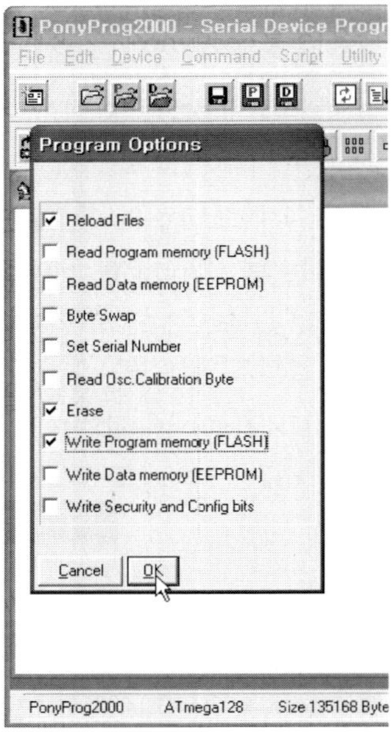

- ☑ Reload Files
- ☐ Read Program memory [Flash]
- ☐ Read Data memory [EEPROM]
- ☐ Byte Swap
- ☐ Set Serial Number
- ☐ Read Osc. Calibtation Byte
- ☑ Erase
- ☑ Write Program memory [FLASH]
- ☐ Write Data memory [EEPROM]
- ☐ Write Security and Config bits

단계 13 PonyProg의 풀다운 메뉴에서 [Command] → [Security and Configratioin Bits... Ctrl+S] 서브 메뉴를 선택한 후에 다음 단계로 진행한다.

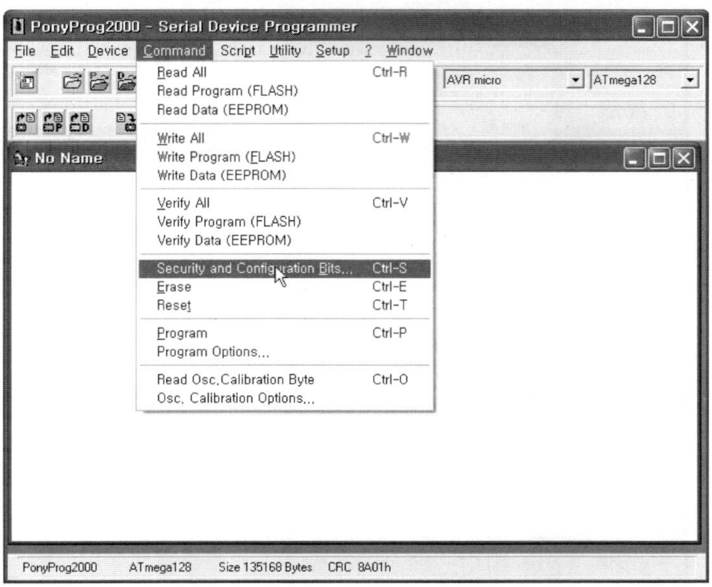

단계 14 Configuration and Security bits 화면에서 다음과 같이 반드시 설정 한 후에 Write 버튼을 누른다.

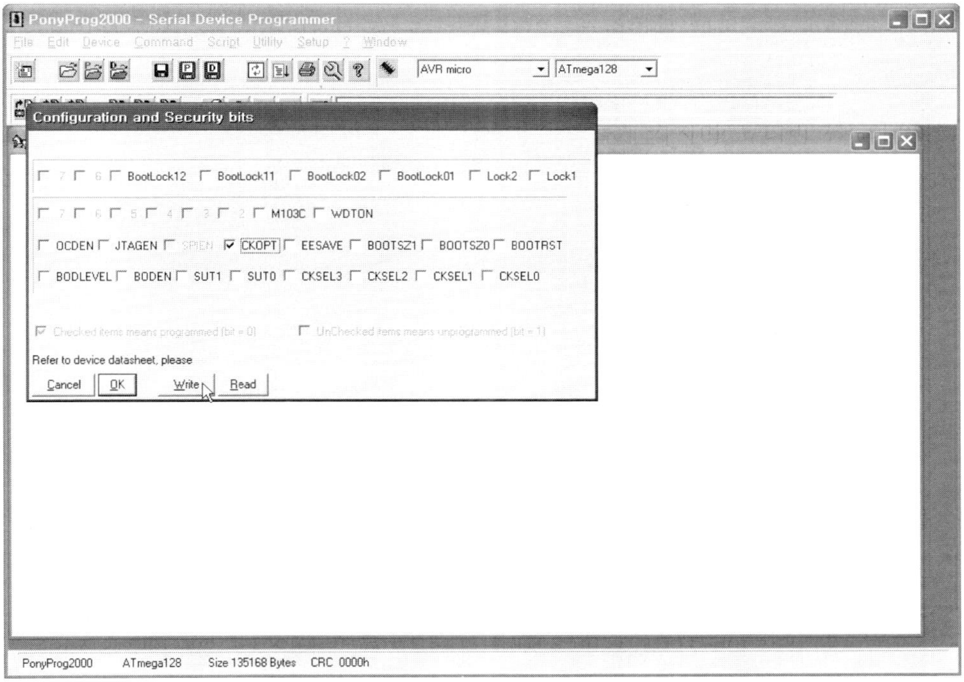

T·I·P

[단계 14]를 진행하기 위해서는 [단계 7]에서 설정한 것과 같이 PC의 LPT1 포트와 AVR ATmega128이 ISP 다운로드 모듈로 연결되어야 한다.

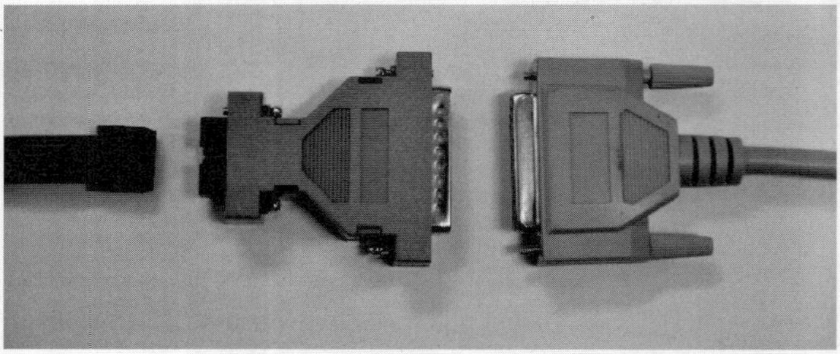

〈IDC Flat 10P 케이블, ISP 모듈, LPT 연장선의 연결도〉

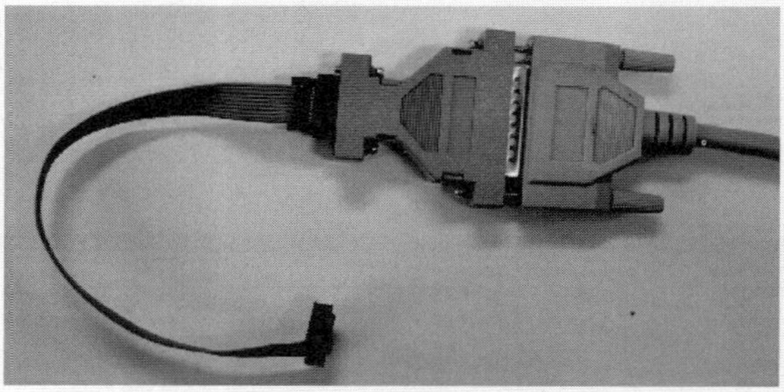

〈IDC Flat 10P 케이블과 ISP 모듈, LPT 연장선이 연결된 모습〉

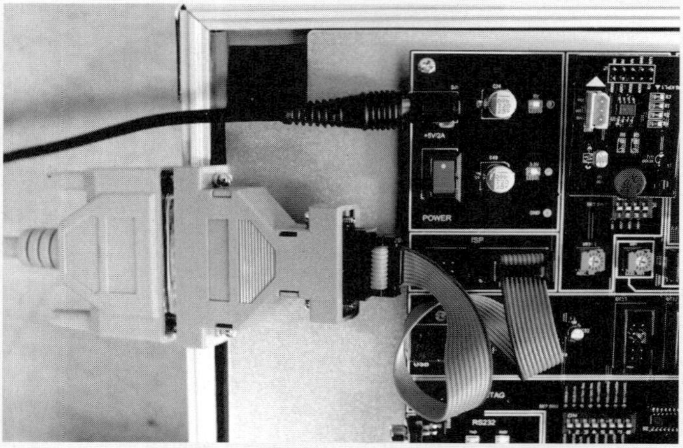

〈PC의 LPT 포트와 ATmega128이 ISP 모듈로 연결된 모습〉

CHAPTER 05

AVR ATmega128을 사용한 LED 제어

실습목표

디지털 출력 실험 장치 중 가장 간단하고 기초적인 LED에 대해 학습한다. 이 과정에서는 디지털 입출력 관련 레지스터를 알고 이해해야 하며, LED의 전기적 특징과 제어 회로를 알아야 한다. 또한 AVR의 입출력 포트에 연결하고, 몇 가지 동작을 실험한다.

실습이론

5.1 LED 제어를 위한 디지털 출력 관련 레지스터

DDRx 레지스터는 포트의 입출력 방향을 결정하는 레지스터이며 DDRxn의 비트 값이 0이면 입력, 1이면 출력으로 설정된다. x는 포트명을 가리키는 문자이고 n은 비트를 나타내는 숫자이다. ATmega128에서 레지스터는 0번부터 7번까지 8비트가 존재한다. PORTx 레지스터는 포트에 출력할 논리 값을 저장하는 레지스터이며 x는 포트명이다. 디지털 입출력과 관련한 자세한 내용은 1.14절의 AVR 디지털 입출력 핀 구조를 참조한다.

DDRx : PORTx 데이터 방향 레지스터

Bit	7	6	5	4	3	2	1	0
	DDx7	DDx6	DDx5	DDx4	DDx3	DDx2	DDx1	DDx0
Read/Write	R/W	R/W	R/W	R/W	R/W	R/W	R/W	R/W
Initial Value	0	0	0	0	0	0	0	0

PORTx : PORTx 데이터 레지스터

Bit	7	6	5	4	3	2	1	0
	PORTx7	PORTx6	PORTx5	PORTx4	PORTx3	PORTx2	PORTx1	PORTx0
Read/Write	R/W	R/W	R/W	R/W	R/W	R/W	R/W	R/W
Initial Value	0	0	0	0	0	0	0	0

5.2 LED 특성 및 제어회로

그림 5.1.1 (a) 그림은 LED에 정 방향의 바이어스 전압을 인가하여 전류가 잘 흐르는 그림을 보이고 있다. 이때 LED는 밝게 켜진다. 그림 5.1.1 (b) 그림은 LED에 역 방향의 바이어스 전압을 인가하여 전류가 흐르지 않는 상태를 나타내고 있다. 이때 LED는 OFF 된다.

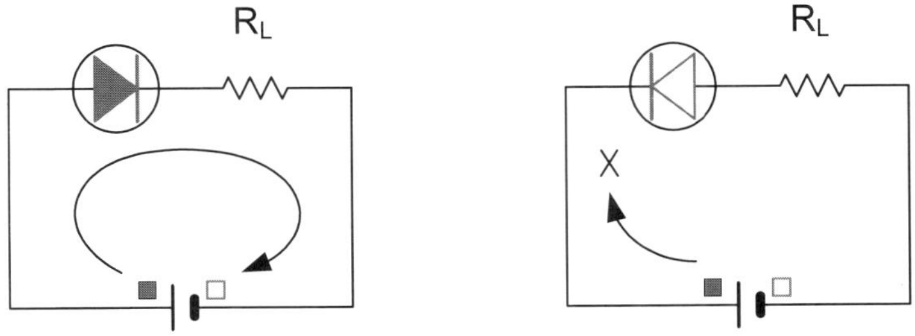

(a) 정 방향　　(b) 역 방향

그림 5.1.1 LED 의 전기적 특성

그림 5.1.2 (a)에서는 LED를 Active Low 동작하는 회로를 구성하였고, 그림 5.1.2 (b)에서는 LED를 Active High 동작하는 회로를 구성하였다. 두 회로는 모두 LED를 ON/OFF 할 수 있도록 구성된 회로다. 다만 LED가 켜지기 위한 포트의 출력이 다른데, (a)에서는 포트 A의 핀 출력이 'Low', 즉 '0'일 때 LED가 켜진다. 하지만 (b)에서는 포트 B의 핀 출력이 'High', 즉 '1'일 때 LED가 켜진다. 참고로 AVR 트레이닝 키트(WES-XUN I)의 싱크(Sink) 및 소스(Source) 전류는 모두 최대 40mA이다. 한편, AVR 트레이닝 키트(WES-XUN I)는 Active Low 방식을 사용한다.

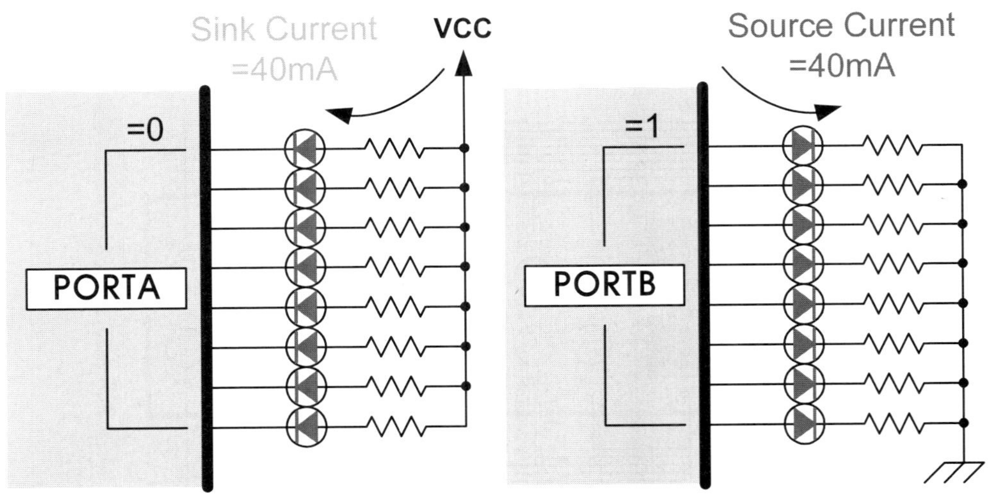

(a) Active Low　　(b) Active High

그림 5.1.2 LED의 Active 동작

T·I·P

전류의 방향으로 포트의 입출력 방향을 결정하는 것이 아니며, 입출력 방향은 AVR 코어와 포트 핀 사이의 방향으로 결정한다. 포트 핀의 로직을 AVR 코어에서 읽을 때는 입력으로 해야 하며, AVR 코어가 포트 핀에 로직을 쓸 때는 출력으로 할당해야 한다.

5.3 AVR 트레이닝 키트(WES-XUN I)의 LED 제어회로

AVR 트레이닝 키트(WES-XUN I)에는 그림 5.3.1과 같이 LED 16개로 구성된 LED 블록이 있으며, LED1~8은 LED_L 커넥터에 연결되어 있고, LED9~16은 LED_H 커넥터에 연결되어 있다. 이 블록은 앞서 설명한 것과 같이 Active Low 동작이며, 8개의 LED가 하나의 커넥터에 연결된다. 5V VCC 전원에 연결되었고, 1[㏀]의 보호저항이 연결되어 있다. 보호 저항은 LED 회로에 정격이 아닌 과전류가 흐르는 것을 방지하기 위해 꼭 연결되어야 한다. 하지만 보호 저항이 너무 클 경우 LED의 밝기가 흐려지므로 정격에 맞는 보호저항 값을 선택해야 한다.

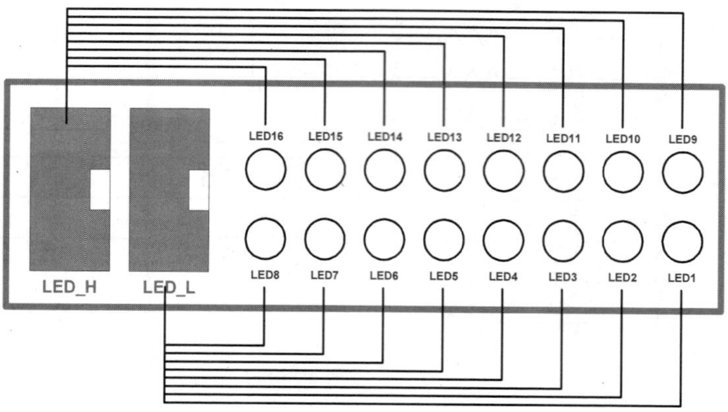

그림 5.3.1 AVR 트레이닝 키트(WES-XUN I) LED 회로 블록도

실습내용

5.4 AVR 트레이닝 키트(WES-XUN I)에서 동작해보기

5.4.1 AVR 트레이닝 키트(WES-XUN I)의 동작을 위한 준비 사항

단계 1 그림 5.4.1과 같이 전원을 켜고 ISP 다운로드 모듈을 연결한다.

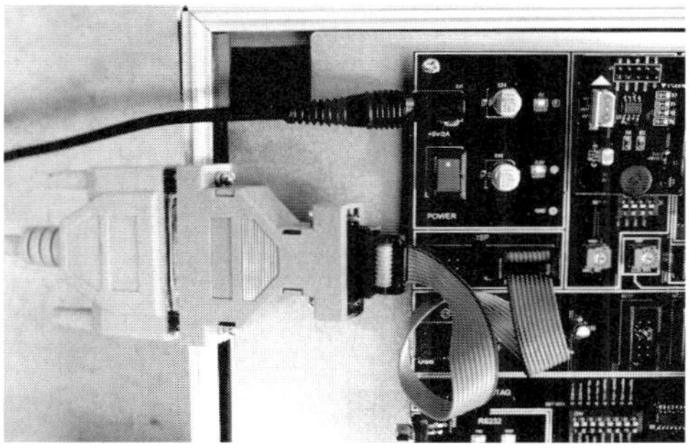

그림 5.4.1 전원을 켜고 ISP 다운로드 모듈을 연결

단계 2 그림 5.4.2와 같이 IDC Flat 10P 케이블을 이용해 LED_H 커넥터와 AVR MCU Module(ATmega128)의 PORTA와 연결하고, LED_L 커넥터와 AVR MCU Module(ATmega128)의 PORTC와 연결한다. 연결할 때 케이블의 방향이 맞도록 홈에 잘 맞추어 삽입한다.

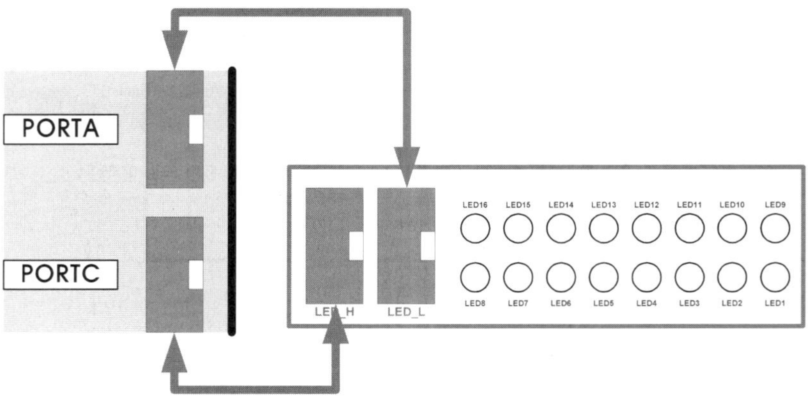

PORTA ⇔ LED_L

PORTA	BIT7	BIT6	BIT5	BIT4	BIT3	BIT2	BIT1	BIT0
Device Pin	LED16	LED15	LED14	LED13	LED12	LED11	LED10	LED9
In/Out	Out	Out	Out	Out	Out	Out	Out	Out

PORTC ⇔ LED_H

PORTC	BIT7	BIT6	BIT5	BIT4	BIT3	BIT2	BIT1	BIT0
Device Pin	LED8	LED7	LED6	LED5	LED4	LED3	LED2	LED1
In/Out	Out	Out	Out	Out	Out	Out	Out	Out

그림 5.4.2 LED 제어 실험을 위한 회로 연결

5.4.2 LED_H 커넥터에 연결된 LED들(LED16~LED9)이 LED16부터 순서대로 OFF | ON | OFF | ON | OFF | OFF | ON | ON이 되는 예제

단계 1 AVR Studio 4에서 새로운 project를 생성하고, C 언어 소스 프로그램을 작성하여 저장한다.

[단계 1]-(1) [시작] → [모든 프로그램] → [Atmel AVR Tools] → [AVR Studio 4]를 눌러 AVR Studio 4를 실행한다.

[단계 1]-(2) 

버튼을 누르고 다음 단계로 진행한다.

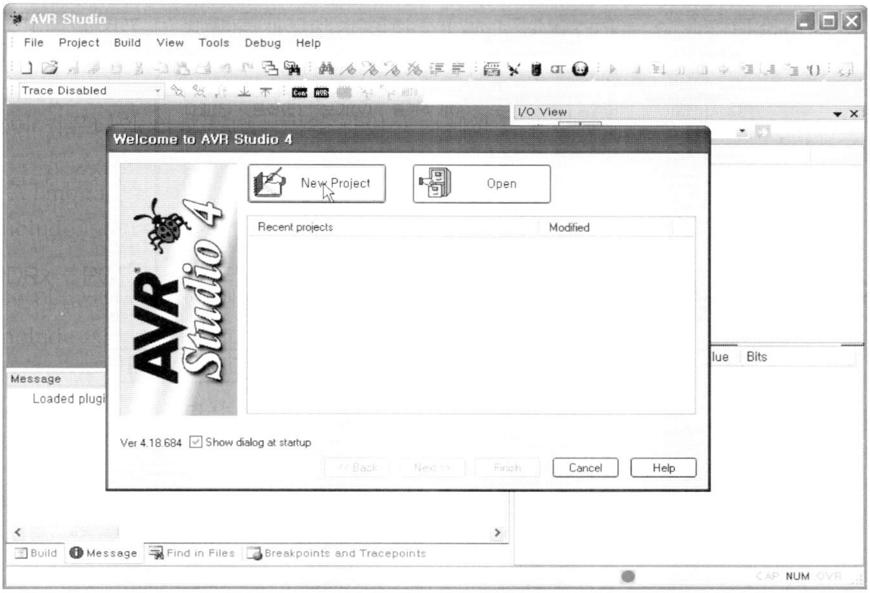

다른 방법으로는 풀다운 메뉴에서 [Project] → [New Project] 서브 메뉴를 누르고 다음 단계로 진행한다.

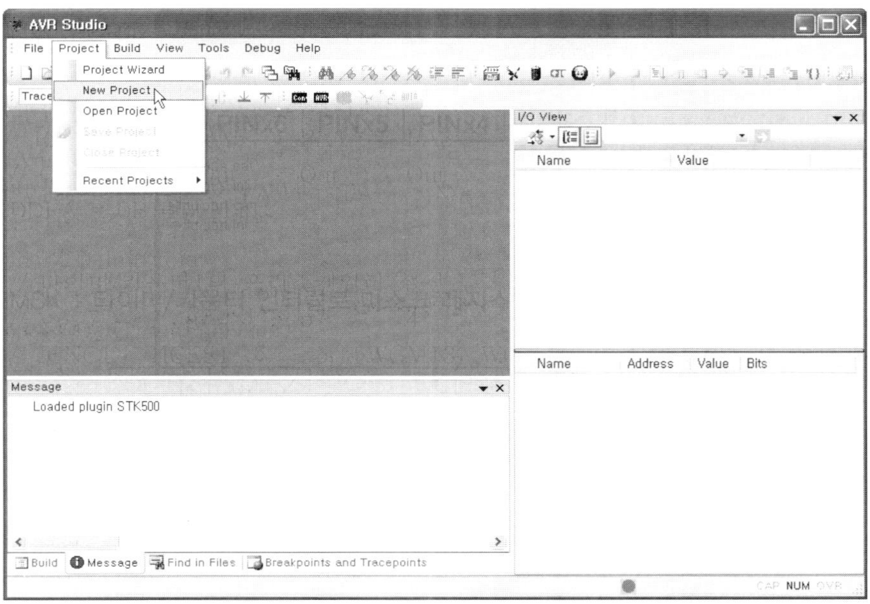

[단계 1]-(3) Project type은 AVR GCC를 선택하고, Project name:은 ch5_step1, Initial file:은 ch5_step1이라고 입력하고, Create initial file과 Create folder를 체크하고, Location:은 C:₩avr_test를 선택한 후에 [Next >>] 버튼을 누르고 다음 단계로 진행한다.

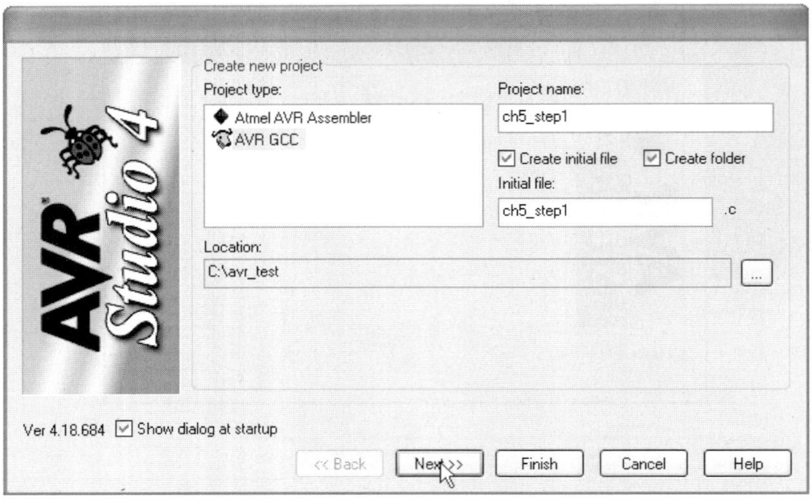

한편, Location 항목에서 C:₩avr_test 폴더로 경로를 변경하기 위해서는 [...]를 누르고 나타나는 폴더 찾아보기 화면에서 [새 폴더 만들기(M)] 버튼을 누르고 새 폴더를 생성 한 후에 [확인] 버튼을 누르고 다 음 단계로 진행한다.

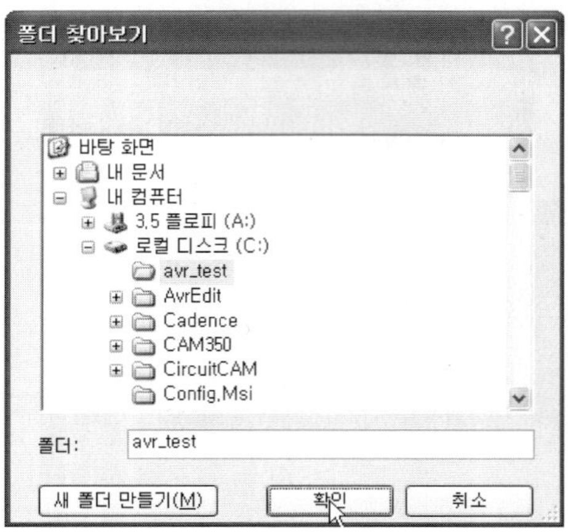

[단계 1]-(4) Debug platform은 AVR Simulator를 선택하고, Device는 ATmega128을 선택 후 Finish 버튼을 누르고 다음 단계로 진행한다.

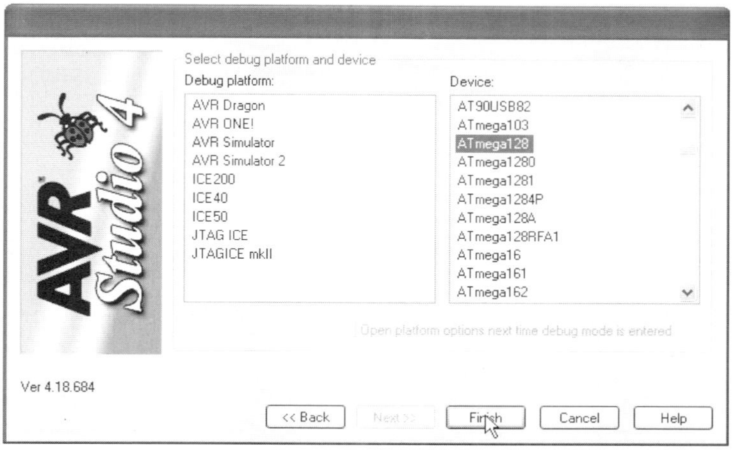

[단계 1]-(5) 다음과 같이 AVR Studio 4 편집 화면이 나타난다.

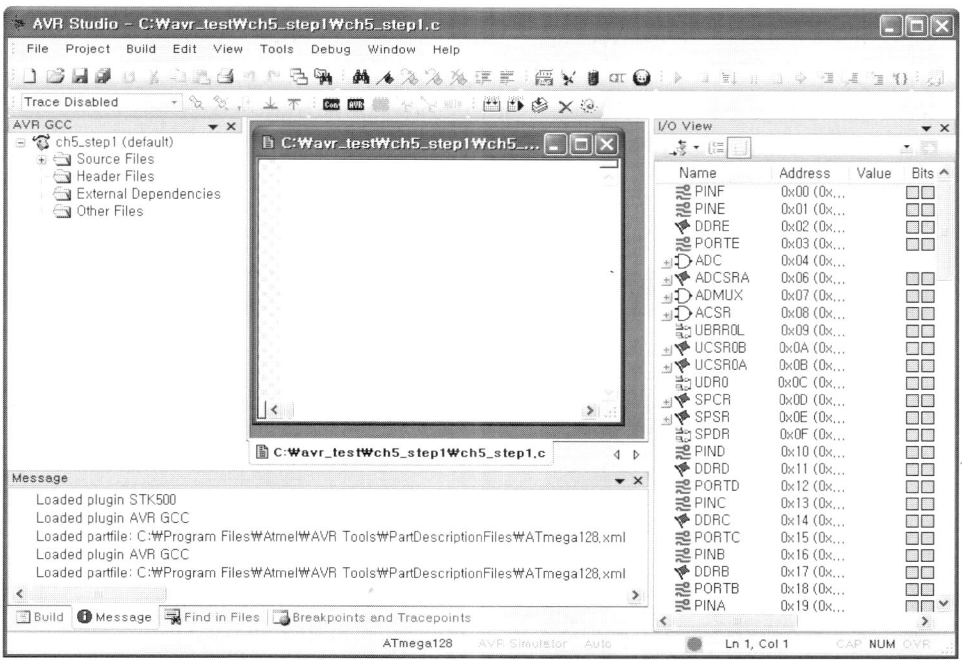

[단계 1]-(6) AVR Studio 4 편집 화면에 다음과 같이 C 언어 소스 프로그램을 작성하여 저장한다.

```
//
// ch5_step1.c
//

// ATmega128의 레지스터 등이 정의되어 있음
#include <avr/io.h>

// C 언어의 주 실행 함수
int main(void){
        // 포트 A의 방향 설정, 0 : 입력, 1 : 출력
        // PA7    PA6    PA5    PA4    PA3    PA2    PA1    PA0
        // Out    Out    Out    Out    Out    Out    Out    Out
        DDRA = 0B11111111;

        // 포트 A에 논리를 출력.
        //        PA7    PA6    PA5    PA4    PA3    PA2    PA1    PA0
        //        1      0      1      0      1      1      0      0
        // LED=   OFF    ON     OFF    ON     OFF    OFF    ON     ON
        PORTA = 0B10101100;

        // 함수의 형태와 같이 정수형(int)의 값을 반환함
        return 1;
}
```

C 언어 소스 프로그램 설명

핵심포인트

ATmega128의 포트에 디지털 값을 출력하기 위해서는 DDRx(x는 A~G의 문자) 레지스터의 비트를 논리 1로 설정하고, PORTx(x는 A~G의 문자) 레지스터의 비트에 출력할 논리를 설정하면 된다.

avr/io.h 헤더파일에는 DDRx 레지스터, PORTx 레지스터 등이 정의되어 있으므로 이들 레지스터를 사용하려면 반드시 포함시켜야 한다.

DDRx 레지스터는 포트의 입출력 방향을 결정하는 레지스터이며 x는 포트명이고 DDRxn의 각 비트 값이 0이면 입력, 1이면 출력으로 설정된다. 따라서 DDRA = 0B11111111; 문장은 포트 A의 모든 비트를 출력하겠다는 의미이다.

PORTx 레지스터는 포트에 출력할 논리 값을 저장하는 레지스터이며 x는 포트명이다. 따라서 PORTA = 0B10101100; 문장은 포트 A에 연결된 8개의 LED를, LED_L 커넥터에 연결된 LED들(LED16~LED9)이 LED16부터 순서대로 OFF | ON | OFF | ON | OFF | OFF | ON | ON이 되도록 하겠다는 의미이다. 한편, AVR 트레이닝 키트(WES-XUN I)는 Active Low 방식을 사용하기 때문에 포트 A의 핀 출력이 Low, 즉 0일 때 LED가 켜진다.

T·I·P

C 언어 소스 프로그램은 CD Drive:₩Source₩ch5₩ch5_step1₩ch5_step1.c 파일을 참조한다.

단계 2 AVR Studio 4를 이용하여 C 언어 소스 프로그램을 Build 한다.

[단계 2]-(1) 풀다운 메뉴에서 [Project] → [Configuration Options] 서브 메뉴를 누르고 다음 단계로 진행한다.

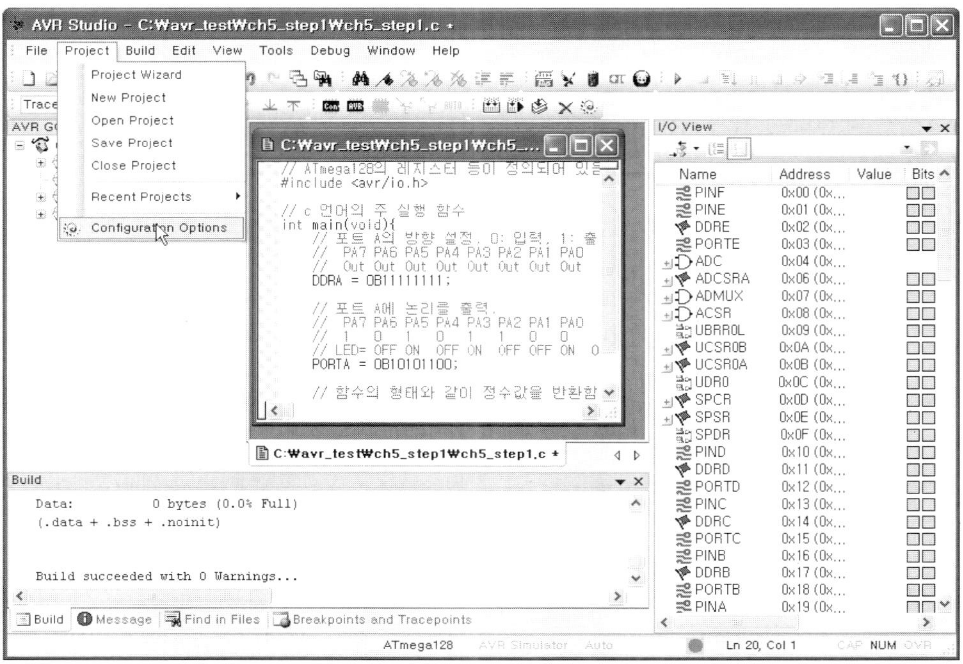

[단계 2]-(2) ch5_setp1 Project Options 화면에서 Frequency: 항목에 14745600을 입력하고 [확인] 버튼을 누르고 다음 단계로 진행한다.

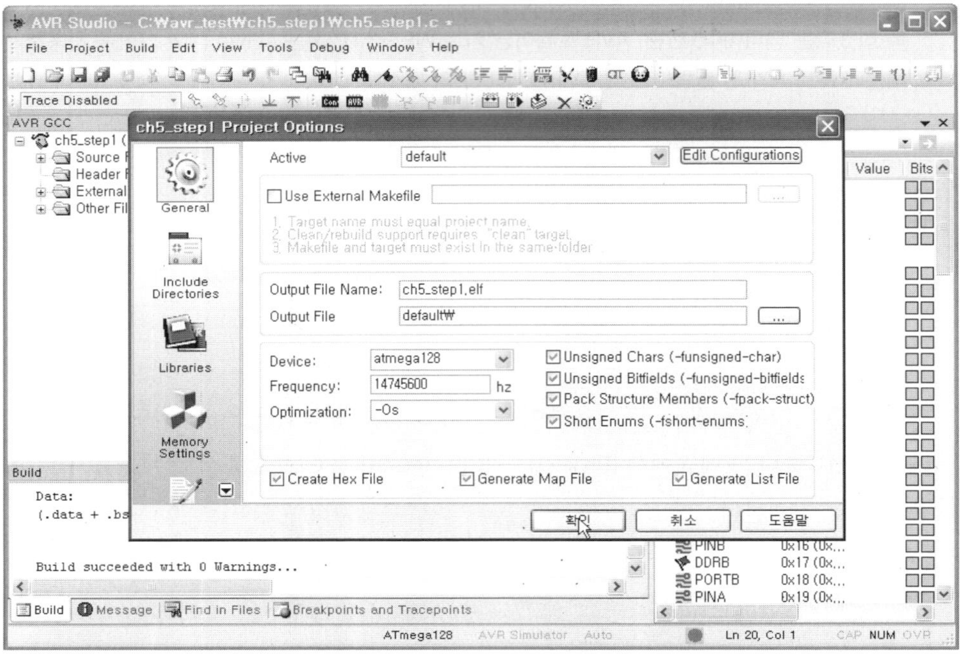

T·I·P

util/delay.h 헤더파일에 정의된 _delay_ms() 함수를 사용하면 F_CPU 매크로를 사용하여 () 안에 설정된 크기만큼 시간을 지연시킨다. 이때 AVR Studio 4의 [Project] → [Configuration Options] 서브 메뉴의 Frequency: 항목에 ATmega128이 사용하는 주파수를 설정하지 않으면 F_CPU 매크로는 1000000을 기본값으로 사용한다. AVR 트레이닝 키트(WES-XUN I)는 1000000의 주파수를 사용하지 않으므로 스위치의 설정에 따라 AVR 트레이닝 키트(WES-XUN I)가 사용하는 주파수를 설정해야 한다.

AVR 트레이닝 키트(WES-XUN I)에서 그림 (a)와 같이 SW1 스위치 모듈에서 CLK 스위치 2개를 위로 올렸을 때에 AVR ATmega128이 주파수 14.7456MHz의 수정 발진기 클록 소스를 사용하게 되므로 반드시 올려서 사용해야 한다. 한편, 그림 (b)와 같이 SW1 스위치 모듈에서 CLK 스위치 2개를 아래로 내렸을 때에 AVR ATmega128은 주파수 8MHz의 오실레이터 발진기 클록 소스를 사용하게 된다. 따라서 경고 메시지를 없애고, 지연 시간에 오차를 없애기 위해서는 CLK 스위치 2개를 위로 올리는 경우 Frequency: 항목에 14745600을 설정하고, CLK 스위치 2개를 아래로 내리는 경우 Frequency: 항목에 8000000을 설정해야한다. 또한 이러한 설정은 새로운 project를 생성할 때마다 반드시 수행해야 한다. 한편, Frequency: 항목에 설정된 값을 WinAVR 컴파일러의 F_CPU 매크로에 적용된다. 즉, Frequency: 항목에 14745600 이라고 설정하면, #define F_CPU 14745600 문장과 같이 동작한다.

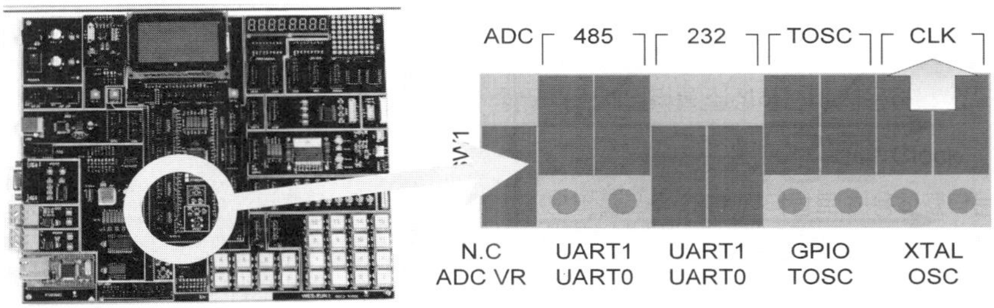

(a) 14.7456MHz의 크리스탈 발진 선택

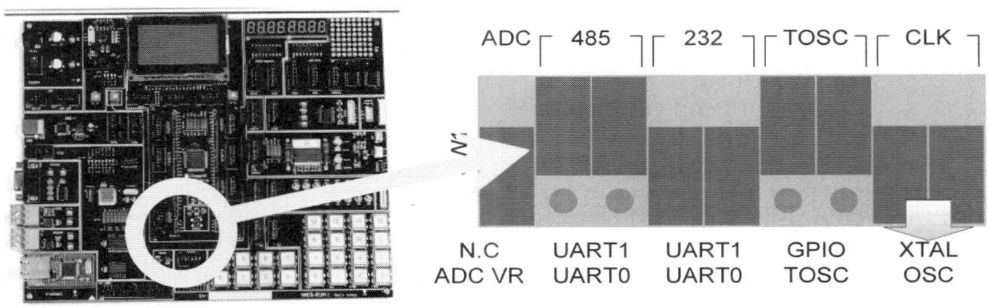

(b) 8MHz의 오실레이터 발진 선택

<table>
<tr><td>ADC 용
VR 연결</td><td colspan="2">485포트 연결
UART0</td><td colspan="2">232포트 연결
UART0</td><td colspan="2">TOSC용 클록 연결
32.768KHz</td><td colspan="2">클록선택
XTAL
14.7456MHz</td></tr>
<tr><td>▲</td><td colspan="2">▲</td><td colspan="2">▲</td><td colspan="2">▲</td><td colspan="2">▲</td></tr>
<tr><td>1</td><td>2</td><td>3</td><td>4</td><td>5</td><td>6</td><td>7</td><td>8</td><td>9</td></tr>
<tr><td>▽</td><td colspan="2">▽</td><td colspan="2">▽</td><td colspan="2">▽</td><td colspan="2">▽</td></tr>
<tr><td>연결해제</td><td colspan="2">485포트 연결
UART1</td><td colspan="2">232포트 연결
UART0</td><td colspan="2">TOSC 포트
GPIO로 사용</td><td colspan="2">클록선택
OSC
8MHz</td></tr>
</table>

[단계 2]-(3) 풀다운 메뉴에서 [Build] → [Build] 서브 메뉴를 눌러 작성된 C 언어 소스 프로그램을 Build 한다.

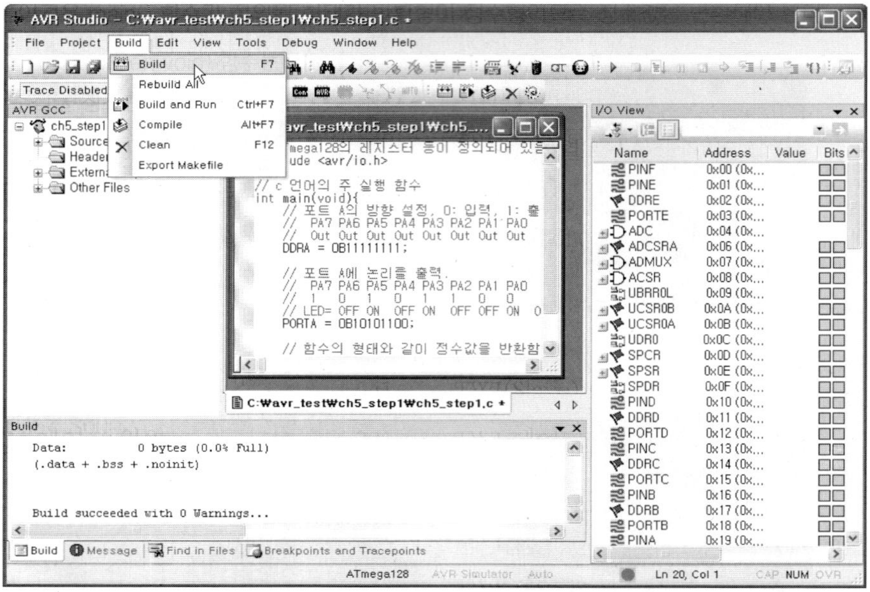

[단계 2]-(4) 빌드가 성공적으로 수행되었으면 화면 하단의 Build 탭에 "Build succeeded with 0 Warnings..." 메시지가 나타나는 것을 확인할 수 있다.

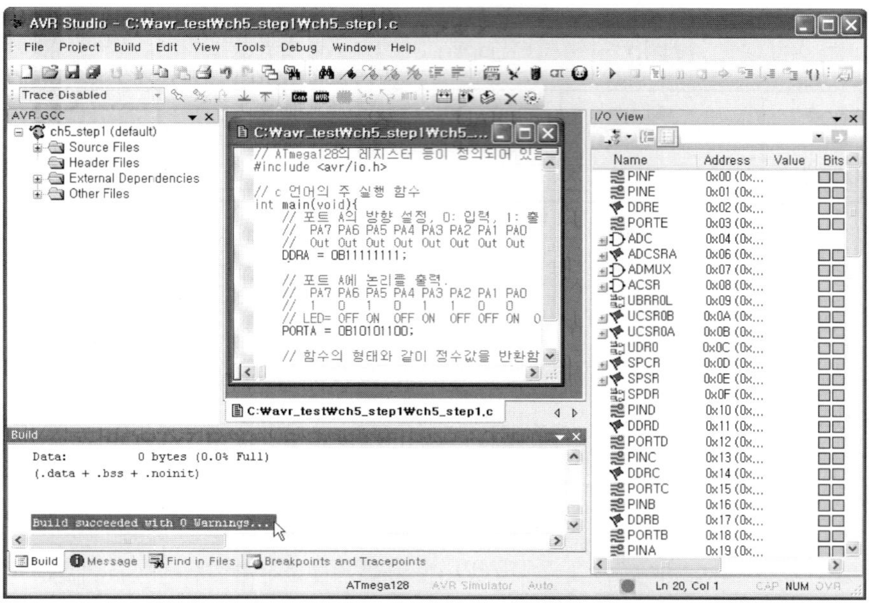

[단계 2]-(5) 프로젝트 폴더인 C:₩avr_test₩ch5_step1 폴더에는 다음과 같은 파일들이 생성된다. ch5_step1.aps 파일은 AVR Studio4에서 생성한 프로젝트 파일이며 ch5_step1.c 파일은 프로젝트에서 생성한 C 언어 소스 프로그램 파일이다. 한편, default 폴더에는 AVR Studio4에서 Build를 수행한 후에 생성된 파일들이 저장된다.

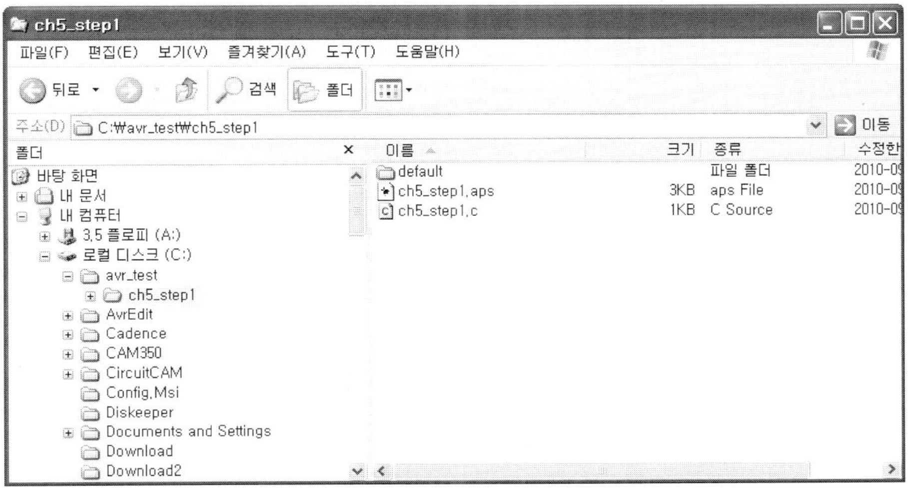

C:₩avr_test₩ch5_step1₩default 폴더에 생성된 실행파일인 ch5_step1.hex 파일은 ISP(In-System Programming)를 통해 AVR ATmega128 칩에 다운로드 할 수 있다.

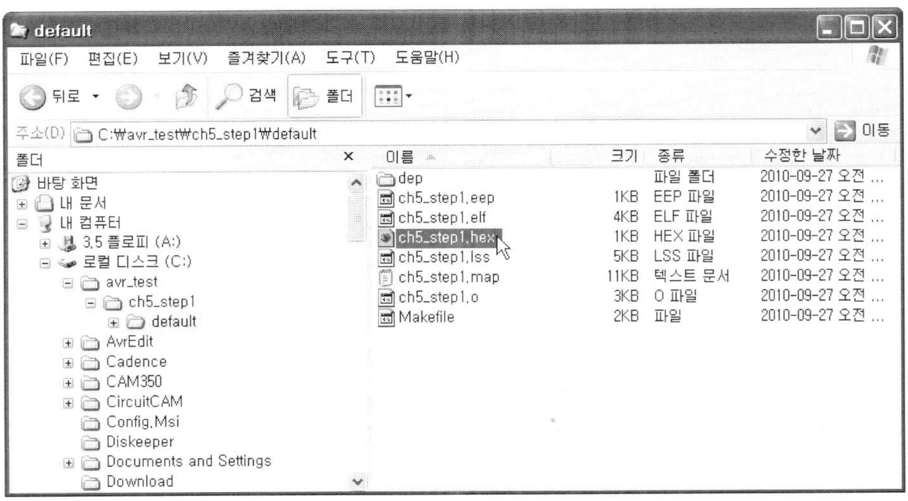

단계 3 PonyProg를 이용하여 ATmega128에 hex 파일을 ISP 다운로드 한다. 이때 반드시 먼저 4.1.5절을 수행하여야 한다.

[단계 3]-(1) 풀다운 메뉴에서 [File] → [Open Device File...] 서브 메뉴를 선택한 후에 다음 단계로 진행한다.

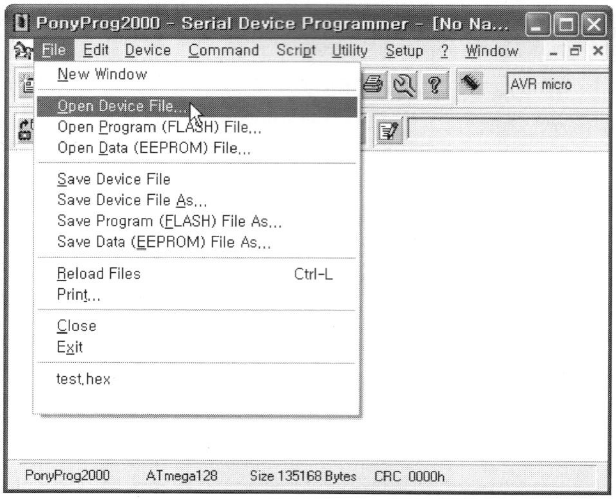

[단계 3]-(2) [단계 3]에서 생성한 hex 파일을 찾아 열기를 한다. [단계 3]에서 생성된 hex 파일의 경로는 C:₩avr_test₩ch5_step1₩default₩ch5_step1.hex 이다.

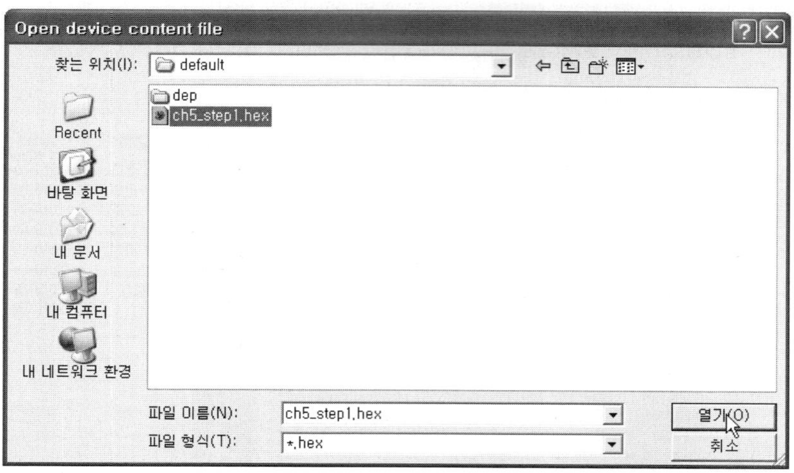

T·I·P

hex 파일이 보이지 않을 때 파일 형식을 *.hex로 선택하고, Build가 제대로 이루어 졌는지를 확인한다.

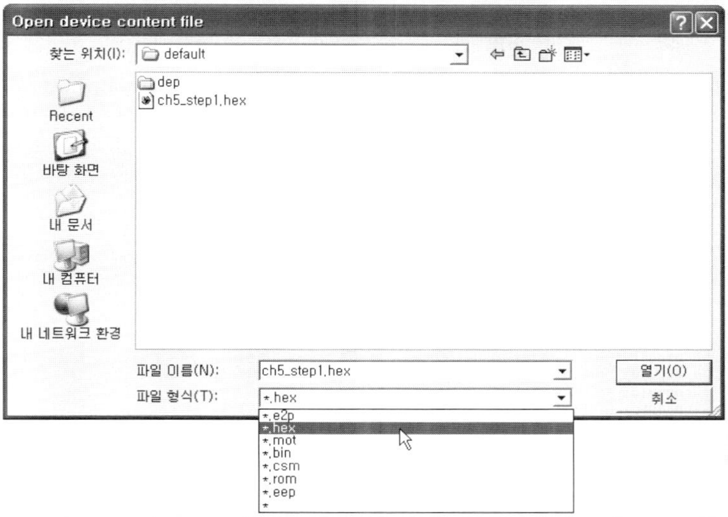

[단계 3]-(3) PonyProg의 풀다운 메뉴에서 [Command] → [Program Ctrl+P] 서브 메뉴를 선택한 후에 다음 단계로 진행한다.

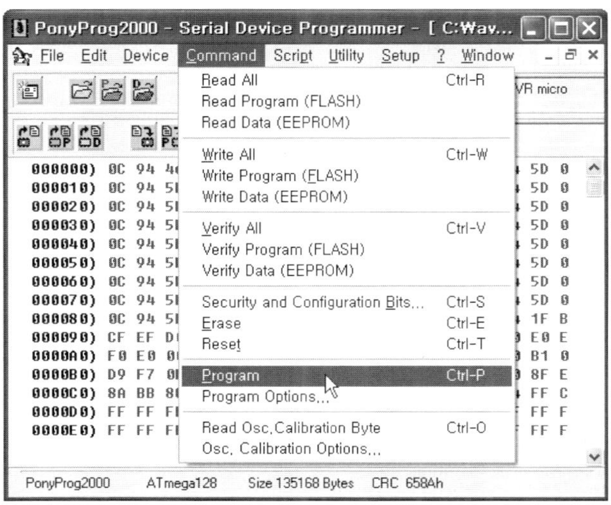

[단계 3]-(3) LPT1과 AVR MCU 사이에 연결된 ISP 다운로더를 통해 MCU로 프로그래밍되는 화면이다. 이 단계는 Erasing → Writing → Verifying 단계로 이루어진다.

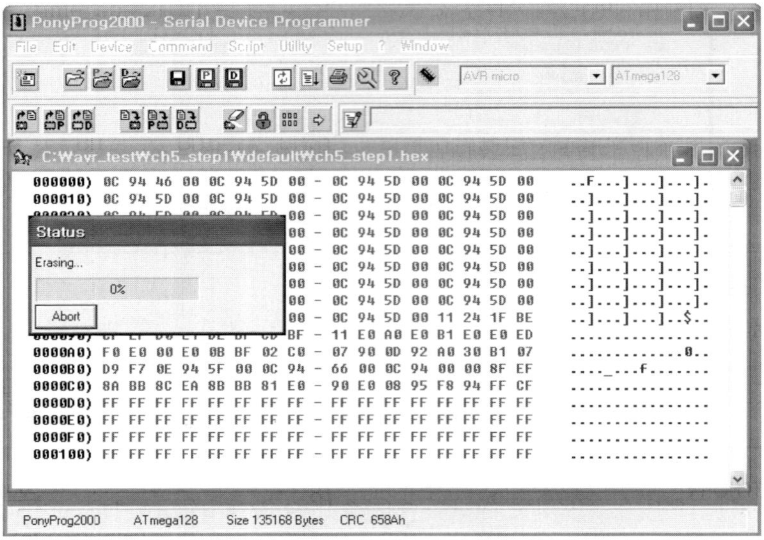

[단계 3]-(4) ISP 다운로드가 완료 된 화면이다. OK 버튼을 누르고 AVR 트레이닝 키트(WES-XUN I)에서 동작을 확인한다. 동작 확인에 앞서 자신이 설계한 회로와 응용 프로그램에서 사용한 포트가 일치하는지 확인한다. 확인해야 할 요소는 첫째, IDC Flat 10P의 케이블 연결, 둘째, 슬라이드 스위치에 의한 스위치 세팅, 셋째, 퓨즈비트의 클록 설정 등이다.

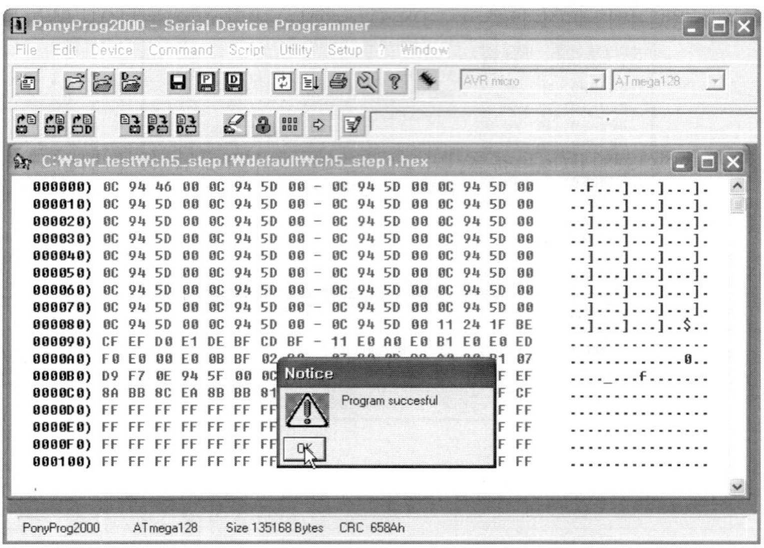

T·I·P

※ ISP를 사용할 수 없는 경우에 나타나는 Alert 경고 화면이다. 이를 해결하기 위한 방법은 다음과 같다.

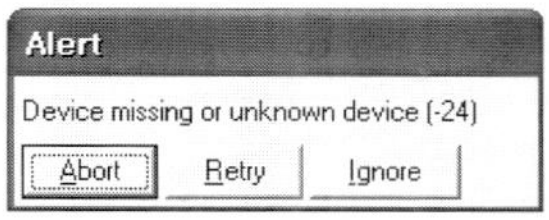

① AVR 트레이닝 키트(WES-XUN I)의 전원이 ON 되었는지 확인한다.

② ISP 다운로드 모듈이 LPT1과 AVR MCU의 ISP 포트와 연결되었는지 확인한다.

③ AVR의 퓨즈 비트와 같이 클록이 연결되었는지 확인한다. 퓨즈 비트의 CKSEL3..0의 잘못된 설정으로 오동작 된다고 의심될 경우에 클록을 크리스털 발진에서 8MHz의 오실레이터(OSC) 발진으로 바꾸고 다시 시도한다.(1.9절 참조)

④ ISP 다운로드 모듈이 불량이 아닌지 다른 모듈로 바꿔 테스트 해 본다.

⑤ AVR MCU 모듈이 불량이 아닌지 다른 모듈로 바꿔 테스트 해 본다.

⑥ 다음 화면은 ISP가 정상적으로 동작할 경우에 나타나는 PonyProg의 퓨즈비트 설정 화면을 나타내고 있다. 트레이닝 키트가 정상적으로 동작하기 위해서는 퓨즈비트가 다음과 같이 설정되어야 한다.

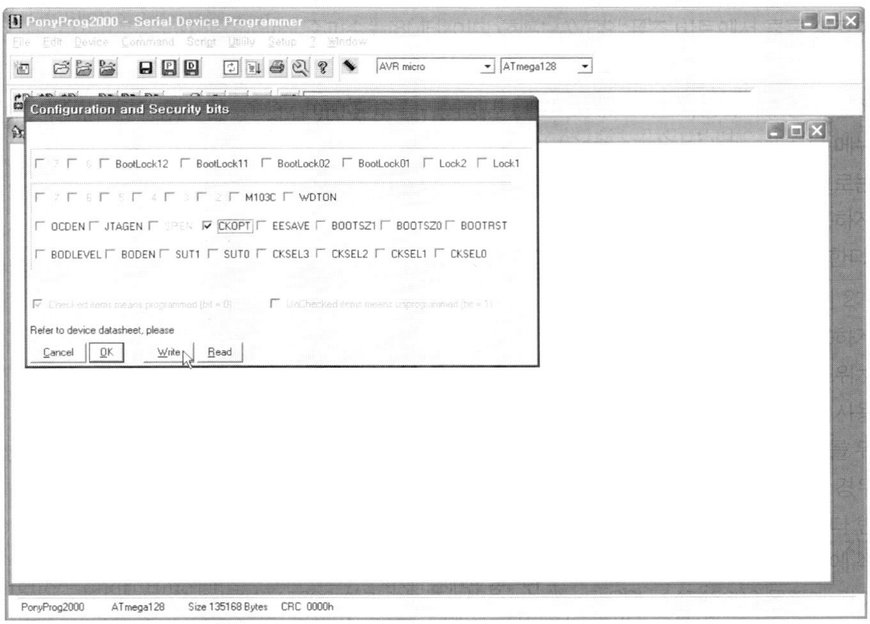

단계 4 다운로드가 완료되면 AVR 트레이닝 키트(WES-XUN I)에서 동작을 확인한다. LED_L 커넥터에 연결된 LED들(LED16~LED9)이 LED16부터 순서대로 OFF | ON | OFF | ON | OFF | OFF | ON | ON이 된다.

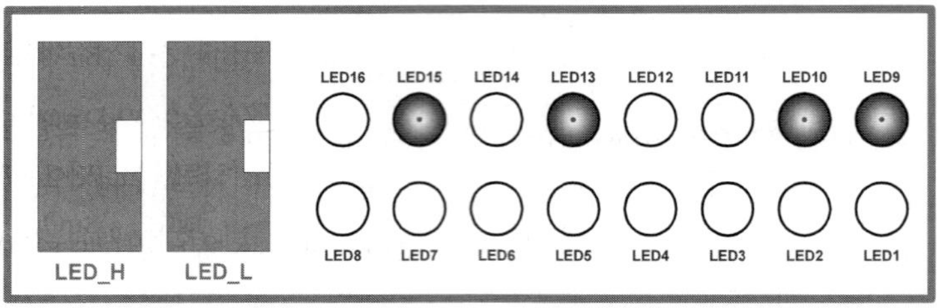

5.4.3 LED16이 ON이 된 상태에서 LED9까지 우측으로 점차 ON 상태가 이동한 후 에 ON 상태가 멈추는 예제

단계 1 AVR Studio 4에서 새로운 project를 생성하고, C 언어 소스 프로그램을 작성하여 저장한다. 자세한 내용은 5.4.2절의 [단계 1]을 참조한다.

[단계 1]-(1) Project type은 AVR GCC를 선택하고, Project name:은 ch5_step2, Initial file:은 ch5_step2이라고 입력하고, Create initial file과 Create folder를 체크하고, Location:은 C:₩avr_test를 선택한 후에 [Next >>] 버튼을 누르고 다음 단계로 진행한다.

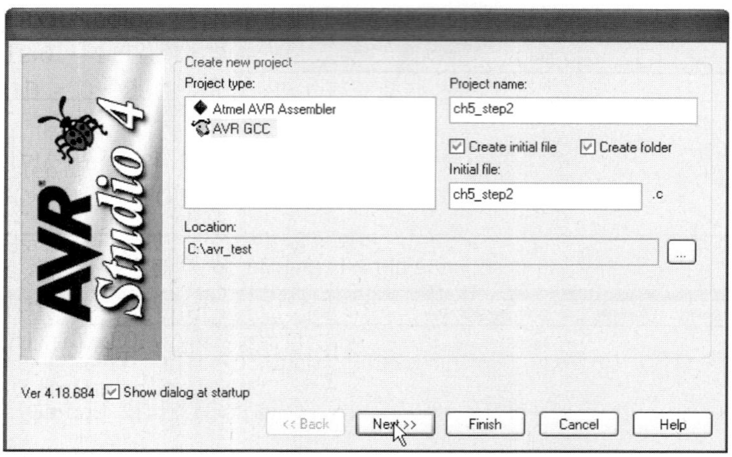

[단계 1]-(2) AVR Studio 4 편집 화면에 다음과 같이 C 언어 소스 프로그램을 작성하여 저장한다.

```
//
// ch5_step2.c
//

// ATmega128의 레지스터 등이 정의되어 있음
#include <avr/io.h>

// _delay_ms() 함수 등이 정의되어 있음
#include <util/delay.h>

// C 언어의 주 실행 함수
int main(void){
        char i;   // 8비트의 변수 선언
        // 포트 A의 방향 설정, 0 : 입력, 1 : 출력
        // PA7   PA6     PA5     PA4     PA3     PA2     PA1     PA0
        // Out   Out     Out     Out     Out     Out     Out     Out
        DDRA = 0B11111111;

        // LED가 오른쪽으로 이동하도록 동작을 반복함
        for(i = 0B10000000; i; i >>= 1){
                PORTA = ~i;       // LED에 i 변수의 값을 토글하여 출력
                _delay_ms(100);   // 100ms 동안 대기
        }

        // 함수의 형태와 같이 정수형(int)의 값을 반환함
        return 1;
}
```

C 언어 소스 프로그램 설명

핵심포인트

LED를 하나씩 오른쪽으로 이동하도록 하기 위해서는, 하나의 LED가 켜지도록 포트에 값을 출력하고, 지연 함수(delay)를 이용하여 일정시간 동안 대기한 후에 오른쪽으로 1비트 이동한 새로운 값을 포트에 출력하면 된다. 한편, 지연 함수는 "util/delay.h" 헤더파일에 정의되어 있으며, 이 헤더를 이용하여 _delay_us() 지연 함수와 _delay_ms() 지연 함수를 사용할 수 있고, AVR Studio 4의 메뉴에서 [Project] - [Configuration Option]를 누르고, Configuration Option 창의 Frequency 항목을 AVR ATmega128이 사용하는 시스템 클록 주파수로 설정해야 한다. 예를 들어 14.7456MHz의 클록을 사용할 경우 Frequency 항목을 14745600으로 설정해야 한다.

avr/io.h 헤더파일에는 DDRx 레지스터, PORTx 레지스터 등이 정의되어 있으므로 이들 레지스터를 사용하려면 반드시 포함시켜야 한다.

util/delay.h 헤더파일에 _delay_ms() 함수가 정의되어 있으므로 이 함수를 사용하려면 반드시 포함시켜야 한다.

DDRx 레지스터는 포트의 입출력 방향을 결정하는 레지스터이며 x는 포트명이고 DDRxn의 각 비트 값이 0이면 입력, 1이면 출력으로 설정된다. 따라서 DDRA = 0B11111111; 문장은 포트 A의 모든 비트를 출력하겠다는 의미이다.

PORTx 레지스터는 포트에 출력할 논리 값을 저장하는 레지스터이며 x는 포트명이다. 따라서 반복문인 for 루프문에 포함된 포트 A는 처음에 10000000값의 1의 보수값인 01111111을 가지므로 LED16이 ON이 된 상태에서 포트 A의 비트 값이 오른쪽으로 1비트씩 이동하기 때문에, LED9까지 우측으로 점차 ON 상태가 이동한 후에 ON 상태가 멈추게 된다. 이때 LED9는 ON 상태로 되어 있다. 한편, AVR 트레이닝 키트(WES-XUN I)는 Active Low 방식을 사용하기 때문에 포트 A의 핀 출력이 Low, 즉 0일 때 LED가 켜진다.

_delay_ms(100) 함수는 100ms 시간만큼 동작을 멈추게 하는 역할을 한다.

T·I·P

C 언어 소스 프로그램은 CD Drive:₩Source₩ch5₩ch5_step2₩ch5_step2.c 파일을 참조한다.

단계 2 AVR Studio 4를 이용하여 C 언어 소스 프로그램을 Build 한다. 자세한 내용은 5.4.2절의 [단계 2]를 참조한다.

단계 3 PonyProg를 이용하여 ATmega128에 hex 파일을 ISP 다운로드 한다. 자세한 내용은 5.4.2절의 [단계 3]을 참조한다.

단계 4 다운로드가 완료되면 AVR 트레이닝 키트(WES-XUN I)의 동작을 확인한다. LED16이 ON이 된 상태에서 LED9까지 우측으로 점차 ON 상태가 이동한 후 에 ON 상태가 멈추게 된다. 이때 LED9는 ON 상태로 되어 있다.

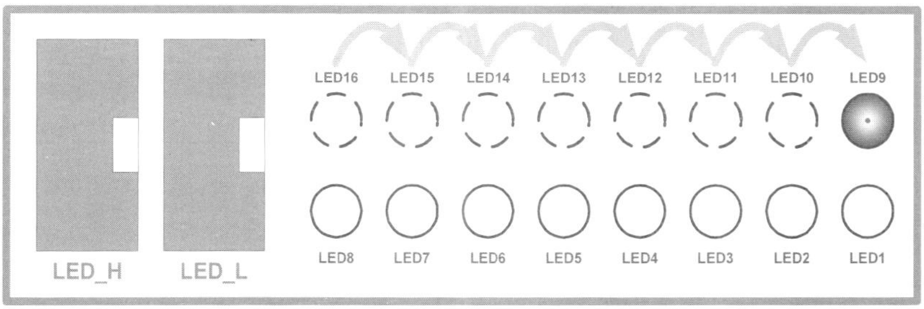

5.4.4 LED16이 ON이 된 상태에서 LED9까지 우측으로 점차 ON 상태가 이동한 후 에, 다시 LED16이 ON이 된 상태에서 LED9까지 우측으로 점차 ON 상태가 이동하는 현상이 계속 진행되는 예제

단계 1 AVR Studio 4에서 새로운 project를 생성하고, C 언어 소스 프로그램을 작성하여 저장한다. 자세한 내용은 5.4.2절의 [단계 1]을 참조한다.

[단계 1]-(1) Project type은 AVR GCC를 선택하고, Project name:은 ch5_step3, Initial file:은 ch5_step3이라고 입력하고, Create initial file과 Create folder를 체크하고, Location:은 C:₩avr_test를 선택한 후에 [Next >>] 버튼을 누르고 다음 단계로 진행한다.

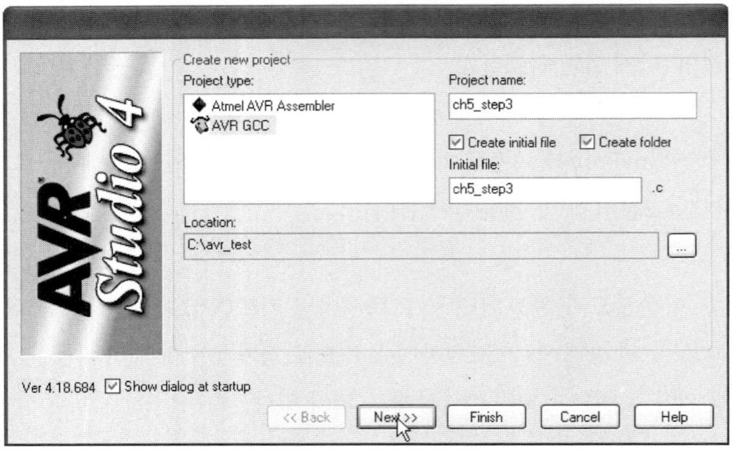

[단계 1]-(2) AVR Studio 4 편집 화면에 다음과 같이 C 언어 소스 프로그램을 작성하여 저장한다.

```
//
// ch5_step3.c
//

// ATmega128의 레지스터 등이 정의되어 있음
#include <avr/io.h>

// _delay_ms() 함수 등이 정의되어 있음
#include <util/delay.h>

// C 언어의 주 실행 함수
int main(void){
        char i;  // 8비트의 변수 선언
        // 포트 A의 방향 설정, 0 : 입력, 1 : 출력
        // PA7   PA6    PA5    PA4    PA3    PA2    PA1    PA0
        // Out   Out    Out    Out    Out    Out    Out    Out
        DDRA = 0B11111111;

        // while 블록 안의 문장을 무한 반복
        while(1){
                // LED가 오른쪽으로 이동 하도록 동작을 반복함
                for(i = 0B10000000; i; i >>= 1){
                        PORTA = ~i;     // LED에 i 변수의 값을 토글하여 출력
```

```
                _delay_ms(100);  // 100ms 동안 대기
            }
    }

    // 함수의 형태와 같이 정수형(int)의 값을 반환함
    return 1;
}
```

C 언어 소스 프로그램 설명

핵심포인트

설정된 동작을 무한 반복하기 위해서는 while(1) 문을 이용하여 { } 안에 반복할 동작을 작성하면 된다. while(1) 문장은 조건이 항상 참이 되는 반복문을 나타내므로 계속해서 { } 안의 문장을 반복한다.

avr/io.h 헤더파일에는 DDRx 레지스터, PORTx 레지스터 등이 정의되어 있으므로 이들 레지스터를 사용하려면 반드시 포함시켜야 한다.

util/delay.h 헤더파일에 _delay_ms() 함수가 정의되어 있으므로 이 함수를 사용하려면 반드시 포함시켜야 한다.

DDRx 레지스터는 포트의 입출력 방향을 결정하는 레지스터이며 x는 포트명이고 DDRxn의 각 비트 값이 0이면 입력, 1이면 출력으로 설정된다. 따라서 DDRA = 0B11111111; 문장은 A 포트의 모든 비트를 출력하겠다는 의미이다.

PORTx 레지스터는 포트에 출력할 논리 값을 저장하는 레지스터이며 x는 포트명이다. 따라서 반복문인 for 루프문에 포함된 포트 A는 처음에 10000000값의 1의 보수값인 01111111을 가지므로 LED16이 ON이 된 상태에서 포트 A의 비트 값이 오른쪽으로 1비트씩 이동하기 때문에, LED9까지 우측으로 점차 ON 상태가 이동한 후에 ON 상태가 멈추게 된다. 이때 무한루프인 while(1)에 전 문장이 포함되어 있으므로 LED16이 ON이 된 상태에서 LED9까지 우측으로 점차 ON 상태가 계속해서 이동하는 동작을 한다. 한편, AVR 트레이닝 키트(WES-XUN I)는 Active Low 방식을 사용하기 때문에 포트 A의 핀 출력이 Low, 즉 0일 때 LED가 켜진다.

_delay_ms(100) 함수는 100ms 시간만큼 동작을 멈추게 하는 역할을 한다.

T·I·P

C 언어 소스 프로그램은 CD Drive:₩Source₩ch5₩ch5_step3₩ch5_step3.c 파일을 참조한다.

단계 2 AVR Studio 4를 이용하여 C 언어 소스 프로그램을 Build 한다. 자세한 내용은 5.4.2절의 [단계 2]를 참조한다.

단계 3 PonyProg를 이용하여 ATmega128에 hex 파일을 ISP 다운로드 한다. 자세한 내용은 5.4.2절의 [단계 3]을 참조한다.

단계 4 다운로드가 완료되면 AVR 트레이닝 키트(WES-XUN I)의 동작을 확인한다. LED16이 ON이 된 상태에서 LED9까지 우측으로 점차 ON 상태가 이동한 후에, LED16이 다시 ON이 된 상태에서 LED9까지 우측으로 점차 ON 상태가 이동하 는 현상이 계속 진행된다.

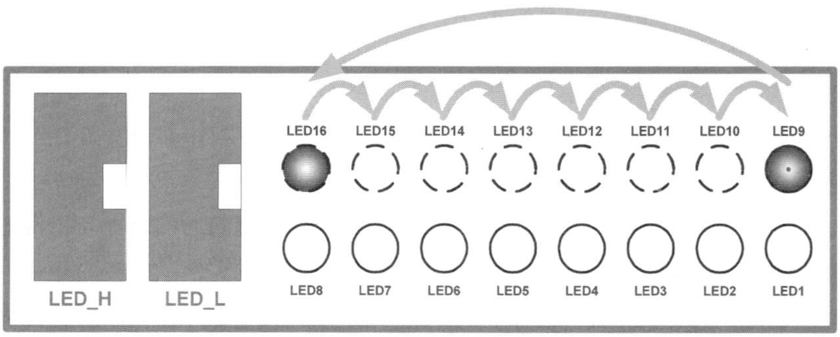

5.4.5 LED16이 ON이 된 상태에서 LED9까지 우측으로 점차 ON 상태가 이동하고, LED8에서 LED1까지는 LED16에서 LED9까지의 반대로 ON/OFF 되면서 우측으로 이동하는 예제

단계 1 AVR Studio 4에서 새로운 project를 생성하고, C 언어 소스 프로그램을 작성하여 저장한다. 자세한 내용은 5.4.2절의 [단계 1]을 참조한다.

[단계 1]-(1) Project type은 AVR GCC를 선택하고, Project name:은 ch5_step4, Initial file:은 ch5_step4이라고 입력하고, Create initial file과 Create folder를 체크하고, Location:은 C:₩avr_test를 선택한 후에 [Next >>] 버튼을 누르고 다음 단계로 진행한다.

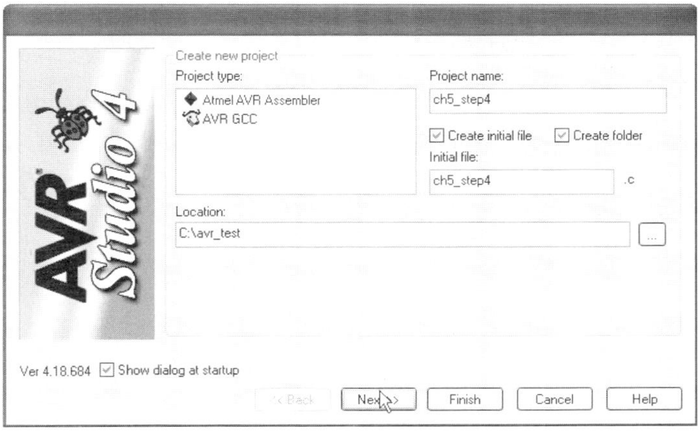

[단계 1]-(2) AVR Studio 4 편집 화면에 다음과 같이 C 언어 소스 프로그램을 작성하여 저장한다.

```
//
// ch5_step4.c
//
// ATmega128의 레지스터 등이 정의되어 있음
#include <avr/io.h>

// _delay_ms() 함수 등이 정의되어 있음
#include <util/delay.h>

// C 언어의 주 실행 함수
int main(void){
        char i;  // 8비트의 변수 선언

        // 포트 A의 방향 설정, 0 : 입력, 1 : 출력
        // PA7   PA6   PA5   PA4   PA3   PA2   PA1   PA0
        // Out   Out   Out   Out   Out   Out   Out   Out
        DDRA = 0B11111111;

        // 포트 C의 방향 설정, 0 : 입력, 1 : 출력
        // PC7   PC6   PC5   PC4   PC3   PC2   PC1   PC0
        // Out   Out   Out   Out   Out   Out   Out   Out
        DDRC = 0B11111111;

        // while 블록 안의 문장을 무한 반복
        while(1){
```

```
            // LED가 오른쪽으로 이동하도록 동작을 반복함
            for(i = 0B10000000; i; i >>= 1){
                    PORTA = ~i;       // LED에 i 변수의 값을 토글하여 출력
                    PORTC = i;        // LED에 i 변수의 값을 출력
                    _delay_ms(100);   // 100ms 동안 대기
            }
        }

        // 함수의 형태와 같이 정수형(int)의 값을 반환함
        return 1;
}
```

C 언어 소스 프로그램 설명

핵심포인트

2개 이상의 포트에 서로 다른 신호를 출력하기 위해서는 2개의 포트에 각각 다른 신호를 출력한 후에 지연 함수(delay)를 호출하면 된다. 각각의 포트에 신호를 출력하는 시간은 매우 짧고, 이 시간에 비해 지연 시간은 매우 길기 때문에, 실제 동작에서는 2개의 포트가 동시에 동작하는 것과 같아진다.

avr/io.h 헤더파일에는 DDRx 레지스터, PORTx 레지스터 등이 정의되어 있으므로 이들 레지스터를 사용하려면 반드시 포함시켜야 한다.

util/delay.h 헤더파일에 _delay_ms() 함수가 정의되어 있으므로 이 함수를 사용하려면 반드시 포함시켜야 한다.

DDRx 레지스터는 포트의 입출력 방향을 결정하는 레지스터이며 x는 포트명이고 DDRxn의 각 비트 값이 0이면 입력, 1이면 출력으로 설정된다. 따라서 DDRA = 0B11111111; 문장과 DDRC = 0B11111111; 문장은 포트 A와 포트 C의 모든 비트를 출력하겠다는 의미이다.

PORTx 레지스터는 포트에 출력할 논리 값을 저장하는 레지스터이며 x는 포트명이다. 따라서 반복문인 for 루프문에 포함된 포트 A는 처음에 10000000값의 1의 보수값인 01111111을 가지므로 LED16이 ON이 된 상태에서 포트 A의 비트 값이 오른쪽으로 1비트씩 이동하기 때문에, LED9까지 우측으로 점차 ON 상태가 이동한 후에 ON 상태가 멈추게 된다. 이때 무한루프인 while(1)에 모든 문장이 포함되어 있으므로 LED16이 ON이 된 상태에서 LED9까지 우측으로 점차 ON 상태가 계속해서 이동하는 동작을 한다. 이때 포트 C에도 포트 A와 반대의 LED(LED8부터 LED1까지) ON 상태가 출력되도록 동작한다. 한편, AVR 트레이닝 키트(WES-XUN I)는 Active Low 방식을 사용하기 때문에 포트 A의 핀 출력이 Low, 즉 0일 때 LED가 켜진다.

_delay_ms(100) 함수는 100ms 시간만큼 동작을 멈추게 하는 역할을 한다.

T·I·P

C 언어 소스 프로그램은 CD Drive:₩Source₩ch5₩ch5_step4₩ch5_step4.c 파일을 참조한다.

단계 2 AVR Studio 4를 이용하여 C 언어 소스 프로그램을 Build 한다. 자세한 내용은 5.4.2절의 [단계 2]를 참조한다.

단계 3 PonyProg를 이용하여 ATmega128에 hex 파일을 ISP 다운로드 한다. 자세한 내용은 5.4.2절의 [단계 3]을 참조한다.

단계 4 다운로드가 완료되면 AVR 트레이닝 키트(WES-XUN I)의 동작을 확인한다. LED16이 ON이 된 상태에서 LED9까지 우측으로 점차 ON 상태가 이동하고, LED8에서 LED1까지는 LED16에서 LED9까지의 반대로 ON/OFF 되면서 우측으로 이동하게 된다. 이때 ON 상태가 이동하는 현상이 계속 진행된다.

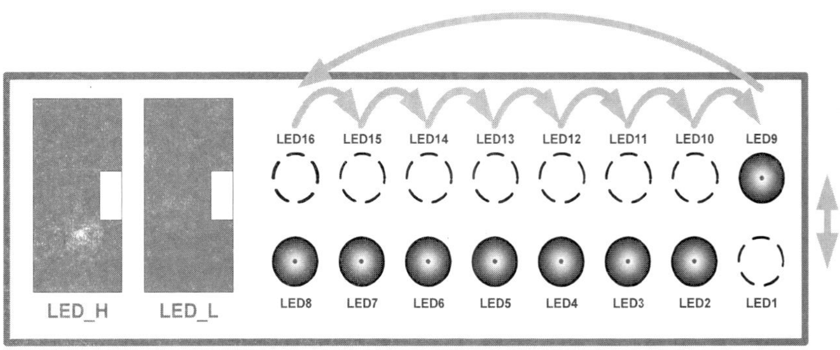

5.5 C 언어 문법

(1) 함수

① 함수는 프로그램내에서 특정한 동작을 수행하도록 만들어진 독립적인 구조이다.

② C 프로그램은 일반적으로 함수의 조합으로 이루어진 구조이다.

③ 모든 C 프로그램은 main 이라는 함수를 반드시 가져야 한다.

④ 함수를 사용하여 프로그래밍을 하게 되면 커다란 프로그램을 여러개의 작은 프로그램으로 나눌수 있으므로, 효율적인 프로그램을 작성할 수 있게 된다.

⑤ 프로그램에서 자주 반복하여 사용하는 부분은 함수로 작성한 후에 함수 호출을 하여 편리하게 사용할 수 있으며, 소스 코드의 양을 줄일 수 있게 된다.

⑥ C 프로그램은 하나 또는 여러 개의 소스 파일로 나누어질 수 있다. 소스 파일 은 각각 독립적으로 컴파일 되며 라이브러리로부터 미리 컴파일 되어 있는 함수들과 함께 로드(load) 될 수도 있다.

⑦ C 언어에서는 함수가 사용자 정의 함수와 시스템 정의 함수(라이브러리 함수) 로 구분되어 있다. 사용자 정의 함수는 프로그래머가 필요한 함수를 직접 만든 경우이고 시스템 정의 함수는 미리 컴파일 되어 오브젝트 코드 형태로 C 컴파일러가 제공하는 함수이다. 오브젝트 코드로 존재하는 시스템 정의 함수는 링커(linker)에 의하여 사용자 정의 함수와 결합되어 실행 파일을 생성하게 된다.

⑧ 일반적으로 함수 내에서 하나의 값을 반환하기 위해서 return 문을 사용한 다. 함수 내에서 return 문을 만나면 현재의 프로그램 실행위치와 관계없이 함수의 실행이 중단되고 곧바로 호출한 함수로 프로그램 실행이 되돌아간다. 한편, return 문의 형식은 다음과 같다.

return;
➜ return 값이 없이 호출한 함수로 되돌아간다.

return(식);
➜ 괄호 안의 식의 결과 값을 가지고 호출한 함수로 되돌아간다. 이때 괄 호 안의 식의 값에 대한 자료형과 함수의 반환형은 반드시 일치하여야 한다. 한편, 식을 괄호로 묶지 않아도 상관없다.

⑨ 사용자 정의 함수의 형식은 다음과 같다.

```
반환형 함수명(자료형 formal argument(또는 parameter), ....)
{
자동 변수(automatic variable)들 선언;
실행문;
.
.
.
.
}`
```

⑩ C 프로그램 구조는 다음과 같다.

```
선행 처리기(preprocessor) 선언;
외부 변수(external variable)들 선언;
함수원형선언(function prototype declaration);
반환형 main(자료형(data type) argument, ....)
{
자동 변수들 선언;
실행문;
함수명(actual argument(또는 argument), ....);
.
.
.
.
}
반환형 함수명(자료형 formal argument(또는 parameter), ....)
{
자동 변수들 선언;
실행문;
.
.
.
.
}
```

(2) 파일 포함(file inclusion)

C preprocessor는 C 프로그램을 컴파일 하기 전에 프로그래머가 작성한 C 언어의 기능을 확장시켜 주는 기능을 한다. C preprocessor가 하는 역할 중의 하나인 파일 포함은 다음과 같은 기능을 갖는다.

① 특정 파일을 컴파일 과정에 추가하도록 C 컴파일러에게 지시하며, #include 지시어 다음에 파일(주로 헤더 파일:header file)명을 〈 〉 또는 " " 으로 감싼다.

② 〈 〉 으로 감싸여진 헤더 파일은 파일 검색시 system directory 에서 찾게 되고 " "으로 감싸여진 헤더 파일은 먼저 사용자의 working directory에서 찾은 후에 존재하지 않는 경우에는 다시 system directory에서 찾게 된다.

③ 헤더 파일은 사용자 정의 헤더 파일과 시스템 정의 헤더 파일로 구분되어 있으며 확장자는 .h을 주로 사용한다.

④ 시스템 정의 헤더 파일에는 EOF, NULL 등과 같은 심볼들의 값이 정의되어 있고 시스템 정의 함수(라이브러리 함수)들에 대한 함수원형선언(function prototype declaration)이 되어 있다.

⑤ 사용자 정의 헤더 파일에는 C 언어 소스 프로그램에 공통적으로 사용되는 심볼이나 변수 등을 모아서 정의한다. 따라서 프로그램을 간결하게 할 수 있다.

- #include 〈stdio.h〉
  시스템 정의 헤더 파일인 stdio.h를 system directory에서 찾아 소스 프로그램에 추가한다.
- #include "myfile.h"
  사용자 정의 헤더 파일인 myfile.h를 먼저 사용자의 working directory에서 찾은 후에 파일이 존재하지 않는 경우에는 다시 system directory에서 찾아 C 언어 소스 프로그램에 추가한다.

(3) 진수 표현

C 언어에서 16진수를 표현할 때 숫자 '0'과 알파벳 'x'를 붙이고, 뒤에 16진수를 붙인다. 또한 8진수를 표현할 때는 숫자 '0'을 붙이고, 뒤에 8진수를 붙인다. 예를 들어 10진수로 표현한 식 i=10; 을 16진수와 8진수로 각각 표현하면, 먼저 16진수 표기법은 i=0xA; 이고, 8진수 표기법은 i=012; 가 된다. 한편, 2진수를 표현할 때 숫자 '0'과 알파벳 'B'를 붙여 사용하는

방법은 WinAVR C 컴파일러가 지원하는 2진수 표기법이다.

(4) 대입 연산자

오른쪽의 연산된 결과를 왼쪽의 변수에 대입하는 연산자이다. 일반적으로 x와 y의 값을 더하여 x에 대입하려면 다음과 같이 표현된다.

x = x + y

그러나 다음과 같이 표현할 수가 있다.

x += y

위와 같이 대입 연산자를 간결하게 표현하면 컴파일 시간을 줄일 수 있는 장점이 있다. 다음의 표는 간결하게 표현될 수 있는 대입 연산자들을 나타내고 있다.

대입 연산자	기 능
+=	오른쪽의 더한 결과를 왼쪽에 대입한다.
−=	오른쪽의 뺀 결과를 왼쪽에 대입한다.
*=	오른쪽의 곱한 결과를 왼쪽에 대입한다.
/=	오른쪽의 나눈 결과를 왼쪽에 대입한다.
%=	오른쪽의 나눈 나머지를 왼쪽에 대입한다.
〈〈=	왼쪽 값의 각 비트를 오른쪽 수만큼 모두 왼쪽으로 이동한다.
〉〉=	왼쪽 값의 각 비트를 오른쪽 수만큼 모두 오른쪽으로 이동한다.
&=	오른쪽의 각 비트를 bitwise and 연산하여 그 결과를 왼쪽에 대입한다.
|=	오른쪽의 각 비트를 bitwise inclusive or 연산하여 그 결과를 왼쪽에 대입한다.
^=	오른쪽의 각 비트를 bitwise exclusive or 연산하여 그 결과를 왼쪽에 대입한다.

일반적인 대입 연산자 표현	간결한 대입 연산자 표현
x = x + 10	x += 10
x = x − 10	x −= 10
x = x * 10	x *= 10
x = x * (y+10)	x *= (y+10)
x = x / 10	x /= 10
x = x % 20	x %= 20
x = x 〈〈 5	x 〈〈= 5
x = x 〉〉 5	x 〉〉= 5
x = x & y	x &= y
x = x | y	x |= y
x = x ^ y	x ^= y

(5) 〉〉 (시프트 연산자)

〉〉 좌측의 각 비트를 우측에 있는 수만큼 모두 우측으로 이동시키는 비트 연산자이다. 이때 좌측이 부호가 없는 수인 경우에는 이동 후 공백으로 되는 좌측 비트에는 0으로 채워진다.

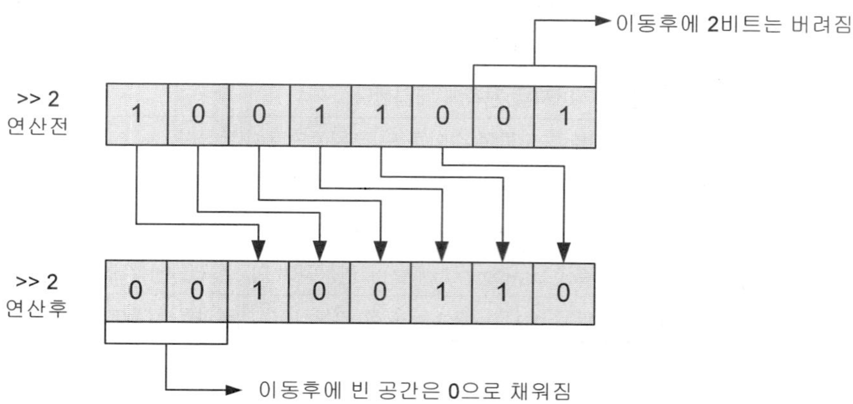

(6) ~ 연산자

1의 보수 연산을 수행하는 비트 연산자이다.

x	~x
0	1
1	0

(7) 참과 거짓

C 언어는 조건식에서 참과 거짓을 구분할 때 식의 결과로 판단한다. 그런데 식이 변수 또는 상수로 구성되었다면 이것은 변수가 갖는 정수 값 또는 기입한 정수 값으로 참과 거짓을 판단한다. 즉, 0이 아닌 값이면 참, 0이면 거짓으로 판단한다. 예를 들어, while(1) 문장 식은 조건부가 상수 '1'이므로 항상 참이다. 또한 for(i = 0B10000000; i; i 〉〉= 1)의 문장 식에서 조건부가 i 변수로 이루어 졌으므로, i 변수 값이 '0'이면 거짓, '0'이 아니면 참이 된다.

(8) for 문

① 조건식의 값이 참인 동안 for loop를 계속하여 반복 실행한다.

② for 문의 형식은 다음과 같다.

```
for(초기값; 조건식; 증감식)
        문장;
```

- 초기값은 변수의 초기값을 한번만 할당한다.
- 조건식은 참이면 for loop를 실행하고, 거짓이면 for loop를 실행하지 않고 종료한다.
- 증감식은 for loop를 한번 실행하면 변수값을 증가시키거나 감소시킨다.
- 초기값, 조건식, 증감식 등은 2개 이상일 경우에는 컴마를 사용하여 구분한다.

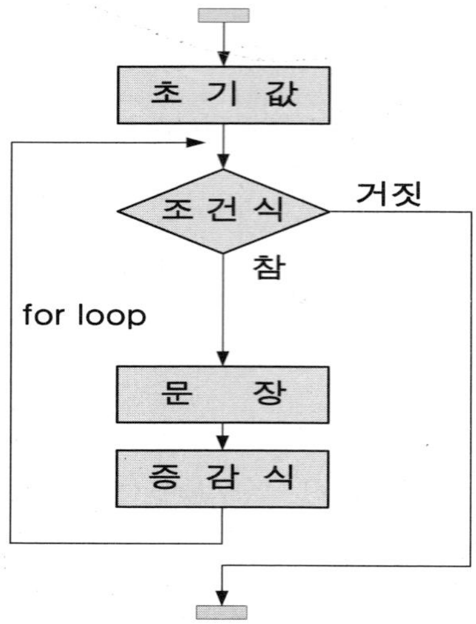

(9) while 문

① 조건식을 평가하여 참인 동안 while loop를 실행하며, 거짓이면 while loop를 실행하지 않고 종료한다.

② while 문의 형식은 다음과 같다.

```
while(조건식)
    문장;
```

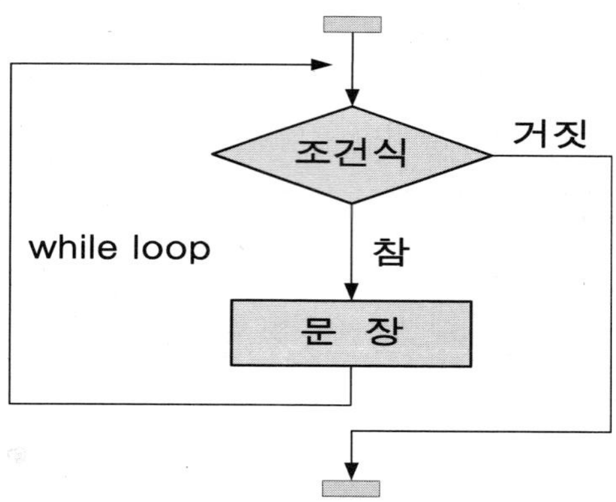

CHAPTER 06

AVR ATmega128을 사용한 7-segment의 동적 디스플레이 제어

실습목표

7-segment는 긴 조각처럼 만들어진 7개의 LED를 조합하여 숫자를 표현할 수 있는 디스플레이 장치 이며, LED와 전기적 특성은 같아 segment의 구성만 이해하면 쉽게 제어할 수 있는 장치다. 따라서 7-segment의 segment의 구성과 디스플레이 제어 방식을 학습하고, 다양한 동작을 구현해 본다. 한 편, 7-segment는 FND라는 이름으로 사용되기도 하는데 FND는 Flexible Numeric Display 라는 뜻이다.

실습이론

6.1 7-segment 제어를 위한 디지털 출력 관련 레지스터

DDRx 레지스터는 포트의 입출력 방향을 결정하는 레지스터이며 DDRxn의 비트 값이 0이면 입력, 1이면 출력으로 설정된다. x는 포트명을 가리키는 문자이고 n은 비트를 나타내는 숫자이다. ATmega128에서 레지스터는 0번부터 7번까지 8비트가 존재한다. PORTx 레지스터는 포트에 출력할 논리 값을 저장하는 레지스터이며 x는 포트명이다. 디지털 입출력과 관련한 자세한 내용은 1.14절의 AVR 디지털 입출력 핀 구조를 참조한다.

DDRx : PORTx 데이터 방향 레지스터

Bit	7	6	5	4	3	2	1	0
	DDx7	DDx6	DDx5	DDx4	DDx3	DDx2	DDx1	DDx0
Read/Write	R/W	R/W	R/W	R/W	R/W	R/W	R/W	R/W
Initial Value	0	0	0	0	0	0	0	0

PORTx : PORTx 데이터 레지스터

Bit	7	6	5	4	3	2	1	0
	PORTx7	PORTx6	PORTx5	PORTx4	PORTx3	PORTx2	PORTx1	PORTx0
Read/Write	R/W	R/W	R/W	R/W	R/W	R/W	R/W	R/W
Initial Value	0	0	0	0	0	0	0	0

6.2 7-segment 특성 및 제어회로

6.2.1 1-digit 규격의 7-segment

그림 6.2.1에서 보듯이 7-segment는 7개 segment로 이루어져 있으며, dot를 포함하고 있기 때문에 8개의 segment로 이루어 졌다고 볼 수도 있다. 8개의 segment는 a부터 g까지 7개의 segment와 1개의 h 또는 dot point(dp) segment로 구성된다. 8개의 segment는 위쪽 segment부터 시계방향으로 a부터 f까지 부여되며 가운데 segment는 g, 우측 하단의 점은 dp 또는 h가 된다. 한편, 핀 배열이 순서적이지 않다. 예를 들어 a 이름을 가진 조각은 7번 핀과 연결되고, e 이름을 가진 조각은 1번 핀과 연결된다.

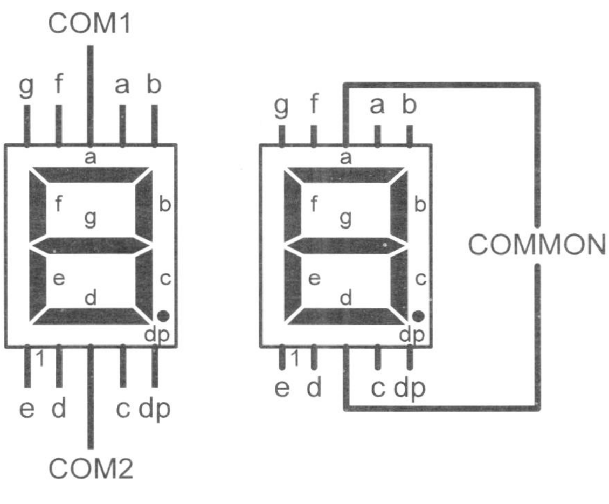

그림 6.2.1 7-segment 외형과 핀 배열

6.2.2 1-digit 규격의 7-segment의 공통 단자

8개의 segment로 이루어진 7-segment는 그림 6.2.2와 같은 캐소드(cathode)를 함께 묶은 공통 음극(common cathode) 방식과 그림 6.2.3과 같은 애노드(anode)를 함께 묶은 공통 양극(common anode) 방식이 존재한다. AVR 트레이닝 키트(WES-XUN I)는 공통 음극 방식을 사용한다.

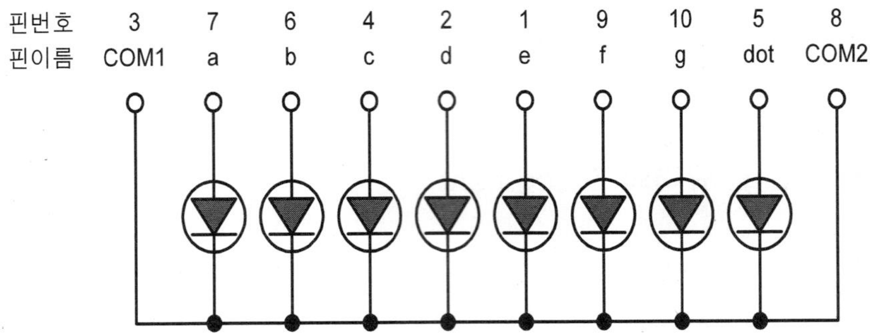

그림 6.2.2 7-segment의 공통 음극 방식

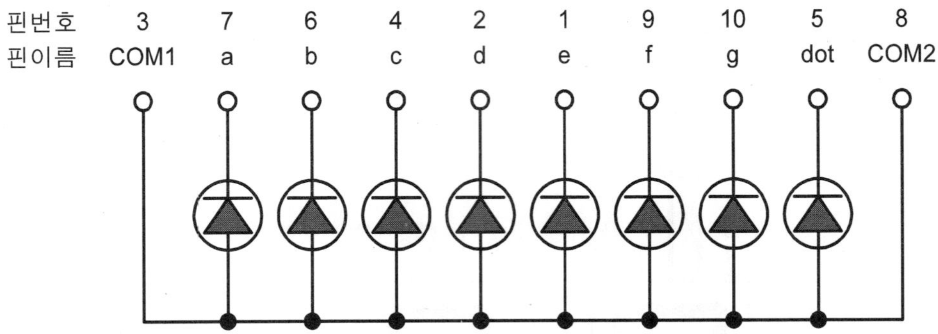

그림 6.2.3 7-segment의 공통 양극 방식

6.2.3 7-segment의 전기적 특징

7-segment는 내부가 LED로 구성되기 때문에 전기적 특성은 LED와 같다. 다만 다른 점은 LED 8개의 한 쪽 다리가 공통 핀으로 묶여 있는 점이다. LED를 켜기 위해서는 순방향 바이어스 전압이 필요한데 이 공통 단자가 anode 이면 COM1 또는 COM2에 (+) 전압을 가하고 a-h까지는 (-) 전압을 가해야 하고, cathode 이면 COM1 또는 COM2에 (-) 전압을 가하고 a-h까지는 (+) 전압을 가해야 한다. 정리하면 공통단자의 신호가 LED 순방향 바이어스 전압과 반대되면 7-segment의 어떤 조각도 켜지지 않으며, 조각과 연결되는 다른 핀에 순방향 바이어스 전압이 가해질 때 LED는 해당되는 조각이 켜진다. 표 6.2.1은 7-segment의 ON/OFF 관계를 나타내고 있다.

표 6.2.1 7-segment의 ON/OFF

7-segment Common	Common Pin	Segment Pin	Segment ON/OFF
ANODE	+	+	OFF
		−	ON
	−	×	OFF
CATHODE	+	×	OFF
	−	+	ON
		−	OFF

× = don't care

6.2.4 4-digit 규격의 7-segment

그림 6.2.4는 숫자 4자리를 표시할 수 있는 7-segment의 외형 및 핀 구조를 보이고 있다. 2개의 공통 핀을 사용하는 1자리 표시용 7-segment와 달리 공통 단자가 각 자리별로 1개씩 있다. 그림 6.2.4에서는 공통 단자를 DIGn(n은 정수)으로 표기하고 있으며, DIG1~DIG4까지 사용하고 있다. 또한 a부터 g, 그리고 dp 등 총 8개의 segment 핀이 존재한다. 따라서 총 12 핀으로 구성된다.

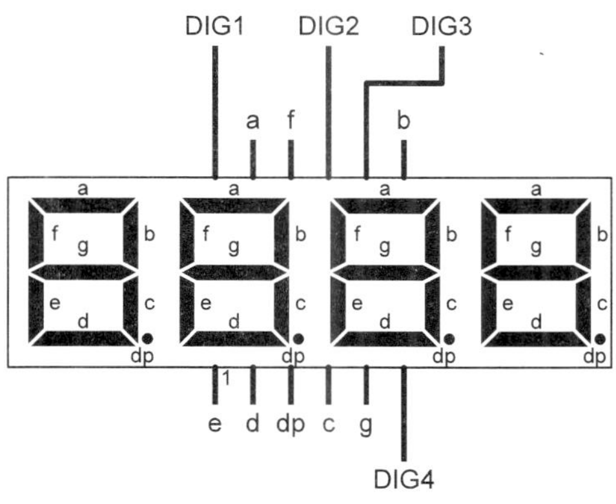

그림 6.2.4 4-digit 규격의 7-segment 외형

그림 6.2.5는 4-digit 규격의 공통 음극 방식 7-segment의 핀 번호와 핀 이름을 나타내고 있다. 공통 단자인 DIG1, DIG2, DIG3, DIG4에 모두 (-) 신호를 가하고, 데이터 신호인 a-g, dp

에 모두 (+) 신호를 가하면 모든 7-segment는 켜지게 된다. 이때 데이터 신호(a부터 g, dp) 중에서 하나라도 (-) 신호로 바뀌면 해당되는 segment(공통으로 묶여있는 4개)는 꺼진다.

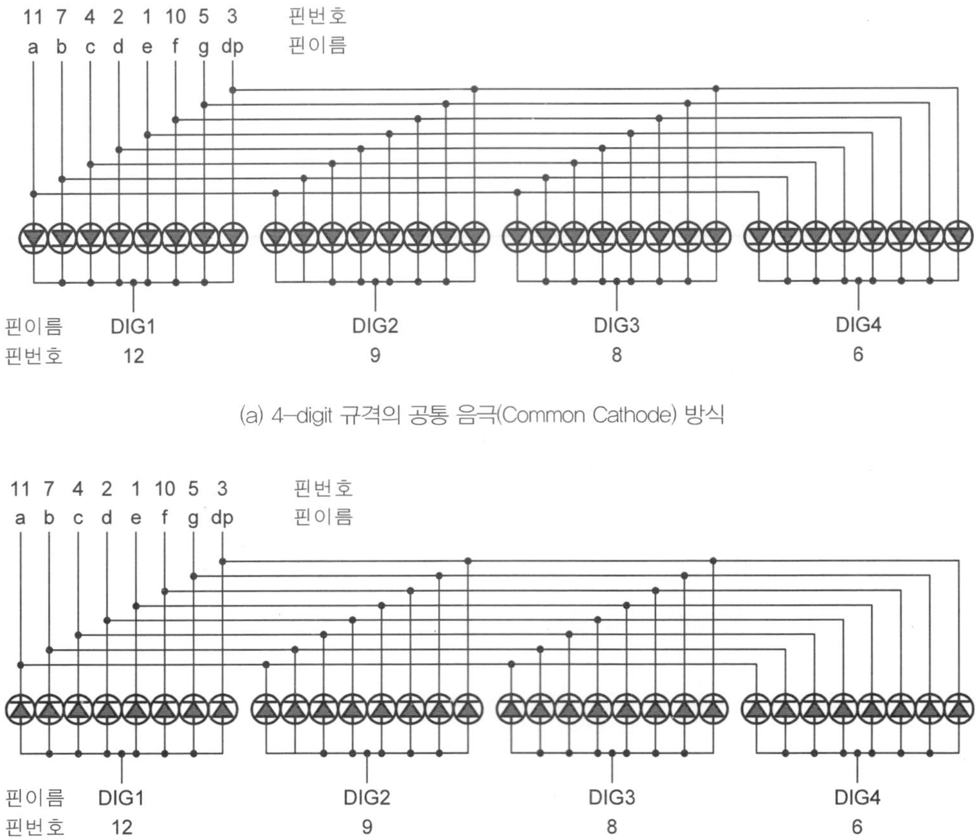

(a) 4-digit 규격의 공통 음극(Common Cathode) 방식

(b) 4-digit 규격의 공통 양극(Common Anode) 방식

그림 6.2.5 4-digit 규격의 7-segment의 핀 번호와 핀 이름

그림 6.2.5와 같이 데이터 신호선이 공통으로 연결된 7-segment에 각각 다른 숫자를 표시하기 위해서는 동적 디스플레이(dynamic display) 제어 방식을 사용해야 한다. 이 방식은 데이터 신호선인 a-g, dp에 자신이 원하는 신호를 인가하고, 공통 단자인 DIG1..4 중 한 핀만 (-) 신호를 인가하고 나머지는 공통 단자 핀에 (+) 신호를 인가하는 것이다.

예를 들어 숫자 "1234"를 4개의 7-segment에 표시할 때는 그림 6.2.6과 같은 방식으로 신호를 제어해야 한다. 그림 6.2.6에서는 7-segment 에 동적 디스플레이 제어를 하기 위한 타이밍 차트를 보이고 있는데, 각 자리별로 시분할하여 자리별로 ON/OFF 하는 신호 파형을 보이고 있다. DIG1 부터 DIG4 까지는 동일한 분할 시간동안 하나의 핀만 (-)신호를 출력한다. 또한 T1에서 T2로 다른 시분할 시간 이동시 DIGn(n은 정수) 신호와 데이터 신호(a-g, dp)는 모두 (-)신호를 출력하는데 이것은 동적 디스플레이 제어에서 잔상효과를 없애기 위한 방법이다. 잔상 효과란 T1 시간에서 출력한 신호가 T2 시간에 영향을 미쳐 원하지 않는 조각이 흐릿하게 디스플레이 되는 현상을 말한다. 또한 잔상효과를 없애기 위해서는 충분한 OFF 시간이 필요한데 너무 짧을 경우 잔상효과가 나타날 수 있고, 너무 길면 시분할 디스플레이가 눈에 보이게 되어 원하는 동적 디스플레이 제어를 할 수 없게 된다. 동적 디스플레이 제어 방식은 착시현상을 이용한 제어 방식이며, 잔상효과가 나타날 경우 ON/OFF 시간을 충분히 조절해야 하므로 정적 디스플레이(static display) 제어 방식에 비해 다소 제어가 어려운 단점이 있으나 전력소모가 적다는 장점이 있다. AVR 트레이닝 키트(WES-XUN I)는 동적 디스플레이 제어 방식을 사용한다.

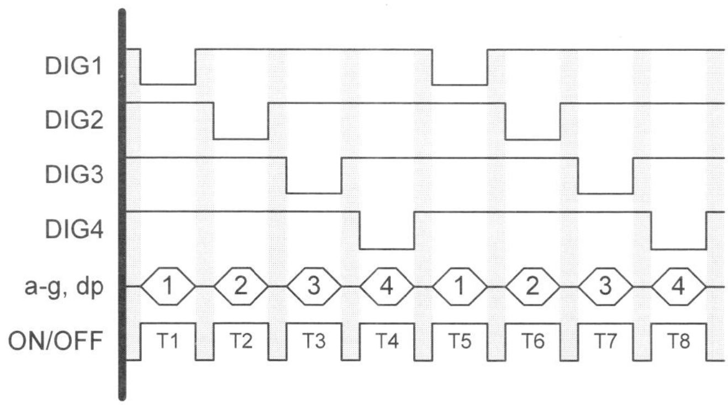

그림 6.2.6 동적 디스플레이 제어를 위한 각 핀들의 타이밍 차트

그림 6.2.7은 동적 디스플레이 제어 방식에서 4자리의 7-segment에 한자리씩 시분할 하여 디스플레이하는 그림을 보이고 있다. 그림 6.2.7의 위쪽부터 T1 시간에 디스플레이 되는 첫 번째 자리의 7-segment가 나타나고, T4 시간에는 4번째 자리의 7-segment가 나타나는 것을 표시하고 있다.

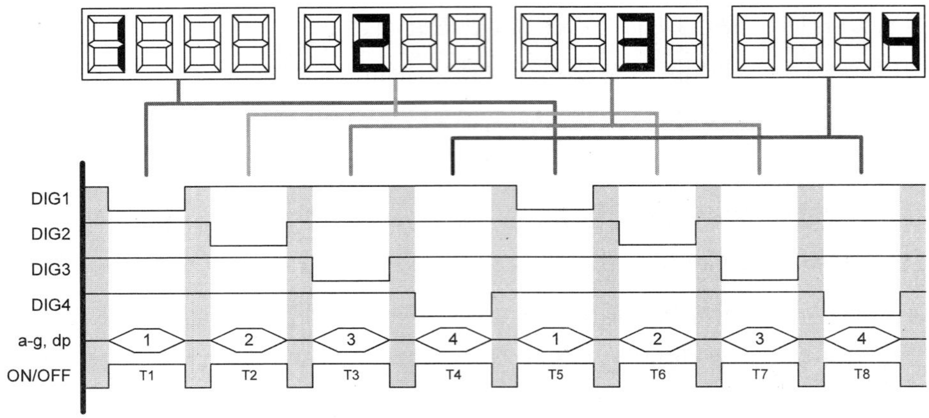

그림 6.2.7 T1부터 T8 까지 각 시간별 7-segment 디스플레이 상태

그림 6.2.8은 주로 사용되는 7-segment의 디스플레이 폰트를 보이고 있다. 폰트란 글씨체를 의미하는데 7개의 조각을 조합하여 숫자를 표현한 것도 폰트에 해당한다. 7-segment의 핀 이름이 알파벳에 연속된 조건에서 a핀을 MSB(최상위 비트)로 하고, dp 또는 h로 불리는 핀을 LSB(최하위 비트)로 설정하고, 폰트를 2진수로 표현하면 0=0B11111100, 1=0B01100000, 2=0B11011010, 3=0B11110010, 4=0B01100110, 5=0B10110110, 6=0B10111110, 7=0B11100100, 8=0B11111110, 9=0B11110110, A=0B11101110, b=0B00111110, C=0B10011100, d=0B01111010, E=0B10011110, F=0B10001110 이 된다. C 언어에서 16진수를 표현할 때 숫자 '0'과 알파벳 'x'를 붙이고, 뒤에 16진수를 붙인다. 또한 8진수를 표현할 때는 숫자 '0'을 붙이고, 뒤에 8진수를 붙인다. 예를 들어 10진수로 표현한 식 i=10; 을 16진수와 8진수로 각각 표현하면, 먼저 16진수 표기법은 i=0xA; 이고, 8진수 표기법은 i=013; 이 된다. 한편, 2진수를 표현할 때 숫자 '0'과 알파벳 'b'를 붙여 사용하는 방법은 WinAVR C 컴파일러가 지원하는 2진수 표기법이다.

	D7	D6	D5	D4	D3	D2	D1	D0	16진 코드
	a	b	c	d	e	f	g	dp	(C 언어)
0	1	1	1	1	1	1	0	0	0xFC
1	0	1	1	0	0	0	0	0	0x60
2	1	1	0	1	1	0	1	0	0xDA
3	1	1	1	1	0	0	1	0	0xF2
4	0	1	1	0	0	1	1	0	0x66
5	1	0	1	1	0	1	1	0	0xB6
6	1	0	1	1	1	1	1	0	0xBE
7	1	1	1	0	0	1	0	0	0xE4
8	1	1	1	1	1	1	1	0	0xFE
9	1	1	1	1	0	1	1	0	0xF6
A	1	1	1	0	1	1	1	0	0xEE
b	0	0	1	1	1	1	1	0	0x3E
C	1	0	0	1	1	1	0	0	0x9C
d	0	1	1	1	1	0	1	0	0x7A
E	1	0	0	1	1	1	1	0	0x9E
F	1	0	0	0	1	1	1	0	0x8E

그림 6.2.8 7-segment의 표준 디스플레이 모양

T·I·P

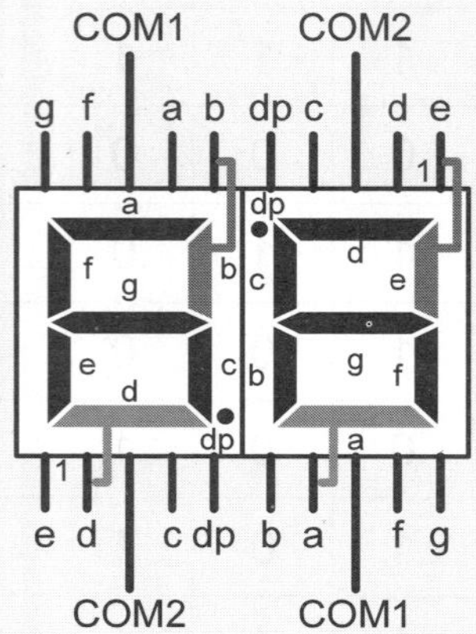

7-segment를 2개를 갖고 둘 중 하나를 180° 회전시켜 같이 배치한 그림이다. dp가 위 아래로 배치되어 마치 디지털시계의 분과 초를 구분하는 부분 모양을 하고 있다(보통 7-segment가 겹쳐진 부분의 점(dp 핀)들을 초당 한번 같이 깜빡이도록 설계한다.) 또한 재미있는 것은 왼쪽 7-segment 와 180° 회전된 오른쪽 7-segment 핀 위치와 segment 위치가 대부분 일치 한다는 것이다. 다만 g핀과 dp핀은 일치 하지 않는데 이것들은 점과 가운데 segment이다.

6.3 AVR 트레이닝 키트(WES-XUN I)에서 7-segment 제어회로

AVR 트레이닝 키트(WES-XUN I)에는 그림 6.3.1과 같이 8-digit로 구성된 7-segment 블록이 있으며, 7-segment의 a부터 g 그리고 dp핀이 연결된 DATA 커넥터와 7-segment의 Common(DIGn) 핀과 연결된 COM 커넥터로 구성되었다. 그림 6.3.1에 7-segment 아래에 숫자로 표시된 것과 같이 COM 커넥터의 각 핀은 왼쪽부터 LSB 비트가 연결되고, 우측 끝이 MSB 비트가 된다. 또한 Source 블록은 높은 Source 전류를 구동할 수 있도록 UDN2981 달링턴 TR IC로 구성하였다.

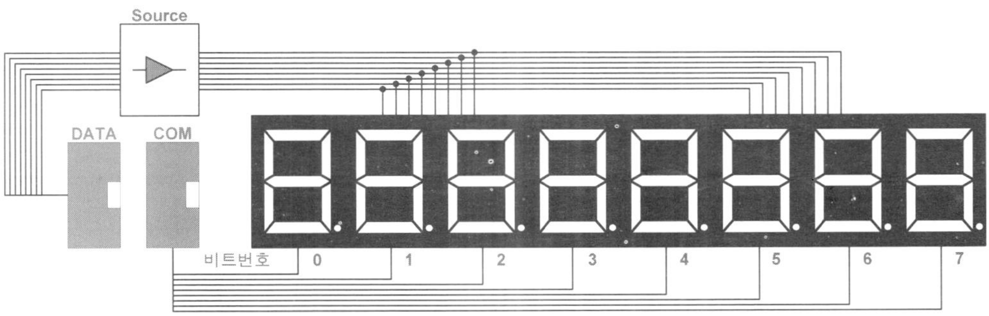

그림 6.3.1 AVR 트레이닝 키트(WES-XUN I)의 7-segment 회로 블록도

한편, DATA 커넥터의 각 핀은 표 6.3.1과 같이 연결되며 최상위 비트인 MSB 이고, dp는 최하위 비트인 LSB 비트이다. 표 6.3.2는 7-segment의 segment 디스플레이 위치를 나타내고 있다.

표 6.3.1 7-segment 블록의 DATA 커넥터와 7-segment의 핀 연결

DATA 커넥터 비트	D7	D6	D5	D4	D3	D2	D1	D0
7-segment	a	b	c	d	e	f	g	dp

표 6.3.2 7-segment의 segment 디스플레이 위치

7-segment 핀 이름	a	b	c	d	e	f	g	dp
segment 디스플레이 위치	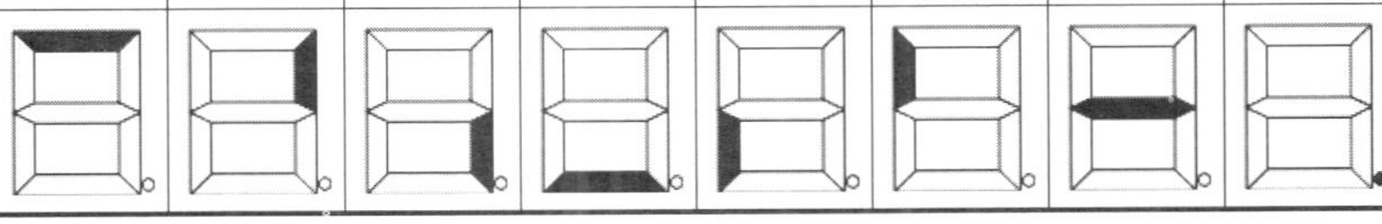							

실습내용

6.4 AVR 트레이닝 키트(WES-XUN I)에서 동작해보기

6.4.1 AVR 트레이닝 키트(WES-XUN I)의 동작을 위한 준비 사항

단계 1 그림 6.4.1과 같이 전원을 켜고 ISP 다운로드 모듈을 연결한다.

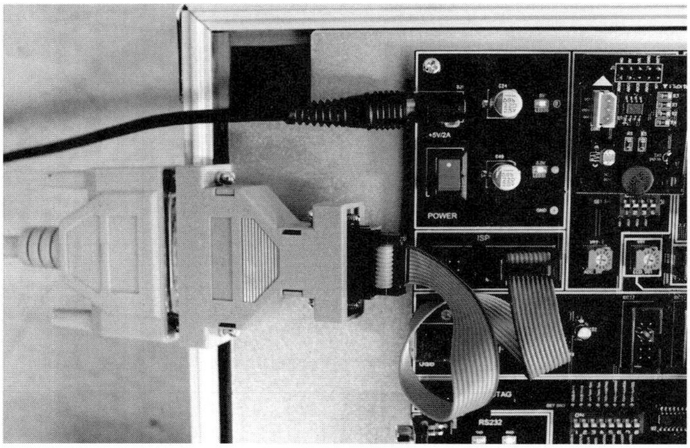

그림 6.4.1 전원을 켜고 ISP 다운로드 모듈을 연결

단계 2 그림 6.4.2와 같이 IDC Flat 10P 케이블을 이용해 DATA 커넥터(IDC6)와 AVR MCU Module(ATmega128)의 PORTA와 연결하고, COM 커넥터(IDC7)와 AVR MCU Module(ATmega128)의 PORTC와 연결한다. 연결할 때 케이블의 방향이 맞도록 홈에 잘 맞추어 삽입한다.

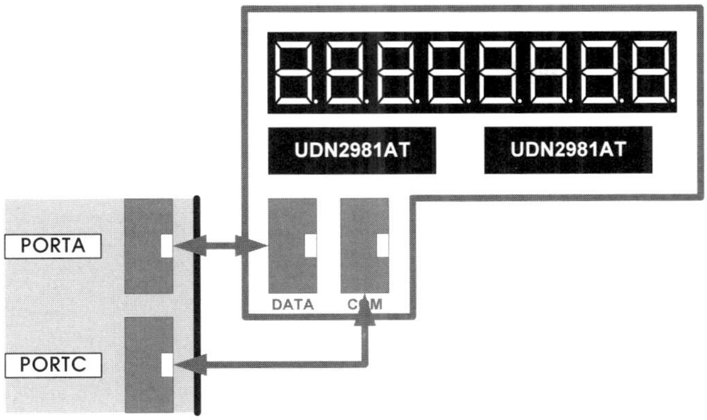

PORTA ⇔ 7-segment DATA

PORTA	BIT7	BIT6	BIT5	BIT4	BIT3	BIT2	BIT1	BIT0
Device Pin	a	b	c	d	e	f	g	dp
입출력	Out	Out	Out	Out	Out	Out	Out	Out

PORTC ⇔ 7-segment COM

PORTC	BIT7	BIT6	BIT5	BIT4	BIT3	BIT2	BIT1	BIT0
Device Pin	DIG0	DIG1	DIG2	DIG3	DIG4	DIG5	DIG6	DIG7
입출력	Out	Out	Out	Out	Out	Out	Out	Out

그림 6.4.2 7-segment 제어 실험을 위한 회로 연결

6.4.2 8개의 7-segment의 모든 segment에 불이 켜지는 예제

단계 1 AVR Studio 4에서 새로운 project를 생성하고, C 언어 소스 프로그램을 작성하여 저장한다. 자세한 내용은 5.4.2절의 [단계 1]을 참조한다.

[단계 1]-(1) Project type은 AVR GCC를 선택하고, Project name:은 ch6_step1, Initial file:은 ch6_step1이라고 입력하고, Create initial file과 Create folder를 체크하고, Location:은 C:₩avr_test를 선택한 후에 [Next >>] 버튼을 누르고 다음 단계로 진행한다.

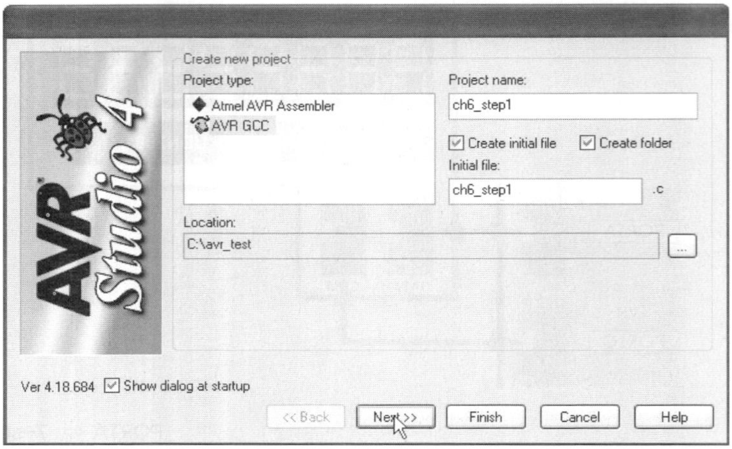

[단계 1]-(2) AVR Studio 4 편집 화면에 다음과 같이 C 언어 소스 프로그램을 작성하여 저장한다.

```
//
// ch6_step1.c
//

// ATmega128의 레지스터 등이 정의되어 있음
#include <avr/io.h>

// C 언어의 주 실행 함수
int main(void){
        // 포트 A의 방향 설정, 0 : 입력, 1 : 출력
        // PA7   PA6   PA5   PA4   PA3   PA2   PA1   PA0
        // Out   Out   Out   Out   Out   Out   Out   Out
        //  a     b     c     d     e     f     g     h
        DDRA = 0B11111111;

        // 포트 C의 방향 설정, 0 : 입력, 1 : 출력
        // PC7   PC6   PC5   PC4   PC3   PC2   PC1   PC0
        // Out   Out   Out   Out   Out   Out   Out   Out
        // DIG7  DIG6  DIG5  DIG4  DIG3  DIG2  DIG1  DIG0
        DDRC = 0B11111111;

        PORTA = 0B11111111;  // 7-segment의 a~h 신호에 모두 1 출력, 8. 출력
        PORTC = 0B00000000;  // 모든 7-segment가 켜지도록 DIGn 신호에 0 출력
```

```
        // 함수의 형태와 같이 정수형(int)의 값을 반환함
        return 1;
}
```

C 언어 소스 프로그램 설명

핵심포인트

7-segment를 켜기 위해서는 내부 회로에 맞도록 a부터 h 까지의 데이터 신호와 공통단자신호를 적절히 조절해야 한다. 공통 음극형(common cathode type) 7-segment의 경우 데이터 신호는 논리 1의 신호가, 공통단자신호에는 논리 0의 신호가 인가되어야 하고, 공통 양극형(common anode type) 7-segment의 경우 그 반대로 신호가 인가되어야 한다.

한편, ATmega128의 포트에 신호를 출력하기 위해서 DDRx 레지스터의 비트를 논리 1로 설정하고, PORTX 레지스터의 비트에 출력할 논리값을 설정해야 한다.

avr/io.h 헤더파일에는 DDRx 레지스터, PORTx 레지스터 등이 정의되어 있으므로 이들 레지스터를 사용하려면 반드시 포함시켜야 한다.

DDRx 레지스터는 포트의 입출력 방향을 결정하는 레지스터이며 x는 포트명이고 DDRxn의 각 비트 값이 0이면 입력, 1이면 출력으로 설정된다. 따라서 DDRA = 0B11111111; 문장과 DDRC = 0B11111111; 문장은 포트 A와 포트 C의 모든 비트를 출력하겠다는 의미이다.

PORTx 레지스터는 포트에 출력할 논리 값을 저장하는 레지스터이며 x는 포트명이다. 따라서 PORTA = 0B11111111; 문장은 포트 A에 연결된 7-segment의 8개의 segment 들을 모두 ON이 되도록 하겠다는 의미이다. 한편, PORTC = 0B00000000; 문장은 AVR 트레이닝 키트(WES-XUN I)는 7-segment 공통 단자를 공통 음극 방식을 사용하기 때문에, 공통 단자인 포트 C의 모든 비트들을 0으로 한다는 의미이다. 따라서 AVR 트레이닝 키트(WES-XUN I)의 8개의 7-segment의 모든 segment가 불이 켜진다.

T·I·P

C 언어 소스 프로그램은 CD Drive:₩Source₩ch6₩ch6_step1₩ch6_step1.c 파일을 참조한다.

단계 2 AVR Studio 4를 이용하여 C 언어 소스 프로그램을 Build 한다. 자세한 내용은 5.4.2절의 [단계 2]를 참조한다.

단계 3 PonyProg를 이용하여 ATmega128에 hex 파일을 ISP 다운로드 한다. 자세한 내용은 5.4.2절의 [단계 3]을 참조한다.

단계 4 다운로드가 완료되면 AVR 트레이닝 키트(WES-XUN I)에서 동작을 확인한다. 8개의 7-segment에 모두 불이 켜진다.

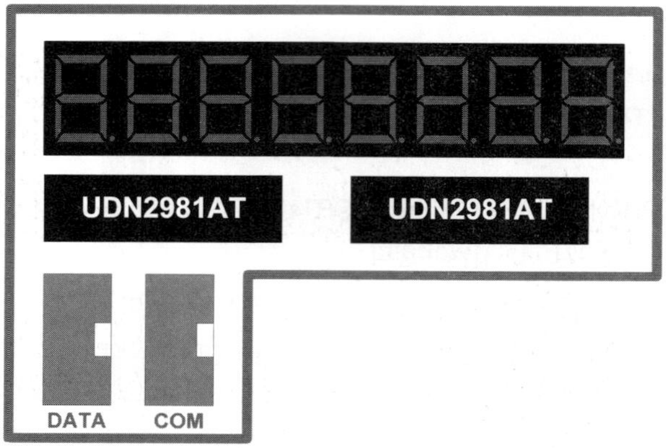

6.4.3 오른쪽 첫 번째 7-segment에 숫자 '0'이 표시되는 예제

단계 1 AVR Studio 4에서 새로운 project를 생성하고, C 언어 소스 프로그램을 작성하여 저장한다. 자세한 내용은 5.4.2절의 [단계 1]을 참조한다.

[단계 1]-(1) Project type은 AVR GCC를 선택하고, Project name:은 ch6_step2, Initial file:은 ch6_step2이라고 입력하고, Create initial file과 Create folder를 체크하고, Location:은 C:₩avr_test를 선택한 후에 [Next >>] 버튼을 누르고 다음 단계로 진행한다.

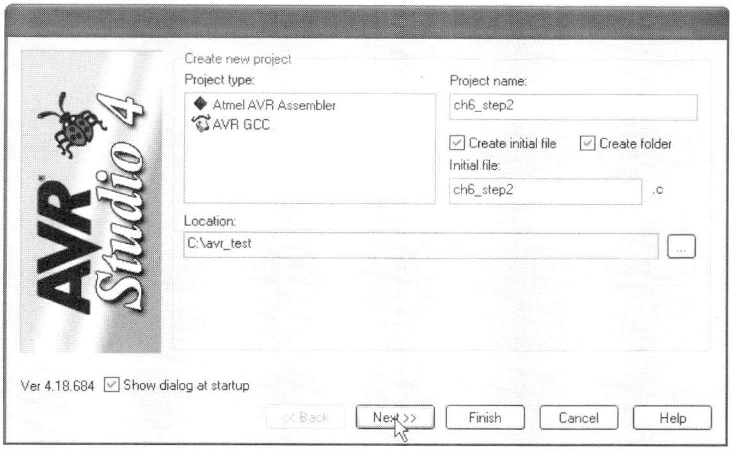

[단계 1]-(2) AVR Studio 4 편집 화면에 다음과 같이 C 언어 소스 프로그램을 작성하여 저장한다.

```
//
// ch6_step2.c
//
// ATmega128의 레지스터 등이 정의되어 있음
#include <avr/io.h>

// C 언어의 주 실행 함수
int main(void){
        // 포트 A의 방향 설정, 0 : 입력, 1 : 출력
        // PA7   PA6   PA5   PA4   PA3   PA2   PA1   PA0
        // Out   Out   Out   Out   Out   Out   Out   Out
        //  a     b     c     d     e     f     g     h
        DDRA = 0B11111111;

        // 포트 C의 방향 설정, 0 : 입력, 1 : 출력
        // PC7   PC6   PC5   PC4   PC3   PC2   PC1   PC0
        // Out   Out   Out   Out   Out   Out   Out   Out
        // DIG7  DIG6  DIG5  DIG4  DIG3  DIG2  DIG1  DIG0
        DDRC = 0B11111111;

        // 7-segment가 0 모양을 출력하도록 데이터 신호 출력
        // 1=ON, 0=OFF
        PORTA = 0B11111100;
```

```
        // 가장 오른쪽 7-segment가 켜지도록 DIG7 신호에 0 출력
        // 1=OFF, 0=ON
        PORTC = 0B01111111;

        // 함수의 형태와 같이 정수형(int)의 값을 반환함
        return 1;
}
```

C 언어 소스 프로그램 설명

핵심포인트

8개의 7-segment 중에서 1개의 7-segment에 숫자를 출력하기 위해서는 8개의 공통단자신호 중에서 1개의 공통단자에 ON 신호를 출력하면 된다. 여기서 ON 신호는 7-segment가 ON 될 수 있는 조건의 출력신호를 의미한다. 또한 8개의 공통단자에 모두 ON 신호를 출력하면 8개의 7-segment에는 모두 동일한 값이 출력된다.

avr/io.h 헤더 프로그램에는 DDRx 레지스터, PORTx 레지스터 등이 정의되어 있으므로 이들 레지스터를 사용하려면 반드시 포함시켜야 한다.

DDRx 레지스터는 포트의 입출력 방향을 결정하는 레지스터이며 x는 포트명이고 DDRxn의 각 비트 값이 0이면 입력, 1이면 출력으로 설정된다. 따라서 DDRA = 0B11111111; 문장과DDRC = 0B11111111; 문장은 포트 A와 포트 C의 모든 비트를 출력하겠다는 의미이다.

PORTx 레지스터는 포트에 출력할 논리 값을 저장하는 레지스터이며 x는 포트명이다. 따라서 PORTA = 0B11111100; 문장은 포트 A에 연결된 7-segment의 6개의 segment 들(a, b, c, d, e, f)을 ON이 되도록 하겠다는 의미이다. 한편, PORTC = 0B01111111; 문장은 AVR 트레이닝 키트(WES-XUN I)는 7-segment 공통 단자를 공통 음극 방식을 사용하기 때문에, 공통 단자인 포트 C의 MSB 비트를 0으로 한다는 의미이다. 따라서 AVR 트레이닝 키트(WES-XUN I)의 오른쪽 첫 번째 7-segment에 숫자 '0'이 표시된다.

T·I·P

C 언어 소스 프로그램은 CD Drive:₩Source₩ch6₩ch6_step2₩ch6_step2.c 파일을 참조한다.

단계 2 AVR Studio 4를 이용하여 C 언어 소스 프로그램을 Build 한다. 자세한 내용은 5.4.2절의 [단계 2]를 참조한다.

단계 3 PonyProg를 이용하여 ATmega128에 hex 파일을 ISP 다운로드 한다. 자세한 내용은 5.4.2절의 [단계 3]을 참조한다.

단계 4 다운로드가 완료되면 AVR 트레이닝 키트(WES-XUN I)의 동작을 확인한다. 오 른쪽 첫 번째 7-segment에 숫자 '0'이 표시된다. 이 동작은 포트 A에서 데이터 신호(g, dp)에 '0'의 신호를 출력하고, 포트 C에서 7번 비트만 '0'을 출력했기 때문이다.

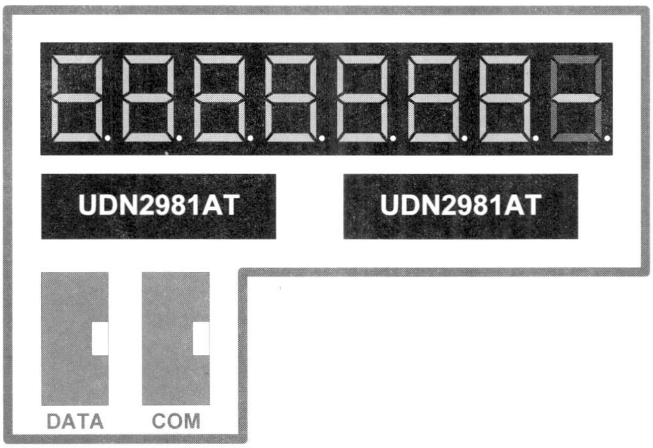

6.4.4 7-segment의 가장 왼쪽부터 '0' → '1' → '2' → '3' → '0' → '1' → '2' → '3'이 반복해서 순차적으로 하나씩 켜지는 예제

단계 1 AVR Studio 4에서 새로운 project를 생성하고, C 언어 소스 프로그램을 작성하여 저장한다. 자세한 내용은 5.4.2절의 [단계 1]을 참조한다.

[단계 1]-(1) Project type은 AVR GCC를 선택하고, Project name:은 ch6_step3, Initial file:은 ch6_step3이라고 입력하고, Create initial file과 Create folder를 체크하고, Location:은 C:₩avr_test를 선택한 후에 [Next >>] 버튼을 누르고 다음 단계로 진행한다.

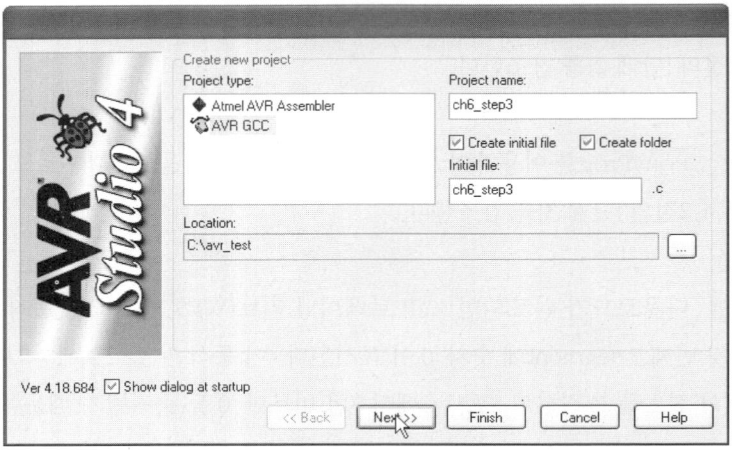

[단계 1]-(2) AVR Studio 4 편집 화면에 다음과 같이 C 언어 소스 프로그램을 작성하여 저장한다.

```
//
// ch6_step3.c
//

// ATmega128의 레지스터 등이 정의되어 있음
#include <avr/io.h>

// _delay_ms() 함수 등이 정의되어 있음
#include <util/delay.h>

// C 언어의 주 실행 함수
int main(void){
        char i;  // 8비트의 변수 선언

        // 7-segment에 출력되는 문자 모양(Font, 폰트)을 배열을 이용해 설정
        char FND_Font[] = {
                        0B11111100, // FND Font 0
                        0B01100000, // FND Font 1
                        0B11011010, // FND Font 2
                        0B11110010  // FND Font 3
        };
```

```
        // 포트 A의 방향 설정, 0 : 입력, 1 : 출력
        // PA7   PA6    PA5    PA4    PA3    PA2    PA1    PA0
        // Out   Out    Out    Out    Out    Out    Out    Out
        // a     b      c      d      e      f      g      h
        DDRA = 0B11111111;

        // 포트 C의 방향 설정, 0 : 입력, 1 : 출력
        // PC7   PC6    PC5    PC4    PC3    PC2    PC1    PC0
        // Out   Out    Out    Out    Out    Out    Out    Out
        // DIG7  DIG6   DIG5   DIG4   DIG3   DIG2   DIG1   DIG0
        DDRC = 0B11111111;

        // while 블록 안의 문장을 무한 반복
        while(1){

                // 8개의 FND가 켜지도록 동작을 반복함
                for(i = 0; i < 8; i++){
                        PORTA = FND_Font[(i%4)];   // FND에 폰트 출력
                        PORTC = ~(1 << i);          // FND의 DIGn 신호 출력
                        _delay_ms(100);             // 100ms 동안 대기
                }
        }

        // 함수의 형태와 같이 정수형(int)의 값을 반환함
        return 1;
}
```

C 언어 소스 프로그램 설명

핵심포인트

동적 디스플레이 제어를 위해서는 8개 공통단자 중에서 출력할 자리에 맞는 1개의 공통단자에 ON신호를 출력하고, a부터 h 신호에 데이터를 출력하고, 일정시간 대기한 후에 7-segment의 자리를 바꿔가며 계속하여 출력해야 한다. 여기서 ON 신호는 7-segment가 ON 될 수 있는 조건의 출력신호를 의미한다. 8개의 7-segment가 모두 켜진 상태로 출력하기 위한 대기시간은 약 1ms 내로 짧아야 하지만 100ms 정도로 길게 대기할 경우 7-segment가 한 자리씩 켜지는 동적 디스플레이 제어 동작을 확인할 수 있으며, 10ms 정도로 대기할 경우 7-segment가 떨리는 듯 보일 수 있다.

avr/io.h 헤더 프로그램에는 DDRx 레지스터, PORTx 레지스터 등이 정의되어 있으므로 이들 레지스터를 사용하려면 반드시 포함시켜야 한다.

util/delay.h 헤더 프로그램에 _delay_ms() 함수가 정의되어 있으므로 이 함수를 사용하려면 반드시 포함시켜야 한다.

DDRx 레지스터는 포트의 입출력 방향을 결정하는 레지스터이며 x는 포트명이고 DDRxn의 각 비트 값이 0이면 입력, 1이면 출력으로 설정된다. 따라서 DDRA = 0B11111111; 문장과 DDRC = 0B11111111; 문장은 포트 A와 포트C의 모든 비트를 출력하겠다는 의미이다.

FND_Font[]배열에 7-segment에 표시할 모양 비트들을 저장한다. FND_Font[] 배열은 1차원 배열로서 4개의 항목으로 이루어진다. 즉, FND_Font[0]에 숫자 '0'(0B11111100), FND_Font[1]에 숫자 '1'(0B01100000), FND_Font[2]에 숫자 '2'(0B11011010), FND_Font[3]에 숫자 '3'(0B11110010)을 저장한다. 한편, 2진수를 표현할 때 숫자 '0'과 알파벳 'b'를 붙여 사용하는 방법은 WinAVR C 컴파일러가 지원하는 2진수 표기법이다. 따라서 char은 문자형 변수로서 1바이트(8비트)의 크기를 가지므로 0B11111100의 2진수가 8비트 크기로서 FND_Font[] 배열의 한 요소에 저장된다.

PORTx 레지스터는 포트에 출력할 논리 값을 저장하는 레지스터이며 x는 포트명이다. 따라서 반복문인 for 루프문에 포함된 포트 A는 첫 번째 11111100 값을 가지므로 숫자 '0'을 표시하게 되고, 포트 C는 11111110 값을 가지므로 왼쪽 첫 번째 7-segment를 ON이 되게 한다. 한편, PORTC = 0B11111110; 문장은 AVR 트레이닝 키트(WES-XUN I)는 동적 디스플레이 방식을 사용하기 때문에 공통 단자인 포트 C의 최하위 비트를 0으로 하여 왼쪽 첫 번째 7-segment를 ON이 되게 한다는 의미이다. 두 번째에는 왼쪽 두 번째 7-segment에 숫자 1이 ON, 세 번째에는 왼쪽 세 번째 7-segment에 숫자 2가 ON, 네 번째에는 왼쪽 네 번째 7-segment에 숫자 3이 ON, 다섯 번째에는 왼쪽 다섯 번째 7-segment에 숫자 0이 ON, 여섯 번째에는 왼쪽 여섯 번째 7-segment에 숫자 1이 ON, 일곱 번째에는 왼쪽 일곱 번째 7-segment에 숫자 2가 ON, 여덟 번째에는 왼쪽 여덟 번째 7-segment에 숫자 3이 ON 된다. 이러한 과정을 무한루프인 while(1)에 의하여 무한 반복하게 된다. 이때 한 글자를 표시하는 지연시간이 100 ms 이기 때문에 7-segment의 동적 디스플레이 제어가 느리게 구현되어 7-segment의 숫자들이 순차적으로 켜지게 되어 깜박거리게 된다. 이를 해결하기 위해서는 한 글자를 표시하는 지연시간을 충분히 줄여야 모두 켜진 것처럼 보일 수 있다.

_delay_ms(100) 함수는 100ms 시간만큼 동작을 멈추게 하는 역할을 한다.

T·I·P

C 언어 소스 프로그램은 CD Drive:₩Source₩ch6₩ch6_step3₩ch6_step3.c 파일을 참조한다.

단계 2 AVR Studio 4를 이용하여 C 언어 소스 프로그램을 Build 한다. 자세한 내용은 5.4.2절의 [단계 2]를 참조한다.

단계 3 PonyProg를 이용하여 ATmega128에 hex 파일을 ISP 다운로드 한다. 자세한 내용은 5.4.2절의 [단계 3]을 참조한다.

단계 4 다운로드가 완료되면 AVR 트레이닝 키트(WES-XUN I)의 동작을 확인한다. 8개 의 7-segment는 각 자리에 숫자를 표시하는데 7-segment의 가장 왼쪽부터 '0' → '1' → '2' → '3' → '0' → '1' → '2' → '3'이 반복해서 하나씩 켜진다. 이때 한 글자를 표시하는 지연시간이 100ms 이기 때문에 7-segment의 동적 디스플레이 제어가 느리게 구현되어 7-segment의 숫자들이 순차적으로 켜지게 되어 깜박거리게 된다. 이를 해결하기 위해서는 한 글자를 표시하는 지연시간을 충분히 줄여야 모두 켜진 것처럼 보일 수 있다.

6.4.5 7-segment의 가장 왼쪽부터 '0', '1', '2', '3', '0', '1', '2', '3'이 착시현상으로 모두 켜지는 예제

단계 1 AVR Studio 4에서 새로운 project를 생성하고, C 언어 소스 프로그램을 작성하여 저장한다. 자세한 내용은 5.4.2절의 [단계 1]을 참조한다.

[단계 1]-(1) Project type은 AVR GCC를 선택하고, Project name:은 ch6_step4, Initial file:은 ch6_step4이라고 입력하고, Create initial file과 Create folder를 체크하고, Location:은 C:₩avr_test를 선택한 후에 [Next >>] 버튼을 누르고 다음 단계로 진행한다.

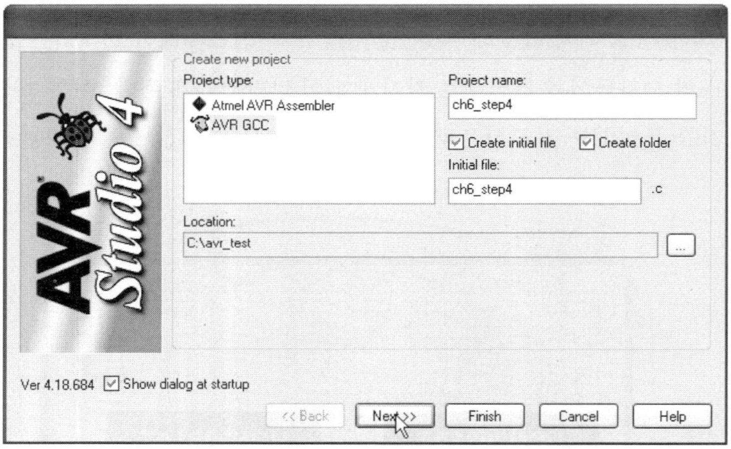

[단계 1]-(2) AVR Studio 4 편집 화면에 다음과 같이 C 언어 소스 프로그램을 작성하여 저장한다.

```
//
// ch6_step4.c
//
// ATmega128의 레지스터 등이 정의되어 있음
#include <avr/io.h>

// _delay_ms() 함수 등이 정의되어 있음
#include <util/delay.h>

// C 언어의 주 실행 함수
int main(void){
        char i;   // 8비트의 변수 선언
```

```
        // FND에 출력되는 문자 모양(Font, 폰트)을 배열을 이용해 설정
        char FND_Font[] = {
                        0B11111100, // FND Font 0
                        0B01100000, // FND Font 1
                        0B11011010, // FND Font 2
                        0B11110010  // FND Font 3
        };

        // 포트 A의 방향 설정, 0 : 입력, 1 : 출력
        // PA7  PA6   PA5   PA4   PA3   PA2   PA1   PA0
        // Out  Out   Out   Out   Out   Out   Out   Out
        //  a    b     c     d     e     f     g     h
        DDRA = 0B11111111;

        // 포트 C의 방향 설정, 0 : 입력, 1 : 출력
        // PC7  PC6   PC5   PC4   PC3   PC2   PC1   PC0
        // Out  Out   Out   Out   Out   Out   Out   Out
        // DIG7 DIG6  DIG5  DIG4  DIG3  DIG2  DIG1  DIG0
        DDRC = 0B11111111;

        // while 블록 안의 문장을 무한 반복
        while(1){
                // 8개의 FND가 켜지도록 동작을 반복함
                for(i = 0; i < 8; i++){
                        PORTA = 0x00;               // FND 폰트 출력 OFF
                        _delay_us(1);               // 1us 동안 대기

                        PORTC = ~(1 << i);          // FND의 DIGn 신호 출력
                        PORTA = FND_Font[(i%4)];    // FND에 폰트 출력
                        _delay_us(9);               // 9us 동안 대기
                }
        }

        // 함수의 형태와 같이 정수형(int)의 값을 반환함
        return 1;
}
```

C 언어 소스 프로그램 설명

핵심포인트

동적 디스플레이 제어에서 디스플레이를 위한 대기시간이 10us 이하로 매우 짧은 경우 앞서 출력된 7-segment 데이터가 다음에 출력되는 7-segment 자리에 디스플레이 되는 고스트 현상을 볼 수 있다. 따라서 이러한 고스트 현상을 제거하기 위해서는 디스플레이를 위한 대기시간을 ON 대기시간과 OFF 대기시간으로 나누어 프로그래밍 해야 한다.

avr/io.h 헤더 프로그램에는 DDRx 레지스터, PORTx 레지스터 등이 정의되어 있으므로 이들 레지스터를 사용하려면 반드시 포함시켜야 한다.

util/delay.h 헤더 프로그램에 _delay_ms() 함수가 정의되어 있으므로 이 함수를 사용하려면 반드시 포함시켜야 한다.

DDRx 레지스터는 포트의 입출력 방향을 결정하는 레지스터이며 x는 포트명이고 DDRxn의 각 비트 값이 0이면 입력, 1이면 출력으로 설정된다. 따라서 DDRA = 0B11111111 ; 문장과 DDRC = 0B11111111; 문장은 포트 A 와 포트 C의 모든 비트를 출력하겠다는 의미이다.

FND_Font[] 배열에 숫자 '0', '1', '2', '3'을 저장한다.

PORTx 레지스터는 포트에 출력할 논리 값을 저장하는 레지스터이며 x는 포트명이다. 따라서 반복문인 for 루프문에 포함된 포트 A는 첫 번째 11111100 값을 가지므로 숫자 '0'을 표시하게 되고, 포트 C는 11111110 값을 가지므로 왼쪽 첫 번째 7-segment를 ON이 되게 한다. 한편, PORTC = 0B11111110; 문장은 AVR 트레이닝 키트(WES-XUN I)는 동적 디스플레이 방식을 사용하기 때문에 공통 단자인 포트 C의 최하위 비트를 0으로 하여 왼쪽 첫 번째 7-segment를 ON이 되게 한다는 의미이다. 두 번째에는 왼쪽 두 번째 7-segment에 숫자 1이 ON, 세 번째에는 왼쪽 세 번째 7-segment에 숫자 2가 ON, 네 번째에는 왼쪽 네 번째 7-segment에 숫자 3이 ON, 다섯 번째에는 왼쪽 다섯 번째 7-segment에 숫자 0이 ON, 여섯 번째에는 왼쪽 여섯 번째 7-segment에 숫자 1이 ON, 일곱 번째에는 왼쪽 일곱 번째 7-segment에 숫자 2가 ON, 여덟 번째에는 왼쪽 여덟 번째 7-segment에 숫자 3이 ON 된다. 이러한 과정을 무한루프인 while(1)에 의하여 무한 반복하게 된다. 이때 한 글자를 표시하는 지연시간이 폰트 출력 OFF 시간 1us와 폰트 출력 ON 시간을 합쳐서 10us 이기 때문에 7-segment의 동적 디스플레이 제어가 빠르게 구현되어 모든 숫자가 항상 켜진 것처럼 보인다. 지연 시간을 충분히 짧게 주었기 때문에 실제로는 하나씩 순차적으로 켜지는 것이지만, 착시현상으로 모두 켜진 것처럼 보인다. 한편, 폰트 출력 OFF 지연 시간 문장이 주석으로 처리되면 7-segment에는 앞서 출력된 데이터가 다음에 출력할 자리의 7-segment에 디스플레이 되는 고스트 현상이 나타난다. 따라서 폰트 출력 OFF 지연 시간은 이런 고스트 현상을 없애기 위해 반드시 필요한 문장이다.

_delay_us(1) 함수는 1us 시간만큼 동작을 멈추게 하는 역할을 한다.

_delay_us(9) 함수는 9us 시간만큼 동작을 멈추게 하는 역할을 한다.

T·I·P

C 언어 소스 프로그램은 CD Drive:₩Source₩ch6₩ch6_step4₩ch6_step4.c 파일을 참조한다.

단계 2 AVR Studio 4를 이용하여 C 언어 소스 프로그램을 Build 한다. 자세한 내용은 5.4.2절의 [단계 2]를 참조한다.

단계 3 PonyProg를 이용하여 ATmega128에 hex 파일을 ISP 다운로드 한다. 자세한 내용은 5.4.2절의 [단계 3]을 참조한다.

단계 4 다운로드가 완료되면 6.4.3절에서 보이던 것과 달리 7-segment의 모든 숫자가 동시에 모두 켜진 것처럼 보인다. 이것은 6.4.3절에서는 지연(delay) 시간이 너무 길었기 때문에 하나씩 켜지게 보인 것이고, 6.4.4절에서는 지연 시간을 충분히 짧게 주었기 때문에 실제로는 하나씩 순차적으로 켜지는 것이지만, 착시현상으로 동시에 모두 켜진 것처럼 보인다.

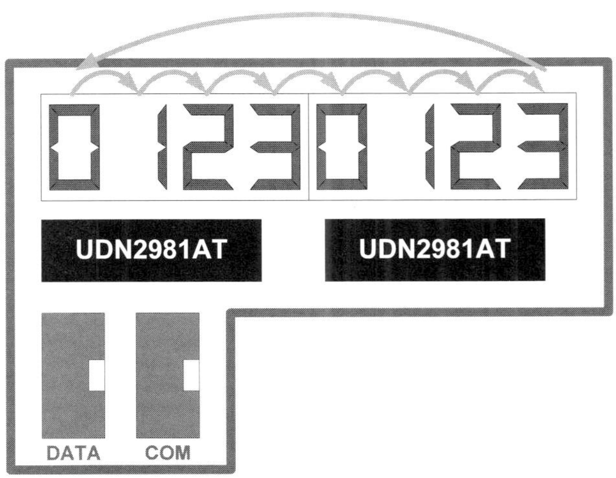

6.5 C 언어 문법

(1) % 연산자(나머지 연산자)

% 연산자는 나머지를 구하는 연산자다. 예를 들어 13을 10으로 나눌 때 몫은 1이 되고, 나머지는 3이 된다. 정리하여, 식 i = 13 % 10; 을 실행 후 i 변수에는 3이 저장된다. 참고로 몫을 구하는 연산자는 / 이 있으며, 식 i = 13 / 10; 을 실행 후 i 변수에는 1이 저장된다.

(2) 증감 연산자

① 증가 연산자 : ++

➜ 변수의 값을 하나 증가시키는 연산자이다.

■ 선행 연산

y = ++k

➜ k = k + 1을 연산한 후에 결과 값이 y에 대입된다.

■ 후행 연산

y = k++

➜ 먼저 k값이 y에 대입된 후에 k = k + 1 연산이 이루어진다.

② 감소 연산자 : --

➜ 변수의 값을 하나 감소시키는 연산자이다.

■ 선행 연산

y = --k

➜ n = k - 1을 연산한 후에 결과 값이 k에 대입된다.

■ 후행 연산

y = k--

➜ 먼저 k값이 y에 대입된 후에 k = k - 1 연산이 이루어진다.

(3) 배열

변수는 하나의 값만 저장할 수 있으나 배열은 여러개의 값을 동시에 저장할 수 있는 메모리 공간이다. 따라서 배열은 연속적으로 같은 크기로 순서를 갖고 있는 자료들의 집합이다. 프로그램에서 500개의 자료가 필요하다고 가정할 때 500개의 자료를 메모리 공간에 저장하기 위해서는 500개의 변수가 필요하다. 그러나 500개의 변수를 사용한다는 것은 매우 불편한 일이 될 것이다. 이때 배열을 사용하면 매우 편리한 방법이 된다.

① 1차원 배열

→ 첨자(원소수)를 생략하면 C 컴파일러가 자동으로 초기값 갯수를 계산한다.

```
int x[ ] = {10, 20, 30, 40, 50, 60, 70, 80, 90};
```

x[0]	x[1]	x[2]	x[3]	x[4]	x[5]	x[6]	x[7]	x[8]
10	20	30	40	50	60	70	80	90

→ 첨자(원소수)를 생략하면 C 컴파일러가 자동으로 초기값 갯수를 계산한다.

```
char x[ ] = "ATmega128";

char x[10] = "ATmega128";
```

x[0]	x[1]	x[2]	x[3]	x[4]	x[5]	x[6]	x[7]	x[8]	x[9]
'A'	'T'	'm'	'e'	'g'	'a'	'1'	'2'	'8'	'\0'

↓ 자동으로 설정 (x[9])

② 2차원 배열

→ 반드시 지정한다. ([8])

← 생략 가능 ([ ])

```
char str[ ][8] = {
        {'A', 'V', 'R', '₩0'},
        {'A', 'T', 'M', 'E', 'G', 'A', '₩0'},
        {'W', 'E', 'S', 'N', 'E', 'T', '₩0'},
        {'P', 'R', 'O', 'G', 'R', 'A', 'M', '₩0'}
      };
```

[0][0]	[0][1]	[0][2]	[0][3]	[0][4]	[0][5]	[0][6]	[0][7]
'A'	'V'	'R'	'₩0'				
[1][0]	[1][1]	[1][2]	[1][3]	[1][4]	[1][5]	[1][6]	[1][7]
'A'	'T'	'M'	'E'	'G'	'A'	'₩0'	
[2][0]	[2][1]	[2][2]	[2][3]	[2][4]	[2][5]	[2][6]	[2][7]
'W'	'E'	'S'	'N'	'E'	'T'	'₩0'	
[3][0]	[3][1]	[3][2]	[3][3]	[3][4]	[3][5]	[3][6]	[3][7]
'P'	'R'	'O'	'G'	'R'	'A'	'M'	'₩0'

(4) 〈〈 연산자

〈〈 왼쪽의 각 비트를 오른쪽에 있는 수만큼 모두 왼쪽으로 이동시키는 비트 연산자이다.

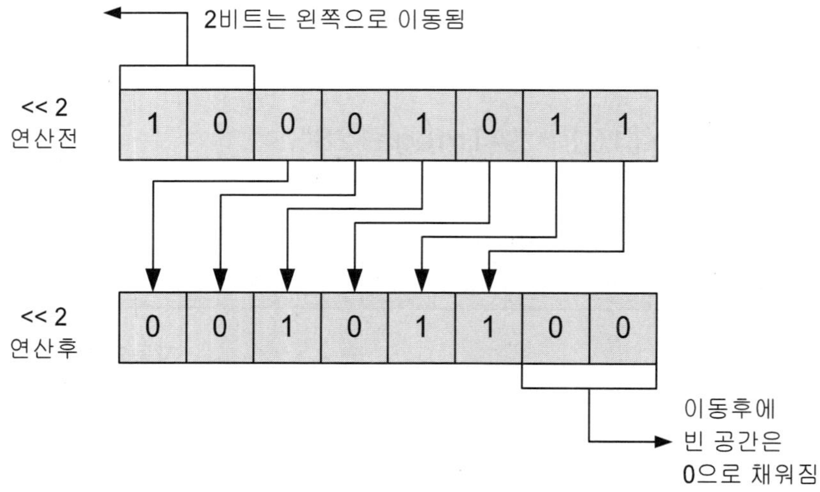

CHAPTER 07

AVR ATmega128을 사용한 LDM(8*8) 제어

실습목표

LED를 이용한 디스플레이 장치 중 문자 또는 그림까지도 디스플레이 할 수 있는 장치가 LDM(LED Dot Matrix)이다. LDM(8*8) 제어 방식은 7-segment의 동적 디스플레이 제어 방식과 동일하다. LDM(8*8)과 7-segment는 LED의 배치만 다를 뿐 같은 구조를 띄고 있기 때문이다. AVR 트레이닝 키트(WES-XUN I)에서는 빨강과 녹색의 2가지 색을 나타내는 LDM(8*8)을 사용하고 있기 때문에 2가지 색을 혼합하여 주황색을 나타낼 수 있기 때문에 최대 3가지 색을 나타낼 수 있다. 7-segment와 내부적으로 비슷한 LDM(8*8)의 회로 구조를 이해하고, 주변회로 구성과 제어 방법을 학습한다.

실습이론

7.1 LDM(8*8) 제어를 위한 디지털 출력 관련 레지스터

DDRx 레지스터는 포트의 입출력 방향을 결정하는 레지스터이며 DDRxn의 비트 값이 0이면 입력, 1이면 출력으로 설정된다. x는 포트명을 가리키는 문자이고 n은 비트를 나타내는 숫자이다. ATmega128에서 레지스터는 0번부터 7번까지 8비트가 존재한다. PORTx 레지스터는 포트에 출력할 논리 값을 저장하는 레지스터이며 x는 포트명이다. 디지털 입출력과 관련한 자세한 내용은 1.14절의 AVR 디지털 입출력 핀 구조를 참조한다.

DDRx : PORTx 데이터 방향 레지스터

Bit	7	6	5	4	3	2	1	0
	DDx7	**DDx6**	**DDx5**	**DDx4**	**DDx3**	**DDx2**	**DDx1**	**DDx0**
Read/Write	R/W	R/W	R/W	R/W	R/W	R/W	R/W	R/W
Initial Value	0	0	0	0	0	0	0	0

PORTx : PORTx 데이터 레지스터

Bit	7	6	5	4	3	2	1	0
	PORTx7	**PORTx6**	**PORTx5**	**PORTx4**	**PORTx3**	**PORTx2**	**PORTx1**	**PORTx0**
Read/Write	R/W	R/W	R/W	R/W	R/W	R/W	R/W	R/W
Initial Value	0	0	0	0	0	0	0	0

7.2 LDM(8*8) 특성 및 제어회로

그림 7.2.1은 가로 8개, 세로 8개로 LED를 배치한 8*8 LDM(LED Dot Matrix)을 나타내고 있다. 동일한 LED를 동일한 간격으로 배치하여, 64개의 LED 중 특정 위치의 LED를 켜거나 꺼서 문자 또는 그림 등이 다양하게 표현이 가능하다. 또한 빨강 및 녹색의 2가지 색을 지원하는데 2가지 색을 동시에 켤 경우 주황색이 켜지므로, LDM(8*8)은 3색으로 동작 될 수 있다.

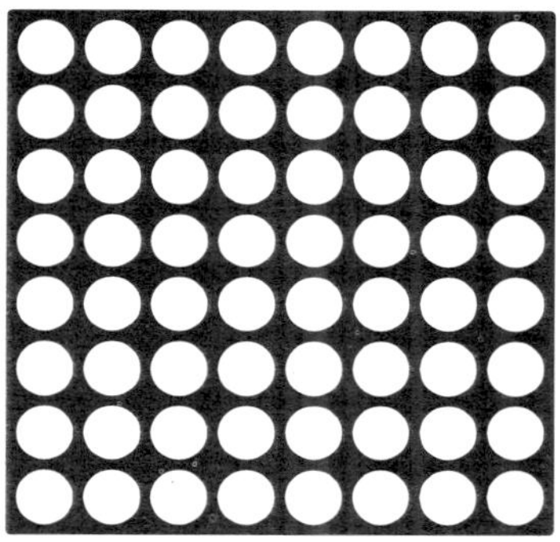

그림 7.2.1 LDM(8*8)의 외형

그림 7.2.2는 LDM(8*8)의 내부 회로의 일부이다. C0는 7-segment의 common과 같고, R7..0, G7..0은 7-segment의 데이터 신호(a부터 g, dp)로서 Rn은 빨강, Gn은 녹색에 해당한다. 이때 AVR 트레이닝 키트(WES-XUN I)는 LDM(8*8)에서 공통 양극 방식을 사용하기 때문에 C0가 1이고, Rn과 Gn의 신호가 모두 0이면 주황색이 켜진다.

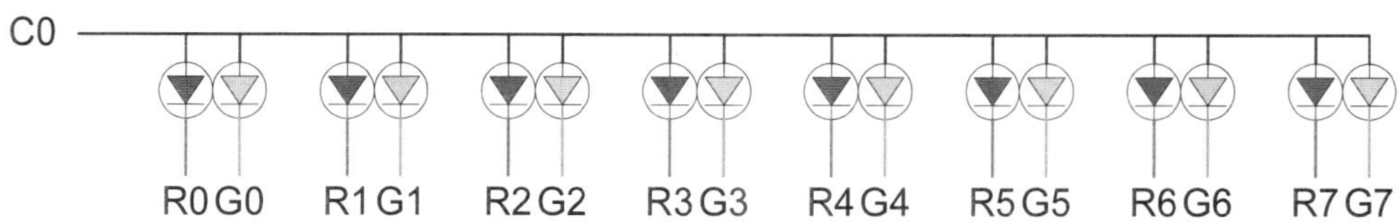

그림 7.2.2 LDM(8*8)의 내부 회로의 일부

그림 7.2.3은 그림 7.2.2의 내부 회로 8개를 병렬로 연결한 회로이다. 이 회로는 LDM(8*8)의 전체 내부 회로로 공통 단자 C7..0과 빨강 핀 R7..0 그리고 녹색 핀 G7..0 으로 핀이 구성되며 총 24핀이다. LDM(8*8)이 7-segment와 비슷한 구조이기 때문에 동적 디스

플레이 제어 방식으로 LDM(8*8)을 제어한다. 따라서 AVR 트레이닝 키트(WES-XUN I)는 LDM(8*8)을 제어하기 위하여 동적 디스플레이 제어 방식을 사용한다.

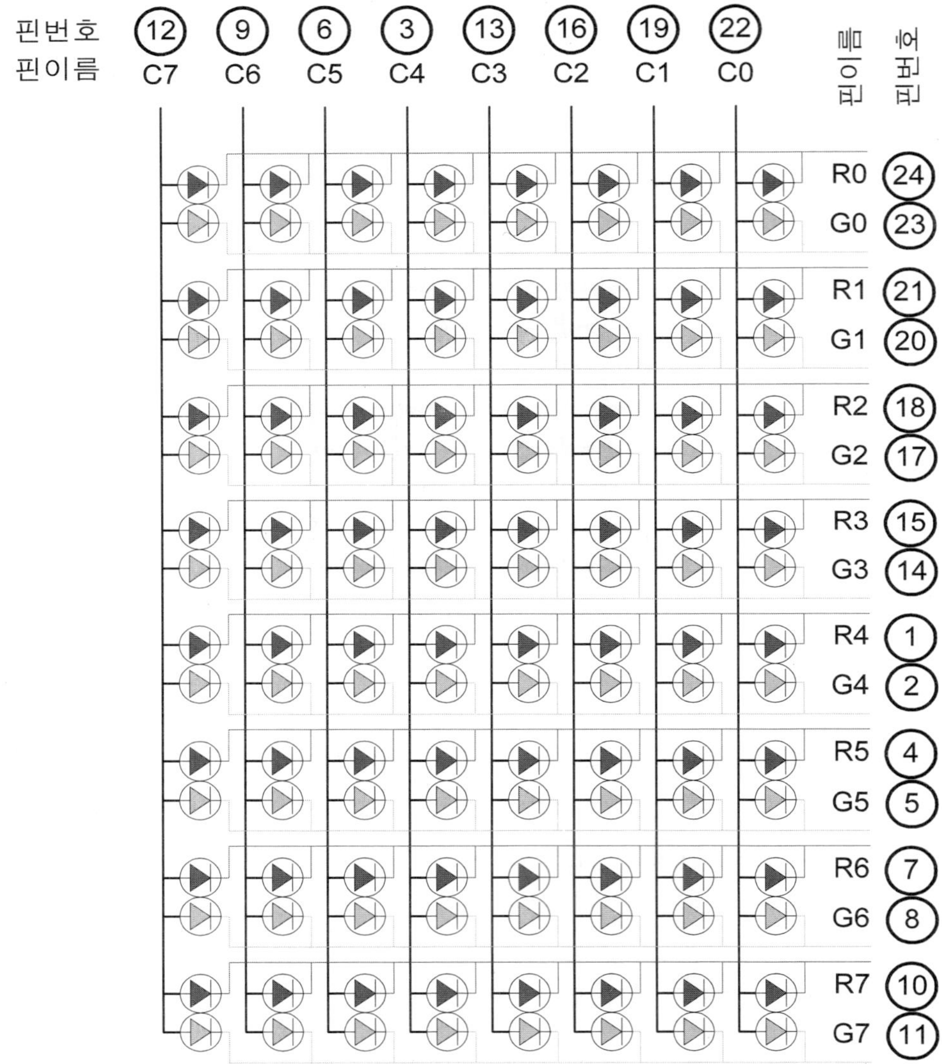

그림 7.2.3 LDM(8*8)의 전체 내부 회로

7.3 AVR 트레이닝 키트(WES-XUN I)에서 LDM(8*8) 제어회로

AVR 트레이닝 키트(WES-XUN I)에는 8×8(가로×세로)로 구성된 LDM(8*8) 블록이 있으며, 이 블록은 COM, RED, GREEN 등 3개의 커넥터로 연결된다. 그림 7.3.1에서 Source 블록은 LDM(8*8)에 높은 Source 전류를 공급할 수 있도록 UDN2981 달링턴 TR IC를 사용하였고, Sink 블록은 Source 블록과 함께 연동되는 블록으로 높은 Sink 전류를 얻도록 ULN2803 달링턴 TR IC가 사용되었다. 한편 Sink 블록은 NOT 게이트와 같아서 입력에 (+) 전압이 인가될 때 출력에 (-) 전압이 나타나고 Sink 전류를 얻는다. 따라서 LDM(8*8)의 LED를 켜기 위해서는 COM 커넥터와 연결된 신호는 (+) 전압을 인가하고, RED 또는 GREEN 커넥터와 연결된 신호도 (+) 전압을 인가해야 한다.

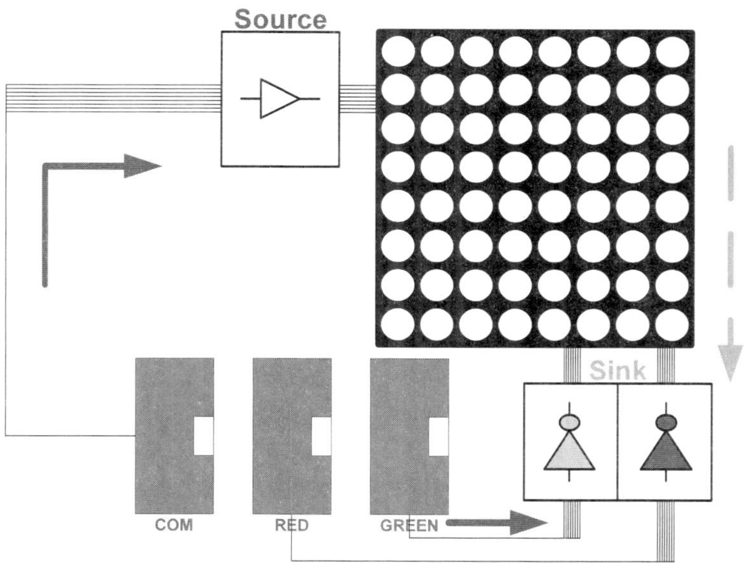

그림 7.3.1 AVR 트레이닝 키트(WES-XUN I)의 LDM(8*8) 회로 블록도

한편, 표 7.3.1은 LDM(8*8) 블록의 COM 커넥터(IDC17)와 LDM(8*8)의 핀 연결, 표 7.3.2는 LDM(8*8) 블록의 RED 커넥터와 LDM(8*8)의 핀 연결, 표 7.3.3은 LDM(8*8) 블록의 GREEN 커넥터와 LDM(8*8)의 핀 연결, 그림 7.3.2는 LDM(8*8)의 버스 연결과 핀 번호를 나타내고 있다.

표 7.3.1 LDM(8*8) 블록의 COM 커넥터(IDC17)와 LDM(8*8)의 핀 연결

COM 커넥터 비트	D7	D6	D5	D4	D3	D2	D1	D0
LDM(8*8)	C7	C6	C5	C4	C3	C2	C1	C0

표 7.3.2 LDM(8*8) 블록의 RED 커넥터와 LDM(8*8)의 핀 연결

RED 커넥터 비트	D7	D6	D5	D4	D3	D2	D1	D0
LDM(8*8)	R7	R6	R5	R4	R3	R2	R1	R0

표 7.3.3 LDM(8*8) 블록의 GREEN 커넥터와 LDM(8*8)의 핀 연결

GREEN 커넥터 비트	D7	D6	D5	D4	D3	D2	D1	D0
LDM(8*8)	G7	G6	G5	G4	G3	G2	G1	G0

비트	D7	D6	D5	D4	D3	D2	D1	D0
common 핀번호	12	9	6	3	13	16	19	22

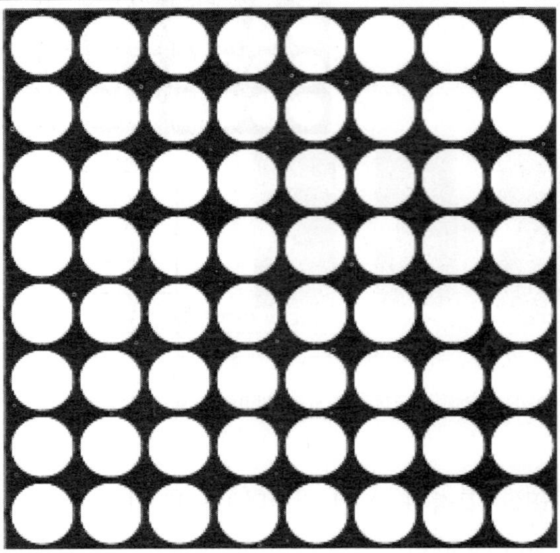

빨강 핀번호	녹색 핀번호	비트
24	23	D0
21	20	D1
18	17	D2
15	14	D3
1	2	D4
4	5	D5
7	8	D6
10	11	D7

그림 7.3.2 LDM(8*8)의 버스 연결과 핀 번호

실습내용

7.4 AVR 트레이닝 키트(WES-XUN I)에서 동작해보기

7.4.1 AVR 트레이닝 키트(WES-XUN I)의 동작을 위한 준비 사항

단계 1 그림 7.4.1과 같이 전원을 켜고 ISP 다운로드 모듈을 연결한다.

그림 7.4.1 전원을 켜고 ISP 다운로드 모듈을 연결

단계 2 그림 7.4.2와 같이 IDC Flat 10P 케이블을 이용해 GREEN 커넥터(IDC16)와 AVR MCU Module(ATmega128)의 PORTF와 연결하고, RED 커넥터(IDC18)와 AVR MCU Module(ATmega128)의 PORTA와 연결한고, COM 커넥터(IDC17)와 AVR MCU Module(ATmega128)의 PORTC와 연결한다. 연결할 때 케이블의 방향이 맞도록 홈에 잘 맞추어 삽입한다.

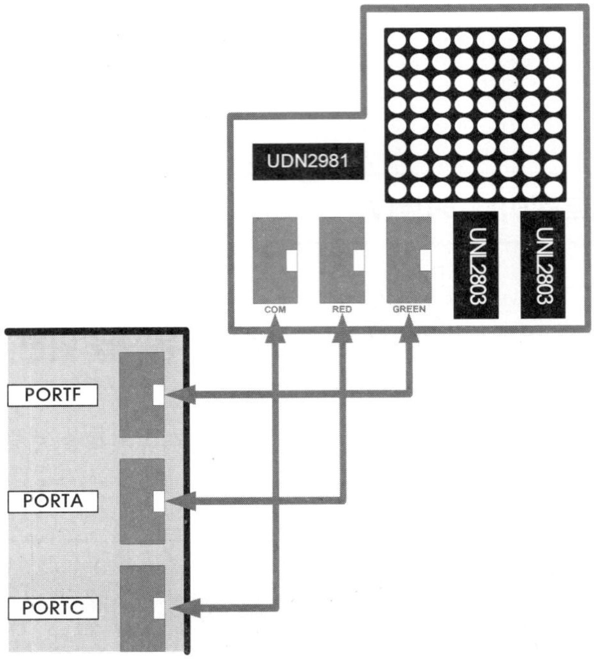

PORTA ⇔ LDM RED

PORTA	BIT7	BIT6	BIT5	BIT4	BIT3	BIT2	BIT1	BIT0
Device Pin	RED7	RED6	RED5	RED4	RED3	RED2	RED1	RED0
입출력	Out	Out	Out	Out	Out	Out	Out	Out

PORTC ⇔ LDM COM

PORTC	BIT7	BIT6	BIT5	BIT4	BIT3	BIT2	BIT1	BIT0
Device Pin	COM7	COM6	COM5	COM4	COM3	COM2	COM1	COM0
입출력	Out	Out	Out	Out	Out	Out	Out	Out

PORTF ⇔ LDM GREEN

PORTF	BIT7	BIT6	BIT5	BIT4	BIT3	BIT2	BIT1	BIT0
Device Pin	GRN7	GRN6	GRN5	GRN4	GRN3	GRN2	GRN1	GRN0
입출력	Out	Out	Out	Out	Out	Out	Out	Out

그림 7.4.2 LDM(8*8) 제어 실험을 위한 회로 연결

포트 F는 ADC의 아날로그 입력 채널로 사용되는 특수 기능을 가지고 있으므로, 포트 F를 디지털 입출력으로 사용할 경우 EXT_ADC 커넥터의 센서 모듈을 분리하고, ADC VR 스위치와 CLK 스위치 2개를 위로 올려야 한다. 만약, 센서 모듈이 분리되지 않거나, ADC VR 스위치가 내려가 있는 경우에는 오동작의 원인이 될 수 있다. 그림 7.4.3은 포트 F를 디지털 입출력으로 사용시에 주의해야할 사항을 나타내고 있다.

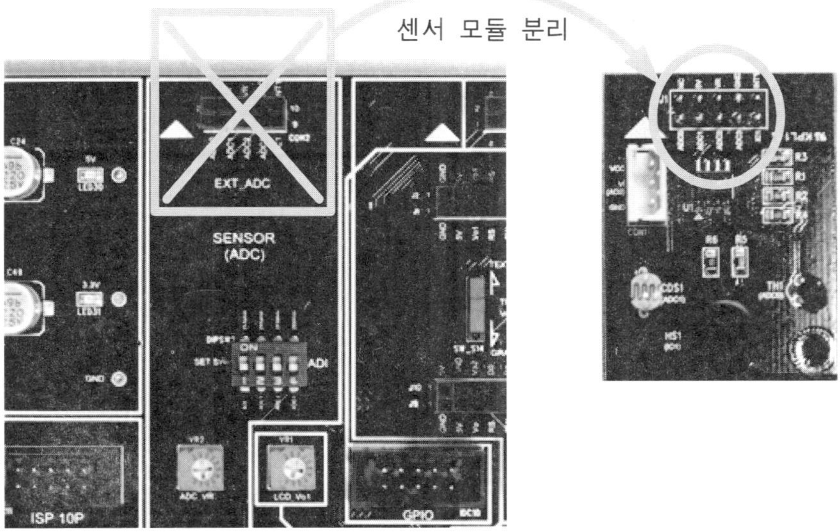

(a) EXT_ADC 커넥터의 센서 모듈 분리

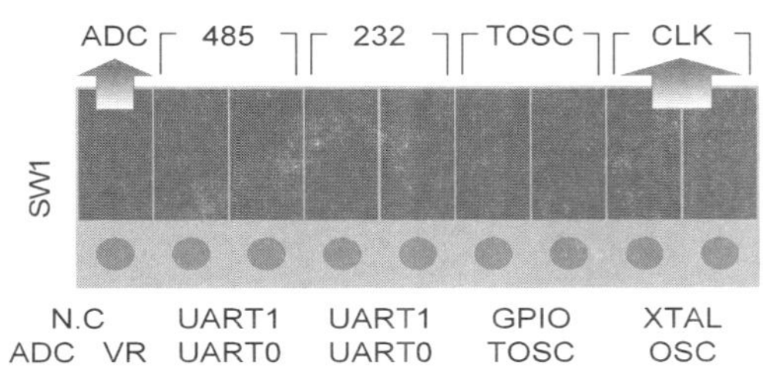

(b) ADC VR 스위치와 CLK 스위치 2개를 위로 올림

그림 7.4.3 포트 F를 디지털 입출력으로 사용시에 주의해야할 사항

7.4.2 LDM(8*8)에 삼각형 모양이 점등되는 예제

단계 1 AVR Studio 4에서 새로운 project를 생성하고, C 언어 소스 프로그램을 작성하여 저장한다. 자세한 내용은 5.4.2절의 [단계 1]을 참조한다.

[단계 1]-(1) Project type은 AVR GCC를 선택하고, Project name:은 ch7_step1, Initial file:은 ch7_step1이라고 입력하고, Create initial file과 Create folder를 체크하고, Location:은 C:₩avr_test를 선택한 후에 [Next >>] 버튼을 누르고 다음 단계로 진행한다.

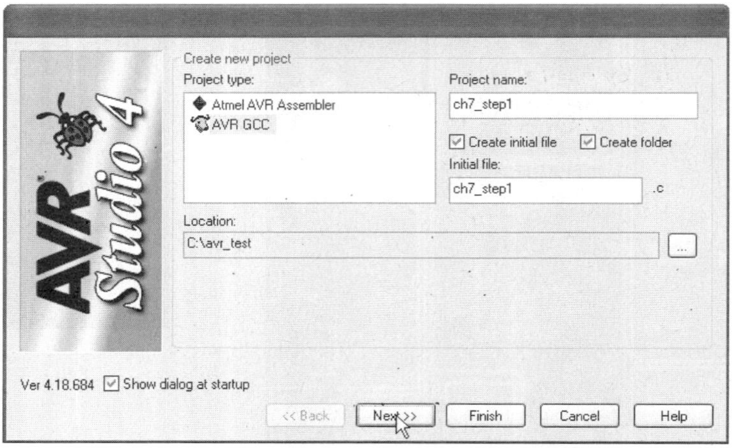

[단계 1]-(2) AVR Studio 4 편집 화면에 다음과 같이 C 언어 소스 프로그램을 작성하여 저장한다.

```
//
// ch7_step1.c
//

// ATmega128의 레지스터 등이 정의되어 있음
#include<avr/io.h>

// _delay_ms() 함수 등이 정의되어 있음
#include<util/delay.h>

// C 언어의 주 실행 함수
int main(void){
        unsigned char i;            // 8비트의 변수 선언
```

```
    // LDM(8*8)에 표시할 모양 비트들을 저장(삼각형 모양)
    char LDM_RED[] = {
            0B10000000,
            0B11000000,
            0B11100000,
            0B11110000,
            0B11111000,
            0B11111100,
            0B11111110,
            0B11111111
    };

    // 포트 A의 방향 설정, 0 : 입력, 1 : 출력
    // PA7   PA6   PA5   PA4   PA3   PA2   PA1   PA0
    // Out   Out   Out   Out   Out   Out   Out   Out
    // RED7  RED6  RED5  RED4  RED3  RED2  RED1  RED0
    DDRA = 0B11111111;

    // 포트 C의 방향 설정, 0 : 입력, 1 : 출력
    // PC7   PC6   PC5   PC4   PC3   PC2   PC1   PC0
    // Out   Out   Out   Out   Out   Out   Out   Out
    // COM7 COM6  COM5  COM4  COM3  COM2  COM1  COM0
    DDRC = 0B11111111;

    // while 블록 안의 문장을 무한 반복
    while(1){
            // 8줄의 LDM이 켜지도록 동작을 반복함
            for(i = 0; i < 8; i++){
                    // 8비트의 COM 신호 중 1비트만 논리 1로 출력
                    PORTC = (1<<(i));

                    // RED 신호에 데이터 출력
                    PORTA = LDM_RED[(7-i)];

                    _delay_ms(2);       // 2ms 동안 대기
            }
    }

    // 함수의 형태와 같이 정수형(int)의 값을 반환함
    return 1;
}
```

C 언어 소스 프로그램 설명

핵심포인트

LDM에 디스플레이 하기 위해서는 8비트로 구성된 8개의 데이터가 필요하며, 7-segment 디스플레이 제어 방식이었던 동적 디스플레이 제어를 이용하여 출력할 수 있다.

avr/io.h 헤더 프로그램에는 DDRx 레지스터, PORTx 레지스터 등이 정의되어 있으므로 이들 레지스터를 사용하려면 반드시 포함시켜야 한다.

util/delay.h 헤더 프로그램에 _delay_ms() 함수가 정의되어 있으므로 이 함수를 사용하려면 반드시 포함시켜야 한다.

DDRx 레지스터는 포트의 입출력 방향을 결정하는 레지스터이며 x는 포트명이고 DDRxn의 각 비트 값이 0이면 입력, 1이면 출력으로 설정된다. 따라서 DDRA = 0B11111111; 문장과 DDRC = 0B11111111; 문장은 포트 A와 포트 C의 모든 비트를 출력하겠다는 의미이다.

LDM_RED[] 배열에 LDM(8*8)에 표시할 모양 비트들을 저장한다.(삼각형 모양)

PORTx 레지스터는 포트에 출력할 논리 값을 저장하는 레지스터이며 x는 포트명이다. 따라서 반복문인 for 루프문에 포함된 포트 A는 첫 번째 11111111 값을, 포트 C는 00000001 값을 가지므로 LDM(8*8)의 오른쪽 첫 번째 열이 모두 ON이 되게 한다. 한편, PORTC = 0B00000001; 문장은 AVR 트레이닝 키트(WES-XUN I)는 LDM(8*8) 공통 단자를 공통 양극 방식을 사용하기 때문에, 공통 단자인 포트 C의 최하위 비트를 1로 한다는 의미이다. 따라서 AVR 트레이닝 키트(WES-XUN I)의 LDM(8*8)의 오른쪽 첫 번째 열이 동작한다. 두 번째에는 LDM(8*8)의 오른쪽 두 번째 열의 두 번째 행부터 여덟 번째 행까지 ON, 세 번째에는 LDM(8*8)의 오른쪽 세 번째 열의 세 번째 행부터 여덟 번째 행까지 ON, 네 번째에는 LDM(8*8)의 오른쪽 네 번째 열의 네 번째 행부터 여덟 번째 행까지 ON, 다섯 번째에는 LDM(8*8)의 오른쪽 다섯 번째 열의 다섯 번째 행부터 여덟 번째 행까지 ON, 여섯 번째에는 LDM(8*8)의 오른쪽 여섯 번째 열의 여섯 번째 행부터 여덟 번째 행까지 ON, 일곱 번째에는 LDM(8*8)의 오른쪽 일곱 번째 열의 일곱 번째 행부터 여덟 번째 행까지 ON, 여덟 번째에는 LDM(8*8)의 오른쪽 여덟 번째 열의 첫 번째 행과 여덟 번째 행이 ON, 된다. 이러한 과정을 무한루프인 while(1)에 의하여 무한 반복하게 된다.

_delay_ms(2) 함수는 2ms 시간만큼 동작을 멈추게 하는 역할을 한다.

T·I·P

C 언어 소스 프로그램은 CD Drive:₩Source₩ch7₩ch7_step1₩ch7_step1.c 파일을 참조한다.

단계 2 AVR Studio 4를 이용하여 C 언어 소스 프로그램을 Build 한다. 자세한 내용은 5.4.2절의 [단계 2]를 참조한다.

단계 3 PonyProg를 이용하여 ATmega128에 hex 파일을 ISP 다운로드 한다. 자세한 내용은 5.4.2절의 [단계 3]을 참조한다.

단계 4 다운로드가 완료되면 AVR 트레이닝 키트(WES-XUN I)에서 동작을 확인한다. LDM(8*8)에 삼각형 모양이 점등된다.

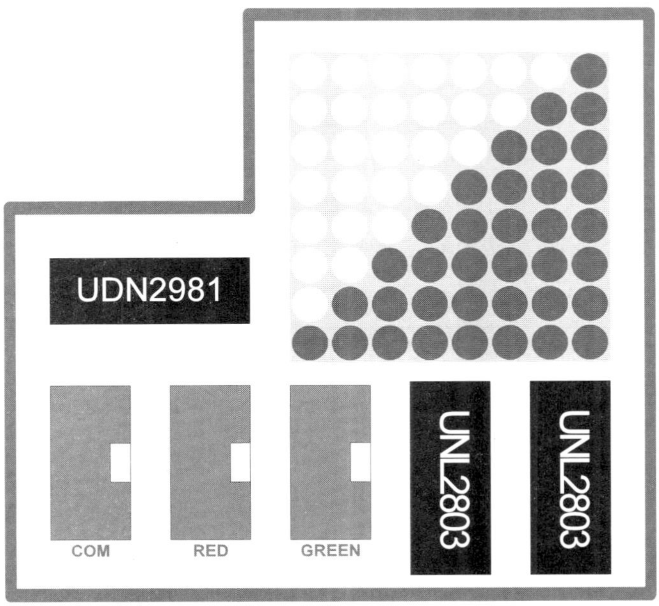

7.4.3 LDM(8*8)에 한글 '소' 모양이 점등되는 예제

단계 1 AVR Studio 4에서 새로운 project를 생성하고, C 언어 소스 프로그램을 작성하여 저장한다. 자세한 내용은 5.4.2절의 [단계 1]을 참조한다.

[단계 1]-(1) Project type은 AVR GCC를 선택하고, Project name:은 ch7_step2, Initial file:은 ch7_step2이라고 입력하고, Create initial file과 Create folder를 체크하고, Location:은 C:₩avr_test를 선택한 후에 [Next >>] 버튼을 누르고 다음 단계로 진행한다.

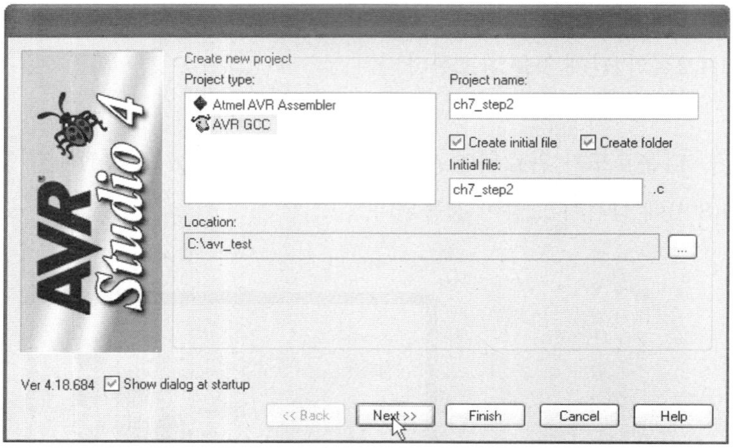

[단계 1]-(2) AVR Studio 4 편집 화면에 다음과 같이 C 언어 소스 프로그램을 작성하여 저장한다.

```
//
// ch7_step2.c
//

// ATmega128의 레지스터 등이 정의되어 있음
#include<avr/io.h>

// _delay_ms() 함수 등이 정의되어 있음
#include<util/delay.h>

// C 언어의 주 실행 함수
int main(void){
        unsigned char i;            // 8비트의 변수 선언
```

```
	// LDM(8*8)에 표시할 모양 비트들을 저장(한글 '소' 모양)
	char LDM_RED[] = {
		0B11011000,
		0B11001100,
		0B11000110,
		0B11110011,
		0B11110011,
		0B11000110,
		0B11001100,
		0B11011000
	};

	// 포트 A의 방향 설정, 0 : 입력, 1 : 출력
	// PA7	PA6	PA5	PA4	PA3	PA2	PA1	PA0
	// Out	Out	Out	Out	Out	Out	Out	Out
	// RED7	RED6	RED5	RED4	RED3	RED2	RED1	RED0
	DDRA = 0B11111111;

	// 포트 C의 방향 설정, 0 : 입력, 1 : 출력
	// PC7	PC6	PC5	PC4	PC3	PC2	PC1	PC0
	// Out	Out	Out	Out	Out	Out	Out	Out
	// COM7	COM6	COM5	COM4	COM3	COM2	COM1	COM0
	DDRC = 0B11111111;

	// while 블록 안의 문장을 무한 반복
	while(1){
		// 8줄의 LDM이 켜지도록 동작을 반복함
		for(i = 0; i < 8; i++){
			// 8비트의 COM 신호 중 1비트만 논리 1로 출력
			PORTC = (1<<(i));

			// RED 신호에 데이터 출력
			PORTA = LDM_RED[(7-i)];

			_delay_ms(2);		// 2ms 동안 대기
		}
	}

	// 함수의 형태와 같이 정수형(int)의 값을 반환함
	return 1;
}
```

C 언어 소스 프로그램 설명

핵심포인트

LDM에 출력할 데이터는 회로 연결구조에 맞도록 데이터를 생성해야 한다. 이 실험에서 데이터를 생성할 경우 배열의 데이터가 실제 출력되는 모양보다 시계방향으로 90° 돌아간 것을 확인할 수 있다. 이것은 회로 연결 구조에 의존하여 나타낸 것이므로, 다른 연결 구조의 회로에서는 다르게 데이터를 생성해야 한다.

avr/io.h 헤더 프로그램에는 DDRx 레지스터, PORTx 레지스터 등이 정의되어 있으므로 이들 레지스터를 사용하려면 반드시 포함시켜야 한다.

util/delay.h 헤더 프로그램에 _delay_ms() 함수가 정의되어 있으므로 이 함수를 사용하려면 반드시 포함시켜야 한다.

DDRx 레지스터는 포트의 입출력 방향을 결정하는 레지스터이며 x는 포트명이고 DDRxn의 각 비트 값이 0이면 입력, 1이면 출력으로 설정된다. 따라서 DDRA = 0B11111111; 문장과 DDRC = 0B11111111; 문장은 포트 A와 포트 C의 모든 비트를 출력하겠다는 의미이다.

LDM_RED[] 배열에 LDM(8*8)에 표시할 모양 비트들을 저장한다.(한글 '소' 모양)

PORTx 레지스터는 포트에 출력할 논리 값을 저장하는 레지스터이며 x는 포트명이다. 따라서 반복문인 for 루프문에 포함된 포트 A의 비트 값과 포트 C의 비트 값들에 의하여 LDM(8*8)에 한글 '소'자 모양이 나타나게 된다. 이러한 과정을 무한루프인 while(1)에 의하여 무한 반복하게 된다.

_delay_ms(2) 함수는 2ms 시간만큼 동작을 멈추게 하는 역할을 한다.

T·I·P

C 언어 소스 프로그램은 CD Drive:₩Source₩ch7₩ch7_step2₩ch7_step2.c 파일을 참조한다.

단계 2 AVR Studio 4를 이용하여 C 언어 소스 프로그램을 Build 한다. 자세한 내용은 5.4.2절의 [단계 2]를 참조한다.

단계 3 PonyProg를 이용하여 ATmega128에 hex 파일을 ISP 다운로드 한다. 자세한 내용은 5.4.2절의 [단계 3]을 참조한다.

단계 4 다운로드가 완료되면 AVR 트레이닝 키트(WES-XUN I)의 동작을 확인한다. LDM(8*8)에 한글 '소' 모양이 점등된다.

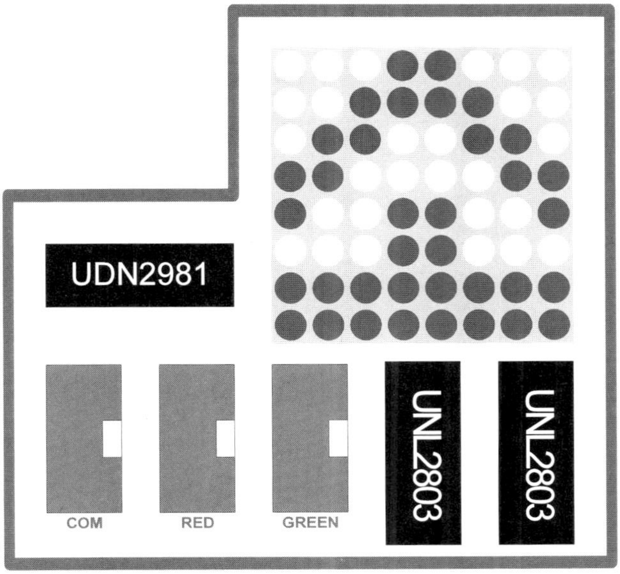

7.4.4 LDM(8*8)에 '0', '1', '2', '3'이 순차적으로 하나씩 점등되는 예제

단계 1 AVR Studio 4에서 새로운 project를 생성하고, C 언어 소스 프로그램을 작성하여 저장한다. 자세한 내용은 5.4.2절의 [단계 1]을 참조한다.

[단계 1]-(1) Project type은 AVR GCC를 선택하고, Project name:은 ch7_step3, Initial file:은 ch7_step3이라고 입력하고, Create initial file과 Create folder를 체크하고, Location:은 C:₩avr_test를 선택한 후에 Next >> 버튼을 누르고 다음 단계로 진행한다.

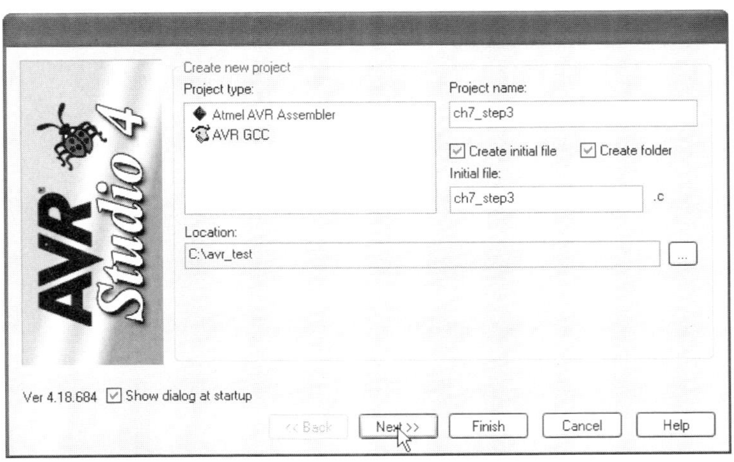

[단계 1]-(2) AVR Studio 4 편집 화면에 다음과 같이 C 언어 소스 프로그램을 작성하여 저장한다.

```
//
// ch7_step3.c
//

// ATmega128의 레지스터 등이 정의되어 있음
#include<avr/io.h>

// _delay_ms() 함수 등이 정의되어 있음
#include<util/delay.h>

// DELAY_MAX=25의 매크로 정의
// 0->1->2->3의 화면전환에서 지연되는 시간 계수로 사용됨
#define DELAY_MAX 25

// C 언어의 주 실행 함수
int main(void){
          unsigned char i, j, count=0;          // 8비트의 변수 선언

         // LDM(8*8)에 표시할 모양 비트들을 저장('0', '1', '2', '3')
          char LDM_RED[][8] = {
                    // 0 모양을 저장
                    {
                    0B00000000,
                    0B01111110,
                    0B11111111,
                    0B10000001,
                    0B10000001,
                    0B11111111,
                    0B01111110,
                    0B00000000
                    },

                    // 1 모양을 저장
                    {
                    0B00000000,
                    0B00000000,
                    0B00000100,
```

```
            0B00000110,
            0B11111111,
            0B11111111,
            0B00000000,
            0B00000000
            },

            // 2 모양을 저장
            {
            0B00000000,
            0B11100110,
            0B11110111,
            0B11010001,
            0B11011001,
            0B11001111,
            0B11000110,
            0B00000000
            },

            // 3 모양을 저장
            {
            0B00000000,
            0B01100110,
            0B11100111,
            0B10000001,
            0B10011001,
            0B11111111,
            0B01100110,
            0B00000000
            }

    };

    // 포트 A의 방향 설정, 0 : 입력, 1 : 출력
    // PA7   PA6   PA5   PA4   PA3   PA2   PA1   PA0
    // Out   Out   Out   Out   Out   Out   Out   Out
    // RED7  RED6  RED5  RED4  RED3  RED2  RED1  RED0
    DDRA = 0B11111111;
```

```
    // 포트 C의 방향 설정, 0 : 입력, 1 : 출력
    // PC7    PC6   PC5   PC4   PC3   PC2   PC1   PC0
    // Out    Out   Out   Out   Out   Out   Out   Out
    // COM7 COM6  COM5  COM4  COM3  COM2  COM1  COM0
    DDRC = 0B11111111;

    // while 블록 안의 문장을 무한 반복
    while(1){
        // 0 또는 1 또는 2 또는 3이 출력될 때 일정 시간 동안
        // 동일한 출력 화면이 나타나도록 DELAY_MAX 매크로 값 만큼
        // 한 화면을 반복하여 출력함
        for(j = 0; j < DELAY_MAX; j++){

            // 8줄의 LDM이 켜지도록 동작을 반복함
            for(i = 0; i < 8; i++){

                // 8비트의 COM 신호 중 1비트만 논리 1로 출력
                PORTC = (1<<(i));

                // RED 신호에 데이터 출력
                PORTA = LDM_RED[count][(7-i)];

                _delay_ms(2);     // 2ms 동안 대기
            }
        }
        // 0, 1, 2, 3 순으로 화면이 전환되도록 값을 1씩 증가
        count++;

        // count 값의 하위 2비트만 그대로 유지하고,
        // 나머지 비트는 모두 0으로 하여 저장
        // count 변수가 저장하는 최대값은 0x03보다 클 수 없음.
        count &= 0x03;
    }

    // 함수의 형태와 같이 정수형(int)의 값을 반환함
    return 1;
}
```

C 언어 소스 프로그램 설명

핵심포인트

0부터 3까지의 숫자를 LDM에 출력하기 위해서는 LDM에 출력할 4개의 데이터가 필요하다. 이 데이터를 2차원 배열을 이용하여 생성하면 화면을 출력할 때 매우 쉽게 제어할 수 있다.

avr/io.h 헤더 프로그램에는 DDRx 레지스터, PORTx 레지스터 등이 정의되어 있으므로 이들 레지스터를 사용하려면 반드시 포함시켜야 한다.

util/delay.h 헤더 프로그램에 _delay_ms() 함수가 정의되어 있으므로 이 함수를 사용하려면 반드시 포함시켜야 한다.

#define DELAY_MAX 25 문장은 DELAY_MAX을 25로 치환하는 매크로 정의이다. 이 매크로는 반복문의 최대 반복 횟수를 정의하겠다는 의미이다.

DDRx 레지스터는 포트의 입출력 방향을 결정하는 레지스터이며 x는 포트명이고 DDRxn의 각 비트 값이 0이면 입력, 1이면 출력으로 설정된다. 따라서 DDRA = 0B11111111; 문장과 DDRC = 0B11111111; 문장은 포트A 와 포트 C의 모든 비트를 출력하겠다는 의미이다.

LDM_RED[][8] 배열에 LDM(8*8)에 표시할 모양 비트들을 저장한다.

LDM_RED[][8] 배열은 2차원 배열로서 4개의 행과 8개의 열 항목으로 이루어진다. 즉, 첫 번째 행인 LDM_RED[0][]에 숫자 '0' 모양이, 두 번째 행인 LDM_RED[1][]에 숫자 '1' 모양이, 세 번째 행인 LDM_RED[2][]에 숫자 '2' 모양이, 네 번째 행인 LDM_RED[3][]에 숫자 '3' 모양이 저장된다. 한편, 2진수를 표현할 때 숫자 '0'과 알파벳 'b'를 붙여 사용하는 방법은 WinAVR C 컴파일러가 지원하는 2진수 표기법이다. 따라서 char은 문자형 변수로서 1바이트(8비트)의 크기를 가지므로 0B11111100의 2진수가 8비트 크기로서 LDM_RED[][] 배열의 한 요소에 저장된다.

PORTx 레지스터는 포트에 출력할 논리 값을 저장하는 레지스터이며 x는 포트명이다. 따라서 반복문인 안쪽 for 루프문에 포함된 포트 A의 비트 값과 포트 C의 비트 값들에 의하여 LDM(8*8)에 16ms 동안에 숫자 '0'이 나타나게 되고 바깥쪽 for 루프문에 의하여 25번 반복되어진다. 다시 LDM(8*8)에 16ms 동안에 숫자 '1'이 나타나게 되고 바깥쪽 for 루프문에 의하여 25번 반복되어진다. 다시 LDM(8*8)에 16ms 동안에 숫자 '2'가 나타나게 되고 바깥쪽 for 루프문에 의하여 25번 반복되어진다. 다시 LDM(8*8)에 16ms 동안에 숫자 '3'이 나타나게 되고 바깥쪽 for 루프문에 의하여 25번 반복되어진다. 이러한 과정을 무한루프인 while(1)에 의하여 무한 반복하게 된다.

_delay_ms(2) 함수는 2ms 시간만큼 동작을 멈추게 하는 역할을 한다.

T·I·P

C 언어 소스 프로그램은 CD Drive:₩Source₩ch7₩ch7_step3₩ch7_step3.c 파일을 참조한다.

단계 2 AVR Studio 4를 이용하여 C 언어 소스 프로그램을 Build 한다. 자세한 내용은 5.4.2절의 [단계 2]를 참조한다.

단계 3 PonyProg를 이용하여 ATmega128에 hex 파일을 ISP 다운로드 한다. 자세한 내용은 5.4.2절의 [단계 3]을 참조한다.

단계 4 다운로드가 완료되면 AVR 트레이닝 키트(WES-XUN I)의 동작을 확인한다. LDM(8*8)에 '0' → '1' → '2' → '3'이 순서대로 16ms × 25 = 400ms 간격으로 반복적으로 나타난다.

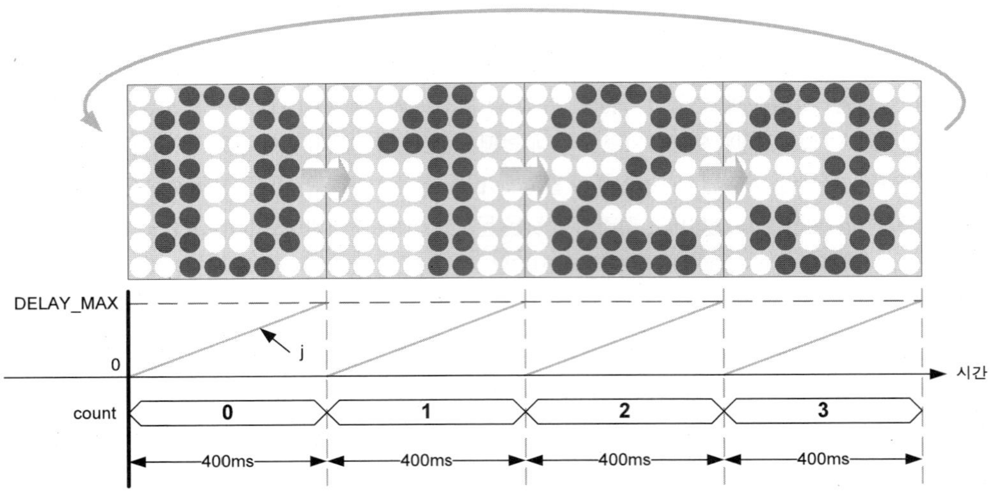

7.5 C 언어 문법

(1) 매크로 치환(macro substitution)

C preprocessor는 C 프로그램을 컴파일 하기 전에 프로그래머가 작성한 C 언어의 기능을 확장시켜 주는 기능을 한다. C preprocessor가 하는 역할 중의 하나인 매크로 치환은 다음과 같은 기능을 갖는다.

① 매크로란 프로그램 내에서 반복적이고 자주 사용되는 부분을 심볼로 따로 정의한 것을 말한다.

② 매크로는 함수와 비슷하지만 실제로는 차이가 있다. 매크로는 사용할 때마다 코드를 만들지만 함수는 프로그램 내에 한번만 상주한다. 따라서 매크로는 프로그램 제어가 함수가 본래 있는 장소로 분기하여 실행한 후에 복귀하는 과정이 없이 직접 실행하므로 함수보다 실행 시간이 빠르다. 그러나 함수보다는 프로그램의 코드 분량이 많아지는 단점이 있다.

③ 매크로 치환의 형식은 다음과 같이 2가지가 있다.

```
#define    매크로명                    치환문자열
#define    매크로명(인수1, 인수2, ....)   치환문자열
```

④ 매크로명은 보통 대문자를 많이 사용하며 매크로명 중간에 공백을 두지 않는다. 또한 문장 끝에 세미콜론(;)을 붙이지 않는다.

```
#define  MAX (x)  (x * x)    X
#define  MAX(x)   (x * x)    O

#define  PRT 5;              X
#define  PRT 5               O
```

⑤ 매크로 치환시 문자 상수는 단일인용부호('), 문자열 상수는 이중인용부호 (")로 묶어서 처리한다.

```
#define  END  ';'
#define  MSG  "C language program"
```

⑥ 매크로 치환은 한줄 내에서만 지정이 가능하며 만일 한줄을 넘길 경우에는 줄의 끝에 연결 표시로 역슬래쉬(₩)를 하여 다음줄에 계속 지정할 수가 있다.

```
#define   MSG   "C language program₩
example"
```

⑦ 매크로명을 이중인용부호 내에 지정하면 매크로 치환에 의해 지정된 문자열이 치환되지 않는다.

⑧ 프로그램내에서 매크로 치환 예

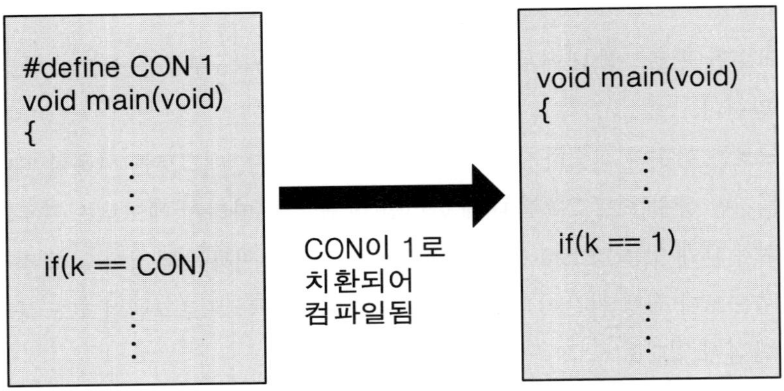

CHAPTER 08

AVR ATmega128을 사용한 8-스위치 제어

실습목표

외부 핀의 로직을 변경할 수 있는 가장 간단한 입력 장치이며 마이크로프로세서의 디지털 입력 실험에 가장 용이한 TACK-스위치를 이용해 실험한다. 이때 입출력 핀의 설정 등, 디지털 입력에 관련한 레지스터를 잘 이해하고, 풀업(pull-up)과 관련하여 입력에 끼치는 영향을 알아본다.

실습이론

8.1 8-스위치 제어를 위한 디지털 입 · 출력 관련 레지스터

DDRx 레지스터는 포트의 입출력 방향을 결정하는 레지스터이며 DDRxn의 비트 값이 0이면 입력, 1이면 출력으로 설정된다. x는 포트명을 가리키는 문자이고 n은 비트를 나타내는 숫자이다. ATmega128에서 레지스터는 0번부터 7번까지 8비트가 존재한다. PORTx 레지스터는 포트에 출력할 논리 값을 저장하는 레지스터이며 x는 포트명이다. PINx는 DDRx 레지스터, PORTx 레지스터 등과 달리 포트의 논리를 읽을 수 있는 어드레스이며 x는 포트명이다. 디지털 입출력과 관련한 자세한 내용은 1.14절의 AVR 디지털 입출력 핀 구조를 참조한다.

DDRx : PORTx 데이터 방향 레지스터

Bit	7	6	5	4	3	2	1	0
	DDx7	**DDx6**	**DDx5**	**DDx4**	**DDx3**	**DDx2**	**DDx1**	**DDx0**
Read/Write	R/W	R/W	R/W	R/W	R/W	R/W	R/W	R/W
Initial Value	0	0	0	0	0	0	0	0

PORTx : PORTx 데이터 레지스터

Bit	7	6	5	4	3	2	1	0
	PORTx7	**PORTx6**	**PORTx5**	**PORTx4**	**PORTx3**	**PORTx2**	**PORTx1**	**PORTx0**
Read/Write	R/W	R/W	R/W	R/W	R/W	R/W	R/W	R/W
Initial Value	0	0	0	0	0	0	0	0

PINx : PORTx 입력 핀 어드레스

Bit	7	6	5	4	3	2	1	0
	PINx7	**PINx6**	**PINx5**	**PINx4**	**PINx3**	**PINx2**	**PINx1**	**PINx0**
Read/Write	R	R	R	R	R	R	R	R
Initial Value	N/A	N/A	N/A	N/A	N/A	N/A	N/A	N/A

8.2 8-스위치 블록의 특성 및 제어회로

그림 8.2.1은 TACK-스위치 8개를 모아놓은 블록으로 8-스위치 블록이라고 부른다. 1개의 TACK-스위치는 그림 8.2.2와 같은 회로로 연결된다.

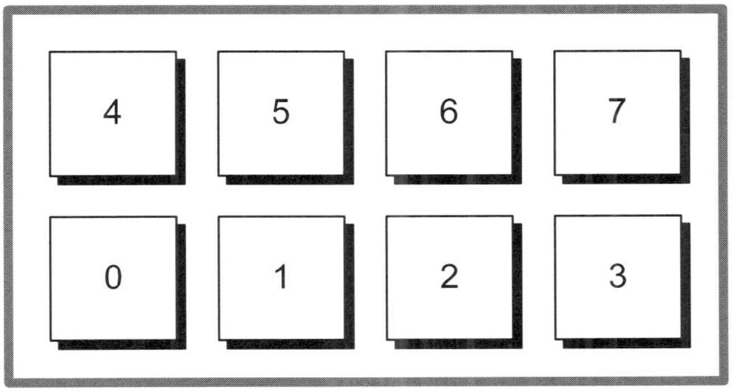

그림 8.2.1 8-스위치 블록

그림 8.2.2에서 저항 R1은 SW0이 눌리지 않았을 때 포트의 디지털 값을 '1'로 하기 위한 풀업 저항이며, C1은 SW0이 ON/OFF 될 때 발생하는 채터링(스위치 접점이 짧은 시간동안에 반복적으로 ON과 OFF가 이루어지는 현상)을 방지하기 위해 연결되었다. R2의 연결은 디지털 입출력을 할 때 없어도 된다. 그러나 8-스위치가 연결된 포트가 ISP 기능을 가졌을 때 프로그래밍 하는데 간섭이 일어나지 않도록 분리하기 위한 목적으로 연결하였으며, 저항의 크기는 150[Ω]이다.

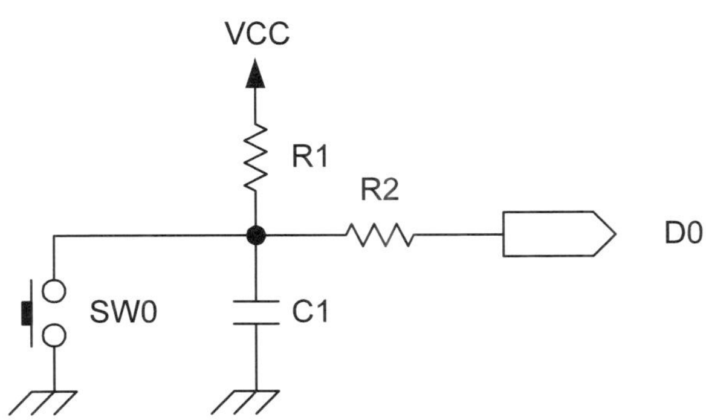

그림 8.2.2 1개의 TACK-스위치 회로 연결도

그림 8.2.3은 TACK-스위치가 눌렸을 때와 눌리지 않았을 때 핀에 나타나는 논리를 나타내고 있다. SW0이 눌리게 되면 충전된 콘덴서 C1이 모두 방전되어서 D0에는 접지 전압이 나타나게 되어 논리 0이 된다. 한편, SW0이 눌리지 않으면 C1은 R1을 통해 VCC 전원만큼 충전하게 되어 D0에는 VCC 전압이 나타나게 되어 논리 1이 된다.

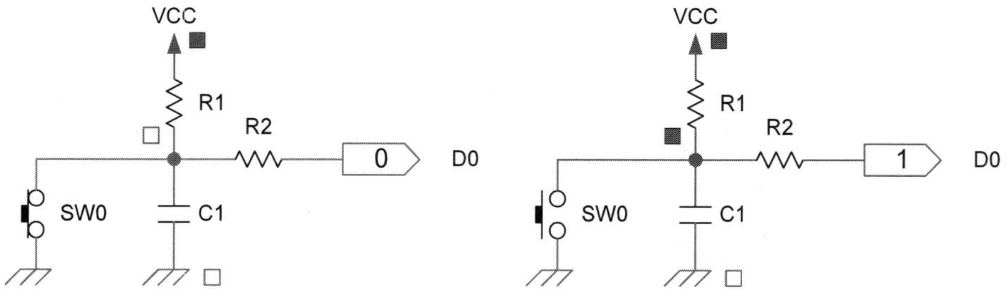

(a) SW0이 눌렸을 때 (b) SW0이 눌리지 않았을 때

그림 8.2.3 8-스위치의 눌렸을 때와 눌리지 않았을 때의 논리 값

8.3 AVR 트레이닝 키트(WES-XUN I)에서 8-스위치 제어회로

AVR 트레이닝 키트(WES-XUN I)에는 그림 8.3.1과 같이 TACK-스위치 8개로 구성된 8-스위치 블록이 있으며, TACK 커넥터를 통해 연결된다. 한편, 표 8.3.1은 8-스위치 블록의 TACK 커넥터와 키의 연결을 나타내고 있다.

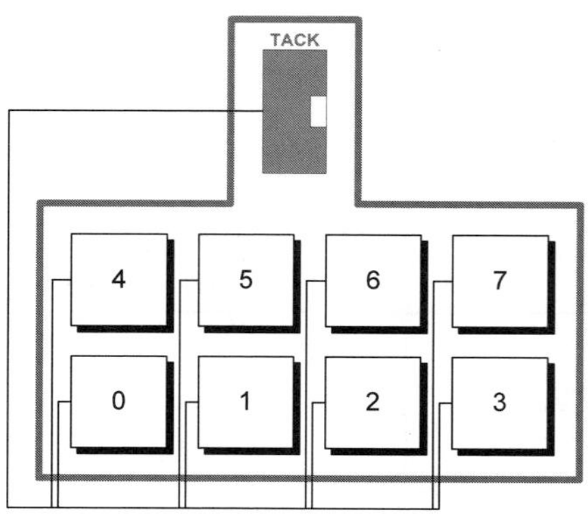

그림 8.3.1 AVR 트레이닝 키트(WES-XUN I)의 8-스위치 회로 블록도

표 8.3.1 8-스위치 블록의 TACK 커넥터와 키의 연결

TACK 커넥터 비트	D7	D6	D5	D4	D3	D2	D1	D0
키 번호	7	6	5	4	3	2	1	0

실습이론

8.4 AVR 트레이닝 키트(WES-XUN I)에서 동작해보기

8.4.1 AVR 트레이닝 키트(WES-XUN I)의 동작을 위한 준비 사항

단계 1 그림 8.4.1과 같이 전원을 켜고 ISP 다운로드 모듈을 연결한다.

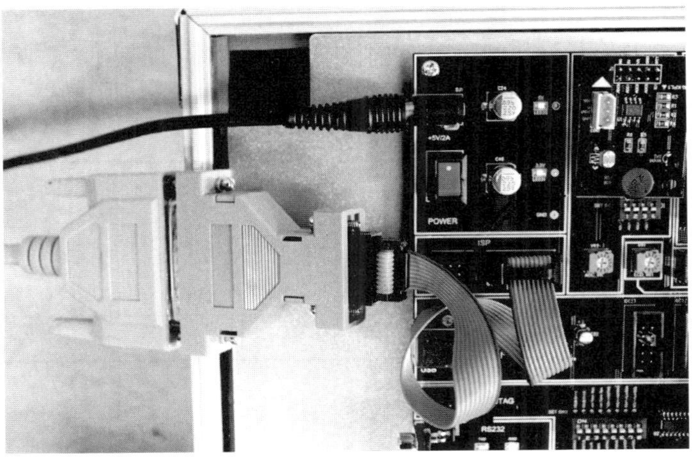

그림 8.4.1 전원을 켜고 ISP 다운로드 모듈을 연결

단계 2 그림 8.4.2와 같이 IDC Flat 10P 케이블을 이용해 8-스위치의 TACK 커넥터와 AVR MCU Module(ATmega128)의 PORTC와 연결하고, LED_L 커넥터와 AVR MCU Module(ATmega128)의 PORTA와 연결한다. 연결할 때 케이블의 방향이 맞도록 홈에 잘 맞추어 삽입한다.

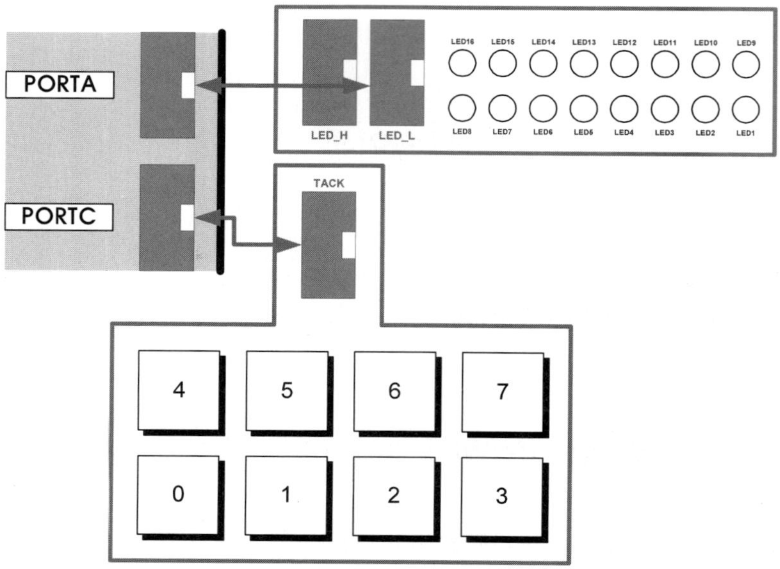

PORTA ⇔ LED_L

PORTA	BIT7	BIT6	BIT5	BIT4	BIT3	BIT2	BIT1	BIT0
Device Pin	LED16	LED15	LED14	LED13	LED12	LED11	LED10	LED9
입출력	Out	Out	Out	Out	Out	Out	Out	Out

PORTC ⇔ TACK

PORTC	BIT7	BIT6	BIT5	BIT4	BIT3	BIT2	BIT1	BIT0
Device Pin	SW7	SW6	SW5	SW4	SW3	SW2	SW1	SW0
입출력	In	In	In	In	In	In	In	In

그림 8.4.2 8-스위치 입력 실험을 위한 회로 연결

8.4.2 8-스위치에서 입력된 논리를 LED에 출력하는 예제

단계 1 AVR Studio 4에서 새로운 project를 생성하고, C 언어 소스 프로그램을 작성하여 저장한다. 자세한 내용은 5.4.2절의 [단계 1]을 참조한다.

[단계 1]-(1) Project type은 AVR GCC를 선택하고, Project name:은 ch8_step1, Initial file:은 ch8_step1이라고 입력하고, Create initial file과 Create folder를 체크하고, Location:은 C:₩avr_test를 선택한 후에 [Next >>] 버튼을 누르고 다음 단계로 진행한다.

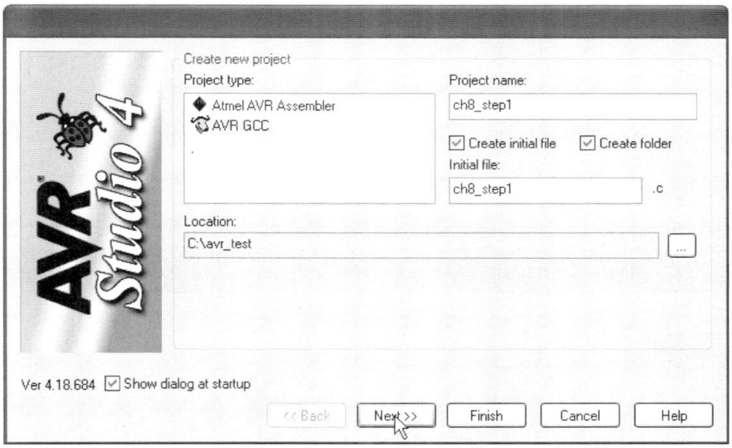

[단계 1]-(2) AVR Studio 4 편집 화면에 다음과 같이 C 언어 소스 프로그램을 작성하여 저장한다.

```
//
// ch8_step1.c
//

// ATmega128의 레지스터 등이 정의되어 있음
#include <avr/io.h>

// C 언어의 주 실행 함수
int main(void){
        // 포트 A의 방향 설정, 0 : 입력, 1 : 출력
        // PA7   PA6   PA5   PA4   PA3   PA2   PA1   PA0
        // Out   Out   Out   Out   Out   Out   Out   Out
```

```
        DDRA = 0B11111111;

        // 포트 C의 방향 설정, 0 : 입력, 1 : 출력
        // PC7   PC6    PC5    PC4    PC3    PC2    PC1    PC0
        //  In    In     In     In     In     In     In     In
        DDRC = 0B00000000;

        // while 블록 안의 문장을 무한 반복
        while(1){
                // 포트 C의 논리를 읽고, 결과를 포트 A에 출력
                PORTA = PINC;
        }

        // 함수의 형태와 같이 정수형(int)의 값을 반환함
        return 1;
}
```

C 언어 소스 프로그램 설명

핵심포인트

ATmega128 포트의 디지털 값을 입력하기 위해서는 DDRx(x는 A~G의 문자) 레지스터의 비트를 논리 0으로 설정하고, PINx(x는 A~G의 문자) 주소를 통해 읽을 수 있다. PINx는 읽는 순간에만 포트의 논리를 읽기 때문에 기억하는 값이 없으므로 레지스터가 아닌 주소로 분류한다.

avr/io.h 헤더 프로그램에는 DDRx 레지스터, PORTx 레지스터 등이 정의되어 있으므로 이들 레지스터를 사용하려면 반드시 포함시켜야 한다.

DDRx 레지스터는 포트의 입출력 방향을 결정하는 레지스터이며 x는 포트명이고 DDRxn의 각 비트 값이 0이면 입력, 1이면 출력으로 설정된다. 따라서 DDRA = 0B11111111; 문장과 DDRC = 0B00000000; 문장은 포트 A는 모든 비트를 출력하겠다는 의미이고, 포트 C의 모든 비트를 입력하겠다는 의미이다.

PORTx 레지스터는 포트에 출력할 논리 값을 저장하는 레지스터이며 x는 포트명이며, PINC는 포트 C(8-스위치)의 논리를 읽는 어드레스이다. 이때 8-스위치가 눌리면 논리 0이 되고, 눌리지 않으면 논리 1이 된다. 따라서 8-스위치의 눌린 키 값을 PINC 어드레스를 통해 읽고 포트 A에 출력한다. 이때 무한루프인 while(1)에 모든 문장이 포함되어 있으므로 8-스위치의 눌린 키 값을 PINC 어드레스를 통해 읽고 포트 A에 출력하는 동작을 계속해서 반복하게 된다.

T·I·P

C 언어 소스 프로그램은 CD Drive:₩Source₩ch8₩ch8_step1₩ch8_step1.c 파일을 참조한다.

단계 2 AVR Studio 4를 이용하여 C 언어 소스 프로그램을 Build 한다. 자세한 내용은 5.4.2절의 [단계 2]를 참조한다.

단계 3 PonyProg를 이용하여 ATmega128에 hex 파일을 ISP 다운로드 한다. 자세한 내용은 5.4.2절의 [단계 3]을 참조한다.

단계 4 다운로드가 완료되면 AVR 트레이닝 키트(WES-XUN I)에서 동작을 확인한다. 8-스위치의 '1' 키, '6' 키, '7' 키를 눌렀을 경우에 LED10, LED15, LED16 등이 ON 된다.

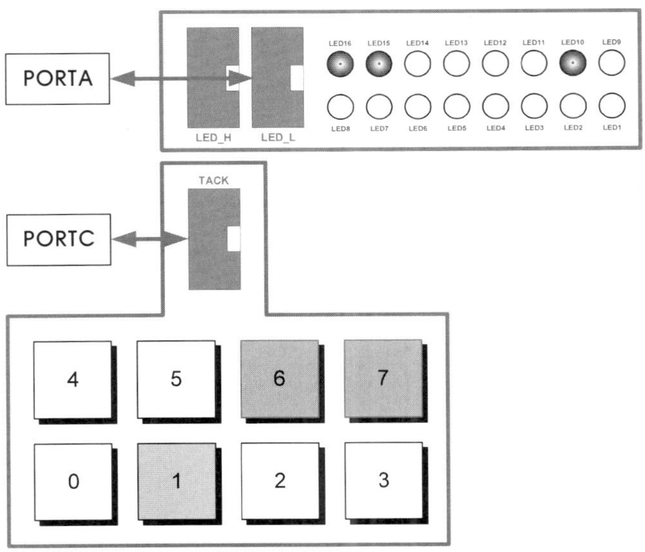

8.4.3 8-스위치에서 입력된 논리에 따라 해당하는 LED가 토글되는 예제

단계 1 AVR Studio 4에서 새로운 project를 생성하고, C 언어 소스 프로그램을 작성하여 저장한다. 자세한 내용은 5.4.2절의 [단계 1]을 참조한다.

[단계 1]-(1) Project type은 AVR GCC를 선택하고, Project name:은 ch8_step2, Initial file:은 ch8_step2이라고 입력하고, Create initial file과 Create folder를 체크하고, Location:은 C:₩avr_test를 선택한 후에 [Next >>] 버튼을 누르고 다음 단계로 진행한다.

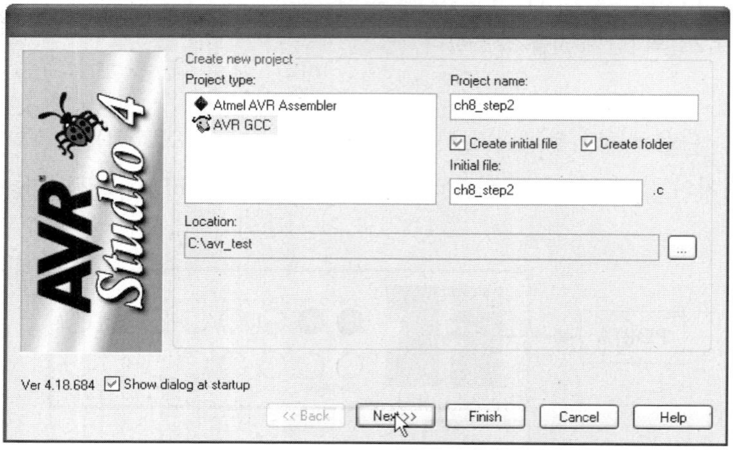

[단계 1]-(2) AVR Studio 4 편집 화면에 다음과 같이 C 언어 소스 프로그램을 작성하여 저장한다.

```
//
// ch8_step2.c
//

// ATmega128의 레지스터 등이 정의되어 있음
#include <avr/io.h>
#include<util/delay.h>

// C 언어의 주 실행 함수
int main(void){
        unsigned char led = 0B11111111;
        unsigned char key;
```

```
        // 포트 A의 방향 설정, 0 : 입력, 1 : 출력
        // PA7   PA6    PA5    PA4    PA3    PA2    PA1    PA0
        // Out   Out    Out    Out    Out    Out    Out    Out
        DDRA = 0B11111111;

        // 포트 C의 방향 설정, 0 : 입력, 1 : 출력
        // PC7   PC6    PC5    PC4    PC3    PC2    PC1    PC0
        //  In    In     In     In     In     In     In     In
        DDRC = 0B00000000;

        PORTA = led;
        // while 블록 안의 문장을 무한 반복
        while(1){
                key = PINC;                 // 스위치 상태를 읽고 key 변수에 저장
                led ^= ~key;                // 스위치 상태에 따라 led 변수 토글

                // LED와 연결된 포트 A에 led 변수의 토글 상태 출력
                PORTA = led;

                while(0xFF != PINC);        // 스위치가 모두 떨어질 때 까지 대기
                _delay_ms(10);              // 10ms 동안 대기
        }

        // 함수의 형태와 같이 정수형(int)의 값을 반환함
        return 1;
}
```

C 언어 소스 프로그램 설명

핵심포인트

8-switch를 누를 때마다 LED의 상태를 토글 시키기 위해서는 EX-OR의 특성을 이용해야 한다. EX-OR의 특성은 한쪽 입력이 0일 때 다른쪽 입력과 출력이 동일하게 나타나며, 한쪽 입력이 1일 때 다른쪽 입력과 출력이 서로 반대로 나타나는 특성을 가진다. 따라서 8개의 스위치 중에서 눌린 스위치와 연결된 비트가 1이 되도록 하여 전 상태와 EX-OR 연산을 하면 해당하는 비트가 토글 된다.

avr/io.h 헤더 프로그램에는 DDRx 레지스터, PORTx 레지스터 등이 정의되어 있으므로 이들 레지스터를 사용하려면 반드시 포함시켜야 한다.

util/delay.h 헤더 프로그램에 _delay_ms() 함수가 정의되어 있으므로 이 함수를 사용하려면 반드시 포함시켜야 한다.

DDRx 레지스터는 포트의 입출력 방향을 결정하는 레지스터이며 x는 포트명이고 DDRxn의 각 비트 값이 0이면 입력, 1이면 출력으로 설정된다. 따라서 DDRA = 0B11111111; 문장과 DDRC = 0B00000000; 문장은 포트 A는 모든 비트를 출력하겠다는 의미이고, 포트 C의 모든 비트를 입력하겠다는 의미이다.

PORTA =0B11111111; 문장은 포트 A의 핀 출력이 'Low', 즉 0일 때 LED가 켜지므로 모든 LED를 OFF 하겠다는 의미이다.

PORTx 레지스터는 포트에 출력할 논리 값을 저장하는 레지스터이며 x는 포트명이며, PINC는 포트 C(8-스위치)의 논리를 읽는 어드레스이다. 따라서 8-스위치의 눌린 키 값을 PINC 어드레스를 통해 읽고 포트 A에 출력한다.

led ^= ~key 문장은 8-스위치와 연결된 LED를 토글 시키겠다는 의미이다. 먼저 8-스위치의 눌린 키 값은 눌린 상태가 논리 0을 가지므로, 1의 보수를 취하여 현재 눌린 키 값이 논리 1이 되게 한다. 다음에 led 값과 key 값을 exclusive OR를 한다. 이것은 key 값이 1인 비트의 led 비트를 토글 시키겠다는 의미이다. 왜냐하면 exclusive OR의 한쪽 입력이 0이면 출력은 다른 쪽 입력과 같은 출력이 나타나며, 한쪽 입력이 1이면 출력은 다른 쪽 입력의 1의 보수로 출력이 나타나기 때문이다. 따라서 현재 8-스위치의 '7' 키에 해당하는 LED가 ON된 상태에서 8-스위치의 '7' 키를 누르면 해당하는 LED가 OFF 된다. 반대로 8-스위치의 '7' 키에 해당하는 LED가 OFF된 상태에서 8-스위치의 '7' 키를 누르면 해당하는 LED가 ON 된다. 또한 exclusive OR 연산결과는 LED에 저장된다.

한편, while((0xff != PINC)); 문장은 0xff가 8-스위치의 키가 눌리지 않은 상태를 의미하므로 8-스위치의 키가 하나라도 눌린 상태이면 while문을 계속 수행 하므로 대기상태가 되고, 8-스위치의 키가 눌리지 않은 상태이면 while 루프를 빠져나오게 된다. 만일 이 while문이 없다면 8-스위치의 키가 눌린 상태에서 계속 LED의 상태가 ON과 OFF를 반복적으로 토글하게 된다.

이때 무한루프인 while(1)에 모든 문장이 포함되어 있으므로 8-스위치의 눌린 키 값을 PINC 어드레스를 통해 읽고 포트 A에 토글 출력하는 동작을 계속해서 반복하게 된다.

_delay_ms(10) 함수는 10ms 시간만큼 동작을 멈추게 하는 역할을 한다. 여기서 10ms 시간만큼 동작을 멈추게 하는 것은 채터링을 방지하기 위해 연결된 콘덴서에 전압이 충분히 충전되어 논리 1이 되도록 하기 위함이다. 이 문장이 없다면 LED를 토글하는 동작에서 오동작이 일어날 수 있다.

T·I·P

C 언어 소스 프로그램은 CD Drive:₩Source₩ch8₩ch8_step2₩ch8_step2.c 파일을 참조한다.

단계 2 AVR Studio 4를 이용하여 C 언어 소스 프로그램을 Build 한다. 자세한 내용은 5.4.2절의 [단계 2]를 참조한다.

단계 3 PonyProg를 이용하여 ATmega128에 hex 파일을 ISP 다운로드 한다. 자세한 내용은 5.4.2절의 [단계 3]을 참조한다.

단계 4 다운로드가 완료되면 AVR 트레이닝 키트(WES-XUN I)의 동작을 확인한다. 현재 LED12가 OFF된 상태에서 8-스위치의 '3' 키를 누르면 LED12는 ON 된다. 반대로 LED12가 ON된 상태에서 8-스위치의 '3' 키를 누르면 LED12는 OFF 된다.

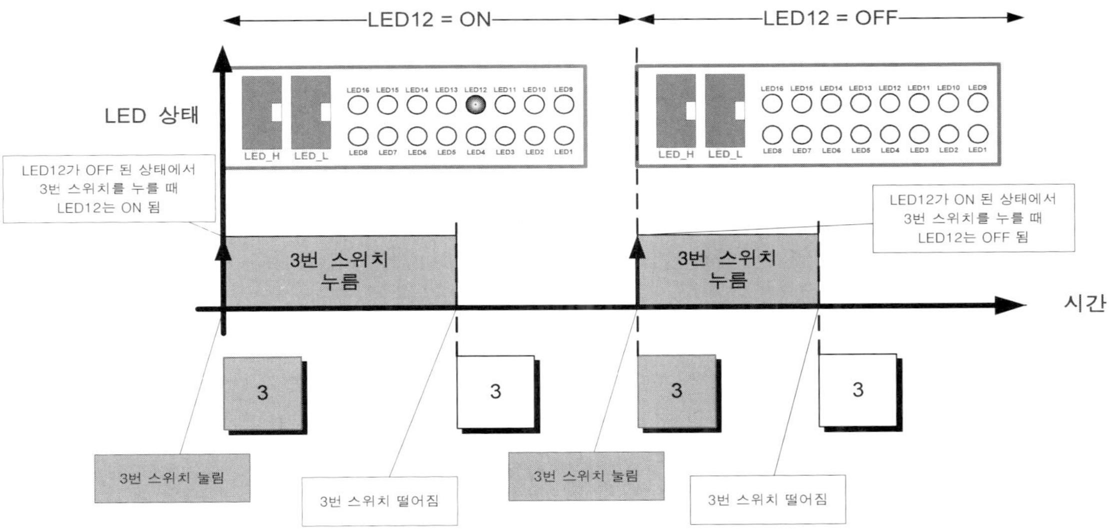

8.5 C 언어 문법

(1) ^ 연산자

bitwise exclusive or 연산을 수행하는 비트 연산자이다.

x	y	x ^ y
0	0	0
0	1	1
1	0	1
1	1	0

(2) != 연산자

같지 않다를 의미하는 관계 연산자이다.

(예) x != y ➜ x와 y는 같지 않다.

CHAPTER 09

AVR ATmega128을 사용한 DIP-스위치 제어

실습목표

DIP-스위치는 동작면에서 앞서 배운 8-스위치와 상당히 유사하다고 할 수 있다. 8-스위치는 TACK 스위치로 구성되며 눌렸을 때 ON 떨어졌을 때 OFF 되고, DIP-스위치는 위로 올리면 ON 되고 아래로 내리면 OFF 된다. DIP-스위치는 위쪽에 ON 또는 '1' 등으로 방향을 표시하고 있으며, ON-OFF 시 물리적인 힘을 가해야만 한다. 그렇지 않으면 같은 상태를 유지한다. 두 스위치의 차이점은 ON, OFF 에서 ON 이후에 자동으로 OFF 되거나 또는 ON 상태를 유지하는 정도의 차이를 보인다.

실습이론

9.1 DIP-스위치 제어를 위한 디지털 입 · 출력 관련 레지스터

DDRx 레지스터는 포트의 입출력 방향을 결정하는 레지스터이며 DDRxn의 비트 값이 0이면 입력, 1이면 출력으로 설정된다. x는 포트명을 가리키는 문자이고 n은 비트를 나타내는 숫자이다. ATmega128에서 레지스터는 0번부터 7번까지 8비트가 존재한다. PORTx 레지스터는 포트에 출력할 논리 값을 저장하는 레지스터이며 x는 포트명이다. PINx는 DDRx 레지스터, PORTx 레지스터 등과 달리 포트의 논리를 읽을 수 있는 어드레스이며 x는 포트명이다. 디지털 입출력과 관련한 자세한 내용은 1.14절의 AVR 디지털 입출력 핀 구조를 참조한다.

DDRx : PORTx 데이터 방향 레지스터

Bit	7	6	5	4	3	2	1	0
	DDx7	DDx6	DDx5	DDx4	DDx3	DDx2	DDx1	DDx0
Read/Write	R/W	R/W	R/W	R/W	R/W	R/W	R/W	R/W
Initial Value	0	0	0	0	0	0	0	0

PORTx : PORTx 데이터 레지스터

Bit	7	6	5	4	3	2	1	0
	PORTx7	PORTx6	PORTx5	PORTx4	PORTx3	PORTx2	PORTx1	PORTx0
Read/Write	R/W	R/W	R/W	R/W	R/W	R/W	R/W	R/W
Initial Value	0	0	0	0	0	0	0	0

PINx : PORTx 입력 핀 어드레스

Bit	7	6	5	4	3	2	1	0
	PINx7	PINx6	PINx5	PINx4	PINx3	PINx2	PINx1	PINx0
Read/Write	R	R	R	R	R	R	R	R
Initial Value	N/A	N/A	N/A	N/A	N/A	N/A	N/A	N/A

9.2 DIP-스위치의 특성 및 제어회로

그림 9.2.1은 DIP-스위치의 외형을 보이고 있으며, 그림 9.2.2는 DIP-스위치의 내부 구조를 보이고 있다. 내부구조에서 볼 수 있듯이 DIP-스위치는 슬라이드(slide)로 움직이면서 ON-OFF 된다.

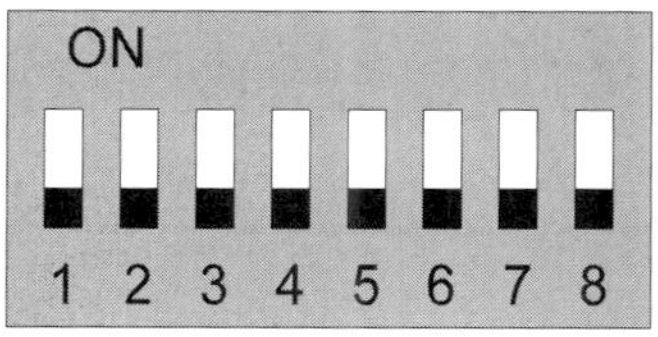

그림 9.2.1 DIP-스위치의 외형

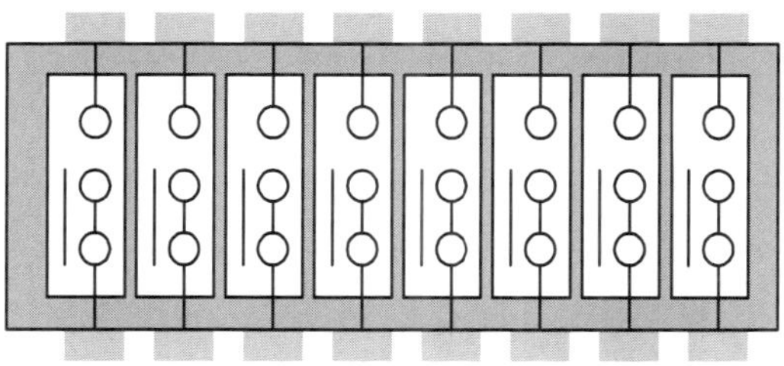

그림 9.2.2 DIP-스위치의 내부 구조

9.3 AVR 트레이닝 키트(WES-XUN I)에서의 LDM 제어회로

AVR 트레이닝 키트(WES-XUN I)에는 그림 9.3.1과 같이 8개의 POLE을 가진 DIP-스위치 블록이 있다. 이 블록의 DIP-스위치 아래 PCB 부분에 2의 배수를 표시하고 있는데 이것은 DIP-스위치가 보드의 어드레스 설정으로 사용될 때 적용하도록 표시하였다. DIP-스위치 응용은 같은 시스템을 가진 보드를 여러개 병렬로 연결하여 사용할 때 보드의 어드레스를 설정하는 용도로 많이 사용되거나, 보드의 시스템 세팅 등으로 사용한다. 한편, 표 9.3.1

DIP-스위치 블록의 DIP-스위치 커넥터와 스위치의 연결을, 그림 9.3.2 AVR 트레이닝 키트(WES-XUN I)의 DIP-스위치 회로 연결 구조를 나타내고 있다.

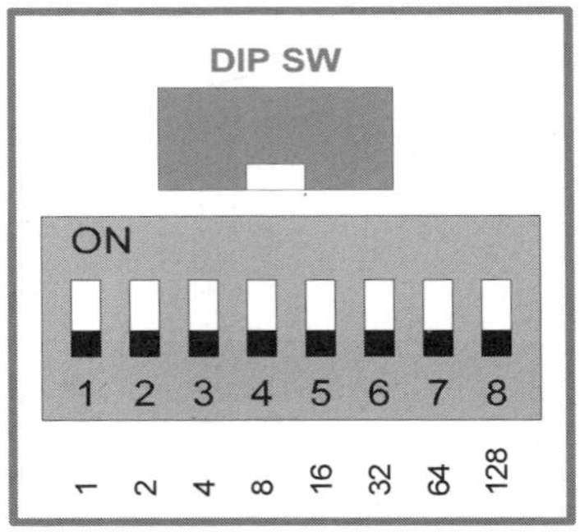

그림 9.3.1 AVR 트레이닝 키트(WES-XUN I)의 DIP-스위치 블록

표 9.3.1 DIP-스위치 블록의 DIP-스위치 커넥터와 스위치의 연결

DIP SW 커넥터 비트	D7	D6	D5	D4	D3	D2	D1	D0
POLE	8	7	6	5	4	3	2	1
어드레스	128	64	32	16	8	4	2	1

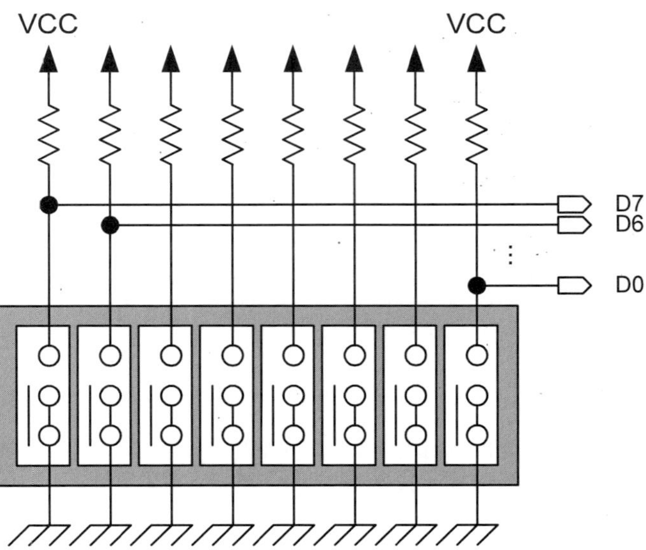

그림 9.3.2 AVR 트레이닝 키트(WES-XUN I)의 DIP-스위치 회로 연결 구조

실습내용

9.4 AVR 트레이닝 키트(WES-XUN I)에서 동작해보기

9.4.1 AVR 트레이닝 키트(WES-XUN I)의 동작을 위한 준비 사항

단계 1 그림 9.4.1과 같이 전원을 켜고 ISP 다운로드 모듈을 연결한다.

그림 9.4.1 전원을 켜고 ISP 다운로드 모듈을 연결

단계 2 그림 9.4.2와 같이 IDC Flat 10P 케이블을 이용해 DIP SW 커넥터와 AVR MCU Module(ATmega128)의 PORTC와 연결하고, LED_L 커넥터와 AVR MCU Module (ATmega128)의 PORTA와 연결한다. 연결할 때 케이블의 방향이 맞도록 홈에 잘 맞추어 삽입한다.

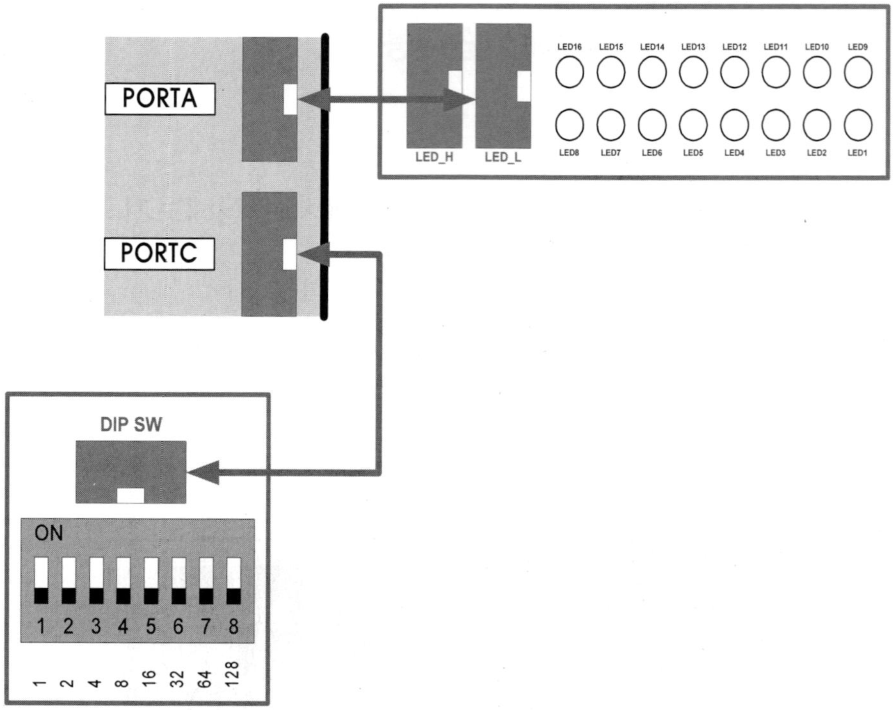

PORTC ⇔ DIP SW

PORTC	BIT7	BIT6	BIT5	BIT4	BIT3	BIT2	BIT1	BIT0
Device POLE	8	7	6	5	4	3	2	1
입출력	In	In	In	In	In	In	In	In

그림 9.4.2 DIP-스위치 제어 실험을 위한 회로 연결

9.4.2 DIP-스위치에서 입력된 논리를 LED에 출력하는 예제

단계 1 AVR Studio 4에서 새로운 project를 생성하고, C 언어 소스 프로그램을 작성하여 저장한다. 자세한 내용은 5.4.2절의 [단계 1]을 참조한다.

[단계 1]-(1) Project type은 AVR GCC를 선택하고, Project name:은 ch9_step1, Initial file:은 ch9_step1이라고 입력하고, Create initial file과 Create folder를 체크하고, Location:은 C:₩avr_test를 선택한 후에 [Next >>] 버튼을 누르고 다음 단계로 진행한다.

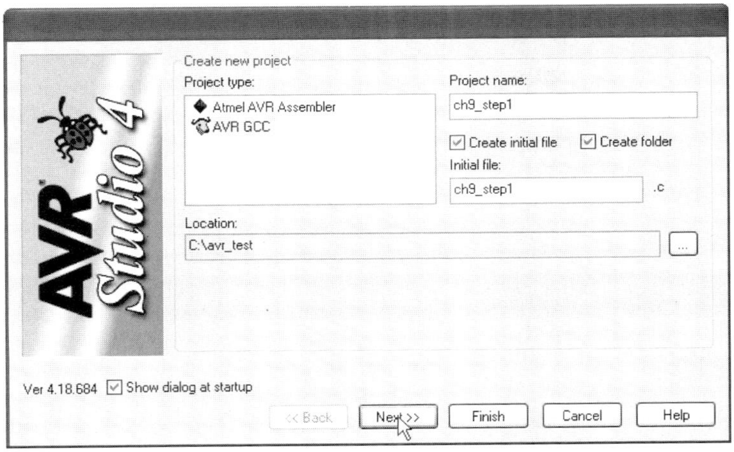

[단계 1]-(2) AVR Studio 4 편집 화면에 다음과 같이 C 언어 소스 프로그램을 작성하여 저장한다.

```
//
// ch9_step1.c
//

// ATmega128의 레지스터 등이 정의되어 있음
#include <avr/io.h>

// C 언어의 주 실행 함수
int main(void){
        // 포트 A의 방향 설정, 0 : 입력, 1 : 출력
        // PA7   PA6   PA5   PA4   PA3   PA2   PA1   PA0
        // Out   Out   Out   Out   Out   Out   Out   Out
        DDRA = 0B11111111;

        // 포트 C의 방향 설정, 0 : 입력, 1 : 출력
        // PC7   PC6   PC5   PC4   PC3   PC2   PC1   PC0
        // In    In    In    In    In    In    In    In
        DDRC = 0B00000000;

        // while 블록 안의 문장을 무한 반복
        while(1){
                // 포트 C의 논리를 읽고, 결과를 포트 A에 출력
```

```
            PORTA = PINC;
        }

        // 함수의 형태와 같이 정수형(int)의 값을 반환함
        return 1;
}
```

C 언어 소스 프로그램 설명

핵심포인트

ATmega128 포트의 디지털 값을 입력하기 위해서는 DDRx(x는 A~G의 문자) 레지스터의 비트를 논리 0으로 설정하고, PINx(x는 A~G의 문자) 주소를 통해 읽을 수 있다. PINx는 읽는 순간에만 포트의 논리를 읽기 때문에 기억하는 값이 없으므로 레지스터가 아닌 주소로 분류한다. 한편, DIP 스위치는 한 번의 설정으로 ON/OFF의 상태가 변하지 않으므로 보드의 주소 물리주소 설정이나, 동작 설정 등에 주로 이용된다.

avr/io.h 헤더 프로그램에는 DDRx 레지스터, PORTx 레지스터 등이 정의되어 있으므로 이들 레지스터를 사용하려면 반드시 포함시켜야 한다.

DDRx 레지스터는 포트의 입출력 방향을 결정하는 레지스터이며 x는 포트명이고 DDRxn의 각 비트 값이 0이면 입력, 1이면 출력으로 설정된다. 따라서 DDRA = 0B11111111; 문장과 DDRC = 0B00000000; 문장은 포트 A는 모든 비트를 출력하겠다는 의미이고, 포트 C의 모든 비트를 입력하겠다는 의미이다.

PORTx 레지스터는 포트에 출력할 논리 값을 저장하는 레지스터이며 x는 포트명이며, PINC는 포트 C(DIP-스위치)의 논리를 읽는 어드레스이다. 따라서 DIP-스위치의 눌린 키 값을 PINC 어드레스를 통해 읽고 포트 A에 출력한다. 이때 무한루프인 while(1)에 모든 문장이 포함되어 있으므로 DIP-스위치의 눌린 키 값을 PINC 어드레스를 통해 읽고 포트 A에 출력하는 동작을 계속해서 반복하게 된다.

T·I·P

C 언어 소스 프로그램은 CD Drive:₩Source₩ch9₩ch9_step1₩ch9_step1.c 파일을 참조한다.

단계 2 AVR Studio 4를 이용하여 C 언어 소스 프로그램을 Build 한다. 자세한 내용은 5.4.2절의 [단계 2]를 참조한다.

단계 3 PonyProg를 이용하여 ATmega128에 hex 파일을 ISP 다운로드 한다. 자세한 내용은 5.4.2절의 [단계 3]을 참조한다.

단계 4 다운로드가 완료되면 AVR 트레이닝 키트(WES-XUN I)에서 동작을 확인한다. DIP-스위치의 1번 스위치, 3번 스위치를 올렸을 경우에 LED9, LED11 등이 ON 된다.

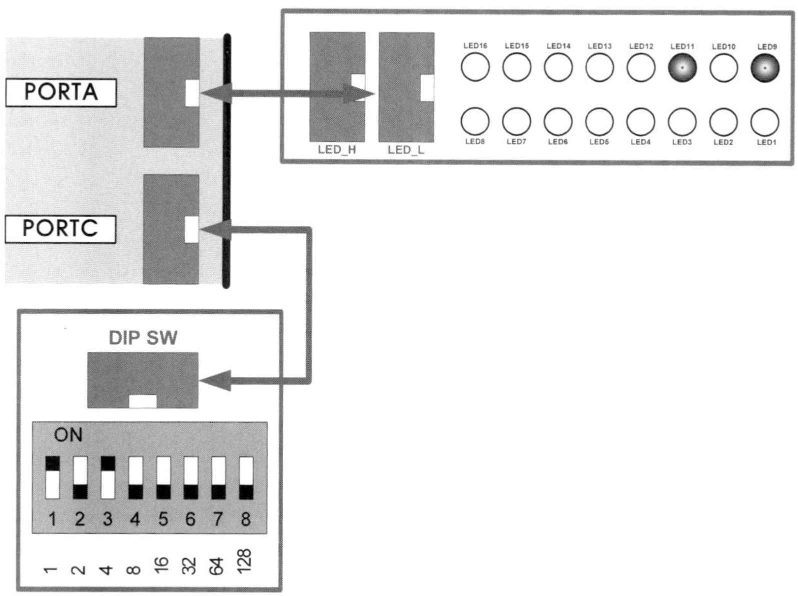

CHAPTER 10

AVR ATmega128을 사용한 텍스트 LCD 제어

실습목표

마이크로컨트롤러를 이용한 시스템 문자를 디스플레이 해주는 표시장치로 많이 사용하는 표준 텍스트 LCD를 학습한다. 이 장치는 LED나 7-segment와 달리 단순한 논리로 제어되지 않으므로, 텍스트 LCD의 특성을 파악해야 하고, 텍스트 LCD 초기화 방법 숙지, 텍스트 LCD의 명령이해, 텍스트 LCD 동작을 위한 타이밍 제어 등을 학습해야 한다.

실습이론

10.1 텍스트 LCD 제어를 위한 디지털 입 · 출력 관련 레지스터

DDRx 레지스터는 포트의 입출력 방향을 결정하는 레지스터이며 DDRxn의 비트 값이 0이면 입력, 1이면 출력으로 설정된다. x는 포트명을 가리키는 문자이고 n은 비트를 나타내는 숫자이다. ATmega128에서 레지스터는 0번부터 7번까지 8비트가 존재한다. PORTx 레지스터는 포트에 출력할 논리 값을 저장하는 레지스터이며 x는 포트명이다. PINx는 DDRx 레지스터, PORTx 레지스터 등과 달리 포트의 논리를 읽을 수 있는 어드레스이며 x는 포트명이다. 디지털 입출력과 관련한 자세한 내용은 1.143절의 AVR 디지털 입출력 핀 구조를 참조한다.

DDRx : PORTx 데이터 방향 레지스터

Bit	7	6	5	4	3	2	1	0
	DDx7	**DDx6**	**DDx5**	**DDx4**	**DDx3**	**DDx2**	**DDx1**	**DDx0**
Read/Write	R/W	R/W	R/W	R/W	R/W	R/W	R/W	R/W
Initial Value	0	0	0	0	0	0	0	0

PORTx : PORTx 데이터 레지스터

Bit	7	6	5	4	3	2	1	0
	PORTx7	**PORTx6**	**PORTx5**	**PORTx4**	**PORTx3**	**PORTx2**	**PORTx1**	**PORTx0**
Read/Write	R/W	R/W	R/W	R/W	R/W	R/W	R/W	R/W
Initial Value	0	0	0	0	0	0	0	0

PINx : PORTx 입력 핀 어드레스

Bit	7	6	5	4	3	2	1	0
	PINx7	**PINx6**	**PINx5**	**PINx4**	**PINx3**	**PINx2**	**PINx1**	**PINx0**
Read/Write	R	R	R	R	R	R	R	R
Initial Value	N/A	N/A	N/A	N/A	N/A	N/A	N/A	N/A

10.2 텍스트 LCD의 특성 및 제어회로

10.2.1 텍스트 LCD 구조

그림 10.2.1은 텍스트 LCD의 외형을 보이고 있고, 그림 10.2.2는 텍스트 LCD의 내부구조를 보이고 있다. 외부적으로 16개의 핀이 있는데, 이 핀의 기능은 표 10.2.1에 텍스트 LCD 핀 배열이라 하여 표시하고 있다.

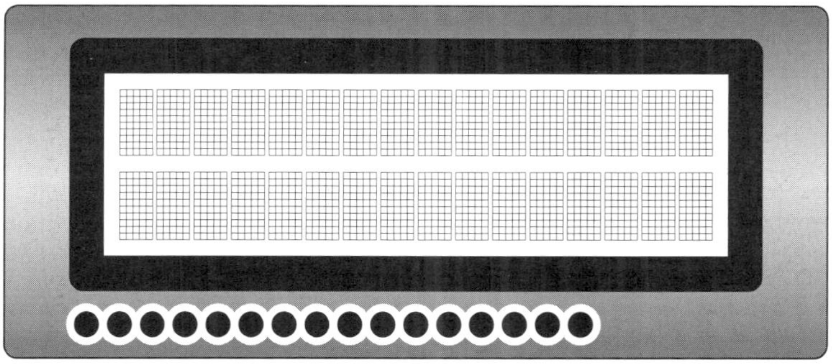

그림 10.2.1 텍스트 LCD 외형

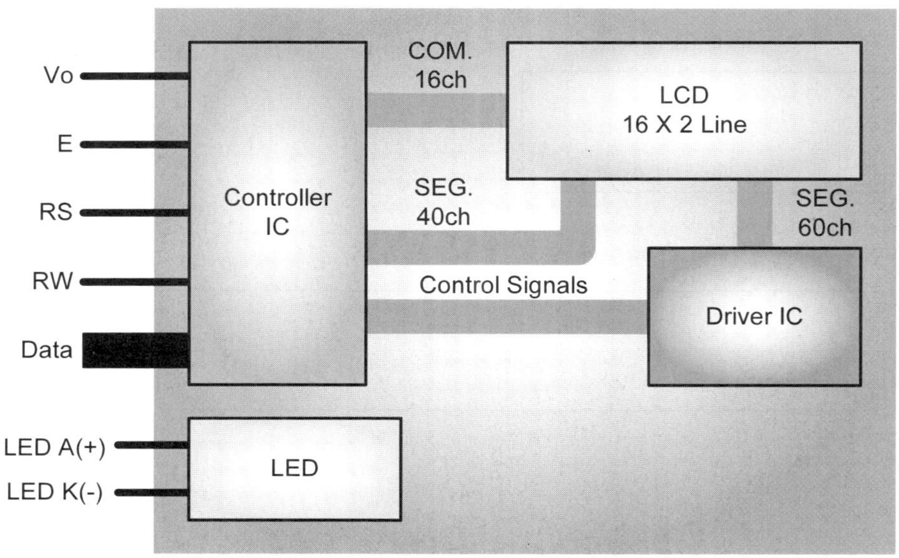

그림 10.2.2 텍스트 LCD 내부 구조

표 10.2.1과 같이 텍스트 LCD는 14핀 또는 16핀으로 구성되는데 16핀의 경우 LED BackLight가 지원되는 제품이며, 15번과 16번에 전원을 가해 LED를 ON/OFF 하는 것 외에 모두 동일하게 동작한다.

표 10.2.1 텍스트 LCD 핀 배열

1	2	3	4	5	6	7	8	9	10	11	12	13	14	15	16
GND	VCC	Vo	RS	RW	E	D0	D1	D2	D3	D4	D5	D6	D7	+	−

텍스트 LCD는 1×8, 1×16, 2×8, 2×16, 2×20, 4×20 등이 다양하게 존재하며 동일한 방법으로 제어할 수 있다. 또한 각각의 텍스트 LCD 어드레스는 다음과 같다. $nn에서 nn은 16진수이다. 한편, AVR 트레이닝 키트(WES-XUN I)는 2×16 텍스트 LCD를 사용한다.

– 1×8 텍스트 LCD 의 어드레스

$00							$07

– 1×16 텍스트 LCD 의 어드레스

$00															$0F

– 2×8 텍스트 LCD 의 어드레스

$00							$07
$40							$47

– 2×16 텍스트 LCD 의 어드레스

$00															$0F
$40															$4F

– 2×20 텍스트 LCD 의 어드레스

$00																			$13
$40																			$53

– 4×20 텍스트 LCD 의 어드레스

$00																			$13
$14																			$27
$40																			$53
$53																			$67

10.2.2 텍스트 LCD 초기화 과정

그림 10.2.3은 텍스트 LCD 초기화 과정을 나타내고 있다. 텍스트 LCD 제어 방법에는 명령 또는 데이터를 출력하고 일정시간 이상 대기하고, 그 다음 명령 또는 데이터를 출력하는 비지 플래그를 체크하지 않는 제어 방법과 명령 또는 데이터 출력 이후에 텍스트 LCD의 비지 플래그를 검사하여 이 플래그 비트가 0이면 새로운 명령 또는 데이터를 출력하는 비지 플래그 체크 제어 방법이 있다. 그림 10.2.3의 초기화 과정은 비지 플래그를 체크하는 제어 방법의 초기화 과정을 나타내고 있다. 명령 또는 데이터를 출력할 때 비지 플래그를 체크하지 않고 제어할 수 있지만 이런 방법은 긴 대기시간을 요구한다. 따라서 빠른 응답의 시스템을 제어하고자 하는 경우에는 텍스트 LCD의 비지 플래그를 체크하여 빠른 응답을 얻을 수 있다.

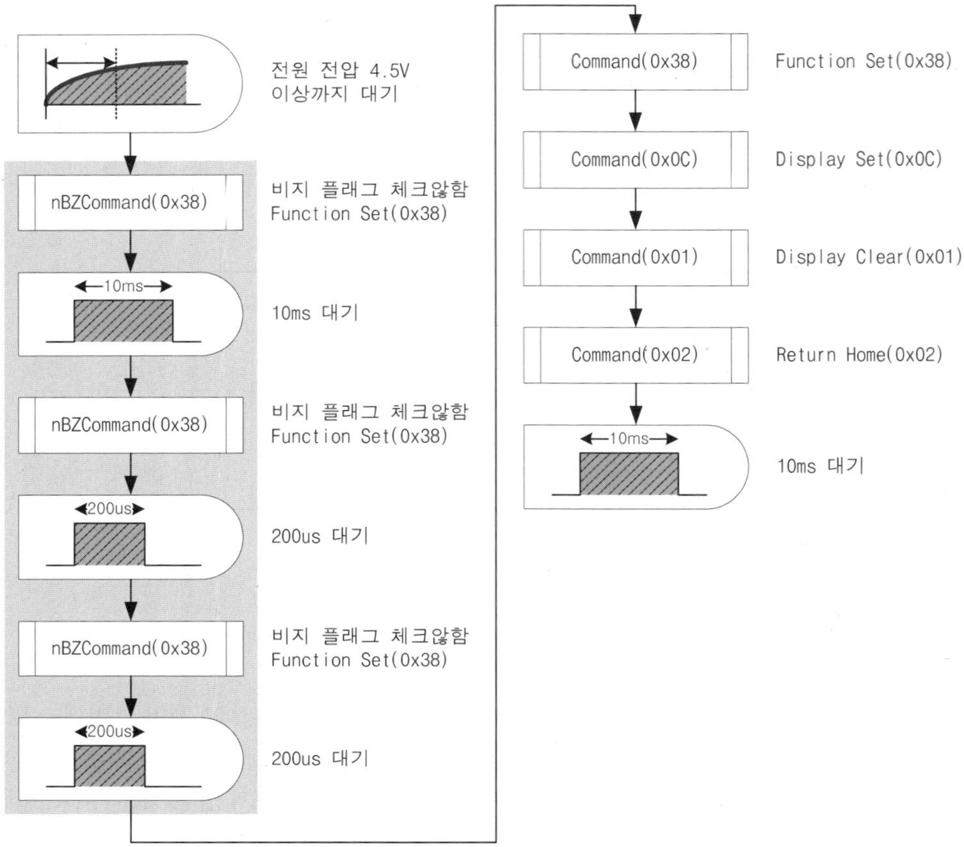

그림 10.2.3 텍스트 LCD 초기화 순서

10.2.3 텍스트 LCD 제어 타이밍

표 10.2.2는 텍스트 LCD의 쓰기 동작 타이밍, 그림 10.2.4는 텍스트 LCD의 쓰기 동작 타이밍 도를 나타내고 있다. 표 10.2.3은 텍스트 LCD의 읽기 동작 타이밍, 그림 10.2.5는 텍스트 LCD의 읽기 동작 타이밍 도를 나타내고 있다.

(1) 쓰기 동작(Write Operation)

표 10.2.2 텍스트 LCD 쓰기 동작 타이밍

항 목	기호	시간[ns]		
		최소	표준	최대
인 에이블 사이클 시간(Enable Cycle Time)	t_{cycE}	500	–	–
인 에이블 펄스폭(Enable Pulse Width)	PW_{EH}	220	–	–
어드레스 셋업 시간(Address Setup Time)	t_{AS}	40	–	–
어드레스 홀드 시간(Address Hold Time)	t_{AH}	10	–	–
데이터 셋업 시간(Data Setup Time)	t_{DSW}	60	–	–
데이터 홀드 시간(Data Hold Time)	t_H	10	–	–

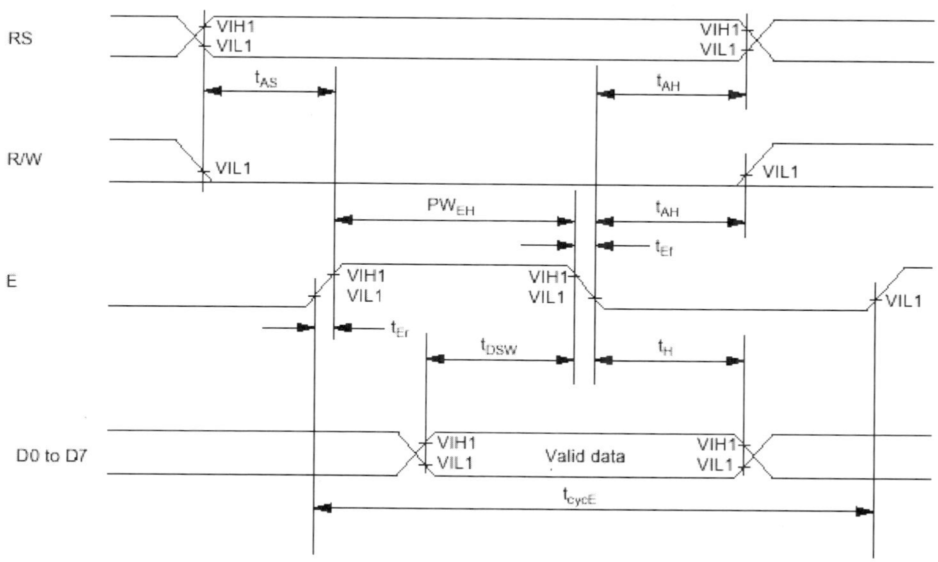

그림 10.2.4 텍스트 LCD 쓰기 동작 타이밍 도

(2) 읽기 동작(Read Operation)

표 10.2.3 텍스트 LCD 읽기 동작 타이밍

항 목	기 호	시 간[ns]		
		최소	표준	최대
인 에이블 사이클 시간(Enable Cycle Time)	t_{cycE}	500	–	–
인 에이블 펄스폭(Enable Pulse Width)	PW_{EH}	220	–	–
어드레스 셋업 시간(Address Setup Time)	t_{AS}	40	–	–
어드레스 홀드 시간(Address Hold Time)	t_{AH}	10	–	–
데이터 지연 시간(Data Delay Time)	t_{DDR}	–	–	160
데이터 홀드 시간(Data Hold Time)	t_{DHR}	20	–	–

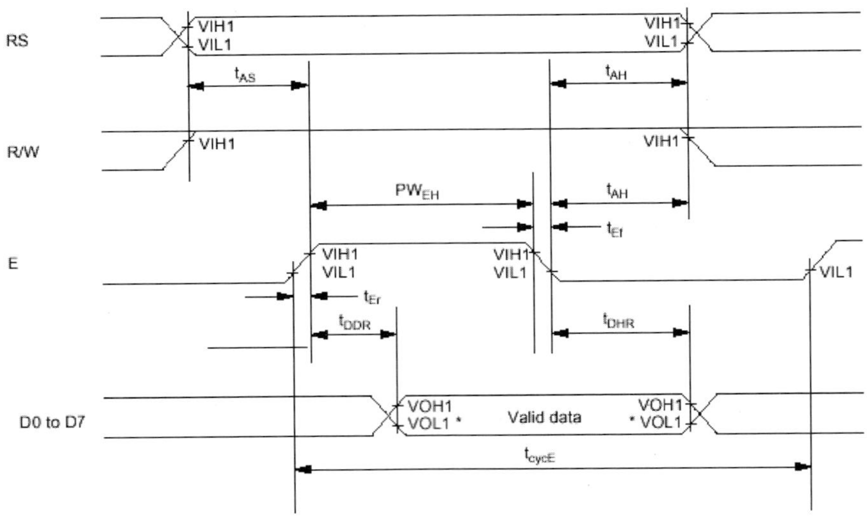

그림 10.2.5 텍스트 LCD 읽기 동작 타이밍 도

10.2.4 텍스트 LCD 명령어

실제 텍스트 LCD를 제어할 때 사용되는 명령어의 상세한 모드 설정과 사용 방법에 대한 자세한 내용은 표 10.2.2에 나타나 있다.

표 10.2.2 텍스트 LCD 명령 표

(fosc = 270 KHz)

명령어	코드										설 명	실행 시간
	RS	R/W	D7	D6	D5	D4	D3	D2	D1	D0		
디스플레이 클리어 (Clear Display)	0	0	0	0	0	0	0	0	0	1	DDRAM을 빈칸으로 채우고 AC에 DDRAM 어드레스를 00H로 설정	1.53ms
홈 리턴 (Return Home)	0	0	0	0	0	0	0	0	1	–	AC에 DDRAM 어드레스를 00H로 설정	1.53ms
엔트리 모드 설정 (Entry Mode Set)	0	0	0	0	0	0	0	1	I/D	S	엔트리 모드 설정	39us
디스플레이 제어 (Display On/Off Control)	0	0	0	0	0	0	1	D	C	B	디스플레이 제어	39us
커서 또는 디스플레이 시프트 (Cursor or Display Shift)	0	0	0	0	0	1	S/C	R/L	–	–	커서의 좌우 시프트	39us
기능 설정 (Function Set)	0	0	0	0	1	DL	N	F	–	–	데이터 길이(DL), 디스플레이 라인수(N) 및 문자 폰트(F) 설정	39us
CGRAM 어드레스 설정 (Set CGRAM Address)	0	0	0	1	ACG						CGRAM 어드레스 설정	39us
DDRAM 어드레스 설정 (Set DDRAM Address)	0	0	1	ADD							DDRAM 어드레스 설정	39us
비지 플래그와 어드레스 읽기(Read Busy Flag & Address)	0	1	BF	AC							Busy Flag와 AC 내용 읽기	0us
CGRAM 또는 DDRAM에 데이터 쓰기(Write Data to CGRAM or DDRAM)	1	0	Write Data								CGRAM 또는 DDRAM에 데이터 쓰기	43us
CGRAM 또는 DDRAM에서 데이터 읽기 (Read Data from CGRAM or DDRAM)	1	1	Read Data								CGRAM 또는 DDRAM에서 데이터 읽기	43us

참조)

–	no effect	
· I/D	1 : DDRAM 어드레스가 1씩 증가(default).	0 : 1씩 감소
· S	1 : 디스플레이 시프트.	0 : 디스플레이 시프트 안함(default)
· D	1 : 전체 디스플레이 ON.	0 : OFF(default)
· C	1 : 커서 ON.	0 : OFF
· B	1 : 블링크 ON.	0 : OFF
· S/C	1 : 디스플레이 시프트.	0 : 커서 시프트
· R/L	1 : 오른쪽 시프트.	0 : 왼쪽 시프트
· DL	1 : 인터페이스에서 8비트로 데이터 버스를 설정.	0 : 4비트
· N	1 : 2라인 디스플레이(2라인 기본).	0 : 1라인 디스플레이(1라인 80byte)
· F	1 : 5×10 도트.	0 : 5×8 도트
· BF	1 : 내부 동작(명령어 받을 수 없음).	0 : 명령어 받을 준비 완료
· AC(Address Counter)		

(1) 디스플레이 클리어(Clear Display)

텍스트 LCD 디스플레이 화면을 클리어 한 후에 커서는 홈(Home) 위치로 돌아가고, AC에 DDRAM 어드레스를 0번지로 설정한다.

RS	R/W	D7	D6	D5	D4	D3	D2	D1	D0
0	0	0	0	0	0	0	0	0	1

(2) 홈 리턴(Return Home)

홈 커서는 DDRAM의 내용은 변경하지 않고 커서만을 홈 위치로 이동시키고, AC에 DDRAM 어드레스를 0번지로 설정한다.

RS	R/W	D7	D6	D5	D4	D3	D2	D1	D0
0	0	0	0	0	0	0	0	1	–

(3) 엔트리 모드 설정(Entry Mode Set)

커서 시프트 방향과 디스플레이를 시프트 할 것인지를 결정한다. 이 동작은 데이터 읽기 또는 데이터 쓰기 동안에 수행된다. I/D는 문자 코드가 DDRAM으로부터 읽기 또는 쓰기 동작이 이루어질 때 DDRAM 어드레스를 변화시키는데 I/D =1(0)이면 증가(감소)된다. S는 전체 디스플레이를 좌/우로 시프트 한다. 동작은 다음과 같다.

RS	R/W	D7	D6	D5	D4	D3	D2	D1	D0
0	0	0	0	0	0	0	1	I/D	S

코 드		동 작
S	I/D	
1	1	전체 디스플레이는 좌로 시프트
1	0	전체 디스플레이는 우로 시프트
0	×	시프트하지 않음

(4) 디스플레이 제어(Display On/Off Control)

전체 디스플레이에 대한 On/Off 제어(D), 커서의 On/Off 제어(C), 커서 위치가 있는 부분의 글자를 깜박이게 하는 역할(B)을 한다.

RS	R/W	D7	D6	D5	D4	D3	D2	D1	D0
0	0	0	0	0	0	1	D	C	B

- D=1이면 디스플레이 전체가 On되어 모든 글자가 나타난다.
- D=0이면 디스플레이 전체가 Off 되어 아무런 글자도 나타나지 않는다. 한편, Off일 때 디스플레이 데이터는 DDRAM에 남아 있기 때문에 다시 D=1을 해주면 이전의 디스플레이 데이터가 다시 표시된다.
- C=1이면 커서가 나타난다.
- C=0이면 커서가 나타나지 않는다. 커서는 5×8 도트의 폰트를 사용할 경우에 8째줄에 나타나고, 5×10 도트 폰트를 사용할 경우 11번째 줄에 나타난다.
- B=1이면 커서는 글자 위치에서 깜빡거린다.
- B=0이면 커서는 깜빡거리지 않는다.

(5) 커서 또는 디스플레이 시프트(Cursor or Display Shift)

DDRAM 내용을 바꾸지 않은 상태에서 커서를 움직이고, 디스플레이를 시프트 한다. 2라인 디스플레이의 경우, 커서는 첫 번째 라인의 마지막 칸 다음에 두 번째 라인으로 넘어간다. 첫 번째 라인과 두 번째 라인은 동시에 시프트 된다. 디스플레이의 시프트는 단지 수평으로만 가능하고 두 번째 라인은 첫 번째 라인으로 시프트 되지 않는다. 만약 실행되어지는 동작이 디스플레이 시프트만 이라면, AC 내용은 변하지 않는다.

RS	R/W	D7	D6	D5	D4	D3	D2	D1	D0
0	0	0	0	0	1	S/C	R/L	–	–

코 드		동 작
S/C	R/L	
0	0	왼쪽 커서 시프트(AC 어드레스가 하나 감소)
0	1	오른쪽 커서 시프트(AC 어드레스가 하나 증가)
1	0	전체 디스플레이와 커서를 왼쪽으로 시프트
1	1	전체 디스플레이와 커서를 오른쪽으로 시프트

(6) 기능 설정(Function Set)

데이터 라인(DL), 디스플레이 라인(N), 글자 폰트(F), 디스플레이 밝기(BR1, BR0) 등을 설정한다.

RS	R/W	D7	D6	D5	D4	D3	D2	D1	D0
0	0	0	0	1	DL	N	F	–	–

- DL=1일 때 8비트(DB0~DB7)를 인터페이스를 한다.
- DL=0일 때 4비트(DB0~DB3)를 인터페이스를 한다.
- N은 디스플레이 라인을 설정한다. 1 : 2라인 디스플레이, 0 : 1라인
- F는 폰트를 설정한다. 1 : 5 X 10 도트, 0 : 5 X 8 도트

(7) CGRAM 어드레스 설정(Set CGRAM Address)

CGRAM 어드레스를 설정한다. 어드레스 설정 후 CGRAM에 데이터를 읽기 또는 쓰기 한다.

RS	R/W	D7	D6	D5	D4	D3	D2	D1	D0
0	0	0	1	AC(Address Counter)					

- AC가 6비트이므로 CGRAM 어드레스도 6비트까지 설정할 수가 있다.

(8) DDRAM 어드레스 설정(Set DDRAM Address)

DDRAM 어드레스를 설정할 수 있다. 어드레스 설정 후에 DDRAM에 데이터를 읽기 또는 쓰기를 한다. 어드레스는 7비트이므로 DDRAM 어드레스는 7비트까지 설정할 수 있다.

RS	R/W	D7	D6	D5	D4	D3	D2	D1	D0
0	0	1	Address						

DDRAM은 1개의 제어기에 최대 32×8비트의 용량을 갖고, 8비트 문자로 표시할 수 있는 표시 데이터는 32 문자를 기억할 수 있다. DDRAM내에서 표시에 사용되지 않는 기억영역은 일반적인 데이터 RAM으로 사용할 수 있다. 또 AC로 설정되어진 DDRAM의 어드레스는 다음과 같이 16진수로 표시된다.

예 DDRAM 어드레스 : 0x43

	상위비트						하위비트
AC	AC6	AC5	AC4	AC3	AC2	AC1	AC0
DD RAM	1	0	0	0	0	1	1
		4				3	

DDRAM의 어드레스와 액정 판넬상의 표시행은 다음과 같은 관계가 있다. 즉 첫 번째 라인의 표시행이 0x00~0x13, 두 번째 라인의 표시행이 0x40~0x4F이다. 한편, 첫 번째 라인의 마지막 어드레스와 두 번째 라인의 처음 어드레스는 연속되지 않는다.

디스플레이 위치	1	2	3	4	5	.....	15	16
첫 번째 라인	00	01	02	03	04	.....	0E	0F
두 번째 라인	40	41	42	43	44	.....	4E	4F

(9) 비지 플래그와 어드레스 읽기(Read Busy Flag & Address)

텍스트 LCD 내부의 동작 상태를 확인하는 비지 플래그(Busy Flag)와 AC 내용을 읽어볼 수 있다.

RS	R/W	D7	D6	D5	D4	D3	D2	D1	D0
0	1	BF	Address Counter						

- BF=1이면 내부 동작이 진행 중이기 때문에 다음 명령을 받을 수 없다.
- BF=0이면 다음 명령을 받을 준비를 한다.
- 다음 쓰기 동작을 하기 전에 BF 상태를 확인함으로서 AC 내용을 읽어 낼 수 있다. 이 AC 내용은 CGRAM 어드레스와 DDRAM 어드레스에 의해서 사용되고 이 값은 이전 명령어에 의해서 결정된다.

(10) CGRAM 또는 DDRAM에 데이터 쓰기(Write Data to CGRAM or DDRAM)

DDRAM 또는 CGRAM에 8비트 데이터를 쓰기 할 수 있다. 데이터를 쓰기 위한 CGRAM 또는 DDRAM 선택은 이전의 CGRAM 또는 DDRAM 어드레스 설정에 따라 결정된다. 데이터 쓰기를 한 후에 어드레스는 엔트리 모드에 따라 자동적으로 +1 또는 -1이 된다. 또한 엔

트리 모드는 디스플레이 시프트를 결정한다.

RS	R/W	D7	D6	D5	D4	D3	D2	D1	D0
1	0	Write Data							

(11) CGRAM 또는 DDRAM에서 데이터 읽기(Read Data from CGRAM or DDRAM)

CGRAM 또는 DDRAM에서부터 8비트 데이터를 읽기 할 수 있다. 읽기 동작에 하기 전에 반드시 DDRAM 또는 CGRAM 어드레스 설정 명령어를 수행해야 한다. 만약 어드레스 설정 명령이 읽기 동작 전에 수행되지 않으면, 처음에 읽히는 데이터는 유효하지 않게 된다. 순서적으로 읽기 명령어들을 수행할 때, 두 번째 읽기 데이터부터 다음 어드레스 데이터가 정상적으로 읽힌다. 커서 시프트 명령에 의해서 커서를 시프트 시킨 후에는 어드레스 설정 명령이 읽기 명령 바로 전에 수행될 필요는 없다. 커서 시프트 명령어의 동작은 DDRAM 어드레스 설정 명령과 같다. 읽기 명령이 실행된 후에 엔트리 모드는 자동적으로 어드레스가 +1 또는 -1이 된다. 그러나, 디스플레이 시프트는 엔트리 모드와 무관하게 실행되지 않는다.

RS	R/W	D7	D6	D5	D4	D3	D2	D1	D0
1	1	Read Data							

10.2.5 텍스트 LCD의 폰트와 CGRAM 영역 제어

그림 10.2.6은 CGRAM 문자 코드와 문자 패턴 사이의 대응 관계를 나타내고 있다. 만일 숫자 '1'을 텍스트 LCD에 출력하기를 원한다면 ASCII 코드 00110001(0x31)를 DDRAM 영역에 쓰면 된다.

Upper 4 bit / Lower 4 bit	0000	0010	0011	0100	0101	0110	0111	1010	1011	1100	1101	1110	1111
××××0000	CG RAM (1)		0	@	P	`	p		ー	タ	ミ	α	p
××××0001	(2)	!	1	A	Q	a	q	。	ア	チ	ム	ä	q
××××0010	(3)	"	2	B	R	b	r	「	イ	ツ	メ	β	θ
××××0011	(4)	#	3	C	S	c	s	」	ウ	テ	モ	ε	∞
××××0100	(5)	$	4	D	T	d	t	、	エ	ト	ヤ	μ	Ω
××××0101	(6)	%	5	E	U	e	u	・	オ	ナ	ユ	σ	ü
××××0110	(7)	&	6	F	V	f	v	ヲ	カ	ニ	ヨ	ρ	Σ
××××0111	(8)	'	7	G	W	g	w	ァ	キ	ヌ	ラ	g	π
××××1000	(1)	(	8	H	X	h	x	ィ	ク	ネ	リ	√	x̄
××××1001	(2)	)	9	I	Y	i	y	ゥ	ケ	ノ	ル	⁻¹	y
××××1010	(3)	*	:	J	Z	j	z	ェ	コ	ハ	レ	j	千
××××1011	(4)	+	;	K	[	k	{	ォ	サ	ヒ	ロ	×	万
××××1100	(5)	,	<	L	¥	l	|	ャ	シ	フ	ワ	¢	円
××××1101	(6)	-	=	M	]	m	}	ュ	ス	ヘ	ン	£	÷
××××1110	(7)	.	>	N	^	n	→	ョ	セ	ホ	゛	ñ	
××××1111	(8)	/	?	O	_	o	←	ッ	ソ	マ	゜	ö	█

그림 10.2.6 CGRAM 문자 코드와 문자 패턴 사이의 대응 관계

그림 10.2.7과 같이 CGRAM 영역에 생성할 수 있는 폰트는 총 8개이며, 한 폰트 당 5비트 * 8 줄로 구성된다. RAM 영역에 저장되므로 전원이 없어지면 폰트 데이터 또한 사라지게 된다. 텍스트 LCD에 영문자 또는 숫자를 출력할 때 컴퓨터에서 사용하는 ASCII 코드와 호환되기 때문에 텍스트 LCD의 데이터로 바로 보내면 된다. 만약 CGRAM의 폰트를 텍스트 LCD에 출력하기를 원한다면 ASCII 코드 0번부터 7번을 사용하면 된다.

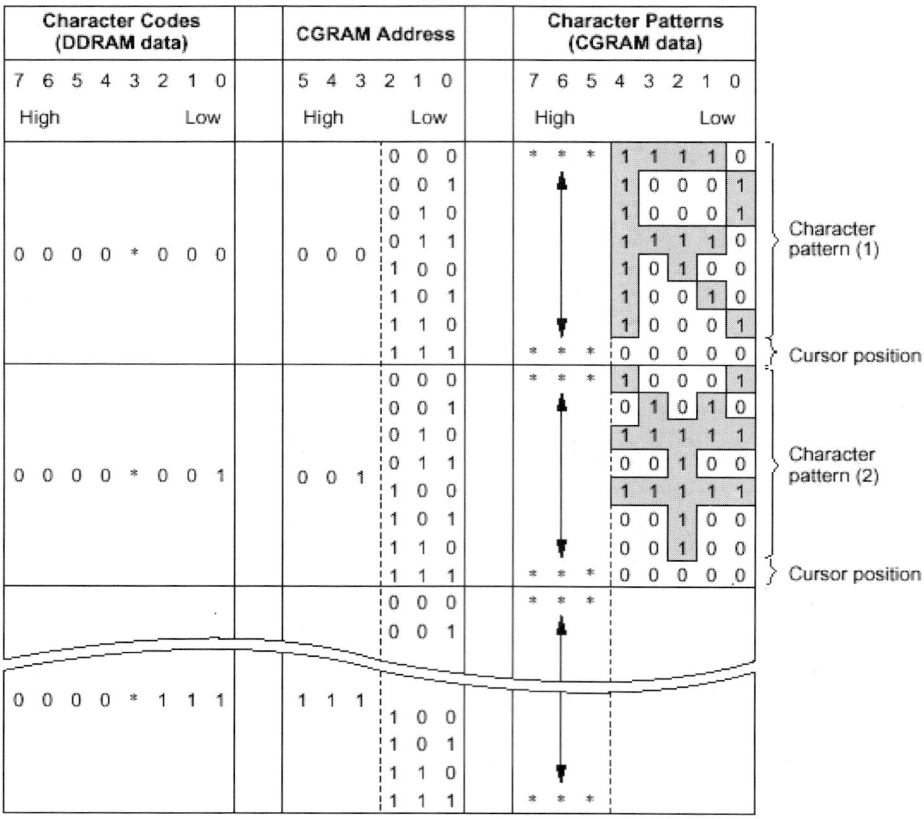

그림 10.2.7 CGRAM 어드레스, DDRAM와 CGRAM 사이의 관계

10.3 AVR 트레이닝 키트(WES-XUN I)에서의 텍스트 LCD 제어회로

AVR 트레이닝 키트(WES-XUN I)에는 그림 10.3.1과 같이 16핀으로 구성된 8비트 제어가 가능한 텍스트 LCD 커넥터가 제공된다. 이 커넥터에 텍스트 LCD를 연결하여 사용할 수 있으며, 제어를 위해 CON, DATA 커넥터와 VR이 연결되었다. CON 커넥터에는 RS, RW, E, LED-A 및 LED-K 신호가 연결되고, DATA 커넥터에는 D0~D7까지의 8비트 데이터 버스가 연결된다. 텍스트 LCD 배경과 글자의 대비를 조절하기 위해 VR이 연결되는데, 텍스트 LCD 블록의 좌측에 LCD_Vo 이름을 가진 가변 저항(VR)이 있다.

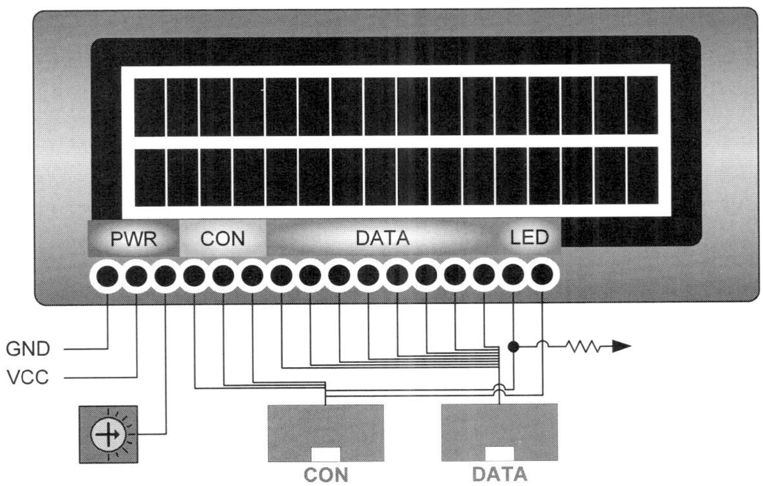

그림 10.3.1 AVR 트레이닝 키트(WES-XUN I)의 텍스트 LCD 회로 블록도

CON 커넥터의 각 핀은 표 10.3.1과 같이 연결된다. 이 커넥터에는 텍스트 LCD 제어 신호인 RS, RW, E 신호와 LED BackLight와 연결된 A, K 신호가 연결되어 있다. 한편, 표 10.3.2는 텍스트 LCD 블록의 DATA 커넥터와 텍스트 LCD의 핀 연결을 나타내고 있다.

표 10.3.1 텍스트 LCD 블록의 CON 커넥터와 텍스트 LCD의 핀 연결

CON 커넥터 비트	D7	D6	D5	D4	D3	D2	D1	D0
텍스트 LCD	–	–	–	K	A	E	RW	RS

표 10.3.2 텍스트 LCD 블록의 DATA 커넥터와 텍스트 LCD의 핀 연결

DATA 커넥터 비트	D7	D6	D5	D4	D3	D2	D1	D0
텍스트 LCD	D7	D6	D5	D4	D3	D2	D1	D0

T·I·P

텍스트 LCD의 신호를 제어하는 방식은 텍스트 LCD에 명령어를 쓰는 방식과 텍스트 LCD에 데이터를 ASCII 코드 값으로 쓰는 방식이 존재한다.

텍스트 LCD에 명령어를 쓰는 방식은 RS 신호를 '0', RW 신호를 '0' 인 에이블 신호를 주고 D7부터 D0까지에 명령어 코드를 인가하면 된다. 이때 어드레스를 지정하는 명령어를 텍스트 LCD에 쓸 경우에는 RS 신호를 '0', RW 신호를 '0' 인 에이블 신호를 주고 D7에 '1'을 지정하고 D6부터 D0까지에 어드레스 코드를 인가하면 된다.

텍스트 LCD에 데이터를 쓰는 방식은 RS 신호를 '1', RW 신호를 '0' 인 에이블 신호를 주고 D7부터 D0까지에 데이터에 해당되는 ASCII 코드 값을 인가하면 된다.

실습내용

10.4 AVR 트레이닝 키트(WES-XUN I)에서 동작해보기

10.4.1 AVR 트레이닝 키트(WES-XUN I)의 동작을 위한 준비 사항

단계 1 그림 10.4.1과 같이 전원을 켜고 ISP 다운로드 모듈을 연결한다.

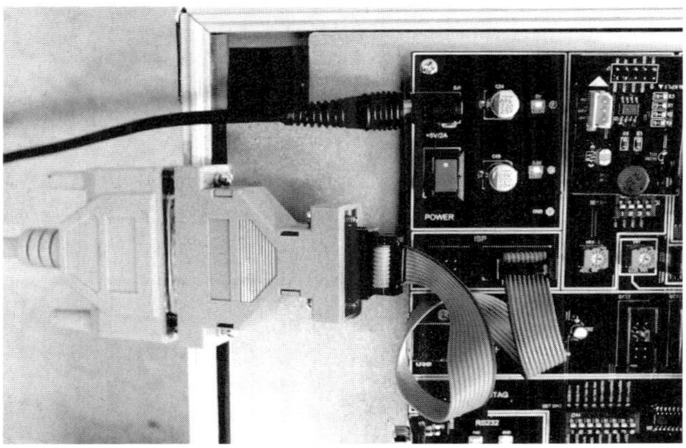

그림 10.4.1 전원을 켜고 ISP 다운로드 모듈을 연결

단계 2 그림 10.4.2와 같이 IDC Flat 10P 케이블을 이용해 텍스트 LCD의 DATA 커넥터(IDC8)와 AVR MCU Module(ATmega128)의 PORTF와 연결하고, 텍스트 LCD의 CON 커넥터(IDC9)와 AVR MCU Module(ATmega128)의 PORTE와 연결한다. 연결할 때 케이블의 방향이 맞도록 홈에 잘 맞추어 삽입한다. 한편, 텍스트 LCD를 AVR 트레이닝 키트(WES-XUN I)의 텍스트 LCD 블록에서 TEXT LCD1 또는 TEXT LCD2라고 표시된 커넥터에 삽입해야 한다. 텍스트 LCD의 커넥터 위치에 따라 TYPE A의 경우에는 TEXT LCD1 커넥터와 연결하고, TYPE B의 경우에는 TEXT LCD2 커넥터에 연결한다. 한편, TEXT LCD1 커넥터는 텍스트 LCD와 그래픽 LCD가 호환되는 핀 구조를 가진 경우에 공통으로 사용하는 커넥터이며, 이때 TEXT LCD1 커넥터의 19번 핀과 20번 핀이 A 및 K 인 것은 호환되는 그래픽 LCD 19번 20번 핀이 BackLight로 사용되는 핀이기 때문이다. 그

리고 만약 TEXT LCD1에 텍스트 LCD를 연결하는 경우 스위치 SW_S14가 다음의 그림과 같이 위로 올라가도록 설정해야 한다. 이 스위치는 텍스트 LCD와 그래픽 LCD의 휘도 조절에 사용되는 전압을 선택하는 역할을 하는데 텍스트 LCD의 경우 0~5V 의 전압을 사용하며, 그래픽 LCD의 경우 -3~5V의 전압을 사용하므로 반드시 선택해야 한다. 텍스트 LCD의 휘도는 가변저항 LCD_Vo1로 조절하며, 그래픽 LCD의 휘도는 가변저항 LCD_Vo2로 조절한다.

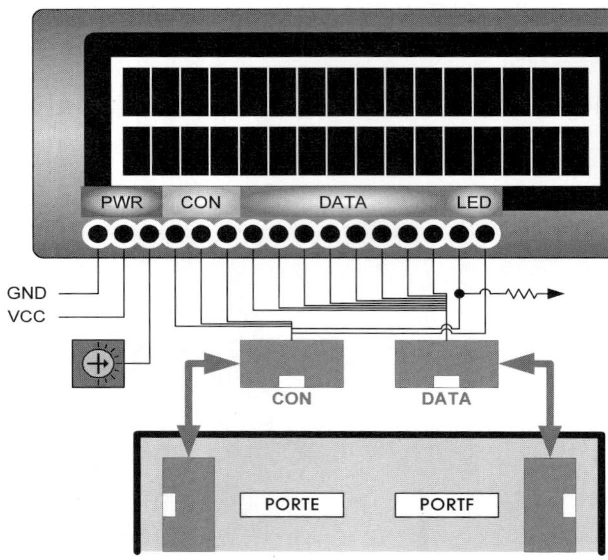

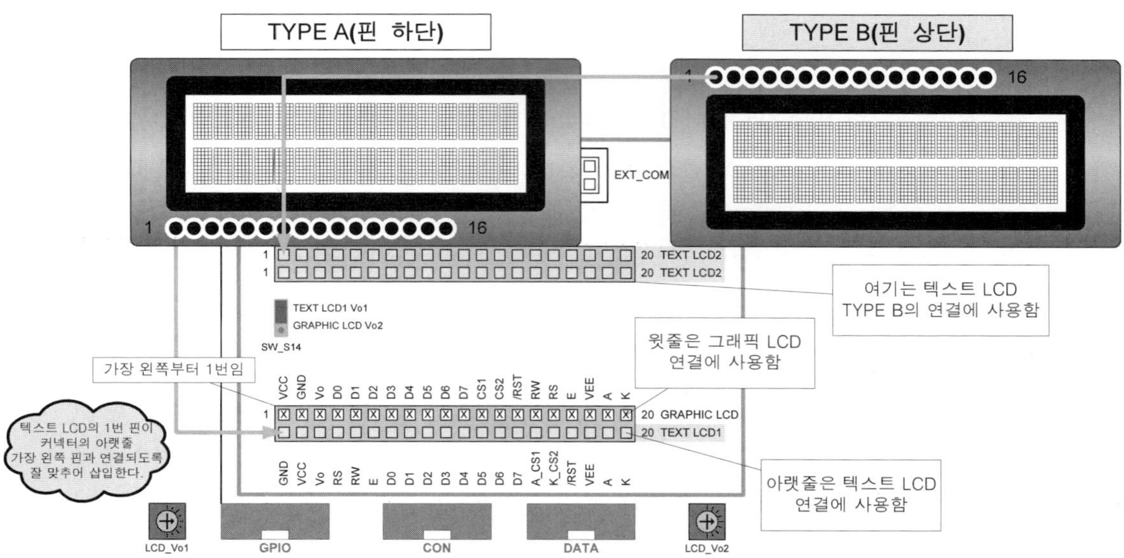

PORTF ⇔ DATA

PORTF	BIT7	BIT6	BIT5	BIT4	BIT3	BIT2	BIT1	BIT0
Device Pin	D7	D6	D5	D4	D3	D2	D1	D0
입출력	In/Out	In/Out	In/Out	In/Out	In/Out	In/Out	In/Out	In/Out

PORTE ⇔ CON

PORTE	BIT7	BIT6	BIT5	BIT4	BIT3	BIT2	BIT1	BIT0
Device Pin	–	–	–	K	A	E	RW	RS
입출력	–	–	–	Out	Out	Out	Out	Out

그림 10.4.2 텍스트 LCD 출력 장치 실험을 위한 회로 연결

10.4.2 'A' 문자를 500ms에 연속하여 하나씩 오른쪽으로 텍스트 LCD에 출력하는 예제

단계 1 AVR Studio 4에서 새로운 project를 생성하고, C 언어 소스 프로그램을 작성하여 저장한다. 자세한 내용은 5.4.2절의 [단계 1]을 참조한다.

[단계 1]-(1) Project type은 AVR GCC를 선택하고, Project name:은 ch10_step1, Initial file:은 ch10_step1이라고 입력하고, Create initial file과 Create folder를 체크하고, Location:은 C:₩avr_test를 선택한 후에 [Next >>] 버튼을 누르고 다음 단계로 진행한다.

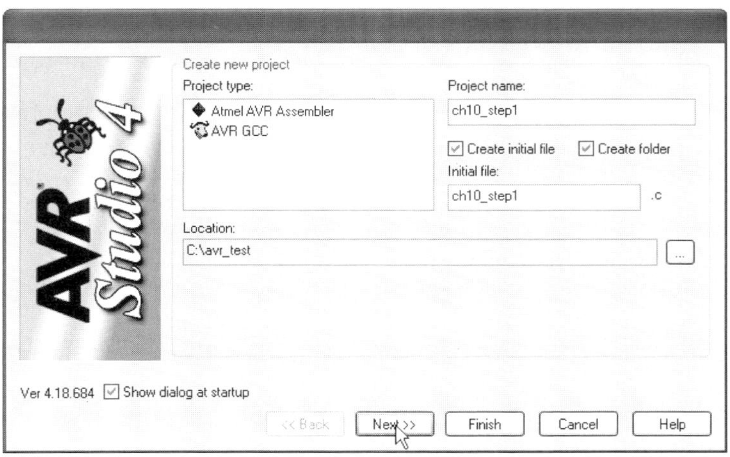

[단계 1]-(2) AVR Studio 4 편집 화면에 다음과 같이 C 언어 소스 프로그램을 작성하여 저장한다.

```
//
// ch10_step1.c
//

// ATmega128의 레지스터 등이 정의되어 있음
#include <avr/io.h>

// _delay_ms() 또는 _delay_us() 함수 등이 정의되어 있음
#include <util/delay.h>

// 텍스트 LCD에 명령을 출력하는 함수
void LCD_wCommand(char cmd){
        PORTE &= ~(1 << 0);     // 0번 비트 클리어, RS = 0, 명령
        PORTE &= ~(1 << 1);     // 1번 비트 클리어, RW = 0, 쓰기
        PORTE |= (1 << 2);      // 2번 비트 설정, E = 1

        PORTF = cmd;            // 명령 출력
        _delay_us(1);
        PORTE &= ~(1 << 2);     // 2번 비트 클리어, E = 0
                                // 명령 쓰기 동작 끝

        _delay_us(1);
}

// 텍스트 LCD에 데이터를 출력하는 함수
void LCD_wData(char dat){
        PORTE |= ( 1<< 0);      // 0번 비트 설정, RS = 1, 데이터
        PORTE &= ~(1 << 1);     // 1번 비트 클리어r, RW = 0, 쓰기
        PORTE |= (1 << 2);      // 2번 비트 설정, E = 1

        PORTF = dat;            // 데이터 출력
        _delay_us(1);
        PORTE &= ~(1 << 2);     // 데이터 쓰기 동작 끝

        _delay_us(1);
}
```

```
// C 언어의 주 실행 함수
int main(void){
        // 포트 E의 방향 설정, 0 : 입력, 1 : 출력
        // PE7    PE6    PE5    PE4    PE3    PE2    PE1    PE0
        // Out    Out    Out    Out    Out    Out    Out    Out
        // RS     RW     E      A      K
        DDRE = 0B11111111;

        // 포트 F의 방향 설정, 0 : 입력, 1 : 출력
        // PF7    PF6    PF5    PF4    PF3    PF2    PF1    PF0
        // Out    Out    Out    Out    Out    Out    Out    Out
        DDRF = 0B11111111;

        // 전원전압이 상승할 때 까지 100ms 동안 대기
        _delay_ms(100);

        LCD_wCommand(0x38);     // Function Set
        _delay_ms(10);
        LCD_wCommand(0x38);     // Function Set
        _delay_ms(10);
        LCD_wCommand(0x38);     // Function Set
        _delay_ms(10);

        LCD_wCommand(0x38);     // Function Set
        _delay_ms(10);
        LCD_wCommand(0x0c);     // Display On/Off Control
        _delay_ms(10);
        LCD_wCommand(0x01);     // Clear Display
        _delay_ms(10);

        // while 블록 안의 문장을 무한 반복
        while(1){
                LCD_wData('A');     // LCD에 'A' 문자를 출력
                _delay_ms(500);     // 500ms 동안 대기
        }

        // 함수의 형태와 같이 정수형(int)의 값을 반환함
        return 1;
}
```

C 언어 소스 프로그램 설명

핵심포인트

텍스트 LCD는 명령 또는 데이터를 수신한 이후에 새로운 명령을 수신하기 위해서는 일정 대기 시간이 필요하다. 따라서 명령 또는 데이터를 수신할 수 있는지 비지플래그를 체크해야한다. 그러나 새로운 명령 또는 데이터를 출력하는 주기가 매우 긴 경우에는 비지플래그를 체크하지 않고도 명령 또는 데이터를 출력할 수 있다.

avr/io.h 헤더 프로그램에는 DDRx 레지스터, PORTx 레지스터 등이 정의되어 있으므로 이들 레지스터를 사용하려면 반드시 포함시켜야 한다.

util/delay.h 헤더 프로그램에 _delay_us() 함수, _delay_ms() 함수 등이 정의되어 있으므로 이 함수를 사용하려면 반드시 포함시켜야 한다.

DDRx 레지스터는 포트의 입출력 방향을 결정하는 레지스터이며 x는 포트명이고 DDRxn의 각 비트 값이 0이면 입력, 1이면 출력으로 설정된다. 따라서 DDRE = 0B11111111; 문장과 DDRF = 0B11111111; 문장은 포트 E와 포트 F의 모든 비트를 출력하겠다는 의미이다.

PORTx 레지스터는 포트에 출력할 논리 값을 저장하는 레지스터이며 x는 포트명이다.

_delay_ms(100) 함수는 100ms 시간만큼 동작을 멈추게 하는 역할을 한다. 여기서 10ms 시간만큼 동작을 멈추게 하는 것은 전원이 투입된 후에 일정 레벨 이상 상승할 때까지 대기하기 위함이다.

텍스트 LCD의 초기화 동작은 Function Set을 3회 이상 설정해야하며, 이때 Function Set 명령간에는 비지 플래그를 체크하지 않기 때문에 10ms 이상의 대기시간이 필요하다.

LCD_wCommand(0x38); 문장은 Function Set을 수행하는 함수를 의미한다.

Function Set을 수행하는 함수는 포트 E의 0번 비트에 연결된 RS 비트와 포트 E의 1번 비트에 연결된 RW 비트를 0으로 설정하고, 포트 E의 2번에 연결된 E 신호를 1로 설정한다. 다음에 포트 F에 Function Set 명령코드(0x38)를 설정하고, 1us동안 대기한 후 포트 E의 2번 비트에 연결된 E 신호를 0으로 설정한다. 이는 텍스트 LCD에 명령을 주기 위함이다. 한편, 포트 E의 2번 비트에 연결된 E 신호는 명령 쓰기 동작에서 PW_{EH} 신호가 최소 220ns 이어야 하므로, 1us의 대기시간이 필요하다.

LCD_wCommand(0x0c); 문장은 Display On/Off Control을 수행하는 함수를 의미한다.

LCD_wCommand(0x01); 문장은 Clear Display를 수행하는 함수를 의미한다. Clear Display 명령은 어드레스 카운터의 값을 0으로 하기 때문에 따로 어드레스를 지정하지 않아도 된다.

한편, 텍스트 LCD 명령간에는 비지 플래그를 체크하지 않으므로 10ms 이상의 대기시간이 필요하다.

무한루프인 while(1)에 포함되어 있는 LCD_wData('A') 문장은 텍스트 LCD에 'A' 문자를 출력하는 함수를 의미한다.

텍스트 LCD에 'A' 문자를 출력하는 함수(LCD_wData('A'); 문장)는 텍스트 LCD의 비지플래그를 체크한 다음에, 포트 E의 0번 비트에 연결된 RS 비트를 1로 설정하고, 포트 E의 1번 비트에 연결된 RW 비트를 0으로 설정하고, 포트 E의 2번에 연결된 E 신호를 1로 설정한다. 다음에 포트 F에 'A' 문자를 설정하고, 1us 동안 대기한 후에 포트 E의 2번 비트에 연결된 E 신호를 0으로 설정한다. 이는 텍스트 LCD에 데이터를 출력하기 위함이다. 한편 포트 E의 2번 비트에 연결된 E 신호는 명령 쓰기 동작에서 PW_{EH} 신호가 최소 220ns 이어야 하므로, 1us의 대기시간이 필요하다. 한편, 'A' 문자가 텍스트 LCD에 출력되는 어드레스는 Clear Display 명령을 수행한 후에 AC가 0으로 설정되므로 'A' 문자는 첫 번째 행의 첫 번째 칸에 나타나며, 문자를 출력할 때마다 1씩 자동으로 카운트되기 때문에 계속해서 텍스트 LCD에 500ms에 하나씩 'A' 문자가 오른쪽으로 이동하면서 출력된다.

T·I·P

C 언어 소스 프로그램은 CD Drive:₩Source₩ch10₩ch10_step1₩ch10_step1.c 파일을 참조한다.

단계 2 AVR Studio 4를 이용하여 C 언어 소스 프로그램을 Build 한다. 자세한 내용은 5.4.2절의 [단계 2]를 참조한다.

단계 3 PonyProg를 이용하여 ATmega128에 hex 파일을 ISP 다운로드 한다. 자세한 내용은 5.4.2절의 [단계 3]을 참조한다.

단계 4 다운로드가 완료되면 AVR 트레이닝 키트(WES-XUN I)에서 동작을 확인한다. 텍스트 LCD에 500ms에 하나씩 'A' 문자가 오른쪽으로 이동하면서 연속적으로 출력된다.

10.4.3 텍스트 LCD의 어드레스 카운터를 설정하여 문자열을 텍스트 LCD에 출력하는 예제1

단계 1 AVR Studio 4에서 새로운 project를 생성하고, C 언어 소스 프로그램을 작성하여 저장한다. 자세한 내용은 5.4.2절의 [단계 1]을 참조한다.

[단계 1]-(1) Project type은 AVR GCC를 선택하고, Project name:은 ch10_step2, Initial file:은 ch10_step2이라고 입력하고, Create initial file과 Create folder를 체크하고, Location:은 C:₩avr_test를 선택한 후에 [Next >>] 버튼을 누르고 다음 단계로 진행한다.

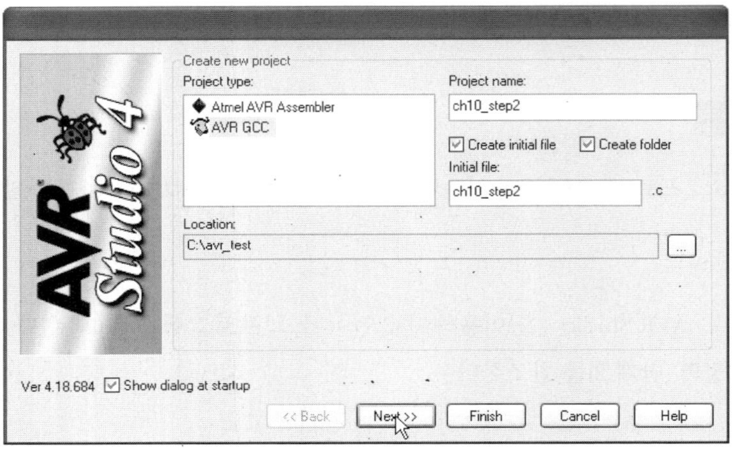

[단계 1]-(2) AVR Studio 4 편집 화면에 다음과 같이 C 언어 소스 프로그램을 작성하여 저장한다.

```
//
// ch10_step2.c
//

// ATmega128의 레지스터 등이 정의되어 있음
#include <avr/io.h>

// _delay_ms() 함수 등이 정의되어 있음
#include <util/delay.h>
```

```
#define  sbi(x, y)          (x |= (1 << y))   // x의 y 비트를 설정(1)
#define  cbi(x, y)          (x &= ~(1 << y)) // x의 y 비트를 클리어(0)

#define  LCD_CON            PORTE  // CON 포트는 포트 E와 연결됨을 정의
#define  LCD_DATA           PORTF  // DATA 포트는 포트 F와 연결됨을 정의
#define  LCD_DATA_DIR       DDRF   // DATA 포트의 출력 방향 설정 매크로를 정의
#define  LCD_DATA_IN        PINF   // DATA 포트의 입력 방향 설정 매크로를 정의
#define  LCD_RS             0      // RS 신호의 비트 번호 정의
#define  LCD_RW             1      // RW 신호의 비트 번호 정의
#define  LCD_E              2      // E 신호의 비트 번호 정의

// 텍스트 LCD로 부터 상태(명령)를 읽는 함수
unsigned char LCD_rCommand(void){
        unsigned char temp=1;

        LCD_DATA_DIR = 0X00;

        cbi(LCD_CON, LCD_RS);     // 0번 비트 클리어, RS = 0, 명령
        sbi(LCD_CON, LCD_RW);     // 1번 비트 설정, RW = 1, 읽기
        sbi(LCD_CON, LCD_E);      // 2번 비트 설정, E = 1
        _delay_us(1);

        temp = LCD_DATA_IN;       // 명령 읽기
        _delay_us(1);

        cbi(LCD_CON, LCD_E);      // 명령 읽기 동작 끝

        LCD_DATA_DIR = 0XFF;
        _delay_us(1);

        return temp;
}

// 텍스트 LCD의 비지 플래그 상태를 확인하는 함수
char LCD_BusyCheck(unsigned char temp){
        if(temp & 0x80)          return 1;
        else                     return 0;
}
```

```
// 텍스트 LCD에 명령을 출력하는 함수 - 단, 비지플래그 체크하지 않음
void LCD_wCommand(char cmd){
        cbi(LCD_CON, LCD_RS);      // 0번 비트 클리어, RS = 0, 명령
        cbi(LCD_CON, LCD_RW);      // 1번 비트 클리어, RW = 0, 쓰기
        sbi(LCD_CON, LCD_E);       // 2번 비트 설정, E = 1

        LCD_DATA = cmd;            // 명령 출력
        _delay_us(1);
        cbi(LCD_CON, LCD_E);       // 명령 쓰기 동작 끝

        _delay_us(1);
}

// 텍스트 LCD에 명령을 출력하는 함수 - 단, 비지플래그 체크함
void LCD_wBCommand(char cmd){
        while(LCD_BusyCheck(LCD_rCommand()))
                _delay_us(1);
        cbi(LCD_CON, LCD_RS);      // 0번 비트 클리어, RS = 0, 명령
        cbi(LCD_CON, LCD_RW);      // 1번 비트 클리어, RW = 0, 쓰기
        sbi(LCD_CON, LCD_E);       // 2번 비트 설정, E = 1

        LCD_DATA = cmd;            // 명령 출력
        _delay_us(1);
        cbi(LCD_CON, LCD_E);       // 명령 쓰기 동작 끝

        _delay_us(1);
}

// 텍스트 LCD를 초기화하는 함수
void LCD_Init(void){
        _delay_ms(100);
       // 비지 플래그를 체크하지 않는 Function Set
        LCD_wCommand(0x38);
        _delay_ms(10);
       // 비지 플래그를 체크하지 않는 Function Set
        LCD_wCommand(0x38);
        _delay_us(200);
       // 비지 플래그를 체크하지 않는 Function Set
        LCD_wCommand(0x38);
        _delay_us(200);
```

```
        // 비지 플래그를 체크하는 Function Set
         LCD_wBCommand(0x38);
        // 비지 플래그를 체크하는 Display On/Off Control
         LCD_wBCommand(0x0c);
        // 비지 플래그를 체크하는 Clear Display
         LCD_wBCommand(0x01);
}

// 텍스트 LCD에 1바이트 데이터를 출력하는 함수
void LCD_wData(char dat){
        while(LCD_BusyCheck(LCD_rCommand()))
                _delay_us(1);

        sbi(LCD_CON, LCD_RS);       // 0번 비트 설정, RS = 1, 데이터
        cbi(LCD_CON, LCD_RW);       // 1번 비트 클리어, RW = 0, 쓰기
        sbi(LCD_CON, LCD_E);        // 2번 비트 설정, E = 1

        LCD_DATA = dat;             // 데이터 출력
        _delay_us(1);
        cbi(LCD_CON, LCD_E);        // 데이터 쓰기 동작 끝

        _delay_us(1);
}

// 텍스트 LCD에 문자열을 출력하는 함수
void LCD_wString(char *str){
        while(*str)
                LCD_wData(*str++);
}

// C 언어의 주 실행 함수
int main(void){
        // 포트 E의 방향 설정, 0 : 입력, 1 : 출력
        // PE7  PE6  PE5  PE4  PE3  PE2  PE1  PE0
        // Out  Out  Out  Out  Out  Out  Out  Out
        // RS   RW   E    A    K
        DDRE = 0B11111111;

        // 포트 F의 방향 설정, 0 : 입력, 1 : 출력
        // PF7  PF6  PF5  PF4  PF3  PF2  PF1  PF0
        // Out  Out  Out  Out  Out  Out  Out  Out
        DDRF = 0B11111111;
```

```
        LCD_Init();                        // 텍스트 LCD 초기화 - 함수 호출
        sbi(LCD_CON, 4); // BackLight ON

        LCD_wBCommand(0x80 | 0x00);        // DDRAM Address = 0 설정
        LCD_wString("TEXT LCD");           // 텍스트 LCD 문자열 출력


        LCD_wBCommand(0x80 | 0x40);        // DDRAM Address = 0x40 설정
        LCD_wString("WESNET");             // WESNET 문자열 출력

        // 함수의 형태와 같이 정수형(int)의 값을 반환함
        return 1;
}
```

C 언어 소스 프로그램 설명

핵심포인트

텍스트 LCD는 명령 또는 데이터를 쓰도록 명령을 내리면, 이것을 처리하는데 일정 시간을 소비한다. 이 명령 처리 시간에 새로운 명령을 쓰도록 하면 텍스트 LCD는 명령을 받아들이지 못하게 된다. 따라서 텍스트 LCD에 명령을 내린 이후에는 명령이 처리되기 위한 시간동안 대기해야 한다. 만약 이 대기시간을 최소화하기를 원한다면 텍스트 LCD의 명령-읽기 기능을 통해 비지 플래그를 체크하면 되는데, 이 비트가 논리 0이면 새로운 명령을 내릴 수 있다. 따라서 비지플레그를 체크하여 명령을 전달하면 텍스트 LCD에 명령을 전달하는 시간이 짧아지게 된다.

avr/io.h 헤더 프로그램에는 DDRx 레지스터, PORTx 레지스터 등이 정의되어 있으므로 이들 레지스터를 사용하려면 반드시 포함시켜야 한다.

util/delay.h 헤더 프로그램에 _delay_us() 함수, _delay_ms() 함수 등이 정의되어 있으므로 이 함수를 사용하려면 반드시 포함시켜야 한다.

#define sbi(x, y) (x |= (1 << y)) 문장은 x의 y번째 비트를 1로 설정하는 매크로 치환이다.

#define cbi(x, y) (x &= ~(1 << y)) 문장은 x의 y번째 비트를 0으로 설정하는 매크로 치환이다.

#define LCD_CON PORTE 문장은 LCD_CON을 포트 E로 치환하는 매크로 치환이다.

#define LCD_DATA PORTF 문장은 LCD_DATA을 포트 F로 치환하는 매크로 치환이다.

#define LCD_DATA_DIR DDRF 문장은 LCD_DATA_DIR을 DDRF로 치환하는 매크로 치환이다.

#define LCD_DATA_IN PINF 문장은 LCD_DATA_IN을 PINF로 치환하는 매크로 치환이다.

#define LCD_RS 0 문장은 LCD_RS를 0으로 치환하는 매크로 치환이다.

#define LCD_RW 1 문장은 LCD_RW를 1로 치환하는 매크로 치환이다.

#define LCD_E 2 문장은 LCD_E를 2로 치환하는 매크로 치환이다.

DDRx 레지스터는 포트의 입출력 방향을 결정하는 레지스터이며 x는 포트명이고 DDRxn의 각 비트 값이 0이면 입력, 1이면 출력으로 설정된다. 따라서 DDRE = 00B11111111; 문장과 DDRF = 0B11111111; 문장은 포트 E와 포트 F의 모든 비트를 출력하겠다는 의미이다.

PORTx 레지스터는 포트에 출력할 논리 값을 저장하는 레지스터이며 x는 포트명이며, PINF는 포트의 논리를 읽는 어드레스이다. 따라서 텍스트 LCD의 비지 플래그 및 AC를 PINF 어드레스를 통해 읽을 수 있다.

LCD_Init(); 문장은 LCD를 초기화하는 동작을 수행하는 함수이다. 이 함수는 텍스트 LCD의 비지 플래그를 체크하며 제어할 수 있도록, 먼저 비지 플래그를 체크하지 않고 Function Set을 3회 이상 설정한다. 이때 Function Set 명령간에는 비지 플래그를 체크하기 때문에 첫 번째는 10ms, 두 번째는 200us, 세 번째는 200us 이상의 대기시간이 필요하다. 다음에 비지 플래그를 체크하며 Function Set, Display On/Off Control, Clear Display 명령들을 수행한다. 한편, _delay_ms(100) 함수는 100ms 시간만큼 동작을 멈추게 하는 역할을 한다. 여기서 100ms 시간만큼 동작을 멈추게 하는 것은 전원이 투입된 후에 일정 레벨 이상 상승할 때까지 대기하기 위함이다.

LCD_wCommand(0x38); 문장은 비지 플래그를 체크하지 않고 Function Set을 수행하는 함수를 의미한다.

Function Set을 수행하는 함수는 LCD_CON의 0번 비트에 연결된 RS 비트와 LCD_CON의 1번 비트에 연결된 RW 비트를 0으로 설정하고, LCD_CON의 2번에 연결된 E 신호를 1로 설정한다. 다음에 LCD_DATA에 Function Set 명령코드(0x38)를 설정하고, 1us 동안 대기한 후에 LCD_CON의 2번 비트에 연결된 E 신호를 0으로 설정한다. 이는 텍스트 LCD에 명령을 주기 위함이다. 한편, LCD_CON의 2번 비트에 연결된 E 신호는 명령 쓰기 동작에서 PWEH 신호가 최소 220ns 이어야 하므로, 1us의 대기시간이 필요하다.

LCD_wBCommand(0x0c); 문장은 비지 플래그를 체크하고 Display On/Off Control을 수행하는 함수를 의미한다. 이때 비지 플래그가 0이면 명령 또는 데이터를 받을 준비가 되었으므로 이 함수가 수행되고, 1이면 명령 또는 데이터를 받을 준비가 되지 않았으므로 대기 상태로 있게 된다.

LCD_wBCommand(0x01); 문장은 비지 플래그를 체크하고 Clear Display를 수행하는 함수를 의미한다.

Clear Display 명령은 어드레스 카운터의 값을 0으로 하기 때문에 따로 어드레스를 지정하지 않아도 된다.

LCD_rCommand(void); 문장은 텍스트 LCD의 비지 플래그 및 AC를 PINF를 통해 읽을 수 있는 기능을 수행하는 함수를 의미한다.

LCD_BusyCheck(unsigned char temp); 문장은 비지 플래그가 0인지, 1인지를 판단하는 함수를 의미한다.

sbi(LCD_CON, 4); 문장은 LCD_CON의 4번 비트를 1로 설정하는 매크로 치환이다. 여기서 LCD_CON은 포트 E로 치환 되므로, 이 문장은 포트 E의 4번 비트를 1로 설정하는 것과 같다. 포트 E의 4번 비트에는 텍스트 LCD BackLight의 애노드가 연결이 되어 있어서 1로 설정시 텍스트 LCD에 불이 켜진다.

LCD_wBCommand(0x80 | 0x00); 문장은 비지 플래그를 체크하고 Set DDRAM Address를 수행하는 함수를 의미한다. 이 함수에서는 D7이 '1'로 설정되므로 어드레스 카운터를 0으로 설정한다.

LCD_wString("TEXT LCD"); 문장은 텍스트 LCD에 "TEXT LCD"를 출력하는 기능을 수행하는 함수를 의미한다.

LCD_wBCommand(0x80 | 0x40); 문장은 비지 플래그를 체크하고 Set DDRAM Address를 수행하는 함수를 의미한다. 이 함수에서는 D7이 '1'로 설정되므로 어드레스 카운터를 0x40으로 설정한다. 0x40은 두 번째 줄의 첫 번째 칸의 어드레스를 의미한다.

LCD_wString("WESNET"); 문장은 텍스트 LCD에 "WESNET"을 출력하는 기능을 수행하는 함수를 의미한다.

T·I·P

C 언어 소스 프로그램은 CD Drive:₩Source₩ch10₩ch10_step2₩ch10_step2.c 파일을 참조한다.

단계 2 AVR Studio 4를 이용하여 C 언어 소스 프로그램을 Build 한다. 자세한 내용은 5.4.2절의 [단계 2]를 참조한다.

단계 3 PonyProg를 이용하여 ATmega128에 hex 파일을 ISP 다운로드 한다. 자세한 내용은 5.4.2절의 [단계 3]을 참조한다.

단계 4 다운로드가 완료되면 AVR 트레이닝 키트(WES-XUN I)의 동작을 확인한다. 첫 번째 행에 "TEXT LCD" 문자열이, 두 번째 행에 "WESNET" 문자열이 텍스트 LCD에 나타난다.

10.4.4 텍스트 LCD의 어드레스 카운터를 설정하여 문자열을 텍스트 LCD에 출력하는 예제2

단계 1 AVR Studio 4에서 새로운 project를 생성하고, C 언어 소스 프로그램을 작성하여 저장한다. 자세한 내용은 5.4.2절의 [단계 1]을 참조한다.

[단계 1]-(1) Project type은 AVR GCC를 선택하고, Project name:은 ch10_step3, Initial file:은 ch10_step3이라고 입력하고, Create initial file과 Create folder를 체크하고, Location:은 C:₩avr_test를 선택한 후에 [Next >>] 버튼을 누르고 다음 단계로 진행한다.

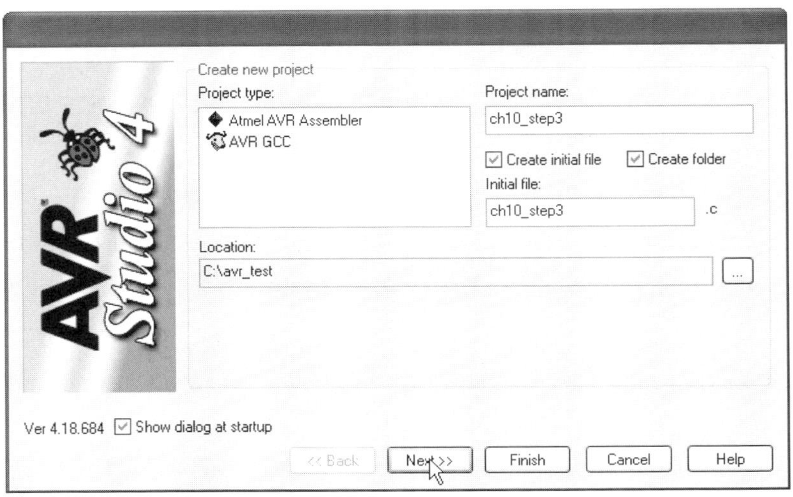

[단계 1]-(2) AVR Studio 4 편집 화면에 다음과 같이 C 언어 소스 프로그램을 작성하여 저장한다. 10.4.3절의 int main(void) 함수 부분을 ch10_step3.c 파일로 저장한다.

```
//
// ch10_step3.c
//

#include "ch10_lcd.h"

// C 언어의 주 실행 함수
int main(void){
        // 포트 E의 방향 설정, 0 : 입력, 1 : 출력
        // PE7   PE6    PE5    PE4    PE3    PE2    PE1    PE0
        // Out   Out    Out    Out    Out    Out    Out    Out
        // RS    RW     E      A      K
        DDRE = 0B11111111;

        // 포트 F의 방향 설정, 0 : 입력, 1 : 출력
        // PF7   PF6    PF5    PF4    PF3    PF2    PF1    PF0
        // Out   Out    Out    Out    Out    Out    Out    Out
        DDRF = 0B11111111;

        LCD_Init();                        // 텍스트 LCD 초기화 - 함수 호출
        sbi(LCD_CON, 4);                   // BackLight ON

        LCD_wBCommand(0x80 | 0x00);        // DDRAM Address = 0 설정
        LCD_wString("C Programming");      // "C Programming" 문자열 출력


        LCD_wBCommand(0x80 | 0x40);        // DDRAM Address = 0x40 설정
        LCD_wString("AVR TEST");           // "AVR TEST" 문자열 출력

        // 함수의 형태와 같이 정수형(int)의 값을 반환함
        return 1;
}
```

[단계 1]-(3) 텍스트 LCD 제어 코드는 어떤 텍스트 LCD 이든 공통으로 쓸 수 있다. 따라서 텍스트 LCD 초기화 함수를 포함해 텍스트 LCD 제어에 관련한 함수 또는 매크로 등을 하나의 파일로 저장해 관리하면 편리하다. 10.4.3절의 int main(void) 함수 윗부분에 작성된 텍스트 LCD 제어 C 언어 소스 프로그램을 잘라내어 ch10_lcd.c 파일로 저장한다. 이때 풀다운 메뉴에서 [File] → [New File] 서브 메뉴를 누르면 나타나는 AVR Studio 4 편집 화면에 ch10_lcd.c C 언어 소스 프로그램을 작성하여 현재 project 폴더에 저장한다.

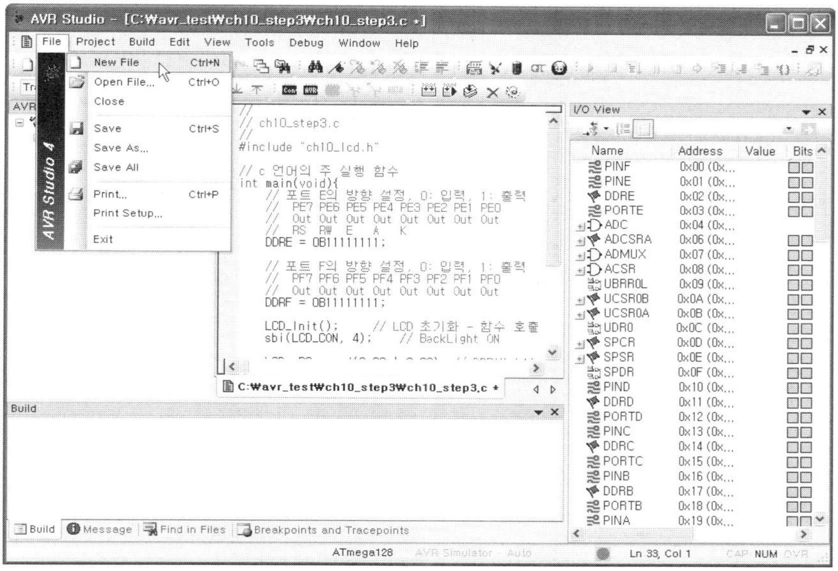

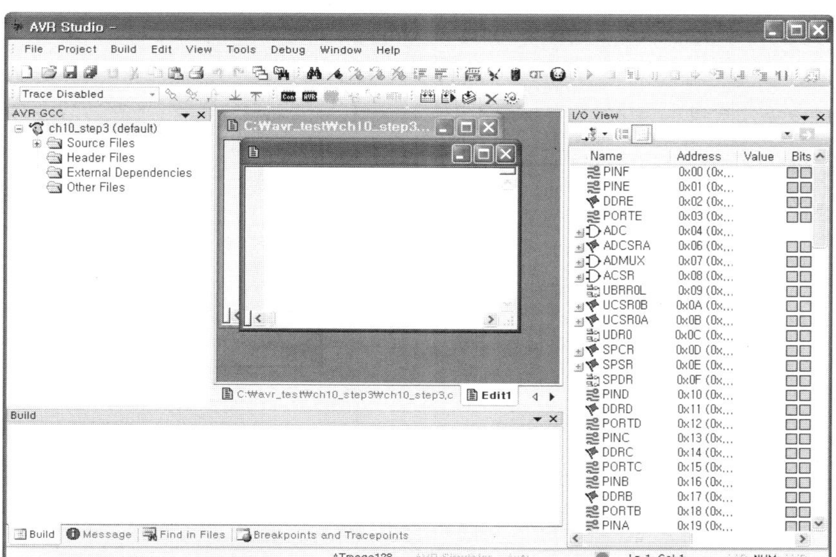

```
//
// ch10_lcd.c
//

// ch10_lcd.c 파일의 사용자 함수가 원형선언 되어 있음
#include "ch10_lcd.h"

// 텍스트 LCD로 부터 상태(명령)를 읽는 함수
unsigned char LCD_rCommand(void){
        unsigned char temp=1;

        LCD_DATA_DIR = 0X00;

        cbi(LCD_CON, LCD_RS);      // 0번 비트 클리어, RS = 0, 명령
        sbi(LCD_CON, LCD_RW);      // 1번 비트 설정, RW = 1, 읽기
        sbi(LCD_CON, LCD_E);       // 2번 비트 설정, E = 1
        _delay_us(1);

        temp = LCD_DATA_IN;        // 명령 읽기
        _delay_us(1);

        cbi(LCD_CON, LCD_E);       // 명령 읽기 동작 끝

        LCD_DATA_DIR = 0XFF;
        _delay_us(1);

        return temp;
}

// 텍스트 LCD의 비지 플래그 상태를 확인하는 함수
char LCD_BusyCheck(unsigned char temp){
        if(temp & 0x80)          return 1;
        else                     return 0;
}

// 텍스트 LCD에 명령을 출력하는 함수 - 단, 비지플래그 체크하지 않음
void LCD_wCommand(char cmd){
        cbi(LCD_CON, LCD_RS);      // 0번 비트 클리어, RS = 0, 명령
```

```
        cbi(LCD_CON, LCD_RW);     // 1번 비트 클리어, RW = 0, 쓰기
        sbi(LCD_CON, LCD_E);      // 2번 비트 설정, E = 1

        LCD_DATA = cmd;           // 명령 출력
        _delay_us(1);
        cbi(LCD_CON, LCD_E);      // 명령 쓰기 동작 끝

        _delay_us(1);
}

// 텍스트 LCD에 명령을 출력하는 함수 - 단, 비지플래그 체크함
void LCD_wBCommand(char cmd){
        while(LCD_BusyCheck(LCD_rCommand()))
                _delay_us(1);
        cbi(LCD_CON, LCD_RS);     // 0번 비트 클리어, RS = 0, 명령
        cbi(LCD_CON, LCD_RW);     // 1번 비트 클리어, RW = 0, 쓰기
        sbi(LCD_CON, LCD_E);      // 2번 비트 설정, E = 1

        LCD_DATA = cmd;           // 명령 출력
        _delay_us(1);
        cbi(LCD_CON, LCD_E);      // 명령 쓰기 동작 끝

        _delay_us(1);
}

// 텍스트 LCD를 초기화하는 함수
void LCD_Init(void){
        _delay_ms(100);
       // 비지 플래그를 체크하지 않는 Function Set
        LCD_wCommand(0x38);
        _delay_ms(10);
       // 비지 플래그를 체크하지 않는 Function Set
        LCD_wCommand(0x38);
        _delay_us(200);
       // 비지 플래그를 체크하지 않는 Function Set
        LCD_wCommand(0x38);
        _delay_us(200);
```

```
        // 비지 플래그를 체크하는 Function Set
         LCD_wBCommand(0x38);
        // 비지 플래그를 체크하는 Display On/Off Control
         LCD_wBCommand(0x0c);
        // 비지 플래그를 체크하는 Clear Display
         LCD_wBCommand(0x01);
}

// 텍스트 LCD에 1바이트 데이터를 출력하는 함수
void LCD_wData(char dat){
         while(LCD_BusyCheck(LCD_rCommand()))
                  _delay_us(1);

         sbi(LCD_CON, LCD_RS);      // 0번 비트 설정, RS = 1, 데이터
         cbi(LCD_CON, LCD_RW);      // 1번 비트 클리어, RW = 0, 쓰기
         sbi(LCD_CON, LCD_E);       // 2번 비트 설정, E = 1

         LCD_DATA = dat;            // 데이터 출력
         _delay_us(1);
         cbi(LCD_CON, LCD_E);       // 데이터 쓰기 동작 끝

         _delay_us(1);
}

// 텍스트 LCD에 문자열을 출력하는 함수
void LCD_wString(char *str){
         while(*str)
                  LCD_wData(*str++);
}
```

[단계 1]-(4) ch10_setp3의 project에 ch10_lcd.c C 언어 소스 프로그램이 포함되도록 팝업 메뉴의 [Add Existing Source File(s)...] 서브 메뉴를 수행한다.

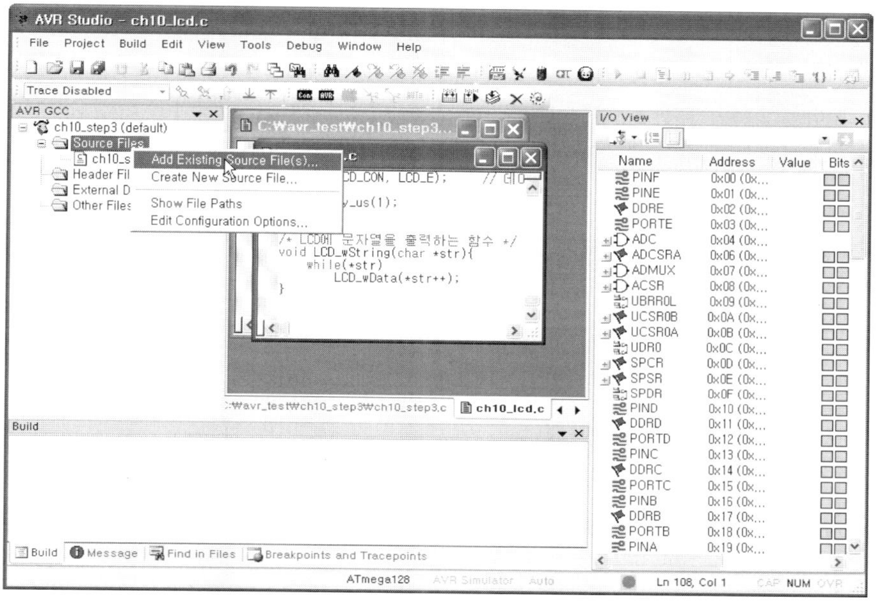

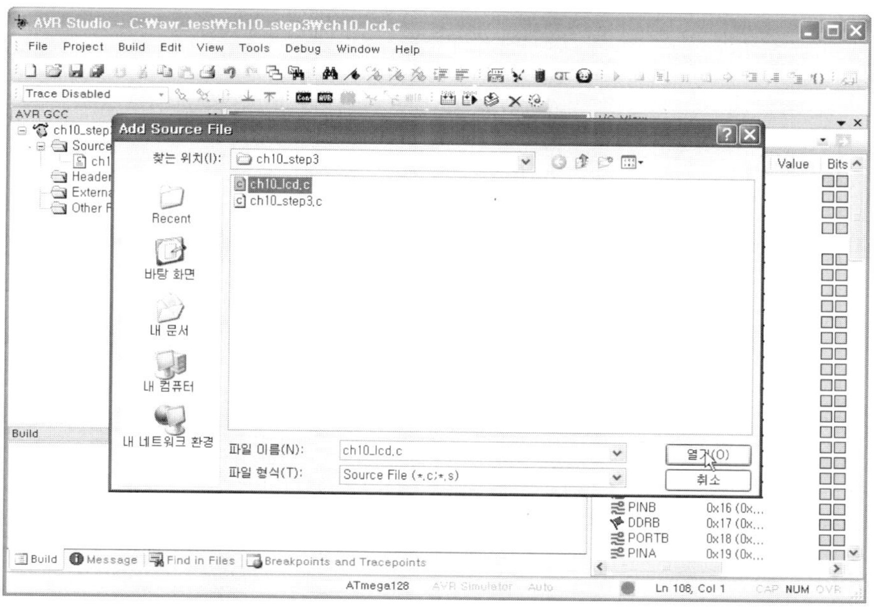

[단계 1]-(5) 매크로 치환과 함수원형선언 등이 포함된 ch10_lcd.h 헤더 프로그램을 작성하여 저장한다. 이때 풀다운 메뉴에서 [File] → [New File] 서브 메뉴를 누르면 나타나는 AVR Studio 4 편집 화면에 ch10_lcd.h 헤더 프로그램을 작성하여 현재 project 폴더에 저장한다.

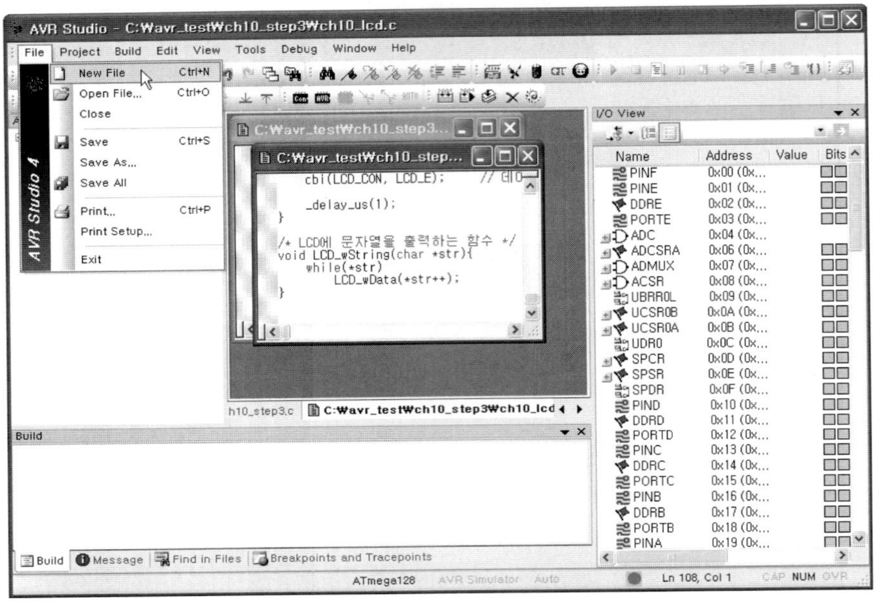

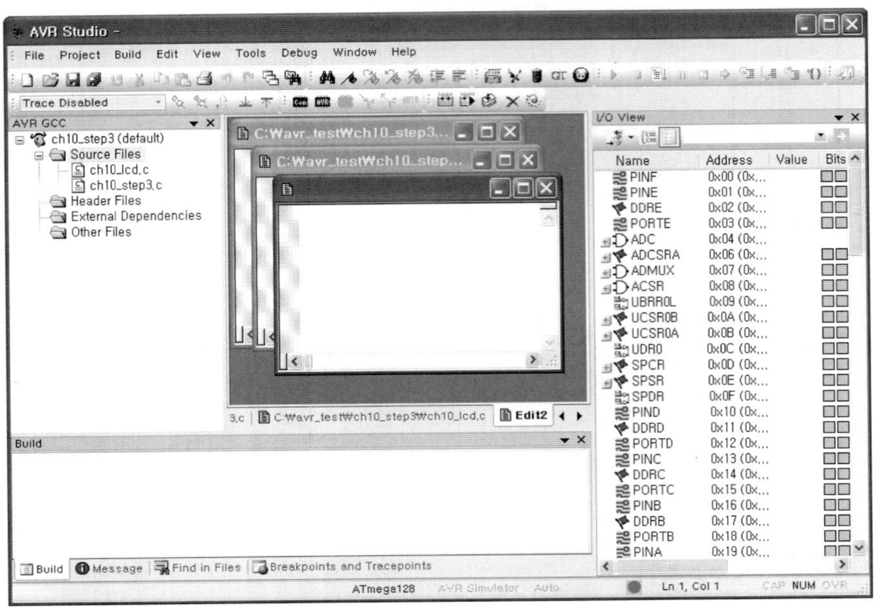

```
//
// ch10_lcd.h"
//

// ATmega128의 레지스터 등이 정의되어 있음
#include <avr/io.h>

// _delay_ms() 함수 등이 정의되어 있음
#include <util/delay.h>

#define  sbi(x, y) (x |= (1 << y))      // x의 y 비트를 설정(1)
#define  cbi(x, y) (x &= ~(1 << y))     // x의 y 비트를 클리어(0)

#define  LCD_CON          PORTE    // CON 포트는 포트 E와 연결됨을 정의
#define  LCD_DATA         PORTF    // DATA 포트는 포트 F와 연결됨을 정의
#define LCD_DATA_DIR      DDRF     // DATA 포트의 출력 방향 설정 매크로를
정의
#define LCD_DATA_IN       PINF     // DATA 포트의 입력 방향 설정 매크로를 정의
#define  LCD_RS           0        // RS 신호의 비트 번호 정의
#define  LCD_RW           1        // RW 신호의 비트 번호 정의
#define  LCD_E            2        // E 신호의 비트 번호 정의

unsigned char LCD_rCommand(void); // 텍스트 LCD로 부터 상태(명령)를 읽는 함수

// 텍스트 LCD의 비지 플래그 상태를 확인하는 함수
char LCD_BusyCheck(unsigned char temp);
// 텍스트 LCD에 명령을 출력하는 함수 - 단, 비지플래그 체크하지 않음
void LCD_wCommand(char cmd);
// 텍스트 LCD에 명령을 출력하는 함수 - 단, 비지플래그 체크함
void LCD_wBCommand(char cmd);
// 텍스트 LCD를 초기화하는 함수
void LCD_Init(void);
// 텍스트 LCD에 1바이트 데이터를 출력하는 함수
void LCD_wData(char dat);
// 텍스트 LCD에 문자열을 출력하는 함수
void LCD_wString(char *str);
```

C 언어 소스 프로그램 설명

ch10_step3.c, ch10_lcd.c 등의 C 언어 소스 프로그램과 ch10_lcd.h 헤더 프로그램은 10.4.3절과 같으므로 C 언어 소스 프로그램 설명은 생략한다.

T·I·P

C 언어 소스 프로그램은
CD Drive:₩Source₩ch10₩ch10_step3₩ch10_lcd.c 파일,
CD Drive:₩Source₩ch10₩ch10_step3₩ch10_step3.c파일,
CD Drive:₩Source₩ch10₩ch10_step3₩ch10_lcd.h 등을 참조한다.

단계 2 AVR Studio 4를 이용하여 C 언어 소스 프로그램을 Build 한다. 자세한 내용은 5.4.2절의 [단계 2]를 참조한다.

단계 3 PonyProg를 이용하여 ATmega128에 hex 파일을 ISP 다운로드 한다. 자세한 내용은 5.4.2절의 [단계 3]을 참조한다.

단계 4 다운로드가 완료되면 AVR 트레이닝 키트(WES-XUN I)의 동작을 확인한다. 첫 번째 행에 "C Programming" 문자열이, 두 번째 행에 "AVR TEST" 문자열이 텍스트 LCD에 나타난다.

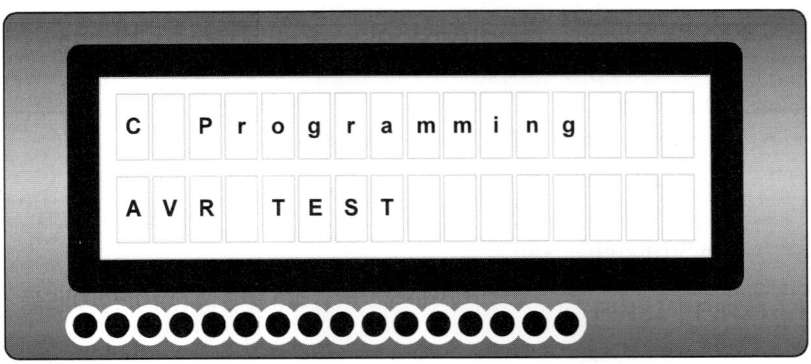

10.4.5 텍스트 LCD의 CGRAM에 폰트를 생성한 후에 텍스트 LCD에 출력하는 예제

단계 1 AVR Studio 4에서 새로운 project를 생성하고, C 언어 소스 프로그램을 작성하여 저장한다. 자세한 내용은 5.4.2절의 [단계 1]을 참조한다.

[단계 1]-(1) Project type은 AVR GCC를 선택하고, Project name:은 ch10_step4, Initial file:은 ch10_step4이라고 입력하고, Create initial file과 Create folder를 체크하고, Location:은 C:₩avr_test를 선택한 후에 Next >> 버튼을 누르고 다음 단계로 진행한다.

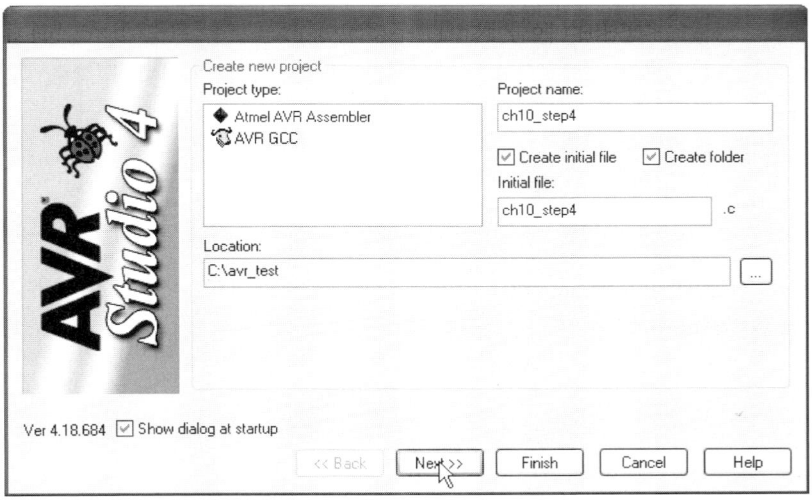

[단계 1]-(2) AVR Studio 4 편집 화면에 다음과 같이 C 언어 소스 프로그램을 작성하여 저장한다.

```
//
// ch10_step4.c
//

#include "ch10_lcd.h"

// 텍스트 LCD의 CGRAM에 저장할 폰트 데이터
char CGRAM_Font[8] = {
                0x18, 0x0e, 0x08, 0x0e, 0x08, 0x08, 0x08, 0x00
};
```

```
// C 언어의 주 실행 함수
int main(void){
        // 포트 E의 방향 설정, 0 : 입력, 1 : 출력
        // PE7   PE6    PE5    PE4    PE3    PE2    PE1    PE0
        // Out   Out    Out    Out    Out    Out    Out    Out
        // RS    RW     E      A      K
        DDRE = 0B11111111;

        // 포트 F의 방향 설정, 0 : 입력, 1 : 출력
        // PF7   PF6    PF5    PF4    PF3    PF2    PF1    PF0
        // Out   Out    Out    Out    Out    Out    Out    Out
        DDRF = 0B11111111;

        LCD_Init();                  // 텍스트 LCD 초기화 - 함수 호출
        sbi(LCD_CON, 4);  // BackLight ON

        // CGRAM의 0번지에 CGRAM_Font 데이터를 저장
        CGRAM_Gen(0, CGRAM_Font);

        LCD_wBCommand(0x80);     // 텍스트 LCD의 어드레스를 윗줄 왼쪽
        while(1){
                // CGRAM의 0번 폰트 데이터를 출력하기 위해
                // 텍스트 LCD에 0을 출력
                // 텍스트 LCD에 1을 출력하면 CGRAM의 1번 폰트를 호출
                LCD_wData(0);
                _delay_ms(500);     // 500ms 동안 대기
        }

        // 함수의 형태와 같이 정수형(int)의 값을 반환함
        return 1;
}
```

C 언어 소스 프로그램 설명

핵심포인트

텍스트 LCD에 사용자가 임의로 폰트를 생성하여 출력할 수 있다. 우선 사용자가 원하는 폰트를 만들고, 배열명 CGRAM_Font[] 배열에 다음과 같이 저장한다. CGRAM에 저장할 데이터는 D4부터 D0비트까지 사용하므로, D7부터 D5까지는 0으로 설정해야 한다.

D4	D3	D2	D1	D0	16진수
■	■				0x18
	■	■	■		0x0e
	■				0x08
	■	■	■		0x0e
	■				0x08
	■				0x08
	■				0x08
					0x00

avr/io.h 헤더 프로그램에는 DDRx 레지스터, PORTx 레지스터 등이 정의되어 있으므로 이들 레지스터를 사용하려면 반드시 포함시켜야 한다.

util/delay.h 헤더 프로그램에 _delay_us() 함수, _delay_ms() 함수 등이 정의되어 있으므로 이 함수를 사용하려면 반드시 포함시켜야 한다.

DDRx 레지스터는 포트의 입출력 방향을 결정하는 레지스터이며 x는 포트명이고 DDRxn의 각 비트 값이 0이면 입력, 1이면 출력으로 설정된다. 따라서 DDRE = 0B11111111; 문장과 DDRF = 0B11111111; 문장은 포트 E와 포트 F의 모든 비트를 출력하겠다는 의미이다.

PORTx 레지스터는 포트에 출력할 논리 값을 저장하는 레지스터이며 x는 포트명이다.

LCD_Init(); 문장은 앞서 설명한 바와 같이 비지 플래그를 체크하여, 텍스트 LCD에 문자를 출력할 수 있도록 초기화 해주는 기능을 수행하는 함수를 의미한다.

sbi(LCD_CON, 4); 문장은 텍스트 LCD의 BackLight가 ON 되도록 설정하는 함수를 의미한다.

CGRAM_Gen(0, CGRAM_Font); 문장은 텍스트 LCD의 CGRAM 0번 영역에 사용자 폰트를 생성할 수 있는 기능을 수행하는 함수를 의미한다. CGRAM_Font[] 배열에는 사용자가 생성할 폰트가 저장되어 있다.

LCD_wBCommand(0x80); 문장은 텍스트 LCD의 DDRAM Address를 0으로 설정하는 기능을 수행하는 함수를 의미한다.

무한루프인 while(1)에 포함되어 있는 LCD_wData(0); 문장은 텍스트 LCD에 사용자가 생성한 0번 문자를 출력하는 함수를 의미한다. 한편, 사용자가 생성한 0번 문자가 텍스트 LCD에 출력되는 어드레스는 LCD_wBCommand(0x80); 문장을 수행한 후에 AC가 0으로 설정되므로 사용자가 생성한 문자는 첫 번째 행의 첫 번째 칸에 나타나며, 문자를 출력할 때마다 1씩 자동으로 카운트되기 때문에 계속해서 텍스트 LCD에 500ms에 하나씩 사용자가 생성한 문자가 오른쪽으로 이동하면서 출력된다.

[단계 1]-(3) 풀다운 메뉴에서 [File] → [New File] 서브 메뉴를 누르면 나타나는 AVR Studio 4 편집 화면에 ch10_lcd.c C 언어 소스 프로그램을 작성하여 현재 project 폴더에 저장한다.

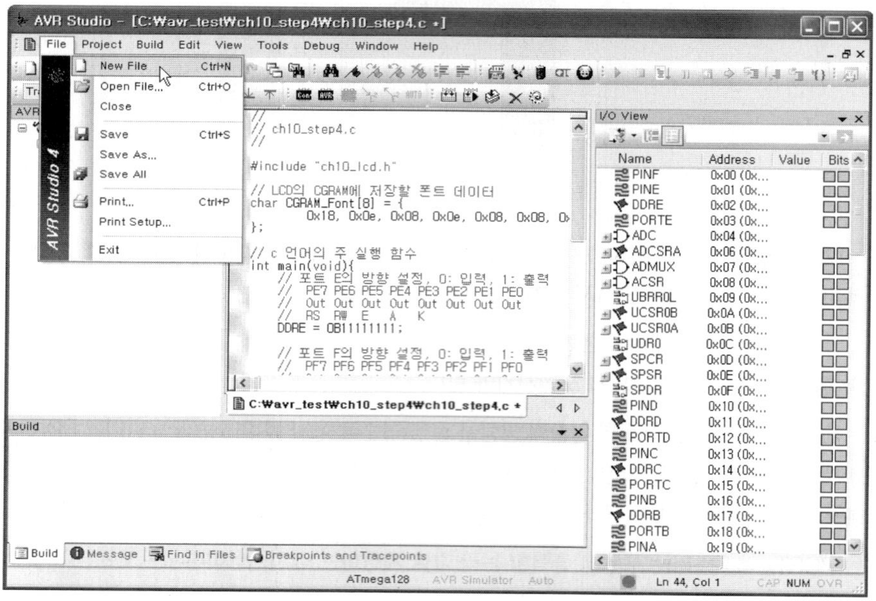

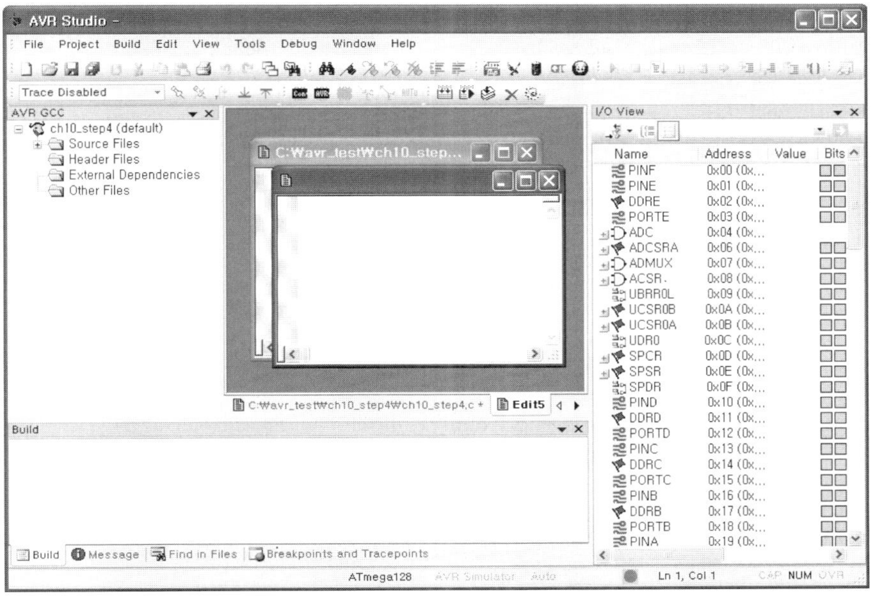


```
// ch10_lcd.c

#include "ch10_lcd.h"

void CGRAM_Gen(char add, char *dat){
        unsigned char i;
        LCD_wBCommand(0x40 | (add * 8));
        for(i = 0; i < 8; i++){
                LCD_wData(*(dat+i));
        }
}

unsigned char LCD_rCommand(void){
        unsigned char temp=1;

        LCD_DATA_DIR = 0X00;

        cbi(LCD_CON, LCD_RS);      // 0번 비트 Clear, RS = 0, 명령
        sbi(LCD_CON, LCD_RW);      // 1번 비트 Set, RW = 1, 읽기
        sbi(LCD_CON, LCD_E);       // 2번 비트 Set, E = 1
        _delay_us(1);
```

```
        temp = LCD_DATA_IN;         // 명령 읽기
        _delay_us(1);

        cbi(LCD_CON, LCD_E);        // 명령 읽기 동작 끝

        LCD_DATA_DIR = 0XFF;
        _delay_us(1);

        return temp;
}

char LCD_BusyCheck(unsigned char temp){
        if(temp & 0x80)  return 1;
        else                        return 0;
}

void LCD_wCommand(char cmd){
        cbi(LCD_CON, LCD_RS);       // 0번 비트 클리어, RS = 0, 명령
        cbi(LCD_CON, LCD_RW);       // 1번 비트 클리어, RW = 0, 쓰기
        sbi(LCD_CON, LCD_E);        // 2번 비트 설정, E = 1

        LCD_DATA = cmd;             // 명령 출력
        _delay_us(1);
        cbi(LCD_CON, LCD_E);        // 명령 쓰기 동작 끝

        _delay_us(1);
}

void LCD_wBCommand(char cmd){
        while(LCD_BusyCheck(LCD_rCommand()))
                _delay_us(1);
        cbi(LCD_CON, LCD_RS);       // 0번 비트 클리어, RS = 0, 명령
        cbi(LCD_CON, LCD_RW);       // 1번 비트 클리어, RW = 0, 쓰기
        sbi(LCD_CON, LCD_E);        // 2번 비트 설정, E = 1

        LCD_DATA = cmd;             // 명령 출력
        _delay_us(1);
        cbi(LCD_CON, LCD_E);        // 명령 쓰기 동작 끝

        _delay_us(1);
}
```

```
// 텍스트 LCD를 초기화하는 함수
void LCD_Init(void){
        _delay_ms(100);
        // 비지 플래그를 체크하지 않는 Function Set
        LCD_wCommand(0x38);
        _delay_ms(10);
        // 비지 플래그를 체크하지 않는 Function Set
        LCD_wCommand(0x38);
        _delay_us(200);
        // 비지 플래그를 체크하지 않는 Function Set
        LCD_wCommand(0x38);
        _delay_us(200);

        // 비지 플래그를 체크하는 Function Set
        LCD_wBCommand(0x38);
        // 비지 플래그를 체크하는 Display On/Off Control
        LCD_wBCommand(0x0c);
        // 비지 플래그를 체크하는 Clear Display
        LCD_wBCommand(0x01);
}

void LCD_wData(char dat){
        while(LCD_BusyCheck(LCD_rCommand()))
                _delay_us(1);
        sbi(LCD_CON, LCD_RS);      // 0번 비트 설정, RS = 1, 데이터
        cbi(LCD_CON, LCD_RW);      // 1번 비트 클리어, RW = 0, 쓰기
        sbi(LCD_CON, LCD_E);       // 2번 비트 설정, E = 1

        LCD_DATA = dat;            // 데이터 출력
        _delay_us(1);
        cbi(LCD_CON, LCD_E);       // 데이터 쓰기 동작 끝

        _delay_us(1);
}

void LCD_wString(char *str){
        while(*str)
                LCD_wData(*str++);
}
```

C 언어 소스 프로그램 설명

CGRAM_Gen(char add, char *dat) 문장은 CGRAM에 사용자가 만든 폰트를 저장하는 기능을 수행하는 함수를 의미한다. 이 함수에서 LCD_wBCommand(0x40 | (add*8)); 문장은 텍스트 LCD의 데이터 영역을 CGRAM 영역으로 바꾼다. 텍스트 LCD의 명령표에서와 같이 D6 비트(0x40은 6번째 비트가 1임)가 논리 1이면 텍스트 LCD의 데이터 영역을 CGRAM 영역으로 바꾸며, 데이터 영역을 이 영역으로 바꾸는 것은 새로운 폰트를 생성하기 위함이다. 또한 이 영역에는 8개의 새로운 폰트를 생성할 수 있다. 즉, CGRAM 의 어드레스 0~7 까지는 LCD_wData(0); 의 문장으로 호출할 수 있는 문자가 저장되며, 이런 방식으로 0 ~ 63까지 8개의 폰트가 저장된다. 한편, add는 생성할 폰트의 초기 어드레스값을 계산하기 위한 변수이므로 0~7 사이의 정수를 가져야 한다. CGRAM에서 8개의 폰트를 생성할 때 어드레스의 초기값은 0, 8, 16, 24, 32, 40, 48, 56 이고, 초기값부터 8개의 폰트 데이터가 저장되어야 한다.

for(i = 0; i 〈 8; i++){ } 문장은 { }안의 문장은 폰트를 생성하기 위한 데이터가 8개 필요하므로 8번 반복한다.

LCD_wData(*(dat+i)); 문장은 데이터 영역에 1바이트의 데이터를 출력하는 기능을 수행하는 함수를 의미한다. CGRAM에서 1개 폰트를 생성하기 위해서 8개의 데이터가 필요하므로, for 문 안의 LCD_wData(*(dat+i)); 문장을 8번 호출하도록 하여 8개의 데이터가 출력되도록 한다. 즉, 데이터 영역을 CGRAM 영역으로 설정하고 이 함수를 통해 데이터를 출력하면 사용자 폰트를 생성할 수 있다.

나머지 C 언어 소스 프로그램은 10.4.3절과 같으므로 C 언어 소스 프로그램 설명은 생략한다.

[단계 1]-(4) ch10_setp4의 project에 ch10_lcd.c C 언어 소스 프로그램이 포함되도록 팝업 메뉴의 [Add Existing Source File(s)...] 서브 메뉴를 수행한다.

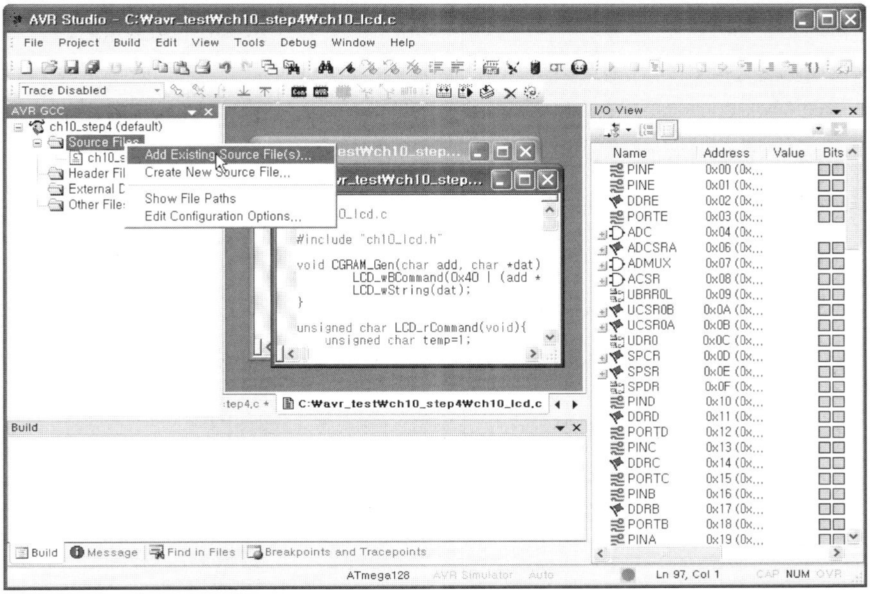

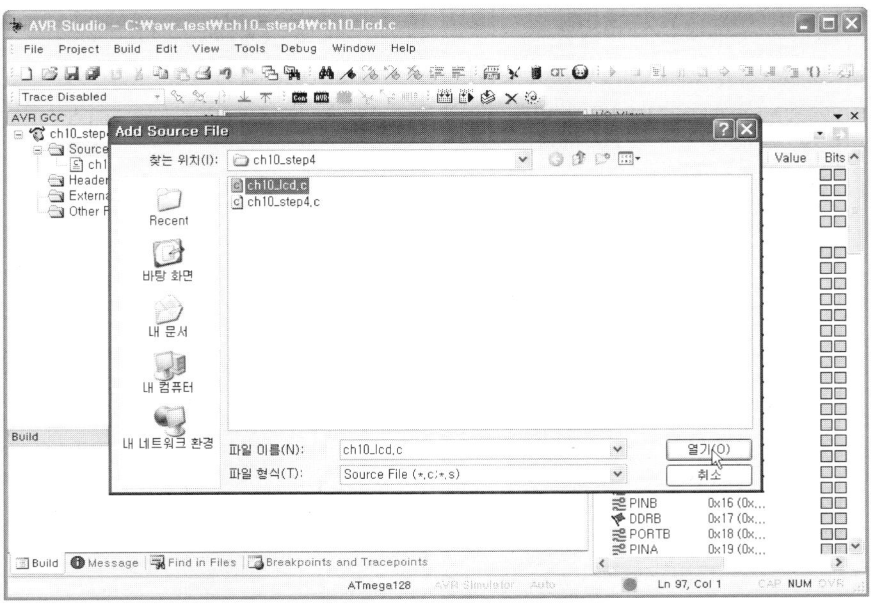

[단계 1]-(5) 매크로 치환과 함수원형선언 등이 포함된 ch10_lcd.h 헤더 프로그램을 작성하여 저장한다. 이때 풀다운 메뉴에서 [File] → [New File] 서브 메뉴를 누르면 나타나는 AVR Studio 4 편집 화면에 ch10_lcd.h 헤더 프로그램을 작성하여 현재 project 폴더에 저장한다.

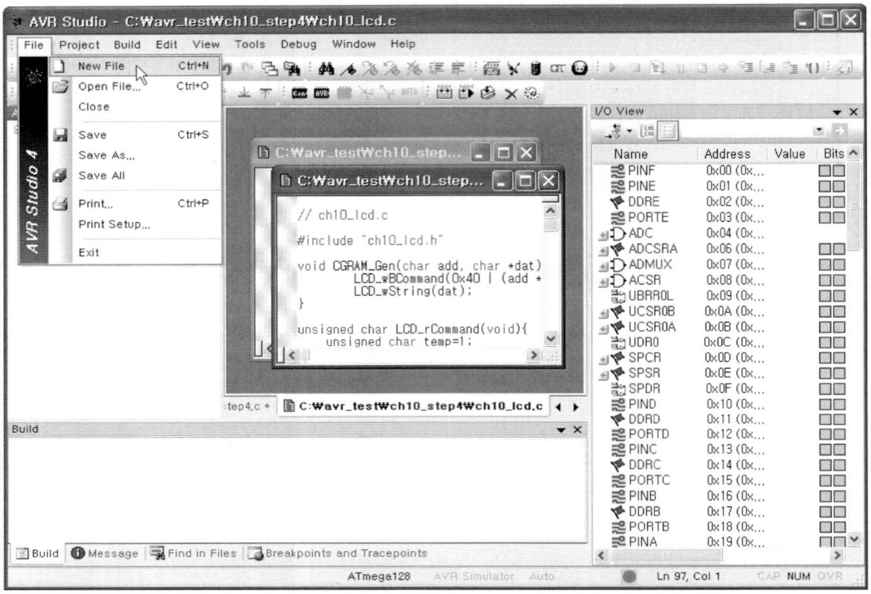

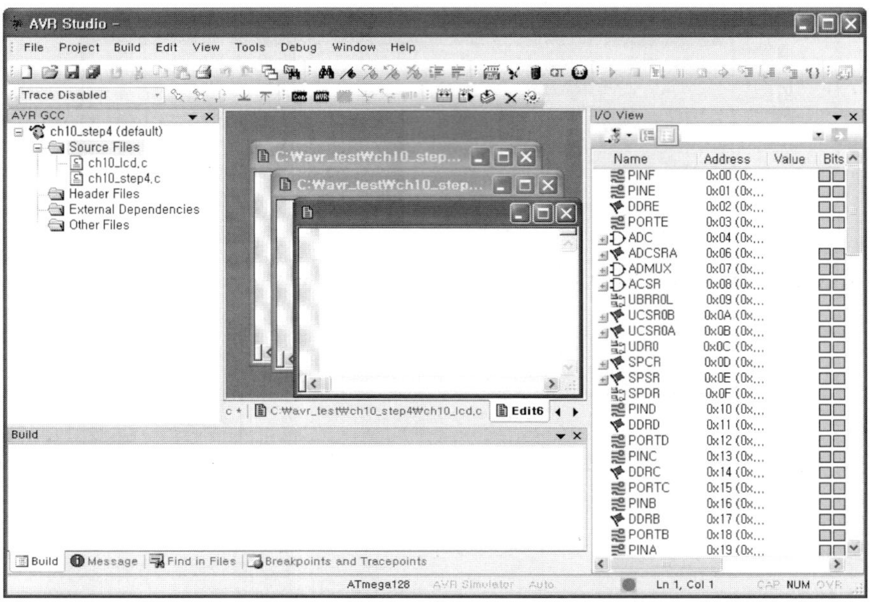

```
//
// ch10_lcd.h
//

// ATmega128의 레지스터 등이 정의되어 있음
#include <avr/io.h>

// _delay_ms() 함수 등이 정의되어 있음
#include <util/delay.h>

#define  sbi(x, y) (x |= (1 << y))      // x의 y 비트를 설정(1)
#define  cbi(x, y) (x &= ~(1 << y))  // x의 y 비트를 클리어(0)

#define  LCD_CON            PORTE   // CON 포트는 포트 E와 연결됨을 정의
#define  LCD_DATA           PORTF   // DATA 포트는 포트 F와 연결됨을 정의
#define LCD_DATA_DIR        DDRF    // DATA 포트의 출력 방향 설정 매크로를 정의
#define LCD_DATA_IN         PINF    // DATA 포트의 입력 방향 설정 매크로를 정의
#define  LCD_RS             0       // RS 신호의 비트 번호 정의
#define  LCD_RW             1       // RW 신호의 비트 번호 정의
#define  LCD_E              2       // E 신호의 비트 번호 정의

unsigned char LCD_rCommand(void); // 텍스트 LCD로 부터 상태(명령)를 읽는 함수

// 텍스트 LCD의 비지 플래그 상태를 확인하는 함수
char LCD_BusyCheck(unsigned char temp);
// 텍스트 LCD에 명령을 출력하는 함수 - 단, 비지플래그 체크하지 않음
void LCD_wCommand(char cmd);
// 텍스트 LCD에 명령을 출력하는 함수 - 단, 비지플래그 체크함
void LCD_wBCommand(char cmd);
// LCD를 초기화하는 함수
void LCD_Init(void);
// 텍스트 LCD에 1바이트 데이터를 출력하는 함수
void LCD_wData(char dat);
// 텍스트 LCD에 문자열을 출력하는 함수
void LCD_wString(char *str);
// 텍스트 LCD의 CGRAM에 폰트를 생성하는 함수
void CGRAM_Gen(char add, char *dat);
```

C 언어 소스 프로그램 설명
헤더 프로그램은 10.4.3절과 같으므로 헤더 프로그램 설명은 생략한다.

T·I·P

C 언어 소스 프로그램은
CD Drive:₩Source₩ch10₩ch10_step4₩ch10_lcd.c 파일,
CD Drive:₩Source₩ch10₩ch10_step4₩ch10_step4.c파일,
CD Drive:₩Source₩ch10₩ch10_step4₩ch10_lcd.h 등을 참조한다.

단계 2 AVR Studio 4를 이용하여 C 언어 소스 프로그램을 Build 한다. 자세한 내용은 5.4.2절의 [단계 2]를 참조한다.

단계 3 PonyProg를 이용하여 ATmega128에 hex 파일을 ISP 다운로드 한다. 자세한 내용은 5.4.2절의 [단계 3]을 참조한다.

단계 4 다운로드가 완료되면 AVR 트레이닝 키트(WES-XUN I)에서 동작을 확인한다. 텍스트 LCD에 500ms에 하나씩 CGRAM에 생성한 문자가 오른쪽으로 이동하면서 연속적으로 출력된다.

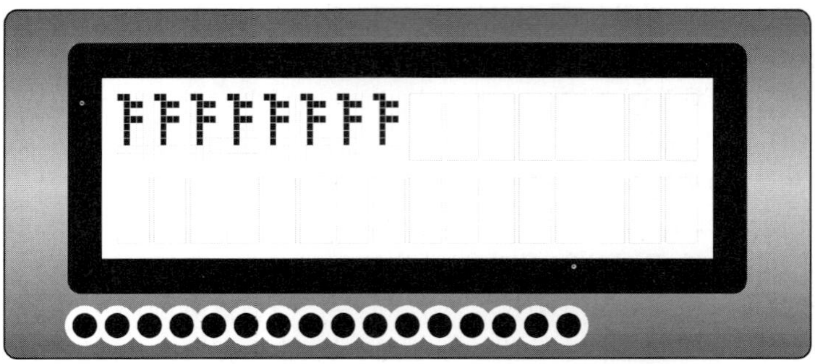

10.5 C 언어 문법

(1) 함수원형선언(function prototype declaration)

C 컴파일러가 컴파일시 함수에 대하여 반환형(return data type)과 argument들에 대한 자료형(data type)을 검사한다. 그런데 C 언어에서 함수 호출 시 반환형과 argument들에 대한 자료형이 빠져 있으면 이를 미리 C 컴파일러에게 알려 주어야 한다. 이를 함수원형선언(function prototype declaration)이라고 한다. 만일 함수원형선언을 미리 하지 않으면 C 컴파일러는 기본적으로 반환형과 argument에 대한 자료형을 int형으로 처리하기 때문에, 반환형과 argument에 대한 자료형이 int형이 아닌 경우에는 컴파일시 에러가 발생하게 된다. 만일 함수원형선언을 하지 않으려면 함수 정의를 함수 호출보다 미리 하면 된다. 한편, 사용자 정의 함수에 대한 함수원형선언은 꼭 사용자가 따로 선언해야 하지만 시스템 정의 함수인 경우에는 시스템 정의 헤더 파일에 함수원형선언이 되어 있으므로 이를 포함시키면 된다. 함수 호출시 반환형과 argument의 자료형이 int형인 경우에는 함수원형선언을 하지 않아도 된다.

```
/*
    함수원형선언 예1
*/

#include <stdio.h>

int a, b;
double product(int, int);  // 함수원형선언

void main(void)
{
      double c;

     // 첫 번째 값 입력
     printf("1과 100 사이의 수를 입력하라 : ");
     scanf("%d", &a);
     // 두 번째 값 입력
     printf("1과 100 사이의 수를 입력하라 : ");
```

```
    scanf("%d", &b);

    // 곱셈을 수행한 후에 결과를 화면에 출력
    c = product(a, b);
    printf("₩n%d 곱하기 %d = %g₩n₩n", a, b, c);

} // main()

// 두 argument의 곱의 결과를 반환하는 함수
double product(int x, int y)
{

    double p;

    p = x * y;
    return p;

} // product()

 [실행 결과]
  1과 100 사이의 수를 입력하라 : 10 ↵
  1과 100 사이의 수를 입력하라 : -20 ↵

  10 곱하기 20 = -200
```

```
/*
    함수원형선언 예2
*/

#include <stdio.h>

int a, b;

// 두 argument의 곱의 결과를 반환하는 함수
double product(int x, int y)
{
    double p;
```

```
        p = x * y;
        return p;

} // product()


void main(void)
{

        double c;

        // 첫 번째 값 입력
        printf("1과 100 사이의 수를 입력하라 : ");
        scanf("%d", &a);
        // 두 번째 값 입력
        printf("1과 100 사이의 수를 입력하라 : ");
        scanf("%d", &b);

        // 곱셈을 수행한 후에 결과를 화면에 출력
        c = product(a, b);
        printf("₩n%d 곱하기 %d = %g₩n₩n", a, b, c);

} // main()


 [실행 결과]
  1과 100 사이의 수를 입력하라 : 10 ↵
  1과 100 사이의 수를 입력하라 : -20 ↵

  10 곱하기 20 = -200
```

(2) | 연산자

bitwise inclusive or 연산을 수행하는 비트 연산자이다.

x	y	x | y
0	0	0
0	1	1
1	0	1
1	1	1

(3) & 연산자

bitwise and 연산을 수행하는 비트 연산자이다.

x	y	x & y
0	0	0
0	1	0
1	0	0
1	1	1

CHAPTER 11

AVR ATmega128을 사용한 외부 인터럽트(External Interrupt) 제어

실습목표

AVR ATmega128에는 외부 인터럽트(External Interrupt)로 사용할 수 있는 핀이 8개 있다. 이것은 INT0 ~ INT7로 불리며, 4가지의 트리거 모드에 의해 동작한다. 인터럽트를 사용하지 않아도 시스템은 어느 정도는 구현이 가능하다. 그러나 왜 인터럽트를 사용하는지 또 어떻게 사용하는지에 대해 학습한다.

실습이론

11.1 외부 인터럽트 제어를 위한 관련 레지스터

DDRx 레지스터는 포트의 입출력 방향을 결정하는 레지스터이며 DDRxn의 비트 값이 0이면 입력, 1이면 출력으로 설정된다. x는 포트명을 가리키는 문자이고 n은 비트를 나타내는 숫자이다. ATmega128에서 레지스터는 0번부터 7번까지 8비트가 존재한다. PORTx 레지스터는 포트에 출력할 논리 값을 저장하는 레지스터이며 x는 포트명이다. 디지털 입출력과 관련한 자세한 내용은 1.14절의 AVR 디지털 입출력 핀 구조를 참조한다. 한편, EICRA 레지스터는 외부 인터럽트0 부터 외부 인터럽트3 까지의 동작 모드를 설정하는 레지스터이고, EICRB 레지스터는 외부 인터럽트4 부터 외부 인터럽트7 까지의 동작 모드를 설정하는 레지스터이다. EIMSK 레지스터는 외부 인터럽트0 부터 외부 인터럽트7 까지의 개별 인터럽트를 허용하는 레지스터이다. EIFR 레지스터는 외부 인터럽트0 부터 외부 인터럽트7 까지의 인터럽트 요구 될 때 논리 1로 설정되고, 서브루틴이 실행 될 때 논리 0으로 설정되는 플래그 레지스터이다. 외부 인터럽트와 관련한 자세한 내용은 1.10절의 인터럽트와 1.11절의 외부 인터럽트를 참조한다.

DDRx : PORTx 데이터 방향 레지스터

Bit	7	6	5	4	3	2	1	0
	DDx7	DDx6	DDx5	DDx4	DDx3	DDx2	DDx1	DDx0
Read/Write	R/W	R/W	R/W	R/W	R/W	R/W	R/W	R/W
Initial Value	0	0	0	0	0	0	0	0

PORTx : PORTx 데이터 레지스터

Bit	7	6	5	4	3	2	1	0
	PORTx7	PORTx6	PORTx5	PORTx4	PORTx3	PORTx2	PORTx1	PORTx0
Read/Write	R/W	R/W	R/W	R/W	R/W	R/W	R/W	R/W
Initial Value	0	0	0	0	0	0	0	0

EICRA : 외부 인터럽트 상태 레지스터 A

Bit	7	6	5	4	3	2	1	0
	ISC31	**ISC30**	**ISC21**	**ISC20**	**ISC11**	**ISC10**	**ISC01**	**ISC00**
Read/Write	R/W	R/W	R/W	R/W	R/W	R/W	R/W	R/W
Initial Value	0	0	0	0	0	0	0	0

EICRB : 외부 인터럽트 상태 레지스터 B

Bit	7	6	5	4	3	2	1	0
	ISC71	**ISC70**	**ISC61**	**ISC60**	**ISC51**	**ISC50**	**ISC41**	**ISC40**
Read/Write	R/W	R/W	R/W	R/W	R/W	R/W	R/W	R/W
Initial Value	0	0	0	0	0	0	0	0

EIMSK : 외부 인터럽트 마스크 레지스터

Bit	7	6	5	4	3	2	1	0
	INT7	**INT6**	**INT5**	**INT4**	**INT3**	**INT2**	**INT1**	**INT0**
Read/Write	R/W	R/W	R/W	R/W	R/W	R/W	R/W	R/W
Initial Value	0	0	0	0	0	0	0	0

EIFR : 외부 인터럽트 플래그 레지스터

Bit	7	6	5	4	3	2	1	0
	INTF7	**INTF6**	**INTF5**	**INTF4**	**INTF3**	**INTF2**	**INTF1**	**INTF0**
Read/Write	R/W	R/W	R/W	R/W	R/W	R/W	R/W	R/W
Initial Value	0	0	0	0	0	0	0	0

11.2 인터럽트 개론

인터럽트는 주 프로그램이 실행 중에 내,외부적으로 요청된 신호에 의해 실행중인 주 프로그램을 정지하고, 미리 지정된 인터럽트 서브루틴을 호출하고 처리하는 과정을 의미한다. 인터럽트는 시스템에서 꼭 필요한 요소는 아니며, 인터럽트가 없거나 사용하지 않아도 어느 정도 동작 구현이 가능하다. 그렇다면 인터럽트는 왜 사용하는 것인가 생각해 볼 필요가 있다. 그 이유는 인터럽트를 사용 할 때 시스템 제어가 더 효율적이고, 제어가 쉬울 수 있기 때문이다.

그림 11.2.1은 인터럽트 발생과 요구, 그리고 처리 과정을 그림으로 간단히 나타내고 있다. ①과 ⑨의 굵은 선은 주 프로그램을 나타내고, ⑤의 굵은 선은 인터럽트 처리 프로그램을 나타낸다. ③과 ⑦의 화살표는 주 프로그램과 인터럽트 처리 프로그램 사이의 이동을 나타낸다. 인터럽트 처리 과정은 그림 11.2.1의 ①~⑨ 단계의 번호 순으로 처리 되며 이 과정에서 ATmega128은 다음과 같이 동작한다. ① 단계에서는 인터럽트가 발생하기 전 주 프로그램이 실행되는 과정을 의미한다. ② 단계에서는 인터럽트가 발생하였음을 의미하고, 이때 해당하는 인터럽트 플래그가 논리 1로 설정되며, 처리중인 명령을 완료하고, 프로그램 카운터를 스택에 저장한다. ③ 단계에서는 미리 지정된 인터럽트 서브루틴으로 이동한다. ④ 단계에서는 해당하는 인터럽트의 플래그 레지스터가 논리 0으로 설정된다. ⑤ 단계에서는 미리 지정된 인터럽트 서브루틴을 실행한다. ⑥ 단계에서는 인터럽트 서브루틴 중 RETI 명령을 만나게 되면, ② 단계에서 스택에 저장한 프로그램 카운터를 불러온다. ⑦ 단계에서는 ① 단계에서 실행 중이던 주 프로그램으로 이동한다. ⑧ 단계에서는 주 프로그램으로의 복귀가 완료된다. ⑨ 단계에서는 ① 단계에서 실행 중이던 주 프로그램의 다음 명령을 실행하게 된다. 이때 ④ 단계에서는 ATmega128의 동작에서 사용되는 중요한 레지스터를 스택에 저장하도록 해야 한다. 그렇지 않으면 인터럽트 서브루틴을 실행 중에 레지스터의 값이 변경되어 오동작을 일으킬 수 있기 때문이다. 한편 표 11.2.1은 인터럽트 처리 과정 중 ATmega128의 동작 과정을 나타내고 있다.

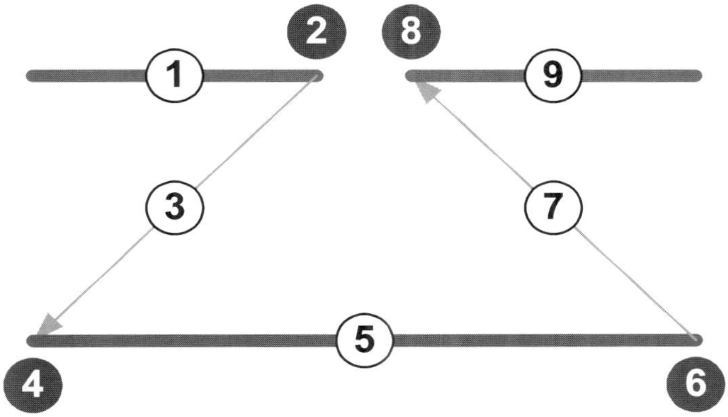

그림 11.2.1 인터럽트 처리 과정

표 11.2.1 인터럽트 처리 과정 중 ATmega128의 동작

①	**– 주 프로그램 처리 중**
②	a. 인터럽트 발생 b. 인터럽트 플래그(Flag) 설정(Set) c. 처리중인 명령을 완료 d. 다음 실행해야 할 명령의 프로그램 카운터(PC) 값을 스택(Stack)에 저장
③	a. 요청이 발생한 인터럽트의 인터럽트 벡터(IV)로 점프. (PC ← IV 어드레스) b. 인터럽트 벡터의 명령 실행(인터럽트 처리 프로그램 시작위치로 점프)
④	a. 중요한 상태 레지스터를 순서대로 저장 b. 인터럽트 처리 프로그램 시작
⑤	**– 인터럽트 처리 프로그램 처리 중**
⑥	a. "RETI" 어셈블리어 명령을 읽음 b. 상태 레지스터 값을 저장한 역순으로 로드(Load)
⑦	a. 스택에 저장된 프로그램 카운터(PC) 값을 로드(Load)
⑧	a. 주 프로그램으로 복귀(Return) 완료
⑨	**– 주 프로그램 처리 중**

한편, WINAVR 컴파일러의 인터럽트 서브루틴을 정의할 때 ISR 이라는 키워드를 사용한다. 이 키워드의 ()안에 ISR 벡터 이름을 넣음으로서 인터럽트 벡터의 서브루틴을 정의한다. 예를 들어 ADC 변환 완료 인터럽트의 서브루틴을 정의하기 위해서는 ISR(ADC_vect)라고 이름을 정의하여 사용하며, 서브루틴의 동작은 { } 기호 안에 작성하여 사용한다. 한편, 표 11.2.2는 ATmega128이 WINAVR 컴파일러로 컴파일 될 때 사용되는 ISR 벡터 이름을 나타내고 있다.

표 11.2.2 WINAVR 컴파일러에서 ATmega128 ISR 벡터 이름 정의

Vector name	Description
ADC_vect	ADC Conversion Complete
ANALOG_COMP_vect	Analog Comparator
EE_READY_vect	EEPROM Ready
INT0_vect	External Interrupt Request 0
INT1_vect	External Interrupt Request 1
INT2_vect	External Interrupt Request 2
INT3_vect	External Interrupt Request 3
INT4_vect	External Interrupt Request 4
INT5_vect	External Interrupt Request 5
INT6_vect	External Interrupt Request 6
INT7_vect	External Interrupt Request 7
SPI_STC_vect	Serial Transfer Complete
SPM_READY_vect	Store Program Memory Ready
TIMER0_COMP_vect	Timer/Counter0 Compare Match
TIMER0_OVF_vect	Timer/Counter0 Overflow
TIMER1_CAPT_vect	Timer/Counter1 Capture Event
TIMER1_COMPA_vect	Timer/Counter1 Compare Match A
TIMER1_COMPB_vect	Timer/Counter1 Compare Match B
TIMER1_COMPC_vect	Timer/Counter1 Compare Match C
TIMER1_OVF_vect	Timer/Counter1 Overflow
TIMER2_COMP_vect	Timer/Counter2 Compare Match
TIMER2_OVF_vect	Timer/Counter2 Overflow
TIMER3_CAPT_vect	Timer/Counter3 Capture Event
TIMER3_COMPA_vect	Timer/Counter3 Compare Match A
TIMER3_COMPB_vect	Timer/Counter3 Compare Match B
TIMER3_COMPC_vect	Timer/Counter3 Compare Match C
TIMER3_OVF_vect	Timer/Counter3 Overflow
TWI_vect	2-wire Serial Interface
USART0_RX_vect	USART0, Rx Complete
USART0_TX_vect	USART0, Tx Complete
USART0_UDRE_vect	USART0 Data Register Empty

Vector name	Description
USART1_RX_vect	USART1, Rx Complete
USART1_TX_vect	USART1, Tx Complete
USART1_UDRE_vect	USART1, Data Register Empty

WINAVR의 interrupt.h 헤더 프로그램에 정의되어 있는 sei(), cli(), reti() 매크로를 통해 인터럽트 제어에 사용되는 어셈블리어를 C 언어 프로그램에 포함시킬 수 있다.

SREG 레지스터의 I 비트를 논리 1로 설정하는 sei() 매크로는 어셈블리어 sei 명령으로 정의 된다.

```
#define sei()  __asm__ __volatile__ ("sei" ::)
```

SREG 레지스터의 I 비트를 논리 0으로 설정하는 cli() 매크로는 어셈블리어 cli 명령으로 정의 된다.

```
#define cli()  __asm__ __volatile__ ("cli" ::)
```

reti() 매크로는 어셈블리어 reti 명령으로 정의 된다. reti 어셈블리어 명령은 인터럽트 서브루틴의 종료를 의미한다.

```
#define reti()  __asm__ __volatile__ ("reti" ::)
```

11.3 AVR 트레이닝 키트(WES-XUN I)에서의 외부 인터럽트 제어회로

외부 인터럽트 실험을 위해 8-스위치 블록을 이용한다. 8-스위치 블록은 키가 눌리지 않은 상태에서 논리 1이 읽어지고, 눌린 상태에서 논리 0이 읽어진다. 이 블록을 외부 인터럽트 핀이 연결된 포트와 연결하면 되는데, 외부 인터럽트0 부터 외부 인터럽트3 까지는 포트 D의 0번 비트부터 3번 비트까지 연결되고, 외부 인터럽트4 부터 외부 인터럽트7 까지는 포트 E의 4번 비트부터 7번 비트까지 연결되어 있다. 외부 인터럽트 핀의 연결에 대한 자세한 내용은 표 11.3.2 및 1.5절 및 1.13절을 참조한다. 한편, 표 11.3.1은 8-스위치 블록의 TACK 커넥터와 키의 연결을 나타내고 있다.

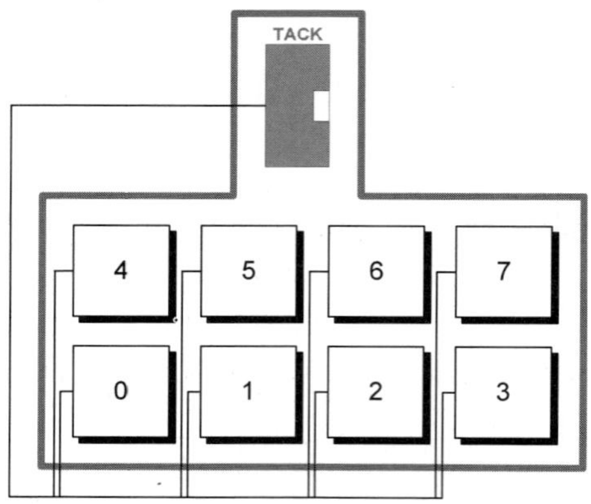

그림 11.3.1 AVR 트레이닝 키트(WES-XUN I)의 8-스위치 회로 블록도

표 11.3.1 8-스위치 블록의 TACK 커넥터와 키의 연결

TACK 커넥터 비트	D7	D6	D5	D4	D3	D2	D1	D0
키 번호	7	6	5	4	3	2	1	0

표 11.3.2와 같이 D 포트와 E 포트는 외부 인터럽트 입력 핀으로 사용되고 있으나, 그 외의 다른 특수 기능들도 있다. INT0~INT3은 비동기식으로 외부 인터럽트를 요청하고, INT4~INT7은 동기식으로 인터럽트를 요청한다. 한편, 비동기식 외부 인터럽트를 사용하고자 하면 8-스위치 블록의 TACK 커넥터를 포트 D와 연결하고, 동기식 외부 인터럽트를 사용하고자 하면 포트 E와 연결하여 실험한다.

표 11.3.2 포트 D와 포트 E의 특수기능

디지털입출력	특수기능1(외부 인터럽트)	특수기능2	
PORTD.0	INT0(외부 인터럽트0)	SCL	TWI 클록
PORTD.1	INT1(외부 인터럽트1)	SDA	TWI 데이터
PORTD.2	INT2(외부 인터럽트2)	RXD1	USART1 수신
PORTD.3	INT3(외부 인터럽트3)	TXD1	USART1 송신
PORTD.4		ICP1	Timer/Counter1 Input Capture Trigger
PORTD.5		XCK1	USART1 클록
PORTD.6		T1	Timer/Counter1 클록 입력
PORTD.7		T2	Timer/Counter2 클록 입력

디지털입출력	특수기능1(외부 인터럽트)	특수기능2		특수기능3	
PORTE.0		RXD0	USART0 수신	PDI	ISP 데이터 입력
PORTE.1		TXD0	USART0 송신	PDO	ISP 데이터 출력
PORTE.2		XCK0	USART0 클록	AIN0	아날로그 비교기 Positive Input
PORTE.3		OC3A	Timer/Counter3 PWM A	AIN1	아날로그 비교기 Negative Input
PORTE.4	INT4(외부 인터럽트4)	OC3B	Timer/Counter3 PWM B		
PORTE.5	INT5(외부 인터럽트5)	OC3C	Timer/Counter3 PWM C		
PORTE.6	INT6(외부 인터럽트6)	T3	Timer/Counter3 클록 입력		
PORTE.7	INT7(외부 인터럽트7)	ICP3	Timer/Counter3 Input Capture Trigger		

실습내용

11.4 AVR 트레이닝 키트(WES-XUN I)에서 동작해보기

11.4.1 AVR 트레이닝 키트(WES-XUN I)의 동작을 위한 준비 사항

단계 1 그림 11.4.1과 같이 전원을 켜고 ISP 다운로드 모듈을 연결한다.

그림 11.4.1 전원을 켜고 ISP 다운로드 모듈을 연결

단계 3 그림 11.4.2와 같이 IDC Flat 10P 케이블을 이용해 8-스위치의 TACK 커넥터와 AVR MCU Module(ATmega128)의 PORTD와 연결하고, LED_L 커넥터와 AVR MCU Module(ATmega128)의 PORTA와 연결한다. 연결할 때 케이블의 방향이 맞도록 홈에 잘 맞추어 삽입한다.

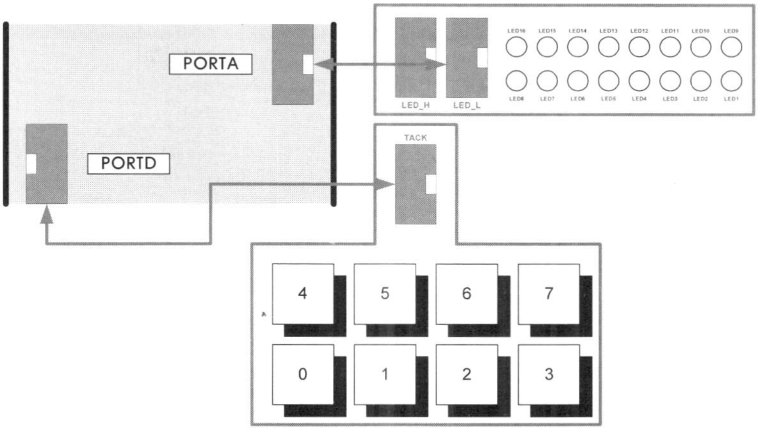

PORTA ⇔ LED_L

PORTA	BIT7	BIT6	BIT5	BIT4	BIT3	BIT2	BIT1	BIT0
Device Pin	LED16	LED15	LED14	LED13	LED12	LED11	LED10	LED9
입출력	Out	Out	Out	Out	Out	Out	Out	Out

PORTD ⇔ TACK

PORTD	BIT7	BIT6	BIT5	BIT4	BIT3	BIT2	BIT1	BIT0
Device Pin	SW7	SW6	SW5	SW4	SW3 INT3	SW2 INT2	SW1 INT1	SW0 INT0
입출력	–	–	–	–	–	–	–	–

그림 11.4.2 외부 인터럽트 실험을 위한 회로 연결

11.4.2 외부 인터럽트의 요구에 따라 서브루틴을 호출하는 예제

단계 1 AVR Studio 4에서 새로운 project를 생성하고, C 언어 소스 프로그램을 작성하여 저장한다. 자세한 내용은 5.4.2절의 [단계 1]을 참조한다.

[단계 1]-(1) Project type은 AVR GCC를 선택하고, Project name:은 ch11_step1, Initial file:은 ch11_step1이라고 입력하고, Create initial file과 Create folder를 체크하고, Location:은 C:₩avr_test를 선택한 후에 [Next >>] 버튼을 누르고 다음 단계로 진행한다.

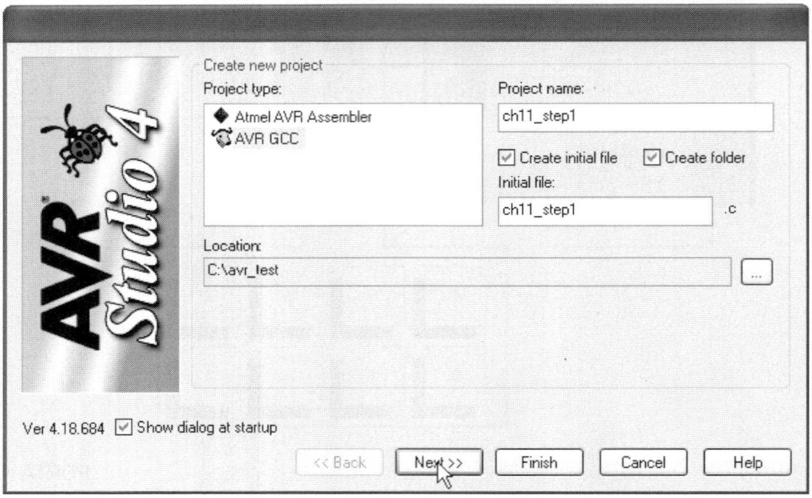

[단계 1]-(2) AVR Studio 4 편집 화면에 다음과 같이 C 언어 소스 프로그램을 작성하여 저장한다.

```
//
// ch11_step1.c
//

// ATmega128의 레지스터 등이 정의되어 있음
#include <avr/io.h>

// _delay_ms() 또는 _delay_us() 함수 등이 정의되어 있음
#include <util/delay.h>

// 인터럽트에 관련한 매크로 및 인터럽트 벡터에 관한 정보 등이 정의되어 있음
#include <avr/interrupt.h>

// 외부 인터럽트0의 서비스 루틴 정의
ISR(INT0_vect){
   unsigned char i;                    // 8비트 크기의 i 변수 선언
   // i 변수가 0x80의 초기 값을 가지고
   // 오른쪽으로 1비트씩 이동하여 종료하는 반복문
   for(i = 0x80; i; i >>= 1){
        PORTA = ~i;                   // LED에 i 변수의 값을 토글하여 출력
```

```
        _delay_ms(200);           // 200ms 동안 대기
    }
    PORTA = 0B11111111;           // LED를 모두 OFF 시킴
}

// C 언어의 주 실행 함수
int main(void){
    // 포트 A의 방향 설정, 0 : 입력, 1 : 출력
    // PA7  PA6  PA5   PA4   PA3   PA2   PA1   PA0
    // Out  Out  Out   Out   Out   Out   Out   Out
    DDRA = 0B11111111;
    // 포트 A에 논리를 출력.
    //    PA7   PA6   PA5   PA4   PA3   PA2   PA1   PA0
    //     1     1     1     1     1     1     1     1
    PORTA = 0B11111111; // LED를 모두 OFF 시킴

    // 외부 인터럽트0의 인터럽트 요청 허용
    EIMSK = (1 << INT0);

    // 외부 인터럽트0의 트리거 모드를 하강 에지로 설정
    // ISCn1 :0 - 00 : Low 레벨 트리거
    // ISCn1 :0 - 01 : 예약됨
    // ISCn1 :0 - 10 : 하강에지 트리거
    // ISCn1 :0 - 11 : 상승에지 트리거
    EICRA = (1 << ISC01) | (0 << ISC00);

    sei();            // 전역(Global) 인터럽트 허용

    // 아무런 실행 명령 없이 무한 반복 또는 대기
    while(1);

    // 함수의 형태와 같이 정수형(int)의 값을 반환함
    return 1;
}
```

C 언어 소스 프로그램 설명

핵심포인트

외부 인터럽트는 EIMSK 레지스터에서 해당하는 비트를 논리 1로 설정함으로서 개별적으로 인터럽트를 허용할 수 있으며, SREG 레지스터의 7번 비트인 I 비트가 논리 1로 설정(sei() 매크로)되면 인터럽트 요청에 따라 인터럽트 서브루틴이 호출된다. 외부 인터럽트0부터 외부 인터럽트3까지는 비동기 입력이고, 외부 인터럽트4부터 외부 인터럽트7까지는 동기 입력이고, 사용자가 원하는 인터럽트를 EIMSK 레지스터를 통해 선택적으로 사용할 수 있다. 이때 만약 외부 인터럽트0 만을 사용하도록 허용(EIMSK = (1 << INT0); 문장)하게 되면 ATmega128의 INT0 핀에 EICRA 레지스터에서 설정한 것과 같은 인터럽트 요청신호가 입력되어야 한다. 이때 INT0 핀을 제외한 INT1 ~ INT7 핀에서 어떠한 신호가 입력되더라도 INT0 인터럽트 서브루틴은 호출되지 않는다.

avr/io.h 헤더 프로그램에는 DDRx 레지스터, PORTx 레지스터 등이 정의되어 있으므로 이들 레지스터를 사용하려면 반드시 포함시켜야 한다.

avr/interrupt.h 헤더 프로그램에는 인터럽트의 서브루틴을 정의 할 수 있는 정보들과 매크로 등이 정의 되어 있으므로, 인터럽트를 사용하기 위해서는 반드시 포함시켜야 한다.

util/delay.h 헤더 프로그램에 _delay_ms() 함수가 정의되어 있으므로 이 함수를 사용하려면 반드시 포함시켜야 한다.

ISR(INT0_vect) 서브루틴은 외부 인터럽트0의 서브루틴을 정의한다. 여기서 ISR은 인터럽트 서브루틴을 의미하고, ()안의 INT0_vect는 인터럽트 신호명으로서 ATmega128의 35종의 인터럽트 소스에 대해 interrupt.h 헤더 프로그램에 정의되어 있다. 외부 인터럽트0의 서브루틴에서는 i 변수를 0x80을 초기 값으로 하여 이것을 반전시켜 포트 A에 출력하고, 하나씩 ON된 LED는 오른쪽으로 200ms에 하나씩 이동하는 동작을 한다. LED가 오른쪽으로 이동이 완료되면 LED를 OFF 하고 외부 인터럽트 서브루틴은 종료되며, main() 함수로 복귀한다.

DDRx 레지스터는 포트의 입출력 방향을 결정하는 레지스터이며 x는 포트명이고 DDRxn의 각 비트 값이 0이면 입력, 1이면 출력으로 설정된다. 따라서 DDRA = 0B11111111; 문장은 포트 A는 모든 비트를 출력하겠다는 의미이다.

PORTx 레지스터는 포트에 출력할 논리 값을 저장하는 레지스터이며 x는 포트명이며, 포트 A 레지스터에 값을 쓰면 LED는 ON/OFF 된다.

EIMSK 레지스터는 외부 인터럽트를 개별적으로 허용하는 레지스터이며, 레지스터의 0번 비트가 논리 1로 설정되면 외부 인터럽트0의 인터럽트 요청이 허용된다. 따라서 EIMSK = (1 << INT0); 문장은 외부 인터럽트0을 논리 1로 설정하는 기능을 수행한다. 여기서 INT0은 io.h의 서브 헤더 프로그램에 #define INT0 0 매크로로 정의되어 있다.

EICRA 레지스터는 외부 인터럽트0 부터 외부 인터럽트 3까지의 동작 모드(Low 레벨, 하강에지, 상승에지)를 설정하는 레지스터이며, ISC0[1..0]이 "10"으로 설정되면 하강에지 모드로 설정된다. 따라서 EICRA = (1 << ISC01) | (1 << ISC00); 문장은 외부 인터럽트0을 하강에지 모드로 설정하겠다는 의미이다. 여기서 ISC01과 ISC00은 io.h의 서브 헤더 프로그램에 #define ISC01 1, #define ISC00 0 매크로로 정의되어 있다.

sei(); 문장은 interrupt.h 헤더 프로그램에 정의되어 있는 매크로이다. 이 매크로는 SREG 레지스터의 I 비트를 1로 설정하여, 모든 인터럽트를 허용하도록 한다.

무한루프인 while(1); 문장에 의해 주 프로그램은 계속해서 대기하게 된다. 이때 8-스위치의 0번을 누르게 되면, ATmega128에 외부 인터럽트0의 인터럽트 요청이 발생하게 되고 미리 정의된 ISR(INT0_vect) 서브루틴으로 이동하여 처리하게 된다.

T·I·P

C 언어 소스 프로그램은 CD Drive:₩Source₩ch11₩ch11_step1₩ch11_step1.c 파일을 참조한다.

단계 2 AVR Studio 4를 이용하여 C 언어 소스 프로그램을 Build 한다. 자세한 내용은 5.4.2절의 [단계 2]를 참조한다.

단계 3 PonyProg를 이용하여 ATmega128에 hex 파일을 ISP 다운로드 한다. 자세한 내용은 5.4.2절의 [단계 3]을 참조한다.

단계 4 다운로드가 완료되면 AVR 트레이닝 키트(WES-XUN I)에서 동작을 확인한다. 실험에서는 외부 인터럽트0을 하강에지에서 외부 인터럽트가 요청되도록 설정하고, 핀의 논리가 1에서 0으로 바뀌면 미리 정의된 인터럽트 서브루틴을 실행된다. 8-스위치 블록은 풀업 저항이 연결되어 있어, 누르지 않은 상태에서 연결된 핀의 논리를 1로 만든다. 이 상태에서 8-스위치를 누르게 되면 연결된 핀의 논리가 0으로 바뀐다. 이때 외부 인터럽트0 이외에 다른 인터럽트는 허용하지 않았으므로, 8-스위치의 '0' 키를 누르면 인터럽트 서브루틴0이 실행되고, 8-스위치의 다른 키를 누르면 인터럽트 서브루틴0은 실행되지 않는다. 외부 인터럽트0의 서브루틴은 LED를 200[ms]에 하나씩 왼쪽에서 오른쪽으로 이동하는 동작을 하며 가장 오른쪽 LED까지 이동 후에 LED는 모두 OFF된다.

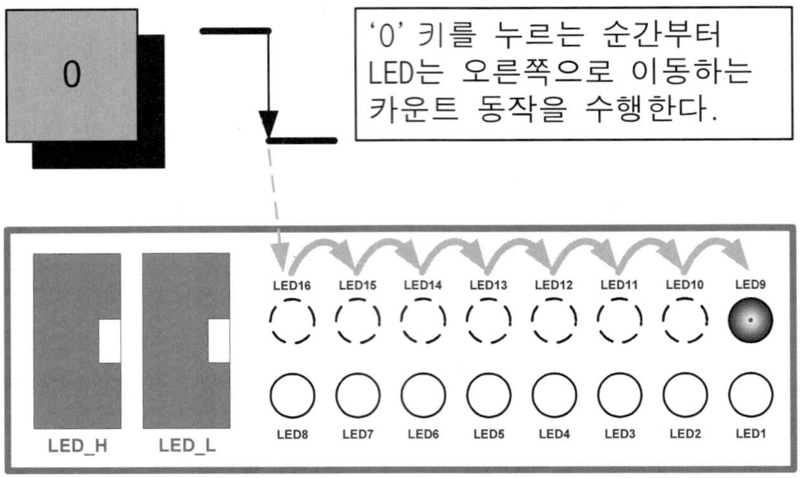

T·I·P

인터럽트 서브루틴이 실행 중에 다시 한 번 8-스위치의 '0' 키를 누르면, 인터럽트 서브루틴이 완료된 후 다시 한 번 인터럽트 서브루틴이 실행된다. 이것은 인터럽트 서브루틴에 진입하면서 인터럽트 플래그가 논리 0으로 설정되는데, 인터럽트 서브루틴이 완료되기 전에 8-스위치의 키를 누르면서 인터럽트 요청이 다시 발생하여 플래그가 논리 1로 설정되었기 때문이다. 따라서 인터럽트 서브루틴이 처리 완료된 후에 또 다시 인터럽트 서브루틴이 처리되기 때문에 LED가 오른쪽으로 이동하는 동작을 두 번 처리하게 된다. 그런데 인터럽트 서브루틴이 완료되기 전에 2번 이상 8-스위치의 '0' 키를 누르게 되면 인터럽트 플래그는 한번만 논리 1로 설정되기 때문에 두 번째부터의 인터럽트 요청은 무시되어 인터럽트 서브루틴이 호출되지 않는다. 따라서 인터럽트 서브루틴은 짧은 시간에 완료되도록 프로그래밍 해야 한다.

11.4.3 외부 인터럽트의 요구와 우선순위에 따라 서브루틴을 호출하는 예제

단계 1 AVR Studio 4에서 새로운 project를 생성하고, C 언어 소스 프로그램을 작성하여 저장한다. 자세한 내용은 5.4.2절의 [단계 1]을 참조한다.

[단계 1]-(1) Project type은 AVR GCC를 선택하고, Project name:은 ch11_step2, Initial file:은 ch11_step2이라고 입력하고, Create initial file과 Create folder를 체크하고, Location:은 C:₩avr_test를 선택한 후에 [Next >>] 버튼을 누르고 다음 단계로 진행한다.

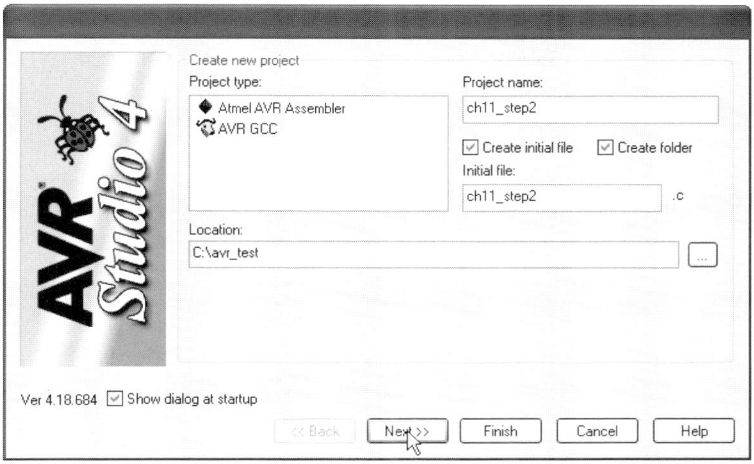

[단계 1]-(2) AVR Studio 4 편집 화면에 다음과 같이 C 언어 소스 프로그램을 작성하여 저장한다.

```
//
// ch11_step2.c
//

// 프로그램에 사용되는 헤더 프로그램 포함
#include <avr/io.h>
#include <avr/interrupt.h>
#include <util/delay.h>

// 외부 인터럽트0의 서비스 루틴 정의
// LED 1개가 오른쪽으로 이동하는 카운트 동작
ISR(INT0_vect){
   unsigned char i;
   for(i = 0x80; i; i >>= 1){
          PORTA = ~i;
          _delay_ms(200);
   }
   PORTA = 0B11111111; // LED를 모두 OFF 시킴
}

// 외부 인터럽트1의 서비스 루틴 정의
// 전체 ON 상태에서 LED 1개씩 오른쪽으로 이동하는 카운트 동작하며 OFF 동작
ISR(INT1_vect){
```

```
    unsigned char i;
    for(i = 0xFF; i; i >>= 1){
            PORTA = ~i;
            _delay_ms(200);
    }
    PORTA = 0B11111111; // LED를 모두 OFF 시킴
}

// 외부 인터럽트2의 서비스 루틴 정의
// 전체 ON 상태에서 LED 1개씩 왼쪽으로 이동하는 카운트 동작하며 OFF 동작
ISR(INT2_vect){
    unsigned char i;
    for(i = 0xFF; i; i <<= 1){
            PORTA = ~i;
            _delay_ms(200);
    }
    PORTA = 0B11111111; // LED를 모두 OFF 시킴
}

int main(void){
    // 포트 A의 방향 설정, 0 : 입력, 1 : 출력
    // PA7  PA6  PA5   PA4   PA3   PA2   PA1   PA0
    // Out  Out  Out   Out   Out   Out   Out   Out
    DDRA = 0B11111111;
    PORTA = 0B11111111; // LED를 모두 OFF 시킴

    // 외부 인터럽트 0, 1, 2의 개별 인터럽트 허용
    EIMSK = (1 << INT0) | (1 << INT1) | (1 << INT2);

    // 외부 인터럽트의 트리거 모드를 설정
    // ISCn1 :0 - 00 : Low 레벨 트리거
    // ISCn1 :0 - 01 : 예약됨
    // ISCn1 :0 - 10 : 하강에지 트리거
    // ISCn1 :0 - 11 : 상승에지 트리거
    EICRA = (1 << ISC01) | (0 << ISC00);  // INT0의 하강에지 트리거 설정
    EICRA |= (1 << ISC11) | (0 << ISC10); // INT1의 하강에지 트리거 설정
    EICRA |= (1 << ISC21) | (0 << ISC20); // INT2의 하강에지 트리거 설정
    sei();              // 전역(Global) 인터럽트 허용

    // 아무런 실행 명령 없이 무한 반복 또는 대기
    while(1);
```

```
    // 함수의 형태와 같이 정수형(int)의 값을 반환함
    return 1;
}
```

C 언어 소스 프로그램 설명

핵심포인트

외부 인터럽트의 우선순위는 표 1.10.1에 나타난 바와 같이 벡터번호가 작을수록 더 높은 우선순위를 갖는다. 또한 인터럽트 서브루틴이 실행 중에 더 높은 우선순위의 다른 인터럽트 요청이 있더라도, 현재의 서브루틴이 완료되어야만 다음 인터럽트 서브루틴을 실행할 수 있다. 새롭게 요구된 인터럽트가 2개 이상일 경우 요청된 순서와 관계없이 더 높은 우선순위의 인터럽트 서브루틴이 실행된다. 인터럽트 서브루틴이 실행 중에 동일한 인터럽트 요청이 2번 이상 발생하게 되면 두 번째 인터럽트 요청부터는 무시되게 된다. 이것은 1비트의 인터럽트 플래그에 의해서 인터럽트 요청을 기억하기 때문에 다중으로 요청된 인터럽트를 기억할 수 없기 때문이다.

avr/io.h 헤더 프로그램에는 DDRx 레지스터, PORTx 레지스터 등이 정의되어 있으므로 이들 레지스터를 사용하려면 반드시 포함시켜야 한다.

avr/interrupt.h 헤더 프로그램에는 인터럽트의 서브루틴을 정의 할 수 있는 정보들과 매크로 등이 정의 되어 있으므로, 인터럽트를 사용하기 위해서는 반드시 포함시켜야 한다.

util/delay.h 헤더 프로그램에 _delay_ms() 함수가 정의되어 있으므로 이 함수를 사용하려면 반드시 포함시켜야 한다.

ISR(INT0_vect) 서브루틴은 외부 인터럽트0의 서브루틴을 정의한다. 여기서 ISR은 인터럽트 서브루틴을 의미하고, ()안의 INT0_vect는 인터럽트 신호명으로서 ATmega128의 35종의 인터럽트 소스에 대해 interrupt.h 헤더 프로그램에 정의되어 있다. 외부 인터럽트0의 서브루틴에서는 i 변수를 0x80을 초기 값으로 하여 이것을 반전시켜 포트 A에 출력하고, 하나씩 ON된 LED는 오른쪽으로 200ms에 하나씩 이동하는 동작을 한다. LED가 오른쪽으로 이동이 완료되면 LED를 OFF 하고 외부 인터럽트 서브루틴은 종료되며, main() 함수로 복귀한다.

ISR(INT1_vect) 서브루틴은 외부 인터럽트1의 서브루틴을 정의한다. 여기서 ISR은 인터럽트 서브루틴을 의미하고, ()안의 INT1_vect는 인터럽트 신호명으로서 ATmega128의 35종의 인터럽트 소스에 대해 interrupt.h 헤더 프로그램에 정의되어 있다. 외부 인터럽트1의 서브루틴에서는 i 변수를 0xFF를 초기 값으로 하여 이것을 반전시켜 포트 A에 출력하고, 전체가 ON된 LED는 하나씩 OFF되며 오른쪽으로 200ms에 하나씩 이동하는 동작을 한다. LED가 오른쪽으로 이동이 완료되면 LED를 OFF하고 외부 인터럽트 서브루틴은 종료되며, main() 함수로 복귀한다.

ISR(INT2_vect) 서브루틴은 외부 인터럽트2의 서브루틴을 정의한다. 여기서 ISR은 인터럽트 서브루틴을 의미하고, ()안의 INT2_vect는 인터럽트 신호명으로서 ATmega128의 35종의 인터럽트

소스에 대해 interrupt.h 헤더 프로그램에 정의되어 있다. 외부 인터럽트2의 서브루틴에서는 i 변수를 0xFF를 초기 값으로 하여 이것을 반전시켜 PORTA에 출력하고, 전체가 ON된 LED는 하나씩 OFF되며 왼쪽으로 200ms에 하나씩 이동하는 동작을 한다. LED가 왼쪽으로 이동이 완료되면 LED를 OFF하고 외부 인터럽트 서브루틴은 종료되며, main() 함수로 복귀한다.

DDRx 레지스터는 포트의 입출력 방향을 결정하는 레지스터이며 x는 포트명이고 DDRxn의 각 비트 값이 0이면 입력, 1이면 출력으로 설정된다. 따라서 DDRA = 0B11111111; 문장은 포트 A는 모든 비트를 출력하겠다는 의미이다.

PORTx 레지스터는 포트에 출력할 논리 값을 저장하는 레지스터이며 x는 포트명이며, 포트 A 레지스터에 값을 쓰면 LED는 ON/OFF 된다.

EIMSK 레지스터는 외부 인터럽트를 개별적으로 허용하는 레지스터이며, 레지스터의 0번 비트가 논리 1로 설정되면 외부 인터럽트0의 인터럽트 요청이 허용된다. 따라서 EIMSK = (1 〈〈 INT0) | (1 〈〈 INT1) | (1 〈〈 INT2); 문장은 외부 인터럽트0과 외부 인터럽트1과 외부 인터럽트2를 논리 1로 설정하는 기능을 수행한다. 여기서 INT0, INT1, INT2는 io.h의 서브 헤더 프로그램에 #define INT0 0, #define INT1 1, #define INT2 2 매크로로 정의되어 있다.

EICRA 레지스터는 외부 인터럽트0 부터 외부 인터럽트 3까지의 동작 모드(Low 레벨, 하강에지, 상승에지)를 설정하는 레지스터이며, ISC0[1..0]이 "10"으로 설정되면 하강에지 모드로 설정된다. 따라서 EICRA = (1 〈〈 ISC01) | (1 〈〈 ISC00); 문장은 외부 인터럽트0을 하강에지 모드로 설정하겠다는 의미이다. 여기서 ISC01과 ISC00은 io.h의 서브 헤더 프로그램에 #define ISC01 1, #define ISC00 0 매크로로 정의되어 있다. EICRA |= (1 〈〈 ISC11) | (0 〈〈 ISC10); 문장은 다른 비트는 그대로 두고 ISC11 비트와 ISC10 비트를 설정하는 동작을 한다. 또한 외부 인터럽트1이 하강에지 모드로 동작하도록 설정한다. 여기서 ISC11과 ISC10은 io.h 의 서브 헤더 프로그램에 #define ISC11 3, #define ISC10 2 매크로로 정의되어 있다. EICRA |= (1 〈〈 ISC21) | (0 〈〈 ISC20); 문장은 다른 비트는 그대로 두고 ISC21 비트와 ISC20 비트를 설정하는 동작을 한다. 또한 외부 인터럽트2가 하강에지 모드로 동작하도록 설정한다. 여기서 ISC21과 ISC20은 io.h의 서브 헤더 프로그램에 #define ISC21 5, #define ISC20 4 매크로로 정의되어 있다.

sei(); 문장은 interrupt.h 헤더 프로그램에 정의되어 있는 매크로이다. 이 매크로는 SREG 레지스터의 I 비트를 1로 설정하여, 모든 인터럽트를 허용하도록 한다.

무한루프인 while(1); 문장에 의해 주 프로그램은 계속해서 대기하게 된다. 이때 8-스위치 '0'키를 누르게 되면, ATmega128에 외부 인터럽트0의 인터럽트 요청이 발생하게 되고 미리 정의된 ISR(INT0_vect) 서브루틴으로 이동하여 처리하게 되고, 8-스위치의 '1' 키를 누르게 되면, ATmega128에 외부 인터럽트1의 인터럽트 요청이 발생하게 되고 미리 정의된 ISR(INT1_vect) 서브루틴으로 이동하여 처리하게 되고, 8-스위치의 '2' 키를 누르게 되면, ATmega128에 외부 인터럽트2의 인터럽트 요청이 발생하게 되고 미리 정의된 ISR(INT2_vect) 서브루틴으로 이동하여 처리하게 된다.

T·I·P

C 언어 소스 프로그램은 CD Drive:₩Source₩ch11₩ch11_step2₩ch11_step2.c 파일을 참조한다.

단계 2 AVR Studio 4를 이용하여 C 언어 소스 프로그램을 Build 한다. 자세한 내용은 5.4.2절의 [단계 2]를 참조한다.

단계 3 PonyProg를 이용하여 ATmega128에 hex 파일을 ISP 다운로드 한다. 자세한 내용은 5.4.2절의 [단계 3]을 참조한다.

단계 4 다운로드가 완료되면 AVR 트레이닝 키트(WES-XUN I)의 동작을 확인한다. 8-스위치의 '0' 키를 누르게 되면 미리 정의된 외부 인터럽트0의 서브루틴이 호출되고 i 변수를 0x80을 초기 값으로 하여 이것을 반전시켜 포트 A에 출력하고, 하나씩 ON된 LED는 오른쪽으로 200ms에 하나씩 이동하는 동작을 한다. LED가 오른쪽으로 이동이 완료되면 LED를 OFF하고 외부 인터럽트0 서브루틴은 종료되며, main() 함수로 복귀한다.

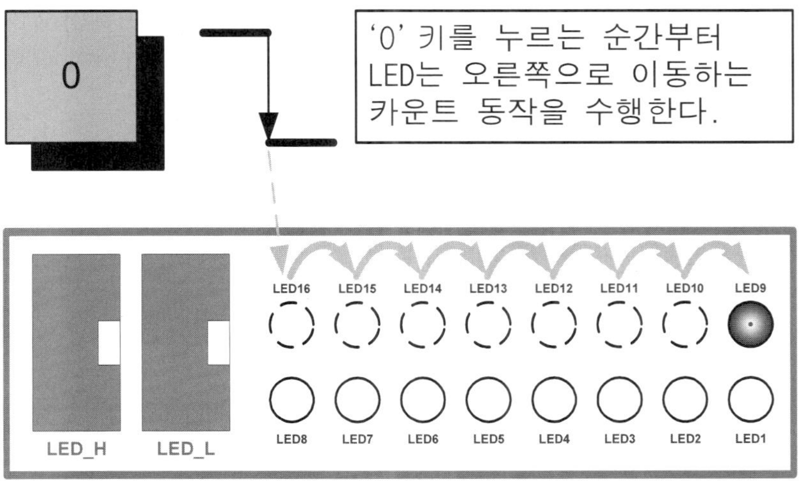

8-스위치의 '1' 키를 누르게 되면 미리 정의된 외부 인터럽트1의 서브루틴이 호출되고 i 변수를 0xFF를 초기 값으로 하여 이것을 반전시켜 포트 A에 출력하고, 전체가 ON된 LED는 하나씩 OFF되며 오른쪽으로 200ms에 하나씩 이동하는 동작을 한다. LED가 오른쪽으로

이동이 완료되면 LED를 OFF하고 외부 인터럽트1 서브루틴은 종료되며, main() 함수로 복귀한다.

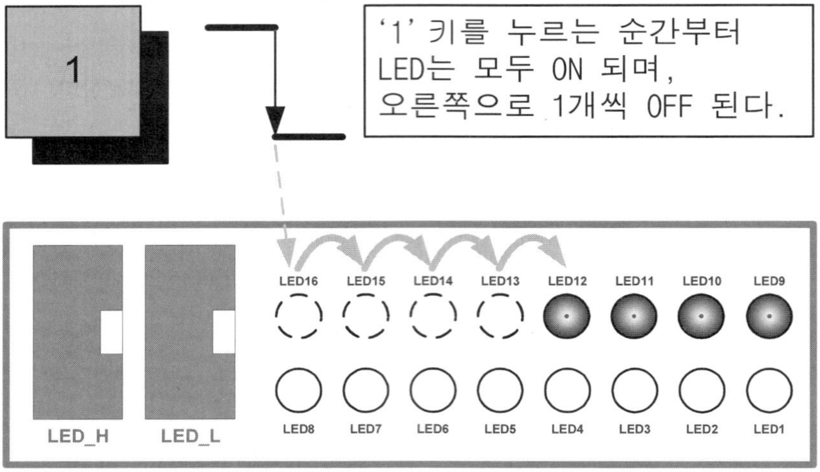

8-스위치의 '2' 키를 누르게 되면 미리 정의된 외부 인터럽트2의 서브루틴이 호출되고 i 변수를 0xFF를 초기 값으로 하여 이것을 반전시켜 포트 A에 출력하고, 전체가 ON된 LED는 하나씩 OFF되며 왼쪽으로 200ms에 하나씩 이동하는 동작을 한다. LED가 왼쪽으로 이동이 완료되면 LED를 OFF하고 외부 인터럽트2 서브루틴은 종료되며, main() 함수로 복귀한다.

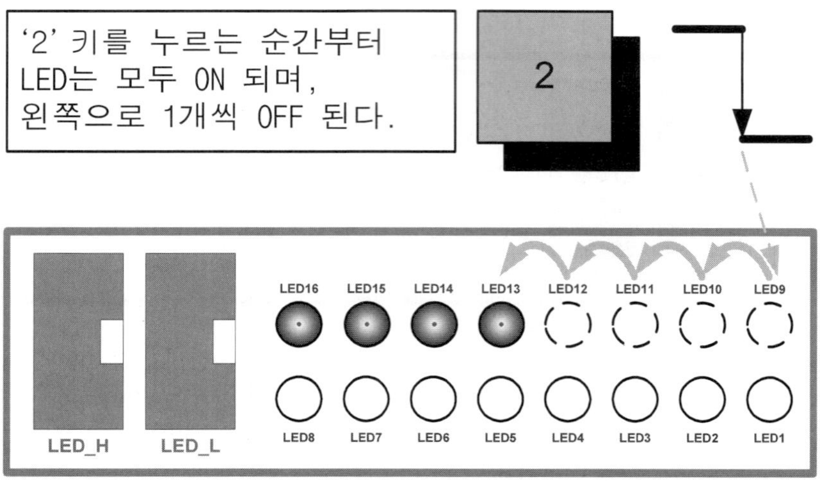

T·I·P

8-스위치의 '2' 키를 누르면 외부 인터럽트2의 서브루틴이 호출되어 실행된다. 이때 8-스위치의 '1' 키를 누른다. 이때 8-스위치의 '1' 키는 외부 인터럽트2의 서브루틴이 실행되어 끝나기 전에 눌려야 한다. 외부 인터럽트2의 서브루틴이 처리 완료되면, 외부 인터럽트 1의 서브루틴이 실행된다. 따라서 우선순위가 낮은 외부 인터럽트2의 서브루틴이 실행되는 도중에 우선순위가 높은 외부 인터럽트1의 요청이 있다고 해도 앞서 실행중인 외부 인터럽트2의 서브루틴이 완료되기 전까지 외부 인터럽트1은 인터럽트 플래그가 논리 1로 설정된 상태에서 대기한다. 한편, 우선순위가 낮은 외부 인터럽트2를 처리하는 중 8-스위치의 '1' 키와 8-스위치의 '0' 키를 눌러 외부 인터럽트1의 요청과 외부 인터럽트0의 요청이 동시에 있게 되면, 실행 중인 외부 인터럽트2의 서브루틴 완료된 후에 외부 인터럽트1보다 우선순위가 높은 외부 인터럽트0의 서브루틴이 먼저 실행된다. 외부 인터럽트0의 서브루틴이 완료되면 외부 인터럽트1의 서브루틴이 실행된다.

11.5 C 언어 문법

(1) volatile 키워드

C 언어에서 보통의 변수는 레지스터 또는 RAM의 공간에 되는데 volatile 키워드를 붙여 선언하게 되면 레지스터를 제외한 RAM 에만 공간을 할당하게 된다. 레지스터에 변수를 할당하지 않게 하는 이유는, 레지스터는 프로세서가 연산을 할 때 공통으로 사용되는 공간이므로 인터럽트 서브루틴 실행 시 주 프로그램에서 레지스터에 저장된 변수의 값이 바뀔 수 있기 때문이다.

CHAPTER 12

AVR ATmega128을 사용한 타이머/카운터/워치독 타이머 제어

실습목표

타이머/카운터는 ATmega128의 내부에서 사용하는 클록 또는 외부에서 입력되는 클록을 사용하여 카운트 동작을 하는 장치이다. 타이머는 일반적으로 고주파의 일정한 내부 클록을 사용하고, 카운터는 외부에서 입력하는 저주파 클록(Clock) 또는 펄스(Pulse)를 주로 사용한다. 따라서 타이머는 카운트한 값을 가지고 정확한 시간을 계산할 때 사용하며, 카운터는 외부에서 입력된 펄스 또는 클록의 개수를 세는데 주로 사용된다. 한편, 타이머로서 동작하기 위해서는 입력되는 클록이 일정해야 하고, 그 클록의 주파수를 알아야 시간을 계산할 수 있다. 여기서는 일정한 시간에 1씩 업-카운트하는 동작으로 타이머의 오버플로우(Overflow)를 이용한 기초 사용법을 익힌다. 또한 오버플로우가 발생하면 시스템을 리셋 하는 워치독 타이머(Watchdog Timer)에 대하여 학습한다.

실습이론

12.1 디지털 입출력과 타이머/카운터1/워치독 타이머 제어를 위한 레지스터

DDRx 레지스터는 포트의 입출력 방향을 결정하는 레지스터이며 DDRxn의 비트 값이 0이면 입력, 1이면 출력으로 설정된다. x는 포트명을 가리키는 문자이고 n은 비트를 나타내는 숫자이다. ATmega128에서 레지스터는 0번부터 7번까지 8비트가 존재한다. PORTx 레지스터는 포트에 출력할 논리 값을 저장하는 레지스터이며 x는 포트명이다. PINx는 DDRx 레지스터, PORTx 레지스터 등과 달리 포트의 논리를 읽을 수 있는 어드레스이며 x는 포트명이다. 디지털 입출력과 관련한 자세한 내용은 1.14절의 AVR 디지털 입출력 핀 구조를 참조한다.

ATmega128은 타이머/카운터0부터 타이머/카운터3까지 4개의 타이머/카운터가 존재하며, 이중에서 0번과 2번은 8비트 타이머/카운터이고, 1번과 3번은 16비트 타이머/카운터이다. 본 장에서는 타이머/카운터1(16비트)을 사용하여 실험한다. 다음은 타이머/카운터1과 관련한 레지스터의 설명이다.

TIMSK 레지스터는 타이머/카운터의 인터럽트를 개별적으로 허용하는 레지스터이다. ETIMSK 레지스터는 타이머/카운터의 인터럽트를 개별적으로 허용하는 레지스터이며, TIMSK 레지스터의 확장 레지스터이다. TCCR1A, TCCR1B, TCCR1C 레지스터는 타이머/카운터1의 제어 레지스터이며 프리스케일러 등, 여러 가지(프리스케일러, 파형발생모드, 비교출력모드, input capture trigger 기능설정, 강제출력 등)를 설정한다. ICR1H, ICR1L 레지스터는 타이머/카운터1의 입력 캡쳐 기능에서 타이머/카운터1의 값을 저장하는 레지스터이며, PWM(Pulse Width Modulation) 동작에서는 파형발생 모드에 따라 TOP 값을 설정하는 기능으로 사용할 수 있다. OCR1AH, OCR1AL 레지스터는 타이머/카운터1의 PWM A 파형 생성에 사용되는 출력비교 레지스터이며, OCR1BH, OCR1BL 레지스터는 타이머/카운터1의 PWM B파형 생성에 사용되는 출력비교 레지스터이며, OCR1CH, OCR1CL 레지스터는 타이머/카운터1의 PWM C파형 생성에 사용되는 출력비교 레지스터이다. TCNT1H, TCNT1L 레지스터는 타이머/카운터1의 카운트 값을 저장하는 레지스터이다. TIFR 레지스터는 타이머/카운터의 개별적인 인터럽트 요청 상태를 표시하는 인터럽트 플래그 레지스터이며, ETIFR 레지스터는 TIFR 레지스터를 확장시킨 인터럽트 플래그 레지스터이다. SFIOR 레지스터는 타이머/카운터의 프리스케일러를 동기화 시키는 기능을 가지고 있는 레지스터이다. 워치독 타이머를 제어하기 위한 WDTCR 레지스터는 워치독 타이머의 프리스케일러를 선택하는 비트와 워치독 타이머의 설정을 변경하는 제어 비트로 이루어져 있다.

타이머/카운터와 워치독 타이머와 관련한 자세한 내용은 1.13절 ATmega128의 타이머/카운터를 참조한다.

DDRx : PORTx 데이터 방향 레지스터

Bit	7	6	5	4	3	2	1	0
	DDx7	**DDx6**	**DDx5**	**DDx4**	**DDx3**	**DDx2**	**DDx1**	**DDx0**
Read/Write	R/W	R/W	R/W	R/W	R/W	R/W	R/W	R/W
Initial Value	0	0	0	0	0	0	0	0

PORTx : PORTx 데이터 레지스터

Bit	7	6	5	4	3	2	1	0
	PORTx7	**PORTx6**	**PORTx5**	**PORTx4**	**PORTx3**	**PORTx2**	**PORTx1**	**PORTx0**
Read/Write	R/W	R/W	R/W	R/W	R/W	R/W	R/W	R/W
Initial Value	0	0	0	0	0	0	0	0

PINx : PORTx 입력 핀 어드레스

Bit	7	6	5	4	3	2	1	0
	PINx7	**PINx6**	**PINx5**	**PINx4**	**PINx3**	**PINx2**	**PINx1**	**PINx0**
Read/Write	R	R	R	R	R	R	R	R
Initial Value	N/A	N/A	N/A	N/A	N/A	N/A	N/A	N/A

TIMSK : 타이머/카운터 인터럽트 마스크 레지스터

Bit	7	6	5	4	3	2	1	0
	OCIE2	**TOIE2**	**TICIE1**	**OCIE1A**	**OCIE1B**	**TOIE1**	**OCIE0**	**TOIE0**
Read/Write	W	R/W	R/W	R/W	R/W	R/W	R/W	R/W
Initial Value	0	0	0	0	0	0	0	0

ETIMSK : 확장 타이머/카운터 인터럽트 마스크 레지스터

Bit	7	6	5	4	3	2	1	0
	-	-	TICIE3	OCIE3A	OCIE3B	TOIE3	OCIE3C	OCIE1C
Read/Write	R	R	R/W	R/W	R/W	R/W	R/W	R/W
Initial Value	0	0	0	0	0	0	0	0

TCCR1A : 타이머/카운터1 제어 레지스터 A

Bit	7	6	5	4	3	2	1	0
	COM1A1	COM1A0	COM1B1	COM1B0	COM1C1	COM1C0	WGM11	WGM10
Read/Write	R/W	R/W	R/W	R/W	R/W	R/W	R/W	R/W
Initial Value	0	0	0	0	0	0	0	0

TCCR1B : 타이머/카운터1 제어 레지스터 B

Bit	7	6	5	4	3	2	1	0
	ICNC1	ICES1	-	WGM13	WGM12	CS12	CS11	CS10
Read/Write	R/W	R/W	R	R/W	R/W	R/W	R/W	R/W
Initial Value	0	0	0	0	0	0	0	0

TCCR1C : 타이머/카운터1 제어 레지스터 C

Bit	7	6	5	4	3	2	1	0
	FOC1A	FOC1B	FOC1C	-	-	-	-	-
Read/Write	W	W	W	R	R	R	R	R
Initial Value	0	0	0	0	0	0	0	0

ICR1H, ICR1L : 입력 캡처 레지스터 1

Bit	7	6	5	4	3	2	1	0	
	ICR1[15:8]								ICR1H
	ICR1[7:0]								ICR1L
Read/Write	R/W	R/W	R/W	R/W	R/W	R/W	R/W	R/W	
Initial Value	0	0	0	0	0	0	0	0	

OCR1AH, OCR1AL : 출력 비교 레지스터 1A

Bit	7	6	5	4	3	2	1	0	
	OCR1A[15:8]								OCR1AH
	OCR1A[7:0]								OCR1AL
Read/Write	R/W	R/W	R/W	R/W	R/W	R/W	R/W	R/W	
Initial Value	0	0	0	0	0	0	0	0	

OCR1BH, OCR1BL : 출력 비교 레지스터 1B

Bit	7	6	5	4	3	2	1	0	
	OCR1B[15:8]								OCR1BH
	OCR1B[7:0]								OCR1BL
Read/Write	R/W	R/W	R/W	R/W	R/W	R/W	R/W	R/W	
Initial Value	0	0	0	0	0	0	0	0	

OCR1CH, OCR1CL : 출력 비교 레지스터 1C

Bit	7	6	5	4	3	2	1	0	
	OCR1C[15:8]								OCR1CH
	OCR1C[7:0]								OCR1CL
Read/Write	R/W	R/W	R/W	R/W	R/W	R/W	R/W	R/W	
Initial Value	0	0	0	0	0	0	0	0	

TCNT1H, TCNT1L : 타이머/카운터 레지스터 1

Bit	7	6	5	4	3	2	1	0	
	TCNT1[15:8]								TCNT1H
	TCNT1[7:0]								TCNT1L
Read/Write	R/W	R/W	R/W	R/W	R/W	R/W	R/W	R/W	
Initial Value	0	0	0	0	0	0	0	0	

TIFR : 타이머/카운터 인터럽트 플래그 레지스터

Bit	7	6	5	4	3	2	1	0
	OCF3	TOV2	ICF1	OCF1A	OCF1B	TOV1	OCF0	TOV0
Read/Write	R/W	R/W	R/W	R/W	R/W	R/W	R/W	R/W
Initial Value	0	0	0	0	0	0	0	0

ETIFR : 확장된 타이머/카운터 인터럽트 플래그 레지스터

Bit	7	6	5	4	3	2	1	0
	-	-	ICF3	OCF1A	OCF3B	TOV3	OCF3C	OCF1C
Read/Write	R/W	R/W	R/W	R/W	R/W	R/W	R/W	R/W
Initial Value	0	0	0	0	0	0	0	0

SFIOR : 특수 목적 IO 레지스터

Bit	7	6	5	4	3	2	1	0
	TSM	-	-	-	ACME	PUD	PSR0	PSR321
Read/Write	R/W	R/W	R/W	R/W	R/W	R/W	R/W	R/W
Initial Value	0	0	0	0	0	0	0	0

WDTCR : 워치독 타이머 레지스터

Bit	7	6	5	4	3	2	1	0
	-	-	-	WDCE	WDE	WDP2	WDP1	WDP0
Read/Write	R	R	R	R/W	R/W	R/W	R/W	R/W
Initial Value	0	0	0					

ATmega128에서는 타이머/카운터에 사용되는 레지스터가 상당히 많이 존재한다. 표 12.1.1은 ATmega128의 타이머/카운터가 사용하는 레지스터를 타이머/카운터별로 쉽게 구분되도록 나타내고 있다. 타이머/카운터 열은 타이머/카운터 전체에 전반적으로 적용되는 레지스터 그룹이고, 타이머/카운터0 열은 타이머/카운터0과 관련한 레지스터 그룹이고, 타이머/카운터1 열은 타이머/카운터1과 관련한 레지스터 그룹이고, 타이머/카운터2 열은 타이머/카운터2와 관련한 레지스터 그룹이고, 타이머/카운터 열은 타이머/카운터3과 관련한 레지스터 그룹이다. 한편, 이 장에서는 타이머/카운터1을 이용한 실습을 진행하게 되며, 타이머/카운터0,2,3은 제어방법이 동일하거나 대동소이 하므로 생략한다.

표 12.1.1 ATmega128의 타이머/카운터에서 장치별 관련 레지스터

구분	타이머/카운터	타이머/카운터0	타이머/카운터1	타이머/카운터2	타이머/카운터3
레지스터	ETIFR	OCR0	ICR1H	OCR2	ICR3H
	ETIMSK	TCCR0	ICR1L	TCCR2	ICR3L
	TIFR	TCNT0	OCR1AH	TCNT2	OCR3AH
	TIMSK	ASSR	OCR1AL		OCR3AL
	SFIOR		OCR1BH		OCR3BH
			OCR1BL		OCR3BL
			OCR1CH		OCR3CH
			OCR1CL		OCR3CL
			TCCR1A		TCCR3A
			TCCR1B		TCCR3B
			TCCR1C		TCCR3C
			TCNT1H		TCNT3H
			TCNT1L		TCNT3L

12.2 타이머/카운터/워치독 타이머 개론

그림 12.2.1은 타이머/카운터의 오버플로우 동작을 나타내고 있다. 원점에서 입력된 클록이 없으므로 카운트 값인 TCNT는 0의 값을 갖는다. 이후에 입력되는 클록 수가 100이 되면 TCNT는 100의 값을 갖는다. 이때 계속해서 클록이 입력되면 TCNT는 MAX 값에 이르게 되는데, 8비트 타이머/카운터의 경우 MAX는 255이고, 16비트 타이머/카운터의 경우 MAX는 65535가 된다. 16비트 타이머의 경우 TCNT가 65535일 때 클록이 1번 더 입력되면, TCNT는 0의 값이 되고, 0의 값은 BOTTOM으로 표시한다. TCNT가 MAX에서 BOTTOM 값으로 변할 때 타이머/카운터는 오버플로우(Overflow)가 발생하게 되고, 오버플로우 인터럽트를 허용한 경우 인터럽트를 요청하여 오버플로우 인터럽트 플래그가 세트 된다.

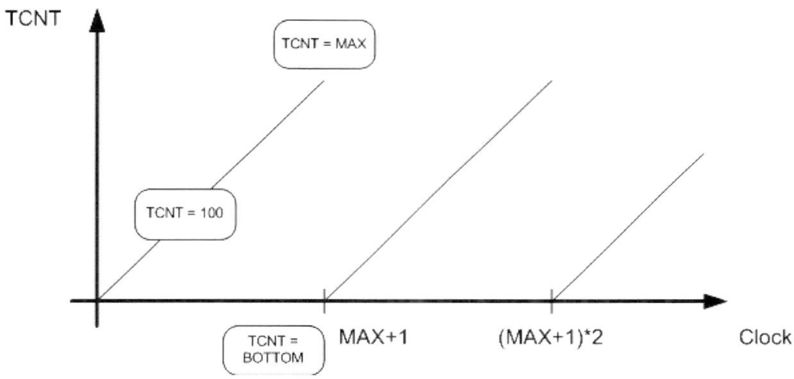

그림 12.2.1 타이머/카운터의 오버플로우

그림 12.2.2는 ATmega128의 16비트 타이머/카운터의 비교 매치 기능을 나타내고 있다. ATmega128에서는 파형 발생 모드에 따라 오버플로우가 발생하는 최대값을 바꿀 수 있는데, 이때의 최대값이 TOP이다. 즉, 16비트 타이머/카운터의 경우 MAX는 65535이고, TOP은 0~65535 사이의 값이 된다. ATmega128에서 16비트 타이머/카운터는 3가지의 PWM 파형을 발생시킬 수 있는데, 3가지의 PWM 파형의 주기는 TOP 값으로 동일하며, OCR1A, OCR1B, OCR1C 레지스터의 설정에 따라 서로 다른 듀티비의 PWM 파형을 출력 할 수 있다.

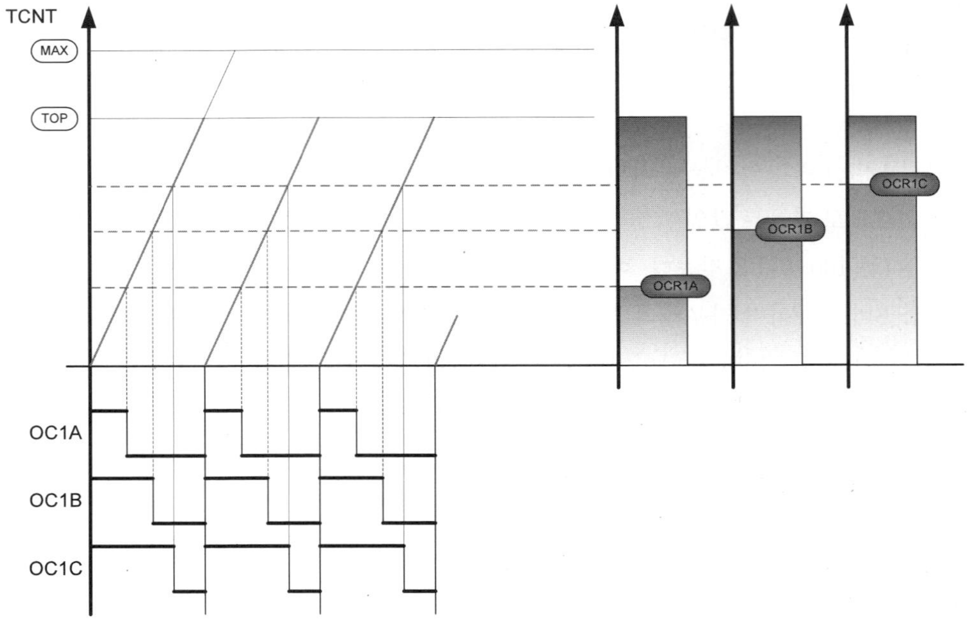

그림 12.2.2 16비트 타이머/카운터의 비교 매치 기능

T·I·P

듀티비는 펄스의 주기(T) 시간과 논리 1을 갖는 시간(High Pulse Time)의 비율의 의미한다. 따라서 주기가 2ms이고 논리 1을 갖는 시간이 1ms라고 가정할 때 듀티비는 50%가 된다.

D = (High Pulse Time) / T * 100 [%]

그림 12.2.3은 여러 가지 파형 발생 모드 중 Fast PWM 모드에서의 PWM 파형을 생성한 예를 나타내고 있다. PWM에 대한 자세한 설명은 1.13.1절을 참고하길 바란다. Fast PWM 파형 발생 모드는 TCNT가 0부터 시작하여 MAX까지 업-카운트하도록 동작하는 모드이다. 이 모드에서 파형 출력 모드의 선택에 따라 OCx에 출력되는 논리가 달라지는데, TCNT가 0부터 OCR과 값이 같을 때 까지 OCx 출력 핀에 논리 1을 출력하고, TCNT가 OCR보다 크면 OCx 출력 핀에 논리 0을 출력할 수 있으며, 또는 그 반대로 동작시킬 수 있다.

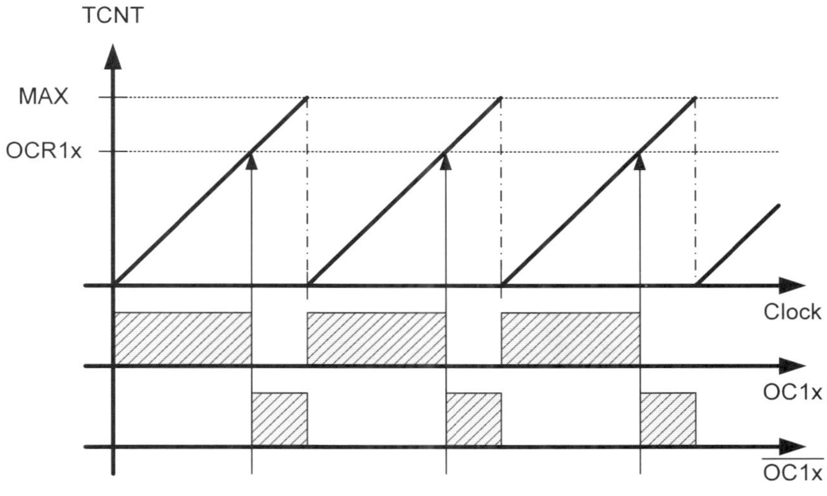

그림 12.2.3 Fast PWM 모드에서의 PWM 파형 생성의 예

T·I·P

OCx 출력 핀에 PWM 파형을 출력시키기 위해서는 해당하는 디지털 입출력 포트의 방향을 DDRx 레지스터를 설정하여 OCx 핀을 출력으로 할당해야 한다.

16비트 타이머/카운터는 카운트 값이 65535에서 클록을 1개 더 입력 받아 카운트 값이 0으로 되면서 오버플로우가 발생한다. 따라서 16비트 타이머/카운터가 주파수 1MHz의 클록을 입력받아 0부터 시작하여 오버플로우가 발생할 때 까지 걸리는 시간은 $\frac{1}{10^6}\times 65536$인 65536us이다. 또는 주파수 8MHz의 클록을 입력 받아 0부터 시작하여 오버플로우가 발생할 때 까지 걸리는 시간은 $\frac{1}{8\times 10^6}\times 65536$인 8192us이다. 따라서 카운트 값이 0부터 시작하지 않도록 카운트 초기 값을 설정하면 사용자가 원하는 시간에 오버플로우를 발생 시킬 수 있다. 따라서 ATmega128의 16비트 타이머/카운터를 사용하고, 입력되는 클록의 주파수는 8MHz라고 가정한다. 또한 이 클록을 입력하여 1ms의 오버플로우 시간과 1s의 오버플로우 시간을 계산하면 다음과 같다.

- 16비트 타이머/카운터의 최대값 = MAX = 65535
- 0에서 시작하여 오버플로우가 발생할 때까지의 클록 수 = MAX + 1 = 65536

- 입력 클록의 주파수(F_CPU) = 8MHz = 8000000Hz
- 입력 클록의 주기(T_CPU) = 1 / 8000000 = 0.000000125s
- 1ms 동안의 클록 수(N_CLK_1ms) = 0.001 / 0.000000125 = 8000회
- 1s 동안의 클록 수(N_CLK_1s) = 1 / 0.000000125 = 8000000회

타이머/카운터의 초기 값이 MAX에 가까울수록 오버플로우가 발생하는 시간은 짧아진다. 따라서 카운트가 0에서 시작하여 오버플로우가 발생할 때까지의 클록수(MAX+1)에서 1ms 동안의 클록 수를 뺀 결과를 초기 값으로 한다.

1ms 이후에 오버플로우가 발생하기 위한 초기 값을 X라고 가정하면,
= (MAX + 1) - N_CLK_1ms
= 65536 - 8000
= 57536

따라서 위의 조건에서 타이머/카운터가 1ms 이후에 오버플로우가 발생하도록 하기 위해서는 초기 값 TCNT = 57536이 되어야 한다. 한편, 타이머/카운터의 초기 값은 0보다 커야 하는데, 1s 이후에 오버플로우가 발생하도록 초기 값을 설정하는 경우에서는 초기 값이 0보다 작아야 한다는 결과가 나온다.

1s 이후에 오버플로우가 발생하기 위한 초기 값을 X라고 가정하면,
= (MAX + 1) - N_CLK_1s
= 65536 - 8000000
= -7934464

따라서 이런 경우에는 타이머/카운터는 프리스케일러를 사용하여 입력되는 클록의 주파수를 느리게 해 줄 수 있다. 프리스케일러는 분주회로를 의미하는데, 주파수 8MHz의 클록이 8분주 회로를 통과한 후에는 1MHz의 주파수로 느려지게 된다. ATmega128에서는 16비트 타이머/카운터의 경우 No clock source, 1분주, 8분주, 64분주, 256분주, 1024분주의 프리스케일러가 지원된다.

한편, 1s 이후에 오버플로우가 발생하도록 초기 값을 설정하기 위해서는 클록을 프리스케일러를 통해 256분주 한 후에 입력받아야 한다.

256분주 된 입력 클록의 주파수 = F_CPU_P256 = 31250Hz

256분주 된 입력 클록의 주기 = T_CPU_P256 = 0.000032s

1s 동안의 클록 수(N_CLK_1s_P128) = 1 / 0.000032 = 31250회

1s 이후에 오버플로우가 발생하기 위한 초기 값을 X라고 가정하면,

= (MAX + 1) - N_CLK_1s_P256

= 65536 - 31250

= 34286

따라서 위의 조건에서 타이머/카운터가 1s 이후에 오버플로우가 발생하도록 하기 위해서는 주파수를 프리스케일러를 통해 256분주해야 하며, 초기 값 TCNT1 = 34286이 되어야 한다.

T·I·P

워치독 타이머는 MCU를 사용하는 시스템이 어떠한 원인에 의해 무한루프에 빠지거나 비정상적인 동작을 하면 자동으로 시스템을 리셋 시켜 다시 정상적인 MCU 동작이 이루어지도록 하는 기능을 말하고, 여기에 무한루프 상황과 비정상적인 상황을 감시하는 데 사용되는 타이머를 워치독 타이머라고 한다.

워치독 타이머의 기본적인 동작 원리는 다음과 같이 설명할 수 있다. 먼저 타이머의 구성은 리셋이 가능한 타이머로 구성되어 있고, 이 타이머의 출력은 오버플로우로서 정해진 시간이 초과 할 경우에 발행한다. 이러한 형태의 타이머 구성을 워치독 타이머라 하며 워치독 타이머가 정상적으로 동작할 경우에는 정해진 시간(시스템의 오류라고 생각되는 시간의 2~3배 정도의 시간으로 설정함)을 주기로 워치독 타이머는 계속 초기화되고, 이렇게 정해진 시간을 초과할 경우에 오버플로우가 발생하여 MCU를 리셋하게 된다. 따라서 MCU가 정상적으로 동작되기 위해서는 반드시 워치독 타이머를 주기적으로 리셋 시켜 주어야 한다.

실습내용

12.3 AVR 트레이닝 키트(WES-XUN I)에서 동작해보기

12.3.1 AVR 트레이닝 키트(WES-XUN I)의 동작을 위한 준비 사항

단계 1 그림 12.3.1과 같이 전원을 켜고 ISP 다운로드 모듈을 연결한다.

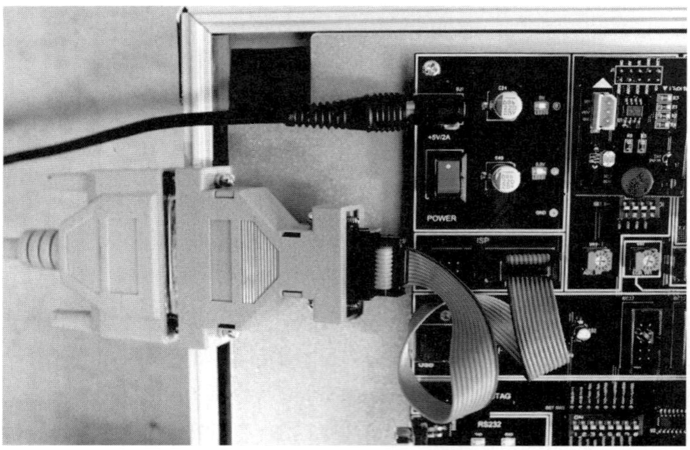

그림 12.3.1 전원을 켜고 ISP 다운로드 모듈을 연결

단계 2 그림 12.3.2와 같이 IDC Flat 10P 케이블을 이용해 LED_L 커넥터와 AVR MCU Module(ATmega128)의 PORTA와 연결하고, LED_H 커넥터와 AVR MCU Module(ATmega128)의 PORTB와 연결한다. 또한 텍스트 LCD의 DATA 커넥터와 AVR MCU Module(ATmega128)의 PORTF와 연결하고, 텍스트 LCD의 CON 커넥터와 AVR MCU Module(ATmega128)의 PORTE와 연결한다. 한편, TACK 커넥터와 AVR MCU Module(ATmega128)의 PORTD와 연결한다. 연결할 때 케이블의 방향이 맞도록 홈에 잘 맞추어 삽입한다. 본 장에서는 8MHz 주파수의 크리스탈을 사용하므로 그림 12.3.3 (b)와 같이 스위치를 설정한다.

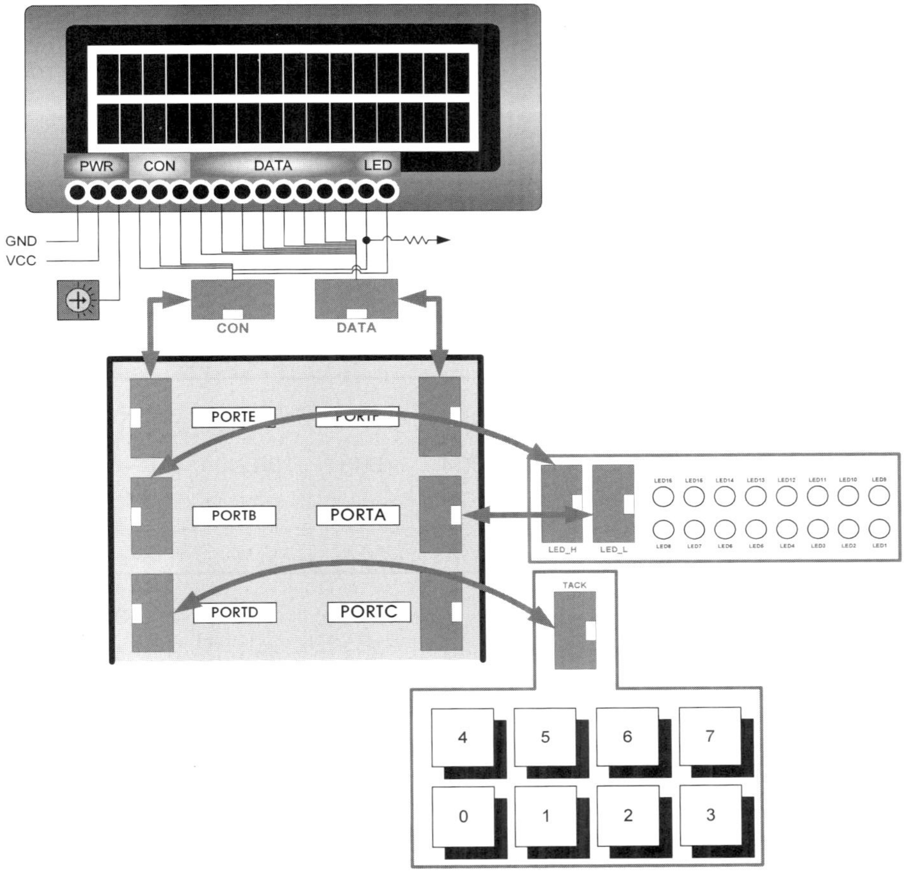
PWR
CON
DATA
LED
GND
VCC
CON
DATA
PORTE
PORTF
PORTB
PORTA
PORTD
PORTC
LED_H
LED_L
TACK
4
5
6
7
0
1
2
3

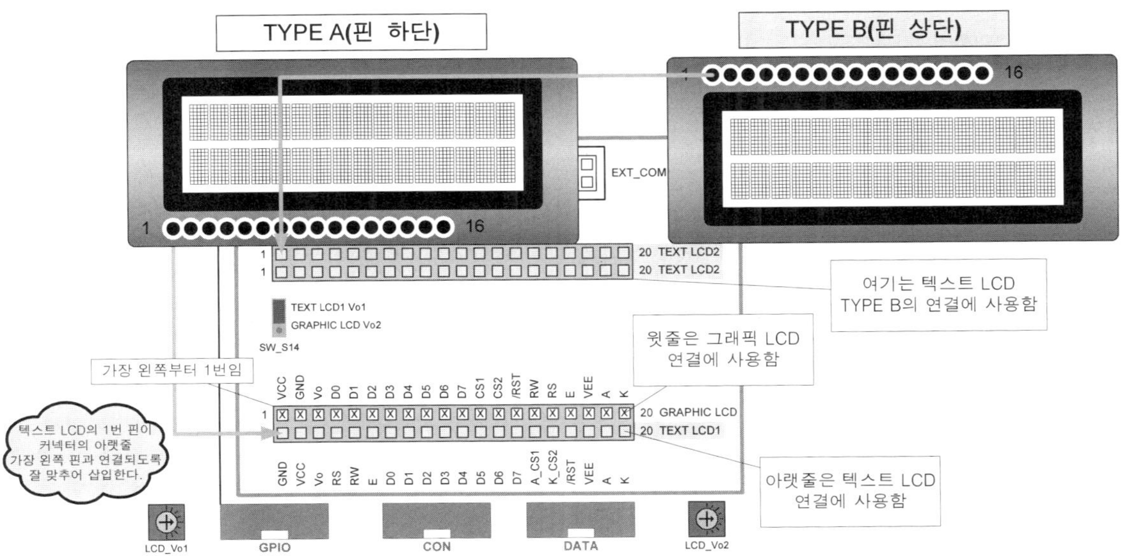
TYPE A(핀 하단)
TYPE B(핀 상단)
EXT_COM
20 TEXT LCD2
20 TEXT LCD2
여기는 텍스트 LCD
TYPE B의 연결에 사용함
TEXT LCD1 Vo1
GRAPHIC LCD Vo2
SW_S14
윗줄은 그래픽 LCD
연결에 사용함
가장 왼쪽부터 1번임
VCC GND Vo D0 D1 D2 D3 D4 D5 D6 D7 CS1 CS2 /RST RW RS E VEE A K
20 GRAPHIC LCD
20 TEXT LCD1
텍스트 LCD의 1번 핀이
커넥터의 아랫줄
가장 왼쪽 핀과 연결되도록
잘 맞추어 삽입한다.
GND VCC Vo RS RW E D0 D1 D2 D3 D4 D5 D6 D7 A_CS1 K_CS2 /RST VEE A K
아랫줄은 텍스트 LCD
연결에 사용함
LCD_Vo1
GPIO
CON
DATA
LCD_Vo2

PORTA ⇔ LED_L

PORTA	BIT7	BIT6	BIT5	BIT4	BIT3	BIT2	BIT1	BIT0
Device Pin	LED16	LED15	LED14	LED13	LED12	LED11	LED10	LED9
입출력	Out	Out	Out	Out	Out	Out	Out	Out

PORTB ⇔ LED_H

PORTB	BIT7	BIT6	BIT5	BIT4	BIT3	BIT2	BIT1	BIT0
Device Pin	LED8	LED7	LED6	LED5	LED4	LED3	LED2	LED1
입출력	Out	Out	Out	Out	Out	Out	Out	Out

PORTF ⇔ DATA

PORTF	BIT7	BIT6	BIT5	BIT4	BIT3	BIT2	BIT1	BIT0
Device Pin	D7	D6	D5	D4	D3	D2	D1	D0
입출력	In/Out	In/Out	In/Out	In/Out	In/Out	In/Out	In/Out	In/Out

PORTE ⇔ CON

PORTE	BIT7	BIT6	BIT5	BIT4	BIT3	BIT2	BIT1	BIT0
Device Pin	–	–	–	K	A	E	RW	RS
입출력	–	–	–	Out	Out	Out	Out	Out

PORTD ⇔ TACK

PORTD	BIT7	BIT6	BIT5	BIT4	BIT3	BIT2	BIT1	BIT0
Device Pin	SW7	SW6	SW5	SW4	SW3	SW2	SW1	SW0
입출력	In	In	In	In	In	In	In	In

그림 12.3.2 타이머/카운터 실험을 위한 회로 연결

타이머/카운터1의 실험에서 ATmega128의 시스템 클록은 8MHz로 설정하여 실험한다. 따라서 그림 12.3.3 (b)와 같이 SW1 스위치 모듈에서 CLK 부분의 스위치 2개를 모두 아래로 내려 ATmega128 MCU가 8MHz의 클록을 사용하도록 설정한다. 한편, 다른 장의 실험에서는 그림 12.3.3 (a)와 같이 CLK 부분의 스위치 2개를 모두 위로 올려 ATmega128 MCU가 14.7456MHz의 클록을 사용하도록 설정한다.

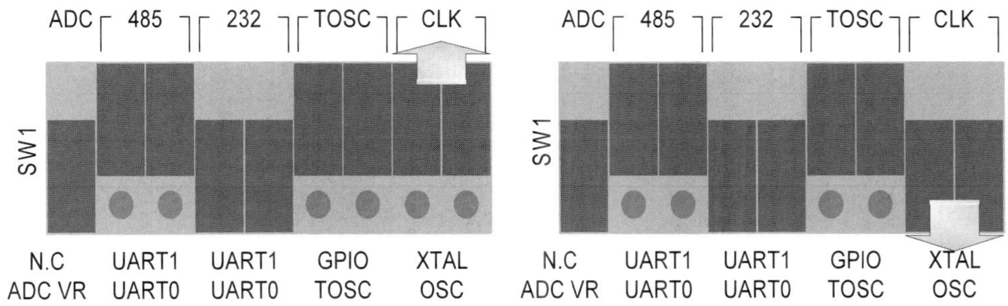

(a) 14.7456MHz의 크리스털 발진 선택 (b) 8MHz의 오실레이터(OSC) 발진 선택

그림 12.3.3 AVR 트레이닝 키트(WES-XUN I)의 SW1 스위치 모듈 설정

T·I·P

AVR 트레이닝 키트(WES-XUN I)에서는 그림 12.3.3 (a)와 같이 SW1 스위치 모듈에서 CLK 부분의 스위치 2개를 위로 올리게 되면 ATmega128의 외부 발진회로(XTAL1, XTAL2)에 크리스탈이 연결되고, 그림 12.3.3 (b)와 같이 SW1 스위치 모듈에서 CLK 부분의 스위치 2개를 아래로 내리게 되면 ATmega128의 외부 발진회로(XTAL1)에 오실레이터가 연결된다. 크리스탈의 발진 주파수는 14.7456MHz 이며, 오실레이터의 발진 주파수는 8MHz이다. 한편, AVR의 퓨즈 비트에서 클록 설정이 잘못되어 응급조치를 하고자 할 때 그림 12.3.3 (b)와 같이 설정하여 응급조치를 진행 할 수 있다.

util/delay.h 헤더파일에 정의된 _delay_ms() 함수를 사용하면 F_CPU 매크로를 사용하여 () 안에 설정된 크기만큼 시간을 지연시킨다. 이때 AVR Studio 4의 [Project] → [Configuration Options] 서브 메뉴의 Frequency: 항목에 ATmega128이 사용하는 주파수를 설정하지 않으면 F_CPU 매크로는 1000000을 기본값으로 사용한다. AVR 트레이닝 키트(WES-XUN I)는 1000000의 주파수를 사용하지 않으므로 스위치의 설정에 따라 AVR 트레이닝 키트(WES-XUN I)가 사용하는 주파수를 설정해야 한다.

AVR 트레이닝 키트(WES-XUN I)에서 그림 12.3.3 (a)와 같이 SW1 스위치 모듈에서 CLK 스위치 2개를 위로 올렸을 때에 AVR ATmega128이 주파수 14.7456MHz의 수정 발진기 클록 소스를 사용하게 되므로 반드시 올려서 사용해야 한다. 한편, 그림 12.3.3 (b)와 같이 SW1 스위치 모듈에서 CLK 스위치 2개를 아래로 내렸을 때에 AVR ATmega128은 주파수 8MHz의 오실레이터 발진기 클록 소스를 사용하게 된다. 따라서 경고 메시지를 없애고, 지연 시간에 오차를 없애기 위해서는 CLK 스위치 2개를 위로 올리는 경우 Frequency: 항목에 14745600을 설정하고, CLK 스위치 2개를 아래로 내리는 경우 Frequency: 항목에 8000000을 설정해야한다. 또한 이러한 설정은 새로운 project를 생성할 때마다 반드시 수행해야 한다. 한편, Frequency: 항목에 설정된 값을 WinAVR 컴파일러의 F_CPU 매크로에 적용된다. 즉, Frequency: 항목에 14745600 이라고 설정하면, #define F_CPU 14745600 문장과 같이 동작한다.

12.3.2 타이머/카운터1의 1s 오버플로우 인터럽트를 이용하여 LED에 1s의 업-카운트를 출력하는 예제

단계 1 AVR Studio 4에서 새로운 project를 생성하고, C 언어 소스 프로그램을 작성하여 저장한다. 자세한 내용은 5.4.2절의 [단계 1]을 참조한다.

[단계 1]-(1) Project type은 AVR GCC를 선택하고, Project name:은 ch12_step1, Initial file:은 ch12_step1이라고 입력하고, Create initial file과 Create folder를 체크하고, Location:은 C:₩avr_test를 선택한 후에 [Next >>] 버튼을 누르고 다음 단계로 진행한다.

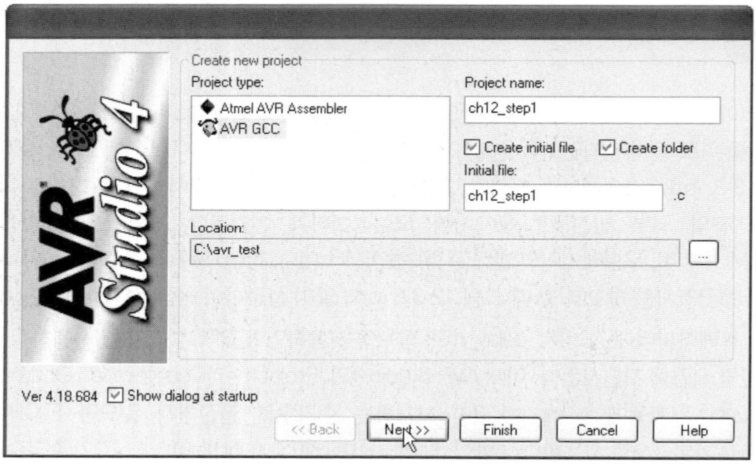

[단계 1]-(2) AVR Studio 4 편집 화면에 다음과 같이 C 언어 소스 프로그램을 작성하여 저장한다.

```
//
// ch12_step1.c
//
// ATmega128의 레지스터 등이 정의되어 있음
#include <avr/io.h>

// _delay_ms() 함수 등이 정의되어 있음
#include <util/delay.h>

// 인터럽트와 관련한 매크로 및 인터럽트 서비스 루틴에 대한 정보가 정의 되어 있음
#include <avr/interrupt.h>
```

```
// 8비트 변수 count를 초기 값 0으로 하여 RAM에 할당
volatile unsigned char count = 0;

// 타이머/카운터1의 오버플로우 인터럽트 서비스 루틴
ISR(TIMER1_OVF_vect){
  // 1s 오버플로우를 위한 타이머/카운터1의 초기 값
  // 0xFFFF - 0x85EE   + 1 = 31250(오버플로우까지의 클록 수)
  TCNT1H = 0x85;
  TCNT1L = 0xEE;
  count++;
}

// C 언어의 주 실행 함수
int main(void){
  // 포트 A의 방향 설정, 0 : 입력, 1 : 출력
  // PA7  PA6  PA5   PA4   PA3   PA2   PA1   PA0
  // Out  Out  Out   Out   Out   Out   Out   Out
  DDRA = 0B11111111;

  // 타이머/카운터1의 프리스케일러 설정
  //    7      6      5      4      3      2      1      0
  // ICNC1   ICES1    -    WGM13 WGM12  CS12   CS11   CS10
  // CS12:0 - 000 : 클록 소스 차단
  // CS12:0 - 001 : clk
  // CS12:0 - 010 : clk / 8
  // CS12:0 - 011 : clk / 64
  // CS12:0 - 100 : clk / 256
  // CS12:0 - 101 : clk / 1024
  // CS12:0 - 110 : T1 외부 클록, 하강 에지에서 동작
  // CS12:0 - 111 : T1 외부 클록, 상승 에지에서 동작
  TCCR1B = 0x04;

  // 타이머/카운터1의 오버플로우 개별 인터럽트 허용
  TIMSK = (1 << TOIE1);

  // 1ms 오버플로우를 위한 타이머/카운터1의 초기 값
  TCNT1H = 0x85;
  TCNT1L = 0xEE;

  // 전역(Global) 인터럽트 허용
  sei();
```

```
    // while 블록 안의 문장을 무한 반복
    while(1){
        PORTA = ~count;  // count의 값을 토글하여 LED에 출력
    }

    // 함수의 형태와 같이 정수형(int)의 값을 반환함
    return 1;
}
```

C 언어 소스 프로그램 설명

핵심포인트

타이머/카운터1을 이용하여 1초에 한번씩 오버플로우 인터럽트가 발생하도록 하기 위해서는 첫째, 타이머/카운터의 클록 속도를 설정하기 위하여 프리스케일러를 설정(TCCR1B = 0x04; 문장)해야 하며, 둘째, 클록 속도에 따라 1초 동안 발생하는 클록의 개수를 계산하고, 셋째, 1초 이후에 오버플로우가 발생하게 되는 타이머/카운터의 초기값을 설정(TCNT1H = 0x85; TCNT1L = 0xEE; 문장)해야 한다. 넷째, 타이머/카운터의 개별 인터럽트를 허용(TIMSK = (1 << TOIE1; 문장)해야 하며, 다섯째, SREG 레지스터의 I비트가 논리 1로 설정(sei(); 문장)되어야 한다. 여섯째, 오버플로우가 발생하였을 경우 처리해야할 인터럽트 서브루틴을 정의(ISR(TIMER1_OVF_vect){} 문장)해야 한다. 또한 오버플로우 인터럽트 서브루틴에서 타이머/카운터의 초기값을 다시 설정해 주어야 한다. 한편, ATmega128의 타이머/카운터는 0~3까지 모두 4개이며, 제어방법은 동일하거나 대동소이하므로 타이머/카운터1을 이용한 실험으로 모든 실습을 대체한다.

타이머/카운터의 초기값 설정은 TCNT1H, TCNT1L 레지스터를 통해 할 수 있으며, 프리스케일러 설정은 TCCR1A/B/C 레지스터를 통해 할 수 있고, 오버플로우 인터럽트 개별 허용은 TIMSK 레지스터를 통해 설정할 수 있다.

avr/io.h 헤더 프로그램에는 DDRx 레지스터, PORTx 레지스터 등이 정의되어 있으므로 이들 레지스터를 사용하려면 반드시 포함시켜야 한다.

avr/interrupt.h 헤더 프로그램에는 인터럽트와 관련한 정보와 매크로 정의가 포함되어 있다. 인터럽트 서브루틴 및 sei() 매크로 등을 사용하기 위해서는 반드시 포함키켜야 한다.

volatile unsigned char count = 0; 문장은 8비트 크기를 갖는 부호를 사용하지 않는 변수인 count를 레지스터가 아닌 RAM에 할당하고, 0으로 초기화 하도록 선언하고 있다.

ISR(TIMER1_OVF_vect) 서브루틴은 타이머/카운터1의 오버플로우 인터럽트 서브루틴을 의미한다. 이 서브루틴은 1s에 한 번씩 타이머/카운터가 오버플로우가 발생하도록 TCNT1H와 TCNT1L 레지스터의 초기 값을 설정하고 있다. 한편 count++; 문장은 인터럽트 오버플로우 서브루틴에 포함되어 있으므로, 1s에 1씩 업-카운트 한다.

DDRx 레지스터는 포트의 입출력 방향을 결정하는 레지스터이며 x는 포트명이고 DDRxn의 각 비트 값이 0이면 입력, 1이면 출력으로 설정된다. 따라서 DDRA = 0B11111111; 문장은 포트 A는 모든 비트를 출력하겠다는 의미이다.

TCCR1B = 0x04; 문장은 타이머/카운터1의 프리스케일러를 256분주로 설정하겠다는 의미이다. 따라서 8MHz의 클록이 256회 반복될 때 타이머/카운터1에는 하나의 클록 펄스가 발생한다.

TIMSK 레지스터는 타이머/카운터의 인터럽트를 개별적으로 허용하는 레지스터이고, TIMSK = (1 << TOIE1); 문장은 타이머/카운터1의 오버플로우 인터럽트를 허용하겠다는 의미를 나타낸다.

TCNT1H = 0x85; TCNT1L = 0xEE; 문장은 타이머/카운터1이 1s에 한번씩 오버플로우가 발생하도록 초기 값을 설정하겠다는 의미이다.

sei(); 문장은 SREG 레지스터의 I 비트를 논리 1로 설정하겠다는 매크로이며, 이것은 모든 인터럽트를 허용하겠다는 의미이다.

무한루프인 while(1)에 PORTA = ~count; 문장이 포함되어 있으므로 포트 A에는 count 변수의 값이 토글되어 계속해서 출력된다. count 변수는 1s에 1씩 증가되므로 8개의 LED는 업-카운트 동작을 계속하게 된다.

T·I·P

C 언어 소스 프로그램은 CD Drive:₩Source₩ch12₩ch12_step1₩ch12_step1.c 파일을 참조한다.

단계 2 AVR Studio 4를 이용하여 C 언어 소스 프로그램을 Build 한다. 자세한 내용은 5.4.2절의 [단계 2]를 참조한다.

단계 3 PonyProg를 이용하여 ATmega128에 hex 파일을 ISP 다운로드 한다. 자세한 내용은 5.4.2절의 [단계 3]을 참조한다.

단계 4 다운로드가 완료되면 AVR 트레이닝 키트(WES-XUN I)에서 동작을 확인한다. AVR 트레이닝 키트(WES-XUN I)가 8MHz로 구동될 때 타이머/카운터1은 1s에 한 번씩 오버플로우가 발생한다. 오버플로우가 발생할 때마다 count 변수는 하나씩 증가하게 되며, 이 값을 포트 A에 출력하므로 LED는 LED9 부터 LED16 까지 8비트 업-카운트 하게 된다. 그림 12.3.4는 ATmega128이 리셋된 후에 약 3초 후의 상태를 나타내고 있다.

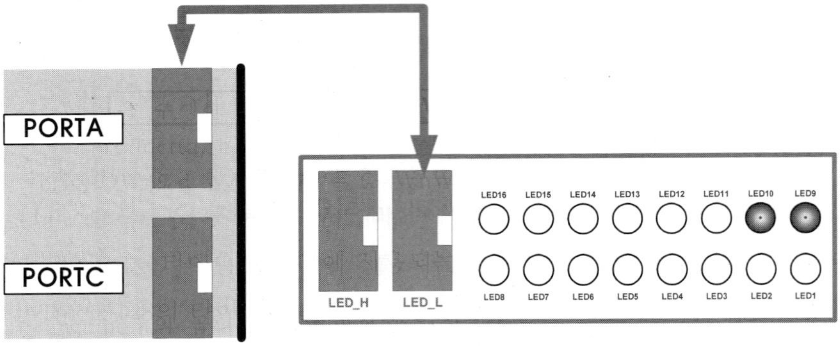

그림 12.3.4 ATmega128이 리셋 된 후에 약 3초 후의 상태

12.3.3 타이머/카운터1의 1ms 오버플로우 인터럽트를 이용하여 LED에 100ms 주기의 업-카운트를 출력하는 예제

단계 1 AVR Studio 4에서 새로운 project를 생성하고, C 언어 소스 프로그램을 작성하여 저장한다. 자세한 내용은 5.4.2절의 [단계 1]을 참조한다.

[단계 1]-(1) Project type은 AVR GCC를 선택하고, Project name:은 ch12_step2, Initial file:은 ch12_step2이라고 입력하고, Create initial file과 Create folder를 체크하고, Location:은 C:₩avr_test를 선택한 후에 [Next >>] 버튼을 누르고 다음 단계로 진행한다.

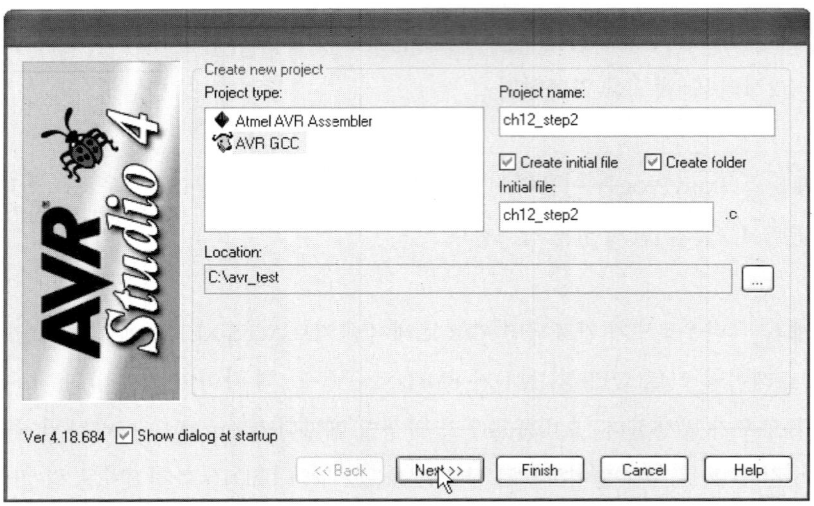

[단계 1]-(2) AVR Studio 4 편집 화면에 다음과 같이 C 언어 소스 프로그램을 작성하여 저장한다.

```
//
// ch12_step2.c
//

// ATmega128의 레지스터 등이 정의되어 있음
#include <avr/io.h>

// 인터럽트와 관련한 매크로 및 인터럽트 서비스 루틴에 대한 정보가 정의 되어 있음
#include <avr/interrupt.h>

// 8비트 변수 count와 i를 초기 값 0으로 하여 RAM에 할당
volatile unsigned char count = 0, i = 0;

// 타이머/카운터1의 오버플로우 인터럽트 서비스 루틴
ISR(TIMER1_OVF_vect){
   // 1ms 오버플로우를 위한 타이머/카운터1의 초기 값
   TCNT1H = 0xE0;
   TCNT1L = 0xC0;
   count++;
}

// C 언어의 주 실행 함수
int main(void){
   // 포트 A의 방향 설정, 0 : 입력, 1 : 출력
  // PA7   PA6   PA5   PA4   PA3   PA2   PA1   PA0
   // Out  Out   Out   Out   Out   Out   Out   Out
   DDRA = 0B11111111;

   // 타이머/카운터1의 프리스케일러 설정
   //      7       6      5      4       3      2      1      0
   // ICNC1   ICES1   -    WGM13  WGM12  CS12   CS11   CS10
   // CS12:0 - 000 : 클록 소스 차단
   // CS12:0 - 001 : clk
   // CS12:0 - 010 : clk / 8
   // CS12:0 - 011 : clk / 64
   // CS12:0 - 100 : clk / 256
   // CS12:0 - 101 : clk / 1024
```

```
    // CS12:0 - 110 : T1 외부 클록, 하강 에지에서 동작
    // CS12:0 - 111 : T1 외부 클록, 상승 에지에서 동작
    TCCR1B = 0x01;          // clk를 분주 없이 사용.

    // 타이머/카운터1의 오버플로우 개별 인터럽트 허용
    TIMSK = (1 << TOIE1);

    // 1ms 오버플로우를 위한 타이머/카운터1의 초기 값
    TCNT1H = 0xE0;
    TCNT1L = 0xC0;

    // 전역(Global) 인터럽트 허용
    sei();

    // while 블록 안의 문장을 무한 반복
    while(1){
        if(count >= 100){
            count = 0;
            i++;
        }

        PORTA = ~i;             // i의 값을 토글하여 LED에 출력
    }

    // 함수의 형태와 같이 정수형(int)의 값을 반환함
    return 1;
}
```

C 언어 소스 프로그램 설명

핵심포인트

1ms에 한번 오버플로우가 발생하는 타이머를 이용하여 100ms에 한번 i 변수가 업 카운트 하는 동작을 프로그래밍 하기 위해서는 1ms에 한번 오버플로우가 발생하는 인터럽트 서브 루틴에 인터럽트가 발생할 때마다 1씩 증가하는 count 변수를 설정하고 이 count 변수가 100 이상이 되면 100ms 이상 시간이 흐른 것이므로 이 조건에 맞추어 i 변수를 증가시키면 된다.

avr/io.h 헤더 프로그램에는 DDRx 레지스터, PORTx 레지스터 등이 정의되어 있으므로 이들 레지스터를 사용하려면 반드시 포함시켜야 한다.

avr/interrupt.h 헤더 프로그램에는 인터럽트와 관련한 정보와 매크로 정의가 포함되어 있다. 인터럽트 서브루틴 및 sei() 매크로 등을 사용하기 위해서는 반드시 포함시켜야 한다.

volatile unsigned char count = 0, i = 0; 문장은 8비트 크기를 갖는 부호를 사용하지 않는 변수인 count와 i를 레지스터가 아닌 RAM에 할당하고, 0으로 초기화 하도록 선언하고 있다.

ISR(TIMER1_OVF_vect) 서브루틴은 타이머/카운터1의 오버플로우 인터럽트 서브루틴을 의미한다. 이 서브루틴은 1ms에 한 번씩 타이머/카운터가 오버플로우가 발생하도록 TCNT1H와 TCNT1L 레지스터의 초기 값을 설정하고 있다. 한편 count++; 문장은 인터럽트 오버플로우 서브루틴에 포함되어 있으므로, 1ms에 1씩 업-카운트 한다.

DDRx 레지스터는 포트의 입출력 방향을 결정하는 레지스터이며 x는 포트명이고 DDRxn의 각 비트 값이 0이면 입력, 1이면 출력으로 설정된다. 따라서 DDRA = 0B11111111; 문장은 포트 A는 모든 비트를 출력하겠다는 의미이다.

TCCR1B = 0x01; 문장은 타이머/카운터1의 프리스케일러를 1분주로 설정하겠다는 의미이다. 따라서 8MHz의 클록이 타이머/카운터1에 전달된다.

TIMSK 레지스터는 타이머/카운터의 인터럽트를 개별적으로 허용하는 레지스터이고, TIMSK = (1 << TOIE1); 문장은 타이머/카운터1의 오버플로우 인터럽트를 허용하겠다는 의미를 나타낸다.

TCNT1H = 0xE0; TCNT1L = 0xC0; 문장은 타이머/카운터1이 1ms에 한번씩 오버플로우가 발생하도록 초기 값을 설정하겠다는 의미이다.

sei(); 문장은 SREG 레지스터의 I 비트를 논리 1로 설정하겠다는 매크로이며, 이것은 모든 인터럽트를 허용하겠다는 의미이다.

무한루프인 while(1)에 PORTA = ~i; 문장이 포함되어 있으므로 포트 A에는 i 변수의 값이 토글되어 계속해서 출력된다.

if(count >= 100) 문장은 의해 count 변수가 100이상 일 때 count 변수는 0으로 초기화 되고, i 변수가 1씩 증가하므로 i 변수는 100ms에 1씩 업-카운트 하게 된다. 따라서 LED는 100ms의 주기로 업-카운트 한다.

T·I·P

C 언어 소스 프로그램은 CD Drive:₩Source₩ch12₩ch12_step2₩ch12_step2.c 파일을 참조한다.

단계 2 AVR Studio 4를 이용하여 C 언어 소스 프로그램을 Build 한다. 자세한 내용은 5.4.2절의 [단계 2]를 참조한다.

단계 3 PonyProg를 이용하여 ATmega128에 hex 파일을 ISP 다운로드 한다. 자세한 내용은 5.4.2절의 [단계 3]을 참조한다.

단계 4 다운로드가 완료되면 AVR 트레이닝 키트(WES-XUN I)에서 동작을 확인한다. AVR 트레이닝 키트(WES-XUN I)가 8MHz로 구동될 때 타이머/카운터1은 1ms 에 한 번씩 오버플로우가 발생한다. 오버플로우가 발생할 때마다 count 변수는 하나씩 증가하게 되고, count 변수가 100 이상이 되면 i 변수를 1씩 증가시킨다. i 변수의 값을 포트 A에 출력하므로 LED는 LED9부터 LED16 까지 8비트 업-카운트 하게 된다. 한편, LED는 100ms 라는 주기로 업-카운트된다. 그림 12.3.5는 약 900ms 이후에 LED 상태를 나타내고 있다.

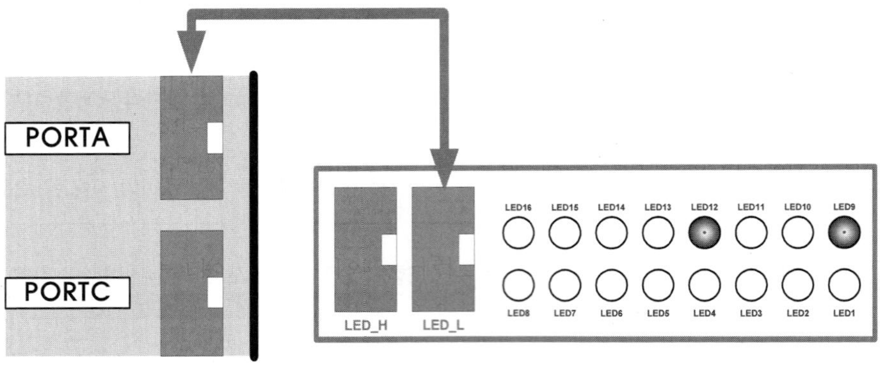

그림 12.3.5 약 900ms 이후에 LED 상태

12.3.4 타이머/카운터1의 10ms 오버플로우 인터럽트를 이용하여 시간을 텍스트 LCD에 출력하는 예제

단계 1 AVR Studio 4에서 새로운 project를 생성하고, C 언어 소스 프로그램을 작성하여 저장한다. 자세한 내용은 5.4.2절의 [단계 1]을 참조한다.

[단계 1]-(1) Project type은 AVR GCC를 선택하고, Project name:은 ch12_step3, Initial file:은 ch12_step3이라고 입력하고, Create initial file과 Create folder를 체크하고, Location:은 C:₩avr_test를 선택한 후에 [Next >>] 버튼을 누르고 다음 단계로 진행한다.

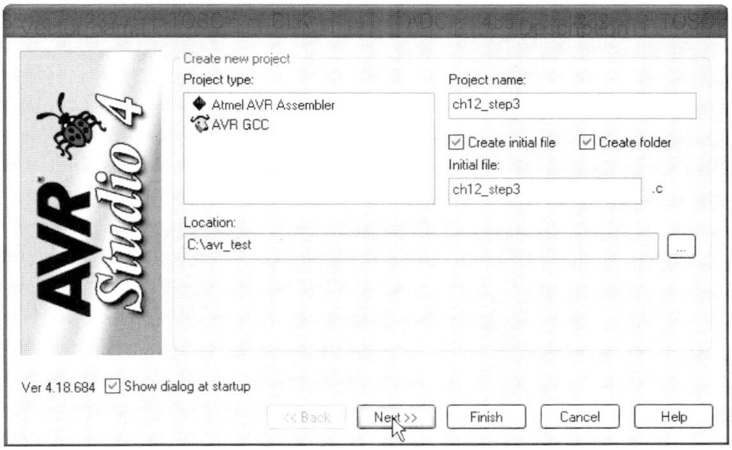

[단계 1]-(2) AVR Studio 4 편집 화면에 다음과 같이 C 언어 소스 프로그램을 작성하여 저장한다.

```
//
// ch12_step3.c
//

// 텍스트 LCD 제어 관련 정보가 정의 되어 있음
#include "ch12_lcd.h"

// 사용자 함수 원형 선언
void ClockGen(void);              // 시계 클록 발생
void LCD_ClockInt2Asc(void);      // 시계 데이터를 문자 데이터로 변환
void LCD_ClockDisplay(void);      // 텍스트 LCD로 시계 출력.

// 8비트 변수 count를 초기 값 0으로 하여 RAM에 할당
volatile unsigned char count = 0;


unsigned char time_str[4][3];  // 텍스트 LCD 출력용 문자 및 업데이트 상태를 저장
unsigned char time[4];         // 시간 제어용 변수
unsigned char i, j;            // for 문에서 사용하는 변수 선언

// 타이머/카운터1의 오버플로우 인터럽트 서비스 루틴
ISR(TIMER1_OVF_vect){
  // 10ms 오버플로우를 위한 타이머/카운터1의 초기 값
  TCNT1H = 0xD8;
```

```
    TCNT1L = 0xF0;
    count++;
}

// C 언어의 주 실행 함수
int main(void){

    // 포트 E의 방향 설정, 0 : 입력, 1 : 출력
    // PE7   PE6   PE5   PE4   PE3   PE2   PE1   PE0
    // Out   Out   Out   Out   Out   Out   Out   Out
    // RS    RW    E     A     K
    DDRE = 0B11111111;

    // 포트 F의 방향 설정, 0 : 입력, 1 : 출력
    // PF7   PF6   PF5   PF4   PF3   PF2   PF1   PF0
    // Out   Out   Out   Out   Out   Out   Out   Out
    DDRF = 0B11111111;

    // 타이머/카운터1의 프리스케일러 설정
    //    7       6       5      4       3       2      1      0
    // ICNC1   ICES1    -     WGM13   WGM12   CS12   CS11   CS10
    // CS12:0 - 000 : 클록 소스 차단
    // CS12:0 - 001 : clk
    // CS12:0 - 010 : clk / 8
    // CS12:0 - 011 : clk / 64
    // CS12:0 - 100 : clk / 256
    // CS12:0 - 101 : clk / 1024
    // CS12:0 - 110 : T1 외부 클록, 하강 에지에서 동작
    // CS12:0 - 111 : T1 외부 클록, 상승 에지에서 동작
    TCCR1B = 0x02;        // clk / 8 분주로 사용.

    // 타이머/카운터1의 오버플로우 개별 인터럽트 허용
    TIMSK = (1 << TOIE1);

    // 1ms 오버플로우를 위한 타이머/카운터1의 초기 값
    TCNT1H = 0xD8;
    TCNT1L = 0xF0;

    // 전역(Global) 인터럽트 허용
    sei();
    // 시간 처리를 위한 변수를 0으로 초기화
    for(i = 0; i < 4; i++){
```

```
        for(j = 0; j < 3; j++){
            if(j != 2)                          // 텍스트 LCD 업데이트 상태 플래그
                time_str[i][j] = 0; // 모든 변수값을 0으로 초기화
            else
                // 최초에 텍스트 LCD에 시계를 디스플레이 하도록 하기 위함
                time_str[i][2] = 1;
        }
        // 시간 초기 값을 모두 0으로 설정, 00 :00 :00.00 으로 표시됨
        time[i] = 0;
    }

    LCD_Init();                 // 텍스트 LCD 초기화

    // 텍스트 LCD의 커서를 DDRAM의 0 번지로 설정.
    LCD_wBCommand(0x80 | 0x00);
    // 텍스트 LCD에 "LCD CLOCK" 이라는 문자열 출력
    LCD_wString("    LCD CLOCK       ");

    // 텍스트 LCD의 커서를 DDRAM의 0x40 번지로 설정
    LCD_wBCommand(0x80 | 0x40);
    // 텍스트 LCD에 "   00:00:00.00      " 이라는 문자열 출력
    LCD_wString("   00:00:00.00      ");


    // while 블록 안의 문장을 무한 반복
    while(1){
        ClockGen();                 // 시계 클록 생성
        LCD_ClockInt2Asc();         // 시간 값을 문자열로 변환
        LCD_ClockDisplay();         // 디지털 시계와 같은 형태로 LCD에 출력
    }

    // 함수의 형태와 같이 정수형(int)의 값을 반환함
    return 1;
}

// 시계 클록 발생 함수
void ClockGen(void){
    time[0] = count;            // 1/100 초 값을 저장
    // 초단위의 시계 동작 처리
    if(count >= 100) {
```

```
        count %= 100;    // 1/100 초 처리

        time[1]++;                    // 1초 처리
        time_str[1][2] = 1;           // 초 단위 디스플레이 업데이트 플래그 세트

        if(time[1] >= 60){            // 1분 처리
            time[2]++;
            time_str[2][2] = 1;  // 분단위 디스플레이 업데이트 플래그 세트
        }

        if(time[2] >= 60){            // 1시간 처리
            time[3]++;
            time_str[3][2] = 1;  // 시단위 디스플레이 업데이트 플래그 세트
        }

        time[1] %= 60;  // 초 단위 값을 60 미만의 값으로 설정
        time[2] %= 60;  // 분 단위 값을 60 미만의 값으로 설정
        time[3] %= 24;  // 시 단위 값을 24 미만의 값으로 설정
    }
}

// 현재의 시간을 문자열로 변환하여 저장
void LCD_ClockInt2Asc(void){
    time_str[0][0] = (time[0] / 10) | 0x30;  // 1/100 초의 10의 자리 값을 문자로 변환
    time_str[0][1] = (time[0] % 10) | 0x30; // 1/100 초의 1의 자리 값을 문자로 변환

    time_str[1][0] = (time[1] / 10) | 0x30;  // 초의 10의 자리 값을 문자로 변환
    time_str[1][1] = (time[1] % 10) | 0x30; // 초의 1의 자리 값을 문자로 변환

    time_str[2][0] = (time[2] / 10) | 0x30;  // 분의 10의 자리 값을 문자로 변환
    time_str[2][1] = (time[2] % 10) | 0x30; // 분의 1의 자리 값을 문자로 변환

    time_str[3][0] = (time[3] / 10) | 0x30;  // 시의 10의 자리 값을 문자로 변환
    time_str[3][1] = (time[3] % 10) | 0x30; // 시의 1의 자리 값을 문자로 변환
}

// 현재 시간을 LCD에 디스플레이
void LCD_ClockDisplay(void){
    // 1/100 초 값 출력
    // LCD의 커서를 둘째 줄의 11번째 칸으로 설정
    // 0x80 : 어드레스 카운터(AC)를 설정하겠다는 의미
```

```
// 0x40 : 어드레스 카운터를 둘째 줄로 설정하겠다는 의미
//        (0x40은 둘째 줄의 첫 번째 칸 어드레스임)
// 11  : 11번째 칸을 의미
LCD_wBCommand(0x80 | 0x40 | 11);
LCD_wData(time_str[0][0]);       // 1/100 초의 10의 자리 값 출력
LCD_wData(time_str[0][1]);       // 1/100 초의 1의 자리 값 출력

// 1초 값 출력
if(time_str[1][2] == 1){ // 초의 자리 업데이트 조건 판단
        time_str[1][2] = 0;
        // LCD의 커서를 둘째 줄의 8번째 칸으로 설정
        // 0x80 : 어드레스 카운터(AC)를 설정하겠다는 의미
        // 0x40 : 어드레스 카운터를 둘째 줄로 설정하겠다는 의미
        //        (0x40은 둘째 줄의 첫 번째 칸 어드레스임)
        // 8     : 8번째 칸을 의미
        LCD_wBCommand(0x80 | 0x40 | 8);
        LCD_wData(time_str[1][0]);         // 초의 10의 자리 값 출력
        LCD_wData(time_str[1][1]);         // 초의 1의 자리 값 출력
}

// 1분 값 출력
if(time_str[2][2] == 1){                   // 분의 자리 업데이트 조건 판단
        time_str[2][2] = 0;
        // 0x80 : 어드레스 카운터(AC)를 설정하겠다는 의미
        // 0x40 : 어드레스 카운터를 둘째 줄로 설정하겠다는 의미
        // (0x40은 둘째 줄의 첫 번째 칸 어드레스임)
        // 5     : 5번째 칸을 의미
        LCD_wBCommand(0x80 | 0x40 | 5);
        LCD_wData(time_str[2][0]);         // 분의 10의 자리 값 출력
        LCD_wData(time_str[2][1]);         // 분의 1의 자리값 출력
}

// 1시 값 출력
if(time_str[3][2] == 1){           // 시의 자리 업데이트 조건 판단
        time_str[3][2] = 0;
        // LCD의 커서를 두 번째줄의 2번째 칸으로 설정
        // 0x80 : 어드레스 카운터(AC)를 설정하겠다는 의미
        // 0x40 : 어드레스 카운터를 둘째 줄로 설정하겠다는 의미
        //        (0x40은 둘째 줄의 첫 번째 칸 어드레스임)
        // 2     : 2번째 칸을 의미
        LCD_wBCommand(0x80 | 0x40 | 2);
```

```
            LCD_wData(time_str[3][0]);           // 시의 10의 자리 값 출력
            LCD_wData(time_str[3][1]);           // 시의 1의 자리 값 출력
    }
}
```

C 언어 소스 프로그램 설명

핵심포인트

시간의 흐름에 따라 카운트하는 동작은 ch12_step2.c 의 실험을 참조하여, 시, 분, 초, 1/100초를 카운트 하는 변수를 설정하고, 프로그램 한다. 출력을 위해 10의 자리 값을 구하는 방법은 변수를 100으로 나눈 나머지의 10으로 나눈 몫을 구하면 되고, 1의 자리 값을 구하는 방법은 변수를 10으로 나눈 나머지의 1로 나눈 몫을 구하면 된다. 변수는 60이상을 가지지 못하므로 10의 자리를 구할 때 100으로 나눈 나머지를 구할 필요가 없으며, 1의 자리를 구할 때 1로 나눈 몫은 10으로 나눈 나머지와 같은 값을 가진다.

#include "ch12_lcd.h" 문장은 헤더 프로그램을 포함하는 문장으로, AVR 레지스터, 인터럽트 관련 매크로, 지연(delay) 관련 함수등 제어에 관련한 정보들이 정의 되어 있으므로 반드시 포함한다.

void ClockGen(void); 문장은 사용자가 만든 시계 클록 발생 함수이고, 함수 원형 선언을 나타내고 있다.

void LCD_ClockInt2Asc(void); 문장은 사용자가 만든 시간 정보를 문자로 변환하는 함수이고, 함수 원형 선언을 나타내고 있다.

void LCD_ClockDisplay(void); 문장은 사용자가 만든 LCD 디스플레이 함수이고, 함수 원형 선언을 나타내고 있다.

다음 문장들은 변수를 선언하는 부분으로 volatile 키워드가 결합되면 변수를 RAM 에 할당하게 되며, 인터럽트에 사용하는 변수는 반드시 volatile 키워드를 결합하여 사용하여야 변수가 레지스터에 할당되어 생기는 오류를 막을 수 있다.

volatile unsigned char count = 0; 8비트 변수 count를 초기 값 0으로 하여 RAM에 할당하겠다는 의미이다.

unsigned char time_str[4][3]; LCD 출력용 문자 및 업데이트 상태를 저장하는 배열이다.

unsigned char time[4]; 시간을 저장하는 제어용 변수이다.

unsigned char i, j; for 문 등에서 사용하는 변수이다.

ISR(TIMER1_OVF_vect){} 문장은 타이머/카운터1의 오버플로우 인터럽트 서비스 루틴으로 이 프로그램에서는 10ms에 한번씩 오버플로우가 발생하며, {}안의 문장이 실행된다.

int main(void){} 문장은 C 언어의 주 실행함수 이며, 전원이 인가되면 {}안의 문장이 수행된다.

DDRx 레지스터는 포트의 입출력 방향을 결정하는 레지스터이며 x는 포트명이고 DDRxn의 각 비트 값이 0이면 입력, 1이면 출력으로 설정된다. 따라서 DDRE = 0B11111111; 문장과 DDRF = 0B11111111; 문장은 포트 E와 포트 F의 모든 비트를 출력하겠다는 의미이다.

PORTx 레지스터는 포트에 출력할 논리 값을 저장하는 레지스터이며 x는 포트명이다.

TCCR1B = 0x02; 문장은 타이머/카운터1의 3개의 제어 레지스터중 B 레지스터를 나타내고 있다. 이 프로그램에서는 이 레지스터의 설정 기능 중 프리스케일러를 설정하는데 사용하고 있으며, clk / 8 클록을 사용하도록 설정하겠다는 의미이다.

TIMSK = (1 << TOIE1); 문장은 타이머/카운터1의 오버플로우 개별 인터럽트 허용하겠다는 의미이고, 이 비트가 논리 1로 설정되면 타이머/카운터1의 오버플로우가 발생하였을 때 타이머/카운터1의 오버플로우 서비스 루틴이 수행된다.

TCNTnH와 TCNTnL 레지스터는 타이머/카운터의 카운트 값을 저장하는 레지스터이며, 이 레지스터에 값을 넣는 동작은 초기 값을 설정하겠다는 의미이다. 다음의 TCNT1H와 TCNT1L 레지스터에 설정된 값은 타이머/카운터1이 10ms에 한 번씩 오버플로우가 발생되는 초기 값을 설정하고 있다.

TCNT1H = 0xD8;

TCNT1L = 0xF0;

sei(); 문장은 전역(Global) 인터럽트를 허용하겠다는 의미의 매크로이며, AVR에서 인터럽트 서비스 루틴을 수행하기 위해서는 반드시 필요한 문장이다.

for(i = 0; i < 4; i++){} 문장은 프로그램에 사용되는 변수를 동작에 맞도록 초기화하도록 for문을 이용하여 설정한다.

LCD_Init(); 문장은 텍스트 LCD를 초기화하는 함수이며, 기능세트 및 디스플레이 제어, 디스플레이 클리어, 리턴 홈 등의 동작을 수행한다.

다음의 문장은 전원이 인가된 후 텍스트 LCD에 처음으로 출력되는 문자열을 출력한다.

LCD_wBCommand(0x80 | 0x00); 문장은 첫째 줄의 첫 번째 칸을 선택한다.

LCD_wString("   LCD CLOCK   "); 문장은 "LCD CLOCK" 문자열을 출력한다.

LCD_wBCommand(0x80 | 0x40); 문장은 둘째 줄의 첫 번째 칸을 선택한다.

LCD_wString(" 00 :00 :00.00   "); 문장은 " 00 :00 :00.00   " 문자열을 출력한다.

while(1){} 문장은 {} 블록 안의 문장을 무한 반복하겠다는 의미이다.

ClockGen(); 문장은 시계 클록 생성하는 함수이며 이 함수를 통해 1/100초, 초, 분, 시의 값이 만들어진다.

LCD_ClockInt2Asc(); 문장은 정수값으로 이루어진 시간 값을 텍스트 LCD에 출력하기 위한 문자열로 변환한다. 변환된 문자열은 time_str[] 배열에 저장되며, 문자 값이 바뀐 배열에는 업데이트 동작이 이루어지도록 플래그를 세트한다.

LCD_ClockDisplay(); 문장은 디지털 시계와 같이 텍스트 LCD에 시간을 출력하는 함수이다.

return 1; 문장은 호출된 함수를 종료하는 문장으로 종료하면서 정수 1을 반환하겠다는 의미이다. 이것은 main() 함수가 정의된 형태가 반환형이 정수형이므로 정수값을 반환해야 한다.

void ClockGen(void) 함수는 시계 클록을 발생하는 함수이며, 자세한 동작은 프로그램에 작성된 주석을 참조한다.

void LCD_ClockInt2Asc(void) 함수는 현재의 시간을 문자열로 변환하여 배열에 저장하는 함수이며, 자세한 동작은 프로그램에 작성된 주석을 참조한다.

void LCD_ClockDisplay(void) 함수는 현재 시간을 텍스트 LCD에 디스플레이하는 함수이며, 자세한 동작은 프로그램에 작성된 주석을 참조한다.

[단계 1]-(3) 텍스트 LCD 제어 코드는 어떤 텍스트 LCD 이든 공통으로 쓸 수 있다. 따라서 텍스트 LCD 초기화 함수를 포함해 텍스트 LCD 제어에 관련한 함수 또는 매크로 등을 하나의 파일로 저장해 관리하면 편리하다. 10.4.3절의 int main(void) 함수 윗부분에 작성된 텍스트 LCD 제어 C 언어 소스 프로그램을 잘라내어 ch12_lcd.c 파일로 저장한다. 이때 풀다운 메뉴에서 [File] → [New File] 서브 메뉴를 누르면 나타나는 AVR Studio 4 편집 화면에 ch12_lcd.c C 언어 소스 프로그램을 작성하여 현재 project 폴더에 저장한다.

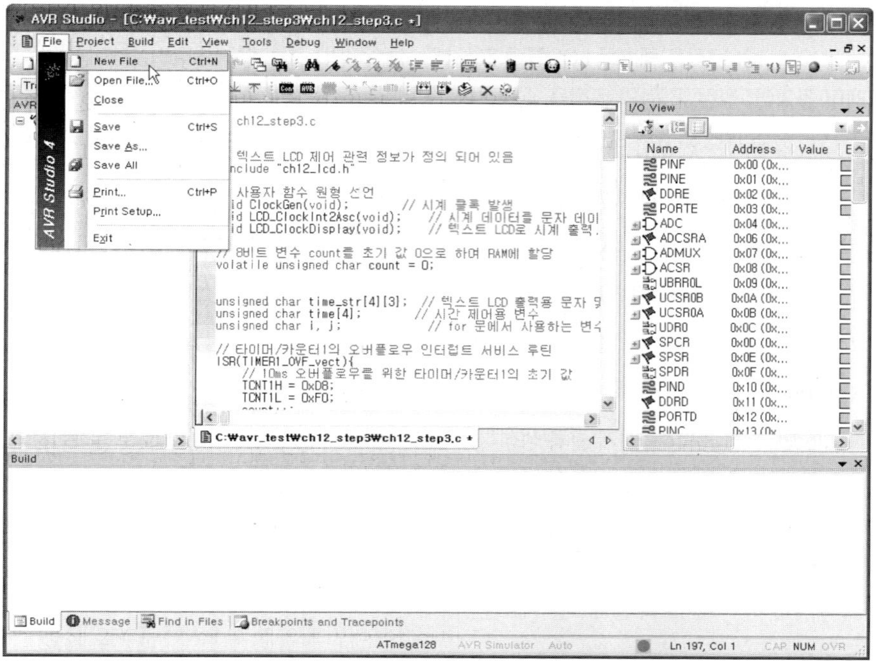

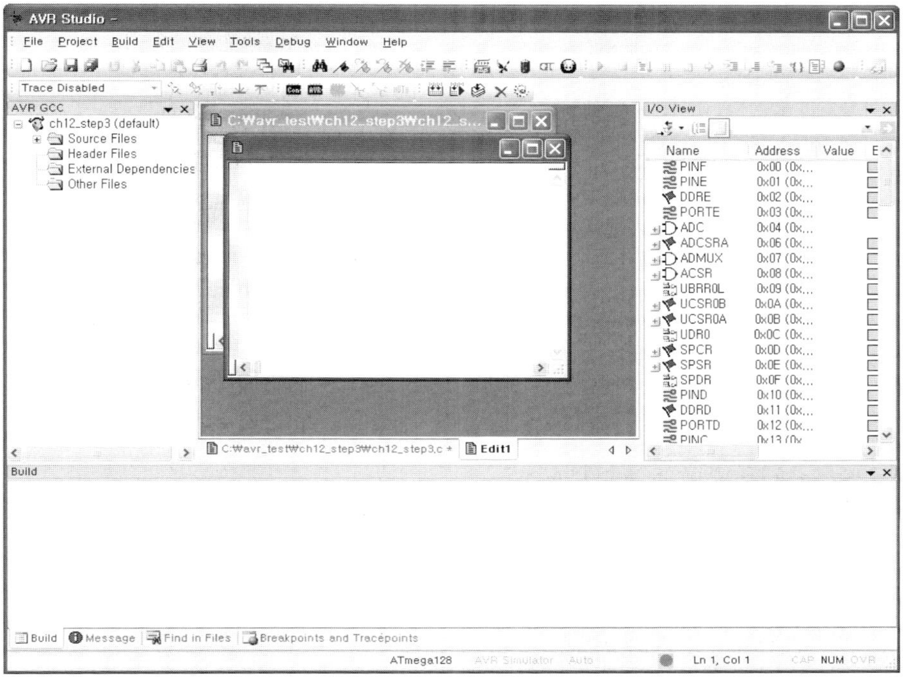

```
//
// ch12_lcd.c
//

// ch12_lcd.c 파일의 사용자 함수가 원형선언 되어 있음
#include "ch12_lcd.h"

// 텍스트 LCD로 부터 상태(명령)를 읽는 함수
unsigned char LCD_rCommand(void){
  unsigned char temp=1;

  LCD_DATA_DIR = 0X00;

  cbi(LCD_CON, LCD_RS);  // 0번 비트 클리어, RS = 0, 명령
  sbi(LCD_CON, LCD_RW);  // 1번 비트 설정, RW = 1, 읽기
  sbi(LCD_CON, LCD_E);   // 2번 비트 설정, E = 1
  _delay_us(1);

  temp = LCD_DATA_IN;  // 명령 읽기
  _delay_us(1);
```

```
    cbi(LCD_CON, LCD_E);     // 명령 읽기 동작 끝

    LCD_DATA_DIR = 0XFF;
    _delay_us(1);

    return temp;
}

// 텍스트 LCD의 비지 플래그 상태를 확인하는 함수
char LCD_BusyCheck(unsigned char temp){
    if(temp & 0x80)              return 1;
    else                         return 0;
}

// 텍스트 LCD에 명령을 출력하는 함수 - 단, 비지플래그 체크하지 않음
void LCD_wCommand(char cmd){
    cbi(LCD_CON, LCD_RS);   // 0번 비트 클리어, RS = 0, 명령
    cbi(LCD_CON, LCD_RW);   // 1번 비트 클리어, RW = 0, 쓰기
    sbi(LCD_CON, LCD_E);    // 2번 비트 설정, E = 1
    LCD_DATA = cmd;         // 명령 출력
    _delay_us(1);
    cbi(LCD_CON, LCD_E);    // 명령 쓰기 동작 끝

    _delay_us(1);
}

// 텍스트 LCD에 명령을 출력하는 함수 - 단, 비지플래그 체크함
void LCD_wBCommand(char cmd){
    while(LCD_BusyCheck(LCD_rCommand()))
        _delay_us(1);
    cbi(LCD_CON, LCD_RS);   // 0번 비트 클리어, RS = 0, 명령
    cbi(LCD_CON, LCD_RW);   // 1번 비트 클리어, RW = 0, 쓰기
    sbi(LCD_CON, LCD_E);    // 2번 비트 설정, E = 1

    LCD_DATA = cmd;         // 명령 출력
    _delay_us(1);
    cbi(LCD_CON, LCD_E);    // 명령 쓰기 동작 끝
    _delay_us(1);
}

// 텍스트 LCD를 초기화하는 함수
```

```
void LCD_Init(void){
  _delay_ms(100);
  // 비지 플래그를 체크하지 않는 Function Set
  LCD_wCommand(0x38);
  _delay_ms(10);
  // 비지 플래그를 체크하지 않는 Function Set
  LCD_wCommand(0x38);
  _delay_us(200);
  // 비지 플래그를 체크하지 않는 Function Set
  LCD_wCommand(0x38);
  _delay_us(200);

  // 비지 플래그를 체크하는 Function Set
  LCD_wBCommand(0x38);
  // 비지 플래그를 체크하는 Display On/Off Control
  LCD_wBCommand(0x0c);
  // 비지 플래그를 체크하는 Clear Display
  LCD_wBCommand(0x01);
}

// 텍스트 LCD에 1바이트 데이터를 출력하는 함수
void LCD_wData(char dat){
  while(LCD_BusyCheck(LCD_rCommand()))
        _delay_us(1);

  sbi(LCD_CON, LCD_RS);  // 0번 비트 설정, RS = 1, 데이터
  cbi(LCD_CON, LCD_RW); // 1번 비트 클리어, RW = 0, 쓰기
  sbi(LCD_CON, LCD_E);    // 2번 비트 설정, E = 1

  LCD_DATA = dat;          // 데이터 출력
  _delay_us(1);
  cbi(LCD_CON, LCD_E);    // 데이터 쓰기 동작 끝

  _delay_us(1);
}

// 텍스트 LCD에 문자열을 출력하는 함수
void LCD_wString(char *str){
  while(*str)
        LCD_wData(*str++);
}
```

[단계 1]-(4) ch12_setp3의 project에 ch12_lcd.c C 언어 소스 프로그램이 포함되도록 팝업 메뉴의 [Add Existing Source File(s)...] 서브 메뉴를 수행한다.

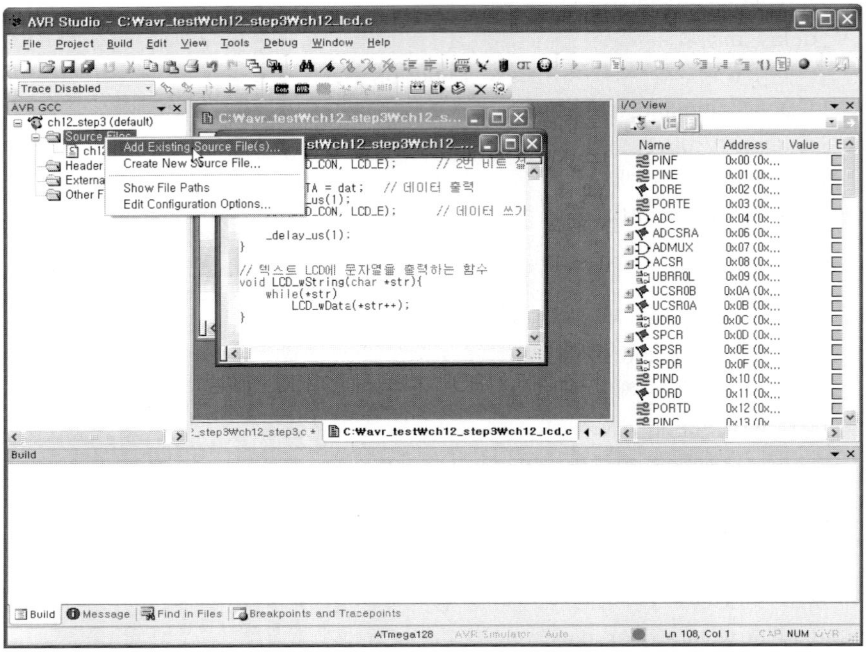

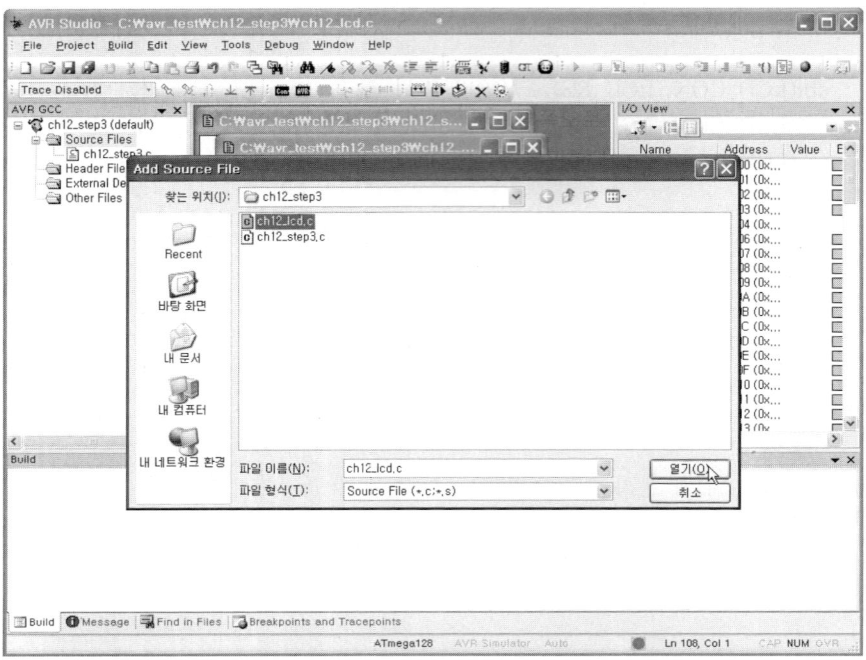

[단계 1]-(5) 매크로 치환과 함수원형선언 등이 포함된 ch12_lcd.h 헤더 프로그램을 작성하여 저장한다. 이때 풀다운 메뉴에서 [File] → [New File] 서브 메뉴를 누르면 나타나는 AVR Studio 4 편집 화면에 ch12_lcd.h 헤더 프로그램을 작성하여 현재 project 폴더에 저장한다.

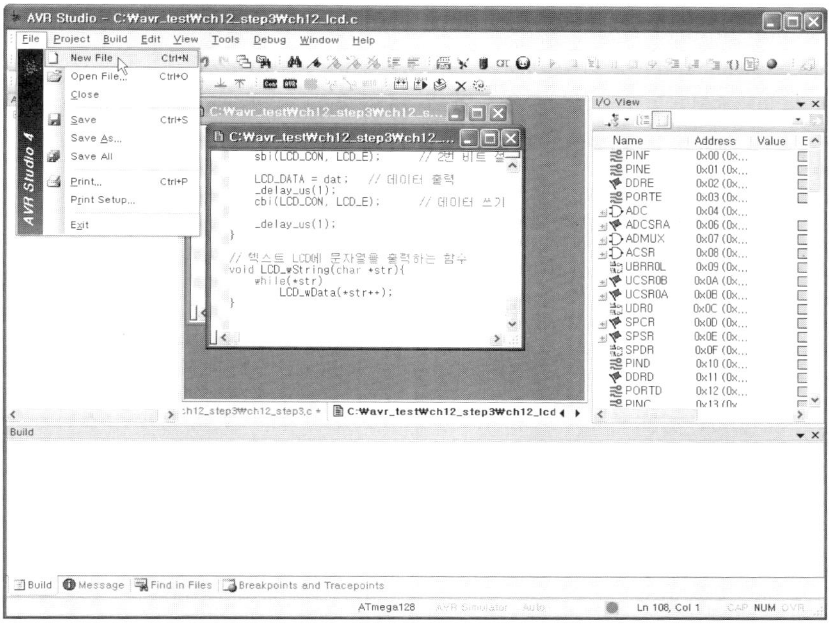

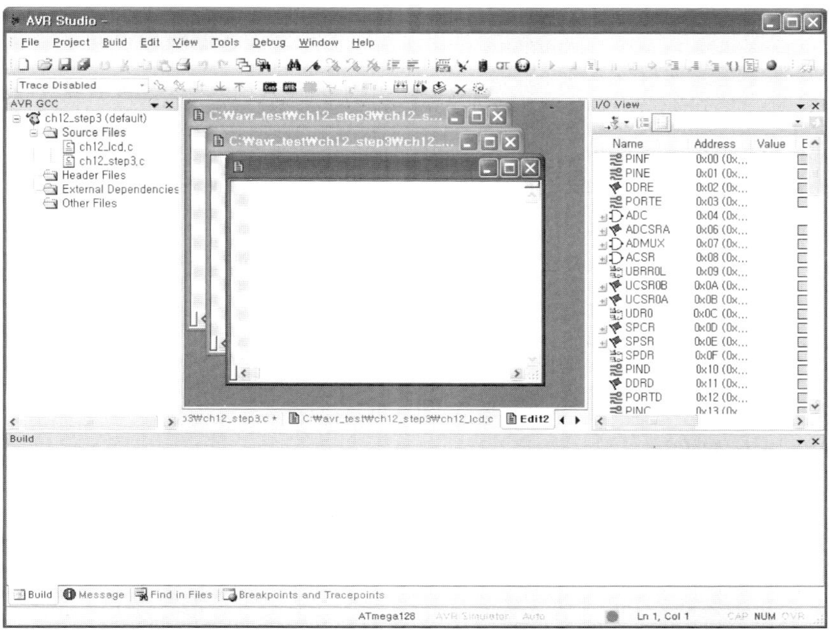

```
//
// ch12_lcd.h"
//

// ATmega128의 레지스터 등이 정의되어 있음
#include <avr/io.h>

// _delay_ms() 함수 등이 정의되어 있음
#include <util/delay.h>

// 인터럽트에 관련한 정보가 정의되어 있음
#include <avr/interrupt.h>

#define  sbi(x, y) (x |= (1 << y))      // x의 y 비트를 설정(1)
#define  cbi(x, y) (x &= ~(1 << y))  // x의 y 비트를 클리어(0)

#define  LCD_CON          PORTE  // CON 포트는 포트 E와 연결됨을 정의
#define  LCD_DATA         PORTF  // DATA 포트는 포트 F와 연결됨을 정의
#define LCD_DATA_DIR   DDRF    // DATA 포트의 출력 방향 설정 매크로를 정의
#define LCD_DATA_IN     PINF    // DATA 포트의 입력 방향 설정 매크로를 정의
#define  LCD_RS           0        // RS 신호의 비트 번호 정의
#define  LCD_RW 1                  // RW 신호의 비트 번호 정의
#define  LCD_E            2        // E 신호의 비트 번호 정의

unsigned char LCD_rCommand(void); // 텍스트 LCD로 부터 상태(명령)를 읽는 함수

// 텍스트 LCD의 비지 플래그 상태를 확인하는 함수
char LCD_BusyCheck(unsigned char temp);
// 텍스트 LCD에 명령을 출력하는 함수 - 단, 비지플래그 체크하지 않음
void LCD_wCommand(char cmd);
// 텍스트 LCD에 명령을 출력하는 함수 - 단, 비지플래그 체크함
void LCD_wBCommand(char cmd);
// LCD를 초기화하는 함수
void LCD_Init(void);
// 텍스트 LCD에 1바이트 데이터를 출력하는 함수
void LCD_wData(char dat);
// 텍스트 LCD에 문자열을 출력하는 함수
void LCD_wString(char *str);
```

C 언어 소스 프로그램 설명

ch12_lcd.c의 C 언어 소스 프로그램과 ch12_lcd.h 헤더 프로그램은 10.4.3절과 같으므로 C 언어 소스 프로그램 설명은 생략한다.

T·I·P

C 언어 소스 프로그램은
CD Drive:₩Source₩ch12₩ch12_step3₩ch12_step3.c 파일과
CD Drive:₩Source₩ch12₩ch12_step3₩ch12_lcd.c 파일과
CD Drive:₩Source₩ch12₩ch12_step3₩ch12_lcd.h 파일을 참조한다.

단계 2 AVR Studio 4를 이용하여 C 언어 소스 프로그램을 Build 한다. 자세한 내용은 5.4.2절의 [단계 2]를 참조한다.

단계 3 PonyProg를 이용하여 ATmega128에 hex 파일을 ISP 다운로드 한다. 자세한 내용은 5.4.2절의 [단계 3]을 참조한다.

단계 4 다운로드가 완료되면 AVR 트레이닝 키트(WES-XUN I)에서 동작을 확인한다. AVR 트레이닝 키트(WES-XUN I)가 8MHz로 구동될 때 타이머/카운터1은 10ms에 한 번씩 오버플로우가 발생한다. 오버플로우가 발생할 때마다 count 변수는 하나씩 증가하게 되고, 이 값은 time[0] 변수에 똑같이 저장된다. 이때 count 변수의 값이 100 이상이 되면, time[1] 변수를 1 만큼 증가시키고, count 변수의 값은 0으로 초기화한다. 또한 time[1] 변수의 값이 60 이상이 되면 time[2] 변수를 1 만큼 증가시킨다. 또한 time[2] 변수의 값이 60 이상이 되면 time[3] 변수를 1 만큼 증가시킨다. 이러한 방식으로 time[0]~time[3] 변수들은 1씩 증가하게 되면 시계 클록 정보로 사용된다. 한편, time[0] 변수는 count 변수의 값을 그대로 따라가므로 그대로 두고, time[1] 변수는 초를 저장하는 변수이고 최대값이 60 이상이 될 수 없으므로, 60으로 나눈 나머지를 다시 변수에 저장한다. 60으로 나눈 나머지는 0~59 사이의 값을 갖게 된다. 이러한 방식으로 time[2]는 분을 저장하는 변수이므로 60으로 나눈 나머지를 저장하고, time[3]은 시간을 저장하는 변수이므로 24로 나눈 나머지를 저장한다. 그림 12.3.6은 1분 30.88초가 흐른 뒤의 텍스트 LCD 출력 상태를 나타내고 있다.

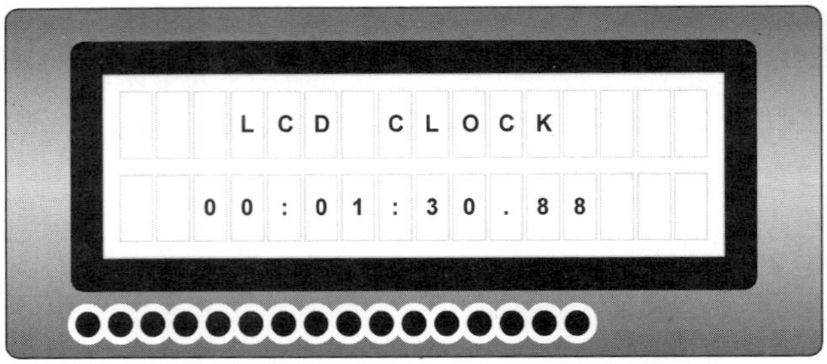

그림 12.3.6 1분 30.88초가 흐른 뒤의 텍스트 LCD 출력 상태

12.3.5 타이머/카운터1의 10ms 주기의 PWM 파형으로 LED 밝기 제어 예제

단계 1 AVR Studio 4에서 새로운 project를 생성하고, C 언어 소스 프로그램을 작성하여 저장한다. 자세한 내용은 5.4.2절의 [단계 1]을 참조한다.

[단계 1]-(1) Project type은 AVR GCC를 선택하고, Project name:은 ch12_step4, Initial file:은 ch12_step4이라고 입력하고, Create initial file과 Create folder를 체크하고, Location:은 C:₩avr_test를 선택한 후에 [Next >>] 버튼을 누르고 다음 단계로 진행한다.

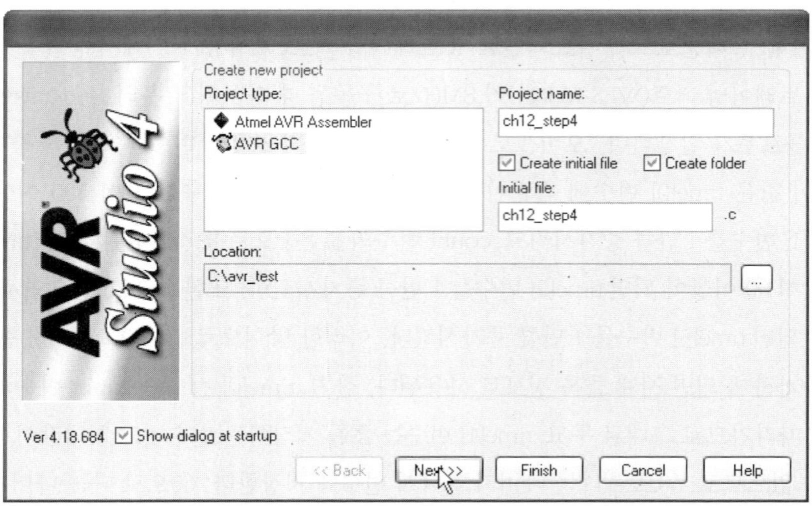

[단계 1]-(2) AVR Studio 4 편집 화면에 다음과 같이 C 언어 소스 프로그램을 작성하여 저장한다.

```
//
// ch12_step4.c
//

// ATmega128의 레지스터 등이 정의되어 있음
#include <avr/io.h>

// C 언어의 주 실행 함수
int main(void){
  // 포트 B의 방향 설정, 0 : 입력, 1 : 출력
  // PB7    PB6   PB5   PB4  PB3  PB2  PB1  PB0
  // Out    Out   Out   Out  Out  Out  Out  Out
  // OC1C   OC1B  OC1A  -    -    -    -    -
  DDRB = 0B11100000;

  // 타이머/카운터1의 WGM 모드 설정, 비교 출력 모드 설정
  //    7       6       5       4       3       2       1       0
  // COM1A1 COM1A0 COM1B1    COM1B0 COM1C1 COM1C0 WGM11 WGM10
  // COM1x1 :0 - '00' : 범용 I/O 포트로 동작(OCnx 출력을 차단)
  // COM1x1 :0 - '01' : 모드15에서 OC1A를 토글,
  //                    다른 모드에서는 범용포트로 동작(OCnx 출력을 차단)
  // COM1x1 :0 - '10' : 0->비교일치 : 논리 1출력,
  //                    비교일치->TOP : 논리 0 출력(비반전 모드)
  // COM1x1 :0 - '11' : 0->비교일치 : 논리 0출력,
  //                    비교일치->TOP : 논리 1 출력(반전 모드)

  TCCR1A |= (1<<COM1A1) | (1<<COM1A0);  // PWM1A 출력 모드= 반전 모드
  TCCR1A |= (1<<COM1B1) | (1<<COM1B0);  // PWM1B 출력 모드= 반전 모드
  TCCR1A |= (1<<COM1C1) | (1<<COM1C0);  // PWM1C 출력 모드= 반전 모드

  // 타이머/카운터1의 WGM 모드 및 프리스케일러 설정
  //    7       6       5       4       3       2       1       0
  // ICNC1  ICES1    -    WGM13  WGM12 CS12   CS11    CS10
  // CS12:0 - 000 : 클록 소스 차단
  // CS12:0 - 001 : clk
  // CS12:0 - 010 : clk / 8
  // CS12:0 - 011 : clk / 64
  // CS12:0 - 100 : clk / 256
```

```
    // CS12:0 - 101 : clk / 1024
    // CS12:0 - 110 : T1 외부 클록, 하강 에지에서 동작
    // CS12:0 - 111 : T1 외부 클록, 상승 에지에서 동작
    // clk / 8 클록을 사용, WGM3..0 = '1110' 모드
    TCCR1B |= 0x02;        // clk / 8 분주를 사용

    // 파형발생 모드 설정(모드 14번 - ICRn 레지스터를 TOP으로 사용)
    // WGM3..0 = '1110'

    TCCR1A |= (1<<WGM11) | (0<<WGM10);
    TCCR1B |= (1<<WGM13) | (1<<WGM12);
    // clk가 8MHz 이고, clk / 8 클록을 사용하는 타이머가
    // 10ms 오버플로우 발생하는 TOP 값 설정
    // 10ms 오버플로우 TOP 값은 PWM 파형의 주기로 사용됨
    ICR1H = 0x27;
    ICR1L = 0x10;

    // LED의 밝기를 각각 다르게 출력하기 위한 PWM 비교 일치 값 설정
    OCR1AH = 0x01;        OCR1AL = 0xF4;  // 듀티비 5%
    OCR1BH = 0x09;        OCR1BL = 0xC4;  // 듀티비 25%
    OCR1CH = 0x25;        OCR1CL = 0x1C;  // 듀티비 95%

    // 무한 반복
    while(1);        // 무한대기하는 동안 밝기가 다르게 LED 켜짐.

    // 함수의 형태와 같이 정수형(int)의 값을 반환함
    return 1;
}
```

C 언어 소스 프로그램 설명

핵심포인트

타이머/카운터1을 이용하여 10ms의 주기를 갖고 3가지의 듀티비를 갖는 3개의 PWM 파형을 ATmega128의 OC1x에 출력하기 위해서는 첫째, 타이머/카운터1의 10ms 오버플로우 설정이 필요하다. 이 설정을 위하여 타이머/카운터1의 파형발생모드를 동작모드 14(TCCR1A |= (1 << WGM11) | (0 << WGM10); TCCR1B |= (1 << WGM13) | (1 << WGM12); 문장) 설정하는데, 이 동작 모드는 ICR1H와 ICR1L 레지스터를 이용하여 타이머/카운터1의 카운트 최대값인 TOP 값을 설정 할 수 있다. 이 파형발생 모드에 맞도록 프리스케일러를 설정(TCCR1B |= 0x02; 문장)하고, ICR1H와 ICR1L에 적절한 값을 저장(ICR1H = 0x27; ICR1L = 0x10; 문

장)하면 타이머/카운터이 10ms의 주기로 오버플로우가 발생하도록 설정할 수 있다. 한편, 오버플로우 인터럽트를 사용하지 않아도 PWM 파형은 출력될 수 있으므로 인터럽트 서브루틴은 필요하지 않다. 둘째, 타이머/카운터의 3가지 PWM 출력파형의 듀티비를 설정해야 한다. 듀티비를 설정하기 위해서 PWM A 파형은 OCR1AH, OCR1AL 레지스터를 이용해 설정(OCR1AH = 0x01; OCR1AL = 0xF4; 문장)하고, PWM B 파형은 OCR1BH, OCR1BL 레지스터를 이용해 설정(OCR1BH = 0x09; OCR1BL = 0xC4; 문장)하고, PWM C 파형은 OCR1CH, OCR1CL 레지스터를 이용해 설정(OCR1CH = 0x25; OCR1CL = 0x1C; 문장)한다. 예를 들어 주기를 설정한 ICR1H와 ICR1L 레지스터의 값이 1000이라고 가정할 때 OCR1AH와 OCR1AL 레지스터에 900의 값을 저장하면 듀티비는 90% 또는 10%로 설정할 수 있다. OCR1xH와 OCR1xL 레지스터의 설정에 따라 듀티비가 90% 및 10%로 발생할 수 있는 이유는 PWM의 동작모드를 비반전모드 또는 반전모드로 선택함에 따라 신호의 출력이 달라지기 때문이다. 즉, 비반전 모드에서는 듀티비 90%가 되지만 반전 모드에서는 듀티비 10%가 된다. 셋째, 타이머/카운터 1의 프리스케일러 설정 및 인터럽트 개별 허용 등은 TCCR1A/B/C 레지스터와 TIMSK 레지스터를 통해 설정할 수 있으며, PWM 파형을 출력하기 위해 PWM 파형과 연결된 포트의 방향을 출력으로 설정(DDRB = 0B11100000; 문장)해야만 PWM 파형이 핀에 출력될 수 있다. PWM에 대한 자세한 사항은 1.13.1절을 참조하길 바란다.

#include <avr/io.h> 문장은 ATmega128의 레지스터 및 매크로 정의가 포함되어 있으므로 반드시 포함한다.

int main(void) 문장은 C 언어 프로그램의 주 실행 함수이며, 전원이 인가되면 {} 안의 문장이 실행된다.

DDRx 레지스터는 포트의 입출력 방향을 결정하는 레지스터이며 x는 포트명이고 DDRxn의 각 비트 값이 0이면 입력, 1이면 출력으로 설정된다. 따라서 DDRB = 0B11100000; 문장은 포트 B의 상위 3비트는 출력으로 설정하고, 나머지 비트들은 입력으로 설정하겠다는 의미이며, 포트 B의 상위 3비트는 타이머/카운터1의 PWM 출력핀이므로 반드시 출력으로 설정해야만 PWM 파형이 핀에 출력된다.

TCCR1A 레지스터는 파형발생 모드(WGM)와 PWM 출력모드를 설정하는 레지스터이다. WGM 모드는 TCCR1B 레지스터의 2비트와 결합되어 WGM13:0 비트들의 설정으로 동작모드를 설정하며, PWM1x 출력모드는 COM1x1 :0 비트들의 설정으로 동작모드를 설정할 수 있다. 이 실험에서 PWM 출력 모드를 반전 모드로 동작시키기 위해서 COM1x1 :0을 '11'로 설정하였다. 이 PWM 출력 모드는 0부터 비교 일치까지 PWM 출력핀에 논리 0을 출력하고, 비교 일치에서 TOP 까지 논리 1을 출력하는 모드이다.

WGM13:0 비트들의 설정이 '1110'(파형 발생 모드 14, 표 1.13.12 참조)으로 설정되면, TOP 값은 ICR1 레지스터를 통해 설정 될 수 있으며, 고속 PWM 모드로 동작시킬 수 있다. 따라서 ICR1 레지스터의 설정은 프리스케일러의 설정과 함께 PWM 파형의 전체 주기를 설정하는데 사용될 수 있으며, 10ms의 주기를 만들기 위해 프리스케일러는 최소 8분주된 클록이 선택되어야 한다. 이러한 이유는 16비트 타이머/카운터의 최대값이 65535이고, 프리스케일러를 1분주, 8분주, 64분주, 256분주, 1024분주를 사용할 수 있는데, 8MHz의 클록이 1분주되어 입력되면 65536개의 클록에서 오버플로우가 발생하고, 오버플로우가 발생한 시간이 8.192ms가 되어 10ms에 미치지 못하기 때문이다. 따라서 8MHz의 8분주는 1MHz가 되므로 65536개의 클록 이후에 오버플로우가 발생하는데 걸리는 시간은 65.536ms로 PWM의 주기 10ms를 포함하기 때문이다.

clk 주파수가 8MHz이고 8분주의 프리스케일러를 적용하여 10ms의 주기의 PWM 파형을 만들기 위한 ICR1 레지스터의 값은 0x2710 이다. 이것은 분주된 1MHz의 클록이 10ms이후에 오버플로우가 발생하는 시간은 10ms / 0.001ms = 10000 이므로, 10000을 16진수로 표현하면 0x2710이 된다. 따라서 ICR1H 레지스터에는 0x27을 저장하고, ICR1L 레지스터에는 0x10을 저장해야 한다.

OCR1x 레지스터는 PWM 파형의 듀티비를 설정하는 레지스터로 설정 될 수 있다. 만약 듀티비 5%의 펄스를 만들기 위해서는 OCR1x의 값이 0x01F4가 되어야 한다. 이것은 전체 주기 클록수 (10000 = 0x2710)의 5%에 해당하는 크기이며, 10000의 5%는 500이고, 500을 16진수로 표현하면 0x01F4가 된다. 따라서 OCR1AH는 0x01로 설정되어야 하고, OCR1AL는 0xF4로 설정되어야 한다. 이러한 방법으로 듀티비 25%와 95%를 설정하면 25% 일 때 OCR1x의 값은 0x09C4가 되고, 95% 일 때 OCR1x의 값은 0x251C가 된다.

while(1); 문장은 계속해서 대기하는 동작을 수행하므로, 하드웨어적으로 동작하는 타이머/카운터의 인터럽트 동작만 나타나게 된다.

T·I·P

C 언어 소스 프로그램은 CD Drive:₩Source₩ch12₩ch12_step4₩ch12_step4.c 파일을 참조한다.

단계 2 AVR Studio 4를 이용하여 C 언어 소스 프로그램을 Build 한다. 자세한 내용은 5.4.2절의 [단계 2]를 참조한다.

단계 3 PonyProg를 이용하여 ATmega128에 hex 파일을 ISP 다운로드 한다. 자세한 내용은 5.4.2절의 [단계 3]을 참조한다.

단계 4 다운로드가 완료되면 AVR 트레이닝 키트(WES-XUN I)에서 동작을 확인한다. AVR 트레이닝 키트(WES-XUN I)가 8MHz로 구동될 때 타이머/카운터1은 10ms에 한 번씩 오버플로우가 발생한다. 비교 출력모드는 모두 반전 출력 모드이며 이 오버플로우 시간을 주기로 하여 OC1A에는 듀티비 95%의 PWM 파형이 출력되고, OC1B에는 듀티비 75%의 PWM 파형이 출력되고, OC1C에는 듀티비 5%의 PWM 파형이 출력된다. 듀티비가 높을수록 출력 되는 PWM 파형의 논리 1의 구간이 넓다는 것을 의미한다. 이러한 PWM 파형을 LED에 출력되도록 하였으므로 LED는 듀티비에 따라 각각 밝기가 다르게 켜진다. 그러나 LED는 Active Low 방식으로 동작하므로 그림 12.3.7처럼 듀티비 95%의 PWM 파형은 5% 구간동안 LED6을 켜게 되어 가장 어둡게 켜지며, 듀티비 75%의 PWM 파형은 25% 구간동안 LED7을 켜게 되어 약간 밝으며, 듀티비 5%의 PLWM 파형은 95% 구간동안 LED8을 켜게 되어 가장 밝게 켜진다.

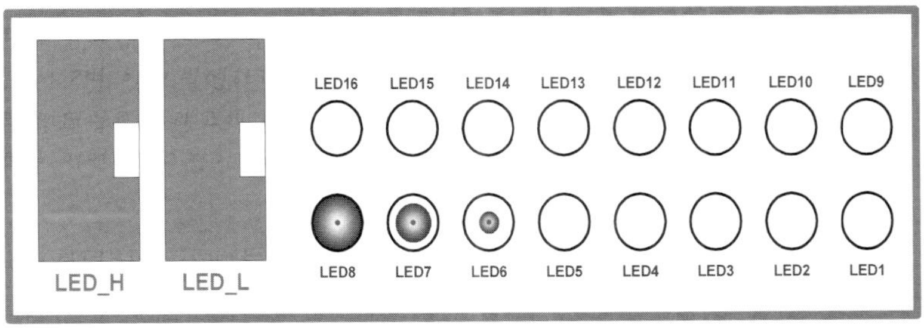

그림 12.3.7 듀티비에 따른 밝기가 다르게 켜진 LED

12.3.6 외부 클록 입력 Tn 핀을 이용한 카운터 예제

단계 1 AVR Studio 4에서 새로운 project를 생성하고, C 언어 소스 프로그램을 작성하여 저장한다. 자세한 내용은 5.4.2절의 [단계 1]을 참조한다.

[단계 1]-(1) Project type은 AVR GCC를 선택하고, Project name:은 ch12_step5, Initial file:은 ch12_step5이라고 입력하고, Create initial file과 Create folder를 체크하고, Location:은 C:₩avr_test를 선택한 후에 [Next >>] 버튼을 누르고 다음 단계로 진행한다.

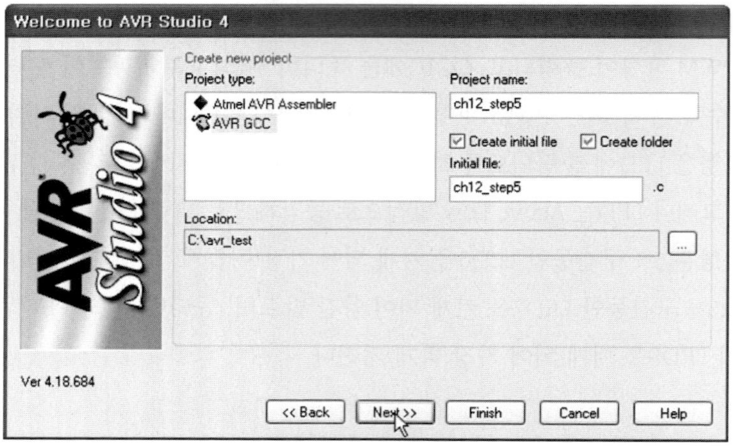

[단계 1]-(2) AVR Studio 4 편집 화면에 다음과 같이 C 언어 소스 프로그램을 작성하여 저장한다.

```
//
// ch12_step5.c
//

// ATmega128의 레지스터 등이 정의되어 있음
#include <avr/io.h>

// C 언어의 주 실행 함수
int main(void){
   // 포트 A의 방향 설정, 0 : 입력, 1 : 출력
   // PA7  PA6  PA5  PA4  PA3  PA2  PA1  PA0
   // Out  Out  Out  Out  Out  Out  Out  Out
   DDRA = 0B11111111;

   // 포트 D의 방향 설정, 0 : 입력, 1 : 출력, T1핀은 ATmega128 핀 아웃 참조
   //     PD7   PD6   PD5   PD4   PD3   PD2   PD1   PD0
   //     -     In    -     -     -     -     -     -
   //     -     T1    -     -     -     -     -     -
   DDRD = 0B00000000;

   // 타이머/카운터1의 WGM 모드 및 프리스케일러 설정
   //     7      6      5     4      3      2     1     0
   // ICNC1  ICES1   -    WGM13  WGM12  CS12  CS11  CS10
```

```
    // CS12:0 - 000 : 클록 소스 차단
    // CS12:0 - 001 : clk
    // CS12:0 - 010 : clk / 8
    // CS12:0 - 011 : clk / 64
    // CS12:0 - 100 : clk / 256
    // CS12:0 - 101 : clk / 1024
    // CS12:0 - 110 : T1 외부 클록, 하강 에지에서 동작
    // CS12:0 - 111 : T1 외부 클록, 상승 에지에서 동작
    // clk / 8 클록을 사용, WGM3..0 = '1110' 모드
    TCCR1B = 0x06;

    // 무한 반복
    while(1){
            PORTA = ~TCNT1L;
          if(TCNT1L >= 10)
                       TCNT1L = 0;
    }

    // 함수의 형태와 같이 정수형(int)의 값을 반환함
    return 1;
}
```

C 언어 소스 프로그램 설명

핵심포인트

타이머/카운터의 외부 클록 입력은 프리스케일러를 거치지 않고 입력된다. 따라서 카운터로 동작하며, 클록이 입력될 때마다 TCNTnH와 TCNTnL 레지스터는 동작모드에 따라 카운트 동작을 수행한다.

#include 〈avr/io.h〉 문장은 ATmega128의 레지스터 및 매크로 정의가 포함되어 있으므로 반드시 포함한다.

int main(void) 문장은 C 언어 프로그램의 주 실행 함수이며, 전원이 인가되면 {} 안의 문장이 실행된다.

DDRx 레지스터는 포트의 입출력 방향을 결정하는 레지스터이며 x는 포트명이고 DDRxn의 각 비트 값이 0이면 입력, 1이면 출력으로 설정된다. 따라서 DDRA = 0B11111111; 문장과 DDRD = 0B00000000; 문장은 포트 A는 모든 비트를 출력하겠다는 의미이고, 포트 D의 모든 비트를 입력하겠다는 의미이다.

TCCR1B = 0x06; 문장은 타이머/카운터1이 외부 클록 입력 T1 핀을 통해 입력되는 신호가 논리 1에서 논리 0으로 변하는 하강 에지를 클록 신호로 하여 카운터로 동작 시키겠다는 의미이다. 즉, CS12:0 비트들의 설정이 '110'이면 T1 핀의 하강에지 신호를 클록으로 사용하며, '111'이면 T1 핀의 상승 에지 신호를 클록으로 사용하는 카운터로 동작하게 된다.

while(1){} 문장은 {} 안의 문장을 무한 반복하여 수행한다.

PORTA = ~TCNT1L; 문장은 타이머/카운터1의 카운트 값을 저장하는 레지스터 TCNT1L과 TCNT1H 레지스터 중에서 하위 8비트를 저장하는 TCNT1L 레지스터의 값을 포트 A에 토글하여 출력하도록 하는 기능을 수행한다. 포트 D의 6번 비트는 타이머/카운터1의 외부 클록입력 핀(T1)이다. 따라서 8-스위치의 '6' 키를 누를 때마다 LED는 2진 업-카운트를 하게 된다. 포트 D의 대체 기능은 1.14절의 표 1.14.6을 참조한다.

if(TCNT1L >= 10) TCNT1L = 0; 문장은 카운트 값이 10이 되는 순간 TCNT1L 값을 0으로 한다. 다음에 LED에 0의 2진 값을 토글하여 출력하므로 모든 LED는 OFF 된다.

T·I·P

C 언어 소스 프로그램은 CD Drive:₩Source₩ch12₩ch12_step5₩ch12_step5.c 파일을 참조한다.
만약, TCNT1L과 TCNT1H의 초기 값을 모두 0xFF로 설정하게 되면 T1에 에지 클록 신호를 넣을 때마다 타이머/카운터는 오버플로우 인터럽트가 발생할 수 있다. 또한 오버플로우 인터럽트 서비스 루틴에는 TCNT1L과 TCNT1H 레지스터를 항상 0xFF 설정하도록 프로그램하면 클록이 입력 될 때마다 계속해서 오버플로우 인터럽트가 발생하도록 할 수 있다.

단계 2 AVR Studio 4를 이용하여 C 언어 소스 프로그램을 Build 한다. 자세한 내용은 5.4.2절의 [단계 2]를 참조한다.

단계 3 PonyProg를 이용하여 ATmega128에 hex 파일을 ISP 다운로드 한다. 자세한 내용은 5.4.2절의 [단계 3]을 참조한다.

단계 4 다운로드가 완료되면 AVR 트레이닝 키트(WES-XUN I)에서 동작을 확인한다. 8-스위치의 '6' 키를 누를 때마다 LED에 2진 업-카운트 값이 출력된다. 또한 2진수 '1001'에서 '1010'(10)이 되는 순간에 '0000'으로 되어 토글 되기 때문에 LED는 모두 OFF 된다. 이때 다시 '6' 키를 누르면 1부터 다시 2진 업-카운트 한다. 그림 12.3.8은 '6' 키를 9번 눌렀을 때 2진 업-카운트하여 2진수 9를 출력한 상태를 나타내고 있다.

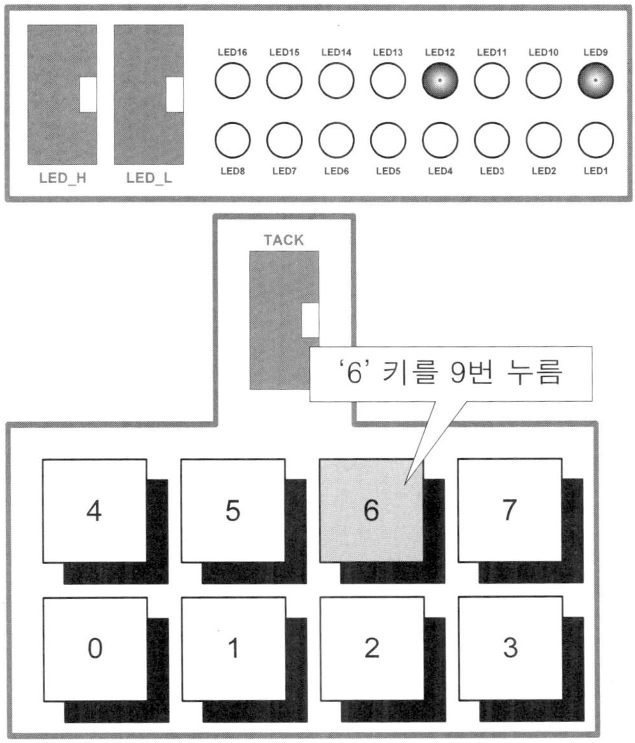

그림 12.3.8 '6' 키를 9번 눌렀을 때 2진 업-카운트하여 2진수 9를 출력한 상태

12.3.7 입력 캡처 신호의 펄스폭을 측정하여 텍스트 LCD에 출력하는 예제

단계 1 AVR Studio 4에서 새로운 project를 생성하고, C 언어 소스 프로그램을 작성하여 저장한다. 자세한 내용은 5.4.2절의 [단계 1]을 참조한다.

[단계 1]-(1) Project type은 AVR GCC를 선택하고, Project name:은 ch12_step6, Initial file:은 ch12_step6이라고 입력하고, Create initial file과 Create folder를 체크하고, Location:은 C:₩avr_test를 선택한 후에 [Next>>] 버튼을 누르고 다음 단계로 진행한다.

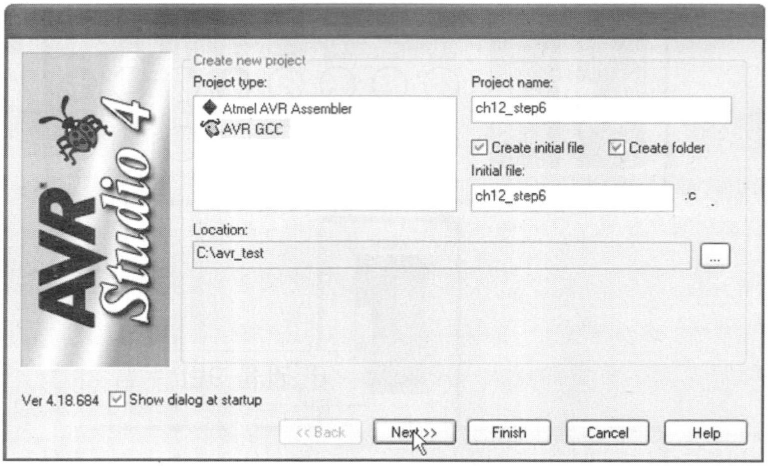

[단계 1]-(2) AVR Studio 4 편집 화면에 다음과 같이 C 언어 소스 프로그램을 작성하여 저장한다.

```
//
// ch12_step6.c
//

// 텍스트 LCD 제어 관련 정보가 정의 되어 있음.
#include "ch12_lcd.h"

// 타이머/카운터1 입력 캡처 완료 플래그
volatile unsigned char IC1_Flag = 0;
// 타이머/카운터1 오버플로우 카운트
volatile unsigned long OVF1_count = 0;
// 펄스폭 계산을 위한 변수
volatile unsigned int start_time, end_time;
// 계산된 펄스폭을 저장하기 위한 변수
volatile unsigned long clocks;

// 타이머/카운터1의 오버플로우 인터럽트 서비스 루틴
ISR(TIMER1_OVF_vect){
   OVF1_count++;
}

// 타이머/카운터1의 입력 캡쳐 인터럽트 서브루틴
ISR(TIMER1_CAPT_vect){
```

```
    IC1_Flag = 1;                         // 입력 캡처 완료
    end_time = (ICR1H << 8) + ICR1L;  // 주기의 끝
    clocks = (unsigned long)end_time     // 클록수 계산
                    - (unsigned long)start_time
                    + ((unsigned long)OVF1_count << 16);
    OVF1_count = 0;                       // 오버플로우 카운트 클리어
    start_time = end_time;                // 시작 시간으로 사용하기 위해 저장
}

// C 언어의 주 실행 함수
int main(void){
    unsigned int sec, mil, micro;         // 펄스폭 계산용 변수
    char str[32];                         // 텍스트 LCD 출력 문자열 저장용 배열

    // 포트 E의 방향 설정, 0 : 입력, 1 : 출력
    // PE7   PE6   PE5     PE4     PE3     PE2     PE1     PE0
    // Out   Out   Out     Out     Out     Out     Out     Out
    // RS    RW    E       A       K
    DDRE = 0B11111111;

    // 포트 F의 방향 설정, 0 : 입력, 1 : 출력
    // PF7   PF6   PF5     PF4     PF3     PF2     PF1     PF0
    // Out   Out   Out     Out     Out     Out     Out     Out
    DDRF = 0B11111111;

    // 타이머/카운터1의 프리스케일러 설정
    //      7       6       5       4       3       2       1       0
    // ICNC1   ICES1    -   WGM13   WGM12   CS12    CS11    CS10
    // ICES1 - 0 :하강에지, 1 :상승에지
    // CS12:0 - 000 : 클록 소스 차단
    // CS12:0 - 001 : clk
    // CS12:0 - 010 : clk / 8
    // CS12:0 - 011 : clk / 64
    // CS12:0 - 100 : clk / 256
    // CS12:0 - 101 : clk / 1024
    // CS12:0 - 110 : T1 외부 클록, 하강 에지에서 동작
    // CS12:0 - 111 : T1 외부 클록, 상승 에지에서 동작

    // clk를 분주 없이 사용. 입력 캡쳐 에지 선택 - 하강 에지
    TCCR1B = (0 << ICES1) | 0x01;
```

```
    // 타이머/카운터1의 오버플로우 개별 인터럽트 허용
    TIMSK = (1 << TOIE1) | (1 << TICIE1);

    // 전역(Global) 인터럽트 허용
    sei();

    LCD_Init();                                    // 텍스트 LCD 초기화

    // 텍스트 LCD의 커서를 DDRAM의 0 번지로 설정.
    LCD_wBCommand(0x80 | 0x00);
    // 텍스트 LCD에 PULSE WIDTH 라는 문자열 출력
    LCD_wString("   PULSE WIDTH     ");

    // 텍스트 LCD의 커서를 DDRAM의 0x40 번지로 설정
    LCD_wBCommand(0x80 | 0x40);
    // 텍스트 LCD에 0s    0m    0u 이라는 문자열 출력
    LCD_wString("    0s    0m    0u  ");

    // while 블록 안의 문장을 무한 반복
    while(1){
        if(IC1_Flag == 1){                         // 입력 캡처 완료 상태이면
            IC1_Flag = 0;                          // 입력 캡처 완료 플래그 클리어
            sec = (clocks / 8000000); // 초단위 계산
            mil = (clocks % 8000000) / 8000;  // ms 초 단위 계산
            micro = (clocks % 8000) / 8;      // us 초 단위 계산

            // 텍스트 LCD 출력용 문자열 변환
            sprintf(str, " %3ds %3dm %3du  ", sec, mil, micro);
            // 텍스트 LCD의 둘째 줄 첫 번째 칸으로 이동
            LCD_wCommand(0x80 | 0x40 | 0);
            // 텍스트 LCD에 문자열 출력
            LCD_wString(str);
        }
    }

    // 함수의 형태와 같이 정수형(int)의 값을 반환함
    return 1;
}
```

C 언어 소스 프로그램 설명

핵심포인트

타이머/카운터의 입력 캡처 기능은 ICn 핀의 에지 신호를 검출하여 TCNTn 레지스터의 값을 ICRn 레지스터에 저장하는 기능이다. 이 기능을 이용하여 에지 신호가 검출될 때마다 TCNTn 레지스터의 값을 저장하고, 그 차를 계산하면 에지 사이의 클록수를 측정할 수 있다. 이때 타이머/카운터의 오버플로우를 함께 계산해야만 측정 오류를 피할 수 있으며, 에지의 간격이 긴 경우도 측정할 수 있다.

#include "ch12_lcd.h" 문장은 헤더 프로그램을 포함하는 문장으로, AVR 레지스터, 인터럽트 관련 매크로, 지연(delay) 관련 함수 등 제어에 관련한 정보들이 정의 되어 있으므로 반드시 포함한다.

인터럽트에서 사용하는 변수를 선언한다. volatile unsigned char IC1_Flag = 0; 문장은 타이머/카운터1 입력 캡처 완료 플래그이고, volatile unsigned long OVF1_count = 0; 문장은 타이머/카운터1 오버플로우 카운트이고, volatile unsigned int start_time, end_time; 문장은 펄스폭 계산을 위한 변수이고, volatile unsigned long clocks; 문장은 계산된 펄스폭을 저장하기 위한 변수이다.

ISR(TIMER1_OVF_vect){} 문장은 타이머/카운터1의 오버플로우 인터럽트 서비스 루틴으로 오버플로우가 발생할 때 OVF1_count++; 문장을 실행하여 변수의 값을 1씩 증가시킨다.

ISR(TIMER1_CAPT_vect){} 문장은 타이머/카운터1의 입력 캡처 인터럽트 서비스 루틴으로 선택된 에지신호가 ICP1 핀을 통해 검출되면 이전의 에지신호에서 지금의 에지 신호까지의 펄스폭을 계산한다.

int main(void){} 문장은 C 언어의 주 실행 함수로 AVR에 전원이 인가되면 이 함수가 실행된다.

펄스폭 계산 및 텍스트 LCD 출력용 문자열 변수를 선언한다. unsigned int sec, mil, micro 등은 펄스폭 계산용 변수이고, char str[32]; 문장은 텍스트 LCD 출력 문자열 저장용 배열이다.

DDRx 레지스터는 포트의 입출력 방향을 결정하는 레지스터이며 x는 포트명이고 DDRxn의 각 비트 값이 0이면 입력, 1이면 출력으로 설정된다. 따라서 DDRE = 0B11111111; 문장과 DDRF = 0B11111111; 문장은 포트 E와 포트 F의 모든 비트를 출력하겠다는 의미이다.

PORTx 레지스터는 포트에 출력할 논리 값을 저장하는 레지스터이며 x는 포트명이다.

TCCR1B = (0 << ICES1) | 0x01; 문장은 타이머/카운터1의 입력 캡처 유닛의 에지 트리거를 하강에지로 설정하고, 프리스케일러를 clk 클록을 사용하도록 설정한다. 여기서 clk 클록은 8MHz를 의미한다.

TIMSK = (1 << TOIE1) | (1 << TICIE1); 문장은 타이머/카운터1의 오버플로우 인터럽트와 입력 캡처 인터럽트를 개별적으로 허용하겠다는 의미이다.

sei(); 문장은 전역(Global) 인터럽트를 허용하겠다는 의미이며, 인터럽트 서비스 루틴을 실행하기 위해서 반드시 필요하다.

LCD_Init(); 문장은 텍스트 LCD를 초기화하고, 화면을 깨끗이 지운 후에 커서를 첫 번째줄의 가장 왼쪽으로 위치하도록 하는 동작을 수행한다.

LCD_wBCommand(0x80 | 0x00); 문장은 텍스트 LCD의 커서를 DDRAM의 0 번지로 설정하겠다는 의미이고, 0x80은 텍스트 LCD의 어드레스 카운터 설정 명령을 의미하고, 0x00은 DDRAM 어드레스 0번지를 의미한다.

LCD_wString(" PULSE WIDTH "); 문장은 텍스트 LCD에 " PULSE WIDTH " 라는 문자열 출력하겠다는 의미이고, 앞 문장에서 DDRAM의 어드레스를 0으로 설정하였으므로, 첫 번째 줄에 이 문자열이 나타난다.

LCD_wBCommand(0x80 | 0x40); 문장은 텍스트 LCD의 커서를 DDRAM의 0x40 번지로 설정하겠다는 의미이고, 0x80은 텍스트 LCD의 어드레스 카운터 설정 명령을 의미하고, 0x40은 DDRAM 어드레스 0x40 번지를 의미한다. 이것은 텍스트 LCD의 둘째 줄을 의미한다.

LCD_wString(" 0s 0m 0u "); 문장은 텍스트 LCD에 " 0s 0m 0u "이라는 문자열 출력하겠다는 의미이고, 앞 문장에서 DDRAM의 어드레스를 0x40으로 설정하였으므로, 둘째 줄에 이 문자열이 나타난다.

while(1){} 문장은 {} 블록 안의 문장을 무한 반복한다.

if(IC1_Flag == 1){} 문장은 IC1_Flag 변수가 1이면 {} 안의 문장을 수행한다. IC1_Falg 변수가 1의 값을 가질 때는 타이머/카운터1이 ICP1 핀을 통해 트리거 신호를 입력 받은 상태를 나타낸다. 따라서 조건이 참인 경우 ICP1 핀을 통해 입력된 트리거 신호의 펄스폭을 계산하고, 텍스트 LCD에 출력한다. ICP1 핀은 포트 D의 4번 비트에 연결되므로, 이 핀과 연결된 8-스위치의 '4' 키를 누를 때마다 텍스트 LCD에 펄스폭이 나타난다. 이때 펄스폭은 '4' 키를 누른 순간부터 다음 '4' 키를 누른 순간까지의 시간을 나타낸다. 이때 측정하여 화면에 표시할 수 있는 최대 펄스폭은 약 0 ~ 536.87초이다. 최대 펄스폭은 clocks 변수에 저장된 값으로 계산되는데, 이 변수가 unsigned long 형의 자료형을 사용하므로 4바이트 자료형의 최대값인 4,294,967,295(=0xFFFFFFFF)까지 저장할 수 있으며, 이 변수는 '4' 키가 눌린 후 다음에 '4' 키가 눌린 시간 동안의 클록수를 나타낸다. 8MHz의 주파수는 1초 동안 8,000,000개의 클록이 발생하므로, 4,294,967,295 / 8,000,000 = 536.87 초가 된다.

sec = (clocks / 8000000); 문장은 펄스폭을 클록수로 저장하고 있는 clocks 변수를 8000000으로 나누어 초단위의 정수값을 sec 변수에 저장하겠다는 의미이다. clocks 변수를 8000000으로 나누는 것은 clk 주파수가 8MHz이기 때문이다.

mil = (clocks % 8000000) / 8000; 문장은 sec 변수와 같은 방식으로 ms 단위의 정수값을 mil 변수에 저장하겠다는 의미이며, micro 변수에는 us 단위의 정수값을 저장한다.

sprintf(str, " %3ds %3dm %3du ", sec, mil, micro); 문장은 표준 입출력 함수인 printf()의 사용법과 같은 방법으로 출력할 문자열을 생성하여, 결과를 str 배열에 저장하겠다는 의미이다.

LCD_wBCommand(0x80 | 0x40 | 0); 문장은 텍스트 LCD의 커서를 DDRAM의 0x40 번지로 설정하겠다는 의미이고, 0x80은 텍스트 LCD의 어드레스 카운터 설정 명령을 의미하고, 0x40은 DDRAM 어드레스 0x40 번지를 의미한다. 이것은 텍스트 LCD의 둘째 줄을 의미한다.

LCD_wString(str); 문장은 텍스트 LCD에 str 배열에 저장된 문자열을 출력하겠다는 의미이다. 앞 문장에서 LCD의 DDRAM 어드레스를 0x40으로 설정하였으므로, 텍스트 LCD의 둘째 줄에 이 문자열이 나타난다.

[단계 1]-(3) 12.3.4 절의 [단계 1]-(3) 부터 [단계 1]-(5)를 참조하여 ch12_lcd.c C 언어 소스 프로그램을 작성하여 현재 project 폴더에 저장한 다음에 project에 포함하고, ch12_lcd.h 헤더 프로그램을 작성하여 현재 project 폴더에 저장한다.

T·I·P

C 언어 소스 프로그램은
CD Drive:₩Source₩ch12₩ch12_step6₩ch12_step6.c 파일과
CD Drive:₩Source₩ch12₩ch12_step6₩ch12_lcd.c 파일과
CD Drive:₩Source₩ch12₩ch12_step6₩ch12_lcd.h 파일을 참조한다.

단계 2 AVR Studio 4를 이용하여 C 언어 소스 프로그램을 Build 한다. 자세한 내용은 5.4.2절의 [단계 2]를 참조한다.

단계 3 PonyProg를 이용하여 ATmega128에 hex 파일을 ISP 다운로드 한다. 자세한 내용은 5.4.2절의 [단계 3]을 참조한다.

단계 4 다운로드가 완료되면 AVR 트레이닝 키트(WES-XUN I)에서 동작을 확인한다. 8-스위치의 '4' 키를 누를 때마다 텍스트 LCD에 펄스폭이 나타난다. 이때 펄스폭은 '4' 키를 누른 순간부터 다음 '4' 키를 누른 순간까지의 시간을 나타낸다. 이때 측정하여 화면에 표시할 수 있는 최대 펄스폭은 약 0 ~ 536.87초이다. 그림12.3.9는 '4' 키를 눌렀을 때 펄스폭이 1.020100 초 일 때의 텍스트 LCD 표시 화면이다.

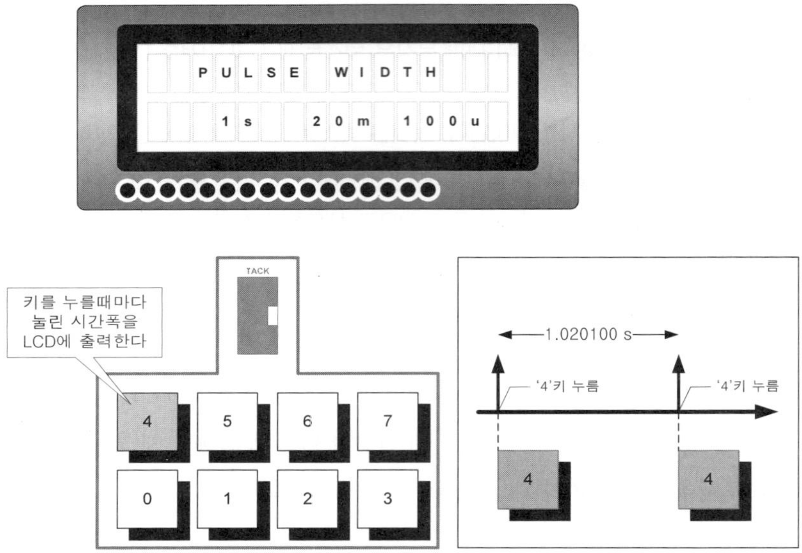

12.3.9 '4' 키를 눌렀을 때 펄스폭이 1.020100 초 일 때의 텍스트 LCD 표시 화면

12.3.8 워치독 타이머 예제

단계 1 AVR Studio 4에서 새로운 project를 생성하고, C 언어 소스 프로그램을 작성하여 저장한다. 자세한 내용은 5.4.2절의 [단계 1]을 참조한다.

[단계 1]-(1) Project type은 AVR GCC를 선택하고, Project name:은 ch12_step7, Initial file:은 ch12_step7이라고 입력하고, Create initial file과 Create folder를 체크하고, Location:은 C:₩avr_test를 선택한 후에 [Next >>] 버튼을 누르고 다음 단계로 진행한다.

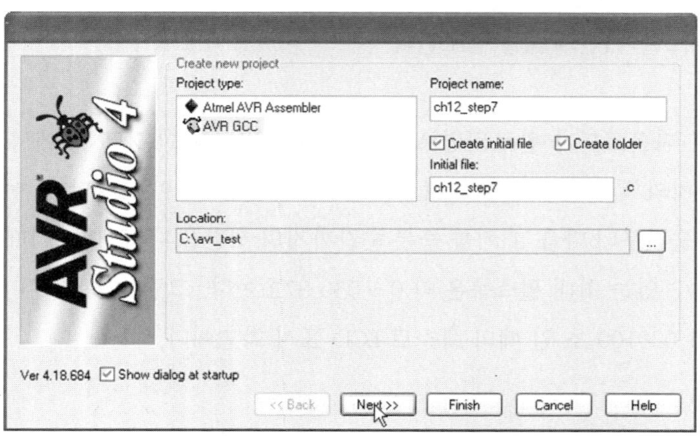

[단계 1]–(2) AVR Studio 4 편집 화면에 다음과 같이 C 언어 소스 프로그램을 작성하여 저장한다.

```
//
// ch12_step7.c
//

// 텍스트 LCD 제어 관련 정보가 정의 되어 있음.
#include "ch12_lcd.h"

#define  NORMAL_LCDSTR          "Normal Oper...  "
#define  SYSTEMCHECK_LCDSTR  "SYSTEM Checking "
#define  SYSTEMRESET_LCDSTR  "SYSTEM Reset... "

void SystemCheck(void);                    // 시스템 확인 및 워치독 리셋 처리용 함수
void WDT_Enable(unsigned char wdp);  // 워치독 타이머 인에이블 함수

// C 언어의 주 실행 함수
int main(void){
   unsigned char key;

   // 포트 A의 방향 설정, 0 : 입력, 1 : 출력
   // PA7   PA6   PA5   PA4   PA3   PA2   PA1   PA0
   // Out   Out   Out   Out   Out   Out   Out   Out
   DDRA = 0B11111111;

   // 포트 E의 방향 설정, 0 : 입력, 1 : 출력
   // PE7   PE6   PE5   PE4   PE3   PE2   PE1   PE0
   // Out   Out   Out   Out   Out   Out   Out   Out
   // RS    RW    E     A     K
   DDRE = 0B11111111;

   // 포트 F의 방향 설정, 0 : 입력, 1 : 출력
   // PF7   PF6   PF5   PF4   PF3   PF2   PF1   PF0
   // Out   Out   Out   Out   Out   Out   Out   Out
   DDRF = 0B11111111;

   LCD_Init();                // 텍스트 LCD 초기화

   // 텍스트 LCD의 커서를 DDRAM의 0 번지로 설정.
   LCD_wBCommand(0x80 | 0x00);
```

```
    // 텍스트 LCD에 " WATCHDOG TEST  " 이라는 문자열 출력
    LCD_wString(" WATCHDOG TEST  ");
    // while 블록 안의 문장을 무한 반복
    while(1){
            // 텍스트 LCD의 커서를 DDRAM의 0x40 번지로 설정
            LCD_wBCommand(0x80 | 0x40);
            // 텍스트 LCD에 "Normal Oper...  " 이라는 문자열 출력
            LCD_wString(NORMAL_LCDSTR);

            PORTA = 0XF0;  _delay_ms(200);   // 500ms 단위로 LED 4비트를 토글
            PORTA = 0X0F;  _delay_ms(200);   // 500ms 단위로 LED 4비트를 토글

            key = ~PIND;                      // 시스템 체크 요청 상태 입력
            if(key & (1<<0)){                 // 시스템 체크 요청이면
                    SystemCheck();            // 시스템 체크 함수 호출
            }
    }

    // 함수의 형태와 같이 정수형(int)의 값을 반환함
    return 1;
}

void SystemCheck(void){
    unsigned char key;

    // LCD의 커서를 DDRAM의 0x40 번지로 설정
    LCD_wBCommand(0x80 | 0x40);
    // 텍스트 LCD에 "SYSTEM Checking " 이라는 문자열 출력
    LCD_wString(SYSTEMCHECK_LCDSTR);

    while(1){
            key = ~PIND;
            if(!(key & (1<<0))){
                    // 텍스트 LCD의 커서를 DDRAM의 0x40 번지로 설정
                    LCD_wBCommand(0x80 | 0x40);
                    // 텍스트 LCD에 "SYSTEM Reset... " 이라는 문자열 출력
                    LCD_wString(SYSTEMRESET_LCDSTR);

                    PORTA = 0xFF;   // 모든 LED OFF
                    _delay_ms(1000);  // 1초 동안 대기
                    // 워치독 타이머를 2초 타임아웃으로 설정
```

```
                WDT_Enable(7);
                while(1);  // 워치독 타이머에 의해 리셋 될 때까지 대기
        }
        PORTA = 0XAA; _delay_ms(50);    // LED를 토글하고 50ms 동안 대기
        PORTA = 0X55; _delay_ms(50);    // LED를 토글하고 50ms 동안 대기
    }
}

// 워치독 타이머 인에이블 함수
void WDT_Enable(unsigned char wdp){
    WDTCR = (1 << WDCE) | (1 << WDE);  // 워치독 타이머 허용
    // 워치독 타이머의 프리스케일러를 2초 타임아웃으로 설정
    WDTCR |= (1 << WDCE) | (wdp & 0x07);
}
```

C 언어 소스 프로그램 설명

핵심포인트

워치독 타이머는 내부 RC 클록을 이용하여 카운트하고 오버플로우가 발생하면 시스템을 리셋시키는 장치이다. 따라서 시스템을 리셋시키지 않기 위해서는 워치독 타이머가 오버플로우 되기 전에 리셋 되어야 하며, 일반적으로 타이머/카운터를 이용하여 리셋되도록 한다. 여기서는 시스템에 이상 증상이 발생하였을 때 이것을 처리하고 시스템을 리셋시키는 과정을 워치독 타이머를 이용하여 프로그래밍 하였다.

#include "ch12_lcd.h" 문장은 텍스트 LCD 제어 및 실험에 필요한 정보들이 저장되어 있다.

LCD에 출력되는 문자열을 매크로를 통해 정의한다.

#define NORMAL_LCDSTR "Normal Oper... " 문장은 일반 동작 상태를 나타낸다.

#define SYSTEMCHECK_LCDSTR "SYSTEM Checking " 문장은 시스템 확인 상태를 나타낸다.

#define SYSTEMRESET_LCDSTR "SYSTEM Reset... " 문장은 시스템 리셋 상태를 나타낸다.

프로그램에서 사용하는 사용자 함수의 원형 선언을 한다.

void SystemCheck(void); 문장은 시스템 확인 및 워치독 리셋 처리용 함수의 원형 선언이다.

void WDT_Enable(unsigned char wdp); 문장은 워치독 타이머 인에이블 함수의 원형 선언이다.

int main(void){} 문장은 C 언어 프로그램의 주 실행 함수이며, 전원이 인가되면 {} 안의 문장이 실행된다.

DDRx 레지스터는 포트의 입출력 방향을 결정하는 레지스터이며 x는 포트명이고 DDRxn의 각 비트 값이 0이면 입력, 1이면 출력으로 설정된다. 따라서 DDRA = 0B11111111; 문장과 DDRE = 0B11111111; 문장과 DDRF = 0B11111111; 문장은 포트 A와 포트 E와 포트 F의 모든 비트를 출력하겠다는 의미이다.

PORTx 레지스터는 포트에 출력할 논리 값을 저장하는 레지스터이며 x는 포트명이다.

LCD_Init(); 문장은 텍스트 LCD를 초기화하도록 함수를 호출하겠다는 의미이다.

LCD_wBCommand(0x80 | 0x00); 문장은 텍스트 LCD의 커서를 DDRAM의 0x00 번지로 설정하겠다는 의미이고, 0x80은 텍스트 LCD의 어드레스 카운터 설정 명령을 의미하고, 0x00은 DDRAM 어드레스 0x00 번지를 의미한다.

CD_wString(" WATCHDOG TEST "); 문장은 텍스트 LCD에 " WATCHDOG TEST " 라는 문자열 출력하겠다는 의미이고, 앞 문장에서 DDRAM의 어드레스를 0x00으로 설정하였으므로, 첫째 줄에 이 문자열이 나타난다.

while(1){} 문장은 {} 블록 안의 문장을 무한 반복한다.

LCD_wBCommand(0x80 | 0x40); 문장은 텍스트 LCD의 커서를 DDRAM의 0x40 번지로 설정하겠다는 의미이고, 0x80은 텍스트 LCD의 어드레스 카운터 설정 명령을 의미하고, 0x40은 DDRAM 어드레스 0x40 번지를 의미한다.

LCD_wString(NORMAL_LCDSTR); 문장은 텍스트 LCD에 "Normal Oper... " 이라는 문자열 출력하겠다는 의미이고, 앞 문장에서 DDRAM의 어드레스를 0x40으로 설정하였으므로, 둘째 줄에 이 문자열이 나타난다.

PORTA = 0XF0;, _delay_ms(200);, PORTA = 0X0F;, _delay_ms(200); 문장들은 LED에 상위 4비트, 하위 4비트씩 나뉘어 계속해서 토글하며 ON/OFF를 200ms 단위로 반복하도록 하겠다는 의미이다.

key = ~PIND; 문장은 포트 D의 외부 핀 논리를 읽어 토글하고 key 변수에 저장한다. 포트 D에는 8-스위치가 연결되었으므로 '0' ~ '7' 키 중에서 눌린 키는 key 변수에 비트별로 논리 1로 저장된다.

if(key & (1 〈〈 0)){} 문장은 key의 변수값에서 0번 비트가 1일 때, 즉 8-스위치의 '0' 키가 눌리면 {}안의 문장을 실행한다. {} 문장안에는 SystemCheck() 함수를 호출하도록 되어 있다.

void SystemCheck(void) 함수는 시스템을 확인하여 시스템이 복구되면 상태에 따라 시스템을 리셋 시키는 동작을 한다.

unsigned char key; 문장은 시스템의 상태를 읽어 저장하는 변수로 사용된다. 또는 포트 D의 외부 핀 논리를 저장하는 변수로 사용된다.

LCD_wBCommand(0x80 | 0x40); 문장은 텍스트 LCD의 커서를 DDRAM의 0x40 번지로 설정하겠다는 의미이고, 0x80은 텍스트 LCD의 어드레스 카운터 설정 명령을 의미하고, 0x40은 DDRAM 어드레스 0x40 번지를 의미한다.

LCD_wString(SYSTEMCHECK_LCDSTR); 문장은 텍스트 LCD에 "SYSTEM Checking " 이라는 문자열 출력하겠다는 의미이고, 앞 문장에서 DDRAM의 어드레스를 0x40으로 설정하였으므로, 둘째 줄에 이 문자열이 나타난다.

if(!(key & (1 << 0))){} 문장은 key 변수의 0번 비트가 논리 0 일 때, 8-스위치의 '0' 키가 눌리지 않으면 {}안의 문장을 실행한다. 이 상태는 시스템이 복구된 상태를 나타낸다.

LCD_wString(SYSTEMRESET_LCDSTR); 문장은 텍스트 LCD에 시스템이 리셋 되었음을 "SYSTEM Reset... " 이라는 문자열로 나타낸다.

_delay_ms(1000); 문장은 1초 동안 대기하겠다는 의미이다.

WDT_Enable(7); 문장은 워치독 타이머를 기동하겠다는 의미이다. 이때 인수 7은 워치독 타이머의 프리스케일러를 설정하는데 사용하는데, 7의 경우 워치독 타이머의 타임아웃을 1.8초로 설정하게 된다. 워치독 타이머의 타임아웃은 전원 전압의 크기에 따라 약간의 차이가 있다. 자세한 내용은 1장의 표 1.13.15 워치독 타이머의 프리스케일러 선택을 참조한다.

while(1); 문장은 아무런 동작 없이 무한 대기하게 되며, 시스템이 리셋되기 전까지 계속된다. 또한 시스템이 리셋 되면서 이 무한 루프를 빠져나오는 것은 아니며, 시스템이 리셋 되면서 프로그램이 처음부터 다시 시작하게 되는 것이다. 따라서 이 무한 루프는 무시된다.

PORTA = 0XAA; _delay_ms(50); PORTA = 0X55; _delay_ms(50); 문장들은 50ms 단위로 짝수, 홀수 자리의 LED가 번갈아 가며 ON/OFF 된다.

[단계 1]-(3) 12.3.4 절의 [단계 1]-(3) 부터 [단계 1]-(5)를 참조하여 ch12_lcd.c C 언어 프로그램을 작성하여 현재 project 폴더에 저장한 다음에 project에 포함하고, ch12_lcd.h 헤더 프로그램을 작성하여 현재 project 폴더에 저장한다.

T·I·P

C 언어 소스 프로그램은
CD Drive:₩Source₩ch12₩ch12_step7₩ch12_step7.c 파일과
CD Drive:₩Source₩ch12₩ch12_step7₩ch12_lcd.c 파일과
CD Drive:₩Source₩ch12₩ch12_step7₩ch12_lcd.h 파일을 참조한다.

단계 2 AVR Studio 4를 이용하여 C 언어 소스 프로그램을 Build 한다. 자세한 내용은 5.4.2절의 [단계 2]를 참조한다.

단계 3 PonyProg를 이용하여 ATmega128에 hex 파일을 ISP 다운로드 한다. 자세한 내용은 5.4.2절의 [단계 3]을 참조한다.

단계 4 다운로드가 완료되면 AVR 트레이닝 키트(WES-XUN I)에서 동작을 확인한다. 전원이 인가되면 텍스트 LCD가 초기화 된 후에 텍스트 LCD 화면에 WATCHDOG TEST 문자열과 "Normal Oper... " 문자열이 나타난다. 또한 LED는 상위 4비트, 하위 4비트씩 나뉘어 계속해서 토글하며 ON/OFF를 200ms 단위로 반복된다. 이때 8-스위치의 '0' 키를 오래 계속해서 누르고 있게 되면, 텍스트 LCD의 둘째 줄에 "SYSTEM Checking " 이라는 문자열이 나타나고, LED는 50ms 단위로 짝수, 홀수 자리의 번갈아 가며 ON/OFF 된다. 이때에 8-스위치의 '0' 키를 손에서 떼면 텍스트 LCD의 둘째 줄에 "SYSTEM Reset... " 이라는 문자열이 나타나고, LED는 정지한다. 그리고 약 1.8초 후에 시스템이 리셋 되어 모든 동작은 처음부터 다시 시작하게 된다.

(1) 전원이 인가되고 다음과 같은 화면에서 '0' 키를 2초 이상 길게 누른다.

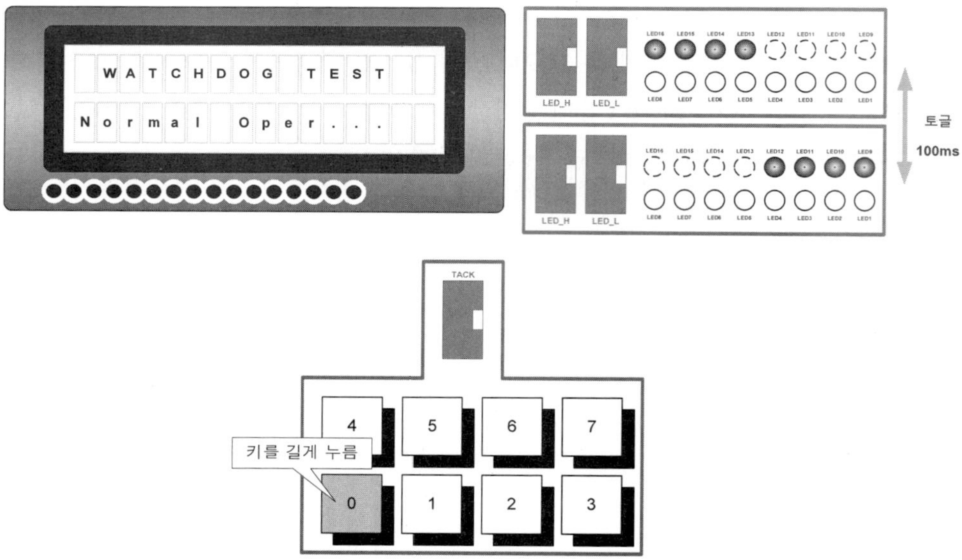

(2) 다음과 같은 화면이 나타나면 '0' 키에서 손을 뗀다.

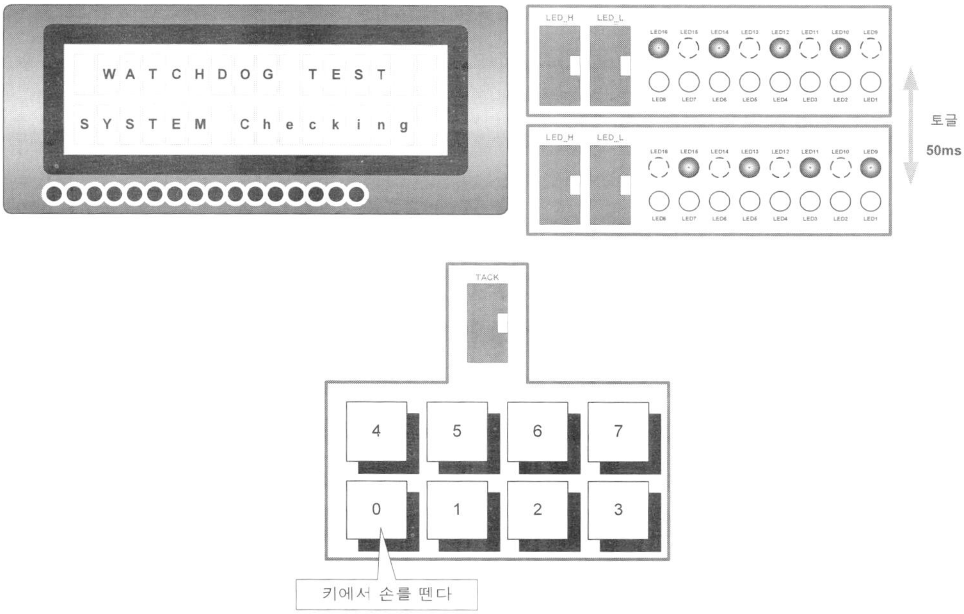

(3) 다음과 같은 화면이 나타나면 워치독 타이머에 의해 ATmega128이 리셋되었음을 나타낸다.

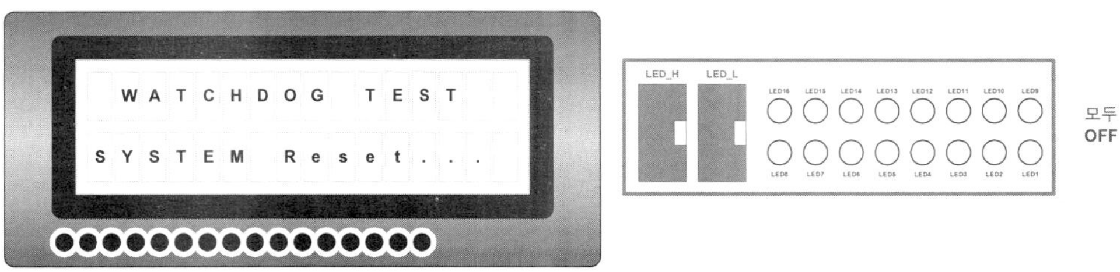

CHAPTER 13

AVR ATmega128을 사용한 키패드(4*4) 제어

실습목표

8-스위치의 경우 8개의 디지털 입력 포트가 필요했다. 만약 16개의 스위치가 입력장치로 사용되어야 하고 디지털 입력 포트는 8비트 밖에 없다고 한다면 16개 이상의 디지털 입력 포트를 지원하는 다른 MCU로 교체를 해야 한다. 하지만 여기서는 8개의 디지털 입출력 포트를 이용해 16개의 스위치 입력을 얻을 수 있는 4*4 키패드를 학습한다. 이 장에서는 키패드와 8-스위치의 장단점을 비교하고 키패드에서 입력 값을 얻는 알고리즘을 이해하는데 목적이 있다.

실습이론

13.1 AVR 포트의 출력 제어를 위한 레지스터

DDRx 레지스터는 포트의 입출력 방향을 결정하는 레지스터이며 DDRxn의 비트 값이 0이면 입력, 1이면 출력으로 설정된다. x는 포트명을 가리키는 문자이고 n은 비트를 나타내는 숫자이다. ATmega128에서 레지스터는 0번부터 7번까지 8비트가 존재한다. PORTx 레지스터는 포트에 출력할 논리 값을 저장하는 레지스터이며 x는 포트명이다. PINx는 DDRx 레지스터, PORTx 레지스터 등과 달리 포트의 논리를 읽을 수 있는 어드레스이며 x는 포트명이다. 디지털 입출력과 관련한 자세한 내용은 1.14절의 AVR 디지털 입출력 핀 구조를 참조한다.

DDRx : PORTx 데이터 방향 레지스터

Bit	7	6	5	4	3	2	1	0
	DDx7	**DDx6**	**DDx5**	**DDx4**	**DDx3**	**DDx2**	**DDx1**	**DDx0**
Read/Write	R/W	R/W	R/W	R/W	R/W	R/W	R/W	R/W
Initial Value	0	0	0	0	0	0	0	0

PORTx : PORTx 데이터 레지스터

Bit	7	6	5	4	3	2	1	0
	PORTx7	**PORTx6**	**PORTx5**	**PORTx4**	**PORTx3**	**PORTx2**	**PORTx1**	**PORTx0**
Read/Write	R/W	R/W	R/W	R/W	R/W	R/W	R/W	R/W
Initial Value	0	0	0	0	0	0	0	0

PINx : PORTx 입력 핀 어드레스

Bit	7	6	5	4	3	2	1	0
	PINx7	**PINx6**	**PINx5**	**PINx4**	**PINx3**	**PINx2**	**PINx1**	**PINx0**
Read/Write	R	R	R	R	R	R	R	R
Initial Value	N/A	N/A	N/A	N/A	N/A	N/A	N/A	N/A

13.2 키패드(4*4) 특성 및 제어회로

그림 13.2.1에서는 핀이 2개 달린 TACK-스위치가 한쪽 핀은 ROW에 다른 한쪽 핀은 COLUMN에 연결된, 1*1, 2*2, 4*4(ROW*COLUMN) 키패드를 보이고 있다. 1*1 키패드를 구성하였다면 2비트의 디지털 입출력이 필요로 하며, 2*2 키패드를 구성하였다면 4비트의 디지털 입출력이 필요로 하며, 4*4 키패드로 구성하였다면 16개 스위치를 제어하는데 8비트의 디지털 입출력이 필요로 한다. 한편, 3*3 키패드를 구성하는 경우에는 6개의 디지털 입출력이 필요하다. 이와 같이 ROW와 COLUMN에 각각 3개 이상의 스위치로 구성되는 경우, 핀에 직접 연결((Direct contact)되는 방식보다 디지털 입출력 선을 절약할 수 있다. 그러나 이러한 연결방식은 직접 연결 방식에 비해 스위치는 ON/OFF 정보를 제어하는데 어려운 단점이 있다.

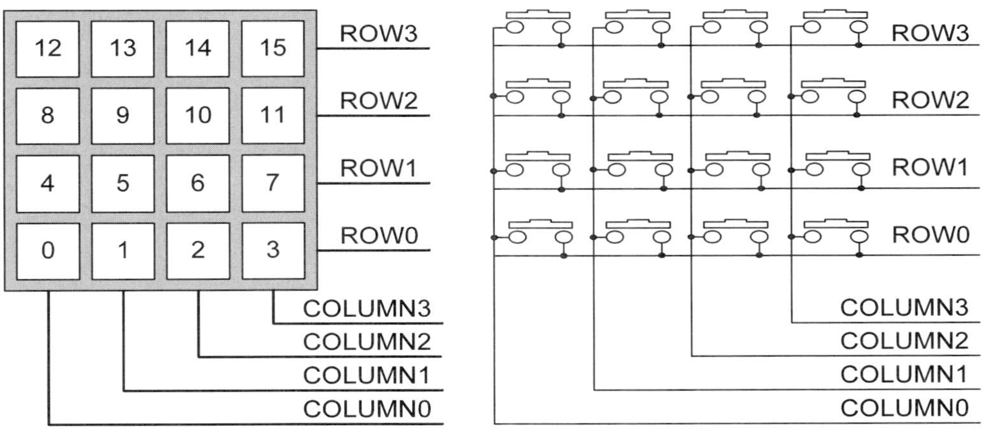

그림 13.2.1 키패드(4*4) 회로의 연결도

그림 13.2.2에 나타난 4*4 키패드의 0, 1, 2, 3 키 그룹에서 현재 눌린 키 값을 알아내는 방법은 다음과 같다. D0, D1, D2, D3 신호는 회로에서 풀업 저항에 연결되어 키가 눌리지 않았을 경우에 MCU가 읽기 동작을 하게 되어 '1'로 읽게 된다. 한편 그림 13.2.2에서와 같이 D4가 '0'신호를 출력하고 있다고 가정하면 D4는 'GND' 신호에 연결된 것과 같다. 이때 '0' 키, '1' 키, '2' 키, '3' 키 중에서 '1' 키가 눌렸다고 가정하고, D3(MSB) ~ D0(LSB)의 디지털 값을 읽으면 "1101"이 된다. 즉, 읽어진 값에서 '0'인 비트는 키가 눌렸다고 볼 수 있다. 이런

논리로 다음과 같은 식을 구할 수 있게 된다. 이 식은 D4 ~ D7중 어떤 신호가 '0'이냐는 Y 이고, 읽었을 때 D3 ~ D0 중 어떤 신호가 '0'이냐는 X이다. 이를 가지고 눌린 키를 알 수 있다. 키가 4개씩 묶여 있으므로 Y는 단계별로 Y×4의 관계를 갖게 되고 X는 그룹에서 몇 번째 키인지를 의미하므로 더하면 된다.

$$눌린\ 키 = (4 \times Y) + X$$

D4	D5	D6	D7	Y
0	1	1	1	0
1	0	1	1	1
1	1	0	1	2
1	1	1	0	3

D0	D1	D2	D3	X
0	1	1	1	0
1	0	1	1	1
1	1	0	1	2
1	1	1	0	3

또 다른 예로, 모든 키를 손에서 떼고 D4가 '0'인 상황에서 4번 키가 눌렸다고 가정한다. 이때 D3(MSB)~D0(LSB)의 값을 읽는다면 결과는 "1111"을 읽게 된다. 왜냐하면 '4' 키는 D4와 연결되지 않고, D5와 연결 되었으며, D5는 '1' 신호를 출력하고 있기 때문이다. 0, 1, 2, 3 키 그룹, 4, 5, 6, 7 키 그룹, 8, 9, 10, 11 키 그룹, 12, 13, 14, 15 키 그룹들의 경우도 같은 방법으로 눌린 키 값을 알아낼 수가 있다.

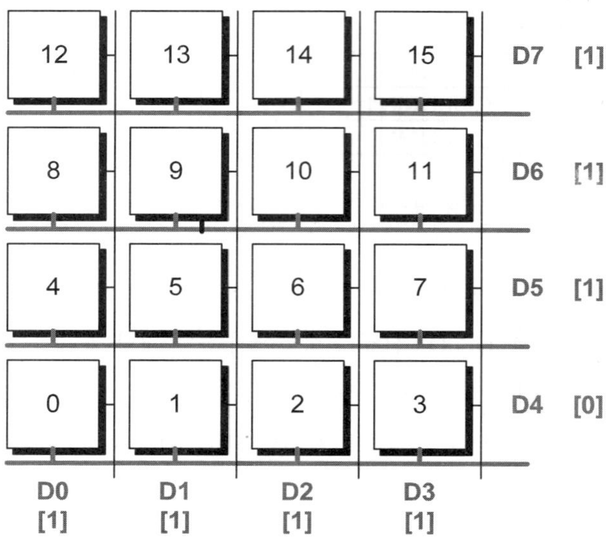

그림 13.2.2 D4와 연결 된 그룹

13.3 AVR 트레이닝 키트(WES-XUN I)에서의 키패드(4*4) 제어회로

AVR 트레이닝 키트(WES-XUN I)에는 TACK-스위치 16개로 구성된 키패드(4*4) 블록이 있으며, KEYPAD 커넥터를 통해 연결된다. 한편, 표 12.3.1은 키패드(4*4) 블록의 KEYPAD 커넥터와 키의 연결을 나타내고 있다. KEYPAD 커넥터에 연결된 TACK-스위치는 {0, 1, 2, 3}, {4, 5, 6, 7}, {8, 9, 10, 11}, {12, 13, 14, 15} 한 쪽 핀이 가로선에 공통으로 연결되며, 다른 한쪽 핀은 {0, 4, 8, 12}, {1, 5, 9, 13}, {2, 6, 10, 14}, {3, 7, 11, 15}가 세로선에 공통으로 연결된다.

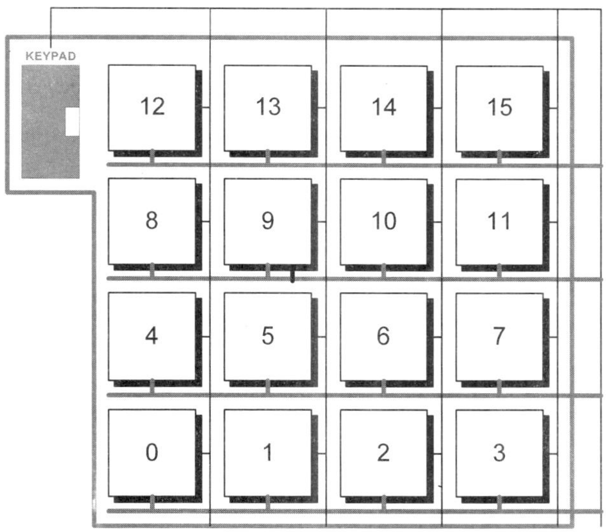

그림 13.3.1 AVR 트레이닝 키트(WES-XUN I)의 키패드(4*4) 블록

표 13.3.1 키패드(4*4) 블록의 KEYPAD 커넥터와 키 그룹의 연결

신호	방향	그룹	신호	방향	그룹
D0(L0)	INPUT	{0, 4, 8, 12}	D4(C0)	OUTPUT	{0, 1, 2, 3}
D1(L1)	INPUT	{1, 5, 9, 13}	D5(C1)	OUTPUT	{4, 5, 6, 7}
D2(L2)	INPUT	{2, 6, 10, 14}	D6(C2)	OUTPUT	{8, 9, 10, 11}
D3(L3)	INPUT	{3, 7, 11, 15}	D7(C3)	OUTPUT	{12, 13, 14, 15}

실습내용

13.4 AVR 트레이닝 키트(WES-XUN I)에서 동작해보기

13.4.1 AVR 트레이닝 키트(WES-XUN I)의 동작을 위한 준비 사항

단계 1 그림 13.4.1과 같이 전원을 켜고 ISP 다운로드 모듈을 연결한다.

그림 13.4.1 전원을 켜고 ISP 다운로드 모듈을 연결

단계 2 그림 13.4.2와 같이 IDC Flat 10P 케이블을 이용해 KEYPAD 커넥터와 AVR MCU Module(ATmega128)의 PORTC와 연결한다. 또한 LED_L 커넥터와 AVR MCU Module(ATmega128)의 PORTA와 연결하고, LED_H 커넥터와 AVR MCU Module (ATmega128)의 PORTF와 연결한다. 연결할 때 케이블의 방향이 맞도록 홈에 잘 맞추어 삽입한다.

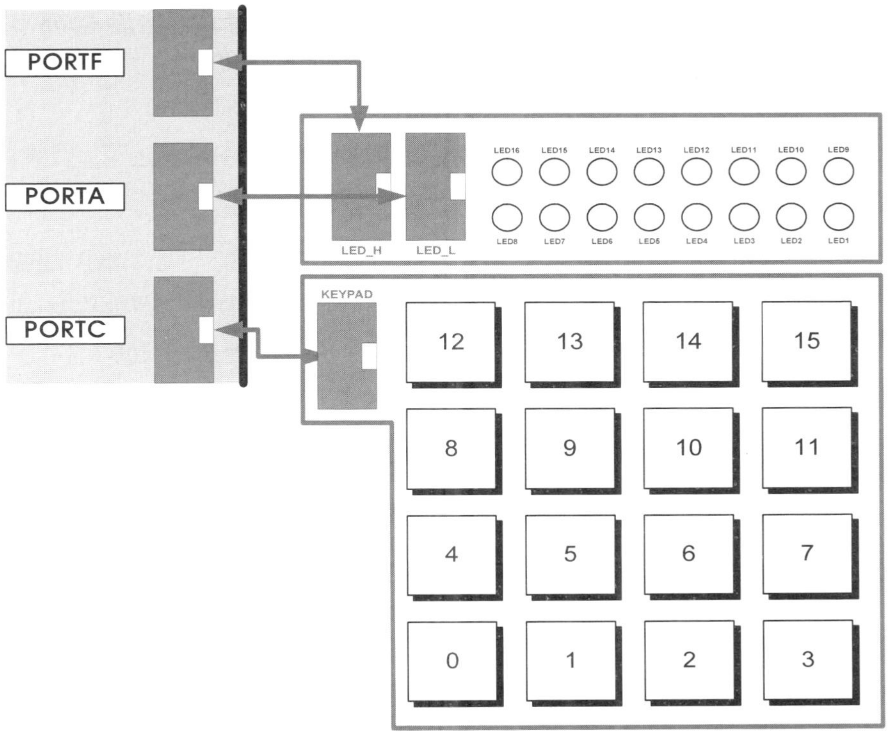

PORTF ⇔ LED_H

PORTF	BIT7	BIT6	BIT5	BIT4	BIT3	BIT2	BIT1	BIT0
Device Pin	LED8	LED7	LED6	LED5	LED4	LED3	LED2	LED1
입출력	Out	Out	Out	Out	Out	Out	Out	Out

PORTA ⇔ LED_L

PORTA	BIT7	BIT6	BIT5	BIT4	BIT3	BIT2	BIT1	BIT0
Device Pin	LED16	LED15	LED14	LED13	LED12	LED11	LED10	LED9
입출력	Out	Out	Out	Out	Out	Out	Out	Out

PORTC ⇔ KEYPAD

PORTC	BIT7	BIT6	BIT5	BIT4	BIT3	BIT2	BIT1	BIT0
Device Pin	C3	C2	C1	C0	L3	L2	L1	L0
입출력	Out	Out	Out	Out	In	In	In	In

그림 13.4.2 키패드(4*4) 입력 실험을 위한 회로 연결

13.4.2 키패드(4*4)에서 입력된 논리를 키 스캔 알고리즘을 통해 하나의 눌린 키를 LED에 출력하는 예제

단계 1 AVR Studio 4에서 새로운 project를 생성하고, C 언어 소스 프로그램을 작성하여 저장한다. 자세한 내용은 5.4.2절의 [단계 1]을 참조한다.

[단계 1]-(1) Project type은 AVR GCC를 선택하고, Project name:은 ch13_step1, Initial file:은 ch13_step1이라고 입력하고, Create initial file과 Create folder를 체크하고, Location:은 C:₩avr_test를 선택한 후에 [Next >>] 버튼을 누르고 다음 단계로 진행한다.

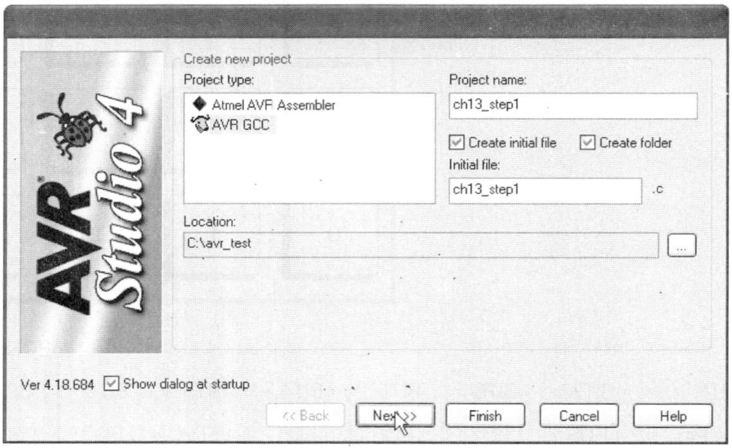

[단계 1]-(2) AVR Studio 4 편집 화면에 다음과 같이 C 언어 소스 프로그램을 작성하여 저장한다.

```
//
// ch13_step1.c
//

// ATmega128의 레지스터 등이 정의되어 있음
#include <avr/io.h>

// _delay_ms() 또는 _delay_us() 함수 등이 정의되어 있음
#include <util/delay.h>

// C 언어의 주 실행 함수
```

```
int main(void){
   // 4*4 키패드 스캔 데이터, 8비트 크기의 변수 선언
   unsigned char KeyScanData[] = {0xEF, 0xDF, 0xBF, 0x7F};
   unsigned char i, inkey, xkey=0, key;

   // 포트 C의 방향 설정, 0 : 입력, 1 : 출력
   // PC7  PC6   PC5    PC4    PC3    PC2    PC1    PC0
   // Out  Out   Out    Out    In     In     In     In
   DDRC = 0B11110000;  // KEYPAD

   // 포트 A, F의 방향 설정, 0 : 입력, 1 : 출력
   // PF7  PF6   PF5    PF4    PF3    PF2    PF1    PF0
   // PA7  PA6   PA5    PA4    PA3    PA2    PA1    PA0
   // Out  Out   Out    Out    Out    Out    Out    Out
   DDRA = 0B11111111;     // LED_H 연결
   DDRF = 0B11111111;     // LED_L 연결

   PORTA = 0B11111111;    // 포트 A와 연결된 LED 모두 OFF
   PORTF = 0B11111111;    // 포트 F와 연결된 LED 모두 OFF

   // while 블록 안의 문장을 무한 반복
   while(1){
         // 4개의 ROW 신호선을 스캔하도록 {} 안의 문장을 반복
         for(i = 0; i < 4; i++){
                  PORTC = KeyScanData[i];// 스캔 데이터 출력
                  _delay_us(1);          // 1us 동안 대기
                  inkey = PINC;          // 키패드 값 다시 읽음
                  inkey = (~inkey) & 0x0F; // 하위 4비트만 토글하여 저장

                  // 키가 눌리지 않으면 inkey == 0 이며,
                  // inkey != 0 이면 키가 눌렸음을 의미함.
                  if(inkey != 0x00){
                           // inkey에 저장된 값에 따라 각각 다른 문장 수행.
                           switch(inkey){
                                    case (1 << 0) : xkey = 0; break;
                                    case (1 << 1) : xkey = 1; break;
                                    case (1 << 2) : xkey = 2; break;
                                    case (1 << 3) : xkey = 3; break;
                           }
```

```
                    // 눌린 키 번호를 i와 xkey 변수를 이용해 찾음
                    key = i * 4 + xkey;       // i = ykey

                    // LED에 눌린 키를 표시함.
                    PORTA = ~((1<<key) >> 8);
                    PORTF = ~((1<<key) & 0xFF);
                }
            }
    }
    // 함수의 형태와 같이 정수형(int)의 값을 반환함
    return 1;
}
```

C 언어 소스 프로그램 설명

핵심포인트

키패드(4*4)는 4개의 열 중에서 1개의 열을 선택하고, 4개의 스위치 중에서 눌린 상태를 검사하는 방식으로 16개의 스위치를 모두 검사하기 위해서는 키 스캔 시간이 필요하다. 키 스캔 시간이란 1개의 열을 선택하여 검사하고, 모든 열을 순차적으로 검사하는데 걸리는 시간을 의미한다. 한편, 키 스캔 코드란 4개의 열 중에서 1개의 열을 선택하도록 만들어진 코드를 말하며, KeyScanData[] 배열에 저장되어 있다.

avr/io.h 헤더 프로그램에는 DDRx 레지스터, PORTx 레지스터 등이 정의되어 있으므로 이들 레지스터를 사용하려면 반드시 포함시켜야 한다.

util/delay.h 헤더 프로그램은 _delay_ms() 또는 _delay_us() 함수를 사용하기 위해서 반드시 포함시켜야 한다.

unsigned char KeyScanData[] 배열은 PORTC에 출력되는 키 스캔 알고리즘의 스캔 데이터를 저장한 배열이다.

unsigned char i, inkey, xkey=0, key; 문장은 8비트의 부호를 사용하지 않는 변수를 선언하겠다는 의미이고, xkey 변수는 초기 값이 0이 되도록 선언하겠다는 의미이다. i는 for문에서 사용되며, inkey는 PINC 어드레스에서 읽은 데이터를 저장하고, xkey는 눌린 키의 위치를 계산하여 저장하는 변수이고, key는 키 스캔 후 어떤 키인지 결과를 저장하는 변수이다.

DDRx 레지스터는 포트의 입출력 방향을 결정하는 레지스터이며 x는 포트명이고 DDRxn의 각 비트 값이 0이면 입력, 1이면 출력으로 설정된다. 따라서 DDRA = 0B11111111; 문장과 DDRF = 0B11111111; 문장과 DDRC = 0B11110000; 문장은 포트 A는 모든 비트를 출력하겠다는 의미이고, 포트 F는 모든 비트를 출력하겠다는 의미이고, 포트 C는 상위 4비트는 출력으로 하고, 하위 4비트는 입력으로 하겠다는 의미이다.

PORTx 레지스터는 포트에 출력할 논리 값을 저장하는 레지스터이며 x는 포트명이며, PINC는 포트 C(키패드(4*4))의 논리를 읽는 어드레스이다.

for(i = 0; i < 4; i++) 문장은 i 변수를 0부터 1씩 증가하며 4보다 작은 경우까지 반복하라는 의미의 반복문이다. 이 for문에 의해 키패드 4*4의 4개의 그룹에 스캔 신호를 출력하게 된다.

PORTC=KeyScanData[i]; 문장은 포트 C에 키패드의 스캔 데이터를 KeyScanData 배열의 i 번째 데이터를 읽은 후 출력하라는 의미이다.

_delay_us(1); 문장은 1us 동안 대기하라는 의미이다.

inkey = PINC; 문장은 포트 C의 핀의 논리를 읽고, inkey 변수에 저장하겠다는 의미이다. 이때 '7' 키를 누르면 D7 ~ D0의 값인 inkey 값이 '11110111'이 된다.

inkey = (~inkey) & 0x0F; 문장은 8비트 변수 inkey를 토글하고, 상위 4개 비트는 0으로, 하위 4개 비트는 그대로 inkey 변수에 다시 저장하겠다는 의미이다. 따라서 '1000'이 된다.

if(inkey != 0x00) 문장은 inkey 변수가 0이 아니면 참이 되는 조건문이다. 따라서 키가 하나라도 눌리게 되면 문장은 참이 된다.

switch(inkey) 문장은 inkey 변수의 값에 따라 각각 다른 문장을 실행하는 조건문이다. switch 문 아래의 case 문에 의해 저장된 값이 0x01이면 xkey=0, 저장된 값이 0x02이면 xkey=1, 저장된 값이 0x04이면 xkey=2, 저장된 값이 0x08이면 xkey=3이 된다. '7' 키를 눌렀을 경우에 inkey의 값이 '1000'이 되므로 xkey=3이 된다. 한편, '7' 키의 위치는 D7 ~ D0 값이 '11011111'(0xDF)이 되므로 i는 1이된다.

key=i*4+xkey; 문장은 최종적으로 눌린 키를 연산하는 문장이다. 따라서 xkey=3이고 i값이 1이므로, key 값은 7이 된다.

PORTA=~(1<<(key))>>8; 문장은 눌린 키가 8~15 사이의 키 일 때 포트 A에 연결된 LED에 눌린 키와 관련된 LED가 ON 되도록 출력하는 문장이다.

PORTF=~(1<<(key)&0xFF; 문장은 눌린 키가 0~7 사이의 키 일 때 포트 F에 연결된 LED에 눌린 키와 관련된 LED가 ON 되도록 출력하는 문장이다.

이때 무한루프인 while(1)에 모든 문장이 포함되어 있으므로 키패드(4*4)의 눌린 키 값을 키 스캔 알고리즘을 통해 읽고, 어떤 키인지 연산한 후 그 결과를 포트 A와 포트 F에 출력하는 동작을 계속해서 반복하게 된다.

T·I·P

■ **키 스캔 알고리즘**

키 스캔 알고리즘은 공통으로 연결된 8개 선을 4개는 출력으로, 4개는 입력으로 설정하고, 4개의 출력선 중 한 개의 선만 '0'을 출력하고 나머지 출력 3개는 '1'을 출력한다. 4개의 출력선 중 한 개의 선만 '0'을 출력하므로 이 동작을 총 4번 반복해야 전체 4 그룹을 모두 읽을 수 있다. '0'을 출력한 선의 그룹이 읽기 위한 그룹이고, '1'을 출력한 그룹은 읽지 않는 그룹이다. 4개의 입력 선에서 신호를 읽어 '0'인 비트를 찾는다. 이것과 같이 연결된 스위치가 눌린 것이므로, 위의 식(눌린 키 = 4*y + x) 계산식에 따라 눌린 키를 알아낸다. 또는 계산식이 아닌 조건식으로 눌린 키를 알아 낼 수도 있다. 한편, 출력 선에 2개 이상의 '0'을 출력하면 어떤 키가 눌렸는지 정확히 알 수 없으며, 경우에 따라 2개 이상의 스위치를 눌렀을 때 오동작 할 수 있다. 보통 키 스캔 알고리즘을 사용하기 위해서 다음과 같은 키 스캔 데이터를 배열에 저장하여 사용하는 경우가 많다.

```
unsigned char KeyScanData[4] = {0xEF, 0xDF, 0xBF, 0x7F};
```

T·I·P

C 언어 소스 프로그램은 CD Drive:₩Source₩ch13₩ch13_step1₩ch13_step1.c 파일을 참조한다.

단계 2 AVR Studio 4를 이용하여 C 언어 소스 프로그램을 Build 한다. 자세한 내용은 5.4.2절의 [단계 2]를 참조한다.

단계 3 PonyProg를 이용하여 ATmega128에 hex 파일을 ISP 다운로드 한다. 자세한 내용은 5.4.2절의 [단계 3]을 참조한다.

단계 4 다운로드가 완료되면 AVR 트레이닝 키트(WES-XUN I)에서 동작을 확인한다. 16개 스위치로 구성된 키패드(4*4)의 버튼을 누르면, 관련되는 16개의 LED 중 1개가 켜진다. 키패드(4*4)의 '0' 키부터 '7' 키까지는 LED9에서 LED15에 관련되며, '8' 키부터 '15' 키까지는 LED1에서 LED8에 관련된다. 한편, 2개의 키를 동시에 누르면 LED는 ON 되지 않는다.

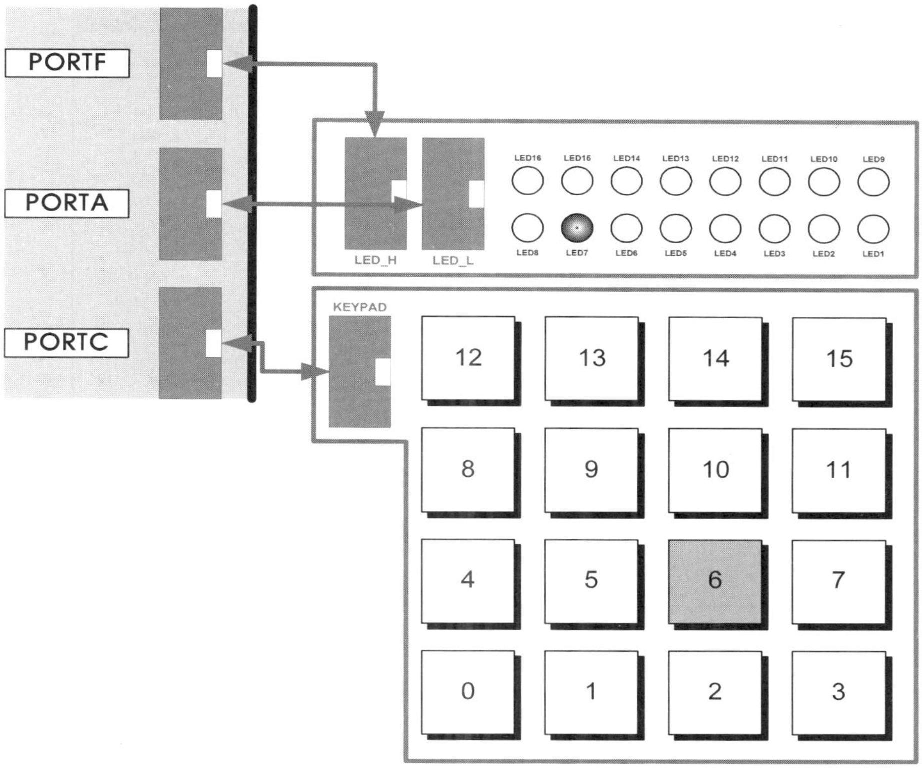

13.4.3 키패드(4*4)에서 입력된 논리를 키 스캔 알고리즘을 통해 동시에 여러 개의 눌린 키를 LED에 출력하는 예제

단계 1 AVR Studio 4에서 새로운 project를 생성하고, C 언어 소스 프로그램을 작성하여 저장한다. 자세한 내용은 5.4.2절의 [단계 1]을 참조한다.

[단계 1]-(1) Project type은 AVR GCC를 선택하고, Project name:은 ch13_step2, Initial file:은 ch13_step2이라고 입력하고, Create initial file과 Create folder를 체크하고, Location:은 C:₩avr_test를 선택한 후에 [Next >>] 버튼을 누르고 다음 단계로 진행한다.

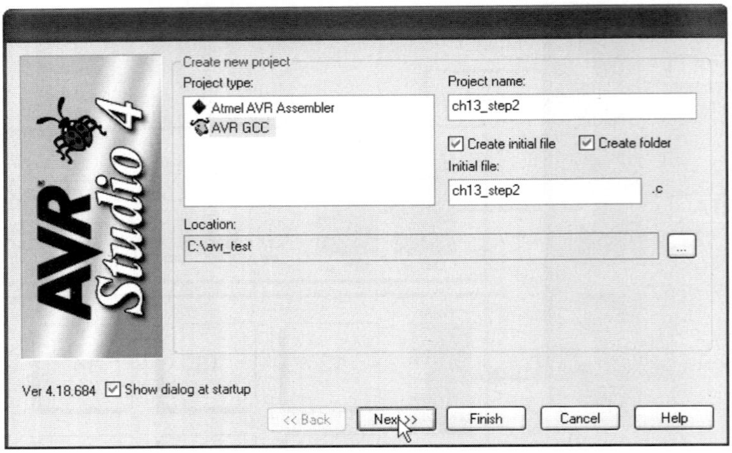

[단계 1]-(2) AVR Studio 4편집 화면에 다음과 같이 C 언어 소스 프로그램을 작성하여 저장한다.

```
//
// ch13_step2.c
//

// ATmega128의 레지스터 등이 정의되어 있음
#include <avr/io.h>

// _delay_ms() 또는 _delay_us() 함수 등이 정의되어 있음
#include <util/delay.h>

// C 언어의 주 실행 함수
int main(void){
   // 4*4 키패드 스캔 데이터, 8비트 크기의 변수 선언
   unsigned char KeyScanData[] = {0xEF, 0xDF, 0xBF, 0x7F};
   unsigned char i, inkey;
   volatile unsigned int key=0;

   // 포트 C의 방향 설정, 0 : 입력, 1 : 출력
   // PC7   PC6   PC5   PC4   PC3   PC2   PC1   PC0
   // Out   Out   Out   Out   In    In    In    In
   DDRC = 0B11110000;   // KEYPAD
```

```
  // 포트 A, F의 방향 설정, 0 : 입력, 1 : 출력
  // PF7   PF6   PF5    PF4    PF3    PF2    PF1    PF0
  // PA7   PA6   PA5    PA4    PA3    PA2    PA1    PA0
  // Out   Out   Out    Out    Out    Out    Out    Out
  DDRA = 0B11111111;    // LED_H 연결
  DDRF = 0B11111111;    // LED_L 연결

  PORTA = 0B11111111;  // 포트 A와 연결된 LED 모두 OFF
  PORTF = 0B11111111;  // 포트 F와 연결된 LED 모두 OFF

  // while  블록 안의 문장을 무한 반복
  while(1){
        key = 0; // key 변수를 0으로 초기화, 눌린 키가 없다고 가정
        // 4개의 ROW 신호선을 스캔하도록 {} 안의 문장을 반복
        for(i = 0; i < 4; i++){
                DDRC = (1<<(i+4));     // 포트 C의 한개 비트만 출력으로 설정
                _delay_us(1);          // 1us 동안 대기

                PORTC = KeyScanData[i]; // 스캔 데이터 출력
                _delay_us(1);           // 1us 동안 대기
                inkey = PINC;           // 키패드 값 다시 읽음
                inkey = (~inkey) & 0x0F; // 하위 4비트만 토글하여 저장

                // inkey 변수의 각 비트에 따라
                // 키패드의 어떤 키가 눌렸는지를 찾아 OR 연산함.
                if(inkey & (1 << 0)) key |= (1 << (i*4 + 0)); // {0, 4, 8, 12} 그룹
                if(inkey & (1 << 1)) key |= (1 << (i*4 + 1)); // {1, 5, 9, 13} 그룹
                if(inkey & (1 << 2)) key |= (1 << (i*4 + 2)); // {2, 6, 10, 14} 그룹
                if(inkey & (1 << 3)) key |= (1 << (i*4 + 3)); // {3, 7, 11, 15} 그룹
        }

        // LED에 눌린 키를 표시함.
        PORTA = ~(key >> 8);
        PORTF = ~(key & 0xFF);
  }

  // 함수의 형태와 같이 정수형(int)의 값을 반환함
  return 1;
}
```

C 언어 소스 프로그램 설명

핵심포인트

키패드(4*4)에서 눌린 키를 모두 검색하기 위해서는 선택된 열에서 읽어진 4개의 비트를 조건문을 이용하여 비트별로 처리해야 한다.

avr/io.h 헤더 프로그램에는 DDRx 레지스터, PORTx 레지스터 등이 정의되어 있으므로 이들 레지스터를 사용하려면 반드시 포함시켜야 한다.

util/delay.h 헤더 프로그램은 _delay_ms() 또는 _delay_us() 함수를 사용하기 위해서 반드시 포함시켜야 한다.

unsigned char KeyScanData[] 배열은 PORTC에 출력되는 키 스캔알고리즘의 스캔 데이터를 저장한 배열이다.

unsigned char i, inkey, xkey=0, key; 문장은 8비트의 부호를 사용하지 않는 변수를 선언하겠다는 의미이다. 여기서 xkey 변수는 초기 값이 0이 되도록 선언하겠다는 의미이다. i는 for문에서 사용되며, inkey는 PINC 어드레스에서 읽은 데이터를 저장하고, xkey는 눌린 키의 위치를 계산하여 저장하는 변수이고, key는 키 스캔 후 어떤 키인지 결과를 저장하는 변수이다.

DDRx 레지스터는 포트의 입출력 방향을 결정하는 레지스터이며 x는 포트명이고 DDRxn의 각 비트 값이 0이면 입력, 1이면 출력으로 설정된다. 따라서 DDRA = 0B11111111; 문장과 DDRF = 0B11111111; 문장과 DDRC = 0B11110000; 문장은 포트 A는 모든 비트를 출력하겠다는 의미이고, 포트 F는 모든 비트를 출력하겠다는 의미이고, 포트 C는 상위 4비트는 출력으로 하고, 하위 4비트는 입력으로 하겠다는 의미이다.

PORTx 레지스터는 포트에 출력할 논리 값을 저장하는 레지스터이며 x는 포트명이며, PINC는 포트 C(키패드(4*4))의 논리를 읽는 어드레스이다.

key=0; 문장은 키 스캔이 시작되기 전 눌린 키는 하나도 없다고 설정하겠다는 의미이다.

for(i = 0; i < 4; i++) 문장은 i 변수를 0부터 1씩 증가하며 4보다 작은 경우까지 반복하라는 의미의 반복문이다. 이 for문에 의해 키패드(4*4)의 4개의 그룹에 스캔 신호를 출력하게 된다.

DDRC=(1<<(i + 4)); 문장은 C 포트의 i+4 번 비트가 출력으로 설정되고, 나머지는 입력으로 설정되도록 하는 의미이다.

PORTC=KeyScanData[i]; 문장은 PORTC에 키패드의 스캔 데이터를 KeyScanData 배열의 i 번째 데이터를 읽은 후 출력하라는 의미이다.

_delay_us(1); 문장은 1us 동안 대기하라는 의미이다.

inkey = PINC; 문장은 포트 C의 핀의 논리를 읽고, inkey 변수에 저장하겠다는 의미이다.

inkey = (~inkey) & 0x0F; 문장은 8비트 변수 inkey를 토글하고, 상위 4개 비트는 0으로, 하위 4개 비트는 그대로 inkey 변수에 다시 저장하겠다는 의미이다.

if(inkey != 0x00) 문장은 inkey 변수가 0이 아니면 참이 되는 조건문이다. 따라서 키가 하나라도 눌리게 되면 문장은 참이 된다.

switch(inkey) 문장은 inkey 변수의 값에 따라 각각 다른 문장을 실행하는 조건문이다. switch 문 아래의 case 문에 의해 저장된 값이 0x01이면 xkey=0, 저장된 값이 0x02이면 xkey=1, 저장된 값이 0x04이면 xkey=2, 저장된 값이 0x08이면 xkey=3이 된다.

if(inkey & (1<<0)) key |= (1 << ((i * 4) + 0)); 문장은 {0, 4, 8, 12} 그룹 키가 눌렸을 때, 눌린 키 값을 key 변수에 저장하도록 하는 의미이다.

if(inkey & (1<<1)) key |= (1 << ((i * 4) + 1)); 문장은 {1, 5, 9, 13} 그룹 키가 눌렸을 때, 눌린 키 값을 key 변수에 저장하도록 하는 의미이다.

if(inkey & (1<<2)) key |= (1 << ((i * 4) + 2)); 문장은 {2, 6, 10, 14} 그룹 키가 눌렸을 때, 눌린 키 값을 key 변수에 저장하도록 하는 의미이다.

if(inkey & (1<<3)) key |= (1 << ((i * 4) + 3)); 문장은 {3, 7, 11, 15} 그룹 키가 눌렸을 때, 눌린 키 값을 key 변수에 저장하도록 하는 의미이다.

키패드(4*4)의 눌린 키 값을 키 스캔 알고리즘을 통해 읽고, 어떤 키인지 연산한 후 그 결과를 알아내는 방법은 13.4.2절과 같다.

PORTA = ~(1 << key) >> 8; 문장은 눌린 키가 8~15 사이의 키 일 때 포트 A에 연결된 LED에 눌린 키와 관련된 LED가 ON 되도록 출력하는 문장이다.

PORTF = ~(1 << key) & 0xFF; 문장은 눌린 키가 0~7 사이의 키 일 때 포트 F에 연결된 LED에 눌린 키와 관련된 LED가 ON 되도록 출력하는 문장이다.

이때 무한루프인 while(1)에 모든 문장이 포함되어 있으므로 키패드(4*4)의 눌린 키 값을 키 스캔 알고리즘을 통해 읽고, 어떤 키인지 연산한 후 그 결과를 포트 A와 포트 F에 출력하는 동작을 계속해서 반복하게 된다.

T·I·P

C 언어 소스 프로그램은 CD Drive:₩Source₩ch13₩ch13_step2₩ch13_step2.c 파일을 참조한다.

단계 2 AVR Studio 4를 이용하여 C 언어 소스 프로그램을 Build 한다. 자세한 내용은 5.4.2절의 [단계 2]를 참조한다.

단계 3 PonyProg를 이용하여 ATmega128에 hex 파일을 ISP 다운로드 한다. 자세한 내용은 5.4.2절의 [단계 3]을 참조한다.

단계 4 다운로드가 완료되면 AVR 트레이닝 키트(WES-XUN I)에서 동작을 확인한다. 16개 스위치로 구성된 키패드(4*4)의 버튼을 누르면, 관련되는 16개의 LED 중 1개가 켜진다. 키패드(4*4)의 '0' 키부터 '7' 키까지는 LED1에서 LED8에 관련되며, '8' 키부터 '15' 키까지는 LED9에서 LED15에 관련된다. 한편, 2개의 키를 동시에 누르면 LED는 2개가 동시에 ON 된다.

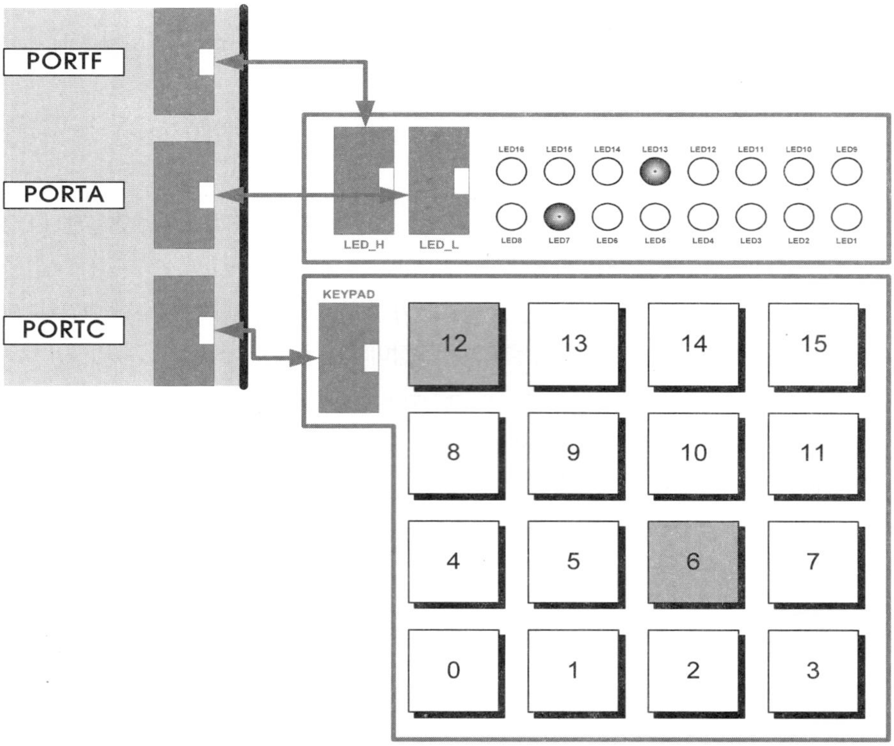

13.5 C 언어 문법

(1) if 문

① 조건을 검사하여 참이면 문장을 실행하고 거짓이면 문장을 실행하지 않는 제어문이다.

② 단문일 경우의 형식

```
if(조건식 1)
   문장 1;
else if(조건식 2)
   문장 2;
      .
      .
      .
else
   문장 n;
```

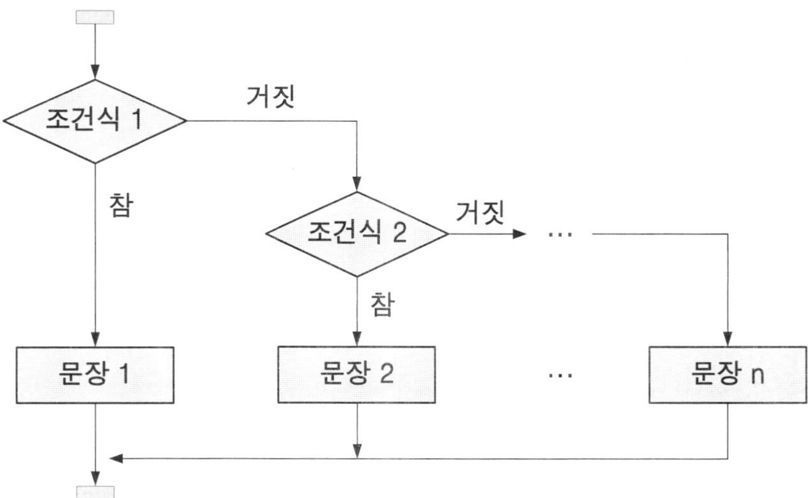

③ 복문일 경우의 형식

```
if(조건식 1)
{
   문장 1;
     .
     .
     .
}
else if(조건식 2)
{
   문장 2;
     .
     .
     .
}

.
.
.

else
{
  문장 n;
    .
    .
    .
}
```

(2) switch 문

① 여러 방향으로 분기를 판단하고 실행하는 다중 결정 제어문이다.

② switch 문의 형식은 다음과 같다.

```
switch(식)
{
  case  A1 : 문장 1;                // 식의 값이 A1이면 문장 1 수행
         break;
  case  A2 : 문장 2;                // 식의 값이 A2이면 문장 2 수행
         break;
           .
           .
           .
  case  An : 문장 n;                // 식의 값이 An이면 문장 n 수행
         break;
  default : 문장;                   // 식의 값이 일치하는 값이 없으면 default 문장 수행
         break;
}
```

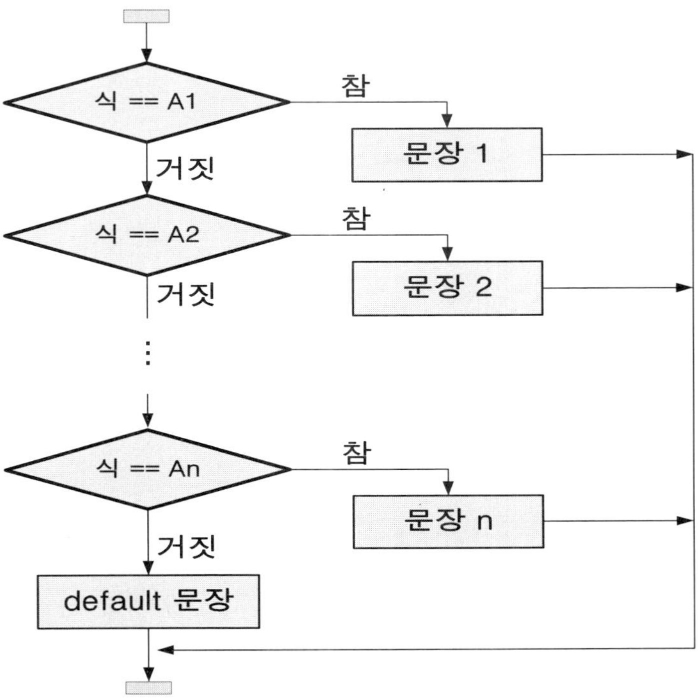

CHAPTER 14

AVR ATmega128을 사용한 ADC 제어

실습목표

아날로그 양을 디지털 양으로 바꾸기 위한 회로를 ADC(Analog Digital Converter) 회로라고 하고, 변환 방법, 분해능, 속도에 따라 그 성능을 구분한다. ADC를 구성하기 위한 회로를 학습하고, VR(Volume Register)을 연결하여 입력된 전압을 디지털 양으로 바꾸어 LED에 표시한다.

실습이론

14.1 디지털 입출력과 ADC 제어를 위한 레지스터

DDRx 레지스터는 포트의 입출력 방향을 결정하는 레지스터이며 DDRxn의 비트 값이 0이면 입력, 1이면 출력으로 설정된다. x는 포트명을 가리키는 문자이고 n은 비트를 나타내는 숫자이다. ATmega128에서 레지스터는 0번부터 7번까지 8비트가 존재한다. PORTx 레지스터는 포트에 출력할 논리 값을 저장하는 레지스터이며 x는 포트명이다. 디지털 입출력과 관련한 자세한 내용은 1.14절의 AVR 디지털 입출력 핀 구조를 참조한다.

ADMUX 레지스터는 ADC의 8개의 아날로그 입력의 채널을 선택하는 레지스터이다. ADCSR 레지스터는 ADC의 제어 또는 상태를 나타내는 레지스터이고, 여기에서 ADC의 활성화, ADC의 변한 시작, ADC의 프리러닝모드 선택, ADC의 인터럽트 활성화, ADC의 프리스케일러 선택 등이 설정된다. ADCH, ADCL 레지스터는 ADC의 변환 결과를 저장하는 레지스터이다. ADC는 10비트의 분해능을 가지므로, 이 두 개의 레지스터를 이용해 10비트의 데이터가 저장된다. ADC와 관련한 자세한 내용은 1.20절 ATmega128의 아날로그 디지털 변환을 참조한다.

DDRx : PORTx 데이터 방향 레지스터

Bit	7	6	5	4	3	2	1	0
	DDx7	DDx6	DDx5	DDx4	DDx3	DDx2	DDx1	DDx0
Read/Write	R/W	R/W	R/W	R/W	R/W	R/W	R/W	R/W
Initial Value	0	0	0	0	0	0	0	0

PORTx : PORTx 데이터 레지스터

Bit	7	6	5	4	3	2	1	0
	PORTx7	PORTx6	PORTx5	PORTx4	PORTx3	PORTx2	PORTx1	PORTx0
Read/Write	R/W	R/W	R/W	R/W	R/W	R/W	R/W	R/W
Initial Value	0	0	0	0	0	0	0	0

ADMUX : ADC 멀티플렉서 선택 레지스터

Bit	7	6	5	4	3	2	1	0
	REFS1	**REFS0**	**ADLAR**	**MUX4**	**MUX3**	**MUX2**	**MUX1**	**MUX0**
Read/Write	R/W	R/W	R/W	R/W	R/W	R/W	R/W	R/W
Initial Value	0	0	0	0	0	0	0	0

ADCSR : ADC 제어, 상태 레지스터

Bit	7	6	5	4	3	2	1	0
	ADEN	**ADSC**	**ADIFR**	**ADIF**	**ADIE**	**ADPS2**	**ADPS1**	**ADPS0**
Read/Write	R/W	R/W	R/W	R/W	R/W	R/W	R/W	R/W
Initial Value	0	0	0	0	0	0	0	0

ADCL : The ADC 데이터 레지스터 :: ADLAR = 0

Bit	15	14	13	12	11	10	9	8	
	-	**-**	**-**	**-**	**-**	**-**	**ADC9**	**ADC8**	ADCH
	ADC7	**ADC6**	**ADC5**	**ADC4**	**ADC3**	**ADC2**	**ADC1**	**ADC0**	ADCL
	7	6	5	4	3	2	1	0	
Read/Write	R	R	R	R	R	R	R	R	
Initial Value	0	0	0	0	0	0	0	0	

ADCH : The ADC 데이터 레지스터 :: ADLAR = 1

Bit	15	14	13	12	11	10	9	8	
	ADC9	**ADC8**	**ADC7**	**ADC6**	**ADC5**	**ADC4**	**ADC3**	**ADC2**	ADCH
	ADC1	**ADC0**	**-**	**-**	**-**	**-**	**-**	**-**	ADCL
	7	6	5	4	3	2	1	0	
Read/Write	R	R	R	R	R	R	R	R	
Initial Value	0	0	0	0	0	0	0	0	

14.2 ADC 원리

그림 14.2.1은 AD 변환의 기본 구조를 보이고 있는데 이 구조는 이해를 돕기 위해 매우 간단한 구조를 들어 설명한 것이며, ATmega128에서 사용하는 ADC 구조는 아니다. 예를 들어 2.5V의 아날로그 전압이 입력될 경우에 10비트 카운터에서 출력되는 10 비트 디지털 값이 DAC를 통과하여 아날로그 전압으로 변환된다. 다음에 입력된 2.5V의 아날로그 전압과 DAC를 통과한 아날로그 전압이 비교기로 입력되어 둘 중에 큰 값이 출력되어진다. 이때 DAC를 통과한 아날로그 전압값이 입력된 2.5V의 아날로그 전압보다 작은 경우에는 비교기의 출력이 항상 '0'이 된다. DAC를 통과한 아날로그 전압값이 입력된 2.5V의 아날로그 전압보다 커질 경우에는 비교기의 출력이 '1'이 되어 플립플롭의 클록단자에 상승에지의 클록이 인가되어진다. 따라서 플립플롭의 10비트 디지털 값이 ADCH 레지스터와 ADCL 레지스터에 각각 2비트와 8비트의 데이터로 분리한 후에 저장된다. 결국은 입력된 2.5V의 아날로그 전압의 값이 10비트 디지털 값으로 변환되어 ADCH 레지스터와 ADCL 레지스터에 각각 2비트와 8비트의 데이터로 분리 저장되어진다.

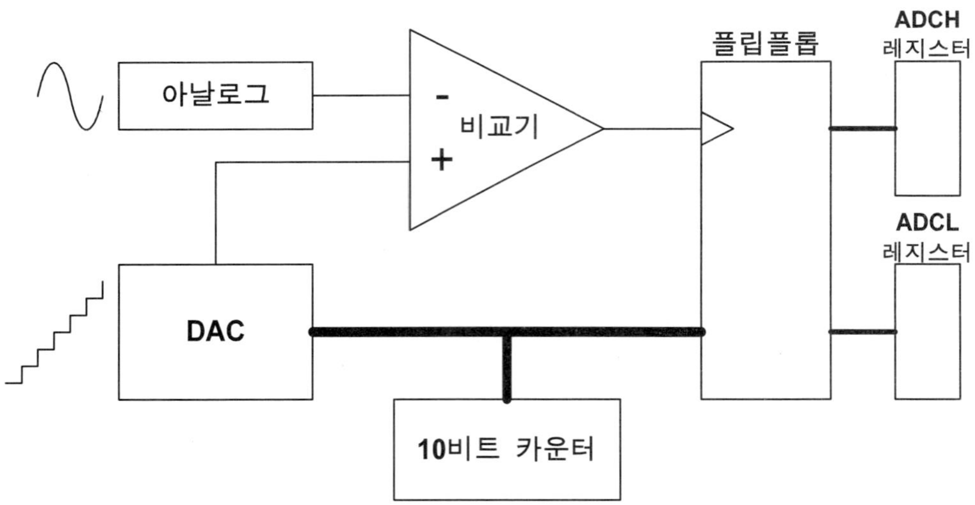

그림 14.2.1 개념 이해를 돕기 위한 간단한 ADC 구조

한편, 그림 14.2.2는 그림 14.2.1에서 보인 기본구조가 동작하는 파형을 보인 것이다. 그림 14.2.2에서 숫자는 32개의 클록 입력에 따라 1씩 더한 결과를 표시한 것이며, 중간의 가로선은 입력되는 아날로그 양이고, 사선은 10비트 카운터에 따른 DAC의 아날로그 출력 값

이다. 숫자 21에서 아날로그 입력 값과 DAC의 출력 값이 만나므로 디지털 값은 약 672(=32×21)라고 읽을 수 있다. 따라서 ADC의 변환된 디지털 값은 10비트 카운터에 입력된 클록 수와 같다고 할 수 있다.

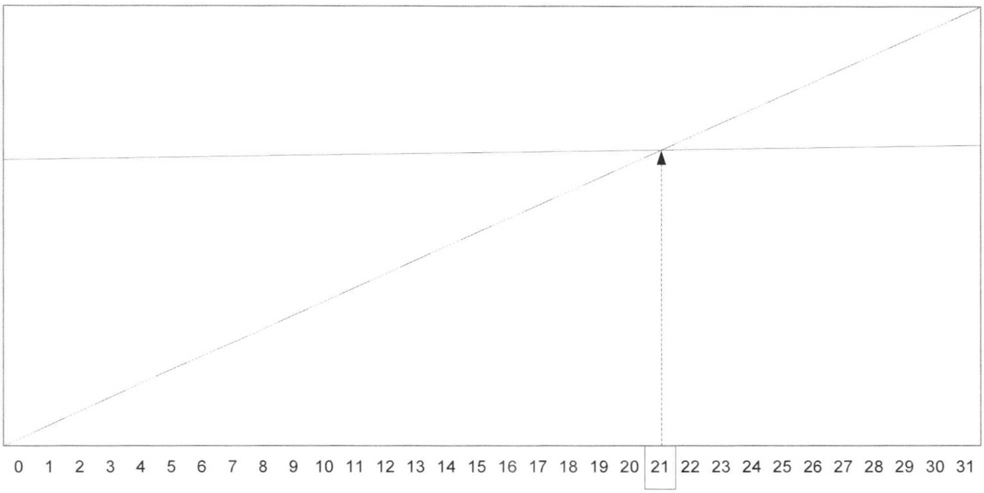

그림 14.2.2 ADC 변환의 기본 구조의 동작 파형

그림 14.2.3은 ATmega128의 10비트 분해능을 갖는 축차 비교형 ADC의 변환 과정의 파형을 보이고 있다. 이 방법은 최상위 비트부터 하위 비트로 내려가면서 아날로그 값과 DAC 출력 값을 비교하여 찾아내는 방식으로 그림 14.2.2에서 보인 방법보다 더 빠르게 ADC 결과를 얻을 수 있으며 짧게는 10개의 클록으로 ADC 변환이 가능하다. 그림 14.3.2에서 DAC의 10비트 입력비트 중에서 최상위 비트인 9번 비트가 1일 때 아날로그 입력양이 더 높으므로, 9번 비트는 1이 된다. 다음에 DAC의 9번 비트가 1이고, 8번 비트가 1일 때 아날로그 입력양이 더 낮으므로, 8번 비트는 0이 된다. DAC의 9번 비트가 1이고, 8번 비트가 0이고, 7번 비트가 1일 때 아날로그 입력양이 더 높으므로 7번 비트는 1이다. 이런 방식으로 0번 비트까지 모두 찾게 되면 입력된 아날로그의 크기를 디지털로 변환할 수 있다. ATmega128은 ADC 변환과정을 축차 비교형을 사용한다.

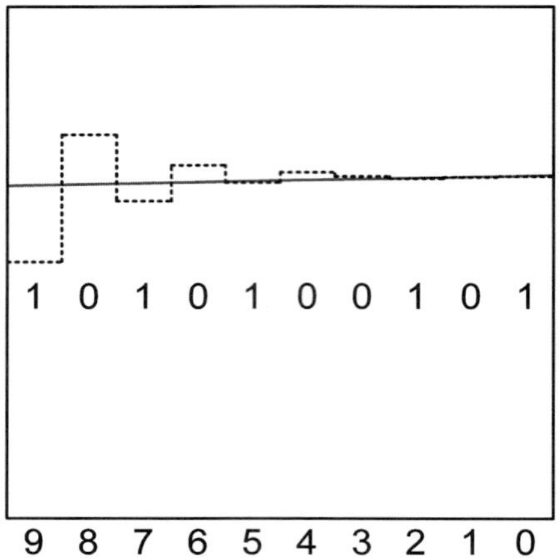

그림 14.2.3 축차 비교형 ADC의 동작 파형

14.3 AVR 트레이닝 키트(WES-XUN I)에서의 ADC 제어회로

AVR 트레이닝 키트(WES-XUN I)에는 온도센서, 습도센서, 광량(CDS Cell) 센서 등의 센서 어플리케이션을 제공한다. 온도센서는 온도에 따라 저항값이 바뀌는 NTC 10K(DSC103)의 서미스터이며, 광량센서는 빛의 양에 따라 저항값이 바뀌는 CDS 셀이며, 습도센서는 습도에 따라 정전 용량이 바뀌는 HS1101LF 습도센서이다. 그림 14.3.1은 ADC 채널과 직접 연결되어 응용되는 온도센서와 광량센서, 확장 커넥터, ADC VR(가변저항)의 회로도를 나타내고 있다. ATmega128의 ADC는 채널에 입력된 전압을 기준전압과 비교하여 디지털 값으로 변환하여 주므로, 저항 또는 전류 특성을 가진 센서들은 주변회로를 통해 전압으로 바뀌도록 회로를 설계해야 한다. 예를 들어 온도에 따라 저항값이 변화하는 NTC 10K 온도센서의 경우 기준저항 10K와 NTC 10K 온도센서를 직렬로 연결하고, 연결점을 ADC 채널에 연결한다. 이때 5V 전원 전압을 직렬회로 양단에 인가하면 ADC 채널에서 전압이 나타나는데 이 전압을 ADC를 통해 디지털 값으로 변환한다. 변환된 디지털 값은 0 ~ 5V의 전압을 0 ~ 1023의 디지털 값으로 변환한 것이므로 NTC 10K 온도센서가 연결된 ADC 채널의 전압을 얻을 수 있다. 이 전압과 옴의 법칙을 이용하면 NTC 10K의 현재 저항값을 계산으로 구할 수 있고, NTC 10K의 특성표에서 저항값에 따른 온도를 찾을 수 있다. 추가할 것

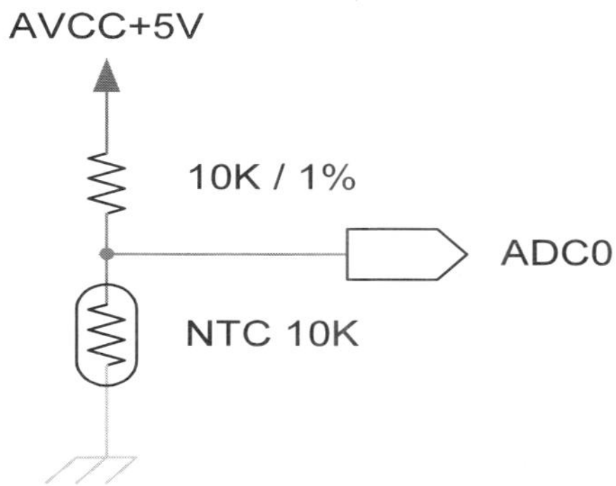

(a) ADC0 채널에 연결된 온도센서

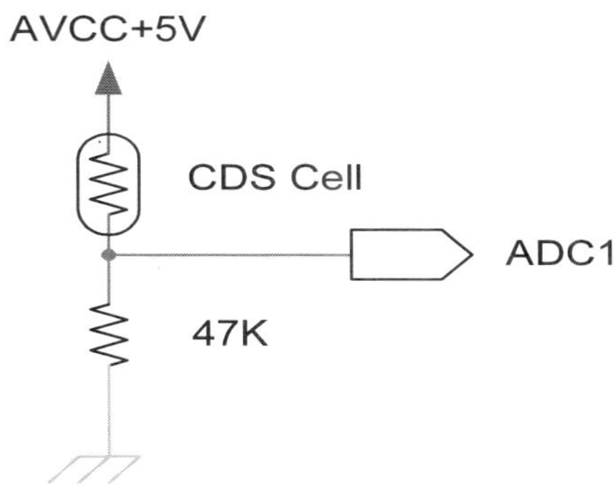

(b) ADC1 채널에 연결된 광량(CDS Cell)센서

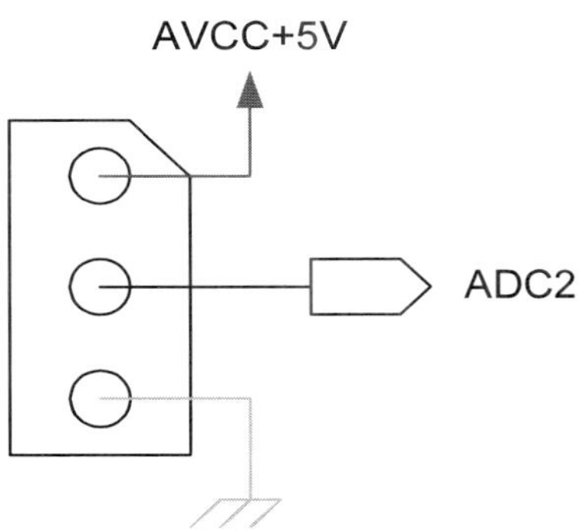

(c) ADC2 채널에 연결된 센서 연결용 확장 커넥터

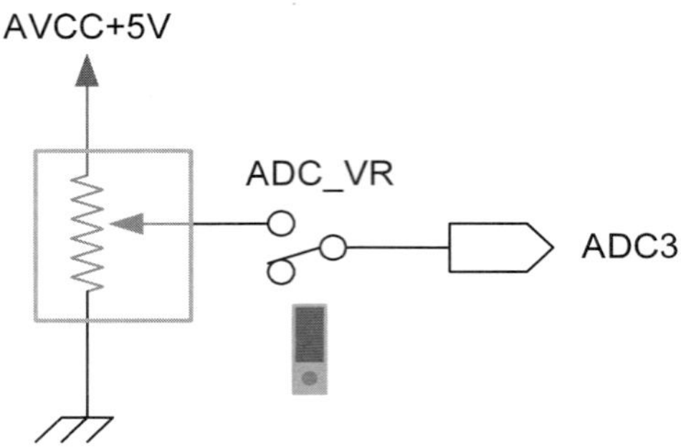

(d) ADC3 채널에 연결된 ADC 실험용 가변 저항

그림 14.3.1 온도센서, 광량센서, 확장 커넥터, 가변저항 응용 회로도

그림 14.3.2는 습도에 따라 정전 용량이 변하는 HS1101 습도센서 응용 회로도를 나타내고 있다. 이 습도센서를 응용하기 위해서는 정전 용량에 따라 주파수가 변화하는 발진회로를 TLC555 IC를 이용해 구성하고, 출력되는 발진을 ATmega128의 입력 캡쳐 신호에 연결하여 그 주파수를 측정하면 습도를 얻을 수 있다. 이 장에서는 HS1101 습도센서를 이용한 제어는 실험하지 않으므로, 자세한 내용은 제공된 CD의 Datasheet 폴더에서 HS1101.pdf 파일을 참조하기 바란다.

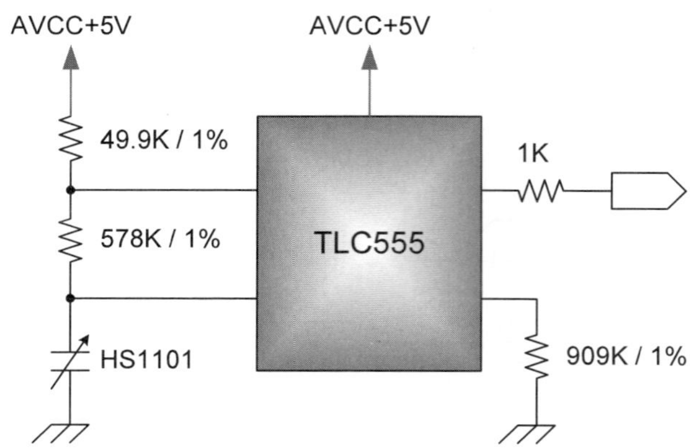

그림 14.3.2 HS1101 습도센서 응용 회로도

그림 14.3.3은 AVR 트레이닝 키트(WES-XUN I)의 센서 모듈의 실제 모습을 나타내고 있다. 확장 커넥터는 +5V, ADC3(아날로그 신호), GND 신호를 확장한 커넥터로 이 커넥터에 다른 온도 센서 또는 저항 특성을 갖거나 전압/전류 특성을 갖는 센서를 연결하여 사용할 수 있다.

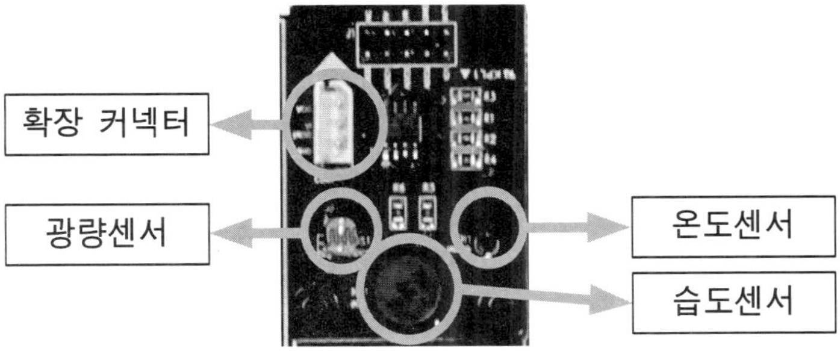

그림 14.3.3 AVR 트레이닝 키트(WES-XUN I)의 센서 모듈

실습내용

14.4 AVR 트레이닝 키트(WES-XUN I)에서 동작해보기

14.4.1 AVR 트레이닝 키트(WES-XUN I)의 동작을 위한 준비 사항

단계 1 그림 14.4.1과 같이 전원을 켜고 ISP 다운로드 모듈을 연결한다.

그림 14.4.1 전원을 켜고 ISP 다운로드 모듈을 연결

단계 2 그림 14.4.2와 같이 IDC Flat 10P 케이블을 이용해 LED_L 커넥터와 AVR MCU Module(ATmega128)의 PORTA와 연결하고, LED_H 커넥터와 AVR MCU Module (ATmega128)의 PORTC와 연결한다. 또한 7-segment의 DATA 커넥터와 AVR MCU Module(ATmega128)의 PORTB와 연결하고, 7-segment의 COM 커넥터와 AVR MCU Module(ATmega128)의 PORTE와 연결한다. 연결할 때 케이블의 방향이 맞도록 홈에 잘 맞추어 삽입한다. 그리고 그림 14.4.3과 같이 광센서, 온도센서, 습도센서가 있는 센서모듈을 메인보드의 EXT_ADC 커넥터에 방향이 잘 맞도록 홈에 잘 맞추어 삽입한다. 연결 방향은 PCB 보드의 ▲ 모양이 일치하도록 삽입하면 된다. 한편, 그림 14.4.4(a)와 같이 SW1 스위치 모듈에서 ADC VR을 ADC3 채널에 연결하는 가장 왼쪽 ADC 스위치를 아래로 내리면, 그림 14.4.4(b)와 같이 ADC VR(가변저항)을 조정하여 ADC3의 입력 전압을 조절할 수 있다. 한편, CLK 부분의 스위치 2개를 모두 위로 올려 ATmega128 MCU가 14.7456MHz의 클록을 사용하도록 설정한다.

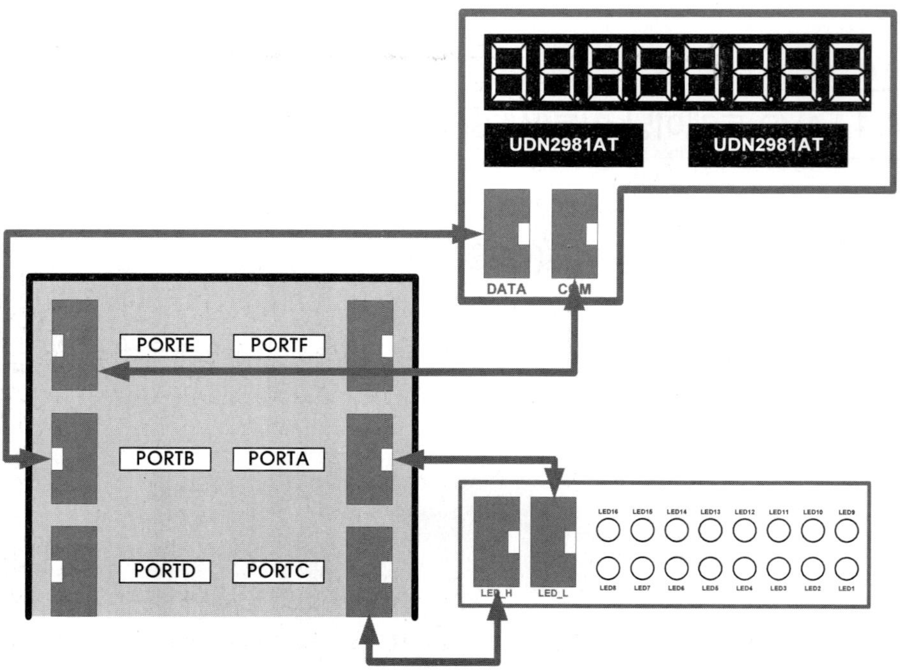

PORTA ⇔ LED_L

PORTA	BIT7	BIT6	BIT5	BIT4	BIT3	BIT2	BIT1	BIT0
Device Pin	LED16	LED15	LED14	LED13	LED12	LED11	LED10	LED9
입출력	Out	Out	Out	Out	Out	Out	Out	Out

PORTC ⇔ LED_H

PORTC	BIT7	BIT6	BIT5	BIT4	BIT3	BIT2	BIT1	BIT0
Device Pin	LED8	LED7	LED6	LED5	LED4	LED3	LED2	LED1
입출력	Out	Out	Out	Out	Out	Out	Out	Out

PORTB ⇔ DATA

PORTB	BIT7	BIT6	BIT5	BIT4	BIT3	BIT2	BIT1	BIT0
Device Pin	a	b	c	d	e	f	g	dp
입출력	Out	Out	Out	Out	Out	Out	Out	Out

PORTA ⇔ LED_E

PORTE	BIT7	BIT6	BIT5	BIT4	BIT3	BIT2	BIT1	BIT0
Device Pin	DIG0	DIG1	DIG2	DIG3	DIG4	DIG5	DIG6	DIG7
입출력	Out	Out	Out	Out	Out	Out	Out	Out

PORTF ⇔ EXT_ADC

PORTF	BIT7	BIT6	BIT5	BIT4	BIT3	BIT2	BIT1	BIT0
Device Pin	–	–	–	–	ADC3 (ADC VR)	ADC2 (확장 커넥터)	ADC1 (광량센서)	ADC0 (온도센서)
입출력	–	–	–	–	In	In	In	In

※ EXT_ADC 커넥터에 센서 모듈 연결시

그림 14.4.2 ADC 실험을 위한 회로 연결

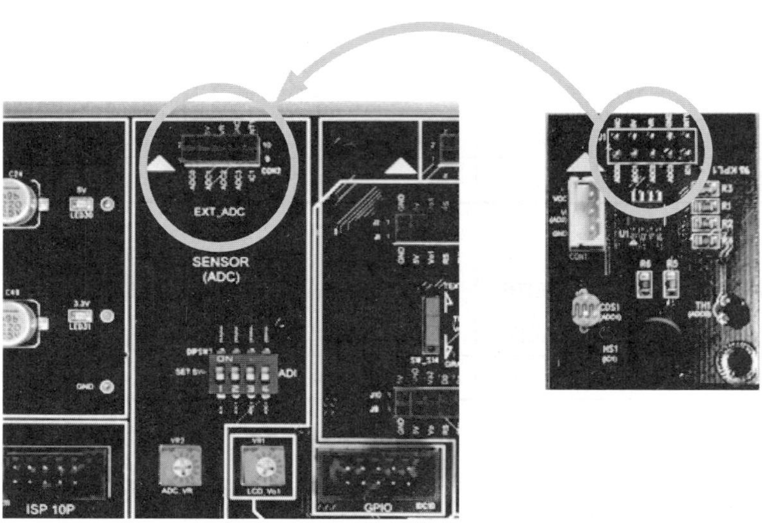

그림 14.4.3 EXT_ADC 커넥터와 센서모듈의 연결

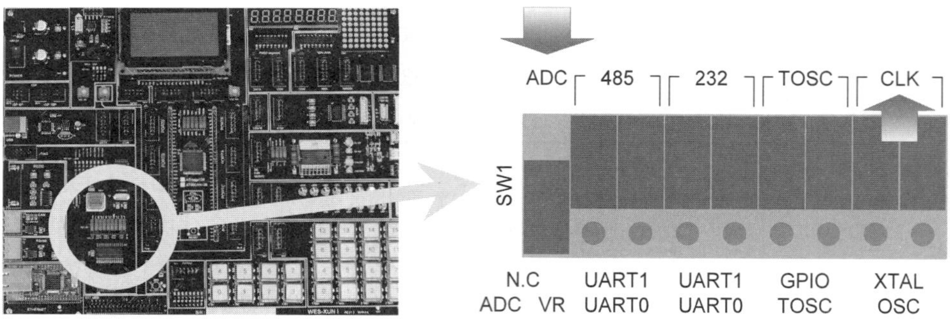

(a) ADC VR을 ADC3 채널에 연결하는 ADC 스위치와 CLK 스위치

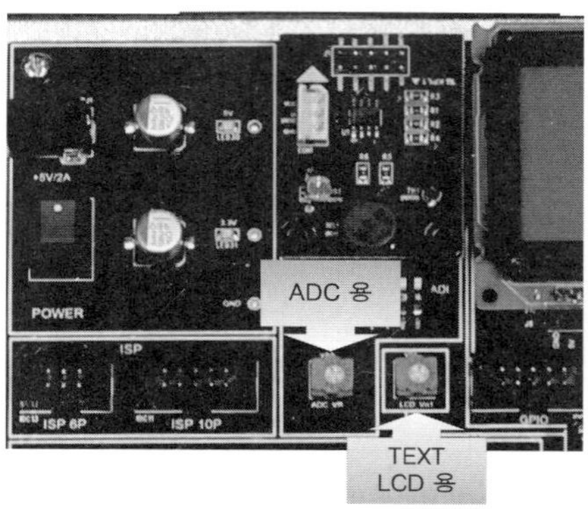

(b) ADC3 채널에 연결되는 ADC VR(가변저항)

그림 14.4.4 ADC 실험에서 사용하는 스위치와 ADC VR 선택 스위치

14.4.2 ADC VR을 이용해 아날로그 신호를 입력하고, AD 변환된 결과를 LED에 출력하는 예제

단계 1 AVR Studio 4에서 새로운 project를 생성하고, C 언어 소스 프로그램을 작성하여 저장한다. 자세한 내용은 5.4.2절의 [단계 1]을 참조한다.

[단계 1]-(1) Project type은 AVR GCC를 선택하고, Project name:은 ch14_step1, Initial file:은 ch14_step1이라고 입력하고, Create initial file과 Create folder를 체크하고, Location:은 C:₩avr_test를 선택한 후에 [Next >>] 버튼을 누르고 다음 단계로 진행한다.

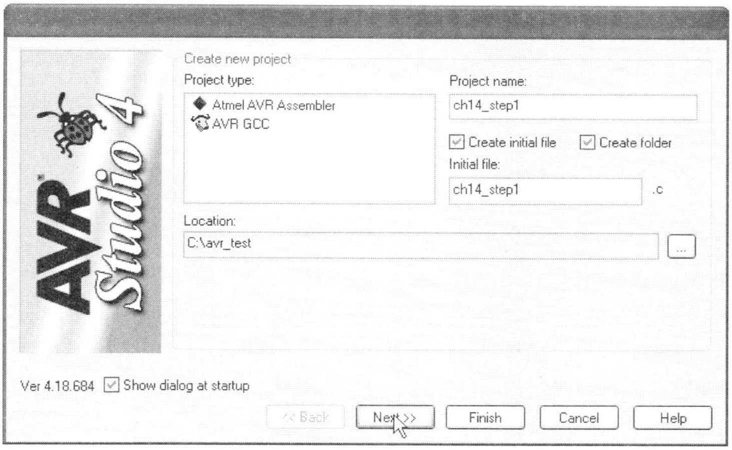

[단계 1]-(2) AVR Studio 4 편집 화면에 다음과 같이 C 언어 소스 프로그램을 작성하여 저장한다.

```
//
// ch14_step1.c
//

// ATmega128의 레지스터 등이 정의되어 있음
#include <avr/io.h>

// ADC 결과를 저장하는 16비트의 변수 선언
unsigned int ADC_Temp = 0;
unsigned int ADC_average = 0;
```

```
// AD 변환을 위한 함수 원형 선언
void ADC_Read(unsigned char);              // 1번의 AD 변환을 함
// 10번의 AD 변환을 하고 평균값을 반환함.
unsigned int ADC_10Read(unsigned char);

// C 언어의 주 실행 함수
int main(void){

   // 포트 A의 방향 설정, 0 : 입력, 1 : 출력
   // PA7   PA6   PA5     PA4     PA3     PA2     PA1     PA0
   //  -     -     -       -       -       -      Out     Out
   DDRA = 0B00000011;  // ADC 결과의 상위 2비트만 출력함

   // 포트 C의 방향 설정, 0 : 입력, 1 : 출력
   // PC7   PC6   PC5     PC4     PC3     PC2     PC1     PC0
   // Out   Out   Out     Out     Out     Out     Out     Out
   DDRC = 0B11111111;  // ADC 결과의 하위 8비트만 출력함.

   // 센서 응용 모듈 연결시 포트 F의 연결
   // PORTF.0 (ADC0) = NTC 10K 온도센서
   // PORTF.1 (ADC1) = CDS Cell 광량 센서
   // PORTF.2 (ADC2) = 확장 커넥터
   // PORTF.3 (ADC3) = ADC VR(가변저항)
   DDRF = 0B11110111;   // 포트 F 입력 설정 (PF3 = ADC3)

                        // 표 1.14.8 참조

   ADMUX = (0 << REFS1) | (1 << REFS0);   // 기준전압 선택=AVCC
   ADMUX |= 0x03;                         // 채널 선택 ADC3

   // ADEN : ADC 허용, ADPS2~0 : 분주비 clk / 2
   ADCSR = (1 << ADEN);// ADC 허용
   ADCSR |= 0x01;                // clk / 2 분주를 사용(프리스케일러 설정)

   // while 블록 안의 문장을 무한 반복
   while(1){
         // ADC VR 가변저항과 연결된 ADC의 3번 채널에서
         // ADC를 10번 수행하여 평균값을 구함.
         ADC_average = ADC_10Read(3);

         // ADC 데이터 상위 2비트 출력
```

```
        PORTA = ~(0X03 & (ADC_average >> 8));
        // ADC 데이터 하위 8비트 출력
        PORTC = ~(0XFF & (ADC_average));
    }
    // 함수의 형태와 같이 정수형(int)의 값을 반환함
    return 1;
}

// AD 변환을 1번 수행
void ADC_Read(unsigned char chn){
    ADMUX = (ADMUX & 0B11100000) | chn;        // AD 채널 선택

    ADCSR |= (1 << ADSC);                      // AD 변환 시작
    while((ADCSR & 0X10) == 0);   // ADIF 레지스터가 설정 될 때까지
    // ADC 변환 결과를 ADCL, ADCH 레지스터로 부터 읽어
    // ADC_Temp 변수에 저장
    ADC_Temp = (int)ADCL + ((int)ADCH << 8);
}

// AD 변환을 10번 수행
unsigned int ADC_10Read(unsigned char chn){
    int cnt = 0;                    // AD 변환을 10번 수행하기 위한 변수 선언
    unsigned int average = 0;    // AD 변환 결과의 평균값을 저장하기 위한 변수

    // 10번의 ADC 변환을 수행함
    for(cnt = 0; cnt < 10; cnt++){
        ADC_Read(chn);              // chn 변수가 지정하는 채널을 통해
                                    // 1번의 AD 변환을 수행
        average += ADC_Temp ;  // AD 변환 결과를 더하여 저장함.
    }

    average /= 10;                  // AD 변화 결과의 총합을 10으로 나누어
                                    // 평균값을 구해 average 변수에 저장

    return average;                 // 평균값을 반환함.
}
```

C 언어 소스 프로그램 설명

핵심포인트

아날로그 신호를 디지털 신호로 변환하는 장치를 ADC 라고 부르는데, ADC 회로는 입력되는 전압을 DAC 등의 주변회로와 결합하여 디지털 값으로 변환한다. ATmega128에는 10비트 분해능을 가지는 ADC 회로 하나가 내장되어 있는데, 이 회로에는 8개의 채널을 통해 연결될 수 있으며, 채널은 ADMUX 레지스터로 설정할 수 있다. 또한 이 ADC 채널은 포트 F의 특수기능으로 동작하며, ADC가 10비트의 분해능을 갖는 것은, 2^{10}으로 나눌 수 있는 능력을 나타내며, 기준전압을 1024 등분하는 것을 의미한다. 한편, ATmega128의 ADC가 동작되도록 하기 위해서는 ADCSR 레지스터의 ADEN 비트를 논리 1로 설정(ADCSR = (1 << ADEN); 문장)해야 한다.

ADMUX 레지스터에서는 ADC의 채널 선택 이외에 기준전압을 선택해야 하는데, 보통 ATmega128의 AVCC 핀에 입력되는 전압을 기준으로 한다. 따라서 ADMUX의 REF1:0 비트를 "01"로 설정(ADMUX = (0 << REFS1) | (1 << REFS0); 문장)한다.

ADMUX 레지스터에서 ADC의 채널과 기준전압을 선택한 다음에는 ADC 변환이 시작되도록 ADCSR 레지스터에서 ADSC 비트를 논리 1로 설정(ADCSR |= (1 << ADSC); 문장)하여 시작 신호를 발생시켜야 한다. ADC 변환이 완료될 때 까지는 어느 정도의 시간이 필요하며, 완료된 이후에는 ADCH, ADCL 레지스터에 변환 결과를 저장한다. 한편, 변환이 완료된 상태는 ADCSR 레지스터의 ADSC 비트가 클리어되거나, ADIF 비트가 논리 1로 설정되는 상태로 확인할 수 있다.

ADC 결과를 변수에 저장할 때에는 반드시 ADCL 레지스터를 먼저 읽어 저장해야하며, 다음에 ADCH 레지스터를 읽어 저장(ADC_Temp = (int)ADCL + ((int)ADCH << 8);)해야 한다. 그렇지 않으면 오동작을 일으킬 수 있다. 또한 안정적인 ADC 변환 결과를 얻기 위해서는 여러번(약 10회)의 샘플링(unsigned int ADC_10Read(unsigned char chn){} 함수)을 거쳐 결과값의 평균값을 계산하면 쉽게 얻을 수 있으며, 센서의 특성이나 환경에 따라 프리스케일러의 설정(ADCSR |= 0x01; 문장)으로 샘플링 속도를 적절히 조절해야 한다.

avr/io.h 헤더 프로그램에는 DDRx 레지스터, PORTx 레지스터 등이 정의되어 있으므로 이들 레지스터를 사용하려면 반드시 포함시켜야 한다.

unsigned int ADC_Temp = 0; 문장은 16비트 크기를 갖는 부호를 사용하지 않는 변수인 ADC_Temp를 0으로 초기화 하도록 선언하고 있다.

unsigned int ADC_average = 0; 문장은 16비트 크기를 갖는 부호를 사용하지 않는 변수인 ADC_average를 0으로 초기화 하도록 선언하고 있다.

void ADC_Read(unsigned char); 문장은 ADC_Read() 함수의 원형 선언을 의미한다.

unsigned int ADC_10Read(unsigned char); 문장은 ADC_10Read() 함수의 원형 선언을 의미한다.

DDRx 레지스터는 포트의 입출력 방향을 결정하는 레지스터이며 x는 포트명이고 DDRxn의 각 비트 값이 0이면 입력, 1이면 출력으로 설정된다. 따라서 DDRA = 0B00000011; 문장은 포트 A의 하위 2비트만을 출력하겠다는 의미이고, DDRC = 0B11111111; 문장은 포트 C는 모든 비트를 출력하겠다는 의미이고, DDRF = 0B11110111; 문장은 ADC VR(가변저항)의 아날로그 전압 입력을 위해 ADC3 채널인 포트 F의 3번 비트를 입력으로 설정하겠다는 의미이다.

ADMUX = (0 << REFS1) | (1 << REFS0); 문장은 ADC의 기준전압을 AVCC 전압으로 사용하겠다는 의미이다.

ADMUX |= 0x03; 문장은 ADC의 아날로그 입력 채널을 단극성 입력 3으로 설정하겠다는 의미이다. 이 채널에는 ADC VR(가변저항)이 연결되어 있다.

ADCSR = (1 << ADEN); 문장은 ATmega128의 ADC가 동작하도록 허용하겠다는 의미이며, 이때 포트 F는 디지털 입출력이 아닌 아날로그 입력 채널로 동작하게 된다. 또한 ADMUX에서 선택되지 않은 핀은 디지털 입출력 포트로 사용이 가능하다.

ADCSR |= 0x01; 문장은 ADC의 프리스케일러를 2분주로 하겠다는 의미이다.

while(1){}; 문장은 {} 안의 문장을 무한 반복하겠다는 의미이다.

ADC_average = ADC_10Read(3); 문장은 ADC의 아날로그 입력 채널을 3번으로하고, 10번의 AD 변환을 하여 평균값을 구하고, 평균값을 ADC_average 변수에 저장하겠다는 의미이다.

PORTA = ~(0X03& (ADC_average >> 8)); 문장은 ADC_average 변수의 상위 2비트를 A 포트에 연결된 LED에 ON/OFF 되도록 출력하겠다는 의미이다.

PORTC = ~(0XFF & (ADC_average8)); 문장은 ADC_average 변수의 하위 8비트를 포트 C에 연결된 LED에 ON/OFF 되도록 출력하겠다는 의미이다.

무한루프인 while(1)에 ADC_average = ADC_10Read(3); PORTA = ~(0XFF & (ADC_average >> 8)); PORTF = ~(0XFF & (ADC_average)); 문장이 포함되어 있으므로, 아날로그 입력 채널의 3번을 선택하여 10번의 AD 변환을 하여 평균값을 구하고, 평균값을 포트 A 및 포트 C에 계속해서 출력된다. 10번의 값을 평균하는 이유는 정확한 AD 변환 값을 산출하기 위함이다. 따라서 ADC VR 가변저항을 좌우로 돌리려 가변 저항 값을 변화시키면, ADC의 3번 채널에 입력되는 전압 (0 ~ 5V)이 0 ~ 1023의 디지털 값으로 변환되어 2진수로 LED에 표시된다.

void ADC_Read(unsigned char chn) 함수는 chn의 변수의 값을 ADC의 입력 채널로 설정하고, 1번은 AD 변환을 하여 ADC_Temp에 저장하는 함수이다.

ADMUX = (ADMUX & 0B11100000) | chn; 문장은 아날로그 입력 채널을 chn으로 설정하겠다는 의미이다. chn의 변수가 3의 값을 가지면 ADMUX의 아날로그 입력 채널 설정 비트가 3으로 설정되고, 기준 전압은 기존의 설정 값을 유지한다.

ADCSRA |= (1 << ADSC); 문장은 ADCSRA 레지스터의 ADSC 비트를 1로 설정하겠다는 의미이다. 즉 AD 변환을 시작하라는 의미이기도 한다. ADSC 비튼 io.h 서브 헤더 프로그램에 #define ADSC 6 매크로로 정의되어 있다.

while((ADSCRA & 0X10) == 0); 문장은 ADSCRA 레지스터와 상수 0X10을 논리곱을 취하여 결과가 0이면 while 문에서 대기하라는 의미이다. 이 문장은 ADSCRA의 4번 비트인 ADIF 비트가 1이 될 때까지 대기하게 되는데, ADIF 비트가 1이 되면 AD 변환이 완료되었음을 의미한다. ADIF는 io.h 서브 헤더 프로그램에 #define ADIF 4 매크로로 정의되어 있다.

ADC_Temp = (int)ADCL | ((int)ADCH << 8); 문장은 AD 변환 결과를 저장하는 레지스터인 ADCL과 ADCH를 16비트 변수인 ADC_Temp 변수에 저장하겠다는 의미이다.

unsigned int ADC_10Read(unsigned char chn) 함수는 chn의 변수의 값을 ADC의 입력 채널로 설정하고, 10번은 AD 변환을 하여 평균값을 구하고, 평균값을 반환하는 함수이다.

for(cnt = 0; cnt < 10; cnt++) 문장은 cnt 변수가 0부터 10보다 작을 때까지 cnt++를 1씩 더하며 반복하라는 의미이다. 이 반복문에 의해 AD 변환을 10번 반복하게 된다.

ADC_Read(chn); 문장은 chn 변수를 인수로 하여, ADC_Read 함수를 호출하겠다는 의미이다. ADC_Read() 함수는 인수 chn을 ADC의 입력 채널로 설정하여 AD 변환을 1회 실행한다.

average += ADC_Temp; 문장은 average 변수에 ADC_Temp 변수의 값을 더해서 그 결과를 average 변수에 저장하겠다는 의미이고, 10번 반복하면 AD 변환결과의 총합이 average에 저장된다.

average /= 10; 문장은 average 변수를 10으로 나눈 몫을 average 변수에 저장하겠다는 의미이다.

T·I·P

C 언어 소스 프로그램은 CD Drive:₩Source₩ch14₩ch14_step1₩ch14_step1.c 파일을 참조한다.

단계 2 AVR Studio 4를 이용하여 C 언어 소스 프로그램을 Build 한다. 자세한 내용은 5.4.2절의 [단계 2]를 참조한다.

단계 3 PonyProg를 이용하여 ATmega128에 hex 파일을 ISP 다운로드 한다. 자세한 내용은 5.4.2절의 [단계 3]을 참조한다.

단계 4 다운로드가 완료되면 AVR 트레이닝 키트(WES-XUN I)에서 동작을 확인한다. AVR 트레이닝 키트(WES-XUN I)에서 ADC VR(가변저항)을 좌우로 돌려 저항 값을 변화시키면 ADC의 3번 채널의 전압이 변화하게 되고, 이 채널의 10비트의 ADC 변환 결과가 LED10 ~ LED1에 나타나게 된다.

(1) 0%에서는 GND 전압이므로 LED는 0을 표시하여 모두 OFF 된다.

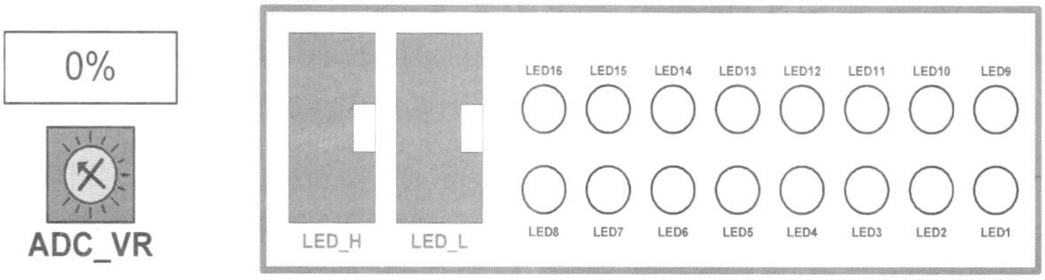

(2) 20%에서는 1023 * 0.2 ≒ 204 = 0xCC 이므로 LED는 0xCC를 표시한다.

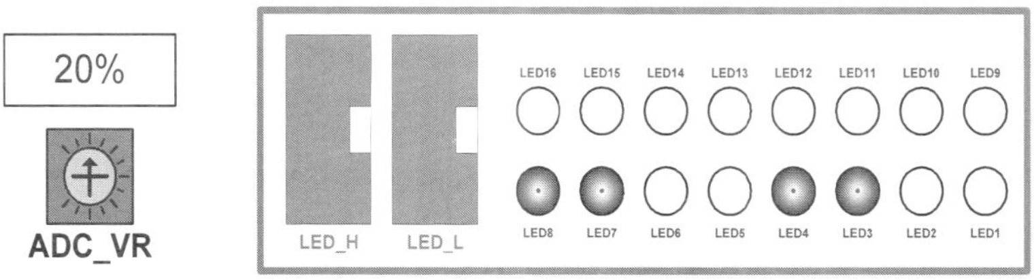

(3) 75%에서는 1023 * 0.75 ≒ 768 = 0x300 이므로 LED는 0x300을 표시한다.

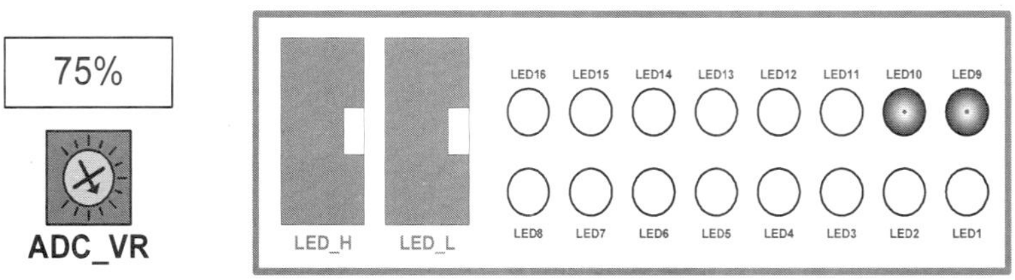

(4) 100%에서는 1023 * 1 = 1023 = 0x3FF 이므로 LED는 0x3FF를 표시한다.

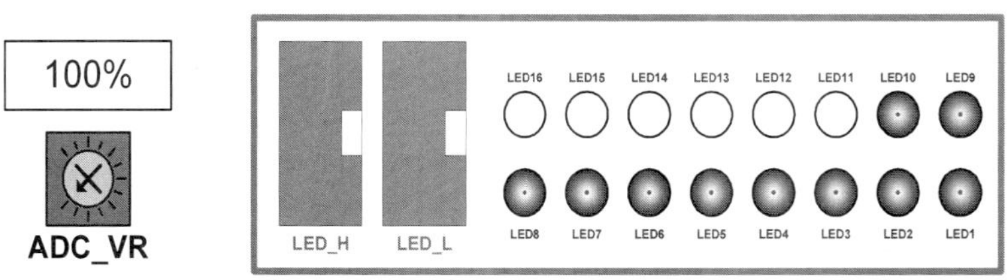

14.4.3 온도센서를 이용하여 AD 변환하고, 7-segment에 온도를 표시하는 예제

단계 1 AVR Studio 4에서 새로운 project를 생성하고, C 언어 소스 프로그램을 작성하여 저장한다. 자세한 내용은 5.4.2절의 [단계 1]을 참조한다.

[단계 1]-(1) Project type은 AVR GCC를 선택하고, Project name:은 ch14_step2, Initial file:은 ch14_step2이라고 입력하고, Create initial file과 Create folder를 체크하고, Location:은 C:₩avr_test를 선택한 후에 [Next >>] 버튼을 누르고 다음 단계로 진행한다.

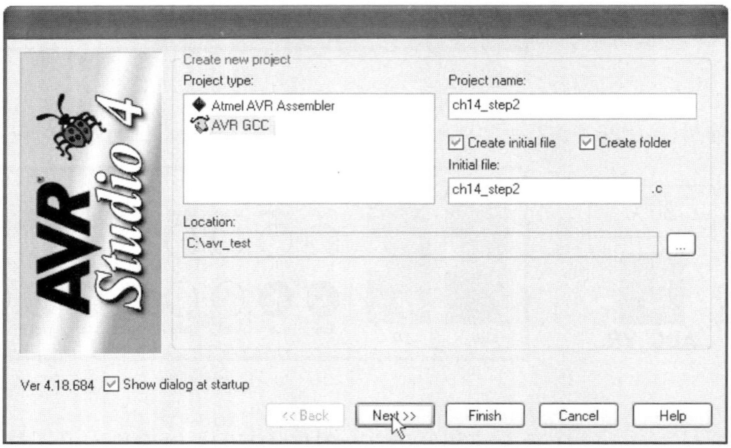

[단계 1]-(2) AVR Studio 4 편집 화면에 다음과 같이 C 언어 소스 프로그램을 작성하여 저장한다.

```
//
// ch14_step2.c
//

// ATmega128의 레지스터 등이 정의되어 있음
#include <avr/io.h>

// _delay_us() 함수 또는 _delay_ms() 함수 등이 정의 되어 있음
#include <util/delay.h>

// ADC 결과를 저장하는 16비트의 변수 선언
```

```
unsigned int ADC_Temp = 0;
unsigned int ADC_average = 0;

// 온도를 저장하는 변수로 250일 경우 25.0℃를 나타냄
int ADC_Temperature = 250;

// NTC 10K 온도 센서 테이블의 구조체 선언
struct NTC{
   int temp;
   unsigned long res;
};

// NTC 10K 온도 센서의 테이블 배열
const struct NTC NTC10K[] = {
   {-50, 10240000}, {-40, 5120000}, {-30, 110881}, {-25, 86603},

   {-20, 67683}, {-19, 64519}, {-18, 61519}, {-17, 58675}, {-16, 55976},
   {-15, 53416}, {-14, 50986}, {-13, 48679}, {-12, 46488}, {-11, 44407},

   {-10, 42431}, {-9, 40552}, {-8, 38766}, {-7, 37068}, {-6, 35454},
   {-5, 33918}, {-4, 32456}, {-3, 31065}, {-2, 29741}, {-1, 28480},

   {0, 27280}, {1, 26135}, {2, 25045}, {3, 24006}, {4, 23016},
   {5, 22071}, {6, 21170}, {7, 20311}, {8, 19490}, {9, 18708},

   {10, 17960}, {11, 17247}, {12, 16565}, {13, 15914}, {14, 15291},
   {15, 14697}, {16, 14128}, {17, 13584}, {18, 13064}, {19, 12567},

   {20, 12091}, {21, 11636}, {22, 11200}, {23, 10782}, {24, 10382},
   {25, 10000}, {26, 9633}, {27, 9281}, {28, 8944}, {29, 8621},

   {30, 8312}, {31, 8015}, {32, 7730}, {33, 7456}, {34, 77194},
   {35, 6942}, {36, 6701}, {37, 6468}, {38, 6246}, {39, 6032},

   {40, 5826}, {41, 5628}, {42, 5438}, {43, 5256}, {44, 5080},
   {45, 4911}, {46, 4749}, {47, 4593}, {48, 4443}, {49, 4298},

   {50, 4159}, {51, 4025}, {52, 3896}, {53, 3771}, {54, 3652},
   {55, 3536}, {56, 3425}, {57, 3318}, {58, 3215}, {59, 3115},
```

```
    {60, 3019}, {61, 2917}, {62, 2838}, {63, 2752}, {64, 2669},
    {65, 2588}, {66, 2511}, {67, 2436}, {68, 2364}, {69, 2295},

    {70, 2227}, {71, 2162}, {72, 2100}, {73, 2039}, {74, 1980},
    {75, 1924}, {76, 1869}, {77, 1816}, {78, 1765}, {79, 1715},

    {80, 1668}, {81, 1621}, {82, 1576}, {83, 1533}, {84, 1491},
    {85, 1451}, {86, 1411}, {87, 1373}, {88, 1336}, {89, 1301},

    {90, 1266}, {91, 1232}, {92, 1200}, {93, 1168}, {94, 1138},
    {95, 1108}, {96, 1080}, {97, 1052}, {98, 1025}, {99, 999},

    {100, 974}, {110, 758}, {120, 597}, {130, 475}
};

// FND에 출력할 글자를 저장하는 배열
unsigned char FND_Buffer[8];

// FND에 출력하는 글자(숫자)의 모양을 저장하는 배열
unsigned char FND_Font[] = {
                0B11111100, // 0
                0B01100000, // 1
                0B11011010, // 2
                0B11110010, // 3
                0B01100110, // 4
                0B10110110, // 5
                0B10111110, // 6
                0B11100100, // 7
                0B11111110, // 8
                0B11110110  // 9
};

// AD 변환을 위한 함수 원형 선언
void ADC_Read(unsigned char);            // 1번의 AD 변환을 함

// 10번의 AD 변환을 하고 평균값을 반환함.
unsigned int ADC_10Read(unsigned char);

// 8개의 FND를 동적 디스플레이 제어 방식으로 모두 출력함.
void FND_Display(void);
```

```
// ADC 결과 값을 이용해 온도 센서 테이블에서 온도를 계산하여 반환함.
int ADC_CalTemp(unsigned long ADC_Value);

// C 언어의 주 실행 함수
int main(void){

  // 포트 A의 방향 설정, 0 : 입력, 1 : 출력
  // PA7  PA6   PA5     PA4     PA3     PA2     PA1     PA0
  //  -    -     -       -       -       -      Out     Out
  DDRA = 0B00000011;  // ADC 결과의 상위 2비트만 출력함

  // 포트 C의 방향 설정, 0 : 입력, 1 : 출력
  // PC7  PC6   PC5     PC4     PC3     PC2     PC1     PC0
  // Out  Out   Out     Out     Out     Out     Out     Out
  DDRC = 0B11111111;  // ADC 결과의 하위 8비트만 출력함.

  // 센서 응용 모듈 연결시 포트 F의 연결
  // PORTF.0 (ADC0) = NTC 10K 온도센서
  // PORTF.1 (ADC1) = CDS Cell 광량 센서
  // PORTF.2 (ADC2) = 확장 커넥터
  // PORTF.3 (ADC3) = ADC VR 가변 저항
  DDRF = 0B11111110;   // 포트 F 입력 설정 (PF0 = ADC0)
                       // 표 1.14.8 참조

  // 포트 E의 방향 설정, 0 : 입력, 1 : 출력
  // PE7  PE6   PE5     PE4     PE3     PE2     PE1     PE0
  // Out  Out   Out     Out     Out     Out     Out     Out
  DDRE = 0B11111111;   // 7-segment의 Common 출력

  // 포트 B의 방향 설정, 0 : 입력, 1 : 출력
  // PB7  PB6   PB5     PB4     PB3     PB2     PB1     PB0
  // Out  Out   Out     Out     Out     Out     Out     Out
  DDRB = 0B11111111;   // 7-segment의 Data 출력

  ADMUX = (0 << REFS1) | (1 << REFS0);    // 기준전압 선택=AVCC
  ADMUX |= 0x00;                          // 채널 선택 ADC0

  // ADEN : ADC 허용, ADPS2~0 : 분주비 clk / 2
  ADCSR = (1 << ADEN);// ADC 허용
  ADCSR |= 0x01;                  // clk / 2 분주를 사용(프리스케일러 설정)
```

```
// while 블록 안의 문장을 무한 반복
while(1){
    // NCT 온도센서와 연결된 ADC의 0번 채널에서
    // ADC를 10번 수행하여 평균값을 구함
    ADC_average = ADC_10Read(0);

    // ADC의 평균값을 LED에 출력
    PORTA = ~(ADC_average >> 8);
    PORTC = ~(ADC_average & 0xFF);

    // ADC의 평균값을 이용한 온도 계산
    ADC_Temperature = ADC_CalTemp(ADC_average);

    // 영상 100도 이상일 경우 HI 출력
    // ADC_Temperature 변수는 온도를 x10하여 저장함.
    if(ADC_Temperature >= 1000) {
        FND_Buffer[0] = 0x02;          // '-'
        FND_Buffer[1] = 0B01101110;    // 'H'
        FND_Buffer[2] = 0B01100000;    // 'I'
        FND_Buffer[3] = 0x02;          // '-'
    }
    // 영하 100도 이하일 경우 LO 출력
    else if(ADC_Temperature <= -300) {
        FND_Buffer[0] = 0x02;          // '-'
        FND_Buffer[1] = 0B00011100;    // 'L'
        FND_Buffer[2] = 0B11111100;    // 'O'
        FND_Buffer[3] = 0x02;          // '-'
    }
    else {
        // 온도가 영하일 경우 영상 온도로 바꾸고,
        // 7-segment에 - 부호 출력.
        if(ADC_Temperature < 0) {
            ADC_Temperature = -ADC_Temperature;
            FND_Buffer[0] = 0x02;   // '-' 부호 출력
        }
        else {
            FND_Buffer[0] = 0x00;   // ' ' 부호 출력
        }

        // 온도를 FND에 출력하도록 자리 별로 나누어 FND 버퍼에 저장.
```

```
                FND_Buffer[1] = FND_Font[(ADC_Temperature % 1000) / 100];
                FND_Buffer[2] = FND_Font[(ADC_Temperature % 100) / 10];
                // 0x01은 FND에 .(dot)를 출력하기 위함.
                FND_Buffer[2] |= 0X01;
                FND_Buffer[3] = FND_Font[(ADC_Temperature % 10) / 1];
        }

        // 동적 디스플레이 방식으로 FND에 온도값 출력.
        FND_Display();
   }
   // 함수의 형태와 같이 정수형(int)의 값을 반환함
   return 1;
}

// AD 변환을 1번 수행함
void ADC_Read(unsigned char chn){
   ADMUX = (ADMUX & 0B11100000) | chn;          // AD 채널 선택

   ADCSRA |= (1<<ADSC);                         // AD 변환 시작
   // ADIF 레지스터가 설정 될 때까지
   while((ADCSRA & 0X10) == 0);
   // ADC 변환 결과를 ADCL, ADCH 레지스터로 부터 읽어
   // ADC_Temp 변수에 저장
   ADC_Temp = (int)ADCL + ((int)ADCH << 8);
}

// AD 변환을 10번 수행함
unsigned int ADC_10Read(unsigned char chn){
   int cnt = 0;                    // AD 변환을 10번 수행하기 위한 변수 선언
   unsigned int average = 0;      // AD 변환 결과의 평균값을 저장하기 위한 변수

   // 10번의 ADC 변환을 수행함
   for(cnt = 0; cnt < 10; cnt++){
        ADC_Read(chn);              // chn 변수가 지정하는 채널을 통해
                                    // 1번의 AD 변환을 수행
        average += ADC_Temp ;       // AD 변환 결과를 더하여 저장함.
   }

   average /= 10;                   // AD 변화 결과의 총합을 10으로 나누어
                                    // 평균값을 구해 average 변수에 저장
```

```
    return average;            // 평균값을 반환함.
}

int ADC_CalTemp(unsigned long ADC_Value){
    static int dis_temp;
    unsigned char i;
    long res, res_div, dif_temp;

    // ADC 결과값의 최대값 및 최소값 처리
    if(ADC_Value <= 50)     ADC_Value = 50;
    else if(ADC_Value > 1022)        ADC_Value = 1023;

    // 저항 10k[ohm] * ( ADC 결과  / ADC_MAX - ADC 결과)
    res = (10000 * ADC_Value) / (1024 - ADC_Value);

    for(i = 1; i < (sizeof(NTC10K) / sizeof(struct NTC)); i++){
            // 계산된 NTC의 저항값이 구조체로 이루어진 배열 요소의
            // 중간값일 경우 소수점 1자리까지의 온도 값을 계산하기 위한 조건문
            if(NTC10K[i].res < res){
                    // ADC 결과의 양쪽 기준을 10등분 한 결과.
                    // 0.1도씨의 온도값을 구하기 위함.
                    res_div = (NTC10K[i-1].res - NTC10K[i].res) / 10;
                    // 낮은 온도의 서미스터 저항을 기준으로
                    // 몇 도씨의 온도가 상승하는지를 계산
                    dif_temp = (NTC10K[i-1].res - res) / res_div;

                    // 낮은 온도를 기준으로 측정된 온도를 0.1도 단위로 저장
                    dis_temp = (NTC10K[i-1].temp) * 10 +  dif_temp;

                    return dis_temp;
            }
            // 계산된 NTC의 저항값이 구조체로 이루어진 배열 요소의
            // 값과 일치할 경우의 온도값을 계산하기 위한 조건문
            else if(NTC10K[i].res == res){
                    dis_temp = (NTC10K[i].temp) * 10;
                    return dis_temp;
            }
    }
    return dis_temp;
}
```

```
// 동적 디스플레이 제어 방식으로 8개의 FND에 출력
void FND_Display(void){

  unsigned char i;
  for(i = 0; i < 8; i++){
        PORTE = ~(1 << i);              // COMMON 신호 출력
        PORTB = FND_Buffer[i];          // DATA 신호 출력
        _delay_us(100);                 // 100us 동안 대기
  }
}
```

C 언어 소스 프로그램 설명

핵심포인트

그림 14.3.1의 (a)와 같이 회로를 연결한 후에 ADC 아날로그 입력 채널 0(ADC0)의 전압을 측정한다. 이때 전압을 측정하는 방법은 ADC VR(가변저항)의 방법과 동일하므로 설명은 생략한다.

측정된 전압을 이용하여 온도를 계산하기 위해서는 옴의 법칙을 이용해 NTC10K의 저항값을 계산해야 한다. 예를 들어 ADC0의 변환 결과가 512라고 가정할 때 ADC0의 입력 전압은 2.5V가 되므로, 옴의 법칙에 적용하면 NTC10K의 저항값은 10KΩ이 된다.

$$V_{ADC0} = \frac{R_{NTC10K}}{R_{NTC10K} + R_{10K}} \times V_{AVCC+5V} \qquad \text{- (옴의 법칙)}$$

$$R_{NTC10K} = \frac{(R_{10K} \times V_{AVCC+5V})}{(V_{ADC0} - V_{AVCC+5V})} \qquad \text{- (온도센서 저항값)}$$

따라서 온도센서 저항값은 res = (10000 * ADC_Value) / (1024 - ADC_Value); 문장으로 계산된다. 한편, 계산된 저항값과 일치하는 온도는 다음에 나오는 TIP의 표에서 찾을 수 있다.

avr/io.h 헤더 프로그램에는 DDRx 레지스터, PORTx 레지스터 등이 정의되어 있으므로 이들 레지스터를 사용하려면 반드시 포함시켜야 한다.

util/delay.h 헤더 프로그램에는 _delay_us() 함수의 정의가 포함되어 있으므로 이 함수를 사용하기 위해서는 반드시 포함시켜야 한다.

unsigned int ADC_Temp = 0; 문장은 16비트 크기를 갖는 부호를 사용하지 않는 변수인 ADC_Temp를 0으로 초기화 하도록 선언하고 있다.

unsigned int ADC_average = 0; 문장은 16비트 크기를 갖는 부호를 사용하지 않는 변수인 ADC_average를 0으로 초기화 하도록 선언하고 있다.

int ADC_Temperature = 250; 문장은 16비트 크기를 갖는 부호를 사용하는 변수인 int ADC_Temperature를 250으로 초기화 하도록 선언하고 있다. 이 변수의 값 250은 25.0℃의 온도를 나타낸다.

struct NTC 구조체는 NTC 온도센서의 데이터 테이블을 저장하기 위한 구조체를 정의한 것이다. 이 구조체는 int 형의 temp 변수와 long 형의 res 변수가 멤버로 등록되어 있는데 temp는 온도를 나타내며, res는 온도에서의 NTC 온도센서의 저항값을 나타낸다.

const struct NTC NTC10K[] = {}; 문장은 NTC 10K 온도센서의 데이터 테이블을 저장하는 배열을 정의하고 있다. 이 배열은 NTC 구조체를 사용하며, NTC10K라는 배열명을 사용한다. 또한 const 키워드를 사용하여 배열값이 프로그램이 수행 중에 바뀌지 않도록 한다.

unsigned char FND_Buffer[8]; 문장은 8개의 FND에 출력할 데이터를 FND 폰트를 적용하여 저장하는 배열이다.

unsigned char FND_Font[] = {}; 문장은 FND에 출력되는 문자(숫자)의 모양을 숫자 0부터 순서대로 저장하는 배열이다.

void ADC_Read(unsigned char); 문장은 ADC_Read() 함수의 원형 선언을 의미한다.

unsigned int ADC_10Read(unsigned char); 문장은 ADC_10Read() 함수의 원형 선언을 의미한다.

void FND_Display(void); 문장은 FND_Display() 함수의 원형 선언을 의미한다.

int ADC_CalTemp(unsigned long ADC_Value); 문장은 ADC_CalTemp() 함수의 원형 선언을 의미한다.

DDRx 레지스터는 포트의 입출력 방향을 결정하는 레지스터이며 x는 포트명이고 DDRxn의 각 비트 값이 0이면 입력, 1이면 출력으로 설정된다. 따라서 DDRA = 0B00000011; 문장은 포트 A의 하위 2비트만을 출력하겠다는 의미이고, DDRC = 0B11111111; 문장은 포트 C는 모든 비트를 출력으로 하겠다는 의미이고, DDRF = 0B1111110; 문장은 포트 F의 0번 비트만을 입력으로 설정하겠다는 의미이다. DDRE = 0B11111111; 문장은 포트 E의 모든 비트를 출력으로 하겠다는 의미이고, DDRB = 0B11111111; 문장은 포트 B의 모든 비트를 출력으로 하겠다는 의미이다.

ADMUX = (0 << REFS1) | (1 << REFS0); 문장은 ADC의 기준전압을 AVCC 전압으로 사용하겠다는 의미이다.

ADMUX |= 0x00; 문장은 ADC의 아날로그 입력 채널을 단극성 입력 0으로 설정하겠다는 의미이다. 이 채널에는 온도센서가 연결되어 있다.

ADCSR = (1 << ADEN); 문장은 ATmega128의 ADC가 동작하도록 허용하겠다는 의미이며, 이때 포트 F는 디지털 입출력이 아닌 아날로그 입력 채널로 동작하게 된다. 또한 ADMUX에서 선택되지 않은 핀은 디지털 입출력 포트로 사용이 가능하다.

ADCSR |= 0x01; 문장은 ADC의 프리스케일러를 2분주로 하겠다는 의미이다.

while(1){}; 문장은 {} 안의 문장을 무한 반복하겠다는 의미이다.

ADC_average = ADC_10Read(0); 문장은 NCT 온도센서와 연결된 ADC의 아날로그 입력 채널을 0번으로 하고, 10번의 AD 변환을 하여 평균값을 구하고, 평균값을 ADC_average 변수에 저장하겠다는 의미이다.

PORTA = ~(ADC_average >> 8); 문장은 ADC_average 변수의 상위 8비트를 포트 A에 연결된 LED에 ON/OFF 되도록 출력하겠다는 의미이다.

PORTC = ~(ADC_average & 0XFF); 문장은 ADC_average 변수의 하위 8비트를 포트 C에 연결된 LED에 ON/OFF 되도록 출력하겠다는 의미이다.

ADC_Temperature = ADC_CalTemp(ADC_average); 문장은 ADC_average 변수 값을 이용하여 실제 온도값을 계산하여 ADC_Temperature 변수에 저장하겠다는 의미이다. ADC_Temperature 변수에는 25℃의 경우 250으로 저장된다.

if(ADC_Temperature >= 1000){} 문장은 온도가 100℃를 넘을 경우 FND에 HI로 출력하고, else if(ADC_Temperature <= -300){} 문장은 온도가 -30℃이하인 경우에는 FND에 LO로 출력하고, else {} 문장은 그렇지 않을 경우 온도를 출력한다.

void ADC_Read(unsigned char chn) 함수는 chn의 변수의 값을 ADC의 입력 채널로 설정하고, 1번은 AD 변환을 하여 ADC_Temp에 저장하는 함수이다.

ADMUX = (ADMUX & 0B11100000) | chn; 문장은 ADMUX 레지스터를 chn 변수로 설정하겠다는 의미이다. chn의 변수가 0의 값을 가지면 ADMUX에는 0이 저장되고, AD의 입력 채널은 0번이 된다.

ADCSRA |= (1 << ADSC); 문장은 ADCSRA 레지스터의 ADSC 비트를 1로 설정하겠다는 의미이다. 즉 AD 변환을 시작하라는 의미이기도 한다. ADSC 비튼 io.h 서브 헤더 프로그램에 #define ADSC 6 매크로로 정의되어 있다.

while((ADSCRA & 0X10) == 0); 문장은 ADSCRA 레지스터와 상수 0X10을 논리곱을 취하여 결과가 0이면 while 문에서 대기하라는 의미이다. 이 문장은 ADSCRA의 4번 비트인 ADIF 비트가 1이 될 때까지 대기하게 되는데, ADIF 비트가 1이 되면 AD 변환이 완료되었음을 의미한다. ADIF는 io.h 서브 헤더 프로그램에 #define ADIF 4 매크로로 정의되어 있다.

ADC_Temp = (int)ADCL | ((int)ADCH << 8); 문장은 AD 변환 결과를 저장하는 레지스터인 ADCL과 ADCH를 16비트 변수인 ADC_Temp 변수에 저장하겠다는 의미이다.

unsigned int ADC_10Read(unsigned char chn) 함수는 chn의 변수의 값을 ADC의 입력 채널로 설정하고, 10번은 AD 변환을 하여 평균값을 구하고, 평균값을 반환하는 함수이다.

for(cnt = 0; cnt < 10; cnt++) 문장은 cnt 변수가 0부터 10보다 작을 때까지 cnt++를 1씩 더하며 반복하라는 의미이다. 이 반복문에 의해 AD 변환을 10번 반복하게 된다.

average += ADC_Temp; 문장은 average 변수에 ADC_Temp 변수의 값을 더해서 그 결과를 average 변수에 저장하겠다는 의미이고, 10번 반복하면 AD 변환결과의 총합이 average에 저장된다.

average /= 10; 문장은 average 변수를 10으로 나눈 몫을 average 변수에 저장하겠다는 의미이다.

int ADC_CalTemp(unsigned long ADC_Value) 함수는 ADC_Value 변수의 값을 이용하여 실제 온도로 계산한 후에 온도 값을 반환하는 함수이다.

if(ADC_Value <= 50) ADC_Value = 50; else if(ADC_Value > 1022) ADC_Value = 1023; 문장은 온도센서가 나타낼 수 있는 온도 범위를 벗어났을 경우 이것을 예외 처리하기 위한 문장이다. 50 또는 1023의 값은 FND에 HI 또는 LO를 표시하기 위해서 설정되는 값일 뿐 온도 범위의 한계치에 다다른 경우의 ADC 결과를 나타낸 것은 아니다. 따라서 약간은 무의미한 한계치 값을 나타낸다.

res = (10000 * ADC_Value) / (1024 - ADC_Value); 문장은 옴의 법칙에 의거하여 ADC 결과에 의한 실제 온도센서의 저항값을 계산하는 문장이다.

for(i = 1; i < (sizeof(NTC10K) / sizeof(struct NTC)); i++){} 문장은 NTC10K 배열에서 res가 포함되는 온도 범위를 1℃내외에서 찾고, 소수점 1자리 까지 계산하도록 반복하는 문장이다. 이때 sizeof(NTC10K) 문장은 NTC10K 배열이 메모리에 할당된 크기를 구하는 문장이며, sizeof(struct NTC) 문장은 NTC 구조체의 크기를 구하는 문장이다. 따라서 (sizeof(NTC10K) / sizeof(struct NTC) 문장은 NTC10K 배열의 항목수를 구하는 문장이 된다.

void FND_Display(void) 함수는 FND에 동적 디스플레이 방식으로 8개의 FND에 1회씩 출력하도록 하는 함수이다. 이 함수는 FND(7-segment) 제어 부분에서 설명한 바가 있으므로 여기서는 설명을 생략한다.

T·I·P

온도센서는 서미스터(Thermistor)를 이용하여 주로 사용하는데 특성에 따라 NTC와 PTC로 구분된다. NTC의 경우 온도의 상승에 따라 저항값이 작아지는 특성을 가지며, PTC의 경우 온도의 상승에 따라 저항값이 커지는 특성을 가진다. NTC 10K의 의미는 25℃의 상온에서 저항 값이 10K의 크기를 갖는 온도센서를 의미한다. 다음은 NTC 온도센서의 특성 곡선을 나타내고 있다.

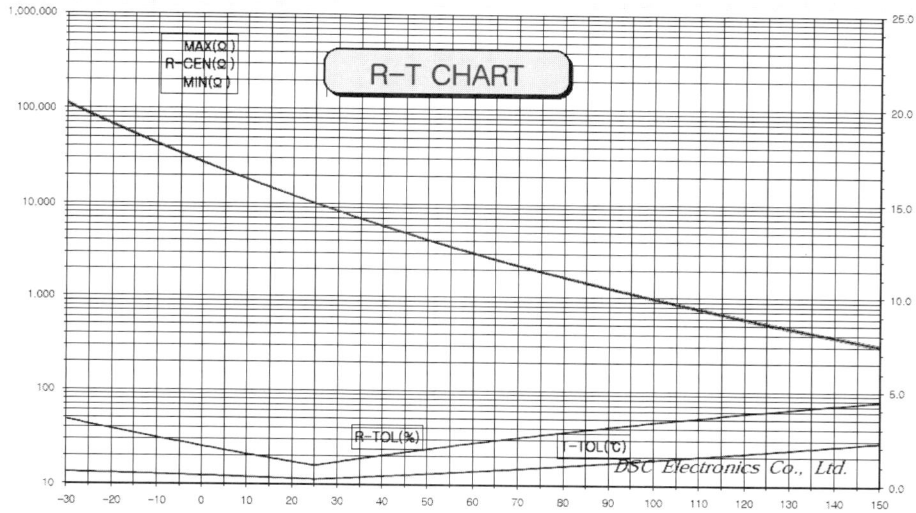

다음의 표는 NTC 10K 온도센서(DSC103)의 온도에 따른 저항값을 나타내고 있다. 표에서 세로는 10의 자리를 나타내고, 가로는 1의 자리를 나타낸다.

	0	1	2	3	4	5	6	7	8	9
-30	110881	–	–	–	–	–	–	–	–	–
-20	67683	71021	74543	78262	82188	86334	90715	95344	100237	105410
-10	42431	44407	46488	48679	50986	53416	55976	58675	61519	64519
-0	27280	28480	29741	31065	32456	33918	35454	37068	38766	40552
0	27280	26135	25045	24006	23016	22071	21170	20311	19490	18708
10	17960	17247	16565	15914	15291	14697	14128	13584	13064	12567
20	12091	11636	11200	10782	10382	10000	9633	9281	8944	8621
30	8312	8015	7730	7456	7194	6942	6701	6468	6246	6032
40	5826	5628	5438	5256	5080	4911	4749	4593	4443	4298
50	4159	4025	3896	3771	3652	3536	3425	3318	3215	3115
60	3019	2927	2838	2752	2669	2588	2511	2436	2364	2295
70	2227	2162	2100	2039	1980	1924	1869	1816	1765	1715
80	1668	1621	1576	1533	1491	1451	1411	1373	1336	1301
90	1266	1232	1200	1168	1138	1108	1080	1052	1025	999
100	973	949	925	902	879	858	836	816	796	777
110	758	739	722	704	688	671	656	640	625	611

다음의 그림은 NTC 10K 온도센서(DSC103)를 나타내고 있다.

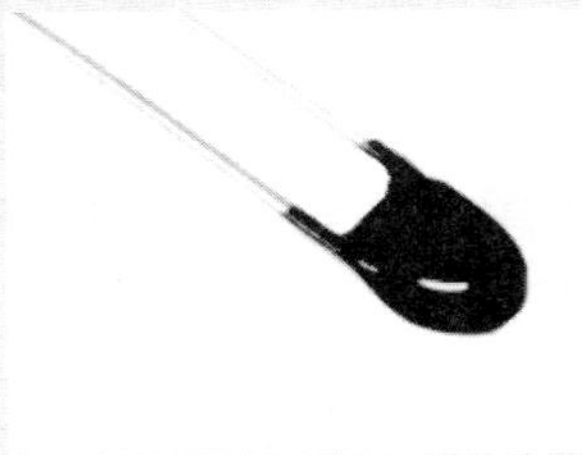

T·I·P

C 언어 소스 프로그램은 CD Drive:₩Source₩ch14₩ch14_step2₩ch14_step2.c 파일을 참조한다.

단계 2 AVR Studio 4를 이용하여 C 언어 소스 프로그램을 Build 한다. 자세한 내용은 5.4.2절의 [단계 2]를 참조한다.

단계 3 PonyProg를 이용하여 ATmega128에 hex 파일을 ISP 다운로드 한다. 자세한 내용은 5.4.2절의 [단계 3]을 참조한다.

단계 3 다운로드가 완료되면 AVR 트레이닝 키트(WES-XUN I)에서 동작을 확인한다. 현재 온도가 25℃인 경우에 FND(7-segment)에는 계산된 온도가 표시되며, LED에는 온도센서(NTC10K)와 연결된 채널의 ADC 결과인 약 2.5V의 전압의 10비트 디지털 변환값인 근사치 512가 2진수로 ON/OFF 되어 나타난다. 한편, 온도센서(NTC10K)는 온도 특성에 따라 변하는 소자이므로, ADC 결과가 샘플링 할 때마다 조금씩 차이가 발생하게 되어 LED, 7-segment 등의 출력이 흔들리는 것처럼 나타날 수가 있다.

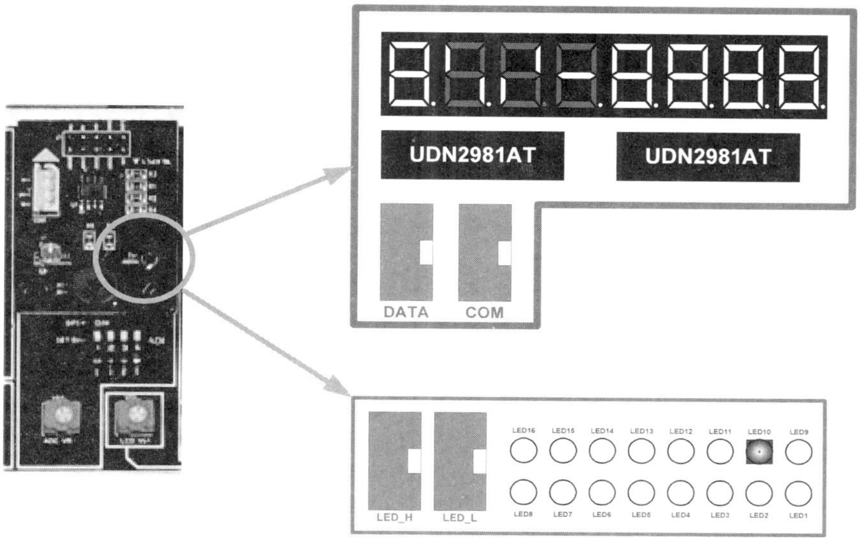

14.4.4 광센서를 이용하여 AD 변환하고, 빛의 양에 따라 LED를 ON/OFF 하는 예제

단계 1 AVR Studio 4에서 새로운 project를 생성하고, C 언어 소스 프로그램을 작성하여 저장한다. 자세한 내용은 5.4.2절의 [단계 1]을 참조한다.

[단계 1]-(1) Project type은 AVR GCC를 선택하고, Project name:은 ch14_step3, Initial file:은 ch14_step3이라고 입력하고, Create initial file과 Create folder를 체크하고, Location:은 C:₩avr_test를 선택한 후에 [Next >>] 버튼을 누르고 다음 단계로 진행한다.

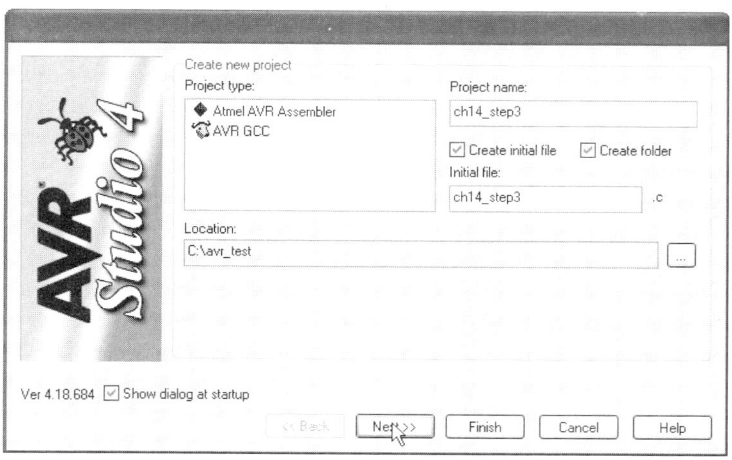

[단계 1]-(2) AVR Studio 4 편집 화면에 다음과 같이 C 언어 소스 프로그램을 작성하여 저장한다.

```
//
// ch14_step3.c
//

// ATmega128의 레지스터 등이 정의되어 있음
#include <avr/io.h>

// ADC 결과를 저장하는 16비트의 변수 선언
unsigned int ADC_Temp = 0;
unsigned int ADC_average = 0;

// AD 변환을 위한 함수 원형 선언
void ADC_Read(unsigned char);                   // 1번의 AD 변환을 함

// 10번의 AD 변환을 하고 평균값을 반환함.
unsigned int ADC_10Read(unsigned char);

// C 언어의 주 실행 함수
int main(void){

   // 포트 A의 방향 설정, 0 : 입력, 1 : 출력
   // PA7   PA6   PA5    PA4    PA3    PA2    PA1    PA0
   //  -     -     -      -      -      -     Out    Out
   DDRA = 0B11111111;  // ADC 결과의 상위 2비트만 출력함

   // 포트 C의 방향 설정, 0 : 입력, 1 : 출력
   // PC7   PC6   PC5    PC4    PC3    PC2    PC1    PC0
   // Out   Out   Out    Out    Out    Out    Out    Out
   DDRC = 0B11111111;  // ADC 결과의 하위 8비트만 출력함.

   // 센서 응용 모듈 연결시 포트 F의 연결
   // PORTF.0 (ADC0) = NTC 10K 온도센서
   // PORTF.1 (ADC1) = CDS Cell 광량 센서
   // PORTF.2 (ADC2) = 확장 커넥터
   // PORTF.3 (ADC3) = ADC VR(가변저항)
   DDRF = 0B11111101;  // 포트 F 입력 설정 (PF1 = ADC1)
                       // 표 1.14.8 참조
```

```
    // REFS1~0 : AREF 단자 전압 이용, MUX4~0 : ADC3 단극성 입력
    ADMUX = 0B00000011;

    // ADEN : ADC 허용, 인터럽트 활성화, ADPS2~0 : 분주비 clk / 2
    ADCSRA = 0B10000001;

    // while 블록 안의 문장을 무한 반복
    while(1){
            // CDS Cell 광량센서와 연결된 ADC의 1번 채널에서
            // ADC를 10번 수행하여 평균값을 구함.
            ADC_average = ADC_10Read(1);

            // CDS의 밝기에 따라 LED가 켜지는 개수를 달리함
            // 이 부분의 값은 저자가 실험적으로 측정한 값임
            if(ADC_average > 900)           PORTA = 0XFF, PORTC = 0XFF;
            else if(ADC_average > 800)      PORTA = 0XFF, PORTC = 0XF0;
            else if(ADC_average > 700)      PORTA = 0XFF, PORTC = 0X00;
            else if(ADC_average > 600)      PORTA = 0XF0, PORTC = 0X00;
            else if(ADC_average > 500)      PORTA = 0X00, PORTC = 0X00;
    }

    // 함수의 형태와 같이 정수형(int)의 값을 반환함
    return 1;
}

// AD 변환을 1번 수행함
void ADC_Read(unsigned char chn){
    ADMUX = chn;                        // AD 채널 선택
    ADCSRA |= (1<<ADSC);                // AD 변환 시작

    //ADIF 레지스터가 set 될때까지
    while((ADCSRA & 0X10) == 0);
    // ADC 변환 결과를 ADCL, ADCH 레지스터로 부터 읽어
    // ADC_Temp 변수에 저장
    ADC_Temp = (int)ADCL + ((int)ADCH << 8);
}

// AD 변환을 10번 수행함
unsigned int ADC_10Read(unsigned char chn){
    int cnt = 0;                    // AD 변환을 10번 수행하기 위한 변수 선언
    unsigned int average = 0;       // AD 변환 결과의 평균값을 저장하기 위한 변수
```

```
    // 10번의 ADC 변환을 수행함
    for(cnt = 0; cnt < 10; cnt++){
        ADC_Read(chn);              // chn 변수가 지정하는 채널을 통해
                                    // 1번의 AD 변환을 수행
        average += ADC_Temp ;       // AD 변환 결과를 더하여 저장함.
    }

    average /= 10;                  // AD 변화 결과의 총합을 10으로 나누어
                                    // 평균값을 구해 average 변수에 저장

    return average;         // 평균값을 반환함.
}
```

C 언어 소스 프로그램 설명

핵심포인트

그림 14.3.1의 (b)와 같이 회로를 연결한 후에 ADC 아날로그 입력 채널 1(ADC1)의 전압을 측정한다. 이때 전압을 측정하는 방법은 ADC VR(가변저항)의 방법과 동일하므로 설명은 생략한다.

CDS Cell 광량센서는 온도센서(NTC10K)와 마찬가지로 빛의 양에 따라 저항값이 변화하는 소자이다. 따라서 응용회로는 온도센서(NTC10K)의 회로와 동일하다. 다만 시스템의 응용에 있어서 CDS Cell은 빛의 양에 따라 LED 또는 전구 등을 ON/OFF 하도록 스위칭 하는데 응용하므로 빛의 양에 따른 저항값이 데이터 시트에 자세히 나타나지 않는다. 따라서 CDS Cell과 직렬로 연결되는 저항은 빛에 따른 감응 정도를 측정하여 적절한 값으로 선정하면 된다. 이 실험에서는 47K의 저항을 직렬 저항으로 사용하였고, AD 변환하여 측정된 값에 따라 LED가 ON/OFF 하도록 프로그래밍 하였다.

avr/io.h 헤더 프로그램에는 DDRx 레지스터, PORTx 레지스터 등이 정의되어 있으므로 이들 레지스터를 사용하려면 반드시 포함시켜야 한다.

unsigned int ADC_Temp = 0; 문장은 16비트 크기를 갖는 부호를 사용하지 않는 변수인 ADC_Temp를 0으로 초기화 하도록 선언하고 있다.

unsigned int ADC_average = 0; 문장은 16비트 크기를 갖는 부호를 사용하지 않는 변수인 ADC_average를 0으로 초기화 하도록 선언하고 있다.

void ADC_Read(unsigned char); 문장은 ADC_Read() 함수의 원형 선언을 의미한다.

unsigned int ADC_10Read(unsigned char); 문장은 ADC_10Read() 함수의 원형 선언을 의미한다.

DDRx 레지스터는 포트의 입출력 방향을 결정하는 레지스터이며 x는 포트명이고 DDRxn의 각 비트 값이 0이면 입력, 1이면 출력으로 설정된다. 따라서 DDRA = 0B11111111; 문장은 포트 A의 모든 비트를 출력으로 설정하겠다는 의미이고, DDRC = 0B11111111; 문장은 포트 C는 모든 비트를 출력으로 설정하겠다는 의미이고, DDRF = 0B11111101; 문장은 포트 F의 1번 비트만 입력으로 설정하겠다는 의미이며, CDS Cell이 연결된 ADC1 번 채널의 방향 설정이기도 하다.

ADMUX = (0 〈〈 REFS1) | (1 〈〈 REFS0); 문장은 ADC의 기준전압을 AVCC 전압으로 사용하겠다는 의미이다.

ADMUX |= 0x01 문장은 ADC의 아날로그 입력 채널을 단극성 입력 1 로 설정하겠다는 의미이다. 이 채널에는 광량센서가 연결되어 있다.

ADCSR = (1 〈〈 ADEN); 문장은 ATmega128의 ADC가 동작하도록 허용하겠다는 의미이며, 이때 포트 F는 디지털 입출력이 아닌 아날로그 입력 채널로 동작하게 된다. 또한 ADMUX에서 선택되지 않은 핀은 디지털 입출력 포트로 사용이 가능하다.

ADCSR |= 0x01; 문장은 ADC의 프리스케일러를 2분주로 하겠다는 의미이다.

while(1){}; 문장은 {} 안의 문장을 무한 반복하겠다는 의미이다.

ADC_average = ADC_10Read(1); 문장은 ADC의 아날로그 입력 채널을 1번으로 하고, 10번의 AD 변환을 하여 평균값을 구하고, 평균값을 ADC_average 변수에 저장하겠다는 의미이다.

if(ADC_average 〉 900) 문장부터 else if(ADC_average 〉 500) 문장까지는 ADC 변환 결과에 따라 LED를 ON/OFF 하는 기능을 수행한다. 즉, ADC 변환 결과가 900 보다 크면 모든 LED는 OFF되고, 800 보다 크면 4개의 LED가 ON되고, 700 보다 크면 8개의 LED가 ON되고, 600 보다 크면 12개의 LED가 ON되고, 500 보다 크면 16개의 LED가 ON된다. 한편, if 문 안의 숫자는 저자가 실험적으로 측정한 값이다.

void ADC_Read(unsigned char chn) 함수는 chn의 변수의 값을 ADC의 입력 채널로 설정하고, 1번은 AD 변환을 하여 ADC_Temp에 저장하는 함수이다.

ADMUX = (ADMUX & 0B11100000) | chn; 문장은 ADMUX 레지스터를 chn 변수로 설정하겠다는 의미이다. chn의 변수가 3의 값을 가지면 ADMUX에는 3이 저장되고, AD의 입력 채널은 3번이 된다.

ADCSRA |= (1 〈〈 ADSC); 문장은 ADCSRA 레지스터의 ADSC 비트를 1로 설정하겠다는 의미이다. 즉 AD 변환을 시작하라는 의미이기도 한다. ADSC 버튼 io.h 서브 헤더 프로그램에 #define ADSC 6 매크로로 정의되어 있다.

while((ADSCRA & 0X10) == 0); 문장은 ADSCRA 레지스터와 상수 0X10을 논리곱을 취하여 결과가 0이면 while 문에서 대기하라는 의미이다. 이 문장은 ADSCRA의 4번 비트인 ADIF 비트가 1이 될 때까지 대기하게 되는데, ADIF 비트가 1이 되면 AD 변환이 완료되었음을 의미한다. ADIF는 io.h 서브 헤더 프로그램에 #define ADIF 4 매크로로 정의되어 있다.

ADC_Temp = (int)ADCL | ((int)ADCH << 8); 문장은 AD 변환 결과를 저장하는 레지스터인 ADCL과 ADCH를 16비트 변수인 ADC_Temp 변수에 저장하겠다는 의미이다.

unsigned int ADC_10Read(unsigned char chn) 함수는 chn의 변수의 값을 ADC의 입력 채널로 설정하고, 10번은 AD 변환을 하여 평균값을 구하고, 평균값을 반환하는 함수이다.

for(cnt = 0; cnt < 10; cnt++) 문장은 cnt 변수가 0부터 10보다 작을 때까지 cnt++를 1씩 더하며 반복하라는 의미이다. 이 반복문에 의해 AD 변환을 10번 반복하게 된다.

ADC_Read(chn); 문장은 chn 변수를 인수로 하여, ADC_Read 함수를 호출하겠다는 의미이다. ADC_Read() 함수는 인수 chn을 ADC의 입력 채널로 설정하여 AD 변환을 1회 실행한다.

average += ADC_Temp; 문장은 average 변수에 ADC_Temp 변수의 값을 더해서 그 결과를 average 변수에 저장하겠다는 의미이고, 10번 반복하면 AD 변환결과의 총합이 average에 저장된다.

average /= 10; 문장은 average 변수를 10으로 나눈 몫을 average 변수에 저장하겠다는 의미이다.

T·I·P

CDS 센서는 황화카드뮴 셀을 의미하며, 빛을 쏘이면 저항값이 감소하는 광도전 효과(Photo conductive effect)를 이용한 반도체 포토 센서이다.

T·I·P

C 언어 소스 프로그램은 CD Drive:₩Source₩ch14₩ch14_step3₩ch14_step3.c 파일을 참조한다.

단계 2 AVR Studio 4를 이용하여 C 언어 소스 프로그램을 Build 한다. 자세한 내용은 5.4.2절의 [단계 2]를 참조한다.

단계 3 PonyProg를 이용하여 ATmega128에 hex 파일을 ISP 다운로드 한다. 자세한 내용은 5.4.2절의 [단계 3]을 참조한다.

단계 4 다운로드가 완료되면 AVR 트레이닝 키트(WES-XUN I)에서 동작을 확인한다. 광센서를 손바닥 등으로 빛을 가리면 광센서에 쏘이는 빛의 양이 줄어들게 되고, 광센서의 저항값이 증가하게 된다. 이때 빛을 가리는 정도에 따라 LED는 모두 OFF, 4개 ON, 8개 ON, 12개 ON, 16개 ON 된다.

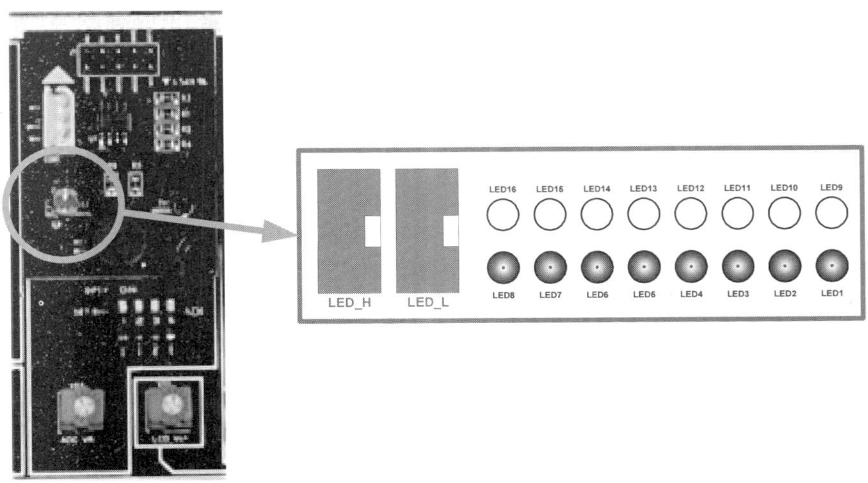

14.5 C 언어 문법

(1) cast 연산자

① 강제적으로 자료형을 다른 자료형으로 변환하고자 할 때 사용된다.

② cast 연산자를 사용하여 다음과 같은 형식으로 강제로 형 변환을 할 수 있다.
(강제로 변환하고자 하는 자료형)식, 변수명

(2) 구조체의 정의

① 구조체는 하나의 이름으로 불리워 질 수 있는 서로 다른 자료형의 모임이다.

② 구조체는 커다란 프로그램에서 여러 변수들의 모임을 하나의 패키지로 취급할 수 있게 해 주어 편리하다.

③ 구조체의 선언 형식은 다음과 같다.

```
struct 구조체명 또는 태그(tag)
{
    구성요소1의 자료형 선언;  ← 멤버(member)라고 부르는 구조체의 요소이다.
    구성요소2의 자료형 선언;
              ⋮
};  ← 구조체 선언 끝에는 반드시 ;을 붙인다.
```

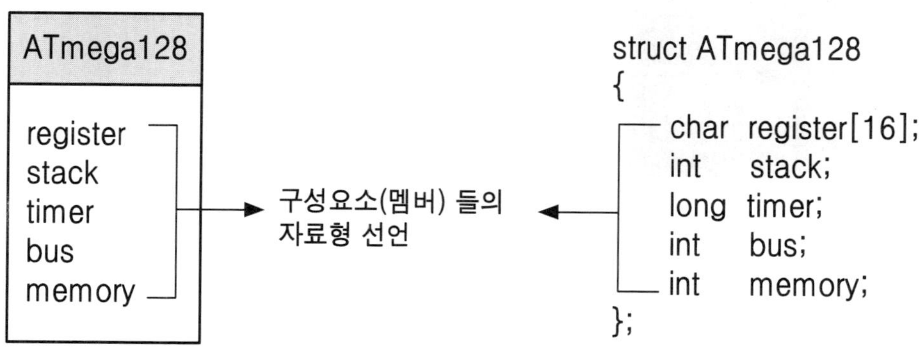

④ 구조체 선언은 자료의 구성 형태를 선언한 것에 불과하므로 실제로 기억 공간에 할당되지 않는다. 따라서 기억 공간에 구조체가 할당되려면 구조체 변수를 선언하여야 한다. 구조체 변수 선언의 형식은 다음과 같다.

```
struct  구조체명  구조체변수명1, 구조체변수명2, … ;
struct ATmega128  avr;
```

- ATmega128 → 구조체명
- avr → 구조체변수명

⑤ 구조체와 구조체 변수를 동시에 선언할 수가 있다.

```
struct ATmega128
{
    char  register[16];
    int   stack;
    long  timer;
    int   bus;
    int   memory;
} avr;
```

- { … } → 구조체 선언
- avr; ← 구조체변수 선언

⑥ 구조체 변수의 멤버 참조는 다음과 같이 한다.

```
구조체변수명.구성요소명;
avr.bus
```

- bus → 구성요소명
- . → 구조체요소 연산자(dot 연산자)
- avr → 구조체변수명

⑦ 구조체 변수 선언 및 초기화는 다음과 같이 한다.

struct ATmega128 avr = {"DDRA", 0, 10, 8, 20};

각 구성요소의 초기값은 ,로 구분

초기화문의 끝은 ;으로 표시

(3) **구조체의 배열**

① 여러개의 자료를 구조체를 사용하여 처리하고자 할 때 여러 개의 구조체 변수를 사용하는 것보다 구조체 배열을 사용하는 것이 편리하다.

② 구조체 배열의 선언 형식은 다음과 같다.

```
struct 구조체명
{
        구성요소1의 자료형 선언;
        구성요소2의 자료형 선언;
                    ⋮
};
struct   구조체명   배열명;
```

```
struct ATmega128
{
        char  register[16];
        int   stack;
        long  timer;
        int   bus;
        int   memory;
};
struct   ATmega128    avr[3];
```

③ 구조체와 구조체 배열을 동시에 선언할 수가 있다

```
struct ATmega128
{
        char  register[16];
        int   stack;
        long  timer;
        int   bus;
        int   memory;
} avr[3];
```

(char register[16]; ~ int memory; → 구조체 선언)
(} avr[3]; ← 구조체 배열 선언)

④ 구조체 변수 선언 및 구조체 배열의 초기화는 다음과 같이 한다.

```
struct ATmega128 avr[3] = {
                        {"DDRA", 0, 10, 8, 10},
                        {"PORTA", 2, 30, 8, 20},
                        {"PINA", 4, 50, 8, 30},
                       };
```

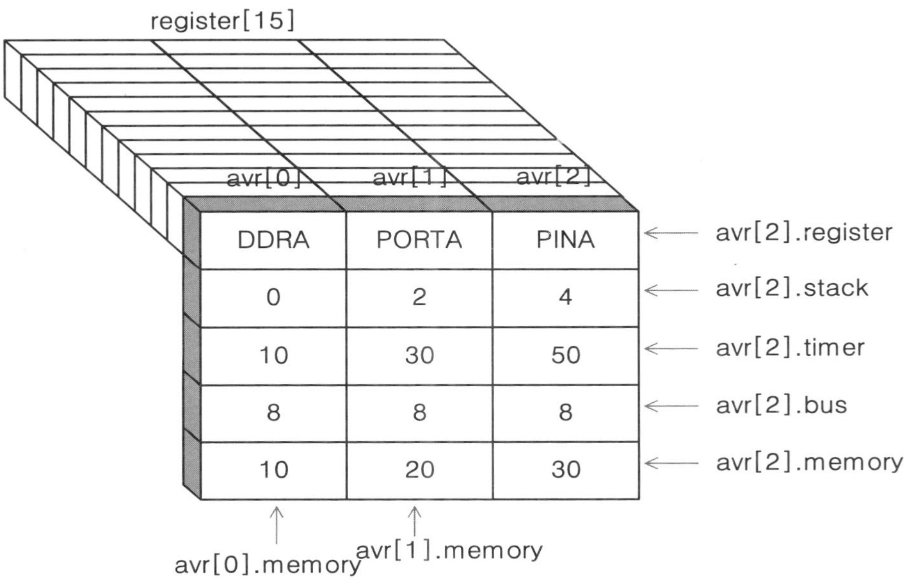

CHAPTER 15

AVR ATmega128을 사용한 USART 제어

실습목표

직렬 통신의 대표가 되는 RS232 통신을 ATmega128을 통해 제어한다. ATmega128은 USART 라는 회로가 내장되어 직렬 통신의 동기 및 비동기 통신을 모두 제공하고 있으며, 일반적으로 RS232 통신을 사용할 때 ATmega128은 비동기 통신을 한다. 이 장에서는 PC 하이퍼터미널과 ATmega128의 USART를 비동기 통신으로 하여 RS232 통신의 송수신을 학습한다.

실습이론

15.1 USART를 이용한 RS232 통신을 위한 레지스터

DDRx 레지스터는 포트의 입출력 방향을 결정하는 레지스터이며 DDRxn의 비트 값이 0이면 입력, 1이면 출력으로 설정된다. x는 포트명을 가리키는 문자이고 n은 비트를 나타내는 숫자이다. ATmega128에서 레지스터는 0번부터 7번까지 8비트가 존재한다. PORTx 레지스터는 포트에 출력할 논리 값을 저장하는 레지스터이며 x는 포트명이다. PINx는 DDRx 레지스터, PORTx 레지스터 등과 달리 포트의 논리를 읽을 수 있는 어드레스이며 x는 포트명이다. PINx는 DDRx 레지스터, PORTx 레지스터 등과 달리 포트의 논리를 읽을 수 있는 어드레스이며 x는 포트명이다. 디지털 입출력과 관련한 자세한 내용은 1.14절의 AVR 디지털 입출력 핀 구조를 참조한다.

UCSRnA 레지스터는 USART의 제어 및 상태를 나타내는 레지스터로 수신 완료 상태, 송신 완료 상태, 데이터 레지스터 공백 상태 등 여러 가지 상태를 나타낸다. UCSRnB 레지스터는 USART의 제어 및 상태를 나타내는 레지스터로 수신 인터럽트 허용, 송신 인터럽트 허용, 데이터 레지스터 공백 인터럽트 허용, 수신부 활성화, 송신부 활성화 등의 제어를 할 수 있다. UCSRnC 레지스터는 USART의 제어 및 상태를 나타내는 레지스터로 패리티 비트, 데이터 비트 길이 등을 설정할 수 있다. UCSRAnx에서 n은 USART의 번호를 나타내는 숫자이고, x는 레지스터를 분리하는 문자이다. ATmega128에서 USART는 0번과 1번 등 2개가 존재한다. UBRR 레지스터는 USART의 통신 속도를 설정하는 레지스터이다. UDR 레지스터는 USART의 송신 또는 수신 데이터를 저장하는 레지스터이다. USART와 관련한 자세한 내용은 1.18절 ATmega128의 USART를 참조한다. 한편, 표 15.1.1을 활용해 ATmega128의 클록 속도에 따른 UBRR 레지스터의 설정 값을 UBRR 레지스터에 맞는 값을 계산하지 않고 쉽게 찾아 볼 수 있다. 자세한 내용은 ATmega128의 데이터 시트 중에서 USART 부분을 참조한다.

DDRx : PORTx 데이터 방향 레지스터

Bit	7	6	5	4	3	2	1	0
	DDx7	DDx6	DDx5	DDx4	DDx3	DDx2	DDx1	DDx0
Read/Write	R/W	R/W	R/W	R/W	R/W	R/W	R/W	R/W
Initial Value	0	0	0	0	0	0	0	0

PORTx : PORTx 데이터 레지스터

Bit	7	6	5	4	3	2	1	0
	PORTx7	PORTx6	PORTx5	PORTx4	PORTx3	PORTx2	PORTx1	PORTx0
Read/Write	R/W	R/W	R/W	R/W	R/W	R/W	R/W	R/W
Initial Value	0	0	0	0	0	0	0	0

PINx : PORTx 입력 핀 어드레스

Bit	7	6	5	4	3	2	1	0
	PINx7	PINx6	PINx5	PINx4	PINx3	PINx2	PINx1	PINx0
Read/Write	R	R	R	R	R	R	R	R
Initial Value	N/A	N/A	N/A	N/A	N/A	N/A	N/A	N/A

UCSRnA : USART 제어, 상태 레지스터 A

Bit	7	6	5	4	3	2	1	0
	RXC	TXC	UDRE	FE	DOR	UPE	U2X	MPCM
Read/Write	R	R/W	R	R	R	R	R/W	R/W
Initial Value	0	0	0	0	0	0	0	0

UCSRnB : USART 제어, 상태 레지스터 B

Bit	7	6	5	4	3	2	1	0
	RXCIE	TXCIE	UDRIE	RXEN	TXEN	UCSZ2	RXB8	TXB8
Read/Write	R/W	R/W	R/W	R/W	R/W	R/W	R	R/W
Initial Value	0	0	0	0	0	0	0	0

UCSRnC : USART 제어, 상태 레지스터 C

Bit	7	6	5	4	3	2	1	0
	-	UMSEL	UPM1	UPM0	USBS	UCSZ1	UCSZ0	UCPOL
Read/Write	R/W	R/W	R/W	R/W	R/W	R/W	R/W	R/W
Initial Value	0	0	0	0	0	0	0	0

UBRR : USART 보드 레이트 레지스터

Bit	15	14	13	12	11	10	9	8	
	-	-	-	-	UBRRn[11 :8]				UBRRnH
	UBRRn[7:0]								UBRRnL
	7	6	5	4	3	2	1	0	
Read/Write	R	R	R	R	R/W	R/W	R/W	R/W	
	R/W	R/W	R/W	R/W	R/W	R/W	R/W	R/W	
Initial Value	0	0	0	0	0	0	0	0	

표 15.1.1은 USART의 BAUD 및 UBRR 계산식을 나타내고 있다.

표 15.1.1 USART의 BAUD 및 UBRR 계산식

동작 모드	보레이트를 결정하는 공식	UBRRn 레지스터의 값을 결정하는 공식
비동기 일반 모드 (U2Xn=0)	$\mathrm{BAUD}=\dfrac{f_{OSC}}{16(UBRR+1)}$	$\mathrm{UBRR}=\dfrac{f_{OSC}}{16\times BAUD}-1$
비동기 2배속 모드 (U2Xn=1)	$\mathrm{BAUD}=\dfrac{f_{OSC}}{8(UBRR+1)}$	$\mathrm{UBRR}=\dfrac{f_{OSC}}{8\times BAUD}-1$
동기 마스터 모드	$\mathrm{BAUD}=\dfrac{f_{OSC}}{2(UBRR+1)}$	$\mathrm{UBRR}=\dfrac{f_{OSC}}{2\times BAUD}-1$

그림 15.1.1은 AVR 트레이닝 키트(WES-XUN I)에서 사용하는 주파수(8MHz, 14.7456MHz)에 따른 UBRR 레지스터의 설정값을 데이터 시트에서 발췌하여 나타낸 것이다.

Baud Rate (bps)	f_{osc} = 8.0000 MHz				f_{osc} = 11.0592 MHz				f_{osc} = 14.7456 MHz			
	U2X = 0		U2X = 1		U2X = 0		U2X = 1		U2X = 0		U2X = 1	
	UBRR	Error	UBRR	Error	UBRR	Error	UBRR	Error	UBRR	Error	UBRR	Error
2400	207	0.2%	416	-0.1%	287	0.0%	575	0.0%	383	0.0%	767	0.0%
4800	103	0.2%	207	0.2%	143	0.0%	287	0.0%	191	0.0%	383	0.0%
9600	51	0.2%	103	0.2%	71	0.0%	143	0.0%	95	0.0%	191	0.0%
14.4k	34	-0.8%	68	0.6%	47	0.0%	95	0.0%	63	0.0%	127	0.0%
19.2k	25	0.2%	51	0.2%	35	0.0%	71	0.0%	47	0.0%	95	0.0%
28.8k	16	2.1%	34	-0.8%	23	0.0%	47	0.0%	31	0.0%	63	0.0%
38.4k	12	0.2%	25	0.2%	17	0.0%	35	0.0%	23	0.0%	47	0.0%
57.6k	8	-3.5%	16	2.1%	11	0.0%	23	0.0%	15	0.0%	31	0.0%
76.8k	6	-7.0%	12	0.2%	8	0.0%	17	0.0%	11	0.0%	23	0.0%
115.2k	3	8.5%	8	-3.5%	5	0.0%	11	0.0%	7	0.0%	15	0.0%
230.4k	1	8.5%	3	8.5%	2	0.0%	5	0.0%	3	0.0%	7	0.0%
250k	1	0.0%	3	0.0%	2	-7.8%	5	-7.8%	3	-7.8%	6	5.3%
0.5M	0	0.0%	1	0.0%	–	–	2	-7.8%	1	-7.8%	3	-7.8%
1M	–	–	0	0.0%	–	–	–	–	0	-7.8%	1	-7.8%
Max [1]	0.5 Mbps		1 Mbps		691.2 kbps		1.3824 Mbps		921.6 kbps		1.8432 Mbps	

그림 15.1.1 ATmega128의 클록 속도에 따른 UBRR 레지스터 설정 값

UDR : USART I/O 데이터 레지스터

Bit	7	6	5	4	3	2	1	0	
	RXBn[7:0]								UDRn(Read)
	TXBn[7:0]								UDRn(Write)
Read/Write	R/W	R/W	R/W	R/W	R/W	R/W	R/W	R/W	
Initial Value	0	0	0	0	0	0	0	0	

15.2 AVR 트레이닝 키트(WES-XUN I)에서의 RS232 제어회로

AVR 트레이닝 키트(WES-XUN I)에는 RS232 통신을 위한 D-SUB 커넥터(9핀)이 제공되기 때문에 그림 15.2.1과 같이 AVR 트레이닝 키트(WES-XUN I)의 D-SUB(9핀)과 PC의 D-SUB(9핀)을 RS232 연장선을 사용하여 연결할 수가 있다. 한편, 표 15.2.1은 AVR 트레이닝 키트(WES-XUN I)의 D-SUB(9핀)과 PC의 D-SUB(9핀)과의 핀 연결 관계를 나타내고 있다.

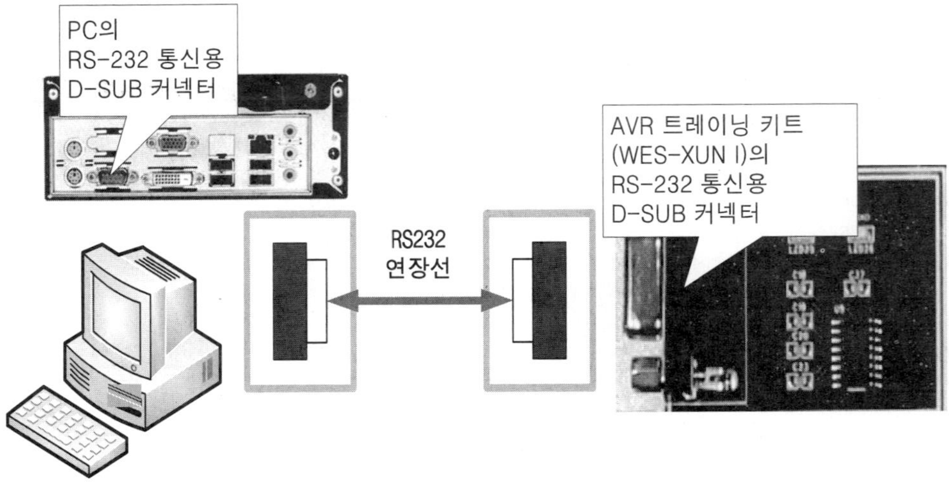

AVR 트레이닝 키트(WES-XUN I)의 D-SUB(9핀)과 PC의 D-SUB(9핀) 과의 연결도

AVR 트레이닝 키트(WES-XUN I)의 D-SUB(9핀)은 RS232 통신이 가능한 최소한의 신호 연결을 사용하고 있으며, PC의 D-SUB(9핀)과 연결하기 위해서는 COM 연장선을 이용하도록 되어있다.

표 15.2.1 AVR 트레이닝 키트(WES-XUN I)의 D-SUB(9핀)과 PC의 D-SUB(9핀) 과의 핀 연결 관계

D-SUB 커넥터	9	8	7	6	5	4	3	2	1
PC D-SUB Type:Male	RI	CTS	RTS	DSR	GND	DTR	TXD	RXD	CD
키트 D-SUB Type:Female					GND		RXD	TXD	

T·I·P

AVR 트레이닝 키트(WES-XUN I)에서는 RS232 신호가 표 15.2.1과 같이 D-SUB(9핀) 커넥터에 연결된다. 따라서 제공된 RS232 연장선을 사용해야만 이상 없이 통신 실험을 할 수 있다. RS232 연장선은 D-SUB(9핀) 양쪽 핀을 2번핀에서 2번 핀으로, 3번 핀에서 3번 핀으로, 5번 핀에서 5번 핀으로 연결해 주는 선이다.

실습내용

15.3 AVR 트레이닝 키트(WES-XUN I)에서 동작해보기

15.3.1 AVR 트레이닝 키트(WES-XUN I)의 동작을 위한 준비 사항

단계 1 그림 15.3.1과 같이 전원을 켜고 ISP 다운로드 모듈을 연결한다.

그림 15.3.1 전원을 켜고 ISP 다운로드 모듈을 연결

단계 2 그림 15.3.2와 같이 AVR 트레이닝 키트(WES-XUN I)의 D-SUB(9핀)과 PC의 D-SUB(9핀)을 RS232 연장선을 사용하여 연결한다.

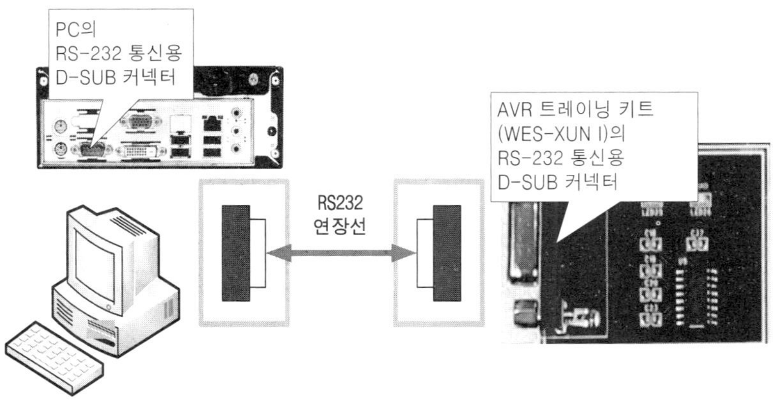

그림 15.3.2 AVR 트레이닝 키트(WES-XUN I)의 D-SUB(9핀)과 PC의 D-SUB(9핀)을 RS232 연장선을 사용하여 연결

단계 3 그림 15.3.3과 같이 IDC Flat 10P 케이블을 이용해 LED_L 커넥터와 AVR MCU Module(ATmega128)의 PORTA와 연결한다. 또한 텍스트 LCD의 DATA 커넥터와 AVR MCU Module(ATmega128)의 PORTB와 연결하고, 텍스트 LCD의 CON 커넥터와 AVR MCU Module(ATmega128)의 PORTD와 연결한다. 연결할 때 케이블의 방향이 맞도록 홈에 잘 맞추어 삽입한다. 한편, 텍스트 LCD를 AVR 트레이닝 키트(WES-XUN I)의 텍스트 LCD 블록에서 TEXT라고 표시된 커넥터에 삽입해야 한다. 본 장에서는 14.7456MHz 주파수의 크리스탈을 이용하므로 그림 15.3.2 (a)와 같이 스위치를 설정한다.

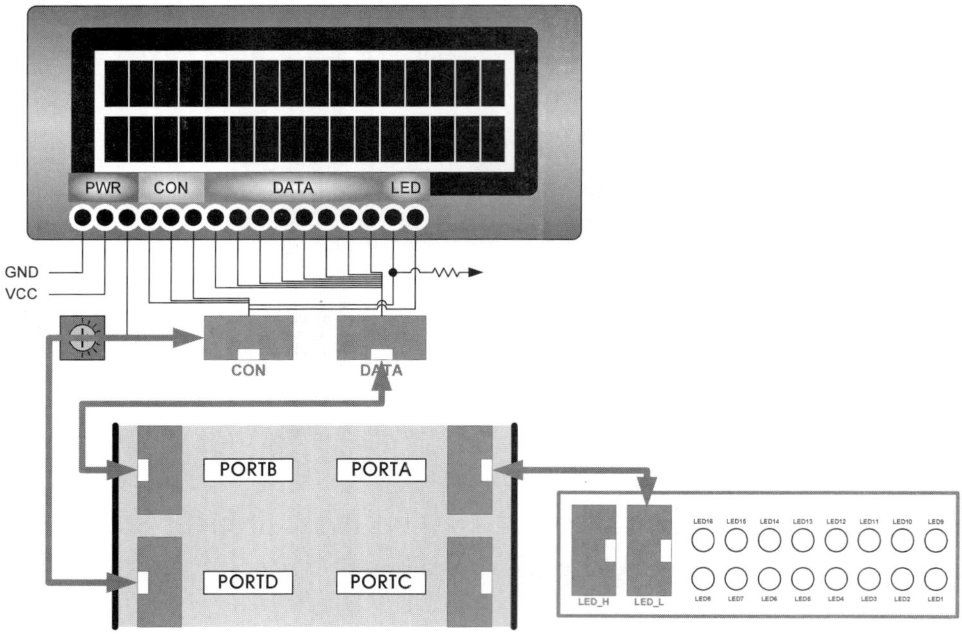

PORTA ⇔ LED_L

PORTA	BIT7	BIT6	BIT5	BIT4	BIT3	BIT2	BIT1	BIT0
Device Pin	LED16	LED15	LED14	LED13	LED12	LED11	LED10	LED9
입출력	Out	Out	Out	Out	Out	Out	Out	Out

PORTB ⇔ DATA

PORTB	BIT7	BIT6	BIT5	BIT4	BIT3	BIT2	BIT1	BIT0
Device Pin	D7	D6	D5	D4	D3	D2	D1	D0
입출력	In/Out	In/Out	In/Out	In/Out	In/Out	In/Out	In/Out	In/Out

PORTD ⇔ CON

PORTD	BIT7	BIT6	BIT5	BIT4	BIT3	BIT2	BIT1	BIT0
Device Pin	–	–	–	K	A	E	RW	RS
입출력	–	–	–	Out	Out	Out	Out	Out

그림 15.3.3 RS232 실험을 위한 회로 연결

RS232 실험을 위하여 그림 15.3.4 (a)와 같이 SW1 스위치 모듈에서 232 부분의 스위치 2개를 모두 아래로 내려 RS232 통신이 UART0과 연결되도록 설정하고, CLK 부분의 스위치 2개를 모두 위로 올려 ATmega128 MCU가 14.7456MHz의 클록을 사용하도록 설정한다.

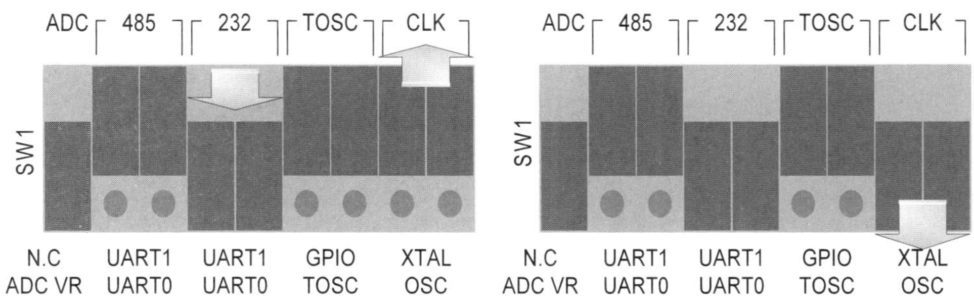

(a) RS232 통신이 UART0과 연결되도록 설정하고, 14.7456MHz의 크리스털 발진 선택

(b) 8MHz의 오실레이터(OSC) 발진 선택

그림 15.3.4 AVR 트레이닝 키트(WES-XUN I)의 SW1 스위치 모듈 설정

T·I·P

AVR 트레이닝 키트(WES-XUN I)에서는 그림 15.3.4 (a)와 같이 SW1 스위치 모듈에서 CLK 부분의 스위치 2개를 위로 올리게 되면 ATmega128의 외부 발진회로(XTAL1, XTAL2)에 크리스탈이 연결되고, 그림 15.3.3 (b)와 같이 SW1 스위치 모듈에서 CLK 부분의 스위치 2개를 아래로 내리게 되면 ATmega128의 외부 발진회로(XTAL1)에 오실레이터가 연결된다. 크리스탈의 발진 주파수는 14.7456MHz 이며, 오실레이터의 발진 주파수는 8MHz이다. 한편, AVR의 퓨즈 비트에서 클록 설정이 잘못되어 응급조치를 하고자 할 때 그림 15.3.4 (b)와 같이 설정하여 응급조치를 진행 할 수 있다.

USART 통신에서 ATmega128이 14.7456MHz의 주파수를 사용하게 되면 UBRR 레지스터의 설정 값이 소수점이 없는 정수로 계산되므로 에러율이 0%가 되고, 8MHz의 주파수를 사용하게 되면 UBRR 레지스터의 설정 값 계산에서 소수점이 발생해 에러율이 0%가 되지 못한다. 따라서 에러가 없는 고속 통신을 위해서는 14.7456MHz와 같은 주파수를 사용해야 한다.

15.3.2 RS232 통신을 이용하여 PC의 하이퍼터미널에 문자를 출력하는 예제

단계 1 AVR Studio 4에서 새로운 project를 생성하고, C 언어 소스 프로그램을 작성하여 저장한다. 자세한 내용은 5.4.2절의 [단계 1]을 참조한다.

[단계 1]-(1) Project type은 AVR GCC를 선택하고, Project name:은 ch15_step1, Initial file:은 ch15_step1이라고 입력하고, Create initial file과 Create folder를 체크하고, Location:은 C:₩avr_test를 선택한 후에 [Next >>] 버튼을 누르고 다음 단계로 진행한다.

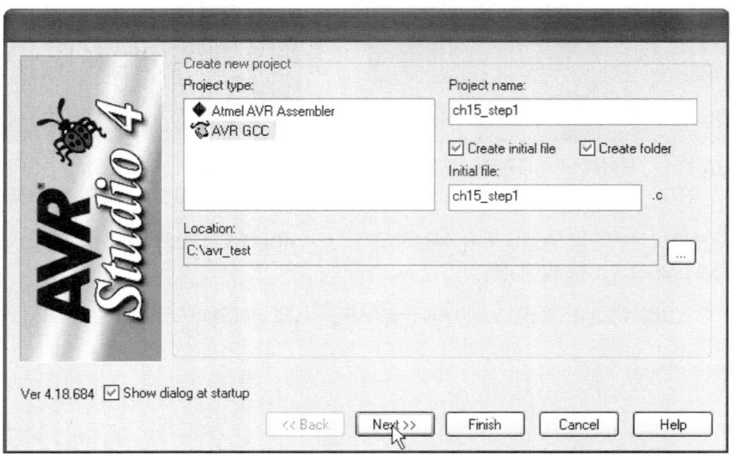

[단계 1]-(2) AVR Studio 4 편집 화면에 C 언어 소스 프로그램을 작성한다.

```
//
// ch15_step1.c
//

// 이 실험에 필요한 헤더 프로그램이 포함되어 있으며, 함수 원형 선언들이
// 포함되어 있으므로 반드시 포함한다.
#include "ch15_uart.h"

// C 언어의 주 실행 함수
int main(void){
  // UART0을 9600 bps의 속도로 초기화
  UART0_Init(F_CPU, 9600);
  // 하이퍼터미널에 문자열 출력
  UART0_PutString("UART0 Connected...₩r₩n");
  UART0_PutString("SETTING : 9600 bps, 8 bit, None, 1 bit.₩r₩n");

  // 무한 대기
  while(1);


  // 함수의 형태와 같이 정수형(int)의 값을 반환함
  return 1;
}
```

C 언어 소스 프로그램 설명

핵심포인트

UART0_Init(F_CPU, 9600); 문장은 USART0을 F_CPU와 9600을 인수로 하여 초기화 하겠다는 함수이다. F_CPU는 ATmega128이 사용하는 주파수를 의미하며, 풀다운 메뉴의 [Project] → [Configuration Option] 창에서 Frequency: 항목의 값이 된다. 따라서 이 값을 설정하지 않으면 F_CPU는 1000000의 값이 되므로, 반드시 14745600 값으로 설정해야 한다. 인수 9600은 RS232의 통신 속도를 9600bps로 하겠다는 의미이다.

UART0_PutString("UART0 Connected...₩r₩n"); 문장은 ATmega128의 USART를 통해 문자열을 출력하라는 의미이다. USART 포트는 PC와 RS232로 연결되므로 PC의 하이퍼터미널에 ATmega128이 출력한 문자열이 나타난다. 여기서 ₩r 은 커서를 가장 앞으로 당기는 기능의 Carriage Return 기능의 escape sequence이고, ₩n은 커서를 다음 줄로 바꾸는 Line Feed 기능의 escape sequence 이다.

UARTO_PutString("SETTING : 9600 bps, 8 bit, None, 1 bit.₩r₩n"); 문장은 ATmega128의 USART를 통해 문자열을 출력하라는 의미이다.
무한루프인 while(1);에 의해 ATmega128은 다른 동작 없이 대기한다.

[단계 1]-(3) RS232 통신을 이용하여 PC의 하이퍼터미널에 문자를 출력하기 위한 소스 파일은 ch15_step1.c 이외에 ch15_uart.c C 언어 소스 프로그램이 필요하다. 이때 풀다운 메뉴에서 [File] → [New File] 서브 메뉴를 누르면 나타나는 AVR Studio 4 편집 화면에 ch15_uart.c C 언어 소스 프로그램을 작성하여 현재 project 폴더에 저장한다.

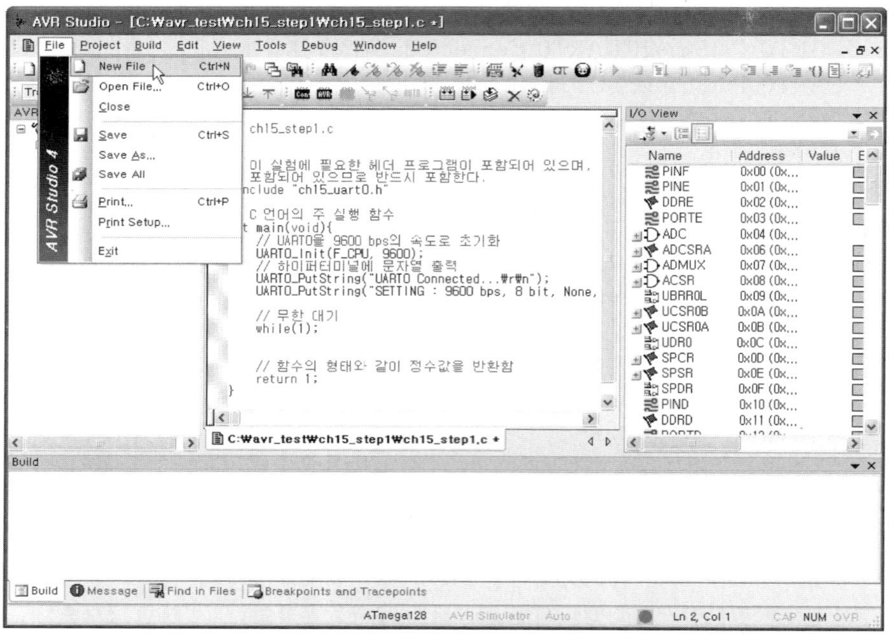

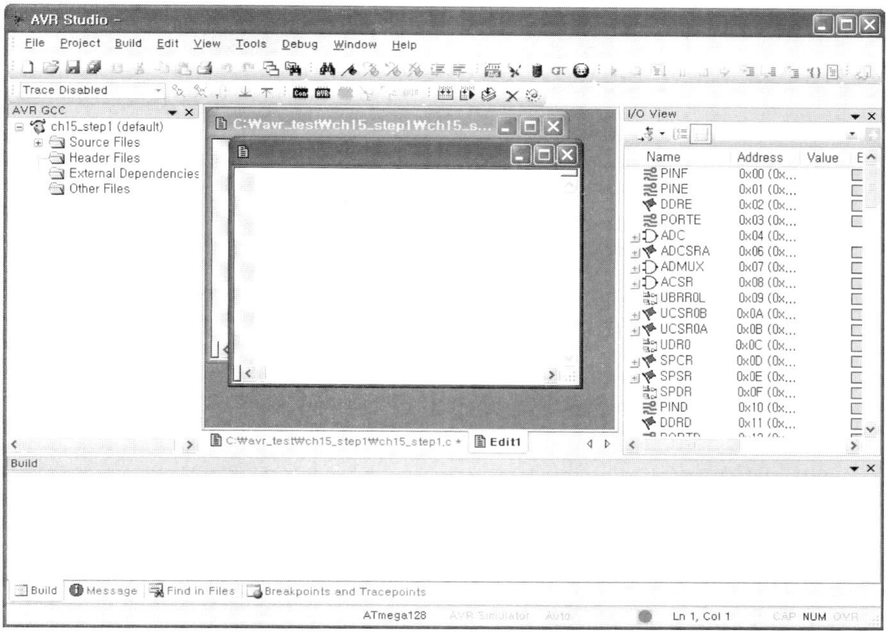

```
//
// ch15_uart.c
//

// 헤더 프로그램과 함수 원형 선언들이
// 포함되어 있으므로 반드시 포함
#include "ch15_uart.h"

// 수신 완료 인터럽트 서비스 루틴
ISR(USART0_RX_vect) {
  // 수신 데이터를 UDR0 레지스터에서 RxBuffer 변수에 저장
  RxBuffer = UDR0;
  // 수신 상태를 나타내는 플래그 변수를 1로 설정
  RxFlag = 1;
}

// UART0의 초기화 함수.
void UART0_Init(long xtal, long bps){
  unsigned long temp;

  UCSR0B = (1 << TXEN) | (1 << RXEN); // 송,수신부 활성화
```

```
    UCSR0B |= (1 << RXCIE);                     // 수신완료인터럽트 활성화
    // UBRR 레지스터 값 계산
    temp = xtal / (bps * 16L) - 1;

    // UBRR0H 레지스터에 설정 값 저장
    UBRR0H = (temp >> 8) & 0xff;
    // UBRR0L 레지스터에 설정 값 저장
    UBRR0L = temp & 0xff;
}

// 1바이트의 데이터를 송신하는 함수
void UART0_PutChar(char byData){
    while(!(UCSR0A & (1 << UDRE)));             // 송신 버퍼가 빌 때까지 대기
    UDR0 = byData;                              // 송신 버퍼에 데이터 저장
}

// 문자열을 송신하는 함수
void UART0_PutString(char *Str) {
    // NULL(문자열의 끝)을 만날 때까지 반복
    while(*Str)
            UART0_PutChar(*Str++);              // 1바이트의 데이터를 송신
}
```

C 언어 소스 프로그램 설명

핵심포인트

ATmega128을 이용하여 PC와 RS232 통신을 하기 위해서는 통신 속도와 규격의 설정이 중요하다. 통신 속도는 ATmega128의 메인 클록 속도(F_CPU)에 따라 UBRR 레지스터를 설정(UART0_Init(F_CPU, 9600); 문장)해야 하며, 규격은 데이터 길이, 패리티 비트 설정, 정지 비트 설정 등이 있으며, UCSRnA/B/C 레지스터를 통해 설정할 수 있다. 보통 데이터 길이 비트, 패리티 사용안함, 정지 1비트의 규격을 사용하는데, 이러한 규격으로 설정할 경우에는 UCSRnA/B/C 레지스터의 초기값과 같은 설정이므로 리셋 이후에 이 레지스터를 다시 설정할 필요가 없다.

USART의 송신부 또는 수신부가 동작하도록 설정(UCSR0B = (1 << TXEN) | (1 << RXEN); 문장)해야 하며, 송신부만 동작하도록 설정한 경우 수신부와 연결된 핀은 디지털 입출력 핀으로 사용이 가능하며, 수신부만 동작하도록 설정한 경우 송신부와 연결된 핀은 디지털 입출력 핀으로 사용이 가능하다.

데이터를 송신하기 위해서는 송신할 데이터를 UDRn 레지스터에 저장(UDR0 = byData; 문장)해야 하며, 수신된 데이터를 읽기 위해서는 데이터가 수신된 이후에 UDRn 레지스터로부터 읽으면 된다. 이때 송신할 준비가 되었는지를 검사하기 위해서 UDRE 비트가 1인지 확인(while(!(UCSR0A & (1 << UDRE))); 문장)해야 하며, 수신 되었는지 확인하기 위해서 RXC 비트가 1인지 확인할 필요가 있다. 또한 데이터를 수신하였을 때 인터럽트를 요청하기 위해서는 SREG 레지스터의 I 비트가 논리 1로 설정되어야 하며, RXCIE 비트가 논리 1로 설정(UCSR0B |= (1 << RXCIE); 문장) 되어야 한다. 데이터가 수신되어 인터럽트가 요청되면 데이터 수신 완료 인터럽트 서브루틴을 호출하여 실행하게 되는데, 이때 수신된 데이터를 UDRn 레지스터에서 읽어 버퍼에 저장(RxBuffer = UDR0; 문장)하면 된다.

ISR(USART0_RX_vect) 함수는 USART0의 수신 완료 인터럽트 서브루틴을 정의하고 있다. 데이터가 수신되면 UDR0 레지스터에서 읽어 RxBuffer에 저장한다.

void UART0_Init(long xtal, long bps) 함수는 USART0를 xtal과 bps 변수를 인수로 하여 초기화하는 함수이다.

unsigned long temp; 문장은 32비트 크기를 갖는 부호를 사용하지 않는 변수인 temp를 선언하고 있다.

UCSR0B = (1 << TXEN) | (1 << RXEN) | (RXCIE); 문장은 UCSR0B 레지스터의 TXEN 비트와 RXEN 비트와 RXCIE 비트를 1로 설정하겠다는 의미이다. TXEN 비트는 송신부를 활성화 하고, RXEN 비트는 수신부를 활성화하고, RXCIE 비트는 수신 완료 인터럽트를 허용하겠다는 의미이다. TXEN, RXEN, RXCIE 비트는 io.h 서브 헤더 프로그램에 매크로로 정의되어 있다.

temp = xtal / (bps*16L) – 1; 문장은 temp 변수에 USART의 UBRR 레지스터의 설정값을 계산하는 식이다. 여기서 L은 long형 데이터를 의미하는 것으로서 반드시 사용하여야 한다.

UBRR0L = temp & 0xff; 문장은 temp 변수의 하위 8비트를 UBRR0L 레지스터에 저장하겠다는 의미이다.

UBRR0H = (temp >> 8) & 0xff; 문장은 temp 변수의 상위 8비트를 UBRR0H 레지스터에 저장하겠다는 의미이다.

void UART0_PutChar(char byData) 함수는 USART0에 1바이트의 데이터를 출력하는 함수이다.

while(!(UCSR0A & (1<<UDRE))); 문장은 UCSR0A 레지스터의 UDRE 비트가 0이면 계속해서 대기하라는 의미이다. UDRE 비트는 데이터 레지스터 공백을 나타내는 비트로 이 비트가 1이면 데이터를 송신할 수 있다.

UDR0 = byData; 문장은 byData 변수의 값을 송신 레지스터인 UDR0 레지스터에 저장하라는 의미이다.

void UART0_PutString(char *Str) 함수는 USART0에 문자열을 출력하는 함수이다.

while(*Str) 문장은 *str이 0이 아니면 while문 아래의 문장을 실행하겠다는 의미이다. *str이 0이면 문자열의 끝인 NULL을 의미한다.

UART0_PutChar(*Str++); 문장은 *Str을 인수로 하여 UART0_PutChar() 함수를 호출하여 1바이트의 데이터를 송신 하겠다는 의미이다. 이때 *Str++ 문에 의해 다음 어드레스로 *Str은 다음 문자를 가리키게 된다.

[단계 1]-(4) ch15_setp1의 project에 ch15_uart.c C 언어 프로그램이 포함되도록 팝업 메뉴의 [Add Existing Source File(s)...] 서브 메뉴를 수행한다.

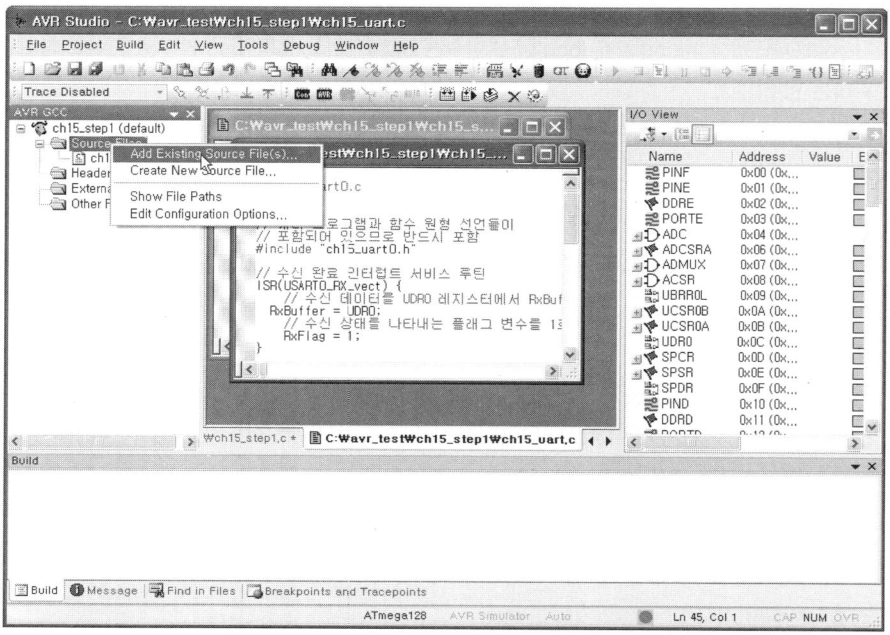

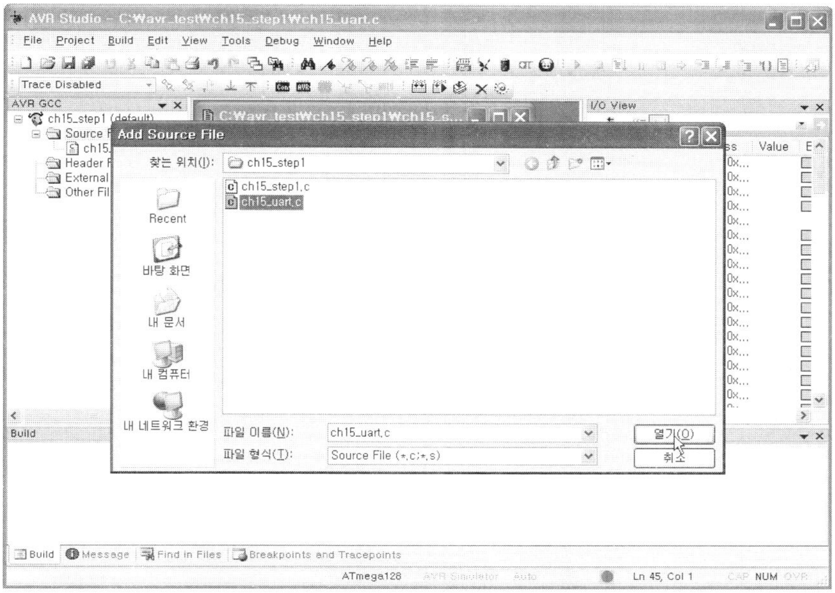

[단계 1]-(5) 매크로 치환과 함수원형선언 등이 포함된 ch15_uart.h 헤더 프로그램을 작성하여 저장한다. 이때 풀다운 메뉴에서 [File] → [New File] 서브 메뉴를 누르면 나타나는 AVR Studio 4 편집 화면에 ch15_uart.h 헤더 프로그램을 작성하여 현재 project 폴더에 저장한다.

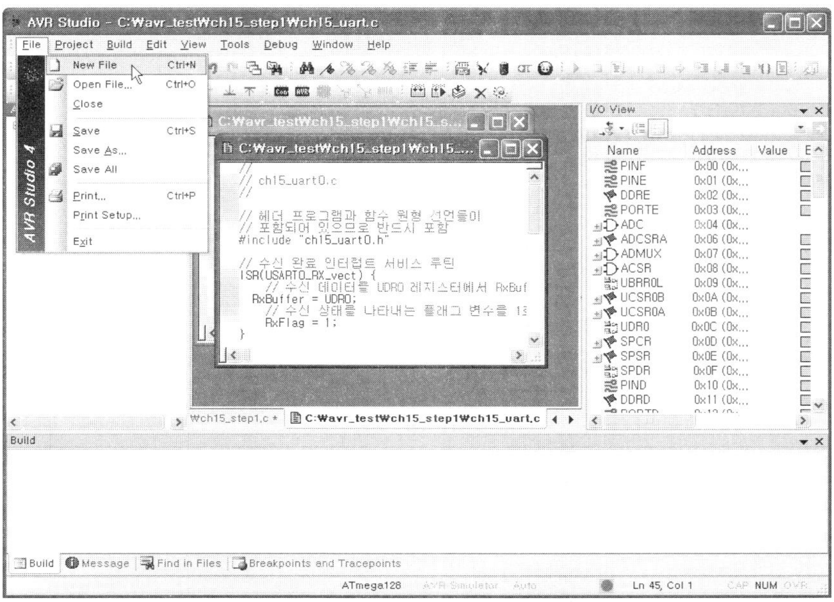

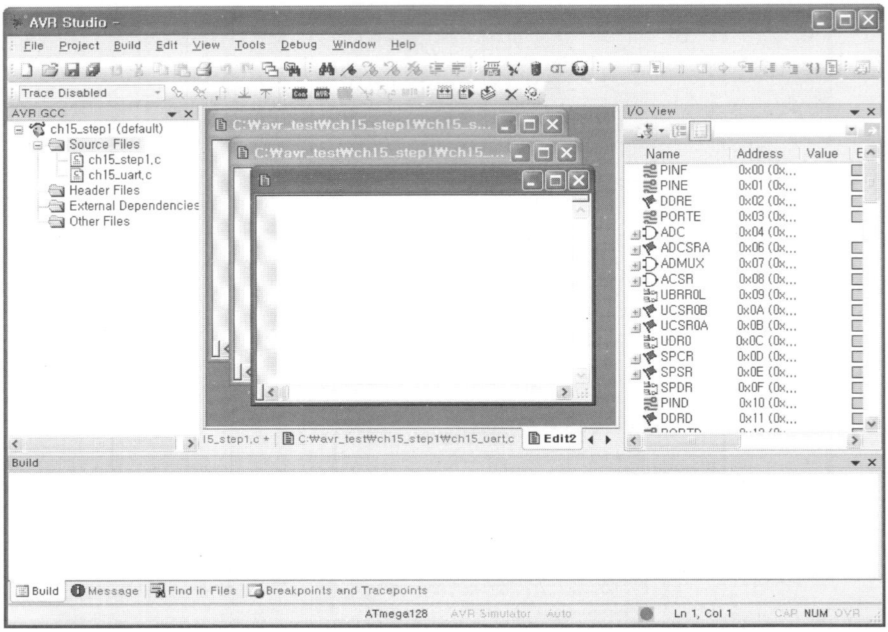

```
//
// ch15_uart.h
//

// ATmega128의 레지스터 등이 정의되어 있음
#include <avr/io.h>

// ATmega128의 인터럽트에 관련한 정보들이 정의되어 있음
#include <avr/interrupt.h>

volatile unsigned char RxBuffer;          // 수신 데이터를 저장하는 변수
volatile unsigned char RxFlag;            // 수신 상태를 저장하는 변수

// UART0 초기화 함수 원형 선언
void UART0_Init(long xtal, long bps);

// UART0의 1바이트 데이터 송신 함수 원형 선언
void UART0_PutChar(char byData);

// UART0 문자열 송신 함수 원형 선언
void UART0_PutString(char *Str);
```

T·I·P

C 언어 소스 프로그램은
CD Drive:₩Source₩ch15₩ch15_step1₩ch15_step1.c 파일과
CD Drive:₩Source₩ch15₩ch15_step1₩ch15_uart.c 파일과
CD Drive:₩Source₩ch15₩ch15_step1₩ch15_uart.h 파일을 참조한다.

단계 2 AVR Studio 4를 이용하여 C 언어 소스 프로그램을 Build 한다. 자세한 내용은 5.4.2절의 [단계 2]를 참조한다. Build가 이루어 지지 않을 경우 메뉴에서 [Project] → [Configuration Options]를 누르면 나타나는 Project Options 창에서 Frequency 항목에 14745600을 입력한 후에 다시 Build 한다.

단계 3 PonyProg를 이용하여 ATmega128에 hex 파일을 ISP 다운로드 한다. 자세한 내용은 5.4.2절의 [단계 3]을 참조한다.

단계 4 다운로드가 완료되면 AVR 트레이닝 키트(WES-XUN I)에서 동작을 확인한다. 다운로드 후 RS232 통신을 이용하여 PC의 하이퍼터미널에 문자를 출력하기 위해서는 하이퍼터미널과 같은 RS232 프로그램이 필요하다. 하이퍼터미널을 열고, RS232 통신 설정을 다음과 같이 한다.

[단계 4]-(1) 하이퍼터미널을 실행 시킨다.

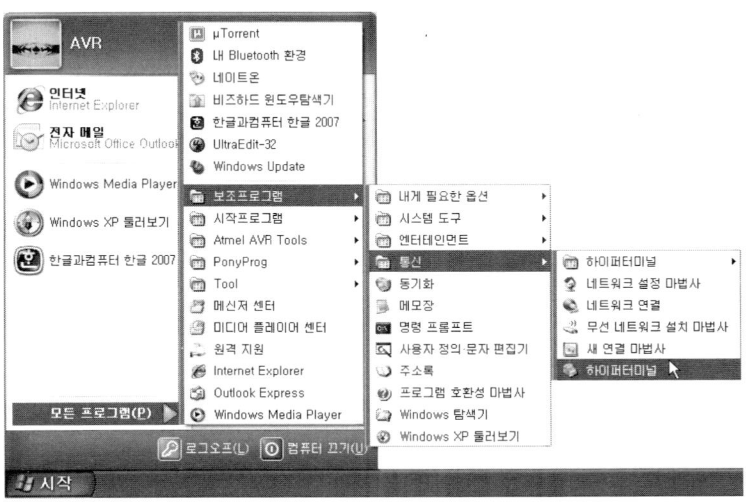

T·I·P

※ 만약 윈도우 설치 이후 처음 하이퍼터미널을 실행한다면 지역번호 및 기타 정보 입력 창이 나온다. 다음과 같이 자신의 설정에 맞게 설정해 주면 된다.

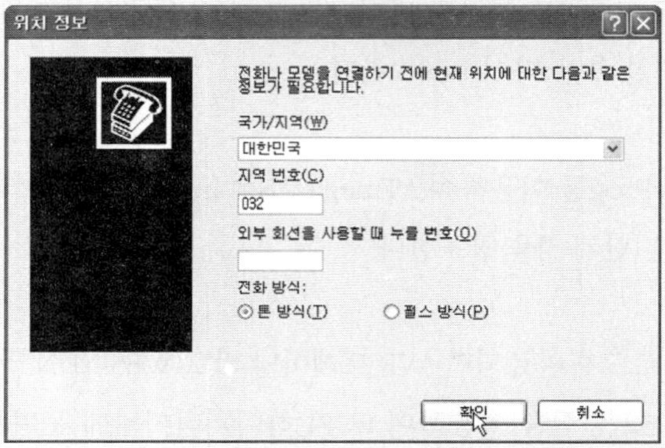

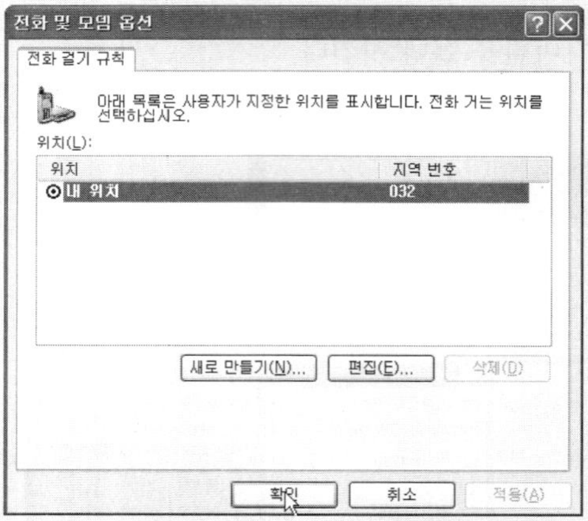

[단계 4]-(2) 하이퍼터미널을 실행한 후에 이름을 입력하고 [확인] 버튼을 누른다.

[단계 4]-(3) PC의 RS232 포트 1번에 연결한 경우에는 COM1을 선택한 후 [확인] 버튼을 누른다.

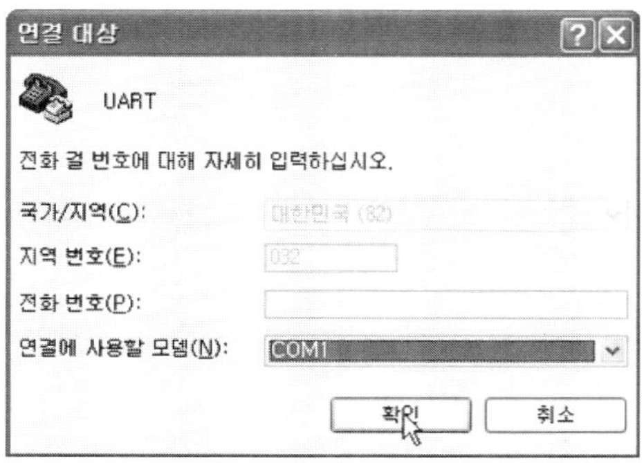

[단계 4]-(4) 포트 설정을 다음과 같이 설정한 후에 [확인] 버튼을 누른다.

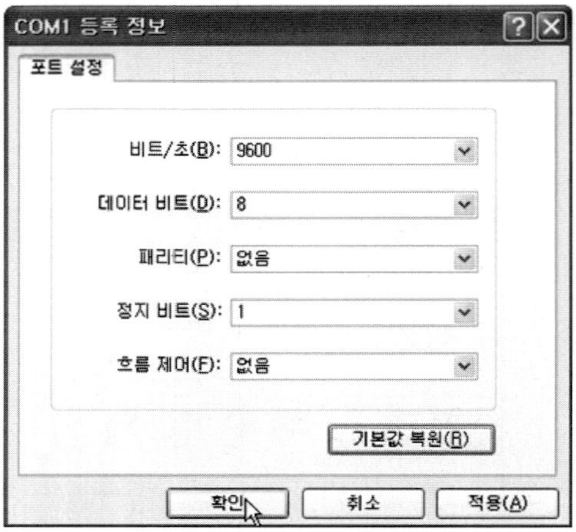

[단계 4]-(5) 다음과 같이 하이퍼터미널에서 COM1 포트가 연결된 화면이 나타난다.

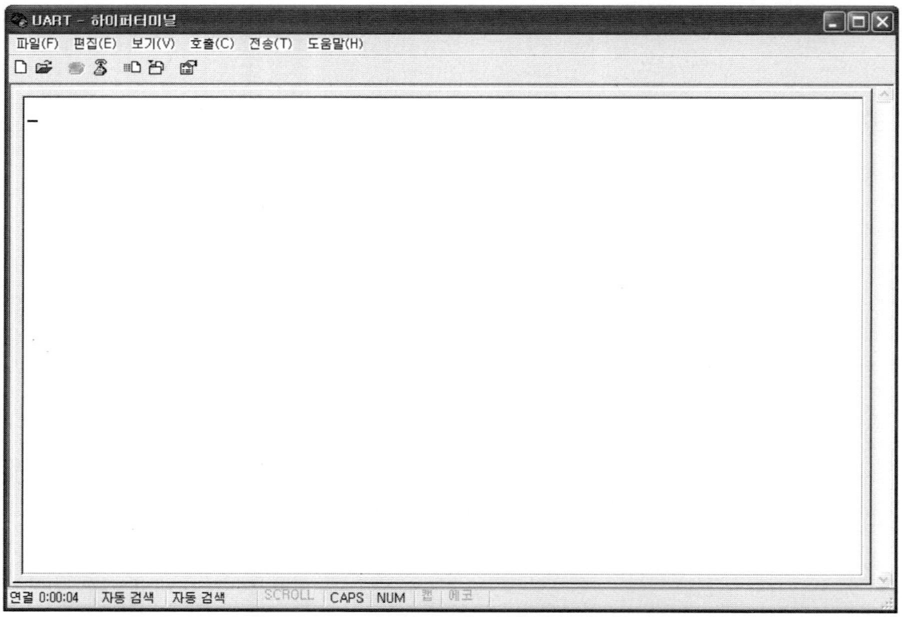

[단계 4]-(6) AVR 트레이닝 키트(WES-XUN I)의 RESET 버튼인 SW25 스위치를 누르면, PC의 하이퍼터미널에서 다음과 같은 화면을 볼 수 있다. 이것은 ATmega128이 USART를 초기화한 후 RS232 통신을 이용하여 PC로 문자열을 전송하기 때문에 나타난다.

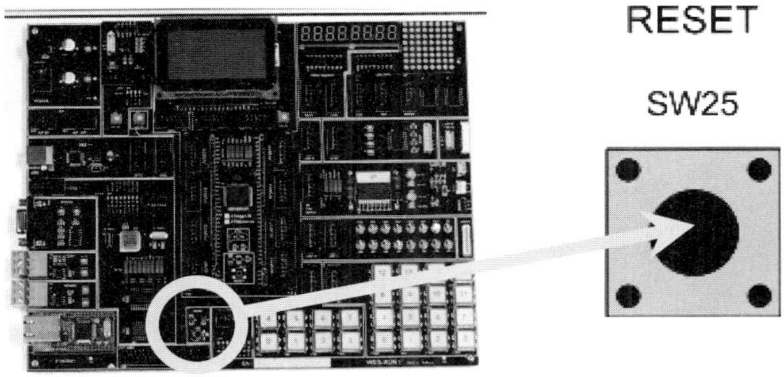

[단계 4]-(7) AVR 트레이닝 키트(WES-XUN I)의 RESET 버튼인 SW25 스위치를 반복해서 누르면, PC의 하이퍼터미널에서 다음과 같은 화면을 볼 수 있다.

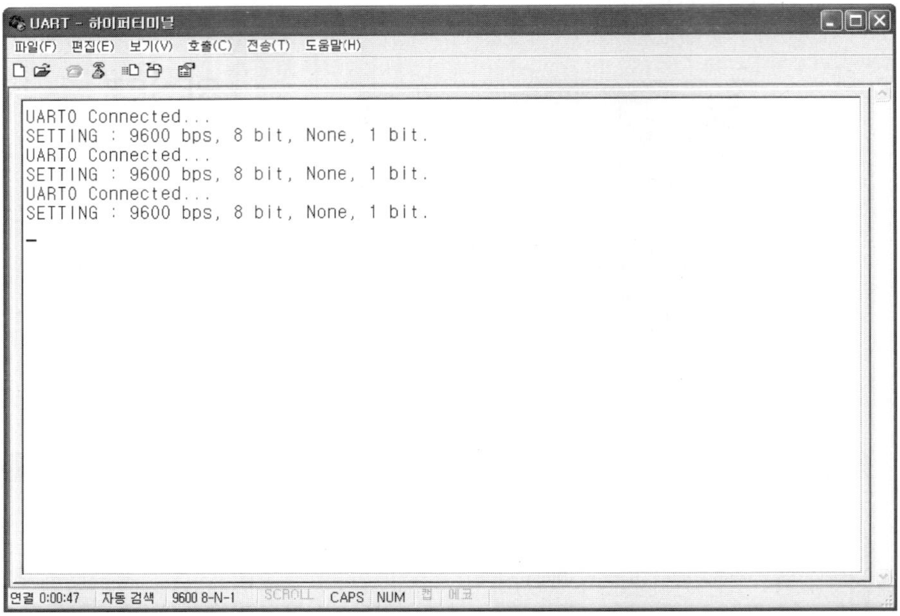

15.3.3 RS232 통신을 이용하여 PC의 하이퍼터미널에서 문자를 입력 받아 텍스트 LCD에 출력하는 예제

단계 1 AVR Studio 4에서 새로운 project를 생성하고, C 언어 소스 프로그램을 작성하여 저장한다. 자세한 내용은 5.4.2절의 [단계 1]을 참조한다.

[단계 1]-(1) Project type은 AVR GCC를 선택하고, Project name:은 ch15_step2, Initial file:은 ch15_step2이라고 입력하고, Create initial file과 Create folder를 체크하고, Location:은 C:₩avr_test를 선택한 후에 [Next >>] 버튼을 누르고 다음 단계로 진행한다.

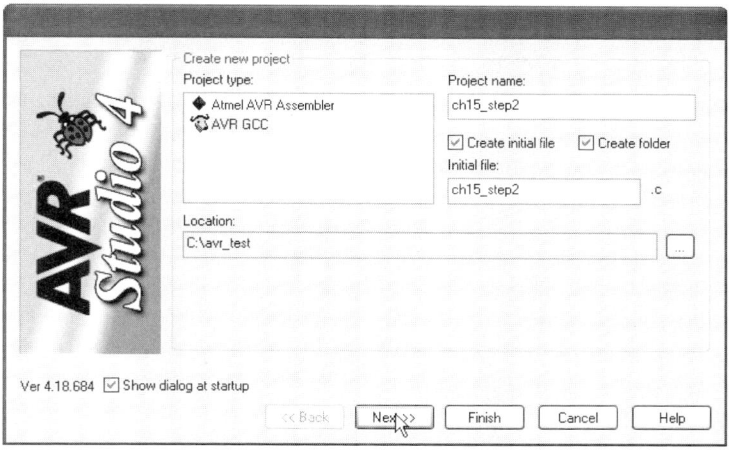

[단계 1]-(2) AVR Studio 4 편집 화면에 C 언어 소스 프로그램을 작성한다.

```
//
// ch15_step2.c
//

// 필요한 헤더 프로그램과 함수 원형 선언들이
// 포함되어 있으므로 반드시 포함
#include "ch15_uart.h"
#include "ch15_lcd.h"

// C 언어의 주 실행 함수
int main(void){
   // 포트 A의 방향 설정, 0 : 입력, 1 : 출력
   // PA7   PA6    PA5     PA4     PA3     PA2     PA1     PA0
   // Out   Out    Out     Out     Out     Out     Out     Out
  DDRA = 0B11111111;
   PORTA = 0B11111111; // LED를 모두 OFF

  // 포트 B의 방향 설정, 0 : 입력, 1 : 출력
   // PF7   PF6    PF5     PF4     PF3     PF2     PF1     PF0
   // Out   Out    Out     Out     Out     Out     Out     Out
   DDRB = 0B11111111;   // 텍스트 LCD의 DATA 신호와 연결됨

  // 포트 D의 방향 설정, 0 : 입력, 1 : 출력
   // PE7   PE6    PE5     PE4     PE3     PE2     PE1     PE0
```

```
	// Out	Out	Out	Out	Out	Out	Out	Out
	// RS	RW	E	A	K
	DDRD = 0B11111111;  // 텍스트 LCD의 CON 신호와 연결됨

	// UART0을 9600 bps의 속도로 초기화
	UART0_Init(F_CPU, 9600);

	// 하이퍼터미널의 화면을 깨끗이 비움
	UART0_PutChar(0x0C);

	// 하이퍼터미널에 문자열 출력
	UART0_PutString("UART0 Connected...₩r₩n");
	UART0_PutString("SETTING : 9600 bps, 8 bit, None, 1 bit.₩r₩n");

	// 텍스트 LCD 초기화
	LCD_Init();

	// 전역(Global) 인터럽트 허용
	sei();

	// 무한 반복
	while(1){
		if(RxFlag == 1){		// 수신된 데이터가 있다면
			RxFlag = 0;		// 수신 상태 플래그 클리어

			// 수신된 데이터를 하이퍼터미널에 재송신
			UART0_PutChar(RxBuffer);
			// 텍스트 LCD에 수신된 데이터를 출력
			LCD_wData(RxBuffer);
			// LED에 수신된 데이터를 출력
			PORTA = ~RxBuffer;
		}
	}

	// 함수의 형태와 같이 정수형(int)의 값을 반환함
	return 1;
}
```

C 언어 소스 프로그램 설명

핵심포인트

USART를 이용한 프로그래밍에서는 A 터미널과 B 터미널이 서로 동일한 통신 설정이 이루어지도록 설정하는 것이 중요하다. 터미널의 통신 설정 항목은 통신 속도, 데이터 길이, 패리티 비트, 정지 비트 설정 등이 있으며, 양쪽의 통신 설정이 동일하게 설정된 이후에는 데이터 버퍼에 값을 쓰거나 읽는 방법으로 양방향 통신을 할 수 있다. PC의 UART는 RS232 통신이 있으므로, ATmega128의 USART를 비동기 통신(UART)으로 설정하고 MAX232 등의 인터페이스 회로를 거쳐 각각의 클록을 사용하는 비동기 통신 방식인 RS232 통신을 할 수 있다.

데이터를 송수신 하기위해서 PC에서는 내부 회로와 운영체제가 결합한 시스템에 의해 동작되며, ATmega128은 UDRn 레지스터에 값을 쓰거나 읽는 방식으로 통신하므로, USART의 제어 레지스터나 상태 레지스터를 이용하여 정상적으로 통신할 수 있도록 프로그래밍 해야 한다. ATmega128이 데이터를 송신하기 위해서는 UCSRnA 레지스터의 UDRE 비트가 논리 1로 설정되었을 때 UDRn 레지스터에 데이터를 쓰면 된다. 또한 데이터의 수신은 자동으로 이루어지며, 데이터 수신이 완료되면 UCSRnA 레지스터의 RXC 비트가 논리 1로 설정되므로, 이 비트를 감시하여 데이터를 UDRn 레지스터에서 읽으면 된다. 비트를 검사하여 처리하는 이러한 방식을 폴링 방식이라고 하는데, 이런 방식은 응답 속도가 느리고 MCU가 처리해야 할 일이 많아진다는 면에서 단점으로 작용한다. 따라서 데이터를 수신하였을 때 수신 완료 인터럽트가 발생하고 수신 완료 인터럽트 서브루틴에서 데이터를 처리하게 되면 응답 속도가 빨라지고, 하드웨어를 이용하므로 MCU가 처리해야 할 일이 줄어든다.

따라서 인터럽트 방식의 USART 통신을 위해서는 ATmega128의 USART가 데이터를 수신하였을 때 인터럽트 요청이 발생하도록 설정(UCSR0B |= (1 << RXCIE); 문장)하고, SREG 레지스터의 I 비트가 논리 1로 설정(sei(); 문장)되어야 하며, 인터럽트 요청이 발생할 때 처리해야할 수신완료 인터럽트 서브루틴이 정의(ISR(USART0_RX_vect{} 함수)되어야 한다. 수신완료 인터럽트가 요청되면 서브루틴에서는 UDRn 레지스터에서 값을 읽어 버퍼에 저장(RxBuffer = UDR0; 문장)하면 된다.

DDRx 레지스터는 포트의 입출력 방향을 결정하는 레지스터이며 x는 포트명이고 DDRxn의 각 비트 값이 0이면 입력, 1이면 출력으로 설정된다. 따라서 DDRA = 0B11111111; 문장은 포트 A의 모든 비트를 출력하겠다는 의미이다. 또한 DDRB = 0B11111111; 문장과 DDRD = 0B11111111; 문장은 포트 B와 포트 D의 모든 비트를 출력하겠다는 의미이다.

PORTx 레지스터는 포트에 출력할 논리 값을 저장하는 레지스터이며 x는 포트명이다. 따라서 PORTA = 0B11111111; 문장은 포트 A에 연결된 8개의 LED를 모드 OFF가 되도록 하겠다는 의미이다.

UART0_Init(F_CPU, 9600); 문장은 USART0을 F_CPU와 9600을 인수로 하여 초기화 하겠다는 함수이다. F_CPU는 ATmega128이 사용하는 주파수를 의미하며, 풀다운 메뉴의 [Project] → [Configuration Option] 창에서 Frequency: 항목의 값이 된다. 따라서 이 값을 설정하지 않으면 F_CPU는 1000000의 값이 되므로, 반드시 14745600 값으로 설정해야 한다. 인수 9600은 RS232의 통신 속도를 9600Bps로 하겠다는 의미이다.

UART0_PutChar(0x0C); 문장은 하이퍼터미널의 화면을 깨끗이 지우고, 커서를 화면의 상단 좌측에 위치하도록 동작하게 한다.

UART0_PutString("UART0 Connected...₩r₩n"); 문장은 ATmega128의 USART를 통해 문자열을 출력하라는 의미이다. USART 포트는 PC와 RS232로 연결되므로 PC의 하이퍼터미널에 ATmega128이 출력한 문자열이 나타난다. 여기서 ₩r은 커서를 가장 앞으로 당기는 기능의 Carriage Return 기능의 escape sequence 이고, ₩n은 커서를 다음 줄로 바꾸는 Line Feed 기능의 escape sequence 이다.

UART0_PutString("SETTING : 9600 bps, 8 bit, None, 1 bit.₩r₩n"); 문장은 ATmega128의 USART를 통해 문자열을 출력하라는 의미이다.

LCD_Init(); 문장은 텍스트 LCD를 초기화하고, 화면을 깨끗이 지운 후에 커서를 첫 번째줄의 가장 왼쪽으로 위치하도록 하는 동작을 수행한다.

sei(); 문장은 전역(Global) 인터럽트를 허용하는 매크로 명령으로, 이 명령이 수행되어야만 인터럽트 서비스 루틴이 호출될 수 있다.

무한루프인 while(1){}에 의해 {}안의 문장이 무한 반복하여 수행된다.

if(RxFlag == 1){} 문장은 RxFlag 변수가 1을 저장하고 있으면 {} 안의 문장을 수행한다. RxFlag가 1을 저장하는 것은 USART0이 데이터를 수신하였음을 나타낸다.

RxFlag = 0; 문장은 수신 상태를 나타내는 변수의 값을 0으로 클리어 하겠다는 의미이다. if문의 {}안에 포함된 문장이 실행되면서 RxBuffer의 변수에서 값을 읽기 때문이다.

UART0_PutChar(RxBuffer); 문장은 RxBuffer 변수에 저장된 값을 USART0의 송신 버퍼를 통해 하이퍼터미널에 다시 전송하겠다는 의미이다.

LCD_wData(RxBuffer); 문장은 RxBuffer 변수에 저장된 값을 텍스트 LCD에 출력하겠다는 의미이다.

PORTA = ~RxBuffer; 문장은 RxBuffer 변수에 저장된 값을 토글하여 LED에 출력하겠다는 의미이다. 이것은 AVR 트레이닝 키트(WES-XUN I)는 Active Low 방식을 사용하여 LED를 ON/OFF 하기 때문이다. 수신된 데이터를 LED에 계속하여 출력하므로 마지막에 수신된 문자가 LED에 나타나며, LED에 출력된 이전의 데이터는 무시된다.

[단계 1]-(3) 15.3.2 절의 [단계 1]-(3) 부터 [단계 1]-(5)를 참조하여 ch15_uart.c, ch15_lcd.c C 언어 소스 프로그램들을 작성하여 현재 project 폴더에 저장한 다음에 project에 포함하고, ch15_uart.h, ch15_lcd.h 헤더 프로그램들을 작성하여 현재 project 폴더에 저장한다.

```
//
// ch15_lcd.c
//

// ch15_lcd.c C 언어 소스 프로그램의 사용자 함수가 원형선언 되어 있음
#include "ch15_lcd.h"

// 텍스트 LCD로 부터 상태(명령)를 읽는 함수
unsigned char LCD_rCommand(void){
   unsigned char temp=1;

   LCD_DATA_DIR = 0X00;

   cbi(LCD_CON, LCD_RS);          // 0번 비트 클리어, RS = 0, 명령
   sbi(LCD_CON, LCD_RW);          // 1번 비트 설정, RW = 1, 읽기
   sbi(LCD_CON, LCD_E);           // 2번 비트 설정, E = 1
   _delay_us(1);

   temp = LCD_DATA_IN;            // 명령 읽기
   _delay_us(1);

   cbi(LCD_CON, LCD_E);           // 명령 읽기 동작 끝

   LCD_DATA_DIR = 0XFF;
   _delay_us(1);

   return temp;
}

// 텍스트 LCD의 비지 플래그 상태를 확인하는 함수
char LCD_BusyCheck(unsigned char temp){
   if(temp & 0x80)        return 1;
   else                   return 0;
}

// 텍스트 LCD에 명령을 출력하는 함수 - 단, 비지플래그 체크하지 않음
```

```
void LCD_wCommand(char cmd){
   cbi(LCD_CON, LCD_RS);          // 0번 비트 클리어, RS = 0, 명령
   cbi(LCD_CON, LCD_RW);          // 1번 비트 클리어, RW = 0, 쓰기
   sbi(LCD_CON, LCD_E);           // 2번 비트 설정, E = 1

   LCD_DATA = cmd;                // 명령 출력
   _delay_us(1);
   cbi(LCD_CON, LCD_E);           // 명령 쓰기 동작 끝

   _delay_us(1);
}

// 텍스트 LCD에 명령을 출력하는 함수 - 단, 비지플래그 체크함
void LCD_wBCommand(char cmd){
   while(LCD_BusyCheck(LCD_rCommand()))
         _delay_us(1);
   cbi(LCD_CON, LCD_RS);          // 0번 비트 Clear, RS = 0, 명령
   cbi(LCD_CON, LCD_RW);          // 1번 비트 Clear, RW = 0, 쓰기
   sbi(LCD_CON, LCD_E);           // 2번 비트 Set, E = 1

   LCD_DATA = cmd;                // 명령 출력
   _delay_us(1);
   cbi(LCD_CON, LCD_E);           // 명령 쓰기 동작 끝

   _delay_us(1);
}

// 텍스트 LCD를 초기화하는 함수
void LCD_Init(void){
   _delay_ms(100);
   // 비지 플래그를 체크하지 않는 Function Set
   LCD_wCommand(0x38);
   _delay_ms(10);
   // 비지 플래그를 체크하지 않는 Function Set
   LCD_wCommand(0x38);
   _delay_us(200);
  // 비지 플래그를 체크하지 않는 Function Set
   LCD_wCommand(0x38);
   _delay_us(200);
```

```
  // 비지 플래그를 체크하는 Function Set
  LCD_wBCommand(0x38);
  // 비지 플래그를 체크하는 Display On/Off Control
  LCD_wBCommand(0x0c);
  // 비지 플래그를 체크하는 Clear Display
  LCD_wBCommand(0x01);
}

// 텍스트 LCD에 1바이트 데이터를 출력하는 함수
void LCD_wData(char dat){
  while(LCD_BusyCheck(LCD_rCommand()))
        _delay_us(1);

  sbi(LCD_CON, LCD_RS);          // 0번 비트 설정, RS = 1, 데이터
  cbi(LCD_CON, LCD_RW);          // 1번 비트 클리어, RW = 0, 쓰기
  sbi(LCD_CON, LCD_E);           // 2번 비트 설정, E = 1

  LCD_DATA = dat;                // 데이터 출력
  _delay_us(1);
  cbi(LCD_CON, LCD_E);           // 데이터 쓰기 동작 끝

  _delay_us(1);
}

// 텍스트 LCD에 문자열을 출력하는 함수
void LCD_wString(char *str){
  while(*str)
        LCD_wData(*str++);
}
```

```
//
// ch15_lcd.h"
//

// ATmega128의 레지스터 등이 정의되어 있음
#include <avr/io.h>

// _delay_ms() 함수 등이 정의되어 있음
#include <util/delay.h>
```

```
#define  sbi(x, y) (x |= (1<<y))      // X의 Y 비트를 설정(=1)
#define  cbi(x, y) (x &= ~(1<<y))    // X의 Y 비트를 클리어(=0)

#define  LCD_CON          PORTD  // CON 포트는 PORTE와 연결됨을 정의
#define  LCD_DATA         PORTB  // DATA 포트는 PORTF와 연결됨을 정의
#define LCD_DATA_DIR     DDRB   // DATA 포트의 출력 방향 설정 매크로를 정의
#define LCD_DATA_IN      PINB   // DATA 포트의 입력 방향 설정 매크로를 정의
#define  LCD_RS           0      // RS 신호의 비트 번호 정의
#define  LCD_RW           1      // RW 신호의 비트 번호 정의
#define  LCD_E            2      // E 신호의 비트 번호 정의

unsigned char LCD_rCommand(void); // 텍스트 LCD로 부터 상태(명령)를 읽는 함수
// 텍스트 LCD의 비지 플래그 상태를 확인하는 함수
char LCD_BusyCheck(unsigned char temp);
// 텍스트 LCD에 명령을 출력하는 함수 - 단, 비지플래그 체크하지 않음
void LCD_wCommand(char cmd);
// 텍스트 LCD에 명령을 출력하는 함수 - 단, 비지플래그 체크함
void LCD_wBCommand(char cmd);
// 텍스트 LCD를 초기화하는 함수
void LCD_Init(void);
// 텍스트 LCD에 1바이트 데이터를 출력하는 함수
void LCD_wData(char dat);
// 텍스트 LCD에 문자열을 출력하는 함수
void LCD_wString(char *str);
```

T·I·P

ch15_lcd.c 파일과 ch15_lcd.h 파일에 대한 C 언어 소스 프로그램 설명은 10장을 참고 하길 바란다.

C 언어 소스 프로그램은
CD Drive:₩Source₩ch15₩ch15_step2₩ch15_step2.c 파일과
CD Drive:₩Source₩ch15₩ch15_step2₩ch15_uart.c 파일과
CD Drive:₩Source₩ch15₩ch15_step2₩ch15_lcd.c 파일과
CD Drive:₩Source₩ch15₩ch15_step2₩ch15_uart.h 파일과
CD Drive:₩Source₩ch15₩ch15_step2₩ch15_lcd.h 파일을 참조한다.

단계 2 AVR Studio 4를 이용하여 C 언어 소스 프로그램을 Build 한다. 자세한 내용은 5.4.2절의 [단계 2]를 참조한다.

단계 3 PonyProg를 이용하여 ATmega128에 hex 파일을 ISP 다운로드 한다. 자세한 내용은 5.4.2절의 [단계 3]을 참조한다.

단계 4 다운로드가 완료되면 AVR 트레이닝 키트(WES-XUN I)에서 동작을 확인한다.

[단계 4]-(1) 다음과 같이 하이퍼터미널에서 COM1 포트가 연결된 화면이 나타난다. 이 화면은 RESET 버튼인 SW25 스위치를 눌렀을 때 나타난다. 만약 RESET 버튼인 SW25 스위치를 여러 번 누르더라도 같은 화면이 출력된다.

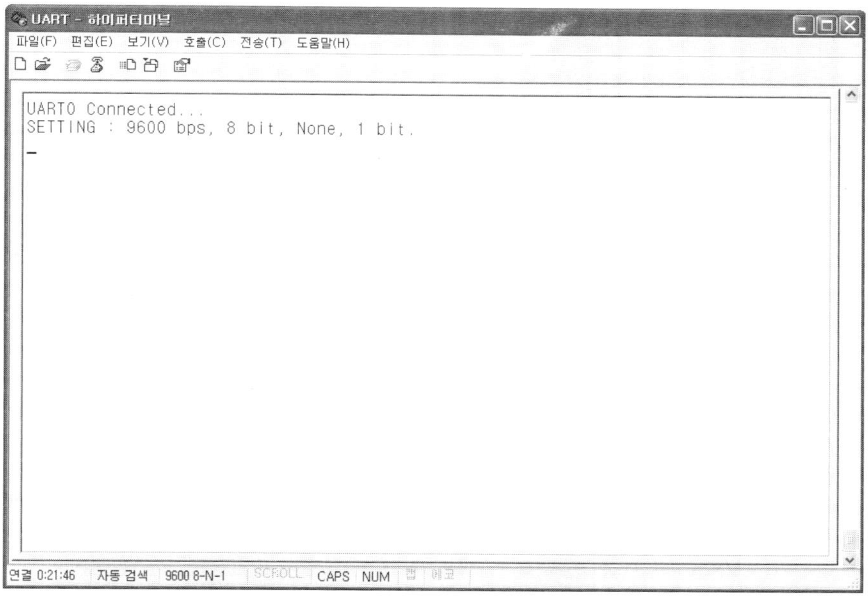

[단계 4]-(2) 하이퍼터미널에서 사용자가 문자를 입력 하면 문자를 입력 받아 텍스트 LCD에 출력된다. 하이퍼터미널에 "ab CD 123" 문자열을 입력하면, 입력한 문자가 하이퍼터미널에 나타나며 텍스트 LCD에도 입력한 문자가 나타난다.

– 하이퍼터미널에서 문자열을 입력하면 AVR이 문자를 수신하여 다시 하이퍼터미널로 보내주기 때문에 화면에 송신한 문자가 나타난다.

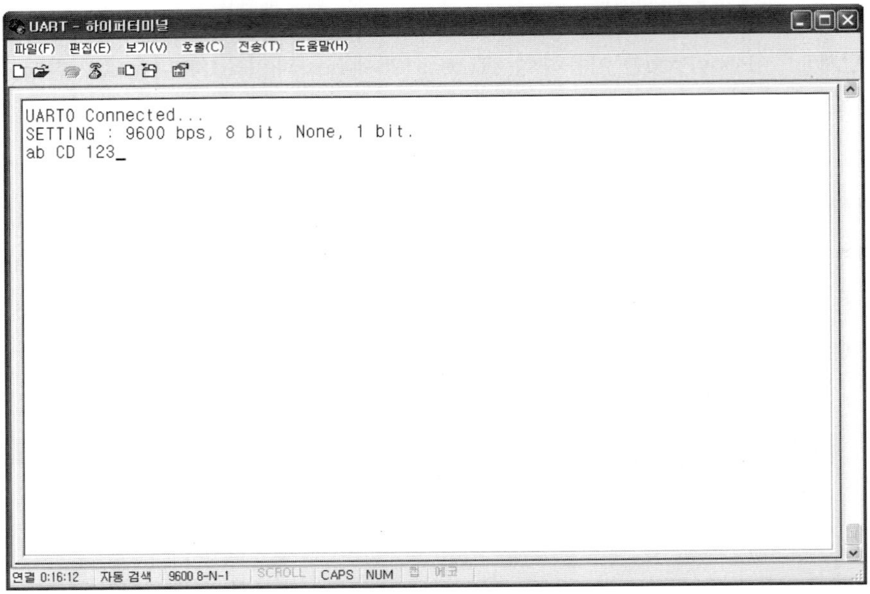

– 하이퍼터미널에서 입력된 문자열은 AVR이 수신하여 텍스트 LCD에 한 문자씩 출력한다.

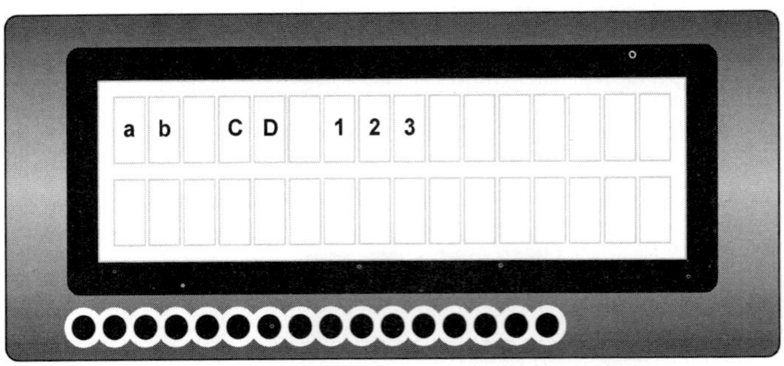

– LED에는 가장 마지막에 수신된 문자인 3의 ASCII 코드(0x33)가 이진 형태로 나타난다.

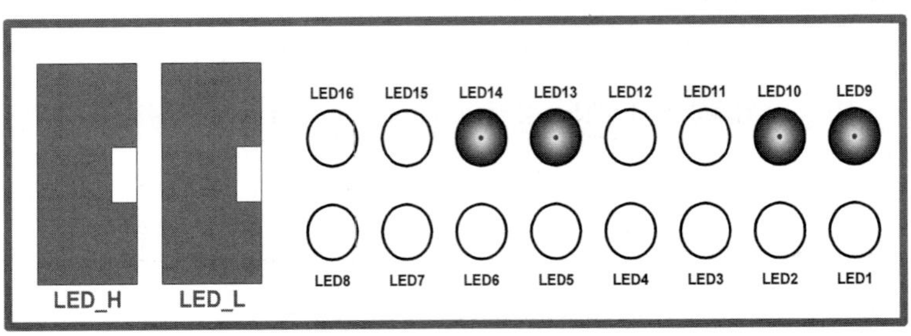

15.4 C 언어 문법

(1) 포인터의 정의

① 포인터는 하나의 변수로써 다른 변수와는 달리 자료 값을 갖고 있지 않고 자료값을 가리키는 어드레스(address)를 갖고 있다.

C 언어 프로그램에서 rate라는 이름의 변수가 선언되고 100으로 초기화되었다고 가정할 때, C 언어 컴파일러는 변수를 다음과 같이 특정 메모리 영역에 저장한다.

int rate = 100; // 변수 rate 선언 및 100으로 초기화

address	1000	1004	1008	1012	1016	1020
value					100	
					↑ rate	

다음에 변수의 어드레스 값을 저장하기 위한 포인터 변수 p_rate를 선언(int *p_rate) 하면 다음과 같이 포인터 변수 p_rate를 저장하기 위한 메모리 영역이 할당된다.

int *p_rate; // 포인터 변수 p_rate선언

address	1000	1004	1008	1012	1016	1020
value		?			100	
		↑ p_rate			↑ rate	

다음으로 변수 p_rate에 변수 rate의 어드레스 값(&rate)을 저장한다. 이제 p_rate에는 rate의 어드레스 값이 저장되어 있으므로 메모리 영역에서 rate의 값이 저장되는 위치를 알려줄 것이다. 이런 상태를 C 언어에서는 'p_rate가 rate를 가리킨다' 라고 하며 p_rate를 rate에 대한 포인터라고 한다.

// 포인터 변수 p_rate에 변수 rate의 어드레스 값(&rate) 저장
p_rate = &rate;

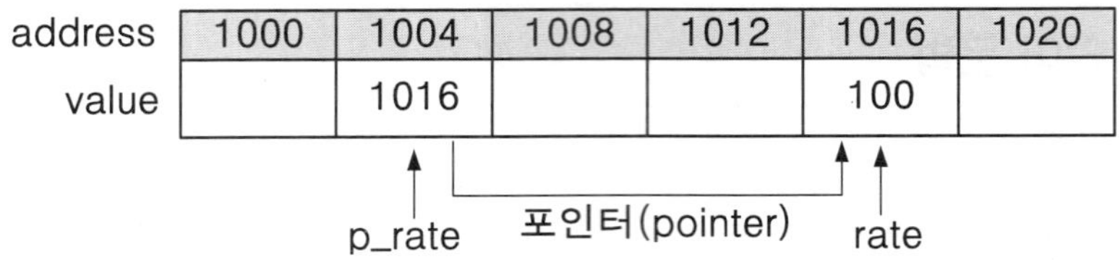

이제 포인터를 사용하여 메모리 영역내의 자료를 참조해보기로 한다. 포인터 변수 p_rate를 사용하여 변수 rate의 값을 참조하려면 *p_rate와 같은 형식을 사용한다.

```
/*
p_rate는 변수 rate의 어드레스 값을 가지고 있으므로 그 어드레스에 해당하는 변수
의 값을 참조하려면 *p_rate 형식을 사용한다. 따라서 *p_rate는 변수 rate의 자료 값
인 100이 된다.
*/
*p_rate ;
```

CHAPTER 16

AVR ATmega128을 사용한 EEPROM 제어

실습목표

EEPROM은 전기적으로 지우고, 다시 쓸 수 있으며, 전원이 공급되지 않아도 그 내용이 지워지지 않는 메모리이다. ATmega128에는 데이터 메모리로 사용할 수 있는 EEPROM이 4KByte가 내장되어 있다. EEPROM은 읽기 및 쓰기를 하는 위한 조건 및 동작 시간이 있으므로 이것을 잘 이해하고 관련 레지스터를 통해 제어해야한다. 또한 WINAVR 컴파일러에서 제공하는 EEPROM 제어 함수를 통해서도 제어할 수 있으므로 이것에 대해 학습한다.

실습이론

16.1 EEPROM 제어를 위한 디지털 제어 및 EEPROM 관련 레지스터

DDRx 레지스터는 포트의 입출력 방향을 결정하는 레지스터이며 DDRxn의 비트 값이 0이면 입력, 1이면 출력으로 설정된다. x는 포트명을 가리키는 문자이고 n은 비트를 나타내는 숫자이다. ATmega128에서 레지스터는 0번부터 7번까지 8비트가 존재한다. PORTx 레지스터는 포트에 출력할 논리 값을 저장하는 레지스터이며 x는 포트명이다. 디지털 입출력과 관련한 자세한 내용은 1.14절의 AVR 디지털 입출력 핀 구조를 참조한다.

EEAR 레지스터는 EEPROM의 어드레스를 나타내는 레지스터이다. EEAR의 15~12비트는 사용되지 않고 항상 0으로 읽어진다. 11비트~0비트를 통해 0~4095 번지까지의 EEPROM 어드레스를 지정하며, 0~7 번 비트는 EEARL 레지스터로, 8~15번 비트는 EEARH 레지스터로 되어있다. EEDR 레지스터 EEPROM의 읽기 및 쓰기 동작에서 데이터를 임시로 저장하는 레지스터이다. EEPROM 쓰기 동작에서 EEAR에 의해 지정된 번지에 저장할 데이터를 EEDR 레지스터에 임시 보관하고, EEPROM 읽기 동작에서 이 레지스터는 EEAR에 의해서 지정된 번지의 데이터를 EEDR에 임시 보관한다. EECR 레지스터는 EEPROM의 제어용 레지스터이며 EEPROM 준비 완료 인터럽트, 마스터 쓰기 허용, 쓰기 허용, 읽기 허용 등을 제어할 수 있다. EEPROM과 관련한 자세한 내용은 1.19절의 EEPROM을 참조한다.

DDRx : PORTx 데이터 방향 레지스터

Bit	7	6	5	4	3	2	1	0
	DDx7	DDx6	DDx5	DDx4	DDx3	DDx2	DDx1	DDx0
Read/Write	R/W	R/W	R/W	R/W	R/W	R/W	R/W	R/W
Initial Value	0	0	0	0	0	0	0	0

PORTx : PORTx 데이터 레지스터

Bit	7	6	5	4	3	2	1	0
	PORTx7	PORTx6	PORTx5	PORTx4	PORTx3	PORTx2	PORTx1	PORTx0
Read/Write	R/W	R/W	R/W	R/W	R/W	R/W	R/W	R/W
Initial Value	0	0	0	0	0	0	0	0

EEAR : EEPROM 어드레스 레지스터

Bit	15	14	13	12	11	10	9	8	
	-	-	-	-	EEAR11	EEAR10	EEAR9	EEAR8	EEARH
	EEAR7	EEAR6	EEAR5	EEAR4	EEAR3	EEAR2	EEAR1	EEAR0	EEARL
	7	6	5	4	3	2	1	0	
Read/Write	R	R	R	R	R/W	R/W	R/W	R/W	
	R/W	R/W	R/W	R/W	R/W	R/W	R/W	R/W	
Initial Value	0	0	0	0	X	X	X	X	
	X	X	X	X	X	X	X	X	

EEDR : EEPROM 데이터 레지스터

Bit	7	6	5	4	3	2	1	0
	MSB							LSB
Read/Write	R/W	R/W	R/W	R/W	R/W	R/W	R/W	R/W
Initial Value	0	0	0	0	0	0	0	0

EECR : EEPROM 제어 레지스터

Bit	7	6	5	4	3	2	1	0
	-	-	-	-	EERIE	EEMWE	EEWE	EERE
Read/Write	R	R	R	R	R/W	R/W	R/W	R/W
Initial Value	0	0	0	0	0	0	X	0

16.2 ATmega128의 EEPROM 개론

ATmega128에는 프로그램 메모리로 사용되는 플래시 메모리와 데이터 메모리로 사용되는 SRAM, EEPROM 등이 있다. 프로그램 메모리는 ATmega128의 명령이 저장되는 메모리를 의미하고, 데이터 메모리는 프로그램에서 사용하는 변수 또는 상수 등의 데이터 등을 의미한다. AVR Studio 4에서 C 언어를 이용해 변수를 선언하면 SRAM에 저장되며 EEPROM은 사용하지 않는다.

EEPROM은 데이터 메모리로 사용되며, ATmega128을 이용한 시스템 응용에서 시스템이 정전 또는 배터리 방전등의 이유로 정지되었다가 다시 전원이 인가되어 동작될 때 반드시 기억해야 하는 데이터 등을 저장하는 용도로 사용된다. 예를 들어 도어 락(Door Lock) 장치의 경우 기존에 설정된 비밀번호는 기억되어야 한다. 만약 비밀번호가 삭제된다면 사용자는 큰 불편을 겪게 될 것이기 때문이다. 또 다른 예로 시스템의 상태를 일정시간에 한 번 기억해야 하는 시스템의 경우에 이것을 저장하는 공간으로 EEPROM을 사용한다. 기지국 등의 시스템에서 기지국 출입한 사람이 기기를 조작한 시간 또는 제어하는 대상의 상태 등이 이런 정보에 해당한다. 또는 프린터기에서 프린터기가 네트워크로 연결되었을 때 네트워크 IP를 기억하기 위한 용도로 사용될 수 있으며, 세탁기에서는 사용자의 세탁 습관 등을 고려한 인공지능 동작에서도 반드시 필요한 데이터이므로 EEPROM에 저장하였다가 필요 할 때 읽어서 연산 또는 처리할 수 있다.

16.3 AVR 트레이닝 키트(WES-XUN I)에서 동작해보기

16.3.1 AVR 트레이닝 키트(WES-XUN I)의 동작을 위한 준비 사항

단계 1 그림 16.3.1과 같이 전원을 켜고 ISP 다운로드 모듈을 연결한다.

그림 16.3.1 전원을 켜고 ISP 다운로드 모듈을 연결

단계 2 그림 16.3.2와 같이 IDC Flat 10P 케이블을 이용해 LED_H 커넥터와 AVR MCU Module(ATmega128)의 PORTA와 연결한다. 연결할 때 케이블의 방향이 맞도록 홈에 잘 맞추어 삽입한다.

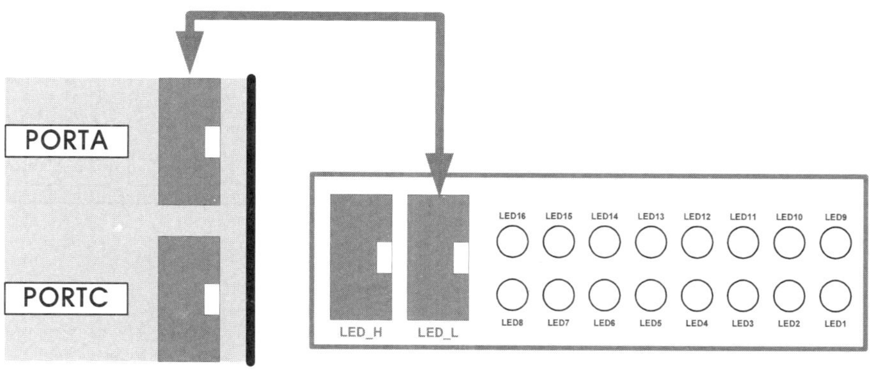

PORTA ⇔ LED_L

PORTA	BIT7	BIT6	BIT5	BIT4	BIT3	BIT2	BIT1	BIT0
Device Pin	LED16	LED15	LED14	LED13	LED12	LED11	LED10	LED9
In/Out	Out	Out	Out	Out	Out	Out	Out	Out

그림 16.3.2 EEPROM 실험을 위한 회로 연결

16.3.2 레지스터 제어를 통해 EEPROM에 데이터를 쓰기 및 읽기 동작을 하고, 저장된 데이터를 LED에 출력하는 예제

단계 1 AVR Studio 4에서 새로운 project를 생성하고, C 언어 소스 프로그램을 작성하여 저장한다. 자세한 내용은 5.4.2절의 [단계 1]을 참조한다.

[단계 1]-(1) Project type은 AVR GCC를 선택하고, Project name:은 ch16_step1, Initial file:은 ch16_step1이라고 입력하고, Create initial file과 Create folder를 체크하고, Location:은 C:₩avr_test를 선택한 후에 [Next >>] 버튼을 누르고 다음 단계로 진행한다.

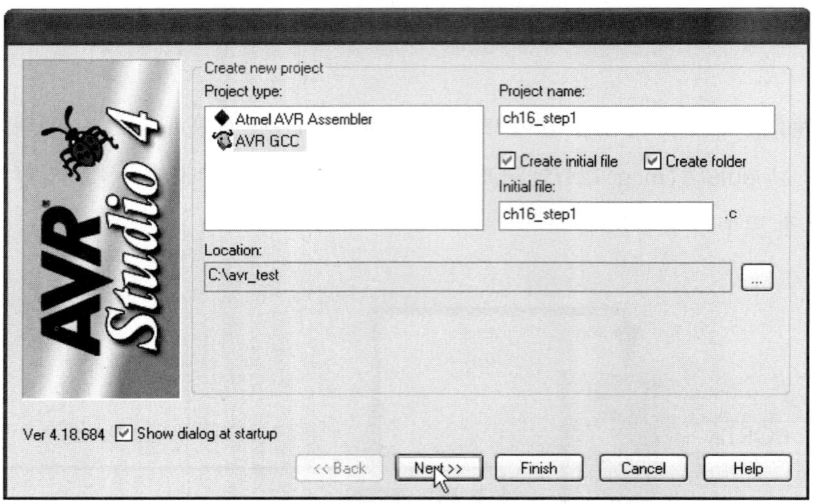

[단계 1]-(2) AVR Studio 4 편집 화면에 다음과 같이 C 언어 소스 프로그램을 작성하여 저장한다.

```
//
// ch16_step1.c
//

// ATmega128의 레지스터 등이 정의되어 있음
#include <avr/io.h>

// _delay_ms() 함수 등이 정의되어 있음
#include <util/delay.h>

// EEPROM에 1바이트의 데이터를 출력하는 함수의 원형 선언
void EEPROM_write(unsigned int add, unsigned char data);

// EEPROM에서 1바이트의 데이터를 읽어오는 함수의 원형 선언
unsigned char EEPROM_read(unsigned int add);

// C 언어의 주 실행 함수
int main(void){

        unsigned char i;            // 8비트 크기의 변수 선언
        // 포트 A의 방향 설정, 0 : 입력, 1 : 출력
        // PA7  PA6   PA5   PA4   PA3   PA2   PA1   PA0
        // Out  Out   Out   Out   Out   Out   Out   Out
        DDRA = 0B11111111;


        // EEPROM의 10번지 값이 'W'가 아니면
        if(EEPROM_read(10) != 'W'){
                // EEPROM의 10번지에 'W' 저장
                EEPROM_write(10, 'W');

                // EEPROM에 데이터 저장
                EEPROM_write(0, '0');      // 0번지 : '0'
                EEPROM_write(1, '1');      // 1번지 : '1'
                EEPROM_write(2, '2');      // 2번지 : '2'
                EEPROM_write(3, '3');      // 3번지 : '3'
                EEPROM_write(4, '4');      // 4번지 : '4'
```

```
            EEPROM_write(5, '5');      // 5번지 : '5'
            EEPROM_write(6, '6');      // 6번지 : '6'
            EEPROM_write(7, '7');      // 7번지 : '7'
            EEPROM_write(8, '8');      // 8번지 : '8'
            EEPROM_write(9, '9');      // 9번지 : '9'

            // 무한 반복
            while(1){
                // {}안의 문장들을 10번 반복하도록 함
                for(i = 0; i < 10; i++){
                    PORTA = ~i;        // LED에 i값을 토글하여 출력
                    _delay_ms(200);    // 200ms 동안 대기
                }
            }
        }
        // EEPROM의 10번지 값이 'W'이면
        else {
            // 무한 반복
            while(1){
                // {}안의 문장들을 10번 반복하도록 함
                for(i = 0; i < 10; i++){
                    // i변수를 어드레스값으로 하여
                    // EEPROM에서 값을 읽고
                    // 토글하여 LED에 출력
                    PORTA = ~EEPROM_read(i);

                    // 100ms 동안 대기
                    _delay_ms(1000);
                }
            }
        }

        // 함수의 형태와 같이 정수형(int)의 값을 반환함
        return 1;
}

// EEPROM에 1바이트의 데이터를 출력하는 함수의 정의
void EEPROM_write(unsigned int add, unsigned char data){
        while(EECR & (1 << EEWE)) // 이전의 쓰기동작이 완료될 때까지 대기
            ;
```

```
        EEAR = add;                     // 어드레스 저장
        EEDR = data;                    // 데이터 저장
        EECR |= (1 << EEMWE);           // 마스터 쓰기 인에이블 = 1
        EECR |= (1 << EEWE);            // EEPROM에 데이터 저장
}

// EEPROM에서 1바이트의 데이터를 읽어오는 함수의 정의
unsigned char EEPROM_read(unsigned int add){
        while(EECR & (1 << EEWE)) // 이전의 쓰기동작이 완료될 때까지 대기
                ;
        EEAR = add;                     // 어드레스 저장
        EECR |= (1 << EERE);            // EEPROM에서 읽기
        return EEDR;                    // 데이터 반환(Return)
}
```

C 언어 소스 프로그램 설명

핵심포인트

ATmega128의 EEPROM은 데이터를 저장하는 데이터 메모리이며, 내부에 4k 바이트가 내장되어 있고, EEAR, EEDR, EECR 등 3개의 레지스터를 통해 제어 된다. EEPROM의 읽기 또는 쓰기 동작을 하기전에 앞서 실행한 명령이 완료될 때까지 대기해야 하며, EEAR 레지스터에 주소를 설정하면 EEDR 레지스터를 통해 데이터를 읽기 또는 쓰기 할 수 있다. 이때 EECR 레지스터의 EERE 비트 및 EEWE 비트 등을 논리 1로 설정함으로써 읽기 또는 쓰기 동작 명령을 내릴 수 있으며, 쓰기 동작에서는 반드시 EEMWE 비트가 논리 1로 설정되어야 한다.

util/delay.h 헤더 프로그램은 _delay_ms() 또는 _delay_us() 함수를 사용하기 위해서 반드시 포함시켜야 한다.

void EEPROM_write(unsigned int add, unsigned char data); 문장은 EEPROM에 1바이트의 데이터를 쓰기 동작하는 EEPROM_write() 함수의 원형선언이다.

unsigned char EEPROM_read(unsigned int add); 문장은 EEPROM에서 1바이트의 데이터를 읽기 동작하는 EEPROM_read() 함수의 원형 선언이다.

unsigned char i; 문장은 8비트의 크기를 갖는 부호를 사용하지 않는 i 변수를 선언하고 있다.

DDRx 레지스터는 포트의 입출력 방향을 결정하는 레지스터이며 x는 포트명이고 DDRxn의 각 비트 값이 0이면 입력, 1이면 출력으로 설정된다. 따라서 DDRA = 0B11111111; 문장은 포트 A의 모든 비트를 출력하겠다는 의미이다.

PORTx 레지스터는 포트에 출력할 논리 값을 저장하는 레지스터이며 x는 포트명이다.

if(EEPROM_read(10) != 'W') 문장은 EEPROM의 10번 어드레스에서 데이터를 읽고 데이터가 'W'의 ASCII 코드가 아니면 참으로 판단하고 실행한다.

EEPROM_write(10, 'W'); 문장은 EEPROM의 10번 어드레스에 'W'를 쓰기 동작하라는 의미이다.

EEPROM_write(0, '0');문장은 EEPROM의 0번 어드레스에 '0'의 ASCII 코드를 쓰기 동작하라는 의미이다.

EEPROM_write(1, '1');문장은 EEPROM의 1번 어드레스에 '1'의 ASCII 코드를 쓰기 동작하라는 의미이다.

EEPROM_write(2, '2');문장은 EEPROM의 2번 어드레스에 '2'의 ASCII 코드를 쓰기 동작하라는 의미이다.

EEPROM_write(3, '3');문장은 EEPROM의 3번 어드레스에 '3'의 ASCII 코드를 쓰기 동작하라는 의미이다.

EEPROM_write(4, '4');문장은 EEPROM의 4번 어드레스에 '4'의 ASCII 코드를 쓰기 동작하라는 의미이다.

EEPROM_write(5, '5');문장은 EEPROM의 5번 어드레스에 '5'의 ASCII 코드를 쓰기 동작하라는 의미이다.

EEPROM_write(6, '6');문장은 EEPROM의 6번 어드레스에 '6'의 ASCII 코드를 쓰기 동작하라는 의미이다.

EEPROM_write(7, '7');문장은 EEPROM의 7번 어드레스에 '7'의 ASCII 코드를 쓰기 동작하라는 의미이다.

EEPROM_write(8, '8');문장은 EEPROM의 8번 어드레스에 '8'의 ASCII 코드를 쓰기 동작하라는 의미이다.

EEPROM_write(9, '9');문장은 EEPROM의 9번 어드레스에 '9'의 ASCII 코드를 쓰기 동작하라는 의미이다.

for(i = 0; i < 10; i++) 문장은 i를 초기 값 0으로 하여 10보다 작은 경우에 i를 1씩 증가하며 반복하라는 의미이다.

PORTA = ~i; 문장은 i 변수 값을 토글한 후에 포트 A와 연결된 LED에 출력하겠다는 의미이다.

_delay_ms(200); 문장은 200ms 동안 대기하라는 의미이다.

이때 무한루프인 while(1)에 for 반복 문장이 포함되어 있으므로 포트 A에 200ms 간격으로 0부터 9까지 출력하는 동작을 계속해서 반복하게 된다.

else는 앞의 if(EEPROM_read(10) != 'W') 문장에서 거짓일 때 실행하는 문장을 의미한다.

for(i = 0; i < 10; i++) 문장은 i를 초기 값 0으로 하여 10보다 작은 경우에 i를 1씩 증가하며 반복하라는 의미이다.

PORTA = ~EEPROM_read(i); 문장은 EEPROM_read() 함수를 통해 i 변수값의 어드레스에서 EEPROM 데이터를 읽고, 토글한 후에 포트 A와 연결된 LED에 출력하겠다는 의미이다.

_delay_ms(1000); 문장은 1000ms 동안 대기하라는 의미이다.

이때 무한루프인 while(1)에 for 반복 문장이 포함되어 있으므로 포트 A에 1000ms 간격으로 EEPROM의 0부터 9번지에 저장된 데이터를 출력하는 동작을 계속해서 반복하게 된다.

void EEPROM_write(unsigned int add, unsigned char data) 함수는 add 변수와 data 변수를 인수로 하는 EEPROM의 add 어드레스에 data를 저장하는 함수이다.

while(EECR & (1 << EEWE)); 문장은 EECR의 EEWE 비트가 1이면 대기하라는 의미이다. 여기서 EEWE 비트가 1이면 이전의 쓰기동작이 완료되지 않은 상태를 나타낸다. 따라서 이전의 쓰기동작이 완료될 때까지 대기하게 된다. 한편, EEWE 는 io.h 서브 헤더 프로그램에 #define EEWE 1 매크로로 정의되어 있다.

EEAR = add; 문장은 add 변수의 값을 EEAR 레지스터에 저장하라는 의미이다.

EEDR = data; 문장은 data 변수의 값을 EEDR 레지스터에 저장하라는 의미이다.

EECR |= (1 << EEMWE); 문장은 EECR 레지스터의 EEMWE 비트를 논리 1로 설정하겠다는 의미이다. 한편, EEMWE는 io.h 서브 헤더 프로그램에 #define EEMWE 2 매크로로 정의 되어 있다.

EECR |= (1 << EEWE); 문장은 EECR 레지스터의 EEWE 비트를 논리 1로 설정하겠다는 의미이다.

T·I·P

C 언어 소스 프로그램은 CD Drive:₩Source₩ch16₩ch16_step1₩ch16_step1.c 파일을 참조한다.

단계 2 AVR Studio 4를 이용하여 C 언어 소스 프로그램을 Build 한다. 자세한 내용은 5.4.2절의 [단계 2]를 참조한다.

단계 3 PonyProg를 이용하여 ATmega128에 hex 파일을 ISP 다운로드 한다. 자세한 내용은 5.4.2절의 [단계 3]을 참조한다.

단계 4 다운로드가 완료되면 AVR 트레이닝 키트(WES-XUN I)에서 동작을 확인한다. 최초에 EEPROM의 어드레스(10)에 'W'가 없으므로, EEPROM의 0번지부터 9번지까지는 숫자 0부터 9까지의 ASCII 코드 값을 저장하고, 10번에는 'W'의 ASCII 코드 값을 저장한다. 따라서 저장이 완료된 후에 LED9 부터 LED12까지 0부터 9까지의 10진 카운트 동작에 의한 ON/OFF가 된다. 이때 AVR 트레이닝 키트(WES-XUN I)의 RESET 버튼인 SW25 스위치를 누르거나 전원 OFF 후에 다시 ON하면 EEPROM의 10번지에 'W'의 ASCII 코드 값이 저장되어 있으므로, EEPROM의 0번지부터 9번지까지 저장된 0부터 9까지의 ASCII 코드 값을 순서대로 LED에 출력한다.

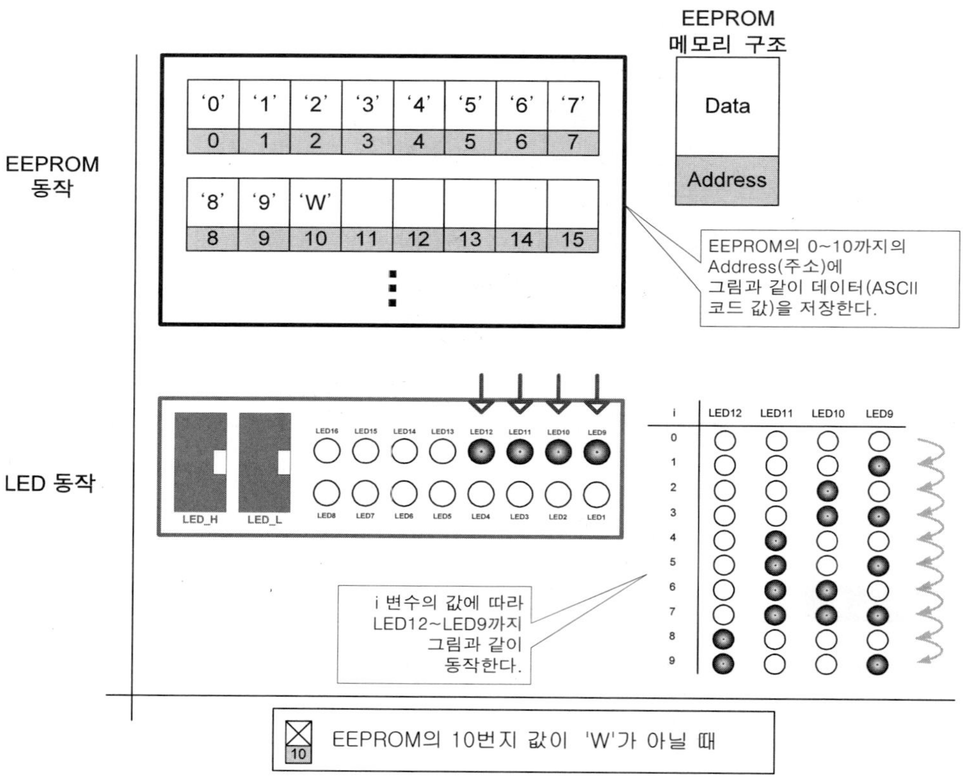

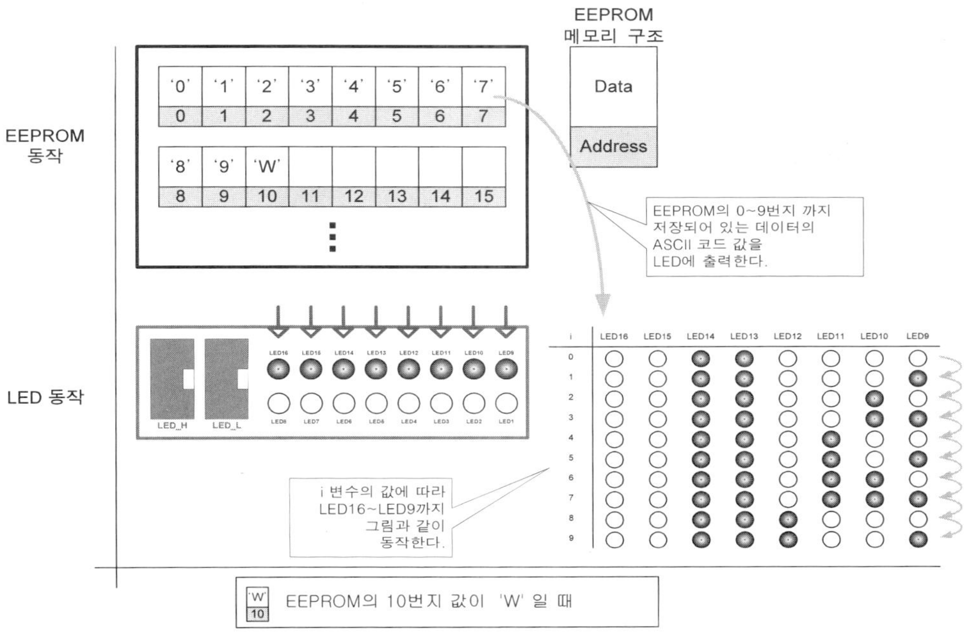

T·I·P

ATmega128의 퓨즈비트에서 EESAVE 비트가 프로그래밍 되면, 플래시 메모리의 ERASE 동작에서 EEPROM은 지워지지 않는다.

16.3.3 WINAVR의 시스템 함수를 이용해 EEPROM에 데이터를 쓰기 및 읽기 동작을 하고, 저장된 데이터를 LED에 출력하는 예제

단계 1 AVR Studio 4에서 새로운 project를 생성하고, C 언어 소스 프로그램을 작성하여 저장한다. 자세한 내용은 5.4.2절의 [단계 1]을 참조한다.

[단계 1]-(1) Project type은 AVR GCC를 선택하고, Project name:은 ch16_step2, Initial file:은 ch16_step2이라고 입력하고, Create initial file과 Create folder를 체크하고, Location:은 C:₩avr_test를 선택한 후에 [Next >>] 버튼을 누르고 다음 단계로 진행한다.

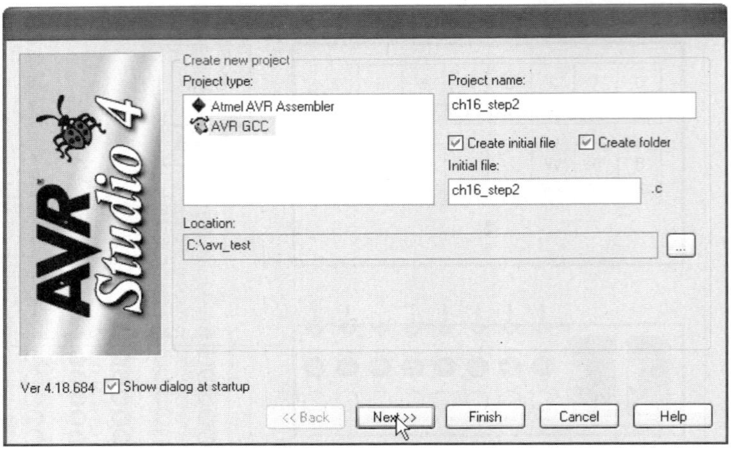

[단계 1]-(2) AVR Studio 4 편집 화면에 다음과 같이 C 언어 소스 프로그램을 작성하여 저장한다.

```
//
// ch16_step2.c
//
// ATmega128의 레지스터 등이 정의되어 있음
#include <avr/io.h>

// _delay_ms() 함수 등이 정의되어 있음
#include <util/delay.h>

// AVR의 EEPROM을 제어하기 위한 매크로 및 함수 등이 정의되어 있음
#include <avr/eeprom.h>

// C 언어의 주 실행 함수
int main(void){

        unsigned int i;             // 8비트 크기의 변수 선언
        // 포트 A의 방향 설정, 0 : 입력, 1 : 출력
        // PA7   PA6   PA5   PA4   PA3   PA2   PA1   PA0
        // Out   Out   Out   Out   Out   Out   Out   Out
        DDRA = 0B11111111;

        // EEPROM의 10번지 값이 'W'가 아니면
        if(eeprom_read_byte((unsigned char*)10) != 'W'){
```

```
        // EEPROM의 10번지에 'W' 저장
        eeprom_write_byte((unsigned char*)10, 'W');
        // EEPROM에 데이터 저장
        eeprom_write_byte((unsigned char*)0, '0');      // 0번지 : '0'
        eeprom_write_byte((unsigned char*)1, '1');      // 1번지 : '1'
        eeprom_write_byte((unsigned char*)2, '2');      // 2번지 : '2'
        eeprom_write_byte((unsigned char*)3, '3');      // 3번지 : '3'
        eeprom_write_byte((unsigned char*)4, '4');      // 4번지 : '4'
        eeprom_write_byte((unsigned char*)5, '5');      // 5번지 : '5'
        eeprom_write_byte((unsigned char*)6, '6');      // 6번지 : '6'
        eeprom_write_byte((unsigned char*)7, '7');      // 7번지 : '7'
        eeprom_write_byte((unsigned char*)8, '8');      // 8번지 : '8'
        eeprom_write_byte((unsigned char*)9, '9');      // 9번지 : '9'

        // 무한 반복
        while(1){
                // {}안의 문장들을 10번 반복하도록 함
                for(i = 0; i < 10; i++){
                        PORTA = ~i;        // LED에 i값을 토글하여 출력
                        _delay_ms(200);    // 200ms 동안 대기
                }
        }
}
// EEPROM의 10번지 값이 'W'이면
else {
        // 무한 반복
        while(1){
                // {}안의 문장들을 10번 반복하도록 함
                for(i = 0; i < 10; i++){
                        // i변수를 어드레스값으로 하여
                        // EEPROM에서 값을 읽고
                        // 토글하여 LED에 출력
                        PORTA = ~eeprom_read_byte((unsigned char*)i);

                        // 100ms 동안 대기
                        _delay_ms(1000);
                }
        }
}
```

```
        // 함수의 형태와 같이 정수형(int)의 값을 반환함
        return 1;
}
```

C 언어 소스 프로그램 설명

핵심포인트

WinAVR 컴파일러는 EEPROM 제어를 위한 시스템 라이브러리를 제공한다. "avr/eeprom.h" 헤더 파일을 소스 프로그램에 포함하도록 하면 제공되는 함수를 사용할 수 있으며, 바이트 단위의 읽기/쓰기/업데이트, 워드 단위의 읽기/쓰기/업데이트, 더블 워드 단위의 읽기/쓰기/업데이트, float 형의 읽기/쓰기/업데이트, 블록 단위의 읽기/쓰기/업데이트 함수 등이 있다.

```
uint8_t  eeprom_read_byte (const uint8_t *__p) __ATTR_PURE__
uint16_t  eeprom_read_word (const uint16_t *__p) __ATTR_PURE__
uint32_t  eeprom_read_dword (const uint32_t *__p) __ATTR_PURE__
float  eeprom_read_float (const float *__p) __ATTR_PURE__
void  eeprom_read_block (void *__dst, const void *__src, size_t __n)
void  eeprom_write_byte (uint8_t *__p, uint8_t __value)
void  eeprom_write_word (uint16_t *__p, uint16_t __value)
void  eeprom_write_dword (uint32_t *__p, uint32_t __value)
void  eeprom_write_float (float *__p, float __value)
void  eeprom_write_block (const void *__src, void *__dst, size_t __n)
void  eeprom_update_byte (uint8_t *__p, uint8_t __value)
void  eeprom_update_word (uint16_t *__p, uint16_t __value)
void  eeprom_update_dword (uint32_t *__p, uint32_t __value)
void  eeprom_update_float (float *__p, float __value)
void  eeprom_update_block (const void *__src, void *__dst, size_t __n)
```

util/delay.h 헤더 프로그램은 _delay_ms() 또는 _delay_us() 함수를 사용하기 위해서 반드시 포함시켜야 한다.

avr/eeprom.h 헤더 프로그램은 eeprom_readbyte() 시스템 함수 및 eeprom_write_byte() 시스템 함수가 정의되어 있는 헤더 프로그램이므로 이들 시스템 함수를 사용하려면 반드시 포함시켜야 한다.

unsigned char i; 문장은 8비트의 크기를 갖는 부호를 사용하지 않는 i 변수를 선언하고 있다.

DDRx 레지스터는 포트의 입출력 방향을 결정하는 레지스터이며 x는 포트명이고 DDRxn의 각 비트 값이 0이면 입력, 1이면 출력으로 설정된다. 따라서 DDRA = 0B11111111; 문장은 포트 A의 모든 비트를 출력하겠다는 의미이다.

PORTx 레지스터는 포트에 출력할 논리 값을 저장하는 레지스터이며 x는 포트명이다.

if(eeprom_read_byte((unsigned char*)10) != 'W') 문장은 EEPROM의 10번 어드레스에서 데이터를 읽고 데이터가 'W'의 ASCII 코드가 아니면 참으로 판단하고 실행한다.

eeprom_write_byte((unsigned char*)10, 'W'); 문장은 EEPROM의 10번 어드레스에 'W'를 쓰기 동작하라는 의미이다.

eeprom_write_byte((unsigned char*)0, '0');문장은 EEPROM의 0번 어드레스에 '0'의 ASCII 코드를 쓰기 동작하라는 의미이다.

eeprom_write_byte((unsigned char*)1, '1');문장은 EEPROM의 1번 어드레스에 '1'의 ASCII 코드를 쓰기 동작하라는 의미이다.

eeprom_write_byte((unsigned char*)2, '2');문장은 EEPROM의 2번 어드레스에 '2'의 ASCII 코드를 쓰기 동작하라는 의미이다.

eeprom_write_byte((unsigned char*)3, '3');문장은 EEPROM의 3번 어드레스에 '3'의 ASCII 코드를 쓰기 동작하라는 의미이다.

eeprom_write_byte((unsigned char*)4, '4');문장은 EEPROM의 4번 어드레스에 '4'의 ASCII 코드를 쓰기 동작하라는 의미이다.

eeprom_write_byte((unsigned char*)5, '5');문장은 EEPROM의 5번 어드레스에 '5'의 ASCII 코드를 쓰기 동작하라는 의미이다.

eeprom_write_byte((unsigned char*)6, '6');문장은 EEPROM의 6번 어드레스에 '6'의 ASCII 코드를 쓰기 동작하라는 의미이다.

eeprom_write_byte((unsigned char*)7, '7');문장은 EEPROM의 7번 어드레스에 '7'의 ASCII 코드를 쓰기 동작하라는 의미이다.

eeprom_write_byte((unsigned char*)8, '8');문장은 EEPROM의 8번 어드레스에 '8'의 ASCII 코드를 쓰기 동작하라는 의미이다.

eeprom_write_byte((unsigned char*)9, '9');문장은 EEPROM의 9번 어드레스에 '9'의 ASCII 코드를 쓰기 동작하라는 의미이다.

for(i = 0; i 〈 10; i++) 문장은 i를 초기 값 0으로 하여 10보다 작은 경우에 i를 1씩 증가하며 반복하라는 의미이다.

PORTA = ~i; 문장은 i 변수값을 토글한 후에 포트 A와 연결된 LED에 출력하겠다는 의미이다.

_delay_ms(200); 문장은 200ms 동안 대기하라는 의미이다.

이때 무한루프인 while(1)에 for 반복 문장이 포함되어 있으므로 A포트에 200ms 간격으로 0부터 9까지 출력하는 동작을 계속해서 반복하게 된다.

else 는 앞의 if(eeprom_read_byte((unsigned char*)10) != 'W') 문장에서 거짓일 때 실행하는 문장을 의미한다.

for(i = 0; i < 10; i++) 문장은 i를 초기 값 0으로하여 10보다 작은 경우에 i를 1씩 증가하며 반복하라는 의미이다.

PORTA = ~eeprom_read_byte((unsigned char*)i); 문장은 eeprom_read_byte() 시스템 함수를 통해 i 변수 값의 어드레스에서 EEPROM 데이터를 읽고, 토글한 후에 포트 A와 연결된 LED에 출력하겠다는 의미이다.

_delay_ms(1000); 문장은 1000ms 동안 대기하라는 의미이다.

이때 무한루프인 while(1)에 for 반복 문장이 포함되어 있으므로 A포트에 1000ms 간격으로 EEPROM의 0부터 9번지에 저장된 데이터를 출력하는 동작을 계속해서 반복하게 된다.

T·I·P

C 언어 소스 프로그램은 CD Drive:₩Source₩ch16₩ch16_step2₩ch16_step2.c 파일을 참조한다.

단계 2 AVR Studio 4를 이용하여 C 언어 소스 프로그램을 Build 한다. 자세한 내용은 5.4.2절의 [단계 2]를 참조한다.

단계 3 PonyProg를 이용하여 ATmega128에 hex 파일을 ISP 다운로드 한다. 자세한 내용은 5.4.2절의 [단계 3]을 참조한다.

단계 4 다운로드가 완료되면 AVR 트레이닝 키트(WES-XUN I)에서 동작을 확인한다. 최초에 EEPROM의 어드레스(10)에 'W'가 없으므로, EEPROM의 0번지부터 9번지 까지는 숫자 0부터 9까지의 ASCII 코드 값을 저장하고, 10번에는 'W'의 ASCII 코드 값을 저장한다. 따라서 저장이 완료된 후에 LED9 부터 LED12까지 0부터 9까지의 10진 카운트 동작에 의한 ON/OFF가 된다. 이때 AVR 트레이닝 키트(WES-XUN I)의 RESET 버튼인 SW25 스위치를 누르거나 전원 OFF 후에 다시 ON하면 EEPROM의 10번지에 'W'의 ASCII 코드 값이 저장되어 있으므로, EEPROM의 0번지부터 9번지까지 저장된 0부터 9까지의 ASCII 코드 값을 순서대로 LED에 출력한다. 16.3.2 절의 실험과 동작은 동일하지만 WINAVR에서 제공하는 시스템 함수를 이용하게 되면 EEPROM을 제어하기 위한 사용자 정의 함수를 만들 필요가 없이 쉽게 제어할 수 있다.

CHAPTER 17

AVR ATmega128을 사용한 DC 모터 제어

실습목표

과학 상자나 배틀 로봇 등에서 주로 사용되고 있는 DC 모터를 일반 디지털 출력을 통해 속도를 제어하고 정 방향으로 회전하는 모터의 제어 회로에 대해 이해한다.

실습이론

17.1 AVR 포트의 출력 제어를 위한 레지스터

DDRx 레지스터는 포트의 입출력 방향을 결정하는 레지스터이며 DDRxn의 비트 값이 0이면 입력, 1이면 출력으로 설정된다. x는 포트명을 가리키는 문자이고 n은 비트를 나타내는 숫자이다. ATmega128에서 레지스터는 0번부터 7번까지 8비트가 존재한다. PORTx 레지스터는 포트에 출력할 논리 값을 저장하는 레지스터이며 x는 포트명이다. 디지털 입출력과 관련한 자세한 내용은 1.14절의 AVR 디지털 입출력 핀 구조를 참조한다.

ATmega128은 타이머/카운터0부터 타이머/카운터3까지 4개의 타이머/카운터가 존재하며, 이중에서 0번과 2번은 8비트 타이머/카운터이고, 1번과 3번은 16비트 타이머/카운터이다. 본 장에서는 타이머/카운터1(16비트)을 사용하여 실험한다. 다음은 타이머/카운터1과 관련한 레지스터의 설명이다.

TIMSK 레지스터는 타이머/카운터의 인터럽트를 개별적으로 허용하는 레지스터이다. TCCR1A, TCCR1B, TCCR1C 레지스터는 타이머/카운터1의 제어 레지스터이며 프리스케일러 등, 여러 가지(프리스케일러, 파형발생모드, 비교출력모드, input capture trigger 기능설정, 강제출력 등)를 설정한다. ICR1H, ICR1L 레지스터는 타이머/카운터1의 입력 캡쳐 기능에서 타이머/카운터1의 값을 저장하는 레지스터이며, PWM(Pulse Width Modulation) 동작에서는 파형발생 모드에 따라 TOP 값을 설정하는 기능으로 사용할 수 있다. OCR1AH, OCR1AL 레지스터는 타이머/카운터1의 PWM A파형 생성에 사용되는 출력비교 레지스터이다. TCNT1H, TCNT1L 레지스터는 타이머/카운터1의 카운트 값을 저장하는 레지스터이다. TIFR 레지스터는 타이머/카운터의 개별적인 인터럽트 요청 상태를 표시하는 인터럽트 플래그 레지스터이다. SFIOR 레지스터는 타이머/카운터의 프리스케일러를 동기화 시키는 기능을 가지고 있는 레지스터이다.

타이머/카운터와 워치독 타이머와 관련한 자세한 내용은 1.13절 ATmega128의 타이머/카운터를 참조한다.

DDRx : PORTx 데이터 방향 레지스터

Bit	7	6	5	4	3	2	1	0
	DDx7	DDx6	DDx5	DDx4	DDx3	DDx2	DDx1	DDx0
Read/Write	R/W	R/W	R/W	R/W	R/W	R/W	R/W	R/W
Initial Value	0	0	0	0	0	0	0	0

PORTx : PORTx 데이터 레지스터

Bit	7	6	5	4	3	2	1	0
	PORTx7	PORTx6	PORTx5	PORTx4	PORTx3	PORTx2	PORTx1	PORTx0
Read/Write	R/W	R/W	R/W	R/W	R/W	R/W	R/W	R/W
Initial Value	0	0	0	0	0	0	0	0

TIMSK : 타이머/카운터 인터럽트 마스크 레지스터

Bit	7	6	5	4	3	2	1	0
	OCIE2	TOIE2	TICIE1	OCIE1A	OCIE1B	TOIE1	OCIE0	TOIE0
Read/Write	W	R/W	R/W	R/W	R/W	R/W	R/W	R/W
Initial Value	0	0	0	0	0	0	0	0

TCCR1A : 타이머/카운터1 제어 레지스터 A

Bit	7	6	5	4	3	2	1	0
	COM1A1	COM1A0	COM1B1	COM1B0	COM1C1	COM1C0	WGM11	WGM10
Read/Write	R/W	R/W	R/W	R/W	R/W	R/W	R/W	R/W
Initial Value	0	0	0	0	0	0	0	0

TCCR1B : 타이머/카운터1 제어 레지스터 B

Bit	7	6	5	4	3	2	1	0
	ICNC1	ICES1	-	WGM13	WGM12	CS12	CS11	CS10
Read/Write	R/W	R/W	R	R/W	R/W	R/W	R/W	R/W
Initial Value	0	0	0	0	0	0	0	0

TCCR1C : 타이머/카운터1 제어 레지스터 C

Bit	7	6	5	4	3	2	1	0
	FOC1A	FOC1B	FOC1C	-	-	-	-	-
Read/Write	W	W	W	R	R	R	R	R
Initial Value	0	0	0	0	0	0	0	0

ICR1H, ICR1L : 입력 캡처 레지스터 1

Bit	7	6	5	4	3	2	1	0	
	ICR1[15:8]								ICR1H
	ICR1[7:0]								ICR1L
Read/Write	R/W	R/W	R/W	R/W	R/W	R/W	R/W	R/W	
Initial Value	0	0	0	0	0	0	0	0	

OCR1AH, OCR1AL : 출력 비교 레지스터 1A

Bit	7	6	5	4	3	2	1	0	
	OCR1A[15:8]								OCR1AH
	OCR1A[7:0]								OCR1AL
Read/Write	R/W	R/W	R/W	R/W	R/W	R/W	R/W	R/W	
Initial Value	0	0	0	0	0	0	0	0	

TCNT1H, TCNT1L : 타이머/카운터 레지스터 1

Bit	7	6	5	4	3	2	1	0	
	TCNT1[15:8]								TCNT1H
	TCNT1[7:0]								TCNT1L
Read/Write	R/W	R/W	R/W	R/W	R/W	R/W	R/W	R/W	
Initial Value	0	0	0	0	0	0	0	0	

TIFR : 타이머/카운터 인터럽트 플래그 레지스터

Bit	7	6	5	4	3	2	1	0
	OCF3	TOV2	ICF1	OCF1A	OCF1B	TOV1	OCF0	TOV0
Read/Write	R/W	R/W	R/W	R/W	R/W	R/W	R/W	R/W
Initial Value	0	0	0	0	0	0	0	0

SFIOR : 특수 목적 IO 레지스터

Bit	7	6	5	4	3	2	1	0
	TSM	-	-	-	ACME	PUD	PSR0	PSR321
Read/Write	R/W	R/W	R/W	R/W	R/W	R/W	R/W	R/W
Initial Value	0	0	0	0	0	0	0	0

17.2 DC 모터 이론

DC 모터는 전기자에 흐르는 전류의 방향을 전환함으로써 자력의 반발, 흡인력으로 회전력을 생성시킨다.

플레밍의 왼손 법칙에 따르면 도선 내의 전기 에너지는 자기장 속에서 운동 에너지의 형태로 전환될 수 있다. 이것이 전기 에너지를 사용하여 회전운동을 하는 전동기의 기본 원리이다. 다시 말해 자기장 속에 있는 도선에 전류가 흐르면 움직이는 전하에 작용하는 로렌츠 힘에 의해 도선도 힘을 받는다.

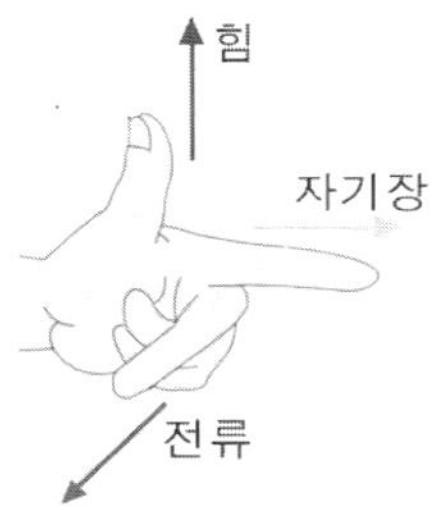

플레밍의 왼손 법칙을 사용하면 자기장의 방향과 전류가 흐르는 방향을 알 때 도선이 받는 힘의 방향을 결정 할 수 있다. 방법은 왼손의 검지를 자기장의 방향, 중지를 전류의 방향으로 했을 때, 엄지가 가리키는 방향이 도선이 받는 힘의 방향이 된다. 이 모터에 기어를 연결하여 회전속도를 느리게 만든 모터가 기어형 DC 모터이다. 그림 17.2.1은 AVR 트레이닝 키트(WES-XUN I)에서 사용하는 기어형 DC 모터의 외형을 나타내고 있다.

그림 17.2.1 기어형 DC 모터 외형

17.3 AVR 트레이닝 키트(WES-XUN I)에서의 DC 모터 제어회로

그림 17.3.1은 AVR 트레이닝 키트(WES-XUN I)의 DC 모터 블록을 나타내고 있다. L298HN IC는 소 전류의 논리 입력을 모터를 구동하기 위한 높은 전류의 논리로 출력해주는 DC 모터 드라이버 IC이다. DC_FAN_SERVO 커넥터의 8개의 핀들은 각각 DC 모터 드라이버 IC에 연결되어진다. 표 17.3.1에 DC_FAN_SERVO 커넥터의 핀들과 DC 모터 드라이버 IC 핀들의 연결 관계가 나타나 있다.

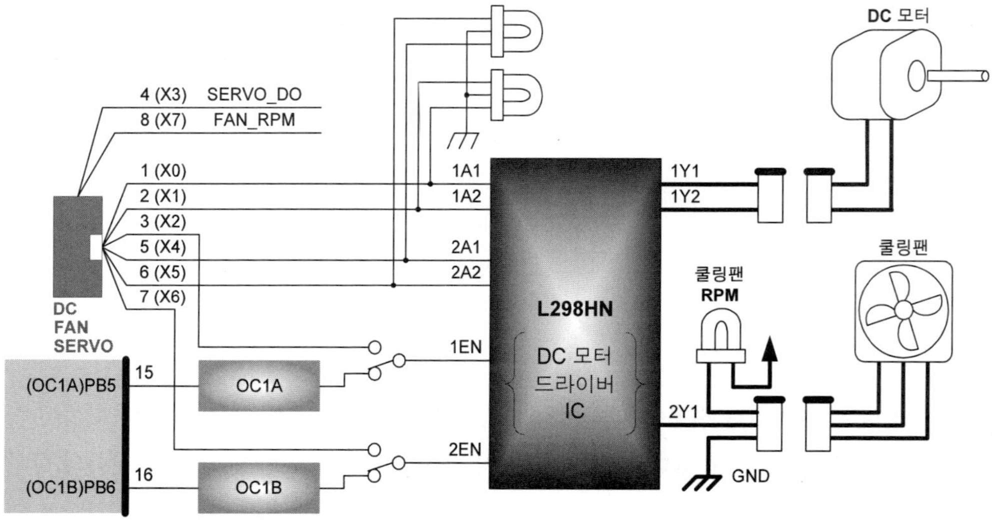

그림 17.3.1 AVR 트레이닝 키트(WES-XUN I)의 DC 모터 블록

표 17.3.1 DC_FAN_SERVO 커넥터의 핀들과 DC 모터 드라이버 IC 핀들의 연결 관계

DC_FAN_SERVO 커넥터 핀	DC 모터 드라이버 IC
1(X0)	1A1
2(X1)	1A2
3(X2)	1EN
4(X3)	SERVO_DO
5(X4)	2A1
6(X5)	2A2
7(X6)	2EN
8(X7)	FAN_RPM

표 17.3.2는 AVR 트레이닝 키트(WES-XUN I)에서 사용하는 L298HN IC의 제어 핀을 나타내고 있다. L298HN IC는 1A1, 1A2, 2A1, 2A2 핀을 이용한 DC 모터의 방향 설정입력 핀과 1B1, 1B2, 2B1, 2B2 핀을 이용한 DC 모터의 방향 설정 출력 핀, 1EN, 2EN 핀을 이용한 모터의 회전과 정지를 제어하는 핀, LOGIC SUPPLY VOLTAGE 핀을 이용한 입력 신호 전원 전압, SUPPLY VOLTAGE 핀을 이용한 출력 신호 전원 전압, GND 핀을 이용한 기준 전압 핀 등으로 구성된다. 또한 1A1(5)에서 (5)는 L298HN의 핀번호를 나타낸다. 또한 L298HN의 EN 핀에 L 신호가 인가되면 A1 및 A2의 신호에 관계없이 자유정지되며, EN 핀에 H 신호가 인가된 경우에는 A1과 A2가 동일한 신호일 경우 빠르게 정지하며 서로 다른 경우 정 방향 또는 역 방향으로 회전하게 된다. 자세한 내용은 제공된 CD의 Datasheet 폴더에서 L298HN.pdf 파일을 참조한다.

표 17.3.2 L298HN IC의 제어 핀

A조	B조	설 명
1A1(5) 1A2(7)	2A1(10) 2A2(12)	모터의 방향을 결정한다.
1B1(2) 1B2(3)	2B1(13) 2B2(14)	모터의 양 단자에 연결한다.
1EN(6)	2EN(11)	모터의 ON/OFF 역할 입력이 High일 때 ON, Low일 때 OFF
CURRENT SENSING 1(1)	CURRENT SENSING 2(15)	0.5[Ω]의 저항을 통해 GND로 연결 정격전력이 높은 저항을 사용해야 한다.
LOGIC SUPPLY VOLTAGE(9)		TTL 레벨 제어 신호용 공급 전원 100nF의 커패시터를 핀과 GND 사이에 연결하여 사용한다.
SUPPLY VOLTAGE(4)		모터 제어용 공급 전원
GND(8)		전원 접지(GROUND)

INPUTS		FUNCTION
EN = H	A1 = H; A2 = L	정 방향
	A1 = L; A2 = H	역 방향
	A1 = A2	빠른정지
EN = L	A1 = X; A2 = X	자유정지

H = High L = Low X = Don't Care
A1 = Input1 or Input 3 A2 = Input2 or Input4

표 17.3.2에 나타난 AVR 트레이닝 키트(WES-XUN I)에서 사용하는 L298HN IC의 구동 원리를 요약하면 다음과 같다.

① L298HN IC의 A1과 A2에 "01"또는 "10"을 주어 방향을 선택하고, EN에 '1' 신호를 주었을 때, DC 모터는 정해진 방향으로 회전한다. L298HN IC의 방향 선택 신호인 1A1, 1A2에 각각 1A1=1, 1A2=0 신호를 전달해 DC 모터가 정 방향으로 회전하도록 한다. 이때 1A1 및 1A2의 신호를 각각 1A1=0, 1A2=1과 같이 바꾸게 되면 DC 모터의 회전 방향은 반대로 바뀌게 된다. 만약 1A1과 1A2 신호가 0 또는 1로 동일하게 되면 DC 모터는 정지하게 된다.

② L298HN IC의 A1과 A2에 "00" 또는 "11"을 출력하고, EN에 '1' 신호를 주었을 때, 회전중인 DC 모터는 빠르게 정지한다.

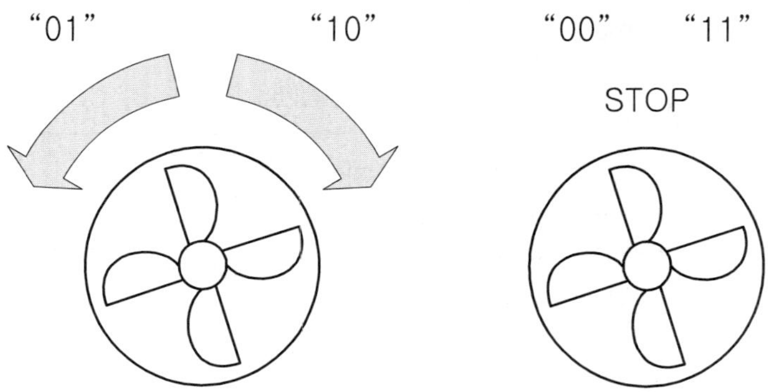

③ L298HN IC의 A1과 A2의 입력 신호에 관계없이, EN에 '0' 신호를 주었을 때, 회전중인 DC 모터는 서서히 정지한다.

④ EN 신호의 펄스폭을 달리하여 동작하였을 때 DC 모터의 동작과 속도를 확인한다.

- 주기를 약 20KHz로하고, 듀티비를 0 ~ 100% 까지 조절하여 출력하고, DC 모터의 속도를 관찰한다.

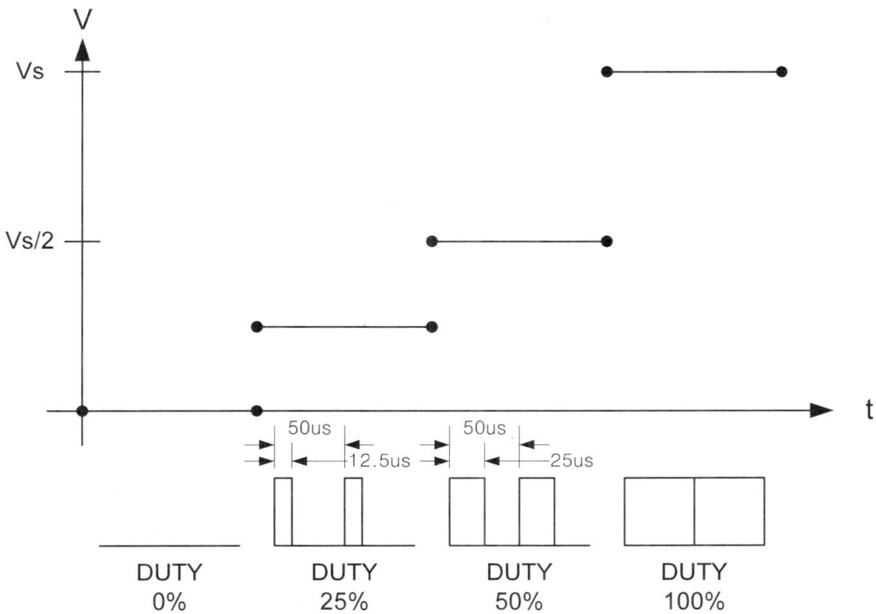

실습내용

17.4 AVR 트레이닝 키트(WES-XUN I)에서 동작해보기

17.4.1 AVR 트레이닝 키트(WES-XUN I)의 동작을 위한 준비 사항

단계 1 그림 17.4.1과 같이 전원을 켜고 ISP 다운로드 모듈을 연결한다.

그림 17.4.1 전원을 켜고 ISP 다운로드 모듈을 연결

단계 2 그림 17.4.2와 같이 IDC Flat 10P 케이블을 이용해 DC_FAN_SERVO 커넥터와 AVR MCU Module(ATmega128)의 PORTA와 연결하고, LED_H 커넥터와 AVR MCU Module(ATmega128)의 PORTC와 연결한다. 연결 시 케이블의 방향이 맞도록 홈에 잘 맞추어 삽입한다. 또한 DC 모터의 EN 신호 제어가 디지털 입출력 제어가 되도록 SW3 스위치 모듈에서 DC EN 스위치를 위로 올린다. 이때 PWM을 사용할 경우에는 DC EN 스위치를 아래로 내린다. 마지막으로 DC 모터의 2핀 커넥터를 AVR 트레이닝 키트(WES-XUN I)의 DC 커넥터(CON3)에 연결해야 한다. 연결 시 케이블의 방향이 맞도록 홈에 잘 맞추어 삽입한다.

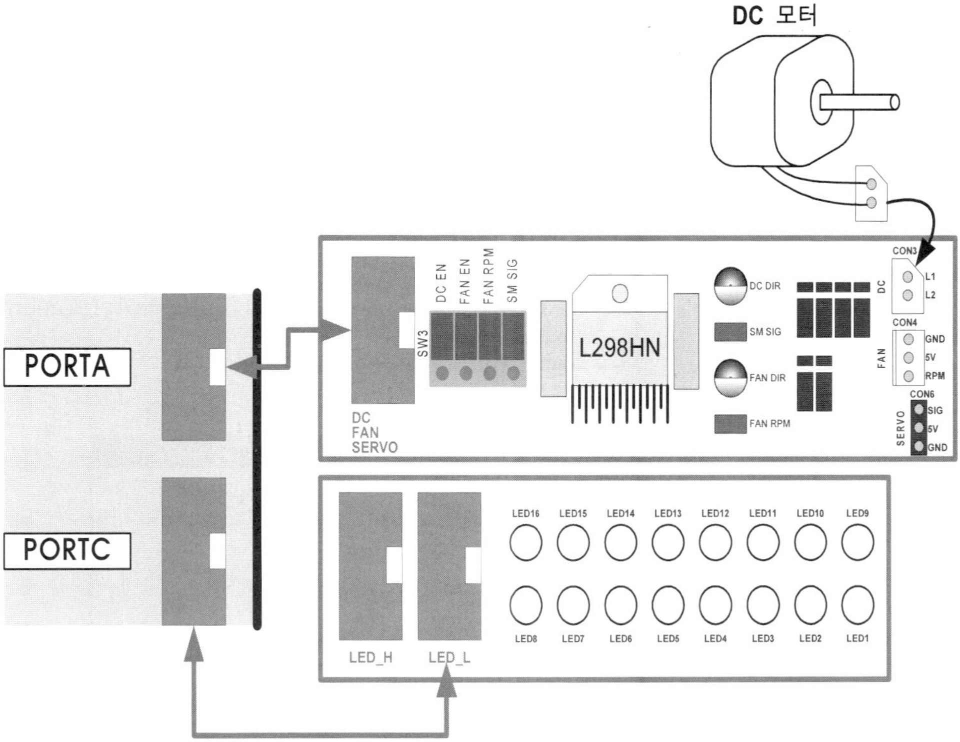

PORTA ⇔ DC FAN SERVO

PORTA Device Pin	BIT7 –	BIT6 2EN	BIT5 2A2	BIT4 2A1	BIT3 –	BIT2 1EN	BIT1 1A2	BIT0 1A1
입출력	–	Out	Out	Out	–	Out	Out	Out

PORTC ⇔ LED_L

PORTC Device Pin	BIT7 LED16	BIT6 LED15	BIT5 LED14	BIT4 LED13	BIT3 LED12	BIT2 LED11	BIT1 LED10	BIT0 LED9
입출력	Out	Out	Out	Out	Out	Out	Out	Out

그림 17.4.2 DC 모터 실험을 위한 회로 연결

17.4.2 DC 모터가 듀티비에 따라 속도를 바꾸면서 정 방향으로 회전하며 LED에 듀티비를 출력하는 예제

단계 1 AVR Studio 4에서 새로운 project를 생성하고, C 언어 소스 프로그램을 작성하여 저장한다. 자세한 내용은 5.4.2절의 [단계 1]을 참조한다.

[단계 1]-(1) Project type은 AVR GCC를 선택하고, Project name:은 ch17_step1, Initial file:은 ch17_step1이라고 입력하고, Create initial file과 Create folder를 체크하고, Location:은 C:₩avr_test를 선택한 후에 Next >> 버튼을 누르고 다음 단계로 진행한다.

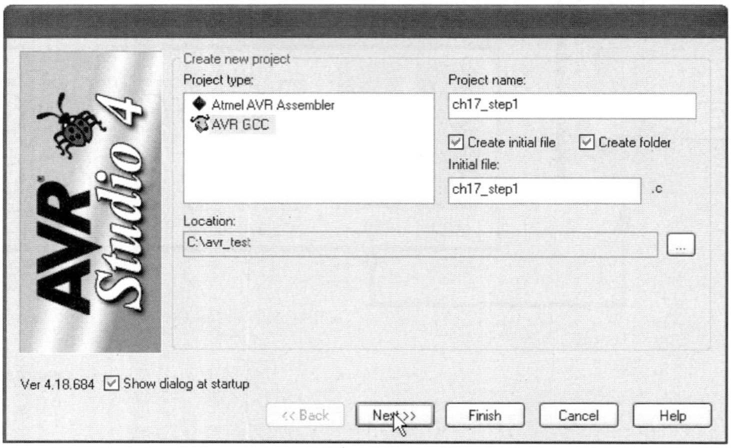

[단계 1]-(2) AVR Studio 4 편집 화면에 다음과 같이 C 언어 소스 프로그램을 작성하여 저장한다.

```
//
// ch17_step1.c
//
#include <avr/io.h>
#include <util/delay.h>

#define  PERIOD          50          // 듀티비 1% 시간, 단위 us
#define  DUTY_PERCENT  100          // 100 %

// 1초 동안 펄스 출력 개수
#define PERIOD_1SEC     (1000000L / (PERIOD * DUTY_PERCENT))
```

```
#define  X0      0   // 0번 비트, 1A1
#define  X1      1   // 1번 비트, 1A2
#define  X2      2   // 2번 비트, 1EN
#define  X3      3   // 3번 비트, SERVO_DO
#define  X4      4   // 4번 비트, 2A1
#define  X5      5   // 5번 비트, 2A2
#define  X6      6   // 6번 비트, 2EN
#define  X7      7   // 7번 비트, FAN_RPM

int main(void){
    unsigned char dcmotor;     // 8비트 크기의 변수 선언
    unsigned long delay;       // 32비트 크기의 변수 선언
    unsigned int dutyX2;       // 16비트 크기의 변수 선언

    DDRA = 0B11111111;         // DC 모터 제어 신호용 포트, 모두 출력 방향
    DDRC = 0B11111111;         // LED 제어 신호용 포트, 모두 출력 방향

    // 무한 반복
    while(1){
        // DC 모터가 정 방향으로 회전하도록 설정
        dcmotor = (0 << X1) | (1 << X0); // 정 방향

        // 듀티비가 0 ~ 100까지 변하도록 100회 반복함
        for(dutyX2 = 0; dutyX2 < 100; dutyX2++){
            // 설정된 듀티비를 1초 동안 유지하도록 반복
            for(delay = 0; delay < PERIOD_1SEC; delay++){

                // LED에 DC 모터 듀티비를 BCD로 출력(0 ~ 99)
                PORTC = ~(((dutyX2 / 10) << 4) | (dutyX2 % 10));

                // DC 모터 드라이버 IC의 1EN 핀에 High 신호를 출력
                dcmotor |= (1 << X2);     // 1EN = 1
                PORTA = dcmotor;
                _delay_us(dutyX2 * PERIOD);

                // DC 모터 드라이버 IC의 1EN 핀에 Low 신호를 출력
                dcmotor &= ~(1 << X2);  // EN = 0
                PORTA = dcmotor;
                _delay_us((100 - dutyX2) * PERIOD);
            }
        }
```

```
    }

    // 함수의 형태와 같이 정수형(int)의 값을 반환함
    return 1;
}
```

C 언어 소스 프로그램 설명

핵심포인트

L298 모터 드라이버 IC는 TTL 레벨의 입력 신호를 높은 전압의 출력으로 바꾸어 모터를 드라이빙 할 수 있는 IC이다. 이 IC는 방향을 설정하는 A1, A2 신호와 출력 신호를 제어하는 EN 신호로 구성되며, A1 및 A2 신호를 제어함으로써 모터의 정회전 및 역회전 또는 정지를 할 수 있으며, EN 신호를 제어함으로 모터의 속도를 제어할 수 있다.

avr/io.h 헤더 프로그램에는 DDRx 레지스터, PORTx 레지스터 등이 정의되어 있으므로 이들 레지스터를 사용하려면 반드시 포함시켜야 한다.

util/delay.h 헤더 프로그램은 _delay_ms() 또는 _delay_us() 함수를 사용하기 위해서 반드시 포함시켜야 한다.

#define PERIOD 50 문장은 PERIOD를 50으로 치환하겠다는 매크로이다.

#define DUTY_PERCENT 100 문장은 DUTY_PERCENT를 100으로 치환 하겠다는 매크로이다.

#define PERIOD_1SEC (1000000L / (PERIOD * DUTY_PERCENT)) 문장은 1초 주기를 계산하는 치환 매크로이다. 이 매크로는 5000us 주기의 펄스가 1초 동안 반복되는 횟수를 계산한다.

#define X0 0 문장은 X0을 0으로 치환하겠다는 매크로이다.

#define X1 1 문장은 X1을 1로 치환하겠다는 매크로이다.

#define X2 2 문장은 X2를 2로 치환하겠다는 매크로이다.

#define X3 3 문장은 X3을 3으로 치환하겠다는 매크로이다.

#define X4 4 문장은 X4를 4로 치환하겠다는 매크로이다.

#define X5 5 문장은 X5를 5로 치환하겠다는 매크로이다.

#define X6 6 문장은 X6을 6으로 치환하겠다는 매크로이다.

#define X7 7 문장은 X7을 7로 치환하겠다는 매크로이다.

unsigned char dcmotor; 문장은 8비트의 부호를 사용하지 않는 dcmotor의 변수 선언이다. dcmotor 변수는 모터의 방향 및 신호를 제어하는 변수가 된다.

unsigned long delay; 문장은 32비트의 부호를 사용하지 않는 delay의 변수 선언이다. delay는 지연 동작에서 사용된다.

unsigned int dutyX2; 문장은 16비트의 부호를 사용하지 않는 dutyX2의 변수 선언이다. dutyX2는 X2 핀에 출력할 신호의 듀티비를 저장하는 변수가 된다.

DDRx 레지스터는 포트의 입출력 방향을 결정하는 레지스터이며 x는 포트명이고 DDRxn의 각 비트 값이 0이면 입력, 1이면 출력으로 설정된다. 따라서 DDRA = 0B11111111; 문장과 DDRC = 0B11111111 문장은 포트 A는 DC 모터 제어 신호용 포트로서 모든 비트를 출력하겠다는 의미이고, 포트 C는 LED 제어 신호용 포트로서 모든 비트를 출력하겠다는 의미이다.

PORTx 레지스터는 포트에 출력할 논리 값을 저장하는 레지스터이며 x는 포트명이다.

dcmotor = (0 << X1) | (1 << X0); 문장은 dcmotor 변수에 1번 비트가 1이고, 0번 비트가 0이고 나머지 비트는 0인 값을 저장하는 의미로서, DC 모터의 방향을 선택하는 기능을 수행한다. 즉, DC 모터의 정 방향 회전을 설정하겠다는 의미이다. 이 문장은 L298HN IC의 방향 선택 신호인 1A1, 1A2에 각각 1A1=1, 1A2=0 신호를 전달해 DC 모터가 정 방향으로 회전하도록 한다. 이때 1A1 및 1A2의 신호를 각각 1A1=0, 1A2=1과 같이 바꾸게 되면 DC 모터의 회전방향은 반대로 바뀌게 된다. 만약 1A1과 1A2 신호가 0 또는 1로 동일하게 되면 DC 모터는 정지하게 된다.

for(dutyX2 = 0; dutyX2 < 100; dutyX2++) 문장은 dutyX2 변수의 초기 값을 0으로 하여 dutyX2가 100 보다 작은 조건에서 dutyX2를 1씩 증가하며 반복하라는 반복문이다. dutyX2는 5000us 주기에서 논리 1을 출력하는 비율을 나타낸다. 따라서 dutyX2가 15이면 5000us 주기의 15%가 논리 1을 출력하는 비율이 된다.

for(delay = 0; delay < PERIOD_1SEC; delay++) 문장은 delay 변수의 초기 값을 0으로 하여 delay가 PERIOD_1SEC 보다 작은 조건에서 delay를 1씩 증가하며 반복하라는 반복문이다. PERIOD_1SEC 매크로는 5000us의 주기를 갖는 펄스가 1초 동안 반복되는 횟수이므로 delay 변수가 1씩 증가하여 PERIOD_1SEC와 같아지면 1초의 시간이 경과한 것과 같다.

PORTC = ~(((duxyX2 / 10) << 4) | (dutyX2 % 10)); 문장은 dutyX2 변수를 BCD 코드로 변환하여 LED와 연결된 포트 C에 토글하여 출력하겠다는 의미로서, 포트 C에 0 ~ 99까지의 숫자를 BCD 코드로 표시하기 위하여 계산하는 식이다. 상위 4비트는 10의 자리를 출력하고, 하위 4자리는 1의 자리를 출력한다.

- 10진수 15의 출력 예제

BCD	BCD 10의 자리				BCD 1의 자리			
	8	4	2	1	8	4	2	1
LED_H	LED_16	LED_15	LED_14	LED_13	LED_12	LED_11	LED_10	LED_9
	○	○	○	●	○	●	○	●

dcmotor |= (1 << X2); 문장은 dcmotor 변수의 2번 비트를 논리 1로 설정하겠다는 의미이다. 이것은 모터 드라이버 IC인 L298HN의 1EN 신호가 1로 설정되도록 하여 DC 모터가 회전할 수 있는 조건이 된다.

PORTA = dcmotor; 문장은 DC 모터의 제어신호를 저장하는 dcmotor 변수의 값을 실제 신호가 출력되도록 DC 모터 드라이버 IC가 연결된 포트 A에 출력하겠다는 의미이다.

_delay_us(dutyX2 * PERIOD); 문장은 dutyX2의 값과 PERIOD 값을 곱하여 us의 시간동안 대기하겠다는 의미이다. 이것은 1EN 신호를 논리 1로 출력하고 신호를 일정시간 유지하기 위함이다.

dcmotor &= ~(1 << X2); 문장은 dcmotor 변수의 2번 비트를 논리 0로 설정하겠다는 의미이다. 이것은 DC 모터 드라이버 IC인 L298HN의 1EN 신호가 0로 설정되도록 하여 DC 모터가 회전할 수 없는 조건이 된다.

PORTA = dcmotor; 문장은 DC 모터의 제어신호를 저장하는 dcmotor 변수의 값을 실제 신호가 출력되도록 DC 모터 드라이버 IC가 연결된 포트 A에 출력하겠다는 의미이다.

_delay_us((100-dutyX2) * PERIOD); 문장은 100에서 dutyX2를 뺀 값과 PERIOD 값을 곱하여 us의 시간동안 대기하겠다는 의미이다. 이것은 EN 신호를 논리 0로 출력하고 신호를 일정시간 유지하기 위함이다.

이때 무한루프인 while(1)에 모든 문장이 포함되어 있으므로 1EN 신호를 논리 1과 논리 0으로 설정하는 동작을 계속해서 반복하게 된다. 따라서 1EN 신호가 논리 1로 설정 될 때 DC 모터는 빠르게 회전하려 하게 되고, 논리 0으로 설정 될 때 모터는 서서히 정지하려 하게 된다.

T·I·P

※ 듀티비(Duty Ratio)는 펄스의 주기(T) 시간과 논리 1을 갖는 시간(High Pulse Time)의 비율의 의미한다. 따라서 주기가 2ms이고 논리 1을 갖는 시간이 1ms라고 가정할 때 듀티비는 50%가 된다.

$$D = (\text{High Pulse Time}) / T * 100\ [\%]$$

※ BCD(Binary Coded Decima) 8421 코드를 이용해 2진수를 10진수로 표현한 코드를 의미한다. 다음의 표는 10진수를 BCD 코드로 변환한 예를 보이고 있다.

10진수	2진수	BCD 코드	
		10의 자리	1의 자리
0	0000	0000	0000
1	0001	0000	0001
2	0010	0000	0010
3	0011	0000	0011
4	0100	0000	0100
5	0101	0000	0101
6	0110	0000	0110

10진수	2진수	BCD 코드	
		10의 자리	1의 자리
7	0111	0000	0111
8	1000	0000	1000
9	1001	0000	1001
10	1010	0001	0000
11	1011	0001	0001
12	1100	0001	0010
13	1101	0001	0011
14	1110	0001	0100
15	1111	0001	0101

T·I·P

C 언어 소스 프로그램은 CD Drive:₩Source₩ch17₩ch17_step1₩ch17_step1.c 파일을 참조한다.

단계 1 AVR Studio 4를 이용하여 C 언어 소스 프로그램을 Build 한다. 자세한 내용은 5.4.2절의 [단계 2]를 참조한다.

단계 3 PonyProg를 이용하여 ATmega128에 hex 파일을 ISP 다운로드 한다. 자세한 내용은 5.4.2절의 [단계 3]을 참조한다.

단계 4 다운로드가 완료되면 AVR 트레이닝 키트(WES-XUN I)에서 동작을 확인한다. 다음 그림과 같이 SW3 스위치 모듈에서 DC EN 스위치를 위로 올린다. DC 모터는 정지 상태에서 점차 속도를 높이며 정 방향으로 회전한다. 이때 LED 에서는 현재 모터에 출력되는 듀티비를 BCD 코드로 표시한다. 따라서 LED9부터 LED16까지에는 0 ~ 99까지의 BCD 코드가 표시되면서 DC DIR LED는 녹색으로 켜진다. 만약 DC 모터가 역 방향으로 회전하게 되면 DC DIR LED는 적색으로 켜진다. 그림 17.4.2에서는 듀티비 15%에서의 LED9, LED11, LED13이 ON 되는 DC 모터 동작을 나타내고 있다.

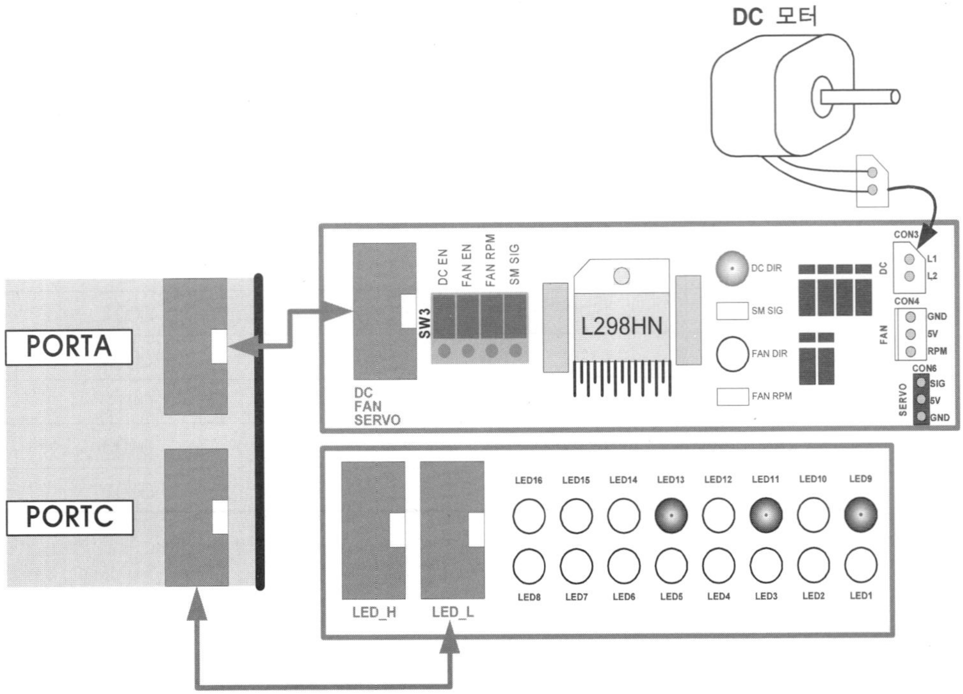

그림 17.4.2 듀티비 15%에서의 DC 모터 동작

17.4.3 DC 모터가 PWM에 따라 속도를 바꾸면서 정 방향으로 회전하며 LED에 듀티비를 출력하는 예제

단계 1 AVR Studio 4에서 새로운 project를 생성하고, C 언어 소스 프로그램을 작성하여 저장한다. 자세한 내용은 5.4.2절의 [단계 1]을 참조한다.

[단계 1]-(1) Project type은 AVR GCC를 선택하고, Project name:은 ch17_step2, Initial file:은 ch17_step2이라고 입력하고, Create initial file과 Create folder를 체크하고, Location:은 C:₩avr_test를 선택한 후에 [Next >>] 버튼을 누르고 다음 단계로 진행한다.

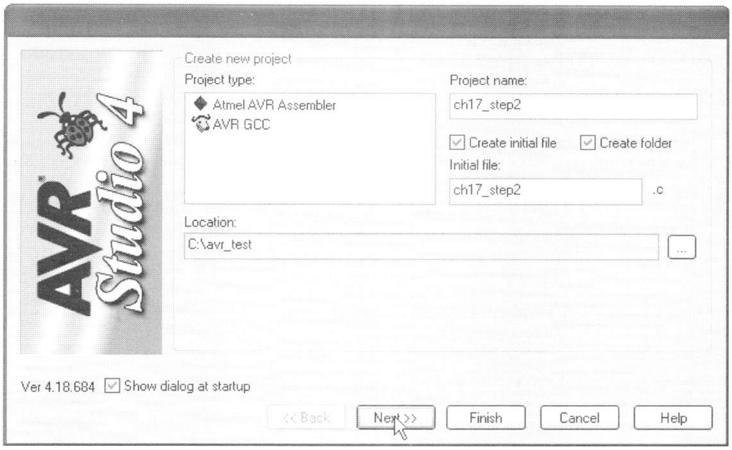

[단계 1]–(2) AVR Studio 4 편집 화면에 다음과 같이 C 언어 소스 프로그램을 작성하여 저장한다.

```
//
// ch17_step2.c
//

// F_CPU = 14.7456MHz
// DC EN 신호는 OC1A PWM 신호로 제어

// ATmega128의 레지스터 등이 정의되어 있음
#include <avr/io.h>

// _delay_ms() 함수등이 정의되어 있음
#include <util/delay.h>

// 타이머/카운터1의 TOP값을 정의
#define  TC1_TOP         0x23FFL

// C 언어의 주 실행 함수
int main(void){
    unsigned char duty = 0;   // 듀티비를 저장하는 변수, 초기 값 0%

    // 포트 B의 방향 설정, 0 : 입력, 1 : 출력
    // PWM 파형 출력을 위해서 반드시 출력으로 설정해야함.
    // PB7      PB6      PB5      PB4      PB3      PB2      PB1      PB0
```

```
// Out      Out     Out      In       In       In       In       In
// OC1C     OC1B  OC1A     -        -        -        -        -
DDRB = 0B11100000;

DDRA = 0B11111111; // DC 모터 제어 신호용 포트, 모두 출력 방향
DDRC = 0B11111111; // LED 제어 신호용 포트, 모두 출력 방향


// 타이머/카운터1의 WGM 모드 설정, 비교 출력 모드 설정
//   7        6        5        4        3        2        1        0
// COM1A1 COM1A0 COM1B1 COM1B0 COM1C1 COM1C0  WGM11  WGM10
// COM1x1 : 0 - '00' : 범용 I/O 포트로 동작(OCnx 출력을 차단)
// COM1x1 : 0 - '01' : 모드15에서 OC1A를 토글,
//                  다른 모드에서는 범용포트로 동작(OCnx 출력을 차단)
// COM1x1 : 0 - '10' : 0->비교일치 : 논리 1출력,
//                  비교일치->TOP : 논리 0 출력 (비 반전 모드)
// COM1x1 : 0 - '11' : 0->비교일치 : 논리 0출력,
//                  비교일치->TOP : 논리 1 출력 (반전 모드)

// PWM1A 출력 모드 = 비 반전 모드
TCCR1A = (1 << COM1A1) | (0 << COM1A0);

// 타이머/카운터1의 WGM 모드 및 프리스케일러 설정
//  7          6     5     4        3          2   1     0
// ICNC1 ICES1    -   WGM13 WGM12 CS12CS11 CS10
// CS12:0 - 000 : 클록 소스 차단
// CS12:0 - 001 : clk
// CS12:0 - 010 : clk / 8
// CS12:0 - 011 : clk / 64
// CS12:0 - 100 : clk / 256
// CS12:0 - 101 : clk / 1024
// CS12:0 - 110 : T1 외부 클록, 하강 에지에서 동작
// CS12:0 - 111 : T1 외부 클록, 상승 에지에서 동작
// clk / 8 클록을 사용. WGM3..0 = '1110' 모드
TCCR1B = 0x02; // clk / 8 분주를 사용(프리스케일러 설정)

// 파형 발생 모드 설정 WGM3..0 = '1110'
TCCR1A |= (1 << WGM11) | (0 << WGM10);
TCCR1B |= (1 << WGM13) | (1 << WGM12);
```

```
    // clk가 8MHz 이고, clk / 8 클록을 사용하는 타이머가
    // 10ms 오버플로우 발생하는 TOP 값 설정

    // 10ms 오버플로우 TOP 값은 PWM 파형의 주기로 사용됨
    ICR1H = TC1_TOP >> 8;
    ICR1L = TC1_TOP & 0xFF;

    // DC 모터가 시계 방향(정 방향)으로 회전하도록 설정.
    //   7   6   5   4   3   2    1    0
    //   -   -   -   -   -   -   1A2  1A1
    // 1A2 1A1 - 00, 11 : STOP
    // 1A2 1A1 - 10 : 역 방향
    // 1A2 1A1 - 01 : 정 방향
    PORTA = 0B00000001;

    // 무한 반복
    while(1){
        // PWM의 듀티비를 바꾸기 위해 OCR 레지스터의 값을 재설정
        OCR1AH = (((TC1_TOP  * duty) / 100) >> 8);
        OCR1AL = (((TC1_TOP  * duty) / 100) & 0xFF);

        // 듀티비 1% 증가
        duty++;
        if(duty > 100)     duty = 0;     // 듀티비가 100% 이상이면 0%로 재설정

        // LED에 DC 모터 듀티비를 BCD로 출력(0~99)
        PORTC = ~(((duty / 10) << 4) | (duty % 10));

        _delay_ms(200);
    };  // 무한대기하는 동안 모터의 회전 속도가 달라짐

    // 함수의 형태와 같이 정수형(int)의 값을 반환함
    return 1;
}
```

C 언어 소스 프로그램 설명

핵심포인트

타이머/카운터1을 이용한 PWM 파형을 생성할 때에는 먼저 PWM의 주기 및 듀티비를 설정해야 한다. 첫째, 주기는 펄스의 H 구간과 L 구간을 합한 시간을 의미하며, 파형 발생 모드에 따라 최대 설정 가능한 주기 시간이 달라진다. 둘째, 듀티비 설정을 위해 H 구간과 L 구간을 구분할 수 있는 비교값을 설정(OCR1AH = (((TC1_TOP * duty) / 100) >> 8); 문장과 OCR1AL = (((TC1_TOP * duty) / 100) & 0xFF); 문장)해야 하며, OCRnx 레지스터를 이용하면 된다. 셋째, 0부터 주기로 설정한 값까지 1씩 카운트하는 값을 가지는 TCNTn 레지스터가 필요하다. 따라서 파형 발생 모드를 모드 14로 설정(TCCR1A |= (1 << WGM11) | (0 << WGM10); 문장과 TCCR1B |= (1 << WGM13) | (1 << WGM12); 문장)하는 경우 주기 설정을 위해서 ICRn 레지스터를 사용(ICR1H = TC1_TOP >> 8; 문장과 ICR1L = TC1_TOP & 0xFF; 문장)하며, 이 레지스터에 설정 가능한 최대값은 65535이므로 ICRn = 50000 이라고 가정하고, 듀티비 20%를 만들기 위해서 OCRnx 의 값을 10000으로 설정하면, TCNTn 레지스터는 0부터 50000 까지 계속해서 업 카운트 하게 되고, TCNTn 값이 0부터 10000 까지는 1을 출력하고, 10000부터 50000 까지는 0을 출력하는 듀티비 20%의 PWM 파형을 출력할 수 있다. 한편, DC 모터는 타이머/카운터1의 A PWM 파형에 연결된다.

이러한 제어를 위해서 앞서 설명한 타이머/카운터1의 몇 개의 레지스터 설정만이 필요한 것은 아니며, 타이머/카운터1의 TCCR1A, TCCR1B, TCCR1C, TIMSK, TIFR 등의 제어 레지스터 또한 필요로 하게 된다. 이 레지스터를 제어하기 위한 자세한 설명은 다음의 소스 프로그램 설명을 참조한다.

avr/io.h 헤더 프로그램에는 DDRx 레지스터, PORTx 레지스터 등이 정의되어 있으므로 이들 레지스터를 사용하려면 반드시 포함시켜야 한다.

util/delay.h 헤더 프로그램은 _delay_ms() 또는 _delay_us() 함수를 사용하기 위해서 반드시 포함시켜야 한다.

#define TC1_TOP 0x23FFL 문장은 타이머/카운터1의 TOP 값을 설정하는 매크로이다. 문장에서 0x23FF 다음의 L 문자는 long 자료형을 의미하는 문자이다.

DDRx 레지스터는 포트의 입출력 방향을 결정하는 레지스터이며 x는 포트명이고 DDRxn의 각 비트 값이 0이면 입력, 1이면 출력으로 설정된다. 따라서 DDRA = 0B11111111; 문장과 DDRC = 0B11111111 문장은 포트 A는 DC 모터 제어 신호용 포트로서 모든 비트를 출력하겠다는 의미이고, 포트 C는 LED 제어 신호용 포트로서 모든 비트를 출력하겠다는 의미이다.

DDRB = 0B11100000; 문장은 포트 B의 7번, 6번, 5번 비트를 출력으로 설정하겠다는 의미이다. 여기서 포트 B는 타이머/카운터1의 PWM 파형을 출력하는 포트로 사용되므로, 반드시 디지털 입출력 방향을 출력으로 설정해야만 포트의 핀에 PWM 파형이 출력되므로 반드시 설정해야 한다.

PORTx 레지스터는 포트에 출력할 논리 값을 저장하는 레지스터이며 x는 포트명이다.

TCCR1A = (1 << WGM11) | (0 << WGM10); 문장과 TCCR1B = (1 << WGM13) | (1 << WGM12) | 0x02; 문장은 타이머/카운터1의 파형발생모드를 설정하고, 프리스케일러를 clk / 8로 설정하는 동작을 수행한다.

TCCR1A |= (1 << COM1A1) | (0 << COM1A0); 문장은 타이머/카운터1의 OC1A PWM 출력파형의 동작 모드를 설정하는 문장으로 PWM은 비 반전 모드로 동작하게 된다.

ICR1H = TC1_TOP >> 8; 문장과 ICR1L = TC1_TOP & 0xFF; 문장은 타이머/카운터1의 14번 파형발생 모드 동작에서 TOP 값을 설정하는 동작을 수행한다. 14번 파형 발생모드는 ICR1H, ICR1L 레지스터에 TOP 값을 설정하여 Fast PWM 모드로 동작하는 파형 발생모드이다.

PORTA = 0B00000010; 문장은 L298HN 모터 드라이버 IC에 신호를 출력하여 모터가 정 방향으로 회전하도록 설정하는 기능을 수행한다.

while(1){} 문장은 {} 안의 문장을 무한 반복한다.

OCR1AH = (((TC1_TOP * duty) / 100) >> 8); 문장과 OCR1AL = (((TC1_TOP * duty) / 100) & 0xFF); 문장은 모터의 속도를 결정하는 듀티비를 다시 설정하기 위해 OCR1A 레지스터의 값을 변경하는 기능을 수행한다.

duty++; 문장과 if(duty > 100) duty = 0; 문장은 duty 변수가 0~100 까지 변하도록 설정하는 기능을 수행한다.

PORTC = ~(((duty / 10) << 4) | (duty % 10)); 문장은 PWM 신호의 듀티비를 BCD 코드로 변환하여 LED에 출력하는 기능을 수행한다.

_delay_ms(200); 문장은 200ms 동안 대기한다.

T·I·P

C 언어 소스 프로그램은 CD Drive:₩Source₩ch17₩ch17_step2₩ch17_step2.c 파일을 참조한다.

단계 2 AVR Studio 4를 이용하여 C 언어 소스 프로그램을 Build 한다. 자세한 내용은 5.4.2절의 [단계 2]를 참조한다.

단계 3 PonyProg를 이용하여 ATmega128에 hex 파일을 ISP 다운로드 한다. 자세한 내용은 5.4.2절의 [단계 3]을 참조한다.

단계 4 다운로드가 완료되면 AVR 트레이닝 키트(WES-XUN I)에서 동작을 확인한다. 다음 그림과 같이 SW3 스위치 모듈에서 DC EN 스위치를 아래로 내린다. DC 모터는 정지 상태에서 점차 속도를 높이며 정 방향으로 회전한다. 이때 LED 에서는 현재 모터에 출력되는 듀티비를 BCD 코드로 표시한다. 따라서 LED9부터 LED16까지에는 0 ~ 99까지의 BCD 코드가 표시된다. 한편, DC 모터 제어 블록의 DC DIR LED는 녹색으로 켜진다. 만약 DC 모터가 역 방향으로 회전하게 되면 DC DIR LED는 적색으로 켜진다. 17.4.2절과 같은 동작을 하지만 DC 모터를 PWM을 사용하여 속도를 조절하는 점이 다르다.

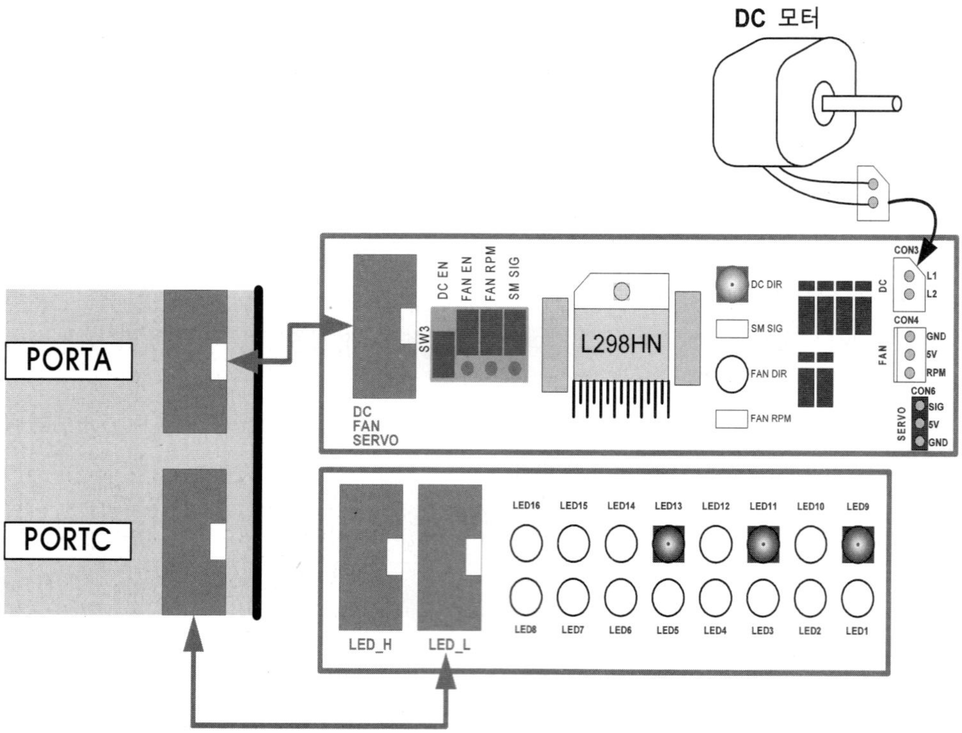

T·I·P

PWM에 대한 자세한 설명은 1.13.1절을 참고하길 바란다.

CHAPTER 18

AVR ATmega128을 사용한 스텝 모터 제어

실습목표

스텝 모터에 대해 알아보고 1상 제어, 2상 제어, 1-2상 제어 방법으로 스텝 모터를 제어해 본다. 또한 정 방향, 역 방향으로 모터를 회전 시키고 속도를 제어한다.

실습이론

18.1 AVR 포트의 출력 제어를 위한 레지스터

DDRx 레지스터는 포트의 입출력 방향을 결정하는 레지스터이며 DDRxn의 비트 값이 0이면 입력, 1이면 출력으로 설정된다. x는 포트명을 가리키는 문자이고 n은 비트를 나타내는 숫자이다. ATmega128에서 레지스터는 0번부터 7번까지 8비트가 존재한다. PORTx 레지스터는 포트에 출력할 논리 값을 저장하는 레지스터이며 x는 포트명이다. 디지털 입출력과 관련한 자세한 내용은 1.14절의 AVR 디지털 입출력 핀 구조를 참조한다.

DDRx : PORTx 데이터 방향 레지스터

Bit	7	6	5	4	3	2	1	0
	DDx7	DDx6	DDx5	DDx4	DDx3	DDx2	DDx1	DDx0
Read/Write	R/W	R/W	R/W	R/W	R/W	R/W	R/W	R/W
Initial Value	0	0	0	0	0	0	0	0

PORTx : PORTx 데이터 레지스터

Bit	7	6	5	4	3	2	1	0
	PORTx7	PORTx6	PORTx5	PORTx4	PORTx3	PORTx2	PORTx1	PORTx0
Read/Write	R/W	R/W	R/W	R/W	R/W	R/W	R/W	R/W
Initial Value	0	0	0	0	0	0	0	0

18.2 스텝 모터 이론

18.2.1 스텝 모터란 ?

그림 18.2.1은 AVR 트레이닝 키트(WES-XUN I)에서 사용하는 스텝 모터의 외형을 나타내고 있다.

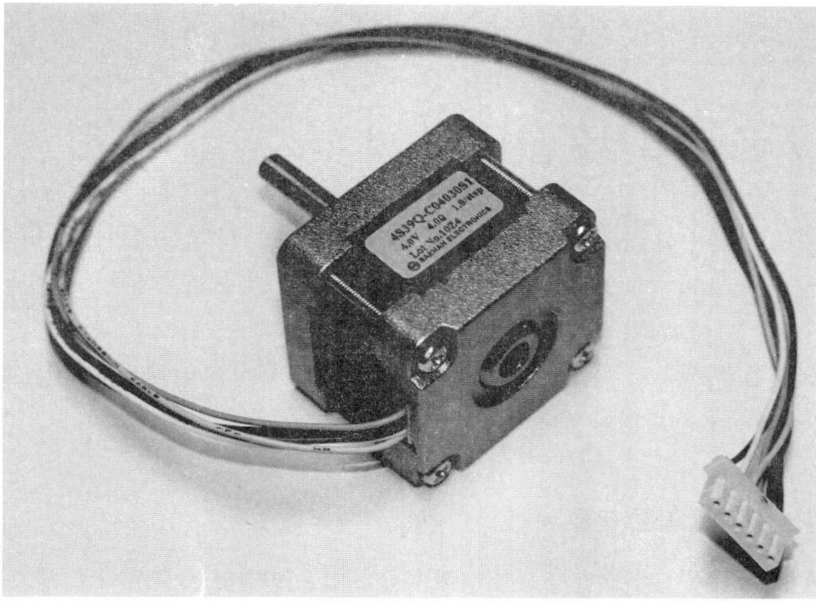

그림 18.2.1 스텝 모터 외형

그림 18.2.2는 스텝 모터를 단순화하여 그린 등가 구조의 모델로 이 모델은 1 스텝 당 90°의 회전각을 가진다. 그러나 실제로는 1상 또는 2상 여자 방식에서는 고정자인 코일이 200개가 존재하여 1 스텝 당 1.8°의 회전각(Full Step)을 가지며, 1-2상 여자 방식에서는 고정자인 코일이 200개가 존재하여 1 스텝 당 0.9°의 회전각(Half Step)을 가지게 된다. 한편, 1상과 2상이 번갈아 가며 동작하므로 A, $\overline{A}$, Center A로 구성되는 한 상과 B와 $\overline{B}$, Center B로 구성되는 2개의 상을 가지는 이상 스텝 모터로 Center A와 Center B에 전원을 공급하고 A와 $\overline{A}$, B와 $\overline{B}$ 에 공급하는 상 신호 값에 따라 스텝 모터의 회전 방향, 스텝 각 등을 지정할 수 있다.

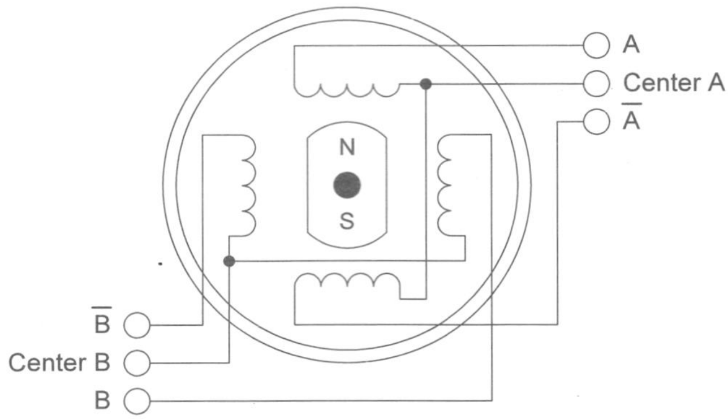

그림 18.2.2 스텝 모터의 등가 모델

18.2.2 스텝 모터 구동 방식

스텝 모터의 제어 해상도는 회전자의 극수(Nph)와 고정자의 위상 수(Ph)에 비례한다.

$$A_{STEP} = \frac{360}{N_{ph} \cdot Ph}$$

스텝 모터를 구동하는 방식에 따라서 Full Step Mode, Half Step Mode가 있고, 그 외에 Micro-Stepping 구동 방식이 있다.

(1) 결선 형태에 따른 분류

① 유니폴라 구동 : 각 코일의 센터 탭에 공급 전압을 연결하고, 코일의 끝 단자들을 0V로 스위칭 하는 구동 방식

② 바이폴라 구동 : 각 코일의 센터 탭을 이용하지 않고, 끝 단자들에 H-bridge 회로 를 연결하여 공급전압과 0V로 스위칭 하는 구동방식

(2) 자력 유도 방식에 따른 분류

① 1상 여자 방식 : 한 순간에 한 종류의 코일에만 전류를 흘려서 스텝 모터가 한 스텝 씩 움직이도록 한다. (Full Step Mode)

② 2상 여자 방식 : 한 순간에 두 종류의 코일에 전류를 흘려서 스텝 모터가 한 스텝씩 움직이도록 한다. (Full Step Mode)

③ 1-2상 여자 방식 : 1상 여자 방식과 2상 여자 방식을 섞어서 사용하여 스텝 모터 가 반 스텝씩 움직이도록 한다.(Half Step Mode)

18.2.3 구동 방식의 동작 예

(1) 유니폴라 1상 여자 방식

그림 18.2.3은 스텝 모터의 단순모델에 그림 18.2.4와 같은 상 신호를 공급하여 고정자를 자화시켜 회전자의 N-S 극에 맞물려 회전하는 모델이다. 그림 18.2.4와 같이 상 신호를 공급하는 순서에 따라 스텝 모터가 정 회전을 하기도하고 역회전을 할 수도 있다. 1상 여자방식이므로 하나의 상 신호에 한 스텝씩 회전한다.

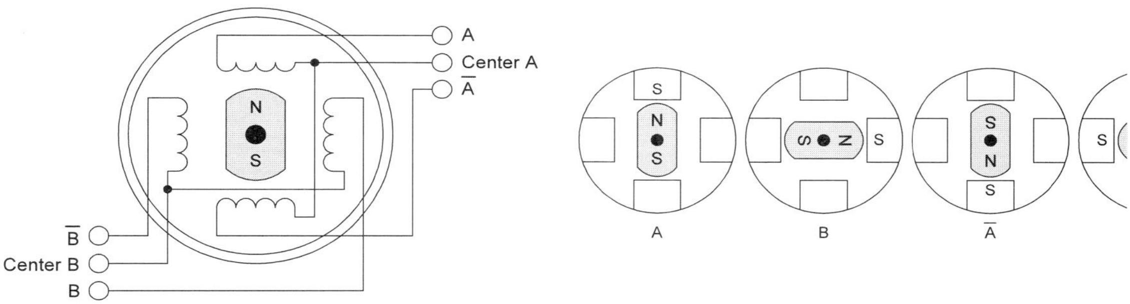

그림 18.2.3 유니폴라 1상 여자 방식의 동작 개념도

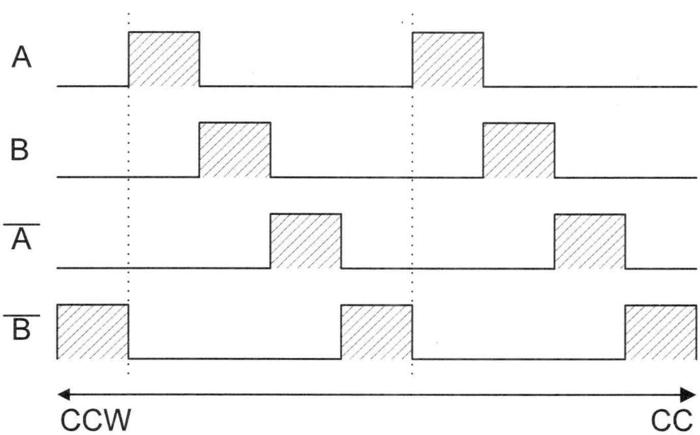

그림 18.2.4 유니폴라 1상 여자 방식의 상 신호

(2) 유니폴라 2상 여자 방식

그림 18.2.5는 동시에 2개의 상이 여자 되는 스텝 모터 구동 방식에 대한 개념도로 그림 18.2.6의 상 신호를 보면 한 순간에 2개의 상이 High 상태를 유지한다. 반면 앞의 그림 18.2.4의 경우에는 한 순간에는 항상 하나의 상 신호만이 High가 된다. 동시에 2개의 상이 자화되므로 1상 여자방식에 비해 보다 큰 토크를 얻을 수 있다.

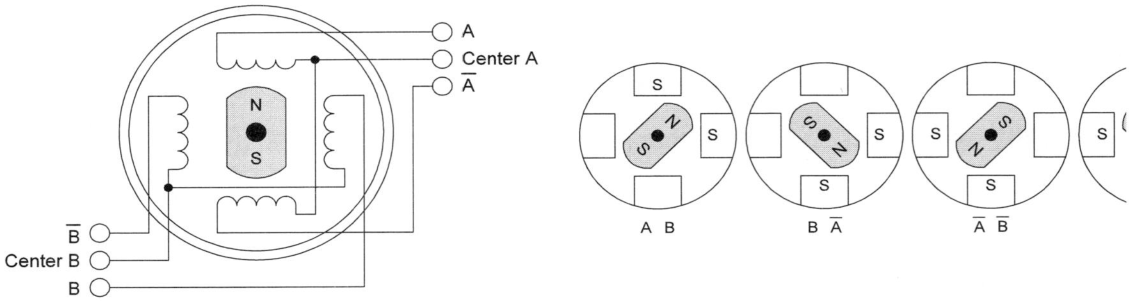

그림 18.2.5 유니폴라 2상 여자 방식의 동작 개념도

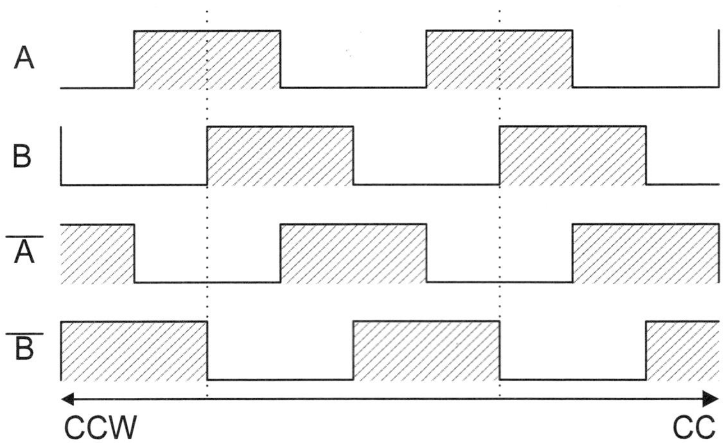

그림 18.2.6 유니폴라 2상 여자 방식의 상 신호

(3) 유니폴라 1-2상 여자 방식

그림 18.2.7은 1-2상 여자 방식에 대한 동작 개념도이며, 이때 스텝 모터에 공급되는 상 신호는 그림 18.2.8과 같이 공급한다. 그림 18.2.8에서 보듯이 1-2상 여자 방식은 1상 여자 방식과 2상 여자 방식을 혼합한 형태로 1상 또는 2상 여자 방식으로 구동할 때의 절반의 스텝 각으로 구동이 가능하여 보다 정밀하게 모터의 위치를 제어할 수 있는 장점을 가진다. 단점은 1개의 상이 여자 되는 경우와 2개의 상이 여자 될 때 스텝 모터의 토크에 변화가 생긴다.

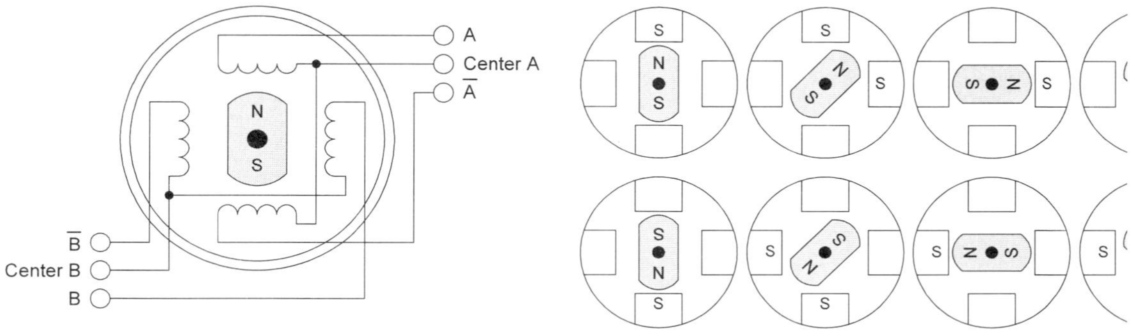

그림 18.2.7 유니폴라 1-2상 여자 방식의 동작 개념도

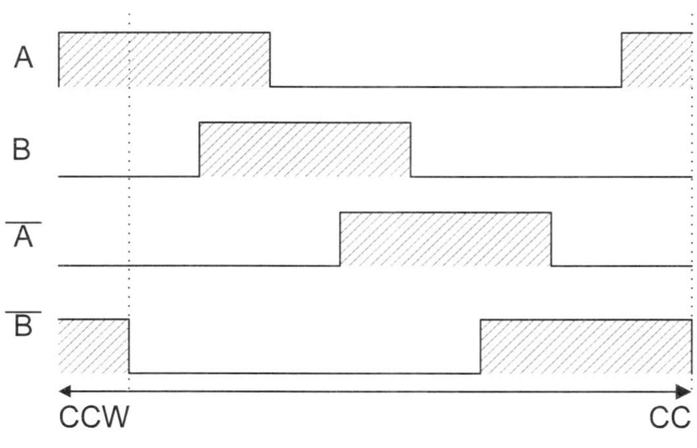

그림 18.2.8 유니폴라 1-2상 여자 방식의 상 신호

(4) 바이폴라 1상 여자 방식

그림 18.2.9는 바이폴라 구동방식일 경우 1상 여자일 때의 동작 개념도이며 그림 18.2.10은 바이폴라 1상 여자 방식의 구동에 공급되는 A, B의 상 신호이다. 그림 18.2.3의 유니폴라 1상 여자 방식과 비교하여 유니폴라 구동일 경우에는 한 순간에 A 또는 B상 하나만 여자 되나 바이폴라의 경우에는 A와 $\overline{A}$ 또는 B와 $\overline{B}$가 동시에 여자 되어 그림 18.2.9와 같이 동시에 2개의 고정자가 여자 되어 유니폴라 구동 방식에 비해 큰 토크를 가진다.

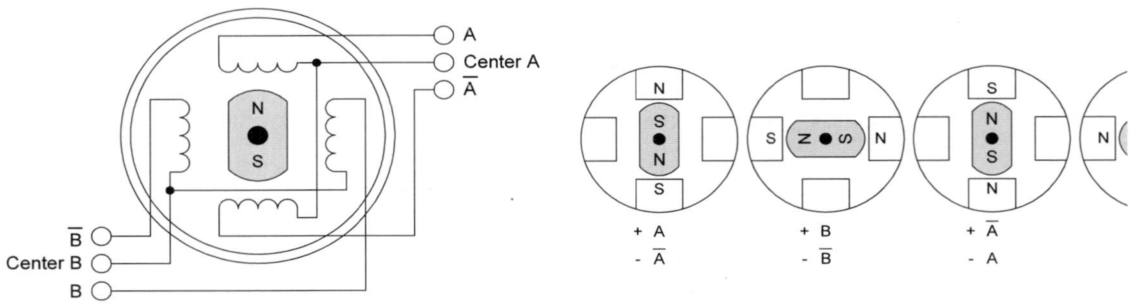

그림 18.2.9 바이폴라 2상 여자 방식의 동작 개념도

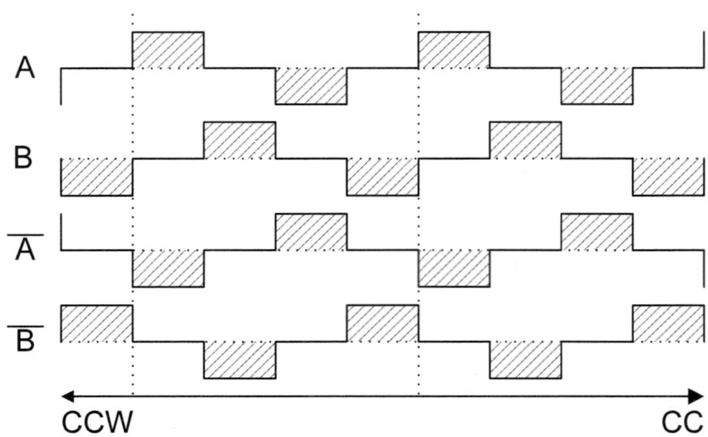

그림 18.2.10 바이폴라 2상 여자 방식의 상 신호

(5) 바이폴라 2상 여자 방식

그림 18.2.11은 바이폴라 2상 여자 방식의 동작 개념도이며 그림 18.2.12는 바이폴라 2상 여자 방식의 구동에 공급되는 A, B의 상 신호이다. 유니폴라 2상 여자 방식과 같이 동시에 2개의 상이 모두 여자 되나 바이폴라 방식이므로 A와 $\overline{A}$, B와 $\overline{B}$ 모두 여자 되는 방식을 취한다. 스텝 모터의 동작 방식 중 가장 큰 토크를 얻을 수 있는 구동 방식이다.

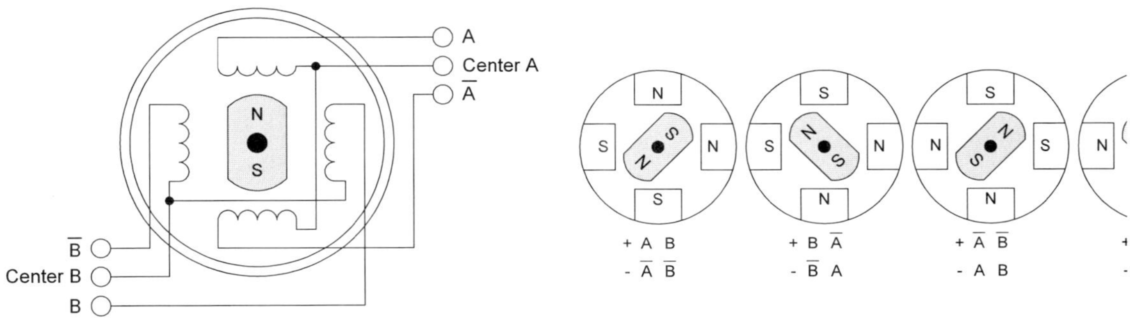

그림 18.2.11 바이폴라 2상 여자 방식의 동작 개념도

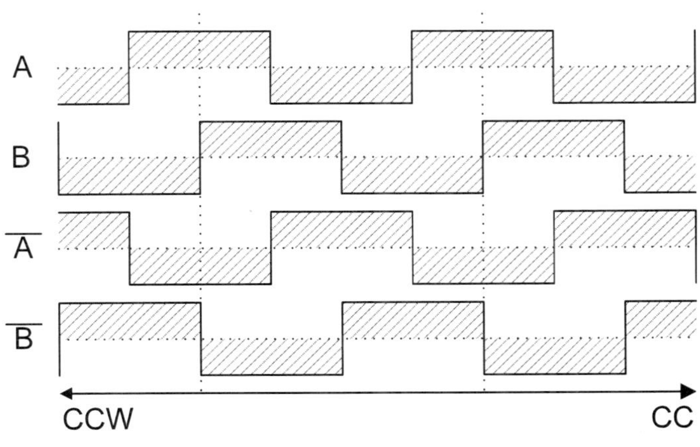

그림 18.2.12 바이폴라 2상 여자 방식의 상 신호

(6) 바이폴라 1-2상 여자 방식

그림 18.2.13은 1-2상 여자 방식에 대한 동작 개념도이며, 이때 스텝 모터에 공급되는 상 신호는 그림 18.2.14와 같이 공급한다. 그림 18.2.11에서 보듯이 1-2상 여자 방식은 1상 여자 방식과 2상 여자 방식을 혼합한 형태로 1상 또는 2상 여자 방식으로 구동할 때의 절반의 스텝 각으로 구동이 가능하여 보다 정밀하게 스텝 모터의 위치를 제어할 수 있는 장점을 가진다. 단점은 1개의 상이 여자 되는 경우와 2개의 상이 여자 될 때 모터의 토크에 변화가 생긴다.

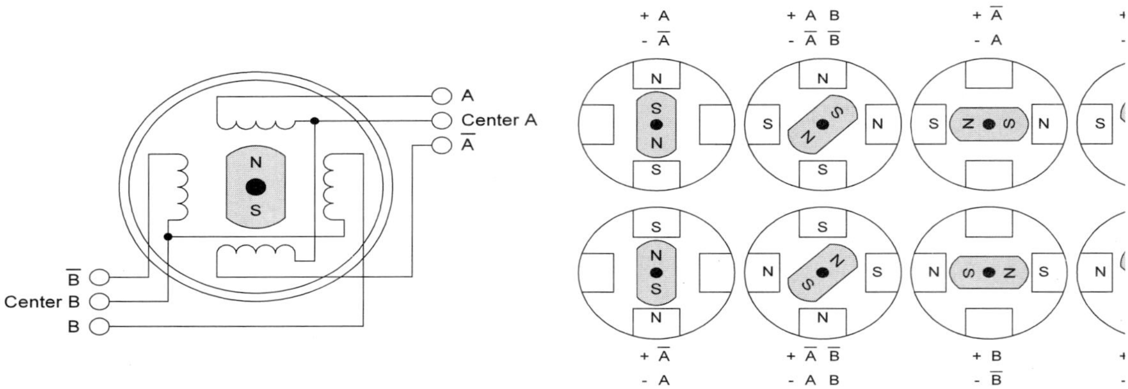

그림 18.2.13 바이폴라 1-2상 여자 방식의 동작 개념도

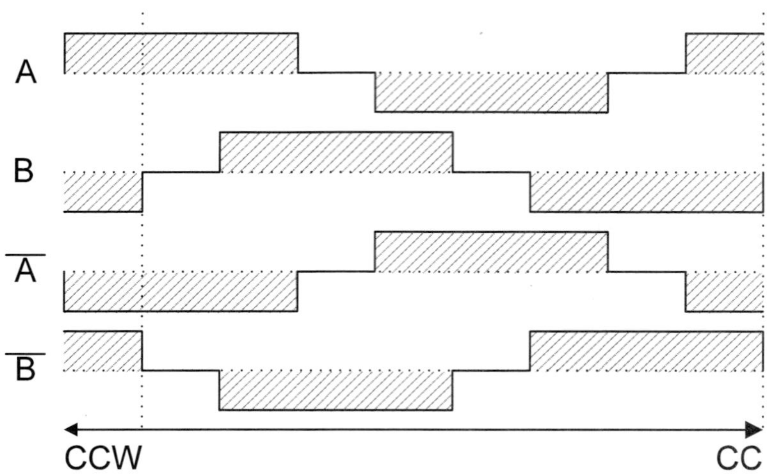

그림 18.2.14 바이폴라 1-2상 여자 방식의 상 신호

18.3 AVR 트레이닝 키트(WES-XUN I)에서의 스텝 모터 제어회로

그림 18.3.1은 AVR 트레이닝 키트(WES-XUN I)의 스텝 모터 블록을 나타내고 있다.

ULN2803AG IC는 작은 전류의 입력 신호를 높은 전류 신호로 출력해주는 달링턴 어레이 IC로서 스텝 모터 드라이버 IC이다. 즉, 그림 18.3.2 (b)와 같이 전류를 증폭하기 위한 직렬 TR 회로가 병렬로 8개가 내장된 IC로 입력에 논리 1의 작은 전류가 입력되면, 출력 핀에는 IC가 전류를 흡입하는 방향으로 높은 전류가 흐르게 된다. 표 18.3.1에 STEP 커넥터의 핀들과 스텝 모터 드라이버 IC 핀들의 연결 관계가 나타나 있으며, 그림 18.3.2은 ULN2803AG IC의 내부 구조를 나타내고 있다.

표 18.3.1 STEP 커넥터의 핀들과 DC 모터 드라이버 IC 핀들의 연결 관계

STEP 커넥터 핀	스텝 모터 드라이버 IC
1(X0)	A
2(X1)	B
3(X2)	$\overline{A}$
4(X3)	$\overline{B}$
8(LDM_E)	스텝 모터 제어에 사용되지 않으며 AVR 트레이닝 키트(WES-XUN I)의 LDM16을 제어할 때 사용하는 신호이다.

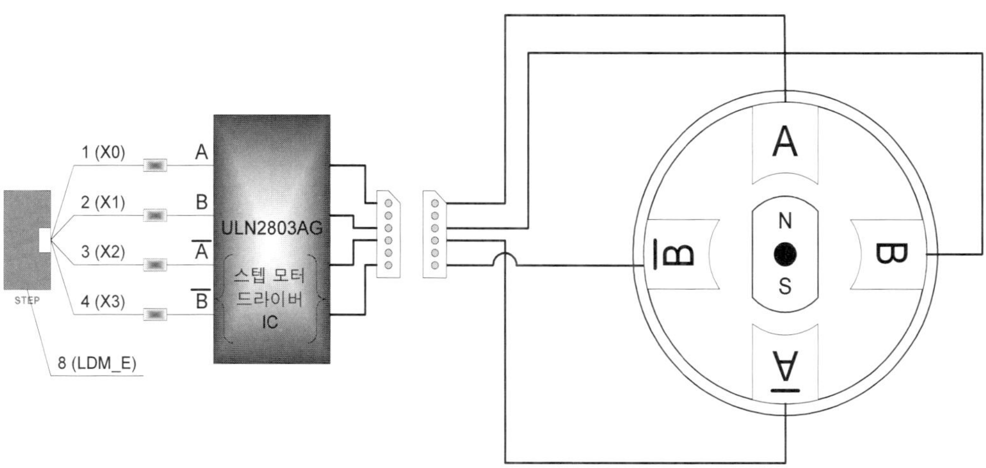

그림 18.3.1 AVR 트레이닝 키트(WES-XUN I)의 스텝 모터 블록

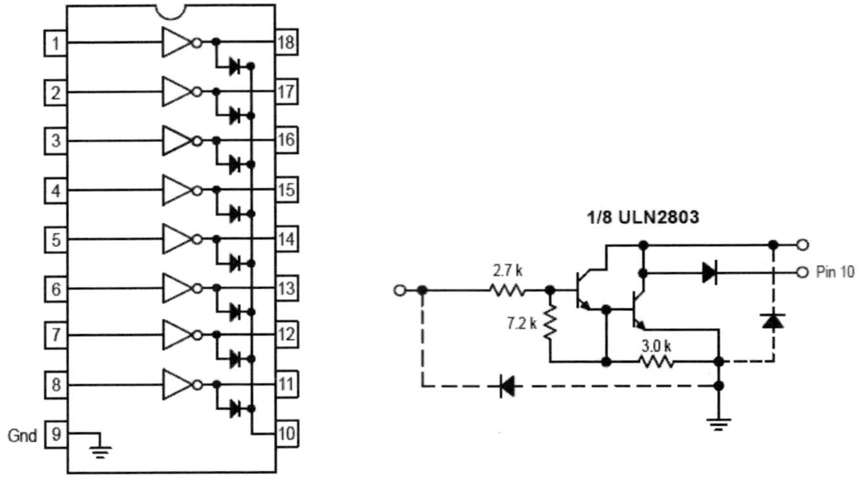

(a) ULN2803AG IC의 핀 아웃 (b) UNL2803AG IC의 내부 회로도

그림 18.3.2 ULN2803AG IC의 내부 구조

그림 18.3.3은 일반 스텝 모터의 Full Step 각도를 나타내고 있다. 스텝 모터는 1상 또는 2상 제어 모드에서 한 개의 클록 당 1.8°로 움직이며, 이 각도를 Full Step 이라고 한다. 한편, 1-2상 여자 제어 방식의 경우 1상과 2상이 번갈아 가며 동작하므로 0.9°씩 움직이며 이런 동작 모드를 Half Step 모드라고 한다.

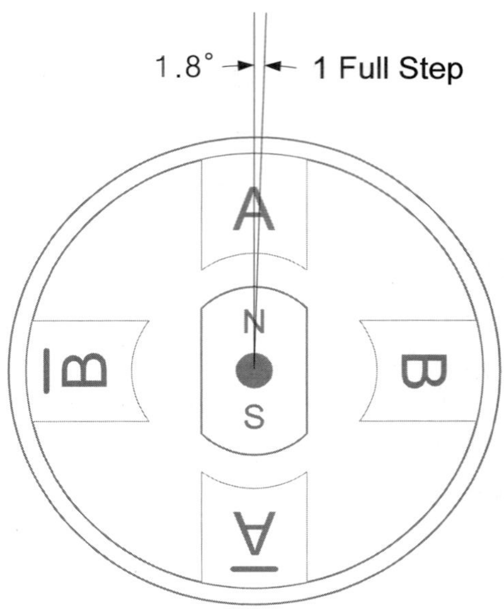

그림 18.3.3 일반 스텝 모터의 Full Step 각도

실습내용

18.4 AVR 트레이닝 키트(WES-XUN I)에서 동작해보기

18.4.1 AVR 트레이닝 키트(WES-XUN I)의 동작을 위한 준비 사항

단계 1 그림 18.4.1과 같이 전원을 켜고 ISP 다운로드 모듈을 연결한다.

그림 18.4.1 전원을 켜고 ISP 다운로드 모듈을 연결

단계 2 그림 18.4.2와 같이 IDC Flat 10P 케이블을 이용해 STEP 커넥터(IDC15)와 AVR MCU Module(ATmega128)의 PORTF와 연결한다. 연결 시 케이블의 방향이 맞도록 홈에 잘 맞추어 삽입한다. 마지막으로 AVR 트레이닝 키트(WES-XUN I)에 스텝 모터를 연결한다. 한편, 스텝 모터의 6핀 커넥터를 AVR 트레이닝 키트(WES-XUN I)의 STEP 커넥터(CON5)에 연결해야 한다. 연결 시 케이블의 방향이 맞도록 홈에 잘 맞추어 삽입한다.

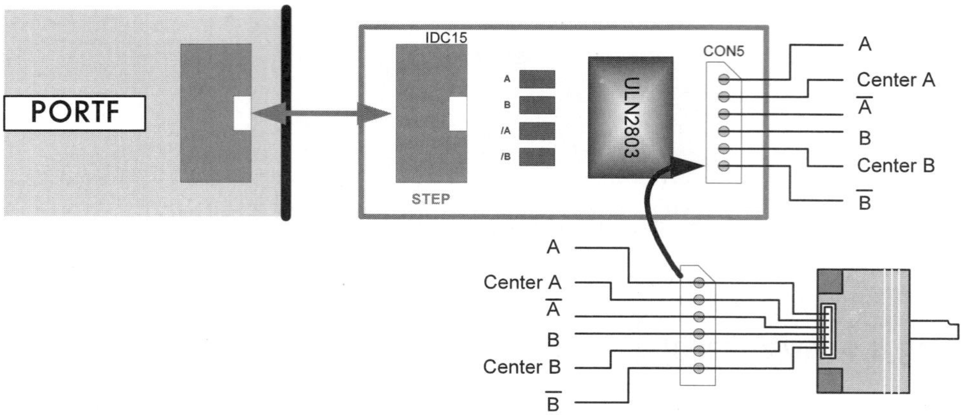

PORTF ⇔ STEP

PORTF	BIT7	BIT6	BIT5	BIT4	BIT3	BIT2	BIT1	BIT0
Device Pin	–	–	–	–	$\overline{B}$	$\overline{A}$	B	A
입출력	–	–	–	–	Out	Out	Out	Out

그림 18.4.2 스텝 모터 실험을 위한 회로 연결

포트 F는 ADC의 아날로그 입력 채널로 사용되는 특수 기능을 가지고 있으므로, 포트 F를 디지털 입출력으로 사용할 경우 EXT_ADC 커넥터의 센서 모듈을 분리하고, ADC VR 스위치와 CLK 스위치 2개를 위로 올려야 한다. 만약, 센서 모듈이 분리되지 않거나, ADC VR 스위치가 내려가 있는 경우에는 오동작의 원인이 될 수 있다. 그림 18.4.3은 포트 F를 디지털 입출력으로 사용시에 주의해야할 사항을 나타내고 있다.

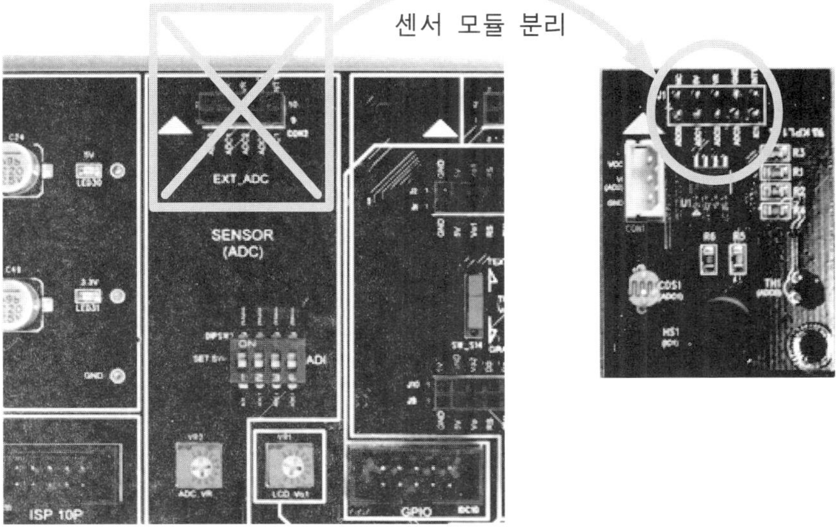

(a) EXT_ADC 커넥터의 센서 모듈 분리

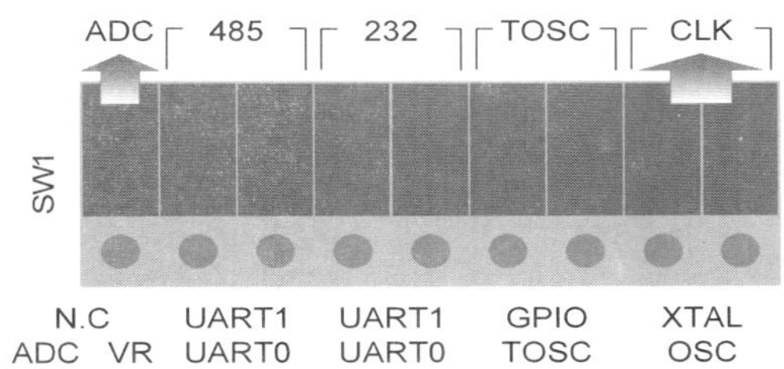

(b) ADC VR 스위치와 CLK 스위치 2개를 위로 올림

그림 18.4.3 포트 F를 디지털 입출력으로 사용시에 주의해야할 사항

18.4.2 유니폴라 1상 여자 제어 방식으로 스텝모터를 정 방향으로 회전하도록 제어하는 예제

단계 1 AVR Studio 4에서 새로운 project를 생성하고, C 언어 소스 프로그램을 작성하여 저장한다. 자세한 내용은 5.4.2절의 [단계 1]을 참조한다.

[단계 1]-(1) Project type은 AVR GCC를 선택하고, Project name:은 ch18_step1, Initial file:은 ch18_step1이라고 입력하고, Create initial file과 Create folder를 체크하고, Location:은 C:₩avr_test를 선택한 후에 [Next >>] 버튼을 누르고 다음 단계로 진행한다.

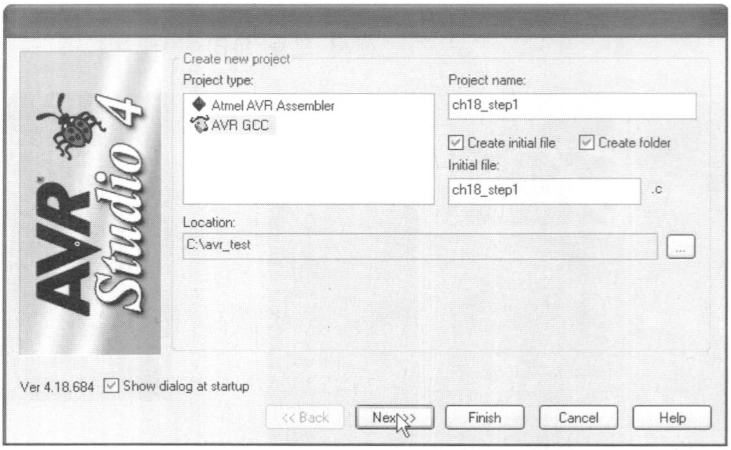

[단계 1]-(2) AVR Studio 4 편집 화면에 다음과 같이 C 언어 소스 프로그램을 작성하여 저장한다.

```
//
// ch18_step1.c
//

// ATmega128의 레지스터 등이 정의되어 있음
#include <avr/io.h>

// _delay_ms() 함수 등이 정의되어 있음
#include <util/delay.h>

// C 언어의 주 실행 함수
int main(void){
	unsigned char i;		// 8비트의 변수 선언

	// 포트 F의 방향 설정, 0 : 입력, 1 : 출력
	// PF7  PF6  PF5  PF4  PF3 PF2  PF1  PF0
	// In   In   In   In   Out    Out  Out  Out
	DDRF = 0B00001111;
	while(1){
		// 유니폴라 1상 여자 방식으로 출력되도록 반복함
		for(i = 0x11; i; i >>= 1,  i |= i << 4){
			// 포트 F에 상 신호 출력
			PORTF = i;
```

```
                _delay_ms(2);     // 2ms 동안 대기

                // i |= i << 4 문장은
                // 하위 4비트가 상위 4비트로 복사되도록 한다.
            }
    }

    // 함수의 형태와 같이 정수형(int)의 값을 반환함
    return 1;
}
```

C 언어 소스 프로그램 설명

핵심포인트

스텝 모터는 4개의 상(A, B, $\overline{A}$, $\overline{B}$)에 1상 여자 또는 2상 여자 또는 1-2상 여자 제어 방식으로 신호를 주기적으로 출력함으로써 제어된다.

avr/io.h 헤더 프로그램에는 DDRx 레지스터, PORTx 레지스터 등이 정의되어 있으므로 이들 레지스터를 사용하려면 반드시 포함시켜야 한다.

util/delay.h 헤더 프로그램은 _delay_ms() 또는 _delay_us() 함수를 사용하기 위해서 반드시 포함시켜야 한다.

unsigned char i; 문장은 8비트의 부호를 사용하지 않는 i의 변수 선언이다. i 변수는 스텝 모터의 제어 신호를 저장하는 변수가 된다.

DDRx 레지스터는 포트의 입출력 방향을 결정하는 레지스터이며 x는 포트명이고 DDRxn의 각 비트 값이 0이면 입력, 1이면 출력으로 설정된다. 따라서 DDRF = 0B00001111 문장은 F 포트의 상위 4개 비트는 입력으로 설정하고, 하위 4개 비트는 출력으로 설정하겠다는 의미이다.

PORTx 레지스터는 포트에 출력할 논리 값을 저장하는 레지스터이며 x는 포트명이다.

for(i = 0x11; i; i >>= 1, i |= i << 4) 문장은 i 변수의 초기 값을 0x11로 하여 i가 0이 아니면 i를 우측으로 1비트씩 시프트 하여 반복하는 반복문이다. i 변수가 0x11 일 때에는 A 상의 논리가 1이 되며, i 변수가 0x88 일에는 $\overline{B}$ 상의 논리가 1이 되며, i 변수가 0x44 일 때에는 $\overline{A}$ 상의 논리가 1이 되며, i 변수가 0x22 일 때에는 B 상의 논리가 1이 된다. 이러한 순서로 스텝 모터에 신호를 출력한다. i |= i << 4; 문장은 i 변수의 하위 4비트를 좌측으로 4번 시프트 하여 논리합을 연산하고, 결과를 다시 i 변수에 저장하라는 의미이다. 이것은 하위 4비트의 값을 상위 4에 똑같이 대입하도록 하는 동작을 한다. 따라서 i는 상위 4비트와 하위 4비트가 같은 0x11, 0x22, 0x44, 0x88의 값을 가질 수 있게 된다.

PORTF = i; 문장은 i 변수에 저장된 값을 F 포트에 출력하겠다는 의미이다. i 변수는 스텝모터의 제어신호를 저장하고 있으므로 F 포트에 연결된 스텝 모터에 유니폴라 1상 제어신호를 출력하게 된다.

_delay_ms(2); 문장은 2ms 동안 대기하라는 의미이다.

이때 무한루프인 while(1)에 모든 문장이 포함되어 있으므로 스텝 모터에 유니폴라 1상 제어신호가 계속해서 출력되어 스텝모터는 정 방향 회전 동작을 계속해서 반복하게 된다.

T·I·P

C 언어 소스 프로그램은 CD Drive:₩Source₩ch18₩ch18_step1₩ch18_step1.c 파일을 참조한다.

단계 2 AVR Studio 4를 이용하여 C 언어 소스 프로그램을 Build 한다. 자세한 내용은 5.4.2절의 [단계 2]를 참조한다.

단계 3 PonyProg를 이용하여 ATmega128에 hex 파일을 ISP 다운로드 한다. 자세한 내용은 5.4.2절의 [단계 3]을 참조한다.

단계 4 다운로드가 완료되면 AVR 트레이닝 키트(WES-XUN I)에서 동작을 확인한다. 스텝 모터의 출력되는 논리 상태를 표시하는 A LED, B LED, /A LED, /B LED에 스텝 모터의 1상 제어방식과 같은 순서로 켜지게 된다. 또한 모터는 정 방향으로 회전하게 된다. C 언어 소스 프로그램의 _delay_ms(2); 문자에서 인수 2를 다른 큰 숫자(50)로 바꾸게 되면 스텝 모터의 출력되는 논리 상태를 표시하는 제어 신호가 천천히 변하여 LED A, B, /A, /B에 스텝 모터의 1상 제어방식과 같은 순서로 켜지는 것을 천천히 확인 할 수 있다.

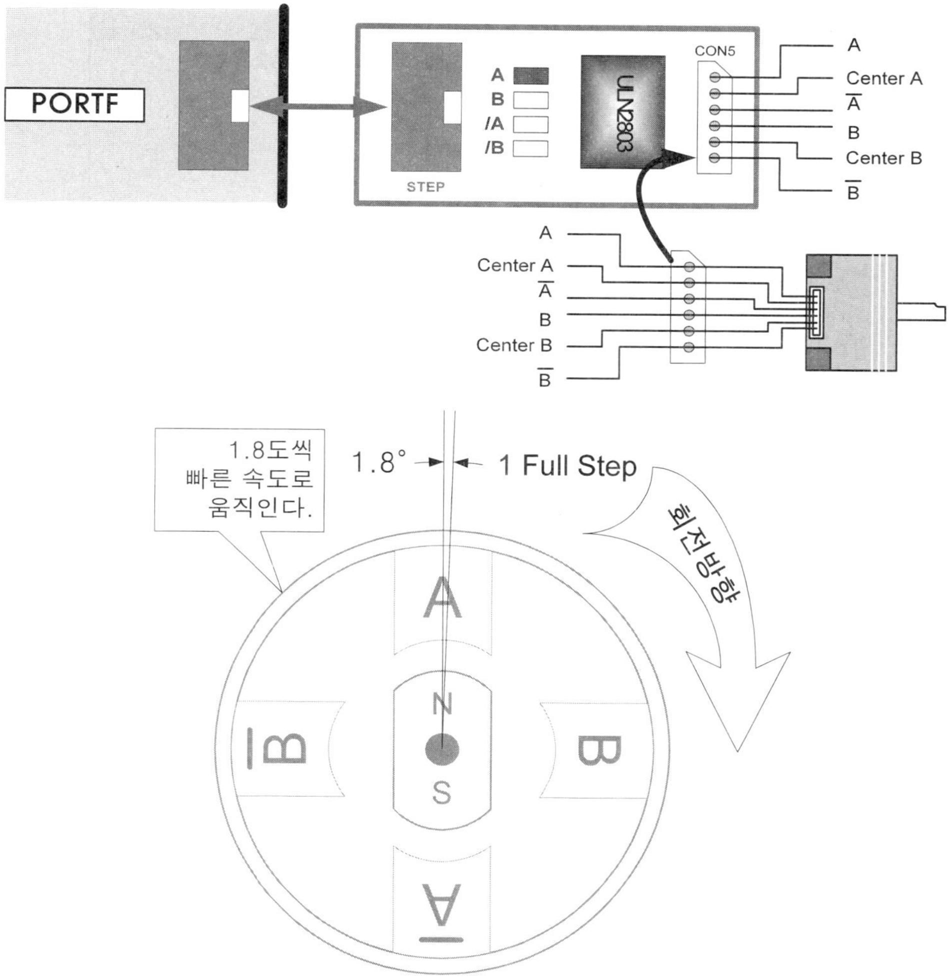

18.4.3 배열을 활용한 3가지 유니폴라(1상여자, 2상여자, 1-2상 여자) 제어 방식으로 스텝 모터를 정 방향으로 회전하도록 제어하는 예제

단계 1 AVR Studio 4에서 새로운 project를 생성하고, C 언어 소스 프로그램을 작성하여 저장한다. 자세한 내용은 5.4.2절의 [단계 1]을 참조한다.

[단계 1]-(1) Project type은 AVR GCC를 선택하고, Project name:은 ch18_step2, Initial file:은 ch18_step2이라고 입력하고, Create initial file과 Create folder를 체크하고, Location:은 C:₩avr_test를 선택한 후에 [Next >>] 버튼을 누르고 다음 단계로 진행한다.

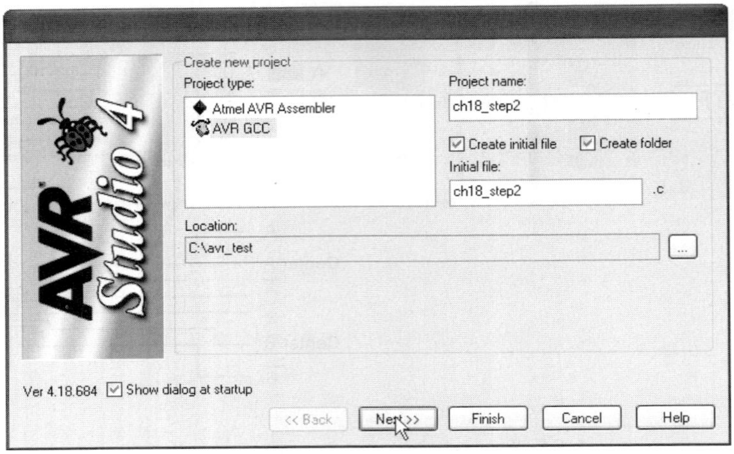

[단계 1]-(2) AVR Studio 4 편집 화면에 다음과 같이 C 언어 소스 프로그램을 작성하여 저장한다.

```
//
// ch18_step2.c
//

// ATmega128의 레지스터 등이 정의되어 있음
#include <avr/io.h>

// _delay_ms() 함수 등이 정의되어 있음
#include <util/delay.h>

#define    PH_A     (1 << 0)  // A상 출력
#define    PH_B     (1 << 1)  // B상 출력
#define    PH_NA    (1 << 2)  // A̅상 출력
#define    PH_NB    (1 << 3)  // B̅상 출력


int main(void){
      unsigned int i;
      // 상을 바꿀 횟수
      // 클록수를 설정하는 것과 동일함.
      unsigned int pulse = 200;
```

```
    // 유니폴라 1상 여자 제어 방식의 상변화 배열
    unsigned char StepUni_1_Phase[] = {PH_A, PH_B, PH_NA, PH_NB};

    // 유니폴라 2상 여자 제어 방식의 상변화 배열
    unsigned char StepUni_2_Phase[] = {
        (PH_A | PH_B), (PH_B | PH_NA),
        (PH_NA | PH_NB), (PH_NB | PH_A)
    };

    // 유니폴라 1-2상 여자 제어 방식의 상변화 배열
    unsigned char StepUni_12_Phase[] = {
        PH_A, (PH_A | PH_B), PH_B, (PH_B | PH_NA),
        PH_NA, (PH_NA | PH_NB), PH_NB, (PH_NB | PH_A)
    };

    // 포트 F의 방향 설정, 0 : 입력, 1 : 출력
    // PF7  PF6  PF5  PF4  PF3  PF2  PF1  PF0
    // In   In   In   In   Out  Out  Out  Out
    DDRF = 0B00001111;

    while(1){
        for(i = 0; i < pulse; i++){
            // PORTF = StepUni_1_Phase[(i % 4)];     // 유니폴라 1상 여자 제어
            // PORTF = StepUni_2_Phase[(i % 4)];     // 유니폴라 2상 여자 제어
            PORTF = StepUni_12_Phase[(i % 8)];      // 유니폴라 1-2상 여자 제어
            _delay_ms(2);
        }
        _delay_ms(1000);
    }

    // 함수의 형태와 같이 정수형(int)의 값을 반환함
    return 1;
}
```

C 언어 소스 프로그램 설명

핵심포인트

스텝 모터는 일반적으로 풀 스텝 모드 각이 1.8°이므로 1상 여자 제어방식과 2상 여자 제어방식에서는 200개의 펄스를 출력함으로서 모터는 1회전 하고, 1-2상 여자 제어방식은 하프 스텝 모드로 동작하므로 400개의 펄스를 출력함으로서 모터는 1회전하게 된다.

avr/io.h 헤더 프로그램에는 DDRx 레지스터, PORTx 레지스터 등이 정의되어 있으므로 이들 레지스터를 사용하려면 반드시 포함시켜야 한다.

util/delay.h 헤더 프로그램은 _delay_ms() 또는 _delay_us() 함수를 사용하기 위해서 반드시 포함시켜야 한다.

#define PH_A (1 << 0) 문장은 PH_A를 (1 << 0)으로 치환하는 매크로로서 스텝모터의 A상과 연결된 핀의 논리를 1로 하겠다는 의미이다.

#define PH_B (1 << 1) 문장은 PH_B를 (1 << 1)으로 치환하는 매크로로서 스텝모터의 B상과 연결된 핀의 논리를 1로 하겠다는 의미이다.

#define PH_NA (1 << 2) 문장은 PH_NA를 (1 << 2)으로 치환하는 매크로로서 스텝모터의 $\overline{A}$상과 연결된 핀의 논리를 1로 하겠다는 의미이다.

#define PH_NB (1 << 3) 문장은 PH_NB를 (1 << 3)으로 치환하는 매크로로서 스텝모터의 $\overline{B}$상과 연결된 핀의 논리를 1로 하겠다는 의미이다.

unsigned int i; 문장은 16비트의 부호를 사용하지 않는 i의 변수 선언이다. i 변수는 반복문에서 사용된다.

unsigned int pulse; 문장은 16비트의 부호를 사용하지 않는 i의 변수 선언이다. pulse 변수는 반복문에서 출력되는 펄스의 개수를 제한하는 용도로 사용된다.

unsigned char StepUni_1_Phase[]; 문장은 8비트의 부호를 사용하지 않는 StepUni_1_Phase 명을 가진 배열의 선언이다. 이 배열에는 유니폴라 1상 여자제어 신호가 배열에 순서대로 저장된다. 배열의 데이터 개수는 4개이다.

unsigned char StepUni_2_Phase[]; 문장은 8비트의 부호를 사용하지 않는 StepUni_2_Phase 명을 가진 배열의 선언이다. 이 배열에는 유니폴라 2상 여자제어 신호가 배열에 순서대로 저장된다. 배열의 데이터 개수는 4개이다.

unsigned char StepUni_12_Phase[]; 문장은 8비트의 부호를 사용하지 않는 StepUni_12_Phase 명을 가진 배열의 선언이다. 이 배열에는 유니폴라 1-2상 여자제어 신호가 배열에 순서대로 저장된다. 배열의 데이터 개수는 8개이다.

DDRx 레지스터는 포트의 입출력 방향을 결정하는 레지스터이며 x는 포트명이고 DDRxn의 각 비트 값이 0이면 입력, 1이면 출력으로 설정된다. 따라서 DDRF = 0B00001111 문장은 F 포트의 상위 4개 비트는 입력으로 설정하고, 하위 4개 비트는 출력으로 설정하겠다는 의미이다.

PORTx 레지스터는 포트에 출력할 논리 값을 저장하는 레지스터이며 x는 포트명이다.

for(i = 0; i 〈 pulse; i++) 문장은 i 변수의 초기 값을 0으로 하여 i가 pulse 변수의 값보다 작으면 i를 1씩 증가하여 반복하는 반복문이다.

PORTF = StepUni_1_Phase[(i%4)]; 문장은 i 변수의 값에 따라 스텝모터의 1상 제어 신호를 F 포트에 출력하겠다는 의미이다. 이 문장은 주석 처리 되었으므로 다른 스텝 모터 제어 신호 문장을 주석 처리한 후에 이 문장의 주석을 없애고 빌드하여 다운로드 하면 동작을 확인할 수 있다.

PORTF = StepUni_2_Phase[(i%4)]; 문장은 i 변수의 값에 따라 스텝모터의 2상 제어 신호를 F 포트에 출력하겠다는 의미이다. 이 문장은 주석 처리 되었으므로 다른 스텝 모터 제어 신호 문장을 주석 처리한 후에 이 문장의 주석을 없애고 빌드하여 다운로드 하면 동작을 확인할 수 있다.

PORTF = StepUni_12_Phase[(i%8)]; 문장은 i 변수의 값에 따라 스텝모터의 1-2상 제어 신호를 F 포트에 출력하겠다는 의미이다. 다른 스텝 모터 제어 신호 문장을 주석 처리한 후에 이 문장의 주석을 없애고 빌드하여 다운로드 하면 동작을 확인할 수 있다.

_delay_ms(2); 문장은 2ms 동안 대기하겠다는 의미이다.

따라서 F 포트에 출력되는 제어 신호를 어떠한 방식으로 출력하느냐에 따라 모터의 회전각도가 달라지는데, 1상 또는 2상 제어의 경우 200 펄스에서 360도 회전을 하게 되고, 1-2상 제어의 경우 200 펄스에서 180도 회전을 하게 된다.

T·I·P

C 언어 소스 프로그램은 CD Drive:₩Source₩ch18₩ch18_step2₩ch18_step2.c 파일을 참조한다.

단계 2 AVR Studio 4를 이용하여 C 언어 소스 프로그램을 Build 한다. 자세한 내용은 5.4.2절의 [단계 2]를 참조한다.

단계 3 PonyProg를 이용하여 ATmega128에 hex 파일을 ISP 다운로드 한다. 자세한 내용은 5.4.2절의 [단계 3]을 참조한다.

단계 3 다운로드가 완료되면 AVR 트레이닝 키트(WES-XUN I)에서 동작을 확인한다. 1초에 한번 씩 정해진 200개의 펄스를 출력한다. 1상 및 2상 제어의 경우 200개 펄스를 출력하면 정확히 360° 회전하며, 1-2상 제어의 경우 200개 펄스를 출력하면 정확히 180° 회전한다. 한편, 스텝 모터의 출력되는 논리 상태를 표시하는 LED A, B, /A, /B에 스텝 모터의 1상 및 2상, 1-2상 제어방식과 같은 순서로 켜지게 된다.

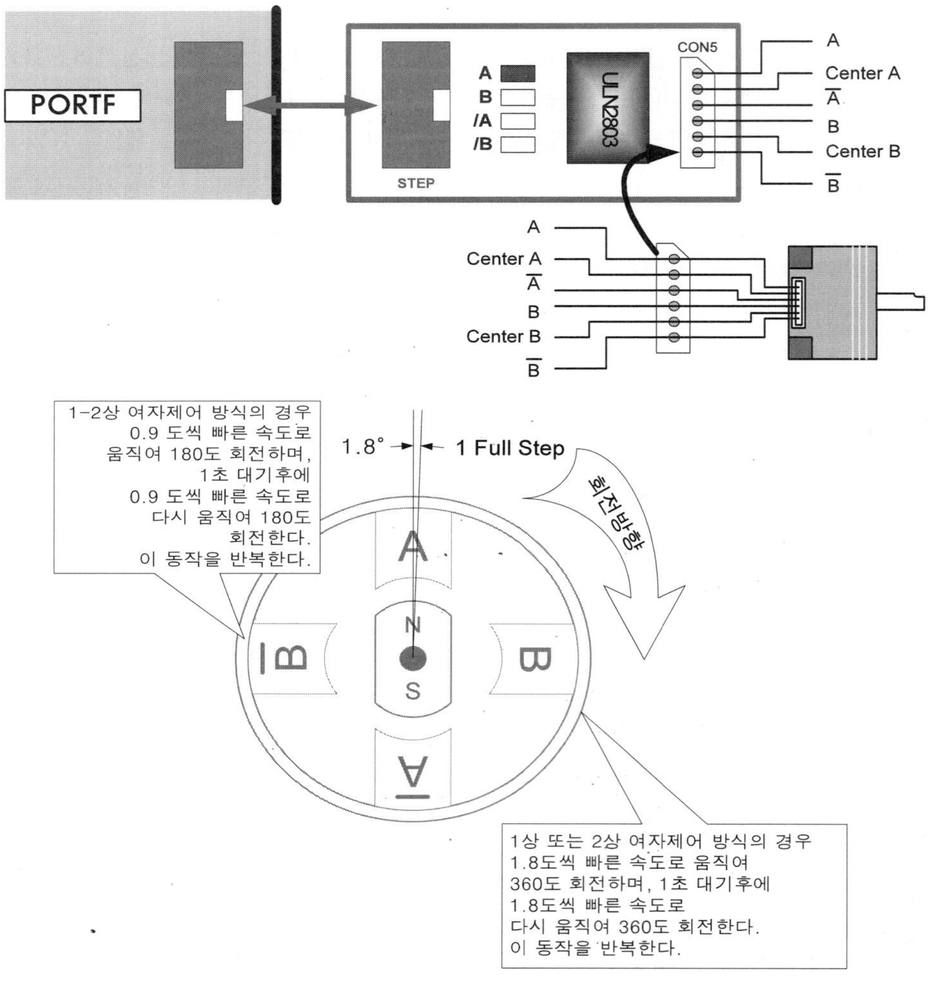

T·I·P

스텝 모터는 1상 여자 제어 방식의 경우 A → B → $\overline{A}$ → $\overline{B}$ 순으로 상을 변화 시키면 정 방향(시계 방향)으로 회전한다. 만약 이 순서의 반대로 상을 변화시키면 스텝 모터는 역 방향(반시계 방향)으로 회전한다.

CHAPTER 19

AVR ATmeag128을 사용한 서보 모터 제어

실습목표

기계공학이나 제어공학적 관점에서 서보(Servo) 라는 단어의 의미는 추종하거나 명령에따라 한다는 의미다. 따라서 명령에 따라 정확한 위치와 속도를 조정할 수 있는 모터를 서보 모터라고 한다. 여기에서는 서보 모터를 PWM 신호를 이용해 제어한다.

실습이론

19.1 AVR PWM 제어를 위한 레지스터

DDRx 레지스터는 포트의 입출력 방향을 결정하는 레지스터이며 DDRxn의 비트 값이 0이면 입력, 1이면 출력으로 설정된다. x는 포트명을 가리키는 문자이고 n은 비트를 나타내는 숫자이다. ATmega128에서 레지스터는 0번부터 7번까지 8비트가 존재한다. PORTx 레지스터는 포트에 출력할 논리 값을 저장하는 레지스터이며 x는 포트명이다. PINx는 DDRx 레지스터, PORTx 레지스터 등과 달리 포트의 논리를 읽을 수 있는 어드레스이며 x는 포트명이다. 디지털 입출력과 관련한 자세한 내용은 1.14절의 AVR 디지털 입출력 핀 구조를 참조한다.

ATmega128은 타이머/카운터0부터 타이머/카운터3까지 4개의 타이머/카운터가 존재하며, 이중에서 0번과 2번은 8비트 타이머/카운터이고, 1번과 3번은 16비트 타이머/카운터이다. 본 장에서는 타이머/카운터1(16비트)을 사용하여 실험한다. 다음은 타이머/카운터1과 관련한 레지스터의 설명이다.

TIMSK 레지스터는 타이머/카운터의 인터럽트를 개별적으로 허용하는 레지스터이다. TCCR1A, TCCR1B, TCCR1C 레지스터는 타이머/카운터1의 제어 레지스터이며 프리스케일러 등, 여러 가지(프리스케일러, 파형발생모드, 비교출력모드, input capture trigger 기능설정, 강제출력 등)를 설정한다. ICR1H, ICR1L 레지스터는 타이머/카운터1의 입력 캡쳐 기능에서 타이머/카운터1의 값을 저장하는 레지스터이며, PWM(Pulse Width Modulation) 동작에서는 파형발생 모드에 따라 TOP 값을 설정하는 기능으로 사용할 수 있다. OCR1CH, OCR1CL 레지스터는 타이머/카운터1의 PWM C파형 생성에 사용되는 출력비교 레지스터이다. TCNT1H, TCNT1L 레지스터는 타이머/카운터1의 카운트 값을 저장하는 레지스터이다. TIFR 레지스터는 타이머/카운터의 개별적인 인터럽트 요청 상태를 표시하는 인터럽트 플래그 레지스터이다. SFIOR 레지스터는 타이머/카운터의 프리스케일러를 동기화 시키는 기능을 가지고 있는 레지스터이다. 타이머/카운터와 관련한 자세한 내용은 1.13절 ATmega128의 타이머/카운터를 참조한다.

DDRx : PORTx 데이터 방향 레지스터

Bit	7	6	5	4	3	2	1	0
	DDx7	DDx6	DDx5	DDx4	DDx3	DDx2	DDx1	DDx0
Read/Write	R/W	R/W	R/W	R/W	R/W	R/W	R/W	R/W
Initial Value	0	0	0	0	0	0	0	0

PORTx : PORTx 데이터 레지스터

Bit	7	6	5	4	3	2	1	0
	PORTx7	PORTx6	PORTx5	PORTx4	PORTx3	PORTx2	PORTx1	PORTx0
Read/Write	R/W	R/W	R/W	R/W	R/W	R/W	R/W	R/W
Initial Value	0	0	0	0	0	0	0	0

PINx : PORTx 입력 핀 어드레스

Bit	7	6	5	4	3	2	1	0
	PINx7	PINx6	PINx5	PINx4	PINx3	PINx2	PINx1	PINx0
Read/Write	R	R	R	R	R	R	R	R
Initial Value	N/A	N/A	N/A	N/A	N/A	N/A	N/A	N/A

TIMSK : 타이머/카운터 인터럽트 마스크 레지스터

Bit	7	6	5	4	3	2	1	0
	OCIE2	TOIE2	TICIE1	OCIE1A	OCIE1B	TOIE1	OCIE0	TOIE0
Read/Write	W	R/W	R/W	R/W	R/W	R/W	R/W	R/W
Initial Value	0	0	0	0	0	0	0	0

TCCR1A : 타이머/카운터1 제어 레지스터 A

Bit	7	6	5	4	3	2	1	0
	COM1A1	COM1A0	COM1B1	COM1B0	COM1C1	COM1C0	WGM11	WGM10
Read/Write	R/W	R/W	R/W	R/W	R/W	R/W	R/W	R/W
Initial Value	0	0	0	0	0	0	0	0

TCCR1B : 타이머/카운터1 제어 레지스터 B

Bit	7	6	5	4	3	2	1	0
	ICNC1	ICES1	-	WGM13	WGM12	CS12	CS11	CS10
Read/Write	R/W	R/W	R	R/W	R/W	R/W	R/W	R/W
Initial Value	0	0	0	0	0	0	0	0

TCCR1C : 타이머/카운터1 제어 레지스터 C

Bit	7	6	5	4	3	2	1	0
	FOC1A	FOC1B	FOC1C	-	-	-	-	-
Read/Write	W	W	W	R	R	R	R	R
Initial Value	0	0	0	0	0	0	0	0

ICR1H, ICR1L : 입력 캡처 레지스터 1

Bit	7	6	5	4	3	2	1	0	
	ICR1[15:8]								ICR1H
	ICR1[7:0]								ICR1L
Read/Write	R/W	R/W	R/W	R/W	R/W	R/W	R/W	R/W	
Initial Value	0	0	0	0	0	0	0	0	

OCR1CH, OCR1CL : 출력 비교 레지스터 1C

Bit	7	6	5	4	3	2	1	0	
	OCR1C[15:8]								OCR1CH
	OCR1C[7:0]								OCR1CL
Read/Write	R/W	R/W	R/W	R/W	R/W	R/W	R/W	R/W	
Initial Value	0	0	0	0	0	0	0	0	

TCNT1H, TCNT1L : 타이머/카운터 레지스터 1

Bit	7	6	5	4	3	2	1	0	
	TCNT1[15:8]								TCNT1H
	TCNT1[7:0]								TCNT1L
Read/Write	R/W	R/W	R/W	R/W	R/W	R/W	R/W	R/W	
Initial Value	0	0	0	0	0	0	0	0	

TIFR : 타이머/카운터 인터럽트 플래그 레지스터

Bit	7	6	5	4	3	2	1	0
	OCF3	TOV2	ICF1	OCF1A	OCF1B	TOV1	OCF0	TOV0
Read/Write	R/W	R/W	R/W	R/W	R/W	R/W	R/W	R/W
Initial Value	0	0	0	0	0	0	0	0

SFIOR : 특수 목적 IO 레지스터

Bit	7	6	5	4	3	2	1	0
	TSM	-	-	-	ACME	PUD	PSR0	PSR321
Read/Write	R/W	R/W	R/W	R/W	R/W	R/W	R/W	R/W
Initial Value	0	0	0	0	0	0	0	0

ATmega128에서는 타이머/카운터에 사용되는 레지스터가 상당히 많이 존재한다. 표 19.1.1은 ATmega128의 타이머/카운터가 사용하는 레지스터를 타이머/카운터별로 쉽게 구분되도록 나타내고 있다. 타이머/카운터 3열은 타이머/카운터 전체에 전반적으로 적용되는 레지스터 그룹이고, 타이머/카운터0 열은 타이머/카운터0과 관련한 레지스터 그룹이고, 타이머/카운터1 열은 타이머/카운터1과 관련한 레지스터 그룹이고, 타이머/카운터2 열은 타이머/카운터2와 관련한 레지스터 그룹이고, 타이머/카운터 3열은 타이머/카운터3과 관련한 레지스터 그룹이다.

타이머/카운터0과 2는 8비트 타이머/카운터이며, 타이머/카운터1과 3은 16비트 타이머/카운터인데, 타이머/카운터1과 3은 번호만 다를 뿐 구조는 동일하며, 16비트 타이머/카운터와 8비트 타이머/카운터는 대부분 동일하며 약간의 차이만 있으므로, 타이머/카운터1을 이용한 실습으로 다른 타이머/카운터의 실습을 대체한다.

표 19.1.1 ATmega128의 타이머/카운터에서 장치별 관련 레지스터

구분	타이머/카운터	타이머/카운터0	타이머/카운터1	타이머/카운터2	타이머/카운터3
레지스터	ETIFR	OCR0	ICR1H	OCR2	ICR3H
	ETIMSK	TCCR0	ICR1L	TCCR2	ICR3L
	TIFR	TCNT0	OCR1AH	TCNT2	OCR3AH
	TIMSK	ASSR	OCR1AL		OCR3AL
	SFIOR		OCR1BH		OCR3BH
			OCR1BL		OCR3BL
			OCR1CH		OCR3CH
			OCR1CL		OCR3CL
			TCCR1A		TCCR3A
			TCCR1B		TCCR3B
			TCCR1C		TCCR3C
			TCNT1H		TCNT3H
			TCNT1L		TCNT3L

19.2 서보 모터 이론

(1) 제어회로 모터

포텐셜 미터로 인해 제어회로가 서보 모터의 현재각도를 분석하여 실시간으로 각도를 보정하도록 서보 모터를 구동한다. 최근 들어 디지털 서보 모터라는 것이 등장했는데, 기존의 서보 모터는 이에 반하여 아날로그 서보 모터로 구분된다. 아날로그 서보 모터는 서보 모터의 최종 구동축에 포텐셜 미터가 부착되어 있고 아날로그 비교기를 통해 변화된 저항값과 제어 신호의 값을 비교하여 서보 모터가 제어신호에 따른 지정된 각도에 위치할 수 있도록 하고 있으나 아날로그 비교 방식을 사용하고 있기 때문에 미세한 각도 제어가 어려운 단점을 가지고 있다. 디지털 서보 모터는 내부의 제어 회로에 포텐셜 미터를 사용하는 대신 ADC(Analog to Digital Converter)를 부착한 디지털 제어회로를 사용함으로 보다 정확하고 미세한 제어가 가능하도록 설계된 것으로 미세 동작 제어가 용이한 장점은 있으나 가격이 비싸다.

(2) 기어세트

서보는 크기가 작고, 고 토크를 요하므로 기어비를 대폭 늘린 감속 기어가 사용된다.

(3) 케이스

일반적으로 모든 회로와 구동부를 내장한 검은색 플라스틱 케이스를 가지고 있다.

(4) 서보 모터 선택 시 고려사항

① 서보의 무게와 크기
② 서보의 동작범위 : -60~+60, -90~+90
③ 서보의 반응속도
④ 서보의 토크
⑤ 기어의 재질 : 플라스틱, 금속
⑥ 볼베어링 사용 여부
⑦ 코아리스 모터 사용여부
⑧ 디지털 제어 적용 여부

(5) 서보 모터의 제어 원리

① 제어선을 통해 목표 각도를 전달하고, 제어선에 전달되는 펄스의 존속 시간으로 정해진다. 이것을 PCM(Pulse Code Modulation)이라고 한다.

② 펄스의 주기는 일반적으로 2msec로 한다. 모터의 제조사에 따라 1.8ms~2ms 사이 의 값을 가지나 일반적으로 2ms의 구동 펄스를 사용해도 동작에는 지장이 없다. 보다 정밀한 제어를 원할 경우에는 구입한 서보 모터의 스펙 사항을 확인할 필요가 있다.

③ 일반적으로 1.5msec이면 중립점에 위치하고, 1.5msec 보다 짧으면 모터는 0도 쪽에 가깝게 되고, 1.5msec 보다 길면 180° 쪽에 가깝게 된다.

④ 서보 모터에 따라 0.7ms~2.3ms 혹은 0.9ms~2.1ms 또는 1ms~2.0ms의 제어 펄스의 폭에 따라 서보 모터 축이 0°~ 180° 또는 30°~ 150°의 범위를 이동하게 된다. 서보 모터의 스펙에 따라 이동 범위가 다르므로 사용하려는 서보 모터의 스펙을 확인할 필요가 있다. 그림 19.2.1은 AVR 트레이닝 키트(WES-XUN I)에서 사용하는 서보 모터의 외형을 나타내고 있다.

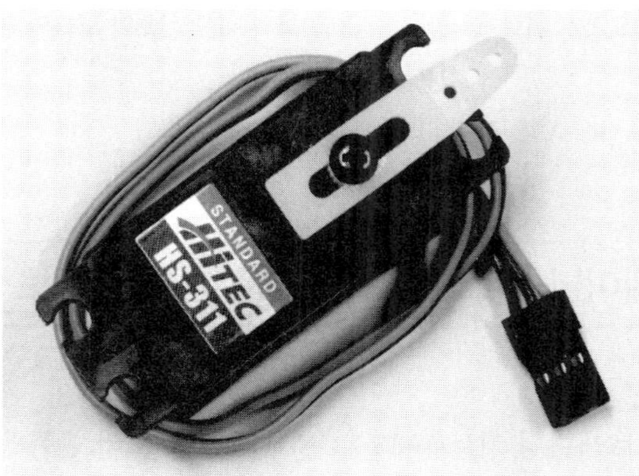

그림 19.2.1 서보 모터의 외형

(6) PWM 파형을 이용해 서보 모터의 각도 제어하기

그림 19.2.2는 PWM 파형의 주기를 2ms로 할 때와 주기를 2.4ms로 했을 때 서보 모터의 최대 회전각을 나타내고 있다. 2ms의 주기에서는 펄스폭이 1ms 일 때 “Full Left” 각을 이루며, 1.5ms에서 “Centered” 각을 이루며, 2ms에 가까울 때 “Full Right” 각을 이룬다. 한편 주기가 2.4ms인 경우 “Centered” 각은 펄스폭이 1.5ms인 경우로 주기 2ms와 같고, 펄스폭이 0.6ms인 경우 Full Left 각을 이루며, 펄스폭이 2.4ms에 가까울수록 “Full Right” 각을 이루

게 된다. 본 실습에서 사용한 서보 모터는 0.6ms에서 Full Left 각을 이루고 2.4ms에서 Full Right 각을 이루는 서보 모터이다.

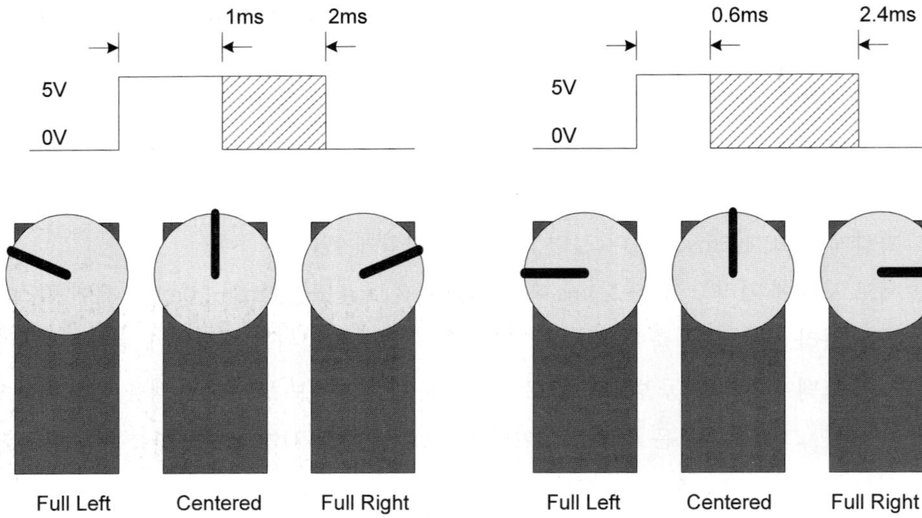

그림 19.2.2 서보 모터의 각을 제어하기 위한 신호와 모터의 상태

19.3 AVR 트레이닝 키트(WES-XUN I)에서의 서보 모터 제어회로

그림 19.3.1은 AVR 트레이닝 키트(WES-XUN I)의 서보 모터 블록을 나타내고 있다.

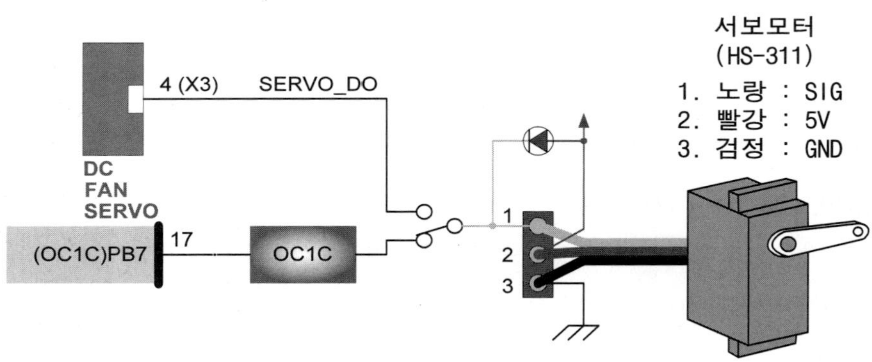

그림 19.3.1 AVR 트레이닝 키트(WES-XUN I)의 서보 모터 블록

실습내용

19.4 AVR 트레이닝 키트(WES-XUN I)에서 동작해보기

19.4.1 AVR 트레이닝 키트(WES-XUN I)의 동작을 위한 준비 사항

단계 1 그림 19.4.1과 같이 전원을 켜고 ISP 다운로드 모듈을 연결한다.

그림 19.4.1 전원을 켜고 ISP 다운로드 모듈을 연결

단계 2 그림 19.4.2와 같이 IDC Flat 10P 케이블을 이용해 회로를 연결한다. 연결 시 케이블의 방향이 맞도록 홈에 잘 맞추어 삽입한다. 그림 19.4.2와 같이 SW3 스위치 모듈에서 SM SIG 스위치를 아래로 내린다. 이 스위치는 모터에 공급되는 제어신호를 PWM(OC1C)를 사용할 것인지 일반 디지털 출력 신호를 사용할 것인지를 선택하도록 해준다. 한편, 서보 모터의 3핀 커넥터를 AVR 트레이닝 키트(WES-XUN I)의 SERVO 커넥터(CON6)에 연결해야 한다. 연결 시 3핀 케이블의 노랑색이 SIG, 빨강색이 5V, 검정색이 GND 등으로 SERVO 커넥터의 방향과 맞도록 홈에 잘 맞추어 삽입한다.

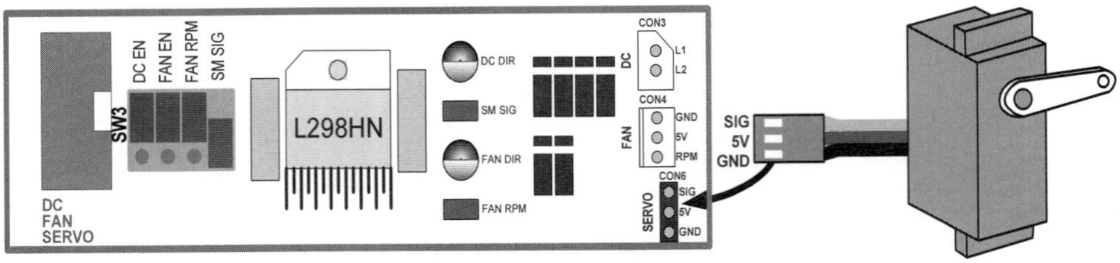

PORTB ↔ 커넥터 연결 없음

PORTB	BIT7	BIT6	BIT5	BIT4	BIT3	BIT2	BIT1	BIT0
Device Pin	OC1C	–	–	–	–	–	–	–
입출력	Out	–	–	–	–	–	–	–

그림 19.4.2 서보 모터 실험을 위한 회로 연결

19.4.2 타이머/카운터1의 PWM을 이용한 서보 모터의 각도 제어 예제

단계 1 AVR Studio 4에서 새로운 project를 생성하고, C 언어 소스 프로그램을 작성하여 저장한다. 자세한 내용은 5.4.2절의 [단계 1]을 참조한다.

[단계 1]-(1) Project type은 AVR GCC를 선택하고, Project name:은 ch197_step1, Initial file:은 ch19_step1이라고 입력하고, Create initial file과 Create folder를 체크하고, Location:은 C:₩avr_test를 선택한 후에 [Next >>] 버튼을 누르고 다음 단계로 진행한다.

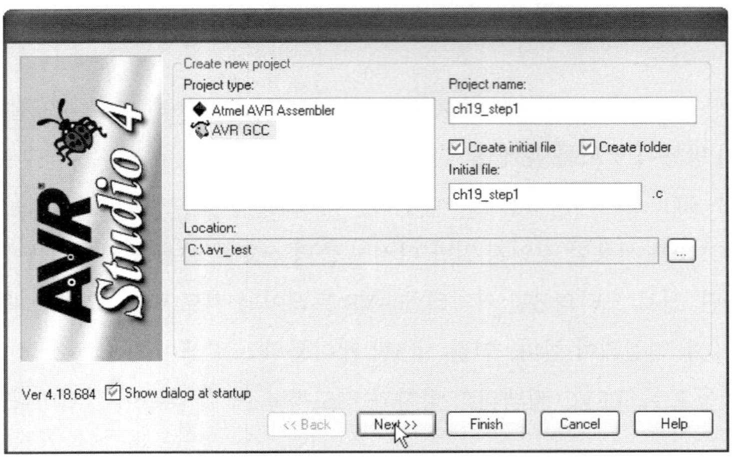

[단계 1]-(2) AVR Studio 4 편집 화면에 다음과 같이 C 언어 소스 프로그램을 작성하여 저장한다.

```
//
// ch19_step1.c
//

// F_CPU = 14.7456MHz
// 서보 모터의 PWM 신호는 OC1C 신호로 제어

// ATmega128의 레지스터 등이 정의되어 있음
#include <avr/io.h>

// _delay_ms() 함수 등이 정의되어 있음
#include <util/delay.h>

// 타이머/카운터1의 TOP값을 정의
// ICR 레지스터를 이용해 TOP 값 설정
// 파형 발생 모드 WGM1 = 14
#define     TC1_TOP         38338L

#define WIDTH1        8847L      // 0.6ms
#define WIDTH2        22118L     // 1.5ms
#define WIDTH3        34652L     // 2.35ms

// C 언어의 주 실행 함수
int main(void){
    // 포트 B의 방향 설정, 0 : 입력, 1 : 출력
    //    PB7  PB6  PB5  PB4  PB3  PB2  PB1  PB0
    //    Out  In   In   In   In   In   In   In
    //    OC1COC1BOC1A  -    -    -    -    -
    DDRB = 0B10000000;

    // 타이머/카운터1의 WGM 모드 설정, 비교 출력 모드 설정
    //   7            6       5       4       3       2       1       0
    // COM1A1 COM1A0 COM1B1 COM1B0 COM1C1 COM1C0  WGM11  WGM10
    // COM1x1 : 0 - '00' : 범용 I/O 포트로 동작(OCnx 출력을 차단)
    // COM1x1 : 0 - '01' : 모드15에서 OC1A를 토글,
    //                      다른 모드에서는 범용포트로 동작(OCnx 출력을 차단)
    // COM1x1 : 0 - '10' : 0->비교일치 : 논리 1출력,
```

```
//                          비교일치->TOP : 논리 0 출력 (비 반전 모드)
// COM1x1 : 0 - '11' : 0->비교일치 : 논리 0출력,
//                          비교일치->TOP : 논리 1 출력 (반전 모드)

// PWM1C 출력 모드 = 비 반전 모드
TCCR1A |= (1 << COM1C1) | (0 << COM1C0);

TCCR1A |= (1 << WGM11) | (0 << WGM10);
TCCR1B |= (1 << WGM13) | (1 << WGM12);     // WGM3..0 = '1110'

// 타이머/카운터1의 WGM 모드 및 프리스케일러 설정
// 7        6      5       4        3       2      1     0
// ICNC1   ICES1   -     WGM13 WGM12  CS12  CS11 CS10
// CS12:0 - 000 : 클록 소스 차단
// CS12:0 - 001 : clk
// CS12:0 - 010 : clk / 8
// CS12:0 - 011 : clk / 64
// CS12:0 - 100 : clk / 256
// CS12:0 - 101 : clk / 1024
// CS12:0 - 110 : T1 외부 클록, 하강 에지에서 동작
// CS12:0 - 111 : T1 외부 클록, 상승 에지에서 동작
TCCR1B |= 0x01;           // 프리스케일러는 clk / 1

// clk가 14.7456MHz 이고, clk/1 클록을 사용하는 타이머가
// 2ms 오버플로우 발생하는 TOP 값 설정
// 2ms 오버플로우 TOP 값은 PWM 파형의 주기로 사용됨
ICR1H = TC1_TOP >> 8;
ICR1L = TC1_TOP & 0xFF;

// 무한 반복
while(1){

    // PWM의 듀티비를 바꾸기 위해 OCR 레지스터의 값을 재설정
    OCR1CH = WIDTH1 >> 8;
    OCR1CL = WIDTH1 & 0xFF;
    _delay_ms(1000);

    OCR1CH = WIDTH2 >> 8;
    OCR1CL = WIDTH2 & 0xFF;
    _delay_ms(1000);
```

```
        OCR1CH = WIDTH3 >> 8;
        OCR1CL = WIDTH3 & 0xFF;
        _delay_ms(1000);

        OCR1CH = WIDTH2 >> 8;
        OCR1CL = WIDTH2 & 0xFF;
        _delay_ms(1000);
    };

    // 함수의 형태와 같이 정수형(int)의 값을 반환함
    return 1;
}
```

C 언어 소스 프로그램 설명

핵심포인트

타이머/카운터1을 이용한 PWM 파형을 생성할 때에는 먼저 PWM의 주기 및 듀티비를 설정해야 한다. 첫째, 주기는 펄스의 H 구간과 L 구간을 합한 시간을 의미하며, 파형 발생 모드에 따라 최대 설정 가능한 주기 시간이 달라진다. 둘째, 듀티비 설정을 위해 H 구간과 L 구간을 구분할 수 있는 비교값을 설정OCR1CH = WIDTH1 >> 8; 문장과 OCR1CL = WIDTH1 & 0xFF; 문장)해야 하며, OCRnx 레지스터를 이용하면 된다. 셋째, 0부터 주기로 설정한 값까지 1씩 카운트하는 값을 가지는 TCNTn 레지스터가 필요하다. 따라서 파형 발생 모드를 모드 14로 설정(TCCR1A |= (1 << WGM11) | (0 << WGM10); 문장과 TCCR1B |= (1 << WGM13) | (1 << WGM12); 문장)하는 경우 주기 설정을 위해서 ICRn 레지스터를 사용(ICR1H = TC1_TOP >> 8; 문장과 ICR1L = TC1_TOP & 0xFF; 문장)하며, 이 레지스터에 설정 가능한 최대값은 65535이므로 ICRn = 50000 이라고 가정하고, 듀티비 20%를 만들기 위해서 OCRnx 의 값을 10000 으로 설정하면, TCNTn 레지스터는 0부터 50000 까지 계속해서 업 카운트 하게 되고, TCNTn 값이 0부터 10000 까지는 1을 출력하고, 10000부터 50000 까지는 0을 출력하는 듀티비 20%의 PWM 파형을 출력할 수 있다. 한편, 서보 모터는 타이머/카운터1의 C PWM 파형에 연결된다.

이러한 제어를 위해서 앞서 설명한 타이머/카운터1의 몇 개의 레지스터 설정만이 필요한 것은 아니며, 타이머/카운터1의 TCCR1A, TCCR1B, TCCR1C, TIMSK, TIFR 등의 제어 레지스터 또한 필요로 하게 된다. 이 레지스터를 제어하기 위한 자세한 설명은 다음의 소스 프로그램 설명을 참조한다.

서보 모터를 제어하기 위해서는 주기를 2.6ms로 하는 PWM 파형이 필요하다. 이때 H 구간이 0.6ms인 PWM 파형은 서보 모터의 각을 0°로 만들고, H 구간이 1.5ms에 가까우면 서보 모터의 각을 약 90°로 만들고, H 구간이 2.4ms에 가까우면 서보 모터의 각을 약 180°로 만든다. 주기를 2.6ms로 설정하기 위해서는 입력되는 클록의 주파수와 프리스케일러,

파형 발생 모드 등을 적절히 설정하면 된다. 또한 서보 모터를 0° ~ 180°로 제어하기 위해서는 듀티비를 24%~92%로 제어하면 된다.

avr/io.h 헤더 프로그램에는 DDRx 레지스터, PORTx 레지스터 등이 정의되어 있으므로 이들 레지스터를 사용하려면 반드시 포함시켜야 한다.

util/delay.h 헤더 프로그램은 _delay_ms() 또는 _delay_us() 함수를 사용하기 위해서 반드시 포함시켜야 한다.

#define TC1_TOP 38338L 문장은 타이머/카운터1이 MCU의 주 클록 주파수인 14.7456MHz의 클록을 입력받아 1분주의 프리스케일러를 사용하여 2ms 이후에 오버플로우가 발생하는데 까지 필요한 클록수를 의미한다. 따라서 이 숫자는 서보 모터의 각을 제어하기 위한 2.6ms의 주기를 설정하는데 사용된다.

#define WIDTH1 8847L 문장은 TC1_TOP 매크로와 같은 조건으로 0.6ms 이후에 오버플로우가 발생하는데 까지 필요한 클록수를 의미한다. 따라서 이 숫자는 서보 모터의 각이 0°를 이루도록 펄스폭을 설정하는데 사용된다.

#define WIDTH2 22118L 문장은 TC1_TOP 매크로와 같은 조건으로 1.5ms 이후에 오버플로우가 발생하는데 까지 필요한 클록수를 의미한다. 따라서 이 숫자는 서보 모터의 각이 90°를 이루도록 펄스폭을 설정하는데 사용된다.

#define WIDTH3 34652L 문장은 TC1_TOP 매크로와 같은 조건으로 2.35ms 이후에 오버플로우가 발생하는데 까지 필요한 클록수를 의미한다. 따라서 이 숫자는 서보 모터의 각이 180°를 이루도록 펄스폭을 설정하는데 사용된다.

int main(void) 함수는 C 언어 소스 프로그램 시작 함수이다.

DDRx 레지스터는 포트의 입출력 방향을 결정하는 레지스터이며 x는 포트명이고 DDRxn의 각 비트 값이 0이면 입력, 1이면 출력으로 설정된다. 따라서 DDRB = 0B10000000; 문장은 B 포트의 7번 비트를 출력으로 설정하겠다는 의미이고, 이렇게 설정해야만 OC1C 핀에 PWM 신호가 출력될 수 있다.

TCCR1A |= (1 〈〈 COM1C1) | (0 〈〈 COM1C0); 문장은 OC1C 핀에 출력되는 PWM의 동작을 비 반전 모드로 설정하겠다는 의미이다. 이런 설정은 TCNT1 레지스터의 값이 0에서 시작하여 OCR1C 레지스터와 일치할 때까지 OC1C 핀에 논리 1을 출력하며, TCNT1 레지스터의 값이 TOP 값과 일치할 때까지 OC1C 핀에 논리 0을 출력하게 한다. 한편, TCNT1 레지스터의 값이 TOP 값과 일치하면 TCNT1의 값은 0으로 초기화 된다.

TCCR1A |= (1 〈〈 WGM11) | (0 〈〈 WGM10); 문장과 TCCR1B |= (1 〈〈 WGM13) | (1 〈〈 WGM12); 문장은 타이머/카운터1의 파형발생모드를 설정하는 부분으로 WGM13:0 비트들이 "1110"으로 설정되므로 파형발생모드 14번이 된다. 이 모드는 ICR1 레지스터의 값이 TOP 값으로 사용되며, 16비트 Fast PWM 모드로 동작된다.

TCCR1B |= 0x01; 문장은 타이머/카운터1의 프리스케일러를 선택하는 부분으로 시스템 클록을 분주하지 않고 그대로 사용하는 모드이다. 따라서 14.7456MHz의 클록은 분주되지 않고, 타이머/카운터1의 컨트롤 로직 블록에 14.7456MHz의 클록이 전달된다.

ICR1H = TC1_TOP >> 8; 문장과 ICR1L = TC1_TOP & 0xFF; 문장은 ICR1 레지스터를 이용하여 TOP 값을 설정하는 부분으로 파형발생모드 14에서 사용하는 모드이다. 따라서 매크로 TC1_TOP의 값을 8비트씩 나누어 ICR1H와 ICR1L 레지스터에 저장한다. 이때 반드시 ICR1H 레지스터에는 ICR1L 레지스터보다 먼저 저장되어야 한다.

while(1){} 문장은 {}안의 문장을 무한 반복한다.

OCR1CH = WIDTH1 >> 8; 문장과 OCR1CL = WIDTH1 & 0xFF; 문장은 서보 모터가 0°의 각을 이루도록 펄스폭을 설정하는 부분이다. 이 설정은 타이머/카운터1이 오버플로우가 발생할 때 OCR1 레지스터가 업데이트된다.

_delay_ms(1000); 문장은 1000ms 동안 대기하는 기능을 수행한다.

OCR1CH = WIDTH2 >> 8; 문장과 OCR1CL = WIDTH2 & 0xFF; 문장은 서보 모터가 90°의 각을 이루도록 펄스폭을 설정하는 부분이다. 이 설정은 타이머/카운터1이 오버플로우가 발생할 때 OCR1 레지스터가 업데이트된다.

OCR1CH = WIDTH3 >> 8; 문장과 OCR1CL = WIDTH3 & 0xFF; 문장은 서보 모터가 180°의 각을 이루도록 펄스폭을 설정하는 부분이다. 이 설정은 타이머/카운터1이 오버플로우가 발생할 때 OCR1 레지스터가 업데이트된다.

T·I·P

C 언어 소스 프로그램은 CD Drive:₩Source₩ch19₩ch19_step1₩ch19_step1.c 파일을 참조한다.

단계 2 AVR Studio 4를 이용하여 C 언어 소스 프로그램을 Build 한다. 자세한 내용은 5.4.2절의 [단계 2]를 참조한다.

단계 3 PonyProg를 이용하여 ATmega128에 hex 파일을 ISP 다운로드 한다. 자세한 내용은 5.4.2절의 [단계 3]을 참조한다.

단계 4 다운로드가 완료되면 AVR 트레이닝 키트(WES-XUN I)에서 동작을 확인한다. 서보 모터가 PWM 파형을 90° 간격으로 발생하였기 때문에 한번에 90° 씩 ①→②→③→④→⑤→②로 이동하는 동작을 반복한다.

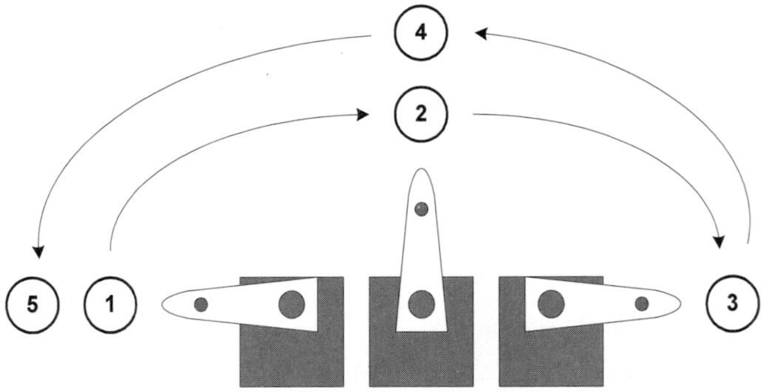

그림 19.4.2 서보 모터의 동작 순서

T·I·P

PWM에 대한 자세한 설명은 1.13.1절을 참고하길 바란다.

CHAPTER 20

AVR ATmega128을 사용한 쿨링팬 제어

실습목표

컴퓨터의 CPU에 열을 식히기 위해 사용되는 쿨링팬을 제어한다.

쿨링팬은 DC 모터와 흡사하지만 DC 모터와 같이 정 방향과 역 방향 회전이 모두 되지 않고, 정 방향 회전만 되는 특징을 갖는다. 또한 종류에 따라서는 FAN의 속도를 제어할 수 있도록 RPM 신호가 출력된다. 이 쿨링팬을 DC 모터와 같은 방법으로 제어한다.

실습이론

20.1 AVR 포트의 출력 제어를 위한 레지스터

DDRx 레지스터는 포트의 입출력 방향을 결정하는 레지스터이며 DDRxn의 비트 값이 0이면 입력, 1이면 출력으로 설정된다. x는 포트명을 가리키는 문자이고 n은 비트를 나타내는 숫자이다. ATmega128에서 레지스터는 0번부터 7번까지 8비트가 존재한다. PORTx 레지스터는 포트에 출력할 논리 값을 저장하는 레지스터이며 x는 포트명이다. PINx는 DDRx 레지스터, PORTx 레지스터 등과 달리 포트의 논리를 읽을 수 있는 어드레스이며 x는 포트명이다. 디지털 입출력과 관련한 자세한 내용은 1.14절의 AVR 디지털 입출력 핀 구조를 참조한다.

DDRx : PORTx 데이터 방향 레지스터

Bit	7	6	5	4	3	2	1	0
	DDx7	DDx6	DDx5	DDx4	DDx3	DDx2	DDx1	DDx0
Read/Write	R/W	R/W	R/W	R/W	R/W	R/W	R/W	R/W
Initial Value	0	0	0	0	0	0	0	0

PORTx : PORTx 데이터 레지스터

Bit	7	6	5	4	3	2	1	0
	PORTx7	PORTx6	PORTx5	PORTx4	PORTx3	PORTx2	PORTx1	PORTx0
Read/Write	R/W	R/W	R/W	R/W	R/W	R/W	R/W	R/W
Initial Value	0	0	0	0	0	0	0	0

PINx : PORTx 입력 핀 어드레스

Bit	7	6	5	4	3	2	1	0
	PINx7	PINx6	PINx5	PINx4	PINx3	PINx2	PINx1	PINx0
Read/Write	R	R	R	R	R	R	R	R
Initial Value	N/A	N/A	N/A	N/A	N/A	N/A	N/A	N/A

20.2 쿨링팬 외형

그림 20.2.1은 AVR 트레이닝 키트(WES-XUN I)에서 사용하는 쿨링팬의 외형을 나타내고 있다.

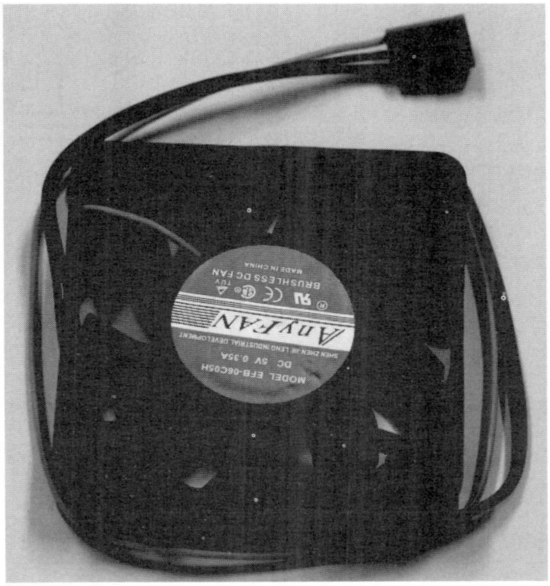

그림 20.2.1 쿨링팬 외형

20.3 WES-XUN I 키트에서 쿨링팬 제어회로

그림 20.3.1은 AVR 트레이닝 키트(WES-XUN I)의 쿨링팬 블록을 나타내고 있다.

L298HN IC는 소 전류의 논리 입력을 쿨링팬을 구동하기 위한 높은 전류의 논리로 출력해주는 쿨링팬 드라이버 IC이다. DC_FAN_SERVO 커넥터의 8개의 핀들은 각각 쿨링팬 드라이버 IC에 연결되어진다. 표 20.3.1에 DC_FAN_SERVO 커넥터의 핀들과 쿨링팬 드라이버 IC 핀들의 연결 관계가 나타나 있다.

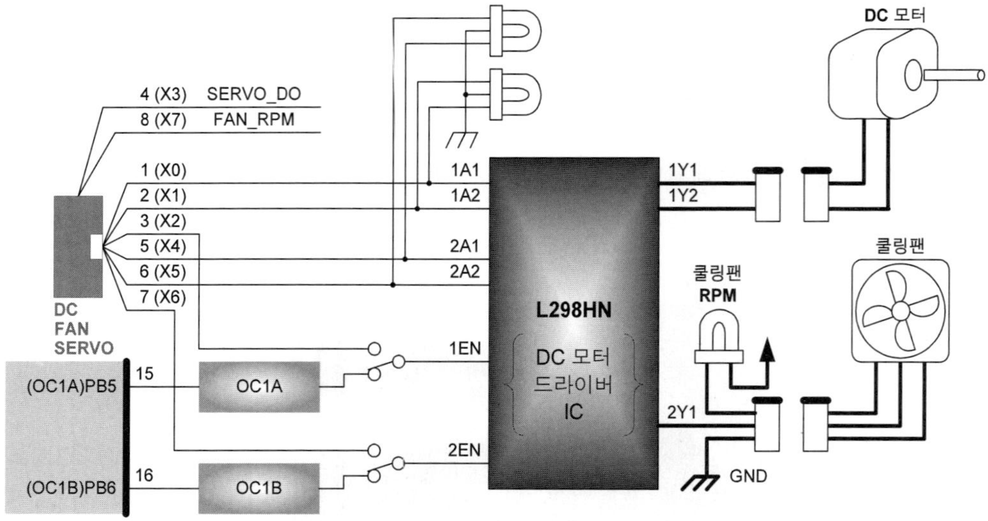

그림 20.3.1 AVR 트레이닝 키트(WES-XUN I)의 쿨링팬 블록

표 20.3.1 DC_FAN_SERVO 커넥터의 핀들과 쿨링팬 드라이버 IC 핀들의 연결 관계

DC_FAN_SERVO 커넥터 핀	쿨링팬 드라이버 IC
1(X0)	1A1
2(X1)	1A2
3(X2)	1EN
4(X3)	SERVO_DO
5(X4)	2A1
6(X5)	2A2
7(X6)	2EN
8(X7)	FAN_RPM

표 20.3.2는 AVR 트레이닝 키트(WES-XUN I)에서 사용하는 L298HN IC의 제어 핀을 나타내고 있다. L298HN IC는 1A1, 1A2, 2A1, 2A2 핀을 이용한 DC 모터의 방향 설정입력 핀과 1B1, 1B2, 2B1, 2B2 핀을 이용한 DC 모터의 방향 설정 출력 핀, 1EN, 2EN 핀을 이용한 모터의 회전과 정지를 제어하는 핀, LOGIC SUPPLY VOLTAGE 핀을 이용한 입력 신호 전원 전압, SUPPLY VOLTAGE 핀을 이용한 출력 신호 전원 전압, GND 핀을 이용한 기준 전압 핀 등으로 구성된다. 또한 1A1(5)에서 (5)는 L298HN의 핀번호를 나타낸다. 또한 L298HN의 EN 핀에 L 신호가 인가되면 A1 및 A2의 신호에 관계없이 정지되며, EN 핀에 H 신호가

인가된 경우에는 A1과 A2가 동일한 신호일 경우 빠르게 정지하며 서로 다른 경우에는 정 방향 또는 역 방향으로 회전하게 된다. 자세한 내용은 제공된 CD의 Datasheet 폴더에서 L298HN.pdf 파일을 참조한다.

표 20.3.2 L298HN IC의 제어 핀

A조	B조	설 명
1A1(5) 1A2(7)	2A1(10) 2A2(12)	모터의 방향을 결정한다.
1B1(2) 1B2(3)	2B1(13) 2B2(14)	모터의 양 단자에 연결한다.
1EN(6)	2EN(11)	모터의 ON/OFF 역할 입력이 High일 때 ON, Low일 때 OFF
CURRENT SENSING 1(1)	CURRENT SENSING 2(15)	0.5[Ω]의 저항을 통해 GND로 연결 정격전력이 높은 저항을 사용해야 한다.
LOGIC SUPPLY VOLTAGE(9)		TTL 레벨 제어 신호용 공급 전원 100nF의 커패시터를 핀과 GND 사이에 연결하여 사용한다.
SUPPLY VOLTAGE(4)		모터 제어용 공급 전원
GND(8)		전원 접지(GROUND)

INPUTS		FUNCTION
EN = H	A1 = H; A2 = L	정 방향
	A1 = L; A2 = H	역 방향
	A1 = A2	빠른정지
EN = L	A1 = X; A2 = X	자유정지

H = High L = Low X = Don't Care
A1 = Input1 or Input 3 A2 = Input2 or Input4

표 23.3.2에 나타난 AVR 트레이닝 키트(WES-XUN I)에서 사용하는 L298HN IC의 구동 원리를 요약하면 다음과 같다.

① L298HN IC의 A1과 A2에 "01"또는 "10"을 주어 방향을 선택하고, EN에 '1' 신호를 주었을 때, 정해진 방향으로 회전하지만, 쿨링팬은 정 방향으로만 회전한다.

② L298HN IC의 A1과 A2에 "00" 또는 "11"을 출력하고, EN에 '1' 신호를 주었을 때, 회전중인 쿨링팬은 빠르게 정지한다.

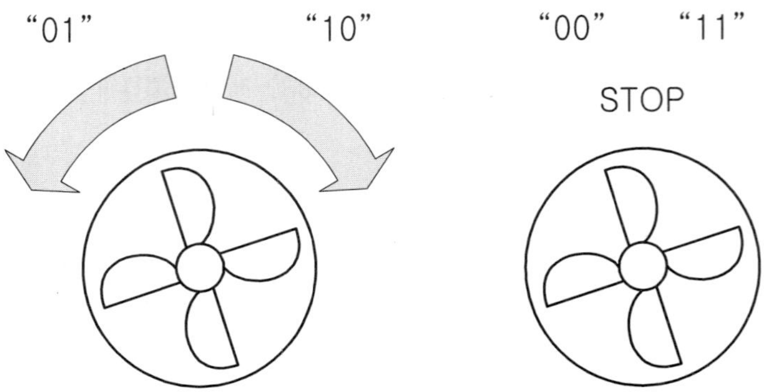

③ L298HN IC의 A1과 A2의 입력 신호에 관계없이, EN에 '0' 신호를 주었을 때, 회전중인 쿨링팬은 서서히 정지한다.

④ EN 신호의 펄스폭을 달리하여 동작하였을 때 쿨링팬의 동작과 속도를 확인한다.

– 주기를 약 20KHz로하고, 듀티비를 0 ~ 100% 까지 조절하여 출력하고, 쿨링팬의 속 도를 관찰한다.

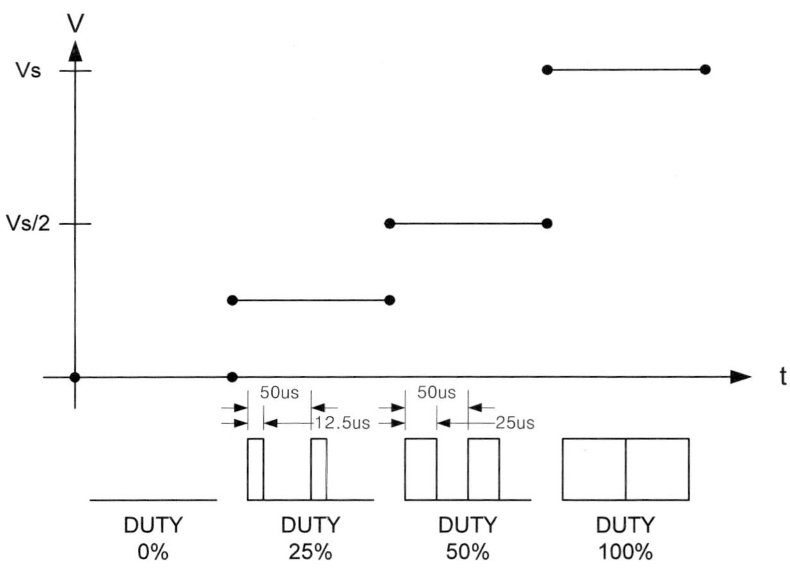

실습내용

20.4 AVR 트레이닝 키트(WES-XUN I)에서 동작해보기

20.4.1 AVR 트레이닝 키트(WES-XUN I)의 동작을 위한 준비 사항

단계 1 그림 20.4.1과 같이 전원을 켜고 ISP 다운로드 모듈을 연결한다.

그림 20.4.1 전원을 켜고 ISP 다운로드 모듈을 연결

단계 2 그림 20.4.2와 같이 IDC Flat 10P 케이블을 이용해 DC_FAN_SERVO 커넥터와 AVR MCU Module(ATmega128)의 PORTA와 연결하고, LED_H 커넥터와 AVR MCU Module(ATmega128)의 PORTC와 연결한다. 연결 시 케이블의 방향이 맞도록 홈에 잘 맞추어 삽입한다. 또한 쿨링팬의 EN 신호 제어가 디지털 입출력 제어가 되도록 SW3 스위치 모듈에서 FAN 스위치 2개를 모두 위로 올린다. 마지막으로 쿨링팬의 3핀 커넥터(CON4)를 AVR 트레이닝 키트(WES-XUN I)의 FAN 커넥터에 연결해야 한다. 연결 시 케이블의 방향이 맞도록 홈에 잘 맞추어 삽입한다.

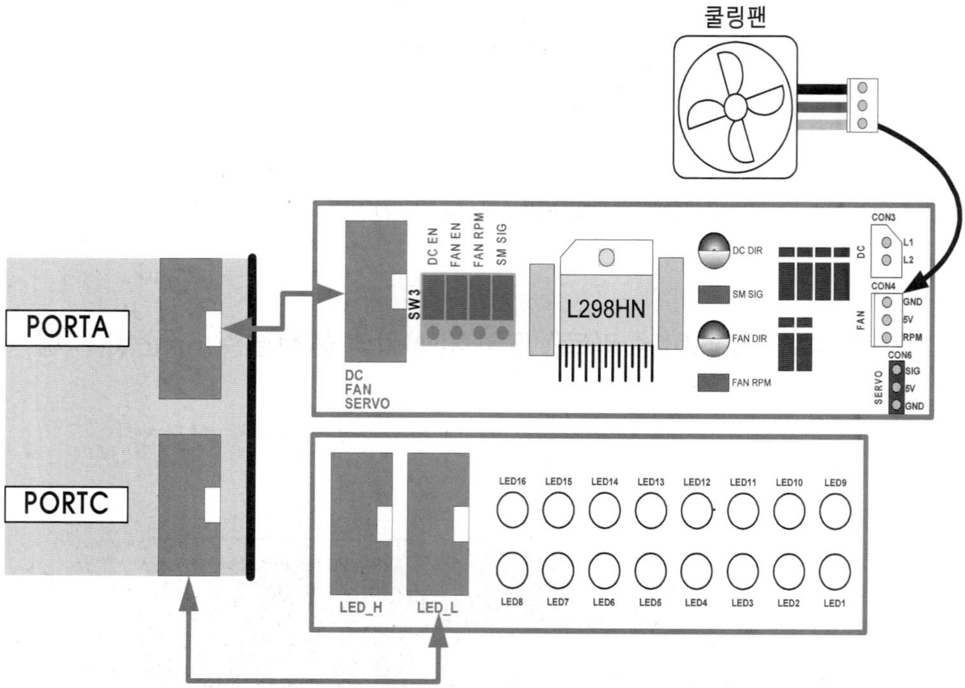

PORTA ⇔ DC FAN SERVO

PORTA	BIT7	BIT6	BIT5	BIT4	BIT3	BIT2	BIT1	BIT0
Device Pin	–	2EN	2A2	2A1	–	1EN	1A2	1A1
입출력	–	Out	Out	Out	–	Out	Out	Out

PORTC ⇔ LED_L

PORTC	BIT7	BIT6	BIT5	BIT4	BIT3	BIT2	BIT1	BIT0
Device Pin	LED16	LED15	LED14	LED13	LED12	LED11	LED10	LED9
입출력	Out	Out	Out	Out	Out	Out	Out	Out

그림 20.4.2 쿨링팬 실험을 위한 회로 설계

20.4.2 쿨링팬이 듀티비에 따라 속도를 바꾸면서 정 방향으로 회전하며 LED에 듀티비를 출력하는 예제

단계 1 AVR Studio 4에서 새로운 project를 생성하고, C 언어 소스 프로그램을 작성하여 저장한다. 자세한 내용은 5.4.2절의 [단계 1]을 참조한다.

[단계 1]-(1) Project type은 AVR GCC를 선택하고, Project name:은 ch20_step1, Initial file:은 ch20_step1이라고 입력하고, Create initial file과 Create folder를 체크하고, Location:은 C:₩avr_test를 선택한 후에 [Next >>] 버튼을 누르고 다음 단계로 진행한다.

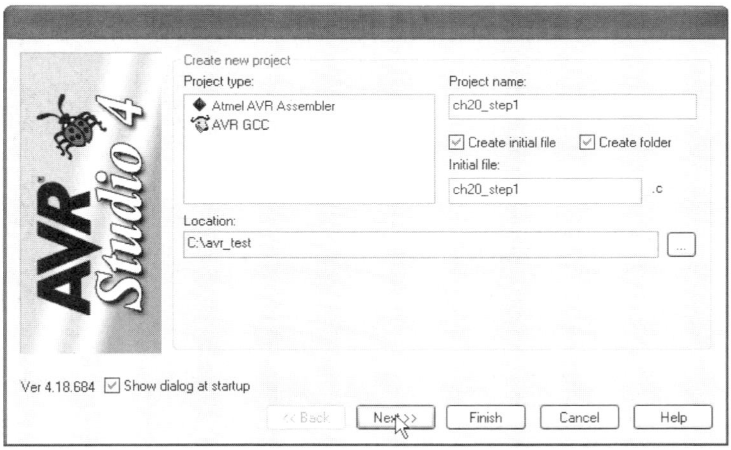

[단계 1]-(2) AVR Studio 4 편집 화면에 다음과 같이 C 언어 소스 프로그램을 작성하여 저장한다.

```
//
// ch20_step1.c
//
#include <avr/io.h>
#include <util/delay.h>

#define  PERIOD          50      // 듀티비 1% 시간, 단위 us
#define  DUTY_PERCENT  100      // 100 %

// 1초 동안 펄스 출력 갯수
#define PERIOD_1SEC      (1000000L / (PERIOD * DUTY_PERCENT))
```

```
#define  X0      0   // 0번 비트, 1A1
#define  X1      1   // 1번 비트, 1A2
#define  X2      2   // 2번 비트, 1EN
#define  X3      3   // 3번 비트, SERVO_DO
#define  X4      4   // 4번 비트, 2A1
#define  X5      5   // 5번 비트, 2A2
#define  X6      6   // 6번 비트, 2EN
#define  X7      7   // 7번 비트, FAN_RPM

int main(void){
    unsigned char fan;        // 8비트 크기의 변수 선언
    unsigned long delay;      // 32비트 크기의 변수 선언
    unsigned int dutyX2;      // 16비트 크기의 변수 선언

    DDRA = 0B11111111;  // 쿨링팬 제어 신호용 포트, 모두 출력 방향
    DDRC = 0B11111111;  // LED 제어 신호용 포트, 모두 출력 방향

    // 무한 반복
    while(1){
        // 쿨링팬이 정 방향으로 회전하도록 설정
        fan = (0 << X5) | (1 << X4); // 정 방향

        // 듀티비가 0 ~ 100까지 변하도록 100회 반복함
        for(dutyX2 = 0; dutyX2 < 100; dutyX2++){
            // 설정된 듀티비를 1초 동안 유지하도록 반복
            for(delay = 0; delay < PERIOD_1SEC; delay++){

                // LED에 쿨링팬 듀티비를 BCD로 출력(0 ~ 99)
                PORTC = ~(((dutyX2 / 10) << 4) | (dutyX2 % 10));

                // 쿨링팬 드라이버 IC의 2EN 핀에 High 신호를 출력
                fan |= (1 << X6);      // 2EN = 1
                // 쿨링팬 회전 시작
                PORTA = fan;
                _delay_us(dutyX2 * PERIOD);

                // 쿨링팬 드라이버 IC의 2EN 핀에 Low 신호를 출력
                fan &= ~(1 << X6); // EN = 0
                PORTA = fan;
                _delay_us((100-dutyX2) * PERIOD);
            }
```

```
        }
    }

    // 함수의 형태와 같이 정수형(int)의 값을 반환함
    return 1;
}
```

C 언어 소스 프로그램 설명

핵심포인트

쿨링팬의 구조는 DC 모터의 구조와 비슷하므로 제어 방식 역시 동일하다. 그러나 쿨링팬은 제품의 내부 온도나 부품 등의 열을 식히는 용도로 사용하므로 공기가 배출되는 방향으로만 회전한다. 따라서 DC 모터가 정회전 또는 역회전을 할 수 있지만 쿨링팬은 정회전만 할 수 있는 차이점이 있다.

avr/io.h 헤더 프로그램에는 DDRx 레지스터, PORTx 레지스터 등이 정의되어 있으므로 이들 레지스터를 사용하려면 반드시 포함시켜야 한다.

util/delay.h 헤더 프로그램은 _delay_ms() 또는 _delay_us() 함수를 사용하기 위해서 반드시 포함시켜야 한다.

#define PERIOD 50 문장은 PERIOD를 50으로 치환하겠다는 매크로이다.

#define DUTY_PERCENT 100 문장은 DUTY_PERCENT를 100으로 치환 하겠다는 매크로이다.

#define PERIOD_1SEC (1000000L / (PERIOD * DUTY_PERCENT)) 문장은 1초 주기를 계산하는 치환 매크로이다. 이 매크로는 5000us 주기의 펄스가 1초 동안 반복되는 횟수를 계산한다.

#define X0 0 문장은 X0을 0으로 치환하겠다는 매크로이다.

#define X1 1 문장은 X1을 1로 치환하겠다는 매크로이다.

#define X2 2 문장은 X2를 2로 치환하겠다는 매크로이다.

#define X3 3 문장은 X3을 3으로 치환하겠다는 매크로이다.

#define X4 4 문장은 X4를 4로 치환하겠다는 매크로이다.

#define X5 5 문장은 X5를 5로 치환하겠다는 매크로이다.

#define X6 6 문장은 X6을 6으로 치환하겠다는 매크로이다.

#define X7 7 문장은 X7을 7로 치환하겠다는 매크로이다.

unsigned char fan; 문장은 8비트의 부호를 사용하지 않는 fan의 변수 선언이다. fan 변수는 모터의 방향 및 신호를 제어하는 변수가 된다.

unsigned long delay; 문장은 32비트의 부호를 사용하지 않는 delay의 변수 선언이다. delay는 지연 동작에서 사용된다.

unsigned int dutyX2; 문장은 16비트의 부호를 사용하지 않는 dutyX2의 변수 선언이다. dutyX2는 X2 핀에 출력할 신호의 듀티비를 저장하는 변수가 된다.

DDRx 레지스터는 포트의 입출력 방향을 결정하는 레지스터이며 x는 포트명이고 DDRxn의 각 비트 값이 0이면 입력, 1이면 출력으로 설정된다. 따라서 DDRA = 0B11111111; 문장과 DDRC = 0B11111111 문장은 포트 A는 쿨링팬 제어 신호용 포트로서 모든 비트를 출력하겠다는 의미이고, 포트 C는 LED 제어 신호용 포트로서 모든 비트를 출력하겠다는 의미이다.

PORTx 레지스터는 포트에 출력할 논리 값을 저장하는 레지스터이며 x는 포트명이다.

fan = (0 〈〈 X5) | (1 〈〈 X4); 문장은 fan 변수에 4번 비트가 1이고, 5번 비트가 0이고 나머지 비트는 0인 값을 저장하는 의미로서, 쿨링팬의 방향을 선택하는 기능을 수행한다. 즉, 쿨링팬의 정방향 회전을 설정하겠다는 의미이다. 이 문장은 L298HN IC의 방향 선택 신호인 2A1, 2A2에 각각 2A1=0, 2A2=1 신호를 전달해 쿨링팬이 정 방향으로 회전하도록 한다. 이때 2A1 및 2A2의 신호를 각각 2A1=1, 2A2=0과 같이 바꾸게 되면 쿨링팬은 회전하지 않게 된다. 만약 2A1과 2A2 신호가 0 또는 1로 동일하게 되면 쿨링팬은 정지하게 된다.

for(dutyX2 = 0; dutyX2 〈 100; dutyX2++) 문장은 dutyX2 변수의 초기 값을 0으로 하여 dutyX2가 100 보다 작은 조건에서 dutyX2를 1씩 증가하며 반복하라는 반복문이다. dutyX2는 5000us 주기에서 논리 1을 출력하는 비율을 나타낸다. 따라서 dutyX2가 15이면 5000us 주기의 15%가 논리 1을 출력하는 비율이 된다.

for(delay = 0; delay 〈 PERIOD_1SEC; delay++) 문장은 delay 변수의 초기 값을 0으로 하여 delay가 PERIOD_1SEC 보다 작은 조건에서 delay를 1씩 증가하며 반복하라는 반복문이다. PERIOD_1SEC 매크로는 5000us의 주기를 갖는 펄스가 1초동안 반복되는 횟수이므로 delay 변수가 1씩 증가하여 PERIOD_1SEC와 같아지면 1초의 시간이 경과한 것과 같다.

PORTC = ~(((duxyX2 / 10) 〈〈 4) | (dutyX2 % 10)); 문장은 dutyX2 변수를 BCD 코드로 변환하여 LED와 연결된 포트 C에 토글하여 출력하겠다는 의미로서, 포트 C에 0 ~ 99까지의 숫자를 BCD 코드로 표시하기 위하여 계산하는 식이다. 상위 4비트는 10의 자리를 출력하고, 하위 4자리는 1의 자리를 출력한다.

- 10진수 15의 출력 예제

BCD	BCD 10의 자리				BCD 1의 자리			
	8	4	2	1	8	4	2	1
LED_H	LED_16	LED_15	LED_14	LED_13	LED_12	LED_11	LED_10	LED_9
	○	○	○	●	○	●	○	●

fan |= (1 << X6); 문장은 fan 변수의 6번 비트를 논리 1로 설정하겠다는 의미이다. 이것은 모터 드라이버 IC인 L298의 2EN 신호가 1로 설정되도록 하여 쿨링팬이 회전할 수 있는 조건이 된다.

PORTA = fan; 문장은 쿨링팬의 제어신호를 저장하는 fan 변수의 값을 실제 신호가 출력되도록 쿨링팬 드라이버가 연결된 포트 A에 출력하겠다는 의미이다.

_delay_us(dutyX2 * PERIOD); 문장은 dutyX2의 값과 PERIOD 값을 곱하여 us의 시간동안 대기하겠다는 의미이다. 이것은 2EN 신호를 논리 1로 출력하고 신호를 일정시간 유지하기 위함이다.

fan &= ~(1 << X6); 문장은 fan 변수의 6번 비트를 논리 0로 설정하겠다는 의미이다. 이것은 쿨링팬 드라이버 IC인 L298HN의 2EN 신호가 0로 설정되도록 하여 쿨링팬이 회전할 수 없는 조건이 된다.

PORTA = fan; 문장은 쿨링팬의 제어신호를 저장하는 fan 변수의 값을 실제 신호가 출력되도록 쿨링팬 드라이버가 연결된 포트 A에 출력하겠다는 의미이다.

_delay_us((100-dutyX2) * PERIOD); 문장은 100에서 dutyX2를 뺀 값과 PERIOD 값을 곱하여 us의 시간동안 대기하겠다는 의미이다. 이것은 2EN 신호를 논리 0로 출력하고 신호를 일정시간 유지하기 위함이다.

이때 무한루프인 while(1)에 모든 문장이 포함되어 있으므로 2EN 신호를 논리 1과 논리 0으로 설정하는 동작을 계속해서 반복하게 된다. 따라서 2EN 신호가 논리 1로 설정 될 때 쿨링팬은 빠르게 회전하려 하게 되고, 논리 0으로 설정 될 때 쿨링팬은 서서히 정지하려 하게 된다.

T·I·P

C 언어 소스 프로그램은 CD Drive:₩Source₩ch20₩ch20_step1₩ch20_step1.c 파일을 참조한다.

단계 2 AVR Studio 4를 이용하여 C 언어 소스 프로그램을 Build 한다. 자세한 내용은 5.4.2절의 [단계 2]를 참조한다.

단계 3 PonyProg를 이용하여 ATmega128에 hex 파일을 ISP 다운로드 한다. 자세한 내용은 5.4.2절의 [단계 3]을 참조한다.

단계 5 다운로드가 완료되면 AVR 트레이닝 키트(WES-XUN I)에서 동작을 확인한다. 쿨링팬은 정지 상태에서 점차 속도를 높이며 정 방향으로 회전한다. 이때 LED 에서는 현재 쿨링팬에 출력되는 듀티비를 BCD 코드로 표시한다. 따라서 LED9부터 LED16까지에는 0 ~ 99까지의 BCD 코드가 표시되면서 FAN DIR LED는 녹색으로 켜진다. 만약 LED가 적색으로 켜질 경우는 역 방향이므로, 쿨링팬은 회전하지 않는다. 다음 그림에서는 듀티비 30%에서의 LED14, LED13이 ON 되는 쿨링팬 동작을 나타내고 있다. 한편, 쿨링팬이 회전하기 위해서는 회전에 필요한 충분한 힘이 필요하므로 PWM 파형의 듀티비가 일정 크기만큼 상승할 때까지 쿨링팬은 정지 상태에 놓이게 된다. 회전을 시작한 이후에는 정지 상태에 있을 때보다 작은 듀티비의 PWM 파형에서도 움직이게 된다.

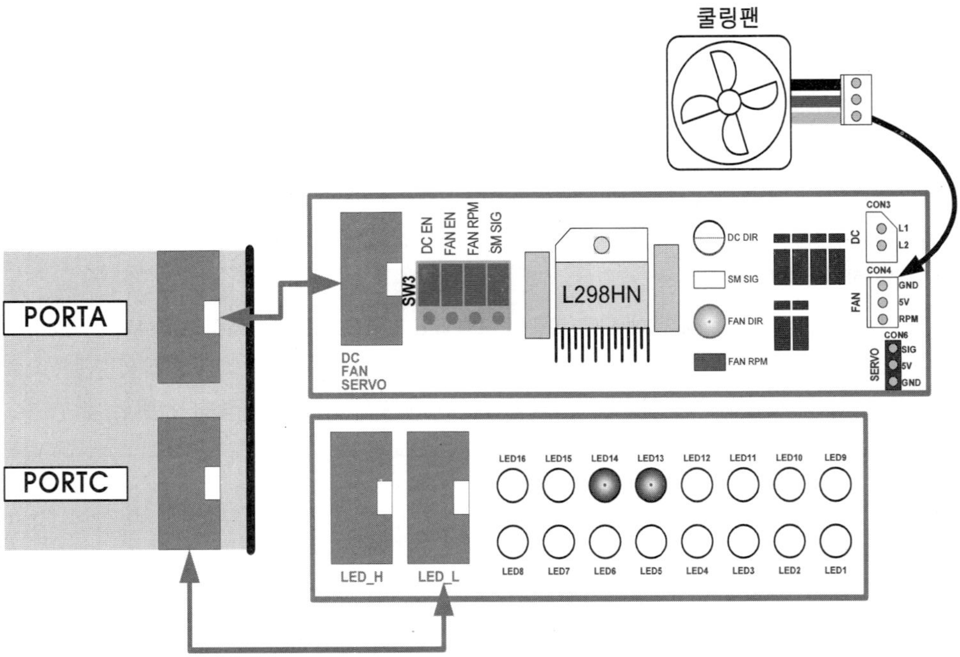

T·I·P

※ 듀티비(Duty Ratio)는 펄스의 주기(T) 시간과 논리 1을 갖는 시간(High Pulse Time)의 비율의 의미한다. 따라서 주기가 2ms이고 논리 1을 갖는 시간이 1ms라고 가정할 때 듀티비는 50%가 된다.

D = (High Pulse Time) / T * 100 [%]

※ BCD(Binary Coded Decima) 8421 코드를 이용해 2진수를 10진수로 표현한 코드를 의미한다. 다음의 표는 16진 코드를 BCD 코드로 변환한 예를 보이고 있다.

	16진 코드	BCD 코드	
		10의 자리	1의 자리
0	0000	0000	0000
1	0001	0000	0001
2	0010	0000	0010
3	0011	0000	0011
4	0100	0000	0100
5	0101	0000	0101
6	0110	0000	0110
7	0111	0000	0111
8	1000	0000	1000
9	1001	0000	1001
10	1010	0001	0000
11	1011	0001	0001
12	1100	0001	0010
13	1101	0001	0011
14	1110	0001	0100
15	1111	0001	0101

※ 쿨링팬은 내부의 열을 밖으로 내보내는 역할을 하기 때문에 한 방향으로만 회전한다. 따라서 모터의 회전방향을 반대로 하여 출력하게 되면 쿨링팬은 회전하지 않는다.

20.4.3 쿨링팬을 회전시켜 RPM 펄스를 1초 동안 카운트하여 LED에 BCD 코드로 출력하는 예제

단계 1 AVR Studio 4에서 새로운 project를 생성하고, C 언어 소스 프로그램을 작성하여 저장한다. 자세한 내용은 5.4.2절의 [단계 1]을 참조한다.

[단계 1]-(1) Project type은 AVR GCC를 선택하고, Project name:은 ch20_step2, Initial file:은 ch20_step2이라고 입력하고, Create initial file과 Create folder를 체크하고, Location:은 C:₩avr_test를 선택한 후에 [Next >>] 버튼을 누르고 다음 단계로 진행한다.

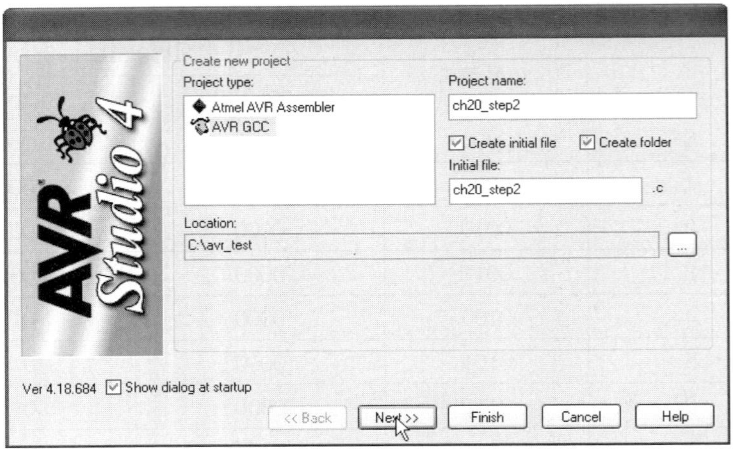

[단계 1]-(2) AVR Studio 4 편집 화면에 다음과 같이 C 언어 소스 프로그램을 작성하여 저장한다.

```
//
// ch20_step2.c
//

// ATmega128의 레지스터 등이 정의되어 있음
#include <avr/io.h>

// _delay_ms() 함수 등이 정의되어 있음
#include <util/delay.h>

#define  X0     0   // 0 번 비트, 1A1
#define  X1     1   // 1 번 비트, 1A2
#define X2      2   // 2 번 비트, 1EN
#define  X3     3   // 3 번 비트, SERVO_DO
#define  X4     4   // 4 번 비트, 2A1
#define X5      5   // 5 번 비트, 2A2
#define  X6     6   // 6 번 비트, 2EN
#define  X7     7   // 7 번 비트, FAN_RPM

// c 언어의 주 실행 함수
int main(void){
    // 16비트 크기의 변수 선언
    unsigned int i=0;      // 반복문에서 사용
```

```
unsigned int count=0; // RPM 펄스 개수를 셈
// 8비트 크기의 변수 선언
unsigned char fan=0; // 쿨링팬 설정용
// RPM 신호 상태 저장용
unsigned char c_status=0, o_status=0;

// 모터 제어 신호용 포트
// 7번 비트 입력, 나머지 출력 방향
DDRA = 0B01111111;
DDRC = 0B11111111;// LED 제어 신호용 포트, 모두 출력 방향

// 쿨링팬이 정 방향으로 회전하도록 설정
fan = (0 << X5) | (1 << X4); // 정 방향
// 쿨링팬 드라이버 IC의 2EN 핀에 High 신호를 출력
fan |= (1 << X6);      // 2EN = 1
// 쿨링팬 회전 시작
PORTA = fan;

PORTC = 0B11111111;    // LED 모두 OFF

// 무한 반복
while(1){
    count = 0; // count 변수를 0으로 초기화

    // 1ms 단위로 1초 동안 반복하기 위해 1000회 반복
    for(i = 0; i < 1000; i++){
        // 포트 A의 7번 비트 상태 검출
        c_status = PINA & (1 << 7);

        // 포트 A의 7번 비트의 신호 변화를 검출
        // 전 상태(o_status) 1에서 현재 상태(c_status)가
        // 0으로 변하였는지 검사.
        if((c_status == (0 << 7)) && o_status == (1 << 7)){
            count++;                    // count 변수 값 1씩 증가.
        }

        // 현재 상태를 전 상태로 저장.
        o_status = c_status;
```

```
            _delay_ms(1); // 1ms 동안 대기
        }

        PORTC = ~(((count / 10) << 4) | (count % 10));
    }

    // 함수의 형태와 같이 정수형(int)의 값을 반환함
    return 1;
}
```

C 언어 소스 프로그램 설명

핵심포인트

쿨링팬은 회전 속도를 나타내는 RPM 신호를 출력한다. RPM은 1분당 회전수를 나타내는데 보통 2000~4000 RPM의 쿨링팬을 사용한다. 3핀으로 구성된 쿨링팬은 내부에 센서를 내장하고 있어 쿨링 팬이 빠른 속도로 회전하면 높은 주파수의 클록 펄스를 출력하고, 낮은 속도로 회전하면 낮은 주파수의 클록 펄스를 출력한다. 따라서 이 펄스의 폭을 측정하여 PWM 신호로 쿨링팬의 속도를 제어할 수 있다.

avr/io.h 헤더 프로그램에는 DDRx 레지스터, PORTx 레지스터 등이 정의되어 있으므로 이들 레지스터를 사용하려면 반드시 포함시켜야 한다.

util/delay.h 헤더 프로그램은 _delay_ms() 또는 _delay_us() 함수를 사용하기 위해서 반드시 포함시켜야 한다.

#define X0 0 문장은 X0을 0으로 치환하겠다는 매크로이다.

#define X1 1 문장은 X1을 1로 치환하겠다는 매크로이다.

#define X2 2 문장은 X2를 2로 치환하겠다는 매크로이다.

#define X3 3 문장은 X3을 3으로 치환하겠다는 매크로이다.

#define X4 4 문장은 X4를 4로 치환하겠다는 매크로이다.

#define X5 5 문장은 X5를 5로 치환하겠다는 매크로이다.

#define X6 6 문장은 X6을 6으로 치환하겠다는 매크로이다.

#define X7 7 문장은 X7을 7로 치환하겠다는 매크로이다.

unsigned int i=0; 문장은 부호를 사용하지 않는 16비트 변수를 초기 값 0으로 선언하고 있다. i 변수는 1ms 간격으로 반복하는 반복문에 사용된다.

unsigned int count=0; 문장은 부호를 사용하지 않는 16비트 변수를 초기 값 0으로 선언하고 있다. count 변수는 펄스의 갯수를 세는데 사용된다.

unsigned char fan; 문장은 8비트의 부호를 사용하지 않는 fan의 변수 선언이다. fan 변수는 모터의 방향 및 신호를 제어하는 변수가 된다.

unsigned char c_status=0, o_status=0; 문장은 쿨링팬의 RPM 신호를 저장하는 변수이고, c_status는 현재 상태를 저장하고, o_status는 전 상태를 저장한다.

DDRx 레지스터는 포트의 입출력 방향을 결정하는 레지스터이며 x는 포트명이고 DDRxn의 각 비트 값이 0이면 입력, 1이면 출력으로 설정된다. 따라서 DDRA = 0B01111111; 문장과 DDRC = 0B11111111 문장은 포트 A는 쿨링팬 제어 신호용 포트로서 7번를 비트 입력으로 하고 나머지 모든 비트들을 출력하겠다는 의미이고, 포트 C는 LED 제어 신호용 포트로서 모든 비트를 출력하겠다는 의미이다.

fan = (0 〈〈 X5) | (1 〈〈 X4); 문장은 fan 변수에 4번 비트가 1이고, 5번 비트가 0이고 나머지 비트는 0인 값을 저장하는 의미로서, 쿨링팬의 방향을 선택하는 기능을 수행한다. 즉, 쿨링팬의 정방향 회전을 설정하겠다는 의미이다. 이 문장은 L298HN IC의 방향 선택 신호인 2A1, 2A2에 각각 2A1=1, 2A2=0 신호를 전달해 쿨링팬이 정 방향으로 회전하도록 한다. 이때 2A1 및 2A2의 신호를 각각 2A1=0, 2A2=1과 같이 바꾸게 되면 쿨링팬의 회전방향은 반대로 바뀌게 된다. 만약 2A1과 2A2 신호가 0 또는 1로 동일하게 되면 쿨링팬은 정지하게 된다.

fan &= ~(1 〈〈 X6); 문장은 fan 변수의 6번 비트를 논리 0로 설정하겠다는 의미이다. 이것은 쿨링팬 드라이버 IC인 L298HN의 2EN 신호가 0로 설정되도록 하여 쿨링팬이 회전할 수 없는 조건이 된다.

PORTA = fan; 문장은 쿨링팬의 제어신호를 저장하는 fan 변수의 값을 실제 신호가 출력되도록 쿨링팬 드라이버가 연결된 포트 A에 출력하겠다는 의미이다.

PORTC = 0B11111111; 문장은 LED를 모두 OFF 하겠다는 의미이다.

while(1){} 문장은 {}안의 문장을 무한 반복하겠다는 의미이다.

for(i = 0; i 〈 1000; i++){} 문장은 i를 초기 값 0으로 하여 1000까지 i값을 1씩 증가시켜 {}안의 문장을 반복한다.

c_status = PINA & (1 〈〈 7); 문장은 포트 A의 7번 비트 상태를 읽어서 저장한다.

if((c_status == (0 〈〈 7)) && o_status == (1 〈〈 7)){ count++; } 문장은 포트 A의 7번 비트가 전 상태가 1이고 지금 상태가 0인 경우 하강 에지로 받아들이게 되며, 이런 경우 count 변수를 1씩 증가시킨다.

o_status = c_status; 문장은 현재 상태를 전 상태로 설정한다. 이것은 새로운 상태를 c_status 변수에 저장하기 위함이고, 또한 현재 상태는 다음 상태의 전 상태가 되기 때문이다.

_delay_ms(1); 문장은 1ms 동안 대기하게 된다.

PORTC = ~(((count / 10) 〈〈 4) | (count % 10)); 문장은 1초 동안 획득한 RPM 신호의 펄스 개수를 BCD 코드로 변환하여 포트 C에 출력하겠다는 의미이다.

T·I·P

C 언어 소스 프로그램은 CD Drive:₩Source₩ch20₩ch20_step2₩ch20_step2.c 파일을 참조한다.

단계 2 [단계 2] AVR Studio 4를 이용하여 C 언어 소스 프로그램을 Build 한다. 자세한 내용은 5.4.2절의 [단계 2]를 참조한다.

단계 3 PonyProg를 이용하여 ATmega128에 hex 파일을 ISP 다운로드 한다. 자세한 내용은 5.4.2절의 [단계 3]을 참조한다.

단계 4 다운로드가 완료되면 AVR 트레이닝 키트(WES-XUN I)에서 동작을 확인한다. FAN DIR LED는 녹색으로 켜지고, 쿨링팬은 점차 속도를 내어 최고 속도로 회전하게 되며, 시작하는 동안 LED에는 1초 간격으로 RPM 펄스 개수를 BCD 코드로 표시한다. 이때 출력되는 펄스 개수는 급격히 변하게 되며, 쿨링팬이 동작하여 계속하여 일정한 속도로 회전할 때는 LED 출력되는 RPM 개수도 일정하게 나타난다. 다음 그림에서는 쿨링팬이 1초 동안에 약 30개의 펄스를 출력하는 경우에 LED에 BCD 코드값(30)이 켜지는 동작 모습을 나타내고 있다. 한편, 쿨링팬의 회전 속도에 따라 FAN RPM이라고 쓰인 LED의 깜빡이는 속도가 달라진다.

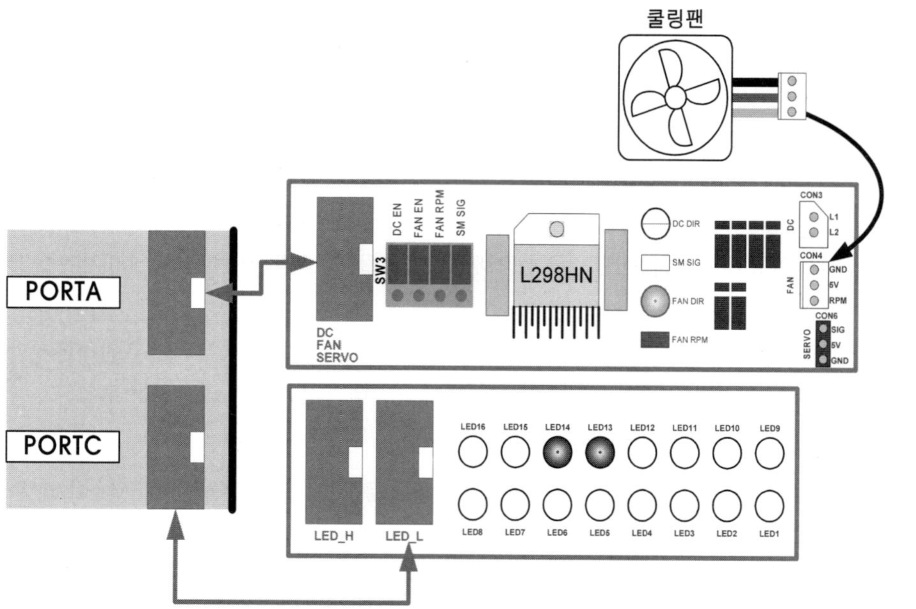

CHAPTER 21

AVR ATmega128을 사용한 그래픽 LCD 제어

실습목표

그래픽 LCD는 화면에 그림 또는 문자를 표시할 수 있는 디스플레이 장치이다. 디스플레이 장치에 그림 또는 한글을 사용하여 정보를 표현 할 수 있다면 사용자는 시스템을 쉽게 사용 할 수 있을 것이다. 즉, 텍스트 LCD에서는 ROM에 저장된 폰트의 정해진 문자들만 화면에 보일 수 있는데 비하여 그래픽 LCD는 그림 또는 한글을 표현할 수 있어서 많은 정보를 표시할 수 있고 사용자는 쉽게 정보를 얻고 제어할 수 있다. 그래픽 LCD는 픽셀이라고 하는 도트(dot)들이 ON/OFF 되도록 제어한다. 이 장에서는 그래픽 LCD에 그림 또는 문자를 표현하여 그 제어 방법을 학습한다.

실습이론

21.1 그래픽 LCD 제어를 위한 디지털 입 · 출력 관련 레지스터

DDRx 레지스터는 포트의 입출력 방향을 결정하는 레지스터이며 DDRxn의 비트 값이 0이면 입력, 1이면 출력으로 설정된다. x는 포트명을 가리키는 문자이고 n은 비트를 나타내는 숫자이다. ATmega128에서 레지스터는 0번부터 7번까지 8비트가 존재한다. PORTx 레지스터는 포트에 출력할 논리 값을 저장하는 레지스터이며 x는 포트명이다. PINx는 DDRx 레지스터, PORTx 레지스터 등과 달리 포트의 논리를 읽을 수 있는 어드레스이며 x는 포트명이다. 디지털 입출력과 관련한 자세한 내용은 1.14절의 AVR 디지털 입출력 핀 구조를 참조한다.

UCSRnA 레지스터는 USART의 제어 및 상태를 나타내는 레지스터로 수신 완료 상태, 송신 완료 상태, 데이터 레지스터 공백 상태 등 여러 가지 상태를 나타낸다. UCSRnB 레지스터는 USART의 제어 및 상태를 나타내는 레지스터로 수신 인터럽트 허용, 송신 인터럽트 허용, 데이터 레지스터 공백 인터럽트 허용, 수신부 활성화, 송신부 활성화 등의 제어를 할 수 있다. UCSRnC 레지스터는 USART의 제어 및 상태를 나타내는 레지스터로 패리티 비트, 데이터 비트 길이 등을 설정할 수 있다. UCSRAnx에서 n은 USART의 번호를 나타내는 숫자이고, x는 레지스터를 분리하는 문자이다. ATmega128에서 USART는 0번과 1번 등 2개가 존재한다. UBRR 레지스터는 USART의 통신 속도를 설정하는 레지스터이다. UDR 레지스터는 USART의 송신 또는 수신 데이터를 저장하는 레지스터이다. USART와 관련한 자세한 내용은 1.18절 ATmega128의 USART를 참조한다. 한편, 표 15.1.1을 활용해 ATmega128의 클록 속도에 따른 UBRR 레지스터의 설정 값을 UBRR 레지스터에 맞는 값을 계산하지 않고 쉽게 찾아 볼 수 있다. 자세한 내용은 ATmega128의 데이터 시트 중에서 USART 부분을 참조한다.

DDRx : PORTx 데이터 방향 레지스터

Bit	7	6	5	4	3	2	1	0
	DDx7	**DDx6**	**DDx5**	**DDx4**	**DDx3**	**DDx2**	**DDx1**	**DDx0**
Read/Write	R/W	R/W	R/W	R/W	R/W	R/W	R/W	R/W
Initial Value	0	0	0	0	0	0	0	0

PORTx : PORTx 데이터 레지스터

Bit	7	6	5	4	3	2	1	0
	PORTx7	**PORTx6**	**PORTx5**	**PORTx4**	**PORTx3**	**PORTx2**	**PORTx1**	**PORTx0**
Read/Write	R/W	R/W	R/W	R/W	R/W	R/W	R/W	R/W
Initial Value	0	0	0	0	0	0	0	0

PINx : PORTx 입력 핀 어드레스

Bit	7	6	5	4	3	2	1	0
	PINx7	**PINx6**	**PINx5**	**PINx4**	**PINx3**	**PINx2**	**PINx1**	**PINx0**
Read/Write	R	R	R	R	R	R	R	R
Initial Value	N/A	N/A	N/A	N/A	N/A	N/A	N/A	N/A

UCSRnA : USART 제어, 상태 레지스터 A

Bit	7	6	5	4	3	2	1	0
	RXC	**TXC**	**UDRE**	**FE**	**DOR**	**UPE**	**U2X**	**MPCM**
Read/Write	R	R/W	R	R	R	R	R/W	R/W
Initial Value	0	0	0	0	0	0	0	0

UCSRnB : USART 제어, 상태 레지스터 B

Bit	7	6	5	4	3	2	1	0
	RXCIE	**TXCIE**	**UDRIE**	**RXEN**	**TXEN**	**UCSZ2**	**RXB8**	**TXB8**
Read/Write	R/W	R/W	R/W	R/W	R/W	R/W	R	R/W
Initial Value	0	0	0	0	0	0	0	0

UCSRnC : USART 제어, 상태 레지스터 C

Bit	7	6	5	4	3	2	1	0
	-	**UMSEL**	**UPM1**	**UPM0**	**USBS**	**UCSZ1**	**UCSZ0**	**UCPOL**
Read/Write	R/W	R/W	R/W	R/W	R/W	R/W	R/W	R/W
Initial Value	0	0	0	0	0	0	0	0

UBRR : USART 보드 레이트 레지스터

Bit	15	14	13	12	11	10	9	8	
	-	-	-	-	UBRRn[11 :8]				UBRRnH
	UBRRn[7:0]								UBRRnL
	7	6	5	4	3	2	1	0	
Read/Write	R	R	R	R	R/W	R/W	R/W	R/W	
	R/W	R/W	R/W	R/W	R/W	R/W	R/W	R/W	
Initial Value	0	0	0	0	0	0	0	0	

표 21.1.1은 USART의 BAUD 및 UBRR 계산식을 나타내고 있다.

표 21.1.1 USART의 BAUD 및 UBRR 계산식

동작 모드	보레이트를 결정하는 공식	UBRRn 레지스터의 값을 결정하는 공식
비동기 일반 모드 (U2Xn=0)	$\mathrm{BAUD}=\frac{f_{OSC}}{16(UBRR+1)}$	$\mathrm{UBRR}=\frac{f_{OSC}}{16\times BAUD}-1$
비동기 2배속 모드 (U2Xn=1)	$\mathrm{BAUD}=\frac{f_{OSC}}{8(UBRR+1)}$	$\mathrm{UBRR}=\frac{f_{OSC}}{8\times BAUD}-1$
동기 마스터 모드	$\mathrm{BAUD}=\frac{f_{OSC}}{2(UBRR+1)}$	$\mathrm{UBRR}=\frac{f_{OSC}}{2\times BAUD}-1$

그림 21.1.1은 AVR 트레이닝 키트(WES-XUN I)에서 사용하는 주파수(8MHz, 14.7456MHz)에 따른 UBRR 레지스터의 설정값을 데이터 시트에서 발췌하여 나타낸 것이다.

Baud Rate (bps)	f_{osc} = 8.0000 MHz				f_{osc} = 11.0592 MHz				f_{osc} = 14.7456 MHz			
	U2X = 0		U2X = 1		U2X = 0		U2X = 1		U2X = 0		U2X = 1	
	UBRR	Error	UBRR	Error	UBRR	Error	UBRR	Error	UBRR	Error	UBRR	Error
2400	207	0.2%	416	-0.1%	287	0.0%	575	0.0%	383	0.0%	767	0.0%
4800	103	0.2%	207	0.2%	143	0.0%	287	0.0%	191	0.0%	383	0.0%
9600	51	0.2%	103	0.2%	71	0.0%	143	0.0%	95	0.0%	191	0.0%
14.4k	34	-0.8%	68	0.6%	47	0.0%	95	0.0%	63	0.0%	127	0.0%
19.2k	25	0.2%	51	0.2%	35	0.0%	71	0.0%	47	0.0%	95	0.0%
28.8k	16	2.1%	34	-0.8%	23	0.0%	47	0.0%	31	0.0%	63	0.0%
38.4k	12	0.2%	25	0.2%	17	0.0%	35	0.0%	23	0.0%	47	0.0%
57.6k	8	-3.5%	16	2.1%	11	0.0%	23	0.0%	15	0.0%	31	0.0%
76.8k	6	-7.0%	12	0.2%	8	0.0%	17	0.0%	11	0.0%	23	0.0%
115.2k	3	8.5%	8	-3.5%	5	0.0%	11	0.0%	7	0.0%	15	0.0%
230.4k	1	8.5%	3	8.5%	2	0.0%	5	0.0%	3	0.0%	7	0.0%
250k	1	0.0%	3	0.0%	2	-7.8%	5	-7.8%	3	-7.8%	6	5.3%
0.5M	0	0.0%	1	0.0%	–	–	2	-7.8%	1	-7.8%	3	-7.8%
1M	–	–	0	0.0%	–	–	–	–	0	-7.8%	1	-7.8%
Max [(1)]	0.5 Mbps		1 Mbps		691.2 kbps		1.3824 Mbps		921.6 kbps		1.8432 Mbps	

그림 21.1.1 ATmega128의 클록 속도에 따른 UBRR 레지스터 설정 값

UDR : USART I/O 데이터 레지스터

Bit	7	6	5	4	3	2	1	0	
	RXBn[7:0]								UDRn(Read)
	TXBn[7:0]								UDRn(Write)
Read/Write	R/W	R/W	R/W	R/W	R/W	R/W	R/W	R/W	
Initial Value	0	0	0	0	0	0	0	0	

21.2 그래픽 LCD의 특성 및 제어회로

21.2.1 그래픽 LCD 구조

그림 21.2.1은 그래픽 LCD의 외형을 보이고 있고, 그림 21.2.2는 그래픽 LCD의 내부구조를 보이고 있다. 그래픽 LCD는 외부적으로 20개의 핀이 있는데, 이 핀의 기능은 표 21.2.1에 그래픽 LCD 핀 배열이라 하여 표시하고 있다.

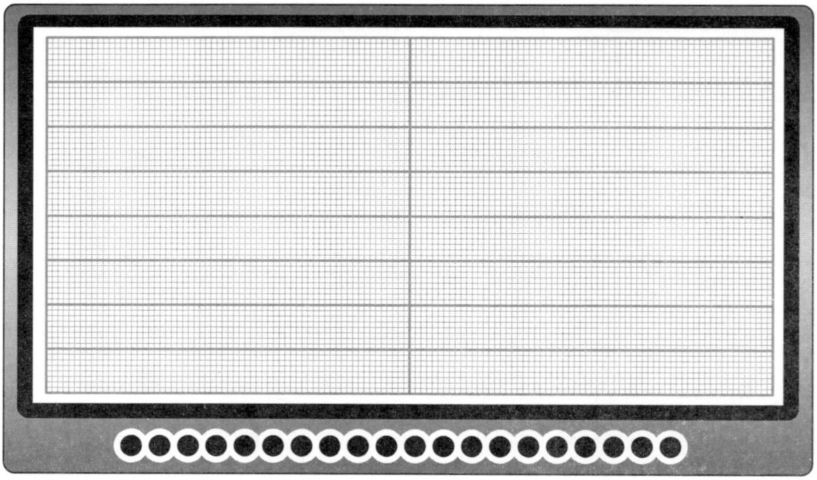

그림 21.2.1 그래픽 LCD의 외형

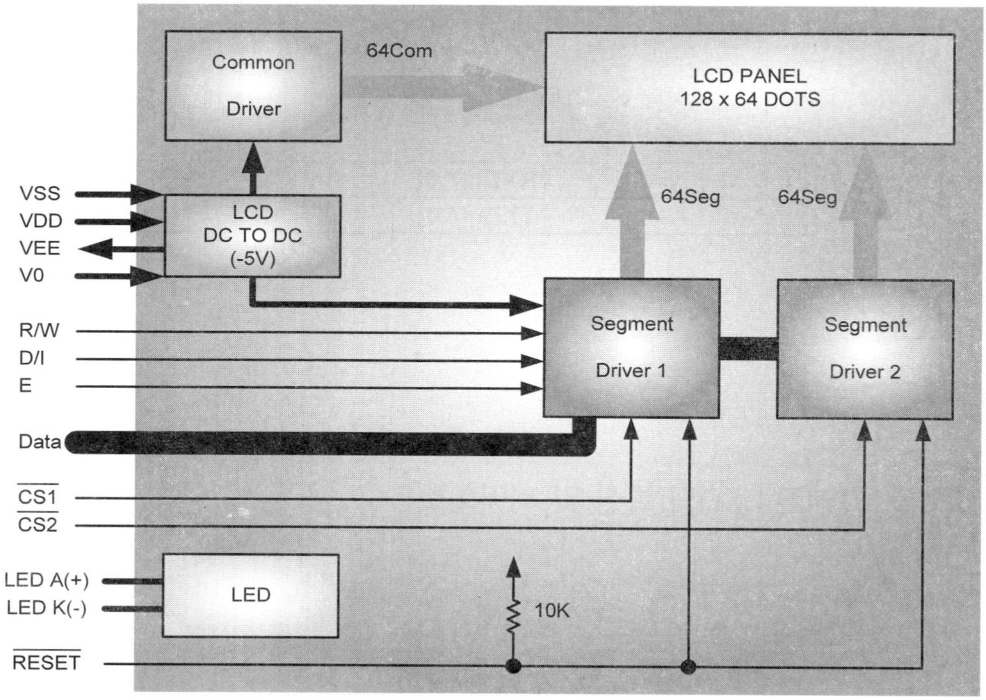

그림 21.2.2 그래픽 LCD의 내부 구조

그래픽 LCD는 텍스트 LCD와 다르게 유통되는 제품들이 대략 3가지의 정도의 핀 매핑 구조를 갖는다. AVR 트레이닝 키트(WES-XUN I)에서는 표 21.2.1과 같이 그래픽 전용 핀 매핑을 갖는 구조와 표 21.2.2와 같이 텍스트 LCD와 그래픽 LCD를 호환하여 사용할 수 있는 핀 매핑 구조를 갖는 커넥터 2개를 지원하고 있다. 표 21.2.1은 AVR 트레이닝 키트(WES-XUN I)의 GRAPHIC LCD 이라고 적혀 있는 커넥터의 핀 맵이며, 표 21.2.2는 TEXT LCD 라고 적혀 있는 커넥터의 핀 맵이다.

표 21.2.1 GRAPHIC LCD 커넥터의 핀 배열

PIN	Description	PIN	Description
1	VCC (VDD)	11	D7
2	GND (VSS)	12	$\overline{\text{CS1}}$
3	Vo (VLC)	13	$\overline{\text{CS2}}$
4	D0	14	$\overline{\text{RESET}}$ ($\overline{\text{RST}}$)
5	D1	15	RW
6	D2	16	RS(DI)
7	D3	17	E
8	D4	18	VEE(Negative Voltage)
9	D5	19	A (LED+)
10	D6	20	K (LED–)

표 21.2.2 TEXT LCD 커넥터의 핀 배열

PIN	Description	PIN	Description
1	GND (VSS)	11	D4
2	VCC (VDD)	12	D5
3	Vo (VLC)	13	D6
4	RS	14	D7
5	RW	15	$\overline{\text{CS1}}$ (A LED+)
6	E	16	$\overline{\text{CS2}}$ (K LED–)
7	D0	17	$\overline{\text{RESET}}$
8	D1	18	VEE(Negative Voltage)
9	D2	19	A (LED+)
10	D3	20	K (LED–)

그림 21.2.3은 그래픽 LCD의 CS(Chip Select) 신호와 페이지(PAGE)의 관계를 나타낸다. CS는 128*64 픽셀의 그래픽 LCD를 2개의 세그먼트(Segment)로 나누어 제어할 때 세그먼트를 선택하는 신호를 나타내며, 페이지는 그래픽 LCD의 상하를 8개 페이지로 나누어 할당한 어드레스를 나타낸다. 즉, 128*64 픽셀의 그래픽 LCD는 내부에는 2개의 컨트롤러를 가지고 있어서 2개의 세그먼트로 구분하며, 1개의 세그먼트는 64*64 픽셀을 제어한다. 한편, 세그먼트 들은 $\overline{CS1}$과 $\overline{CS2}$ 신호를 통해 선택하고, 세그먼트에 할당된 8개의 페이지 중 하나를 LCD 제어 명령을 통해 선택하여 제어해야 한다.

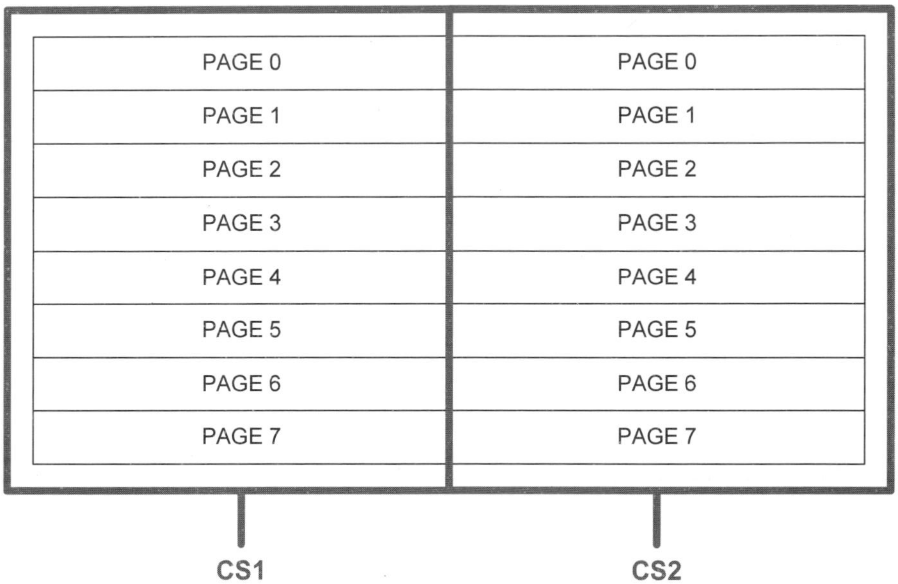

그림 21.2.3 그래픽 LCD의 CS(Chip Select) 신호와 PAGE의 관계

그림 21.2.4는 그래픽 LCD의 페이지 하나에 설정되는 Y 어드레스와 픽셀과 연결되는 데이터 비트와의 관계를 나타내고 있다. 하나의 세그먼트는 8개의 페이지로 구성되며, 하나의 페이지는 64개의 Y 어드레스로 구성되고, 하나의 Y 어드레스에는 8비트의 데이터가 저장된다. 한편, 데이터 비트는 그래픽 LCD의 픽셀을 ON/OFF 할 수 있는 밀접한 관계가 있으므로 잘 이해해야 한다. 즉 페이지0의 Y0 어드레스의 D0 비트에 데이터를 표시하고자 할 때는 D0 비트를 1로 설정하면 그 위치의 도트가 ON 된다.

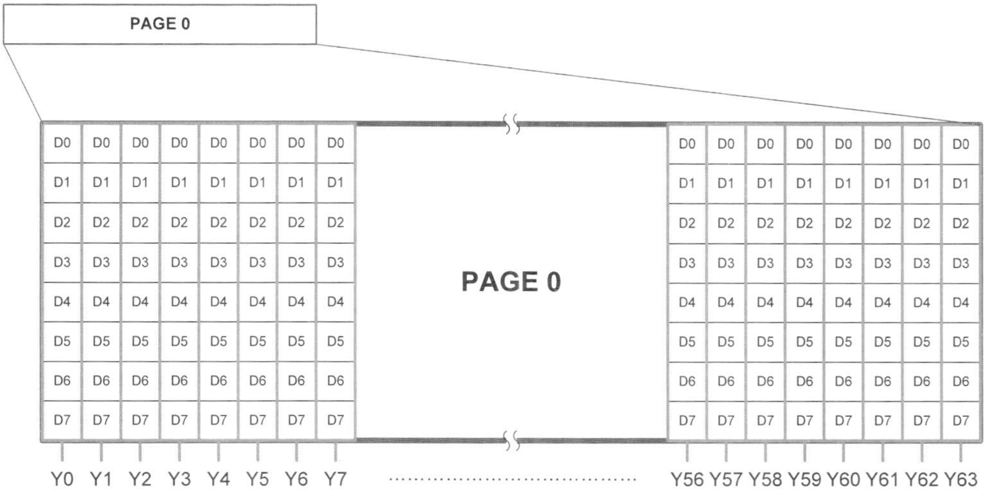

그림 21.2.4 페이지0을 기준으로 한 Y 어드레스와 데이터 비트

21.2.2 그래픽 LCD 제어 타이밍

표 21.2.3은 그림 21.2.5와 그림 21.2.6에 나타낸 것과 같이 그래픽 LCD의 읽기 및 쓰기 동작에서의 제어 타이밍을 나타내고 있다. 그림 21.2.5는 쓰기 동작에서의 타이밍 도를 나타내고 있으며, 그림 21.2.6은 읽기 동작에서의 타이밍 도를 나타내고 있다.

표 21.2.3 그래픽 LCD의 읽기 및 쓰기 동작에서의 타이밍

Characteristic	Symbol	Min	Typ	Max	Unit
E Cycle	t_C	1000	—	—	ns
E Hight Level Width	t_{WH}	450	—	—	ns
E Low Level Width	t_{WL}	450	—	—	ns
E Rise Time	t_R	—	—	25	ns
E Fall Time	t_F	—	—	25	ns
Address Set-Up Time	t_{ASU}	140	—	—	ns
Address Hold Time	t_{AH}	10	—	—	ns
Data Set-Up Time	t_{DSU}	200	—	—	ns
Data Delay Time	t_D	—	—	320	ns
Data Hold Time(Write)	t_{DHW}	10	—	—	ns
Data Hold Time(Read)	t_{DHR}	20	—	—	ns

(1) **쓰기동작(Write Operation)**

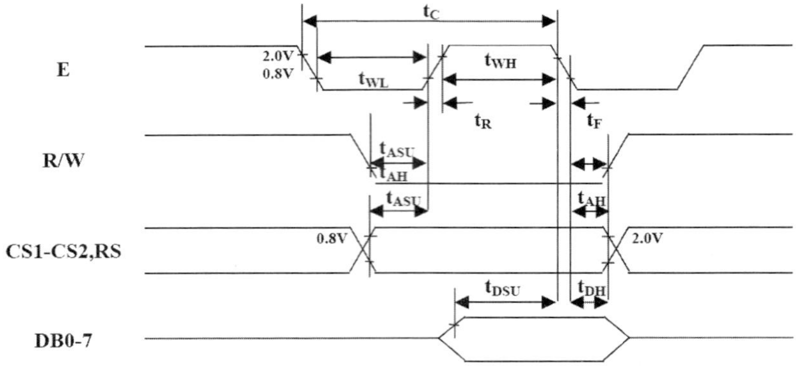

그림 21.2.5 그래픽 LCD의 쓰기동작 타이밍 도

(2) **읽기동작(Read Operation)**

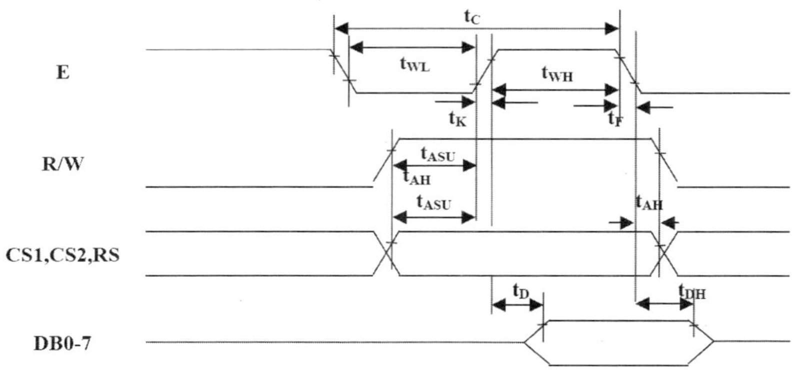

그림 21.2.6 그래픽 LCD의 읽기 동작 타이밍 도

21.2.3 그래픽 LCD 명령어

그래픽 LCD를 제어할 때 사용되는 명령어의 상세한 모드 설정과 사용 방법에 대한 자세한 내용은 표 21.2.4에 나타나 있다.

표 21.2.4 그래픽 LCD의 명령 표

<table>
<tr><th rowspan="2">Instructions</th><th colspan="10">Code</th><th rowspan="2" colspan="2">Functions</th></tr>
<tr><th>RW</th><th>DI</th><th>D7</th><th>D6</th><th>D5</th><th>D4</th><th>D3</th><th>D2</th><th>D1</th><th>D0</th></tr>
<tr><td>Display ON/OFF</td><td>0</td><td>0</td><td>0</td><td>0</td><td>1</td><td>1</td><td>1</td><td>1</td><td>1</td><td>1/0</td><td colspan="2">디스플레이 ON/OFF 제어
(0 :OFF, 1 :ON)</td></tr>
<tr><td>Display Start Line
(Z Address)</td><td>0</td><td>0</td><td>1</td><td>1</td><td colspan="6">Display Start Line (0–63)</td><td colspan="2">화면의 상단에 디스플레이 되는 데이터 RAM의 어드레스</td></tr>
<tr><td>Set Page
(X Address)</td><td>0</td><td>0</td><td>1</td><td>0</td><td>1</td><td>1</td><td>1</td><td colspan="3">Page (0–7)</td><td colspan="2">페이지 레지스터를 이용한 X 어드레스 설정</td></tr>
<tr><td>Set Y Address
(Y Address)</td><td>0</td><td>0</td><td>0</td><td>1</td><td colspan="6">Y Address (0–63)</td><td colspan="2">Y 어드레스 카운터를 이용한 Y 어드레스 설정</td></tr>
<tr><td>Status Read</td><td>1</td><td>0</td><td>Busy</td><td>0</td><td>ON / OFF</td><td>Reset</td><td>0</td><td>0</td><td>0</td><td>0</td><td colspan="2">상태 읽기
Reset 1 : 리셋 상태
0 : 일반 상태
ON/OFF 1 : 디스플레이 OFF 상태
0 : 디스플레이 ON 상태
Busy 1 : 내부 처리 상태
0 : 준비 상태</td></tr>
<tr><td>Write Display Data</td><td>0</td><td>1</td><td colspan="8">Write Data</td><td>D0~D7 데이터 버스를 통해 디스플레이 RAM에 쓰기 한다.</td><td rowspan="2">설정된 어드레스에 접근하여 데이터를 처리하고 Y 어드레스는 1만큼 증가한다.</td></tr>
<tr><td>Read Display Data</td><td>1</td><td>1</td><td colspan="8">Read Data</td><td>디스플레이 RAM의 데이터를 D0~D7 데이터 버스를 통해 읽기 한다.</td></tr>
</table>

(1) Display ON/OFF

	R/W	D/I	DB7	DB6	DB5	DB4	DB3	DB2	DB1	DB0
CODE	0	0	0	0	1	1	1	1	1	D

D = 0 : LCD Display OFF
D = 1 : LCD Display ON

(2) Set Address(Y Address)

<table>
<tr><td></td><td>R/W</td><td>D/I</td><td>DB7</td><td>DB6</td><td>DB5</td><td>DB4</td><td>DB3</td><td>DB2</td><td>DB1</td><td>DB0</td></tr>
<tr><td>CODE</td><td>0</td><td>0</td><td>0</td><td>1</td><td colspan="6">Y Address(0~63)</td></tr>
</table>

Y Address : 0 ~ 63의 값을 넣는다.

(3) Set Page(X Address)

	R/W	D/I	DB7	DB6	DB5	DB4	DB3	DB2	DB1	DB0
CODE	0	0	1	0	1	1	1	Page(0~7)		

Page : 0 ~ 7의 값을 넣는다.

(4) Status Read

	R/W	D/I	DB7	DB6	DB5	DB4	DB3	DB2	DB1	DB0
CODE	1	0	BUSY	0	ON/OFF	RESET	0	0	0	0

BUSY = 0 : 준비 상태
BUSY = 1 : 내부 처리 상태
ON/OFF = 0 : 디스플레이 ON
ON/OFF = 1 : 디스플레이 OFF
RESET = 0 : 일반 상태
RESET = 1 : 리셋 상태

(5) Write Display Data

	R/W	D/I	DB7	DB6	DB5	DB4	DB3	DB2	DB1	DB0
CODE	0	1	Write Data							

Display Start Line : 설정된 Y 어드레스에 D7~D0에 설정된 데이터를 출력한다.

(6) Read Display Data

	R/W	D/I	DB7	DB6	DB5	DB4	DB3	DB2	DB1	DB0
CODE	1	1	Read Data							

Display Start Line : 설정된 Y 어드레스에 저장된 데이터를 D7~D0를 통해 읽는다.

(7) Display Start Line(Z Address)

	R/W	D/I	DB7	DB6	DB5	DB4	DB3	DB2	DB1	DB0
CODE	0	0	1	1	Display start line(0~63)					

Display Start Line : 0 ~ 63의 값을 넣는다. 디스플레이 되는 화면의 상 단에 출력할 데이터의 시작 어드레스를 설정한다. 그림 21.2.7은 Display Start Line의 설정 값에 따라 그래픽 LCD에 다르게 표시되는 동작을 나타내고 있다.

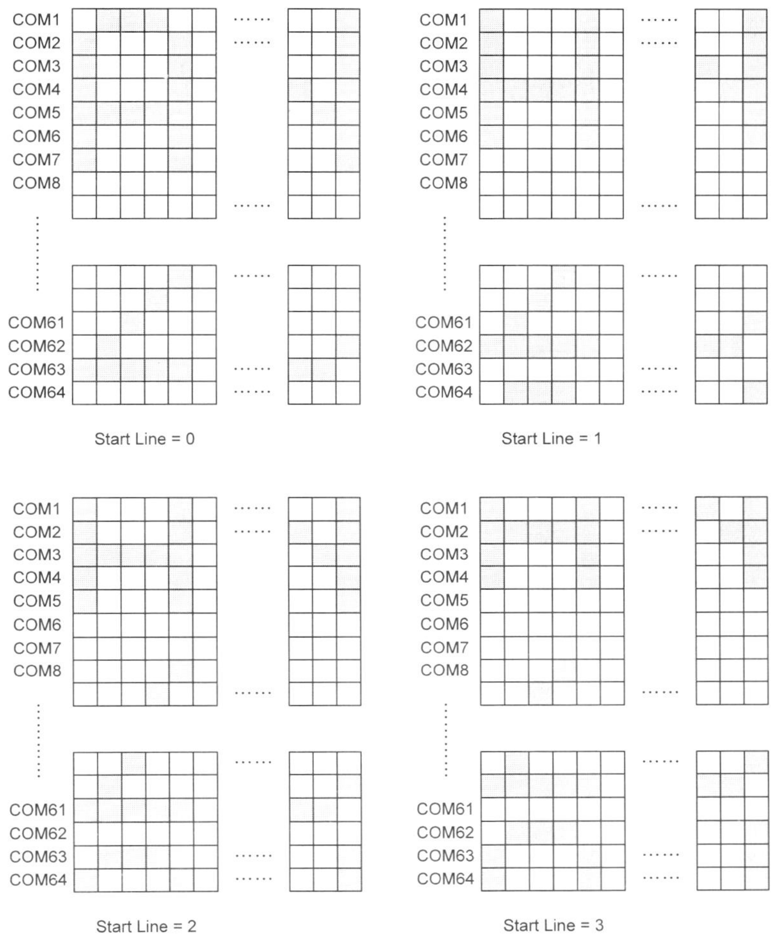

그림 21.2.7 Display Start Line 예

21.3 AVR 트레이닝 키트(WES-XUN I)에서의 그래픽 LCD 제어회로

AVR 트레이닝 키트(WES-XUN I)에는 그림 21.3.1과 같이 20핀으로 구성된 8비트 제어가 가능한 그래픽 LCD 커넥터가 제공된다. 이 커넥터에 그래픽 LCD를 연결하여 사용할 수 있으며, 제어를 위해 CON, DATA 커넥터와 VR이 연결되었다. CON 커넥터에는 RS(DI), RW, E, $\overline{\text{RESET}}$, $\overline{\text{CS1}}$, $\overline{\text{CS2}}$, LED-A, LED-K 신호가 연결되고, DATA 커넥터에는 D0 ~ D7

까지의 8비트 데이터 버스가 연결된다. 그래픽 LCD 배경과 글자의 대비를 조절하기 위해 VR이 연결되는데, 그래픽 LCD 블록의 우측에 LCD_Vo 이름을 가진 가변 저항(VR)이 있다.

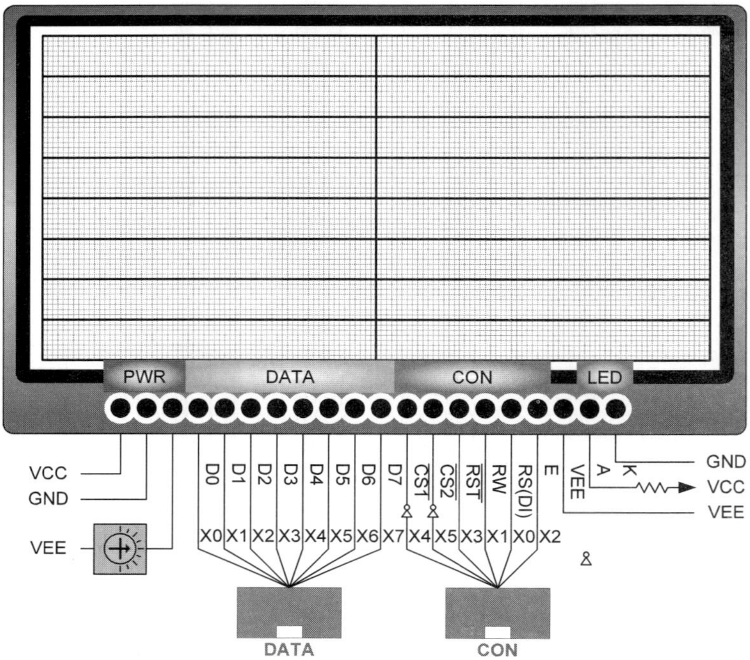

그림 21.3.1 AVR 트레이닝 키트(WES-XUN I)의 그래픽 LCD 회로 블록도

표 21.3.1은 그래픽 LCD 블록의 CON 커넥터와 그래픽 LCD의 핀 연결을 나타내고 있으며, 표 21.3.2는 그래픽 LCD 블록의 DATA 커넥터와 그래픽 LCD의 핀 연결을 나타내고 있다.

표 21.3.1 그래픽 LCD 블록의 CON 커넥터와 그래픽 LCD의 핀 연결

CON 커넥터 비트	D7	D6	D5	D4	D3	D2	D1	D0
그래픽 LCD	–	–	CS2	CS1	$\overline{\text{RESET}}$	E	RW	RS(DI)

표 21.3.2 그래픽 LCD 블록의 DATA 커넥터와 그래픽 LCD의 핀 연결

CON 커넥터 비트	D7	D6	D5	D4	D3	D2	D1	D0
그래픽 LCD	D7	D6	D5	D4	D3	D2	D1	D0

실습내용

21.4 AVR 트레이닝 키트(WES-XUN I)에서 동작해보기

21.4.1 AVR 트레이닝 키트(WES-XUN I)의 동작을 위한 준비 사항

단계 1 그림 21.4.1과 같이 전원을 켜고 ISP 다운로드 모듈을 연결한다.

그림 21.4.1 전원을 켜고 ISP 다운로드 모듈을 연결

단계 1 그림 21.4.2와 같이 IDC Flat 10P 케이블을 이용해 DATA 커넥터(IDC8)와 AVR MCU Module(ATmega128)의 PORTA와 연결하고, CON 커넥터(IDC9)와 AVR MCU Module(ATmega128)의 PORTC와 연결한다. 연결할 때 케이블의 방향이 맞도록 홈에 잘 맞추어 삽입한다. 한편, 그래픽 LCD를 AVR 트레이닝 키트(WES-XUN I)의 LCD 블록에서 GRAPHIC LCD라고 표시된 커넥터에 삽입해야 한다.

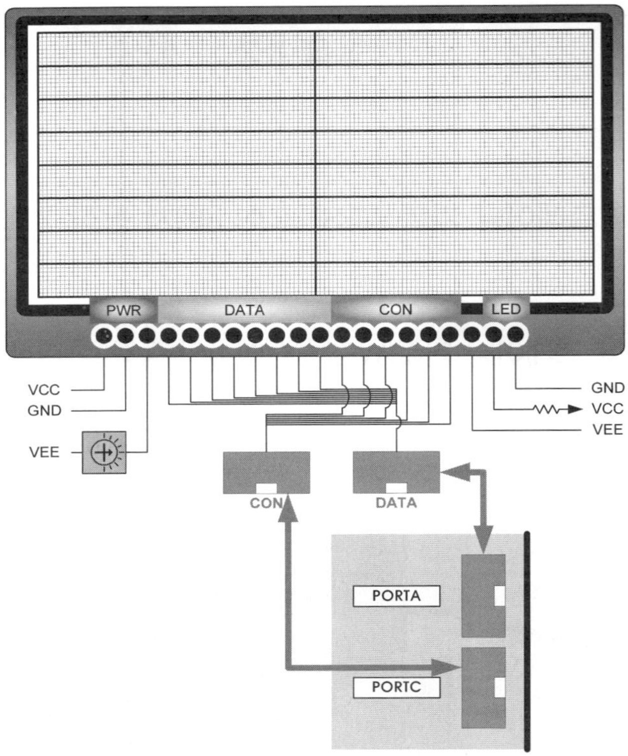
PWR
DATA
CON
LED
VCC
GND
VEE
GND
VCC
VEE
CON
DATA
PORTA
PORTC

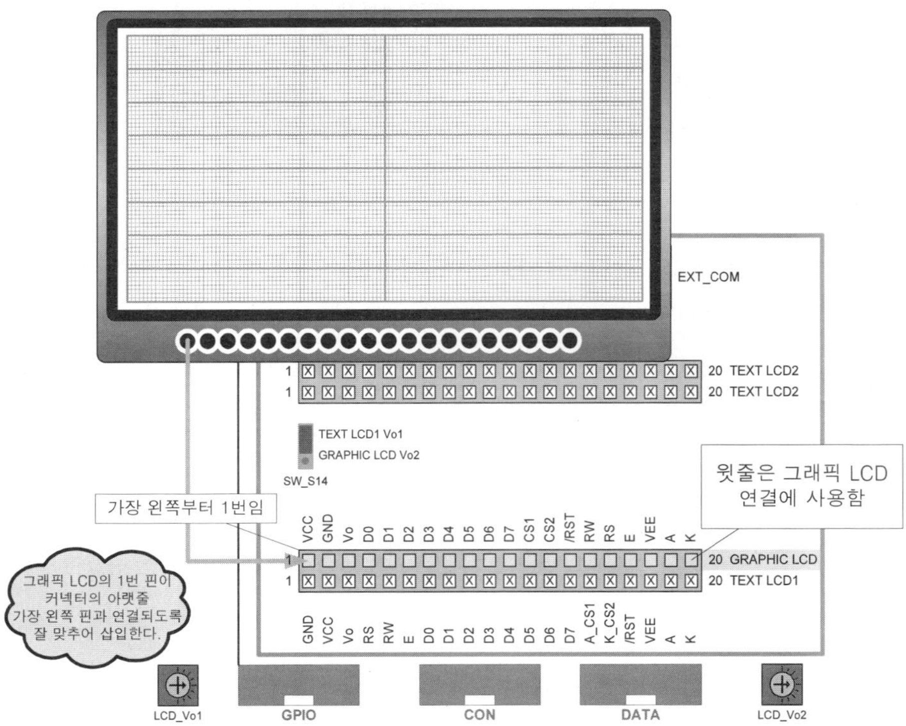
EXT_COM
1
20 TEXT LCD2
1
20 TEXT LCD2
TEXT LCD1 Vo1
GRAPHIC LCD Vo2
SW_S14
윗줄은 그래픽 LCD 연결에 사용함
가장 왼쪽부터 1번임
VCC GND Vo D0 D1 D2 D3 D4 D5 D6 D7 CS1 CS2 /RST RW RS E VEE A K
1
20 GRAPHIC LCD
1
20 TEXT LCD1
GND VCC Vo RS RW E D0 D1 D2 D3 D4 D5 D6 D7 A_CS1 K_CS2 /RST VEE A K
그래픽 LCD의 1번 핀이 커넥터의 아랫줄 가장 왼쪽 핀과 연결되도록 잘 맞추어 삽입한다.
LCD_Vo1
GPIO
CON
DATA
LCD_Vo2

PORTA ⇔ DATA

PORTA	BIT7	BIT6	BIT5	BIT4	BIT3	BIT2	BIT1	BIT0
Device Pin	D7	D6	D5	D4	D3	D2	D1	D0
입출력	In/Out	In/Out	In/Out	In/Out	In/Out	In/Out	In/Out	In/Out

PORTC ⇔ CON

PORTC	BIT7	BIT6	BIT5	BIT4	BIT3	BIT2	BIT1	BIT0
Device Pin	–	$\overline{\text{RESET}}$	CS2	CS1	–	E	R/W	RS(DI)
입출력	Out	Out	Out	Out	Out	Out	Out	Out

그림 21.4.2 그래픽 LCD 출력 장치 실험을 위한 회로 연결

21.4.2 그래픽 LCD의 좌측 상단에 점을 출력하는 예제

단계 1 AVR Studio 4에서 새로운 project를 생성하고, C 언어 소스 프로그램을 작성하여 저장한다. 자세한 내용은 5.4.2절의 [단계 1]을 참조한다.

[단계 1]-(1) Project type은 AVR GCC를 선택하고, Project name:은 ch21_step1, Initial file:은 ch21_step1이라고 입력하고, Create initial file과 Create folder를 체크하고, Location:은 C:₩avr_test를 선택한 후에 [Next >>] 버튼을 누르고 다음 단계로 진행한다.

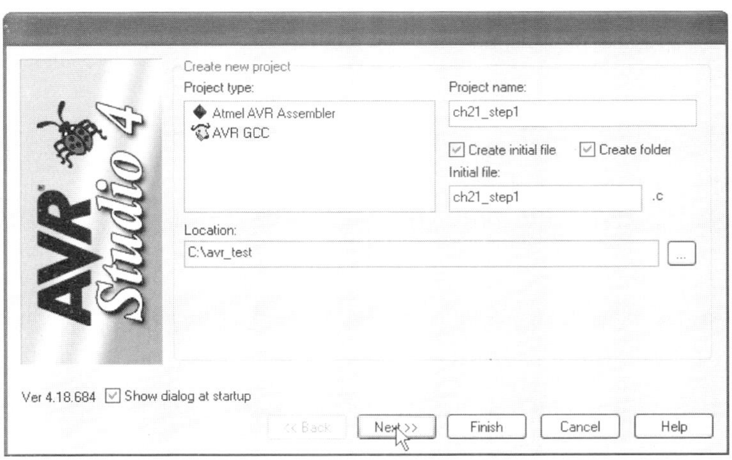

[단계 1]-(2) AVR Studio 4 편집 화면에 다음과 같이 C 언어 소스 프로그램을 작성하여 저장한다.

```
//
// ch21_step1.c
//

// 그래픽 LCD 제어 관련 정보가 정의 되어 있음
#include "ch21_glcd.h"

// C 언어의 주 실행 함수
int main(void){
   // 포트 A의 방향 설정, 0 : 입력, 1 : 출력
   // LCD_DATA 커넥터
   // PA7 PA6  PA5  PA4  PA3  PA2  PA1  PA0
   // Out  Out  Out  Out  Out  Out  Out  Out
   DDRA = 0B11111111;

   // 포트 C의 방향 설정, 0 : 입력, 1 : 출력
   // LCD_CON 커넥터
   // PC7 PC6  PC5  PC4  PC3  PC2  PC1  PC0
   // Out  Out  Out  Out  Out  Out  Out  Out
   DDRC = 0B11111111;

   // LCD 제어 신호 포트 C의 출력을 모두 1로 출력
   PORTC = 0XFF;

   // 그래픽 LCD 초기화
   GLCD_Init();

   // 그래픽 LCD 내용을 모두 지움
   // 짝수 줄과 홀수 줄에 모두 0x00의 데이터 출력
   GLCD_DataWriteAll(0x00, 0x00);

   while(1){
    // 그래픽 LCD의 CS1의 0 PAGE, 0 어드레스에 0000 0001 출력
    GLCD_WriteByte_YADD_XPAGE(GLCD_CS1, 0, 0, 0B00000001);

    // 무한 대기

    while(1);
   }
```

```
    // 함수의 형태와 같이 정수형(int)의 값을 반환함
    return 1;
}
```

C 언어 소스 프로그램 설명

핵심포인트

그래픽 LCD를 제어하기 위해서는 세그먼트와 페이지, 주소, 데이터 픽셀 등을 이해하는 것이 중요하다. 128×64 픽셀의 그래픽 LCD는 64 픽셀 × 64 픽셀로 구성된 세그먼트가 2개 연결되어 있으며, CS1과 CS2 신호를 통해 선택 된다. 각 세그먼트는 8개의 페이지가 있으며 화면의 상단부터 0번 페이지이고, 아래로 7번 페이지까지 있다. 하나의 페이지에는 64개의 주소가 있으며 왼쪽부터 0번 주소이고, 오른쪽으로 63번 주소까지 있다. 하나의 주소에 8개의 픽셀이 있으며, 데이터 8비트가 각각 대응된다. 데이터의 0번 비트는 가장 위의 픽셀과 대응되고 7번 비트는 가장 아래의 픽셀과 대응된다. 따라서 그래픽 LCD에 화면을 출력하기 위해서는 데이터가 출력될 세그먼트, 페이지, 주소를 선택하고 모양에 맞도록 8비트의 데이터를 출력해야하며, 128×64 픽셀의 화면을 모두 채우기 위해서는 1024 바이트의 데이터가 필요하다.

ch21_glcd.h 헤더 프로그램에는 실험에 필요한 헤더 프로그램 및 매크로 정의, 함수 원형 선언들이 포함되어 있으므로 반드시 포함해야 한다.

DDRx 레지스터는 포트의 입출력 방향을 결정하는 레지스터이며 x는 포트명이고 DDRxn의 각 비트 값이 0이면 입력, 1이면 출력으로 설정된다. 따라서 DDRA = 0B11111111; 문장과 DDRC = 0B11111111; 문장은 포트 A와 포트 C의 모든 비트를 출력하겠다는 의미이다.

PORTx 레지스터는 포트에 출력할 논리 값을 저장하는 레지스터이며 x는 포트명이다. PORTC = 0XFF; 문장은 그래픽 LCD 제어 신호 포트 C의 출력을 모두 1로 출력하겠다는 의미이다.

GLCD_Init(); 문장은 그래픽 LCD를 초기화하는 기능을 수행하는 함수이다.

GLCD_DataWriteAll(0x00, 0x00); 문장은 그래픽 LCD 전체의 데이터를 0x00으로 설정하는 기능을 수행하는 함수이다.

GLCD_WriteByte_YADD_XPAGE(GLCD_CS1, 0, 0, 0B00000001); 문장은 그래픽 LCD의 세그먼트와 X 페이지, Y 어드레스를 설정하여 1바이트의 데이터를 출력하는 기능을 수행하는 함수이다. 즉 그래픽 LCD의 좌측 상단에 1 픽셀의 점이 찍힌다. 이것은 0번 세그먼트를 선택하여, 0 페이지의 0번 어드레스에 데이터 0X01을 출력하였기 때문이다.

while(1); 문장은 조건이 1이므로 무한 대기하는 기능을 수행한다. 따라서 그래픽 LCD에는 왼쪽 상단에 1개의 점이 찍히고, ATmega128은 무한 대기하게 된다.

[단계 1]-(3) 풀다운 메뉴에서 [File] → [New File] 서브 메뉴를 누르면 나타나는 AVR Studio 4 편집 화면에 ch21_glcd.c C 언어 소스 프로그램을 작성하여 현재 project 폴더에 저장한다.

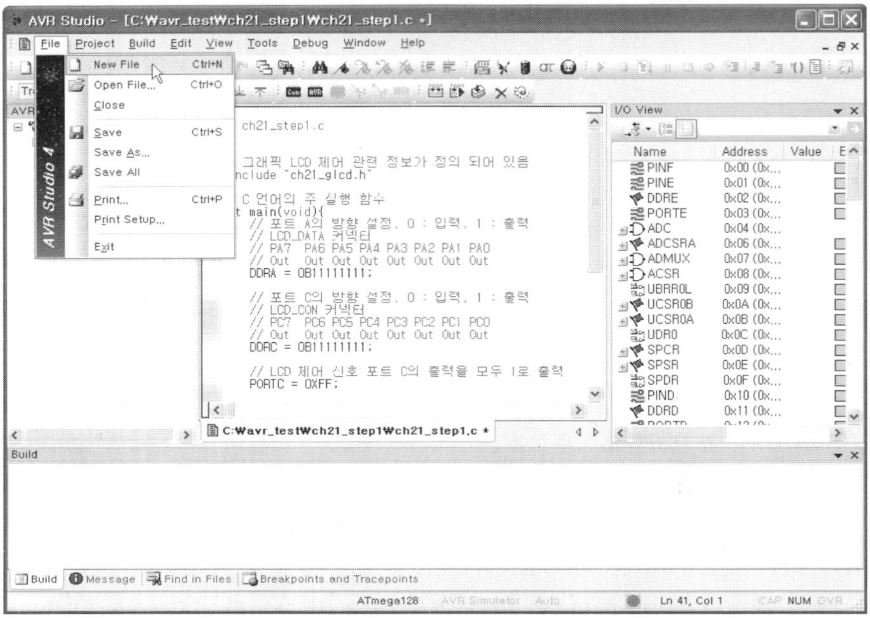

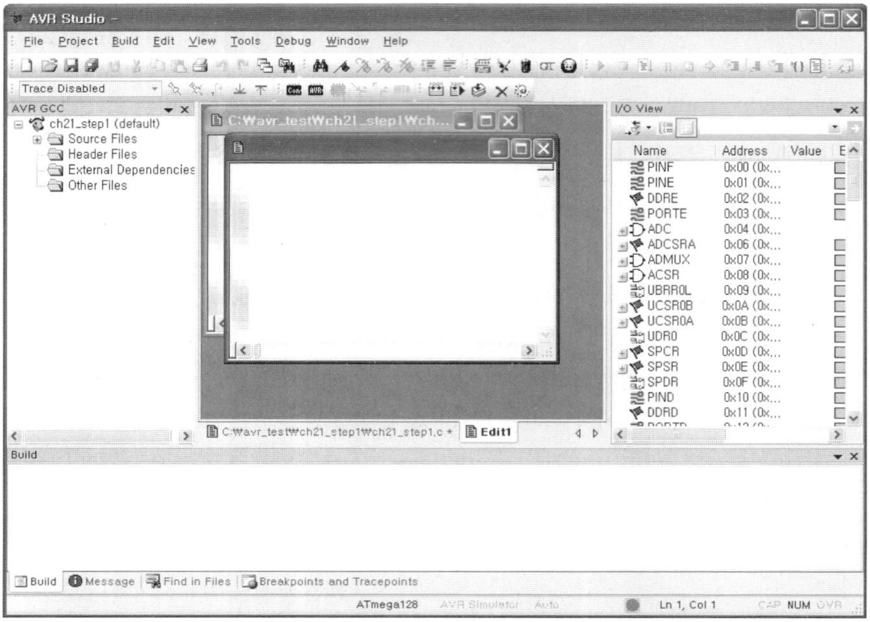

```
//
// ch21_glcd.c
//

#include "ch21_glcd.h"

// 그래픽 LCD가 명령을 받을 준비가 되었는지 검사하는 함수
char GLCD_BusyCheck(char seg_sel_bit){
  unsigned char GLCD_Status;

  // 데이터를 읽도록 포트의 방향을 설정
  GLCD_DATA_DDR_IN;

  // 세그먼트를 선택하고 RS, RW 신호를 설정
  SBIT(GLCD_CONTROL, seg_sel_bit);
  CBIT(GLCD_CONTROL, GLCD_RS);     // 명령
  SBIT(GLCD_CONTROL, GLCD_RW);     // 읽기

  // E 비트를 1로 설정
  SBIT(GLCD_CONTROL, GLCD_E);

  // 1us 대기후에 그래픽 LCD의 상태를 읽는다.
  _delay_us(1);
  GLCD_Status = GLCD_DATA_IN;

  // E 비트를 0으로 클리어
  CBIT(GLCD_CONTROL, GLCD_E);

  // 세그먼트 선택을 해제
  CBIT(GLCD_CONTROL, seg_sel_bit);

  // 포트 방향을 다시 출력방향으로 설정
  GLCD_DATA_DDR_OUT;

  // 비지플래그의 상태를 반환
  if(GLCD_Status & (1<<7))  return 1;
  else                      return 0;
}
```

```
// 그래픽 LCD가 명령을 받을 준비가 될 때까지 대기하는 함수
void GLCD_BusyWait(char seg_sel_bit){
  // 비지 플래그가 1인 동안에 대기
  while(GLCD_BusyCheck(seg_sel_bit));
}

// 그래픽 LCD로 부터 MCU가 명령 또는 데이터를 읽는 함수
char GLCD_ReadByte(char type, char seg_sel_bit){
   char data;

   // 세그먼트의 비지 플래그를 확인하고 대기
   GLCD_BusyWait(seg_sel_bit);

   // 데이터를 읽도록 포트의 방향을 설정
   GLCD_DATA_DDR_IN;

   // 세그먼트를 선택
   SBIT(GLCD_CONTROL, seg_sel_bit);

   // 명령 또는 데이터를 구분하는 RS 신호를 설정
   if(type == COMMAND)      CBIT(GLCD_CONTROL, GLCD_RS);
   else if(type == DATA)     SBIT(GLCD_CONTROL, GLCD_RS);

   // RW 신호를 읽기 동작으로 설정
   SBIT(GLCD_CONTROL, GLCD_RW);

   // E 신호를 1로 세트한다.
   SBIT(GLCD_CONTROL, GLCD_E);

   // 1us 대기후에 LCD가 출력한 데이터(또는 명령)를 읽음
   _delay_us(1);
   data = GLCD_DATA_IN;

   // 1us 대기후에 E 신호를 0으로 클리어
   CBIT(GLCD_CONTROL, GLCD_E);

   // 세그먼트 선택을 해제
   CBIT(GLCD_CONTROL, seg_sel_bit);

   // 포트의 방향을 다시 출력으로 설정
   GLCD_DATA_DDR_OUT;
```

```
  return data;
}

// 그래픽 LCD로 부터 ATmea128이 명령 또는 데이터를 쓰는 함수
void GLCD_WriteByte(char type, char seg_sel_bit, char cmd){

  // 세그먼트의 비지 플래그를 확인하고 대기
  GLCD_BusyWait(seg_sel_bit);

  // 세그먼트를 선택
  SBIT(GLCD_CONTROL, seg_sel_bit);
  // 명령 또는 데이터를 구분하는 RS 신호를 설정
  if(type == COMMAND)      CBIT(GLCD_CONTROL, GLCD_RS);
  else if(type == DATA)      SBIT(GLCD_CONTROL, GLCD_RS);

  // RW 신호를 쓰기 동작으로 설정
  CBIT(GLCD_CONTROL, GLCD_RW);

  // 데이터(또는 명령)를 데이터 버스에 출력
  GLCD_DATA_OUT = cmd;

  // 2us 대기후에 E 신호를 1로 세트
  _delay_us(2);
  SBIT(GLCD_CONTROL, GLCD_E);

  // 2us 대기후에 E 신호를 0으로 클리어
  _delay_us(2);
  CBIT(GLCD_CONTROL, GLCD_E);

  // 세그먼트 선택을 해제한다.
  CBIT(GLCD_CONTROL, seg_sel_bit);
}

// GLCD 를 초기화 하는 함수
void GLCD_Init(void){
  // GLCD의 E 신호를 논리 0으로 설정
  CBIT(GLCD_CONTROL, GLCD_E);

  // CS1 Display Start Line = 0
  GLCD_BusyWait(GLCD_CS1);
  GLCD_WriteByte(COMMAND, GLCD_CS1, 0xc0);
```

```
    // CS2 Display Start Line = 0
    GLCD_BusyWait(GLCD_CS2);
    GLCD_WriteByte(COMMAND, GLCD_CS2, 0xc0);

    // CS1 Display ON/OFF = ON
    GLCD_BusyWait(GLCD_CS1);
    GLCD_WriteByte(COMMAND, GLCD_CS1, 0x3F);

    // CS2 Display ON/OFF = ON
    GLCD_BusyWait(GLCD_CS2);
    GLCD_WriteByte(COMMAND, GLCD_CS2, 0x3F);

    // CS1의 어드레스와 페이지를 0으로 설정
    GLCD_WriteByte(COMMAND, GLCD_CS1, (0B10111000 | 0));
    GLCD_WriteByte(COMMAND, GLCD_CS1, (0B01000000 | 0));

    // CS2의 어드레스와 페이지를 0으로 설정
    GLCD_WriteByte(COMMAND, GLCD_CS2, (0B10111000 | 0));
    GLCD_WriteByte(COMMAND, GLCD_CS2, (0B01000000 | 0));
}

// 그래픽 LCD의 X 페이지 및 Y 어드레스 설정 함수
void GLCD_SET_YADD_XPAGE(char seg_sel_bit, char y_add, char x_page){
    // 세그먼트를 선택하여 X 페이지 및 Y 어드레스를 설정
    if(seg_sel_bit == GLCD_CS1){
     GLCD_WriteByte(COMMAND, GLCD_CS1, (0B10111000 | x_page));
     GLCD_WriteByte(COMMAND, GLCD_CS1, (0B01000000 | y_add));
    }
    else if(seg_sel_bit == GLCD_CS2){
     GLCD_WriteByte(COMMAND, GLCD_CS2, (0B10111000 | x_page));
     GLCD_WriteByte(COMMAND, GLCD_CS2, (0B01000000 | y_add));
    }
}

// 그래픽 LCD의 X 페이지의 Y 어드레스에 저장된 데이터를 읽는 함수
char GLCD_ReadByte_YADD_XPAGE(char seg_sel_bit, char y_add, char x_page){
     GLCD_SET_YADD_XPAGE(seg_sel_bit, y_add, x_page);
     return GLCD_ReadByte(DATA, seg_sel_bit);
}

// 그래픽 LCD의 X 페이지의 Y 어드레스에 데이터를 쓰는 함수
```

```
void GLCD_WriteByte_YADD_XPAGE(char seg_sel_bit, char y_add, char x_page, char data){
    GLCD_SET_YADD_XPAGE(seg_sel_bit, y_add, x_page);
    GLCD_WriteByte(DATA, seg_sel_bit, data);
}

// 그래픽 LCD 전체에 같은 데이터를 출력하는 프로그램
// data1은 0을 포함한 짝수열, data2는 홀수열의 데이터
void GLCD_DataWriteAll(char data1, char data2){
   char i, j;
   // 8개 페이지에 출력하도록 8번 반복
   for(j = 0; j < 8; j++){
    // 시작 페이지와 Y 어드레스를 설정
    GLCD_SET_YADD_XPAGE(GLCD_CS1, 0, j);
    GLCD_SET_YADD_XPAGE(GLCD_CS2, 0, j);

    // 짝수 열 및 홀수 열에 데이터를 출력
    for(i = 0; i < 32; i++){
        GLCD_WriteByte(DATA, GLCD_CS1, data1);
        GLCD_WriteByte(DATA, GLCD_CS2, data1);
        GLCD_WriteByte(DATA, GLCD_CS1, data2);
        GLCD_WriteByte(DATA, GLCD_CS2, data2);
    }
   }
}

// 1024 바이트 크기의 그래픽 LCD 출력 포맷을 갖는 데이터를 출력하는 함수
// 그래픽 LCD의 페이지 및 픽셀 구조에 맞도록 만들어진
// 데이터를 출력할 때 사용
void Display_GLCD_Format(unsigned char *str){
   unsigned char i, j;
   for(j = 0; j < 8; j++){
    // 시작 페이지와 Y 어드레스를 설정
    GLCD_SET_YADD_XPAGE(GLCD_CS1, 0, (7-j));
    GLCD_SET_YADD_XPAGE(GLCD_CS2, 0, (7-j));

    // 데이터 버퍼에서 값을 읽고, 그래픽 LCD에 출력
    for(i = 0; i < 64; i++) {
        GLCD_WriteByte(DATA, GLCD_CS1, str[i + j * 128]);
        GLCD_WriteByte(DATA, GLCD_CS2, str[i + j * 128 + 64]);
    }
   }
```

```
}

// BMP File의 RAW 데이터를 그래픽 LCD에 출력하는 함수
// SRAM에 저장된 데이터를 읽음
void Display_BMP_Format(unsigned char *str){
  // 16비트 크기의 변수 선언
  unsigned int y_add, x_page;
  unsigned int add_base=0, seg_sel;
  unsigned int i;
  unsigned int PageBase, BlockBase;

  // 8비트 크기의 변수 선언
  unsigned char temp_data, BitMask;

  // 128*64 픽셀의 그래픽 LCD 전체에
  // 버퍼의 내용이 출력되도록 1024회 반복
  for(i = 0; i < (1024); i++){

   // GLCD의 X 페이지 및 Y 어드레스를 계산
   x_page = (i / 128);
   y_add = i % 64;

   // GLCD의 선택할 세그먼트를 계산
   seg_sel = (i % 128) / 64;

   // 버퍼 데이터의 페이지 및 블록의 기본 어드레스를 계산
   PageBase = x_page * 128L;
   BlockBase = (i % 128) / 8;

   // 버퍼 데이터의 페이지 및 블록에서 얻은 데이터에서
   // 비트 값을 얻도록 마스크를 계산
   BitMask = (0x80 >> (i % 8));

   // BMP 형식의 그림데이터를 GLCD에 출력하도록
   // 형식에 맞게 비트 데이터를 계산한다.
   temp_data = (((str[add_base + (PageBase + BlockBase + 0 * 16)]) & BitMask) ? (1 << 7) : 0) |
            (((str[add_base + (PageBase + BlockBase + 1 * 16)]) & BitMask) ? (1 << 6) : 0) |
            (((str[add_base + (PageBase + BlockBase + 2 * 16)]) & BitMask) ? (1 << 5) : 0) |
            (((str[add_base + (PageBase + BlockBase + 3 * 16)]) & BitMask) ? (1 << 4) : 0) |
            (((str[add_base + (PageBase + BlockBase + 4 * 16)]) & BitMask) ? (1 << 3) : 0) |
            (((str[add_base + (PageBase + BlockBase + 5 * 16)]) & BitMask) ? (1 << 2) : 0) |
```

```
            (((str[add_base + (PageBase + BlockBase + 6 * 16)]) & BitMask) ? (1 << 1) : 0) |
            (((str[ add_base + (PageBase + BlockBase + 7 * 16) ]) & BitMask) ? (1 << 0) : 0);

    // BMP 데이터가 그래픽 LCD의 7번 페이지 영역 데이터부터
    // 저장되어 있으므로 페이지를 다시 설정
    x_page = 7 - x_page;


    // 세그먼트의 선택에 따라 그래픽 LCD에 데이터를 출력
    if(seg_sel == 0){
      GLCD_SET_YADD_XPAGE(GLCD_CS1, y_add, x_page);
      GLCD_WriteByte(DATA, GLCD_CS1, ~temp_data);
    }
    else if(seg_sel == 1){
      GLCD_SET_YADD_XPAGE(GLCD_CS2, y_add, x_page);
      GLCD_WriteByte(DATA, GLCD_CS2, ~temp_data);
    }
   }
}

// BMP File의 RAW 데이터를 그래픽 LCD에 출력하는 함수
// 프로그램 메모리(플래시 메모리)에 저장된 데이터를 읽음
void Display_BMP_Format_PGM(unsigned char *str){
   // 16비트 크기의 변수 선언
   unsigned int y_add, x_page;
   unsigned int add_base=0, seg_sel;
   unsigned int i;
   unsigned int PageBase, BlockBase;

   // 8비트 크기의 변수 선언
   unsigned char temp_data, BitMask;

   // 128*64 픽셀의 그래픽 LCD 전체에
   // 버퍼의 내용이 출력되도록 1024회 반복
   for(i = 0; i < (1024); i++){

    // 그래픽 LCD의 X 페이지 및 Y 어드레스를 계산
    x_page = (i / 128);
    y_add = i % 64;
```

```
// 그래픽 LCD의 선택할 세그먼트를 계산한다.
seg_sel = (i % 128) / 64;

// 버퍼 데이터의 페이지 및 블록의 기본 어드레스를 계산
PageBase = x_page * 128L;
BlockBase = (i % 128) / 8;

// 버퍼 데이터의 페이지 및 블록에서 얻은 데이터에서
// 비트 값을 얻도록 마스크를 계산
BitMask = (0x80 >> (i % 8));

// BMP 형식의 그림 데이터를 그래픽 LCD에 출력하도록
// 형식에 맞게 비트 데이터를 계산
// 프로그램 메모리에서 1바이트의 데이터를 읽는
// pgm_read_byte(&) 매크로를 이용 => avr/pgmspace.h 헤더 프로그램을 포함시켜 야 함
temp_data = ((pgm_read_byte(&str[add_base + (PageBase + BlockBase +
                0 * 16)]) & BitMask) ? (1 << 7) : 0) |
            ((pgm_read_byte(&str[add_base + (PageBase + BlockBase +
             1 * 16)]) & BitMask) ? (1 << 6) : 0) |
            ((pgm_read_byte(&str[add_base + (PageBase + BlockBase +
             2 * 16)]) & BitMask) ? (1 << 5) : 0) |
            ((pgm_read_byte(&str[add_base + (PageBase + BlockBase +
             3 * 16)]) & BitMask) ? (1 << 4) : 0) |
            ((pgm_read_byte(&str[add_base + (PageBase + BlockBase +
             4 * 16)]) & BitMask) ? (1 << 3) : 0) |
            ((pgm_read_byte(&str[add_base + (PageBase + BlockBase +
             5 * 16)]) & BitMask) ? (1 << 2) : 0) |
            ((pgm_read_byte(&str[add_base + (PageBase + BlockBase +
             6 * 16)]) & BitMask) ? (1 << 1) : 0) |
            ((pgm_read_byte(&str[add_base + (PageBase + BlockBase +
             7 * 16)]) & BitMask) ? (1 << 0) : 0);

// BMP 데이터가 GLCD의 7번 페이지 영역 데이터부터
// 저장되어 있으므로 페이지를 다시 설정
x_page = 7 - x_page;

// 세그먼트의 선택에 따라 그래픽 LCD에 데이터를 출력
if(seg_sel == 0){
    GLCD_SET_YADD_XPAGE(GLCD_CS1, y_add, x_page);
    GLCD_WriteByte(DATA, GLCD_CS1, ~temp_data);
}
```

```
    else if(seg_sel == 1){
        GLCD_SET_YADD_XPAGE(GLCD_CS2, y_add, x_page);
        GLCD_WriteByte(DATA, GLCD_CS2, ~temp_data);
    }
  }
}
```

C 언어 소스 프로그램 설명

핵심포인트

그래픽 LCD를 제어하기 위해서는 그래픽 LCD의 페이지 설정 및 Y 어드레스 설정, 디스플레이 클리어 등을 수행하는 초기화 함수를 실행(GLCD_Init(); 문장)한 후에, 그래픽 LCD의 구조에 맞도록 페이지와 어드레스를 설정(GLCD_SET_YADD_XPAGE(){} 함수)한 후에 데이터를 출력(GLCD_WriteByte(){} 함수)하면 된다. 그래픽 LCD에 데이터를 출력하거나, 명령을 출력할 경우 그래픽 LCD의 대기 상태를 확인하기 위해 비지플래그를 확인(GLCD_BusyCheck(){} 함수)한 후에 명령 또는 데이터를 출력해야 한다.

char GLCD_BusyCheck(char seg_sel_bit) 함수는 그래픽 LCD가 명령을 받을 준비가 되었는지 검사하는 기능을 수행한다. 또한 그래픽 LCD는 2개의 세그먼트로 구분되므로 세그먼트를 설정하는 seg_sel_bit 변수를 인수로 하여 세그먼트를 선택하도록 한다. 이 함수는 그래픽 LCD의 명령 읽기 기능을 통해 상태를 얻은 후에 상태플래그의 7번 비트가 1이면 1을 반환하고, 0이면 0을 반환한다.

void GLCD_BusyWait(char seg_sel_bit) 함수는 그래픽 LCD의 세그먼트를 선택하여 그래픽 LCD가 명령을 받을 준비가 될 때까지 while()문에 의해 무한 대기하는 함수이다. 그래픽 LCD에 명령 또는 데이터를 읽기 또는 쓰기 동작을 한번 수행 할 때마다 반드시 이 함수가 먼저 수행되어야 한다.

char GLCD_ReadByte(char type, char seg_sel_bit) 함수는 그래픽 LCD로 부터 ATmega128이 1바이트의 명령 또는 데이터를 읽어내는 기능을 수행하는 함수이다. type은 명령 또는 데이터를 구분하고, seg_sel_bit는 그래픽 LCD의 세그먼트 선택 비트를 나타낸다. type이 COMMAND이면 그래픽 LCD의 RS 비트가 논리 0으로 설정되고, DATA이면 그래픽 LCD의 RS 비트가 논리 1로 설정된다. 데이터를 읽기 위한 동작으로 먼저 RS, RW 신호를 출력한다. 다음에 E 신호를 논리 1로 세트하고, 1us 동안 대기한다. 다음에 데이터 버스에서 데이터를 읽은 후에 E 신호를 논리 0으로 클리어 한다. 다음에 세그먼트 선택 비트를 논리 0으로 클리어 하여 선택을 해제하고, 데이터 버스의 포트 방향을 다시 출력으로 설정한다. 한편, 데이터 버스에서 읽은 데이터는 함수를 호출한 곳으로 반환 된다.

char GLCD_WriteByte(char type, char seg_sel_bit, char cmd) 함수는 그래픽 LCD로 부터 ATmega128이 1바이트의 명령 또는 데이터 쓰기 기능을 수행하는 함수이다. 인수 type은 COMMAND 또는 DATA를 구분하고, seg_sel_bit는 그래픽 LCD의 세그먼트를 나타내며, cmd는 출력할 값(명령 또는 데이터)이다. 인수 type이 COMMAND이면 그래픽 LCD의 RS 비트가 논리 0으로 설정되고, DATA이면 그래픽 LCD의 RS 비트가 논리 1로 설정된다. 데이터를 그래픽 LCD에 쓰기 위한 동작으로 먼저 RS, RW 신호를 출력하고, 그래픽 LCD에 출력할 데이터를 데이터 버스에 출력한 후에 2us 동안 대기한다. 다음에 E 신호를 논리 1로 세트하고, 2us 동안 대기한다. 다음에 E 신호를 다시 논리 0으로 클리어 한다. 마지막으로 세그먼트 선택 비트를 다시 논리 0으로 클리어 한다. 이 동작에서 E 신호가 논리 1에서 논리 0으로 하강 신호를 출력하게 되면 그래픽 LCD는 데이터 버스의 COMMAND 또는 DATA를 받아들인다.

void GLCD_Init(void) 함수는 그래픽 LCD를 초기화 하는 함수이며, GLCD_WriteByte() 함수를 호출하여 그래픽 LCD 1번 세그먼트와 2번 세그먼트의 Display Start Line을 0으로 설정하고, GLCD_WriteByte() 함수를 호출하여 그래픽 LCD의 1번 세그먼트와 2번 세그먼트의 디스플레이가 ON되도록 설정한다. 또한 1번 세그먼트와 2번 세그먼트의 X 페이지와 Y 어드레스를 모두 0으로 설정한다.

void GLCD_SET_YADD_XPAGE(char seg_sel_bit, char y_add, char x_page) 함수는 그래픽 LCD 세그먼트의 X 페이지 및 Y 어드레스를 설정하는 함수이다. GLCD_WriteByte() 함수를 호출하여 x_page 값으로 지정된 페이지 설정과 y_add 값으로 지정된 Y 어드레스를 설정한다.

char GLCD_ReadByte_YADD_XPAGE(char seg_sel_bit, char y_add, char x_page) 함수는 GLCD_ReadByte() 함수와 마찬가지로 1바이트의 COMMAND 또는 DATA를 읽기 동작하는 함수이다. 다른 점은 y_add로 설정된 세그먼트의 Y 어드레스와 x_page로 설정된 세그먼트의 페이지를 선택하여 읽기 동작을 수행한다는 점이다. 따라서 이 함수는 GLCD_ReadByte() 함수와 GLCD_SET_YADD_XPAGE() 함수가 결합되어 만들어진 함수이다.

void GLCD_WriteByte_YADD_XPAGE(char seg_sel_bit, char y_add, char x_page, char data) 함수는 GLCD_WriteByte() 함수와 마찬가지로 1바이트의 COMMAND 또는 DATA를 쓰기 동작하는 함수이다. 다른 점은 y_add로 설정된 세그먼트의 Y 어드레스와 x_page로 설정된 세그먼트의 페이지를 선택하여 쓰기 동작을 수행한다는 점이다. 따라서 이 함수는 GLCD_WriteByte() 함수와 GLCD_SET_YADD_XPAGE() 함수가 결합되어 만들어진 함수이다. 한편, DATA로 설정된 값을 그래픽 LCD에 쓰기 동작으로 송신한다.

void GLCD_DataWriteAll(char data1, char data2) 함수는 그래픽 LCD의 전체 영역에 짝수 열과 홀수 열을 구분하여 같은 값을 출력하는 함수이다. 인수 data1은 짝수열의 데이터를 data2는 홀수열의 데이터를 각각 저장하고 있다. 이 함수는 Y 어드레스를 초기 설정하여, 64개의 데이터를 출력한다. 또한 페이지가 8개이므로 페이지를 재설정하여 같은 작업을 8번 반복한다.

void Display_GLCD_Format(unsigned char *str) 함수는 배열에 저장된 그래픽 LCD의 데이터 비트 배열과 일치하는 데이터를 그래픽 LCD 전체에 출력하는 함수이다. 인수 str은 1바이트 자료형에 1024 크기를 갖는 배열이어야 그래픽 LCD의 전체에 출력을 할 수 있다. 이 함수는 세그먼트의 페이지와 어드레스를 설정하여 페이지마다 64개의 데이터를 출력하도록 하는 동작을 2개의 반복문을 이용하여 수행하고 있다.

void Display_BMP_Format(unsigned char *str) 함수는 BMP 파일 형식의 데이터를 그래픽 LCD 전체에 출력하는 함수이다. 인수 str은 1바이트 자료형에 1024 크기를 갖는 배열이어야 그래픽 LCD의 전체에 출력을 할 수 있다. 이 함수는 세그먼트의 페이지와 어드레스를 설정하여 페이지마다 64개의 데이터를 출력하도록 하는 동작을 2개의 반복문을 이용하여 수행하고 있다.

void Display_BMP_Format_PGM(unsigned char *str) 함수는 BMP 파일 형식의 데이터를 그래픽 LCD 전체에 출력하는 함수이다. 인수 str은 1바이트 자료형에 1024 크기를 갖는 배열이어야 그래픽 LCD의 전체에 출력을 할 수 있다. 이 함수는 세그먼트의 페이지와 어드레스를 설정하여 페이지마다 64개의 데이터를 출력하도록 하는 동작을 2개의 반복문을 이용하여 수행하고 있다. 한편, 데이터는 ATmega128의 프로그램 메모리(플래시 메모리)에 저장되어 있어야하고, 인수 str은 프로그램 메모리의 포인터이어야 한다. pgm_read_byte() 매크로는 ATmega128의 프로그램 메모리에서 1바이트의 데이터를 읽는 기능을 한다. 이 매크로를 사용할 때는 반드시 포인터의 앞에 & 연산자를 붙이고 avr/pgmspace.h 헤더 프로그램을 포함시켜야 한다.

[단계 1]-(4) ch12_setp3의 project에 ch21_glcd.c C 언어 소스 프로그램이 포함되도록 팝업 메뉴의 [Add Existing Source File(s)...] 서브 메뉴를 수행한다.

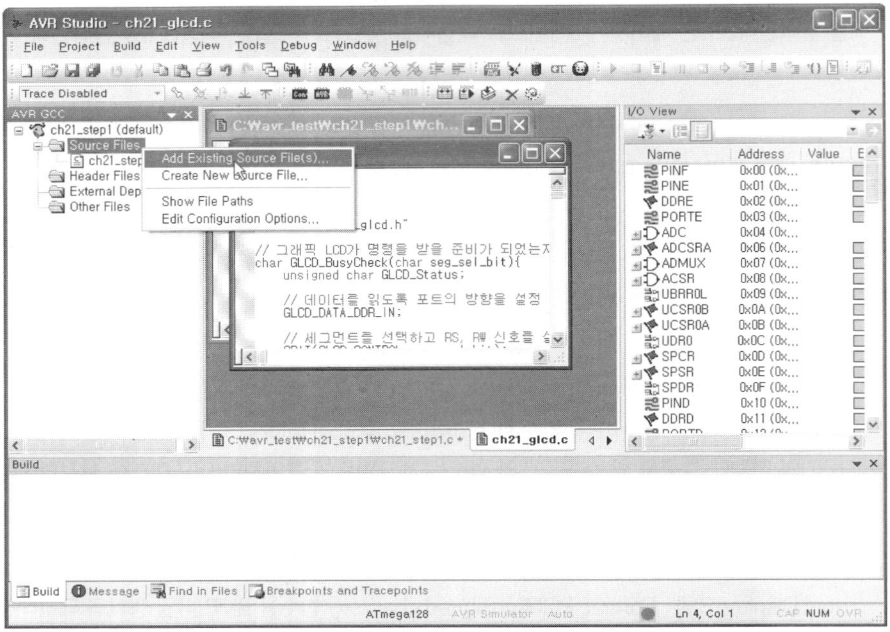

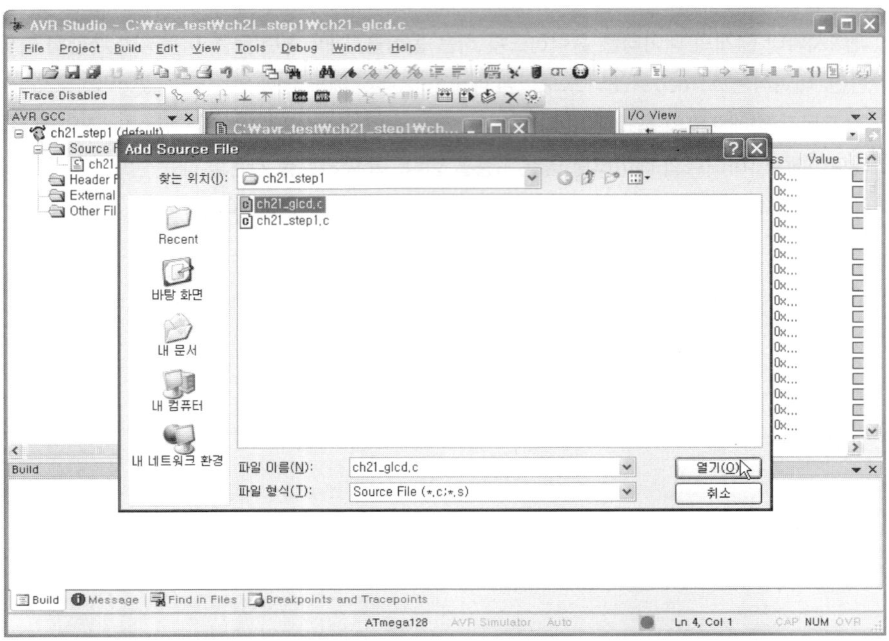

[단계 1]-(5) 매크로 치환과 함수원형선언 등이 포함된 ch21_glcd.h 헤더 프로그램을 작성하여 저장한다. 이때 풀다운 메뉴에서 [File] → [New File] 서브 메뉴를 누르면 나타나는 AVR Studio 4 편집 화면에 ch21_glcd.h 헤더 프로그램을 작성하여 현재 project 폴더에 저장한다.

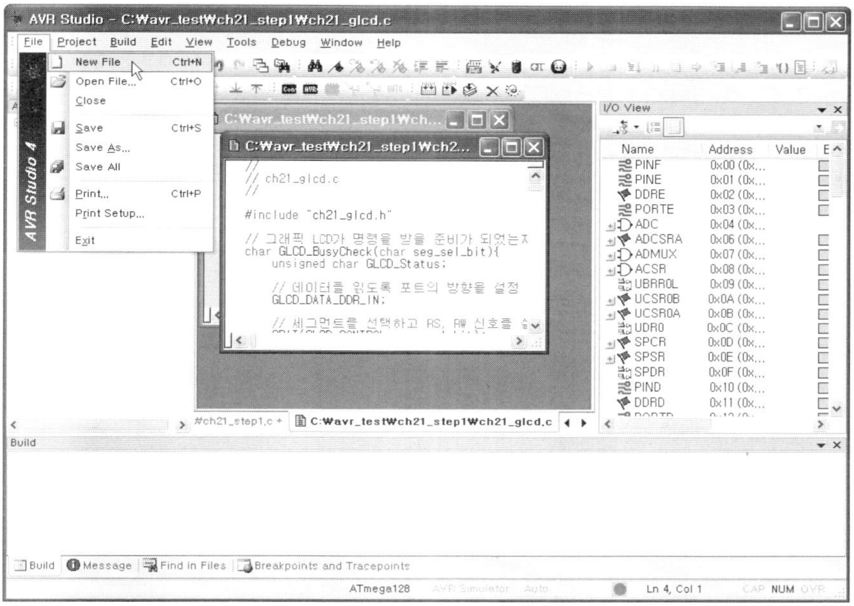

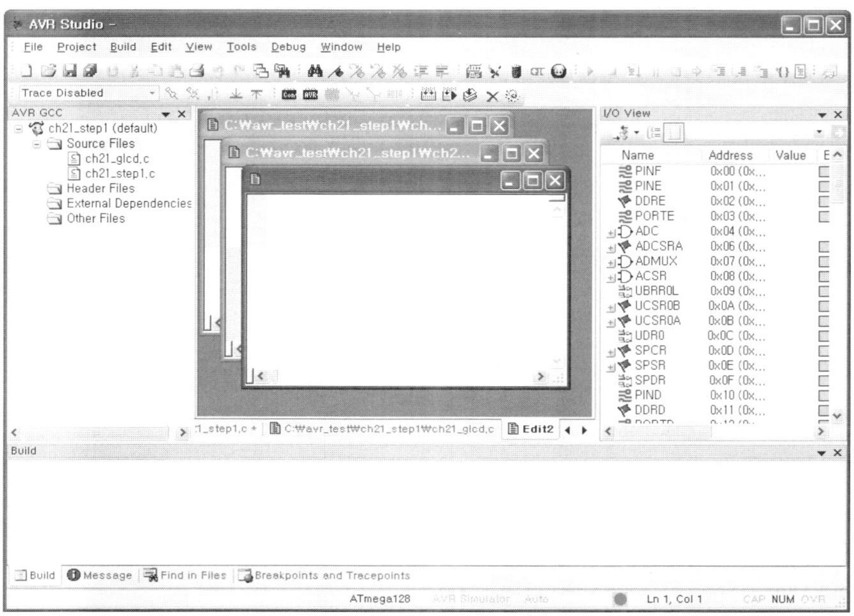

```
//
// ch21_glcd.h
//

// ATmega128의 레지스터 등이 정의되어 있음
#include <avr/io.h>

// _delay_ms(), _delay_us() 함수 등이 정의되어 있음
#include <util/delay.h>

// 프로그램 메모리 제어에 관련한 정보들이 정의되어 있음
#include <avr/pgmspace.h>

// 그래픽 LCD의 출력 제어 신호는 PORTC가 담당한다고 매크로 정의
#define    GLCD_CONTROL         PORTC

// 그래픽 LCD의 출력 데이터 신호는 PORTA가 담당한다고 매크로 정의
#define    GLCD_DATA_OUT        PORTA

// 그래픽 LCD의 입력 데이터 신호는 PINA가 담당한다고 매크로 정의
#define    GLCD_DATA_IN         PINA

// 그래픽 LCD의 데이터와 연결된 포트의 방향을 입력으로 설정하는 매크로 정의(DDRA)
#define    GLCD_DATA_DDR_IN       (DDRA = 0X00)


// 그래픽 LCD의 데이터와 연결된 포트의 방향을 출력으로 설정하는 매크로 정의(DDRA)
#define    GLCD_DATA_DDR_OUT    (DDRA = 0XFF)

// 그래픽 LCD 제어신호 매크로 정의
#define    GLCD_RS         0
#define    GLCD_RW         1
#define    GLCD_E          2
#define    GLCD_RESET      3
#define    GLCD_CS1        4
#define    GLCD_CS2        5

// 레지스터 또는 변수의 비트 설정. 비트 클리어, 비트 테스트
#define    SBIT(x, y)    (x |= (1 << y))
#define    CBIT(x, y)    (x &= ~(1 << y))
#define    TBIT(x, y)(x & (1 << y))
```

```
// LCD 제어신호의 RS 신호에 명령과 데이터를 구분하도록 하는 매크로
#define    COMMAND        0
#define    DATA           1

// 그래픽 LCD가 명령을 받을 준비가 되었는지 검사하는 함수
char GLCD_BusyCheck(char seg_sel_bit);

// 그래픽 LCD가 명령을 받을 준비가 될 때까지 대기하는 함수
void GLCD_BusyWait(char seg_sel_bit);

// 그래픽 LCD로부터 MCU가 명령 또는 데이터를 읽는 함수
char GLCD_ReadByte(char type, char seg_sel_bit);

// 그래픽 LCD로부터 MCU가 명령 또는 데이터를 쓰는 함수
void GLCD_WriteByte(char type, char cs, char cmd);

// 그래픽 LCD를 초기화 하는 함수
void GLCD_Init(void);

// 그래픽 LCD CS1의 PAGE 및 Y 어드레스 세팅 함수
void GLCD_SET_YADD_XPAGE(char seg_sel_bit, char y_add, char x_page);

// 그래픽 LCD의 특정 PAGE 및 Y 어드레스의 데이터를 읽는 함수
char GLCD_ReadByte_YADD_XPAGE(char seg_sel_bit, char y_add, char x_page);

// 그래픽 LCD의 특정 PAGE 및 Y 어드레스의 데이터를 쓰는 함수
void GLCD_WriteByte_YADD_XPAGE(char seg_sel_bit, char y_add, char x_page, char data);

// 그래픽 LCD 전체에 같은 데이터를 출력하는 프로그램.
// data1 은 0을 포함한 짝수열, data2는 홀수열의 데이터
void GLCD_DataWriteAll(char data1, char data2);


// 1024 바이트 크기의 그래픽 LCD 출력 포맷을 갖는 데이터를 출력하는 함수
void Display_GLCD_Format(unsigned char *str);

// BMP File의 RAW 데이터를 그래픽 LCD에 출력하는 함수
void Display_BMP_Format(unsigned char *str);

// BMP File의 RAW 데이터를 그래픽 LCD에 출력하는 함수
void Display_BMP_Format_PGM(unsigned char *str);
```

T·I·P

C 언어 소스 프로그램은
CD Drive:₩Source₩ch21₩ch21_step1₩ch21_step1.c 파일과
CD Drive:₩Source₩ch21₩ch21_step1₩ch21_glcd.c 파일과
CD Drive:₩Source₩ch21₩ch21_step1₩ch21_glcd.h 파일을 참조한다.

단계 2 AVR Studio 4를 이용하여 C 언어 소스 프로그램을 Build 한다. 자세한 내용은 5.4.2절의 [단계 2]를 참조한다.

단계 3 PonyProg를 이용하여 ATmega128에 hex 파일을 ISP 다운로드 한다. 자세한 내용은 5.4.2절의 [단계 3]을 참조한다.

단계 4 다운로드가 완료되면 AVR 트레이닝 키트(WES-XUN I)에서 동작을 확인한다. 그래픽 LCD의 좌측 상단에 1 픽셀의 점이 찍힌다. 이것은 0번 세그먼트를 선택하여, 0 페이지의 0번 어드레스에 데이터 0X01을 출력하였기 때문이다.

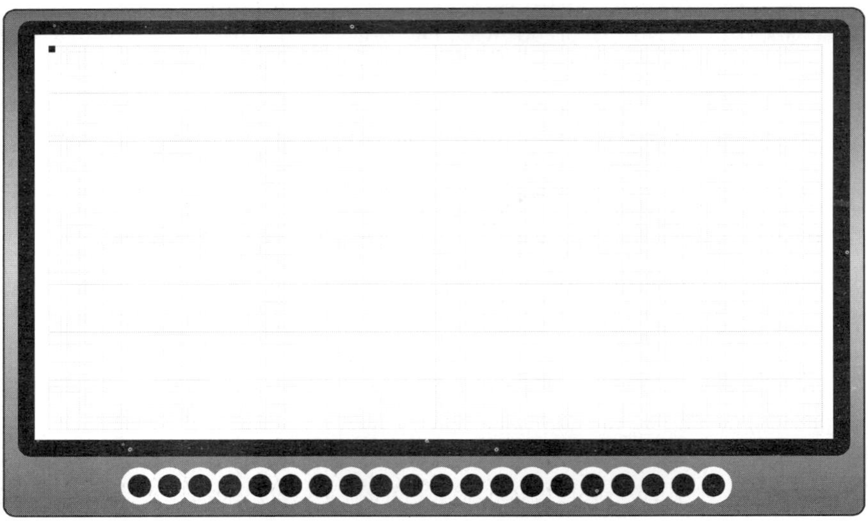

21.4.3 그래픽 LCD의 중앙에 네모 모양의 박스를 출력하는 예제

단계 1 AVR Studio 4에서 새로운 project를 생성하고, C 언어 소스 프로그램을 작성하여 저장한다. 자세한 내용은 5.4.2절의 [단계 1]을 참조한다.

[단계 1]-(1) Project type은 AVR GCC를 선택하고, Project name:은 ch21_step2, Initial file:은 ch21_step2이라고 입력하고, Create initial file과 Create folder를 체크하고, Location:은 C:₩avr_test를 선택한 후에 [Next >>] 버튼을 누르고 다음 단계로 진행한다.

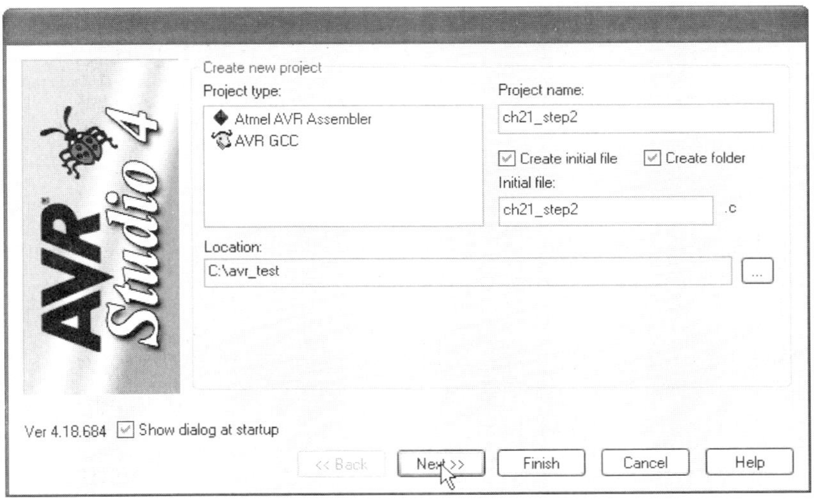

[단계 1]-(2) AVR Studio 4 편집 화면에 다음과 같이 C 언어 소스 프로그램을 작성하여 저장한다.

```
//
// ch21_step2.c
//

// 헤더 프로그램 및 매크로 등이 저장되어 있음
#include "ch21_glcd.h"

// C 언어의 주 실행 함수
int main(void){
   // 포트 A의 방향 설정, 0 : 입력, 1 : 출력
   // 그래픽 LCD DATA 커넥터
```

```
// PA7 PA6   PA5   PA4   PA3   PA2   PA1   PA0
// Out  Out   Out   Out   Out   Out   Out   Out
DDRA = 0B11111111;

// 포트 C의 방향 설정, 0 : 입력, 1 : 출력
// 그래픽 LCD CON 커넥터
// PC7 PC6   PC5   PC4   PC3   PC2   PC1   PC0
// Out  Out   Out   Out   Out   Out   Out   Out
DDRC = 0B11111111;

// 그래픽 LCD 제어 신호 포트 C의 출력을 모두 1로 출력
PORTC = 0XFF;

// 그래픽 LCD 초기화
GLCD_Init();

// 그래픽 LCD 를 모두 지움
// 짝수 줄과 홀수 줄에 모두 0x00의 데이터 출력
GLCD_DataWriteAll(0x00, 0x00);

while(1){
 // 1번 세그먼트의 3 페이지, 56 어드레스를 선택함
 // 선택된 어드레스부터 8개의 데이터 출력
 GLCD_SET_YADD_XPAGE(GLCD_CS1, 56, 3);
 GLCD_WriteByte(DATA, GLCD_CS1, 0B01111111);
 GLCD_WriteByte(DATA, GLCD_CS1, 0B00000001);
 GLCD_WriteByte(DATA, GLCD_CS1, 0B00000001);
 GLCD_WriteByte(DATA, GLCD_CS1, 0B00000001);
 GLCD_WriteByte(DATA, GLCD_CS1, 0B00000001);
 GLCD_WriteByte(DATA, GLCD_CS1, 0B00000001);
 GLCD_WriteByte(DATA, GLCD_CS1, 0B00000001);
 GLCD_WriteByte(DATA, GLCD_CS1, 0B00000000);

 // 1번 세그먼트의 4 페이지, 56 어드레스를 선택함
 // 선택된 어드레스부터 8개의 데이터 출력
 GLCD_SET_YADD_XPAGE(GLCD_CS1, 56, 4);
 GLCD_WriteByte(DATA, GLCD_CS1, 0B11111110);
 GLCD_WriteByte(DATA, GLCD_CS1, 0B10000000);
 GLCD_WriteByte(DATA, GLCD_CS1, 0B10000000);
 GLCD_WriteByte(DATA, GLCD_CS1, 0B10000000);
 GLCD_WriteByte(DATA, GLCD_CS1, 0B10000000);
```

```
    GLCD_WriteByte(DATA, GLCD_CS1, 0B10000000);
    GLCD_WriteByte(DATA, GLCD_CS1, 0B10000000);
    GLCD_WriteByte(DATA, GLCD_CS1, 0B00000000);

    // 2번 세그먼트의 3 페이지, 0 어드레스를 선택함
    // 선택된 어드레스부터 8개의 데이터 출력
    GLCD_SET_YADD_XPAGE(GLCD_CS2, 0, 3);
    GLCD_WriteByte(DATA, GLCD_CS2, 0B00000000);
    GLCD_WriteByte(DATA, GLCD_CS2, 0B00000001);
    GLCD_WriteByte(DATA, GLCD_CS2, 0B00000001);
    GLCD_WriteByte(DATA, GLCD_CS2, 0B00000001);
    GLCD_WriteByte(DATA, GLCD_CS2, 0B00000001);
    GLCD_WriteByte(DATA, GLCD_CS2, 0B00000001);
    GLCD_WriteByte(DATA, GLCD_CS2, 0B00000001);
    GLCD_WriteByte(DATA, GLCD_CS2, 0B01111111);

    // 2번 세그먼트의 4 페이지, 0 어드레스를 선택함
    // 선택된 어드레스부터 8개의 데이터 출력
    GLCD_SET_YADD_XPAGE(GLCD_CS2, 0, 4);
    GLCD_WriteByte(DATA, GLCD_CS2, 0B00000000);
    GLCD_WriteByte(DATA, GLCD_CS2, 0B10000000);
    GLCD_WriteByte(DATA, GLCD_CS2, 0B10000000);
    GLCD_WriteByte(DATA, GLCD_CS2, 0B10000000);
    GLCD_WriteByte(DATA, GLCD_CS2, 0B10000000);
    GLCD_WriteByte(DATA, GLCD_CS2, 0B10000000);
    GLCD_WriteByte(DATA, GLCD_CS2, 0B10000000);
    GLCD_WriteByte(DATA, GLCD_CS2, 0B11111110);

    // 무한 대기.
    while(1);
  }

  // 함수의 형태와 같이 정수형(int)의 값을 반환함
  return 1;
}
```

C 언어 소스 프로그램 설명

핵심포인트

그래픽 LCD의 세그먼트와 페이지, 주소 등은 프로그램에 의해 임의로 설정될 수 있으며, 설정된 주소에 데이터를 출력하거나 읽을 수 있다.

ch21_glcd.h 헤더 프로그램에는 필요한 헤더 프로그램 및 매크로 정의, 함수 원형 선언들이 포함되어 있으므로 반드시 포함해야 한다.

DDRx 레지스터는 포트의 입출력 방향을 결정하는 레지스터이며 x는 포트명이고 DDRxn의 각 비트 값이 0이면 입력, 1이면 출력으로 설정된다. 따라서 DDRA = 0B11111111, DDRC = 0B11111111 문장은 포트 A와 포트 C의 모든 비트를 출력하겠다는 의미이다.

PORTx 레지스터는 포트에 출력할 논리 값을 저장하는 레지스터이며 x는 포트명이다. PORTC = 0XFF; 문장은 그래픽 LCD 제어 신호 포트 C의 출력을 모두 1로 출력하겠다는 의미이다.

GLCD_SET_YADD_XPAGE(GLCD_CS1, 56, 3) 문장은 그래픽 LCD의 1번 세그먼트의 Y 어드레스를 56으로 설정하고, 페이지를 3으로 설정하는 기능을 수행한다. 이것은 중앙에 출력할 박스의 좌측 상단부의 위치와 일치한다. 한편, 이 문장의 아래에 있는 GLCD_WriteByte(DATA, GLCD_CS1, {데이터 값}) 문장들은 설정된 페이지의 어드레스부터 데이터를 출력하는 기능을 수행한다. 데이터를 출력할 때마다 Y어드레스는 자동으로 증가하므로 8개의 데이터를 출력할 경우 오른쪽으로 나타나게 된다.

GLCD_SET_YADD_XPAGE(GLCD_CS1, 56, 4) 문장은 그래픽 LCD의 1번 세그먼트의 Y 어드레스를 56으로 설정하고, 페이지를 4로 설정하는 기능을 수행한다. 이것은 중앙에 출력할 박스의 좌측 하단부의 위치와 일치한다. 한편, 이 문장의 아래에 있는 GLCD_WriteByte(DATA, GLCD_CS1, {데이터 값}) 문장들은 설정된 페이지의 어드레스부터 데이터를 출력하는 기능을 수행한다. 데이터를 출력할 때마다 Y어드레스는 자동으로 증가하므로 8개의 데이터를 출력할 경우 오른쪽으로 나타나게 된다.

GLCD_SET_YADD_XPAGE(GLCD_CS2, 0, 3) 문장은 그래픽 LCD의 2번 세그먼트의 Y 어드레스를 0으로 설정하고, 페이지를 3으로 설정하는 기능을 수행한다. 이것은 중앙에 출력할 박스의 중앙 상단부의 위치와 일치한다. 한편, 이 문장의 아래에 있는 GLCD_WriteByte(DATA, GLCD_CS2, {데이터 값}) 문장들은 설정된 페이지의 어드레스부터 데이터를 출력하는 기능을 수행한다. 데이터를 출력할 때마다 Y어드레스는 자동으로 증가하므로 8개의 데이터를 출력할 경우 오른쪽으로 나타나게 된다.

GLCD_SET_YADD_XPAGE(GLCD_CS2, 0, 4) 문장은 그래픽 LCD의 2번 세그먼트의 Y 어드레스를 0으로 설정하고, 페이지를 4로 설정하는 기능을 수행한다. 이것은 중앙에 출력할 박스의 중앙 상단부의 위치와 일치한다. 한편, 이 문장의 아래에 있는 GLCD_WriteByte(DATA, GLCD_CS2, {데이터 값}) 문장들은 설정된 페이지의 어드레스부터 데이터를 출력하는 기능을 수행한다. 데이터를 출력할 때마다 Y어드레스는 자동으로 증가하므로 8개의 데이터를 출력할 경우 오른쪽으로 나타나게 된다.

while(1); 문장은 조건이 1이므로 무한 대기하는 기능을 수행한다. 따라서 그래픽 LCD에는 중앙에 네모 모양의 박스를 출력하고, AVR ATmega128은 무한 대기하게 된다.

[단계 1]-(3) 21.4.2 절의 [단계 1]-(3) 부터 [단계 1]-(5)를 참조하여 ch21_glcd.c 파일을 작성하여 현재 project 폴더에 저장한 다음에 project에 포함하고, ch21_glcd.h 파일을 작성하여 현재 project 폴더에 저장한다.

T·I·P

C 언어 소스 프로그램은
CD Drive:₩Source₩ch21₩ch21_step2₩ch21_step2.c 파일과
CD Drive:₩Source₩ch21₩ch21_step2₩ch21_glcd.c 파일과
CD Drive:₩Source₩ch21₩ch21_step2₩ch21_glcd.h 파일을 참조한다.

단계 2 AVR Studio 4를 이용하여 C 언어 소스 프로그램을 Build 한다. 자세한 내용은 5.4.2 절의 [단계 2]를 참조한다.

단계 3 PonyProg를 이용하여 ATmega128에 hex 파일을 ISP 다운로드 한다. 자세한 내용은 5.4.2절의 [단계 3]을 참조한다.

단계 4 다운로드가 완료되면 AVR 트레이닝 키트(WES-XUN I)의 동작을 확인한다. 그래픽 LCD 중앙에 네모 모양의 박스가 그려진다.

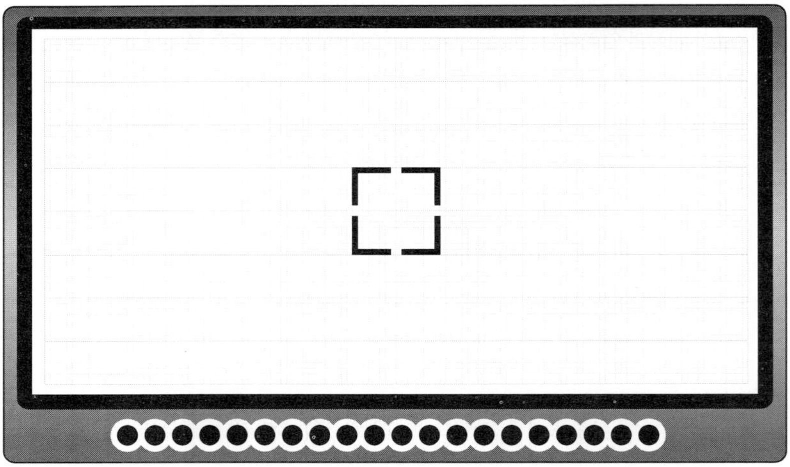

21.4.4 그래픽 LCD의 중앙에 BMP 그림 파일 형식의 데이터를 프로그램 메모리(플래시 메모리)와 SRAM에 저장하여 번갈아가며 반복하여 출력하는 예제

단계 1 AVR Studio 4에서 새로운 project를 생성하고, C 언어 소스 프로그램을 작성하여 저장한다. 자세한 내용은 5.4.2절의 [단계 1]을 참조한다.

[단계 1]-(1) Project type은 AVR GCC를 선택하고, Project name:은 ch21_step3, Initial file:은 ch21_step3이라고 입력하고, Create initial file과 Create folder를 체크하고, Location:은 C:₩avr_test를 선택한 후에 [Next >>] 버튼을 누르고 다음 단계로 진행한다.

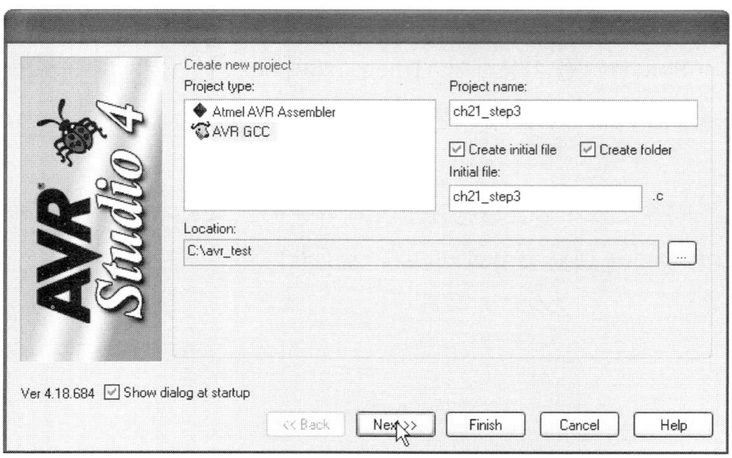

[단계 1]-(2) AVR Studio 4 편집 화면에 다음과 같이 C 언어 소스 프로그램을 작성하여 저장한다.

```
//
// ch21_step3.c
//

// 헤더 프로그램 및 매크로 등이 저장되어 있음
#include "ch21_glcd.h"

// 그래픽 LCD의 프로그램 메모리(플래시 메모리)와 SRAM에 데이터 저장
#include "ch21_data1.c"

// C 언어의 주 실행 함수
int main(void){
  // 포트 A의 방향 설정, 0 : 입력, 1 : 출력
  // 그래픽 LCD DATA 커넥터
  // PA7 PA6   PA5   PA4   PA3   PA2   PA1   PA0
  // Out  Out   Out   Out   Out   Out   Out   Out
  DDRA = 0B11111111;

  // 포트 C의 방향 설정, 0 : 입력, 1 : 출력
  // 그래픽 LCD CON 커넥터
  // PC7 PC6   PC5   PC4   PC3   PC2   PC1   PC0
  // Out  Out   Out   Out   Out   Out   Out   Out
  DDRC = 0B11111111;

  // LCD 제어 신호 포트 C의 출력을 모두 1로 출력
  PORTC = 0XFF;

  // 그래픽 LCD 초기화
  GLCD_Init();

 // 그래픽 LCD 내용을 모두 지움
  // 짝수 줄과 홀수 줄에 모두 0x00의 데이터 출력
   GLCD_DataWriteAll(0x00, 0x00);

  // 무한 반복
  while(1){
   // 프로그램 메모리(플래시 메모리)에 저장된 RAW BMP 데이터를
```

```
        // 그래픽 LCD에 출력
        Display_BMP_Format_PGM(glcd_data_PGM);
        _delay_ms(1000);

        // SRAM에 저장된 RAW BMP 데이터를
        // 그래픽 LCD에 출력
        Display_BMP_Format(glcd_data);
        _delay_ms(1000);
    }

    // 함수의 형태와 같이 정수형(int)의 값을 반환함
    return 1;
}
```

C 언어 소스 프로그램 설명

핵심포인트

이 프로그램에서는 BMP 파일과 같은 구조로 이루어진 데이터를 만들고 이것을 배열에 저장하여 그래픽 LCD에 출력하는 예제이므로, 여기서는 BMP 파일의 구조를 이해하는 것이 중요하다. BMP 파일 구조는 이 장의 끝에 있는 【Windows V3 형식의 BMP File Header 구조】를 참조한다.

ch21_glcd.h 헤더 프로그램에는 실험에 필요한 헤더 프로그램 및 매크로 정의, 함수 원형 선언들이 포함되어 있으므로 반드시 포함해야 한다.

ch21_data1.c 소스 파일에는 그래픽 LCD의 프로그램 메모리와 SRAM에 BMP 파일 형식의 데이터가 저장되어 있으므로 반드시 포함해야 한다.

DDRx 레지스터는 포트의 입출력 방향을 결정하는 레지스터이며 x는 포트명이고 DDRxn의 각 비트 값이 0이면 입력, 1이면 출력으로 설정된다. 따라서 DDRA = 0B11111111; 문장과 DDRC = 0B11111111; 문장은 포트 A와 포트 C의 모든 비트를 출력하겠다는 의미이다.

PORTx 레지스터는 포트에 출력할 논리 값을 저장하는 레지스터이며 x는 포트명이다. PORTC = 0XFF; 문장은 그래픽 LCD 제어 신호 포트 C의 출력을 모두 1로 출력하겠다는 의미이다.

GLCD_Init(); 문장은 그래픽 LCD를 초기화하는 기능을 수행하는 함수이다.

GLCD_DataWriteAll(0x00, 0x00); 문장은 그래픽 LCD 전체의 데이터를 0x00으로 설정하는 기능을 수행하는 함수이다.

while(1){} 문장은 {}안의 문장을 무한 반복한다.

Display_BMP_Format_PGM(glcd_data_PGM) 문장은 프로그램 메모리(플래시 메모리)에 저장된 데이터를 읽고, 그래픽 LCD에 출력하는 기능을 수행한다. 이때 인수 glcd_data_PGM은 BMP 파일 형식의 데이터가 저장된 배열의 배열명이다.

_delay_ms(1000); 문장은 1000ms 동안 대기하는 함수이다.

Display_BMP_Format(glcd_data) 문장은 SRAM에 저장된 데이터를 읽고, 그래픽 LCD에 출력하는 기능을 수행한다. 이때 인수 glcd_data은 BMP 파일 형식의 데이터가 저장된 배열의 배열명이다.

_delay_ms(1000); 문장은 1000ms 동안 대기하는 함수이다.

```
//
// ch21_data1.c
//

unsigned char PROGMEM glcd_data_PGM[1024] =
{
   0xFF , 0xFF , 0xFF , 0xFF , 0xFF , 0xFF , 0xFF , 0xFF
 , 0xFF , 0xFF , 0xFF , 0xFF , 0xFF , 0xFF , 0xFF , 0xFF
 , 0xFF , 0xFF , 0xFF , 0xFF , 0xFF , 0xFF , 0xFF , 0xFF
 , 0xFF , 0xFF , 0xFF , 0xFF , 0xFF , 0xFF , 0xFF , 0xFF
 , 0xFF , 0xFF , 0xFF , 0xFF , 0xFF , 0xFF , 0xFF , 0xFF
 , 0xFF , 0xFF , 0xFF , 0xFF , 0xFF , 0xFF , 0xFF , 0xFF
 , 0xFF , 0xFF , 0xFF , 0xFF , 0xFF , 0xFF , 0xFF , 0xFF
 , 0xFF , 0xFF , 0xFF , 0xFF , 0xFF , 0xFF , 0xFF , 0xFF
 , 0xFF , 0xFF , 0xFF , 0xFF , 0xFF , 0xFF , 0xFF , 0xFF
 , 0xFF , 0xFF , 0xFF , 0xFF , 0xFF , 0xFF , 0xFF , 0xFF
 , 0xFF , 0xFF , 0xFF , 0xFF , 0xFF , 0xFF , 0xFF , 0xFF
 , 0xFF , 0xFF , 0xFF , 0xFF , 0xFF , 0xFF , 0xFF , 0xFF
 , 0xFF , 0xFF , 0xFF , 0xFF , 0xFF , 0xFF , 0xFF , 0xFF
 , 0xFF , 0xFF , 0xFF , 0xFF , 0xFF , 0xFF , 0xFF , 0xFF
 , 0xFF , 0xFF , 0xFF , 0xFF , 0xFF , 0xFF , 0xFF , 0xFF
 , 0xFF , 0xFF , 0xFF , 0xFF , 0xFF , 0xFF , 0xFF , 0xFF
 , 0xFF , 0xFF , 0xFF , 0xFF , 0xFF , 0xFF , 0xFF , 0xFF
 , 0xFF , 0xFF , 0xFF , 0xFF , 0xFF , 0xFF , 0xFF , 0xFF
 , 0xFF , 0xFF , 0xFF , 0xFF , 0xFF , 0xFF , 0xFF , 0xFF
 , 0xFF , 0xFF , 0xFF , 0xFF , 0xFF , 0xFF , 0xFF , 0xFF
 , 0xFF , 0xFF , 0xFF , 0xFF , 0xFF , 0xFF , 0xFF , 0xFF
```

```
, 0xFF , 0xFF , 0xFF , 0xFF , 0xFF , 0xFF , 0xFF , 0xFF
, 0xFF , 0xFF , 0xFF , 0xFF , 0xFF , 0xFF , 0xFF , 0xFF
, 0xFF , 0xFF , 0xFF , 0xFF , 0xFF , 0xFF , 0xFF , 0xFF
, 0xFF , 0xFF , 0xFF , 0xFF , 0xFF , 0xFF , 0xFF , 0xFF
, 0xFF , 0xFF , 0xFF , 0xFF , 0xFF , 0xFF , 0xFF , 0xFF
, 0xFF , 0xFF , 0xFF , 0xFF , 0xFF , 0xFF , 0xFF , 0xFF
, 0xFF , 0xFF , 0xFF , 0xFF , 0xFF , 0xFF , 0xFF , 0xFF
, 0xFF , 0xFF , 0xFF , 0xFF , 0xFF , 0xFF , 0xFF , 0xFF
, 0xFF , 0xFF , 0xFF , 0xFF , 0xFF , 0xFF , 0xFF , 0xFF
, 0xFF , 0xFF , 0xFF , 0xFF , 0xFF , 0xFF , 0xFF , 0xFF
, 0xFF , 0xFF , 0xFF , 0xFF , 0xFF , 0xFF , 0xFF , 0xFF
, 0xFF , 0xFF , 0xFF , 0xFF , 0xFF , 0xFF , 0xFF , 0xFF
, 0xFF , 0xFF , 0xFF , 0xFF , 0xFF , 0xFF , 0xFF , 0xFF
, 0xFF , 0xFF , 0xFF , 0xFF , 0xFF , 0xFF , 0xFF , 0xFF
, 0xFF , 0xFF , 0xFF , 0xFF , 0xFF , 0xFF , 0xFF , 0xFF
, 0xFF , 0xFF , 0xFF , 0xFF , 0xFF , 0xFF , 0xFF , 0xFF
, 0xFF , 0xFF , 0xFF , 0xFF , 0xFF , 0xFF , 0xFF , 0xFF
, 0xFF , 0xFF , 0xFF , 0xFF , 0xFF , 0xFF , 0xFF , 0xFF
, 0xFC , 0x3F , 0xFF , 0xFF , 0xFF , 0xFF , 0xFF , 0xFF
, 0xFF , 0xFF , 0xFF , 0xFC , 0x3F , 0xF0 , 0x00 , 0x0F
, 0xE0 , 0x07 , 0xFF , 0xE1 , 0xFF , 0xFF , 0xFF , 0xFF
, 0xFF , 0xFF , 0xFF , 0xFC , 0x3F , 0xF0 , 0x00 , 0x0F
, 0x80 , 0x01 , 0xFF , 0xE1 , 0xFF , 0xFF , 0xFF , 0xFF
, 0xFF , 0xFF , 0xFF , 0xFC , 0x3F , 0xF0 , 0x00 , 0x0F
, 0x03 , 0xC0 , 0xFF , 0xE1 , 0xFF , 0xFF , 0xFF , 0xFF
, 0xFF , 0xFF , 0xFF , 0xFC , 0x3F , 0xF0 , 0xFF , 0xFE
, 0x0F , 0xF0 , 0x7F , 0xE1 , 0xFF , 0xFF , 0xFF , 0xFF
, 0xFF , 0xFF , 0xFF , 0xFC , 0x3F , 0xF0 , 0xFF , 0xFE
, 0x1F , 0xF8 , 0x7F , 0xE1 , 0xFF , 0xFF , 0xFF , 0xFF
, 0xFF , 0xFF , 0xFF , 0xFC , 0x3F , 0xF0 , 0xFF , 0xFE
, 0x3F , 0xF8 , 0x7F , 0xE1 , 0xFF , 0xFF , 0xFF , 0xFF
, 0xFF , 0xFF , 0xFF , 0xFC , 0x3F , 0xF0 , 0xFF , 0xFC
, 0x3F , 0xF8 , 0x7F , 0xE1 , 0xFF , 0xFF , 0xFF , 0xFF
, 0xFF , 0xFF , 0xFF , 0xFC , 0x3F , 0xF0 , 0xFF , 0xFC
, 0x3F , 0xF8 , 0x7F , 0xE1 , 0xFF , 0xFF , 0xFF , 0xFF
, 0xFF , 0xFF , 0xFF , 0xFC , 0x3F , 0xF0 , 0xFF , 0xFF
, 0xFF , 0xF8 , 0x7F , 0xE1 , 0xFF , 0xFF , 0xFF , 0xFF
, 0xFF , 0xFF , 0xFF , 0xFC , 0x3F , 0xF0 , 0xFF , 0xFF
, 0xFF , 0xF0 , 0x7F , 0xE1 , 0xFF , 0xFF , 0xFF , 0xFF
, 0xFF , 0xFF , 0xFF , 0xFC , 0x3F , 0xF0 , 0xFF , 0xFF
, 0xFF , 0x80 , 0xFF , 0xE1 , 0xFF , 0xFF , 0xFF , 0xFF
```

```
, 0xFF , 0xFF , 0xFF , 0xFC , 0x3F , 0xF0 , 0x00 , 0x1F
, 0xFC , 0x01 , 0xFF , 0xE1 , 0xFF , 0xFF , 0xFF , 0xFF
, 0xFF , 0xFF , 0xFF , 0xFC , 0x3F , 0xF0 , 0x00 , 0x1F
, 0xE0 , 0x07 , 0xFF , 0xE1 , 0xFF , 0xFF , 0xFF , 0xFF
, 0xFF , 0xFF , 0xFF , 0xFC , 0x3F , 0xF0 , 0x00 , 0x1F
, 0x80 , 0x1F , 0xFF , 0xE1 , 0xFF , 0xFF , 0xFF , 0xFF
, 0xFF , 0xFF , 0xFF , 0xFC , 0x3F , 0xF0 , 0xFF , 0xFF
, 0x01 , 0xFF , 0xFF , 0xE1 , 0xFF , 0xFF , 0xFF , 0xFF
, 0xFF , 0xFF , 0xFF , 0xFC , 0x3F , 0xF0 , 0xFF , 0xFE
, 0x0F , 0xFF , 0xFF , 0xE1 , 0xFF , 0xFF , 0xFF , 0xFF
, 0xFF , 0xFF , 0xFF , 0xFC , 0x3F , 0xF0 , 0xFF , 0xFE
, 0x1F , 0xFF , 0xFF , 0xE1 , 0xFF , 0xFF , 0xFF , 0xFF
, 0xFF , 0xFF , 0xFF , 0xFC , 0x3F , 0xF0 , 0xFF , 0xFE
, 0x1F , 0xF0 , 0xFF , 0xE1 , 0xFF , 0xFF , 0xFF , 0xFF
, 0xFF , 0xFF , 0xFF , 0xFC , 0x3F , 0xF0 , 0xFF , 0xFE
, 0x1F , 0xF0 , 0xFF , 0xE1 , 0xFF , 0xFF , 0xFF , 0xFF
, 0xFF , 0xFF , 0xFF , 0xFC , 0x3F , 0xF0 , 0xFF , 0xFE
, 0x1F , 0xF0 , 0xFF , 0xE1 , 0xFF , 0xFF , 0xFF , 0xFF
, 0xFF , 0xFF , 0xFF , 0xFC , 0x3F , 0xF0 , 0xFF , 0xFE
, 0x0F , 0xE0 , 0xFF , 0xE1 , 0xFF , 0xFF , 0xFF , 0xFF
, 0xFF , 0xFF , 0xFF , 0xFC , 0x3F , 0xF0 , 0xFF , 0xFF
, 0x07 , 0xC1 , 0xFF , 0xE1 , 0xFF , 0xFF , 0xFF , 0xFF
, 0xFF , 0xFF , 0xFC , 0x00 , 0x00 , 0x70 , 0x00 , 0x0F
, 0x80 , 0x03 , 0xE0 , 0x00 , 0x03 , 0xFF , 0xFF , 0xFF
, 0xFF , 0xFF , 0xFC , 0x00 , 0x00 , 0x70 , 0x00 , 0x0F
, 0xC0 , 0x07 , 0xE0 , 0x00 , 0x03 , 0xFF , 0xFF , 0xFF
, 0xFF , 0xFF , 0xFF , 0xFF , 0xFF , 0xFF , 0xFF , 0xFF
, 0xF0 , 0x1F , 0xFF , 0xFF , 0xFF , 0xFF , 0xFF , 0xFF
, 0xFF , 0xFF , 0xFF , 0xFF , 0xFF , 0xFF , 0xFF , 0xFF
, 0xFF , 0xFF , 0xFF , 0xFF , 0xFF , 0xFF , 0xFF , 0xFF
, 0xFF , 0xFF , 0xFF , 0xFF , 0xFF , 0xFF , 0xFF , 0xFF
, 0xFF , 0xFF , 0xFF , 0xFF , 0xFF , 0xFF , 0xFF , 0xFF
, 0xFF , 0xFF , 0xFF , 0xFF , 0xFF , 0xFF , 0xFF , 0xFF
, 0xFF , 0xFF , 0xFF , 0xFF , 0xFF , 0xFF , 0xFF , 0xFF
, 0xFF , 0xFF , 0xFF , 0xFF , 0xFF , 0xFF , 0xFF , 0xFF
, 0xFF , 0xFF , 0xFF , 0xFF , 0xFF , 0xFF , 0xFF , 0xFF
, 0xFF , 0xFF , 0xFF , 0xFF , 0xFF , 0xFF , 0xFF , 0xFF
, 0xFF , 0xFF , 0xFF , 0xFF , 0xFF , 0xFF , 0xFF , 0xFF
, 0xFF , 0xFF , 0xFF , 0xFF , 0xFF , 0xFF , 0xFF , 0xFF
, 0xFF , 0xFF , 0xFF , 0xFF , 0xFF , 0xFF , 0xFF , 0xFF
, 0xFF , 0xFF , 0xFF , 0xFF , 0xFF , 0xFF , 0xFF , 0xFF
```

```
, 0xFF , 0xFF , 0xFF , 0xFF , 0xFF , 0xFF , 0xFF , 0xFF
, 0xFF , 0xFF , 0xFF , 0xFF , 0xFF , 0xFF , 0xFF , 0xFF
, 0xFF , 0xFF , 0xFF , 0xFF , 0xFF , 0xFF , 0xFF , 0xFF
, 0xFF , 0xFF , 0xFF , 0xFF , 0xFF , 0xFF , 0xFF , 0xFF
, 0xFF , 0xFF , 0xFF , 0xFF , 0xFF , 0xFF , 0xFF , 0xFF
, 0xFF , 0xFF , 0xFF , 0xFF , 0xFF , 0xFF , 0xFF , 0xFF
, 0xFF , 0xFF , 0xFF , 0xFF , 0xFF , 0xFF , 0xFF , 0xFF
, 0xFF , 0xFF , 0xFF , 0xFF , 0xFF , 0xFF , 0xFF , 0xFF
, 0xFF , 0xFF , 0xFF , 0xFF , 0xFF , 0xFF , 0xFF , 0xFF
, 0xFF , 0xFF , 0xFF , 0xFF , 0xFF , 0xFF , 0xFF , 0xFF
, 0xFF , 0xFF , 0xFF , 0xFF , 0xFF , 0xFF , 0xFF , 0xFF
, 0xFF , 0xFF , 0xFF , 0xFF , 0xFF , 0xFF , 0xFF , 0xFF
, 0xFF , 0xFF , 0xFF , 0xFF , 0xFF , 0xFF , 0xFF , 0xFF
, 0xFF , 0xFF , 0xFF , 0xFF , 0xFF , 0xFF , 0xFF , 0xFF
, 0xFF , 0xFF , 0xFF , 0xFF , 0xFF , 0xFF , 0xFF , 0xFF
, 0xFF , 0xFF , 0xFF , 0xFF , 0xFF , 0xFF , 0xFF , 0xFF
, 0xFF , 0xFF , 0xFF , 0xFF , 0xFF , 0xFF , 0xFF , 0xFF
, 0xFF , 0xFF , 0xFF , 0xFF , 0xFF , 0xFF , 0xFF , 0xFF
, 0xFF , 0xFF , 0xFF , 0xFF , 0xFF , 0xFF , 0xFF , 0xFF
, 0xFF , 0xFF , 0xFF , 0xFF , 0xFF , 0xFF , 0xFF , 0xFF
, 0xFF , 0xFF , 0xFF , 0xFF , 0xFF , 0xFF , 0xFF , 0xFF
, 0xFF , 0xFF , 0xFF , 0xFF , 0xFF , 0xFF , 0xFF , 0xFF
, 0xFF , 0xFF , 0xFF , 0xFF , 0xFF , 0xFF , 0xFF , 0xFF
, 0xFF , 0xFF , 0xFF , 0xFF , 0xFF , 0xFF , 0xFF , 0xFF
, 0xFF , 0xFF , 0xFF , 0xFF , 0xFF , 0xFF , 0xFF , 0xFF
};

unsigned char glcd_data[1024] =
{
   0xFF , 0xFF , 0xFF , 0xFF , 0xFF , 0xFF , 0xFF , 0xFF
, 0xFF , 0xFF , 0xFF , 0xFF , 0xFF , 0xFF , 0xFF , 0xFF
, 0xFF , 0xFF , 0xFF , 0xFF , 0xFF , 0xFF , 0xFF , 0xFF
, 0xFF , 0xFF , 0xFF , 0xFF , 0xFF , 0xFF , 0xFF , 0xFF
, 0xFF , 0xFF , 0xFF , 0xFF , 0xFF , 0xFF , 0xFF , 0xFF
, 0xFF , 0xFF , 0xFF , 0xFF , 0xFF , 0xFF , 0xFF , 0xFF
, 0xFF , 0xFF , 0xFF , 0xFF , 0xFF , 0xFF , 0xFF , 0xFF
, 0xFF , 0xFF , 0xFF , 0xFF , 0xFF , 0xFF , 0xFF , 0xFF
, 0xFF , 0xFF , 0xFF , 0xFF , 0xFF , 0xFF , 0xFF , 0xFF
, 0xFF , 0xFF , 0xFF , 0xFF , 0xFF , 0xFF , 0xFF , 0xFF
, 0xFF , 0xFF , 0xFF , 0xFF , 0xFF , 0xFF , 0xFF , 0xFF
, 0xFF , 0xFF , 0xFF , 0xFF , 0xFF , 0xFF , 0xFF , 0xFF
```

```
, 0xFF , 0xFF , 0xFF , 0xFF , 0xFF , 0xFF , 0xFF , 0xFF
, 0xFF , 0xFF , 0xFF , 0xFF , 0xFF , 0xFF , 0xFF , 0xFF
, 0xFF , 0xFF , 0xFF , 0xFF , 0xFF , 0xFF , 0xFF , 0xFF
, 0xFF , 0xFF , 0xFF , 0xFF , 0xFF , 0xFF , 0xFF , 0xFF
, 0xFF , 0xFF , 0xFF , 0xFF , 0xFF , 0xFF , 0xFF , 0xFF
, 0xFF , 0xFF , 0xFF , 0xFF , 0xFF , 0xFF , 0xFF , 0xFF
, 0xFF , 0xFF , 0xFF , 0xFF , 0xFF , 0xFF , 0xFF , 0xFF
, 0xFF , 0xFF , 0xFF , 0xFF , 0xFF , 0xFF , 0xFF , 0xFF
, 0xFF , 0xFF , 0xFF , 0xFF , 0xFF , 0xFF , 0xFF , 0xFF
, 0xFF , 0xFF , 0xFF , 0xFF , 0xFF , 0xFF , 0xFF , 0xFF
, 0xFF , 0xFF , 0xFF , 0xFF , 0xFF , 0xFF , 0xFF , 0xFF
, 0xFF , 0xFF , 0xFF , 0xFF , 0xFF , 0xFF , 0xFF , 0xFF
, 0xFF , 0xFF , 0xFF , 0xFF , 0xFF , 0xFF , 0xFF , 0xFF
, 0xFF , 0xFF , 0xFF , 0xFF , 0xFF , 0xFF , 0xFF , 0xFF
, 0xFF , 0xFF , 0xFF , 0xFF , 0xFF , 0xF8 , 0x01 , 0xE0
, 0x7C , 0x03 , 0xFF , 0xFF , 0xFF , 0xFF , 0xFF , 0xFF
, 0xFF , 0xFF , 0xFF , 0xFF , 0xFF , 0xF8 , 0x01 , 0xC0
, 0x1C , 0x00 , 0xFF , 0xFF , 0xFF , 0xFF , 0xFF , 0xFF
, 0xFF , 0xFF , 0xFF , 0xFF , 0xFF , 0xF8 , 0xFF , 0x87
, 0x0C , 0x78 , 0x7F , 0xFF , 0xFF , 0xFF , 0xFF , 0xFF
, 0xFF , 0xFF , 0xFF , 0xFF , 0xFF , 0xF8 , 0xFF , 0x8F
, 0x8C , 0x7C , 0x3F , 0xFF , 0xFF , 0xFF , 0xFF , 0xFF
, 0xFF , 0xFF , 0xFF , 0xFF , 0xFF , 0xF8 , 0xFF , 0x1F
, 0xFC , 0x7E , 0x3F , 0xFF , 0xFF , 0xFF , 0xFF , 0xFF
, 0xFF , 0xFF , 0xFF , 0xFF , 0xFF , 0xF8 , 0xFF , 0x1F
, 0xFC , 0x7E , 0x3F , 0xFF , 0xFF , 0xFF , 0xFF , 0xFF
, 0xFF , 0xFF , 0xFF , 0xFF , 0xFF , 0xF8 , 0xFF , 0x1F
, 0xFC , 0x7E , 0x3F , 0xFF , 0xFF , 0xFF , 0xFF , 0xFF
, 0xFF , 0xFF , 0xFF , 0xFF , 0xFF , 0xF8 , 0xFF , 0x1F
, 0xFC , 0x7E , 0x3F , 0xFF , 0xFF , 0xFF , 0xFF , 0xFF
, 0xFF , 0xFF , 0xFF , 0xFF , 0xFF , 0xF8 , 0xFF , 0x1F
, 0xFC , 0x7E , 0x3F , 0xFF , 0xFF , 0xFF , 0xFF , 0xFF
, 0xFF , 0xFF , 0xFF , 0xFF , 0xFF , 0xF8 , 0xFF , 0x8F
, 0x8C , 0x7C , 0x3F , 0xFF , 0xFF , 0xFF , 0xFF , 0xFF
, 0xFF , 0xFF , 0xFF , 0xFF , 0xFF , 0xF8 , 0xFF , 0x87
, 0x0C , 0x78 , 0x7F , 0xFF , 0xFF , 0xFF , 0xFF , 0xFF
, 0xFF , 0xFF , 0xFF , 0xFF , 0xFF , 0xF8 , 0xFF , 0xC0
, 0x1C , 0x00 , 0xFF , 0xFF , 0xFF , 0xFF , 0xFF , 0xFF
, 0xFF , 0xFF , 0xFF , 0xFF , 0xFF , 0xF8 , 0xFF , 0xE0
, 0x7C , 0x03 , 0xFF , 0xFF , 0xFF , 0xFF , 0xFF , 0xFF
, 0xFF , 0xFF , 0xFF , 0xFF , 0xFF , 0xFF , 0xFF , 0xFF
```

```
, 0xFF , 0xFF , 0xFF , 0xFF , 0xFF , 0xFF , 0xFF , 0xFF
, 0xFF , 0xFF , 0xFF , 0xFF , 0xFF , 0xFF , 0xFF , 0xFF
, 0xFF , 0xFF , 0xFF , 0xFF , 0xFF , 0xFF , 0xFF , 0xFF
, 0xFF , 0xFF , 0xFF , 0xFF , 0xFF , 0xFF , 0xFF , 0xFF
, 0xFF , 0xFF , 0xFF , 0xFF , 0xFF , 0xFF , 0xFF , 0xFF
, 0xFF , 0xFF , 0xFF , 0xFF , 0xFF , 0xFF , 0xFF , 0xFF
, 0xFF , 0xFF , 0xFF , 0xFF , 0xFF , 0xFF , 0xFF , 0xFF
, 0xFF , 0xFF , 0xFF , 0xFF , 0xFF , 0xFF , 0xFF , 0xFF
, 0xFF , 0xFF , 0xFF , 0xFF , 0xFF , 0xFF , 0xFF , 0xFF
, 0xFF , 0xFF , 0xFF , 0xFF , 0xFF , 0xFF , 0xFF , 0xFF
, 0xFF , 0xFF , 0xFF , 0xFF , 0xFF , 0xFF , 0xFF , 0xFF
, 0xFF , 0xFF , 0xFF , 0xFF , 0xFF , 0xFF , 0xFF , 0xFF
, 0xFF , 0xFF , 0xFF , 0xFF , 0xFF , 0xFF , 0xFF , 0xFF
, 0xFF , 0xFF , 0xFF , 0xFF , 0xFF , 0xFF , 0xFF , 0xFF
, 0xFF , 0xFF , 0xFF , 0xFF , 0xFF , 0xFF , 0xFF , 0xFF
, 0xFF , 0xFF , 0xFF , 0xFF , 0xFF , 0xFF , 0xFF , 0xFF
, 0xFF , 0xFF , 0xFF , 0xFF , 0xFF , 0xFF , 0xFF , 0xFF
, 0xFF , 0xFF , 0xFF , 0xFF , 0xFF , 0xFF , 0xFF , 0xFF
, 0xFF , 0xFF , 0xFF , 0xFF , 0xFF , 0xFF , 0xFF , 0xFF
, 0xFF , 0xFF , 0xFF , 0xFF , 0xFF , 0xFF , 0xFF , 0xFF
, 0xFF , 0xFF , 0xFF , 0xFF , 0xFF , 0xFF , 0xFF , 0xFF
, 0xFF , 0xFF , 0xFE , 0x00 , 0xC7 , 0xE2 , 0x3F , 0x88
, 0xFF , 0xC7 , 0xE3 , 0x1F , 0x03 , 0xFF , 0xFF , 0xFF
, 0xFF , 0xFF , 0xF8 , 0x00 , 0xC7 , 0xC6 , 0x3F , 0x88
, 0xFF , 0xC7 , 0xE3 , 0x1E , 0x00 , 0xFF , 0xFF , 0xFF
, 0xFF , 0xFF , 0xF0 , 0xF0 , 0xC7 , 0xC7 , 0x1F , 0x18
, 0xFF , 0xC7 , 0xE3 , 0x1C , 0x38 , 0x7F , 0xFF , 0xFF
, 0xFF , 0xFF , 0xF1 , 0xF8 , 0xC7 , 0xC7 , 0x00 , 0x18
, 0xFF , 0xC7 , 0xE3 , 0x1C , 0x7C , 0x7F , 0xFF , 0xFF
, 0xFF , 0xFF , 0xE3 , 0xF8 , 0xC7 , 0x8F , 0x80 , 0x38
, 0xFF , 0xC7 , 0xE3 , 0x18 , 0xFF , 0xFF , 0xFF , 0xFF
, 0xFF , 0xFF , 0xE3 , 0xC0 , 0xC0 , 0x1F , 0x8E , 0x38
, 0x03 , 0xC7 , 0xE3 , 0x18 , 0xFF , 0xFF , 0xFF , 0xFF
, 0xFF , 0xFF , 0xE3 , 0xC0 , 0xC0 , 0x07 , 0x8E , 0x38
, 0x01 , 0xC0 , 0x03 , 0x18 , 0xFF , 0xFF , 0xFF , 0xFF
, 0xFF , 0xFF , 0xE3 , 0xFF , 0xC7 , 0xC3 , 0xC4 , 0x78
, 0xF0 , 0xC0 , 0x03 , 0x18 , 0xFF , 0xFF , 0xFF , 0xFF
, 0xFF , 0xFF , 0xE3 , 0xFF , 0xC7 , 0xE3 , 0xC4 , 0x78
, 0xF8 , 0xC7 , 0xE3 , 0x18 , 0xFF , 0xFF , 0xFF , 0xFF
, 0xFF , 0xFF , 0xF1 , 0xF8 , 0xC7 , 0xE3 , 0xE0 , 0xF8
, 0xF8 , 0xC7 , 0xE3 , 0x1C , 0x7C , 0x7F , 0xFF , 0xFF
```

```
 , 0xFF , 0xFF , 0xF0 , 0xF0 , 0xC7 , 0xC3 , 0xE0 , 0xF8
 , 0xF0 , 0xC7 , 0xE3 , 0x1C , 0x38 , 0x7F , 0xFF , 0xFF
 , 0xFF , 0xFF , 0xF8 , 0x01 , 0xC0 , 0x07 , 0xF1 , 0xF8
 , 0x01 , 0xC7 , 0xE3 , 0x1E , 0x00 , 0xFF , 0xFF , 0xFF
 , 0xFF , 0xFF , 0xFE , 0x07 , 0xC0 , 0x0F , 0xF1 , 0xF8
 , 0x03 , 0xC7 , 0xE3 , 0x1F , 0x03 , 0xFF , 0xFF , 0xFF
 , 0xFF , 0xFF , 0xFF , 0xFF , 0xFF , 0xFF , 0xFF , 0xFF
 , 0xFF , 0xFF , 0xFF , 0xFF , 0xFF , 0xFF , 0xFF , 0xFF
 , 0xFF , 0xFF , 0xFF , 0xFF , 0xFF , 0xFF , 0xFF , 0xFF
 , 0xFF , 0xFF , 0xFF , 0xFF , 0xFF , 0xFF , 0xFF , 0xFF
 , 0xFF , 0xFF , 0xFF , 0xFF , 0xFF , 0xFF , 0xFF , 0xFF
 , 0xFF , 0xFF , 0xFF , 0xFF , 0xFF , 0xFF , 0xFF , 0xFF
 , 0xFF , 0xFF , 0xFF , 0xFF , 0xFF , 0xFF , 0xFF , 0xFF
 , 0xFF , 0xFF , 0xFF , 0xFF , 0xFF , 0xFF , 0xFF , 0xFF
 , 0xFF , 0xFF , 0xFF , 0xFF , 0xFF , 0xFF , 0xFF , 0xFF
 , 0xFF , 0xFF , 0xFF , 0xFF , 0xFF , 0xFF , 0xFF , 0xFF
 , 0xFF , 0xFF , 0xFF , 0xFF , 0xFF , 0xFF , 0xFF , 0xFF
 , 0xFF , 0xFF , 0xFF , 0xFF , 0xFF , 0xFF , 0xFF , 0xFF
 , 0xFF , 0xFF , 0xFF , 0xFF , 0xFF , 0xFF , 0xFF , 0xFF
 , 0xFF , 0xFF , 0xFF , 0xFF , 0xFF , 0xFF , 0xFF , 0xFF
 , 0xFF , 0xFF , 0xFF , 0xFF , 0xFF , 0xFF , 0xFF , 0xFF
 , 0xFF , 0xFF , 0xFF , 0xFF , 0xFF , 0xFF , 0xFF , 0xFF
 , 0xFF , 0xFF , 0xFF , 0xFF , 0xFF , 0xFF , 0xFF , 0xFF
 , 0xFF , 0xFF , 0xFF , 0xFF , 0xFF , 0xFF , 0xFF , 0xFF
 , 0xFF , 0xFF , 0xFF , 0xFF , 0xFF , 0xFF , 0xFF , 0xFF
 , 0xFF , 0xFF , 0xFF , 0xFF , 0xFF , 0xFF , 0xFF , 0xFF
 , 0xFF , 0xFF , 0xFF , 0xFF , 0xFF , 0xFF , 0xFF , 0xFF
 , 0xFF , 0xFF , 0xFF , 0xFF , 0xFF , 0xFF , 0xFF , 0xFF
 , 0xFF , 0xFF , 0xFF , 0xFF , 0xFF , 0xFF , 0xFF , 0xFF
 , 0xFF , 0xFF , 0xFF , 0xFF , 0xFF , 0xFF , 0xFF , 0xFF
 , 0xFF , 0xFF , 0xFF , 0xFF , 0xFF , 0xFF , 0xFF , 0xFF
 , 0xFF , 0xFF , 0xFF , 0xFF , 0xFF , 0xFF , 0xFF , 0xFF
 , 0xFF , 0xFF , 0xFF , 0xFF , 0xFF , 0xFF , 0xFF , 0xFF
 , 0xFF , 0xFF , 0xFF , 0xFF , 0xFF , 0xFF , 0xFF , 0xFF
};
```

C 언어 소스 프로그램 설명

영문자 "TEST"를 그래픽 LCD에 표시하기 위한 데이터를 glcd_data_PGM[] 배열에 저장한다. 또한 영문자 "GRAPHIC LCD"를 그래픽 LCD에 표시하기 위한 데이터를 glcd_data[] 배열에 저장한다. 한편, 플래시 메모리에 데이터를 저장하려면 avr/pgmspace.h 헤더 프로그램을 포함시켜야 하며, 변수 선언시 PROGMEM 키워드를 사용하여 선언하여야 한다. 이 데이터들은 윈도우의 그림판을 이용하여 BMP 파일을 저장한 후에, TeraBank의 FontEdit 2.0을 이용하여 BMP 파일을 데이터 변환하면 생성된다. 이 과정은 21.4.5절에 자세히 설명되어 있으니 참조하길 바란다.

[단계 1]-(3) 21.4.2 절의 [단계 1]-(3) 부터 [단계 1]-(5)를 참조하여 ch21_glcd.c C 언어 소스 프로그램을 작성하여 현재 project 폴더에 저장한 다음에 project에 포함하고, ch21_glcd.h 헤더 프로그램을 작성하여 현재 project 폴더에 저장한다.

T·I·P

C 언어 소스 프로그램은
CD Drive:₩Source₩ch21₩ch21_step3₩ch21_step3.c 파일과
CD Drive:₩Source₩ch21₩ch21_step3₩ch21_glcd.c 파일과
CD Drive:₩Source₩ch21₩ch21_step3₩ch21_data1.c 파일과
CD Drive:₩Source₩ch21₩ch21_step3₩ch21_glcd.h 파일을 참조한다.

단계 2 AVR Studio 4를 이용하여 C 언어 소스 프로그램을 Build 한다. 자세한 내용은 5.4.2절의 [단계 2]를 참조한다.

단계 3 PonyProg를 이용하여 ATmega128에 hex 파일을 ISP 다운로드 한다. 자세한 내용은 5.4.2절의 [단계 3]을 참조한다.

단계 4 다운로드가 완료되면 AVR 트레이닝 키트(WES-XUN I)의 동작을 확인한다. 그래픽 LCD 중앙에 "TEST" 라는 커다란 영문글씨가 출력되고, 1초 후에 "GRAPHIC LCD"라는 영문글씨가 출력된다. 이런 동작은 1초 간격으로 계속해서 반복 된다.

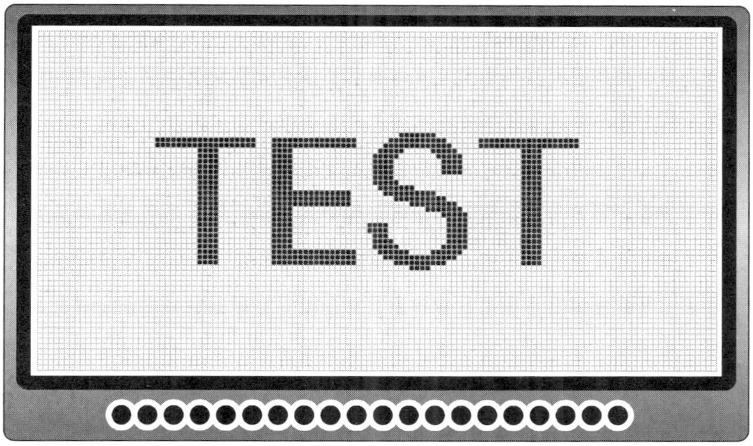

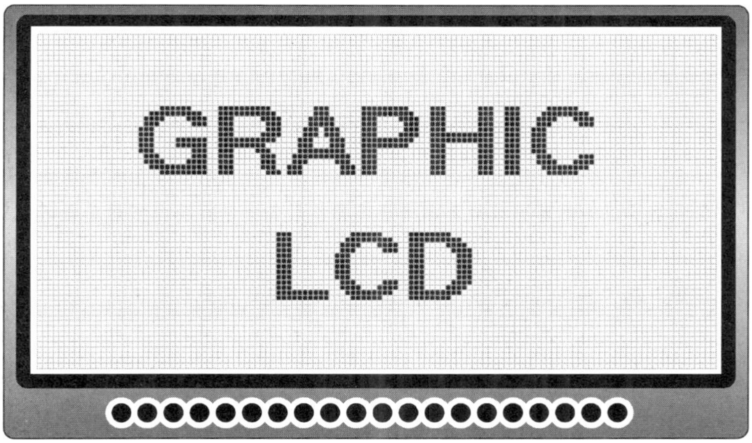

21.4.5 하이퍼터미널을 이용해 그래픽 LCD에 BMP 파일의 그림을 출력하는 예제

단계 1 AVR Studio 4에서 새로운 project를 생성하고, C 언어 소스 프로그램을 작성하여 저장한다. 자세한 내용은 5.4.2절의 [단계 1]을 참조한다.

[단계 1]-(1) Project type은 AVR GCC를 선택하고, Project name:은 ch21_step4, Initial file:은 ch21_step4이라고 입력하고, Create initial file과 Create folder를 체크하고, Location:은 C:₩avr_test를 선택한 후에 [Next >>] 버튼을 누르고 다음 단계로 진행한다.

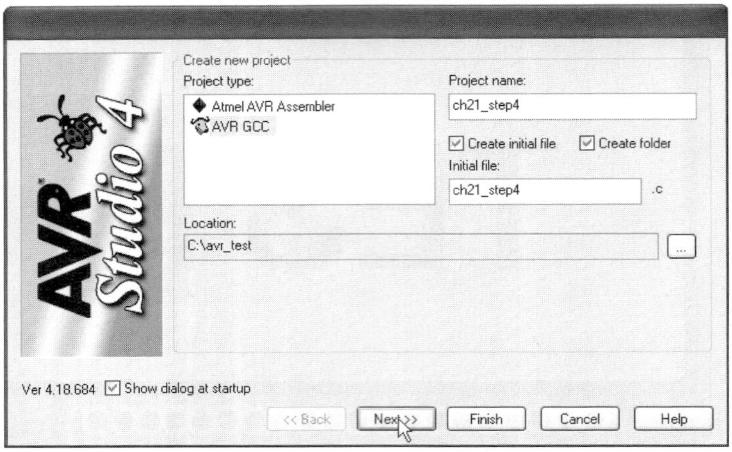

[단계 1]-(2) AVR Studio 4 편집 화면에 다음과 같이 C 언어 소스 프로그램을 작성하여 저장한다.

```
//
// ch21_step4.c
//

// 그래픽 LCD 제어에 관련한 정보들이 저장
#include "ch21_glcd.h"

// UART0 제어에 관련한 정보들이 저장
#include "ch21_uart.h"

// 그래픽 LCD의 프로그램 메모리(플래시 메모리)와 SRAM에 데이터 저장
#include "ch21_data2.c"

// 프로그램의 제어와 관련한 정보들이 저장
#include "ch21_util.h"

// UART0의 버퍼 데이터를 이용해 그래픽 LCD에 출력하는 함수
void Display_12864_MONO_BMP_File(unsigned char *str);

// 16진 숫자 표시를 할 때 매칭되는 문자열
char HEX[] = "0123456789ABCDEF";

int main(void){
```

```
char temp[16];
int i;

// 포트 A의 방향 설정, 0 : 입력, 1 : 출력
// 그래픽 LCD DATA 커넥터
// PA7 PA6   PA5   PA4   PA3   PA2   PA1   PA0
// Out  Out   Out   Out   Out   Out   Out   Out
DDRA = 0B11111111;

// 포트 C의 방향 설정, 0 : 입력, 1 : 출력
// 그래픽 LCD CON 커넥터
// PC7 PC6   PC5   PC4   PC3   PC2   PC1   PC0
// Out  Out   Out   Out   Out   Out   Out   Out
DDRC = 0B11111111;

// LCD 제어 신호 포트 C의 출력을 모두 1로 출력
PORTC = 0XFF;

// 그래픽 LCD 초기화
GLCD_Init();

// UART0 초기화
// 14.7456MHz 클록으로 38400 BPS 속도로 통신
UART0_Init(F_CPU, 38400);

// 전역(Global) 인터럽트 허용
sei();

// 그래픽 LCD 내용을 모두 지움
// 짝수 줄과 홀수 줄에 모두 0x00의 데이터 출력
GLCD_DataWriteAll(0x00, 0x00);

// 그래픽 LCD에 초기화면 출력
Display_GLCD_Format(glcd_data);

// 하이퍼터미널의 내용을 모두 지움
UART0_PutChar(0x0c);

// 하이퍼터미널에 초기 메시지 출력
UART0_PutString("Wait BMP Image...");
```

```
// 무한 반복
while(1){
 // 500[ms]에 한번씩 '.'을 하이퍼터미널에 출력
 UART0_PutChar('.');
 _delay_ms(500);

 // 버퍼[0]에 'B'가 수신된 상태를 BMP 파일을 수신하였다고 판단
 if((UART0_RxBuffer[0] == 'B')){

    // 수신 버퍼로 BMP 파일의 기본 헤더가 모두 수신될 때까지 대기
    while(UART0_RxWritePoint < 14){
       UART0_PutChar('+');
    }

    // 하이퍼터미널의 내용을 모두 지움
    UART0_PutChar(0x0c);

    //---------------------
    // BMP File Header
    //---------------------
    // BMP 파일의 Magic Number를 읽고, 하이퍼터미널에 출력
    // BMP 파일의 헤더 구조 참조
    StrReadBlock(((unsigned char *)UART0_RxBuffer + 0), BMP_MagicNumber.magic, 2);
    UART0_PutString("(00H) Magic Number = ");
    UART0_PutChar(UART0_RxBuffer[0]);
    UART0_PutChar(UART0_RxBuffer[1]);
    UART0_PutString("₩r₩n");

    // BMP 파일의 파일 크기를 읽고, 하이퍼 터미널에 출력
    // BMP 파일의 헤더 구조 참조
    StrReadBlock(((unsigned char *)UART0_RxBuffer + 2), union4.str, 4);
    BMP_Header.filesz = union4.num;
    UART0_PutString("(02H) BMP File Size = ");
    itoa(union4.num, temp);
    UART0_PutString(temp);
    UART0_PutString("₩r₩n");

    // BMP 파일의 어플리케이션 전용 영역 1을 읽고, 하이퍼 터미널에 출력
    // BMP 파일의 헤더 구조 참조
    StrReadBlock(((unsigned char *)UART0_RxBuffer + 6), union2.str, 2);
    BMP_Header.creator1 = union2.num;
```

```
UART0_PutString("(06H) Application Specific1 = ");
itoa_hex(union2.num, temp);
UART0_PutString("0x");
UART0_PutString(temp);
UART0_PutString("₩r₩n");

// BMP 파일의 어플리케이션 전용 영역 2를 읽고, 하이퍼 터미널에 출력
// BMP 파일의 헤더 구조 참조
StrReadBlock(((unsigned char *)UART0_RxBuffer + 8), union2.str, 2);
BMP_Header.creator2 = union2.num;
UART0_PutString("(08H) Application Specific2 = ");
itoa_hex(union2.num, temp);
UART0_PutString("0x");
UART0_PutString(temp);
UART0_PutString("₩r₩n");

// BMP 파일의 실제 바이너리 데이터의 시작 어드레스를 읽고, 하이퍼 터미널에 출력
// BMP 파일의 헤더 구조 참조
StrReadBlock(((unsigned char *)UART0_RxBuffer + 0xa), union4.str, 4);
BMP_Header.bmp_offset = union4.num;
UART0_PutString("(0AH) Base Address = ");
itoa(union4.num, temp);
UART0_PutString(temp);
itoa_hex(union4.num, temp);
UART0_PutString(" (0x");
UART0_PutString(temp);
UART0_PutString(")₩r₩n");

// BMP 파일의 저장 포맷에 맞는 Header 정보가 모두 수신 될 때 까지 대기
while(UART0_RxWritePoint < BMP_Header.bmp_offset);

//------------------------------
// BMP Information (DIB Header)
//------------------------------
// BMP 파일의 Header Size를 읽고, 하이퍼 터미널에 출력
// BMP 파일의 헤더 구조 참조
StrReadBlock(((unsigned char *)UART0_RxBuffer + 0xe), union4.str, 4);
BMP_DIB_V3_Header.header_sz = union4.num;
UART0_PutString("(0EH) Header Size = ");
itoa(union4.num, temp);
UART0_PutString(temp);
```

```
UART0_PutString(" Byte(s)");

// BMP 파일의 Header Size에 따른 저장 포맷 정보를 하이퍼 터미널에 표시
switch(BMP_DIB_V3_Header.header_sz){
    case   12 :   UART0_PutString(" :OS/2 V1 (BITMAP CORE HEADER)"); break;
    case   64 :   UART0_PutString(" :OS/2 V2 (BITMAP CORE HEADER2)"); break;
    case   40 :   UART0_PutString(" :Windows V3 (BITMAP INFO HEADER)"); break;
    case   108 :  UART0_PutString(" :Windows V4 (BITMAP V4 HEADER)"); break;
    case   124 :  UART0_PutString(" :Windows V5 (BITMAP V5 HEADER)"); break;
}
UART0_PutString("₩r₩n");


// BMP 파일의 저장 포맷이 Header 길이가 40인 Windows V3 이면 실행
if(BMP_DIB_V3_Header.header_sz == 40){

    // BMP V3로 저장된 파일의 가로 픽셀수를 읽고, 하이퍼 터미널에 출력
    // BMP 파일의 헤더 구조 참조
    StrReadBlock(((unsigned char *)UART0_RxBuffer + 0x12), union4.str, 4);
    BMP_DIB_V3_Header.width = union4.num;
    UART0_PutString("(12H) Width = ");
    itoa(union4.num, temp);
    UART0_PutString(temp);
    UART0_PutString("₩r₩n");


    // BMP V3로 저장된 파일의 세로 픽셀수를 읽고, 하이퍼 터미널에 출력
    // BMP 파일의 헤더 구조 참조
    StrReadBlock(((unsigned char *)UART0_RxBuffer + 0x16), union4.str, 4);
    BMP_DIB_V3_Header.height = union4.num;
    UART0_PutString("(16H) Height = ");
    itoa(union4.num, temp);
    UART0_PutString(temp);
    UART0_PutString("₩r₩n");

    // BMP V3로 저장된 파일의 Color Plane을 읽고, 하이퍼 터미널에 출력
    // BMP 파일의 헤더 구조 참조
    StrReadBlock(((unsigned char *)UART0_RxBuffer + 0x1a), union2.str, 2);
    BMP_DIB_V3_Header.nplanes = union2.num;
    UART0_PutString("(1AH) Color Plane = ");
    itoa(union2.num, temp);
```

```
UART0_PutString(temp);
UART0_PutString("\r\n");

// BMP V3로 저장된 파일의 픽셀당 비트수를 읽고, 하이퍼 터미널에 출력
// BMP 파일의 헤더 구조 참조
StrReadBlock(((unsigned char *)UART0_RxBuffer + 0x1c), union2.str, 2);
BMP_DIB_V3_Header.bitspp = union2.num;
UART0_PutString("(1CH) Number of bit(s)/pixel = ");
itoa(union2.num, temp);
UART0_PutString(temp);
UART0_PutString(" Bit(s)");
UART0_PutString("\r\n");

// BMP V3로 저장된 파일의 압축 정보를 읽고, 하이퍼 터미널에 출력
// BMP 파일의 헤더 구조 참조
StrReadBlock(((unsigned char *)UART0_RxBuffer + 0x1e), union4.str, 4);
BMP_DIB_V3_Header.compress_type = union4.num;
UART0_PutString("(1EH) Compression = ");

// 압축 정보를 상세히 하이퍼 터미널에 출력
if(union4.num == 0)         UART0_PutString("0 (BI_RGB)");
else if(union4.num == 1)  UART0_PutString("1 (BI_RLE8)");
else if(union4.num == 2)  UART0_PutString("2 (BI_RLE4)");
else if(union4.num == 3)  UART0_PutString("3 (BI_BITFIELDS)");
else if(union4.num == 3)  UART0_PutString("4 (BI_JPEG)");
else if(union4.num == 3)  UART0_PutString("5 (BI_PNG)");
UART0_PutString("\r\n");

// BMP V3로 저장된 파일의 실제 바이너리 데이터 크기를 읽고, 하이퍼 터미널에 출력
// BMP 파일의 헤더 구조 참조
StrReadBlock(((unsigned char *)UART0_RxBuffer + 0x22), union4.str, 4);
BMP_DIB_V3_Header.bmp_bytesz = union4.num;
UART0_PutString("(22H) raw BMP data size = ");
itoa(union4.num, temp);
UART0_PutString(temp);
UART0_PutString(" (0x");
itoa_hex(union4.num, temp);
UART0_PutString(temp);
UART0_PutString(") Bytes");
UART0_PutString("\r\n");
```

```
// BMP V3로 저장된 파일의 가로 분해능(pixel/meter)을 읽고, 하이퍼 터미널에 출력
// BMP 파일의 헤더 구조 참조
StrReadBlock(((unsigned char *)UART0_RxBuffer + 0x26), union4.str, 4);
BMP_DIB_V3_Header.hres = union4.num;
UART0_PutString("(26H) Horizontal Resolution = ");
itoa(union4.num, temp);
UART0_PutString(temp);
UART0_PutString(" pixels/meter");
UART0_PutString("₩r₩n");

// BMP V3로 저장된 파일의 세로 분해능(pixel/meter)을 읽고, 하이퍼 터미널에 출력
// BMP 파일의 헤더 구조 참조
StrReadBlock(((unsigned char *)UART0_RxBuffer + 0x2a), union4.str, 4);
BMP_DIB_V3_Header.vres = union4.num;
UART0_PutString("(2AH) Vertical Resolution = ");
itoa(union4.num, temp);
UART0_PutString(temp);
UART0_PutString(" pixels/meter");
UART0_PutString("₩r₩n");


// BMP V3로 저장된 파일의 색상 파레트 수를 읽고, 하이퍼 터미널에 출력
// BMP 파일의 헤더 구조 참조
StrReadBlock(((unsigned char *)UART0_RxBuffer + 0x2e), union4.str, 4);
BMP_DIB_V3_Header.ncolors = union4.num;
UART0_PutString("(2EH) Number of colors in the palette = ");
itoa(union4.num, temp);
UART0_PutString(temp);
UART0_PutString(" colors");
UART0_PutString("₩r₩n");


// BMP V3로 저장된 파일의 중요한 파레트 수를 읽고, 하이퍼 터미널에 출력
// BMP 파일의 헤더 구조 참조
StrReadBlock(((unsigned char *)UART0_RxBuffer + 0x32), union4.str, 4);
BMP_DIB_V3_Header.nimpcolors = union4.num;
UART0_PutString("(32H) Means all colors are important = ");
itoa(union4.num, temp);
UART0_PutString(temp);
UART0_PutString(" inportant colors");
UART0_PutString("₩r₩n");
```

```
}

// BMP 파일의 끝임을 표시
UART0_PutString("=== Head End ===₩r₩n");

// BMP 파일의 헤더와 바이너리 데이터를 모두 수신할 때까지 대기
while(UART0_RxWritePoint < (BMP_Header.bmp_offset +
      BMP_DIB_V3_Header.bmp_bytesz));

// 한 줄을 내리고, 수신한 BMP Header의 Hexa 데이터를 출력
UART0_PutString("₩r₩n");
UART0_PutString("=== BMP Header Recieve Data ===");
for(i = 0; i < BMP_Header.bmp_offset; i++){


    // 16개의 데이터를 출력하였다면 줄을 바꾸고, 줄 앞에 버퍼 어드레스를 16진수로 표시
    // 또는 i 가 0일 때도 같이 처리
    if((i % 16) == 0){
        UART0_PutString("₩r₩n");
        itoa_hex(i, temp);
        StrZeroFill((unsigned char *)temp, 4);
        UART0_PutString(temp);
        UART0_PutChar('₩t');
    }


    // 버퍼 데이터를 16진 표기로 하이퍼 터미널에 출력
    UART0_PutChar(HEX[(UART0_RxBuffer[i] >> 4)]);
    UART0_PutChar(HEX[(UART0_RxBuffer[i] & 0x0f)]);
    UART0_PutChar(' ');
}

UART0_PutString("₩r₩n");

// 1초 동안 대기
_delay_ms(1000);

// 그래픽 LCD에 수신한 그림을 출력하고, 하이퍼 터미널에 BMP 파일의
// 그래픽 LCD 포맷에 맞게 변환된 데이터를 출력
Display_12864_MONO_BMP_File((unsigned char *)UART0_RxBuffer);
```

```
            UART0_RxBuffer[0] = 0xFF;

            // 수신 버퍼의 쓰기 포인터를 0으로 함
            UART0_RxWritePoint = 0;

            while(1){
                // 수신 버퍼[0]에 'B'의 데이터가 들어올 때 까지 대기
                // 'B'는 새로운 BMP 파일이 수신되었음을 의미
                if((UART0_RxBuffer[0] == 'B'))
                    break; // while(1) 반복문을 빠져나감
            }
        }
    }

    // 함수의 형태와 같이 정수형(int)의 값을 반환함
    return 1;
}

// BMP File의 RAW 데이터를 그래픽 LCD에 출력하는 함수.
// disp_12864_MONO_BMP_File은 SRAM에 저장된 데이터를 읽어
// 그래픽 LCD에 출력하는 기능을 가짐
void Display_12864_MONO_BMP_File(unsigned char *str){
    // 16비트 크기의 변수 선언
    unsigned int y_add, x_page;
    unsigned int add_base, seg_sel;
    unsigned int i, num_data;
    unsigned int PageBase, BlockBase;

    // 8비트 크기의 변수 선언
    unsigned char temp_data, BitMask;

    // union4 공용체 변수 선언
    U4Bunion4;

    // UART0_RxBuffer + 0x0A 어드레스에서 4개의 데이터를 읽고
    // union4.str 변수에 저장
    StrReadBlock(((unsigned char *)UART0_RxBuffer + 0xa), union4.str, 4);

    // 공용체에서 정수값을 얻는다.
    // 이 정수값은 데이터의 시작 어드레스를 나타낸다.
    add_base = union4.num;
```

```
// UART0_RxBuffer + 0x22 어드레스에서 4개의 데이터를 읽고
// union4.str 변수에 저장한다.
StrReadBlock(((unsigned char *)UART0_RxBuffer + 0x22), union4.str, 4);

// 공용체에서 정수값을 얻음
// 이 정수값은 데이터의 길이를 나타냄
num_data = union4.num;

// 128*64 픽셀의 그래픽 LCD 전체에
// 버퍼의 내용이 출력되도록 데이터 길이(num_data)만큼 반복
for(i = 0; i < (num_data); i++){

 // GLCD의 X 페이지 및 Y 어드레스를 계산
 x_page = (i / 128);
 y_add = i % 64;

 // GLCD의 선택할 세그먼트를 계산
 seg_sel = (i % 128) / 64;

 // 버퍼 데이터의 페이지 및 블록의 기본 어드레스를 계산.
 PageBase = x_page * 128L;
 BlockBase = (i % 128) / 8;

 // 버퍼 데이터의 페이지 및 블록에서 얻은 데이터에서
 // 비트 값을 얻도록 마스크를 계산
 BitMask = (0x80 >> (i % 8));

 // BMP 형식의 그림 데이터를 그래픽 LCD에 출력하도록
 // 형식에 맞게 비트 데이터를 계산
 temp_data = ((str[add_base + (PageBase + BlockBase + 0 * 16)] &
               BitMask) ? (1 << 7) : 0) |
             ((str[add_base + (PageBase + BlockBase + 1 * 16)] &
               BitMask) ? (1 << 6) : 0) |
             ((str[add_base + (PageBase + BlockBase + 2 * 16)] &
               BitMask) ? (1 << 5) : 0) |
             ((str[add_base + (PageBase + BlockBase + 3 * 16)] &
              BitMask) ? (1 << 4) : 0) |
             ((str[add_base + (PageBase + BlockBase + 4 * 16)] &
               BitMask) ? (1 << 3) : 0) |
             ((str[add_base + (PageBase + BlockBase + 5 * 16)] &
              BitMask) ? (1 << 2) : 0) |
```

```
                ((str[add_base + (PageBase + BlockBase + 6 * 16)] &
                 BitMask) ? (1 << 1) : 0) |
                ((str[add_base + (PageBase + BlockBase + 7 * 16)] &
                 BitMask) ? (1 << 0) : 0);

    // BMP 데이터가 그래픽 LCD의 7번 페이지 영역 데이터부터
    // 저장되어 있으므로 페이지를 다시 설정
    x_page = 7 - x_page;

    // 세그먼트의 선택에 따라 그래픽 LCD에 데이터를 출력
    if(seg_sel == 0){
        GLCD_SET_YADD_XPAGE(GLCD_CS1, y_add, x_page);
        GLCD_WriteByte(DATA, GLCD_CS1, ~temp_data);
    }
    else if(seg_sel == 1){
        GLCD_SET_YADD_XPAGE(GLCD_CS2, y_add, x_page);
        GLCD_WriteByte(DATA, GLCD_CS2, ~temp_data);
    }

    // UART0을 통해 BMP 데이터를 16진 표기법으로 출력
    UART0_PutString("0x");    // 0x 문자열 출력
    // BMP 데이터는 부논리이므로, 정논리 데이터로 토글 시킴
    temp_data = ~temp_data;

    UART0_PutChar(HEX[(temp_data >> 4)]);    // 데이터의 상위 4비트 전송
    UART0_PutChar(HEX[(temp_data & 0X0F)]); // 데이터의 하위 4비트 전송

    if((i + 1) < num_data)
        UART0_PutChar(',');              // ',' 출력
    UART0_PutString(" ");                // ' ' 출력

    if(!((i + 1) % 8) && (i != 0)){      // 8개에 한 번씩 줄 바꿈 출력
        UART0_PutString("₩r₩n");
    }
  }
}
```

C 언어 소스 프로그램 설명

핵심포인트

ATmega128을 이용하여 PC와 RS232 통신을 하기 위해서는 통신 속도와 규격의 설정이 중요하다. 통신 속도는 ATmega128의 메인 클록 속도(F_CPU)에 따라 UBRR 레지스터를 설정(UART0_Init(F_CPU, 9600); 문장)해야 하며, 규격은 데이터 길이, 패리티 비트 설정, 정지 비트 설정 등이 있으며, UCSRnA/B/C 레지스터를 통해 설정할 수 있다. 보통 데이터 길이 비트, 패리티 사용안함, 정지 1비트의 규격을 사용하는데, 이러한 규격으로 설정할 경우에는 UCSRnA/B/C 레지스터의 초기값과 같은 설정이므로 리셋 이후에 이 레지스터를 다시 설정할 필요가 없다.

USART의 송신부 또는 수신부가 동작하도록 설정(UCSR0B = (1 << TXEN) | (1 << RXEN); 문장)해야 하며, 송신부만 동작하도록 설정한 경우 수신부와 연결된 핀은 디지털 입출력 핀으로 사용이 가능하며, 수신부만 동작하도록 설정한 경우 송신부와 연결된 핀은 디지털 입출력 핀으로 사용이 가능하다.

데이터를 송신하기 위해서는 송신할 데이터를 UDRn 레지스터에 저장(UDR0 = byData; 문장)해야 하며, 수신된 데이터를 읽기 위해서는 데이터가 수신된 이후에 UDRn 레지스터로부터 읽으면 된다. 이때 송신할 준비가 되었는지를 검사하기 위해서 UDRE 비트가 1인지 확인(while(!(UCSR0A & (1 << UDRE))); 문장)해야 하며, 수신 되었는지 확인하기 위해서 RXC 비트가 1인지 확인할 필요가 있다. 또한 데이터를 수신하였을 때 인터럽트를 요청하기 위해서는 SREG 레지스터의 I 비트가 논리 1로 설정되어야 하며, RXCIE 비트가 논리 1로 설정(UCSR0B |= (1 << RXCIE); 문장) 되어야 한다. 데이터가 수신되어 인터럽트가 요청되면 데이터 수신 완료 인터럽트 서브루틴을 호출하여 실행하게 되는데, 이때 수신된 데이터를 UDRn 레지스터에서 읽어 버퍼에 저장(RxBuffer = UDR0; 문장)하면 된다.

ch21_glcd.h 헤더 프로그램에는 그래픽 LCD 제어에 관련한 정보들이 저장되어 있으므로 반드시 포함한다.

ch21_uart.h 헤더 프로그램에는 UART0 제어에 관련한 정보들이 저장되어 있으므로 반드시 포함한다.

ch21_data2.c 소스 파일에는 그래픽 LCD의 프로그램 메모리(플래시 메모리)와 SRAM에 데이터가 저장되어 있으므로 반드시 포함한다.

ch21_util.h 헤더 프로그램에는 이 프로그램의 제어와 관련한 정보들이 저장되어 있으므로 반드시 포함한다.

void Display_12864_MONO_BMP_File(unsigned char *str); 문장은 UART0의 버퍼 데이터를 이용해 그래픽 LCD에 출력한다.

char HEX[] = "0123456789ABCDEF"; 문장은 16진 코드의 문자들을 배열로 나열하여 저장한 것이다. 이것은 16진 코드를 생성할 때 사용된다.

DDRx 레지스터는 포트의 입출력 방향을 결정하는 레지스터이며 x는 포트명이고 DDRxn의 각 비트 값이 0이면 입력, 1이면 출력으로 설정된다. 따라서 DDRA = 0B11111111; 문장과 DDRC = 0B11111111; 문장은 포트 A와 포트 C의 모든 비트를 출력하겠다는 의미이다.

PORTx 레지스터는 포트에 출력할 논리 값을 저장하는 레지스터이며 x는 포트명이다. PORTC = 0XFF; 문장은 그래픽 LCD 제어 신호 포트 C의 출력을 모두 1로 출력하겠다는 의미이다.

GLCD_Init(); 문장은 그래픽 LCD를 초기화하는 기능을 수행하는 함수이다.

UART0_Init(F_CPU, 38400); 문장은 UART0을 초기화여 14.7456MHz 클록으로 38400 BPS 속도로 통신하게 된다.

sei(); 문장은 interrupt.h 헤더 프로그램에 정의되어 있는 매크로이다. 이 매크로는 SREG 레지스터의 I 비트를 1로 설정하여, 모든 인터럽트를 허용하도록 한다.

GLCD_DataWriteAll(0x00, 0x00); 문장은 그래픽 LCD 전체의 데이터를 0x00으로 설정하는 기능을 수행하는 함수이다.

Display_GLCD_Format(glcd_data); 문장은 glcd_data에 저장된 데이터를 그래픽 LCD에 출력한다. 이때 glcd_data는 BMP 파일 형식이 아닌 사용자가 임의로 생성한 형식이다. 이 형식은 그래픽 LCD의 구조에 쉽게 적용되도록 만들어졌다.

UART0_PutChar(0x0c); 문장은 하이퍼터미널의 내용을 모두 지운다.

UART0_PutString("Wait BMP Image..."); 문장은 하이퍼터미널에 초기 메시지 출력한다.

if((UART0_RxBuffer[0] == 'B')){} 문장은 UART0_RxBuffer[0] 배열의 값이 'B'이면 {} 안의 문장을 수행한다. 이것의 의미는 하이퍼터미널에서 BMP 파일을 전송하면 수행하겠다는 것을 의미한다. 왜냐하면 BMP 파일의 첫 번째 바이트 데이터가 B이기 때문이다.

while(UART0_RxWritePoint 〈 14){} 문장은 UART0_RxWritePoint 변수가 14 보다 작으면 대기하겠다는 의미이다. 이것은 BMP 파일의 기본 헤더를 모두 수신할 때 까지 대기하겠다는 의미이다. BMP의 기본 헤더는 0~13 번지까지 이다.

StrReadBlock(((unsigned char *)UART0_RxBuffer + 0), BMP_MagicNumber.magic, 2); 문장은 UART0_RxBuffer에서 BMP 파일의 매직 넘버를 얻기 위해 사용된다.

StrReadBlock(((unsigned char *)UART0_RxBuffer + 2), union4.str, 4); 문장은 UART0_RxBuffer에서 BMP 파일 크기를 얻기 위해 사용된다.

BMP_Header.filesz = union4.num; 문장은 공용체를 이용하여 4바이트 변수를 결합해 하나의 정수값으로 저장하겠다는 의미이다. union4.num에는 4바이트 변수가 결합되어 표현하는 하나의 정수 값을 저장하고 있다.

itoa(union4.num, temp); 문장은 정수를 ASCII 코드로 변환하여 temp에 저장하겠다는 의미이다. 이것은 UART0 포트로 문자열을 전송하기 위함이다.

StrReadBlock(((unsigned char *)UART0_RxBuffer + 6), union2.str, 2); 문장은 UART0_RxBuffer에서 BMP 파일의 전용 영역1 값을 얻기 위해 사용된다.

BMP_Header.creator1 = union2.num; 문장은 공용체를 이용하여 BMP 파일의 헤더 구조 멤버에 전용 영역 1의 정보를 저장하겠다는 의미이다.

StrReadBlock(((unsigned char *)UART0_RxBuffer + 8), union2.str, 2); 문장은 UART0_RxBuffer에서 BMP 파일의 전용 영역2 값을 얻기 위해 사용된다.

itoa_hex(union2.num, temp); 문장은 공용체를 이용하여 공용체 멤버 num에 저장된 정수 값을 hex로 변환하여 temp에 저장하겠다는 의미이다.

StrReadBlock(((unsigned char *)UART0_RxBuffer + 0xa), union4.str, 4); 문장은 UART0_RxBuffer에서 BMP 파일의 데이터 시작 위치를 얻기 위해 사용된다.

여기까지는 BMP 파일의 기본 구조를 수신하고 출력하는 부분이 된다.

while(UART0_RxWritePoint < BMP_Header.bmp_offset); 문장은 기본 구조를 통해 얻은 정보를 이용해, 전체 BMP 파일 헤더가 모두 수신 될 때 까지 대기하겠다는 의미이다. 전체 헤더는 데이터 시작 위치의 앞 어드레스까지 이다.

StrReadBlock(((unsigned char *)UART0_RxBuffer + 0xe), union4.str, 4); 문장은 UART0_RxBuffer에서 BMP 파일의 전체 헤더 구조를 얻기 위해 사용된다.

switch(BMP_DIB_V3_Header.header_sz){ } 문장은 header_sz 멤버의 크기에 따라 BMP 파일의 구조를 UART 포트에 출력하겠다는 의미이다.

if(BMP_DIB_V3_Header.header_sz == 40){} 문장은 BMP 파일의 헤더 사이즈가 40인 DIB V3 구조인 경우에만 {} 안의 문장을 수행하겠다는 의미이다.

StrReadBlock(((unsigned char *)UART0_RxBuffer + 0x12), union4.str, 4); 문장은 UART0_RxBuffer에서 BMP 파일의 가로 픽셀수를 얻기 위해 사용된다.

StrReadBlock(((unsigned char *)UART0_RxBuffer + 0x16), union4.str, 4); 문장은 UART0_RxBuffer에서 BMP 파일의 세로 픽셀수를 얻기 위해 사용된다.

StrReadBlock(((unsigned char *)UART0_RxBuffer + 0x1a), union2.str, 2); 문장은 UART0_RxBuffer에서 BMP 파일의 Color Plane을 얻기 위해 사용된다.

StrReadBlock(((unsigned char *)UART0_RxBuffer + 0x1c), union2.str, 2); 문장은 UART0_RxBuffer에서 BMP 파일의 픽셀당 비트수를 얻기 위해 사용된다.

StrReadBlock(((unsigned char *)UART0_RxBuffer + 0x1e), union4.str, 4); 문장은 UART0_RxBuffer에서 BMP 파일의 압축 정보를 얻기 위해 사용된다.

StrReadBlock(((unsigned char *)UART0_RxBuffer + 0x22), union4.str, 4); 문장은 UART0_RxBuffer에서 BMP 파일의 실제 데이터 크기를 얻기 위해 사용된다.

StrReadBlock(((unsigned char *)UART0_RxBuffer + 0x26), union4.str, 4); 문장은 UART0_RxBuffer에서 BMP 파일의 가로 분해능(미터당 픽셀수)을 얻기 위해 사용된다.

StrReadBlock(((unsigned char *)UART0_RxBuffer + 0x2a), union4.str, 4); 문장은 UART0_RxBuffer에서 BMP 파일의 세로 분해능(미터당 픽셀수)을 얻기 위해 사용된다.

StrReadBlock(((unsigned char *)UART0_RxBuffer + 0x2e), union4.str, 4); 문장은 UART0_RxBuffer에서 BMP 파일의 색상 파레트 수를 얻기 위해 사용된다.

StrReadBlock(((unsigned char *)UART0_RxBuffer + 0x32), union4.str, 4); 문장은 UART0_RxBuffer에서 BMP 파일의 중요한 파레트 수를 얻기 위해 사용된다.

여기까지는 BMP 파일의 헤더에 관한 정보를 읽고 하이퍼터미널에 출력하는 부분이다.

while(UART0_RxWritePoint < (BMP_Header.bmp_offset + BMP_DIB_V3_Header.bmp_bytesz)); 문장은 DIB V3 헤더구조에서 나타난 실제 RAW 데이터 크기만큼 데이터가 모두 수신될 때까지 대기하겠다는 의미이다.

for(i = 0; i < BMP_Header.bmp_offset; i++){} 문장은 수신된 헤더 정보를 16진 코드로 표시하기위해 수신 버퍼의 0번 부터 RAW 데이터 저장 기본 어드레스 앞까지 반복하겠다는 의미이다.

itoa_hex(i, temp); 문장은 정수 i를 ASCII 코드로 변환하는데, 이때 숫자를 16진 코드로하여 temp 변수에 저장하겠다는 의미이다.

StrZeroFill((unsigned char *)temp, 4); 문장은 temp에 저장된 문자열이 4개 미만인 경우 앞에 0을 채워 4자리의 데이터로 만들도록 하겠다는 의미이다.

Display_12864_MONO_BMP_File((unsigned char *)UART0_RxBuffer); 문장은 UART0_RxBuffer에 저장된 데이터를 이용해 그래픽 LCD에 출력하는 기능을 수행하는 함수이다.

UART0_RxBuffer[0] = 0xFF; 문장은 BMP 파일의 시작을 의미하는 'B'를 지우고, 그 자리에 0xFF를 넣어, 새로운 BMP 파일이 수신되는 것을 감지하겠다는 의미이다.

UART0_RxWritePoint = 0; 버퍼의 쓰기 포인터를 0으로 초기화 한다.

while(1){} 문장은 {}안의 문장을 무한 반복한다. 이것은 새로운 BMP 파일이 수신될 때까지 대기하게 된다.

if((UART0_RxBuffer[0] == 'B')) 문장은 UART0_RxBuffer[0]에 'B' 데이터가 저장되면 새로운 BMP 파일이 전송된 것으로 판단하여 반복문을 빠져나가게 된다.

void Display_12864_MONO_BMP_File(unsigned char *str) 함수는 UART0의 버퍼에서 데이터를 읽고 그래픽 LCD에 출력하는 함수이며, 자세한 설명은 ch21_glcd.c 파일의 Display_BMP_Format() 함수의 설명을 참조한다.

```
//
// ch21_data2.c
//

unsigned char glcd_data[1024] =
{
0x00, 0x7F, 0x40, 0x40, 0x40, 0x40, 0x40, 0x40,
0x40, 0x40, 0x40, 0x40, 0x40, 0x40, 0x40, 0x40,
0x40, 0x40, 0x40, 0x40, 0x40, 0x40, 0x41, 0x42,
0x42, 0x42, 0x42, 0x41, 0x40, 0x40, 0x48, 0x49,
0x46, 0x41, 0x40, 0x40, 0x40, 0x41, 0x42, 0x42,
0x42, 0x41, 0x40, 0x40, 0x40, 0x43, 0x42, 0x40,
0x41, 0x42, 0x42, 0x42, 0x41, 0x40, 0x40, 0x43,
0x40, 0x40, 0x43, 0x40, 0x40, 0x43, 0x40, 0x40,
0x40, 0x40, 0x40, 0x40, 0x43, 0x40, 0x40, 0x41,
0x43, 0x40, 0x40, 0x43, 0x42, 0x42, 0x42, 0x42,
0x40, 0x40, 0x40, 0x40, 0x43, 0x40, 0x40, 0x40,
0x40, 0x40, 0x43, 0x40, 0x40, 0x40, 0x43, 0x40,
0x40, 0x40, 0x41, 0x42, 0x42, 0x42, 0x41, 0x40,
0x40, 0x43, 0x40, 0x40, 0x40, 0x43, 0x40, 0x41,
0x42, 0x40, 0x40, 0x40, 0x40, 0x40, 0x40, 0x40,
0x40, 0x40, 0x40, 0x40, 0x40, 0x40, 0x7F, 0x00,
0x00, 0xFF, 0x00, 0x00, 0x00, 0x00, 0x00, 0x00,
0x00, 0x00, 0x00, 0x00, 0x00, 0x00, 0x00, 0x00,
0x00, 0x00, 0x00, 0x00, 0x00, 0x00, 0x18, 0x24,
0x24, 0x44, 0x44, 0x88, 0x00, 0x00, 0x70, 0x80,
0x00, 0x80, 0x70, 0x00, 0x00, 0x20, 0x50, 0x50,
0x90, 0x20, 0x00, 0x00, 0x10, 0xFC, 0x10, 0x00,
0xE0, 0x50, 0x50, 0x50, 0x60, 0x00, 0x00, 0xF0,
0x10, 0x10, 0xE0, 0x10, 0x10, 0xE0, 0x00, 0x00,
0x00, 0x00, 0x00, 0x00, 0xFC, 0x18, 0x60, 0x80,
0xFC, 0x00, 0x00, 0xFC, 0x24, 0x24, 0x24, 0x24,
0x00, 0x04, 0x04, 0x04, 0xFC, 0x04, 0x04, 0x04,
0x00, 0xF0, 0x00, 0xC0, 0x30, 0xC0, 0x00, 0xF0,
0x00, 0x00, 0xE0, 0x10, 0x10, 0x10, 0xE0, 0x00,
0x00, 0xF0, 0x10, 0x10, 0x00, 0xFC, 0xC0, 0x20,
0x10, 0x00, 0x00, 0x00, 0x00, 0x00, 0x00, 0x00,
0x00, 0x00, 0x00, 0x00, 0x00, 0x00, 0xFF, 0x00,
0x00, 0xFF, 0x00, 0x00, 0x00, 0x00, 0x03, 0x1C,
0x60, 0x1C, 0x03, 0x1C, 0x60, 0x1C, 0x03, 0x00,
```

```
0x00, 0x3C, 0x42, 0x42, 0x42, 0x3C, 0x00, 0x00,
0x7E, 0x02, 0x02, 0x00, 0x7F, 0x00, 0x00, 0x3C,
0x42, 0x42, 0x42, 0x7F, 0x00, 0x00, 0x1E, 0x60,
0x18, 0x06, 0x18, 0x60, 0x1E, 0x00, 0x00, 0x7E,
0x00, 0x00, 0x3C, 0x4A, 0x4A, 0x4A, 0x2C, 0x00,
0x00, 0x3C, 0x42, 0x42, 0x42, 0x7F, 0x00, 0x00,
0x00, 0x00, 0x00, 0x00, 0x7F, 0x44, 0x44, 0x44,
0x44, 0x00, 0x00, 0x7F, 0x00, 0x00, 0x3C, 0x4A,
0x4A, 0x4A, 0x2C, 0x00, 0x00, 0x3C, 0x42, 0x42,
0x42, 0x24, 0x00, 0x00, 0x02, 0x7F, 0x42, 0x00,
0x7E, 0x02, 0x02, 0x00, 0x3C, 0x42, 0x42, 0x42,
0x3C, 0x00, 0x00, 0x7E, 0x02, 0x02, 0x02, 0x7C,
0x00, 0x00, 0x7E, 0x00, 0x00, 0x3C, 0x42, 0x42,
0x42, 0x24, 0x00, 0x00, 0x00, 0x00, 0xFF, 0x00,
0x00, 0xFF, 0x00, 0x00, 0x00, 0x00, 0x80, 0x00,
0x00, 0x00, 0x80, 0x00, 0x00, 0x00, 0x80, 0x00,
0x00, 0x00, 0x00, 0x00, 0x00, 0x00, 0x00, 0x00,
0x00, 0x00, 0x00, 0x00, 0x80, 0x00, 0x00, 0x00,
0x00, 0x00, 0x00, 0x80, 0x00, 0x00, 0x00, 0x00,
0x00, 0x00, 0x00, 0x00, 0x00, 0x00, 0x00, 0x80,
0x00, 0x00, 0x00, 0x00, 0x00, 0x00, 0x00, 0x00,
0x00, 0x00, 0x00, 0x00, 0x00, 0x80, 0x00, 0x00,
0x00, 0x00, 0x00, 0x00, 0x80, 0x80, 0x80, 0x80,
0x80, 0x00, 0x00, 0x80, 0x00, 0x00, 0x00, 0x00,
0x00, 0x00, 0x00, 0x00, 0x00, 0x00, 0x00, 0x00,
0x00, 0x00, 0x00, 0x00, 0x00, 0x80, 0x00, 0x00,
0x00, 0x00, 0x00, 0x00, 0x00, 0x00, 0x00, 0x00,
0x00, 0x00, 0x00, 0x00, 0x00, 0x00, 0x00, 0x00,
0x00, 0x00, 0x80, 0x00, 0x00, 0x00, 0x00, 0x00,
0x00, 0x00, 0x00, 0x00, 0x00, 0x00, 0xFF, 0x00,
0x00, 0xFF, 0x00, 0x00, 0x00, 0x00, 0x00, 0x00,
0x00, 0x00, 0x00, 0x00, 0x00, 0x01, 0x07, 0x1F,
0x1C, 0x10, 0x00, 0x00, 0x00, 0x00, 0x00, 0x00,
0x00, 0x00, 0x00, 0x00, 0x00, 0x3F, 0x3F, 0x3F,
0x00, 0x00, 0x00, 0x00, 0x00, 0x00, 0x00, 0x00,
0x00, 0x00, 0x10, 0x1C, 0x1F, 0x07, 0x03, 0x00,
0x00, 0x00, 0x00, 0x00, 0x00, 0x00, 0x00, 0x00,
0x1F, 0x1F, 0x1F, 0x00, 0x00, 0x03, 0x03, 0x03,
0x1F, 0x1F, 0x1F, 0x00, 0x1F, 0x1F, 0x1F, 0x00,
0x00, 0x07, 0x07, 0x07, 0x07, 0x07, 0x07, 0x07,
0x07, 0x07, 0x07, 0x07, 0x07, 0x07, 0x07, 0x07,
```

```
0x07, 0x07, 0x07, 0x07, 0x00, 0x00, 0x00, 0x00,
0x00, 0x00, 0x08, 0x18, 0x18, 0x1C, 0x1C, 0x0E,
0x0F, 0x07, 0x03, 0x07, 0x0F, 0x0E, 0x1C, 0x1C,
0x38, 0x08, 0x00, 0x00, 0x00, 0x00, 0x00, 0x00,
0x00, 0x00, 0x00, 0x00, 0x00, 0x00, 0xFF, 0x00,
0x00, 0xFF, 0x00, 0x00, 0x00, 0x00, 0x00, 0x00,
0x00, 0x00, 0x00, 0x00, 0x7F, 0xFF, 0xFF, 0x80,
0x00, 0x00, 0x00, 0x00, 0x00, 0x70, 0x71, 0x73,
0x73, 0x71, 0x71, 0x70, 0x70, 0xF0, 0xF0, 0xF0,
0x70, 0x70, 0x71, 0x71, 0x71, 0x73, 0x71, 0x70,
0x00, 0x00, 0x00, 0x00, 0x00, 0xFF, 0xFF, 0x7F,
0x00, 0x00, 0x00, 0x00, 0x70, 0x31, 0x33, 0x37,
0xF7, 0xF6, 0xF7, 0x37, 0x33, 0xB1, 0xB8, 0x80,
0xFF, 0xFF, 0xFF, 0x00, 0xFF, 0xFF, 0xFF, 0x00,
0x00, 0x00, 0x04, 0x0E, 0x0E, 0x0F, 0x07, 0x03,
0x03, 0x00, 0x00, 0x00, 0x01, 0x03, 0x07, 0x07,
0x0E, 0x0E, 0x0E, 0x00, 0x00, 0x00, 0x0F, 0x0F,
0x0F, 0x0E, 0x0E, 0x0E, 0x0E, 0x0E, 0x0E, 0x0E,
0x00, 0xDF, 0xDF, 0xDF, 0x00, 0x00, 0x7F, 0x7F,
0x7F, 0x00, 0x00, 0x00, 0x00, 0x00, 0x00, 0x00,
0x00, 0x00, 0x00, 0x00, 0x00, 0x00, 0xFF, 0x00,
0x00, 0xFF, 0x00, 0x00, 0x00, 0x00, 0x00, 0x00,
0x00, 0x00, 0x00, 0x00, 0x80, 0xF0, 0xF8, 0x7E,
0x0E, 0x00, 0x00, 0x00, 0x00, 0x80, 0x8C, 0x8C,
0x8C, 0x8C, 0xCC, 0xEC, 0xFC, 0x7C, 0x3C, 0x7C,
0xEC, 0xCC, 0xCC, 0x8C, 0x8C, 0x8C, 0x80, 0x00,
0x00, 0x00, 0x02, 0x0E, 0x7E, 0xF8, 0xE0, 0x80,
0x00, 0x00, 0x00, 0x00, 0x00, 0xF0, 0xF8, 0xFC,
0x1C, 0x0C, 0x1C, 0xFC, 0xF8, 0xF0, 0x00, 0x00,
0xFC, 0xFC, 0xFC, 0x00, 0xFC, 0xFC, 0xFC, 0x00,
0x00, 0x00, 0x00, 0x00, 0x00, 0x00, 0x80, 0xC0,
0xE0, 0xFC, 0x7C, 0xFC, 0xE0, 0xC0, 0x80, 0x00,
0x00, 0x00, 0x00, 0x00, 0x00, 0x00, 0xF8, 0xF8,
0xF8, 0x00, 0x00, 0x00, 0x00, 0x70, 0x70, 0x70,
0x70, 0xFE, 0xFE, 0xFE, 0x00, 0x00, 0xFC, 0xFC,
0xFC, 0x00, 0x00, 0x00, 0x00, 0x00, 0x00, 0x00,
0x00, 0x00, 0x00, 0x00, 0x00, 0x00, 0xFF, 0x00,
0x00, 0xFE, 0x02, 0x02, 0x02, 0x02, 0x02, 0x02,
0x02, 0x02, 0x02, 0x02, 0x02, 0x02, 0x02, 0x02,
0x02, 0x02, 0x02, 0x02, 0x02, 0x02, 0x02, 0x02,
0x02, 0x02, 0x02, 0x02, 0x02, 0x02, 0x02, 0x02,
```

```
0x02, 0x02, 0x02, 0x02, 0x02, 0x02, 0x02, 0x02,
0x02, 0x02, 0x02, 0x02, 0x02, 0x02, 0x02, 0x02,
0x02, 0x02, 0x02, 0x02, 0x02, 0x02, 0x02, 0x02,
0x02, 0x02, 0x02, 0x02, 0x02, 0x02, 0x02, 0x02,
0x02, 0x02, 0x02, 0x02, 0x02, 0x02, 0x02, 0x02,
0x02, 0x02, 0x02, 0x02, 0x02, 0x02, 0x02, 0x02,
0x02, 0x02, 0x02, 0x02, 0x02, 0x02, 0x02, 0x02,
0x02, 0x02, 0x02, 0x02, 0x02, 0x02, 0x02, 0x02,
0x02, 0x02, 0x02, 0x02, 0x02, 0x02, 0x02, 0x02,
0x02, 0x02, 0x02, 0x02, 0x02, 0x02, 0x02, 0x02,
0x02, 0x02, 0x02, 0x02, 0x02, 0x02, 0x02, 0x02,
0x02, 0x02, 0x02, 0x02, 0x02, 0x02, 0xFE, 0x00
};
```

C 언어 소스 프로그램 설명

초기 화면을 그래픽 LCD에 표시하기 위한 데이터를 glcd_data[] 배열에 저장한다. 이 데이터들은 윈도우의 그림판을 이용하여 BMP 파일을 저장한 후에, TeraBank의 FontEdit 2.0을 이용하여 BMP 파일을 데이터 변환하면 생성된다. 이 과정은 뒷부분에 자세히 설명되어 있으니 참조하길 바란다.

```
//
// ch21_uart.c
//
#include "ch21_uart.h"

// UART0의 수신완료 인터럽트 서브루틴
ISR(USART0_RX_vect) {
  unsigned char RxBuffer;
  RxBuffer = UDR0;

  // 쓰기 포인터 계산을 위해 마스크 연산
  UART0_RxWritePoint &= UART0_BUFFER_MASK;

  // 수신 버퍼의 쓰기포인터가 가리키는 공간에 데이터 저장
  UART0_RxBuffer[UART0_RxWritePoint++] = RxBuffer;
}
```

```
// UART0의 초기화 함수
void UART0_Init(long xtal, long bps){
    unsigned long temp;

    UART0_RxWritePoint = 0;
    UART0_RxReadPoint = 0;

    // 송신부, 수신부 활성화, 수신 인터럽트 활성화
    UCSR0B = (1 << TXEN) | (1 << RXEN) | (1 << RXCIE);
    // UBRR 레지스터 값 계산
    temp = xtal / (bps * 16L) - 1;
    // UBRR0H 레지스터에 설정 값 저장
    UBRR0H = (temp >> 8) & 0xff;
    // UBRR0L 레지스터에 설정 값 저장
    UBRR0L = temp & 0xff;
}

// UART0의 1바이트 출력 함수
void UART0_PutChar(char byData){
   while(!(UCSR0A & (1 << UDRE)));  // 송신 버퍼가 빌 때까지 대기
   UDR0 = byData;                    // 송신 버퍼에 데이터 저장
}

// UART0의 문자열 출력 함수
void UART0_PutString(char *Str) {
   // NULL(문자열의 끝)을 만날 때까지 반복
   while(*Str)
    UART0_PutChar(*Str++);          // 1바이트의 데이터를 송신
}
```

C 언어 소스 프로그램 설명

핵심포인트

하이퍼터미널에서 전송되는 BMP 파일을 오류 없이 수신하기 위해서는 충분한 크기의 버퍼가 있어야 한다. 그러나 버퍼의 크기가 전체를 담을 수 없을 경우에는 링버퍼를 사용하면 편리하게 오류없는 수신을 할 수 있다. 물론 링버퍼를 이용할 때 링버퍼가 수신 데이터로 모두 채워지기 전에 미리 수신된 데이터를 읽고 처리해야 한다. 따라서 UART0_RxWritePoint 변수는 앞서가며 링버퍼에 데이터를 저장하고, UART0_RxReadPoint 변수는 뒤따라가며 링버퍼에 수신된 데이터를 처리하면 된다. 또한 UART0_RxWritePoint

변수가 최대값을 가지게 되면 다시 0으로 초기화 되도록 해야 하는데, 이때 if 문 등으로 처리할 수도 있지만 버퍼의 크기가 2의 배수값을 가진다면 UART0_RxWritePoint &= UART0_BUFFER_MASK; 문장과 같이 논리곱 연산을 통해 자연스럽게 0으로 초기화 할 수 있다.

ISR(USART0_RX_vect) {} 문장은 USART0의 수신 인터럽트 서비스 루틴을 정의하는 것이다. USART0에 수신 버퍼에 새로운 데이터가 수신되면 이 서비스 루틴이 실행된다.

RxBuffer = UDR0; 문장은 USART0의 수신버퍼 레지스터 UDR0에서 값을 읽고 RxBuffer 변수에 저장하겠다는 의미이다.

UART0_RxWritePoint &= UART0_BUFFER_MASK; 문장은 UART0_RxWritePoint 변수의 값이 UART0_BUFFER_MAX의 값과 같게 되면 UART0_RxWritePoint 변수의 값을 0으로 초기화하고, 그렇지 않으면 항상 UART0_BUFFER_MASK 이하의 값이 되도록 설정하겠다는 의미이다.

UART0_RxBuffer[UART0_RxWritePoint++] = RxBuffer; 문장은 RxBuffer에 저장된 값을 쓰기 포인터 UART0_RxWritePoint가 지정하는 배열 위치에 값을 저장하고 쓰기 포인터를 1만큼 증가하겠다는 의미이다.

void UART0_PutChar(char byData) 함수는 USART0에 1바이트의 데이터를 출력하는 함수이다.

void UART0_PutString(char *Str) 함수는 USART0에 문자열을 출력하는 함수이다.

```
//
// ch21_uart.h
//
// ATmega128의 레지스터 등이 정의되어 있음
#include <avr/io.h>

// ATmega128의 인터럽트에 관련한 정보들이 정의되어 있음
#include <avr/interrupt.h>

// UART0 의 수신 버퍼크기를 정의 하는 매크로
#define    UART0_BUFFER_MAX  2048

// UART0의 버퍼에 읽기 또는 쓰기를 할 때 사용됨
#define    UART0_BUFFER_MASK(UART0_BUFFER_MAX-1)
```

```
// UART0 에서 사용되는 변수 선언.
// Ring 버퍼를 사용하기 위한 저장 공간과, 읽기 쓰기 포인트 어드레스 변수
volatile char UART0_RxBuffer[UART0_BUFFER_MAX];
volatile unsigned intUART0_RxWritePoint;
volatile unsigned intUART0_RxReadPoint;

// UART0의 초기화 함수
void UART0_Init(long xtal, long bps);

// UART0 의 1 바이트 출력 함수
void UART0_PutChar(char byData);

// UART0 의 문자열 출력 함수
void UART0_PutString(char *Str);
```

```
//
// ch21_util.c
//

#include "ch21_util.h"

// Ascii to Integer
// 10진수로 구성된 문자열을 정수로 바꿈
long atoi(char *str){
   char ch=0;
   long temp=0;
   int  sign=1;

   if(*str == '-'){
    str++;
    sign = -1;
   }

   while(*str){
    temp *= 10;
    temp += (*str++  & 0x0f);
   }
   *str = ch;
```

```
  temp *= sign;
  return temp;
}


// 문자열을 num 개수만큼 복사
char StrReadBlock(unsigned char *Src, unsigned char *Des, int num){
  int i;
  for(i = 0; i < num; i++){
    Des[i] = Src[i];
  }
  return i;
}

// 숫자로 구성된 문자열을 num 만큼 자리를 확보하고, 앞의 빈공간은 '0'으로 채움
char StrZeroFill(unsigned char *Src, int num){
  int length, i;
  if((length = strlen((char *)Src)) < num){
   for(i = num-1; i >= 0; i--){
      if(i < (num - length)){
        Src[i] = '0';
      }
      else {
        Src[i] = Src[i-(num-length)];
      }
   }
   Src[num] = 0;
  }

  return strlen((char *)Src);
}

// Integer to Ascii
// 정수를 문자열로 변환
char itoa(long Src, char *Des){
  sprintf(Des, "%ld", Src);
  return strlen(Des);
}
```

```
// Integer to Ascii (Hexa)
// 정수를 16진수 문자열로 변환
char itoa_hex(long Src, char *Des){
  sprintf(Des, "%lx", Src);
  return strlen(Des);
}
```

C 언어 소스 프로그램 설명

long atoi(char *str){} 함수는 ASCII 코드를 정수로 변환하여 반환하는 함수이다. 따라서 str의 문자열을 정수로 변환하여 long 형의 정수로 반환한다.

char StrReadBlock(unsigned char *Src, unsigned char *Des, int num){} 함수는 Src에서 Des로 num 개의 블록만큼 복사하여 저장하는 함수이다.

char StrZeroFill(unsigned char *Src, int num){} 함수는 Src 문자열을 num 개만큼 공간을 확보하고 빈 자리에 0을 채우는 함수이다.

char itoa(long Src, char *Des){} 함수는 정수를 ASCII 코드로 변환하는 함수이다. 따라서 Src의 정수를 ASCII 코드로 변환하여 Des에 저장하고, Des의 길이를 반환하는 함수이다.

char itoa_hex(long Src, char *Des){} 함수는 정수를 ASCII 코드로 변환하는 함수이다. 이때 숫자 ASCII 코드는 16진수로 저장된다. 따라서 Src의 정수를 ASCII 코드로 변환하여 Des에 저장하고, Des의 길이를 반환하는 함수이다.

```
//
// ch21_util.h
//

// 표준 입출력과 관련한 헤더 프로그램
// sprintf() 함수를 이용하기 위해 반드시 필요함
#include <stdio.h>

// 문자열과 관련한 헤더 프로그램
// strlen() 함수를 이용하기 위해 반드시 필요함
#include <string.h>

// Ascii to Integer
// 10진수로 구성된 문자열을 정수로 바꿈
long atoi(char *str);
```

```
// 문자열을 num 개수만큼 복사
char StrReadBlock(unsigned char *Src, unsigned char *Des, int num);

// 숫자로 구성된 문자열을 num 만큼 자리를 확보하고, 앞의 빈공간은 '0'으로 채움
char StrZeroFill(unsigned char *Src, int num);

// Integer to Ascii
// 정수를 문자열로 변환
char itoa(long Src, char *Des);

// Integer to Ascii (Hexa)
// 정수를 16진수 문자열로 변환.
char itoa_hex(long Src, char *Des);

// 4바이트 정수와 1바이트 크기의 배열 4개가 메모리를 공유하는 구조체
typedef union {
   unsigned char str[4];
   unsigned long num;
} U4B;


// 2바이트 정수와 1바이트 크기의 배열 2개가 메모리를 공유하는 구조체
typedef union {
   unsigned char str[2];
   unsigned int num;
} U2B;


// BMP 파일의 Magic Number를 저장할 구조체
// 사실상 Magic Number를 위한 구조체는 무의미함
struct bmpfile_magic {
   unsigned char magic[2];
};

// BMP 파일의 기본 Header 구조체
struct bmpfile_header {
   uint32_t filesz;
   uint16_t creator1;
   uint16_t creator2;
   uint32_t bmp_offset;
};
```

```
// BMP 파일의 Windows V3 포맷의 구조체
typedef struct bmp_dib_v3_header{
   uint32_t header_sz;
   uint32_t width;
   uint32_t height;
   uint16_t nplanes;
   uint16_t bitspp;
   uint32_t compress_type;
   uint32_t bmp_bytesz;
   uint32_t hres;
   uint32_t vres;
   uint32_t ncolors;
   uint32_t nimpcolors;
} bmp_dib_v3_header_t;


// 2바이트 크기의 union 구조체 변수 선언
U2B   union2;

// 4바이트 크기의 union 구조체 변수 선언
U4B   union4;

// BMP 파일의 Magic Number 구조체 변수 선언
struct bmpfile_magic    BMP_MagicNumber;

// BMP 파일의 기본 Header 구조체 변수 선언
struct bmpfile_header   BMP_Header;

// BMP 파일의 Windows V3 포맷의 구조체 변수 선언
// typedef struct bmp_dib_v3_header 구조체는 bmp_dib_v3_header_t로 형 재정의
bmp_dib_v3_header_t         BMP_DIB_V3_Header;
```

[단계 1]-(3) 21.4.2 절의 [단계 1]-(3) 부터 [단계 1]-(5)를 참조하여 ch21_glcd.c, ch21_uart.c, ch21_util.c C 언어 소스 프로그램들을 작성하여 현재 project 폴더에 저장한 다음에 project에 포함하고, ch21_glcd.h, ch21_uart.h, ch21_util.h 헤더 프로그램들을 작성하여 현재 project 폴더에 저장한다.

T·I·P

C 언어 소스 프로그램은
CD Drive:₩Source₩ch21₩ch21_step4₩ch21_step4.c 파일과
CD Drive:₩Source₩ch21₩ch21_step4₩ch21_glcd.c 파일과
CD Drive:₩Source₩ch21₩ch21_step4₩ch21_data2.c 파일과
CD Drive:₩Source₩ch21₩ch21_step4₩ch21_uart.c 파일과
CD Drive:₩Source₩ch21₩ch21_step4₩ch21_util.c 파일과
CD Drive:₩Source₩ch21₩ch21_step4₩ch21_glcd.h 파일과
CD Drive:₩Source₩ch21₩ch21_step4₩ch21_uart.h 파일과
CD Drive:₩Source₩ch21₩ch21_step4₩ch21_util.h 파일을 참조한다.

단계 2 AVR Studio 4를 이용하여 C 언어 소스 프로그램을 Build 한다. 자세한 내용은 5.4.2절의 [단계 2]를 참조한다.

단계 3 PonyProg를 이용하여 ATmega128에 hex 파일을 ISP 다운로드 한다. 자세한 내용은 5.4.2절의 [단계 3]을 참조한다.

단계 4 다운로드가 완료되면 AVR 트레이닝 키트(WES-XUN I)의 동작을 확인한다.

[단계 4]–(1) 그래픽 LCD의 초기 동작 화면은 다음과 같다.

T·I·P

AVR 트레이닝 키트(WES-XUN I)와 PC D-SUB 커넥터(9핀)의 연결은 15.3절을 참조하길 바란다.

[단계 4]–(1) 하이퍼터미널을 실행 시킨다.

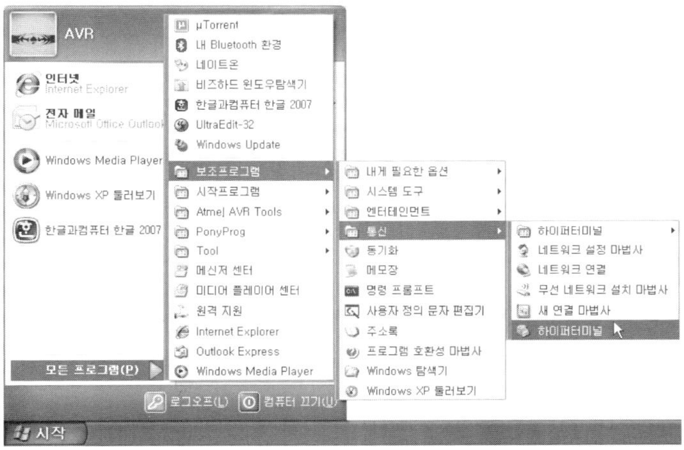

[단계 4]–(2) 하이퍼터미널을 실행한 후에 이름을 입력하고 [확인] 버튼을 누른다.

[단계 4]-(3) RS232 포트의 1번에 연결한 경우 COM1을 선택한 후 확인 버튼 을 누른다.

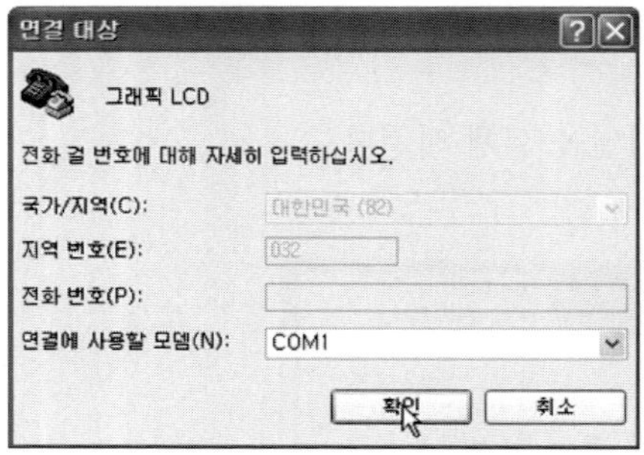

[단계 4]-(4) 포트 설정을 다음과 같이 설정한 후에 확인 버튼을 누른다.

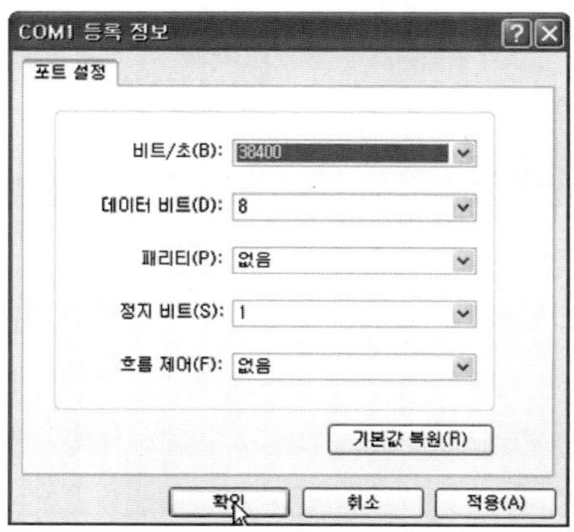

[단계 4]–(5) 다음과 같이 하이퍼터미널에서 COM1 포트가 연결된 화면이 나타난다.

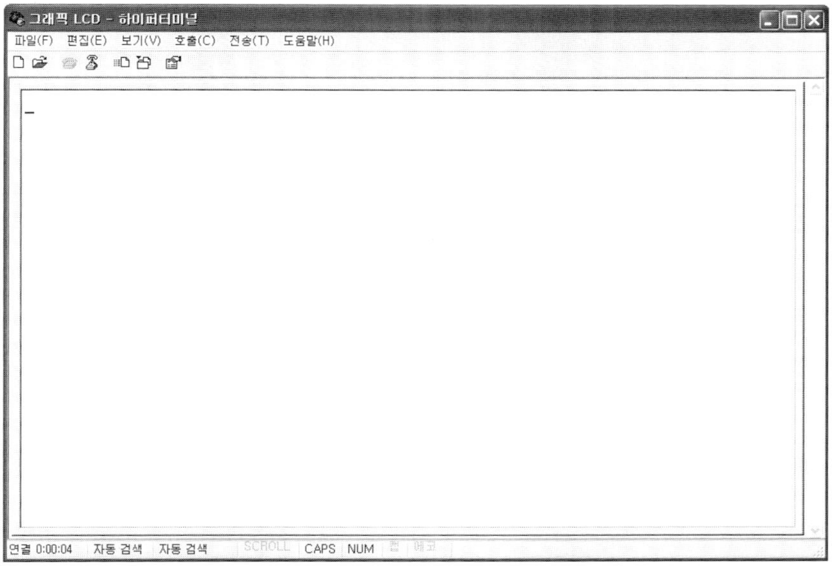

[단계 4]–(5) AVR 트레이닝 키트(WES-XUN I)의 RESET 버튼인 SW25 스위치를 누르면, PC의 하이퍼터미널에서 다음과 같은 화면을 볼 수 있다. 이것은 ATmega128이 USART를 초기화한 후 RS232 통신을 이용하여 PC로 문자열을 전송하기 때문에 나타난다.

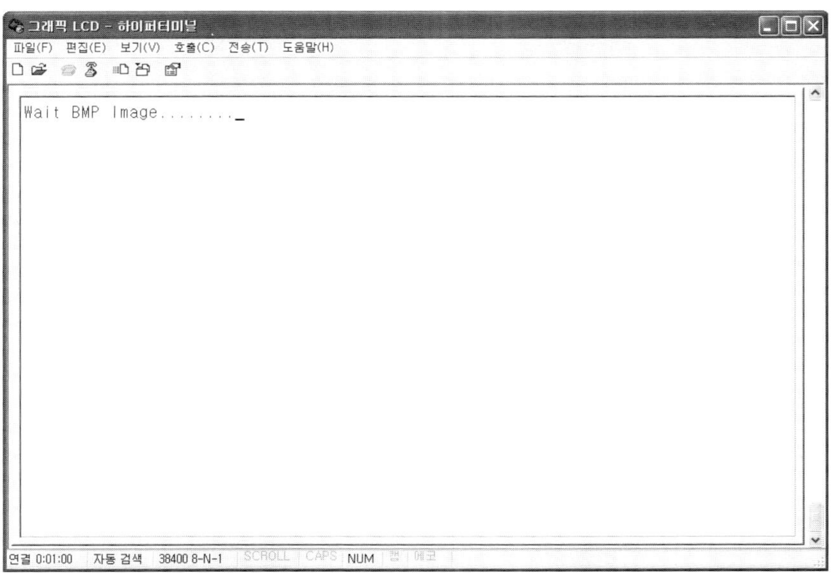

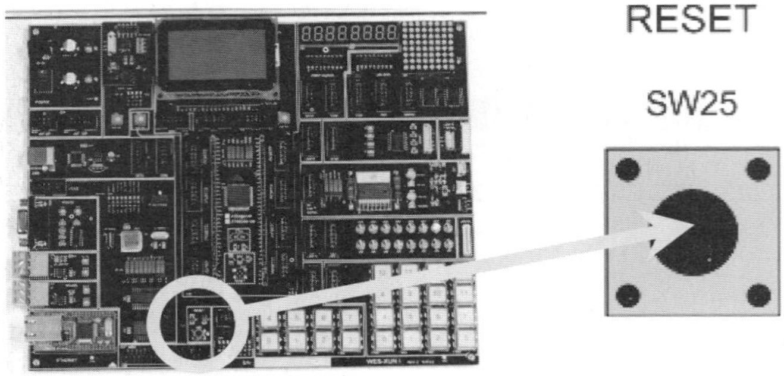

[단계 4]-(6) 하이퍼터미널의 풀다운 메뉴에서 [전송(T)] → [텍스트 파일 보내기 (T)...]를 선택한다.

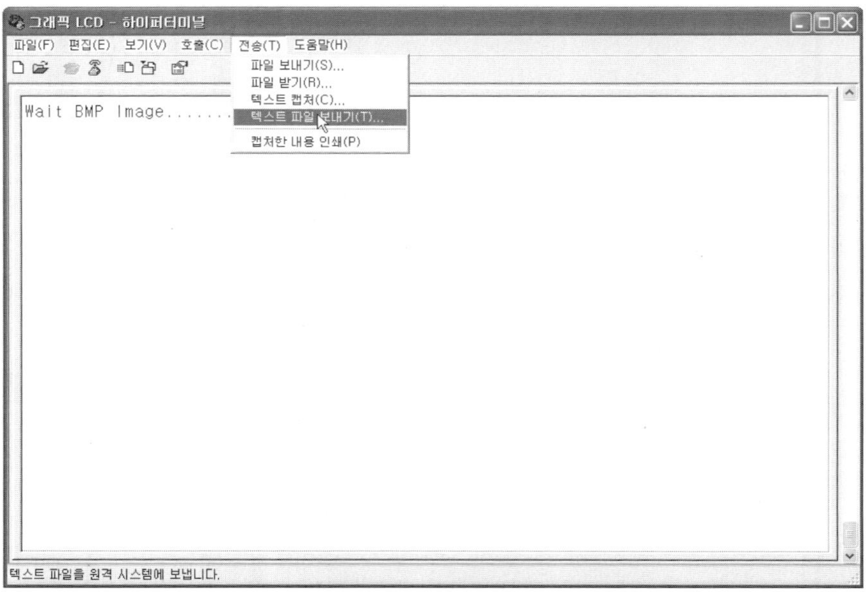

[단계 4]-(7) 파일형식(T)를 "모든 파일 (*.*)"로 선택하고, [열기(O)] 버튼을 눌러 미리 만든 128×64 (픽셀, 가로×세로) 크기의 TEST.bmp 파일을 불러온다.

[단계 4]-(8) [열기(O)] 버튼을 누르자마자, BMP 파일의 이진 데이터가 직렬 통신을 통해 ATmega128로 전달된다. ATmega128은 BMP 파일의 정보를 분석하고, 하이퍼터미널에 다음과 같이 나타낸다.

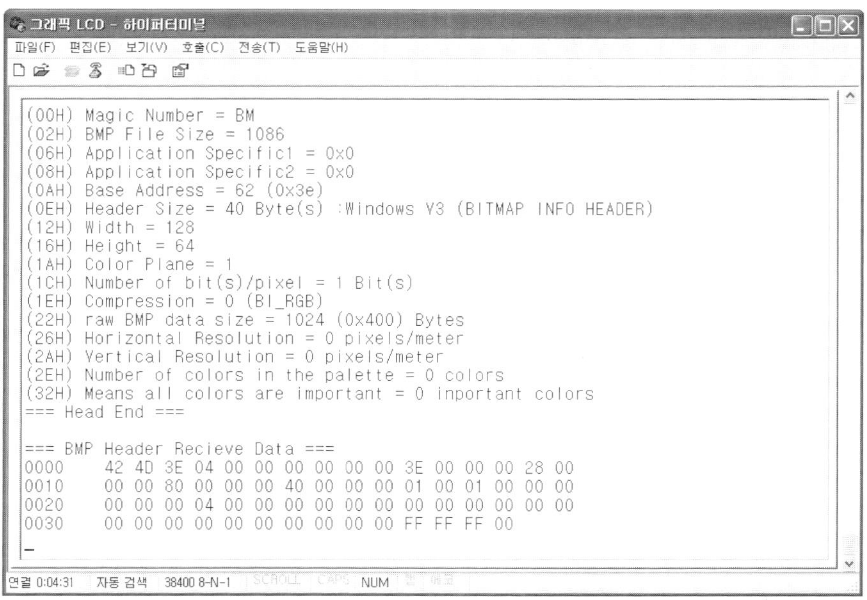


```
(00H) Magic Number = BM
(02H) BMP File Size = 1086
(06H) Application Specific1 = 0x0
(08H) Application Specific2 = 0x0
(0AH) Base Address = 62 (0x3e)
(0EH) Header Size = 40 Byte(s) :Windows V3 (BITMAP INFO HEADER)
(12H) Width = 128
(16H) Height = 64
(1AH) Color Plane = 1
(1CH) Number of bit(s)/pixel = 1 Bit(s)
(1EH) Compression = 0 (BI_RGB)
(22H) raw BMP data size = 1024 (0x400) Bytes
(26H) Horizontal Resolution = 0 pixels/meter
(2AH) Vertical Resolution = 0 pixels/meter
(2EH) Number of colors in the palette = 0 colors
(32H) Means all colors are important = 0 inportant colors
=== Head End ===

=== BMP Header Recieve Data ===
0000    42 4D 3E 04 00 00 00 00 00 00 3E 00 00 00 28 00
0010    00 00 80 00 00 00 40 00 00 00 01 00 01 00 00 00
0020    00 00 00 04 00 00 00 00 00 00 00 00 00 00 00 00
0030    00 00 00 00 00 00 00 00 00 00 FF FF FF 00
_
```

[단계 4]-(9) 1초 후에 수신된 BMP 파일이 그래픽 LCD에 다음과 같이 디스플레이 된다.

윈도우의 그림판을 이용한 BMP 파일 만들기

단계 1 윈도우의 [시작] → [실행]을 눌러, "MSPAINT"를 입력하고, [확인] 버튼을 누른다.

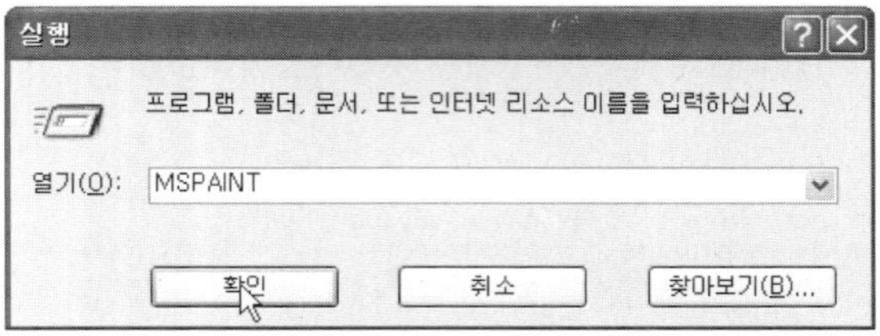

단계 2 윈도우의 그림판이 실행된다.

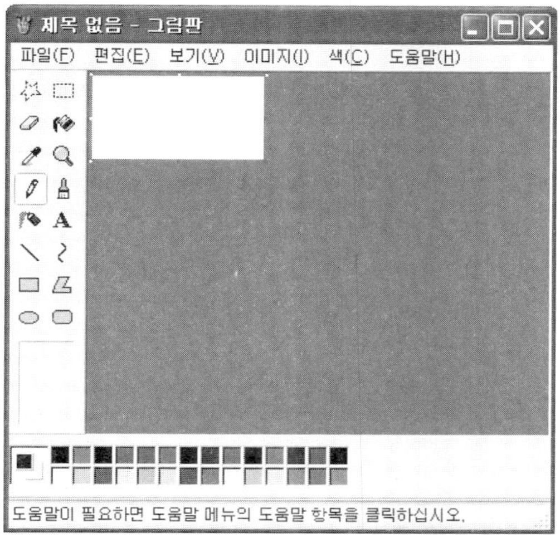

단계 3 윈도우의 그림판 풀다운 메뉴의 [이미지(I)] → [특성(A)...]를 누른다.

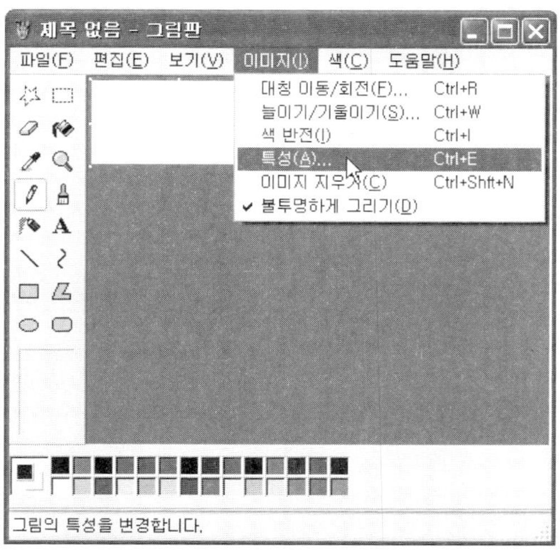

단계 4 너비(W) : 128, 높이(H) : 64, 단위 : 픽셀, 색 : 흑백 등을 선택하고, [확인] 버튼을 누른다.

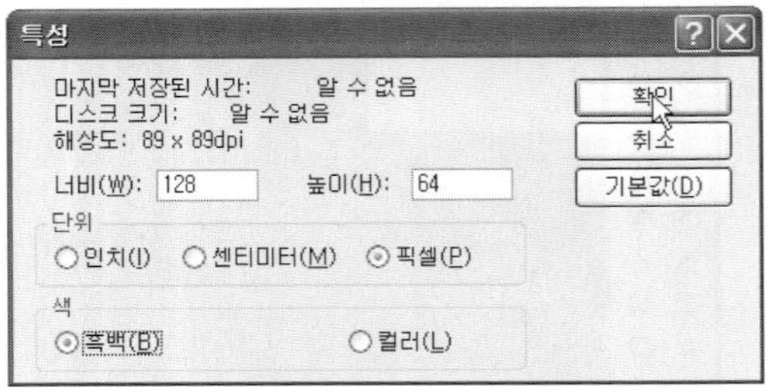

단계 5 색을 흑백으로 선택하면 나타나는 경고이므로 무시하고 [예(Y)] 버튼을 누른다.

단계 6 윈도우의 그림판의 [A] 아이콘을 누르면 텍스트를 입력할 수 있다. 버튼을 누르고, 화면의 하얀 캔버스에서 좌측 중간 부분을 클릭한다.

단계 7 다음과 같이 임의로 글자를 입력한다. 모두 입력하였으면 하얀 캔버스의 빈 공간을 클릭한다.

– 글꼴 : 돋움(한글), 크기 : 16, 효과 : B(Bold)

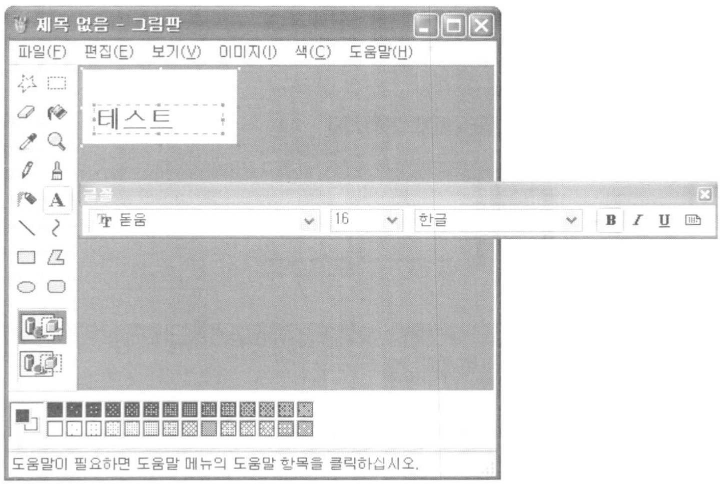

단계 8 윈도우의 그림판 풀다운 메뉴의 [보기] → [확대/축소] → [크게]를 선택한다.

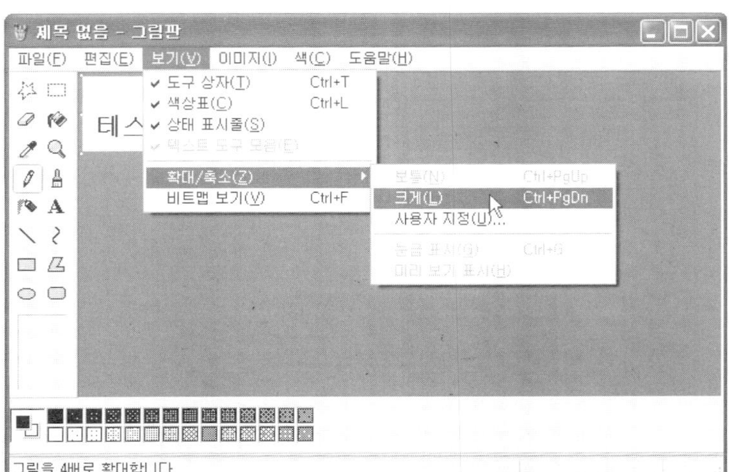

단계 9 윈도우의 그림판 풀다운 메뉴의 [보기] → [확대/축소] → [눈금 표시] 를 선택한다.

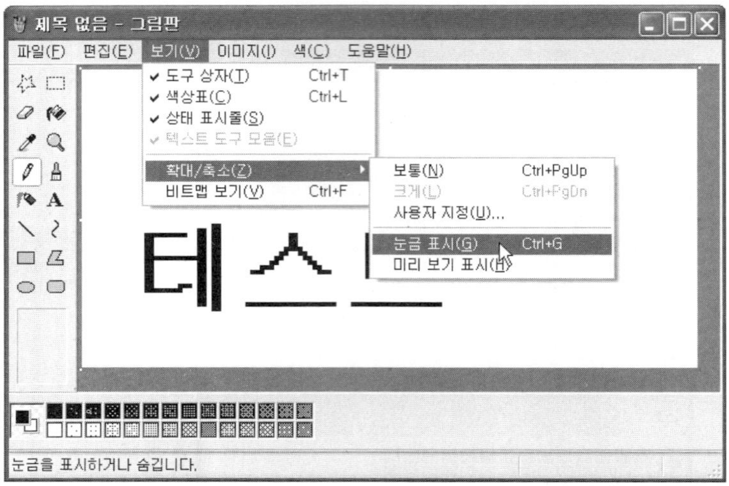

단계 10 사용자가 정밀하게 수정할 수 있도록 다음과 같이 그림이 확대 된다. 아이콘을 눌러, 픽셀 단위로, 점을 찍거나 점을 없앨 수 있다. 한편, 확대된 상태에서는 A 아이콘의 사용이 금지된다.

단계 11 윈도우의 그림판 풀다운 메뉴에서 [파일] → [다른 이름으로 저장]을 누른다.

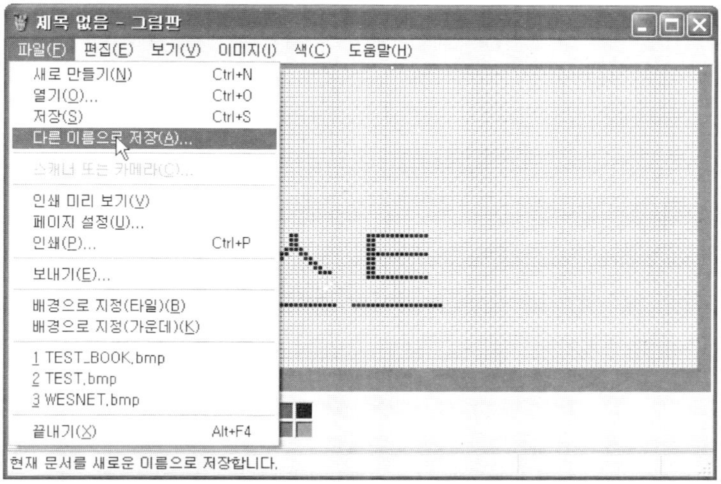

단계 12 소스가 작성된 위치 또는 임의의 위치에, 다음과 같이 파일 형식은 "단색 비트맵"으로 선택하고, 파일 이름에 "TEST_BOOK"을 입력한 후에 [저장(S)] 버튼을 누른다.

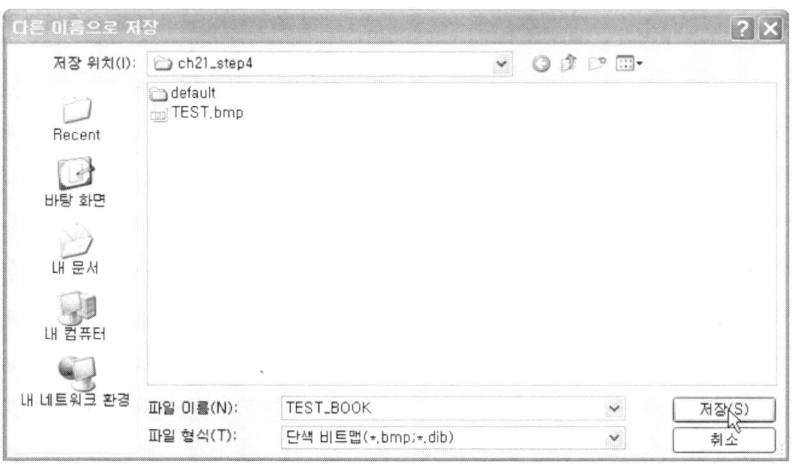

TeraBank의 FontEdit 2.0을 이용한 BMP 파일 데이터 추출하기

단계 1 TeraBank(www.terabank.co.kr)의 자료실에서 FontEdit 2.0을 다운로드 받아 설치하고, [시작] → [모든 프로그램] → [FndEdit2.0] → [FontEdit]를 실행한다.

단계 2 다음은 FontEdit 2.0의 초기 실행 화면이다.

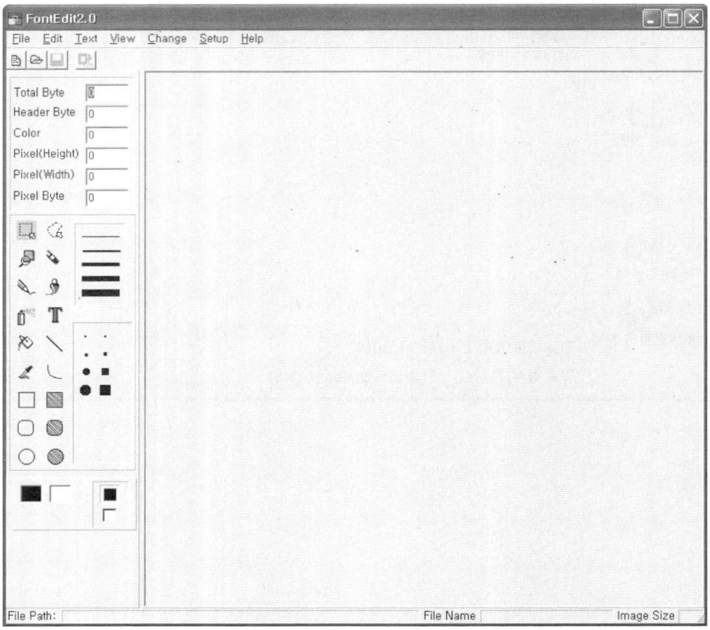

단계 3 FontEdit 2.0 풀다운 메뉴의 [File] → [Open...]을 마우스 왼쪽 버튼으로 클릭한다.

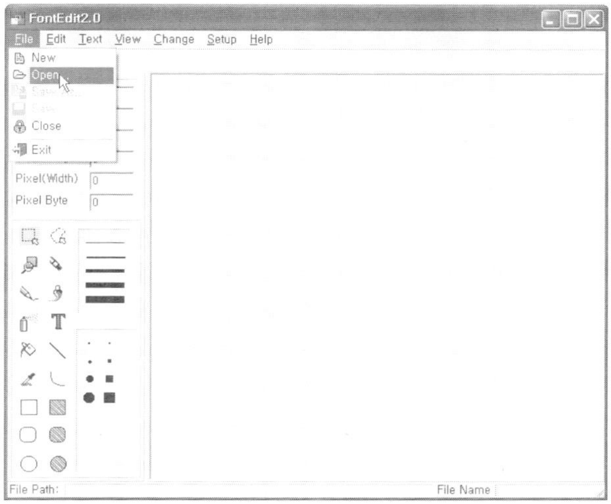

단계 4 BMP 파일이 저장된 경로로 이동하여, 128*64 크기를 갖는 TEST_BOOK.bmp 파일을 선택하고, [열기(O)] 버튼을 누른다.

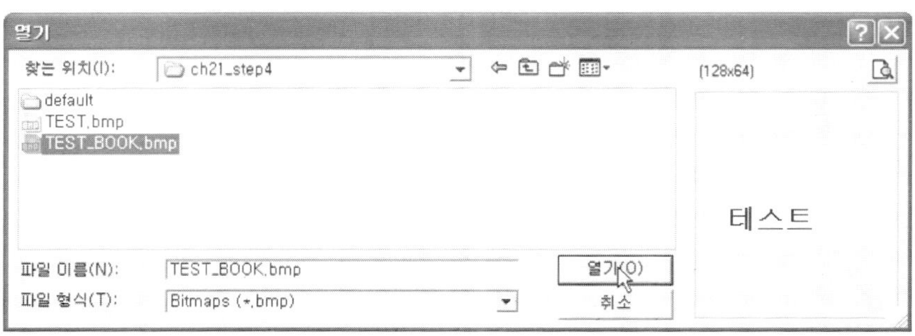

단계 5 FontOpenForm 창에서, 읽기 형식을 결정하는 아이콘을 누르고, [OK] 버튼을 누른다.

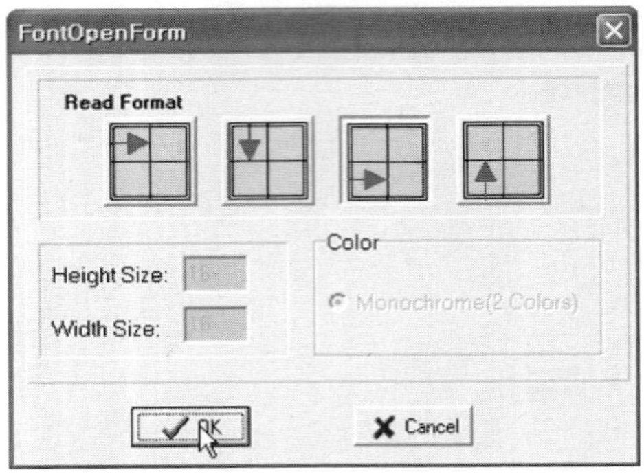

단계 6 FontEdit 2.0 풀다운 메뉴에서 [Change] → [Change]를 선택한다.

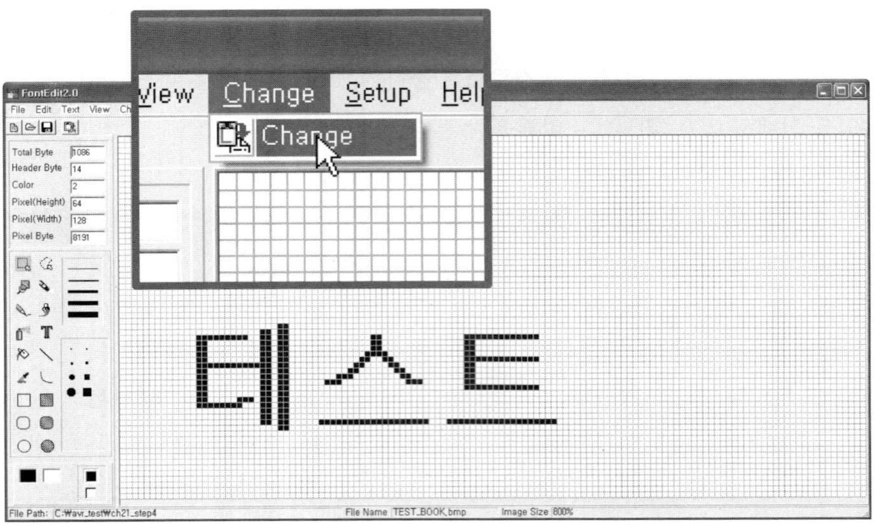

단계 7 FontMaker Windows 창에서 8 0xFF 아이콘을 클릭하고, ✓OK 버튼을 누른다.

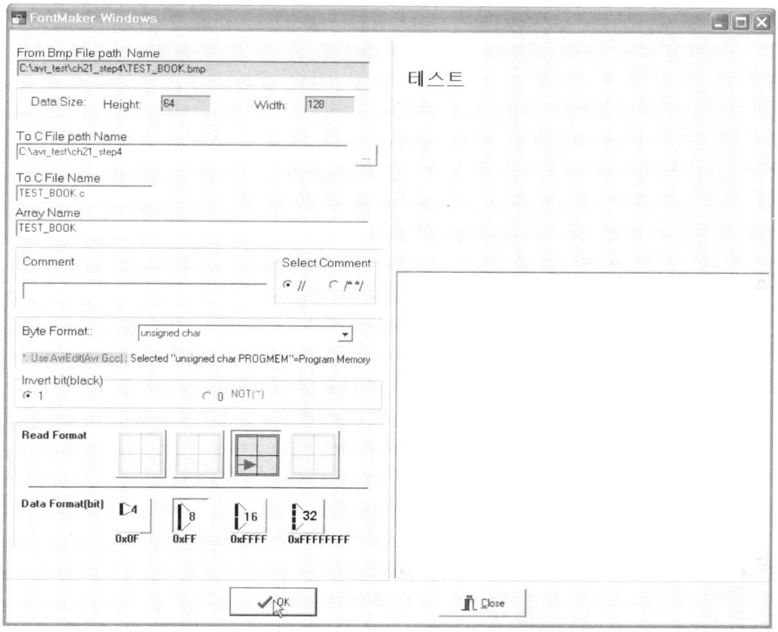

단계 8 Save Message 창에서 아니오(N) 버튼을 누르고 다음 단계로 진행한다.

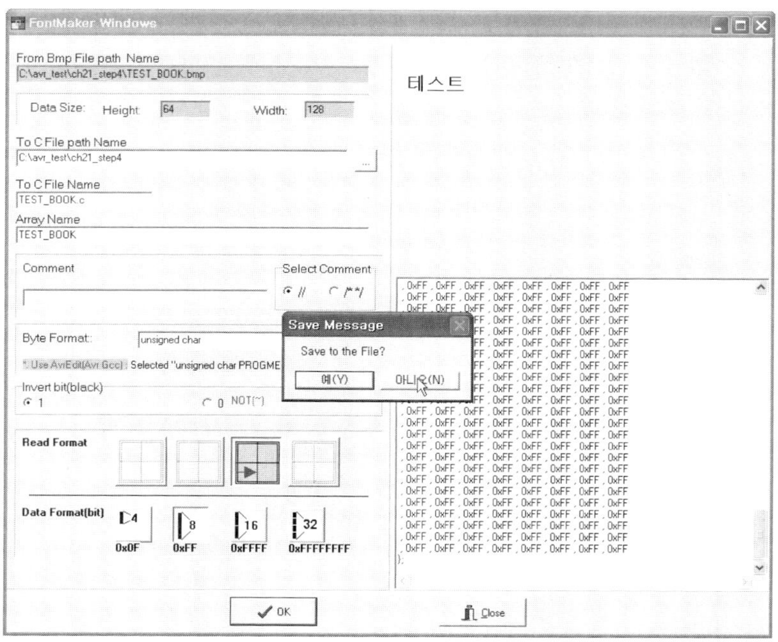

단계 8 데이터를 복사하여 C 언어 소스 프로그램에 사용하기 위해서는 마우스 오른쪽 버튼을 클릭하면 나타나는 팝업 메뉴에서 [모두 선택(A)]을 누르고 다음 단계로 진행한다.

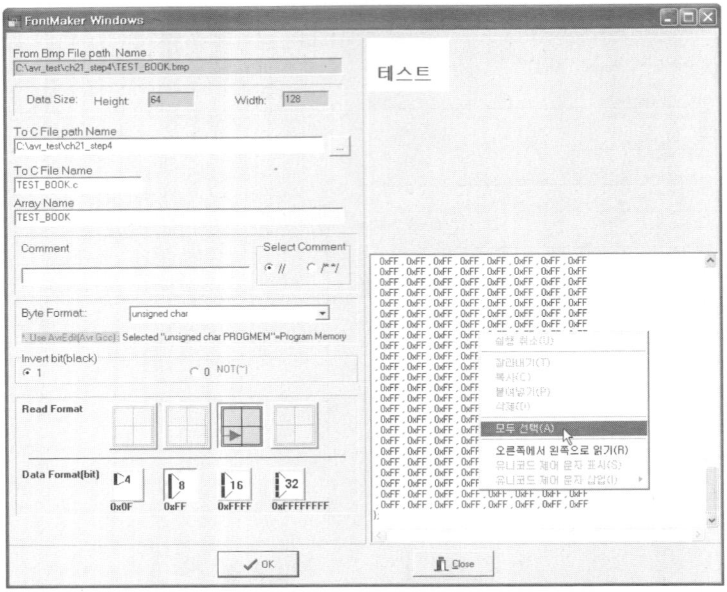

단계 9 마우스 오른쪽 버튼을 클릭하면 나타나는 팝업 메뉴에서 [복사)C)]를 눌러 복사한다.

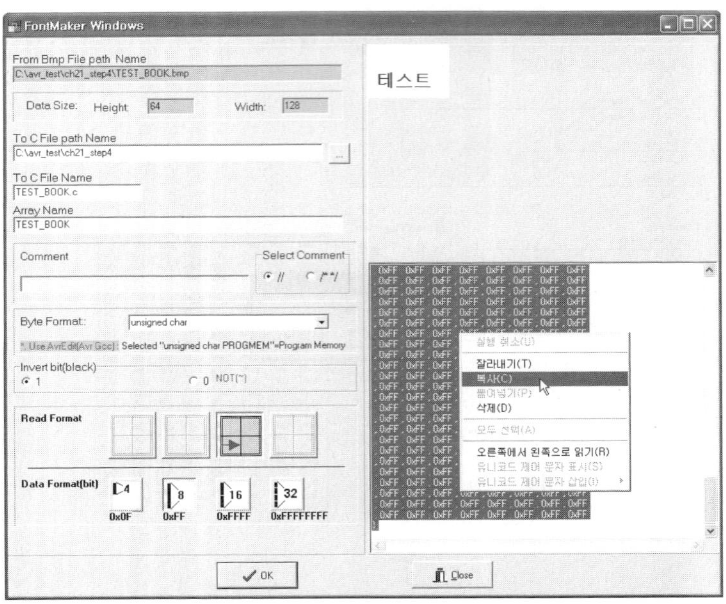

단계 9 C 언어 소스 프로그램에서 붙여넣기를 하고, 자신이 원하는 배열명으로 수정한다.

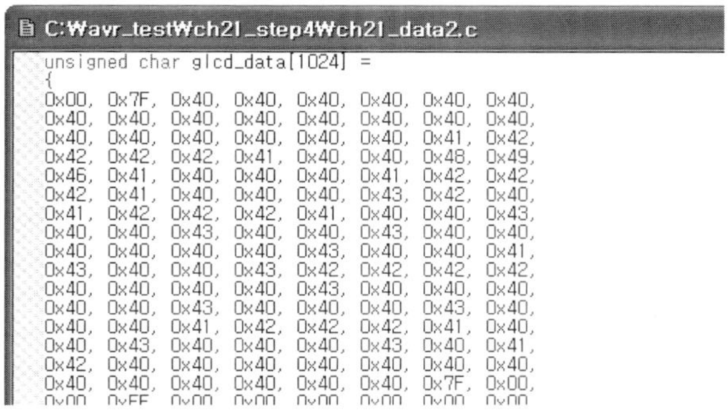

```
C:₩avr_test₩ch21_step4₩ch21_data2.c
unsigned char glcd_data[1024] =
{
0x00, 0x7F, 0x40, 0x40, 0x40, 0x40, 0x40, 0x40,
0x40, 0x40, 0x40, 0x40, 0x40, 0x40, 0x40, 0x40,
0x40, 0x40, 0x40, 0x40, 0x40, 0x40, 0x41, 0x42,
0x42, 0x42, 0x42, 0x41, 0x40, 0x40, 0x48, 0x49,
0x46, 0x41, 0x40, 0x40, 0x40, 0x41, 0x42, 0x42,
0x42, 0x41, 0x40, 0x40, 0x40, 0x43, 0x42, 0x40,
0x41, 0x42, 0x42, 0x42, 0x41, 0x40, 0x40, 0x43,
0x40, 0x40, 0x43, 0x40, 0x40, 0x43, 0x40, 0x40,
0x40, 0x40, 0x40, 0x40, 0x43, 0x40, 0x40, 0x41,
0x43, 0x40, 0x40, 0x43, 0x42, 0x42, 0x42, 0x42,
0x40, 0x40, 0x40, 0x40, 0x43, 0x40, 0x40, 0x40,
0x40, 0x40, 0x43, 0x40, 0x40, 0x40, 0x43, 0x40,
0x40, 0x40, 0x41, 0x42, 0x42, 0x42, 0x41, 0x40,
0x40, 0x43, 0x40, 0x40, 0x40, 0x43, 0x40, 0x41,
0x42, 0x40, 0x40, 0x40, 0x40, 0x40, 0x40, 0x40,
0x40, 0x40, 0x40, 0x40, 0x40, 0x40, 0x7F, 0x00,
0x00, 0xFF, 0x00, 0x00, 0x00, 0x00, 0x00, 0x00,
```

21.5 그래픽 LCD 제어를 위한 보충설명

WinAVR gcc 에서 프로그램 메모리에 데이터 저장하기

프로그램을 저장하기 위하여 사용되는 플래시 메모리에 데이터를 저장하면 데이터 공간이 절약되어 데이터 메모리 공간을 효율적으로 활용할 수가 있게 된다. 플래시 메모리에 데이터를 저장하려면 다음과 같이 avr/pgmspace.h 헤더 프로그램을 포함시켜야 하며, 변수 선언시 PROGMEM 키워드를 사용하여 선언하여야 한다.

```
#include <avr/pgmspace.h>
unsigned char PROGMEM glcd_data[1024];
```

한편, PROGMEM 키워드를 사용하였을 때와 사용하지 않았을 때의 SRAM 사용량이 달라지는 것을 다음과 같이 Build 후에 메시지 창을 통해 알 수 있다.

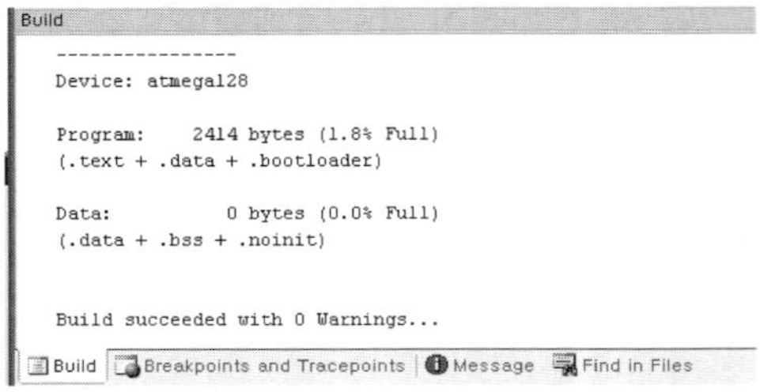

PROGMEM 키워드를 사용하였을 때
Data: 0 bytes (0.0% Full)

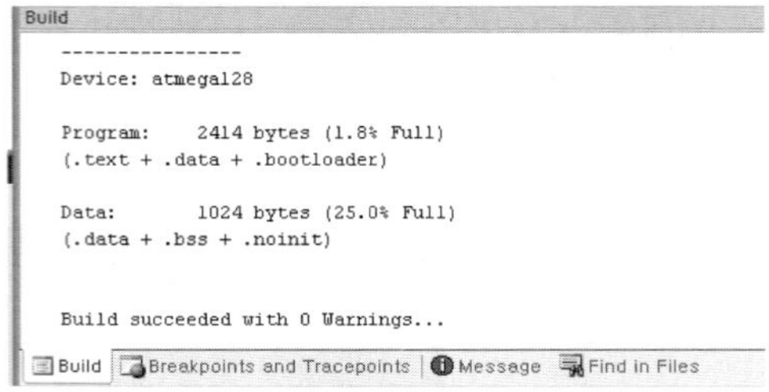

PROGMEM 키워드를 사용하지 않았을 때
Data: 1024 bytes (25.0% Full)

WinAVR gcc 에서 프로그램 메모리에 데이터 읽어오기

프로그램을 저장하기 위하여 사용되는 플래시 메모리에서 데이터를 읽어오려면 다음과 같이 avr/pgmspace.h 헤더 프로그램을 포함시켜야 하며, pgm_read_byte() 매크로를 사용하여야 한다. pgm_read_byte() 매크로는 프로그램 메모리에서 1바이트의 데이터를 읽을 때 사용한다. pgm_read_byte() 매크로의 () 안에는 어드레스 인수가 와야 하므로, 포인터 변수가 아닌 경우에는 & 연산자를 반드시 붙여야 한다.

```
#include <avr/pgmspace.h>
unsigned char data;
data = pgm_read_byte(&glcd_data[0]);
```

UART 에서 사용되는 링-버퍼(Ring-Buffer) 개념

링-버퍼는 버퍼의 길이가 한정되어 있지만 시작과 끝이 붙어 있는 개념의 버퍼이다. 만약 버퍼의 크기가 1024바이트라면, 마지막 데이터를 1023번지에 저장 후 다음 데이터를 0번지부터 다시 시작하여 저장하는 개념이다. 따라서 데이터를 수신했을 때 데이터를 저장할 어드레스를 기억하는 버퍼-쓰기-포인터(RxWritePoint)변수와 수신된 버퍼의 내용을 순서대로 읽기 위한 버퍼-읽기-포인터(RxReadPoint) 변수가 필요하다. 또한 최초 RxWritePoint와 RxReadPoint는 같은 값을 가져야 한다. 이후에 데이터가 수신되면 RxWritePoint가 앞서게 되고 RxReadPoint가 뒤따르게 된다. 한편, RxWritePoint와 RxReadPoint가 같은 값을 갖는다면 수신된 데이터는 없는 것으로 간주한다.

UART 에서 링-버퍼(Ring-Buffer) 사용시 Address MASK 활용하기

링-버퍼는 버퍼의 마지막 어드레스에 데이터를 저장한 후에 0번 어드레스에 다음 데이터를 저장해야 하는데, 이것을 조건에 의해서 처리할 수도 있지만 비트 연산을 활용하면 훨씬 간단하게 처리할 수 있다. 이렇게 비트 연산을 활용하는 방법이 Address MASK 활용이다.

① 1024(10진수) → 10000000000(2진수) = BUFFER_SIZE

② 1023(10진수) → 01111111111(2진수) = BUFFER_MASK

③ BUFFER_MASK = BUFFER_SIZE - 1

일반적으로 버퍼의 크기를 ①과 같이 설정하며, Address MASK를 ③과 같이 설정한다. RxWritePoint와 BUFFER_MASK를 비트연산(논리곱, '&')하면, RxWritePoint는 절대 BUFFER_SIZE 이상의 값을 가질 수 없다. 즉, 0~1023의 크기를 갖는다.

	1	0	0	0	0	0	0	0	0	0	0	(1024)
&	0	1	1	1	1	1	1	1	1	1	1	
	0	0	0	0	0	0	0	0	0	0	0	(0)

1024(10진수)를 하위 10비트만 MASK 하여 뽑으면 0(10진수)이 된다. 또한 1024 이상의 어떤수를 넣게 되면 0~1023의 결과가 나온다.

Windows V3 형식의 BMP File Header 구조

그림 21.5.1은 BMP File Header 구조를, 표 21.5.1은 BMP File Header의 상세 설명을 나타내고 있다.

	0	1	2	3	4	5	6	7	8	9	A	B	C	D	E	F
0000	MN		FILESIZE				APPSP1		APPSP2		OFFSET				HS_L	
0010	HS_H		WIDTH				HEIGHT				NCP		BPP		CMP_L	
0020	CMP_H		BMPSIZE				RESHOR				RESVER				NCLR_L	
0030	NCLR_H		NIMPCLR				00	00	00	00	FF	FF	FF	00		

그림 21.5.1 BMP File Header 구조

표 21.5.1 BMP File Header의 상세 설명

<table>
<tr><th>Address</th><th>Size</th><th>Name</th><th>Description</th></tr>
<tr><td>00h</td><td>2</td><td>MN
(Magic Number)</td><td>파일의 형식을 나타낸다.

BM – Windows 3.1x, 95, NT, ... etc
BA – OS/2 Bitmap Array
CI – OS/2 Color Icon
CP – OS/2 Color Pointer
IC – OS/2 Icon
PT – OS/2 Pointer</td></tr>
<tr><td>02h</td><td>4</td><td>FILESIZE
(BMP File Size)</td><td>BMP 파일의 크기를 나타낸다.</td></tr>
<tr><td>06h</td><td>2</td><td>APPSP1
(Application Specification 1)</td><td>예약됨. 응용프로그램에 의해 쓰일 수 있다.</td></tr>
<tr><td>08h</td><td>2</td><td>APPSP2
(Application Specification 1)</td><td>예약됨. 응용프로그램에 의해 쓰일 수 있다.</td></tr>
<tr><td>0Ah</td><td>4</td><td>OFFSET
(the offset, i.e. starting address)</td><td>BMP 데이터의 시작 어드레스</td></tr>
<tr><td>0Eh</td><td>4</td><td>HS(HS_H, HS_L)
(Header Size)</td><td>BMP Header의 크기를 나타낸다.
– 크기에 따른 BMP 형식 구분
<table>
<tr><th>Size</th><th>Header</th></tr>
<tr><td>12</td><td>OS/2 V1</td></tr>
<tr><td>64</td><td>OS/2 V2</td></tr>
<tr><td>40</td><td>Windows V3</td></tr>
<tr><td>108</td><td>Windows V4</td></tr>
<tr><td>124</td><td>Windows V5</td></tr>
</table></td></tr>
</table>

<table>
<tr><th>Address</th><th>Size</th><th>Name</th><th>Description</th></tr>
<tr><td>12h</td><td>4</td><td>WIDTH
(width in pixels)</td><td>BMP 파일의 가로 픽셀 수</td></tr>
<tr><td>16h</td><td>4</td><td>HEIGHT
(height in pixels)</td><td>BMP 파일의 세로 픽셀 수</td></tr>
<tr><td>1Ah</td><td>2</td><td>NCP
(number of color planes being used.)</td><td>사용된 색상면 수. 반드시 1로 Set 되어야 한다.</td></tr>
<tr><td>1Ch</td><td>2</td><td>BPP
(number of bits per pixel)</td><td>픽셀 당 비트 수</td></tr>
<tr><td>1Eh</td><td>4</td><td>CMP
(CMP_H, CMP_L)
(Compression mothod being used.</td><td>사용된 압축법
<table>
<tr><th>Value</th><th>Identified by</th><th>Compression method</th></tr>
<tr><td>0</td><td>BI_RGB</td><td>none</td></tr>
<tr><td>1</td><td>BI_RLE8</td><td>RLE 8-bit/pixel</td></tr>
<tr><td>2</td><td>BI_RLE4</td><td>RLE 4-bit/pixel</td></tr>
<tr><td>3</td><td>BI_BITFIELDS</td><td>Bit field</td></tr>
<tr><td>4</td><td>BI_JPEG</td><td>JPEG</td></tr>
<tr><td>5</td><td>BI_PNG</td><td>PNG</td></tr>
</table></td></tr>
<tr><td>22h</td><td>4</td><td>BMPSIZE
(This is the size of the raw bitmap data)</td><td>BMP 파일 크기 중 실제 raw BMP 크기</td></tr>
<tr><td>26h</td><td>4</td><td>RESHOR
(Horizontal resolution)</td><td>BMP 이미지의 가로 분해능 (Pixel per meter)</td></tr>
<tr><td>2Ah</td><td>4</td><td>RESVER
(Vertical resolution)</td><td>BMP 이미지의 세로 분해능 (Pixel per meter)</td></tr>
<tr><td>2Eh</td><td>4</td><td>NCLR
(NCLR_H, NCLR_L)
(number of colors in the color palette)</td><td>파레트의 색 수 (0 또는 2의 배수)</td></tr>
<tr><td>32h</td><td>4</td><td>NIMPCLR
(number of important colors used)</td><td>사용된 중요한 색 수. 0 일 때는 모든 색이 중요함을 의미
일반적으로 무시됨</td></tr>
<tr><td>36h</td><td>4</td><td>BLACK</td><td>검은색 (00 00 00 00)</td></tr>
<tr><td>3Ah</td><td>4</td><td>WHITE</td><td>흰색 (FF FF FF 00)</td></tr>
</table>

BMP 파일 데이터 구조

BMP 파일은 비트당 픽셀수와 가로 픽셀수 등에 따라 순서 및 길이가 다르므로, 여기서는 픽셀당 1비트로 구성된, 가로 128 픽셀, 세로 64 픽셀 크기를 가지는 파일만을 설명한다. 자세한 내용은 위키백과 홈페이지를 참조한다.(http://en.wikipedia.org/wiki/BMP_file_format#BMP_File_Header)

픽셀당 1비트로 구성된 BMP 파일은 좌측 하단부터 8비트씩 구분하여 오른쪽으로 순서대로 저장된다. 왼쪽부터 오른쪽까지 데이터를 모두 저장하고, 위로 1픽셀 이동하여, 또다시 왼쪽부터 오른쪽까지 데이터를 저장한다. 이런 방식으로 상단의 오른쪽 데이터를 모두 저장하면 BMP 파일의 데이터는 파일의 끝을 만나게 된다. 또한 데이터는 8비트씩 구분되는데 좌측이 높은 비트(MSB), 우측이 낮은 비트(LSB)가 된다. 가로로 128 픽셀이므로 8비트 데이터는 총 16개가 필요하다. 그림 21.5.2에서 0 (03Eh) 표시의 0은 0번째 바이트임을 의미하고, (03Eh)는 BMP 파일에서 실제 데이터 어드레스가 03E 번지임을 의미한다. 한편, 픽셀당 1비트로 구성된 BMP 파일에서 흰색 픽셀은 '1'로 처리하고, 검은색은 '0'으로 처리한다.

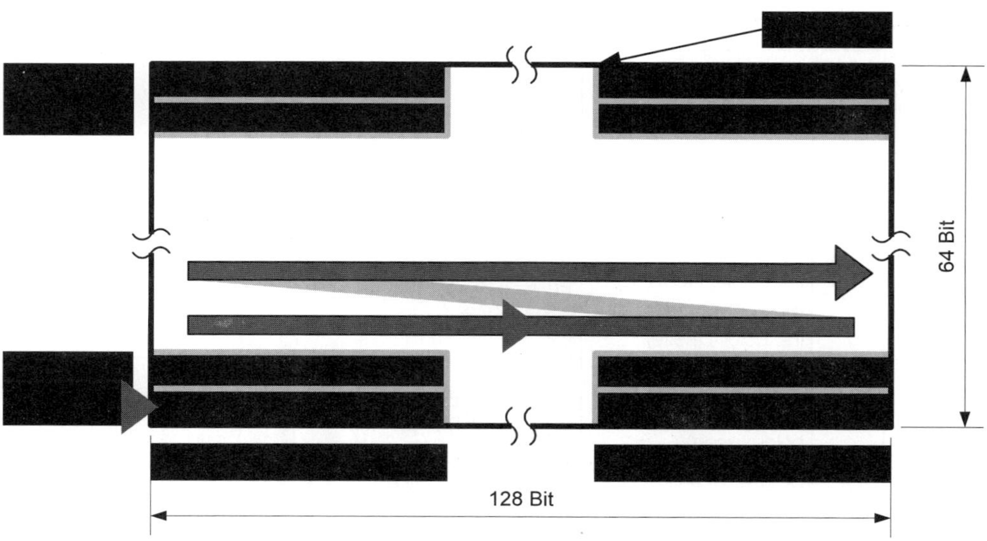

그림 21.5.2 BMP 파일 데이터구조

21.6 C 언어 문법

(1) 조건 연산자

① 3개의 항을 가지는 연산자이며 3항 연산자라고도 한다.

② 조건 연산자의 형식은 다음과 같다.

식 1 ? 식 2 : 식 3

위의 형식의 의미는 먼저 식 1이 참이면 식 2를 수행하고, 식 1이 거짓이면 식 3을 수행 한다.

예 y = (x 〉 10) ? (x - 1) : (x+ 1);

➜ x가 10보다 크면 y = x - 1을 수행하고, x가 10보다 크지 않으면 y = x + 1을 수행한다.

(2) typedef

① 프로그래머가 새로운 자료형을 만들 때 사용한다.

② 형식은 다음과 같다.

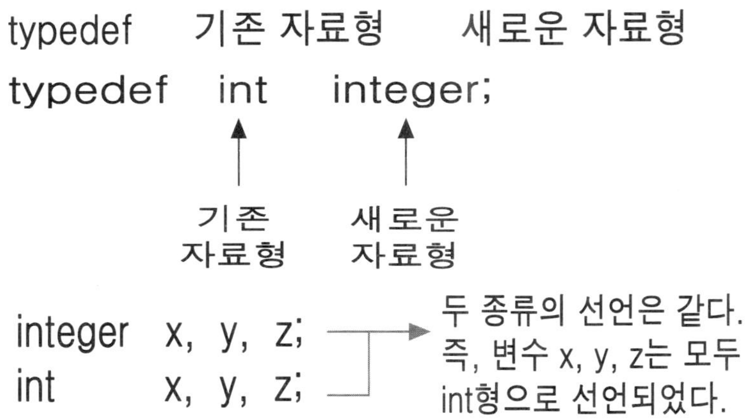

③ 새로운 자료형은 보통 대문자로 표시한다.

```
typedef int    AVRINT;   ← 대문자 표시
typedef char  AVRCHAR;   ← 대문자 표시
```

(3) union

① 서로 다른 자료형을 공용으로 사용할 수 있게 해준다.

② 공용체로 선언된 변수는 int형, float형, char형, double형 등 서로 다른 자료형들의 값을 저장할 수 있게 된다. 즉 메모리 공간에 여러개의 자료형이 사용될 수 있다.

③ 공용체 선언 형식은 구조체의 경우와 거의 비슷하다.

```
union 공용체명
{
    구성요소1의 자료형 선언;  ← 멤버(member)라고 부르는 공용체의 요소이다.
    구성요소2의 자료형 선언;
            :
};  ← 공용체 선언 끝에는 반드시 ;을 붙인다.
```

④ 공용체 변수 선언 형식도 구조체의 경우와 거의 비슷하다.

```
union 공용체명 공용체변수명1, 공용체변수명2, . . ;
```

⑤ 공용체 선언 및 공용체 변수 선언을 동시에 할 수가 있다.

```
union 공용체명
{
    구성요소1의 자료형 선언;
    구성요소2의 자료형 선언;
            :
} 공용체변수명 ;
```

```
union ATmega128
{
    char  *family;  ─┐
    int    cost;      ├─▶ 공용체 선언
    char  version;  ─┘
}avr;  ◀── 공용체변수 선언
```

⑥ 공용체는 여러 형태의 자료형이 표현될 수 있으나, 하나의 자료형만이 저장될 수 있으며 2개 이상의 자료형을 동시에 저장할 수가 없다.

⑦ C 컴파일러는 공용체가 선언되면 공용체 구성요소(멤버)중 가장 큰 구성요소의 크기로 기억 장소를 공용체 변수에 할당한다.

공용체인 경우

```
union ATmega128
{
    int   value;
    char  type;
    double  point;
}avr;
```

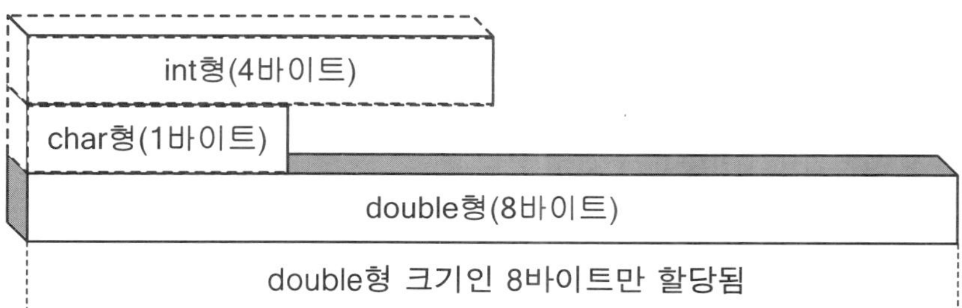

구조체인 경우

```
union ATmega128
{
    int  value;
    char  type;
    double  point;
}avr;
```

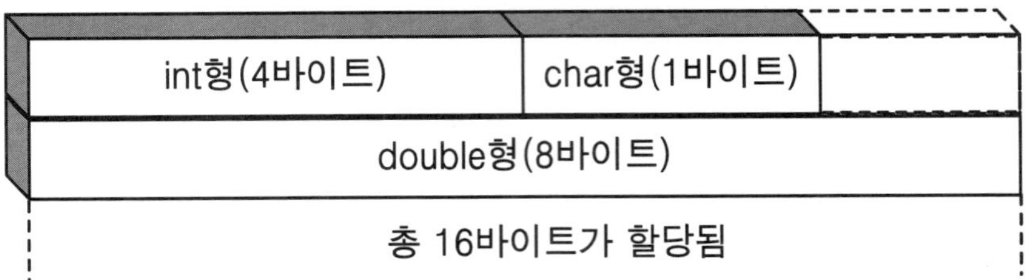

⑧ 공용체의 구성요소(멤버)를 참조하는 방법도 구조체와 유사하다.

공용체 변수명 . 구성 요소명 ⟶ 변수에 의한 참조 방법

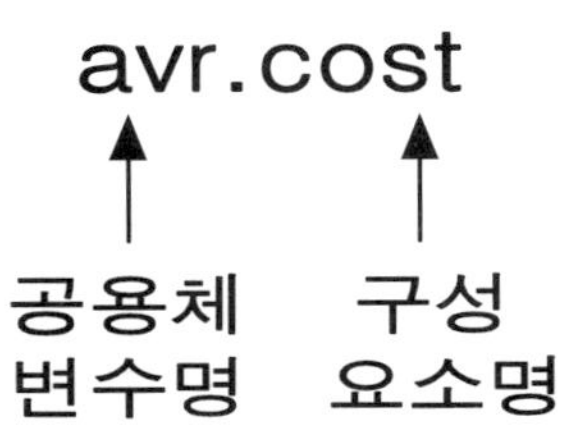

공용체 변수명->구성 요소명 ⟶ 포인터에 의한 참조 방법

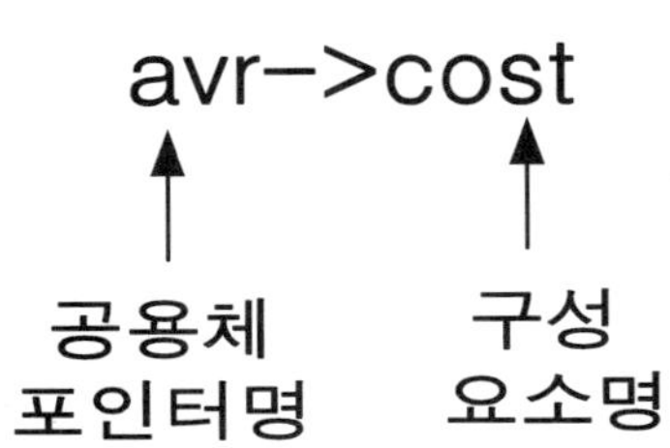

CHAPTER 22

AVR ATmega128을 사용한 LDM(16*16) 제어

실습목표

7장에서 학습한 LDM(8*8)에서는 논리회로에 의한 제어를 하였으나, 이 장에서 배우는 LDM(16*16)은 컨트롤러 IC의 제어신호를 타이밍에 맞도록 제어해야 한다. 컨트롤러 IC를 내장한 LDM(16*16)은 직렬로 연속해서 연결하여 사용할 수 있는 장점이 있다. 따라서 LDM(16*16)의 내부 구조를 이해하고 디스플레이 하는 데 필요한 기술들을 알아본다.

실습이론

22.1 LDM(16*16) 제어를 위한 디지털 출력 관련 레지스터

DDRx 레지스터는 포트의 입출력 방향을 결정하는 레지스터이며 DDRxn의 비트 값이 0이면 입력, 1이면 출력으로 설정된다. x는 포트명을 가리키는 문자이고 n은 비트를 나타내는 숫자이다. ATmega128에서 레지스터는 0번부터 7번까지 8비트가 존재한다. PORTx 레지스터는 포트에 출력할 논리 값을 저장하는 레지스터이며 x는 포트명이다. 디지털 입출력과 관련한 자세한 내용은 1.14절의 AVR 디지털 입출력 핀 구조를 참조한다.

DDRx : PORTx 데이터 방향 레지스터

Bit	7	6	5	4	3	2	1	0
	DDx7	**DDx6**	**DDx5**	**DDx4**	**DDx3**	**DDx2**	**DDx1**	**DDx0**
Read/Write	R/W	R/W	R/W	R/W	R/W	R/W	R/W	R/W
Initial Value	0	0	0	0	0	0	0	0

PORTx : PORTx 데이터 레지스터

Bit	7	6	5	4	3	2	1	0
	PORTx7	**PORTx6**	**PORTx5**	**PORTx4**	**PORTx3**	**PORTx2**	**PORTx1**	**PORTx0**
Read/Write	R/W	R/W	R/W	R/W	R/W	R/W	R/W	R/W
Initial Value	0	0	0	0	0	0	0	0

22.2 LDM(16*16)의 특성 및 제어회로

KLM-162CAN LDM 모듈은 16*16 크기를 갖는 3색의 LDM(Led Dot Matrix)이다. 그림 22.2.1은 KLM-162CAN의 외형 및 전원과 입출력 핀을 나타내고 있다. 한편 표 22.2.1은 KLM-162CAN 모델의 사양을 나타내고 있다.

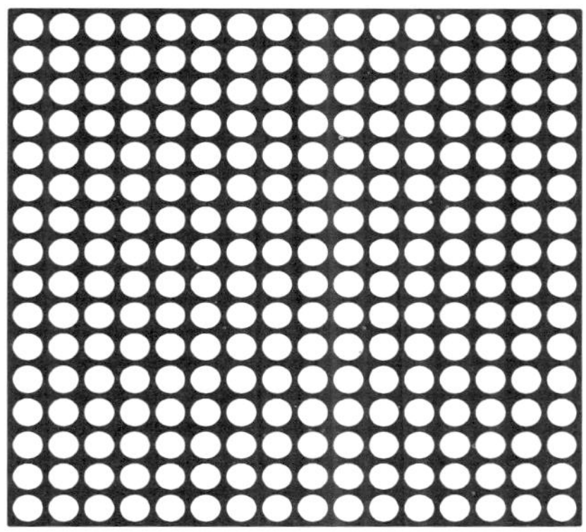

그림 22.2.1 LDM(16*16)의 외형

표 22.2.1 KLM-162CAN 사양

Size (W × H × D)	96 × 96 × 11(mm)
Display Color	Red, Green, Amber, Black
Number of Dot	256(16 × 16)
Drive mode	Dynamic Drive(1/16 Duty)
Brightness Control	Red : 10 steps, Green : 10 steps
Over Voltage Protection	Works at over 6V(Only LED Off)
Viewing Angle	Horizontal : ±60˚, Vertical ±75˚
Weight	86±5g

그림 22.2.2는 LDM(16*16)의 내부 구조를 나타내고 있다. KLM-162CAN은 내부의 16 BIT SHIFT REGISTER를 이용하여 여러개의 LDM(16*16)을 직렬로 연결하여 R-DATA(빨간색 데이터 신호), G-DATA(녹색 데이터 신호)를 옆으로 전달 할 수 있다. 또한 제어신호인 Address Bus와 CLK, LATCH, ENABLE 신호는 모두 병렬로 연결되어 길게 연결된

LDM(16*16)에 같은 신호를 전달한다. 따라서 이러한 직·병렬로 연결된 제어 신호들에 의해 KLM-162CAN은 여러 개가 함께 연결되어 제어 될 수 있다.

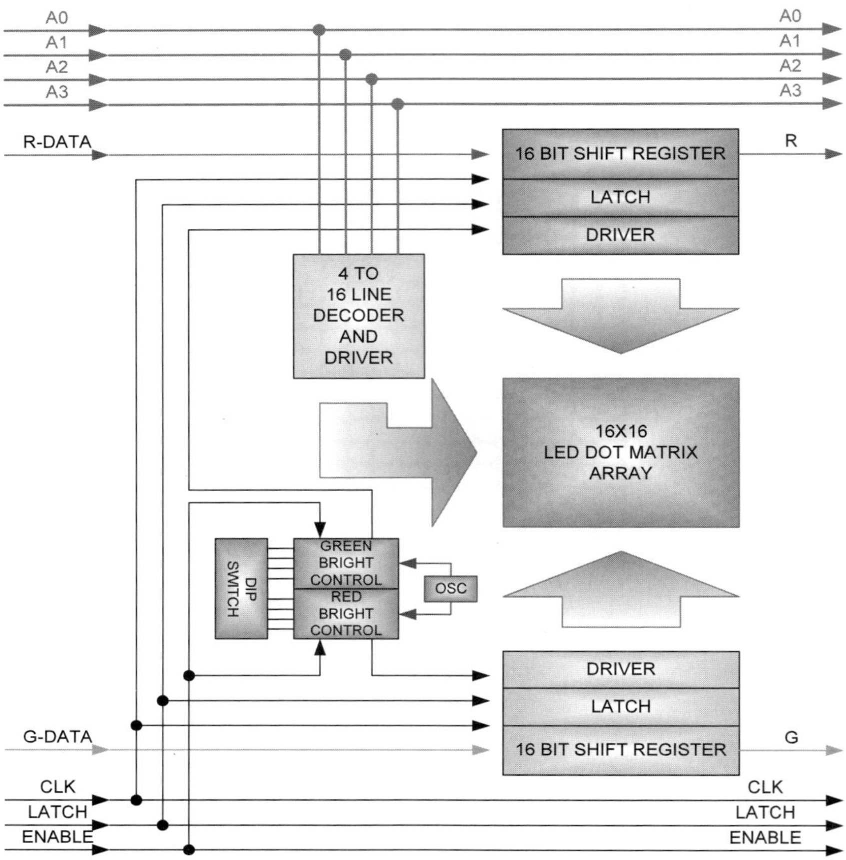

그림 22.2.2 LDM(16*16)의 내부 구조

그림 22.2.3에서는 여러개의 LDM(16*16)이 직렬로 연결되는 구조를 나타내고 있다. 이 구조는 LDM(1,1), LDM(1,2), LDM(1,3), LDM(1,4)는 Micro Controller의 상단 제어 포트에 연결하고, LDM(2,1), LDM(2,2), LDM(2,3), LDM(2,4)는 Micro Controller의 하단 제어 포트에 연결하여 사용하는 구조를 나타내고 있으며, LDM 간에 연결에서는 제공되는 FFC 케이블을 이용하여 연결되는 구조를 나타내고 있다. 한편, 상단의 LDM 그룹과 하단의 LDM 그룹이 서로 분리되어 제어되므로 직렬로 8개가 연결된 구조보다 더 원활한 디스플레이 제어를 할 수 있다.

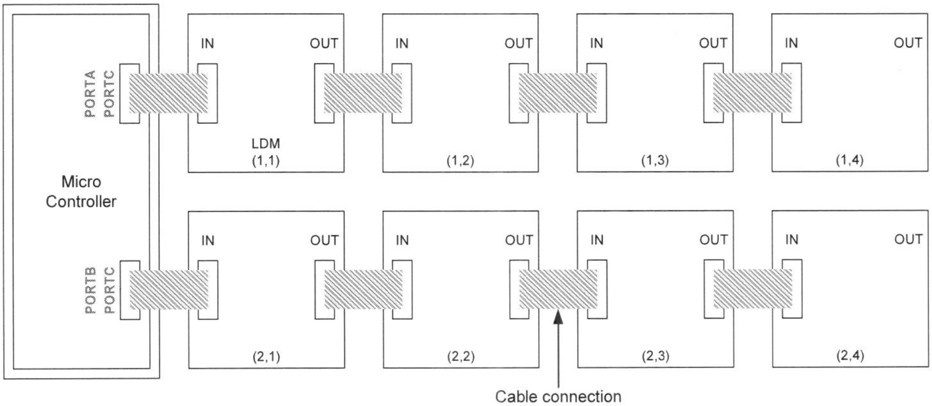

그림 22.2.3 여러개의 LDM(16*16)이 직렬로 연결되는 구조

표 22.2.2는 KLM-162CAN의 핀 기능을 나타내고 있으며, 더 자세한 내용은 KLM-162CAN의 데이터 시트를 참고하도록 한다. ENABLE 신호는 LDM의 LED를 ON 또는 OFF 하는 기능을 가지고 있다. 이 신호는 LATCH 신호가 동작할 때 LDM의 잔상이 나타나지 않도록 일시적으로 LDM을 OFF하고, 일반적인 동작에서는 ON되도록 제어하면 된다. LATCH 신호는 16개의 클록과 함께 입력된 빨간색과 녹색 데이터를 저장하도록 하는 신호이다. CLOCK 신호는 LDM에 데이터를 전송할 때 데이터의 동기를 맞추는 동기식 클록 신호이다. G-DATA 신호는 LDM의 녹색을 표현하도록 설정하는 데이터 신호이다. R-DATA 신호는 LDM의 빨간색 신호를 표현하도록 설정하는 데이터 신호이다. LINE ADDRESS 신호는 16열로 구성된 LDM의 열 어드레스를 나타내는 어드레스 제어 신호선이다. 한편 G-DATA와 R-DATA가 모두 논리 1로 설정되면 해당하는 비트의 LED는 녹색과 빨간색이 모두 ON되어 노란색으로 나타나며, 모두 논리 0으로설정되면 해당하는 비트의 LED는 모두 OFF된다.

표 22.2.2 KLM-162CAN의 핀 기능

ENABLE	LED ON 또는 OFF 제어 ('H' Display OFF)('L' Display ON)
LATCH	Data latch를 위한 입력 신호 (Rising Edge에서 새로운 Data Latch)
CLOCK	Data 입력과 화면 표시를 위한 클록 신호
G-DATA	녹색 Data 입력
R-DATA	빨간색 Data 입력
LINE ADDRESS(A0~A3)	Line Address 입력 신호(0~15 사이의 값을 가진다)

그림 22.2.4는 KLM-162CAN의 제어 타이밍 도를 나타내고 있다. LINE ADDRESS를 0~15사이의 값으로 설정하고, CLOCK 신호를 인가한다. CLOCK 신호가 상승에지일 때 DATA 신호는 변하지 않는 0 또는 1의 논리를 가져야하며, 16개의 클록과 함께 데이터가 모두 LDM에 전송되면 LATCH 신호에 0 논리의 펄스를 출력하여 LDM이 저장하도록 해야 한다. 이때 ENABLE 신호에 논리 1을 출력하여 LATCH 동작에 의한 데이터 변경 시 일시적으로 나타나는 LDM의 잡음이 나타나지 않도록 해야 하며, 이때 LDM은 짧은 시간동안 OFF 된다. 16개의 데이터가 저장되면 LINE ADDRESS를 0~15사이의 다음 어드레스로 설정하고, CLOCK 신호를 인가하여 다시 데이터를 LDM에 전송한다.

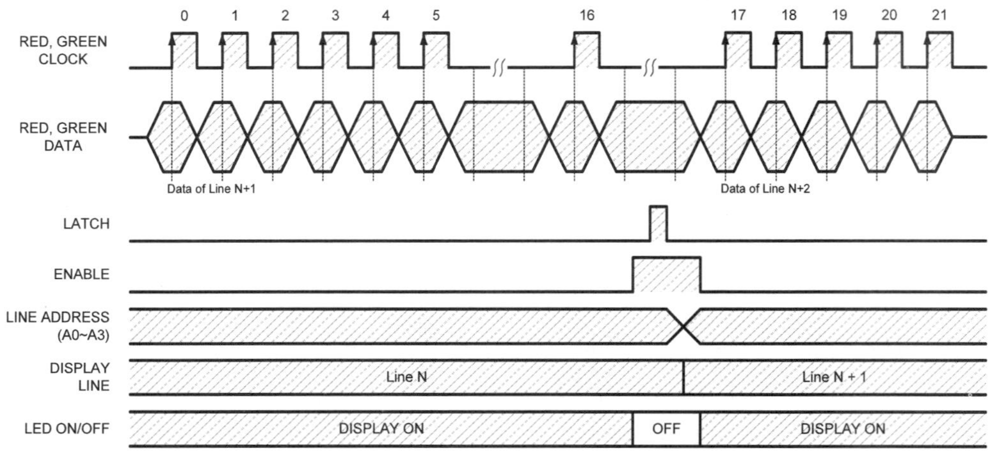

그림 22.2.4 KLM–162CAN의 제어 타이밍 도

그림 22.2.5는 데이터 입력 타이밍 도를 나타내고 있다. 이것은 CLOCK 신호와 DATA 신호 사이의 시간 차이를 나타내는데, 서로간의 신호 변화 사이에 Tsu, Th 시간보다 짧게 제어되면 LDM은 정확한 동작을 할 수 없게 된다. Tsu 및 Th에 관련한 자세한 내용은 표 22.2.3을 참조한다.

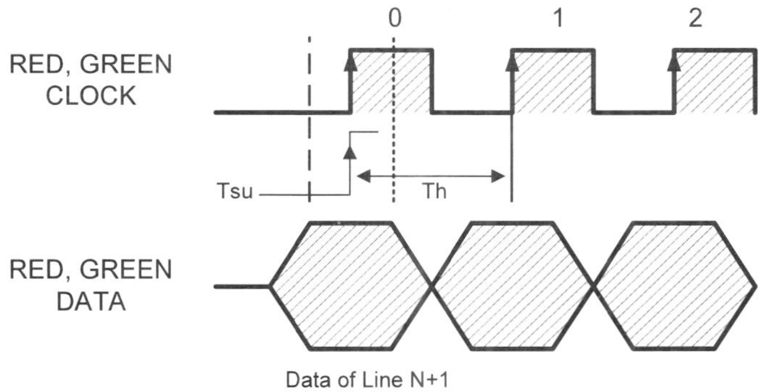

그림 22.2.5 데이터 입력 동작 타이밍 도

그림 22.2.6은 Latch, ENABLE, Address 신호 입력 동작 타이밍 도를 나타내고 있다. 이것은 CLOCK, LATCH, ENABLE, LINE ADDRESS 신호 사이의 시간 차이를 나타내는데, 서로간의 신호 변화 사이에 Tclk, Tlpw, Tel, Tepw, Tae, Tla 시간 보다 짧게 제어되면, LDM은 정확한 동작을 할 수 없게 된다. Tclk, Tlpw, Tel, Tepw, Tae, Tla에 관련한 자세한 내용은 표 22.2.3을 참조한다.

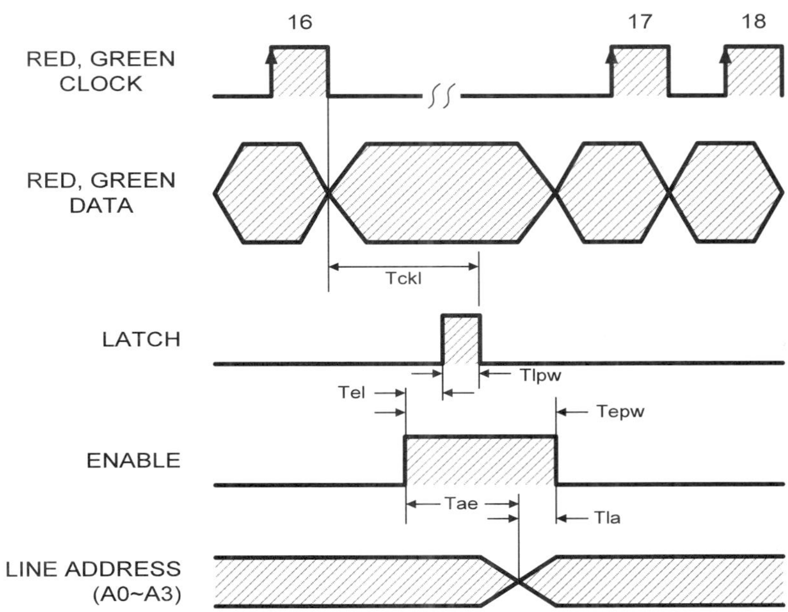

그림 22.2.6 Latch, ENABLE, Address 신호 입력 동작 타이밍 도

표 22.2.3 동작 타이밍

ITEM	SYMBOL	MIN	MAX	UNIT
Clock Cycle	T	–	50	MHz
Data Set up Time	Tsu	5	–	ns
Data Hold Time	Th	5	–	ns
Latch Pulse Width	Tlpw	5	–	ns
Clock–Latch Time	Tckl	20	–	ns
Enable–Latch Time	Tel	3	–	us
Enable Pulse Width	Tepw	3	–	us
Address–Enable Time	Tae	1.5	–	us
Latch–Address Time	Tla	1.5	–	us

22.3 AVR 트레이닝 키트(WES–XUN I)의 LDM(16*16) 제어회로

AVR 트레이닝 키트(WES-XUN I)에는 그림 22.3.1과 FFC 케이블로 연결 가능한 LDM(16*16) 연결 소켓이 제공되며, LDM에 전원을 공급하기 위하여 LDM 전용 3핀 전원 커넥터도 제공한다.

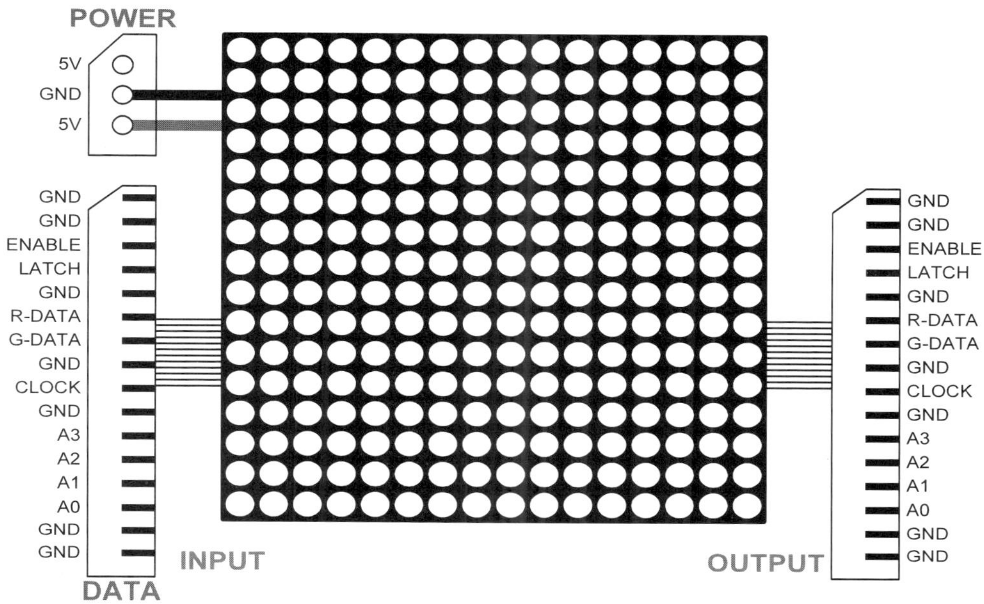

그림 22.3.1 AVR 트레이닝 키트(WES-XUN I)의 LDM(16*16) 회로 블록도

LDM 커넥터의 각 핀은 표 22.3.1과 같이 연결된다. 이 커넥터에는 LDM의 제어 신호인 Latch, CLOCK, R-DATA, G-DATA, A0, A1, A2, A3 신호가 연결되어 있다. 한편, 표 22.3.2는 LDM 커넥터에 연결되지 못한 ENABLE 신호가 STEP 커넥터에 연결된 핀 연결을 나타내고 있다.

표 22.3.1 LDM 커넥터와 LDM(16*16)의 핀 연결

LDM 커넥터 비트	D7	D6	D5	D4	D3	D2	D1	D0
LDM(16*16)	LATCH	CLOCK	G-Data	R-Data	A0	A1	A2	A3

표 22.3.2 STEP 커넥터와 LDM(16*16)의 핀 연결

STEP 커넥터 비트	D7	D6	D5	D4	D3	D2	D1	D0
LDM(16*16)	ENABLE	–	–	–	–	–	–	–

실습내용

22.4 AVR 트레이닝 키트(WES-XUN I)에서 동작해보기

22.4.1 AVR 트레이닝 키트(WES-XUN I)의 동작을 위한 준비 사항

단계 1 그림 22.4.1과 같이 전원을 켜고 ISP 다운로드 모듈을 연결한다.

그림 22.4.1 전원을 켜고 ISP 다운로드 모듈을 연결

단계 2 그림 22.4.2와 같이 IDC Flat 10P 케이블을 이용해 STEP 커넥터(IDC15)와 AVR MCU Module(ATmega128)의 PORTA와 연결하고, LDM16 커넥터(IDC20)와 AVR MCU Module(ATmega128)의 PORTC와 연결한다. 연결할 때 케이블의 방향이 맞도록 홈에 잘 맞추어 삽입한다. 한편, 그림 22.4.3과 같이 LDM(16*16)을 AVR 트레이닝 키트(WES-XUN I)의 LDM 블록에서 신호선을 16핀 FFC 커넥터(LDM16 : CON11)에, 전원 케이블을 3핀 커넥터(LDM16 : CON7)에 연결해야 한다. 3핀 전원 케이블은 연결할 때 케이블의 방향이 맞도록 홈에 잘 맞추어 삽입한다.

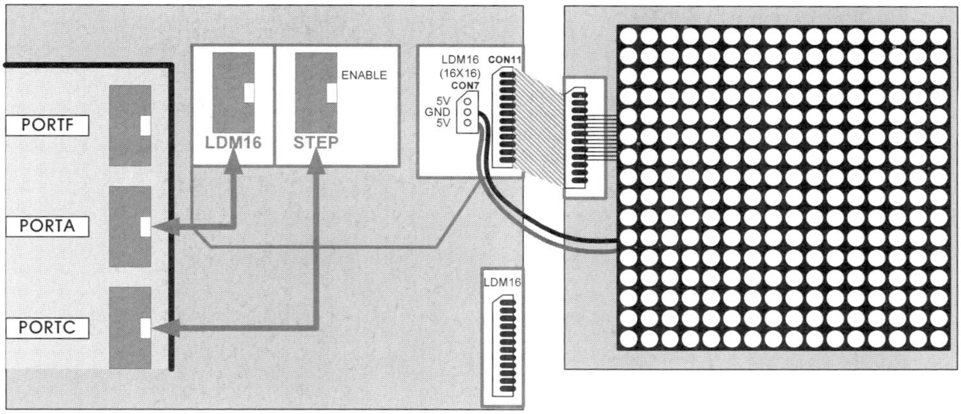

PORTA ⇔ LDM

PORTA	BIT7	BIT6	BIT5	BIT4	BIT3	BIT2	BIT1	BIT0
Device Pin	LATCH	CLK	G-Data	R-Data	A0	A1	A2	A3
입출력	Out	Out	Out	Out	Out	Out	Out	Out

PORTC ⇔ STEP

PORTC	BIT7	BIT6	BIT5	BIT4	BIT3	BIT2	BIT1	BIT0
Device Pin	ENABLE	-	-	-	-	-	-	-
입출력	Out	Out	Out	Out	Out	Out	Out	Out

그림 22.4.2 LDM(16*16) 출력 장치 실험을 위한 회로 연결

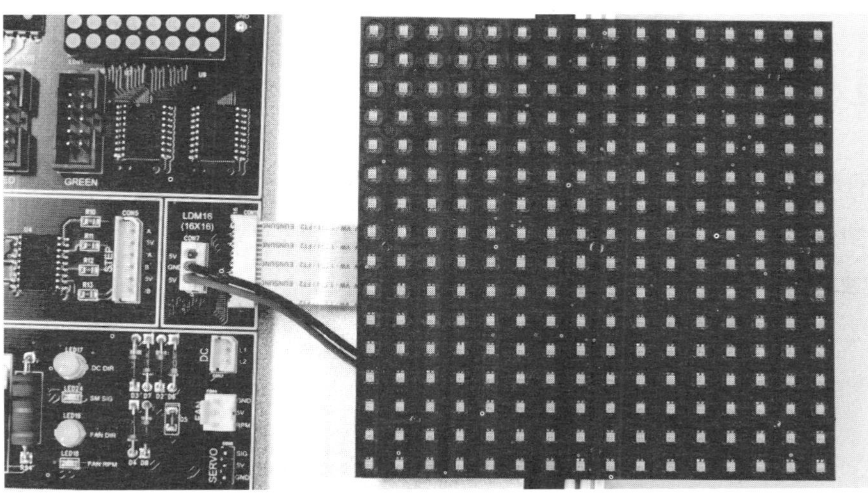

〈앞면〉

〈뒷면〉

그림 22.4.3 LDM(16*16)과 AVR 트레이닝 키트(WES-XUN I)와의 연결

T·I·P

PORTA를 STEP 커넥터(IDC15)에 연결하는 이유는 LDM의 제어 단자는 총 9개 인데 LDM 커넥터에서는 8개만을 지원하므로, STEP 커넥터(IDC15)에서 ENABLE 단자 1개를 제어 할 수 있게 연결되어 있다.

22.4.2 LDM(16*16)에 영문자 L을 출력하는 예제

단계 1 AVR Studio 4에서 새로운 project를 생성하고, C 언어 소스 프로그램을 작성하여 저장한다. 자세한 내용은 5.4.2절의 [단계 1]을 참조한다.

[단계 1]-(1) Project type은 AVR GCC를 선택하고, Project name:은 ch22_step1, Initial file:은 ch22_step1이라고 입력하고, Create initial file과 Create folder를 체크하고, Location:은 C:₩avr_test를 선택한 후에 [Next >>] 버튼을 누르고 다음 단계로 진행한다.

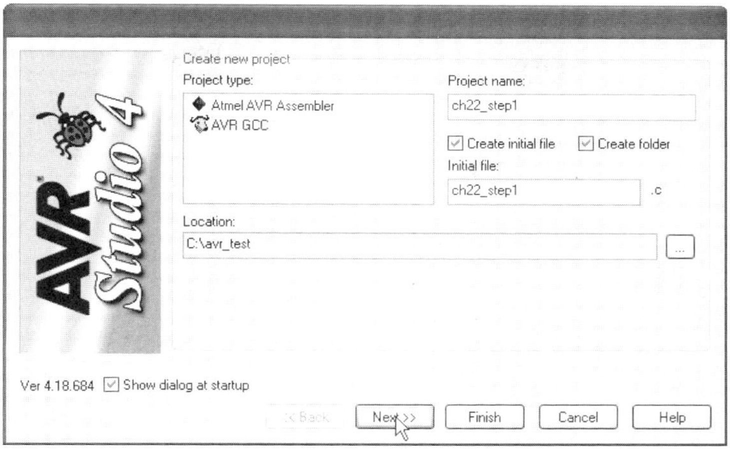

[단계 1]-(2) AVR Studio 4 편집 화면에 다음과 같이 C 언어 소스 프로그램을 작성하여 저장한다.

```
//
// ch22_step1.c
//

#include "ch22_ldm16.h"

// 영문자 L 데이터를 배열에 저장
unsigned int Font1[16] = {
        0x0000, 0x0000, 0x0000, 0x0800,     //  0,  1,  2,  3열
        0x0800, 0x0800, 0x0800, 0x0800,     //  4,  5,  6,  7열
        0x0800, 0x0800, 0x0800, 0x0FF0,     //  8,  9, 10, 11열
        0x0000, 0x0000, 0x0000, 0x0000      // 12, 13, 14, 15열
        };

int main(void){
   // 포트 C의 방향 설정, 0 : 입력, 1 : 출력
   // PC7 PC6 PC5 PC4 PC3 PC2    PC1    PC0
   // Out    In      In   In   InIn   In  In
   DDRC = 0B10000000;

   // 포트 A의 방향 설정, 0 : 입력, 1 : 출력
```

```
    // PA7   PA6   PA5 PA4   PA3 PA2 PA1 PA0
    // Out    Out   Out   Out    Out  Out Out   Out
    DDRA = 0B11111111;

    // 무한 반복
    while(1){
     // 영문자 L 출력
     DISPLAY(Font1, RED);
    }

    // 함수의 형태와 같이 정수형(int)의 값을 반환함
    return 1;
}
```

C 언어 소스 프로그램 설명

핵심포인트

LDM(16×16)은 직렬로 무수히 연결될 수 있도록 내부에 드라이버를 내장하고 있다. 즉, 마이크로컨트롤러에 연결된 LDM(16×16)은 직렬로 연결된 다른 LDM(16×16)으로 데이터를 전달하는 방식으로 최대 수십개의 디스플레이 장치를 연결할 수 있다.

LDM(16×16)은 주소, 색 신호, 클록 LATCH, ENABLE등을 주요 제어 신호로하여 16개의 클록 동안 한 줄의 LED ON/OFF 데이터를 전달 받으며, 한번의 LATCH와 ENABLE의 펄스 신호가 필요하다. 16줄로 구성되므로 이런 동작이 16번 반복되면 한 화면을 디스플레이 할 수 있다. 출력된 화면을 반복하면 정지된 화면을 계속해서 출력할 수 있다. 한편, LDM(16×16)에 출력할 데이터는 16비트 크기를 가지는 배열에 저장하면 매우 편리하게 제어할 수 있다.

#include "ch22_ldm16.h" 문장은 C 언어 소스 프로그램에서 사용하는 ATmega128 관련 레지스터, 함수, 매크로 등을 사용하기 위해 필요하므로 반드시 포함시킨다.

unsigned int Font1[16] 문장은 16비트 크기의 Font1이라는 이름을 가지며, 메모리 할당 개수가 16개인 배열을 선언하고 있다. 이 배열에는 LDM(16*16)에 출력할 데이터가 저장된다.

DDRx 레지스터는 포트의 입출력 방향을 결정하는 레지스터이며 x는 포트명이고 DDRxn의 각 비트 값이 0이면 입력, 1이면 출력으로 설정된다. 따라서 DDRC = 0B10000000; 문장은 포트 C의 방향을 설정하는 기능을 수행하는 문장이다. 논리 1로 설정되는 비트는 출력이고, 논리 0으로 설정되는 비트는 입력이다. 따라서 포트 C는 7번 비트만 출력으로 설정되고, 나머지는 입력으로 설

정된다. DDRA = 0B11111111; 문장은 포트 A의 방향을 설정하는 기능을 수행하는 문장이고, 포트 A의 모든 비트는 출력으로 설정된다.

while(1) {} 문장은 ()의 조건에 따라 {}내의 문장을 반복하는 반복문이다. 여기서 ()안의 조건이 1이므로 항상 참을 의미하고, 따라서 {}내의 모든 문장식을 무한 반복하는 기능을 수행한다.

DISPLAY(Font1, RED); 문장은 Font1 배열과, RED 매크로(빨간색)를 인수로 하여 DISPLAY() 함수를 호출하는 기능을 수행한다. 따라서 이 문장이 호출 될 때마다 LDM(16*16) 1개의 전체 화면을 Font1 배열의 값으로 채운다. 이때 출력되는 LED의 색상은 매크로 RED에 의해 빨간색으로 출력된다.

[단계 1]-(3) 풀다운 메뉴에서 [File] → [New File] 서브 메뉴를 누르면 나타나는 AVR Studio 4 편집 화면에 ch22_ldm16.c C 언어 소스 프로그램을 작성하여 현재 project 폴더에 저장한다.

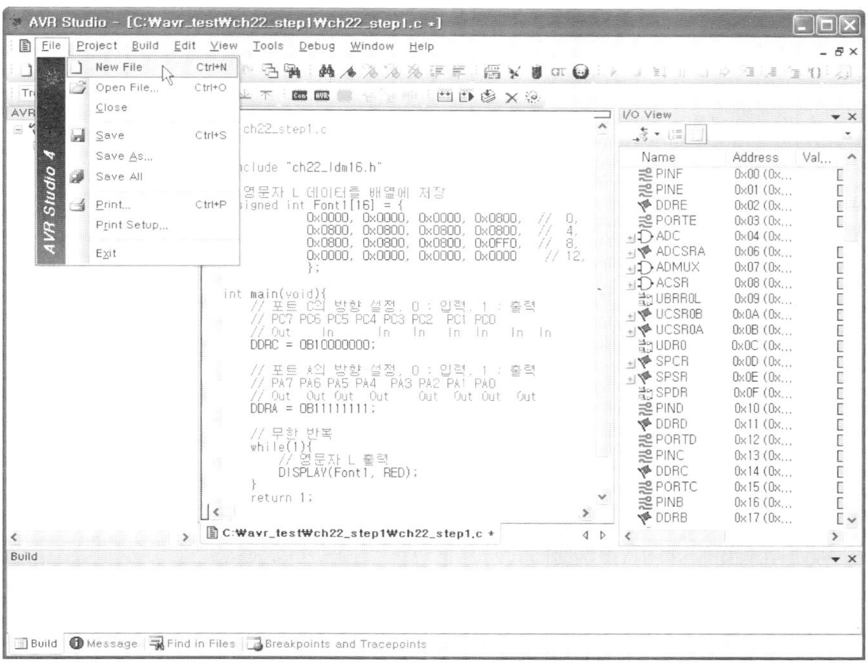

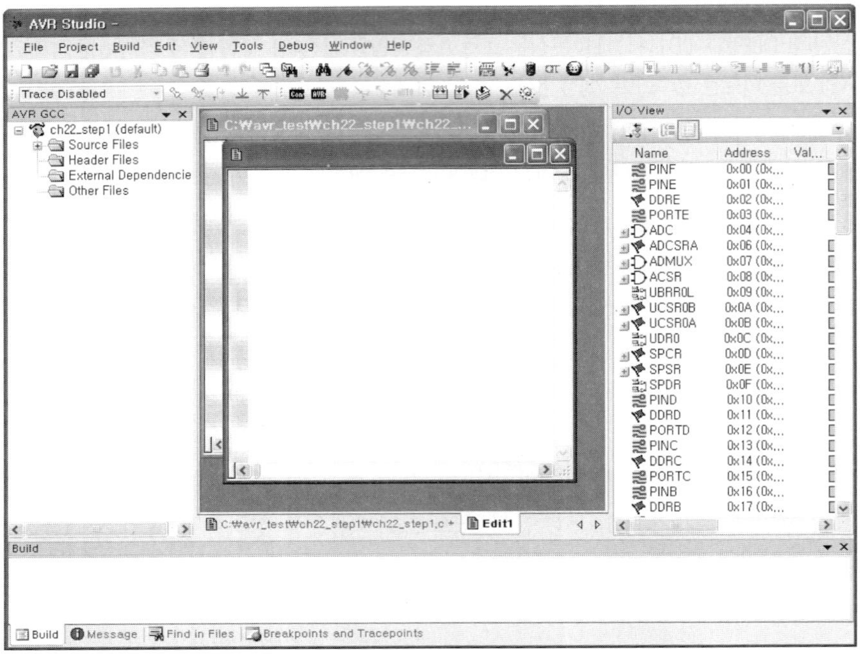

```
//
// ch22_ldm16.c
//

#include "ch22_ldm16.h"

// 16비트 데이터 출력
void CLK_DATA(unsigned int data, unsigned char color){
  // 마스크 연산용 16비트 변수 선언
  unsigned int mask;

  // 16비트 데이터를 마스크하여 ON/OFF를 결정하고,
  // ON의 경우 색상에 맞게 LED를 ON 한다.
  // 15번 비트에서 0비트까지 시프트하며 16번 반복함

  for(mask = 0x8000; mask; mask >>= 1){
   if( data & mask ){
      if(color == RED)          COLOR_RED_SET;          // 빨간색
      else if(color == GREEN)        COLOR_GREEN_SET;       // 녹색
      else if(color == YELLOW) COLOR_YELLOW_SET;    // 노란색
   }
```

```
    else {
        COLOR_BLACK_SET;                          // 검정색
    }
    CLK_CLR ;  // CLOCK Low level
    CLK_SET ;  // CLOCK High level
  }
}

// 16열의 LDM에 디스플레이 하는 함수
void DISPLAY(unsigned int *data, unsigned char color){
  unsigned char add2[16] = {0, 8, 4, 12, 2, 10, 6, 14, 1, 9, 5, 13, 3, 11, 7, 15};

  // 어드레스 계산용 8비트 변수 선언
  unsigned char add = 0;

  // 0부터 15까지 어드레스가 1씩 증가하며 16번 반복함
  for(add = 0; add < 16; add++){
   CLK_DATA(data[add], color);          // 어드레스에 해당하는 데이터 출력

   // LDM을 OFF하고 새로운 어드레스를 설정함.
   // LDM의 OFF 시간이 너무 짧으면 잔상이 나타날 수 있음
   // ENABLE를 논리 1로 설정하고 최소 3us 이후에
   // LATCH를 논리 1으로 설정해야함
   // ENABLE=1 or LATCH=1 이면 LDM OFF
   ENABLE_SET;                              // ENABLE enable
   _delay_us(3);
   LATCH_SET;                               // LATCH enable

   // 다음 열에 데이터를 출력하도록
   // 새로운 어드레스값을 출력
   LDM_PORT = (LDM_PORT & 0xf0) | add2[add];     // Address 설정
   _delay_us(1);

   // LATCH=0 and ENABLE=0 이면 LDM ON
   LATCH_CLR;                               // LATCH disable
   ENABLE_CLR;                              // ENABLE disable
  }
```

C 언어 소스 프로그램 설명

핵심포인트

LDM(16*16)은 한 줄에 16개의 LED로 이루어져 모두 16 줄을 가지는 디스플레이 장치를 말하며, 이 장치는 LDM(16*16)을 연동하여 제어할 수 있는 컨트롤러가 내장되어진 특징을 가진다. 이 장치를 제어하기 위해서는 LED의 개별 ON/OFF 데이터를 전송하는데 필요한 동기화 클록이 필요하며, 클록의 상승 에지에서 1개의 LED의 데이터를 전송 한다. LDM(16*16)의 한 줄은 16개의 LED로 구성되어 있으므로 16개의 클록을 발생시켜 상승에지에서 데이터를 전송(CLK_DATA(){} 함수)하고, 16개의 데이터가 전송이 완료되면, 전송된 데이터를 LDM(16*16)에 적용하도록 LATCH 신호와 ENABLE 신호를 제어해야 한다. 이때 전송될 데이터의 어드레스를 설정하기 위해서 어드레스 값 4비트를 설정(LDM_PORT = (LDM_PORT & 0xf0) | add2[add]; 문장)해야 하며, LATCH 신호를 출력하기 전에 설정해야 한다.

ch22_ldm16.h 헤더 프로그램은 필요한 모든 정보가 포함되어 있으므로 반드시 포함해야 한다.

void CLK_DATA(unsigned int data, unsigned char color) 함수는 LDM(16*16)의 1열에 해당하는 16개의 클록(clock) 신호와 데이터(data) 비트 신호를 출력하는 함수이다. 인수 data는 LDM의 한 행에 출력될 LED ON/OFF 데이터를 가지고 있고, 인수 color는 LED를 ON 시킬 경우의 색상(빨간색, 녹색, 노란색, 검정색)을 설정하는 값이 저장되어 있다. 이 함수에서는 둘 중 하나의 입력이 0이면 결과가 0이 되는 논리곱의 진리를 이용하여, 16개의 비트를 1비트만 1로 설정하고 나머지는 비트는 0으로 설정하여 논리곱을 취한다. 이때 1과 논리곱으로 연산된 비트가 0이면 결과가 0이 되고, 0이 아니면 2의 배수값이 된다. 이런 동작을 16번 반복하여, 결과가 0이면 검정색(LED는 OFF됨)으로 출력하고, 그렇지 않으면 color 변수에 지정된 색으로 켜지도록 데이터 비트를 설정한다. 이러한 동작을 위해 for(mask = 0x8000; mask; mask >>= 1){} 문장은 16개의 비트 중 하나의 비트만 1로 설정하고 나머지 비트는 모두 0으로 설정한 후에 1비트씩 왼쪽으로 이동하며 {}안의 문장을 16번 반복하는 반복문이고, if(data & mask){} 문장은 결과에 따라 LED를 ON 또는 OFF 하도록 설정하도록 하는 조건문이다. 조건에 따라 COLOR_RED_SET, COLOR_GREEN_SET, COLOR_YELLOW_SET 매크로를 이용하여 빨간색, 녹색, 노란색을 출력한다. 만약 if() 문의 조건이 0이면 LED는 검정색을 출력한다. 다음에 1개의 클록이 발생시키는데 이것은 데이터 비트를 전송하기 위함이다. 클록을 생성하기 위해서 CLOCK 비트를 논리 0으로 설정한 이후에 논리 1으로 설정한다. 데이터는 CLOCK 비트가 논리 0에서 논리 1로 변하는 상승 에지에서 인식된다.

void DISPLAY(unsigned int *data, unsigned char color) 함수는 LDM 1개의 전체 화면에 데이터를 출력하는 함수이다. 인수 *data는 16비트 크기를 갖는 데이터의 배열 어드레스를 저장하고 있고, color는 LED를 ON 시킬 경우 출력될 색상을 저장하고 있다. 또한 CLK_DATA() 함수를 이용해 1열의 클록과 데이터를 출력한다. 다음에 새로운 어드레스에 데이터를 출력하기 위해서는 잔상이 나타나지 않도록 설정한 후에 새로운 어드레스를 적용해야 한다. 이 동작을 위해 ENABLE 신호를 1로 설정하여 LDM이 일시적으로 OFF 되도록 한 후에 3us 동안 대기한다. 다음에 LATCH 신호를 1로 설정하고 새로운 어드레스를 연산하여 출력하고, 1us 동안 대기한다. 다음에 LATCH 신호를 0으로 설정하면 앞서 출력한 데이터가 LDM에 기억되며 LDM이 ON 되었을 때 출력되며, ENABLE 신호를 0으로 설정하면 LDM은 ON 된다. for(add = 0; add < 16; add++){} 문장은 이러한 동작이 16번 반복되도록 하는 것이며, 어드레스가 0 ~ 15까지 모두 16개 이므로 16번 반복해야 하는 것이다. 이 함수에서 add2[] 배열을 사용한 것은 LDM(16*16) 장치의 어드레스를 설정하는 비트의 연결이 반대로 되었기 때문이다. 다시 말해 A0-A3, A1-A2, A2-A1, A3-A0과 같이 연결되었기 때문에 정상적으로 동작시키기 위해서는 A0-A0, A1-A1, A2-A2, A3-A3과 같이 신호가 전달되도록 신호를 재배치시킨 것이다.

[단계 1]-(4) ch22_setp1의 project에 ch22_ldm16.c C 언어 소스 프로그램이 포함되도록 팝업 메뉴의 [Add Existing Source File(s)...] 서브 메뉴를 수행한다.

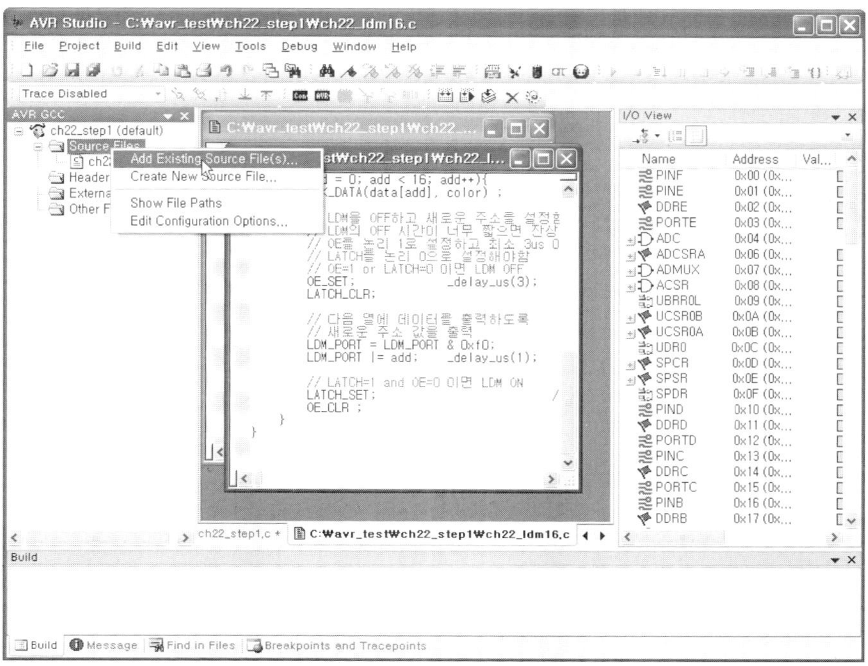

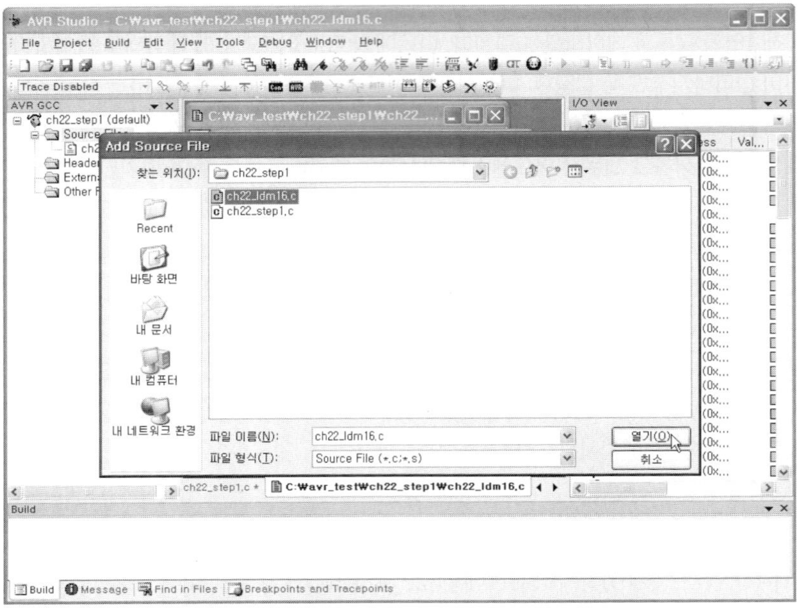

[단계 1]-(5) 매크로 치환과 함수원형선언 등이 포함된 ch22_ldm16.h 헤더 프로그램을 작성하여 저장한다. 이때 풀다운 메뉴에서 [File] → [New File] 서브 메뉴를 누르면 나타나는 AVR Studio 4 편집 화면에 ch22_ldm16.h 헤더 프로그램을 작성하여 현재 project 폴더에 저장한다.

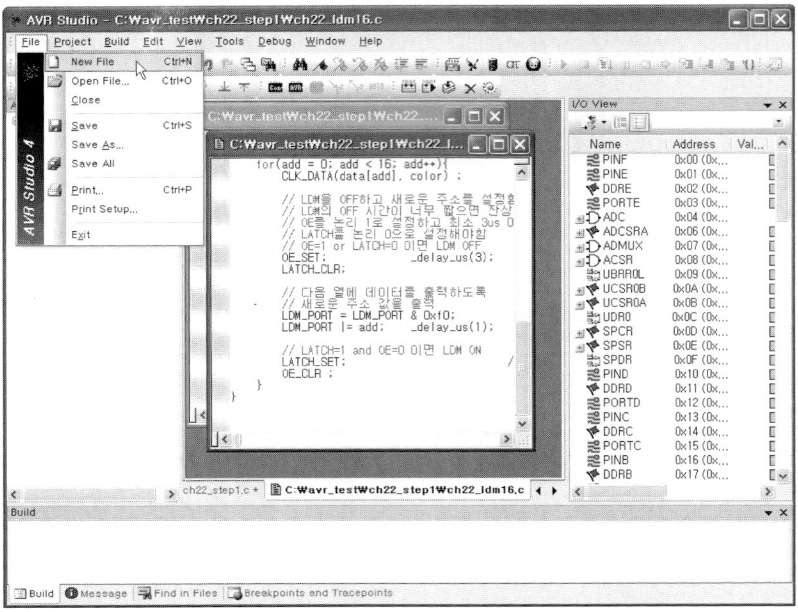

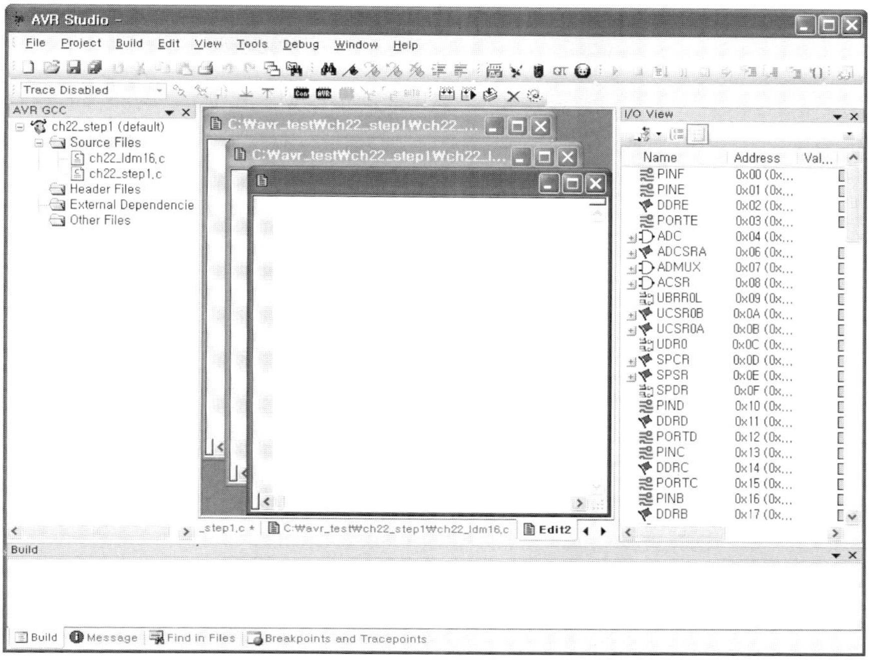

```
//
// ch22_ldm16.h
//

// ATmega128의 레지스터 등이 정의되어 있음
#include <avr/io.h>

// _delay_ms() 함수 등이 정의되어 있음
#include <util/delay.h>

// LDM을 제어하기 위한 포트를 매크로로 정의
#define    LDM_PORT   PORTA
#define LDM_EPORT    PORTC

// 특정 비트의 세트 또는 클리어 매크로 정의
#define    SBIT(x, y)    (x |= (1 << y))
#define    CBIT(x, y)    (x &= ~(1 << y))

// LDM 확장 포트의 비트 정의
#define ENABLE    7
```

```
// LDM 포트의 비트 정의
#define LATCH     7
#define CLK       6
#define GD        5
#define RD        4
#define ADDR3     3
#define   ADDR2     2
#define   ADDR1     1
#define ADDR0     0


// 각 제어 신호의 세트 또는 클리어 매크로 정의
#define   ENABLE_SET   SBIT(LDM_EPORT, ENABLE)
#define   ENABLE_CLR   CBIT(LDM_EPORT, ENABLE)
#define LATCH_SET      SBIT(LDM_PORT, LATCH)
#define LATCH_CLR      CBIT(LDM_PORT, LATCH)
#define CLK_SET        SBIT(LDM_PORT, CLK)
#define CLK_CLR        CBIT(LDM_PORT, CLK)

// 색깔 데이터의 설정을 위한 매크로 정의
#define COLOR_BLACK_SET  CBIT(LDM_PORT, RD), CBIT(LDM_PORT, GD)
#define COLOR_RED_SET    SBIT(LDM_PORT, RD), CBIT(LDM_PORT, GD)
#define COLOR_GREEN_SET  CBIT(LDM_PORT, RD), SBIT(LDM_PORT, GD)
#define COLOR_YELLOW_SETSBIT(LDM_PORT, RD), SBIT(LDM_PORT, GD)

// LDM의 색상 구분을 위한 매크로 정의
#define BLACK      0  // 검정색
#define RED        1  // 빨간색
#define GREEN      2  // 녹색
#define   YELLOW     3  // 노란색

// 함수원형선언
void DISPLAY(unsigned int *data, unsigned char color);
void CLK_DATA(unsigned int data, unsigned char color);
```

T·I·P

C 언어 소스 프로그램은
CD Drive:₩Source₩ch22₩ch22_step1₩ch22_step1.c 파일과
CD Drive:₩Source₩ch22₩ch22_step1₩ch22_ldm16.c 파일과
CD Drive:₩Source₩ch22₩ch22_step1₩ch22_ldm16.h 파일을 참조한다.

단계 2 AVR Studio 4를 이용하여 C 언어 소스 프로그램을 Build 한다. 자세한 내용은 5.4.2절의 [단계 2]를 참조한다.

단계 3 PonyProg를 이용하여 ATmega128에 hex 파일을 ISP 다운로드 한다. 자세한 내용은 5.4.2절의 [단계 3]을 참조한다.

단계 4 다운로드가 완료되면 AVR 트레이닝 키트(WES-XUN I)에서 동작을 확인한다. LDM(16*16)에 빨간색으로 영문자 L이 출력된다.

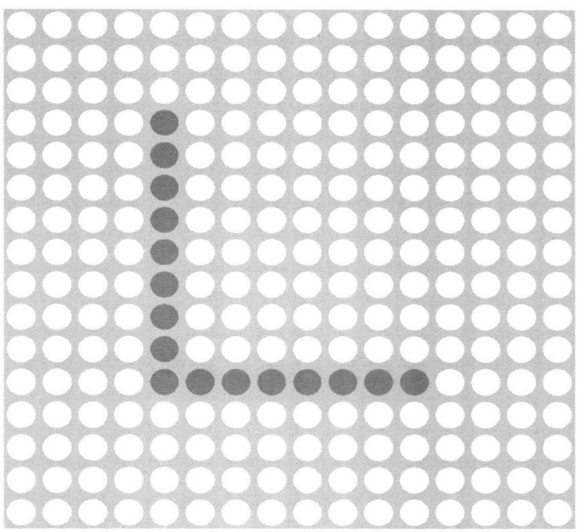

T·I·P

그림 22.4.2의 데이터를 Font1[] 배열에 담는 방법은 A0부터 A15까지 순서대로 배열에 넣으면 된다. 이때 배열은 unsigned int로 선언한다.

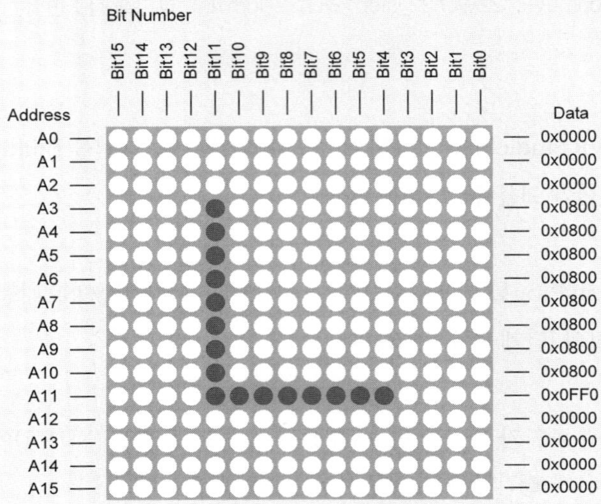

그림 22.4.2 영문 'L'의 폰트 데이터

```
unsigned int Font1[16] = {
0x0000, 0x0000, 0x0000, 0x0800, 0x0800, 0x0800, 0x0800, 0x0800,
0x0800, 0x0800, 0x0800, 0x0FF0, 0x0000, 0x0000, 0x0000, 0x0000
} ;
```

22.4.3 LDM(16*16)에 문자를 바꾸며 출력하는 예제

단계 1 AVR Studio 4에서 새로운 project를 생성하고, C 언어 소스 프로그램을 작성하여 저장한다. 자세한 내용은 5.4.2절의 [단계 1]을 참조한다.

[단계 1]-(1) Project type은 AVR GCC를 선택하고, Project name:은 ch22_step2, Initial file:은 ch22_step2이라고 입력하고, Create initial file과 Create folder를 체크하고, Location:은 C:₩avr_test를 선택한 후에 [Next >>] 버튼을 누르고 다음 단계로 진행한다.

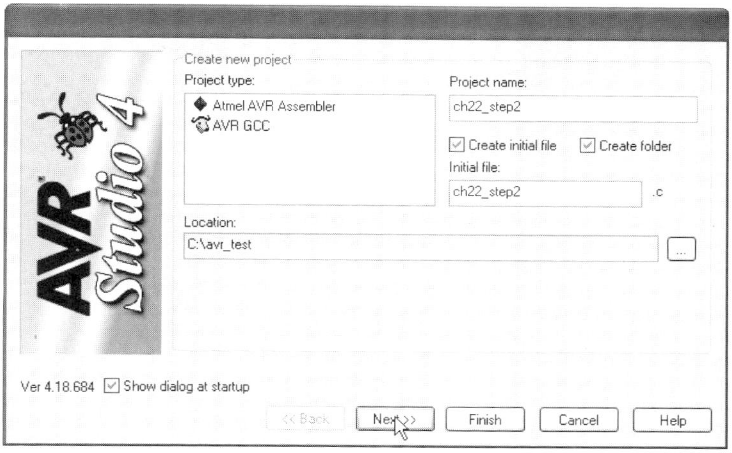

[단계 1]-(2) AVR Studio 4 편집 화면에 다음과 같이 C 언어 소스 프로그램을 작성하여 저장한다.

```
//
// ch22_step2.c
//

#include "ch22_ldm16.h"

// L 데이터를 배열에 저장함
unsigned int Font1[16] = {
        0x0000, 0x0000, 0x0000, 0x0800,    //  0,  1,  2,  3열
        0x0800, 0x0800, 0x0800, 0x0800,    //  4,  5,  6,  7열
        0x0800, 0x0800, 0x0800, 0x0FF0,    //  8,  9, 10, 11열
        0x0000, 0x0000, 0x0000, 0x0000     // 12, 13, 14, 15열
        };

// 'D' 데이터를 배열에 저장함
unsigned int Font2[16] = {
        0x0000, 0x0000, 0x0000, 0x0780,    //  0,  1,  2,  3열
        0x0440, 0x0420, 0x0420, 0x0420,    //  4,  5,  6,  7열
        0x0420, 0x0420, 0x0440, 0x0780,    //  8,  9, 10, 11열
        0x0000, 0x0000, 0x0000, 0x0000     // 12, 13, 14, 15열
        };
```

```
// 'M' 데이터를 배열에 저장함
unsigned int Font3[16] = {
          0x0000, 0x0000, 0x0000, 0x0820,    //  0,  1,  2,  3열
          0x0820, 0x0C60, 0x0C60, 0x0AA0,    //  4,  5,  6,  7열
          0x0AA0, 0x0920, 0x0920, 0x0920,    //  8,  9, 10, 11열
          0x0000, 0x0000, 0x0000, 0x0000     // 12, 13, 14, 15열
          };

// '출' 데이터를 배열에 저장함
unsigned int Font4[16] = {
          0x0000, 0x07C0, 0x0000, 0x3FF8,    //  0,  1,  2,  3열
          0x0380, 0x1EF0, 0x3018, 0x0000,    //  4,  5,  6,  7열
          0x7FFC, 0x0100, 0x3FF8, 0x0008,    //  8,  9, 10, 11열
          0x3FF8, 0x2000, 0x3FF8, 0x0000     // 12, 13, 14, 15열
          };
// '력' 데이터를 배열에 저장함
unsigned int Font5[16] = {
          0x0000, 0x0000, 0x3F8C, 0x00FC,    //  0,  1,  2,  3열
          0x008C, 0x3F8C, 0x207C, 0x200C,    //  4,  5,  6,  7열
          0x3FEC, 0x000C, 0x0000, 0x1FF8,    //  8,  9, 10, 11열
          0x000C, 0x000C, 0x000C, 0x0000     // 12, 13, 14, 15열
          };
// '성' 데이터를 배열에 저장함
unsigned int Font6[16] = {
          0x0000, 0x0000, 0x030C, 0x030C,    //  0,  1,  2,  3열
          0x077C, 0x078C, 0x0CCC, 0x186C,    //  4,  5,  6,  7열
          0x300C, 0x000C, 0x0000, 0x0FF8,    //  8,  9, 10, 11열
          0x180C, 0x180C, 0x0FF8, 0x0000     // 12, 13, 14, 15열
          };
// '공' 데이터를 배열에 저장함
unsigned int Font7[16] = {
          0x0000, 0x0000, 0x1FF8, 0x000C,    //  0,  1,  2,  3열
          0x000C, 0x018C, 0x0198, 0x0180,    //  4,  5,  6,  7열
          0x3FFE, 0x0000, 0x0000, 0x0FF8,    //  8,  9, 10, 11열
          0x180C, 0x180C, 0x0FF8, 0x0000     // 12, 13, 14, 15열
          };


// 일정 시간동안 동일한 데이터를 LDM에 출력하는 함수
// time의 기본 단위는 ms
void LDM_PrintDelay(unsigned int *data, unsigned char color, unsigned int time);
```

```
int main(void){
    // 포트 C의 방향 설정, 0 : 입력, 1 : 출력
    // PC7  PC6  PC5  PC4  PC3 PC2  PC1  PC0
    // Out   In   In   In   In  In   In   In
    DDRC = 0B10000000;

    // 포트 A의 방향 설정, 0 : 입력, 1 : 출력
    // PA7  PA6  PA5  PA4  PA3  PA2  PA1  PA0
    // Out  Out  Out  Out  Out  Out  Out  Out
    DDRA = 0B11111111;

    // 무한 반복
    while(1){
        LDM_PrintDelay(Font1, RED, 500);      // 'L' 데이터 출력
        LDM_PrintDelay(Font2, RED, 500);      // 'D' 데이터 출력
        LDM_PrintDelay(Font3, RED, 500);      // 'M' 데이터 출력
        LDM_PrintDelay(Font4, RED, 500);      // '출' 데이터 출력
        LDM_PrintDelay(Font5, RED, 500);      // '력' 데이터 출력
        LDM_PrintDelay(Font6, RED, 500);      // '성' 데이터 출력
        LDM_PrintDelay(Font7, RED, 500);      // '공' 데이터 출력
    }

    // 함수의 형태와 같이 정수형(int)의 값을 반환함
    return 1;
}

// 문자 출력
void LDM_PrintDelay(unsigned int *data, unsigned char color, unsigned int time){
    // 16비트 크기의 변수 선언
    unsigned int i = 0;

    // time 변수의 값만큼 반복함
    for(i = 0; i < time; i++){

     // data[] 데이터를 LDM에 출력함
    DISPLAY(data, color);

    // 1ms 동안 대기
    _delay_ms(1);
    }
}
```

C 언어 소스 프로그램 설명

핵심포인트

16비트 크기의 배열에 저장된 문자 데이터는 LDM_PrintDelay() 함수를 통해 약 500ms 동안 정지화면으로 출력된다.

#include "ch22_ldm16.h" 문장은 C 언어 소스 프로그램에서 사용하는 ATmega128 관련 레지스터, 함수, 매크로 등을 사용하기 위해 필요하므로 반드시 포함시킨다.

unsigned int Font1[16]부터 Font7[16] 까지의 문장은 LDM(16*16) 1개의 화면에 출력되는 데이터를 저장하고 있는 배열이다. 배열은 Font1부터 'L', 'D', 'M', '출', '력', '성', '공'의 데이터를 저장한다.

void LDM_PrintDelay(unsigned int *data); 문장은 LDM_PrintDelay() 함수의 원형선언이다.

DDRx 레지스터는 포트의 입출력 방향을 결정하는 레지스터이며 x는 포트명이고 DDRxn의 각 비트 값이 0이면 입력, 1이면 출력으로 설정된다. 따라서 DDRC = 0B10000000; 문장은 포트 C의 방향을 설정하는 기능을 수행하는 문장이다. 논리 1로 설정되는 비트는 출력이고, 논리 0으로 설정되는 비트는 입력이므로, 포트 C는 7번 비트만 출력으로 설정되고, 나머지는 입력으로 설정된다. DDRA = 0B11111111; 문장은 포트 A의 방향을 설정하는 기능을 수행하는 문장이고, 포트 A의 모든 비트는 출력으로 설정된다.

while(1) {} 문장은 ()의 조건에 따라 {}내의 문장을 반복하는 반복문이다. 여기서 ()안의 조건이 1이므로 항상 참을 의미하고, 따라서 {}내의 모든 문장식을 무한 반복하는 기능을 수행한다.

LDM_PrintDelay(Font1, RED, 500); 문장은 LDM(16*16)에 Font1 배열의 데이터를 출력하고, 약 500ms 동안 출력을 유지하는 함수를 호출한다. 이 함수는 DISPLAY(data, color); 함수를 1ms 단위로 500번 반복하므로, 데이터는 빨간색으로 출력되며 출력되는 시간을 500ms 동안 유지하게 된다. 이때 Font1을 인수로 하므로, Font1에 저장된 데이터가 LDM(16*16)에 나타난다. 한편, Font1 배열은 'L', Font2 배열은 'D', Font3 배열은 'M', Font4 배열은 '출', Font5 배열은 '력', Font6 배열은 '성', Font7 배열은 '공'의 문자를 출력하는 데이터를 저장하고 있는데, LDM_PrintDelay() 함수의 인수를 Font2, Font3등으로 바꾸면 DISPLAY() 함수를 호출 할 때마다 각각 다른 문자가 LDM(16*16)에 출력된다. 따라서 C 언어 소스 프로그램에서 DISPLAY() 함수를 인수 Font1, Font2, ... Font7 등으로 바꾸며 호출하므로, LDM(16*16)에는 'L', 'D', 'M', '출', '력', '성', '공'의 문자가 차례대로 하나씩 나타난다.

void LDM_PrintDelay(unsigned int *data, unsigned char color, unsigned int time) 함수는 LDM(16*16)에 데이터를 time * 1ms 동안 출력하는 기능을 수행하는 함수이다. 이 함수는 16비트 크기의 배열을 인수로 하여 DISPLAY() 함수를 호출해 데이터를 LDM(16*16)에 출력하며, 반복문을 통해 1ms 대기와 DISPLAY() 함수 호출을 time 변수에 설정된 만큼 반복하므로 time * 1ms 동안 이 함수는 기능을 수행한다.

[단계 1]-(3) 22.4.2 절의 [단계 1]-(3) 부터 [단계 1]-(5)를 참조하여 ch22_ldm16.c C 언어 소스 프로그램을 작성하여 현재 project 폴더에 저장한 다음에 project에 포함하고, ch22_ldm16.h 파일을 작성하여 현재 project 폴더에 저장한다.

T·I·P

C 언어 소스 프로그램은
CD Drive:₩Source₩ch22₩ch22_step2₩ch22_step2.c 파일과
CD Drive:₩Source₩ch22₩ch22_step2₩ch22_ldm16.c 파일과
CD Drive:₩Source₩ch22₩ch22_step2₩ch22_ldm16.h 파일을 참조한다.

단계 2 AVR Studio 4를 이용하여 C 언어 소스 프로그램을 Build 한다. 자세한 내용은 5.4.2절의 [단계 2]를 참조한다.

단계 3 PonyProg를 이용하여 ATmega128에 hex 파일을 ISP 다운로드 한다. 자세한 내용은 5.4.2절의 [단계 3]을 참조한다.

단계 4 다운로드가 완료되면 AVR 트레이닝 키트(WES-XUN I)의 동작을 확인한다. LDM(16*16)에 빨간색으로 'L', 'D', 'M', '출', '력', '성', '공' 문자들이 차례대로 하나씩 나타난다. '공' 문자가 출력된 이후에는 'L' 문자부터 LDM(16*16)에 다시 나타나면서 연속적으로 반복된다.

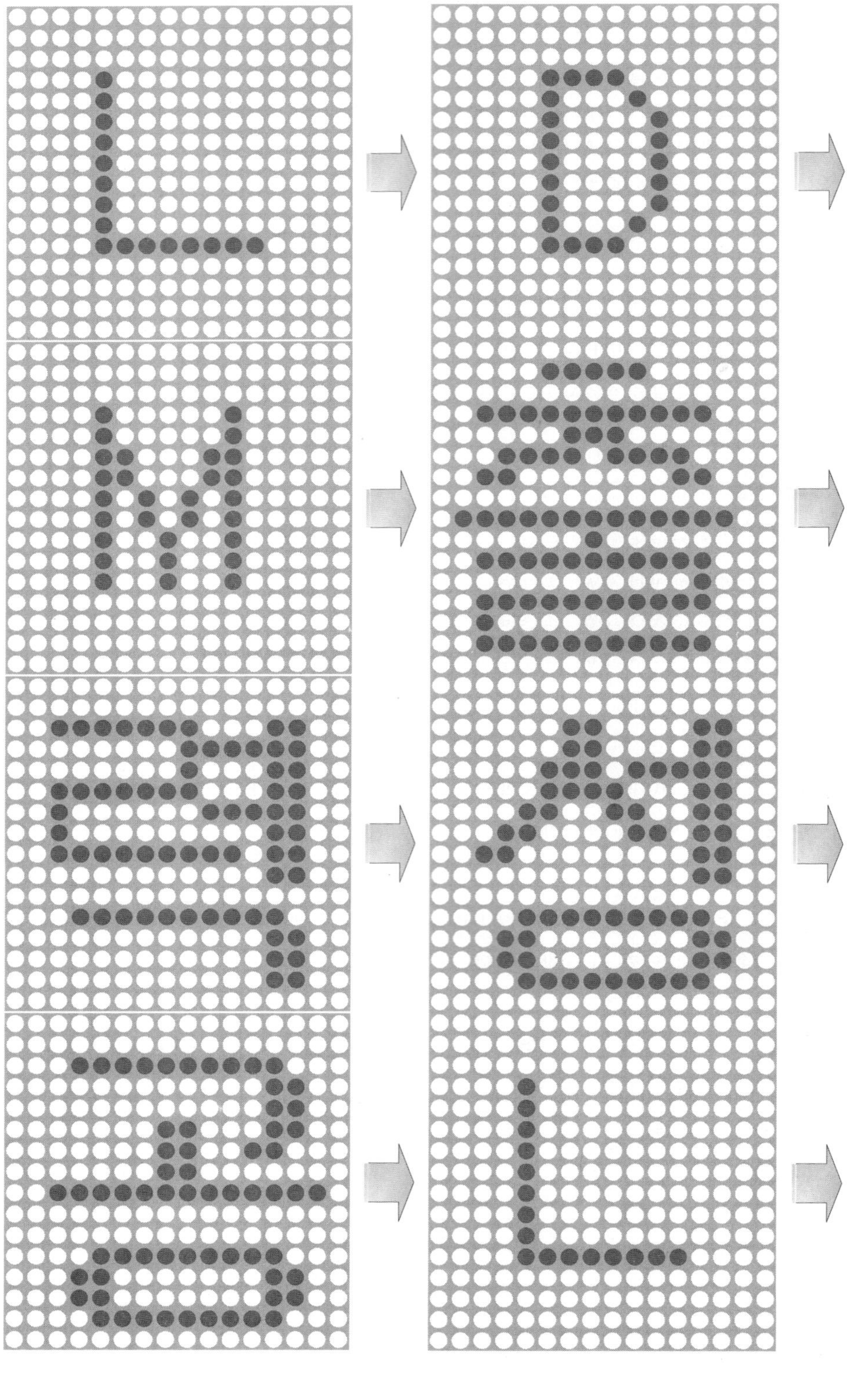

CHAPTER 23

AVR ATmega128을 사용한 USB 포트 제어

실습목표

USB(Universal Serial Bus)는 개인용 컴퓨터의 인터페이스 규격으로, 통신, 메모리, 저장장치, 디스플레이 등 다양한 분야에 응용되고 있다. 여기서는 FTDI Chip 사의 FT245 USB Client 1.1 컨트롤러를 이용하여 ATmega128의 범용 포트와 PC의 USB 포트가 직렬 통신하도록 제어하는 방법을 학습한다.

실습이론

23.1 AVR 포트의 출력 제어를 위한 레지스터

DDRx 레지스터는 포트의 입출력 방향을 결정하는 레지스터이며 DDRxn의 비트 값이 0이면 입력, 1이면 출력으로 설정된다. x는 포트명을 가리키는 문자이고 n은 비트를 나타내는 숫자이다. ATmega128에서 레지스터는 0번부터 7번까지 8비트가 존재한다. PORTx 레지스터는 포트에 출력할 논리 값을 저장하는 레지스터이며 x는 포트명이다. PINx는 DDRx 레지스터, PORTx 레지스터 등과 달리 포트의 논리를 읽을 수 있는 어드레스이며 x는 포트명이다. 디지털 입출력과 관련한 자세한 내용은 1.14절의 AVR 디지털 입출력 핀 구조를 참조한다.

DDRx : PORTx 데이터 방향 레지스터

Bit	7	6	5	4	3	2	1	0
	DDx7	**DDx6**	**DDx5**	**DDx4**	**DDx3**	**DDx2**	**DDx1**	**DDx0**
Read/Write	R/W	R/W	R/W	R/W	R/W	R/W	R/W	R/W
Initial Value	0	0	0	0	0	0	0	0

PORTx : PORTx 데이터 레지스터

Bit	7	6	5	4	3	2	1	0
	PORTx7	**PORTx6**	**PORTx5**	**PORTx4**	**PORTx3**	**PORTx2**	**PORTx1**	**PORTx0**
Read/Write	R/W	R/W	R/W	R/W	R/W	R/W	R/W	R/W
Initial Value	0	0	0	0	0	0	0	0

PINx : PORTx 입력 핀 어드레스

Bit	7	6	5	4	3	2	1	0
	PINx7	**PINx6**	**PINx5**	**PINx4**	**PINx3**	**PINx2**	**PINx1**	**PINx0**
Read/Write	R	R	R	R	R	R	R	R
Initial Value	N/A	N/A	N/A	N/A	N/A	N/A	N/A	N/A

23.2 USB 컨트롤러(FT245BL) 특성 및 제어회로

그림 23.2.1은 FTDI Chip사의 USB Client 1.1을 지원하는 USB 컨트롤러를 나타내고 있다. 이 컨트롤러는 USB 프로토콜 제어와 관련한 기능이 칩 내부에 하드웨어로 설계되어 있어, 윈도우 운영체제에 USB 칩 드라이버를 설치하고, MCU에서 간단한 USART 통신 또는 병렬 포트를 이용한 신호 제어를 통해 간단히 USB 통신을 할 수 있다. MCU의 USART 통신을 이용하여 USB 통신을 할 수 있는 FTDI Chip사의 대표적인 USB 컨트롤러 칩은 FT232이고, 병렬 포트를 이용하여 USB 통신을 할 수 있는 대표적인 USB 컨트롤러 칩은 FT245BL이다. FT245BL 칩은 USART가 지원되지 않는 MCU에서 USB 통신 또는 직렬 통신을 사용하는데 아주 적합하다. 따라서 본 AVR 트레이닝 키트(WES-XUN I)에서는 병렬 통신을 하여 데이터를 전송하면 FT245BL 칩이 직렬 통신으로 PC에 데이터를 전송하도록 한다.

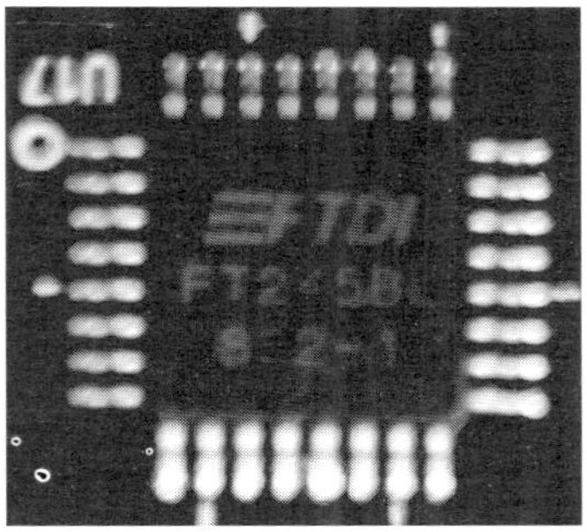

그림 23.2.1 FT245BL의 외형

(1) FT245BL의 개요

FT245BL는 USB FIFO 칩으로써 고속 병렬 데이터 전송 IC이다.

(2) FT245BL 사양

- 고속 데이터 전송 솔루션을 단일칩으로 구현했다.
- USB에서 데이터를 1MByte/sec 이상 송신/수신한다.
- 높은 데이터 처리를 위해 384바이트의 FIFO 전송 버퍼와 128바이트의 FIFO 수신 버퍼를 가진다.

- CPU나 MCU 버스와 간단한 인터페이스로 구현한다.
- IC 사이에서 자동으로 USB 프로토콜을 제어해주기 때문에 USB에 대해 깊은 지식을 필요로 하지 않는다.
- FTDI의 가상 COM 포트 드라이버로 USB 드라이버를 별도로 개발하지 않아도 된다.
- 콤팩트한 32핀(7mm×7mm) MQFP 패키지이다.
- 내장된 6MHz~48MHz 클록 승수기 FCC와 CE에 부합된다.
- 내장된 3.3V 레귤레이터 - 외부 레귤레이터가 필요 없다.
- 4.5V - 5.25V 단일 전원동작
- UHCI / OHCI 호환
- USB 1.1 스펙 호환
- USB VID, PID, 직렬 넘버와 제품정보 스트링이 외부 E2PROM에 있다.
- 가상 COM 포트 드라이버
  - Windows 98 and Windows 98 SE
  - Windows 2000,Windows XP.
  - Windows ME
  - Apple iMAC **
  - Linux **
- 어플리케이션
  - USB ISDN과 ADSL 모뎀
  - 고속 USB ↔ PDA 통신
  - 디지털 카메라용 USB I/F
  - MP3 플레이어용 USB I/F
  - 고속 USB 기기
  - USB ↔ USB 데이터 전송 케이블
  - USB ↔ USB 널모뎀 케이블

(3) FT245BL의 특징

FT245BL은 외부기기와 호스트 PC의 초당 1Megabyte 이상의 속도로 데이터를 송수신할 수 있는 쉽고 비용효율인 기능을 제공한다. 이것은 DMA나 IO 포트를 이용한 어떤 CPU(MCU)나 메모리/ IO 맵으로의 인터페이스가 가능하도록 FIFO 유사 디자인으로 만들어져 있다. 주변기기로부터 호스트 PC에 데이터를 보내기 위해 전송 공백 상태 비트가 활성화되지 않았을 때 데이터를 장치에 쓰기만 하면 된다. 만일 384byte 전송버퍼가 가득 차면 USB로 FIFO의 어떤 데이터가 전송되기까지 더 이상의 데이터가 전송되는 것을 막기 위해 장치의 전송 공백을 알려야 한다. 호스트 PC가 USB를 통해 장치에 데이터를 보낼 때 장치는 수신기 풀 상태 비트를 설정해서 장치가 데이터가 유효함을 알게 해야 한다. 주변장치는 그 다음 수신기 풀 상태 비트가 비활성화 되어 더 이상의 읽을 데이터가 유효하지 않다고 알릴 때까지 데이터를 읽는다. FTDI의 가상 COM 포트 드라이버를 사용함으로써, 주변장치는 응용 소프트웨어에 표준 COM 포트처럼 보이게 된다. Baud Rate를 설정하도록 명령을 주는 것은 무시된다. FT245BL은 항상 응용 소프트웨어의 Baud Rate 설정을 무시하고 최고 속도로 데이터를 전송한다. 그림 23.2.2는 FT245 칩의 내부 구조를 나타내고 있다.

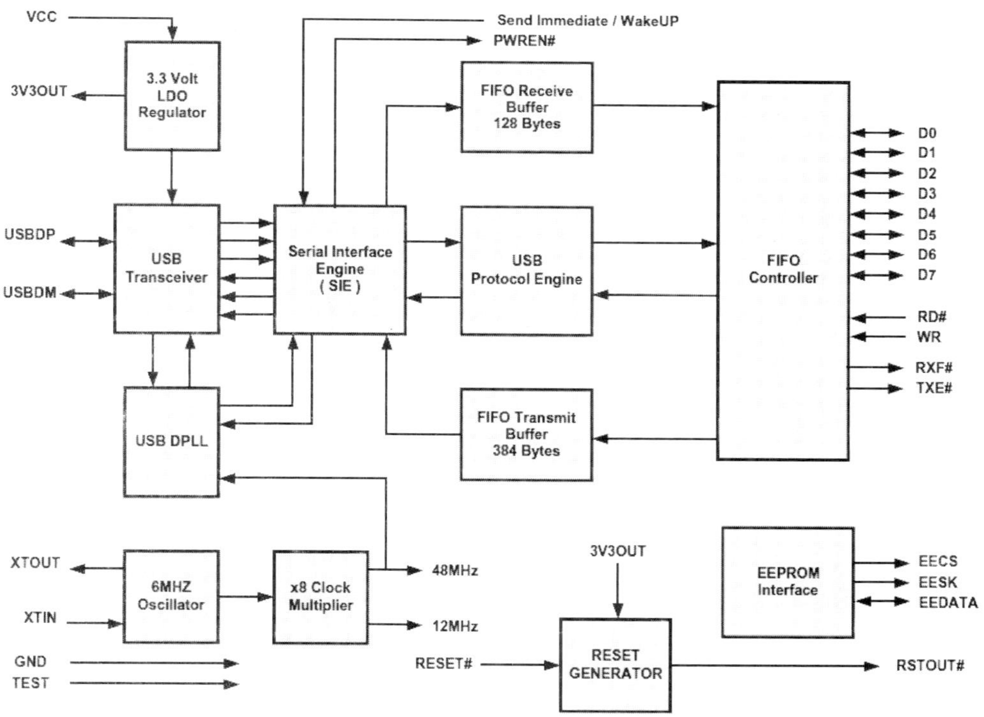

그림 23.2.2 FT245BL의 내부 구조

표 23.2.1부터 표 23.2.7까지는 TQFP 반도체 패키지 타입의 32핀으로 구성된 FT245 칩의 핀을 기능별로 묶어서 설명하고 있다.

표 23.2.1 FIFO 데이터 버스 그룹

Pin#	Signal	Type	Description
25	DO	I/O	FIFO Data Bus Bit 0
24	D1	I/O	FIFO Data Bus Bit 1
23	D2	I/O	FIFO Data Bus Bit 2
22	D3	I/O	FIFO Data Bus Bit 3
21	D4	I/O	FIFO Data Bus Bit 4
20	D5	I/O	FIFO Data Bus Bit 5
19	D6	I/O	FIFO Data Bus Bit 6
18	D7	I/O	FIFO Data Bus Bit 7

표 23.2.2 FIFO 제어 인터페이스 그룹

Pin#	Signal	Type	Description
16	RD#	IN	Low 신호 일 때 FIFO Data를 D0..D7에 출력한다. 신호가 Low 에서 High 신호로 변할 때 수신된 FIFO 버퍼에서 다음 FIFO 데이터로 페치(Fetch) 된다.
15	WR	IN	High 에서 Low 신호로 변할 때 D0..D7의 데이터 신호를 송신 FIFO 버퍼에 쓰기 동작을 한다.
14	TXE#	OUT	High 신호일 때 송신 FIFO 버퍼에 데이터를 쓸 수 없고, Low 신호일 때 WR 신호가 High에서 Low로 변하면 송신 FIFO 버퍼에 데이터를 쓸 수 있다.
12	RXF#	OUT	High 신호일 때 수신 FIFO 버퍼에서 데이터를 읽을 수 없고, Low 신호일 때 RD# 신호가 Low에서 High 로 변할 때 수신 FIFO 버퍼에서 데이터를 읽을 수 있다.

표 23.2.3 USB 인터페이스 그룹

Pin#	Signal	Type	Description
7	USBDP	I/O	USB Data + 신호 (3.3V 전원 또는 RSTOUT# 신호에 1.5K[kΩ] 풀업 저항이 연결되어져야 한다.)
8	USBDM	I/O	USB Data – 신호

표 23.2.4 EEPROM 인터페이스 그룹

Pin#	Signal	Type	Description
32	EECS	I/O	EEPROM 의 CS(Chip Select) 신호 핀
1	EESK	OUT	EEPROM 의 클록 신호 출력핀

표 23.2.5 POWER 제어 그룹

Pin#	Signal	Type	Description
10	PWREN#	OUT	장지가 중지해 있는 동안 High 신호를 출력하고, USB를 경유하여 배열된 후에는 Low로 출력한다.
11	SI / WU	IN	Send Immediate 또는 /WakeUp, 두 가지 기능과 결합되는 핀이다. 만약, 사용하지 않으면 VCCIO 핀과 결합한다.

표 23.2.6 MISCELLANEOUS 신호 그룹

Pin#	Signal	Type	Description
4	RESET#	IN	FT245BL의 외부 Reset 핀이다. 만약, 사용하지 않으면 VCC 와 연결한다.
5	RSTOUT#	OUT	내부 Reset 발생기의 출력 핀이다. 0~5 ms 동안 High-Impedance 상태에 있으며, VCC 가 3.5V 보다 높아진 이후, 또 내부클록의 스타트업 한 후에 내부 레귤레이터에 의한 3.3V 출력이 나온다. RESET# 신호를 Low로 하면 RSTOUT# 신호도 Low로 출력된다. 이 신호는 USB 버스의 Reset 에 영향을 받지 않는다.
27	XTIN	IN	6MHz Crystal Oscillator Cell 입력 핀이다.
28	XTOUT	OUT	6MHz Crystal Oscillator Cell 출력 핀이다.
31	TEST	IN	IC 테스트 모드에서 사용되는 핀으로 일반 모드로 사용시 GND 신호와 연결한다.

표 23.2.7 POWER AND GND 그룹

Pin#	Signal	Type	Description
6	3V3OUT	OUT	3.3V 전압 출력
3,26	VCC	PWR	+4.35 V ~ +5.25 V 전압 입력
13	VCCIO	PWR	+3.0 V ~ +5.25 V 전압 입력
9,17	GND	PWR	GROUND
30	AVCC	PWR	Analog Power Supply, 내부의 x8 클록 곱셈기용
29	AGND	PWR	Analog GROUND

표 23.3.8은 FT245BL FIFO의 읽기 동작 타이밍, 그림 23.2.3은 FT245BL FIFO의 읽기 동작 타이밍 도를 나타내고 있다. RXF# 핀이 논리 0이면 FT245 칩의 수신버퍼에 수신한 데이터가 있음을 나타내며, 이때 RD# 핀에 논리 0의 펄스를 출력하면서 ATmega128이 데이터를 읽을 수 있다.

표 23.3.8 FT245BL FIFO 읽기 동작 타이밍

Time	Description	Min	Max	Unit
T1	RD Active Pulse Width	50		ns
T2	RD to RD Pre–Charge Time	50 + T6		ns
T3	RD Active to Valid Data	20	50	ns
T4	Valid Data Hold Time from RD Inactive	0		ns
T5	RD Inactive to RXF#	0	25	ns
T6	RXF inactive after RD cycle	80		ns

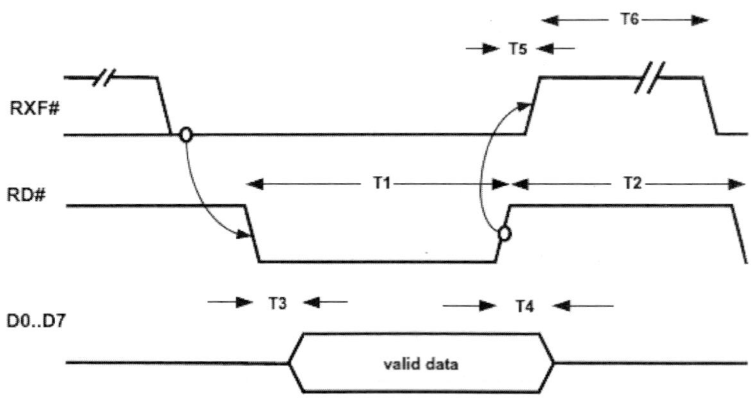

그림 23.2.3 FT245BL FIFO 읽기 동작 타이밍 도

표 23.3.9 FT245BL FIFO의 쓰기 동작 타이밍, 그림 23.2.4 FT245BL FIFO의 쓰기 동작 타이밍 도를 나타내고 있다. TXE# 핀이 논리 0이면 송신 버퍼에 쓰기 동작을 할 수 있는 상태를 나타내며, 이때 WR 핀에 논리 1의 펄스를 출력하면서 ATmega128이 송신을 위한 데이터를 FT245 칩에 쓸 수 있다. FT245 칩에 저장된 데이터는 FIFO 회로에 의해 저장된 순서대로 USB 포트를 통해 송신된다.

표 23.3.9 FT245BL FIFO 쓰기 동작 타이밍

Time	Description	Min	Max	Unit
T7	WR Active Pulse Width	50		ns
T8	WR to WR Pre-Charge Time	50		ns
T9	Data Setup Time before WR inactive	20		ns
T10	Data Hold Time from WR inactive	0		ns
T11	WR Inactive to TXE#	5	25	ns
T12	TXE inactive after WR cycle	80		ns

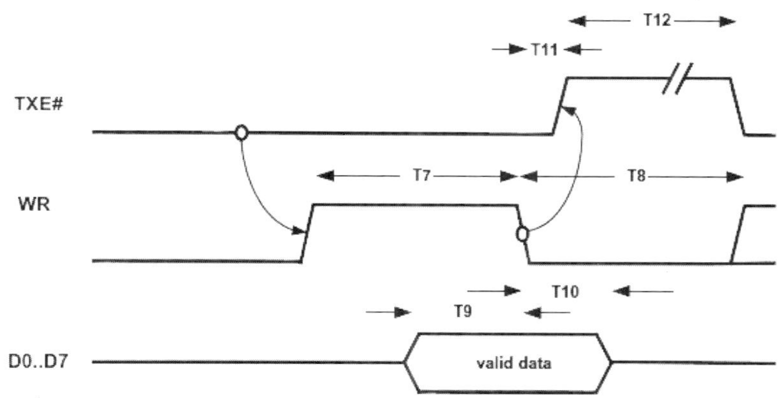

그림 23.2.4 FT245BL FIFO 쓰기 동작 타이밍 도

23.3 AVR 트레이닝 키트(WES-XUN I)에서의 USB 1.1 Client 제어회로

AVR 트레이닝 키트(WES-XUN I)에는 그림 23.3.1과 같이 USB 1.1 Client 제어 칩(FT245BL)과 USB 포트가 제공된다. FT245BL의 제어를 위해서는 DATA 커넥터(IDC23)와 CON 커넥터(IDC22)에 IDC Flat 10P 케이블이 연결되어야 한다. DATA 커넥터(IDC23)는 데이터 버스로 사용되는 D7부터 D0의 신호가 연결되며, CON 커넥터(IDC22)에는 제어신호인 RD#, WR, TXE#, RXF# 신호가 연결된다. 한편, 표 23.3.1과 표23.3.2는 DATA 커넥터(IDC23)와 CON 커넥터(IDC22)가 FT245BL 칩과의 핀 연결을 나타내고 있다.

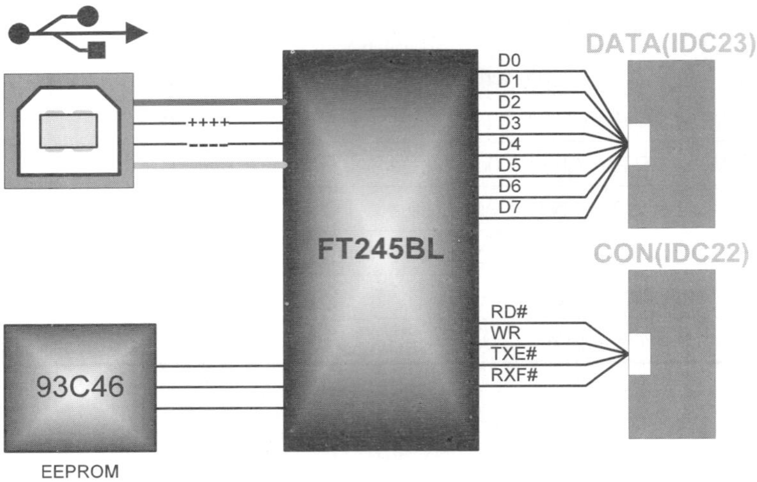

그림 23.3.1 AVR 트레이닝 키트(WES-XUN I)의 USB 1.1 Client 회로 블록도

표 23.3.1 USB 블록의 CON 커넥터(IDC22)와 FT245BL의 핀 연결

CON 커넥터 비트	D7	D6	D5	D4	D3	D2	D1	D0
FT245BL	–	–	–	–	RXF#	TXE#	WR	RD#

표 23.3.2 USB 블록의 DATA 커넥터(IDC23)와 FT245BL의 핀 연결

DATA 커넥터 비트	D7	D6	D5	D4	D3	D2	D1	D0
FT245BL	D7	D6	D5	D4	D3	D2	D1	D0

실습내용

23.4 AVR 트레이닝 키트(WES-XUN I)에서 동작해보기

23.4.1 AVR 트레이닝 키트(WES-XUN I)의 동작을 위한 준비 사항

단계 1 그림 23.4.1과 같이 전원을 켜고 ISP 다운로드 모듈을 연결한다.

그림 23.4.1 전원을 켜고 ISP 다운로드 모듈을 연결

단계 2 그림 23.4.1과 같이 IDC Flat 10P 케이블을 이용해 USB 블록의 DATA 커넥터(IDC23)와 AVR MCU Module(ATmega128)의 PORTA와 연결하고, USB 블록 CON 커넥터(IDC22)와 AVR MCU Module(ATmega128)의 PORTC와 연결한다. 또한 IDC Flat 10P 케이블을 이용해 LED_H 커넥터와 AVR MCU Module(ATmega128)의 PORTF와 연결한다. 연결할 때 케이블의 방향이 맞도록 홈에 잘 맞추어 삽입한다.

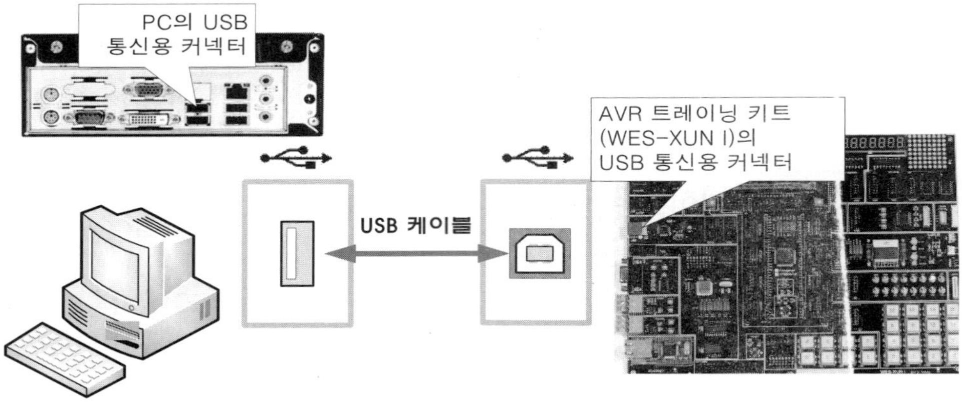

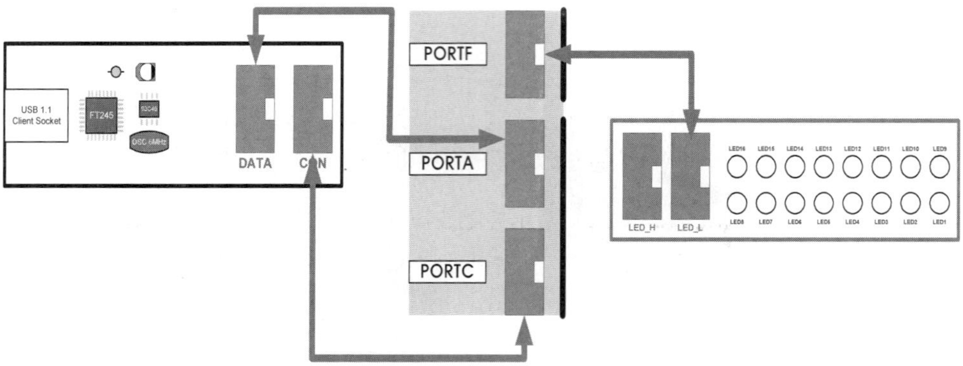

PORTA ⇔ DATA

PORTA	BIT7	BIT6	BIT5	BIT4	BIT3	BIT2	BIT1	BIT0
Device Pin	D7	D6	D5	D4	D3	D2	D1	D0
입출력	In/Out	In/Out	In/Out	In/Out	In/Out	In/Out	In/Out	In/Out

PORTC ⇔ CON

PORTC	BIT7	BIT6	BIT5	BIT4	BIT3	BIT2	BIT1	BIT0
Device Pin	–	–	–	–	RXF#	TXE#	WR	RD#
입출력	–	–	–	–	In	In	Out	Out

PORTF ⇔ LED_L

PORTF	BIT7	BIT6	BIT5	BIT4	BIT3	BIT2	BIT1	BIT0
Device Pin	LED16	LED15	LED14	LED13	LED12	LED11	LED10	LED9
입출력	Out	Out	Out	Out	Out	Out	Out	Out

그림 23.4.1 USB 포트 장치 실험을 위한 회로 연결

23.4.2 USB 직렬 포트를 통해 하이퍼터미널에 영문자 TEST를 출력하는 예제

단계 1 AVR Studio 4에서 새로운 project를 생성하고, C 언어 소스 프로그램을 작성하여 저장한다. 자세한 내용은 5.4.2절의 [단계 1]을 참조한다.

[단계 1]-(1) Project type은 AVR GCC를 선택하고, Project name:은 ch23_step1, Initial file:은 ch23_step1이라고 입력하고, Create initial file과 Create folder를 체크하고, Location:은 C:₩avr_test를 선택한 후에 [Next >>] 버튼을 누르고 다음 단계로 진행한다.

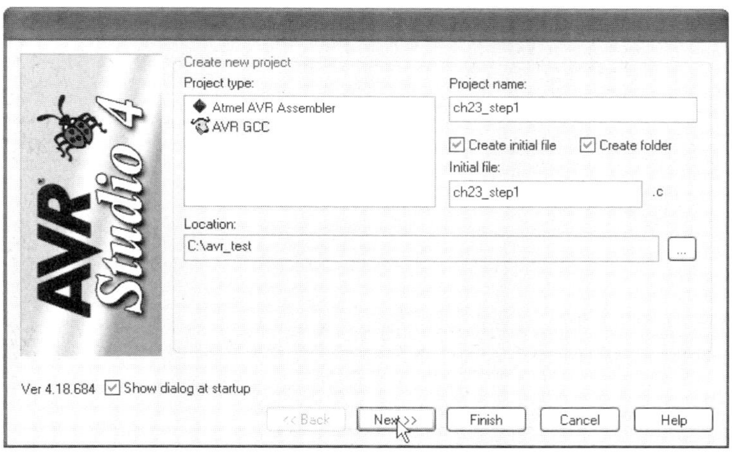

[단계 1]-(2) AVR Studio 4 편집 화면에 다음과 같이 C 언어 소스 프로그램을 작성하여 저장한다.

```
//
// ch23_step1.c
//

// 필요한 매크로 및 헤더 프로그램 등이
// 포함되어 있으므로  반드시 포함
#include "ch23_usb245.h"

// C 언어의 주 실행 함수
int main(void){
```

```
    // 포트 F의 방향 설정, 0 : 입력, 1 : 출력
    // PF7  PF6    PF5    PF4    PF3    PF2    PF1    PF0
    // Out  Out    Out    Out    Out    Out    Out    Out
    DDRF = 0B11111111;

    // USB FT245BL 칩 초기화
    USB_Init();

    // USB 포트를 통해 0x0C 전송
    USB_WriteByte(0x0C);

    // 무한 반복
    while(1){
        // USB 포트를 통해 문자열 전송
        USB_WriteString("TEST\r\n");

        // 500ms 동안 대기
        _delay_ms(500);
    }

    // 함수의 형태와 같이 정수형(int)의 값을 반환함
    return 1;
}
```

C 언어 소스 프로그램 설명

핵심포인트

FT245BL은 USB 클라이언트 1.1용 인터페이스 IC이다. 이 IC는 칩 내에 USB 프로토콜을 내장하고 있고, USB 통신을 병렬 통신으로 변환하여 주므로 UART 기능이 없는 마이크로 컨트롤러에 응용하기 적합하다. 이 IC는 내부에 송신 및 수신 버퍼를 내장하고 있어서 버퍼에 입력된 데이터를 순서대로 송신하거나 수신할 수 있도록 해준다.

#include "ch23_ft245.h" 문장은 C 언어 소스 프로그램에서 사용하는 ATmega128 관련 레지스터, 함수, 매크로 등을 사용하기 위해 필요하므로 반드시 포함시킨다.

DDRx 레지스터는 포트의 입출력 방향을 결정하는 레지스터이며 x는 포트명이고 DDRxn의 각 비트 값이 0이면 입력, 1이면 출력으로 설정된다. 따라서 DDRF = 0B11111111; 문장은 포트 F의 방향을 설정하는 기능을 수행하는 문장이다. 논리 1로 설정되는 비트는 출력이고, 논리 0으로 설정되는 비트는 입력이다. 따라서 포트 F의 모든 비트는 출력으로 설정 된다.

USB_Init(); 문장은 USB를 제어하기 위하여 초기화하는 기능을 수행하는 함수이다. 이 함수는 USB 제어 포트의 방향 및 초기 값을 출력한다.

USB_WriteByte(0x0C); 문장은 USB 포트를 통해 1바이트의 데이터를 출력하는 함수이다. 인수 0x0C는 하이퍼터미널에 전송 시에 하이퍼터미널의 화면을 모두 지운다.

while(1) {} 문장은 ()의 조건에 따라 {}내의 문장을 반복하는 반복문이다. 여기서 ()안의 조건이 1이므로 항상 참을 의미하고, 따라서 {}내의 모든 문장식을 무한 반복하는 기능을 수행한다.

USB_WriteString("TEST₩r₩n"); 문장은 USB 포트를 통해 문자열을 출력하는 함수이다. 인수 "TEST₩r₩n"을 하이퍼터미널에 전송 시에 하이퍼터미널에 문자 TEST가 나타나고, ₩r₩n에 의해 커서는 문자열이 출력된 아래 줄의 가장 왼쪽으로 이동하여 깜빡이게 된다. 여기서 ₩r은 커서를 현재의 줄에서 가장 왼쪽으로 이동시키도록 하는 기능을 수행하고, ₩n은 커서를 현재의 칸에서 다음 줄로 이동시키도록 하는 기능을 수행한다.

_delay_ms(500); 문장은 500ms 동안 대기하는 기능을 수행한다. 따라서 하이퍼터미널에 "TEST" 문자열이 500ms 단위로 출력되게 된다.

[단계 1]-(3) 풀다운 메뉴에서 [File]→[New File] 서브 메뉴를 누르면 나타나는 AVR Studio 4 편집 화면에 ch23_usb245.c C 언어 소스 프로그램 을 작성하여 현재 project 폴더에 저장한다.

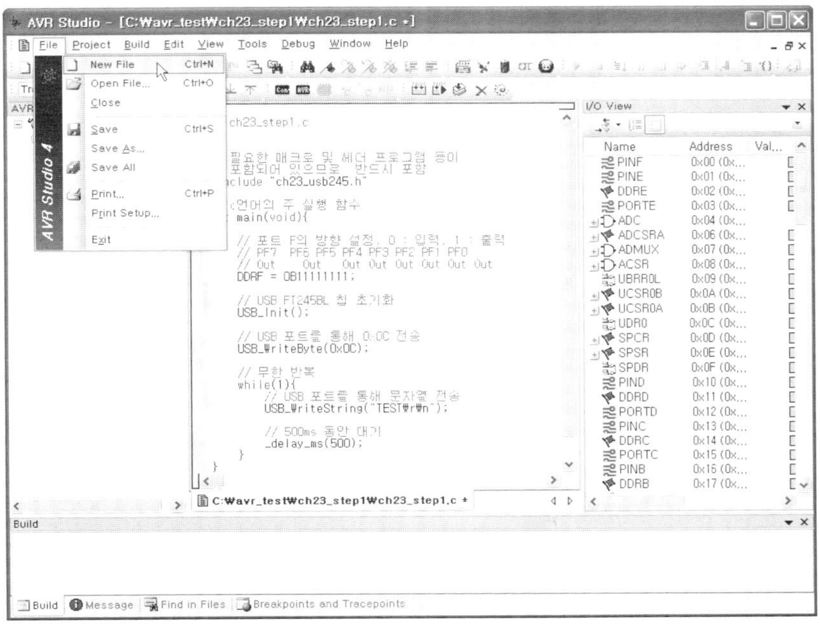

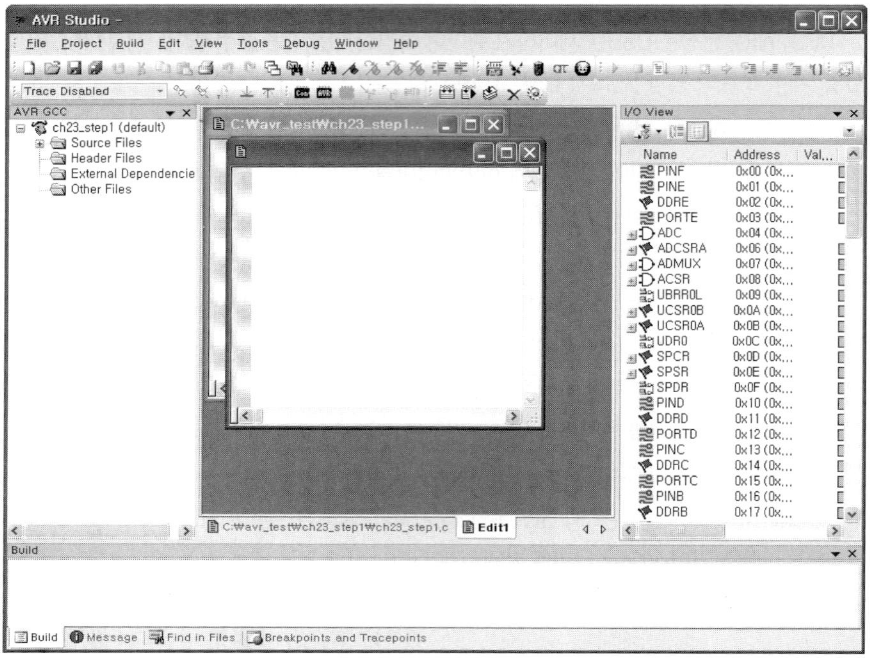

```
//
// ch23_usb245.c
//

// 필요한 매크로 및 헤더 프로그램 등이
// 포함되어 있으므로  반드시 포함
#include "ch23_usb245.h"

// USB 칩의 송신 버퍼에 쓰기 동작이 가능한지 상태 검사
char USB_TxFlagCheck(void){
   return (USB_INPUT_CONTROL & (1 << USB_TX_FLAG));
}

// USB 칩의 수신 버퍼에서 읽기 동작이 가능한지 상태 검사
char USB_RxFlagCheck(void){
   return (USB_INPUT_CONTROL & (1 << USB_RX_FLAG));
}

// USB 칩의 수신 버퍼에서 1바이트 읽기
char USB_ReadByte(void){
```

```
    char data;


    // 데이터 방향을 입력으로 설정
    USB_DDR_DATA = 0B00000000;

    // #RD 신호를 0으로 설정
    CBIT(USB_OUTPUT_CONTROL, USB_RD);

    // 1us 동안 대기
    _delay_us(1);

    // USB에 수신된 1바이트 데이터를 읽어옴
    data = USB_INPUT_DATA;

    // #RD 신호를 1로 설정
    SBIT(USB_OUTPUT_CONTROL, USB_RD);

    // 1us 동안 대기
    _delay_us(1);

    // 수신된 데이터를 반환
    return data;
}

// USB 칩의 송신 버퍼에 1바이트 쓰기
void USB_WriteByte(char data){
    // 송신 플래그 #TXF가 0이면
    // 데이터 전송
    if(USB_TxFlagCheck() == 0){
            // 데이터 방향을 출력으로 설정
            USB_DDR_DATA = 0B11111111;

            // USB 포트로 출력할 데이터를 버스로 보냄
            USB_OUTPUT_DATA = data;

            // WR 신호를 1로 설정
            SBIT(USB_OUTPUT_CONTROL, USB_WR);

            // 1us 동안 대기
            _delay_us(1);
```

```
            // WR 신호를 0으로 설정
            CBIT(USB_OUTPUT_CONTROL, USB_WR);

            // 1us 동안 대기
            _delay_us(1);
    }
}

// USB 칩의 송신 버퍼에 문자열 쓰기
void USB_WriteString(char *str){
    while(*str){
            USB_WriteByte(*str++);
    }
}

// USB 칩의 제어 포트의 초기화
void USB_Init(void){
    // USB 포트 제어를 위한 AVR 포트 방향 설정
    USB_DDR_CONTROL = 0B00001100;
    USB_DDR_DATA = 0B11111111;

    // USB 포트 제어를 위한 AVR 포트 출력값 설정
    USB_OUTPUT_CONTROL = 0B00000100;
    USB_OUTPUT_DATA = 0B00000000;
}
```

C 언어 소스 프로그램 설명

핵심포인트

FT245 USB 칩은 내장된 하드웨어 회로에 의해서 PC와 자동 연결되며, 내장된 송신 또는 수신 버퍼를 통해 데이터를 전송하거나 수신한다. 따라서 ATmega128에서 데이터를 송신하기 위해서는 USB 칩의 TXE# 핀이 0인지 확인(USB_TxFlagCheck(){} 함수)한 후에 데이터를 USB 칩의 송신 버퍼에 저장(USB_OUTPUT_DATA = data; 문장)하면 되고, 수신된 데이터를 읽기 위해서는 RXF# 핀이 0인지 확인(USB_RxFlagCheck(){} 함수)한 후에 데이터를 읽어 버퍼에 저장((data = USB_INPUT_DATA; 문장)하면 된다. 이때 데이터는 USB 칩의 DATA 포트를 통해 송수신되며, 송신 제어 신호(WR)에 펄스를 인가할 때 USB 송신 버퍼에 데이터가 저장되고, 수신 제어 신호(RD)에 펄스를 인가할 때 USB 수신 버퍼에서 데이터를 읽을 수 있다.

#include "ch23_usb245.h" 문장은 C 언어 소스 프로그램에서 사용하는 ATmega128 관련 레지스터, 함수, 매크로 등을 사용하기 위해 필요하므로 반드시 포함시킨다.

char USB_TxFlagCheck(void) 함수는 USB 칩의 송신 버퍼에 쓰기 동작이 가능한지 상태를 검사하는 함수이다. 이 함수가 0을 반환하면 쓰기 동작이 가능한 상태임을 알려준다. return(USB_INPUT_CONTROL & (1 《 USB_TX_FLAG)); 문장은 포트 C의 0번 비트의 상태를 확인하는 기능을 수행한다. 이것은 포트 C의 핀의 입력과 0번 비트만 1인 값을 논리곱을 취하여 얻어진 결과를 반환하면 된다. 포트 C의 0번 비트가 0이면 결과는 0을 반환하고, 0이 아니면 0x01이 반환된다.

char USB_RxFlagCheck(void) 함수는 USB 칩의 수신 버퍼에 수신된 데이터가 있는지 상태를 검사하는 함수이다. 이 함수가 0을 반환하면 수신 버퍼에 수신된 데이터가 있음을 알려준다. return(USB_INPUT_CONTROL & (1 《 USB_RX_FLAG)); 문장은 포트 C의 1번 비트의 상태를 확인하는 기능을 수행한다. 이것은 포트 C의 핀의 입력과 1번 비트만 1인 값을 논리곱을 취하여 얻어진 결과를 반환하면 된다. 포트 C의 1번 비트가 0이면 결과는 0을 반환하고, 0이 아니면 0x02가 반환된다.

char USB_ReadByte(void) 함수는 USB 칩의 수신 버퍼에서 1바이트의 데이터를 읽는 기능을 수행하는 함수이다. USB 칩의 RD 신호를 논리 0으로 출력하고, 1us 이후에 데이터를 읽은 후에 RD 신호를 논리 1로 출력한다. USB_DDR_DATA = 0B00000000;문장은 데이터를 읽기 위하여 데이터의 버스 신호와 연결된 포트 A의 방향을 모두 입력으로 설정한다. CBIT(PORTC, 0); _delay_us(1); 문장은 USB의 RD 신호를 논리 0으로 설정한 후에 1us동안 대기한다. 이때 포트 A에서 USB에 수신된 데이터를 읽을 수 있다. data = USB_INPUT_DATA; 문장은 포트 A의 핀의 논리를 읽어 data 변수에 저장한다. SBIT(PORTC, 0); 문장은 데이터를 읽은 후에 USB의 RD 신호를 논리 1로 설정하여 동작을 마친다.

void USB_WriteByte(char data) 함수는 USB 칩의 송신 버퍼에 1바이트 데이터를 쓰기 동작하는 함수이다. if(USB_TxFlagCheck() == 0) 문장은 USB가 쓰기 동작이 가능한지 확인한다. USB_TxFlagCheck() 함수는 쓰기동작이 가능한지 확인한 후에 쓰기가 가능한 상태이면 0을 반환한다. 그렇지 않으면 0이 아닌값을 반환한다. USB_DDR_DATA = 0B11111111; 문장은 데이터를 출력하기 위해서 포트 A의 방향을 모두 출력으로 설정한다. USB_OUTPUT_DATA = data; 문장은 포트 A에 변수 data 신호를 출력한다. SBIT(PORTC, 1); _delay_us(1); 문장은 USB 칩의 WR 신호를 논리 1로 설정하고, 1us 동안 대기한다. CBIT(PORTC, 1); 문장은 USB 칩의 WR 신호를 논리 0으로 설정하면서 동작을 마친다.

void USB_WriteString(char *str) 함수는 USB 칩의 송신 버퍼에 문자열을 출력하는 함수이다. while(*str) 문장은 str의 값이 0이 아니면 {}안의 문장을 실행한다. str이 문자열인 경우 str의 값이 0이 되기 위해서는 NULL값이 되어야 한다. USB_WriteByte(*str++); 문장은 1바이트 크기의 str 값을 USB의 송신 버퍼에 출력한다.

void USB_Init(void) 함수는 USB 칩의 제어 포트를 초기화하는 함수이다. DDRC = 0B00001100; 문장은 포트 C의 2번, 3번 비트를 출력으로 설정하고, 나머지 비트는 입력으로 설정하겠다는 것을 의미하고, USB_DDR_DATA = 0B11111111; 문장은 포트 A의 모든 포트를 출력으로 설정하겠다는 의미이다. PORTC = 0B00000100; 문장과 PORTA = 0B00000000; 문장은 포트 C와 포트 A에 설정된 값을 출력하겠다는 의미이다.

[단계 1]-(4) ch23_setp1의 project에 ch23_usb245.c C 언어 소스 프로그램이 포함되도록 팝업 메뉴의 [Add Existing Source File(s)...] 서브 메뉴를 수행한다.

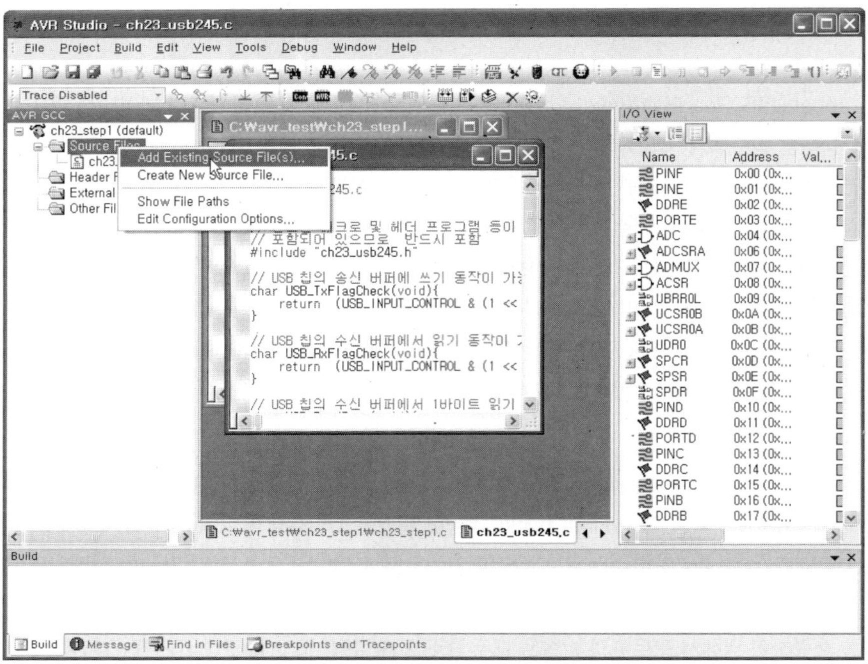

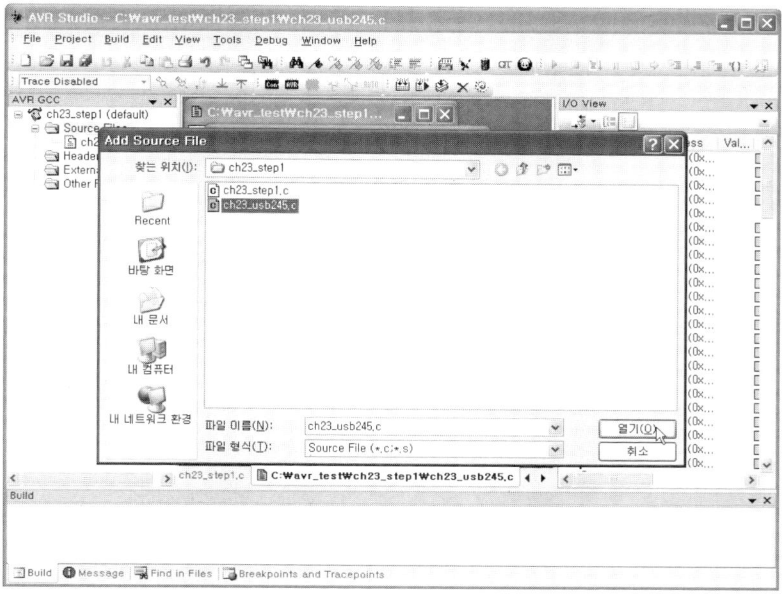

[단계 1]-(5) 매크로 치환과 함수원형선언 등이 포함된 ch23_usb245.h 헤더 프로그램을 작성하여 저장한다. 이때 풀다운 메뉴에서 [File] → [New File] 서브 메뉴를 누르면 나타나는 AVR Studio 4 편집 화면에 ch23_usb245.h 헤더 프로그램을 작성하여 현재 project 폴더에 저장한다.

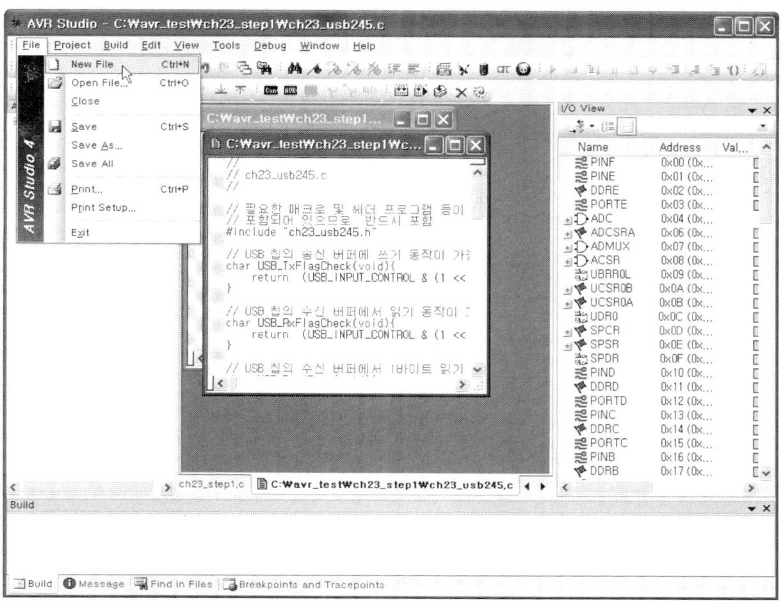

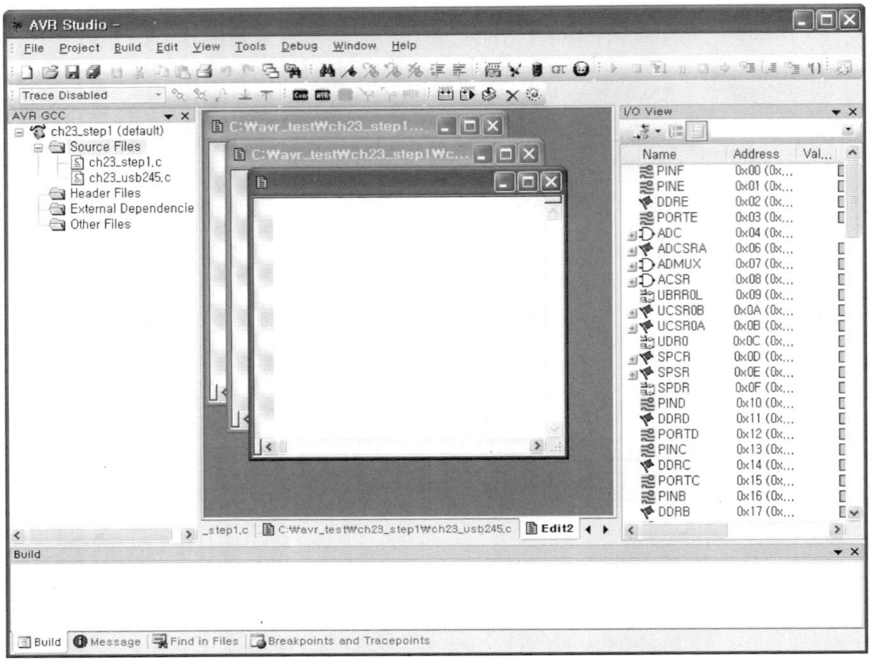


```
//
// ch23_usb245.h
//

// ATmega128의 레지스터 등이 정의되어 있음
#include <avr/io.h>

// _delay_ms(), _delay_us 함수 등이 정의되어 있음
#include <util/delay.h>

// 제어신호의 매크로 정의
#define    USB_OUTPUT_CONTROL            PORTC
#define    USB_INPUT_CONTROL             PINC
#define USB_DDR_CONTROL                  DDRC

// 데이터 신호의 매크로 정의
#define    USB_OUTPUT_DATA               PORTA
#define    USB_INPUT_DATA                PINA
#define    USB_DDR_DATA                  DDRA
```

```
// 제어 신호의 비트 매크로 정의
#define   USB_TX_FLAG              0
#define   USB_RX_FLAG              1
#define   USB_WR                   2
#define   USB_RD                   3

// 1비트 세트와 1비트 클리어 매크로 정의
#define   SBIT(x, y)      (x |= (1 << y))
#define   CBIT(x, y)      (x &= ~(1 << y))

// USB 칩의 송신 버퍼에 쓰기 동작이 가능한지 상태 검사
char USB_TxFlagCheck(void);

// USB 칩의 수신 버퍼에서 읽기 동작이 가능한지 상태 검사
char USB_RxFlagCheck(void);

// USB 칩의 수신 버퍼에서 1바이트 읽기
char USB_ReadByte(void);

// USB 칩의 송신 버퍼에 1바이트 쓰기
void USB_WriteByte(char data);

// USB 칩의 송신 버퍼에 문자열 쓰기
void USB_WriteString(char *str);

// USB 칩의 제어 포트의 초기화
void USB_Init(void);
```

T·I·P

C 언어 소스 프로그램은
CD Drive:₩Source₩ch23₩ch23_step1₩ch23_step1.c 파일과
CD Drive:₩Source₩ch23₩ch23_step1₩ch23_usb245.c 파일과
CD Drive:₩Source₩ch23₩ch23_step1₩ch23_usb245.h 파일을 참조한다.

단계 2 AVR Studio 4를 이용하여 C 언어 소스 프로그램을 Build 한다. 자세한 내용은 5.4.2절의 [단계 2]를 참조한다.

단계 3 PonyProg를 이용하여 ATmega128에 hex 파일을 ISP 다운로드 한다. 자세한 내용은 5.4.2절의 [단계 3]을 참조한다.

단계 4 다운로드가 완료되면 AVR 트레이닝 키트(WES-XUN I)에서 동작을 확인한다. 다운로드 후 USB 통신을 이용하여 PC의 하이퍼터미널에 문자를 출력하기 위해서는 FT245BL의 드라이버가 윈도우에 설치되어야 하므로, 드라이버 설치를 위해 다음과 같이 한다.

[단계 4]-(1) USB 케이블을 이용해 AVR 트레이닝 키트(WES-XUN I)의 USB 포트와 PC의 USB 포트에 연결한다.

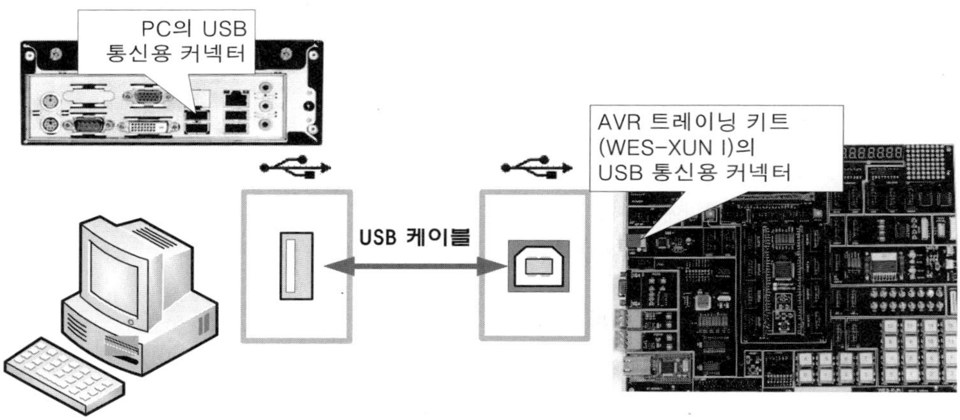

[단계 4]-(2) 다음과 같이 작업표시줄에 "새 하드웨어 발견"이라는 풍선 도움말이 뜬다.

[단계 4]-(3) 새 하드웨어 검색 마법사가 실행된다. ◉ 목록 또는 특정위치에서 설치(고급)(S) 항목을 선택하고, [다음(N) >] 버튼을 누르고 진행한다.

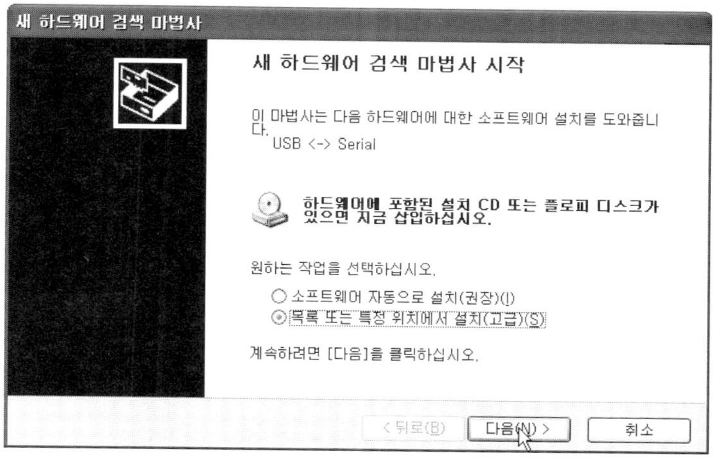

[단계 4]-(4) ◉ 이 위치에서 가장 적합한 드라이버 검색(S) 항목에서 ▫ 검색할 때 다음 위치 포함 (O): 항목을 선택하고, [찾아보기(R)] 버튼을 누르고 진행한다.

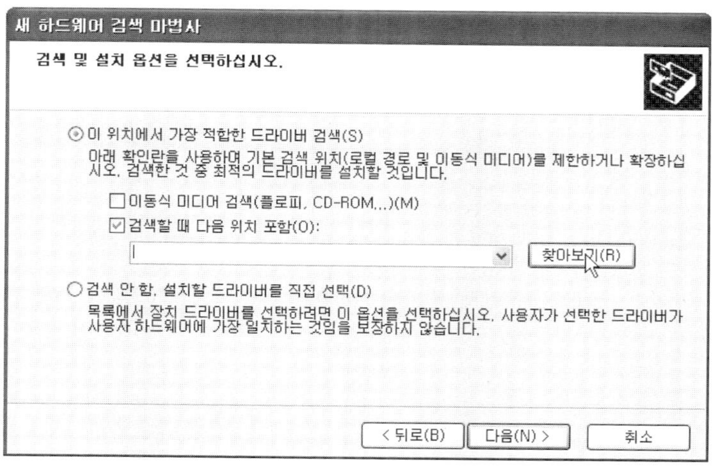

[단계 4]-(5) 폴더 찾아보기 화면에서 CD Drive:₩Driver₩CDM20602 폴더를 선택하고 확인 버튼을 누르고 진행한다. CD Drive 가 다음의 예처럼 H 드라이브인 경우에는 경로는 H:₩Driver₩CDM20602를 선택한다.

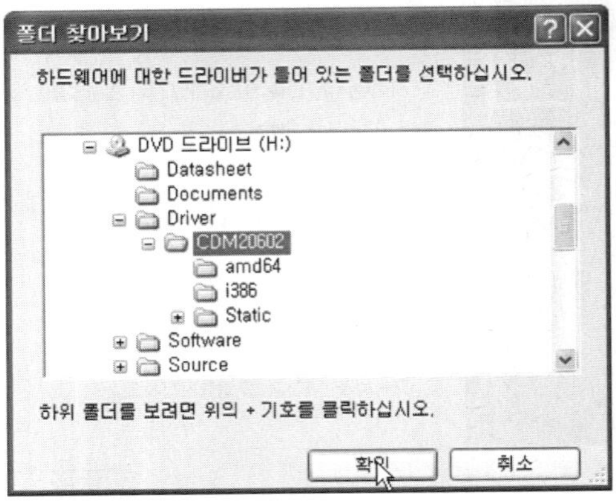

[단계 4]-(6) 찾아보기(R) 에서 선택한 경로가 창에 잘 나타나는지 확인한 후에 다음(N) > 버튼을 누르고 진행한다.

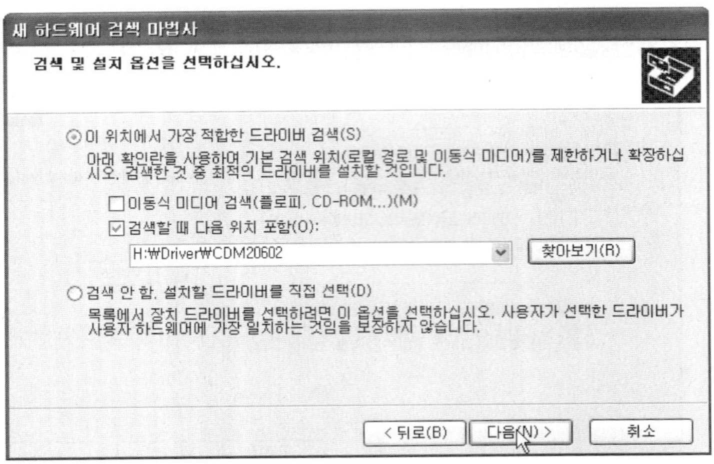

[단계 4]-(7) FT245 칩을 USB Serial Converter로 인식하고, 드라이버를 설치하는 화면이 나타난다.

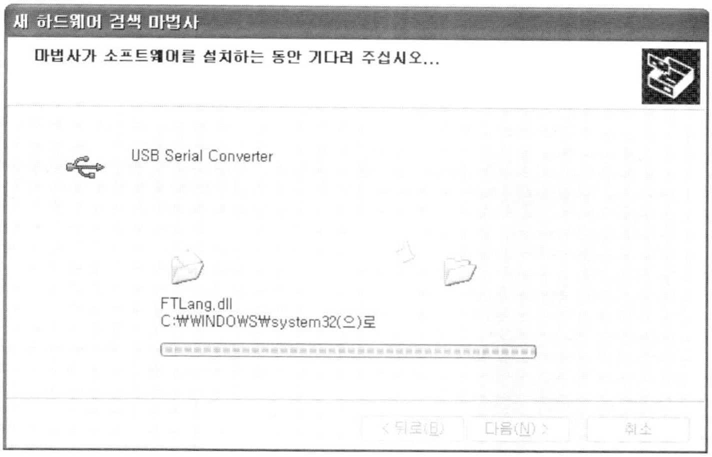

[단계 4]-(8) USB Serial Converter가 설치 완료되었다. [마침] 버튼을 눌러 창을 닫는다.

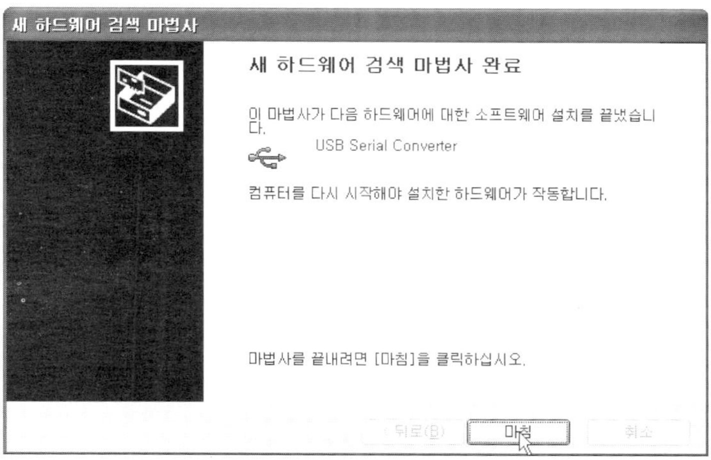

[단계 4]-(9) [단계 4]-(2)와 같이 작업표시줄에 새 하드웨어 발견이라는 풍선 도움말이 나타난다. [단계 4]-(2)에서는 USB 〈-〉 Serial이라는 풍선 도움말이 나타나고, 여기서는 USB Serial Port이라는 풍선 도움말이 나타난다.

[단계 4]-⑽ 새 하드웨어 검색 마법사 화면에서 ◉ 목록 또는 특정위치에서 설치(고급)(S) 항목을 선택하고, [다음(N) >] 버튼을 누르고 진행한다.

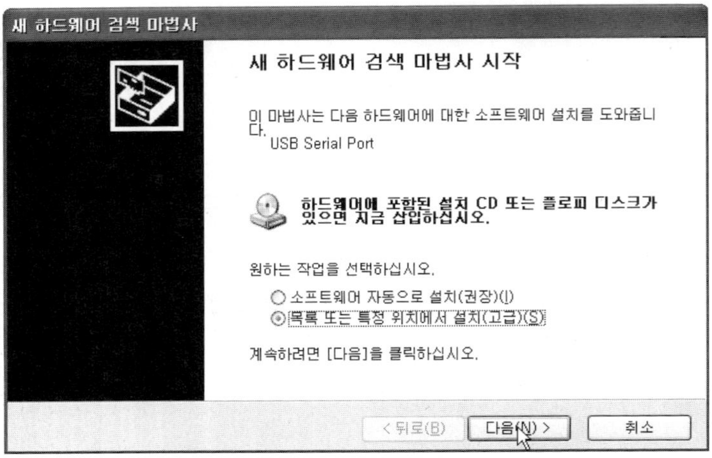

[단계 4]-⑾ 다음과 같이 설정 후에 [다음(N) >] 버튼을 누르고 진행한다.

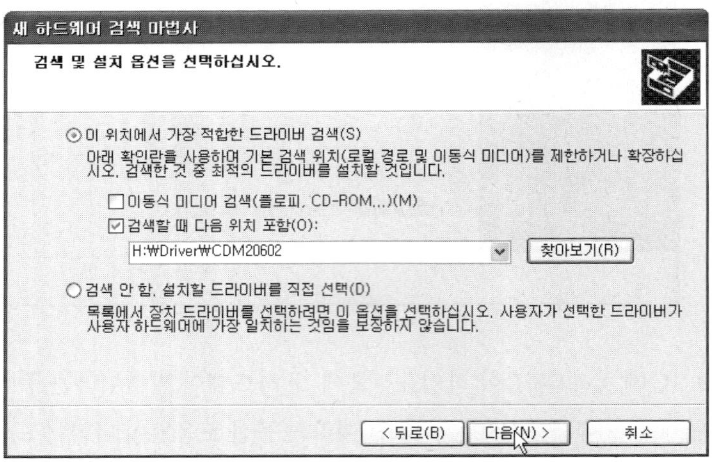

[단계 4]-⑿ USB Serial Port 드라이버 설치화면이 나타난다.

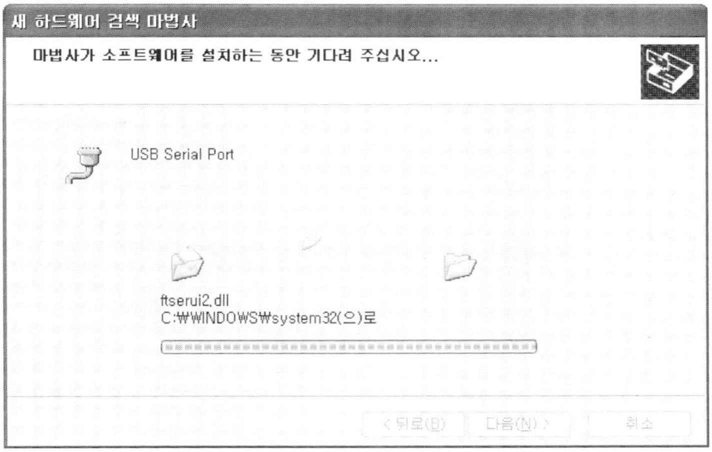

[단계 4]-⒀ USB Serial Port 드라이버가 설치 완료되었다. [마침] 버튼을 눌러 창을 닫는다.

[단계 4]-⒁ USB 드라이버 설치 후 시스템을 다시 시작해야 한다고 나타나는 경고 화면은 [아니오(N)] 버튼을 눌러 무시한다.

[단계 4]-⒂ 윈도우의 제어판 장치관리자에서 새로 설치된 USB Serial Port가 몇 번으로 할당되었는지 확인한다. 다음의 예에서 USB Serial Port(COM3)이라고 나타나므로 USB Serial Port가 COM3에 할당되었음을 확인할 수 있다. (USB Serial Port가 그림과 다르게 할당 될 수 있으므로 직접 확인하여 설정한다.)

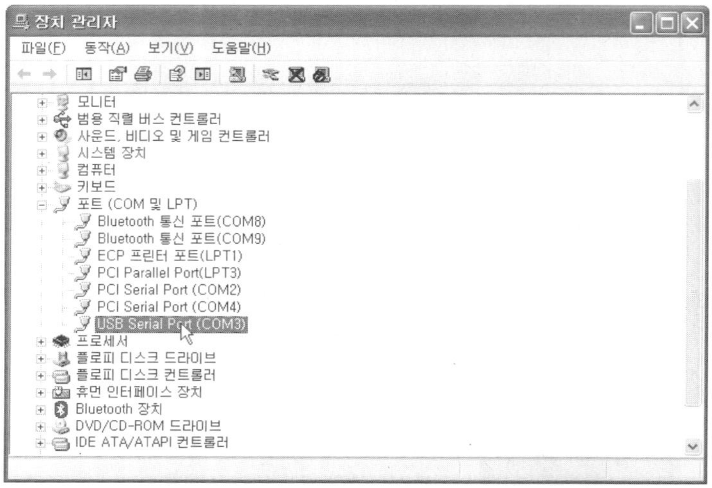

[단계 4]-⒃ 다운로드 후 USB 통신을 이용하여 PC의 하이퍼터미널에 문자를 출력하기 위해서는 하이퍼터미널과 같은 프로그램을 실행시킨다.

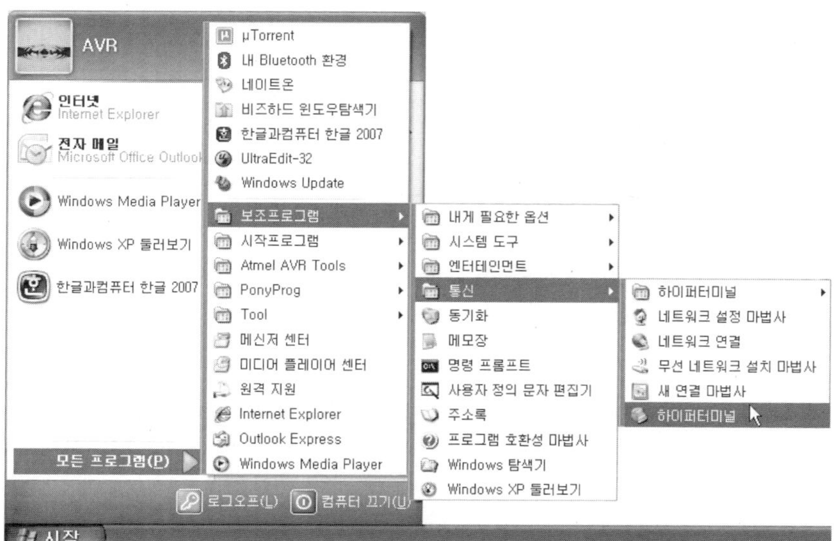

[단계 4]-(17) 하이퍼터미널을 실행한 후에 이름을 입력하고 [확인] 버튼을 누른다.

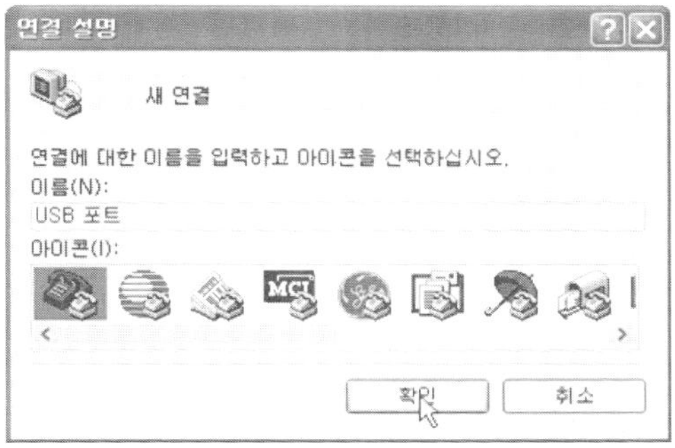

[단계 4]-(18) 통신 설정을 한다. 이때 통신 포트는 USB Serial Port로 할당된 포트를 선택하여야 하는데 [단계 4]-(15)의 예에서는 USB Serial Port가 COM3에 할당되었으므로 COM3을 선택해야 한다. 또한 통 신 속도인 비트/초 항목은 USB 컨트롤러와 자동으로 연결되므로 115.2Kbps 이하의 속도 중 어떤 것을 선택해도 된다. 설정 후에 [확인] 버튼을 누르고 진행한다.

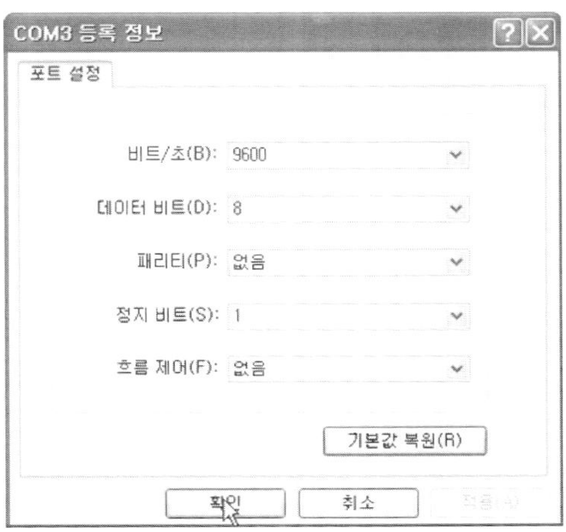

[단계 4]-⒆ USB Serial Port인 COM3 포트를 열면 하이퍼터미널에 영문자 "TEST"가 500ms 간격으로 나타나게 된다.

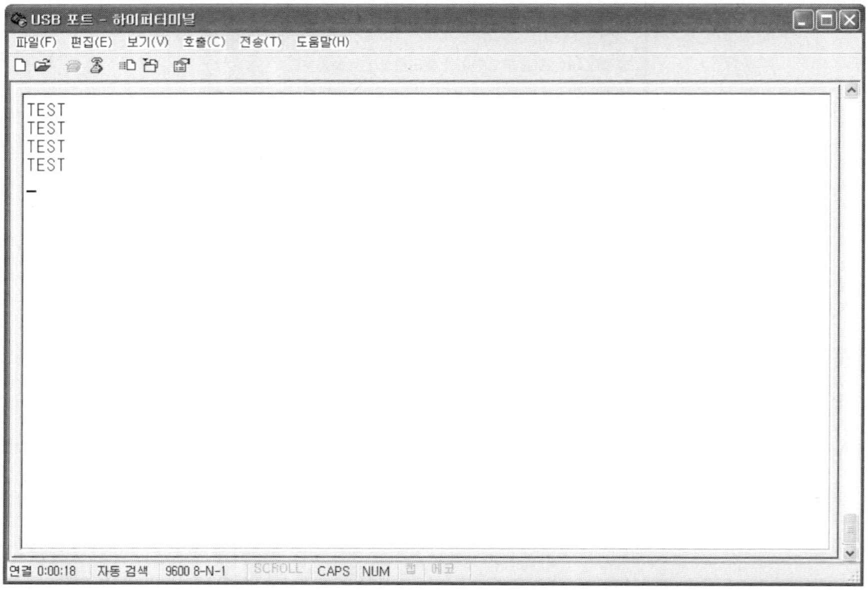

23.4.3 RS232 통신을 이용하여 PC의 하이퍼터미널에서 문자를 입력받아 LED에 출력하는 예제

단계 1 AVR Studio 4에서 새로운 project를 생성하고, C 언어 소스 프로그램을 작성하여 저장한다. 자세한 내용은 5.4.2절의 [단계 1]을 참조한다.

[단계 1]-(1) Project type은 AVR GCC를 선택하고, Project name:은 ch23_step2, Initial file:은 ch23_step2이라고 입력하고, Create initial file과 Create folder를 체크하고, Location:은 C:₩avr_test를 선택한 후에 [Next >>] 버튼을 누르고 다음 단계로 진행한다.

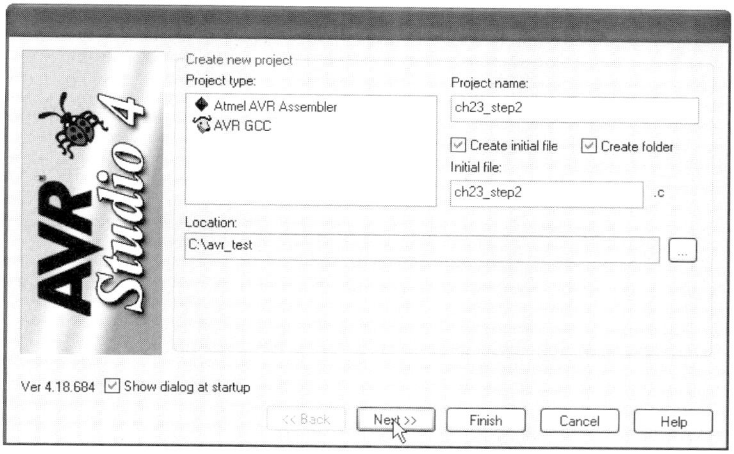

[단계 1]-(2) AVR Studio 4 편집 화면에 C 언어 소스 프로그램을 작성한다.

```
//
// ch23_setp2.c
//

// 필요한 매크로 및 헤더 프로그램 등이
// 포함되어 있으므로 반드시 포함
#include "ch23_usb245.h"

// C 언어의 주 실행 함수
int main(void){
   // 8비트 크기의 변수 선언
   unsigned char ch;

   // 포트 F의 방향 설정, 0 : 입력, 1 : 출력
   //      PF7     PF6     PF5     PF4     PF3     PF2     PF1     PF0
   //      Out     Out     Out     Out     Out     Out     Out     Out
   DDRF = 0B11111111;

   // USB FT245BL 칩 초기화
   USB_Init();

   // USB 포트를 통해 0x0C 전송
   USB_WriteByte(0x0C);
```

```
    // 무한 반복
    while(1){
        // USB의 수신 버퍼에 데이터가 남아있으면
        // 수신 버퍼를 비울 때까지 반복함
        while(USB_RxFlagCheck() == 0){
            // USB 수신 버퍼에서 1바이트 데이터를 읽음
            ch = USB_ReadByte();

            // USB 포트를 통해 1바이트 데이터 전송
            USB_WriteByte(ch);

            // LED에 수신된 문자의 ASCII 코드를 출력
            PORTF = ~ch;
        }
        // 1ms 동안 대기
        _delay_ms(1);
    }

    // 함수의 형태와 같이 정수형(int)의 값을 반환함
    return 1;
}
```

C 언어 소스 프로그램 설명

핵심포인트

USB 통신을 통해 수신된 데이터는 FT245BL 칩의 수신 버퍼에 저장된다. 이때 마이크로컨트롤러의 처리 속도보다 많은 데이터를 수신하게 되면 칩의 수신 버퍼에 순서대로 저장되므로 마이크로컨트롤러는 칩의 데이터 수신완료 상태 플래그 신호를 검출하여 이 신호가 검출되지 않을 때 까지 반복하여 수신된 데이터를 처리해야 한다. 또한 수신된 데이터를 USB 포트를 통해 송신하기 위해서는 FT245BL 칩의 송신 버퍼에 쓰기 동작 하면 된다.

#include "ch23_usb245.h" 문장은 C 언어 소스 프로그램에서 사용하는 ATmega128 관련 레지스터, 함수, 매크로 등을 사용하기 위해 필요하므로 반드시 포함시킨다.

DDRx 레지스터는 포트의 입출력 방향을 결정하는 레지스터이며 x는 포트명이고 DDRxn의 각 비트 값이 0이면 입력, 1이면 출력으로 설정된다. 따라서 DDRF = 0B11111111; 문장은 포트 F의 방향을 설정하는 기능을 수행하는 문장이다. 논리 1로 설정되는 비트는 출력이고, 논리 0으로 설정되는 비트는 입력이다. 따라서 포트 F의 모든 비트는 출력으로 설정 된다.

PORTx 레지스스터는 포트에 출력할 논리 값을 저장하는 레지스스터이며 x는 포트명이다.

USB_Init(); 문장은 USB를 제어하기 위하여 초기화하는 기능을 수행하는 함수이다. 이 함수는 USB 제어 포트의 방향 및 초기 값을 출력한다.

USB_WriteByte(0x0C); 문장은 USB 포트를 통해 1바이트의 데이터를 출력하는 함수이다. 인수 0x0C는 하이퍼터미널에 전송 시에 하이퍼터미널의 화면을 모두 지운다.

while(1) {} 문장은 ()의 조건에 따라 {}내의 문장을 반복하는 반복문이다. 여기서 ()안의 조건이 1이므로 항상 참을 의미하고, 따라서 {}내의 모든 문장식을 무한 반복하는 기능을 수행한다.

while(USB_RxFlagCheck() == 0) 문장은 USB 칩의 수신 버퍼에 수신된 데이터가 있는지를 확인하고 수신된 데이터가 있으면 참으로 판단하고, {}안의 문장을 수행하는 반복문이다. 만약 수신된 데이터가 없다면 while() 문은 {}안의 문장을 수행하지 않는다.

ch = USB_ReadByte(); 문장은 USB 칩의 수신 버퍼에서 1바이트의 수신된 데이터를 읽고, ch 변수에 저장하는 기능을 수행한다.

USB_WriteByte(ch); 문장은 수신 버퍼에서 읽은 데이터를 USB 포트를 통해 다시 송신하는 기능을 수행한다.

PORTF = ~ch; 수신 버퍼에서 읽은 데이터를 토글 시킨 후에 포트 F에 출력하는 기능을 수행한다. 포트 F에는 LED가 연결되어 있으므로, 수신 버퍼에 저장된 데이터를 기준으로 비트의 논리가 1인 비트는 LED가 ON되고, 논리가 0인 비트는 LED가 OFF 된다.

_delay_ms(1); 문장은 1ms 동안 대기하는 기능을 수행한다. 따라서 1ms에 한번씩 USB 칩의 수신 버퍼에 수신된 데이터가 있는지 확인하고, 수신된 데이터가 있으면 다시 USB 포트를 통해 전송하고, LED에 출력하는 동작을 반복하게 된다. 수신된 데이터를 LED에 계속하여 출력하므로 마지막에 수신된 문자가 LED에 나타나며, LED에 출력된 이전의 데이터는 무시된다.

[단계 1]-(3) 23.4.2 절의 [단계 1]-(3) 부터 [단계 1]-(5)를 참조하여 h23_usb245.c C 언어 소스 프로그램을 작성하여 현재 project 폴더에 저장한 다음에 project에 포함하고, ch23_usb245.h 헤더 프로그램을 작성하여 현재 project 폴더에 저장한다.

T·I·P

C 언어 소스 프로그램은
CD Drive:₩Source₩ch23₩ch23_step2₩ch23_step2.c 파일과
CD Drive:₩Source₩ch23₩ch23_step2₩ch23_usb245.c 파일과
CD Drive:₩Source₩ch23₩ch23_step2₩ch23_usb245.h 파일

단계 2 AVR Studio 4를 이용하여 C 언어 소스 프로그램을 Build 한다. 자세한 내용은 5.4.2절의 [단계 2]를 참조한다.

단계 3 PonyProg를 이용하여 ATmega128에 hex 파일을 ISP 다운로드 한다. 자세한 내용은 5.4.2절의 [단계 3]을 참조한다.

단계 4 다운로드가 완료되면 AVR 트레이닝 키트(WES-XUN I)에서 동작을 확인한다.

[단계 4]-(1) 다음과 같이 하이퍼터미널에서 COM3 포트가 연결된 화면이 나타난다.

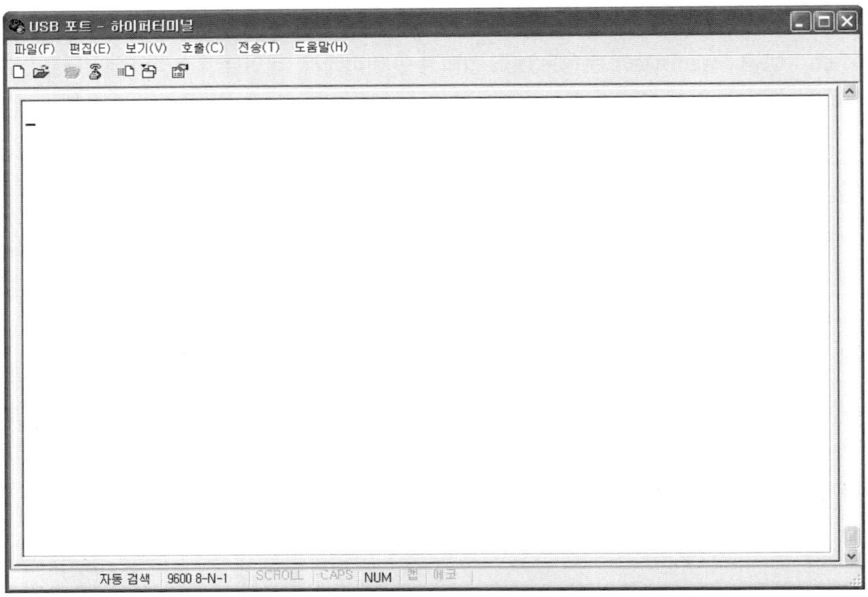

[단계 4]-(2) 하이퍼터미널에서 키보드를 누르면, 하이퍼터미널에 키보드에서 눌린 키가 나타나고, 키의 ASCII 코드가 AVR 트레이닝 키트(WES-XUN I)의 LED에 2진 코드로 나타난다. 만약 하이퍼터미널에 "ABC0"을 순서대로 입력하였다면, LED에는 마지막으로 입력된 '0' 키의 8비트 ASCII 코드(0x30)가 LED_H에 점등된다.

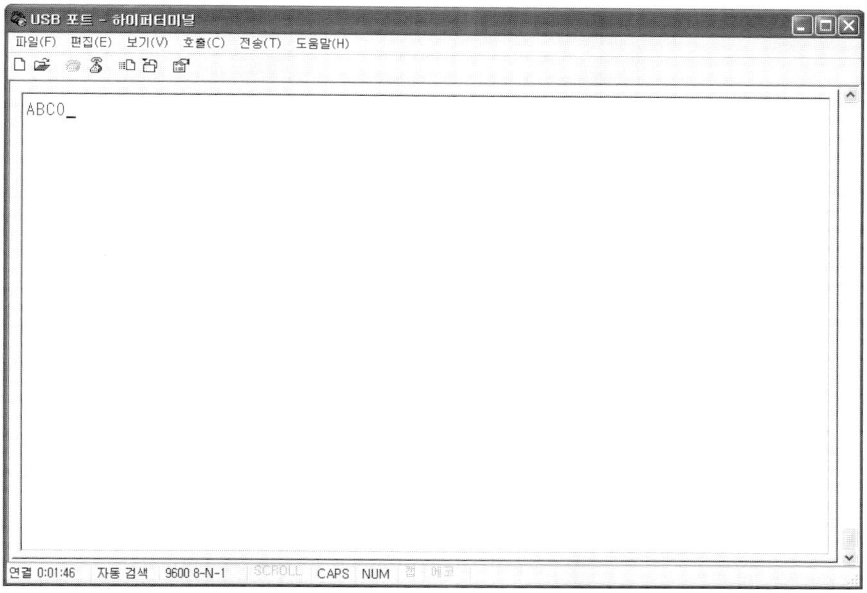

– LED에는 가장 마지막에 수신된 문자인 0의 ASCII 코드(0x30)가 이진 형태로 나타난다.

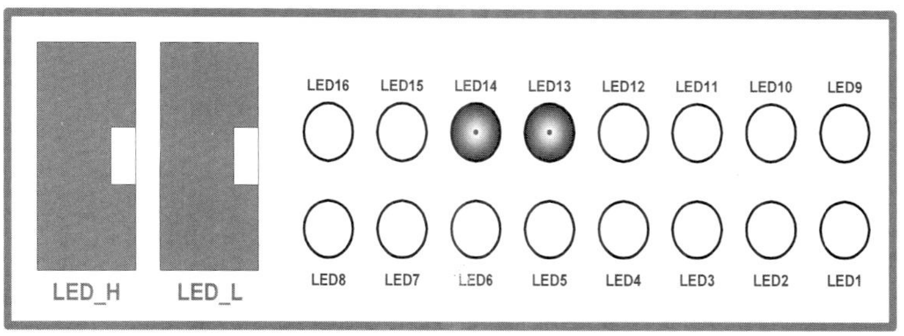

T·I·P

■ **char USB_ReadByte(void) 함수**

USB 수신 버퍼에서 1바이트 데이터를 읽는 함수. 이 함수는 RXF#를 감시하여, RXF# 핀이 0이면, 이 함수를 호출하여 USB의 수신 버퍼에서 1바이트 데이터를 읽을 수 있다. 수신 버퍼의 데이터는 USB 컨트롤러 칩에 내장된 FIFO 회로를 통해 먼저 수신된 데이터가 먼저 출력된다. 이 함수는 앞서 설명한 FT245BL FIFO 읽기 동작 타이밍 도와 같이 신호의 논리와 논리를 유지하는 시간이 적절하도록 프로그램 되었다. 다음의 타이밍 도에서와 같이 RXF#가 0일 때, RD# 신호를 0으로 출력하면 USB가 수신 버퍼의 내용을 FIFO를 통해 출력하게 되고, T3 시간 이후에 포트에서 값을 읽으면 된다.

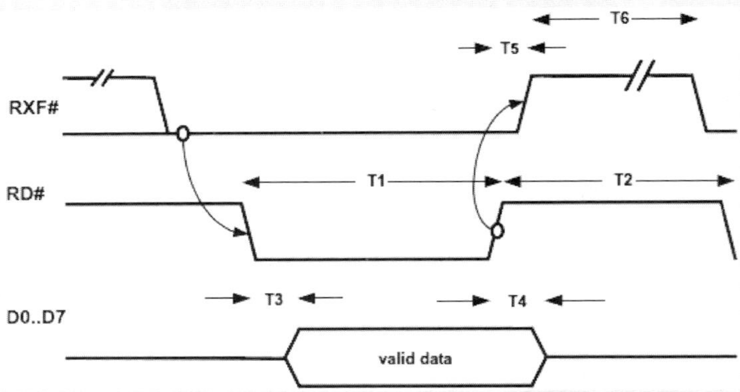

Time	Description	Min	Max	Unit
T1	RD Active Pulse Width	50		ns
T2	RD to RD Pre-Charge Time	50 + T6		ns
T3	RD Active to Valid Data	20	50	ns
T4	Valid Data Hold Time from RD Inactive	0		ns
T5	RD Inactive to RXF#	0	25	ns
T6	RXF inactive after RD cycle	80		ns

T·I·P

■ **void USB_WriteByte(char data) 함수**

USB의 송신 버퍼에 1바이트의 데이터를 출력하는 함수. 이 함수는 출력할 데이터가 있을 때 TXF#를 감시하여, TXF# 핀이 0이면, 출력할 데이터를 출력하고 WR 신호를 출력하여 USB의 송신 버퍼에 쓸 수 있다. USB 컨트롤러는 송신 버퍼에 들어있는 데이터를 FIFO 회로를 통해 순서대로 USB 포트에 출력한다. 이 함수는 앞서 설명한 FT245BL FIFO 쓰기 동작 타이밍 도와 같이 신호의 논리와 논리를 유지하는 시간이 적절하도록 프로그램 되었다. 다음의 타이밍 도에서와 같이 출력해야 할 데이터가 있고 TXE# 신호가 0이면 D0..D7에 데이터를 출력하고, WR 신호를 1로 세트 시켰다가 0으로 클리어 하면 데이터를 출력 할 수 있다. 데이터를 출력한 이후 최소 T8 시간 동안에는 데이터를 출력할 수 없다.

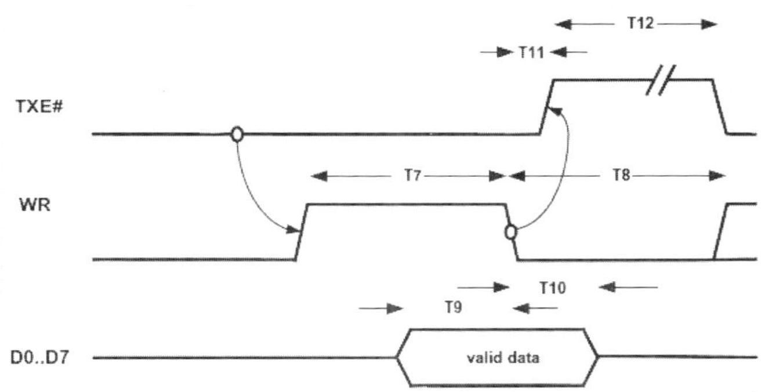

Time	Description	Min	Max	Unit
T7	WR Active Pulse Width	50		ns
T8	WR to WR Pre-Charge Time	50		ns
T9	Data Setup Time before WR inactive	20		ns
T10	Data Hold Time from WR inactive	0		ns
T11	WR Inactive to TXE#	5	25	ns
T12	TXE inactive after WR cycle	80		ns

CHAPTER 24

AVR ATmega128을 사용한 RFID 실습

실습목표

AVR 트레이닝 키트(WES-XUN I)를 이용하여, RFID 태그(tag)로부터 데이터를 수신하고, RFID 리더 칩인 TRH031M을 다루는 방법에 대하여 학습하고, RFID 태그로부터 수신된 정보를 처리하고 응용하는 응용 프로그램을 작성한다. RFID의 정보를 읽기 위해서는 RFID 태그에 저장된 정보를 수신하기 위한 안테나, 이를 복호화 하고, 데이터를 AVR로 전송하기 위한 RFID 리더 칩인 TRH031M을 이용하여 RFID 태그의 정보를 AVR 트레이닝 키트(WES-XUN I)에 연결되어 있는 UART를 통해서 정보를 확인한다.

실습이론

24.1 AVR 포트의 입 · 출력 제어를 위한 레지스터 및 UART 관련 레지스터

DDRx 레지스터는 포트의 입출력 방향을 결정하는 레지스터이며 DDRxn의 비트 값이 0이면 입력, 1이면 출력으로 설정된다. x는 포트명을 가리키는 문자이고 n은 비트를 나타내는 숫자 이다. ATmega128에서 레지스터는 0번부터 7번까지 8비트가 존재한다. PORTx 레지스터는 포트에 출력할 논리 값을 저장하는 레지스터이며 x는 포트명이다. PINx는 DDRx 레지스터, PORTx 레지스터 등과 달리 포트의 논리를 읽을 수 있는 어드레스이며 x는 포트명이다. 디지털 입출력과 관련한 자세한 내용은 1.14절의 AVR 디지털 입출력 핀 구조를 참조한다.

UCSRnA 레지스터는 USART의 제어 및 상태를 나타내는 레지스터로 수신 완료 상태, 송신 완료 상태, 데이터 레지스터 공백 상태 등 여러 가지 상태를 나타낸다. UCSRnB 레지스터는 USART의 제어 및 상태를 나타내는 레지스터로 수신 인터럽트 허용, 송신 인터럽트 허용, 데이터 레지스터 공백 인터럽트 허용, 수신부 활성화, 송신부 활성화 등의 제어를 할 수 있다. UCSRnC 레지스터는 USART의 제어 및 상태를 나타내는 레지스터로 패리티 비트, 데이터 비트 길이 등을 설정할 수 있다. UCSRAnx에서 n은 USART의 번호를 나타내는 숫자이고, x는 레지스터를 분리하는 문자이다. ATmega128에서 USART는 0번과 1번 등 2개가 존재한다. UBRR 레지스터는 USART의 통신 속도를 설정하는 레지스터이다. UDR 레지스터는 USART의 송신 또는 수신 데이터를 저장하는 레지스터이다. USART와 관련한 자세한 내용은 1.18절 ATmega128의 USART를 참조한다. 한편, 표 24.1.1을 활용해 ATmega128의 클록 속도에 따른 UBRR 레지스터의 설정 값을 UBRR 레지스터에 맞는 값을 계산하지 않고 쉽게 찾아 볼 수 있다. 자세한 내용은 ATmega128의 데이터 시트 중에서 USART 부분을 참조한다.

DDRx : PORTx 데이터 방향 레지스터

Bit	7	6	5	4	3	2	1	0
	DDx7	DDx6	DDx5	DDx4	DDx3	DDx2	DDx1	DDx0
Read/Write	R/W	R/W	R/W	R/W	R/W	R/W	R/W	R/W
Initial Value	0	0	0	0	0	0	0	0

PORTx : PORTx 데이터 레지스터

Bit	7	6	5	4	3	2	1	0
	PORTx7	PORTx6	PORTx5	PORTx4	PORTx3	PORTx2	PORTx1	PORTx0
Read/Write	R/W	R/W	R/W	R/W	R/W	R/W	R/W	R/W
Initial Value	0	0	0	0	0	0	0	0

PINx : PORTx 입력 핀 어드레스

Bit	7	6	5	4	3	2	1	0
	PINx7	PINx6	PINx5	PINx4	PINx3	PINx2	PINx1	PINx0
Read/Write	R	R	R	R	R	R	R	R
Initial Value	N/A	N/A	N/A	N/A	N/A	N/A	N/A	N/A

UCSRnA – USART 제어, 상태 레지스터 A

Bit	7	6	5	4	3	2	1	0
	RXC	TXC	UDRE	FE	DOR	UPE	U2X	MPCM
Read/Write	R	R/W	R	R	R	R	R/W	R/W
Initial Value	0	0	0	0	0	0	0	0

UCSRnB – USART 제어, 상태 레지스터 B

Bit	7	6	5	4	3	2	1	0
	RXCIE	TXCIE	UDRIE	RXEN	TXEN	UCSZ2	RXB8	TXB8
Read/Write	R/W	R/W	R/W	R/W	R/W	R/W	R	R/W
Initial Value	0	0	0	0	0	0	0	0

UCSRnC – USART 제어, 상태 레지스터 C

Bit	7	6	5	4	3	2	1	0
	-	UMSEL	UPM1	UPM0	USBS	UCSZ1	UCSZ0	UCPOL
Read/Write	R/W	R/W	R/W	R/W	R/W	R/W	R/W	R/W
Initial Value	0	0	0	0	0	0	0	0

UBRR – USART 보드 레이트 레지스터

Bit	15	14	13	12	11	10	9	8	
	-	-	-	-	UBRRn[11 :8]				UBRRnH
	UBRRn[7:0]								UBRRnL
	7	6	5	4	3	2	1	0	
Read/Write	R	R	R	R	R/W	R/W	R/W	R/W	
	R/W	R/W	R/W	R/W	R/W	R/W	R/W	R/W	
Initial Value	0	0	0	0	0	0	0	0	

UDR – USART I/O 데이터 레지스터

Bit	7	6	5	4	3	2	1	0	
	RXBn[7:0]								UDRn(Read)
	TXBn[7:0]								UDRn(Write)
Read/Write	R/W	R/W	R/W	R/W	R/W	R/W	R/W	R/W	
Initial Value	0	0	0	0	0	0	0	0	

표 24.1.1 AVR ATmega128의 클록 속도에 따른 UBRR 레지스터 설정 값

Baud Rate (bps)	f_{osc} = 8.0000 MHz				f_{osc} = 11.0592 MHz				f_{osc} = 14.7456 MHz			
	U2X = 0		U2X = 1		U2X = 0		U2X = 1		U2X = 0		U2X = 1	
	UBRR	Error	UBRR	Error	UBRR	Error	UBRR	Error	UBRR	Error	UBRR	Error
2400	207	0.2%	416	-0.1%	287	0.0%	575	0.0%	383	0.0%	767	0.0%
4800	103	0.2%	207	0.2%	143	0.0%	287	0.0%	191	0.0%	383	0.0%
9600	51	0.2%	103	0.2%	71	0.0%	143	0.0%	95	0.0%	191	0.0%
14.4k	34	-0.8%	68	0.6%	47	0.0%	95	0.0%	63	0.0%	127	0.0%
19.2k	25	0.2%	51	0.2%	35	0.0%	71	0.0%	47	0.0%	95	0.0%
28.8k	16	2.1%	34	-0.8%	23	0.0%	47	0.0%	31	0.0%	63	0.0%
38.4k	12	0.2%	25	0.2%	17	0.0%	35	0.0%	23	0.0%	47	0.0%
57.6k	8	-3.5%	16	2.1%	11	0.0%	23	0.0%	15	0.0%	31	0.0%
76.8k	6	-7.0%	12	0.2%	8	0.0%	17	0.0%	11	0.0%	23	0.0%
115.2k	3	8.5%	8	-3.5%	5	0.0%	11	0.0%	7	0.0%	15	0.0%
230.4k	1	8.5%	3	8.5%	2	0.0%	5	0.0%	3	0.0%	7	0.0%
250k	1	0.0%	3	0.0%	2	-7.8%	5	-7.8%	3	-7.8%	6	5.3%
0.5M	0	0.0%	1	0.0%	–	–	2	-7.8%	1	-7.8%	3	-7.8%
1M	–	–	0	0.0%	–	–	–	–	0	-7.8%	1	-7.8%
Max [1]	0.5 Mbps		1 Mbps		691.2 kbps		1.3824 Mbps		921.6 kbps		1.8432 Mbps	

24.2 RFID의 이해

RFID(Radio Frequency IDentification)는 무선 주파수를 이용해 사물에 내장된 정보를 근거리에서 읽어내는 기술로써, 물류 · 조달 · 군사 · 식품 · 안전 등 다양한 산업 영역에서 정체적 파급효과를 창출할 수 있는 핵심 기술로 각광받고 있을 뿐만 아니라, 유비쿼터스의 기초 기술로 활용되어 향후 인간의 생활방식과 기존 산업 구조를 혁신적으로 변화시키는 기술로 인식되고 있다. RFID 시스템은 리더(Reader 또는 Interrogator), 안테나, 태그(태그 또는 Transponder) 세 가지로 구성되어 사람, 차량, 상품, 교통카드 등을 비 접촉식으로 인식하는 기술이다. 일반적으로 많이 사용되는 수동형 시스템은 RFID의 리더인 RF 캐리어 신호를 태그에 송신하고, 신호를 받은 태그는 RF 신호가 들어오면 이것의 진폭 또는 위상을 변조하여 태그에 저장된 데이터를 리더로 송신한다. 태그로부터 되돌려 받은 변조 신호는 리더에서 복호/복조화되어 태그 정보가 해독되는 것이 기본원리이다. 리더는 컴퓨터에 연결되어 운용되며 응용 목적에 따라 운용 소프트웨어에 의해 RFID 시스템을 제어한다. 그룹 아이디를 갖는 바코드와 달리 태그는 고유 아이디(Unique ID)를 가진다. 또한 바코드는 종이가 찢어지거나 오염될 수 있어 주변 환경에 의해 사용에 제한을 받지만, 태그는 마이크로칩의 형태로 되어 있어 반영구적이며 주변 환경에 독립적인 것이 일반 바코드와의 가장 커다란 차이점이라 할 수 있다.

24.3 RFID 인터페이스

RFID 태그와 AVR 트레이닝 키트(WES-XUN I)는 그림 24.3.1에서 나타난바와 같이 RFID 모듈의 안테나에서 태그의 정보를 수신하여 AVR 트레이닝 키트(WES-XUN I)로 전달한다. 한편, AVR 트레이닝 키트(WES-XUN I)에 수신된 태그 정보는 UART 프로그램을 통하여 PC에 설치되어 있는 하이퍼터미널과 같은 RS232 통신 프로그램을 통하여 태그의 정보를 확인할 수 있게 된다.

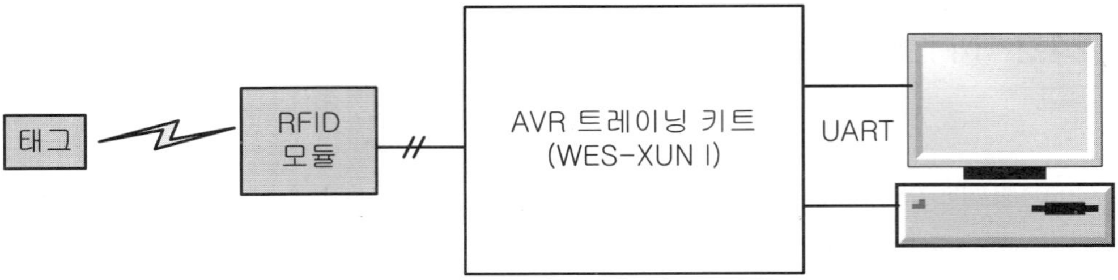

그림 24.3.1 RFID 인터페이스 개요

RFID 시스템에서 리더와 태그 간에 데이터를 교환하는 방식은 매우 다양하다. 한편, AVR 트레이닝 키트(WES-XUN I)에서는 태그는 리더로부터 데이터뿐만 아니라 전력도 함께 공급받는다. 그림 24.3.2와 같이 리더는 태그에 정보를 요청하는 커맨드(command)와 클록, 전력을 공급하고, 태그는 커맨드에 응답하는 데이터를 리더로 송신한다.

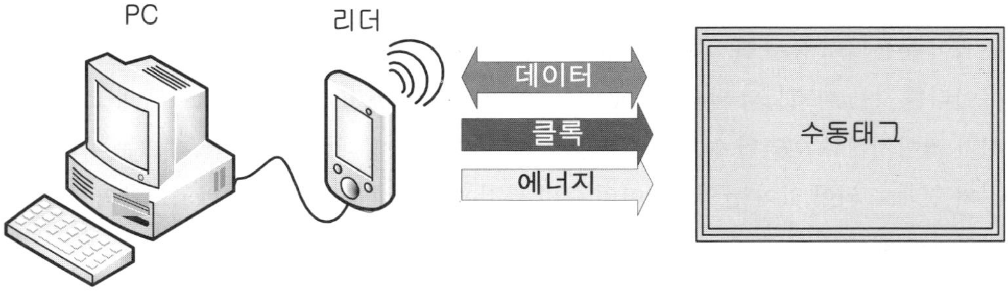

그림 24.3.2 RFID 시스템 원리

RFID 시스템의 구분은 크게 태그의 읽고/쓰기 능력, 태그의 전원 공급방식, 태그의 통신 주파수에 따라 구분된다. 표 24.3.1은 RFID의 주요 구분 사항이다.

표 24.3.1 RFID 시스템의 구분

RFID 방식별 구분		주요 특징
태그 Read/Write 능력	읽기 전용형 (Read Only)	• 제조 시 프로그래밍, 정보 내용은 변경 불가 • 가격 저렴하여 바코드와 같이 단순 인식 분야에 사용
	한번 쓰고 여러번 읽기형	• 사용자가 데이터 기록 후 변경이 불가
	읽기 쓰기형 (Read/Write)	• 몇 번이고 기록 및 데이터 변경이 가능 • 고가지만 다양한 분야에서 활용이 가능
태그 전원 공급방식	능동형(Active)	• 태그에 배터리가 부착되어 수십미터 원거리 통신용 • 가격이 고가, 수명에 제한, UHF 대역 이상에서 사용
	수동형(Passive)	• 태그에 배터리가 없으며, 10m 이내 근거리 통신용 • 가격이 저렴, 수명이 반 영구적임(약 10년 이상)
무선 주파수대역	135KHz 이하	• FA용, 동물 인식 등 근거리 용도로 활용 • 시스템 가격이 저렴
	13.56MHz	• IC카드, 신분증 등 1m 이내에서 활용이 가능 • 데이터 전송상의 신뢰성이 높음
	UHF	• 433MHz(active), 860~950MHz 대역을 이용 • 마이크로파 대역에 비해 무선 인식 성능이 우수 • ISO/IEC, EPC 태그 등 국제적으로 활성화 전망
	Microwave	• 2.45GHz의 ISM 대역 이용 • UHF 대역에 비하여 수분, 금속 적용 환경에서 인식률 저하

24.4 RFID 모듈의 개요

RFID 모듈은 그림 24.4.1과 같이 RFID 태그가 내장된 ISO/IEC 14443A/B 프로토콜과 ISO/IEC 15693 프로토콜을 사용하는 RFID 카드, 안테나, RFID 리더 칩이 들어있는 RFID 리더 모듈 등 3가지로 구성되어 있다. 또한, AVR 트레이닝 키트(WES-XUN I)와 데이터를 주고받기 위한 케이블도 포함되어 있다.

그림 24.4.1 RFID 모듈의 구성

RFID 리더 모듈은 그림 24.4.2와 같이 AVR 트레이닝 키트(WES-XUN I)와 인터페이스 하는 CON 커넥터와 DATA 커넥터, 안테나 연결부, RFID 리더칩인 TRH031M이 포함되어 있다.

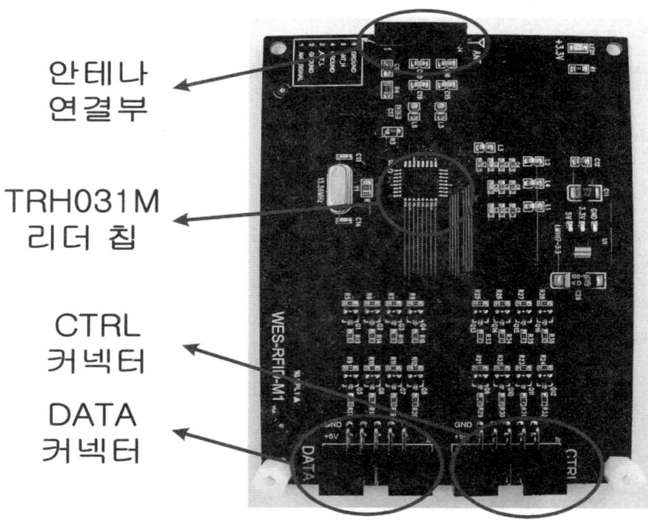

그림 24.4.2 RFID 리더 모듈

RFID 리더 모듈과 연결되는 RFID 태그 안테나는 그림 24.4.3과 같이 RF 매칭 회로, PCB의 Copper를 이용한 안테나, RFID 리더 모듈과 연결되는 커넥터 부 등으로 구성되어 있다.

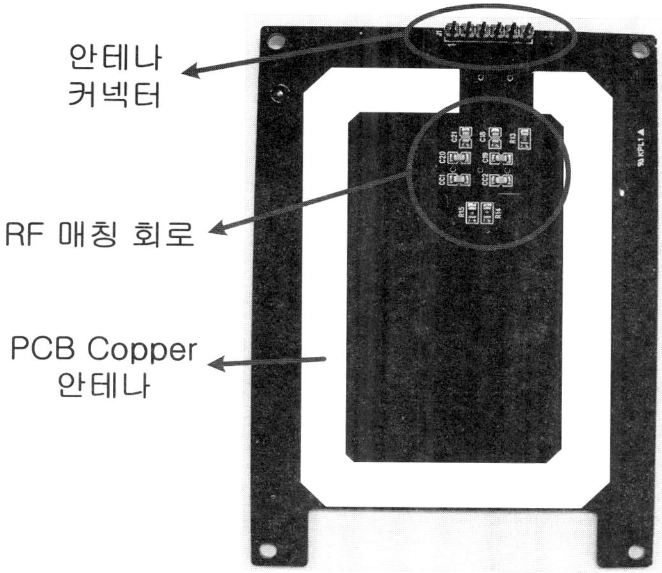

그림 24.4.3 RFID 안테나 구성

RFID 카드는 13.56MHz로 구동되며, RFID 안테나로부터 전력을 공급받아 태그의 정보를 다시 안테나로 전달되는 방식을 취하고 있다. 한편, AVR 트레이닝 키트(WES-XUN I)와 함께 공급되는 RFID 카드 이외에도 일반 버스카드, 신용카드에 포함되어 있는 RFID 태그가 ISO/IEC 14443A/B 프로토콜, ISO/IEC 15693 프로토콜을 사용하고 있다면 본 RFID 모듈로 태그의 정보를 알아낼 수 있다.

한편, RFID 리더 칩인 TRH031M은 13.56MHz 대역에서 ISO/IEC 14443A/B 프로토콜, ISO/IEC 15693 프로토콜을 지원하며, 내부에 변복조, 인코딩/디코딩, 에러체크, 안테나 연결핀 등 RFID 리더 설계를 위한 간단한 인터페이스를 제공한다. RFID 모듈과 AVR 트레이닝 키트(WES-XUN I)의 연결은 그림 24.4.4와 같다.

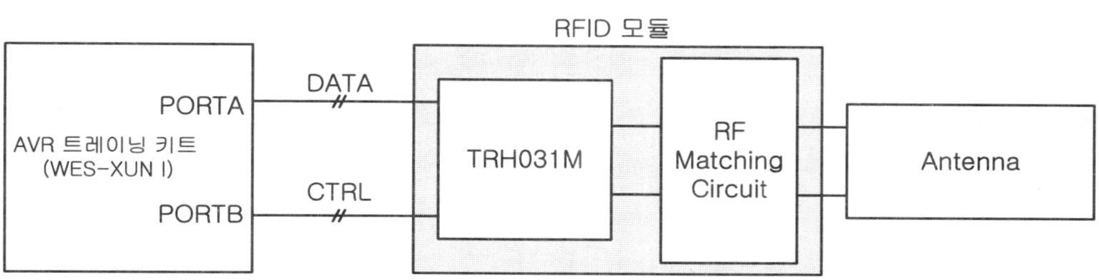

그림 24.4.4 RFID 모듈과 AVR 트레이닝 키트(WES-XUN I)와의 연결

RFID 모듈과 AVR 트레이닝 키트(WES-XUN I)와의 연결은 컨트롤 8핀, 데이터 8핀 등 총 16핀으로 이루어지다. RFID 모듈을 컨트롤하기 위한 8개의 핀은 그림 24.4.5와 같다.

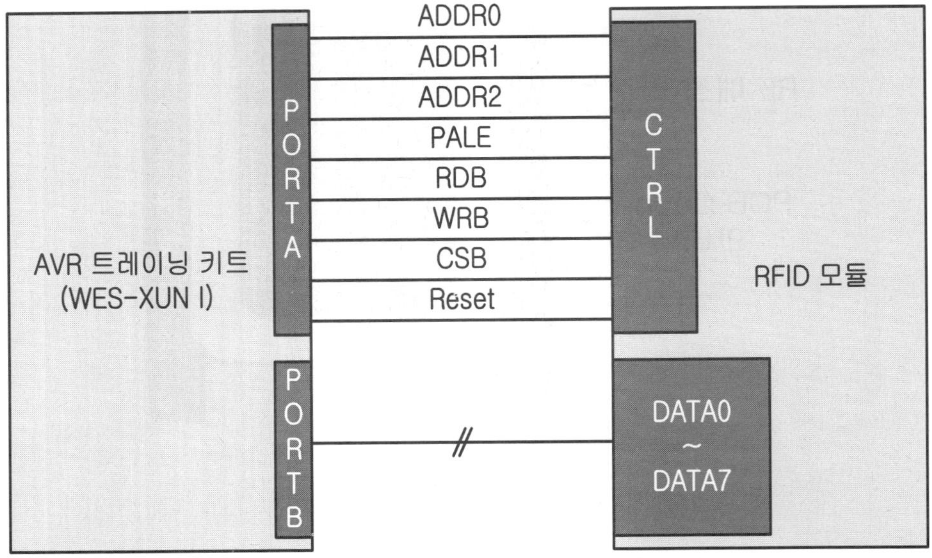

그림 24.4.5 RFID 모듈과 AVR 트레이닝 키트(WES-XUN I)와의 핀 연결도

한편, RFID 리더 칩인 TRH031M 각 핀들의 사용설명은 표 24.4.1과 같다.

표 24.4.1 RFID 리더 칩인 TRH031M 각 핀들의 사용설명

핀 명	설 명
ADDRx〈0 :2〉	3비트 어드레스 버스
PALE	Positive 어드레스 래치 인에이블
RDB	읽기 Bar(Active LOW)
WRB	쓰기 Bar(Active LOW)
CSB	칩 선택 Bar(Active low)
Reset	리셋(Active HIGH)

24.5 RFID 모듈 인터페이스

RFID 모듈은 AVR 트레이닝 키트(WES-XUN I)로부터 명령을 수신받고, 이에 대한 응답을 하는 방식으로 데이터 인터페이스가 이루어진다. 이 때 AVR 트레이닝 키트(WES-XUN I)에서 RFID 모듈로 데이터를 송신하고 수신하기 위해 RDB/WRB를 사용한다. RFID 모듈에 데이터를 읽거나 쓰기 위해서는 그림 24.5.1과 같이 타이밍을 지켜야 한다.

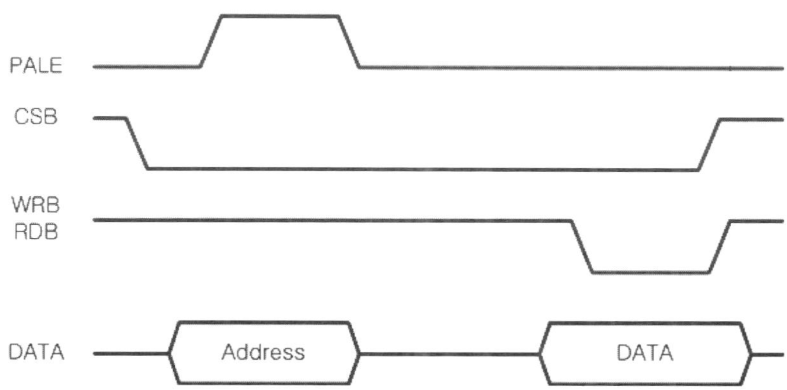

그림 24.5.1 RFID 모듈에 Read/Write 하기 위한 타이밍도

RFID 모듈로부터 데이터를 읽거나, 데이터를 쓰기위해 명령어를 기록할 때 그림 24.5.1과 같은 타이밍에 의해서 표 24.5.1과 같이 RFID 모듈을 제어하면 된다.

RFID 모듈로부터 데이터를 읽기 위해서는 우선 CSB 컨트롤 핀을 LOW 상태로 만들고, DATA 라인에 어드레스를 지정한다. 이후 PALE 핀에 클록을 인가하고, DATA 라인으로부터 데이터를 읽어 낸다. 이 때 데이터는 buffer 변수에 저장되게 된다. 이 후 읽기 위한 컨트롤 핀인 RDB에 LOW 신호를 인가하고, 다시 CSB 컨트롤 핀을 HIGH 상태로 만들면 된다.

반면에 RFID 모듈에 데이터를 쓰기위해서는 CSB 컨트롤 핀을 읽기와 마찬가지로 LOW 상태로 만들고 DATA 라인에 어드레스를 지정한 뒤 PALE 핀에 클록을 인가하고, DATA 라인에 쓰고자하는 데이터를 기록한다. 이후 쓰기 위한 컨트롤 핀인 WRB에 LOW 신호를 인가하고, 다시 CSB 컨트롤 핀을 HIGH 상태로 만든다.

읽기와 쓰기의 차이점은 RDB 컨트롤 핀을 쓰느냐, WRB 컨트롤 핀을 쓰느냐의 차이점 외에는 큰 차이가 없다.

표 24.5.1 RFID 모듈을 읽고 쓰는 방법

모드	방 법	
읽기	CSB = 0;	// 칩 선택 Bar
	DATA = {address};	// TRH031M의 데이터 핀에 어드레스 지정
	PALE = 1;	// Positive 어드레스 래치 인에이블
	PALE = 0;	
	buffer = DATA;	// TRH031M의 데이터 핀으로부터 데이터 읽기
	RDB = 0;	// 읽기 Bar
	RDB = 1;	
	CSB = 1;	
쓰기	CSB = 0;	// 칩 선택 Bar
	DATA = {address};	// TRH031M의 데이터 핀에 어드레스 지정
	PALE = 1;	// Positive 어드레스 래치 인에이블
	PALE = 0;	
	DATA = buffer;	// TRH031M의 데이터 핀에 데이터 쓰기
	WRB = 0;	// 쓰기 Bar
	WRB = 1;	
	CSB = 1;	

실습내용

24.6 AVR 트레이닝 키트(WES-XUN I)에서 동작해보기

24.6.1 AVR 트레이닝 키트(WES-XUN I)의 동작을 위한 준비 사항

본 실습에서는 안테나에 RFID 태그를 갖다 대면, 태그의 정보가 AVR 트레이닝 키트(WES-XUN I)의 RS232 포트에 연결된 PC의 모니터로 출력이 되는 프로그램을 작성한다. RFID 태그의 정보를 얻어오기 위해서는 우선 AVR 트레이닝 키트(WES-XUN I)와 RFID 모듈이 연결되어 있어야 하고, 안테나도 같이 연결이 되어 있어야 한다. 한편, RFID 모듈과 AVR 트레이닝 키트(WES-XUN I)와의 연결은 다음과 같다.

RFID 태그의 정보를 확인하기 위해 PC의 RS232 통신 프로그램과 연결하기 위한 RS232 케이블을 그림 24.6.1과 같이 연결한다.

그림 24.6.1 RS232 케이블 연결

다음에 그림 24.6.2와 같이 AIDC Flat 10P 케이블을 이용해 RFID 모듈의 CTRL 커넥터와 AVR MCU Module(ATmega128)의 PORTA와 연결하고, RFID 모듈의 DATA 커넥터와 AVR MCU Module(ATmega128)의 PORTB와 연결한다. 연결할 때 케이블의 방향이 맞도록 홈에 잘 맞추어 삽입한다. 다음에 그림 24.6.3과 같이 RFID 모듈과 안테나를 연결한다.

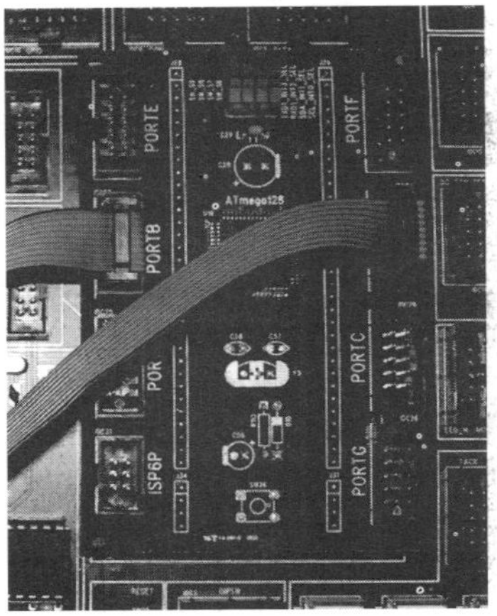

그림 24.6.2 RFID 모듈을 AVR 트레이닝키트(WES-XUN I)의 포트에 연결

그림 24.6.3 RFID 모듈과 안테나 연결

단계 1 그림 24.6.4와 같이 전원을 켜고 ISP 다운로드 모듈을 연결한다.

그림 24.6.4 전원을 켜고 ISP 다운로드 모듈을 연결

단계 2 그림 24.6.5와 같이 IDC Flat 10P 케이블을 이용해 RFID 모듈의 CTRL 커넥터와 AVR MCU Module(ATmega128)의 PORTA와 연결하고, RFID 모듈의 DATA 커넥터와 AVR MCU Module(ATmega128)의 PORTB와 연결한다. 연결할 때 케이블의 방향이 맞도록 홈에 잘 맞추어 삽입한다. 한편, RFID 모듈은 AVR 트레이닝 키트 (WES-XUN I)로부터 5V전원을 공급받고 있으므로, 별도의 전원이 필요 없다.

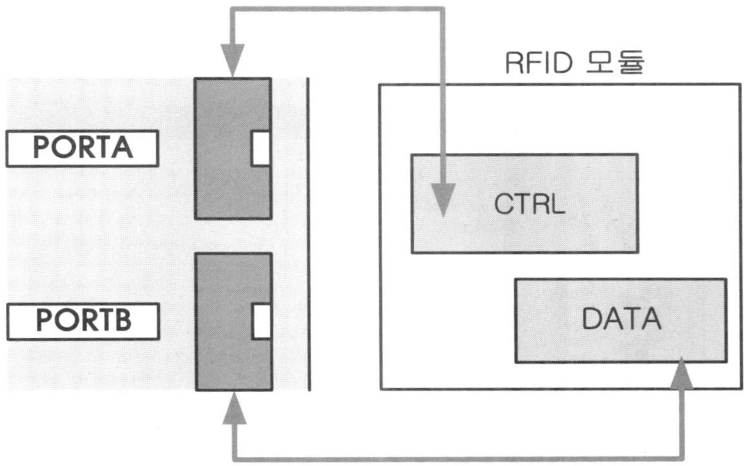

PORTA ⇔ CTRL

PORTA	BIT7	BIT6	BIT5	BIT4	BIT3	BIT2	BIT1	BIT0
Pin Description	Reset	CSB	WRB	RDB	PALE	ADDR2	ADDR1	ADDR0
In/Out	Out	Out	Out	Out	Out	Out	Out	Out

PORTB ⇔ DATA

PORTB	BIT7	BIT6	BIT5	BIT4	BIT3	BIT2	BIT1	BIT0
Pin Description	DATA7	DATA6	DATA5	DATA4	DATA3	DATA2	DATA1	DATA0
In/Out	In/Out	In/Out	In/Out	In/Out	In/Out	In/Out	In/Out	In/Out

그림 24.6.5 RFID 제어 실험을 위한 회로 연결

24.6.2 RFID 카드로부터 태그의 정보를 읽어오는 예제

단계 1 AVR Studio 4에서 새로운 project를 생성하고, C 언어 소스 프로그램을 작성하여 저장한다. 자세한 내용은 5.4.2절의 [단계 1]을 참조한다.

[단계 1]-(1) Project type은 AVR GCC를 선택하고, Project name:은 ch24, Initial file:은 ch24_main 이라고 입력하고, Create initial file과 Create folder 를 체크하고, Location:은 C:₩avr_test를 선택한 후에 [Next >>] 버튼을 누르고 다음 단계로 진행한다.

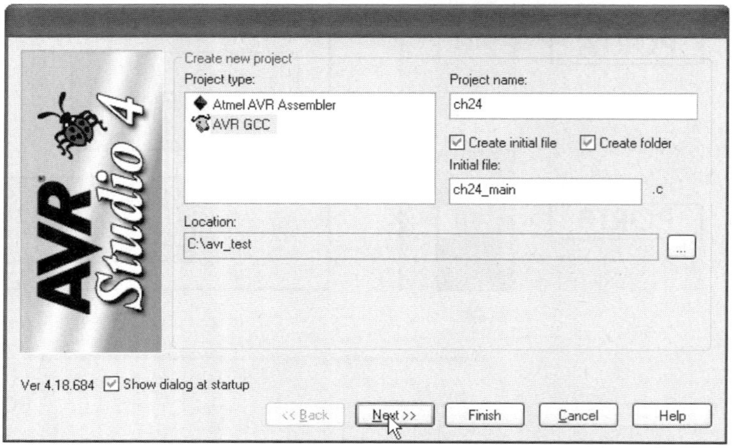

[단계 1]-(2) AVR Studio 4 편집 화면에 C 언어 소스 프로그램을 작성한다.

ISO14443A/B 프로토콜, ISO15693 프로토콜 등의 3가지 타입에 해당하는 RFID 카드의 정보를 읽어 내기 위한 C 언어 소스 프로그램 파일은 ch24_main.c, ch24_common.c, ch24_ISO14443A.c, ch24_ISO14443B.c, ch24_ISO15693.c, ch24_TRH031M.c 등이 필요하고, 헤더 프로그램 파일은 ch24_common.h, ch24_TRH031M.h 등이 필요하다. 따라서 풀다운 메뉴에서 [File] → [New File] 서브 메뉴를 누르면 나타나는 AVR Studio 4 편집 화면에 RFID 카드의 정보를 읽어 내기 위해 필요한 C 언어 소스 프로그램 파일들과 헤더 프로그램 파일들을 작성하여 현재 project 폴더에 저장한다. 자세한 내용은 10.4.4절의 [단계 1]을 참조한다.

C 언어 소스 프로그램 순서 이해하기

RFID 카드로부터 태그의 정보를 읽어내기 위해서는 그림 24.6.5와 같이 RFID 리더 모듈이 태그에게 명령어를 전송하고, 태그가 응답하는 방식으로 태그의 정보를 읽어낸다. 이때 태그로부터 응답받는 신호는 특정 프로토콜에 해당하는 RFID 카드의 detect 신호이다. detect 신호가 발생되면 카드의 UID를 읽어내어 UART를 통하여 PC의 RS232 통신 프로그램으로 UID를 출력한다.

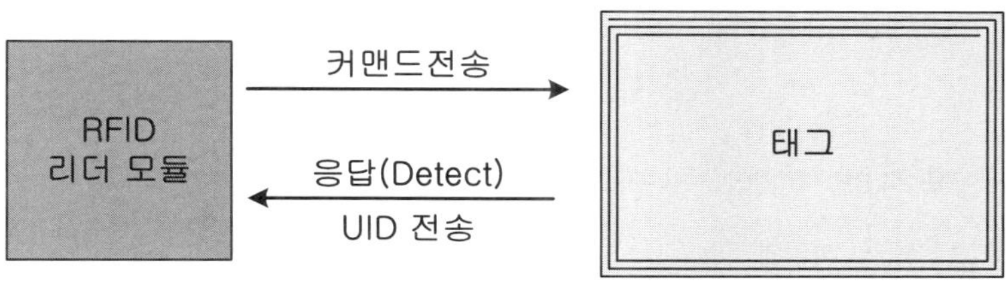

그림 24.6.5 RFID 리더 모듈과 태그의 응답

보다 자세한 C 언어 소스 프로그래밍 순서도는 그림 24.6.6과 같다.

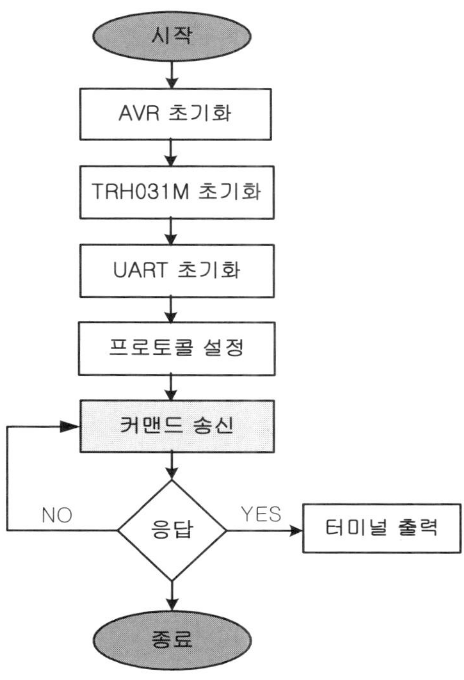

그림 24.6.6 C 언어 소스 프로그램의 순서도

AVR을 초기화 한 후에, RFID 리더 칩인 TRH031M을 초기화한다. RFID 리더 칩을 초기화 하는 이유는 TRH031M의 동작방식을 결정하고 TRH031M을 초기화 상태(IDLE Status) 모드로 두기 위한 부분이다. 이후에 RFID 태그로부터 정보를 읽어내어 사용자에게 표시하기 위한 UART 초기화를 수행하고, 읽어낼 프로토콜을 결정한다. 프로토콜의 결정이 끝나면, 각 프로토콜에 해당하는 RFID 태그 정보 요구 명령어를 송신하고 카드 detect 신호가 주어지면, UART로 출력하는 순서로 프로그램이 진행된다.

한편, ISO14443A/B 프로토콜, ISO15693 프로토콜 등의 3가지 타입에 해당하는 RFID 카드의 정보를 읽어 내기 위한 C 언어 소스 프로그램과 헤더 프로그램의 종류는 표 24.6.1과 같다.

표 24.6.1 C 언어 소스 프로그램 파일들과 헤더 프로그램 파일들의 종류

구분	파일명	내 용
C 언어 소스 프로그램	ch24_main.c	프로그램의 진입점으로 그림 24.6.6에서 언급한 AVR 초기화, TRH031M 초기화, UART 초기화 등을 호출한 뒤, 각 프로토콜에 해당하는 함수를 호출하여 Card detect 신호를 대기한다.
	ch24_common.c	AVR초기화, UART 초기화 함수가 정의 되어 있으며, UART에 해당하는 함수 등 프로그램에 필요한 유틸리티 등이 포함되어 있다.
	ch24_ISO14443A.c	ISO14443A 프로토콜에 해당하는 함수가 정의되어 있다.
	ch24_ISO14443B.c	ISO14443B 프로토콜에 해당하는 함수가 정의되어 있다.
	ch24_ISO15693.c	ISO15693 프로토콜에 해당하는 함수가 정의되어 있다.
	ch24_TRH031M.c	TRH031M 초기화함수가 정의되어 있으며, TRH031M에 데이터를 읽거나 쓰기 위한 함수가 정의되어 있다.
헤더 프로그램	ch24_common.h	각종 매크로 및 AVR 프로그래밍에 관련된 함수
	ch24_TRH031M.h	TRH031M.c의 헤더 프로그램

헤더 프로그램 작성하기

헤더 프로그램은 표 24.6.1과 같이 ch24_common.h, ch24_TRH031M.h 등의 2개를 작성해야 하며, 내용은 다음과 같다.

(1) ch24_common.h 헤더 프로그램을 작성하기

ch24_common.h 헤더 프로그램에는 C 언어 소스 프로그램의 동작에 필요한 시스템 헤더 프로그램을 추가하고, 자료형 변환, 그리고 각종 함수들의 원형이 선언되어 있다.

```
// 시스템 헤더 프로그램 추가
#include <avr/io.h>
#include <avr/interrupt.h>
#include <util/delay.h>

// 자료형 형 변환
#define BYTE    unsigned char
#define WORD    unsigned int
#define DWORD   unsigned long

// 매크로 추가
#define FAIL 0
#define SUCCESS 1

#define TRUE    0x1
#define FALSE   0x0

// AVR_Init()함수 선언
void AVR_Init(void);

// UART 관련 함수
void UART0_Init(unsigned long, unsigned long);  // UART0 초기화 함수
void UART0_PutChar(char);           // UART0에 1개의 문자를 송신하는 함수
void UART0_PutString(char *);       // UART0에 문자열을 송신하는 함수
void UART0_HEX2ASCII(unsigned char SD);     // 16진수를 ASCII로
```

```
// UART 관련 전역변수 선언
volatile unsigned char UART0_RcvFlag;
volatile unsigned char UART0_RxBuff;
volatile unsigned char UART0_Str[128];
volatile unsigned char UART0_Length;

// 문자열 관련 함수
unsigned int Strcmp(char *, char *);
unsigned int Strlen(char *);
```

(2) ch24_TRH031M.h 헤더 프로그램을 작성하기

ch24_TRH031M.h 헤더 프로그램 내부에는 TRH031M 리더칩을 인터페이스 하는 함수들이 선언되어 있고, 각 프로토콜을 읽어 낼 때 사용하는 레지스터 값들을 매크로 치환하여 선언되어 있다. 헤더 프로그램의 내용이 많으므로, 제공되는 CD를 참고하도록 한다.

```
#include <avr/io.h>
#include "ch24_common.h"

//-----------------------------------------------
// set and clear for special ports
//-----------------------------------------------
#define    CLR(x)    (PORTA &= ~(1<<x))// 포트에 0을 기록
#define    SET(x)    (PORTA |= (1<<x)) // 포트에 1을 기록

//-----------------------------------------------
// Connection to TRH031M into ATmega128
//-----------------------------------------------
#define ADDR0 0x0 // 어드레스 라인 0 : 레지스터 어드레스의 0 번째 비트
#define ADDR1 0x1 // 어드레스 라인 1 : 레지스터 어드레스의 1 번째 비트
#define ADDR2 0x2 // 어드레스 라인 2 : 레지스터 어드레스의 2 번째 비트
#define PALE  0x3 // 어드레스 래치 인에이블 : HIGH 일 때 내부어드레스의
                  // DATA0 ~ DATA5에 래치가 이루어진다.
#define WRB   0x5    // DATA0 ~ DATA7까지 데이터를 기록한다.
#define RDB   0x4    // DATA0 ~ DATA7까지 데이터를 읽어온다.
#define CSB   0x6    // 칩 선택 시그널
#define TRH_RST 0x7  // HIGH 상태에서 하강에지로 변화되는 순간 리셋이 이루어진다.
```

```
#define  TRH_DATA   PORTB  // DATA0 ~ DATA7번 핀
#define REG_CLEAR  0x00

//---------------------------------------------
// TRH031M 관련 함수
//---------------------------------------------
void TRH031M_Init();
void TRH031M_Write(BYTE Address, BYTE Command);
BYTE TRH031M_Read(BYTE Address);
void TRH031M_Data_Read_Start();

//---------------------------------------------
// TRH031M 레지스터
//---------------------------------------------
enum TRH031M_REG{
  // 페이지 0의 레지스터
   REG_PAGE0     = 0x00,            // 페이지 0의 레지스터 선택
   REG_COMMAND = 0x01,              // 명령 행의 종료 및 시작
   REG_FIFODATA = 0x02,             // 64바이트의 FIFO 버퍼 레지스터 입출력
   REG_STATUS1 = 0x03,              // 리더 칩의 상태를 보여줌
   REG_FIFOLENGTH = 0x04,           // FIFO에 저장되어 있는 바이트 수
  REG_STATUS2 = 0x05,               // 리더 칩의 상태
  REG_IEN = 0x06,                   // 인터럽트 활성화 레지스터
   REG_IRQ = 0x07,                  // 인터럽트 요청 레지스터

   // 페이지 1 레지스터
   REG_PAGE1     = 0x08,            // 페이지1 선택
   REG_CONTROL = 0x09,              // 컨트롤 레지스터
   REG_ERRFLAG = 0x0A,              // 마지막 명령에 대한 오류 검출
   REG_COLLPOS  = 0x0B,             // 마지막 Collision 오류의 발생 위치
   REG_TIMERVALUE = 0x0C,           // 실제 타이머의 값
   REG_CRCRESULTLSB   = 0x0D, // CRC의 LSB 결과값
   REG_CRCRESULTMSB   = 0x0E, // CRC의 LSB 결과값
  REG_BITFRAME = 0x0F, // ISO 14443 A 프로토콜의 비트 단위 전송 레지스터

   // 페이지 2 레지스터
   REG_PAGE2     = 0x10,                // 페이지 2 선택
   REG_TXCONTROL  = 0x11,               // TX1와 TX2 조작
   REG_CWCONDUCTANCE = 0x12,       // TX 출력 전압 조정
   REG_MODCONDUCTANCE = 0x13,      // ASK 변조 인덱스 조정
```

```
    REG_CODCONTROL  = 0x14,     // TX 인코딩 방법 설정
    REG_MODWIDTH   = 0x15,      // ISO14443A 프로토콜의 변조폭 수정
    REG_TOFFWIDTH  = 0x16,      // Tag-It 프로토콜의 Off 폭 설정
    REG_BFRAMMING  = 0x17,      // ISO14443B 프로토콜의 프레임 방법 설정

    // 페이지 3 레지스터
    REG_PAGE3          = 0x18, // 페이지 3 레지스터 선택
    REG_RXCONTROL1     = 0x19, // 수신 컨트롤 레지스터
    REG_DECODCONTROL   = 0x1A, // 디코더 컨트롤 레지스터
    REG_TDIFF          = 0x1B, //Tag-it 수신 주파수 측정 값
    REG_RXTHRESHOLD    = 0x1C, // 표준 복조 설정
    REG_RXCONTROL2     = 0x1E, // 디코더 입력 선택
    REG_AWIDTHCUT      = 0x1F, // A형 Threshold 조절 레지스터

    // 페이지 4 레지스터
    REG_PAGE4          = 0x20, // 페이지 4 레지스터 선택
    REG_RXWAIT         = 0x21, // TX 끝과 RX 시작간의 휴지시간 설정
    REG_REDUNDANCY     = 0x22, //데이터 저장 확인 방법 설정
    REG_CRCPRESETLSB   = 0x23, // CRC의 LSB 프리셋 설정
    REG_CRCPRESETMSB   = 0x24, // CRC의 MSB 프리셋 설정
    REG_RXTHRESHOLD2   = 0x25, // 수신 Off 상태의 RX Threshold 값 레지스터
    REG_TESTOUTSEL     = 0x26, // TESTOUT 핀 소스 선택 레지스터
    // 페이지 5 레지스터
    REG_PAGE5          = 0x28, // 페이지 5 선택
    REG_FIFOLEVEL      = 0x29, // FIFO 인터럽트의 레퍼런스 값
    REG_TIMERCLK       = 0x2A, // 타이머 속도 설정
    REG_TCONTROL       = 0x2B, // 타이머 시작과 종료 조건 설정
    REG_TRELOADVALUE   = 0x2C, // 타이머 초기 값 설정
    REG_IRQCONFIG      = 0x2D, // IRQ 핀 설정 레지스터
};

//-------------------------------------------
//페이지 0 레지스터
//-------------------------------------------
enum REG_COMMAND_BIT{
    INIT           = 0x3F,    // 시스템 초기화
    IDLE           = 0x00,    // 명령을 중지하고 Idle 상태 유지함
    TRANSMIT       = 0x1A,    // FIFO로부터 데이터 전송
    RECEIVE        = 0x16,    // FIFO로부터 데이터 수신
    TRANSCEIVE     = 0x1E,    // FIFO로 데이터 송신 후 자동으로 수신 모드로 바꿈
```

```
};

enum REG_STATUS1_BIT{
   MS_IDLE          = 0x00,    // 준비상태
   MS_TXSOF         = 0x10,    // SOF(Start Of Flame) 전송
   MS_TXDATA        = 0x20,    // FIFO 버퍼의 데이터 송신
   MS_TXEOF         = 0x30,    // EOF(End Of Flame) 송신
   MS_GTR           = 0x40,    // 수신 시작
   MS_PR    = 0x50, // RXWait 만큼의 시간이 지났을 때 선택된 값만큼 대기한다.
  MS_AR= 0x60,      // 수신 신호를 대기한다.
   MS_REV   = 0x70, // 신호를 수신한다.

   IRQ = 0x08,      // 인터럽트 발생을 감지한다.
   ERR      = 0x04, // 에러상태를 나타낸다.
   HiAlert  = 0x02,
   LoAlert  = 0x01,
};

enum REG_STATUS2_BIT{
   TRunning = 0x80,   // 내부 타이머가 돌 때 리셋이 되고, 멈추면 클리어 된다.
   LockStatus1    = 0x40, // Tag-It 프로토콜이 동작중일 때 GetBlock 응답에 따라
                          // 메모리에 저장된다.
   LockStatus2    = 0x20,
   TerFlag = 0x10,    // Tag-It 프로토콜이 동작중일 때 태그의 응답으로부터 에러플래그를 저장
   TadFlag = 0x08,    // Tag-It 프로토콜이 동작중일 때 태그의 응답으로부터 어드레스 플래그를 저장
   RxLastBits2    = 0x04, // 14443A의 Anti-Collision 동작중에 1로 리셋됨
   RxLastBits1 = 0x02,    // 수신된 바이트를 분리하여 저장한다.
   RxLastBits0 = 0x01,
};

enum REG_IEN_BIT{
   SetIEN = 0x80,     // 6 ~ 0번째 플래그를 클리어하거나 셋 시킨다.
   TimerIEn = 0x20,   // IRQ 핀에 TimerIrQ 인터럽트 시그널이 전송되지 않을 때
                      // 클리어되고, 반대의 경우 리셋이 된다.
   TxIEn  = 0x10,     // IRQ 핀에 TxIrq 인터럽트 시그널이 전송되지 않을 때
                      // 클리어되고, 반대의 경우 리셋이 된다.
   RxIEn  = 0x08,     // IRQ 핀에 RxIrq 인터럽트 시그널이 전송되지 않을 때
                      // 클리어 되고, 반대의 경우 리셋이 된다.
   IdleEn  = 0x04,    // IRQ 핀에 IdleIrq 인터럽트 시그널이 전송되지 않을 때
                      // 클리어 되고, 반대의 경우 리셋이 된다.
```

```
    HiAlertIEn    = 0x02, // IRQ 핀에 HiAlertIrq 인터럽트 시그널이 전송되지
                          // 않을 때 클리어 되고, 반대의 경우 리셋이 된다.
  LoAlertIEn = 0x01,      // IRQ 핀에 LoAlertIEn 인터럽트 시그널이 전송되지
                          // 않을 때 클리어 되고, 반대의 경우 리셋이 된다.
};

enum RE_IRQ_IRQ_BIT{
  IRQ_SetIRq= 0x80,
  IRQ_TimerIrq   = 0x20,
  IRQ_TxIrq  = 0x10,
  IRQ_RxIrq  = 0x08,
  IRQ_IdleIrq= 0x04,
  HiAlertIrq  = 0x02,
  LoAlertIrq  = 0x01,
};

//---------------------------------------------------
//페이지 1 레지스터
//---------------------------------------------------

enum REG_CONTROL_BIT{
  PowerDown = 0x10, // TRH031M의 전력 소비를 최소화하기 위하여 사용한다.
  TStopNow  = 0x04,  // 타이머를 중지시킨다.
  TStartNow  = 0x02,  // 타이머를 가동시킨다.
  FlushFIFO = 0x01,  // FIFO 데이터를 삭제한다.
};

enum REGERRFLAG__ERRFLAG_BIT{
  ERRFLAG_FIFOOvf = 0x10,  // FIFO에 데이터가 가득 찼는지의 여부를 나타낸다.
  ERRFLAG_CRCErr = 0x08,   // CRC에 에러가 있는지의 여부를 나타낸다.
  ERRFLAG_ParityErr = 0x02, // 패리티의 에러 여부를 나타낸다.
  CollErr = 0x01,           // Collision이 발생되었는지의 여부를 나타낸다.
};

enum REG_BITFRAME_BIT{
 RxAlign2 = 0x40,  // 저장되어질 첫 번째 수신데이터의 위치를 나타낸다.
 RxAlign1 = 0x20, // 값이 1이라면 수신된 비트 프레임이 저장되어질 위치는 첫 번째
 RxAlign0 = 0x10, // 값이 1이라면 수신된 비트 프레임이 저장되어질 위치는 두 번째
 TMaskFlag  = 0x08, // Tag-It 프로토콜을 사용
  TxLastBits2    = 0x04, // 비트단위의 송수신할 때 사용
  TxLastBits1    = 0x02, // 14443 A-Type과 Tag-It을 사용할 때 해당 비트를 전송한다.
```

```
    TxLastBits0     = 0x01,

};

//---------------------------------------------
// 페이지 2 레지스터
//---------------------------------------------

enum REG_TXCONTROL_BIT{
    MS1             = 0x40,     // 00 : Constant LOW
    MS0             = 0x20,     // 01 : Constant HIGH
                                // 10 : Internal coder source
                                // 11 : TESTIN pin source
    F100ASK = 0x10,             // 0 : MODCONDUCTANCE에 의해 변조
                                // 1 : 100% ASK에 의해 변조

    TX2Inv = 0x08,
    TX2CW = 0x04,       // 0 : TX2핀은 변조된 에너지 캐리어를 계속적으로 구동
                        // 1 : TX2핀은 변조되지 않은 에너지 캐리어를 구동
    TX2RFEN = 0x02,     // 0 : TX2핀은 일정한 출력 레벨로 구동
                        // 1 : TX2핀은 전송된 데이터에 의해 에너지 캐리어 구동
    TX1RFEN = 0x01,     // 0 : TX1핀은 일정한 출력 레벨로 구동
                        // 1 : TX1핀은 전송된 데이터에 의해 에너지 캐리어 구동
};

// REG_CWCONDUCTANCE      = 0x12,       // TX핀 출력 전력을 조정
enum REG_CWCONDUCTANCE_BIT{             // 저항조정
    CwConinfR       = 0x00,             // 0      무한대
    CwCon10R        = 0x01,             // 1 10.14
    CwCon6R         = 0x02,             // 2 6.33
    CwCon5R         = 0x04,             // 4 4.60
    CwCon3R         = 0x08,             // 8 2.98
    CwCon2R         = 0x0F,             // 16     2.11
    CwCon1R         = 0x3F,             // 32     1.63
};

enum REG_MODCONDUCTANCE_BIT{
// REG_MODCONDUCTANCE      = 0x13, // ASK 변조 인덱스 조정
                                   // ModConductance     Rp [Ohm]
    ModConinfR      = 0x00,        // 0           ∞
    ModCon12R       = 0x01,        // 1           12.60
```

```
  ModCon10R     = 0x02,           // 2        10.14
  ModCon9R      = 0x04,           // 4        8.47
  ModCon7R      = 0x08,           // 8        7.25
  ModCon6R      = 0x0F,           // 16       6.33
  ModCon5R      = 0x3F            // 32       5.07
};

// REG_CODCONTROL= 0x14,          // TX 인코딩 방법 설정
enum REG_CODCONTROL_BIT{
  TI_Addr = 0x08, // Tag-It 프로토콜의 요청이 있을 때 어드레스 모드를 선택
  ISO14443A_TxCoding    = 0x01, // ISO 14443A
  ISO14443B_TxCoding    = 0x00, // ISO 14443B
  ISO15693_256TxCoding = 0x06, // ISO 15693 표준모드(256 코딩중의 1)
  ISO15693_4TxCoding    = 0x07, // ISO 15693 표준모드(4코딩중의 1)
  Tag_it_TxCoding       = 0x02, // Tag-It 프로토콜 모드
};

// REG_BFRAMMING          = 0x17, // ISO 14443 B에 대한 프레이밍 방법
enum REG_BFRAMMING_BIT{
  EOFWidth              = 0x20, // EOF 길이 설정
  CharSpacing2          = 0x10, // EGT 길이 0~ 7 ETU
  CharSpacing1          = 0x08,
  CharSpacing0          = 0x04,

  SOFWidth1 = 0x02,
  SOFWidth0 = 0x01,
};

//-------------------------------------------------
//페이지 3 레지스터
//-------------------------------------------------

// REG_RXCONTROL1 = 0x19,     // 수신 컨트롤 레지스터
enum REG_RXCONTROL1_BIT{
  VGAGain6          = 0x00,     // 000--> 06.02dB
  VGAGain12         = 0x01,     // 001--> 12.04dB
  VGAGain15         = 0x02,     // 010--> 15.56dB
  VGAGain18         = 0x03,     // 011--> 18.06dB
   VGAGain20        = 0x04,     // 100--> 20.00dB
};
```

```
enum REG_DECODCONTROL_BIT{
   ZrAfColl                = 0x20,
  ISO14443A_DeCoding      = 0x08,
   ISO14443B_DeCoding      = 0x18,
   ISO15693_DeCoding       = 0x10,
   Tag_it_DeCoding         = 0x00,
};

//REG_RXTHRESHOLD= 0x1C, // 변복조 표준 설정
enum REG_RXTHRESHOLD_BIT{
   CRO            = 0x40,      // 비교기에서 레퍼런스 입력 전압을 확인
   HYR68mv        = 0x00,      // 히스테리시스 범위
   HYR106mv       = 0x08,      // RX 비교기에서 히스테리시스 범위 설정
   HYR144mv       = 0x10,
   HYR180mv       = 0x18,
   HYR216mv       = 0x20,
   HYR256mv       = 0x28,
   CRV1743mv      = 0x00,      // 비교기 레퍼런스 전압
   CRV1713mv      = 0x01,      // 비교기의 레퍼런드 입력 전압 레벨 설정
   CRV1681mv      = 0x02,
   CRV1621mv      = 0x03,
   CRV1591mv      = 0x04,
   CRV1560mv      = 0x05,
};


//REG_RXCONTROL2  = 0x1E, // 디코더 입력 설정
enum REG_RXCONTROL2_BIT{
   ADcdMd         = 0x80,      // ISO14443A 디코딩
   TDcdMd         = 0x04,      // Tag-it 디코딩
   DcdSrc         = 0x02,      // 디코딩 소스 신호 선택
           // '0'일 때 태그의 응답 사용 Clear bit, Tag response signal use
           // '1'일 때 TESTIN 핀 신호 사용
};

//----------------------------------------------
//PAGE 4 Registers
//----------------------------------------------
enum REG_REDUNDANCY_BIT{
   CRCWr      = 0x40,          // FIFO에 수신된 CRC값 저장
   CRCB       = 0x20,          // ISO14443A 형태의 비트 삭제
```

```
    RxCRCE    = 0x08,         // 수신된 CRC 계산
    TxCRCEn   = 0x04,         // 전송데이터에 계산된 CRC 값 첨부
    ParityOdd = 0x02,         // 패리티 계산 설정
                              // '0' : 짝수 패리티
                              // '1' : 홀수 패리티

    ParityEn  = 0x01,         // 패리티 체크 활성화 코드. 14443 A-type
};

enum REG_TESTOUTSEL_BIT{
    TestSel_LOW   = 0x00,     // TESTOUT 핀에 항상 '0' 출력
    TestSel_HIGH  = 0x01,     // TESTOUT 핀에 항상 '1' 출력
    TestSel_DEMO  = 0x02,     // TESTOUT 핀에 복조된 수신 신호 출력
    TestSel_MODU  = 0x04,     // TESTOUT 핀에 변조된 수신 신호 출력
};


/*********************************************
 프로토콜에 대한 함수
*********************************************/
//---------------------------------------------
//ISO14443A Functions
//---------------------------------------------
void ISO14443A_REG(void);
BYTE ISO14443A_REQA(BYTE Command);
BYTE ISO14443A_AntiCollision(BYTE Command);
BYTE ISO14443A_SELECT(BYTE Command);
void ISO14443A_HALT(BYTE Command);
void ISO14443A(void);

//---------------------------------------------
//ISO14443A Command Define
//---------------------------------------------
#define COM_ISO14443A_REG       0xA1
#define COM_ISO14443A_REQA      0x26
#define COM_ISO14443A_WUPA      0x52
#define COM_ISO14443A_AntiCollison_LVEL1        0x93
#define COM_ISO14443A_AntiCollison_LVEL2        0x95
#define COM_ISO14443A_AntiCollison_LVEL3        0x97
#define COM_ISO14443A_SELECT_LVEL1              0x94
#define COM_ISO14443A_SELECT_LVEL2              0x96
#define COM_ISO14443A_SELECT_LVEL3          0x98
```

```
#define COM_ISO14443A_HLTA                0x50
#define COM_ISO14443A                     0xF0
#define COM_ISO14443A_LOOP                0xF1

//---------------------------------------------
//각각의 TAG UID와 응답 값에 대한 선언
//---------------------------------------------
//ISO14443A TAG Response Variable
BYTE  ATQA[2];
BYTE  ACID[5];
BYTE  ACID1[5];
BYTE  ACID2[5];
BYTE  ACID3[5];
BYTE  SAK;

//ISO14443B TAG Response Variable
BYTE  BCID[12];
BYTE  BDATA[20];
//ISO15693 TAG Response Variable
BYTE  CCID[10];

//---------------------------------------------
//기타 변수들
//---------------------------------------------
BYTE Len, ERROR;

//---------------------------------------------
//태그 응답 설정
//---------------------------------------------
#define RESPONSE_OK             0x01
#define RESPONSE_FAIL           0x00
#define UID_NOT           0x09
#define SPEC_NOT                0xFF

/*****************************************************************************
 * ISO15693 변수
 *****************************************************************************/
#define COM_ISO15693_INVENTORY     0x01

void ISO14443B();
void ISO15693();
```

초기화 함수 작성하기

main 함수는 프로그램이 진입되는 곳으로써, AVR 트레이닝 키트(WES-XUN I)의 전원이 ON되면 실행되는 첫 번째 진입점이다. main 함수가 하는 역할은 각종 초기화 함수를 호출하고, 태그의 정보를 읽는 함수를 무한 호출하는 기능을 가지고 있다.

(1) main 함수를 작성하기

main 함수는 ch24_main.c C 언어 프로그램 안에 존재하며, AVR 초기화 함수, TRH031M 초기화 함수, UART0 초기화 함수를 호출하고, 태그의 정보 읽기 위한 함수를 while 문을 통하여 호출하여 카드가 안테나에 접근되는지의 유무를 계속 감시한다.

```
#include "ch24_common.h"
#include "ch24_TRH031M.h"

void readTagUID(void);                // 태그의 정보 읽기 위한 함수선언

int main(void)
{
   AVR_Init();                        // AVR 초기화 함수
   TRH031M_Init();                    // TRH031M 초기화 함수
   UART0_Init(14745600, 9600);        // UART0 초기화 함수

   while(1){
        readTagUID();                 // 태그의 정보 읽기 위한 함수
    }

  // 함수의 형태와 같이 정수형(int)의 값을 반환함
   return 1;
}

void readTagUID(void)
{
   ISO14443A();          // ISO14443A 태그 읽기
   ISO14443B();          // ISO14443B 태그 읽기
   ISO15693();           // ISO15693A 태그 읽기

   TRH031M_Init();       // TRH031M 초기화
}
```

RFID 리더 모듈에 데이터를 읽고 쓰는 함수 작성

RFID 리더 모듈에 데이터를 읽고 쓰기 위해서는 앞서 언급한바와 같이 그림 24.5.1의 순서에 의거하여 데이터를 기록하고 읽어 와야 한다. 다음과 같이 ch24_TRH031M.c C 언어 소스 프로그램 내부에 TRH031M 칩에 데이터를 읽고 쓰는 함수를 작성한다.

(1) RFID 리더 모듈에 데이터 읽는 TRH031M_Read () 함수 작성하기

그림 24.5.1을 참고하여 다음과 같이 함수를 작성하는데, 읽기 함수이므로 RFID 리더 모듈의 DATA 커넥터에 연결되어 있는 포트 B를 입력으로 설정한 후에 데이터를 읽어온다. C 언어 소스 프로그램과 같이 CSB를 클리어 시키고 어드레스를 지정한다. TRH031M 칩의 데이터 라인에 어드레스를 넘겨주기 위해서는 PALE 핀에 상승에지를 인가하고, 데이터를 읽어오기 위해서 RDB의 하강 에지를 이용한다.

```
BYTE TRH031M_Read(BYTE Address)
{
   BYTE temp;

   CLR(CSB);                  // CSB 핀 LOW
   /* 어드레스 지정 */
   TRH_DATA = Address;        // 어드레스 지정
   _delay_us(1);
   SET(PALE);                 // PALE 핀 HIGH
   _delay_us(1);
   CLR(PALE);                 // PALE핀 LOW
   _delay_us(1);

   /* 8비트 데이터 읽기 */
   DDRB = 0;                  // 포트를 입력으로 설정
   _delay_us(1);
   CLR(RDB);                  // RDB핀 LOW
   _delay_us(1);
   temp = PINB;               // 데이터 읽기
   _delay_us(1);
   SET(RDB);                  // RDB핀 HIGH
   _delay_us(1);
```

```
    DDRB = 0xff;                // 포트를 다시 출력으로 설정
    SET(CSB);                   // CSB핀 HIGH
    return temp;
}
```

(2) RFID 리더 모듈에 데이터 기록하는 TRH031M_Write() 함수 작성하기

그림 24.5.1을 참고하여 다음과 같이 함수를 작성하는데, 기록하는 함수이므로 리더 모듈의 DATA 커넥터에 연결되어 있는 포트 B를 출력으로 설정한 후에 데이터를 기록한다. 데 이터를 기록하는 것도 읽는 것과 마찬가지이며, RDB핀 대신에 WRB를 이용한다는 차이뿐이다.

```
void TRH031M_Write(BYTE Address, BYTE Command)
{
    CLR(CSB);
    DDRB = 0xff;                // 포트를 다시 출력으로 설정

    // 어드레스 지정
    TRH_DATA = Address;         // TRH031M 칩의 DATA 핀들에 값을 저장하기
                                //위한 어드레스 지정
    _delay_us(1);
    SET(PALE);                  // PALE핀 HIGH
    _delay_us(1);
    CLR(PALE);                  // PALE핀 LOW

    // 8비트 데이터 쓰기
    TRH_DATA = Command;         // TRH031M 칩의 데이터 핀들에 값을 저장
    _delay_us(1);
    CLR(WRB);                   // WRB핀 LOW
    _delay_us(1);
    SET(WRB);                   // WRB핀 HIGH
    _delay_us(1);
    SET(CSB);                   // CSB핀 HIGH
}
```

UART 관련된 유틸리티 함수 작성

UART를 통해 데이터를 송수신할 때, 송수신하는 바이트의 문자열 처리, hex 코드 처리 등을 하는 함수들을 ch24_common.c C 언어 소스 프로그램에 작성한다.

(1) UART0을 통해 1바이트를 송신하는 UART0_PutChar() 함수 추가하기

UART0의 송신 버퍼에 데이터가 존재하는지의 여부를 판단하여, 송신버퍼가 비었을때 데이터를 보낸다. UCSR0A에 UDRE 플래그의 상태를 검사한 뒤에 UDRE 비트에 해당하는 플래그가 설정된 것은 송신 버퍼가 비었음을 의미한다. 1바이트를 UART로 송신하기 위해서는 다음과 같이 C 언어 소스 프로그램을 작성한다.

```
void UART0_PutChar(char ch){
    while (!( UCSR0A & (1<<UDRE)) );        // 송신 버퍼의 데이터 유무 검사
    UDR0 = ch;                              // 1바이트 송신
}
```

(2) UART0을 통해 문자열을 송신하는 UART0_PutString() 함수 추가하기

문자열을 송신하기 위해서는 (1)에서 작성한 UART0_PutChar() 함수를 이용하면 된다. 다음과 같이 C 언어 소스 프로그램을 작성한다.

```
void UART0_PutString(char *str){
    while(*str)
        UART0_PutChar(*str++);          // UART0_PutChar() 함수 호출
}
```

(3) hex 값을 ASCII로 변환하여 송신하는 UART0_HEX2ASCII() 함수 추가하기

hex 값을 터미널에 출력하기 위해 ASCII 값으로 변환하는 함수이다. 예를 들어, 0x1A 값을 하이퍼터미널에 출력하기 위해서는 문자열 "1A"로 전송되어야 한다. “1A"로 만들기 위해서 상위 4비트와 하위 4비트를 각각 계산하여 '0'(48)을 더하고, 10보다 큰 경우 7을 한 번 더 더하여 A ~ F 값으로 만든다. C 언어 소스 프로그램은 다음과 같다.

```
void UART0_HEX2ASCII(unsigned char SD)
{
  BYTE temp;

  temp = SD;                    // 변환할 바이트를 temp 변수에 저장
  temp &= 0xf0;                 // 상위 4비트 마스크
  temp >>= 4;                   // 상위 4비트를 하위 4비트로 이동
  if(temp >= 10)                // 10보다 큰 경우 7을 더함
  {
    temp += 7;
  }
  temp += '0';                  // NULL 문자 삽입

  UART0_PutChar(temp);          // RS232에 1바이트 송신

  temp=SD;                      // 변환할 바이트를 temp 변수에 저장

  temp &= 0x0f;                 // 하위 4비트 마스크
  if(temp >= 10)                // 10보다 큰 경우 7을 더함
  {
    temp += 7;
  }
  temp += '0';                  // NULL 문자 삽입
  UART0_PutChar(temp);          // RS232로 1바이트 전송
}
```

ISO14443A 프로토콜에 관한 소스 작성

main() 함수에서 while(1) 문을 통하여 readTagUID() 함수가 호출될 때, readTagUID() 함수 내에 ISO14443A() 함수를 호출한다. ISO14443A() 함수가 호출된 뒤 시리얼을 통해서 하이퍼터미널에 RFID 태그 정보를 출력하기까지의 C 언어 소스 프로그램 순서도는 그림 24.6.7과 같다. 여기에 관련된 함수들은 ch24_ISO14443A.c C 언어 소스 프로그램에 작성한다.

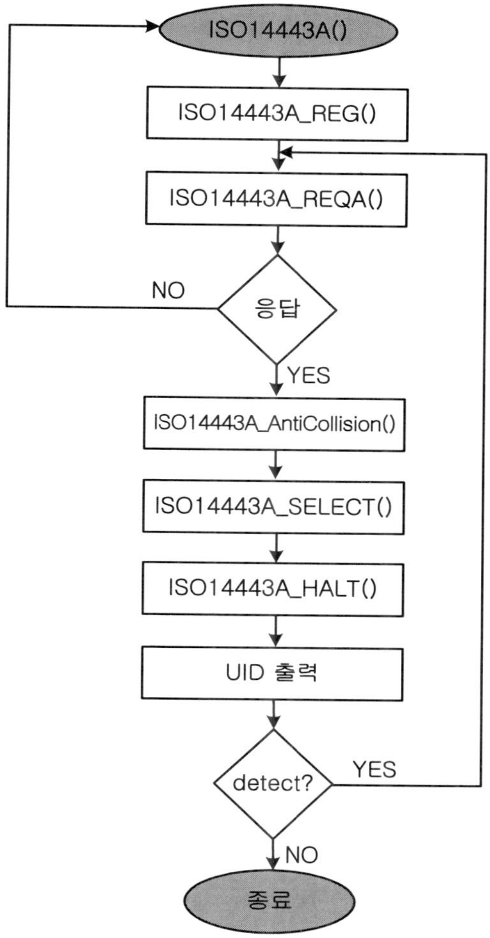

그림 24.6.7 C 언어 소스 프로그램의 순서도

ISO14443A() 함수는 while 문을 통하여 RFID 리더 모듈로부터 RFID 카드의 detect 신호가 사라질 때 까지, ISO14443A() 함수를 벗어나지 못한다. ISO14443A() 함수는 REG() 함수를 통하여 카드로부터의 응답이 있으면, REQA(), AntiCollision(), SELECT(), HALT() 순서로 함수를 호출하고, 이상이 없으면 RFID 카드의 UID를 터미널로 출력한다. 이는 즉, RFID 카드가 안테나에 접근하게 되면 detect 신호는 1값을 유지하고 있고 정상적인 RFID 카드인 경우 HALT() 함수가지 순차적으로 호출되어 결국 UID를 터미널에 출력하고, 다시 REQA 함수를 호출하는 방법으로 루프를 돌게 된다. RFID 카드가 안테나에서 멀어지게 되면 detect 신호가 0이 되고 다시 main.c 안에 있는 readTagUID() 함수를 통해 ISO14443A() 함수를 다시 호출하는 방식으로 C 언어 소스 프로그램이 진행되게 된다. 다음의 순서대로

ISO14443A 프로토콜을 사용하는 RFID 카드의 UID를 읽어오는 C 언어 소스 프로그램을 작성한다.

(1) ISO14443A() 함수 작성하기

ISO14443A() 함수 내에 그림 24.6.7과 같이 REG() 함수를 호출하고, HALT() 까지 호출하는 함수를 작성한다. 앞서 설명한 바와 같이 ISO14443A 함수는 REG() -〉 REQA() -〉 AntiCollision() -〉 SELECT() -〉 HALT() 함수 순으로 호출하여, RFID 카드의 정보를 읽어와 하이퍼터미널에 출력한다.

ISO14443A() 함수는 다음 소스에서 보는 것과 같이 태그의 기본적인 정보를 수신하기 위하여 ISO14443A_REQA() 함수를 호출한다. 제대로 정보를 수신하였다면 Anti-Collision이 있는지의 여부를 레벨 3까지의 과정을 거쳐 검사한다.

```
#include "ch24_common.h"
#include "ch24_TRH031M.h"

void ISO14443A(void)
{
  BYTE detect = 1;  // detect 처리 변수 선언
  BYTE Cont, i;     // Antil-Collision 값 저장 변수 선언

  ISO14443A_REG();  // 레지스터 설정 함수 호출
  while(detect)     // detect 신호가 있을 때
  {
    // 응답이 있을 때
    if(ISO14443A_REQA(COM_ISO14443A_REQA) == RESPONSE_OK)
    {
        // Anti-Collision 레벨 1 알고리즘이 수행되고, 응답이 있을 때
        if(ISO14443A_AntiCollision(COM_ISO14443A_AntiCollison_LVEL1) == RESPONSE_OK)
        {
            // Anti-Collision 레벨 1 선택
            Cont = ISO14443A_SELECT(COM_ISO14443A_AntiCollison_LVEL1);
            if(Cont == UID_NOT)
            {
                for(i=0; i<5; i++) ACID1[i] = ACID[i];  // ACID 값을 받아와 변수에 저장
                UART0_PutString("Cascade level1 UID = "); // UART에 메시지 출력
                UART0_PutString("%");
```

```
for(i=0; i<5; i++){
    UART0_HEX2ASCII(ACID1[i]);        // ASCII 값으로 변경
    UART0_PutString(" ");
}
UART0_PutString("₩n");

// 레벨 2의 Anti-Collision 알고리즘 수행
if(ISO14443A_AntiCollision(COM_ISO14443A_AntiCollison_LVEL2) == RESPONSE_OK)
{
    // Anti-Collision 레벨 2선택
    Cont = ISO14443A_SELECT(COM_ISO14443A_AntiCollison_LVEL2);
    if(Cont == UID_NOT)
    {
        for(i=0; i<5; i++) ACID2[i] = ACID[i];
        UART0_PutString("Cascade level2 UID = ");
        UART0_PutString("%");
        for(i=0; i<5; i++){ UART0_HEX2ASCII(ACID2[i]);  UART0_PutString(" ");}
        UART0_PutString("₩n");

        // 레벨 3의 Anti-Collision 알고리즘 수행
        if(ISO14443A_AntiCollision(COM_ISO14443A_AntiCollison_LVEL3) == RESPONSE_OK)
        {
            Cont = ISO14443A_SELECT(COM_ISO14443A_AntiCollison_LVEL3);
            if(Cont == UID_NOT)
            {
                for(i=0; i<5; i++) ACID3[i] = ACID[i];
                UART0_PutString("Cascade level3 UID = ");
                UART0_PutString("%");
                for(i=0; i<5; i++){ UART0_HEX2ASCII(ACID3[i]);  UART0_PutString(" ");}
                UART0_PutString("₩n");
            // 레벨 3까지의 응답이 없으면 에러메시지 출력.
                UART0_PutString("Please Check your Device₩n");
            }
            // 레벨 3까지의 Anti-Collision 알고리즘 수행 후 응답
            else if(Cont == RESPONSE_OK)
            {
                // UID를 UART1을 통하여 하이퍼 터미널에 출력
                for(i=0; i<5; i++) ACID3[i] = ACID[i];
                UART0_PutString("ISO14443A UID = ");
                //UART0_PutString("%");
```

```
                    for(i=0; i<5; i++){ UART0_HEX2ASCII(ACID1[i]); UART0_PutString(" ");}
                    UART0_PutString("%");
                    for(i=0; i<5; i++){ UART0_HEX2ASCII(ACID2[i]); UART0_PutString(" ");}
                    UART0_PutString("%");
                    for(i=0; i<5; i++){ UART0_HEX2ASCII(ACID3[i]); UART0_PutString(" ");}
                    UART0_PutString("₩r₩n");
                    ISO14443A_HALT(COM_ISO14443A_HLTA);
                }
                else
                {
                // 레벨 3까지의 Anti-Collision 알고리즘 수행 후 응답이 없을 때
                    UART0_PutString("ISO14443A Cascade level3 SELECT NO Response₩n");
                }
            }
        }
        // 한 번의 Anti-Collision 알고리즘 수행 후 응답을 얻어 냈을 때
        else if(Cont == RESPONSE_OK)
        {
            for(i=0; i<5; i++) ACID2[i] = ACID[i];
            UART0_PutString("ISO14443A UID = ");
            // UART0_PutString("%");
            for(i=0; i<5; i++){ UART0_HEX2ASCII(ACID1[i]); UART0_PutString(" ");}
            UART0_PutString("%");
            for(i=0; i<5; i++){ UART0_HEX2ASCII(ACID2[i]); UART0_PutString(" ");}
            UART0_PutString("₩r₩n");
            ISO14443A_HALT(COM_ISO14443A_HLTA);
        }
        else
        {
            UART0_PutString("ISO14443A Cascade level2 SELECT NO Response₩n");
        }
    }
}
// UID가 존재할 때
else if(Cont == RESPONSE_OK)
{
    for(i=0; i<5; i++) ACID1[i] = ACID[i];
    UART0_PutString("ISO14443A UID = ");
    // 16진수 값을 ASCII 값으로 변경하여 하이퍼 터미널에 출력
```

```
                for(i=0; i<5; i++){ UART0_HEX2ASCII(ACID1[i]);  UART0_PutString(" ");}
                UART0_PutString("\r\n");
                ISO14443A_HALT(COM_ISO14443A_HLTA); // 종료 함수 호출

                PORTC = 0;
            }
            // UID를 읽지도 못하고 응답이 없을 때
            else
            {
                UART0_PutString("\r\n\r\nISO14443A SELECT NO Response\r\n\r\n");
            }
        }
    }
    else
    {
        detect = 0;
    }
  }
}
```

(2) ISO14443A_REG() 함수 작성하기

ISO14443A_REG() 함수는 ISO 14443A 표준 프로토콜을 사용하기 위하여 기본적인 설정을 하는 함수이다. ISO14443A_REG() 함수는 크게 아날로그 설정 부분과 디지털 설정 부분으로 나뉘어져 있다. ISO14443A_REG() 함수에서 설정되는 ISO14443A 표준 프로토콜 관련 함수들은 TRH031M에 초점이 맞추어져 있으며, (주)3ALogics에서 제공하는 방법이므로 보다 자세한 내용은 (주)3ALogics 홈페이지를 참고하도록 한다. 다음과 같이 TRH031M의 레지스터를 설정하는 함수를 작성하도록 한다.

```
void ISO14443A_REG(void)
{
  /* 아날로그 설정
    송신 컨트롤 함수를 설정하는데, 진폭소스를 지정하는데 100% ASK를 사용하
    고 TX2핀에서 출력되는 신호를 TX1에 180도 반전을 시킨다. 그리고 TX2핀
    과 TX1핀을 사용하도록 설정한다. */
  TRH031M_Write(REG_TXCONTROL, MS1 | F100ASK | TX2Inv
                | TX2RFEN | TX1RFEN);
```

```
    // 최대 출력을 사용한다.
    TRH031M_Write(REG_CWCONDUCTANCE, CwCon1R);
    // 수신쪽 게인을 18.06db로 설정한다.
    TRH031M_Write(REG_RXCONTROL1, VGAGain18);
    // 비교기의 히스테리시스 범위를 180mv로 설정한다.
    TRH031M_Write(REG_RXTHRESHOLD, HYR180mv);

    // 디지털 설정
    // 인코딩 방식을 ISO14443A로 설정
    TRH031M_Write(REG_CODCONTROL, ISO14443A_TxCoding);
    // 디코딩 방식을 ISO14443A로 설정
    TRH031M_Write(REG_DECODCONTROL, ISO14443A_DeCoding);
    // 디코딩 방법을 향상시킴
    TRH031M_Write(REG_RXCONTROL2, ADcdMd | 1);
    // 수신 지연시간은 57us로 설정
    TRH031M_Write(REG_RXWAIT, 0x06);
}
```

표 24.6.2는 TRH031M의 아날로그 관련 레지스터 설정을 하기 위해 사용되는 레지스터 명과, 그에 해당하는 플래그의 역할을 나타낸다. REG_RXCONTROL1 레지스터는 수신기의 이득을 조절하는 레지스터이다. 수신기가 되는 보드의 신호 감도나 노이즈가 많이 영향을 미치게 되는 경우에 이 레지스터의 감도를 조절하면서, 리더기의 특성을 개선할 수 있다. 또한, 수신부분에서 시간적으로 문제가 되지 않거나, RFID 태그의 인식거리가 중요한 시스템이라면 더욱 중요한 부분이라고 할 수 있다.

표 24.6.2 TRH031M의 아날로그 관련 레지스터 설정 함수와 플래그

함수내 레지스터명	플래그명	설 명
REG_TXCONTROL	MS1	진폭 소스를 지정함
	F100ASK	100% 진폭변조를 사용함
	TX2Inv	TX2 핀에 출력되는 신호를 TX1과 180° 반전시킴
	TX2RFEN	TX2 핀을 사용함
	TX1RFEN	TX1 핀을 사용함
REG_CWCONDUCTANCE	CwCon1R	최대 출력을 사용함
REG_RXCONTROL1	VGAGain18	RX의 이득을 18db로 설정함.
REG_RXTHRESHOLD	HYR180mv	비교기의 히스테리시스 진폭을 180mv로 설정함

표 24.6.3는 TRH031M의 디지털 관련 레지스터 설정을 하기 위해 사용되는 레지스터 명과, 그에 해당하는 플래그의 역할을 나타낸다.

표 24.6.3 TRH031M의 디지털 관련 레지스터 설정 함수와 플래그

함수내 레지스터명	설정	설 명
REG_CODCONTROL	ISO14443A_TxCoding	코딩방식을 ISO14443 방식으로 설정
REG_DECODCONTROL	ISO14443A_DeCoding	디코딩방식을 ISO14443 방식으로 설정
REG_RXCONTROL2	ADcdMd	프로토콜의 성능 향상
REG_RXWAIT	0x06	수신 지연시간설정

(3) ISO14443A_REQA() 함수 작성하기

REQA(Request-A)는 표준 프로토콜 ISO 14443A 프로토콜에 대한 명령을 의미한다. REQA 명령은 태그의 UID를 수신하기 전에 태그의 기본적인 정보를 수신하기 위한 명령어이며, REQA 명령에 대한 응답을 ATQA(Answer To Request)라고 하는데, 이 응답에는 태그의 UID 길이와 Bit frame Anti-Collision 정보가 포함되어 있다. Anti-Collision에 대한 설명은 다음 단계에서 다루도록 한다. 다음과 같이 REQA() 함수를 작성하도록 한다. REQA 명령을 송신하기 위해서는 FIFO에 있는 데이터를 모두 비운 후에, FIFO에 REQA 데이터(0x26)를 저장한 뒤, TRANSCEIVER 명령을 이용하여 전송하게 된다. 이후 ATQA의 길이는 2바이트이며 패리티 에러가 있는지 없는지의 여부를 확인한다. ATQA의 길이가 2바이트이거나 패리티 에러가 없을 때 FIFO에서 데이터를 읽어오고 ATQA를 터미널에 출력한 뒤에, RFID 모듈을 IDLE 상태로 돌려놓음으로써 REQA 함수의 역할은 끝난다.

```
BYTE ISO14443A_REQA(BYTE Command)
{
   // 비트 단위의 데이터 송수신
   TRH031M_Write(REG_BITFRAME, TxLastBits2 | TxLastBits1 | TxLastBits0);
   // 자체적인 신호 무결성 설정
   TRH031M_Write(REG_REDUNDANCY, ParityOdd | ParityEn);
   // FIFO에 저장된 데이터 모두 삭제
   TRH031M_Write(REG_CONTROL, FlushFIFO);
   // FIFO에 Command 값을 저장한다. REQA 명령어 0x26
   TRH031M_Write(REG_FIFODATA, Command);
```

```
  // FIFO에 저장된 데이터를 송신한 후에 수신된 데이터를 FIFO에 저장하고 대기상태로 바꿈
  TRH031M_Write(REG_COMMAND, TRANSCEIVE);
  _delay_us(500);

  // FIFO버퍼에 저장된 데이터의 양을 Byte로 환원한다.
  Len = TRH031M_Read(REG_FIFOLENGTH);
  // FIFO버퍼의 데이터 에러 확인
  ERROR = TRH031M_Read(REG_ERRFLAG);

  // 길이가 2Byte가 아니거나 패리티 에러가 있는지 확인
  if((Len == 2) && !(ERROR & ERRFLAG_ParityErr))
  {
    // FIFO 버퍼에서 데이터를 읽어옴
    ATQA[0] = TRH031M_Read(REG_FIFODATA);
    // FIFO 버퍼에서 데이터를 읽어옴
    ATQA[1] = TRH031M_Read(REG_FIFODATA);
    UART0_PutString("ISO14443A ATQA = "); // UART0에 데이터 출력
    UART0_HEX2ASCII(ATQA[0]);              // ATQA값을 ASCII로 변경
    UART0_HEX2ASCII(ATQA[1]);
    UART0_PutString("₩t");

    TRH031M_Write(REG_COMMAND, IDLE); // 대기모드로 전환
    return RESPONSE_OK;
  }
  else
  {
    TRH031M_Write(REG_COMMAND, IDLE); // 에러가 있을 때 IDLE상태로 진입
    return RESPONSE_FAIL;
  }
}
```

(4) ISO14443A_AntiCollision() 함수 작성하기

Anti-Collision이란 안테나의 전파범위 내에 동시에 두 개 이상의 태그가 탐지되어 에러 검출이나 데이터에 영향을 미치는 Collision 현상을 방지하는 것을 의미한다. 즉, RFID 안테나에 두 개 이상의 카드가 접촉이 될 때, 카드별 구분이 가능하며, 동시에 접속하더라도 이를 뚜렷이 구분해내는 알고리즘이 Anti-Collision 기법이라고 할 수 있다. ISO 14443A 표준 프로토콜을 위한 알고리즘은 복잡하므로 본 교재에서는 간단한 설명위주로 진행을 하도

록 하겠다. ISO14443A 프로토콜의 Anti-Collision은 캐스케이드 레벨 1부터 레벨을 한 단계씩 올려가며 레벨 3의 과정을 거쳐서 수신 프레임에서 Collision이 검출되는지의 여부를 통해서, Collision이 검출되지 않을 때 까지 계속해서 태그의 정보를 읽어오는 방식을 취한다. ISO14443A의 Anti-Collision 부분에 대한 함수 작성은 다음과 같다.

```
BYTE ISO14443A_AntiCollision(BYTE Command)
{
  BYTE i, Collision = 1, NVB = 0x20, ByteCount = 0, BitCount = 0,
        loop_cnt= 0, CollPos;

  for(i=0;i<5;i++) ACID[i] = 0x00;

  TRH031M_Write(REG_BITFRAME, REG_CLEAR); // 레지스터 초기화
  // 패리티 체크를 활성화하고, 홀수 패리티로 설정한다.
  TRH031M_Write(REG_REDUNDANCY, ParityOdd| ParityEn);

  // Collision이 발생하였을 경우 이 루프를 빠져나가지 못한다.
  while(Collision)
  {
     // ISO14443A 프로토콜을 디코딩
     TRH031M_Write(REG_DECODCONTROL, ZrAfColl | ISO14443A_DeCoding);
     // FIFO 제거
     TRH031M_Write(REG_CONTROL, FlushFIFO);
     // Anti-Collision을 위해 FIFO에 0x93 or 0x95 or 0x97을 저장함
     TRH031M_Write(REG_FIFODATA, Command);
     // NVB(Number od Valid Bits) : 정상적으로 수신한 총 비트 수를 FIFO에 저장
     TRH031M_Write(REG_FIFODATA, NVB);

     for(i=0;i<ByteCount;i++) TRH031M_Write(REG_FIFODATA, ACID[i]);

     if(BitCount != 0)
     {
        // FIFO 데이터에 ACID를 기록
        TRH031M_Write(REG_FIFODATA, ACID[ByteCount]);
        // BITFRAME에 BitCount 저장
        TRH031M_Write(REG_BITFRAME, (BitCount<<4) | BitCount);
     }
     // 명령을 송신한다.
```

```
    TRH031M_Write(REG_COMMAND, TRANSCEIVE);

    _delay_ms(1);

    Len = TRH031M_Read(REG_FIFOLENGTH);
     ERROR = TRH031M_Read(REG_ERRFLAG);

      // 에러가 검출이 되었다면
      if(ERROR & CollErr)
      {
       for(i = ByteCount; i < 5; i++)
                   ACID[i] += TRH031M_Read(REG_FIFODATA);
       // Collision 비트의 위치 검출
       CollPos = TRH031M_Read(REG_COLLPOS);

       ByteCount += CollPos/8;
       BitCount += CollPos%8;

       NVB = NVB + ((ByteCount<<4) + BitCount);

       // Collision 에러가 10번 이상 발생하였다면, IDLE상태로 두고, 함수를 빠져나간다.
       if(loop_cnt == 10)
       {
            TRH031M_Write(REG_COMMAND, IDLE);
            return RESPONSE_FAIL;
       }
       loop_cnt++;
  }
  else
  {
       if(ERROR&ERRFLAG_ParityErr)
       {
            TRH031M_Write(REG_COMMAND, IDLE);
            return RESPONSE_FAIL;
       }
       else

       {
            Collision = 0;
            for(i=ByteCount; i < 5; i++)
                          ACID[i] += TRH031M_Read(REG_FIFODATA);
```

```
                TRH031M_Write(REG_BITFRAME, REG_CLEAR);
                TRH031M_Write(REG_DECODCONTROL, ISO14443A_DeCoding);
                TRH031M_Write(REG_COMMAND, IDLE);
                return RESPONSE_OK;
            }
        }
    }
    return RESPONSE_OK;
}
```

(5) ISO14443A_SELECT() 함수 작성하기

ISO14443A_SELECT() 함수는 캐스케이드 레벨에 따른 Anti-Collision 알고리즘이 수행된 후에 SAK(Select ACK)값을 확인하여 정상적인 UID의 응답인지의 여부를 판단하여, Anti-Collision 알고리즘을 마치거나, 캐스케이드 레벨 다음 단계로 진행한다. 다음의 C 언어 소스 프로그램과 같이 SAK 값이 0x04인 경우 UID의 응답이 아닌 것이며, 0x04가 아닌 경우에 응답 OK로 확인하여 루프를 빠져나간다.

```
BYTE ISO14443A_SELECT(BYTE Command)
{
    BYTE i, NVB = 0x70;

    // 데이터 송수신시 CRC Error, Parity 등을 설정
    TRH031M_Write(REG_REDUNDANCY, RxCRCE | TxCRCEn | ParityOdd| ParityEn);
    TRH031M_Write(REG_CONTROL, FlushFIFO); // FIFO를 비움
    TRH031M_Write(REG_FIFODATA, Command); // Command를 FIFO에 저장
    TRH031M_Write(REG_FIFODATA, NVB);       // NVB를 FIFO에 저장
    for(i = 0; i<5; i++)
            TRH031M_Write(REG_FIFODATA, ACID[i]);

    TRH031M_Write(REG_COMMAND, TRANSCEIVE); // 데이터 송신 후 수신 상태로 바꿈

    _delay_ms(2);

    Len = TRH031M_Read(REG_FIFOLENGTH);
    ERROR = TRH031M_Read(REG_ERRFLAG);
```

```
  // 에러 여부를 검사하고 SAK 데이터를 확인
  if((Len == 1) && !(ERROR&ERRFLAG_CRCErr) && !(ERROR&ERRFLAG_ParityErr))
  {
    SAK = TRH031M_Read(REG_FIFODATA);
    if(SAK&0x04)
    {
        TRH031M_Write(REG_COMMAND, IDLE);
        return UID_NOT;
    }
    else
    {
        TRH031M_Write(REG_COMMAND, IDLE);
        return RESPONSE_OK;
    }
  }
  else
  {
    TRH031M_Write(REG_COMMAND, IDLE);
    return RESPONSE_FAIL;
  }
}
```

(6) ISO14443A_HALT() 함수 작성하기

ISO14443A_HALT() 함수는 CRC체크, 홀수 패리티 체크 등을 해제하는 함수이다. ISO14443A_SELECT() 함수의 response가 OK일 때, UID를 읽어 낸 뒤 호출되어 FIFO를 비우는 역할을 한다.

```
void ISO14443A_HALT(BYTE Command)
{
  // CRC 활성화, 패리티 체크 활성화, 홀수 패리티 설정
  TRH031M_Write(REG_REDUNDANCY, RxCRCE | TxCRCEn | ParityOdd| ParityEn);
  TRH031M_Write(REG_CONTROL, FlushFIFO);    // FIFO를 비운다.
  TRH031M_Write(REG_FIFODATA, Command);     // Command를 FIFO에 저장
  TRH031M_Write(REG_FIFODATA, 0x00);        // 0값을 FIFO에 저장
  TRH031M_Write(REG_COMMAND, TRANSMIT); // 데이터 송신
```

```
    _delay_us(500);
}
```

ISO14443B 프로토콜에 관한 함수 작성하기

main() 함수에서 while(1) 문을 통하여 readTagUID() 함수가 호출될 때, readTagUID() 함수 내에 ISO14443B() 함수를 호출한다. ISO14443B() 함수가 호출된 뒤 직렬통신을 통해서 터미널에 RFID 태그 정보를 출력하기까지의 C 언어 소스 프로그램 순서도는 그림 24.6.8과 같다. ISO14443B에 관한 프로그램에는 Anti-Collision 기능이 구현되어 있지 않으므로, 보다 프로그램이 간결하다. 그림 24.6.8에 나타난 바와 같이 ISO14443B 표준 프로토콜을 사용하는 RFID 카드가 안테나에 접촉할 때에 해당 ID를 읽어내기 위해서 ISO14443B에 관한 레지스터를 설정하고 REQB(Request-B) 명령어를 송신하여 응답이 있을 때 UID를 출력하는 구조로 이루어져 있다.

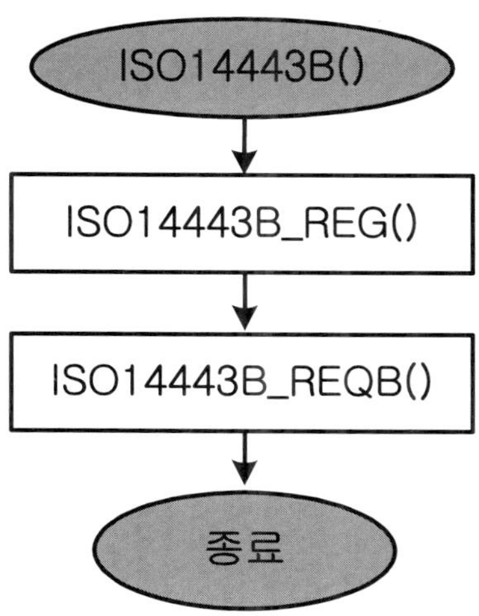

그림 24.6.8 C 언어 소스 프로그램의 순서도

(1) ch24_ISO14443B.c C 언어 소스 프로그램에 ISO14443B() 함수를 작성하기

ISO14443B() 함수는 main.c 안의 readTagUID() 함수로부터 호출받아, REG ()함수와 REQB() 함수를 호출하는 역할을 한다. 다음과 같이 함수를 작성하도록 한다.

```
#include "ch24_common.h"
#include "ch24_TRH031M.h"

void ISO14443B(void)
{
   // ISO14443B 표준 프로토콜을 사용하는 RFID 태그의 정보를 읽어내기 위하여
   // 사용하는 레지스터 설정 함수
   ISO14443B_REG();
   ISO14443B_REQB(); // REQB의 신호를 송신하여 데이터 출력
}
```

T·I·P

AVR-GCC 컴파일러는 위의 C 언어 소스 프로그램과 같이 ISO14443B_REG() 함수와, ISO14443B_REQB() 함수를 호출할 때, 함수가 정의되어 있는 부분이 위쪽에 존재하지 않으면, 다음과 같은 경고 메시지를 내보낸다. 프로그램의 진행과는 크게 상관이 없지만, 이를 방지하기 위하여 AVR-GCC를 이용한 프로그래밍은 가급적 정의구문이 호출구문보다 위쪽에 위치하도록 한다.

../ch24_ISO14443B.c:7: warning: implicit declaration of function 'ISO14443B_REG'

(2) ch24_ISO14443B.c C 언어 소스 프로그램에 ISO14443B_REG() 함수 작성하기

ISO14443B_REG() 함수는 ISO14443B 표준 프로토콜을 사용하는 RFID 태그의 정보를 읽어내기 위하여 사용하는 레지스터 설정 함수로써, ISO14443A와는 프로토콜의 유형에 관련된 설정만 다를 뿐 디지털 설정, 아날로그 설정으로 이루어진 것처럼 대부분 유사하다. 다음과 같이 C 언어 소스 프로그램을 작성하도록 한다.

```
void ISO14443B_REG(void)
{
  // 아날로그 설정
  // 진폭소스를 지정하고 TX2 신호를 반전하고, TX1,TX2 핀을 사용한다.
  TRH031M_Write(REG_TXCONTROL, MS1 | TX2Inv | TX2RFEN | TX1RFEN);
  // 최대 출력을 사용한다.
  TRH031M_Write(REG_CWCONDUCTANCE, CwCon1R);
  // 변조 Concuctance 값을 설정함
  TRH031M_Write(REG_MODCONDUCTANCE, ModCon9R);
  // 게인을 18db로 설정함
  TRH031M_Write(REG_RXCONTROL1, VGAGain18);
  // 히스테리시스 범위를 180mv로 설정함
  TRH031M_Write(REG_RXTHRESHOLD, HYR180mv);

  // 디지털 설정
  // 인코딩을 ISO14443B 프로토콜로 설정
  TRH031M_Write(REG_CODCONTROL, ISO14443B_TxCoding);
  // 디코딩을 ISO14443B 프로토콜로 설정
  TRH031M_Write(REG_DECODCONTROL, ISO14443B_DeCoding);
  // EOF길이를 11fh 설정, 캐릭터의 길이를 38us로 설정, SOF의 길이를 설정
  TRH031M_Write(REG_BFRAMMING, EOFWidth | CharSpacing0 | SOFWidth1 | SOFWidth0);
  // 대기시간을 설정
  TRH031M_Write(REG_RXWAIT, 0x06);
  // CRC연산방식을 ISO3309로 설정, 수신 및 송신시 CRC연산을 수행함
  TRH031M_Write(REG_REDUNDANCY, CRCB | RxCRCE | TxCRCEn);
}
```

표 24.6.4는 TRH031M의 아날로그 관련 레지스터 설정을 하기 위해 사용되는 레지스터명과, 그에 해당하는 플래그의 역할을 나타낸다. REG_RXCONTROL1 레지스터는 수신기의 이득을 조절하는 레지스터이다. 수신기가 되는 보드의 신호 감도나 노이즈가 많이 영향을 미치게 되는 경우에 이 레지스터의 감도를 조절하면서, 리더기의 특성을 개선할 수 있다. 또한, 수신부분에서 시간적으로 문제가 되지 않거나, RFID 태그의 인식거리가 중요한 시스템이라면 더욱 중요한 부분이라고 할 수 있다.

표 24.6.4 TRH031M의 아날로그 관련 레지스터 설정 함수와 플래그

함수내 레지스터명	플래그명	설 명
REG_TXCONTROL	MS1	진폭 소스를 지정함
	F100ASK	100% 진폭 변조를 사용함
	TX2Inv	TX2 핀에 출력되는 신호를 TX1과 180° 반전시킴
	TX2RFEN	TX2 핀을 사용함
	TX1RFEN	TX1 핀을 사용함
REG_CWCONDUCTANCE	CwCon1R	최대 출력을 사용함
REG_RXCONTROL1	VGAGain18	RX의 이득을 18DB로 설정함.
REG_RXTHRESHOLD	HYR180mv	비교기의 히스테리시스 진폭을 180mv로 설정함

표 24.6.5는 TRH031M의 디지털 관련 레지스터 설정을 하기 위해 사용되는 레지스터 명과, 그에 해당하는 플래그의 역할을 나타낸다.

표 24.6.5 TRH031M의 디지털 관련 레지스터 설정 함수와 플래그

함수내 레지스터명	설정	설명
REG_CODCONTROL	ISO14443B_TxCoding	코딩방식을 ISO14443 방식으로 설정
REG_DECODCONTROL	ISO14443B_DeCoding	디코딩방식을 ISO14443 방식으로 설정
REG_RXCONTROL2	ADcdMd	프로토콜의 성능 향상
REG_RXWAIT	0x06	수신 지연시간설정

(3) ch24_ISO14443B.c C 언어 소스 프로그램에 ISO14443B_REQB() 함수 작성하기

ISO14443B_REQB() 함수는 태그에 REQB 명령을 내보내고, 응답이 있는지의 여부를 판단하여 UID를 출력하는 함수이다. ISO14443B 프로토콜을 사용하는 태그의 응답이 발생하여 수신이 완료되면, 수신된 데이터의 길이가 12바이트이고 CRC에러가 발생했는지의 여부를 판단한다.

ISO14443B 프로토콜을 사용하는 태그의 첫 번째 바이트는 모두 0x50으로 시작되므로, 첫 번째 수신 바이트가 0x50이 아니라면, 응답이 실패한 것으로 간주하여 데이터를 출력하지 않는 구조로 되어 있다.

```
void ISO14443B_REQB()
{
  BYTE i;
  BYTE Check = 0x00;
  // FIFO를 비운다.
  TRH031M_Write(REG_CONTROL, FlushFIFO);
  // FIFO에 0x5를 저장
  TRH031M_Write(REG_FIFODATA, 0x05);
  // FIFO에 0을 저장
  TRH031M_Write(REG_FIFODATA, 0x00);
  // FIFO에 0을 저장
  TRH031M_Write(REG_FIFODATA, 0x00);
  // 데이터 송신 후 수신대기
  TRH031M_Write(REG_COMMAND, TRANSCEIVE);

  _delay_ms(10);

  Len = TRH031M_Read(REG_FIFOLENGTH);
  ERROR = TRH031M_Read(REG_ERRFLAG);

  // 에러가 있는지 검사
  if((Len == 12) && !(ERROR&ERRFLAG_CRCErr))
  {
     for(i = 0; i<Len; i++) BCID[i] = TRH031M_Read(REG_FIFODATA);
     TRH031M_Write(REG_COMMAND, IDLE);

     // BCID 값을 Check 변수에 저장
     for(i=0; i<Len; i++) Check += BCID[i];

      // BCID코드의 첫 번째 값이 0x50인지, NULL 값이 아닌지를 비교
      if((Check != 0x00) && (BCID[0] == 0x50))
      {
          UART0_PutString("ISO14443B UID = "); // UID 출력
          UART0_PutString("%"); // 구분문자
          for(i=0; i<Len; i++)
         {
            UART0_HEX2ASCII(BCID[i]);
            UART0_PutString(" ");
          }
        UART0_PutString("\n");
```

```
            }

    }
    else
    {
        TRH031M_Write(REG_COMMAND, IDLE); // IDLE 상태로 진입
    }
}
```

ISO15693 표준 프로토콜에 관한 함수 작성하기

main() 함수에서 while 문을 통하여 readTagUID() 함수가 호출될 때, readTagUID() 함수 내에 ISO15693() 함수를 호출한다. ISO15693() 함수가 호출된 뒤 RS232를 통해서 터미널에 RFID 태그 정보를 출력하기까지의 C 언어 소스 프로그램 순서도는 그림 24.6.9와 같다. ISO15693에 관한 C 언어 소스 프로그램에는 Anti-Collision 기능이 구현되어 있지 않으므로 보다 프로그램이 간결하다.

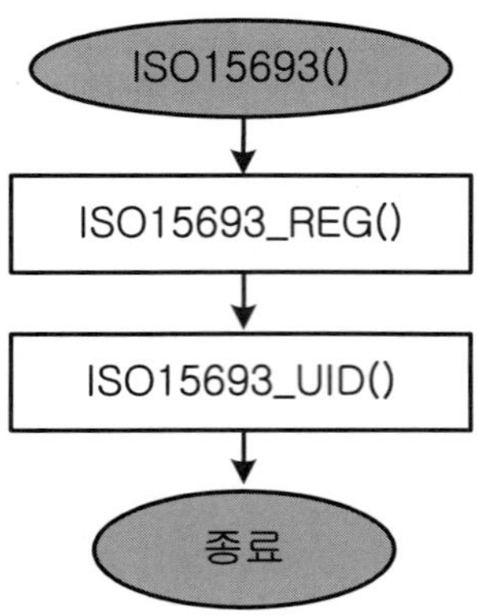

그림 24.6.9 C 언어 소스 프로그램의 순서도

그림 24.6.9에 나타난 바와 같이 ISO15693 표준 프로토콜에 관한 RFID 카드가 안테나에 접촉할 때에 해당 ID를 읽어내기 위해서 ISO15693에 관한 레지스터를 설정하고, UID를 출력하는 함수로 이루어져 있다. 다음의 과정에 따라 ISO15693 표준 프로토콜에 관한 C 언어 소스 프로그램을 작성하도록 한다.

(1) ch24_iso15693.c C 언어 소스 프로그램에 ISO15693() 함수 작성하기

ISO15693() 함수는 ch24_main.c 파일안의 readTagUID() 함수로부터 호출되는 함수이며, ISO15693() 함수 내에는 REG() 함수와 UID() 함수를 호출한다. ISO15693 프로토콜도 다른 프로토콜과 마찬가지로 레지스터를 설정한 후 UID 값을 읽어오는 방식을 취한다.

```
#include "ch24_common.h"
#include "ch24_TRH031M.h"

void ISO15693(void)
{
   ISO15693_REG();   // 레지스터 설정 함수
   ISO15693_UID();   // UID를 읽어내는 함수
}
```

T·I·P

AVR-GCC 컴파일러는 위의 C 언어 소스 프로그램과 같이 ISO15693_REG() 함수와, ISO15693_UID() 함수를 호출할 때, 함수가 정의되어 있는 부분이 위쪽에 존재하지 않으면, 다음과 같은 경고 메시지를 내보낸다. 프로그램의 진행과는 크게 상관이 없지만, 이를 방지하기 위하여 AVR-GCC를 이용한 프로그래밍은 가급적 정의구문이 호출구문보다 위쪽에 위치하도록 한다.

../ch24_ISO15693.c:5: warning: implicit declaration of function 'ISO15693_REG'

(2) ch24_iso15693.c C 언어 소스 프로그램에 레지스터를 설정하는 ISO15693_REG() 함수 작성하기

ISO15693 표준 프로토콜 태그를 읽어 내기위한 RFID 모듈의 레지스터 설정도 ISO14443A/B 와 마찬가지로 디지털 부분과 아날로그 부분으로 나뉘어져 있으며, ISO15693 프로토콜 설정만 제외하면 동일하다.

```
void ISO15693_REG(void)
{
   // 아날로그 설정
   TRH031M_Write(REG_TXCONTROL, MS1 | F100ASK | TX2Inv | TX2RFEN | TX1RFEN);
   TRH031M_Write(REG_CWCONDUCTANCE, CwCon1R);
   TRH031M_Write(REG_RXCONTROL1, VGAGain18);
   TRH031M_Write(REG_RXTHRESHOLD, HYR180mv);

   // 디지털 설정
   TRH031M_Write(REG_CODCONTROL, ISO15693_4TxCoding);
   TRH031M_Write(REG_DECODCONTROL, ISO15693_DeCoding);
   TRH031M_Write(REG_RXWAIT, 0x06);
   TRH031M_Write(REG_REDUNDANCY, CRCB | RxCRCE | TxCRCEn);
}
```

표 24.6.6은 TRH031M의 아날로그 관련 레지스터 설정을 하기 위해 사용되는 레지스터명과, 그에 해당하는 플래그의 역할을 나타낸다. REG_RXCONTROL1 레지스터는 수신기의 이득을 조절하는 레지스터이다. 수신기가 되는 보드의 신호 감도나 노이즈가 많이 영향을 미치게 되는 경우에 이 레지스터의 감도를 조절하면서, 리더기의 특성을 개선할 수 있다. 또한, 수신부분에서 시간적으로 문제가 되지 않거나, RFID 태그의 인식거리가 중요한 시스템이라면 더욱 중요한 부분이라고 할 수 있다.

표 24.6.6 TRH031M의 아날로그 관련 레지스터 설정 함수와 플래그

함수내 레지스터명	플래그명	설명
REG_TXCONTROL	MS1	진폭 소스를 지정함
	F100ASK	100% 진폭변조를 사용함
	TX2Inv	TX2 핀에 출력되는 신호를 TX1과 180° 반전시킴
	TX2RFEN	TX2 핀을 사용함
	TX1RFEN	TX1 핀을 사용함
REG_CWCONDUCTANCE	CwCon1R	최대 출력을 사용함
REG_RXCONTROL1	VGAGain18	RX의 이득을 18db로 설정함.
REG_RXTHRESHOLD	HYR180mv	비교기의 히스테리시스 진폭을 180mv로 설정함

표 24.6.7은 TRH031M의 디지털 관련 레지스터 설정을 하기 위해 사용되는 레지스터 명과, 그에 해당하는 플래그의 역할을 나타낸다.

표 24.6.7 TRH031M의 디지털 관련 레지스터 설정 함수와 플래그

함수내 레지스터명	설정	설명
REG_CODCONTROL	ISO15693_TxCoding	코딩방식을 ISO15693 방식으로 설정
REG_DECODCONTROL	ISO15693_DeCoding	디코딩방식을 ISO15693 방식으로 설정
REG_RXCONTROL2	ADcdMd	프로토콜의 성능 향상
REG_RXWAIT	0x06	수신 지연시간설정

(3) ch24_iso15693.c C 언어 소스 프로그램에 UID를 읽어내는 ISO15693_UID() 함수 작성하기

ISO15693 태그의 UID를 읽어 내기 위해서 ISO15693_UID() 함수를 작성한다.

```
void ISO15693_UID()
{
  BYTE i;
  TRH031M_Write(REG_CONTROL, FlushFIFO); // FIFO를 비운다.
  TRH031M_Write(REG_FIFODATA, 0x36);

  // ISO15693 프로토콜 설정
  TRH031M_Write(REG_FIFODATA, COM_ISO15693_INVENTORY);
  // 2바이트 NULL 문자 삽입
  TRH031M_Write(REG_FIFODATA, 0x00);
  TRH031M_Write(REG_FIFODATA, 0x00);

  // 송신 후 수신모드 진입
  TRH031M_Write(REG_COMMAND, TRANSCEIVE);

  _delay_ms(10); // 10ms 대기

  Len = TRH031M_Read(REG_FIFOLENGTH);
  ERROR = TRH031M_Read(REG_ERRFLAG);
```

```
    // CRC와 길이 비교
    if((Len != 0) && !(ERROR&ERRFLAG_CRCErr))
    {
        for(i=0; i<Len; i++)
            CCID[i] = TRH031M_Read(REG_FIFODATA);

        UART0_PutString("ISO15693 UID =  ");

        for(i=0; i<Len; i++){
          UART0_HEX2ASCII(CCID[i]);
          UART0_PutString(" ");
        }
        UART0_PutString("  ₩r₩n");
    }
    TRH031M_Write(REG_COMMAND, IDLE);
}
```

T·I·P

ISO15693 태그는 UID 뿐만 아니라, 특정 메모리 블록에 데이터를 저장할 수 있는 특징이 있다. UID는 카드 제조시에 유일한 ID로 저장이 되며, 사용자가 변경을 할 수 없다. 하지만, 메모리 블록에 데이터를 저장하기 위해서는 별도의 커맨드가 필요하다. UID는 총 8바이트로 이루어져 있으며, 블록별 메모리 맵은 다음과 같다. 메모리 블록 0부터 쓰기가 가능하며, MTP(Multi Time Programmable) 메모리와 OTP(One Time Programmable) 카드가 있으며, OTP 카드가 저렴하여 입장권 등에 사용된다.

	Byte 0	Byte 1	Byte 2	Byte 3	
Block –4	UID0	UID1	UID2	UID3	Unique Identifier (lower bytes)
Block –3	UID4	UID5	UID6	UID7	Unique Identifier (higher bytes)
Block –2	Internally used	EAS	AFI	DSFID	EAS, AFI, DSFID
Block –1	00	00	00	00	Write Access Conditions
Block 0	x	x	x	x	User Data
Block 1	x	x	x	x	
Block 2	x	x	x	x	
Block 3	x	x	x	x	
Block 4	x	x	x	x	
Block 5	x	x	x	x	
Block 6	x	x	x	x	
Block 7	x	x	x	x	
Block 8	x	x	x	x	
Block 9	x	x	x	x	
Block 10	x	x	x	x	
Block 11	x	x	x	x	
Block 12	x	x	x	x	
Block 13	x	x	x	x	
Block 14	x	x	x	x	
Block 15	x	x	x	x	
Block 16	x	x	x	x	
Block 17	x	x	x	x	

[단계 1]-(3) ch24의 project에 ch24_main.c, ch24_common.c, ch24_ISO14443A.c ch24_ISO14443B.c, ch24_ISO15693.c, ch24_TRH031M.c 등의 C 언어 소스 프로그램들이 포함되도록 팝업 메뉴의 [Add Existing Source File(s)] 서브 메뉴를 수행한다. 자세한 내용은 10.4.4절의 [단계 1]을 참조한다.

T·I·P

C 언어 소스 프로그램은
CD Drive:₩Source₩ch24₩ch24_main.c 파일과
CD Drive:₩Source₩ch24₩ch24_common.c 파일과
CD Drive:₩Source₩ch24₩ch24_ISO14443A.c 파일과
CD Drive:₩Source₩ch24₩ch24_ISO14443B.c 파일과
CD Drive:₩Source₩ch24₩ch24_ISO15693.c 파일과
CD Drive:₩Source₩ch24₩ch24_TRH031M.c 파일과
CD Drive:₩Source₩ch24₩ch24_common.h 파일과
CD Drive:₩Source₩ch24₩ch24_TRH031M.h 파일을 참조한다.

단계 2 AVR Studio 4를 이용하여 C 언어 소스 프로그램을 Build 한다. 자세한 내용은 5.4.2절의 [단계 2]를 참조한다.

단계 3 PonyProg를 이용하여 ATmega128에 hex 파일을 ISP 다운로드 한다. 자세한 내용은 5.4.2절의 [단계 3]을 참조한다.

단계 4 다운로드가 완료되면 AVR 트레이닝 키트(WES-XUN I)에서 동작을 확인한다. 다운로드 후 RFID 모듈로부터 태그를 접근시켰을 때, 태그의 정보를 확인하기 위해서는 하이퍼터미널과 같은 RS232 프로그램이 필요하다. 하이퍼터미널을 열고, RS232 통신 설정을 다음과 같이 한다.

T·I·P

AVR 트레이닝 키트(WES-XUN I)와 PC D-SUB 커넥터(9핀)의 연결은 15.3절을 참조하길 바란다.

[단계 4]-(1) 하이퍼터미널을 실행시킨다.

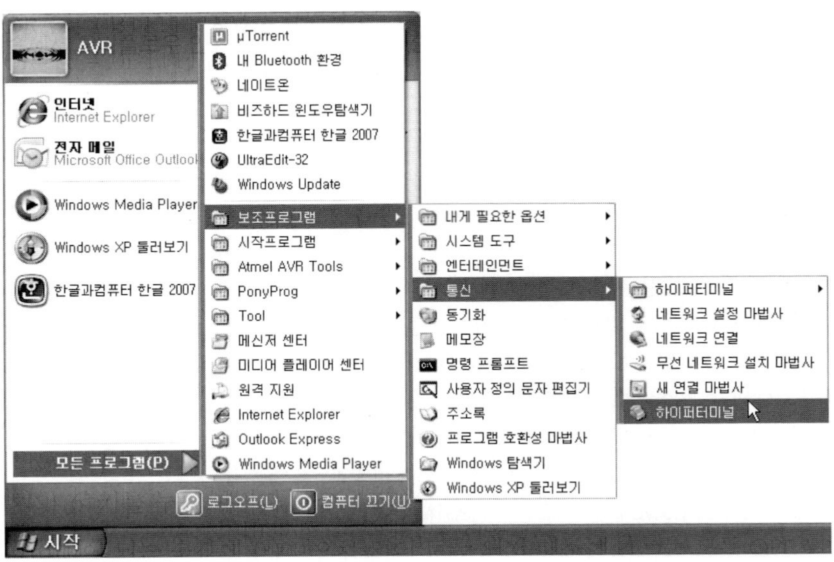

[단계 4]-(2) 하이퍼터미널을 실행한 후에 이름을 입력하고 [확인] 버튼을 누른다.

[단계 4]-(3) RS232 포트의 1번에 연결한 경우 COM1을 선택한 후 [확인] 버튼 을 누른다.

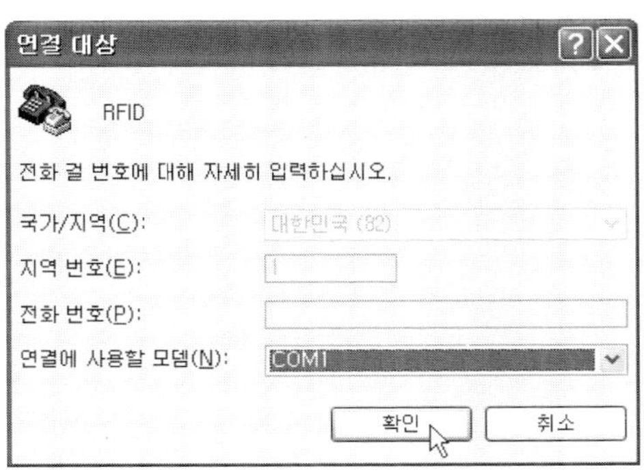

[단계 4]-(4) 포트 설정을 다음과 같이 설정한 후에 [확인] 버튼을 누른다.

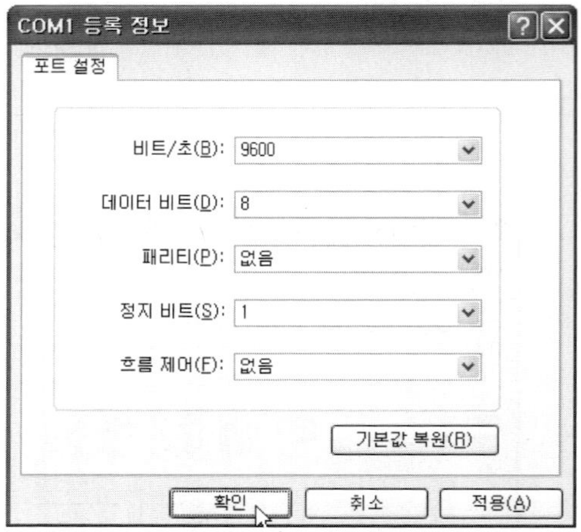

[단계 4]-(5) RFID 카드를 안테나에 접촉하면 다음과 같이 RFID 태그의 정보를 하이퍼터미널에서 확인할 수 있을 것이다.

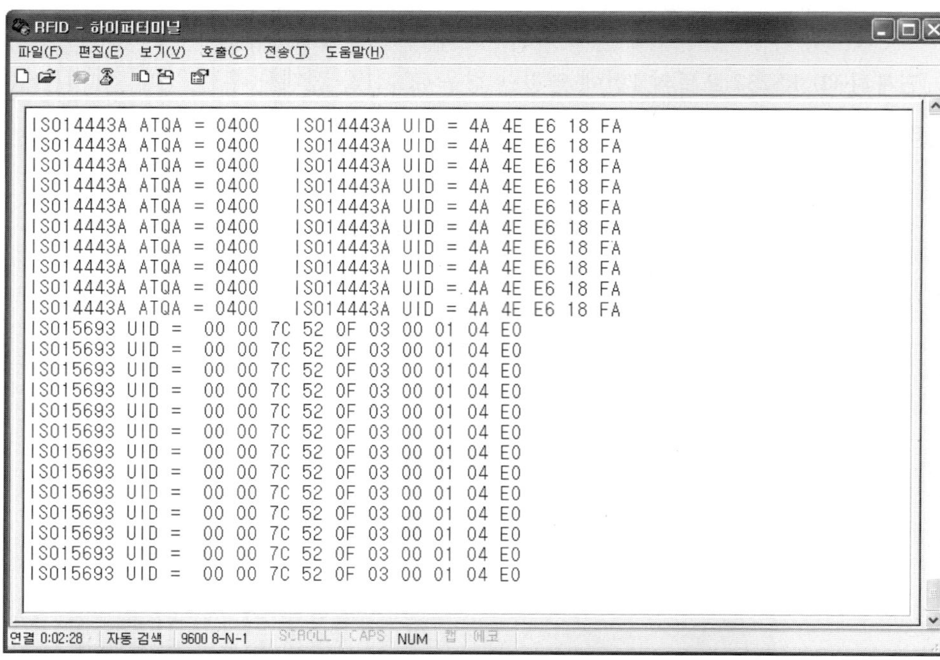

T·I·P

시리얼 케이블이 연결 된 상태에서 AVR 트레이닝 키트(WES-XUN I)에 hex 파일을 다운로드 하면, 하이퍼터미널에 다음과 같이 글자 깨짐이 발생될 수 있다. 이는 RFID 모듈의 오동작이 아니고, 다운로드 시 AVR 트레이닝 키트(WES-XUN I)의 UART에서 발생되는 잡음이므로, 동작에는 전혀 문제가 없다.

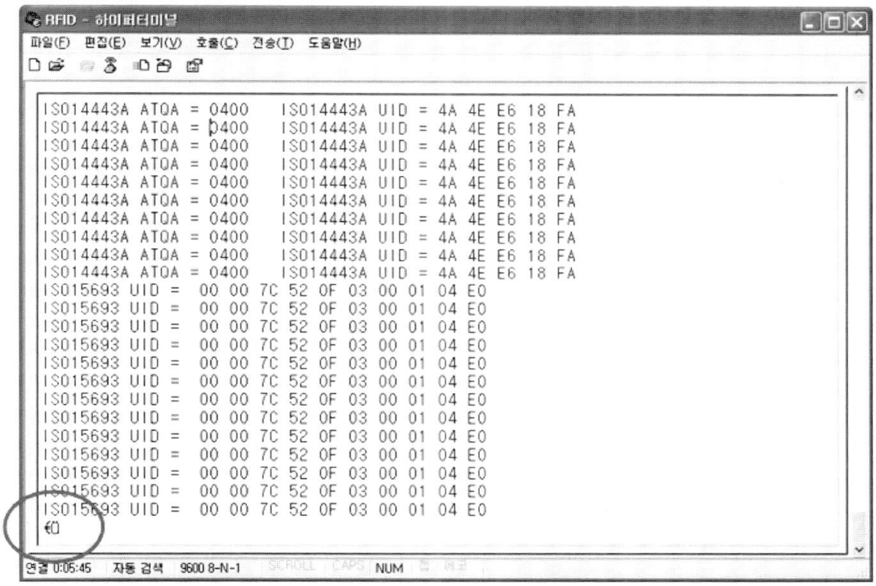

부록 : CD 내용 설명

제공되는 CD에는 [그림 1]과 같이 Datasheet, Documents, Driver, Software, Source 폴더들로 이루어져 있다. Datasheet 폴더에는 AVR 트레이닝 키트(WES-XUN I)에서 사용한 부품 또는 모듈 등의 사양서들이 포함되어 있다. Document 폴더에는 AVR에 관한 문서들과 AVR 트레이닝 키트(WES-XUN I)의 회로도 및 BMP 그림 파일 등이 포함되어 있다. Driver 폴더에는 FTDI Chip사의 USB 칩 드라이버가 포함되어 있다. Software 폴더에는 WinAVR 컴파일러, AVR Studio 4, PonyProg 등이 포함되어 있다. Source 폴더에는 교재와 함께 실습에 필요한 C 언어 소스 프로그램들이 포함되어 있다.

그림 1 AVR ATmega128 CD의 내용

[그림 1]의 Datasheet 폴더에는 [그림 2]와 같이 AVR 트레이닝 키트(WES-XUN I)에 포함되어 있는 MCU 및 부품 등 주변 장치들의 데이터 시트 등이 포함되어 있다.

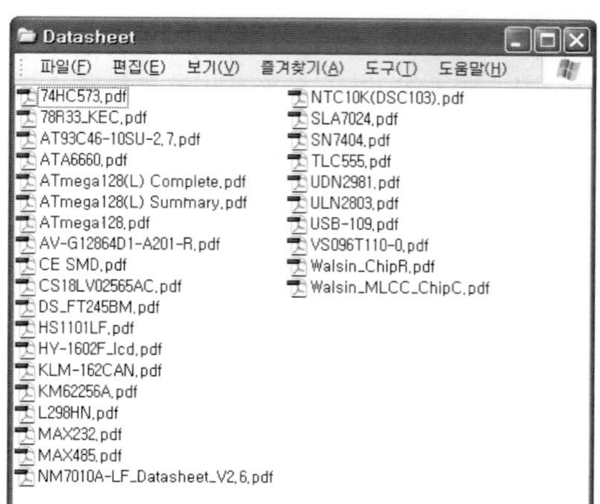

그림 2 Datasheet 폴더 내용

[그림 1]의 Documents 폴더에는 [그림 3]과 같이 크게 AVR과 BMP, 그리고 SCH 등의 서브 폴더들이 포함되어 있다.

그림 3 Documents의 서브 폴더들

[그림 4]와 같이 AVR 폴더는 8비트 AVR의 명령어 집합, ATmega128의 데이터 시트, ATmega128의 요약 및 AVR 제품의 카달로그 등이 포함되어 있다.

그림 4 AVR 폴더 내용

[그림 5]와 같이 BMP 폴더는 교재에 사용되는 비트맵(BMP) 그림 파일 등이 포함되어 있다.

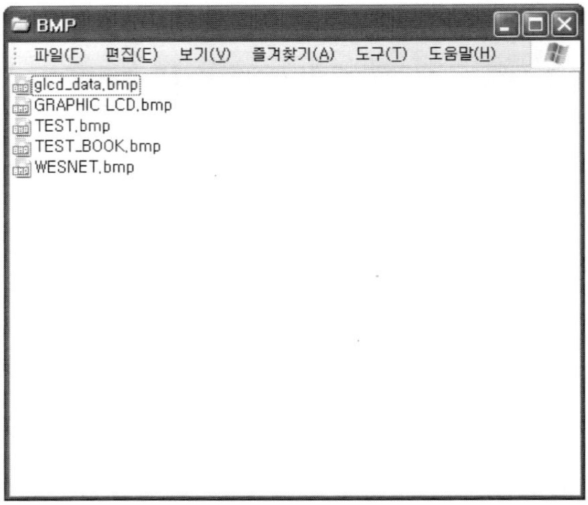

그림 5 BMP 폴더 내용

[그림 6]과 같이 SCH 폴더는 AVR 트레이닝 키트(WES-XUN I)의 ADC 모듈 회로도, MAIN 보드 회로도, MCU 모듈 회로도 등 전체 회로도가 포함되어 있다.

그림 6 SCH 폴더 내용

[그림 1]의 Driver 폴더에는 [그림 7]과 같이 FTDI Chip사의 USB 칩 드라이버가 포함되어 있는 CDM20602 서브 폴더가 있다.

그림 7 Driver의 서브 폴더

[그림 8]의 CDM20602 서브 폴더는 FTDI Chip사의 USB 칩 드라이버가 포함되어 있다. 이 드라이버는 윈도우 XP를 지원하며, 윈도우 7은 지원하지 않는다.

그림 8 CDM20602 폴더의 내용

[그림 1]의 Software 폴더에는 [그림 9]와 같이 실습에 필요한 AVR Studio 4 설치 프로그램, PonyProg 설치 프로그램, WinAVR 설치 프로그램 등이 포함되어 있다.

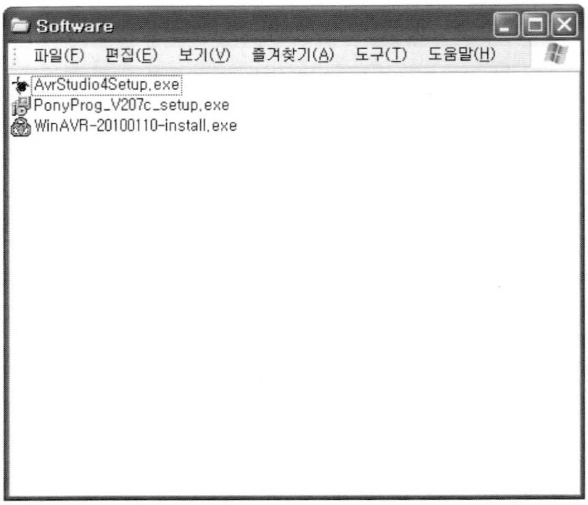

그림 9 Software 폴더 내용

[그림 1]의 Source 폴더에는 [그림 10]과 같은 서브 폴더들이 존재하는데 이 서브 폴더들에는 교재와 함께 실습에 필요한 C 언어 소스 프로그램들이 포함되어 있다. 한편, 서브 폴더의 이름들은 교재의 Chapter와 동일한 이름으로 구성되어 있음을 확인할 수 있다.

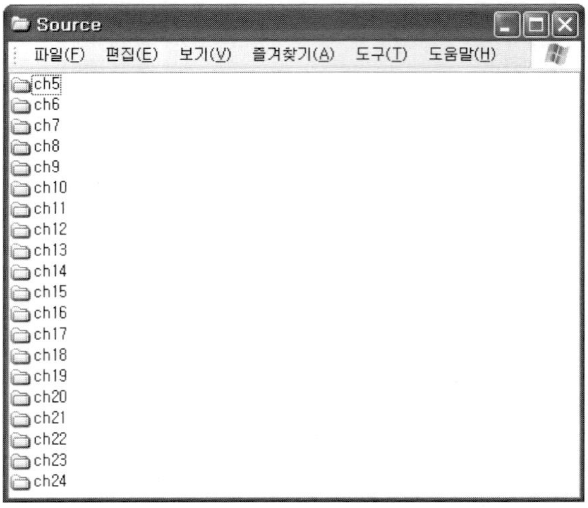

그림 10 Source의 서브 폴더들

INDEX

1

2

7

8

16

A

B

C

P

R

S

T

U

ㅍ

ㅎ